BRIAN DE JONGH

Griechenland

Festland und Peloponnes

PRESTEL VERLAG MÜNCHEN

Wenn ein Reiseführer nach zwei Jahrzehnten die fünfte Auflage erreicht und immer neue Leser findet, muß er etwa Besonderes sein! Das wollten wir im Verlagslektorat genauer wissen und haben diesen Griechenland-Führer noch einmal kritisch gelesen. Dabei stellten wir fest, daß dieser Klassiker tatsächlich im besten Sinne des Wortes "zeitlos" ist. Auch behutsame Aktualisierungen würden nur zu Unstimmigkeiten führen. Also lassen wir das Buch unangetastet und empfehlen den Leserinnen und Lesern, sich der Griechenland-Begeisterung des Autors anzuschließen.

Ihr Prestel-Verlag

Die Deutsche Bibliothek – CIP-Einheitsaufnahme

DeJongh, Brian: Griechenland : Festland und Peloponnes / Brian DeJongh.
[Nach dem engl. Orig.-Ms. übers. von Peter de Mendelssohn...].
5. Aufl. – München : Prestel, 1995
Einheitssacht.: The companion guide to southern Greece <dt.>
ISBN 3-7913-1636-2

Nach dem englischen Originalmanuskript übersetzt
von Peter de Mendelssohn,
Eva Eggebrecht und Humbert Kesel

Redaktion der deutschen Ausgabe:
Heinrich Dechamps und Eva Maria Stresow-Czakó
Die Karten zeichnete Alfred Beron

Bearbeitete Auflage 1985
5. Auflage 1995

Prestel-Verlag · Mandlstraße 26 · 80802 München
Telefon (089) 38 17 09-0 · Telefax (089) 38 17 09-35

Druck und Bindung: Gorenjski Tisk
ISBN 3-7913-1636-2

Inhalt

Einleitung

Dieses Buch soll vornehmlich dem Reisenden behilflich sein, die erhaltenen Baudenkmäler aus mykenischer, archaischer, klassischer und hellenistischer Zeit aufzufinden, auf die byzantinischen und auf die mittelalterlichen Zeugnisse aus Ost und West aufmerksam zu werden, um sie in ihrem geschichtlichen, geographischen und topographischen Zusammenhang zu betrachten. Die Bereitschaft des Besuchers, seine Eindrücke durch das Prisma der Vergangenheit zu filtern, ist ja allerorten und zu allen Zeiten unerläßlich. Nirgendwo scheint dies notwendiger als in Griechenland, wo Zerstörungen – ob durch Naturgewalten oder durch den Menschen – das Land immer wieder getroffen, Städte, Burgen und Heiligtümer immer wieder in Ruinen verwandelt haben. Kriege und hereinbrechende Völkerscharen haben mehr vernichtet als die vielen Erdbeben, die das Land heimsuchten.

Die Akropolis freilich beherrscht nach wie vor die Stadtmitte von Athen; die Orakelstätte von Delphi läßt sich noch heute inmitten einer der großartigsten Szenerien der Erde orten; und die Olympischen Spiele lebten aus den Trümmern im Schatten eines idyllischen Haines am Ufer des Alpheios wieder auf. – Die harte, ausgedörrte Erde hat unschätzbare Kunstwerke aus einem Jahrtausend der Antike wieder freigegeben, die in den Museen bewahrt werden. Das Bewußtsein, Erbe einer großen Geschichte zu sein, ist in Griechenland überaus lebendig und die Mythologie hat sich untrennbar mit der Geschichte verbunden. Sie bricht noch heute aus den Riten der orthodoxen Frömmigkeit und in den Volksbräuchen hervor. Die Namen von Dichtern, Philosophen, Bildhauern, Baumeistern und Staatsmännern aus der Antike, deren Klang bei jedem Philhellenen die Vision von einem seltenen Zusammentreffen menschlichen Geistes mit Erfindungsreichtum und Formbewußtsein wachruft, gehen auch dem einfachsten heutigen Griechen selbstverständlich von den Lippen. Es gibt wohl im ganzen Land kein Städtchen – und sei es noch so entlegen –, das keine Perikles-Straße, keinen Themistokles-Platz besäße, oder holprige Gassen, die nicht nach einem der großen Tragiker genannt sein könnten.

Aber nicht ausschließlich Antike und antike Überlieferung haben dieses Land geprägt. Deshalb versuche ich, in großen Zügen auch ein Bild von der Kontinuität griechischen Lebens und seiner Kulturleistung in den folgenden Jahrhunderten aufzuzeigen, auf die frühchristlichen Kirchen und byzantinischen Klöster aufmerksam zu machen, auf ihre Mosaiken und Fresken, auf die mittelalterlichen Burgen und Festungen, die das Erbe nicht gleich ruhmreicher, aber gleicherweise bewegter Zeiten darstellen. Neue Gestalten betreten den Schauplatz: oströmische Kaiser und regionale Despoten, Märtyrer und Mönche, Kreuzfahrer und Abenteurer aus dem Westen, Patrioten und Politiker.

Aber der Charakter des Volkes, wenn auch nicht immer sein Genius, hat diese lange Folge von schlimmen Widrigkeiten und Heimsuchungen weitgehend unversehrt überstanden. Die Griechen des 19. Jhs. waren das erste Volk, das der türkischen Tyrannis auf dem Balkan die Stirn bot und mit Hilfe der europäischen Großmächte seine Unabhängigkeit zurückgewann. In der Folgezeit haben sie in zwei Balkankriegen und zwei Weltkriegen gekämpft, waren innerer politischer Unbeständigkeit und Unsicherheit ausgesetzt und haben zwei kommunistische Versuche, mit Waffengewalt die Macht zu ergreifen, zunichte gemacht. 1922 traf sie, was sie noch heute schlechthin ›Die Katastrophe‹ nennen: aus Kleinasien, der alten Heimat, wurde über eine Million ihrer Landsleute vertrieben, die im Mutterland von einer kaum fünfmal größeren Bevölkerung aufgenommen und assimiliert werden mußte. Spannkraft, Elastizität, Widerstandsfähigkeit sind Eigenschaften, die niemand diesem Volk absprechen wird. Manchmal scheinen Krankheiten, die alle unterworfenen Völker des Osmanenreiches befielen, noch nicht restlos überwunden: apathische Teilnahmslosigkeit, Korruption und Vetternwirtschaft, die das reibungslose Funktionieren einer modernen Administration vereiteln. Doch fegt immer wieder in gewissen Abständen ein frischer Reformwind über das Land.

In einem geographischen Schnittpunkt von Ost und West lebend, sind die Griechen ein aus mancherlei Stämmen und Rassen gemischtes Volk – insbesondere die slawischen Einfälle des 6. Jhs. und das Eindringen der Albaner im 17. Jh. haben bei den Bewohnern der Peleponnes, im Epirus und zahlreichen Dörfern in Attika und Böotien ihre Merkmale hinterlassen. Die Griechen sind kluge, höchst lebhafte und freundliche Menschen. Unverbesserliche Rechthaber, aber voller Charme, besitzen sie einen ausgesprochenen Sinn für Humor und treffenden Witz, was sehr für sie einnimmt. Zugleich können sie auch jähzornig und rabiat, mit Ellbogenmanier vordrängend und geradezu märchenhaft egozentrisch sein. Als Geschäftsleute und Unternehmer sind sie schlau, pfiffig, sogar gerissen – die Karrieren ihrer großen erfolgreichen Schiffsreeder sind zu ihren Lebzeiten bereits legendär geworden. Die Klarheit der Atmosphäre und die strahlende Helligkeit des Lichts schließen alle Illusionen und nebelhaft verschwommenes Denken aus. Der Grieche kann, wiewohl offenherzig, so hart sein wie das Licht, in dem er lebt.

Die Landschaft ist für jene, die sich in sie verlieben – und man kann sich schwer jemand vorstellen, dem dies nicht widerfährt – ein Quell unaufhörlicher Bezauberung. Das unablässige Zusammenspiel dieser Komponenten – Geschichte, Licht und Landschaft – wirkt in so subtiler Weise auf den Reisenden, daß er sich unversehens jener letzten, entscheidenden Enthüllung gegenübersieht, die Lawrence Durrell die ›Entdeckung deiner selbst‹ genannt hat. Dies ist ein sehr erregendes Erlebnis. Doch täusche man sich nicht, es kann schmerzhaft sein. Die Umrisse sind scharf wie ein griechischer Kalkstein oder der Kontur auf einem klassischen Marmorrelief. Es gibt keine weichen Halbtöne. Das unerbittlich grelle, strahlende Licht trifft einen erbarmungslos.

Die beste Art, das Land kennenzulernen, ist unzweifelhaft die Reise mit dem Auto. Die Entfernungen sind nirgendwo groß. Wie in allen Ländern, in denen das Meer tief ins Land einschneidet und in dessen Innerem schmale, enge Ebenen mit Bergzügen abwechseln, bietet die Straße, die asphaltierte ebenso wie die unbefestigte, den besten, meist den einzigen Zugang zu den Ruinenstätten, den antiken Akropolen, den hellenistischen Befestigungen, den byzantinischen Kirchen und fränkischen Kastellen. Die Hauptstraßen sind gut. Einige der entlegenen Plätze sind auf Fahrwegen erreichbar, die nur im Frühjahr und im Spätherbst verschlammt und unpassierbar sind. Alle wichtigen Orte sind durch ein Netz von Autobuslinien miteinander verbunden, und zum Besuch der berühmten klassischen und mittelalterlichen Stätten werden gut organisierte Autobusreisen von ein bis fünf Tagen Dauer angeboten. Mit Einzelangaben über die jeweiligen Straßenverhältnisse zögere ich, weil sie wahrscheinlich beim Erscheinen dieses Buches bereits überholt sein werden. Wenn ich hier und dort von einer holprigen Straße oder einem steinigen Feldweg spreche, kann es leicht sein, daß der Reisende bereits eine vorzügliche Straßendecke vorfindet.

Griechenland ist von seiner geologischen Struktur her kein Land der Eisenbahnen: Die Gebirge, die, von Norden nach Süden verlaufend, letzte Ausläufer der Dinarischen Alpen sind und die von Osten nach Westen von sehr hochgelegenen Pässen durchquert werden, machen den Bau eines ausgedehnten Bahnnetzes zu kostspielig. Die Haupteisenbahnstrecke verläuft von Athen nach Saloníki und zweigt dann nördlich zur jugoslawischen und östlich zur türkischen Grenze ab. Eine Schmalspurbahn durchquert die Peloponnes, und andere Kleinbahn-Linien verbinden die Hafenstadt Volos mit Tríkala in der heißen thessalischen Ebene und Saloníki durchs makedonische Hochland mit Flórina (dort Anschluß nach Bitola in Jugoslawien). Auf dem Luftweg ist Athen mit allen wichtigen Provinzstädten und allen größeren Inseln verbunden (Flugdienst dreimal wöchentlich bis täglich).

Ich beginne in Athen, weil mir dies der logische, historisch und geographisch richtige Ausgangspunkt zu sein scheint. In Athen, der Hauptstadt, schlägt das Herz des Landes. Von Athen aus mache ich mich auf die Wege durch Attika und reise auch von hier aus zur Peloponnes mit ihren vielen und bedeutenden Stätten. Dann bewege ich mich die Ostküste hinauf – mit Abzweigungen ins Zentralmassiv des Pindos und seiner Ausläufer – nach Saloníki. Von dort geht es westwärts zur Pelzhandelsstadt Kastoriá am Fuß der albanischen Berge, dann zurück nach Saloníki und ostwärts zum Grenzfluß Hébros (sprich: Évros) an der türkischen Grenze. Sodann bleibt die Westküste des griechischen Festlandes. Ich gehe abermals von Athen aus, folge der westwärts laufenden großen Hauptverkehrsstraße entlang dem Saronischen und Korinthischen Golf, nehme die Fähre von Ríon nach Antírrion, durchfahre das Flachland von Ätolien und Akarnanien, weiter um den lagunenähnlichen Ambrakischen Golf herum und hinauf ins gebirgige Epiros, die nordwestlichste Provinz Griechenlands. Die Reise endet mithin in der kleinen epirotischen Hafenstadt Igumenítsa, von wo die Fähre über Korfú nach Brindisi geht.

Schließlich – was soll man sich ansehen? Das hängt von der Wahl des Reisenden, von seinen Interessen und Neigungen ab. Ich möchte jedoch meinen, daß es inmitten der klassischen Stätten der Peloponnes ein Fehler wäre, etwa die Ruinen der fränkischen Burgen über den strategisch so wichtigen Engpässen und Schluchten, die sich in die fruchtbaren, sonnengesättigten Ebenen öffnen, unbeachtet zu lassen. Es sind eindrucksvolle Ruinen in Griechenland, die unverdientermaßen wenig bekannt und nicht immer ausreichend beschrieben sind. Ich habe versucht, diese mittelalterlichen Spuren fränkischen Kreuzfahrergeistes etwas eingehender zu verfolgen. Gleichermaßen unverdient ist das nördliche Griechenland bis vor kurzem von den Reisenden im allgemeinen außer acht gelassen worden. Jetzt werden die großen Orte aber schon viel häufiger besucht: Die byzantinischen Herrlichkeiten in Saloníki und auf dem Berge Athos und die erstaunlichen Metéora-Klöster, die auf senkrecht abfallenden Felsstöcken am Fuß des Pindos hocken. Ich habe mich auch bemüht, auf die schattigen Dörfer mit ihren alten Volksbräuchen in den Kastanienwäldern des Pélion-Gebirges und auf der Chalkídike-Halbinsel aufmerksam zu machen, auf Arta und seine in Orangenhainen versteckten alten Kirchen, auf das römische Philippi und die fruchtbare Weite der thrakischen Ebenen und schließlich auf das vollkommene Gefüge der epirotischen Landschaft.

Die griechische Schreibweise wurde der Umschrift aus dem Lateinischen wie auch der modernen phonetischen Umschrift vorgezogen. Bei weniger geläufigen Namen und Begriffen kennzeichnet ein Akzent die in Griechenland gebräuchliche Wortbetonung.

Zur dritten Auflage:

Die zahlreichen Nachträge wurden in den Text eingearbeitet bis auf einige wenige – am Rand mit △ gezeichnet –, die man nach Seite 831 findet.

Athen

DIE AKROPOLIS

I

Akropolis, 16 – Areopág, 49 – Pnyx, 50 – Odeion des Herodes Attikus, 50 – Dionysos-Theater, 52 – Denkmal des Lysíkrates, 54 – Hagia Aikaterini, 56 – Sotíra toú Lykodímou, 57 – Sýntagma-Platz, Schloß und Königliche Gärten, 59

Am Weihnachtsabend des Jahres 1809 kamen Byron und seine Begleitung über den Paß von Phyli nach Attika. Als die Lasttiere sich die steinigen, gestrüppbewachsenen Berghänge hinabtasteten, rief einer der Führer plötzlich aus: »Herr! Herr! Da ist das Dorf!« In weiter Ferne, mitten im Flachland, duckten sich um den Fuß eines befestigten Felsens Häusergruppen, die notdürftige Erdwälle umgaben. Moscheen und ihre Minarette, Zypressen und die Kuppeln kleiner byzantinischer Kirchen erhoben sich über die Dächer. Es bedurfte wahrhaftig der Phantasie des Dichters, in diesem »türkischen Dorf« die Stadt des Perikles zu erkennen. Seine Bewohner, von wiederholten Pestepidemien dezimiert, zählten wenig mehr als fünftausend.

Jenes Bild hat sich völlig verändert. Athen hat sich mit seinen Vororten über die ganze attische Ebene ausgebreitet. Die Häuserflut klettert schon am Fuße der umliegenden Bergzüge hoch, und im Süden setzt der Saronische Golf bereits die natürliche Grenze. Bei der letzten Volkszählung im Jahre 1971 hatte die Stadt etwa zwei Millionen Einwohner.

Wir aber suchen zuerst nicht die moderne Großstadt, sondern wenden uns den archäologischen Stätten zu, den mehr oder weniger zerstörten Bauten der klassischen, hellenistischen und römischen Zeit. Natürlichem Impuls oder historischem Interesse folgend, steht dabei die *Akropolis* gewiß an erster Stelle. Sie ist allgegenwärtig – auch wenn man mythologische, historische und künstlerische Vorstellungen ganz außer acht läßt. Bewußt oder unbewußt schaut man immer wieder hinauf, um sich zu vergewissern, daß die Säulen des Parthenon, des Erechtheion oder die Propyläen noch da sind und scharf gegen den Himmel stehen, der Tag für Tag, monatelang, in einem immer wieder überraschenden tiefen Blau glänzt. Die Festungsmauern des Burgfelsens, die Byron vom Phyli-Paß aus sah, erheben sich stolz über den hell verputzten Häuschen am Fuß der Abhänge. Man gewinnt rasch ein Gefühl der Vertrautheit zu diesem schimmernden Kalksteinfelsen. Aber man täusche sich nicht: ohne Akropolis wäre er nur eine Art Hausberg. Ohne sie hätte sich die Stadt, die antike wie die moderne, völlig anders entwickelt – wenn sie sich überhaupt entwickelt hätte.

Über die Leophóros Dionysíou Areopagítou, gewinnen wir die Westflanke des Burgbergs, von der wir zur Akropolis aufsteigen. Sie liegt 156 m über dem Meer. Allmählich folgt man den alten Windungen des panathenäischen Prozessionsweges. Zur Linken fällt ein hoher Sockel aus graublauem Hymettos-Marmor auf, der einst das Standbild Agrippas im bronzenen Kampfwagen, des Schwiegersohnes von Augustus, trug. Beim Hinansteigen wird man sich eines eigentümlichen Gefühls der Isolation und zugleich des Vordringens ins Herz der Dinge bewußt. Man weiß von der Nähe der Stadt und spürt zugleich in einer ganz ungewöhnlich verdünnten, gereinigten Atmosphäre die Abgeschiedenheit von ihr.

»Es gibt nur einen Eingang«, erklärt Pausanias, »einen zweiten hat sie nicht, da sie ganz abschüssig ist und eine feste Mauer besitzt.« Die senkrecht abfallenden Felswände sind, besonders an der Nordseite, wabenartig von Höhlen und Grotten durchsetzt. Sie tragen schwere Verteidigungsmauern, deren früheste an der Südwestecke, unterhalb des Nike-Tempels, steht. Oft findet man für sie die Bezeichnung ›kyklopisch‹. Ihr Bau wird aber im allgemeinen den Pelasgern, den ersten Bewohnern der attischen Ebene, zugeschrieben.

Die Ursprünge der Akropolis wie auch die Athens – es ist unmöglich ihrer beider Geschichte voneinander zu trennen – reichen zurück bis zu den häufig einander widersprechenden Mythen des Pelasger-Zeitalters. Wenn Kekrops, ein erdgeborenes Geschöpf, halb Mensch und halb Schlange, der erste König war, der die Stadt gründete, das Patriarchat einführte und die Einrichtung der Eheschließung erfand, dann ist der schlangenleibige Eréchtheus (oder möglicherweise Erichthónios? – die Mythen geben keine klare Auskunft) die ebenbürtige Schlüsselgestalt der frühesten Kunde von der Akropolis. Beider Nachfahre ist der berühmte Theseus, eine in Sage und Dichtung schon zu gegenwärtige Gestalt, als daß man ihn leichthin als Helden einer fernen Vorzeit ansehen könnte, der auf Kreta einen Stier erschlug und auf waghalsige Liebesabenteuer ausging. Von ihm wird immerhin berichtet, er habe Attika geeint, es unter einer Verwaltung zusammengefaßt und Athen zur Hauptstadt gemacht.

Im 6. Jh. vor Chr. verschönten, wie wir wissen, der Tyrann Peisistratos und seine Söhne Stadt und Burgfelsen mit öffentlichen Bauten und Tempeln. Aber erst die Festigung der Demokratie unter Kleisthenes um 500 vor Chr. und die siegreiche Abwehr der persischen Invasion in den ruhmreichen Schlachten bei Marathon (490 v.Chr.), Salamis (480 v.Chr.) und Plataä (479 v.Chr.) gaben Freiheit und Raum für die Größe und den Anspruch der herangereiften klassischen Kunst. Athen gewann, gefestigt durch eine stetig sich ausdehnende Seeherrschaft, die hochgemute Selbstsicherheit der Siegreichen. In dieser erstaunlichen Epoche war die große Zahl hervorragender Männer, der glänzenden Begabungen, die der Stadt aus allen Schichten zuwuchsen, das Erstaunlichste. Zu Kriegszeiten waren Miltiades, Themistokles, Alkibiades hochbegabte, unendlich findige und ehrgeizige, eitle, zuweilen auch hinterhältige Strategen; als Staatsmänner und Gesetzgeber wirkten Aristides, der gerechteste der Athener, der großzügige und weitblickende Kimon und vor allem Perikles, der gescheiteste der Politiker, dem eine so außergewöhnliche Rednergabe zu Gebot stand, daß Plutarch von ihm sagt, »es donnere und blitze, wenn er zum Volke rede«. Als Bildhauer traten Pheidias und Myron hervor, in der Architektur Iktinos und Mnésikles und in der Dichtkunst das große Triumvirat der Tragödiendichter Aischylos, Sophokles und Euripides, welche die attische Tragödie, bis dahin ein mehr oder weniger statisch-mimischer Ablauf, in ein lebendiges Drama umwandelten. Logik und das Streben nach Klarheit faszinierten das griechische Denken. Nichts kann jetzt Sokrates mehr hindern, für die Sache der moralischen Weisheit zu sprechen. Er noch muß um ihretwillen sterben. Aber Platon bereits vermag in vollendeter Form über sie zu schreiben. Um diese Ereignisse, diese wahrhafte Explosion geistiger und physischer Schaffenskraft für die Nachwelt aufzuzeichnen, sind ein Herodot, ein Thukydides, ein Xenophon zur Stelle. Bei allem schwingt als Unterton ein neuzeitliches Bewußtsein, eine ›Modernität‹ mit. Alles trägt den Stempel intellektueller Integrität und echten Wis-

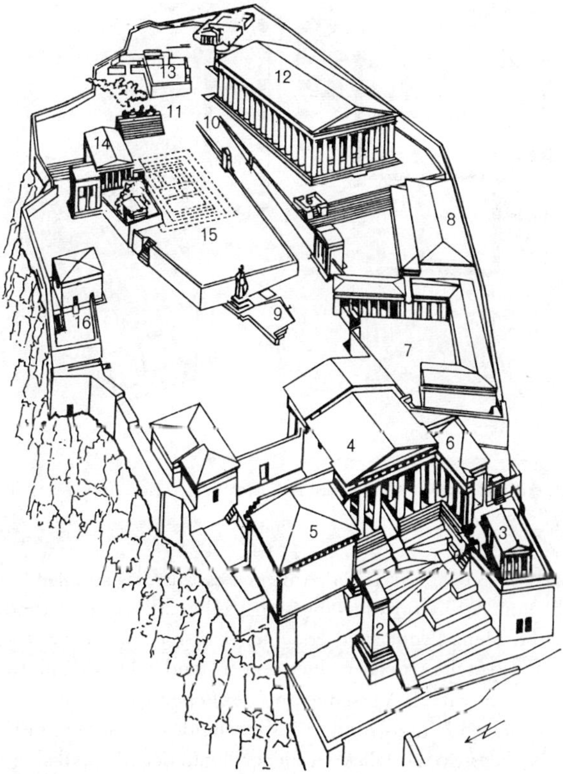

1 Athen, die Akropolis. Rekonstruktion.

1 Aufgangsrampe - 2 Sockel des Agrippa-Monuments - 3 Tempel der Athena Nike - 4-6 Propyläen mit Nord- und Südflügel - 7 Bezirk der Artemis Brauronia - 8 Chalkothek - 9 Athena Prómachos - 10 Weg der Panathenäen - 11 Altar der Athena - 12 Parthenon - 13 Altar des Zeus Políeus 14 Erechthéion - 15 Alter Athena-Tempel (Hekatómpetos) - 16 Mykenische Treppe.

sensdurstes. Doch dann forderten die Peloponnesischen Kriege ihren Preis. Das Goldene Zeitalter ging mit 405 vor Chr. dem Sieg Spartas bei Aigospotamoí über das erschöpfte Athen zu Ende.

Vor diesem Hintergrund steht strahlend die Akropolis, mit ihren architektonischen und bildhauerischen Meisterleistungen, Wahrzeichen der Inspiration und des Könnens einer glänzenden

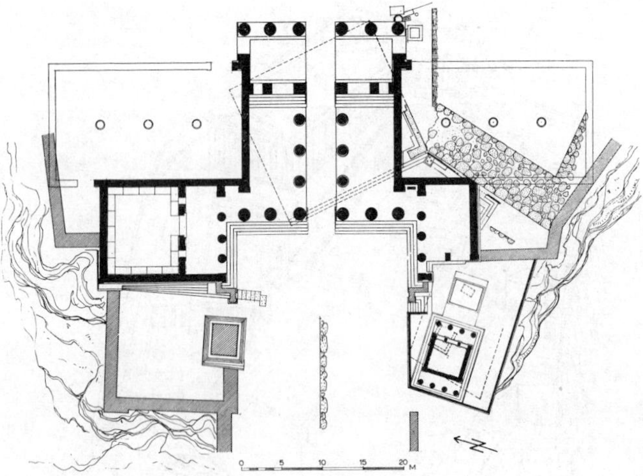

2 Athen, Akropolis. Die Propyläen des Mnésikles und der Athena Nike-Tempel.

Schar von Künstlern, deren Anliegen es war, das strahlend helle Licht von Attika für die subtilsten baukünstlerischen Erfindungen, die Menschengeist je ersonnen hat, zu nutzen. Im Lichte Attikas sahen die Griechen einen Gegenstand in Umriß und Relief ohne verunklärende Verschiebung der Perspektive, ohne dunstig verschleierten Hintergrund. Alles entstand oder bestand in Klarheit. Nirgendwo wird dies deutlicher als auf der Akropolis.

Wir stehen vor den *Propyläen*, einem der großen Meisterwerke der Architektur des 5. Jhs. vor Chr., das Tor zum Bezirk der Götter, feierliche Schranke und Einlaß zugleich. Mnésikles, ein bis dahin unbekannter Architekt, erhielt 437 vor Chr. von Perikles den Auftrag die Propyläen zu bauen, und es heißt, daß er während der Arbeiten von der Höhe des Giebels herabstürzte. Jedermann glaubte ihn tödlich verletzt, doch ward er durch ein Heilkraut gerettet, das Athena, die Herrin der Burg, dem Perikles im Traum nannte.

Die Propyläen erstrecken sich mit den beiderseits vorgezogenen Gebäudeflügeln über die ganze Westseite des Felsplateaus, das etwa die Form einer Raute mit abgeflachten Spitzen hat. Das ›Propylon‹, der mittlere, eigentliche Torbau, besteht aus einer großen

Eingangshalle, an deren Ende sich die Torwand auf höherem Niveau mit fünf Portalen zu der anschließenden kleineren Halle und von ihr aus auf das Heiligtum hin öffnet. Vor den beiden Hallen steht – im Westen zur Stadt hin, im Osten dem Tempelbezirk zugekehrt – je eine dorische Säulenfront aus sechs Säulen, auf denen Gebälk und Giebel der beiden Hallendächer ruhen. Durch die Längsachse des ganzen Bauwerks setzt sich der Prozessionsweg fort. Die mittleren Joche der Säulenhallen im Westen und Osten sowie das mächtige Mittelportal der mittleren Torwand waren für die Reiter, Wagen (Radspuren sind noch heute sichtbar) und Opfertiere des Festzuges besonders verbreitert worden, stufenlos folgt der Weg – auch innerhalb des Baues – der natürlichen Steigung des gewachsenen Felsbodens. Pilger und Zuschauer traten, von Westen kommend, durch die seitlichen Joche der Säulenfront in die größere der beiden Hallen. In ihrem Innern nahmen rechts und links des Mittelweges je drei schlanke ionische Säulen die weite Spannung der mit vergoldeten Rosetten verzierten Kassettendecke auf. Eine dieser Säulen mit herrlichem ionischem Kapitell ist noch erhalten. Sie läßt die Weite und Höhe dieses Raumes ahnen. Rechts und links des mächtigen Mitteltores führen je fünf Stufen hinauf zu den nach außen hin schmaler und niedriger werdenden Portalen an beiden Seiten. Wahrscheinlich waren alle fünf Türen aus Holz und mit Bronze verkleidet. Aristophanes erwähnt in seiner ›Lysístrata‹ das laute, knirschende Ächzen, das ihr Öffnen und Schließen verursachte. Stufen und Türen vor der höher gelegenen kleineren Halle wirkten wie ein Riegel, ein Vorhalt vor dem tatsächlichen Eintritt in den Bezirk der Götter. Ein majestätischerer Zugang läßt sich kaum vorstellen.

Mit der Nordseite des Propylons war ein vorspringender Flügelbau verbunden, die Pinakothek: ein Raum, in dem auf einem umlaufenden Gesims, vielleicht auch auf Staffeleien, Gemälde ausgestellt waren. Der an die südliche Wand des Torbaus anschließende Seitenflügel geriet nach dem Entwurf des Mnésikles allzu nahe an den Tempelbezirk der Nike und stieß damit auf heftigsten Protest der Priesterschaft. Doch auch der verkleinerte Flügel wurde wegen der harten Anspannung des 431 vor Chr. ausgebrochenen Peloponnesischen Krieges nie fertiggestellt. Im 14. Jh. richtete der erste florentinische Herzog von Athen hier seine Staatskanzlei ein. Er fügte ein zweites Stockwerk hinzu, zinnengekrönte Brustwehren und einen Turm, auf dessen oberster Plattform Leuchtfeuer brannten, die man noch auf Akro-Korinth wahrnahm. Später benutzten die Türken mit ihrer allerorts geübten Mißachtung kultisch-historischer Baudenkmäler die marmornen Räume als Pulvermagazin. Angeblich durch einen Blitz gezündet, flog es in die Luft und zerstörte den Mittelteil des Gebäudes. Vieles von dem, was wir heute aufrecht stehen sehen, ist das Ergebnis mühevoller Restaurierungsarbeiten der Archäologen.

Der *Tempel der Nike* erscheint im Vergleich mit den Propyläen geradezu winzig. Die Grundfläche des Stylobates mißt nur 8,27 x 5,44 m. Die Perser hatten 480 v. Chr. einen früheren Bau an dieser Stelle zerstört. 448 vor Chr. beschloß man den Neubau zu Ehren der ›Nike Apteros‹, der ›Flügellosen‹. Der Volksmund erzählte, man habe der Göttin die Flügel beschnitten, um ihres Schutzes in Athen sicher zu sein. In Wirklichkeit hat das Bild der flügellosen Nike eine sehr viel ältere ikonographische Tradition.

Kallikrátes, dem die Errichtung des kleinen Tempels übertragen worden war, konnte erst nach 432 vor Chr. ernstlich mit den Arbeiten beginnen. Die Projekte des Parthenon und der Propyläen waren als wichtigere Unternehmen vorgezogen worden. Das fein proportionierte, zierliche Bauwerk mit seinen vier ionischen Säulen an jeder Schmalseite, leicht wirkenden monolithischen Schäften, wurde 1687 von den Türken abgerissen und als Baumaterial für einen Befestigungswall während der Belagerung durch die Venezianer verwendet. Im 19. Jh. dann gab König Otto von Griechenland bereits in seinem zweiten Regierungsjahr die Wiederherstellung des Tempels in Auftrag. Glücklicherweise konnte ein guter Teil der ursprünglichen Bauteile noch geborgen werden, nur der Fries war so verstümmelt, daß die vielen kopflosen Figuren schwer zu identifizieren sind. Im Osten, an der Eingangsseite, zeigte er die Versammlung der Götter; im Norden, Westen und Süden vermutlich Szenen aus den Perserkriegen. Dies war überraschend und neu, da die Griechen gewohnt waren, an einem Tempel die Schilderung mythologischen Geschehens (etwa die Gigantomachie oder den Kampf gegen die Kentauren) zu finden.

Der Felsvorsprung, auf welcher der Tempel steht, wurde mit Quadern ummantelt, um eine größere Grundfläche für den Bau zu schaffen. Er diente seit prähistorischer Zeit als Ausguck gegen Seeräuber, die von dem 6 km entfernten Meer herankamen. Von hier aus sichtete König Aigeus das schwarze Segel von Theseus' Schiff, das den jungen Helden nach seinem Kampf mit dem kretischen Stier zurückbrachte. Theseus hatte versprochen, im Fall seines Sieges über den Minotauros ein weißes Segel zu setzen, vergaß es jedoch, und Aigeus, der beim Auftauchen des Unglückszeichens seinen Sohn für tot hielt, stürzte sich über den Felsen in die Tiefe.

Man hat von dieser Stelle aus einen weiten Blick, fast eine Rundsicht. Im Vordergrund liegen drei Hügel mit seit alters berühmten Namen: der Areopag, die Pnyx und der *Museion-Hügel* mit dem *Denkmal des Philopáppos*. Dieses konkave Monument, mit Blickrichtung auf den Parthenon, haben in den Jahren 114-116 nach Chr. die Athener einem Philhellenen, dem syrischen Beamten der römischen Staatsverwaltung, errichtet. Der Torso seiner Statue, in der Tracht eines athenischen Bürgers, steht heute noch in der mittleren Nische. – Am Fuße des Hügels trifft man auf eine Höhle, in der sich – nach dem Volksglauben, doch durch kein Zeugnis erhärtet – der letzte Akt des Verfahrens gegen Sokrates, jenes große Ereignis an der Wende zum 4. Jh. vor Chr., abgespielt haben soll. Die Felsenkammer, so wird behauptet, sei das Gefängnis gewesen, in dem der Philosoph, der Verführung der athenischen Jugend durch seine fortschrittlichen religiösen Auffassungen angeklagt, in Anwesenheit seiner Freunde den Schierlingsbecher leerte. Die Sonne sei hinter Salamis untergegangen, als er starb. »Wir schulden dem Asklepios einen Hahn, opfert ihn und versäumt es nicht!« waren seine letzten Worte. Ihm lag an der Gabe für den Heilgott und an dem Befolgen von Brauch und Sitte. Ob er damit auch – in der paradoxen Weise, die er liebte – sagen wollte, daß letzten Endes der Tod die Heilung für das Leben sei? △

Hinter den Hügeln erstreckt sich die völlig bebaute Ebene bis zum Meer. Noch vor hundert Jahren zogen hier Kamelkarawanen langsam ihres Weges, die Waren für Athen aus Piräus brachten. Jenseits der rauchenden Fabrikschornsteine in der Hafengegend verliert sich der Bergzug des Aigáleon zur Küste hin, und die Insel Salamis erhebt sich aus der Bucht. Auf der anderen Seite des Saronischen Golfes richtet die Insel Aigina den Kontur ihres kegelförmigen Gipfels gegen den Hintergrund zerklüfteter Bergzacken, zu denen die einstmals vulkanische Masse der Halbinsel Méthana erstarrt ist.

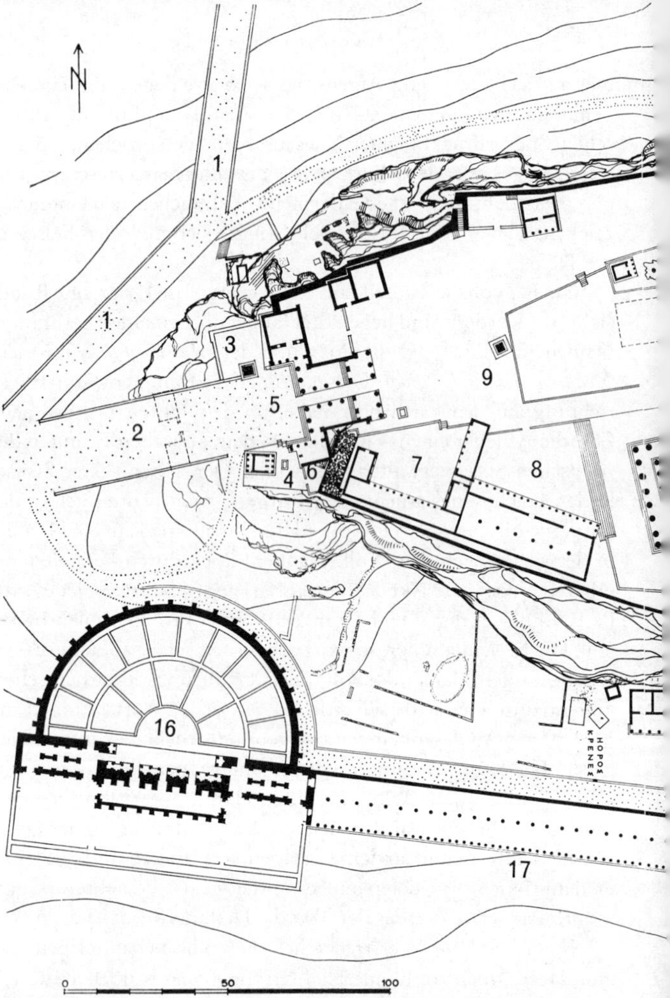

3 Athen. Die Akropolis und die Bauten an ihrem Südhang im 2. Jh. nach Chr.

1 Weg der Panathenäen - 2 Beulé-Tor - 3 Agrippa-Monument - 4 Tempel der Athena Nike - 5 Propyläen - 6 Pelasgische Mauer - 7 Bezirk der Artemis Brauronia - 8 Chalkothek - 9 Athena Prómachos - 10 Parthenon 11 Erechthéion - 12 Altar der Athena - 13 Heiligtum des Zeus Políeus

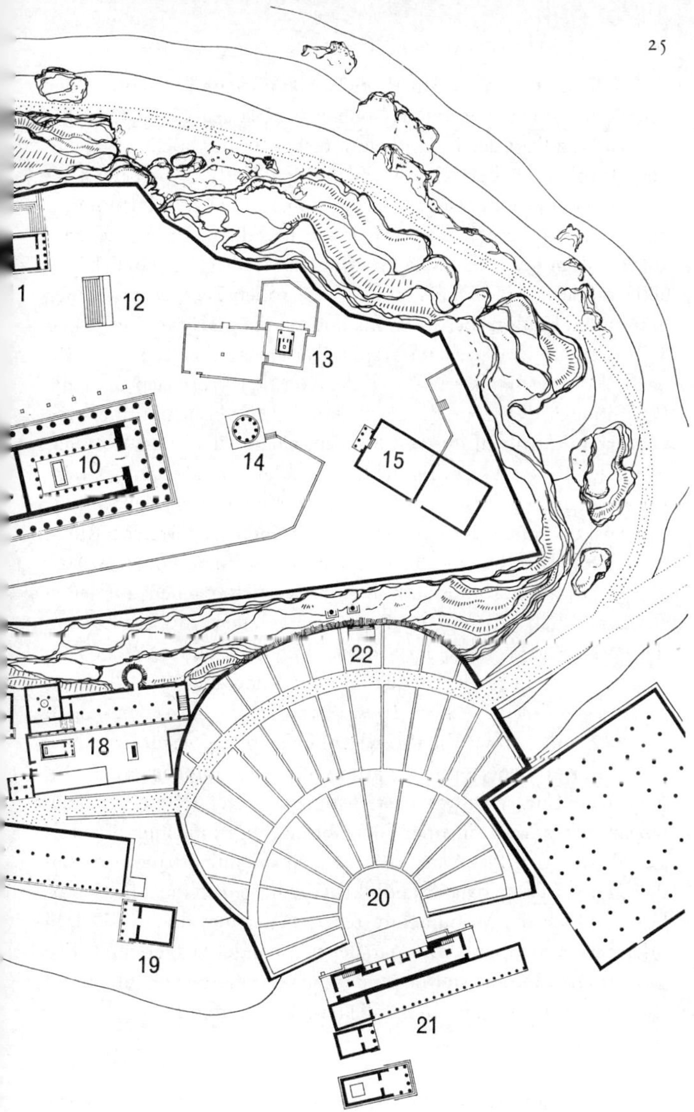

14 Roma und Augustus-Rundtempel - **15** sog. Werkstattbau - **16** Odéion des Herodes Attikus - **17** Stoa des Euménes - **18** Asklepiéion - **19** Nikias-Denkmal - **20** Dionysos-Theater - **21** Dionysos-Heiligtum - **22** Denkmal des Thrasyllos.

Wir kehren nun zu den Propyläen zurück und treten aus der östlichen Säulenhalle auf das offene Felsplateau der Akropolis. Zur Linken liegt das Erechtheion, rechts auf der höchsten Stelle, den Burgberg beherrschend und krönend, erhebt sich der Parthenon. Hier gibt es keinerlei Vegetation, nur Felsen, Marmor und darüber den Himmel. Wie oft hat man alles doch schon gesehen – auf Abbildungen. Aber auf eines war man vielleicht doch nicht gefaßt: auf das körperliche Volumen des großen Tempels mit seiner berühmten honigfarbenen Patina und auf die prachtvoll gelassene Selbstsicherheit, die er ausstrahlt. Pausanias beschrieb im 2. Jh. nach Chr. den ›Heiligen Weg‹, der von den Propyläen über die Burghöhe zur Ostseite des Parthenon lief. Er berichtet über eine verwirrende Anhäufung von Statuen, Denkmälern und Votivgaben. Nichts davon ist übrig geblieben außer verwitterten Sockeln. Im gewachsenen Felsen entdeckt man zudem mancherlei Spuren: die Auskehlungen der antiken Wasserrinnen; abgetretene Rillen im harten glatten Stein, die Pferde und Opfertiere vor dem Ausgleiten bewahren sollten; erhöhte oder vertiefte Stellen, auf denen sich die Säulen vergangener Tempel und Hallen erhoben. Etwa in der verlängerten Achse der Propyläen und auf halbem Wege zum Parthenon steht noch das quadratische Fundament für Pheidias' gigantische *Bronzestatue der Athena Prómachos,* die etwa ebenso hoch gewesen sein soll wie die Propyläen. Die Göttin, gestützt auf eine Lanze mit goldener Spitze, war in voller Rüstung dargestellt. Im 6. Jh. nach Chr. schaffte Kaiser Justinian sie nach Konstantinopel, wo sie später (1203) in einer Feuersbrunst zugrunde ging. Die Pilger, die aus den Propyläen heraustraten, konnten damals sowohl den Tempel als auch das Standbild der Athena mit einem Blick umfassen. Doch die Monumente stehen weder hier noch in Delphi oder auch Olympia betont parallel aufeinander ausgerichtet. Die griechischen Baumeister bemühten sich um Ausgewogenheit und Symmetrie, nicht aber um Parallelität, die in ihren Augen eintönig war.

Im Tempel der ›Athena Polías‹, der Beschützerin Athens, verehrte man die Göttin als ›Athena Parthénos‹, die ›jungfräuliche Athene‹. Die Bezeichnung *Párthenon* wurde erst im Laufe des 4. Jhs. vor Chr. für den ganzen Bau gebräuchlich. Der Tempel steht auf den Resten eines früheren, der von den Persern am Vorabend der

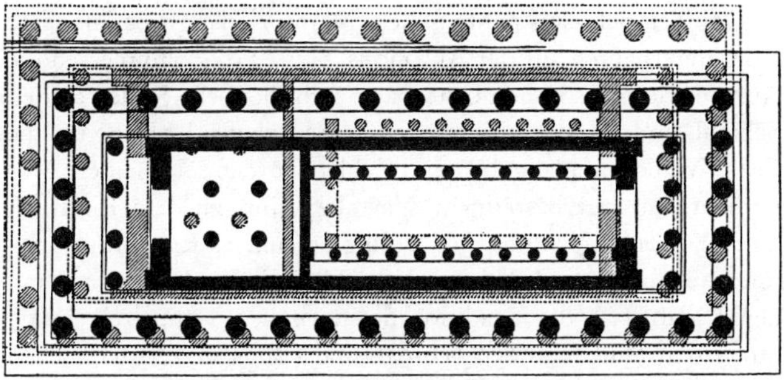

4 Athen, Akropolis. Der ›Vor-Parthenon‹ (schwarz) im Verhältnis zum perikleischen Bau (gestrichelt).

Schlacht von Salamis (480 v. Chr.) niedergebrannt wurde. Den neuen Tempel ließ Perikles errichten und berief 447 vor Chr. Íktinos als leitenden Baumeister, dem Kallíkrates zur Seite stand. Pheidias, den bedeutendsten Bildhauer, beauftragte er mit dem Skulpturenschmuck. Um die riesigen Kosten aufbringen zu können, griff er sogar die alljährlichen Beiträge der verbündeten Stadtstaaten zur gemeinsamen Verteidigung an. Seine Pläne waren die ehrgeizigsten und baukünstlerisch kühnsten, die bislang in Angriff genommen worden waren. Wegen seiner Kostbarkeit wurde der Bau, der natürlich in erster Linie eine religiöse Kultstätte war, auch schon bald als ein Schatzhaus des Staates angesehen, wo man Goldbarren, Urkunden und Weihgaben von besonderem Wert bewahrte.

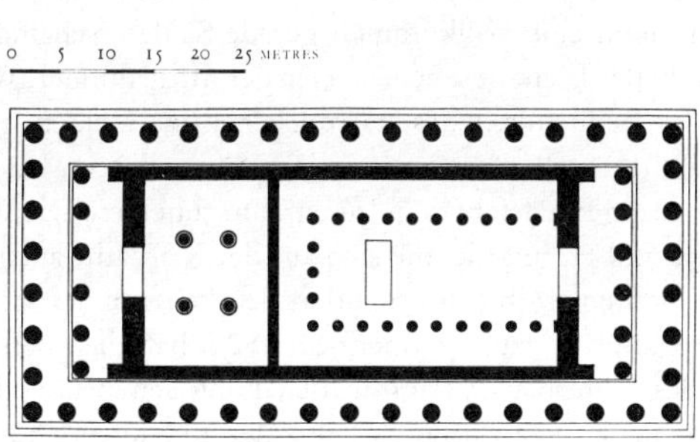

5 Athen, Akropolis. Parthenon. Grundriß des perikleischen Baus (447-432 v. Chr.).

Der Tempel – aus pentelischem Marmor – ist größer als seine Vorgängerbauten auf der Akropolis. Etwa 31 x 70 m messen die Außenkanten des hohen Unterbaus. Acht dorische Säulen an den Schmal- und 17 an den Langseiten begrenzen den Umgang um die Cella. Weitere Maßangaben und Zahlen würden seine äußere Monumentalität nur bestätigen. Was aber führt zu dem Eindruck innerer Monumentalität und Vollkommenheit? Eine Antwort – unter sehr vielen möglichen – läßt sich finden, sobald man daran denkt, daß nach der Tradition der dorischen Tempel eigentlich nur 6 x 13 Säulen an den Schmal- und Langseiten hätten stehen dürfen. Stellt man sich dies räumlich vor, so wären die Stützen auf dem großflächigen Unterbau zu ungeheuerlicher Wucht und Schwere angewachsen. Wie leicht dagegen nehmen zum Beispiel die acht Säulen der Schmalseiten die mächtigen Giebel auf! Man hat also Proportionen neu gegliedert, hat nicht schematisch alle Maße einfach vergrößert, sondern hat die senkrechten Bauglieder vervielfältigt. Sie antworten den mächtigen Waagerechten des Baues als eine vollkommen bemessene und ausgewogene Gegenkraft.

Je mehr Einzelbeobachtungen uns fesseln, je tiefer sie zu den Details führen, umso staunenswerter wird die große, geschlossene Wirkung des Ganzen. Ein weiteres Beispiel: eine leichte Schwellung des Säulenschaftes bewahrt den Blick davor, allzu schnell, den Kanneluren folgend, nach oben zu gleiten. Sie läßt das Auge vielmehr an der Säule auf und ab wandern und dabei einen Gewinn an Volumen und Elastizität empfinden. Diese so überaus bedeutsame ›Entasis‹ soll, so sagt Vitruv, eine optische Täuschung berichtigen, denn eine vollkommen gerade Säule erscheine, gegen strahlend helles Licht gesehen, stets in der Mitte dünner. Wie auch immer, das Bedürfnis, jedes starre Element zu meiden, erstreckt sich bis auf die Stellung jeder einzelnen Säule, deren Mittelachsen sich am ganzen Bau leicht dem Innenraum zuneigen. Die Wirkung von Kraft und Harmonie, die sich aus der Kurvatur auch waagerechter Fluchten ergibt, ist besonders deutlich von den Enden des Säulenumgangs her zu erkennen: Der Stylobat, die oberste Quaderlage des Unterbaus, steigt an den Längsseiten um 11 cm bis zur Mitte an. Es kann folglich keine der 46 Säulen genau gleich hoch sein wie die ihr benachbarten. Diese Kurvaturen, äußerste bautechnische Feinheiten, wiederholen sich auch am umlaufenden

6 Athen, Akropolis. Anordnung des Skulpturenschmucks am Parthenon. Aufriß der Nordostecke.

Architrav und dem Geison, dem das Dach oder den Giebel aufnehmenden, vorspringenden Gesims, deren Waagerechten zur Mitte hin allmählich ansteigen und dann wieder abfallen. Tatsächlich gibt es am ganzen Bau kaum eine wirklich gerade Linie. Aber das eben führt zu jenem Gesamteindruck von außerordentlicher Vitalität. Nur die wenigsten Steinquadern konnten genau rechteckig oder mit rechtwinklig aneinanderstoßenden Flächen geschnitten beziehungsweise behauen werden. Bei der Ausführung dieser unglaublich komplizierten Arbeit haben die Steinmetzen außer ihrem hohen handwerklichen Können oft wohl auch eine unendliche Geduld beweisen müssen. Doch die dem ungeschulten Auge nahezu unsichtbare ›Entasis‹ bewirkt, daß das Bauwerk plastisch lebt, wie organisch aus der natürlichen Erderhebung herauswächst.

Den *Skulpturenschmuck* führten Pheidias und seine Schüler aus. Er bestand aus dem 175 m langen ionischen Fries, der an den Außenmauern der Cella-Lang- und Schmalseiten entlanglief; aus 92 Metopen (dem dorischen Fries) zwischen Architrav und Geison an den Tempelaußenseiten und aus den herrlichen Plastiken in den beiden großen Giebelfeldern. Skulpturen und Reliefs waren bemalt »mit Farben, die man sich nun nicht mehr in der starken Buntheit archaischer Bauten, sondern gemäß den Errungenschaften der großen zeitgenössischen Malerei feinfühlig aufeinander abgestimmt zu denken hat. Das Herrschende blieb der transparente Schmelz des Marmors.« (G. Gruben)

Die Themenkreise der Darstellungen entfalteten sich gleichsam auf drei verschiedenen Ebenen und umfaßten die Ordnung der Welt, in der die Griechen des 5. Jhs. vor Chr. lebten und beheimatet waren. Der Gesamtentwurf des Pheidias verschmolz die sich steigernden kultischen und religiösen Inhalte mit einer natürlichen Stufenfolge der künstlerischen Mittel. Sie beginnt mit dem ionischen Fries, der als Band die Fläche der Cella-Außenwand loben säumt und mit gebührender Bescheidenheit hinter dem traditionellen Schmuck des Tempeläußeren zurücktritt. In flachem Relief ist der Zug der Panathenäen geschildert. In größeren Proportionen und als Hochrelief, umrahmt von den kräftigen Gliedern des Gebälks, agieren die heroischen Figuren der Metopen. »In den Giebeln endlich wuchsen die Götter in rundplastischer Gestalt zu gewaltiger Monumentalität« (G. Rodenwaldt). Kein anderer Tempel war bislang so reich und auch so sinn-reich geschmückt worden.

Betrachten wir zuerst den *ionischen Fries*. Diese unterste der ›Ebenen‹ ist den Sterblichen vorbehalten, die hier zum erstenmal als anonyme Menge Gegenstand der Darstellung an einem Tempel sind – natürlich nicht um ihrer selbst, sondern um des übergeordneten Themas willen, dem der Huldigung und Anbetung. Die *Großen Panathenäen* zu Ehren der Schutzgöttin wurden alle vier Jahre – jeweils im dritten Jahr zwischen den Olympiaden – veranstaltet. Sie dauerten mehrere Tage, in denen Wettkämpfe, Spiele, Opfer, Hahnenkämpfe, Fackelwettläufe, Rezitationen und musikalische Wettbewerbe stattfanden. Höhepunkt war die hier dargestellte große Prozession, bei welcher der ›Heilige Peplos‹, ein safranfarbenes Gewand, von athenischen Jungfrauen gewebt und mit Darstellungen des Kampfes zwischen Göttern und Giganten reich bestickt, zum Tempel der Göttin gebracht wurde. – Der Fries zeigt Menschen aus allen Schichten der Bevölkerung, wie sie zu Fuß, zu Pferd und im Kampfwagen einander folgen. Flötenbläser, Führer der Opfertiere, Knaben und junge Männer, einige in Rüstung, ältere Bürger mit Olivenzweigen und vornehme Jungfrauen mit Körben voller Opfergaben, sie alle begannen den Festzug beim größten der Athener Stadttore, dem Dípylon. Er endete vor dem Erechtheion, wo das alte, hölzerne Kultbild der Göttin mit dem Peplos bekleidet wurde. Teile des Frieses sind, obwohl beschädigt, heute noch an der Westseite des Tempels zu sehen. In den Reitergruppen scheinen die aufbäumenden Pferde sich temperamentvoll dem Zügel der jungen Reiter zu widersetzen. Der Blickwinkel ist nicht ganz bequem, denn der Fries befindet sich etwa 13 m über dem Betrachter, der Mühe hat, innerhalb des schmalen Säulenumgangs zurückzutreten. Ursprünglich, als die Kassettendecke noch auflag, muß er in tiefem Schatten gelegen haben. Man kann nur tun, was wohl auch die alten Griechen taten, nämlich den Kopf stark zurücklegen und mit verrenktem Hals ein etwas verzerrtes Bild dieses faszinierend bewegten Teils der Prozession in sich aufnehmen. Die Details betrachtet man allerdings mit größerem Gewinn auf Abbildungen oder auf erhaltenen Platten, die sich im Akropolis-Museum, zum größten Teil jedoch im Britischen Museum in London befinden.

Von der Darstellung der Menschen auf dem ionischen Fries wenden wir uns dem Themenkreis der nächsten Stufe zu, dem *dorischen Fries* an den Außenseiten des Tempels. Er bildet ein Band aus reliefgeschmückten Metopen – rechteckigen Platten, die mit zweifach senkrecht eingekerbten Triglyphen-Platten abwechseln. Hier hat man die Kämpfe vor Augen, in die Götter und Heroen mit den Giganten, den Kentauren und den Amazonen verwickelt waren. Bei der Gestaltung dieser Reliefs hatten wohl verschiedene Bildhauer freiere Hand. Die künstlerische Qualität ist daher unterschiedlich. 41 Metopen sind an ihrer ursprünglichen Stelle fast bis

7 Athen, Akropolis.
Der Ostgiebel
des Parthenon.

zur Unkenntlichkeit verwittert. Andere, besser erhaltene Metopen befinden sich im Britischen Museum und im Louvre; eine bewahrt das Akropolis-Museum.

Schließlich gelangen wir zu dem obersten Bereich, den *Giebeln*, die nicht nur die tektonische Krönung des Bauwerkes waren, sondern auch der Raum für die Schilderung des in der attischen Glaubensvorstellung wichtigsten religiösen Geschehens. Beide Giebelfelder waren Athena, der Herrin des Tempels, geweiht. Im Ost-Tympanon war die Geburt der Göttin dargestellt, die »mit einem mächtigen Ruf, der Himmel und Erde vor ihr erzittern ließ«, wie es bei Pindar heißt, in voller Rüstung dem Haupt des Zeus entspringt. Im West-Tympanon stehen Athena und Poseidon im Wettstreit um den Besitz der Stadt.

Des alten Pheidias letzte große Aufgabe am Parthenon war die Schöpfung dieser Giebelskulpturen. »Das Schicksal hat ihnen so hart mitgespielt, daß wir nicht mehr die Größe des Ganzen, wohl aber die Kunst der einzelnen erhalten gebliebenen Gestalten bewundern können. Was noch im Westgiebel erhalten ist, die Gestalt des mythischen Königs Kekrops und der Tochter, die sich, erschüttert von dem Geschehen der Giebelmitte, an ihn schmiegt, ist jammervoll vom Wetter der Jahrtausende zerfressen. – Von den Gestalten der Athena und des Poseidon, die mit gewaltigen Bewegungen in der Giebelmitte aufeinanderstießen, ist zu wenig

8 Athen, Akropolis.
Der Westgiebel
des Parthenon.

übriggeblieben, um noch ein anschauliches Bild gewinnen zu können. Hier wie bei der Athenageburt des Ostgiebels ist uns in den seitlichen Figuren nicht die ungeheuere Leidenschaft der göttlichen Handlung selbst, sondern das Abklingen der Erregung erhalten, die die göttlichen und mythischen Zeugen jener Ereignisse erfaßt hatte. – Ob Pheidias eigenhändig einige der Figuren gemeißelt hat, wissen wir nicht, aber seinen Willen spüren wir in jeder Gestalt. – Große der inhaltlichen Bedeutung, objektive Größe der Form und Größe der künstlerischen Haltung sind hier in griechischem Sinne vereinigt. Klassisch ist die Monumentalität, die keiner Steigerung oder Vergewaltigung der Natur bedarf, sondern sich im Natürlichen vollendet, klassisch die Freiheit von jeglichem hieratischem Zwange, der die Kunst des alten Orients und des europäischen Mittelalters bindet.« (G. Rodenwaldt)

Als 1687 Morosini, der spätere Doge, mit einem venezianischen Heer die Akropolis belagerte, hinterbrachte ihm ein Deserteur, daß sich das türkische Pulvermagazin im Parthenon befinde. Der harte Kriegsmann zögerte nicht, militärischen Erfolg über das Geschick antiker Tempel zu stellen. Ein Volltreffer löste eine gewaltige Detonation aus, und nach den Propyläen, die ebenfalls als Munitionsdepot mißbraucht und durch die Zündung eines Blitzschlages zerstört wurden, stürzte nun auch der Mittelteil des Parthenon ein. Nicht genug damit. Als Morosini die Stadt erobert

hatte, wollte er unbedingt die Pferde des Poseidon mitnehmen, die noch im Westgiebel waren. Er beauftragte unerfahrene Arbeiter, sie herunterzuholen, was nicht nur mißlang, sondern durch Ungeschick auch noch weitere Plastiken zum Absturz und Zerschellen brachte. Man unternahm keinen Versuch, die Skulpturen wieder zusammenzusetzen, und ein Teil fand schließlich den Weg in einen türkischen Kalkbrennofen.

Gegen Ende des 18. Jhs. erteilte der Comte de Choiseul-Gouffier, ein französischer Diplomat und Philhellene, seinem Beauftragten in Athen, Monsieur Fauvel, Weisung, alles fortzuschaffen, dessen er habhaft werden konnte. Zu diesem Zeitpunkt nun betritt Lord Elgin, der britische Botschafter in Konstantinopel, den Schauplatz. Im Jahre 1801 erlangte er von der Hohen Pforte die Vollmacht, eine Anzahl bereits verstümmelter Skulpturen mit sich zu nehmen, die in Gefahr waren, weiteren, möglicherweise irreparablen Schaden zu erleiden. Diese Werke wurden vom Britischen Museum für 35000 Pfund angekauft. Die Gleichgültigkeit der Türken gegenüber den Kunstschätzen des Altertums war sprichwörtlich. Eine Rettungsaktion schien deshalb dringend geboten. Überdies lenkte Lord Elgins Eingreifen die allgemeine Aufmerksamkeit auf Griechenland – auch wenn Byron Lord Elgins Beauftragte als »klassische Diebe ohne jeden Skrupel« bezeichnete. Mag man darin eine »Rettungsaktion« oder schlichtweg »Vandalismus« erblicken –, seine Motive waren sicher sehr viel weniger skrupellos als die der Mächtigen vor ihm, die diese Meisterwerke als Beutestücke nur zu ihrem privaten Ergötzen mitnahmen. So hat schon im 17. Jh. Karl I. von England, der gute Plastiken liebte, seinen Botschafter in Konstantinopel beauftragt, ihm alle antiken Statuen, die er nur finden konnte, zuzubringen. Erwiesen sie sich für den Transport als zu groß oder zu schwer, ließ der Botschafter kurzerhand ihre Köpfe abtrennen und nur diese nach England befördern. Das erklärt, wie ein griechischer Historiker meint, »warum es im Westen so viele schöne Köpfe und in Griechenland so viele kopflose Statuen gibt«. In der Tat sind kopflose Statuen ein nur allzu vertrauter Anblick in griechischen Museen, aber die schwerste Verantwortung hierfür trifft doch wohl die Goten und die späteren Eroberer.

Forderungen an das Britische Museum, die Parthenonskulpturen zurückzugeben, werden von Zeit zu Zeit in Athen mit peinlicher Beharrlichkeit laut – wie beharrlich, hängt vom jeweiligen Stand der britisch-griechischen Beziehungen ab. Das ist durchaus verständlich. Es wäre schon großartig, die Londoner Schätze – Friesplatten, Metopen und Giebelfiguren – wieder an ihrem ursprünglichen Platz bewundern zu können. Aber wenn die Gelehrten anderer Länder – wie oft zu hören ist – Lord Elgin als eine Mischung aus Nero, Alarich und Göring bezeichnen, so sollte man zuerst vielleicht einmal erwägen, welches Volk es sich leisten kann, ein anderes bei der Frage nach der Herkunft seiner Kunstsammlungen mit Steinen zu bewerfen. Die Marmorskulpturen von Aigina wurden zwölf Jahre, nachdem Lord Elgin mit dem Abtransport der Parthenon-Skulpturen begonnen hatte, vom damaligen Kronprinzen Ludwig von Bayern für die Glyptothek in München erworben (1813). Weder der Marquis de la Rivière noch Monsieur Champoiseau hatten die geringsten Gewissensbisse, als sie die ›Venus von Milo‹ und die ›Nike von Samothrake‹ nach Paris schafften, wo sie zu den Herrlichkeiten des Louvre gehören, wobei Champoiseau für den Abtransport der Nike weder die Ermächtigung der Behörden der unter türkischer Herrschaft stehenden Insel besaß, noch für das Kunstwerk bezahlte.

Die riesige *Cella des Parthenon* steht jetzt zum Himmel offen. Durchschreitet man sie von Ost nach West, so betritt man zuerst den ›Pronaos‹, die äußere Vorhalle, erreicht dann den ›Naos‹, den Cella-Hauptraum, in dem sich die berühmte, etwa 11 m hohe *Gold-Elfenbein-Statue der Athena Parthénos* des Pheidias befand. Im Widerschein des durch die große Türe einflutenden Lichtes wirkte sie in ihrer kostbaren Monumentalität wahrscheinlich sehr unnahbar und furchtgebietend. Sodann folgt die ursprünglich als ›Parthenon‹ bezeichnete Kammer der jungfräulichen Priesterinnen, wo auch die Schätze aufbewahrt wurden – ein nicht ungewöhnliches Nebeneinander von Religion und Staatsschatulle. Schließlich entspricht der ›Opisthodom‹, eine Halle im Westen, dem Pronaos im Osten.

Im 5. Jh. nach Chr. wurde der Tempel in eine *christliche Basilika* umgewandelt, die Maria, der Mutter Gottes geweiht war – Spuren der Bemalung sind noch an der westlichen Cella-Innenwand zu sehen –, und Pheidias Statue der Göttin schaffte man nach Konstantinopel. – Nur zwei byzantinische Kaiser haben im Laufe ihrer Regierungszeit Athen aufgesucht. Kaiser Konstans II. wählte 662 die Stadt als Winterquartier auf seiner Reise nach Sizilien. Kein Bericht gibt Auskunft, wo er wohnte, was er unternahm, ob ihm der Ort nur praktisch gelegen war, oder ob neuer Glanz in den alten Mauern aufleuchtete durch die Anwesenheit eines Kaisers. – Anderem Impuls entsprang die Reise von Basíleios II. im Jahre 1018. Der einstmals hochberühmten und nun nahezu in Vergessenheit geratenen griechischen Hauptstadt wollte er durch seinen Besuch Ehre erweisen und sich dort selbst als Bezwinger der slawischen und bulgarischen Invasoren feiern lassen. Diesmal widmen die byzantinischen Geschichtsschreiber dem für Athen bedeutsamen Ereignis ihre Aufmerksamkeit, wenn auch nur mit kurzer Notiz. Sie erwähnen es aber jeweils, daß der Kaiser die ›Marienkirche‹ im Parthenon aufsuchte, dort Dankgebete sprach und ihr wertvolle Weihgeschenke aus der Bulgarenbeute zurückließ. Eine goldene Taube als Symbol des Heiligen Geistes und besonders eine goldene Ewige Lampe wurden als Meisterwerke des Kunsthandwerks bestaunt.

Nach dem Eindringen der Franken in Griechenland im Jahre 1204 wurde aus der byzantinischen eine *römisch-katholische Kirche*. Zweieinhalb Jahrhunderte später, nach dem Fall von Konstantinopel (1453), erhielt Athen den Besuch des Eroberer-Sultans Mehmed II. Er war ein intelligenter, anspruchsvoller, aber auch grausamer Mann, ein glänzender Heerführer und Staatsmann, der fünf Sprachen beherrschte und gut in der Geschichte bewandert war. Wir besitzen viele Porträts von ihm, das bedeutendste stammt vermutlich von Gentile Bellini (in der National Gallery London), den die feingeschnittenen Züge mit der langen gebogenen Papageiennase fasziniert haben müssen. Nach der Besetzung Griechenlands gab er ein entscheidendes Beispiel für Toleranz im religiösen Bereich, die – abgesehen von wenigen kurzen Zwischenfällen heftigster Verfolgung – während der jahrhundertelangen türkischen Herrschaft aufrechterhalten wurde. Aber der Versuchung, den Parthenon in eine *Moschee* umzuwandeln (1460), konnte er doch nicht widerstehen. Später wurde sogar noch ein Minarett angefügt. Vom Islam beansprucht stand der Tempel dann bis zur Morosini-Explosion im 17. Jh. Während des griechischen Unabhängigkeitskrieges erlitt er weitere Beschädigungen und erst in unserem Jahrhundert war der Wunsch nach einer Restaurierung so zwingend geworden, daß man sie ernsthaft in Angriff

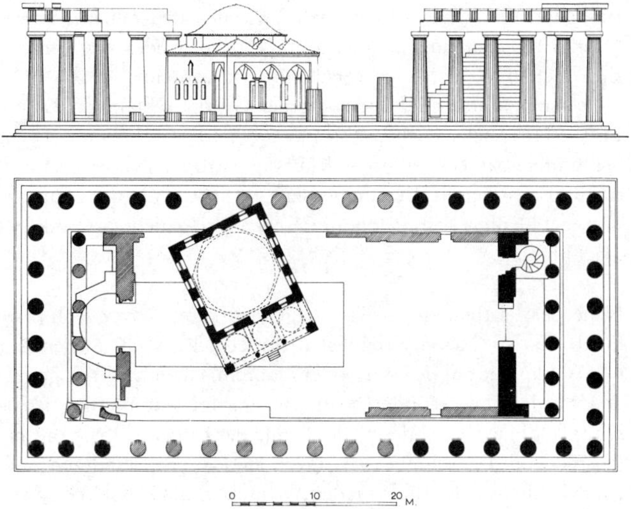

9 Athen, Akropolis. Byzantinische Kirche und Moschee innerhalb des Parthenon. Rekonstruierter Grund- und Aufriß.

nahm. Was an Säulentrommeln, Kapitellen, Architrav-Bruchstücken vorhanden war, konnte nach sehr genauen Untersuchungen durch griechische Archäologen wieder seinen ursprünglichen Platz an dem Bauwerk finden. 1930 waren die Arbeiten mit der Aufrichtung der nördlichen Säulenhalle beendet. Dank dieser großen Sorgfalt ist also trotz Belagerung, Entweihung, Plünderung und Zerstörung der Tempel aus der großen Zeit des Perikles wiedererstanden. Die unvergleichlich subtile Ausgewogenheit der Proportionen ist nach so vielen Jahrhunderten wieder erfaßbar und zeugt bis heute von der griechischen Vorstellung eines künstlerisch vollendeten Werkes.

Vom Parthenon erfaßt der Blick die gesamte attische Ebene, über der sich ein großes Schauspiel ereignet, sobald bei Sonnenuntergang das berühmte ›veilchenfarbene‹ Licht über die kahlen Hänge des Hymettos wandert und für einen kurzen Wunderaugenblick Stadt und Land in sein Glühen taucht. Im Sommer ist die Akropolis während des Vollmonds an vier aufeinanderfolgenden Nächten von 21 Uhr bis mitternachts geöffnet. Dann sieht man

Besucher, die wie auf Lichtinseln zwischen den reflektierenden Marmorblöcken einherwandern, um alsbald wieder von den riesigen Schatten der Säulen verschluckt zu werden.

Verschwunden sind leider die der Göttin geheiligten Eulen. Ihr Geschrei hatte noch Lysístrata und ihre Freundinnen aus dem Schlummer geweckt, als sie sich auf der Akropolis verbarrikadierten und das weitere Beisammensein mit ihren Männern zurückwiesen, ehe diese dem Peloponnesischen Krieg nicht ein Ende gemacht hätten.

Nahe der Parthenon-Ostseite steigt man zum *Akropolis-Museum* hinab. Es ist eines der schönsten Museen der Welt und enthält nur Werke, die auf der Burg oder in ihrem nahen Umkreis gefunden wurden; im besonderen eine einzigartige Sammlung griechischer Bildhauerkunst des 7., des 6. und des frühen 5. Jhs. vor Chr. Plastik und Bauschmuck ergänzen und vervollständigen aufs Eindrücklichste das Bild von der Architektur des klassischen Zeitalters, das sich uns im Freien geboten hat.

In der Eingangshalle begrüßt uns eine große ›Eule der Athene‹ (Nr. 1347) und links davon ein bezauberndes, aus dem 4. Jh. vor Chr. stammendes Flachrelief (Nr. 1338) mit acht Jünglingen, die sich anschicken, einen Waffentanz aufzuführen. Von hier gehen wir nun am besten im Sinne des Uhrzeigers durch die Räume. In *Raum I* interessiert das früheste der bisher in Griechenland aufgetauchten Giebelfelder (Nr. 1) aus dem 6. Jh. vor Chr., das zu einem später zerstörten Schatzhaus gehörte. Das Material ist bemalter Tuffstein. Spuren von Rot, Grün und Schwarz sind noch zu erkennen, und dargestellt ist der Kampf des Herakles mit der lernäischen Hydra, deren neun Köpfe sich wie Greifarme eines Polypen auf unentwirrbar verschlungenen Hälsen winden. In *Raum II* verdichtet sich die kraftvolle Vorstellungswelt der frühen Zeit. Die Bruchstücke eines wesentlich größeren Giebelfeldes (Nr. 35) vom Ur-Parthenon des 6. Jhs. vor Chr. zeigen Herakles im Kampf mit dem Triton, dem ein dreiköpfiges Ungeheuer mit drei geflügelten Oberkörpern, die in Schlangenleibern enden, zusieht. Die Komposition ist voller Vitalität, der Ausdruck auf den drei Gesichtern ausgesprochen vergnügt. – Im ›Moschophóros‹, dem ›Kalbträger‹ (Nr. 624), einem Mann, der das Opfertier zur Göttin trägt, begegnen wir einer attischen Statue aus Hymettosmarmor um 570 vor Chr. Die archaisch strenge und knappe Formensprache der Skulptur wird etwas gemildert durch die sanfte, geradezu liebevolle Weise, in welcher er das Kalb auf seinen Schultern trägt. Der Zusammenklang zwischen Mensch und Tier ist so vollkommen wie die Geschlossenheit des plastischen Ganzen.

Die bezauberndsten Werke sind jedoch in *Raum IV* versammelt. Zuerst der sogenannte ›Reiter Rampin‹ (Nr. 590), möglicherweise eine Arbeit des Phaidimos, des größten der archaischen Bildhauer im 6. Jh. vor Chr. Der Kopf ist allerdings ein Abguß des Originals, das der Louvre besitzt. Doch man empfindet fast ungeschmälert den Charme und die Lebhaftigkeit der mandelförmigen Augen und festen, ausdrucksvollen Lippen, auf denen das vertraute Lächeln spielt. Besonders dekorativ sind die kunstvollen, perlengleichen Locken auf der Stirn und die langen, wie Korallen aufgereihten gelockten Haarpartien, die hinter den großen Ohren herabfallen. Im Gegensatz zu der lapidaren Angabe von ›Bart‹ beim Kalbträger kräuselt sich das Haar des jungen Reiters unvergleichlich preziös um Wangen und Kinn, Ober- und Unterlippe sorgsam aussparend. Am eindrucksvollsten ist jedoch das monolithische Aufsteigen des Oberkörpers aus der Wespentaille – trotz der statuarischen Unbewegtheit ein vollkommenes Abbild natürlicher Anmut. – Im gleichen Raum sind die meisten der ›Koren‹ versammelt, Mädchenstatuen, entstanden zwischen 550 und 490 vor Chr., zum Wohlgefallen der Göttin und ihr im Heiligtum geweiht. Sie sind formstreng oder verspielt elegant, zierlich in ihrer Erscheinung und bei lebensvoll schwellender Plastizität straff oder doch gebändigt von dem starken Sinn der Archaik für formale Geschlossenheit. Auf den ersten Blick einander sehr ähnlich, variiert doch bei jeder einzelnen der Ausdruck aristokratischer Gelassenheit, zwangloser Haltung, innerer Unbefangenheit und Heiterkeit oder gezierter Eleganz. Eine Welt tritt uns entgegen, die mit dem Beginn der Perserkriege für immer zugrunde gehen sollte. Die ›Peplos-Kore‹ (Nr. 679) – so genannt, weil sie einen schweren wollenen ›Peplos‹, ein Übergewand, über ihrem leichten Unterkleid, dem ›Chiton‹ trägt – ist ein Meisterwerk attischer Bildhauerkunst des 6. Jhs. Zu beiden Seiten rahmen die Brust drei lange Haarlocken. Ihre dorische Tracht und dorisches Stilempfinden lassen die Figur fast blockhaft erscheinen, aber die Modellierung, besonders die des Kopfes, ist aufs wunderbarste gerundet. Der Gesichtsausdruck ist gebieterisch und empfindsam zugleich und erfüllt von einer Art unbeteiligter Glückseligkeit. Man wird dieses Werk wohl kaum ohne innere Bewegung betrachten können, selbst wenn man – wie auch vor anderen archaischen Plastiken – anfangs betroffen war von der herben Verhaltenheit.

Ähnlich erging es auch Hugo von Hofmannsthal, als er 1908 das Museum besuchte: »Ich überschritt noch eine Schwelle und betrat den dritten Raum ... Statuen sind um mich, fünf, jetzt erst wird mir ihre Zahl bewußt, fremd stehen sie vor mir, schwer und steinern, mit schiefgestellten Augen. Groß sind ihre Gestalten; aufgebaut – tierhaft oder göttlich – aus überstarken Formen; ihre Gesichter sind fremd; geschürzte Lippen, erhabene Augenbogen, mächtige Wangen, ein Kinn, um das das Leben fließt; sind es noch menschliche Mienen? Nichts an ihnen spielt auf die Welt an, in der ich atme und mich bewege. Ist nicht in diesen zweideutig lächelnden Larven ein lauerndes Herüberblicken von drüben? und zugleich eine ganz momentane und gegenwärtige Drohung, wie von einer Atmosphäre, die sich zusammenballt? Stehe ich nicht vor dem Fremdesten vom Fremden? Blickt hier nicht aus fünf jungfräulichen Mienen das ewige Grausen des Chaos? – Aber, mein Gott, wie wirklich sind sie. Sie haben eine atemberaubende sinnliche Gegenwart. Aufgebaut wie ein Tempel hebt sich ihr Leib auf den herrlichen starken Füßen. Ihre Feierlichkeit hat nichts von Masken: das Gesicht empfängt seinen Sinn durch den Körper. Es sind mannbare Frauen, Bräute, Priesterinnen. In ihren Mienen ist nichts als die Strenge der Erwartung, die erlesene Kraft und Hoheit ihrer Rasse, ein Wissen um den eigenen Rang. Was sie starr erscheinen macht, ist die Beklommenheit eines erhabenen Festes, sie nehmen an Dingen teil, die über jede gemeine Ahnung sind. – Wie schön sind sie! Ihre Körper sind mir überzeugender als mein eigener. Es ist in dieser geformten Materie eine tiefsinnigere Belehrung, als ich je von meinen Gliedern empfangen habe. Es ist eine Intention in ihr, so stark, daß sie auch mich spannt. Ich habe nie zuvor etwas gesehen wie diese Maße und diese Oberfläche. Schien nicht für ein Wimperzucken das Universum mir offen?«

Unter den anderen Koren sind Nr. 685, 674, 675, 682 und 686 besonders prätentiös und grazil in ihrer ionischen Gewandung: dem oft von der einen Hand geschürzten Chiton, dessen zarte Falten dann in diagonalem Fall die Körperformen umspielen; und dem Himation, einem großen rechteckigen Tuch aus schwererem Stoff. Es wurde, die eine Schulter freilassend, an zwei seiner Enden auf der anderen zusammengehalten und fiel faltenreich und sorgfältig drapiert in reizvoll unterschiedlicher Länge herab. – Meisterwerke der Zeit um 500 vor Chr. sind zudem der ›Jagdhund‹ (Nr. 143), ein hageres, nervig gespanntes Tier auf der Spur hinter seiner Beute; und das kleine Pferd (Nr. 700), das nicht weniger stolze Sicherheit zur Schau trägt als die jungen Mädchengestalten. Leider ist von dem Reiter nur sein linkes Bein und der rechte Oberschenkel erhalten. – *Raum V* wird von der überlebensgroßen ›Kore des Anténor‹ (Nr. 681) beherrscht, die um den Anteil kolossaler ist, der ihren Schwestern in Raum IV an äußerer Monumentalität fehlt.

Beim Betreten von *Raum VI* wird einem plötzlich eine Veränderung, ein Bruch mit der Vergangenheit, bewußt: Wir sind nun im 5. Jahrhundert. Das archaische Lächeln ist verschwunden, und Gemütsbewegungen beginnen sich in Gestik und nachdenklichem Ausdruck zu spiegeln. Am auffallendsten ist der Wandel der Geisteshaltung, ist das Aufscheinen einer ›Stimmung‹ bei dem ›Kritios-Knaben‹ (Nr. 698), der um 480 vor Chr. entstand und gegen Ende des 19. Jhs. auf der Akropolis in der Schuttschicht gefunden wurde, in die man nach 479 vor. Chr. die von den Persern zerstörten Kunstwerke eingebettet hatte. Eine mühelose Ausgeglichenheit der Haltung ist an die Stelle der angespannten Förmlichkeit der Frontalstellung getreten. Die Spannung hat sich gelockert. Es scheint, als habe der ›Kritios-Knabe‹ in den Wirren der Zeit und nach dem Sturz der Peisistratiden auch die heitere Unbeschwert heit verloren. – Eine kleine Flachreliefplatte (Nr. 695) zeigt die berühmte ›Trauernde Athene‹ (um 460 vor Chr.). Das Gefühl hat die Bande eines geschlossenen Körperumrisses durchbrochen, und die Gliedmassen lösen sich geschmeidig. Auch hier gewahren wir das neue Empfinden für Gewichtsverteilung: der Körper der Göttin, die sich auf ihren Speer stützt, ist leicht vornüber geneigt, das linke Spielbein um weniges zurückgesetzt, nur Zehen und Fußballen berühren den Boden. – Auch der ›Blonde Kopf‹ (Nr. 689), etwa zwanzig Jahre früher entstanden, zeugt durch die individuelle Haltung und die inneren Ernst ausstrahlenden Züge von der neuen Bewußtheit des Ich; ein meisterliches Werk des ›Strengen Stils‹ aus der Zeit des Übergangs zwischen Archaik und Klassik.

Raum VIII enthält Teile des Parthenon-Frieses, hinreißende Beispiele einer in Bewegung befindlichen Menge, drängend, voller Kraft und Lebendigkeit – (man achte darauf, wie kunstvoll sich die Bildebenen in dem flachen Relief staffeln!). Dargestellt ist auf den Platten: der Zug der Opferstiere (Nr. 857); junge Reiter (Nr. 862, 867, 868); Wasserträger (Nr. 964) und eine Gruppe der Olympier – Poseidon, Apollo und Artemis im Gespräch über einen Gegenstand, der ihr göttliches Interesse erregt (Nr. 856). – Ein Relief von der Balustrade des Nike-Tempels (Nr. 973) zeigt die berühmte ›Sandalenlösende Nike‹ (um 410 vor Chr.). Deutlich läßt der zarte Chiton-Stoff die Formen des schönen Körpers durchschimmern, um sie zugleich auch wieder einzuhüllen in die geheimnisvollen Schatten der fließenden Faltenstege. – Hilfreich ist die Rekonstruktion der Parthenon-Giebelfelder, um sich im Geiste die dramatische Wirkung vorstellen zu können, die diese Versammlung der Götter an den Stirnseiten des Tempels hervorgerufen haben muß. Schließlich sieht man im *Raum IX* ein schönes idealisierendes Porträt Alexanders des Großen (Nr. 1331) aus dem 4. Jh. vor Chr.

Nach dem Besuch des Museums erreicht man mit wenigen Schritten das moderne kleine Belvedere an der Ostspitze des Plateaus. Man versäume nicht den Blick auf die Ziegeldächer, Balkone und Dachgärtchen der bescheidenen, oft noch klassizistisch anmutigen, kleinen Häuser der Altstadt, die sich so hoch wie nur möglich am Hang hinaufdrängen. Ähnlich verschachtelt mögen die verarmten Hütten im Mittelalter – wir folgen jetzt der nördlichen Befestigungsmauer – unter dem Burgfelsen Schutz gesucht haben – mitten unter ihnen die leuchtend blauen Kuppeln der Kirche Hagios Nikólaos Rangavás aus dem 12. Jh. Als Michael Choniátes, ein byzantinischer Gelehrter, der in der hellenistischen Geisteswelt erzogen worden war und Griechenland liebte, als Erzbischof von Athen (1182-1204) diesen von verwahrlosten, unterernährten und ungebildeten Menschen bevölkerten Ort des Elends und Verfalls erblickte, rief er voller Kummer: »Ach, du Stadt Athen, Mutter der Weisheit! Zu welcher Unwissenheit bist du herabgesunken!«

Der Eindruck von Stadt und Bewohnern auf fremde Besucher muß tatsächlich beklagenswert und bewegend gewesen sein. Erinnern wir uns des großen Ereignisses, als etwa 200 Jahre zuvor Kaiser Basíleios II. Athen besuchte, und lassen wir eines der Bilder aus diesen Tagen an uns vorüberziehen: zum ersten Mal seit Jahrhunderten bewegte sich damals wieder eine feierliche Prozession –

sehr verschieden freilich von der panathenäischen mit der natürlichen Würde und Spontaneität ihrer Teilnehmer – durch die Propyläen zum Parthenon. Dem kaiserlichen Zug trat zur Begrüßung eine ungepflegte, verwirrte Geistlichkeit entgegen, die in volltönendem Singsang Schmeichelreden auf den Kaiser und pathetische Worte über die antike Glorie der Stadt von sich gab. Umgeben von seiner Waräger-Garde, der Leibwache flachshaariger Riesen aus Norwegen und Britannien, muß der Kaiser den verarmten und stumpf gewordenen Provinzlern wie eine Erscheinung der Phantasie vorgekommen sein: ein untersetzter Makedonier armenischer Abkunft, dessen hohe Krone mit goldenem Kreuz von einer diamantenen Kette unter dem Kinn gehalten wurde. Gelocktes graues Haar wuchs ihm auf den Wangen bis zu den Augen hinauf. Er trug die kaiserlichen purpurnen Halbstiefel und die ›Kasel‹, ein prunkvolles, von Gold und Edelsteinen glitzerndes liturgisches Obergewand über einer langen weißen Tunika. Ihm folgte der in feierlichem Ritual erstarrte byzantinische Hof, hohe geistliche Würdenträger in schwarzen Roben und bärtige Staatsbeamte – Richter, Strategen, Archonten – in purpur- und scharlachroten Gewändern. Welche Wandlung hatte sich während dieser Jahrhunderte in der Stadt der freien Bürger vollzogen!

Wenden wir uns wieder der antiken Welt zu. Vor uns erhebt sich das *Erechtheion*, für manche der heutigen Akropolis-Pilger das bedeutendste Kunstwerk innerhalb der Burgmauern. Der in den letzten Jahren des Peloponnesischen Krieges begonnene und 406 vor Chr. vollendete Bau steht auf seit alters geheiligtem Boden, vom Wirken der Götter gezeichnet und verehrt als Sitz des attischen Herrschergeschlechtes in mythischer Vorzeit.

Dieser Ort sah den Wettstreit zwischen Athena und Poseidon um die Herrschaft über Attika. Der Gott schlug seinen Dreizack in den Felsen und brachte augenblicklich einen salzigen Quell zum Sprudeln. An der Stelle dagegen, auf die Athena ihre Lanze aufsetzte, sproß allsogleich ein Ölbaum aus dem Boden. Das Schiedsgericht der olympischen Götter erkannte darin die den Menschen wertvollere Gabe und sprach Athena den Sieg zu.

Hier war es auch, wo das alte, ›vom Himmel gefallene‹ Kultbild der ›Athena Polías‹ aus Olivenholz verehrt und am Ende der Panathenäen mit dem ›Heiligen Peplos‹ bekleidet wurde.

Außerdem knüpft sich an diese Stelle der Kult um die frühesten attischen Könige, die schlangenleibigen Heroen Kekrops und Eréchtheus. Athena soll das Knäblein Eréchtheus (Erichthónios) den drei Töchtern des Kekrops in einem verschlossenen Korb anvertraut haben. Zwei der Schwestern, von Neugier verzehrt, öffneten ihn gegen das Verbot und wurden beim Anblick des schlangenfüßigen Kindes von solchem Schrecken erfüllt, daß sich ihr Geist verwirrte und sie im Wahnsinn über die Mauer in den Abgrund sprangen. Der dritten der Tauschwestern, Pandrósos, der ›All-Betauenden‹, bewahrte man das Gedächtnis in einem offenen kleinen Bezirk, dem Pandróseion – nahe dem Grab ihres Vaters Kekrops und dem heiligen Olivenbaum der Athena. – Einer anderen Version zufolge soll Poseidon den mythischen Herrn der

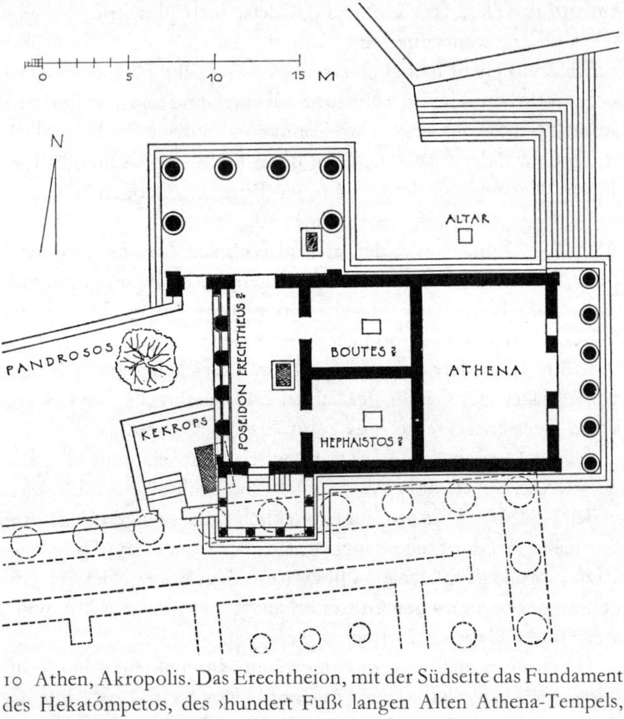

10 Athen, Akropolis. Das Erechtheion, mit der Südseite das Fundament des Hekatómpetos, des ›hundert Fuß‹ langen Alten Athena-Tempels, überlagernd.

Burg, Eréchtheus, im Zorn erschlagen haben. Doch nach dem Tode des Königs verschmolzen frommer Sinn und Mythos die einstigen Gegner zu der Gestalt des Poseidon-Eréchtheus, dessen Verehrung beider Gedenken wach hielt.

Es ist notwendig, sich vor diesem Bauwerk an die Vielfalt der kultischen und religiösen Bezüge zu erinnern, sich zudem das stark abfallende Niveau des gewachsenen Felsens an dieser Stelle zu vergegenwärtigen, um in dem Anlageplan und der Ausführung das Sinnvolle zu erkennen. Die komplizierte Gliederung und Verflechtung der Bauteile steht in scharfem Gegensatz zu der einheitlichen Großartigkeit des Parthenon: das *Erechtheion* steht tiefer und ist bedeutend kleiner als der große dorische Tempel. Beide liegen sich an der breitesten Stelle des Burgplateaus mit ihren Langseiten gegenüber – der kleinere Rechteckbau dicht an die nördliche Befestigungsmauer gerückt. Er hat keinen Säulenumgang, doch im Süden, Osten und Norden sind vor die Außenmauern Vorhallen gesetzt, jede sehr unterschiedlich in Ausführung, Bedeutung und Größe. Durch sie gewinnt das Bauwerk, gleichgültig von welcher Richtung man auf es zutritt, einen stets überraschenden, neuartigen, zuweilen verwirrenden Anblick.

Vor der langen geschlossenen Südwand steht die berühmte *Korenhalle*. Jedem natürlichen oder erworbenen Symmetriegefühl spottend, scheint sie wie willkürlich an die äußerste westliche Mauerkante geschoben. Doch an dieser Stelle ruht der dreistufige Unterbau nicht nur auf dem Stylobat des ›Alten Athena-Tempels‹, des sogenannten *Hekatómpetos,* des ›hundert Fuß‹ langen Porosbaus aus dem frühen 6. Jh. vor Chr. (Umbau gegen Ende des Jhs.) – er übergreift auch eines der ehrwürdigsten Fundamente der Burg, das Grab des Kekrops. Zudem führt eine kleine Tür in der Rückwand der Halle über schmale Stufen hinab in das tiefer gelegene Heiligtum des Poseidon-Eréchtheus. Dieser so eigenwillige wie anmutige Vorbau bezeugt und verlebendigt also an der vor dem Tempelhaus so ungewöhnlichen Stelle älteste Tradition.

Auf hohem Sockel erheben sich statt der Säulen sechs Mädchengestalten: vier in der Front und eine zu jeder Seite (die linke der beiden mittleren Koren ist eine Nachbildung, das Original im Britischen Museum). Die Mädchen tragen den Architrav und das flache Dach, abgefangen von einem mit ionischen Schmuckelementen verzierten Kapitell auf ihrem Haupt. Man ist versucht,

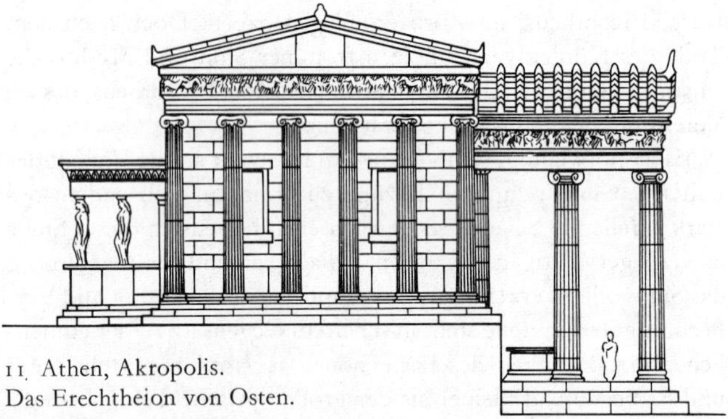

11. Athen, Akropolis.
Das Erechtheion von Osten.

bei der ungewöhnlichen Form an ein Behältnis – das für den Erichthóniosknaben? – zu denken.

Alle Koren sind mit dem langen Peplos bekleidet, der mit geraden, kannelurenartigen Falten ihr Standbein verhüllt: das rechte der drei westlichen, das linke der drei östlichen Koren. Der Betrachter wird bemerken, wie durch die strengen ungebrochen senkrecht fallenden Falten die Säulenfunktion der Karyatiden betont wird, und weiter feststellen, wie durch diesen kleinen Bewegungswechsel der äußere Kontur der Hallenarchitektur an Ruhe und Geschlossenheit gewinnt.

Die *östliche Vorhalle* dagegen fügt sich vollkommen den Erfordernissen eines Tempelhauses: die Reihe von sechs schlanken, eng kannelierten ionischen Säulen trägt den Giebel des über die östliche Schmalseite vorgezogenen Satteldachs. Die Basen stehen auf dem dreistufigen Unterbau, der als Stufenband auch an der südlichen Langseite und um die Korenhalle weiterläuft. Auf den Volutenkapitellen ruhten ionischer Architrav, Fries und Giebel, denen die Säulen – in der Halszone noch optisch gestreckt durch ein mit Blattornamenten geschmücktes Reliefband – förmlich entgegenwachsen. Durch diese hohe, elegante Vorhalle betrat man einen kleinen, fast quadratischen, cella-artigen Raum, das *Heiligtum der Athena Polías*. Der Lichteinfall durch zwei Fenster rechts und links der Tür ließ das alte hölzerne Kultbild der Göttin erkennen, daneben standen die immer brennende goldene Öllampe des Kallímachos und der bronzene Palmbaum, »dessen Blätter das Dach berührten«, wie Pausanias rühmt (technisch gesehen diente er als Rauchabzug). Die Rückwand der Cella war zugleich Trennwand zu den westlichen, dem Poseidon-Eréchtheus geheiligten Kammern und Räumen. Diese liegen, dem Felsniveau folgend, um 3 m tiefer und erforderten daher einen anderen Eingang. Man erreicht ihn über zwölf breite Treppenstufen auf der Nordseite. Beim Hinabsteigen empfindet man hier die machtvolle Schönheit dieses einzigartigen und völlig regelwidrigen Gebäudes, das die pelasgischen Kultstätten krönt. Die nördliche Längswand gewinnt durch diesen Geländeabfall 3 m an Höhe, wodurch die monumentalen Maße der Halle vor dem Eingang von dieser Seite aus möglich werden.

Ähnlich der Korenhalle im Süden ist auch die *Nordhalle* an das äußerste westliche Ende gerückt. Sie greift sogar über die Westkante der Mauer hinaus, um durch eine schmale Tür an ihrer Rückwand auch die offenliegenden Heiligtümer vor der Westseite – das *Pandróseion,* das *Kekrops-Grab* und den Bezirk von Athenas *heiligem Ölbaum* – einbeziehen zu können. Größer und höher als die anderen Vorhallen, gilt sie in ihren Proportionen und ihrem Schmuck als eines der vollkommensten Beispiele klassischen Stilempfindens.

Den Hallenraum begrenzen sechs ionische Säulen, vier an der Front und je eine an den Seiten. Wieder stehen die Basen auf einem dreistufigen Unterbau, der sich gesimsartig an der Nordwand fortsetzt, hier auf dem um 3 m tieferen Niveau. Der First des Daches reichte bis zu der Sima des Hauptbaues, verlief aber nicht parallel mit ihm, sondern verselbständigte sich in die Nord-Süd-Richtung. Dies war notwendig, weil ein eigener Giebel der Vorhalle den Charakter des Anbaus nehmen und ihr ein Eigenrecht verleihen sollte. Auch hier sind Säulenbasen, Säulenhals und Schneckenvoluten-Kapelle mit plastischen Ornamenten, Blüten- und Blattschmuck in der wundervoll genauen Steinmetzarbeit verziert, noch kostbarer und detaillierter als die der Osthalle. Die äußerst feine ›Entasis‹ der Säulenschäfte beträgt nur wenige Millimeter im Verhältnis zu ihrer Länge und ist selbst für ein geschultes Auge kaum mehr wahrnehmbar. Feingliedrigkeit und Stoßkraft vermitteln den Eindruck vollkommener Mühelosigkeit unter der Last des Gebälks. Die Decke überspannte eine noch größere Weite (5,70 m) als die der Propyläen-Hallen (5,50 m). Sie war kassettiert. Die Löcher, an denen vergoldete und bronzene Rosetten befestigt waren, sind noch zu sehen.

Eine Öffnung im Fußboden der Vorhalle gibt den Blick auf drei Male im Fels frei: die Spuren des Dreizacks, mit dem Poseidon den Salzquell aufspringen ließ. Um diesen Felsblock führt ein Gewölbe zu der *Krypta* unter dem Tempelhaus, einer rätselhaften Kammer, den chthonischen Mächten vorbehalten, vielleicht der Schlange der göttlichen Athena, die nahe dem ›Meer des Eréchtheus‹ hauste.

In der Mitte der Hallenrückwand öffnet sich das vielgerühmte und oft kopierte große *ionische Portal*. Es verjüngt sich nach oben und ist von erlesen gestuften und verzierten Schmuckleisten gerahmt – ein großartiger Einlaß in den Kernraum des Erechtheion. Diese westliche Cella ist mehrfach von halbhohen Wänden unterteilt. Ein der Türachse folgendes längliches Rechteck reicht bis zur Südwand und ist dort durch die schon erwähnte Treppe mit der Korenhalle verbunden. Man glaubt, daß dies der Raum des Poseidon-Eréchtheus ist, auch *Prostomiáion* genannt. Im Boden zeigt sich eine ›Mündung‹ oder Spalte, unter der das Salzmeer, gespeist von Poseidons Quell, rauschte. Östlich schließen zwei kleine quadratische Gemächer an, die, wie man annimmt, dem Boútis und dem Hepháistos geweiht waren. Pausanias gibt dazu folgenden Hinweis: »Im Erechtheion sind Altäre, einer für Poseidon, wo die Athener, sich einem Orakelspruch fügend, auch dem Eréchtheus opfern, ein anderer für den Heros Boútis und ein dritter für Hepháistos ... Merkwürdig ist der Brunnen mit Meerwasser, aus dem man bei Südwind Wellenrauschen vernehmen kann.«

Die Westansicht des Baues zeigt nicht den ursprünglichen Zustand. Man folgte bei der Wiederherstellung den römischen Veränderungen aus dem 1. Jh. vor Chr.

Bei diesem Rundgang um das Erechtheion trifft oder sucht der Blick immer wieder den Parthenon, den großen, kraftvollen dorischen Tempel. Aber ist das Erechtheion wirklich so klein und nur am Rande des nördlichen Felsplateaus gelegen, wie es zuerst scheinen wollte? – Wir haben die freie Überlegenheit der Gestaltung kennengelernt, den leisen Vollzug des Außergewöhnlichen, die Lockerheit und Leichtigkeit seiner Proportionen, einen unbekannten Erfindungsreichtum im Detail und stets das Wissen um die tektonischen Gesetze. Ionische Sensibilität und attische Klarheit verschwistern sich vollendet in dem preziösesten Bauwerk auf der Akropolis. Was sich anfänglich als ›scharfer Gegensatz‹ darstellte, überbrückt schließlich eine ebenbürtige Formensprache zweier in sich vollendeter Bauten.

Wir gehen zu den Propyläen zurück und verlassen nun die Burg. An der ersten Biegung der gepflasterten, abwärts führenden Straße, unterhalb der Terrasse mit ihren schaurig schönen Souvenir-Ständen, wo sich Ausflüglerbusse drängen und Fremdenführer anbieten, zweigt rechts eine in den Fels geschlagene Treppe ab, über die man den *Areopág-Hügel* besteigt. Auf der abgeplatteten grauen Kuppe tagte, von den Göttern einberufen, der älteste Gerichtshof der griechischen Welt. Hier fiel das Urteil über Orestes, der des Mordes an seiner Mutter Klytaimestra angeklagt war. Die Erinyen, ›die Grollenden‹, erbarmungslose Rachegöttinnen, hatten den Frevler, noch blutbefleckt nach der Mordtat, von Mykene bis vor den Areopag getrieben, wo dann Athena mit göttlicher Überredungskunst den hohen Senat zum Freispruch bewog. – Um die Schrecken der Erinyen zu brechen, entstand sehr bald ein Kult zu ihrer Versöhnung, denn den Griechen war die Vorstellung vom Walten absoluter Grausamkeit unerträglich. Am Nordsockel des Areopag befindet sich eine Felsspalte, die einstmals zu den »von heiligen Fackeln erleuchteten Felskammern« des *Heiligtums der Eumeniden*, der ›Wohlwollenden‹, führte, den versöhnlicher gestimmten der Racheschwestern, die auch Mördern Zuflucht gewährten. Aischylos schildert diese Verwandlung in seinen ›Eumeniden‹.

Auch in geschichtlicher Zeit wurde auf diesem ›Ares-Hügel‹ zu Gericht gesessen. Im Laufe der Jahrhunderte fielen dem sich dort versammelnden Rat der ehemaligen Archonten manche anderen Aufgaben zu, er behielt aber immer noch Funktionen der Rechtsprechung. Demosthenes wurde hier 324 vor Chr. wegen Bestechung verurteilt. – Später, im Jahre 50 nach Chr., hielt der Apostel Paulus hier seine berühmte Rede über den ›Unbekannten Gott‹. Das Volk von Athen nahm sie höflich, aber reserviert zur Kenntnis. Nur Dionysios Areopagítis, ausgerechnet ein Mitglied des Areopag, den Paulus bekehrt haben soll, nahm sich des christlichen Glaubens mit solchem Eifer an, daß ihm dies – als erstem Bischof von Athen – den Märtyrertod einbrachte. Später dann erhob man ihn zum Stadtpatron.

Vom Areopag aus gehen wir zur von der Akropolis abwärts führenden Straße zurück, überqueren die Kreuzung der Leophóros Dionysíou Areopagítou mit der Leophóros Apostólou Pávlou und folgen einem gepflasterten Weg zwischen Aleppokiefern, Zypressen und Pinien zur Anhöhe der *Pnyx*. Kurz hinter dem Touristenpavillon, der manchem Reisenden zu kurzem Erholen willkommen sein wird, betritt man die antike Stätte der Volksversammlung. Auf einer halbkreisförmigen Terrasse des Nordabhangs, den eine Mauer aus polygonalen Blöcken stützt, befindet sich eine aus dem Fels gehauene etwa 7 m hohe Plattform. Sie ist als das berühmte ›Bema‹ identifiziert worden, von dessen breitem Podium Generationen von Rednern zu den Athenern gesprochen haben. Ein Themistokles, Perikles, Aischines, Demosthenes unterließen nicht, angesichts der nahen Akropolis, mit beschwörender Geste auf die großen Baudenkmäler zu weisen, um den Stolz der Bürger auf die Leistungen der demokratischen Regierung wachzurufen. Von Thukydides, dem Geschichtsschreiber des Perikleischen Zeitalters, ist eine herrliche Rede für die Gefallenen überliefert, die Perikles hier gehalten haben soll. – Heute ist die Pnyx ein guter Ort, um die ›Ton- und Licht‹-Vorführungen zu verfolgen. Musikalische und Scheinwerfer-Effekte umspielen den ehrwürdigen Felsen von April bis Oktober fast allabendlich. Doch auch während des Tages – denn das attische Licht steht der elektronischen Überflutung keineswegs nach – zeigt sich die Akropolis von hier aus am eindrucksvollsten.

Wir wollen nun nach unserem ersten Weg auf und um die Akropolis den Umkreis nicht zu weit spannen. Für die Rückkehr ins Zentrum des modernen Athen, um zum Sýntagma-Platz zu kommen, kann man einen der Wege auf der Nordseite des Burgfelsens wählen. Genau so gut kann man um die Südflanke der Akropolis gehen, ein Weg, den wir jetzt einschlagen wollen, um dort noch die Bauten unmittelbar am Fuß der Burg kennen zu lernen.

Gleich im oberen Teil der Dionysíou Areopagítou gewinnt man über eine moderne Treppe den Eingang zum *Odeion des Herodes Attikus,* ein Geschenk des großen Mäzens an das Volk von Athen. Im Jahre 161 nach Chr. war der Bau fertiggestellt. Das Dach des Proskenions aus Zedernholz gibt es nicht mehr, aber die 32 marmorverkleideten Sitzreihen sind wieder restauriert worden. Der zwei-, drei- und teils viergeschossige Bühnenbau war durch Arkaden, Nischen und Rundbogenfenster gegliedert. Von Scheinwerfern angestrahlt, ruft die Ruinenfassade einen überraschenden Effekt von römischer Prachtentfaltung herauf; in den Arkaden- und Fensterbögen entsteht dann das flüchtige Spiel von Licht und Schatten, nicht grell, eher glühend und geheimnisvoll – und sehr fern von jenem Eindruck klassischer Einfachheit, in der sich der große Tempel hoch darüber auf der Akropolis vor dem nachtblauen Himmel abzeichnet. Der Kontrast ist erregend, und doch ergänzen und vervollständigen beide Stile einander – eine Erfahrung, die sich beim Zusammentreffen von griechischer und römischer Baukunst noch öfters bestätigen wird.

Von den Rängen des Odeion gesehen, war der Proskenion-Bau Hintergrund und Bühne über der tieferliegenden halbkreisförmigen Orchestra, die schachbrettartig mit schwarzen und weißen Marmorplatten ausgelegt war. Die Skenenwand ist von Türen und Wandnischen durchbrochen, und eine vorgezogene Säulenstellung trug den schmalen Umgang, auf dem die Darsteller der unsterblichen Götter auftraten.

In dem heute restaurierten Theater, das den Türken als Stallung und später, während des Unabhängigkeitskrieges, als vorgeschobenes Befestigungswerk der Akropolis gedient hatte, werden jetzt jeden Sommer im August und September Festspiele veranstaltet. Sie haben den für unsere Zeit bedeutendsten Wiederbelebungsversuch der antiken Tragödie angeregt; und gleichzeitig zog der berühmte Schauplatz die führenden Bühnenensembles, Orchester und Solisten aus aller Welt an, hier zu gastieren. Die Akustik ist hervorragend; nur der Lärm eines vereinzelten Flugzeugs oder knatternden Motorrads kann vorübergehend das Ohr irritieren. Aufgewogen wird solcherlei Unvollkommenheit durch die Schönheit des Schauplatzes: der von einem warmen Lichtschimmer durchglühten steinernen Kulisse, der atemberaubend steil abfallenden Cavea – das Zuschauerrund faßt 5000 Besucher – und dem Blick zu dem Giebelfeld des hell angestrahlten Parthenon oberhalb der Kimonischen Mauer. Der Klang des Trompetensolos in der dritten Leonoren-Ouvertüre, der in einer heißen, von keinem Luftzug bewegten Nacht über den gestuften Rängen verhallt, wirkt wohl nirgendwo dramatischer.

Im Osten schließt an das Odeion des Herodes Attikus die *Stoa des Euménes* an. Dieser philhellenische König von Pergamon ließ sie im 2. Jh. vor Chr. erbauen. Das Gebäude war doppelgeschossig; zwei Säulenhallen übereinander dienten in den Pausen während der ganztägigen Vorstellungen im angrenzenden Dionysos-Theater als schattiges ›Foyer‹ für die Zuschauer. – Ein Zypressenweg führt am Fuß des Steilhangs durch das *Asklepiéion*, das Heiligtum für den Heilgott, bei dem Kranke Zuflucht suchten. Zur Linken einer Höhle, die sich erst in der 2. Hälfte des 4. Jhs. vor Chr. auftat, als man die Felswand für das unmittelbar davorliegende *Denkmal des Trasyllos* bearbeiten wollte. – Dieser Bezirk oberhalb des *Dionysos-Theaters* trug, allen sichtbar, Dreifußbecken. Es waren Ehrenzeichen für um die Sache des Theaters besonders verdiente Athener. Auch die beiden schlanken Säulen vor der Burgmauer, sowie manche noch erkennbare Basen auf dem umliegenden Gestein waren choregische Denkmäler, die von Dreifüßen gekrönt wurden.

Das Theater ist ein gutes Beispiel für die Begabung der Griechen, aus einem natürlichen Hanggelände das muschelförmige Halbrund eines Zuschauerraumes – und dies fast immer in beherrschender Lage – herauszuschneiden. Von hier aus hatte man einstmals den freien Blick über Haine und Buschwerk der leichtgewellten Ebene bis hin zum Meer. Heute sieht man nur auf das endlose Häusermeer der Stadt. Der aus dem Abhang herausgeschnittene Zuschauerraum hatte 78 Sitzreihen, die jeweils ein Umgang (Diázoma) in drei horizontale Ränge gliederte. Die Zuschauer saßen ursprünglich auf dem Erdboden. Nur für hochgestellte Persönlichkeiten waren Sitze aus Holz vorgesehen. Erst Lykurg, ein fähiger Finanzmann und Förderer der Künste, ließ im 4. Jh. vor Chr. Sitzreihen aus Kalkstein anfertigen.

Schauspieler und Chor traten ursprünglich in einer kreisrunden Orchestra auf. In römischer Zeit wurde eine Wasserleitung herumgeführt, um den Schauplatz für die Aufführung von Seeschlachten zu überfluten. Aus dieser Zeit auch stammt der Marmorplattenbelag, in dem ein kleingepflastertes rhombenförmiges Geviert die Mitte hervorhebt, vielleicht Standort für einen Altar des Gottes, um den herum sich der Chor gemessenen Schrittes im Rhythmus der Dithyramben bewegte. – Seit der klassischen Zeit erforderte die Entwicklung der Theaterkunst ein Proskenion, eine Art Bühnenhaus für die Hauptdarsteller. Es nahm der Orchestra ein schmales Segment, griff aber in seiner Länge zu beiden Seiten bedeutend über deren Durchmesser hinaus. Die Akustik wurde verbessert, indem man an verschiedenen Stellen im Zuschauerraum Bronzegefäße auf Postamente so umlegte, daß sie die Schallwellen auffingen und verstärkt weitergaben. Auch gemalte Hintergründe wurden bereits verwendet. – Die Reste des Proskenions, die wir heute sehen, stammen aus späterer Zeit, so auch das vorgezogene Podium des 5. Jhs. nach Chr., dessen Sockel wiederverwendete Reliefplatten von einem Bau aus dem 1. Jh. schmücken. Einige Darstellungen sind beachtenswert. Schauen wir von links nach rechts: Hermes zeigt Zeus den neugeborenen Dionysos; ein dionysisches Opfer; ein hockender Silen, des Weingottes sittenloser alter Lehrmeister. – In der Mitte der ersten Zuschauerreihe fällt der Marmorsessel des obersten Dionysos-Priesters auf, geschmückt mit Greifen, Satyrn und Weintrauben. Auch den Archonten und anderen Personen von Rang standen marmorne Sitze mit gerundeten Lehnen zu. Sie sind erstaunlich bequem und konnten sogar mit schattenspendenden Sonnendächern versehen werden.

Die frühen, dem Kult des Dionysos geweihten Spiele waren von Tänzen, mimischen Szenen und leidenschaftlichen Dialogen begleitet, die sich später zu dramatischen Aufführungen wandelten. Sie waren ein wichtiger Teil der im Frühlingssonnenlicht stattfindenden *Dionysien*, und den Zuschauern ging es dabei nicht so sehr um Unterhaltung, sie waren von religiöser Verzückung und dem Wunsch bewegt, den Gott zu ehren. Großer Prachtaufwand, wie auch die Begleitung durch Flötenspiel, Trommelwirbel und Beckenschlag bestätigen dies. In den Tagen der ›Dionysien‹ legte man in der Stadt alle Arbeit nieder, die Gerichte wurden vertagt, ein allgemeiner Zahlungsaufschub verfügt und die Häftlinge aus den Gefängnissen entlassen. Enthaltsamkeit vom Weine galt als Zeichen der Respektlosigkeit gegenüber dem jungen zügellosen Gott, und farbenfreudige, trunkene Umzüge bewegten sich durch die Straßen.

Das Theater mag weniger gut erhalten sein als manche anderen in griechischen Landen, doch seine Bedeutung an diesem Ort ist unvergleichlich viel größer. Hier wurde das europäische Drama geboren. Hier wurden zum erstenmal die Tragödien des Aischylos, des Sophokles und des Euripides aufgeführt, und auch die herrlichen Komödien des Aristophanes fanden hier ihr erstes Publikum.

Zwischen den Ruinen der Proskenionbauten und der modernen Hauptverkehrsstraße gelangen wir auf dem Boden des *Dionysos-*

Heiligtums mit den Fundamenten zweier kleiner Tempel und eines Altares wieder zur Leophóros Dionysíou Areopagítou. Linker Hand führt dann die Byron-Straße (sprich: Odos Vironós) auf einen kleinen Platz, der von klassizistischen Häusern umgeben ist. Hier steht das *Denkmal des Lysíkrates*. Architektonisch gesehen ist es ein Phantasiegebilde: auf quadratischem Steinsockel nimmt eine zylindrische Trommel 6 korinthische Säulen auf, die ein Architrav verbindet. Das fragmentarisch erhaltene Friesband darüber stellt die Episode der Gefangennahme des Dionysos durch tyrrhenische Seeräuber und deren Überlistung durch den Gott dar. Das Dach dieses kleinen marmornen Rundbaues war mit schwellendem Akanthusblattwerk verziert. Ein bronzener Dreifuß krönte das Ganze. Er war der Preis, den Lysíkrates, ein Chorége – dieser ehrenamtliche Titel bezeichnet eine Verbindung aus ›Impresario‹ und ›Mäzen‹ – im Jahre 334 vor Chr. für die Leistung seines Knabenchores bei einem Wettbewerb gewann. Einem vermögenden Mann gereichte es ausgesprochen zur Ehre, Geld und Einfluß für wohlgelungene Theateraufführungen einzusetzen. Auch heute stehen die griechischen Chorensembles auf hohem Niveau. Bewegung und Stimme vieler Einzelner fließen in unvergleichlichem Einklang zu *einem* Träger der Handlung zusammen. Dies unterscheidet die griechischen von allen Theaterchören des nördlicheren Europa.

Zuweilen ist man überrascht von dem Wohlklang der Stimmen einfacher unbekannter Leute, die in einer Taverne eines ihrer unzähligen schönen Volkslieder singen. Als Solisten hingegen sind die Griechen, mit wenigen weltbekannten Ausnahmen, keine so hervorragenden Sänger – ein unerklärtes Paradoxon bei einem so betont individualistischen Volk. Frauenstimmen im besonderen neigen zu schriller Schärfe.

Die Erhaltung des Lysíkrates-Denkmals ist französischen Kapuzinermönchen zu verdanken, die es 1669 ankauften und rings um das Monument ihr Kloster bauten. Im Denkmal richteten sie sich Bibliothek und Studienraum ein. In einem nahegelegenen Garten sind zum erstenmal in Griechenland Tomaten gezüchtet worden. Ein Kapuzinermönch hatte den Samen für dieses heutzutage allgegenwärtige Mittelmeer-Gemüse aus Peru über Spanien nach Griechenland gebracht. Byron logierte hier im Winter 1810-11; er las viel in der Bibliothek, veranstaltete Boxkämpfe zwischen

12 Das Denkmal des Lysíkrates im 17. Jh., umbaut vom Kloster der Kapuziner. Nach einem Stich des 18. Jhs.

katholischen und orthodoxen Schulbuben und saß mit dem Mufti von Theben und dem Gouverneur von Athen beim Trunk. Im späteren 19. Jh. wurde das Denkmal schließlich wieder freigelegt und restauriert. Die bei dem Platz abzweigende Odos Tripódon entspricht mehr oder weniger dem Verlauf der antiken ›Straße der Dreifüße‹. Sie war früher von ähnlichen choregischen Denkmälern gesäumt, die jeweils der Dreifuß krönte, der dem Sieger unter den Chorégen zuerkannt worden war. Über dem Gewirr der engen Gassen erhebt sich großartig die Ostmauer der Akropolis.

Mit wenigen Schritten von hier kommt man erneut auf einen kleinen Platz mit der Kreuzkuppelkirche der Heiligen Katharina, der *Hagia Aikaterini*, die vertieft auf dem früheren Stadtniveau steht. Eine bescheidene Grünanlage (darin zwei antike Säulen und ein Architravbruchstück) umgibt den Bau des 13. Jhs., der leider durch geschmacklose Restaurierung gelitten hat.

Wir haben hier endgültig die nahe Umgebung der Akropolis verlassen, in der es stiller und gedämpfter zuging, und tauchen nun in den ältesten Stadtteil des nach dem Unabhängigkeitskrieg wiedererstandenen Athen ein. Man hat ihn kurzerhand *Plaka*, die ›Flache‹, genannt, wohl um ihn von der damals noch bewohnten Akropolis zu unterscheiden. Die ›Plaka‹ ist ein dichtbevölkertes, freundlich und fröhlich wirkendes Kleinbürgerviertel, in dem es sehr lebhaft und geschäftig zugeht. Oft genug fühlt man sich hier – inmitten der Zwei-Millionen-Großstadt – zurückversetzt in das Provinzstädtchen des 19. Jhs. mit seinen kleinen Plätzen und den vielen mehr oder weniger ehrwürdigen alten Kirchlein. Abends schlendern junge Männer und, Arm in Arm, die kichernd schwätzenden Mädchen im ›Zweitbesten‹ durch die Straßen oder vor dem ›Cine Paris‹. Es gibt ungezählte Tavernen für jederlei Anspruch und ebenso viele Cafés, trüb beleuchtete oder sich in greller Nüchternheit zeigende, die deswegen nicht weniger besucht sind. Von drinnen hört man das Rasseln und Klappern der Würfel auf dem Puffspielbrett, dem Távli, dazu lautes Stimmengewirr. Plötzlicher heftiger Wortwechsel, unverständliche Ausbrüche und wilde Drohungen – erregte Stimmen gehören allenthalben zum Café- und Straßenleben dazu. Jedoch die erbitterten Meinungsverschiedenheiten lösen sich auch ebenso rasch wieder in Wohlgefallen auf. Unter der Oberfläche der lärmenden Großtuerei liegt eine wundervolle Fähigkeit zu vergeben und zu vergessen. Im folgenden, der Stadt des Theseus gewidmeten Kapitel werden wir dieses liebenswerte Viertel näher kennenlernen.

Auf der Odos Lysikrátous erreichen wir einen breiten modernen Boulevard, die Leophóros Amalías, die wir auf der linken Seite, gegenüber dem Nationalgarten, bis zur anglikanischen Sankt-Pauls-Kirche hinuntergehen. Das Baumaterial, schottischer Granit, ist eigens aus Aberdeen herbeigeschafft worden. Wir gehen um die Kirche herum und wählen nun am besten die Odos Philhellínou, parallel verlaufend zur Leophóros Amalías, aber stiller als die Hauptverkehrsader. Linkerhand in der Odos Kydathinaion Nr. 27 hat einmal Ludwig I. von Bayern, König Ottos von Griechenland genialischer Vater, gewohnt. Rechter Hand liegt die Kirche der Sotíra toú Lykodímou, der Muttergottes als der ›Erlöserin‹ geweiht und schon in der 1. Hälfte des 11. Jhs. von der Familie Lykos gestiftet. Oft nennt man sie auch nur kurzerhand: die ›Kirche des Hl. Nikodemos‹. Es ist eine der frühesten im byzantinischen Athen, ungewöhnlich großräumig der ausladende Kuppelraum. Krypta und achteckiger Bautypus mit hochgezogenen Apsiden bewahren noch den alten Eindruck, der dann durch die Restaurierung der russisch-orthodoxen Gemeinde, die 1847 den hinfällig gewordenen Bau erwarb, verändert wurde. Die Wandmalereien hat übrigens Ludwig Thiersch, ein Abkömmling der Münchner Architekten- und Gelehrtenfamilie, in den Fünfziger Jahren des 19. Jhs. ausgeführt. Sie wurden allgemein als Wiederbelebung der byzantinischen Kunst bewundert.

Noch weitere 200 m auf der Odos Philhellínou – und wir sind am Sýntagma-Platz angelangt, dem Mittelpunkt des modernen Athen. Ausnahmsweise steht diesmal der wohlklingende Name in keinerlei Beziehung zur Antike, die einem sogleich in den Sinn kommt, wenn man alte Worte mit dem herrlich rollenden Silbengefälle hört. Es ist der ›Platz der Staatsverfassung‹, so benannt zur Erinnerung an die Einführung der konstitutionellen Monarchie, die im Jahre 1844 hier ausgerufen wurde. Hotels, Reisebüros, Banken, die Vertretungen der großen Fluglinien haben sich heute ringsum angesiedelt, und wie Pilze wachsen allerorten Kioske – wahre Informationszentren in Griechenland – aus dem Pflaster. Zeitungen, Zeitschriften und Taschenbücher, die neuesten Ausgaben der internationalen Presse hängen in dichten Girlanden von den kleinen Pultdächern, und den Besitzer auf seinem Hockerchen im engen Innern drohen oft genug die Stöße der Postkarten, Seifen, Filme, Schokoladen, Aspirin, Zigaretten, Kekse unter sich zu begraben. Von den umliegenden vornehmen Hotels ist das ›Grande Bretagne‹ mit seinen auf den Platz hinausblickenden Loggien das älteste und traditionsreichste. Seine klimatisierten Empfangsräume und die Bar sind der Treffpunkt von Industriellen, Künstlern, Gelehrten, Finanzgewaltigen aus aller Welt und von Politikern, lebhaften kleinen Männern in dunklen Anzügen und mit nußbraunen Gesichtern. Den Athener Bürger, der bei aller Tüchtigkeit nie so atemlos beschäftigt ist, als daß er nicht einen Freund treffen, seine Zeitung lesen könnte, laden die Cafétische in der grünen Mitte des Platzes zum Verweilen.

Auch wir haben uns die Rast verdient und sollten hier einmal auf einem der bequemen Caféhausstühle Lebensrhythmus und Atmosphäre des modernen Athen an uns vorüberziehen lassen. Man darf dabei wohl nie übersehen, daß ja Athen, anders als den meisten Hauptstädten Europas, die historische Kontinuität fehlt. Dies hatte uns schon unser erster Streifzug zu den Stätten aus vergangener Zeit deutlich gemacht. Nach dem Sturz des Römischen Reiches und dem Schrecken des Goteneinfalls im Jahre 395 nach Chr. hat sich das antike Athen nicht wieder erholt. Alarich ersparte zwar der Stadt die Zerstörung, aber er verwüstete das übrige Attika so gründlich, daß Gibbon zufolge ein zeitgenössischer Philosoph erklärte: »Athen gleicht der blutenden, leeren Haut eines geschlachteten Opfers.« Mit dem Sieg des Christentums hatte sich die zivilisierte Welt um die neue Hauptstadt Konstantinopel gesammelt. Der Geist der antiken Stadt, ihrer Dichter, Philosophen und Gesetzgeber fand an den Ufern des Bosporus einen neuen Zufluchtsort. Dort, am byzantinischen Hof, brachte er in einer rauschhaften hektischen Atmosphäre, die zwischen den Spannungspolen von orthodoxer, hieratischer Strenge und orientalischer Prachtentfaltung entstanden war, eine reiche, überfeinerte Kultur hervor, die tausend Jahre überdauern sollte. Aber das ehemals so berühmte Athen fiel während der ständigen byzantinischen, fränkischen, venezianischen und türkischen Besetzungen der Vergessenheit anheim. Erst nach dem siegreichen Ende des Unabhängigkeitskrieges im Jahre 1832 vermochte die Stadt aus Teilnahmslosigkeit und Erniedrigung wieder aufzutauchen, zu der Jahrhunderte der Unterwerfung sie herabgewürdigt hatten. Erst jetzt konnte sie wieder beginnen, sich ihrer großen Vergangenheit zu erinnern. Deutsche Städteplaner und Architekten legten an der Stelle des »türkischen Dorfes« eine kleine Hauptstadt an, die aus klassizistischem Zeitgeist heraus diese Erinnerung zu beschwören sucht.

Schauen wir zum oberen Ende des Platzes, wo sich jenseits der Neranzenbäume und dem ›Denkmal des Unbekannten Soldaten‹ das alte *Königliche Schloß*, heute Sitz des Parlaments, erhebt. Es ist ein breit gelagerter, etwas monotoner und freudloser Bau, den Friedrich Gärtner, ein Klenze-Schüler, 1834-38 für Otto, den ersten König des befreiten Landes errichtete. Seine Krone verdankte der junge Monarch der Griechenlandbegeisterung seines Vaters Ludwig I. von Bayern, der überdies mehr als zwei Millionen Gulden aus seiner Privatschatulle den Bedürfnissen des jungen Staates zur Verfügung stellte. Als Otto den Ort für den Bau seines Schlosses bestimmte, wählte er die etwas erhöhte Lage eigens wegen der gesunden Luft und der Nähe einer inzwischen zugeschütteten Quelle. – Irgendwo in dieser Oase grünen Schattens befand sich auch einst das *Lyzeum*, in dem Aristoteles die mit erregenden künstlerischen und literarischen Schöpfungen verwöhnten Athener des 5. Jhs. vor Chr. philosophisches Denken und Logik lehrte.

An die Südseite des Schlosses grenzen die öffentlich zugänglichen Königlichen Gärten an, heute ›Nationalgarten‹, von den Athenern aber einfach *Záppeion* genannt, denn die wohlhabenden Brüder Zappas hatten Ende des 19. Jhs. im südlichen Teil einen sehr stattlichen marmornen Ausstellungsbau, das ›Záppeion‹, gestiftet. – Der Park, gern aufgesuchte Zuflucht während der flirrenden Sommerhitze, hat Königin Amalie, Ottos hübsche und ehrgeizige Gemahlin, von dem preußischen Landschaftsgärtner Friedrich Schmidt im englischen Stil anlegen lassen. Nicht nur exotische Pflanzen mußten aus Marseille herbeigebracht werden, sie ließ auch Palmen aus dem Apollon-Heiligtum auf Delos hierhin umpflanzen. Schattige Lauben und duftende Büsche sind als Andenken an das romantische Gemüt Amaliens geblieben. Sie und ihr Gatte freilich mußten 1862 bedrückt und verbittert an den bayerischen Hof zurückkehren – nicht die letzten griechischen Herrscher, die den Weg ins Exil zu gehen hatten. Der Königin Impulsivität und des Königs etwas pedantische und nicht immer gewinnende Art im Umgang mit seinem selbstbewußten Volk haben sie ihrer Umgebung entfremdet. Zudem opponierte eine neue politische Generation, herangewachsen mit den Grundsätzen der Französischen Revolution, im Parlament. Parteienstreit, Aufstände, ja ein Bürgerkrieg brachen aus und erzwangen 1864 eine neue Konstitution unter einer neuen Monarchie.

Doch genug des Rückblicks in vergangene Zeit. Um uns pulsiert laut vernehmlich die großstädtische Gegenwart. Aus allen Himmelsrichtungen führen die Straßen auf den Sýntagma-Platz, und in alle Himmelsrichtungen werden wir uns von hier aus aufmachen zu neuen Erkundungen.

DIE STADT DES THESEUS

II

Kleine Metrópolis, 61 – Pláka, 63 – Turm der Winde, 70 – Römische Agorá, 72 – Hadriansbibliothek, 73 – Monastiráki-Platz, 76 – Keraméikos, 77 – Dípylon, 78 – Alte Agorá, 80 – Hephaistéion/Theséion, 82 – Apostel-Kirche, Kapnikaréa-Kirche, 85

Unser zweiter Rundgang wird uns in das Viertel der ›Plaka‹ führen, also wieder in das alte Athen und zu den frühen Baudenkmälern der Stadt. Dabei werden wir ein wenig in Konflikt geraten mit der in der Überschrift genannten Begrenzung: aus dem frühesten Mauerring, dem der ›Stadt des Theseus‹, der sich im Abstand von ungefähr 500 m um den Felsen der Akropolis herumzog, werden uns die Erkundungen bis zur Themistokleischen Mauer bringen.

Vom Sýntagma-Platz aus gehen wir die Odos Mitropóleos hinunter – und zwar wirklich hinunter, denn Athen ist auf welligem Gelände erbaut – und gelangen auf einen großen gleichnamigen Platz, auf dem man zwischen 1840 und 1855 die Große Metrópolis, die Metropolitankirche Athens mit ihrer kalten Fassade errichtet hat. Neben ihr sitzt fast zwergenhaft zierlich die *Kleine Metrópolis* oder ›Panhagía Gorgoëpíkoos‹, der Gottesmutter geweiht, ›die Bitten rasch erhört‹. Sie ist ein Juwel byzantinischer Kirchenbaukunst des 12. Jhs., kapellenhaft klein in ihren Ausmaßen von 7 x 11 m, aber großstädtisch vornehm in ihrer Ausstrahlung und aufs kostbarste bestückt und geschmückt mit antiken und byzantinischen Spolien. Sie gehört zum Bautypus der eingeschriebenen Kreuzkuppelkirche. Für die Mauern sind antike Marmorquadern wiederverwendet worden. Türstöcke und Gesims stammen von römischen Bauten, und es ist höchst reizvoll, die vielen eingelassenen Schmuckplatten genauer zu studieren. Manche der antiken Reliefs wurden ›christianisiert‹, zum Teil aber auch unverändert übernommen wie der bezaubernde Fries am Narthex aus dem 4. Jh. vor Chr. Er schildert den Jahresablauf, dargestellt in Szenen der Monatsfeste und der Tierkreiszeichen. Auch aus byzantinischer Zeit trug der Baumeister hier zusammen, was ihm als Zierde wohlgeraten erschien. Heute wird man kaum irgendwo auf kunstvollere, einfallsreichere Reliefs aus den frühen christlichen Jahrhunderten stoßen. Häufig deuten die Motive auf orientalische Einflüsse, auf arabische Handwerker, deren Dekorationskünste seit dem 9. Jh. hoch geschätzt waren. Das unbekümmerte Nebeneinander von Heidnischem und Christlichem schließt auch noch Zeugnisse aus Kreuzfahrerzeiten ein. Die Wappenschilder der Familien Villehardouin und La Roche erinnern an die häufig vergessene Zeitspanne fränkischer Herrschaft, als Athen den Namen ›Satinas‹ trug. Unter den La Roche erfreute sich die Stadt einer kurzen Blüte und gewissen Wohlstandes, ohne daß sich die Herrschaft im Volk verfestigte. Die Franken blieben Fremdlinge und trugen auch mit keinem bedeutenden Bau, keiner Kirche zur Bereicherung der Stadt bei. Das hinderte Ludwig den Heiligen von Frankreich nicht, die ›Sires d'Athènes‹ 1260 zu Herzögen von Athen zu erheben.

Nach den Franken kamen 1311 Scharen katalanischer Söldner, und auf sie folgten 1385 die Acciaiuoli, eine angesehene floren-

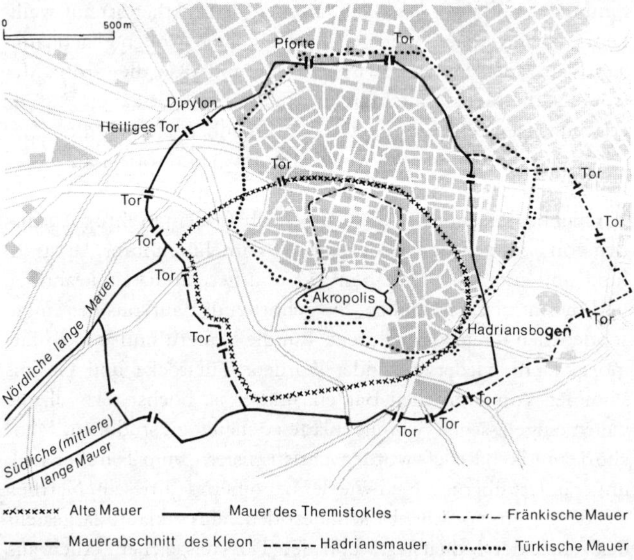

13 Die Stadtmauern im antiken und mittelalterlichen Athen.

tinische Bankiersfamilie, die unpopulär und noch gewalttätiger regierte. All diesen Usurpatoren fehlte jedes Gefühl für Realität. Die feudalen Hofhaltungen, die überheblichen Barone, Lanzenstechen und Turniere, die Hofnarren, fahrenden Sänger und Falkner – das alles nahm sich seltsam aus im attischen Land, ist unvereinbar mit dem Wesen seiner Menschen und mag recht ungereimt inmitten der verfallenden antiken Heiligtümer gewirkt haben.

Wenn man die Ostertage nicht auf dem Lande verleben kann, so ist der Mitropóleos-Platz der beste Ort, um dem ›*Epitáphios*‹, der nächtlichen Karfreitags-Prozession beizuwohnen. An der Spitze des Zuges schreitet der ›Metropolit von Athen und ganz Griechenland‹, und ihm folgen die imposanten Gestalten der kirchlichen Würdenträger in ihren hohen zylindrischen Hüten, flankiert von Akolyten in roten und violetten Gewändern, die unter dem Gewicht riesiger Banner mühsam voranschreiten. Die Mitglieder der Regierung, der Generalität und Admiralität und hohe Beamte schließen sich an. Ihnen folgt die Menge der Andächtigen, die mit hohlen Händen die Flämmchen ihrer Kerzen schützen. Militarkapellen spielen lautstark den Trauermarsch aus der Eroica, und alles duftet nach Weihrauch. Kinder begleiten den Umgang fröhlich und aufgeregt und lassen in ihrer Ungeduld zuweilen schon höchst unfromm die Feuerwerkskörper los, die eigentlich erst während des feierlichen Auferstehungs-Gottesdienstes gezündet werden dürften. Eines hat der ›Epitáphios‹ mit der Panathenäischen Prozession gemein: Das Volk ist wirklich Teil der Prozession, nicht nur Zuschauer einer feierlichen religiösen Handlung. Der gleichen inneren Anteilnahme, derselben ›mystischen Vereinigung‹ begegnet man wieder und wieder in Brauchtum und Volksglauben, die viele der heidnischen Überlieferungen bewahrt und in das orthodoxe Christentum übertragen haben.

An der Südseite des Platzes führt die Odos Palaiológou-Venizélou in die *Odos Adrianoú*, die im 18. und frühen 19. Jh. die standesgemäße Anschrift der vornehmen Athener war. Heute gleicht sie mehr der Hauptstraße einer kleinen Provinzstadt, quicklebendig und von Menschen wimmelnd. Ja, der Charme der Plaka blüht eigentlich erst aus dem Provinziellen, aus dieser Enge auf und ist hier zwischen Adrianoú und Akropolis am deutlichsten spürbar. Kreuz und quer hangeln sich die Gäßchen mit den großartigsten

Larisa-Bahnhof
ACHARNON
TRITIS SEPTEMVRIOU
PATISSION
IRAKLEIOU
Archäologisches National-Museum
IPEIROU (EPIROS)
ARISTOTELOUS
METAXA
LIOSION
TOSITSA
Technische Hochschule
Peloponnes-Bhf.
STOURNARA
DELIGIANNI
VATHI-PLATZ
MARNI
THEMISTOKLEOUS
EM. BENAKI
CHAR. TRIKOUPI
AKADEMIAS
PHEIDIOU
National Theater
HAGIOU
KONSTANTINOU
OMONIA PLATZ
PANEPISTIMIOU
NORMAN
Oper
ACHILLEOS
MEG. ALEXANDROU
Nat. Bibliothek
STADIOU
AIOLOU
ATHINAS
(VENIZELOU)
PEIRAIEUS (PIRÄUS)
KORAÏS
KLAPHTHMONOS-PL.
Hagioi Theodoroi
ELEVTHERÍA-PL.
KOLOKOTRONI
Altes Parlament
Hist. Nat.-Mus.
Kerameikos
Museum
Hagioi Asómatoi
MONASTIRAKI PLATZ
Kapnikarea
ERMOU
Pantánassa
MITROPOLEOS
PLOÚTONOS
Metropolis
ERMOU
HEPHAISTOU
PANDRÓSSOU
Kleine Metropolis
AREOS
Hadrians-Bibliothek
ADRIANOU
APOSTOLOU
Theseion
Agora-Mus.
Röm. Agora
Turm der Winde
Alte Agora
RAKLEIDON
Hg. Apostoloi
Ausschnitt Plaka
DIMOPHONTOS
Observatorium
Areopag
Akropolis
THRASYLOU
VYRONOS
LYSIKRATOUS
Museum
Propyläen
PAVLOU
Odeon des Herodes Attikus
Dionysos-Theater
Pnyx
DIONYSÍOU AREOPAGÍTOU
R. GALLI
CHATZIKRISTOU
Mouseion Hügel
Philopappos
LEOPH.

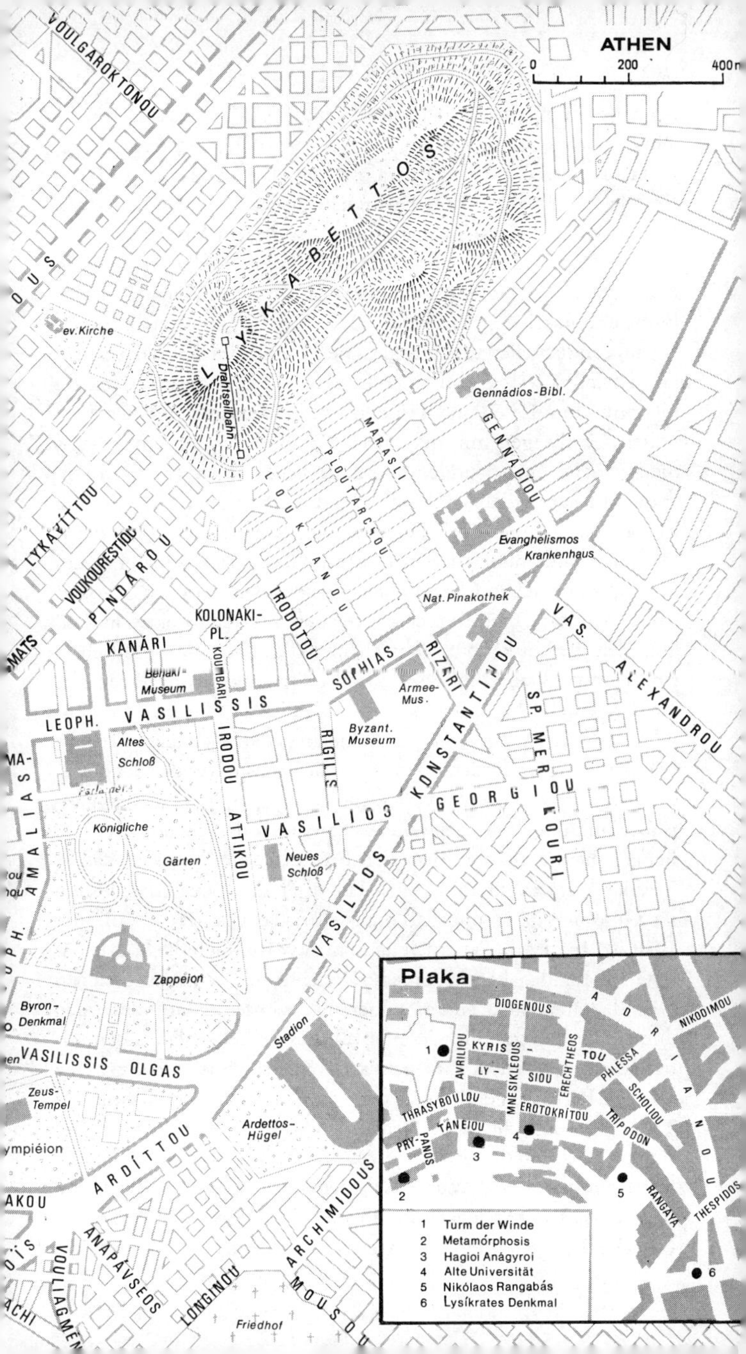
ATHEN
0
200
400 m
VOULGAROKTONOU
LYKABETTOS
Drahtseilbahn
ev. Kirche
Gennádios-Bibl.
GENNADIOU
MARASLI
PLOUTARCHOU
LOUKIANOU
Evanghelismos
Krankenhaus
Nat. Pinakothek
LYKAVITTOU
VOUKOURESTÍOU
PINDÁROU
IRODOTOU
KOLONAKI-
PL.
KANÁRI
KOUMBARI
Benaki-
Museum
SOPHIAS
RIZARI
Armee-
Mus.
VAS.
ALEXANDROU
LEOPH.
VASILISSIS
IRODOU
ATTIKOU
Altes
Schloß
Byzant.
Museum
RIGILIS
KONSTANTINOU
SP. MERKOURI
VASILIOS
GEORGIOU
AMALIAS
Königliche
Gärten
Neues
Schloß
VASILIOS
Zappeion
Byron-
Denkmal
VASILISSIS
OLGAS
Stadion
Zeus-
Tempel
Ardettos-
Hügel
ARDÍTTOU
ANAPÁVSEOS
LONGINOU
ARCHIMIDOUS
MOUSOU
Friedhof
VOULIAGMENIS
Plaka
DIOGENOUS
ADRIANOU
NIKODIMOU
KYRIS
LYSIOU
AVRILIOU
MNESIKLEOUS
ERECHTHEOS
TOU
PHLESSA
SCHOLIOU
THRASYBOULOU
TANEIOU
EROTOKRÍTOU
TRIPODON
PRYTANEIOU
RANGAVA
THESPIDOS
1 Turm der Winde
2 Metamórphosis
3 Hagioi Anágyroi
4 Alte Universität
5 Nikólaos Rangabás
6 Lysíkrates Denkmal

Namen der Welt an der Nordflanke des Burgfelsens hoch: Thrasyboulos-Straße, Myron-, Aphrodite-, Dioskuren-Straße, Kekrops-, Erechtheus-, Epaminondas-, Lysios-Straße und wie sie alle heißen. Der Fortschritt hat auf ihren alten magischen Klang wenig Rücksicht genommen. In diesem Viertel hat man sich heute ganz auf den Fremdenverkehr eingestellt. Aber neben allzu Herausgeputztem, schummrigen Bars, schäbigen Nachtklubs und geschäftstüchtigen Touristenläden gibt es noch immer bezaubernde Stellen und Lokale. Die Tavernen in der Plaka zählen zu den lebhaftesten und lebendigsten. Die Griechen suchen sie nicht nur zum Essen und Trinken auf, sondern auch um des ›kéfi‹ willen – will sagen: mit der Lust an Spaß und Spott, um beisammen zu sein, um zu singen und zu lachen, und sie erwarten von anderen Leuten, daß sie das gleiche tun. Das populärste Getränk ist der Retsína, ein Weißwein, der mit Kiefernharz versetzt ist. Herb, beizend, mit leichtem Terpentin-Geschmack, kann er einem durchaus zur lieben Gewohnheit werden. Auf Flaschen gezogen sollte man ihn nach Möglichkeit meiden; er muß direkt vom Faß kommen. Leicht kann es geschehen, daß eine lustige Gesellschaft eine Kanne Wein zum Tisch von völlig unbekannten Fremden hinüberschickt, besonders gern – auch dies ist sehr griechisch –, wenn dies Ausländer sind. Auf keinen Fall darf man diese Freundlichkeit erwidern, indem man etwa ›die nächste Runde spendiert‹. Das wäre ausgesprochen verletzend und gegen die Sitte, denn impulsiv und unbekümmert und aus einer ganz natürlichen Menschlichkeit heraus möchte man den Fremden spüren lassen, daß er herzlich aufgenommen ist, vielleicht sogar, daß man gerne mit ihm ins Gespräch käme und daß man selber das gastlichste Volk der Welt ist. In diesen Tavernen kann man vortrefflich die Spezialitäten des Landes kennenlernen, Gerichte, die wir aus gleichen Grundzutaten ganz anders zubereiten würden. Man sollte sich immer vor den gefüllten Töpfen auf der Anrichte sein Essen selber zusammenstellen. Eine gemischte Salatschüssel und der weiße flockige Fetakäse gehören allemal dazu. In den anspruchsvolleren Tavernen folgt die Speisekarte mehr dem internationalen Geschmack. Unter den Flaschenweinen ist der rote ›Náousa‹ oder der ›Boutári‹ (sprich: Wutári) in jeder Hinsicht ausgezeichnet, und der weiße ›Sankt Helena‹ kommt einem Chablis so nahe, wie das in Griechenland möglich ist. Mit wenigen Ausnahmen sind die

Plaka-Tavernen nur abends geöffnet. In den ›Kosmikés Tavérnes‹, die die ›ganze Welt‹ bei sich zu Gast haben möchten, muß man zuweilen die Nachteile der bescheideneren ohne deren Vorzüge in Kauf nehmen, nämlich den Lärm ohne die Freundlichkeit, und die zwar größere Auswahl an Speisen, die aber nicht selten lauwarm serviert und unweigerlich mit Konserven-Erbsen und Karottenwürfeln garniert sein werden.

Je höher wir steigen, desto kleiner werden die Häuser, desto enger die Durchgänge. Alle Häuser und auch viele der Tavernen haben Dachterrassen. Dies sind bezaubernde und vergleichsweise friedliche Orte. Der Verkehrslärm im Einkaufsviertel drunten ist hier kaum zu hören, und nur gelegentlich schrillen Frauenstimmen durch die laue Nacht, die sich von Fenster zu Fenster knapp unterhalb der Mauern des Themistokles etwas erzählen. Die Häuser sind ockergelb, taubengrau, sienarot oder auch weiß gekalkt, die Fensterläden grün oder blau. In den engen, mit Fliesen ausgelegten Höfen stehen Töpfe oder farbiggestrichene Blechkanister mit Fuchsien, Hibiskus, Geranien und Gardenien. Um sich in dem Labyrinth der Plakasträßchen zurechtzufinden, sei vorgeschlagen, von der Odos Adrianoú die Odos Mnisikléous hinaufzusteigen. Kurz bevor sie auf die Odos Prytanéion stößt, liegt die Taverne *O Yéros tou Mouriá*, der ›Alte Mann der Moréa‹. Über ihr türmt sich die angestrahlte Nordhalle des Erechtheion. Unter ihr schlendert unablässig ein Strom von Bummlern die ausgetretenen Treppenstufen hinauf und hinab. Ringsum liegen die Dachgärten weiterer Tavernen mit ihren Girlanden aus bunten Lämpchen. Trotz des Stimmengesumms, des Menschengedränges und zunehmender Modernisierung – die Zahl der umliegenden Bars und Nachtklubs wächst beständig – hält der ›Alte Mann der Moréa‹ einstweilen noch an seiner Eigenart fest und lehnt beharrlich ab, ›kosmisch‹ zu werden. Seine Spezialitäten sind ›Dolmádhes avgholémono‹: mit Reis gemischtes und stark mit Kräutern gewürztes Hackfleisch, das, in Weinblätter gewickelt, mit einer Eier-Zitronen-Sauce serviert wird; außerdem Auberginen-Salat, frische Garnelen, ›Mousaká‹ (ein Auflauf aus Auberginen und Fleisch, den es in ganz Athen nicht besser gibt) und vorzügliche Steaks.

Auf der Odos Prytanéion sieht man links schon die blauen Kuppeln der *Kirche des Nikólaos Rangavás* aus dem 12. Jh. Sie wurde später aber so stark umgebaut und restauriert, daß wenig von ihrer alten Gestalt erhalten geblieben ist. Das hohe schmale Haus mit der Glasfassade oberhalb der Kirche ist die sehr geschätzte ›Vráchos‹-Taverne (Zum Felsen), und noch weiter oben klammert sich die Taverne ›O Ouranós‹ (Der Himmel) fest, die so steil am Hang liegt, daß man zu drei Stockwerken ebenerdig eintreten kann, und die eine herrliche Aussicht über das Lichtermeer von ganz Athen bietet. Von der Odos Prytanéion kann man hinunter in die tiefer liegenden Gärten der Kirche der *Hagioi Anárgyroi* hinabgehen, die den arabischen Zwillingen und Schutzheiligen der Medizin und Chirurgie, Kosmas und Damian, geweiht ist, die unter Diokletian den Märtyrertod erlitten. Eine ihrer vielgerühmten Wundertaten war die Beinamputation bei einem weißen Mann, dem sie das Bein von der Leiche eines Negers annähten. Der Patient genas und wanderte nach dieser Transplantation mit einem schwarzen und einem weißen Bein umher. Die Heiligen werden die ›Anárgyroi‹, die ›Geldlosen‹ genannt, weil sie es ablehnten, sich bezahlen zu lassen. Die teuerste gynäkologische Klinik in Athen ist heute nach ihnen genannt. Im 17. Jh., zu Beginn der türkischen Besetzung, ist die kleine Kirche als einschiffige Basilika erbaut worden.

Glaubensverfolgungen gehörten nicht zu den Bedrängnissen, welchen die Griechen unter osmanischer Herrschaft ausgesetzt waren, und George Wheler, ein englischer Reisender des 17. Jhs. bemerkt, daß es in Athen und seiner Umgebung etwa zweihundert Kirchen gebe, ein Anzeichen für die Frömmigkeit der Bewohner, wenn man bedenke, auf welch armseligen Umfang die Stadt inzwischen herabgesunken sei. Zwanzig Jahre vor Whelers Eintreffen war der Arpalik Athen (der Arpalik oder das Lehen war eine türkische Verwaltungseinheit, die von einem Kislar-Aga regiert wurde) zum Haremsbesitz des Sultans Ibrahim erklärt worden. Die Steuern wurden daher direkt an Konstantinopel entrichtet, und die erpreßten Einkünfte der habgierigen örtlichen Wesire und Paschas verminderten sich. Dieses vergleichsweise glückliche Zwischenspiel in der Geschichte der Knechtschaft des Volkes von Athen war angeblich den Bemühungen eines schönen athenischen Mädchens zu danken, das eine der Lieblingsfrauen des Sultans geworden war und unablässig für die Linderung des Mißgeschicks ihrer Landsleute wirkte. Als Gegensatz zu dieser Toleranz blieb es bei der Zwangsaushebung von Knaben aus guter Familie. Der ›Tournatzimbaschi‹, im allgemeinen ein äthiopischer Sklave, suchte Athen alle vier Jahre auf, um diesen Tribut in Menschengestalt einzuziehen, der bestimmt war, die Reihen der Janitscharen, der Elitetruppe des Sultans, zu füllen. Diese Aushebungen fanden mit ein oder zwei Ausnahmen in sämtlichen christlichen Gemeinden des Osmanenreichs statt. Der englische Historiker Finlay nennt es einen »kühnen Gedanken«, das Christentum dadurch ausrotten zu wollen, daß man christliche Kinder im Geiste des Propheten erzog und zugleich die erforderlichen Mannschaften aufbrachte, um dieses Riesenreich von unterworfenen Völkern fest in der Hand zu halten. Der Sultan war sich wohl darüber im klaren, daß die Griechen bei gehöriger moslemitischer Schulung vermutlich bessere und tüchtigere Militär- und Zivilbeamte sein würden als seine geistig weniger behenden Landsleute.

Der kleine Garten der Hagioi Anárgyroi mit seinen Zypressen, Oleanderbüschen, aromatischen Sträuchern und dem weißen Wohnhaus mit flaschengrünen Fensterläden und einem hölzernen Balkon ist eines der liebreizendsten Fleckchen in Athen. Man hat ein Gefühl völliger Abgeschiedenheit. Das Touristentreiben der Plaka ist zur Unwirklichkeit geworden, einziges Geräusch ist das Summen der Bienen. Dieser poetische Ort ist die Residenz des Exarchen vom Heiligen Grab in Jerusalem, dem die Klosterkirche der Arzt-Heiligen untersteht. Am Nordende des Gartens führt ein Gartentor zurück in die Odos Erotokrítou und zur Taverne ›O Yéros tou Mouriá‹.

Weiter geht es durch die Odos Thrasyboúlou vorbei an Geschenk- und Andenkenläden. Die erste Treppe links steigt man hinauf und gelangt zum verlassenen Bau der *Alten Universität,* die – beschirmt von einem großen wilden Feigenbaum – der Schauplatz des ersten Wiederaufbrechens kulturellen Lebens im Athen des 19. Jhs. war. In dem schattigen kleinen Hof unterhalb der zerbröckelnden Mauer sitzen heute die Menschen und trinken Retsína. Die Gassen sind hier so eng, daß nur Mopeds und Schubkarren durchkommen können. – Von der Alten Universität geht man mit wenigen Schritten zur zypressenumstandenen *Metamórphosis*, einer kleinen bezaubernden byzantinischen Kirche des 14. Jhs. Ihr winziger Altar im Innern ist ein schöngeformtes frühchristliches Säulenkapitell. Von hier aus windet sich die jetzt breiter werdende Straße um die Nordwestflanke des Burgfelsens zum Areopag und zum Aufgang zur Akropolis.

Zum letzten Mal gehen wir jetzt zum ›Yéros tou Mouriá‹ zurück und von dort die Treppe der Odos Mnisikléous hinab und biegen links in die Odos Lysíou ein. An ihrem Ende gelangen wir zu der geräumigen Platía Plátanou mit dem *Turm der Winde,* bekannt als ›Oi Aerídhes‹ (die Winde). Nach der Enge der Plaka-Gäßchen freut man sich an dem ungehinderten Blick auf die Vornehmheit der klassizistischen Häuser mit ihren eisernen Balkongeländern oder den steinernen Balustraden. Zusammen mit dem strengen Turm und den antiken Ruinen wuchs hier ein reizvolles Nebeneinander zweieinhalb Jahrtausende umspannender Stadtgeschichte. Besonders des Nachts und bei Mondlicht ist dies einer der liebenswertesten Plätze der Plaka, ja Athens.

Der ›Turm der Winde‹ steht etwas vertieft in einer Bodensenke neben einer schattenspendenden Platane, westlich von der Römischen Agorá. Im Jahre 1676 erkannte Dr. Spon aus Lyon, einer der frühesten westeuropäischen Gelehrten, die Athen aufsuchten, daß der Turm nicht, wie immer vermutet, das Grab des Sokrates war, sondern das Monument einer schon bei Vitruv beschriebenen Wasseruhr. Gleich dem ›Denkmal des Lysíkrates‹ ist dieser achteckige Turm ein baukünstlerisches Phantasiewerk, die Schöpfung eines philhellenischen Syrers namens Andrónikos von Kyrrhos aus dem 1. Jh. nach Chr., daher auch oft als das ›Horológeion des Andronikus‹ bezeichnet. Die obere Turmzone schmükken die Reliefs der acht Winde, zu denen die Griechen in ihrem küstenreichen Land ein besonders lebendiges Verhältnis haben. Der Nordwind, Boreas, bläst in das Tritonshorn, ein Attribut der Meeresgötter; der Nordost schüttet Hagelkörner aus einem Schild; der Ostwind trägt Früchte und Kornähren herbei; der Südost, dem häufig Wolken und Regen folgen, hüllt sich in seinen Mantel; der Südwind, Notos, gießt als der Regenbringer Wasser aus einem Gefäß; der Südwest, der von der Libyschen Wüste kommende Schirokko, hält den Teil eines Schiffwracks in Händen; der junge Westwind, Zephiros, streut Blumen; der gefürchtete, meist sehr trockene Nordwest-Sturm hält eine umgedrehte leere Vase. Das kegelförmige Dach krönte ein bronzener Triton als Wetterfahne. Vitruv berichtet, er habe in seiner rechten Hand einen Stab gehalten und sei »so gefertigt, daß er, vom Wind bewegt, sein Gesicht

14 Athen. Der ›Turm der Winde‹ unter dem Nordhang der Akropolis. Stich aus dem Jahre 1762.

stets dem Luftstrom zuwandte und den Stab als Zeiger über der Darstellung des gerade blasenden Windes hielt«. Über den Mechanismus, der die Uhr betrieb, weiß man wenig Genaues. Ein kleiner, der Südseite vorgelegter Rundbau diente als Speicher für das Wasser, welches das Gehwerk in Bewegung hielt, und war durch eine Leitung mit der Quelle der Klepsýdra am Akropolis-Nordhang verbunden. Die Türken wandelten den Turm in eine Tekke, einen muselmanischen Andachtsraum, um, der auch einige Jahre lang der Sekte tanzender Derwische diente.

Gleich im Anschluß an die Südseite des ›Turms der Winde‹ fällt auf höherem Niveau die Ruine des sogenannten *Agronomeíon* ins Auge, Reste der dreibogigen Fassade eines stattlichen öffentlichen Gebäudes aus der Mitte des 1. Jhs. nach Chr., das seine wahre Bestimmung noch nicht preisgegeben hat. Auf Grund neuester Forschungen (J. Travlos) und Inschriftenfunde vermutet man das ›Agronomeíon‹, den Sitz der ›Marktbehörde‹, jenseits der südwestlichen Begrenzung der ›Römischen Agorá‹ an einem früheren Weg, der diese mit der nahen ›Alten Agorá‹ unterhalb des Areopagfelsens verband.

Die Gestaltung des geräumigen, rechteckigen Plattenhofes vor uns, vierseitig eingefaßt von Säulenhallen mit ihren Geschäftsräumen, stammt aus römischer Zeit. So hat sich der Name *Römische Agorá* eingebürgert. Vielleicht wäre es richtiger, sie als

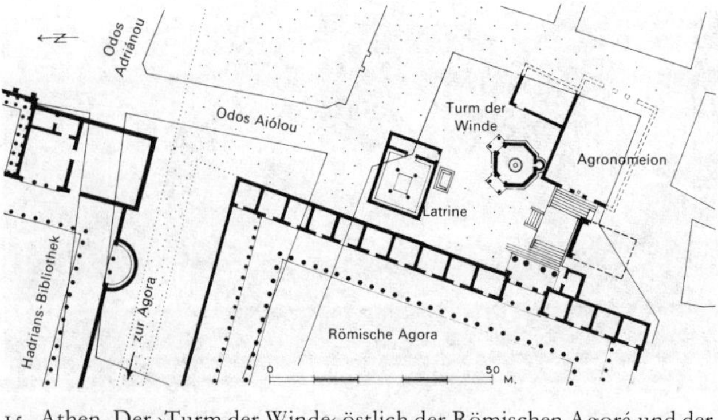

15 Athen. Der ›Turm der Winde‹ östlich der Römischen Agorá und der Hadriansbibliothek.

›Handelsagorá‹, die sie auch kontinuierlich bis zur Mitte des 19. Jhs., blieb, von der ›Alten Agorá‹, dem zentralen Ort für alle öffentlichen Belange des Stadtstaates, zu unterscheiden.

Der Haupteingang durch den imposanten *Torbau der Athena Archegétis,* der ›regierenden Athena‹ liegt im Westen. Vier dorische Säulen tragen über dem Gebälk den unverzierten Giebel. Der Bau dieses Propylon, das ein charakteristisches Beispiel griechisch inspirierter römischer Architektur ist, wurde der Inschrift zufolge von Julius Cäsar, und seit 27 vor Chr. von Augustus finanziert. In den Jahren 11/10 oder 10/9 vor Chr. wurde es eingeweiht. Die (verschollene) Statue des Adoptivsohnes von Augustus, des Lucius, krönte als Akroter den Giebel. An Stelle des subtilen Raffinements hellenistischer Baudenkmäler sind hier Kraft und Behauptungswille getreten. – Innerhalb des Ausgrabungsfeldes befindet sich ein quadratischer Backsteinbau mit einer Säulenvorhalle, vielfach überkuppelt; dies ist die *Fetiye-Moschee.* Ursprünglich war hier die Kirche der ›Panhagia Sotira‹, von ›Maria der Erlöserin‹, die während der Frankenzeit, als die Marienkirche im Parthenon zum römisch-katholischen Gotteshaus wurde, die Kathedrale der orthodoxen Christen war. Sultan Mehmeds II. Einzug in Athen nach dem Fall von Konstantinopel ist im Jahre 1458 der Anlaß gewesen, daß man sie zu einer Moschee umgestaltet hat. Heute dient sie als Aufbewahrungsort und Restaurationswerkstätte für archäologische Funde.

Hinter der Kirche der Taxiárchoi, der ›Erzengel‹, betritt man die Odos Áreos und steht mit wenigen Schritten vor der Hauptfassade der *Hadrians-Bibliothek.* Frühe Griechenlandreisende haben sie mit mehr Phantasie als Genauigkeit als ›Palast des Themistokles‹ bezeichnet. Von der säulengegliederten Eingangsseite im Westen steht noch die nördliche Hälfte und vom vorgezogenen Mittelportal nur eine einzige kannelierte korinthische Säule. Im Innenhof der von Hadrian um 130 nach Chr. gestifteten Bibliothek trugen 100 Säulen im Geviert den schattigen Umgang. Die Räume waren, wie Pausanias berichtet, »mit einer vergoldeten Decke und mit Alabasterstein sowie mit Statuen und Gemälden verziert«. Sicher sehr prächtig und sehr römisch. An der Innenwand des großen Hauptraums vor der Ostmauer erkennt man noch die Nischen für die Aufbewahrung der Buchrollen. Die Bibliothek wurde nacheinander ausgeplündert und niedergebrannt. Im 5. Jh.

entstand ein Dreiapsidenbau im Innenhof, der bald in eine byzantinische Basilika umgewandelt und um 1100 als die Kirche der ›Megáli Panhagía‹ erneuert wurde. Sie stand bis zum Beginn der Ausgrabungen 1885. – Zu Beginn des 18. Jhs. erwarb der Gelehrte Gheórgios Sotíris auf dem Bibliotheksgelände ein Haus, um darin das ›Seminar für Griechische Studien‹ einzurichten. Es war die erste, wieder von Griechen gegründete höhere Schule während der Türkenherrschaft, die im Athen von Platons Akademie und Aristoteles' Lyzeum seit mehr als tausend Jahren anzutreffen war.

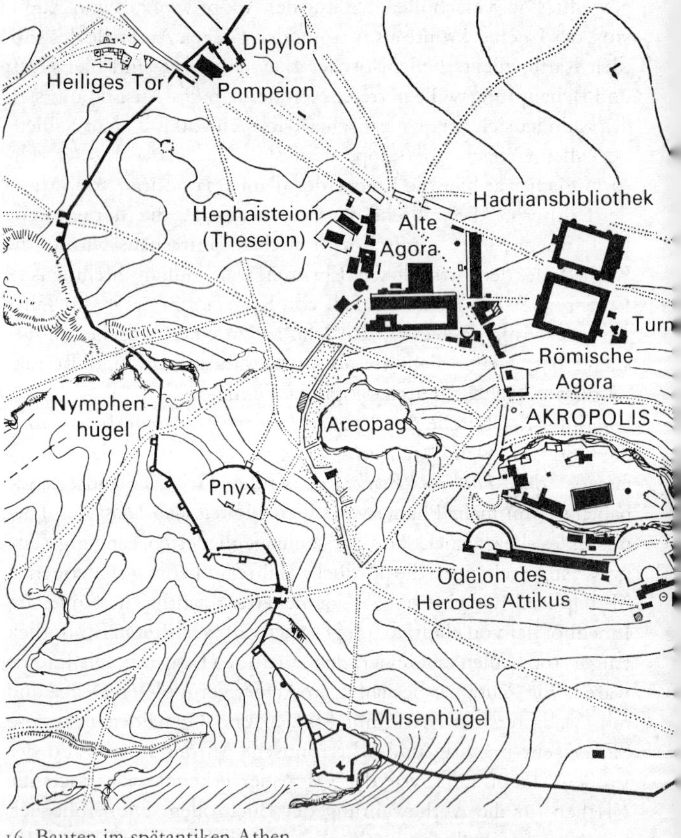

16 Bauten im spätantiken Athen.

Noch bevor wir von der Odos Áreos aus den Monastiráki-Platz betreten, das Verkehrszentrum der Unterstadt, mit U-Bahnhof und Autobus-Knotenpunkt kommen wir zu einer weiteren türkischen Moschee, der *Bazar-Dzami*, die in ein Museum für griechisches Kunstgewerbe umgewandelt worden ist. Hier sind außer griechischer Volkskunst auch farbenprächtige Trachten und Schmuck, hauptsächlich aus dem 18. und 19. Jh., zu sehen. Besonders schön sind die Arbeiten der epirotischen Terzídhes, die sich auf Stickereien mit Goldfäden spezialisierten, durch das

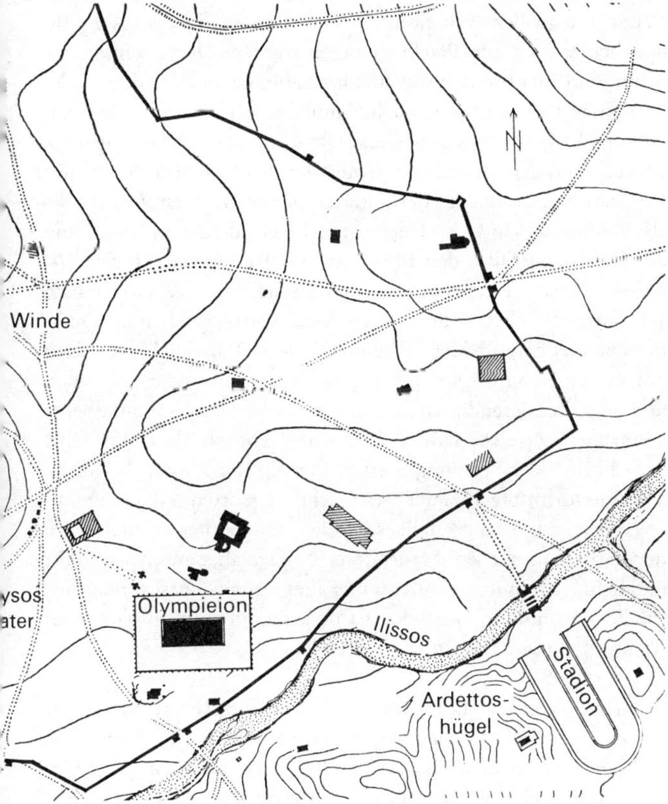

ganze Land zogen und Goldstickereien in der Tradition der verschiedenen Landschaften ausführten. Mitten auf dem *Monastiráki-Platz* steht die Panhagía-Kirche mit ihrem hohen Tambour. Außen wie im Innern ist sie so stark modernisiert, daß der Charakter einer Basilika aus dem 10. Jh. zerstört ist. Sie gehörte früher zu einem großen Frauenkloster. – Unter den vielen hier einmündenden Straßen wählen wir die *Pandróssou*, die den Monastiráki-Platz mit der Platía-Mitropóleos, dem Ausgangspunkt unserer bisherigen Wanderung, verbindet. Dies ist die ›Straße der Schuster‹, wo überall die ›Tsaroúchia‹ zum Verkauf ausliegen: pantoffelartige Schuhe im türkischen Stil aus rotem oder schwarzem Leder mit großem Pompon, die von den Bauern bis ins 20. Jh. und heute noch zur Tracht getragen werden. Doch weithin bekannt sind hier die Antiquitätengeschäfte, eins neben dem anderen. Nicht nur Touristen, auch Kenner lassen sich von ihren Angeboten locken. Die kleine Gasse ist zu eng für den Durchgangsverkehr und dennoch häufig genug von den Schiebekarren fleißiger Händler, besonders der Alteisen-Sammler, verstopft, die sie als Abkürzung zur Odos Hepháistou verwenden, der Fortsetzung der Pandrósou über den Monastiráki-Platz hinweg. In der *Hepháistou* sitzen die Eisen- und Kupferschmiede wie vor zweieinhalb Jahrtausenden. Schon im antiken Athen erstreckte sich ihr Quartier von hier bis zum Hephaistéion (Theséion). In den Werkstätten und Geschäften funkeln die Messing- und Kupferwaren, neue Geräte und alte, deren handwerkliche Schönheit und Solidität heute kaum mehr erreicht wird. Die zweite Nebenstraße rechts führt zum Floh- oder ›Sonntagsmarkt‹, der *Kyriakí-Agorá*, da nur an Sonntagvormittagen, außer der sehr begehrten Kleidung aus zweiter Hand, die ausgefallensten Dinge angeboten werden, nach denen man nie suchen würde, deren Nutzen aber anscheinend für die dicht gedrängten Käufer außer Frage steht. Dieses Plätzchen ist die Verbindung zur Odos Ermoú, die wir nun in westlicher Richtung hinuntergehen.

Wieder kommt man über einen Platz, sieht zur Rechten die kleine *Kirche der Hagioi Asomátoi*, der ›Unkörperlichen‹, der ›entrückten Heiligen‹, aus dem 11. Jh. und findet wenig weiter in der Odos Ermoú, der Hermes Straße, den Eingang zum *Keraméikos*. Seit alters saßen in diesem Gebiet die ›Keraméis‹, Töpfer und Ziegelbrenner, die in der Senke um den Erídanos-Fluß beste Tonerde vorfanden. In Ufernähe hat man schon seit dem 11. Jh. vor Chr. die Toten begraben, und die Ausgrabungen des Deutschen Archäologischen Institutes haben nicht nur außerordentliche Funde zu Tage gefördert, sondern auch zu vielen Aufschlüssen über Bestattungsformen und -sitten während eines Zeitraumes von eineinhalb Jahrtausenden geführt.

»Grabbeigaben – in der Mehrzahl Tongefäße – aus submykenischen (11. Jh.), protogeometrischen (10. Jh.), geometrischen (9.-8. Jh.), archaischen (7.-6. Jh.) und klassischen Gräbern (5.-4. Jh.) sowie aus Gräbern der Jahrhunderte vor und nach Christi Geburt sind im Grabungsmuseum [und auch im Nationalmuseum] ausgestellt. Mit größeren Tongefäßen und auch mit rohen Steinblöcken bestellte Gruben oder bescheidene Erderhebungen kennzeichneten die ältesten der Gräber. Seit etwa 800 vor Chr. erheben sich über den Gräbern auch Grabhügel verschiedener Größe oder

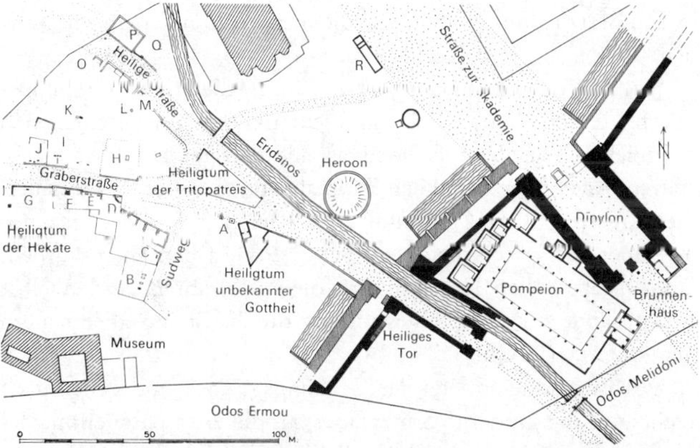

17 Athen. Der Keraméikos.

A Gesandtengräber - **B** Grabstätte des Philóxenos aus Messene - **C** Grabrelief der Demétria und der Pamphýle - **D** Grabrelief des Dexíleos - **E** Grabbezirk des Agáthon und des Sosikrátes aus Herakléia Pontike - **F** Grabmal des Schatzmeisters Dionysios - **G** Grabstätte der Familie des Archonten Lysimachidés - **H** Grabtisch der Hipparéte - **I** Grabrelief der Hegesó - **J** Grabbau der Familie des Bion - **K** Grabrelief der Eukoline - **L** Loutrophoros des Olýmpichos - **M** Grabstele der Antídosis - **N** Lekythos der Aristomáche **O** Familiengrabstätte - **P** Grabbezirk - **Q** Familiengrabstätte - **R** Staatsgrab der Lakedaimonier.

mit Stuck befestigte und von Lehmziegeln eingefaßte Erdbänke, aus denen im 6. Jh. die in Stein gebaute archaische Grabarchitektur der Wohlhabenden hervorgeht: ummauerte Grabhügel und rechteckige Grabbauten. Über den archaischen Gräbern standen Stelen (Pfeiler und Grabplatten) aus Kalkstein und Marmor, mit dem Bild des Toten in Relief oder Malerei und bekrönt von dämonischen Tierbildern (Sphinx u. a.) oder von pflanzlichen Ornamenten (Anthemien); an die Stelle der Stelen konnten Marmorstatuen der Toten treten: Stand-, Sitz- und Reiterbilder; die Sockel der Grabmäler sind mit Aufschriften, oft mit Grabgedichten versehen, reichere konnten mit Relieffriesen verziert sein.

Im Gelände, dessen heutiges Bild vor allem von spätklassischen Monumenten geprägt ist, sind keine archaischen Grabarchitekturen und Grabsteine am alten Standort erhalten. Manche werden durch die Perser, die 480/479 vor Chr. die verlassene Stadt besetzt hielten, zerstört worden sein; viele hat Themistokles zur Gewinnung von Baumaterial für die Stadtmauern abreißen lassen: in den Mauern und Toren sind die meisten Funde gemacht worden.

Seit dem ausgehenden 6. Jh. vor Chr. ist die private Grabkunst durch Gesetzgebung stark eingeschränkt, im fortgeschrittenen 5. Jh. lebt sie wieder auf. Doch fast alle älteren klassischen Grabstätten der Familien sind den Baumaßnahmen an der Stadtmauer, die im Jahre 338 vor Chr. unmittelbar nach dem Sieg der Makedonen über das griechische Heer bei Chäroneia betrieben wurden, zum Opfer gefallen. In den auf 338 folgenden Jahren wurden selbst Staatsgräber zur Materialgewinnung für die Stadtgrabenmauern geplündert.« (D. Ohly)

Wir durchqueren jetzt das Grabungsgelände und gehen nach rechts auf die moderne Stützmauer zu, die etwa parallel mit der Stadtmauer verläuft. An dieser Stelle führten zwei Tore aus der Stadt: das große *Dípylon*, ein wehrhaftes ›Doppeltor‹, und das *Heilige Tor*, durch das die Pilger auf der *Heiligen Straße* zu den Mysterien nach Eleusis zogen. Bei dem umhegten ›Heiligtum der Tritopatréis‹, der ›altväterlichen Gottheiten‹, gabelt sie sich. Beide Wege säumen Grabmonumente. Gleich links auf dem kleinen Südweg ein monumentales Relief als ›Grabstätte der Schwestern Demétria und Pamphýle‹, etwas weiter auf der ›Gräberstraße‹ das ›Grabmal des Dexíleos‹, ein Relief mit dem jungen Reiter, wie er in der Schlacht gegen die Korinther im Jahre 394 einen Feind überwältigt. Es folgt das Grabmal eines Schatzmeisters Diónysios, das einen mächtigen Stier trägt. Im anschließenden Familiengrab ein Relief mit dem Fährmann Charon, der die Toten über den Hades führt. Auf der Ecke der großen Anlage ein herrlicher Molosser-Hund. An der gegenüberliegenden Seite die berühmte ›Grabstele der Hegesó‹ aus der Familie des Kóroibos. Zwischen den großen Gräbern stehen weitere schlanke, vornehme Stelen, oft mit der Bekrönung einer subtil stilisierten Akanthospalmette, edel geformter Grablekythen oder Lutrophoren. Viele der Denkmäler im Gelände sind Abgüsse der in den Museen bewahrten Originale. Der Weg führt uns wieder zurück zum ›Heiligtum der Tritopatréis‹. Wir überqueren jetzt das Erídanos-Flüßchen und erreichen den

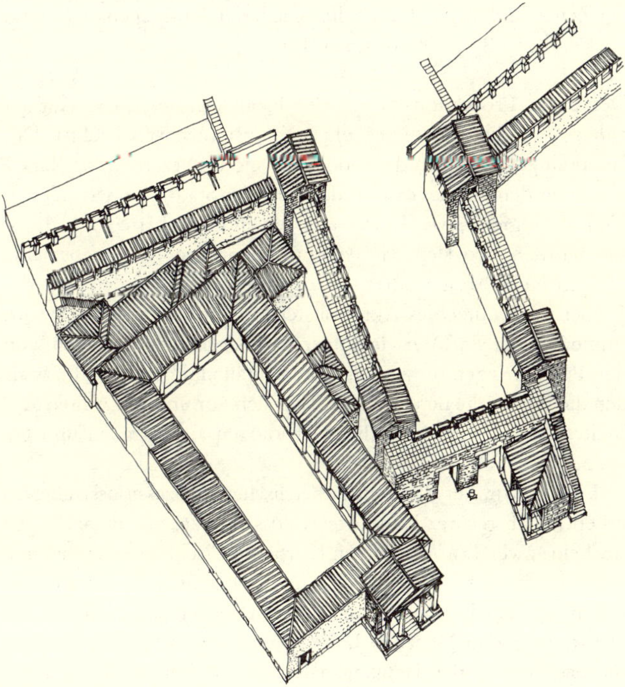

18 Athen. Das Dípylon. Rekonstruktion des Stadttors um 280 v. Chr. Links davon das Pompéion.

Teil des Friedhofes, der vor dem Dípylon liegt und dessen Monumente die *alte Straße zur Akademie des Platon* säumen. Hier sind vorwiegend verdiente Staatsmänner bestattet und Gedenkstätten für die in Kriegen gefallenen attischen Bürger errichtet worden.

Das *Dípylon*, seit dem 5. Jh. das größte Stadttor Athens, war eine Doppeltoranlage, bei der sich der Angreifer, wenn er das äußere Tor überwunden hatte, in einem von hohen Seitenwänden geschlossenen Hof fand, vor sich in 40 m Abstand ein zweites Tor, das noch zu erstürmen war. An beiden Seiten des äußeren Tores stehen mächtige viereckige Türme. – Vom Dípylon aus setzte sich die Panathenäische Prozession zur Akropolis in Bewegung. Neben der südlichen Mauer des Torbaus liegt ein riesiger Stylobat, auf dem sich das *Pompéion* erhob. In diesem Festhaus wurden die Vorbereitungen für die Prozession getroffen und in der Zeit zwischen den Festen die geheiligten Kultgegenstände und notwendigen Requisiten aufbewahrt.

Der antike Prozessionsweg zu den Propyläen überquerte auf geradem Weg die *Alte Agorá*, die auch unser nächstes Ziel ist. Der Haupteingang liegt in der Odos Adrianoú. Dieser antike Marktplatz, seit dem 6. Jh. vor Chr. das Herz der Stadt, von wo aus sich die Polis regierte, wo Gesetze erlassen und Geschäfte abgeschlossen wurden, wo sich das gesamte öffentliche Leben abspielte, liegt in einer Mulde unterhalb des Aeropag. Besiedelt war das Gebiet im Schutze des Akropolisfelsens seit dem 12. Jh vor Chr. Immer wieder sind Verwüstungen darüber hinweggegangen, von den Perserkriegen bis zu den Goteneinfällen, immer wieder wurden die Bauwerke neu errichtet. Was sich vor unseren Augen ausbreitet, haben amerikanische Archäologen ausgegraben und geordnet.

Folgen wir der alten Panathenäischen Prozessionsstraße, so erheben sich rechter Hand drei kolossale Statuen auf mächtigen Sockeln: zwei Tritonen, deren Körper in Fischleibern enden und ein Gigant, dessen Beine in einen Schlangenleib einmünden. Fragmente der Figur, die auf dem vierten der Sockel stand, bewahrt das Agorá-Museum. Ursprünglich waren es sechs Statuen, die das Gebälk der Eingangshalle des an alter Stelle im 2. Jh. nach Chr. neu erbauten *Odeion des Agrippa* trugen. Es ist um 400 nach Chr. von einem spätrömischen *Gymnasion* überbaut worden,

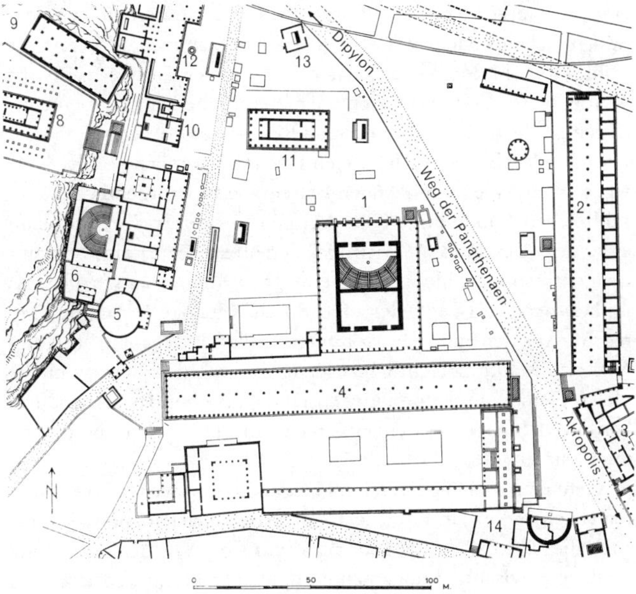

19 Athen. Die Agorá zu Ende des 2. Jhs. n. Chr.

1 Stoa der Giganten und Odéion des Agrippa - **2** Attalos-Stoa (Agora-Museum) - **3** Pantainos-Bibliothek - **4** Mittel-Stoa - **5** Tholos - **6** Bouleutérion **7** Metróon - **8** Hephaistéion - **9** Hellenistisches Gebäude - **10** Tempel des Apollon Patróos - **11** Tempel und Altar des Ares - **12** Stoa des Zeus Eleuthérios - **13** Altar der Zwölf Götter - **14** Hagioi Apóstoloi.

an dessen Portikus nur noch die vier mittleren Riesen stehen blieben. Im 19. Jh. glaubte man die Statuen einer der vielen Wandelhallen zugehörig, nannte den Bau daraufhin *Stoa der Giganten*, und stößt noch oft auf diese unzutreffende Bezeichnung.

Der Zug der Panathenäen ließ dann links die langgestreckte *Attalos-Stoa* liegen, die jetzt aus pentelischem Marmor, Piräus-Kalkstein und einheimischen Tonziegeln völlig neu aufgebaut worden ist. Attalos, ein philhellenischer König von Pergamon, Förderer der Kunst und Wissenschaft, hatte sie im 2. Jh. vor Chr. gestiftet. Die Fassade der zweigeschossigen Stoa folgt unten der dorischen, oben der jonischen Ordnung. Vor der Rückwand der beiden breiten Hallen, die im Unter- und Obergeschoß von je einer weiteren Säulenstellung zweischiffig unterteilt werden, öffnen sich nebeneinanderliegende kleine Zimmer, je 21 an der Zahl. Obwohl der Bau 267 nach Chr. von den Herulern zerstört wurde, waren doch von allen wichtigen Bauteilen Fragmente erhalten geblieben, die eine getreue Rekonstruktion ermöglichten. Die amerikanischen Archäologen sahen sich nämlich vor der Notwendigkeit, einen schützenden Bau für die außerordentlichen und zahlreichen Funde ihres Grabungsgebietes zu errichten. So kam es zu dem Beschluß, mit dem Wiederaufbau der Attalos-Stoa auf dem antiken Gelände zugleich ein *Agorá-Museum* zu schaffen. Es ist hervorragend gegliedert und durch Kataloge zugänglich gemacht. Aus der Fülle der Monumente, Plastik, Kleinkunst, Keramik und stadtgeschichtlichen Zeugnisse werden hier wohl die vielen Darstellungen und Gegenstände, die über das tägliche Leben des damaligen Athener Bürgers Auskunft geben, besonders interessieren.

Geht man im Uhrzeigersinn von der Stoa aus weiter, so erreicht man nach der im Jahre 100 nach Chr. errichteten Pantainos-Bibliothek die *Mittel-Stoa* aus dem 2. Jh. vor Chr. Vor dem Westende fand sich zwischen Fundamenten von Verwaltungsgebäuden ein Stein mit der Inschrift »Ich bin die Grenze der Agora« aus dem 5. Jh. vor Chr. In der aus der gleichen Zeit stammenden *Tholos* tagten die ›Prytanen‹, Mitglieder des Magistrats, als geschäftsführender Ratsausschuß. Die Anwesenheit einiger Ratsmitglieder war auch während der Nacht gefordert, damit immer ein verantwortlicher Entscheid gefällt werden konnte.

Nun schließt nördlich das *Bouleutérion*, das Gebäude der Ratsversammlung, an. Der letzte Bau stammt aus dem späten 5. Jh. vor Chr. und war ein etwa quadratischer Saal mit halbkreisförmigen Sitzstufen. Gleichzeitig mit dem alten Bouleutérion aus dem 6. Jh. vor Chr., das nicht mehr als ein Verwaltungsgebäude gewesen sein kann, entstand das *Metróon,* ein kleiner archaischer Tempel, vermutlich zu Ehren der Göttermutter. Nach vielen baulichen Verwandlungen des Tempels fand er im 2. Jh. vor Chr. seine Bestimmung als Staatsarchiv.

An dieser Stelle steigt der Weg an und hinauf zum *Theséion,* das die Agorá von einer hoch gelegenen Geländestufe aus beherrscht. Wie zu alten Zeiten wachsen hier auch heute Myrthen und Granatäpfel in großen Tonkübeln, Nachbildungen antiker Gefäße, von denen man zahlreiche Bruchstücke in aus dem nahen Felsen herausgeschnittenen Aushöhlungen fand. Früher wurden die Pflanzen von künstlichen Rinnsalen, deren Quelle auf der Pnyx entsprang, bewässert. – Daß man dem Tempel den Namen ›Theséion‹ gab, erklärt sich aus dem Reliefschmuck seiner Friese, welche zum Teil die Taten des attischen Helden Theseus schildern. Es war aber, wie Bauinschriften bezeugen, der *Tempel des Hephaistos*, des Gottes der Schmiede, die hier in nächster Nachbarschaft ihr Quartier hatten. Der Lärm aus den Kesseltreiber-, Kupferschmied- und Schlosser-Werkstätten tönt noch heute von der Odos Hepháistou herüber.

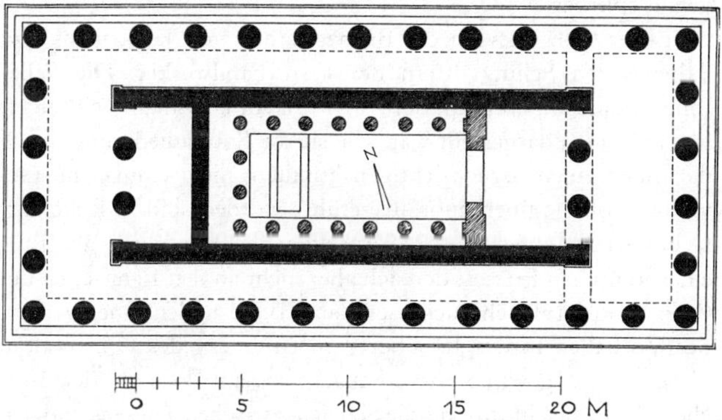

20 Athen. Hephaistéion (Theséion).

Das *Hephaistéion*, wie man es richtiger bezeichnet, entstand als Teil des umfangreichen Bauprogramms, das Athen nach den Zerstörungen durch die Perser-Invasion wieder verschönern sollte. Um die Mitte des 5. Jhs. vor Chr. hat man mit dem Bau begonnen, nur zwei Jahre früher als mit dem Parthenon. Er wurde auch früher vollendet als der Große Tempel. Bei etwa gleichen Proportionen trennen die beiden Bauten jedoch weit mehr als die kleineren Maße des Hephaistéion oder der nur geringe Zeitabstand.

Zunächst ist man beeindruckt – ja freudig bewegt, hier einem fast heilen Tempel gegenüberzustehen. Dann, bei näherem Zusehen, stellt sich ein merkwürdiges Gefühl der Unsicherheit ein. Neue Tendenzen, das Eindringen ionischer Elemente in die dorische Ordnung, werden erkennbar, ohne durch homogenen Zusammenklang völlig zu überzeugen. In erprobter dorischer Aufteilung umstehen die Schmal- und Langseiten 6 x 13 Säulen. Sie sind im Verhältnis zu ihrer Höhe besonders schlank und verjüngen sich deutlich wahrnehmbar zum Säulenhals hin. Ihr Abstand voneinander ist lichter und weiter als bei allen Vorgängerbauten. Umso wuchtiger muß das noch etwas höher als üblich proportionierte Gebälk wirken. Etwas Unausgewogenes wird deutlich im Bemühen um aufstrebende Leichtigkeit und zugleich um die nach wie vor angestrebte Geschlossenheit und Monumentalität des Baukörpers. Dies wird auch in der abweichenden Gestaltung der Cellavorhallen, des ionischen Frieses und bei vielen anderen Baudetails spürbar.

In der Cella standen die Bronzestatuen von Hephaistos und Athena, den Schutzgöttern der Kunsthandwerker. Die Cella-Innenwände waren präpariert für Fresken, aber man weiß nicht, was auf ihnen dargestellt war, wie sie die Raumgliederung durch die Innensäulen berücksichtigen konnten, nicht einmal mit Gewißheit, ob sie überhaupt ausgeführt worden sind. – Reliefdarstellungen schmücken die Stirnseiten der Vorhallen, als Teile eines ionischen Frieses, der sich aber nicht an den Langseiten der Cella, sondern als schmuckloses blaues Band an den Innenwänden der Vorhallen fortsetzte: über dem Architrav des Opisthodom die Darstellung von Kentaurenkämpfen; am Prónaos, der östlichen Vorhalle, eine mythische Schlacht zwischen Theseus und den Söhnen des Pallas um die Herrschaft über die Stadt. Sechs olympische Gottheiten schauen zu. – Vom dorischen Metopen- und Triglyphenfries unter dem Dachgebälk war nur der östliche, dem großen Markt zugekehrte Teil reliefgeschmückt. Die zehn Metopen der Schmalseite stellen Taten des Herakles dar, und anschließend an den beiden Langseiten berichten je vier Bildfelder von den Taten des Theseus. Alle übrigen Platten waren unverziert. – Als Themen der Giebeldarstellungen glauben die amerikanischen Archäologen aus den gefundenen Fragmenten die Aufnahme des Herakles unter die Götter für den Ostgiebel, und für den Westgiebel eine Kampfszene zwischen Lapithen und Kentauren zu erkennen. – Das Tonnengewölbe über der Cella stammt aus dem 5. Jh. nach Chr., als der Tempel, gleich manchen anderen, in eine byzantinische Kirche umgewandelt wurde.

Unser Weg führt nun wieder auf die Agorá zurück. Links liegen die Grundmauern des kleinen *Tempels des Apollon Patróos* aus dem 4. Jh. vor Chr. Es folgen die Fundamente der *Stoa des Zeus Eleuthérios,* in deren Kühle Sokrates mit seinen Anhängern philosophierte und diskutierte. Gegenüber, dort wo der Panathenäen-Weg auf die Agorá trifft, liegt der *Altar der Zwölf Götter,* den die Peististratiden gegen Ende des 6. Jhs. vor Chr. stifteten. In der Antike betrachtete man die Stelle als Mittelpunkt der Stadt und hat von hier aus alle Entfernungen berechnet.

Das einzige Bauzeugnis aus dem Mittelalter, einer Zeit als die Agorá bereits zu einem Wohngebiet geworden war, ist die *Apostelkirche.* Sie gehört wie die ›Sotíra tou Lykodímou‹ zu den ältesten Kirchen Athens und stand wohl schon vor dem Jahre 1000. Bewundernswert ist die akurate Mauerfügung: Hausteine, von Flachziegeln gerahmt und mit pseudokufisch verzierten Ziegelbändern durchsetzt. Die Proportionen sind zierlich und wirken besonders im Innenraum leicht und ausgewogen.

Nach unseren Erkundungen auf der antiken Agorá begeben wir uns über die Odos Ermoú wieder zum Sýntagma Platz. Auf halbem Weg umschließt der Straßenzug die vertieft liegende *Kapnikaréa-Kirche,* muß ihretwegen rechts und links einen Halbbogen um sie schlagen. Als Kreuzkuppelkirche im 11. Jh. errichtet, wurde ihr im Norden ein Seitenschiff hinzugefügt, und ein dann vorgelegter Narthex im Westen verband den Trakt mit dem Hauptbau. Die reichgegliederte Bogenfassade dieser Vorhalle überdachen vier zierliche Giebel. Ihr Inneres mit den zwei kleinen Säulenreihen seitlich der Tür zum Hauptraum, diese mit ihrer schön verzierten marmornen Laibung, hat etwas ausgesprochen Graziles. Die Fresken im Kirchenraum sind modern, aber gut. Der uns seltsam klingende Name geht wahrscheinlich auf einen Stifter zurück, der ein ›Kapnikáris‹, ein Rauchsteuereinzieher, war oder so hieß.

Im brausenden Verkehr wird dies Kirchlein von den umgebenden Häusern fast erdrückt und bleibt doch immer eine Insel der Stille. Auf dem belebtesten und geschäftigsten Teil der Ermoú erreichen wir wieder den Sýntagma-Platz.

DIE STADT DES HADRIAN – DAS NEUE ATHEN

III

Wieder beginnen wir mit unseren Erkundungen am Sýntagma-Platz. Auf der Leophóros Amalías gehen wir diesmal im Schatten der ›Königlichen Gärten‹ bis zum Denkmal des Lord Byron, den die Arme einer liebreichen Dame umfangen, in der man wohl die Verkörperung von Hellas zu erblicken hat. Im Jahre 1809 kam Lord Byron zum ersten Mal nach Griechenland. Des Dichters Eindrücke fanden in den vier Gesängen von ›Childe Harold's pilgrimage‹ (1812-18) ihren Niederschlag. Es war ein großer literarischer Erfolg, der auch das Interesse Europas auf »diese schicksalhafte Erde« und ihre Leiden unter osmanischer Herrschaft richtete. Allerorten sprach man nur noch von ›Hellas‹. Als Byron fünfzehn Jahre später – eingestandenermaßen ein wenig verärgert – für die Sache der griechischen Freiheit starb, hatte jedoch sein Beispiel schon tiefen Eindruck hinterlassen. Abenteurer wie Idealisten eilten herbei, traten in das griechische Befreiungsheer ein, und auch die europäische Politik nahm sich des griechischen Schicksals an.

Vor dem Denkmal überquert man die Leophóros Olgas und befindet sich vor dem *Hadriansbogen*. Er bezeichnete eine Grenze, und die Inschriften über dem Bogenscheitel bekunden dies auch. Auf der nach Westen zur Akropolis gekehrten Seite steht: »Dies ist Athen, die alte Stadt des Theseus«, zum Olympiéion und nach Osten gerichtet liest man: »Dies ist die Stadt des Hadrian und nicht des Theseus«.

Das Monument, eines der Wahrzeichen der Stadt, ist ein seltsames architektonisches Gebilde: Auf einen römischen Torbau ist eine Art griechischer Ädikula aufgesetzt (eine Statuen rahmende Nischenarchitektur mit Säulenvor- und Giebelüberbau, hier rechts und links mit einer Säulenstellung über den Giebel hinaus erweitert).

Die Athener wollten vielleicht die Verschwisterung der griechischen mit der römischen Welt versinnbildlichen, als sie den Bogen 131/132 nach Chr. für Hadrian zu seinem feierlichen Einzug in das unter seiner Schirmherrschaft gerade fertiggestellte Olympiéion errichteten. Der Torbau ist keine der glücklichsten Leistungen griechischer Baumeister, doch die betonte architektonische Strenge ist eindrucksvoll. Die römische Torfassade ist durch Pilaster gegliedert, und zwei vorgesetzte (heute fehlende) korinthische Säulen müssen sie plastisch belebt haben. Man nimmt an, daß in der Ädikula, der Altstadt zugewandt, eine Statue des Theseus, und mit Blick zur neuen Stadt die Statue des Kaisers stand. Hadrian, dessen Liebe für alles Griechische so weit ging, daß er sich in die Eleusinischen Mysterien einweihen ließ, verschönte die Städte seiner hellenischen Untertanen mit Gebäuden

21 Athen. Der Hadriansbogen.

und Denkmälern in monumentalem römischen Stil, von denen noch viele anschauliche Reste erhalten sind und an die warme, reife Pracht des 2. Jhs. nach Chr. erinnern.

Vor uns liegt der Tempel des Olympischen Zeus, das *Olympiéion* – auch als Ruine ein großartiges Beispiel eben jener Stilentfaltung in hadrianischer Zeit. Der Zeus-Tempel an dieser Stelle geht auf sehr alte Tradition zurück. Um 515 vor Chr. begannen die Peisistratiden mit dem Bau über den Fundamenten eines noch älteren Tempels. Pausanias meint, der mythische Herrscher Deukalíon habe diesen frühesten Tempel dem Olympier errichten lassen, weil er als einziger mit seiner Frau Pýrrha aus der großen Sintflut des Zeus gerettet worden war. Von dem Tempel des 6. Jhs. vor Chr., von dem Aristoteles sagt, er sei in seiner Mächtigkeit den ägyptischen Pyramiden vergleichbar gewesen, liegen noch einige gigantische Säulentrommeln an der nördlichen Umfassungsmauer des Heiligtums. Der Sturz der Peisistratiden und die Perserkriege unterbrachen die Bauarbeit auf lange Zeit. Im 2. Jh. vor Chr. wurde sie vom Seleukiden-König Antíochus IV. von Syrien wieder aufgenommen, der sich vorgenommen hatte, nur die besten römischen Baumeister zu beschäftigen; aber der Anstoß kam wieder zum Erliegen. Erst nach weiteren zweihundert Jahren hat Hadrian zwischen 124-132 nach Chr. den Tempel vollenden lassen. In der Cella stand eine kolossale, prachtvoll gearbeitete Statue des Zeus aus Goldelfenbein, und auch mehrere Standbilder des Kaisers, gestiftet von einzelnen griechischen Städten, hatten dort ihren Platz. Im Mittelalter ist der Tempel zum Steinbruch geworden, und ein exzentrischer byzantinischer Stylit, ein Säulenheiliger, nistete sich auf dem Architrav ein. Die Türken benutzten die Umfriedung als Spiel- und Erholungsplatz, und an dieser Tradition haben die Griechen bis vor kurzem festgehalten. Besonders am ersten Montag der Fastenzeit, der ›Kathará Dephtéra‹, ziehen die Athener mit prallen Picknickkörben hierher, und Kinder wie Erwachsene lassen Drachen steigen.

Der Tempel gehört zu den größten der griechisch-römischen Welt. Auf dem langgestreckten Stylobat von etwa 41 x 108 m erhebt sich ein Wald von Säulen. Dreimal 8 Säulen standen gestaffelt an den Schmalseiten und 20 Säulen besetzten, zweimal gestaffelt, die Langseiten. Die Baumeister waren bemüht, die von prachtvollen korinthischen Kapitellen gekrönten Schäfte so hoch wie nur irgend möglich zu ziehen, ohne durch übersteigerte Verdünnung oder Verjüngung das statische Formgefühl zu verletzen. Dieser Versuch ist vollauf gelungen. Keinem attischen Baumeister des klassischen Zeitalters, dessen Schöpfungen immer von menschlichen Maßen ausgingen und auf den Menschen bezogen waren, wäre es eingefallen, so weit zu gehen. Von den einst 104 Säulen stehen nur noch 15 aufrecht – hoch aufstrebend, ionisch kanneliert, und die korinthischen Kapitelle ziert äußerst lebendiges Akanthusblattwerk. Sie sind eindrucksvoll, wirken aber geradezu magisch entmaterialisiert, wenn nächtliches Flutlicht sie aus dem Dunkel der umliegenden Gärten heraushebt.

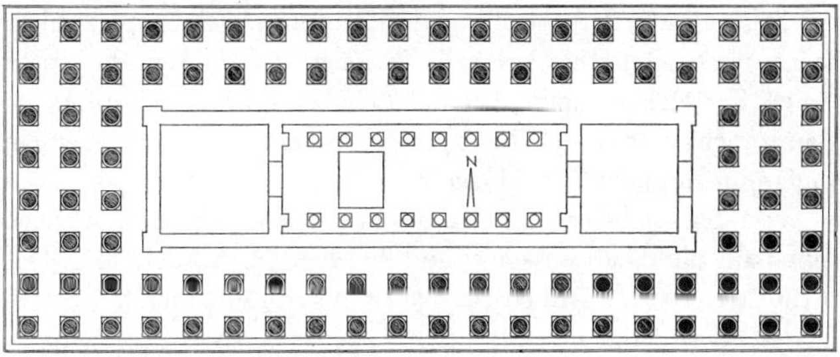

22 Athen. Das Olympiéion.

Entlang der nördlichen Umfassung des Olympiéions lief eine alte Straße, die wohl Sokrates und Phaidros nach Ansicht des griechischen Bauforschers J. Travlos für ihren Spaziergang außerhalb der Stadtmauern benutzt haben. Nach Verlassen des Stadttores bogen sie östlich vom Olympiéion in die Niederung des *Ilissós* ab und überquerten das Flüßchen nahe dem *Ardettos-Hügel*, um sich am Hang eines freundlichen Tals zum Gespräch niederzulassen. Pausanias nennt die Anhöhe »mondförmig«, in deren Mulde dann das antike Stadion angelegt wurde. Um dorthin zu gelangen, führt für uns der Weg über die Leophóros Olgas, auf der wir, ohne daß uns sichtbare Spuren noch darauf hinweisen, drei antike Stadtmauern passieren: Nach der Stadt des Theseus verlassen wir den Bezirk der Themistokleischen Mauern und schließlich auch die Stadt des Hadrian.

Lykurg hat um 330 vor Chr. mit dem Bau des ersten hufeisenförmigen *Stadions* begonnen. Fünfhundert Jahre später ließ Herodes Attikus, der reichste Mann des antoninischen Zeitalters, dessen Freigebigkeit Athen viel zu verdanken hat, 44 Sitzreihen auf seine Kosten mit Marmor verkleiden. Pausanias gibt uns eine Vorstellung vom Umfang dieser Unternehmung, wenn er meint, Herodes habe »dafür die Steinbrüche des Pentélikon größtenteils aufgebraucht«. Unter Hadrian wurden für die Schaukämpfe der Gladiatoren und die Zirkusspiele jeweils viele hundert Tiere aufgeboten. Im Mittelalter dienten dann auch hier die Steinquadern als willkommenes Baumaterial. Noch vor 150 Jahren schildern Reisende das grasüberwachsene Stadion als Ziegenweide. Aber beflügelt von der wiederauflebenden olympischen Idee hat 1895 ein moderner Herodes Attikus, der reiche Baumwollkaufmann Georg Averoff, die Wiederherstellung des Stadions in seiner spätantiken Form finanziert. Hier fanden 1896, nach 1500 Jahren, die ersten Spiele der Neuzeit statt. Averoffs Großzügigkeit erschöpfte sich damit nicht, er hat viel Gutes getan. Und er stiftete dem Staat ein Gefängnis und ein Schlachtschiff!

Von der höchsten Sitzreihe des Stadions hat man einen freien Blick auf die ›Hadriansstadt‹ und ihre heutige Ausdehnung. Das Athen des 19. und frühen 20. Jhs. ist in den Fünfziger Jahren abgerissen worden, ganze Straßenzüge der klassizistischen Zeit verschwanden fast über Nacht. Reihe um Reihe uniformer Wohnblocks und Apartmenthäuser wuchsen empor und vermehren sich noch immer. Erst jetzt hat man die Empfindung für die Schönheit der klassizistischen Häuser aus der Zeit der jungen Hauptstadt wiedergewonnen und versucht, sie zu erhalten. – Vor dem Stadion wählen wir die Odos Heródou Attikoú zum Benáki-Museum, eine ruhige vornehme Straße, in der sich hinter dem Grün der Bäume das eher schlichte *Neue Schloß* zeigt. Einst zog hier die königliche Leibwache der Evzonen auf Posten, junge Männer von Gardemaß in hautengen weißen Strumpfhosen, gefälteltem kurzen weißen Rock, blauer Weste und roten Kappen. Am Straßenende, der Wachstation der Elitetruppe, wird man ihnen auch heute begegnen.

Nach Überqueren der Leophóros Sophías stößt man auf das *Benáki-Museum* (Eingang Odos Koumbári Nr. 1). Die Benáki, eine alte griechische Familie, waren im 19. Jh. als Baumwoll-Magnaten zu großem Wohlstand gekommen und haben mit Kenntnis und Leidenschaft während zweier Generationen diese eindrucksvolle Sammlung zusammengetragen. Das besondere Interesse galt allem Griechischen aus Geschichte, Volkskunde und Kunsthandwerk, erstreckte sich aber auch auf erlesene Objekte der byzantinischen, vorder- und ostasiatischen Kunst. Kirchliche und liturgische Gegenstände aus verschiedenen Gegenden Kleinasiens füllen den *Saal B*. Nr. 31 ist ein prunkvoll gesticktes Banner aus dem Pontos. – *Saal Γ* ist byzantinischen und nachbyzantinischen Werken gewidmet: eine große Ikone der ›Verklärung Christi‹ (Nr. 123) aus dem 16. Jh.; eine ›Heilige Anna mit der Muttergottes‹ in scharlachrotem Mantel von Emmanuel Tzánes, einem bedeutenden Ikonenmaler der kretischen Schule des 16. Jhs. (Nr. 126); die ›Gastfreundschaft Abrahams‹ (Nr. 64), eine von einem unbekannten Meister stammende symbolische Darstellung der Heiligen Dreifaltigkeit. Die lockere gelöste Haltung der Figuren und die subtile Schattierung der roten und blauen Farbtöne sind ungewöhnlich auf einer byzantinischen Ikone des 14. Jhs. Auf der ›Darstellung Jesu im Tempel‹ des Kreters Damaskinós aus dem späten 16. Jh. (Nr. 68) könnte die perspektivische Anordnung der Ebenen von Piero della Francesca angeregt sein. – *Saal E* enthält Gegenstände türkischer Herkunft aus dem 16. und 17. Jh. Sie bieten sich dar in einem hier rekonstruierten muselmanischen Empfangsraum aus Kairo, mit Mosaikfußboden, Brunnenbecken und einem Wasserspiel. Die Kacheln sind persisch, die Inschriften kufisch. An den Wänden hängen Samtstoffe des 16. Jhs. aus Brussa mit Blumenmustern aus hellfarbigen Tulpen und Nelken, die hauptsächlich für Kissen verwendet wurden.

In *Saal Z* im Oberstock befinden sich nachbyzantinische Ikonen: zwei Tafeln der ›Geburt Christi‹ aus dem 16. Jh. (Nr. 516 und 518); aus dem 17. Jh. die Darstellung des ›Wunders des Heiligen Gürtels‹ (Nr. 1150), die ausgesprochen venezianischen Einfluß verrät. Nach der Eroberung Kretas durch die Türken im Jahre 1669 war eine große Zahl kretischer Künstler nach der Insel Zákyntos ausgewandert, die sich damals unter venezianischer Herrschaft befand. Unter Erinnerungsstücken an den Unabhängigkeitskrieg in *Saal H* befindet sich ein ungewöhnliches Gemälde der Schlacht von Karpenísi (Nr. 646). Der Maler war ein analphabetischer Bauer. Seine Vogelschau-Ansicht entfaltet sich kindlich naiv, aber die erfindungsreiche Behandlung der Details ist voller Charme und Phantasie. – In *Saal K* hängen zwei frühe El Grecos: eine stark verstümmelte Ikone des ›Heiligen Lukas‹, wie er die

Muttergottes malt (Nr. 1542), ist als einzig erhaltenes Werk im Stil einer tragbaren kretischen Ikone von rein historischem Interesse. Es entstand, ehe er das heimatliche Kreta verließ und nach Venedig ging. Das zweite Bild, die ›Anbetung der Hl. Drei Könige‹ (Nr. 1543), ist ein Frühwerk aus der Lehrzeit Grecos in der Werkstatt des alten Tizian, dessen anleitende Hand beim Architektur-Hintergrund, der perspektivischen Verkürzung und der ausgewogenen Gruppierung der Figuren erkennbar ist – technische Errungenschaften, die dem jungen Griechen bis dahin unbekannt waren. – In *Saal Λ* ist ein rhodisches Hochzeitsbett aus dem 17. Jh. zu sehen, dessen Vorhänge und Kissen die Braut selbst mit hellgrünen, ziegelroten und preußischblauen Fäden bestickt hat. – Die Schmucksammlung in *Saal N* ist besonders reichhaltig und kostbar: frühe Goldbecher aus dem 3. Jt. vor Chr. (Nr. 741 und 1986) und aus mykenischer Zeit mit laufenden Hasen (Nr. 1160); ein altes Diadem aus Kos aus dem 7. Jh. vor Chr. (Nr. 42). Schaukasten 106 enthält eine Sammlung seltener byzantinischer Schmuckstücke.

Die chinesischen Keramiken und Porzellane in *Saal Ξ* stammen aus neolithischer Zeit sowie aus der Tang-, Sung- und Ming-Periode und sind gegen einen Hintergrund prachtvoller Teppiche aus Isfahan und Samarkand aus dem 17. Jh. ausgestellt. – *Saal O* bietet eine umfassende Auswahl von Stickereien von den griechischen Inseln und aus Epirus. Die besonders kunstreichen Beispiele stammen wohl aus dem Hochzeitsgut der Mädchen. Die Grundmuster der griechischen Insel-Handarbeiten, einer echten Volkskunst, gehen auf die Kirchenstickereien aus Byzanz zurück und wurden von einer Generation zur anderen weitergegeben. Sie unterscheiden sich aber deutlich von Insel zu Insel. Die kretischen Stickereien zeigen orientalische Fülle und Dichte, häufig Vogel-Motive, vor allem Pfauen. – Im Untergeschoß befindet sich eine prachtvolle Sammlung von Volkstrachten aus allen griechischen Landschaften.

Die Odos Koumbári führt zum *Kolonáki-Platz* am Fuß des Lykabettos. Wie lange noch mag die kleine Gartenanlage in seiner Mitte mit ihren Blumenbeeten und Orangenbäumen der Lieblingsplatz der französischen und englischen Bonnen mit ihren griechischen Schützlingen bleiben. Der Platz ist das Zentrum eines eleganten

Wohnviertels und hat etwas von der Atmosphäre altmodischer Intimität, die sich bemüht, mit der unpersönlichen Modernität der Wohnblocks und der schnittigen Sportwagen auf einen Nenner zu gelangen. Drei Seiten des Platzes sind von Konditoreien gesäumt, wo schicke Athener stundenlang in der Frühlings- und Herbstsonne sitzen und ihre Gespräche mit angloamerikanischem Slang und frankophilen Ausdrücken spicken. Die Spezialität der Konditorei Boccolo sind Loukoumádes, kleine in der Pfanne gebratene Teigküchlein, die in Honig getränkt und mit Zimt bestreut ganz frisch und knusprig serviert werden.

Vom Kolonáki-Platz biegt man in die Odos Neophýtou Vámva ein und gelangt wieder auf die Vasilíssis Sophías. Linker Hand nach etwa 200 m, unmittelbar im Anschluß an den Rigíllis-Platz, liegt das *Byzantinische Museum*. Man geht durch einen großen Vorgarten mit von zwei Zypressen flankiertem Marmorbrunnen auf einen vornehmen Landsitz zu, 1840 erbaut, gute Proportionen, doppelte Loggien-Fassade. Es war das Privatpalais der Sophie de Marbois, nachmals Herzogin von Plaisance. In Philadelphia in den Vereinigten Staaten geboren, lebte diese etwas exzentrische französische Dame während der Regierungszeit König Ottos in Athen. Sie war hochgebildet, leidenschaftlich für die griechische Sache engagiert, und ihr Haus stand Dichtern und Künstlern immer offen, ehe sie dann einem religiösen Wahn verfiel. Es heißt, sei sei knausrig zu ihren Gästen gewesen, aber sehr freigebig, wenn es um öffentliche Anliegen ging.

Eigentlich sollte man, wenn möglich, das Byzantinische und auch das Benáki-Museum erst aufsuchen – oder nochmals besuchen, nachdem man sich mit den ikonographischen und theologischen Voraussetzungen an großen Orten wie Daphni, Hosios Loukas, Mistra, ganz zu schweigen von denen in Nordgriechenland, genauer vertraut gemacht hat. Die ausgestellten Gegenstände, oftmals große Kostbarkeiten und hervorragende Beispiele ihrer Gattung, rücken dann müheloser an den ihnen eigenen Platz, und ihre Bedeutung ist rascher und leichter zu erfassen. Erst nachdem man eines der großen Zentren gesehen hat, kann auch ganz verständlich werden, mit welch umfassender Gestaltungskraft die byzantinische Kunst die Bereiche des religiösen und des öffentlichen Lebens zu durchformen vermochte. Noch das kleinste ornamentale Detail ist von sinngebender Bedeutung. Die christliche Bildvorstellung fand auf den Mosaiken, Ikonen und in den Skulpturen der Frühzeit ihre besondere Ausprägung. Zweierlei traditionsreiche Zuströme hatte sie assimiliert: die Überlieferung der hellenistischen Welt und den Einfluß des Orients (z.B. die Technik des Zellenschmelzes, der Emailkunst aus dem Persien der Sassaniden). Bald schon wurde sie allerdings zur Gefangenen ihres eigenen strengen ikonographischen Kanons, und erst gegen Ende der über tausendjährigen Epoche wird eine leichte Lockerung erkennbar. Man späht über die selbsterrichteten Schranken. Merkmale, oft nur Spuren einer unterschwelligen, aber wechselseitigen Beziehung zwischen italienischer und byzantinischer Kunst, zwischen abendländischem und byzantinischem Denken treten ans Licht. Dante, Giotto waren über die Vorgänge in Konstantinopel im Bilde. Die humanistischen Lehren eines Gemistos Plethon, des einflußreichen byzantinischen Philosophen, der lange in Mistra lebte und 1452 dort starb, erregen zwar den Protest von Ost- wie von Westrom, finden aber im Florenz der Medici aufnahmebereites Gehör. Byzantinische Künstler antworten ihnen mit Bestrebungen, die dem Menschlichen in der Darstellung des Heiligen mehr Gewicht geben. Hinzugetreten sein mag, daß die Türken im Begriff standen, die ›Gottgeschützte Stadt‹ einzuschließen. So scheint auch das Bewußtsein des nahenden Untergangs Veränderung bewirkt zu haben. Die festgelegten Bildzyklen und Einzelszenen belebt ein dramatisierender Impuls. – Neues bahnt sich an: der Atem der Renaissance wird als kräftiger Wind weithin spürbar, und auch die strengen Gesetze byzantinischer Ästhetik können sich dagegen nicht völlig abdichten.

Im Erdgeschoß des Byzantinischen Museums rechts des Vestibüls treten wir in *Saal A,* in dem eine frühchristliche Basilika rekonstruiert worden ist. Noch ganz aus antiker Vorstellung zwei Rundplastiken des 4. und 5. Jhs. nach Chr.: Christus als ›Guter Hirte‹ in der Tradition des Kalbträgers (Nr. 92) und Christus als Lehrer in der Gestalt des Leier spielenden Orpheus (Nr. 93). Das Relief Nr. 95 ist eine primitive, aber bezaubernde Darstellung der ›Geburt Christi‹; sodann ein Opfergabentisch des 4. Jhs. mit einem reliefierten Tierfries, den vier Menschenköpfe unterteilen. Das Heimweh nach der heidnischen Vergangenheit ist noch deutlich. Aber trotz der Unbeholfenheit der Ausführung empfängt der Bildhauer seine von argloser, naiver Spontaneität erfüllte Inspiration aus der inneren Bewegung, in die ihn die christliche Offenbarung versetzt. – In *Saal B* sind byzantinische Reliefs aus dem 9.-14. Jh. ausgestellt. Sie haben religiöse oder mythologische Themen zum Gegenstand und zierten Kirchen oder Häuser und Brunnen. Eine dritte Gruppe (ab 1204) stammt aus der Zeit, als die Franken das Land besetzten. – *Saal Γ* gibt den Eindruck einer byzantinischen Kreuzkuppelkirche des 11. Jhs. wieder und *Saal Δ* den einer spätbyzantinischen Kirche aus der Zeit der türkischen Besetzung. Dort steht eine reichgeschnitzte vergoldete Ikonostasis, bezeichnend für die Ausschmückung des 17. und 18. Jhs., die als Fries zwölf Bildtafeln trägt. Sie schildern die zwölf Feste des Kirchenjahres, des ›Dodekaéorton‹.

Im Obergeschoß befinden sich in *Saal II* illuminierte Handschriften und hervorragende Ikonen bis zum 15. Jh., in *Saal III* die Ikonen der nachbyzantinischen Zeit vom 16.-18. Jh. Werke der Kleinkunst und des Kunstgewerbes sind in *Saal IV* ausgestellt, meist liturgische Gegenstände wie Weihrauchfässer, Abendmahlskelche, Vortragskreuze und bezaubernde kleine Diptychen und Triptychen. *Saal V* bewahrt außer einer Sammlung liturgischer Gewänder und alter Stoffe den berühmten ›Epitáphios von Saloniki‹, ein kostbar besticktes Purpurgewebe und zugleich ein Meisterwerk der Kleinkunst. Das ›Grabtuch Christi‹ ist in drei Bildfelder unterteilt, auf dem großen mittleren Teil der ausgestreckte Leichnam des Herrn. Alle Figuren sind mit Gold- und Silberfäden über einen Goldgrund gestickt und mit vorwiegend blauen und grünen Farbtönen konturiert.

Vor dem Verlassen des Museums kann man im linken Flügelbau noch Schätze der großen Ikonensammlung bewundern. Eine aus dem 16. Jh. stammende ›Madonna mit Kind‹ (Nr. 1582) des Typus der ›Theotókos Glykophiloúsa‹, der ›zärtlich küssenden Gottesmutter‹, an deren Wange sich das Christuskind schmiegt, sieht wie der Archetyp aller Duccio-Madonnen aus. Duccio lebte jedoch gute dreihundert Jahre, ehe die ›Glykophiloúsa‹ gemalt wurde. Aber gleich anderen frühen italienischen Malern war er nicht unbeeinflußt von byzantinischen Vorbildern. Es fällt schwer, sich einen Duccio des 16. Jhs. vorzustellen – etwa einen Caravaggio oder einen Correggio –, der ein Marienbild in der Manier des frühen 14. Jhs. komponiert. Und doch gibt sich der byzantinische Maler der ›Glykophiloúsa‹ mit der engstmöglichen

Nachbildung eines viel älteren Vorbildes zufrieden. Im Unterschied zu den italienischen Künstlern und ihrem ungestümen Genius, der sich jeder neuen Auffassung in Mode und Technik öffnete, blieben die meisten Byzantiner mit immer erneuter Anstrengung und Versenkung der ikonographischen Tradition treu. – Manchen Besucher mögen auch noch weitere, nach ikonographischen Themen und Typen geordnete Bildtafeln in einem anschließenden Raum interessieren.

Die Odos Loukianoú, gegenüber dem Byzantinischen Museum, steigt steil zum *Lykabettos* auf, vorbei an der Britischen Botschaft, die früher das Wohnhaus von Eleuthérios Venizélos, des größten griechischen Staatsmanns und Politikers in der ersten Hälfte des 20. Jhs. war. Am Ende der Straße führt ein gepflasterter Weg im Zickzack zum 277 m hohen Gipfel hinauf. Die Drahtseilbahn geht von der Ecke der Odos Aristíppou und Kleoménous ab. Von dem kleinen Plätzchen vor der Hagios Geórgios-Kapelle auf dem Gipfel hat man einen großartigen Ausblick auf Athen und den Saronischen Golf, die Megarís und den Isthmus im Westen, den fernen Höcker von Akro-Korinth und dahinter an einem sehr klaren Tag sogar den Gipfel des Kyllíni, wo Hermes, der Gott der Diebe, geboren wurde.

Der Weg führt uns nun in das Zentrum des Neuen Athen. Es gruppiert sich um das Schloß und die Dreiergruppe der Nationalbibliothek – Universität – Akademie. Das Ziel unseres Erkundungsganges wird das Archäologische Nationalmuseum sein. Der Weg von Sýntagma-Platz führt uns zuerst durch die Odos Stadíou: linkerhand der Kolokotrónis-Platz mit dem Denkmal des Helden aus dem Unabhängigkeitskrieg und dem des Staatsmannes Chariláos Trikóupis; dahinter die *Alte Boulí* (sprich: Vulí), das ehemalige Haus des Parlamentes, in dem sich heute die Sammlungen des Historischen National-Museums darbieten. Sodann der *Klaphthmónos-Platz*, der ›Platz des Weinens‹, so genannt, weil unter König Otto verdrossene Beamte aus Protest gegen ihre Entlassung ein so lautes Klagen anhoben, daß die Behörden sich gezwungen sahen, sie wiedereinzustellen. Hinter den spärlichen Grünanlagen stößt man auf die Kirche der *Hagioi Theódoroi*, der Heiligen Theodore, aus der Mitte des 11. Jhs. Etwa gleich alt wie die ›Kapnikaréa‹ gehört auch sie zu den ehrwürdigen kleinen Kreuzkuppelbauten Athens. Schwerer, aber sehr klar in den Proportionen, wirkt sie kraftvoll, fast trutzig, durch die Einfachheit ihrer Anlage. Auch hier schmücken, wie bei ›Hagioi Apostoloi‹, ein pseudo-kufischer Fries, und umlaufende Backsteinbänder die Außenmauern.

Vom Klaphthmónos-Platz führt die Odos Koraïs zur Odos Venizélou, bekannt auch unter ihrem ursprünglichen Namen *Panepistimíou* oder Universitätsstraße. Unmittelbar uns gegenüber erhebt sich eine imposante Gruppe klassizistischer Bauten, von links nach rechts: die *Nationalbibliothek* mit geschwungenem Treppenaufgang zu einem dorischen Portikus; die *Universität* mit einer freskengeschmückten Säulenvorhalle in der Art einer Stoa mit einem vorgezogenen übergiebelten Mittelteil. Davor stehen die Denkmale von Koraïs, dem Vorkämpfer der Sprachreform, und dem britischen Premier Gladstone, dessen Regierung 1864 die Ionischen Inseln an Griechenland abtrat. Als drittes der Gebäude schließt sich die *Akademie der Wissenschaften* an. Die Fassade des Mittelbaus, ebenfalls ein ionischer Portikus, flankiert von zwei hohen Säulen mit den Statuen des Apollon und der Athena, wird auf beiden Seiten von vorgezogenen Flügeln eingefaßt. Die Akademie beherbergt ein naturgeschichtliches Museum, in dem besonders die paläontologische Sammlung sehenswert ist. Entworfen haben diesen Bautenkomplex zwei dänische Architektenbrüder. *Hans Christian Hansen*, der ältere der Brüder, errichtete die streng klassizistische Universität, die 1841 fertiggestellt wurde. Auf die Pläne *Theophil Hansens* gehen die Akademie der Wissenschaften, vollendet 1885, und die Nationalbibliothek, vollendet 1903, zurück. Noch vor der Nationalbibliothek wurde 1888 nach Theophil Hansens Entwurf das inmitten der ›Königlichen Gärten‹ gelegene *Záppeion*, ein repräsentativer, halbrunder Bau als Ausstellungsgebäude eingeweiht. Dort werden die Hauptwerke der Athener Nationalgalerie und laufende Kunstausstellungen gezeigt.

Die Universität war jahrelang Schauplatz wilder und häufig gewalttätiger Unruhen, die von der Auseinandersetzung über die Sprachenfrage heraufbeschworen wurden. Der Streit ging um zwei Formen des Griechischen, die sich im Lauf der Jahrhunderte herausgebildet hatten: um die an altgriechische und hellenistisch-byzantinische Sprachtradition anknüpfende *Katharévousa*, eine reine Schriftsprache, deren man sich vor allem in Staat und Kirche, unter den Gelehrten und in der Dichtung bedient hatte und die jetzt zur allgemein verbindlichen Sprache erklärt werden sollte – und um die *Demotikí*, die Volkssprache, die sich von altertümlichen und künstlich auf Altes zurückgreifenden Formen und Regeln gelöst hatte. Ihre Bildhaftigkeit und Prägnanz trifft unmittelbar: einmal aus der täglichen Übung für Alltägliches, zum andern durch die lebendige Assimilationskraft fremder – französischer, italienischer, türkischer, heute englischer – Worte und Redewendungen. Während des 19. Jhs. hatte auch sie als eine ausdrucksfähige Literatursprache an Boden gewonnen.

Die Kontroverse nahm Ausmaße an, die sich einem nicht-erklärten Bürgerkrieg annäherten; Familien wurden in zwei Lager gespalten, und die Kontrahenten fielen sogar in der Öffentlichkeit tätlich übereinander her. Schließlich behielten die dynamischeren Anhänger der Volkssprache die Oberhand. Ihr Sieg, der eine stimulierende Wirkung auf die griechische Literatur ausübte, hat im ganzen gesehen seine Rechtfertigung gefunden mit dem Erfolg der Romane von Kazantzákis und dem hohen Ruf, den sich die Lyrik von Palamás, Sikelianos und vor allem Seféris erwarb, dessen Laufbahn als Dichter-Diplomat – Botschafter in Ankara und London, Übersetzer von T.S. Eliot ins Griechische – 1963 mit dem Nobelpreis für Literatur gewürdigt wurde. Die Katharévousa blieb jedoch bis heute die offizielle Amtssprache in Universität, Parlament und beim hohen Klerus.

Zwischen der Universität und dem Sýntagma-Platz liegen inmitten der Läden und Geschäfte der Panepistimíou: die Bank von Griechenland, die römisch-katholische St. Dionysios-Kirche, benannt nach dem Areopagíten, dem ersten Bischof von Athen; ferner das vornehme neoklassische Wohnpalais – heute das oberste Verfassungsgericht –, in dem Heinrich Schliemann, der Entdecker der Stätten von Troja und Mykene, mit seiner schönen griechischen Frau wohnte, und zwei große Café-Restaurants mit Namen Flokka und Zonar, das Herz des kosmopolitischen Athen. Parallel zur Panepistimíou läuft die Odos Akademías mit Geschäften, Büros und einem modernen kleinen Opernhaus, der ›Lyriki Skene‹ (sprich: Skiní), wo im Jahre 1942 ein bis dahin unbekanntes fülliges junges Mädchen mit einer hinreißenden Stimme namens Maria Callas als Tosca debütierte. Die Panepistimíou führt in entgegengesetzter Richtung hinunter zum *Omónia-Platz*, einem brodelnden Verkehrsknotenpunkt. Des Nachts ist das Viertel rundum ein wenig anrüchig, hat zahllose billige Nachtklubs und Cafés. In der nach Westen abzweigenden Hagiou Konstantínou liegt das Nationaltheater, dessen alljährliche Spielzeit von November bis April dauert.

Vom Omónia-Platz dringt die Odos Patissíon, ein langer gerader Boulevard, in eine Welt des gehobenen Bürgertums vor. Nach etwa 400 m liegt auf der rechten Seite der große Komplex der Technischen Hochschule. Ihm schließt sich das *Archäologische Nationalmuseum* an, ein hervorragender Museumsbau, im klassizistischen Geist der Stadterneuerung 1889 vollendet. Dieses Haus sollte man mit dem gleichen Gefühl hochgespannter Erwartung betreten, mit dem man sich auch der Akropolis genähert hat. Das Museum birgt ausschließlich Schätze der Antike, von griechischen Künstlern geschaffen und auf griechischem Boden gefunden, in einer Vollständigkeit und von einem Rang, die in der Welt einzig sind.

Hier kann man die größte Sammlung antiker Skulpturen bewundern: monumentale Standbilder aus Stein und Erz, kleinste Ton- und Bronzefigürchen aus archaischer, klassischer, hellenistischer und römischer Zeit; die umfangreichste Sammlung antiker Keramik – Vasen aus allen Epochen, von riesigen Pithoi bis zu zierlichen Lekythen und Riechfläschchen; Kunstgewerbe, Schmuck, sogar Spielzeug; Waffen – Helme, Schilde, Panzer. Die im ersten Eindruck gewiß verwirrende Vielzahl der Gegenstände fügt sich nach und nach zu einer Anschauung, und ein mehr oder weniger deutliches Bild von antiker Kultur füllt sich hier überreich mit originalen Zeugnissen und kann große Lebendigkeit gewinnen.

Sollte man nur über wenig Zeit verfügen, seinen Besuch nicht öfters wiederholen können, tut man gut, sich von einem der kenntnisreichen Führer durch die weitläufigen Säle leiten zu lassen. Die Ausstellungen befinden sich immer wieder im Wandel. Neue Funde machen Umgruppierungen notwendig. So sei nur auf einiges wenige hingewiesen.

Unmittelbar gegenüber dem Eingang tritt man in den *Mykenischen Saal*. Atemberaubend, ja überwältigend ist das Schimmern puren Goldes. Nicht weniger erstaunlich sind Verfeinerung und

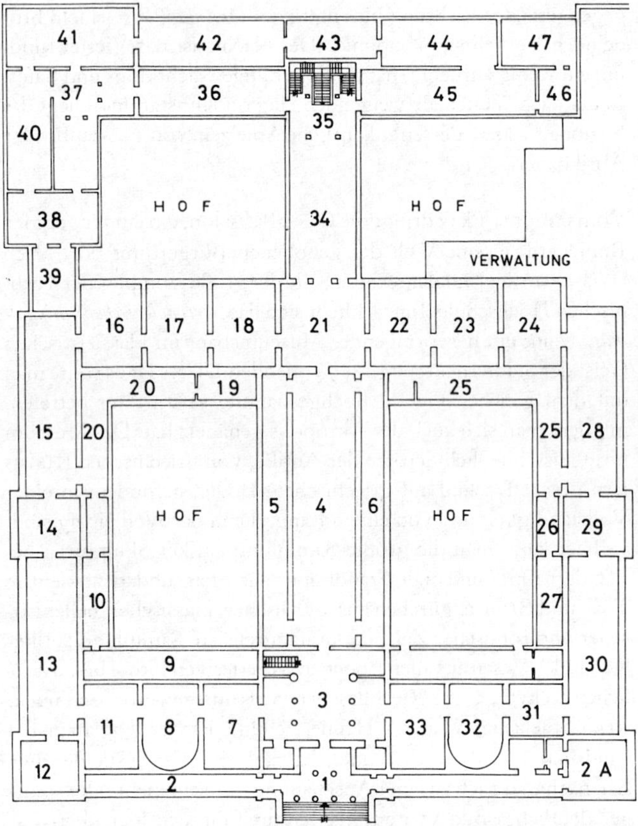

23 Athen. Nationalmuseum, Abfolge der Ausstellungsräume.

1 Eingang - **2** Galerie der Kopien - **2 A** Käufliche Abgüsse - **3** Vestibül - **4** Mykenischer Saal - **5** Neolithische Funde - **6** Frühe Kunst der Kykladen - **7-13** Archaische Kunst *(8 Sounion-Kouros, 13 Aristódikos, Aristíon)* - **14-15** Kunst d. 1. H. d. 5. Jhs. *(15 Poseidon)* - **16-20** Klassische Kunst d. 5. Jhs. *(16 Marmorlekythos d. Myrríne, 18 Grabstele d. Hegesó)* - **21** Saal d. Diadoumenos - **22** Skulpturen vom Asklepiéion in Epidauros - **23-24** Grabstelen d. 4. Jhs. - **25-27** Weihreliefs d. 4. Jhs. - **28** Saal d. Jünglings von Antikýthera - **29-30** Hellenistische Kunst *(29 Themis)* - **32** Slg. Stathátos - **34** Weihreliefs *(Reitender Knabe vom Artemision)* - **35** zum Obergeschoß: Keramik- u. Vasenslg., Fresken aus Thera - **36** Slg. Karapános - **37-40** Bronzen - **41-43** Römische Kunstwerke - die restlichen Räume sind noch nicht eröffnet.

Kunstfertigkeit, die Handwerker und Künstler dieses prähistorischen Zeitalters erreichten. Der Saal enthält mit seinen beiden Anbauten die Funde aus den neolithischen, kykladischen und mykenischen Kulturen des 3. und 2. Jts. vor Chr.

Auf einem Postament gegenüber dem Eingang ruht die aus Goldblech getriebene Totenmaske eines achäischen Königs des 16. Jhs. vor Chr. An einem glühend heißen Julitag des Jahres 1876 stieß eine Gruppe von Arbeitern unter der Leitung von Heinrich Schliemann auf einer Anhöhe über der argivischen Ebene durch die obersten Erdschichten und legte tiefe, senkrechte Schächte frei. Schliemann erkannte Grabanlagen, Schachtgräber, und was nun zu Tage kam, gehört zu den ganz seltenen, um nicht zu sagen sensationellen Funden der Archäologie. Schliemann, überzeugt, hier die Ruinen des mythischen Mykene aufgespürt zu haben, küßte sie andächtig und telegraphierte dem König von Griechenland: »Ich habe ins Antlitz Agamemnons geblickt.« Seither blieb der Goldmaske diese Bezeichnung. – Ebenfalls aus Mykene stammt das Spendegefäß für Trankopfer (Nr. 384), ein ›Rhyton‹ in Form eines Stierkopfes mit goldenen Hörnern, goldenen Nüstern und einer goldenen Rosette als Blesse auf der Stirn. – Zwei goldene Trinkschalen aus dem 15. Jh. vor Chr. (Nr. 1750 und 1759) zeigen bildnerische Fähigkeiten in verblüffendem Naturalismus. Die Becher wurden in dem Kuppelgrab von Váphio bei Sparta gefunden. Auf der einen werden wilde Stiere gebändigt und eingefangen, auf der anderen weiden Rinder unter Bäumen. – Schaukästen beiderseits des Eingangs enthalten kostbare Gegenstände aus der Zeit von 1500 bis 1200 vor Chr.: goldene Halsketten, Armbänder, kleine Idole und Votivgaben, Ringe, Bronzedolche mit figürlichen Gold- und Silbereinlagen, Gemmensteine und Goldsiegel. – Wie groß muß doch die Liebe dieser Mykener für schöne Dinge gewesen sein!

Im linken schmalen Seitenflügel sind die *neolithischen Funde des griechischen Festlandes* vereint. Hier nehmen einen nicht Glanz und Kostbarkeit gefangen, doch bei eingehenderem Betrachten bewundert man die Unmittelbarkeit und Frische des plastischen Ausdrucks, die zweckmäßige Schönheit der knappen Form von Gefäßen und Werkzeugen. Wer Gelegenheit hatte, einen solchen Gegenstand in der Hand zu halten, weiß, wie ausgewogen, wie hervorragend sie ›in der Hand liegen‹ und die Bewegung, die mit ihnen ausgeführt wird, sinnvoll fortsetzen. Keines der Gießgefäße tropft.

Im rechten Anbau sind die *neolithischen Funde der Kykladen* ausgestellt. Unter den frühen Marmoridolen ragt eine kleine Marmorskulptur (Nr. 3908) durch die hohe Kunstfertigkeit ihres durchbrochenen Aufbaus, die perfekte Einbeziehung freien Raumes in den Gesamtaufbau der Plastik heraus: Eine auf einem Thron sitzende männliche Gestalt spielt die Harfe. Das kleine Werk, dem man voll Staunen auch auf einer Ausstellung moderner Bildhauerei begegnen könnte, muß zwischen 2400 bis 2200 vor Chr. entstanden sein und stammt von der Insel Keros bei Amorgos.

Von der Eingangshalle aus beginnt dann auch der Weg durch die weiten Ausstellungsräume. Man geht am besten im Uhrzeigersinn, um einer gewissen zeitlichen und auch künstlerischen Entwicklung folgen zu können. Da es unmöglich ist, im Rahmen dieses Buches von Gegenstand zu Gegenstand zu wandern, möchte ich sogar auch darauf verzichten, die überall und immer wieder abgebildeten ›Zimelien‹, die dem Besucher längst bekannt sein werden, ein weiteres Mal besonders hervorzuheben. Zur Orientierung im Museum, zum leichteren Auffinden eines einzelnen Werkes soll hier ein Raumplan dienen. Geht man offenen Auges durch die Säle, wird man sofort der Empfindung zustimmen, daß eigentlich jedem Werk seine eigene Deutung gebührt. Ein jedes hat seine eigene Bedeutung und steht als einmalige Schöpfung in einem dichtmaschigen Netz künstlerischer und geschichtlicher Verflechtungen. Ihnen nachzuspüren, muß ich also der Initiative des Lesers, dem eigenen Interesse, wie weit er in die Welt der antiken Kunst eindringen möchte, überlassen. Hervorragende Schriften und Bücher der Archäologen werden jeder Neugier entgegenkommen.

Es gibt noch zwei in sich geschlossene Abteilungen des Nationalmuseums: Das *Epigraphische Museum* verwaltet eine große Sammlung historischer Inschriften, und das *Numismatische Museum* enthält neben antiken Gemmen und Kameen, griechische, römische und byzantinische Münzen. Beide befinden sich im Erdgeschoß des Hauptbaus mit dem Eingang in der Odos Tositsa.

Vom Museum aus unternehmen wir noch einen letzten Abstecher. Die Odos Ipirou und sodann die Odos Neophitou Metaxa führen in westlicher Richtung zum SEK- oder Lárisa-Bahnhof der Staatlichen Eisenbahnen, der Endstation aller Züge aus Westeuropa und dem Norden Griechenlands. Man hält es kaum für möglich, hier in einer Großstadt angekommen zu sein. Im trübe beleuchteten Wartesaal sitzen geduldige und aufgeregte Leute, die mit ihren Gepäckbergen viel zu früh zur Station gekommen sind. Abreise, Abschied – das ist für die ganze Familie ein tagesfüllendes Ereignis. Verdrossen dreinblickende Soldaten stehen herum, die nach entlegenen Grenzgarnisonen unterwegs sind. Sozusagen das Gegengleis gehört zu einem zweiten, dem SPAP-Bahnhof der Peloponnesischen Eisenbahngesellschaft. Doch dies nur als Information. Südlich der Bahnhöfe führt die Odos Lenorman durch ein weitläufiges Arbeiterwohnviertel namens *Kolonós*, das sich über einen flachen felsigen Hügel hinzieht. Dies ist die Stätte des antiken Demos oder Gemeindebezirks Kolonós, der Geburtsort des Sophokles, den er in seinem ›Ödipus auf Kolonos‹ unsterblich gemacht hat.

Es ist ein kahler, steiniger Ort mit ein paar struppigen Pinien und staubigen Kakteen; die Schachtelhäuser der athenischen Vororte erstrecken sich meilenweit ringsum, im Süden ist die Akropolis mehr zu ahnen als zu sehen. Lautes Schwirren von Bouzoúki-Musik tönt aus einer kleinen Bude herüber: die Ortstaverne. Man hält vergeblich Ausschau nach irgendeinem Anzeichen des heiligen Hains mit »seinen dunklen Wegen und windlosen Höfen«, wo der alte Ödipus, Opfer des grauenhaftesten Geschicks, mit dem je die Götter einen Menschen heimsuchten, schließlich sterben soll. Der »Sitz aus gewachsenem Fels«, zu dem er von der geduldigen Antigone geleitet wird, ist noch zu erkennen, aber die »tiefen Lauben, Efeu, dunkel wie Wein und die verschlungenen Gewölbe beerenbehangener Reben« leben nur noch im ›Chor der Ältesten‹ der Tragödie. Auch Sophokles war ein sehr alter Mann, als er ›Ödipus auf Kolonos‹ schrieb. Es war sein letztes Stück. Es ist ein zutiefst religiöses Werk und voller Heimweh und Sehnsucht nach seinem geliebten Geburtsort. Die – wahrscheinlich apokryphe – Geschichte will wissen, er sei im Alter von neunzig Jahren an einem Traubenkern erstickt und habe die Aufführung nicht mehr erlebt.

Attisches Land

IV

Attika, in der Form eines Dreiecks, wird auf zwei Seiten, im Osten und Südwesten, vom Ägäischen Meer umspült. Über eine sich nach Süden öffnende Tiefebene, die den südwestlichen Küstensaum etwa in der Mitte unterbricht, erstreckt sich Athen. Die Hauptmerkmale Attikas sind sein Gestein und das klare Licht. Der Boden ist arm, die Unterschichten so fest und undurchlässig, daß er für Erdbeben weniger anfällig ist als das übrige Griechenland. An der Küste wechseln kahle Landzungen, steil abfallende Felsen und sandige Strände, von Aleppo-Kiefern gesäumt. Ruinen von antiken Orten und Heiligtümern und weißgetünchte byzantinische Kirchlein ducken sich in den Schutz der steinigen Täler. Die Flüsse sind nur spärliche Rinnsale, die im Sommer völlig austrocknen. Strabon, der zur Zeit des Augustus seine ›Geographie‹ verfaßte, vermerkt, daß das Vieh, von Menschen ganz zu schweigen, nur einen traurigen Seitenblick für sie hatte. Ziegen knabbern im stachligen Gesträuch. Überall riecht man den scharfen Duft von Thymian und wildem Majoran. Im Frühling sitzen kugelige Büschel der apfelgrünen, stacheligen ›Euphorbia acanthothamnos‹ wie Tupfen auf allen Felshängen. Teppiche fahlweißer Asphodelen – die Blumen der Unsterblichkeit in Elysion – breiten sich über die Hügelhänge, und die staubigen Pfade sind gesäumt mit Aloen und wilden Feigenbäumen, aus deren biegsamem Holz im Altertum Theatersitze und ornamentaler Schmuck gefertigt wurden. Der harte Boden ist übersät von Traubenhyazinthen und bezaubernden kleinen Spiegelorchideen, ›Ophrys speculum‹. Im Herbst gibt es die dunkelrosa Cyclamen (kleine Bergalpenveilchen) und die ›Sternbergia sicula‹, einen kurzstieligen Krokus in der Farbe des Märzbechers, der besonders rings um ländliche Friedhöfe zu gedeihen scheint. Der Botaniker findet hier überdies an den Abhängen des Hymettos die seltene ›Fritillaria graeca‹ mit ihren bräunlich-violetten glockenförmigen Blüten. Die Landschaft mag vielleicht nicht die schönste Griechenlands sein, aber fast nirgendswo ist sie uninteressant. Ihre Struktur ist kühn und abweisend und hat doch Raum für weitläufige heitere Gestade, etwa am Saronischen Golf.

Man durchreist diese Landschaft am besten im Auto. Die meisten Straßen sind gut. Zu den bekannten Zielen fahren zwar Touring-Busse, aber ihr Streckenplan läßt manche der entlegenen Orte aus, in deren Umgebung die attische Landschaft noch ganz unverdorben ist. Die in diesem Kapitel vorgeschlagenen Ausflüge schildern ganz- oder halbtägige Erkundungen, die jeweils wieder nach Athen zurückführen.

Piräus

Beginnen wir mit einem Streifzug durch die Hafenstadt. Sie liegt auf einer Landzunge, etwa zehn Kilometer von Athen entfernt. Doch durch Fabrikanlagen, Werkstätten, Lagerhäuser und eingestreute Vorstadtsiedlungen sind beide Orte heute fast zusammengewachsen.

Piräus (griechisch: Peiraieús) hat drei Häfen, die in antiker Zeit annähernd vierhundert sogenannter Schiffshäuser, Schuppen mit abfallenden Rampen zum Wasser, besaßen. Auch heute zählt Piräus zu den größten Hafenplätzen im östlichen Mittelmeer, gilt zudem als wichtigstes Industriezentrum des Landes und ist ein geschäftiger, aber eigentlich kleinstädtischer Hafenort.

Anders als Athen ist Piräus keine selbständige Gründung, hat keine eigenen Wurzeln, die bis in mythologische Fernen reichen, sondern war immer nur Hafen von Athen und hing mit seinem Geschick stets vom Wohl und Wehe der großen Stadt ab. – In frühester Zeit diente die offene Reede von Pháliron als Ankerplatz. Zu Beginn des 5. Jhs. vor Chr. erkannte Themistokles die Eignung der drei geschützten Buchten auf der Landzunge. Der weitblikkende Mann, dessen Denken immer auf das Meer gerichtet war, baute sie zu Häfen aus, umschloß sie mit Mauern, die noch gewaltiger waren als die der Akropolis, und schuf eine Flotte. Mit ihr gewann er die Schlacht von Salamis. Aber seine unmäßige Eitelkeit rief die Eifersucht seiner politischen Nebenbuhler wach. Von den Athenern geächtet und ausgestoßen, ging er zum Feind über und starb als Satrap des Perserkönigs. Der Hafen wurde von Kimon vollendet, und Perikles baute die ›Langen Mauern‹, welche die Hauptstadt mit ihrem Hafen verbanden.

Am Ende des Peloponnesischen Krieges, als das glänzende, demokratische, flatterhaft-unbeständige Athen sich der überlegenen Macht Spartas unterwarf, befahl Lysander die Zerstörung des Piräus sowie die Schleifung der ›Langen Mauern‹. Das war das Ende des athenischen Herrschaftstraumes. Während des Mittelalters war Piräus nur noch ein Fischerdorf, bekannt unter dem Namen ›Porto Leone‹, weil es von einem großen antiken Marmorlöwen bewacht wurde, auf dem Harald Hardraade, der große Wikinger im Dienste des byzantinischen Kaisers, im 11. Jh. eine Runeninschrift anbrachte. 1687 ließ Morosini, der spätere Doge, den Löwen nach Venedig schaffen, um nach dem mißglückten Raub der Skulpturen vom Giebel des Parthenon nicht ganz ohne Trophäen heimzukehren.

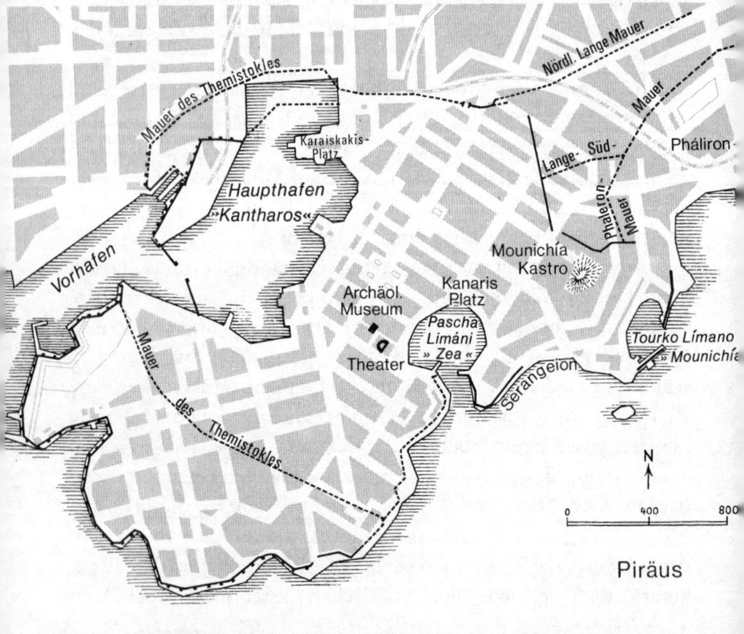

Piräus

Die Stadtplanung von Piräus ist nicht besonders reizvoll: ein Netz von sich rechtwinklig kreuzenden Straßen – nicht unähnlich dem im 5. Jh. vor Chr. von Hippódamos für Milet entworfenen Stadtplan.

Die Leute von Piräus sind ausgesprochen freundlich, aufgeschlossener und entgegenkommender als ein geschäftiger Athener, der zuweilen recht brüsk sein kann. Südlich vom Bahnhof liegt der *Karaïskákis-Platz* und der Anlegeplatz der Insel-Dampfer. Oft am Tag, meist mittags und bei Sonnenuntergang, legen sie, menschenüberfüllt, äußerst vorsichtig aus dem Hafen ab, der in den Tagen der athenischen Seeherrschaft vierhundert Triëren Raum bot. Die heutigen Insel-Flottillen setzen sich aus einer Vielfalt verschiedener Schiffstypen zusammen – umgebauten Jachten, vormaligen Ärmelkanalschiffen, flachkieligen St. Lawrence-Strom-Dampfern und schmucken modernen Tragflächenbooten. Ihre Bestimmungsorte sind jeweils am Laufsteg angegeben, und der Anblick dieser Aufschriften mit ihren magischen Namen – Syros, Tinos, Mykonos, Paros, Maxos, Santorin, Seriphos, Siphos, Milos, Samos, Chios, Lesbos – beschwört Erinnerungen an wunderbare Fahrten voll der Erlebnisse und Gemütsbewegungen herauf: indigoblaues Meer, das von den Etesien, dem sommerlichen Nordwestpassat, zu plötzlich schäumender Sprühflut hochgepeitscht wird; Inseln, die aus dem Dunkel tauchen, angekündigt vom huschenden Strahl der Leuchtfeuer auf felsigen Vorgebirgen; enge, mit Wassermelonenkernen übersäte Decks, plärrende Radios und behäbige Matronen, die mit unvermittelt gurgelndem Kreischen, gefolgt von einem flehenden Ruf an die Muttergottes, überall und immerzu seekrank sind; doch die alle verbindende Ungeduld richtet sich stets auf den kleinen Fleck gesegneten Lichts auf festem Boden, das Paradies, das einen am Ende der Fahrt erwartet.

Vom Haupthafen geht man in etwa zwanzig Minuten zu dem hübscheren *Páscha-Limáni,* dem ›Hafen des Paschas‹, einer halbmondförmigen stillen Wasserfläche, einst der antike Ankerplatz ›Zéa‹ für den Hauptteil der athenischen Kriegsflotte. Das südliche Rund der Bucht, jenseits des Marine-Hospitals, ist von antiken Mauern abgestützt, die Konon, der hervorragende athenische Admiral, im 4. Jh. vor Chr. hatte erneuern lassen. Im Nordosten, auf dem heutigen Kanáris-Platz, befand sich die Skeuothek, ein großes Zeughaus, das Plinius zufolge Waffen für eintausend Schiffe

Raum bot. Nahe dem Hafen, in der Odos Philhellínon, befinden sich die Ruinen eines kleinen hellenistischen Theaters, in dem bis vor kurzem – jetzt auf dem Museion-Hügel gegenüber der Akropolis – von der Dora-Stratoú-Truppe Volkstänze aufgeführt wurden. Die Tänzer sind Laien, keine Berufstänzer. Sie kommen von den Ägäischen Inseln und aus den epirotischen Bergen. Ihre Musik ist unverfälscht und ihre Kostüme sind echt. Die Mädchen bewegen sich sehr gemessen. Kunstvolle Schrittfolgen und Luftsprünge vollführen allein die Männer, und oft hört man ihren befreienden ›Op-pa‹ Ruf. Das Orchester besteht aus Klarinette, deren Spieler häufig erstaunliche Virtuosität an den Tag legt, aus Rohrflöte, aus Lira – der antiken Leier –, aus verschiedenen Trommeln und der Violine. Die Ursprünge einiger dieser Tänze reichen in mythologische Zeiten zurück, so zum Beispiel der ›Pentozáli‹, der angeblich athenische Mädchen und Jünglinge darstellt, die sich durch das kretische Labyrinth winden; oder der ›Sousta‹, den Achilles um den Scheiterhaufen mit der Leiche des Patroklos tanzte, nachdem »er den dunklen Staub mit beiden Händen aufgenommen und ihn sich aufs Haupt geschüttet hatte«. Der kretische Pentozáli ist ein Fünf-Schritt-Tanz. Zala bedeutet in kretischem Dialekt der Schritt, pente: fünf. Der ›Sousta‹ (griechisch: die Sprungfeder) wird mit schnellen federnden Schritten auf den Zehenspitzen bei leicht vorgebeugtem Oberkörper getanzt und ist

24 Die ›Langen Mauern‹ zwischen Athen und Piräus im 5. Jh. v. Chr.

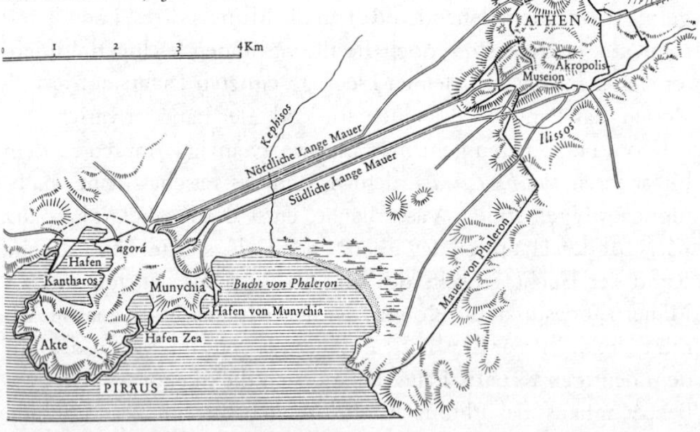

auf Kreta und den Inseln der Dodekanes zu Hause. An diesen Tänzen ist nichts gekünstelt oder volkstümelnd. Sie sind ebenso echt und ebenso fest im Leben der Bauern verwurzelt wie die Tänze, die man in den Bouzoúki-Tavernen entlang der Pháliron-Küste sieht und die Ausdruck des Lebensgefühls der Stadtmenschen sind.

Neben dem Theater befindet sich ein kleines *Archäologisches Museum,* das unter seinen Schätzen zwei eindrucksvolle überlebensgroße Bronzestatuen der Athena und der Artemis, beide aus dem 4. Jh. vor Chr., zeigt, die erst 1959 bei Straßenarbeiten ans Licht kamen.

Man verläßt die Pascha-Limáni-Bucht an ihrer Ostmole und folgt der Uferstraße unter den ›Serángeion‹-Steilfelsen. Sie sind ausgehöhlt von Grotten alter Thermen und von Nischen für Opfergaben an ›Asklepios Mounichíos‹, der an der Südflanke des *Mounichía-Hügels* seinen Tempel hatte. Der Weg führt zum dritten und kleinsten Hafen, dem *Tourko-Límano* gegenüber der Bucht von Pháliron. Der ›türkische Hafen‹, in der Antike der Hafen ›Mounichía‹, liegt in einer Art natürlichem Amphitheater, an dessen Abhängen weiße kleine Wohnhäuser kleben, die nur an der schroffen Südflanke keinen Raum mehr finden. Über dem Absturz an der Südseite hat man hier Reste kleinerer antiker Befestigungen entdeckt. Heute hat sich diese prachtvoll gelegene Stelle der Jacht-Club zu seinem Sitz erkoren.

Segelboote aller Klassen, Kaíkia, Trechandiria – rasch segelnde Fischerboote –, Motor-Barkassen und Ruderkähne liegen dicht gedrängt im öligen Wasser des kleinen Hafens. Entlang dem Kai drängen sich ebenso dicht die Fischrestaurants, wo man sommers draußen, im Winter drinnen ißt. Verkäufer von Miesmuscheln, von Pistazien und getrockneten Lavendelblüten mischen sich mit fröhlich schmausenden Griechen, Matrosen, eleganter Society, die neuesten amerikanischen Straßenkreuzern entsteigt, und mit Gästen aus aller Welt.

Mounichía, die Anhöhe hinter dem Hafen, trägt ein Kastell, dessen früheste Spuren wohl auf ein im 6. Jh. vor Chr. vom Tyrannen Hippias geplantes Schloß zurückgehen. Strabon schildert den Felsenhügel als »teils von der Natur, teils vom Vorhaben des Menschen ausgehöhlt und untergraben«. Eine steile Treppe mit 165 Stufen führt innerhalb der Festung zu unterirdischen Gängen und

Kammern, die mit der Oberfläche wiederum durch Schächte verbunden sind. Sowohl Regen- wie Grundwasser muß in der sinnreichen, natürlichen wie künstlichen Anlage gesammelt worden sein. Von der Höhe hat man schöne Ausblicke auf die drei Häfen, auf Salamis und den Saronischen Golf. Heute ist in das Viertel – es heißt jetzt allgemein *Kastella* – eine gewisse Kleinbürgerlichkeit eingekehrt. Billige moderne Wohnblocks schießen wie die Pilze aus dem Boden. Nur hier und dort hat sich noch etwas von der ›ottonischen‹ Phantasie-Architektur erhalten: herrschaftliche, doch renovierungsbedürftige Villen vormaliger Reeder-Familien mit von Rosetten eingefaßten Fensterrahmen, abblätternden Balustraden und hin und wieder ein von zerbröckelnden Karyatiden flankiertes Portal. Der englische Romancier Compton Mackenzie wohnte hier, der in seinen Erinnerungsbüchern und einigen unübertrefflich komischen Kurzgeschichten die Atmosphäre geschildert hat, als während des Ersten Weltkrieges in diesen Villen Diplomaten und Geheimdienstleute aller Nationen ihre Fäden spannen. Griechenland war bis zum Juni 1917 noch neutral und in einem politischen Gärungszustand, in dem die royalistische prodeutsche und die pro-alliierte Partei des Ministerpräsidenten Venizélos sich gegenseitig das Terrain abzugraben suchten. Ausländische Diplomaten, Spione, Agenten und Offiziere der militärischen Nachrichtendienste, denen Intrige ein natürlicher Zeitvertreib und Spionage patriotische Pflicht waren, trieben ein unentwirrbares Drahtzieherspiel politischer Machenschaften. Sie zettelten einen Staatsstreich gegen den anderen an und verhedderten die Fäden hoffnungslos. Das griechische Volk mußte schließlich die Rechnung bezahlen.

Die Küstenstraße führt weiter zur Bucht von *Pháliron,* wo im 6. Jh. vor Chr. zur Zeit der Peisistratiden, also vor dem Ausbau der Piräushäfen, die athenischen Triëren vor Anker lagen. Man fährt auch an der Mole vorbei, von der Venizélos sich im September 1916 nach Kreta einschiffte, um die ›Provisorische Regierung‹ auszurufen und Griechenland in den Krieg gegen die Mittelmächte einzubringen. Dieser Schritt, der den verhängnisvollen Streit zwischen Monarchie und Republik zur Folge hatte, sollte die griechische Politik während des nächsten halben Jahrhunderts verhexen.

In Pháliron wurde um 350 vor Chr. Demetrios geboren, ein Redner-Politiker, der von dem Diadochen Kassandros mit der

Verwaltung Athens zu einem Zeitpunkt betraut wurde, als die Einheit der hellenistischen Welt durch die rivalisierenden Bestrebungen der Nachfolger Alexanders verhängnisvoll untergraben wurde. Anfänglich vertrat Demetrios von Pháliron sein hohes Amt mit solchem Erfolg, daß er sich die Dankbarkeit des athenischen Volkes erwarb, das ihm 360 Standbilder errichtete. Dann jedoch kam der Umschwung. Er verscherzte sich mit seinem diktatorischen Verhalten die Zuneigung des Volkes, und als Demetrios Poliorketés, der ›Städtebelagerer‹ und des Kassandros geschworener Feind, mit einer Flotte 307 vor Chr. vor Mounichía erschien, wurde er gezwungen, aus der Stadt zu fliehen.

An der Küstenstraße zwischen dem seichten Meer und einem tiefer liegenden Gelände, das von den Herbstregen häufig unter Wasser gesetzt wird, reiht sich eine Taverne an die andere und jede versucht, das beste Bouzoúki-Orchester für sich zu gewinnen. Die Bouzoúki ähnelt einer großen Mandoline und hat einen eigentümlich zirpend-klagenden Klang. Die Musikanten sitzen steif auf einem Podium, während die Gäste des Restaurants mit feierlichernsten Gesichtern zuhören. Das Essen ist nicht immer gut, und nicht ganz kundigen Leuten kann es passieren, daß man ihnen zuviel berechnet. Man tut besser, erst nach dem Abendessen hinzugehen und sich dann an Wein und Obst zu laben. Mitternacht ist die beste Zeit, denn dann tauchen die einheimischen Stammgäste auf: Handwerker, Mechaniker, Soldaten, Ladenbesitzer, die sich einen lustigen Abend machen wollen. Sobald sie zu tanzen beginnen, zuweilen ganz hervorragend, verwandelt sich die Atmosphäre in atemraubender Weise. Alles ist jetzt in Schwung und Begeisterung, die Musik wird lauter, die Bouzoúki-Solisten steigern sich zu immer glänzenderen und erfindungsreicheren Improvisationen. Die Gäste, mit den anfangs so ernsten Gesichtern, verfolgen die Schritte der Tänzer mit den Augen professioneller Ballettkritiker und lassen sich zu neuen Bestellungen hinreißen, meist einem Ouzo, dem beliebten Anis-Schnaps.

Die Musik ist anatolischen Ursprungs und fand durch die Flüchtlinge aus Kleinasien nach dem 1922 verlorenen Krieg gegen die Türkei diese Verbreitung auf dem griechischen Festland. Sie bevorzugt Moll-Tonarten. Lyrische Texte beklagen das eigene schwere Schicksal: die Treulosigkeit des oder der Geliebten, das harte Los der Unterdrückung, den Schmerz des Heimwehs und dergleichen. Von allen diesen Tänzen ist der ›Zeibékikos‹, ein von einem Mann getanzter ›pas seul‹, dem griechischen Herzen am nächsten. Seine Besonderheit sind komplizierte akrobatische Figuren, sichelschwingende Bewegungen der Arme, wiederholtes Aufschlagen der flachen Hand auf die Erde und andere symbolische Gesten, die Vorstellungen von der fruchtbaren Erdmutter und dem Bereich des Sexuellen wachrufen. Der ›Chasápikos‹ oder ›Metzgertanz‹ ist ein Gemeinschaftstanz, eine Art Reigen. Er hat etwas verhalten Hieratisches. Die Tänzer staffeln sich quer über den Tanzboden wie Figuren eines sich verschiebenden Frieses. Dabei erinnert der unbewegliche Ausdruck ihrer Gesichter, der die sie umgebende Menge überhaupt nicht wahrnimmt, an die Kouroi im Nationalmuseum oder auch die Koren auf der Akropolis. Der ›Tsiftitéli‹ ist nicht viel mehr als ein glorifizierter Bauchtanz, der von einem Mann ausgeführt wird. – Zum Orchester gehört auch eine füllige kleine Dame orientalischen Aussehens, die ein Tamburin bearbeitet und in ein Mikrophon stöhnt. Die Laute, die sie hervoruzbringen versteht, sind wahrhaft erstaunlich. Da man dort nur für sich selbst und zum eigenen Vergnügen tanzt, nicht für die zuschauenden Gäste, gilt es in guten Bouzoúki-Kreisen als ausgesprochen ungehörig, dem Tänzer zu applaudieren. Andererseits vermögen ein berühmter Bouzoúki-Spieler oder eine Gesangsnummer der molligen kleinen Dame Beifallsstürme zu entfesseln.

An die Bouzoúki-Tavernen schließt sich der Rennplatz an, bei dem die Leophóros Syngroú rechtwinklig abzweigt zurück zur Stadtmitte von Athen.

Sounion – Thorikón – Brauron – die Mesógeia-Dörfer

Die Leophóros Syngroú, auf der wir nach dem Piräus-Ausflug zum Zentrum Athens zurückgelangten, wähle man erneut als geradeste und schnellste Verbindung zum Meer. Bei der Einmündung auf die Küstenstraße wendet man sich nach links und folgt ihrem breiten, großzügig angelegten Band bis zu der Südspitze Attikas. Man wird nicht müde, im Verlauf der Fahrt den Wandel der Farbtönungen über dem Saronischen Golf, bewirkt vom Licht und dem Spiel von Wind und Wellen, zu beobachten. Auf der Landseite bemerkt man bald die große Umfriedung eines gepflegten Ehrenfriedhofs für die Gefallenen des Zweiten Weltkrieges. Hinter den Wohnvierteln von *Alt-Pháliron*, *Kalamáki*, *Álimos*, dem antiken Halimus (Heimatort des Thukydides) und dem anschließenden Flughafen ›Ellenikon‹ beginnen dann die Badestrände. In *Glyphádha* gibt es das modische ›Astir-Plage‹, eine gepflegte Badeanlage mit Bungalow-Hotel und einem Nachtclub. Es folgt die kieferngrüne Landzunge von *Kavoúri*, auf der während der heißen Sommerwochen viele Athener Familien ihre Zelte aufschlagen. Noch beliebter bei allen Badelustigen ist *Vouliagméni* mit zwei schattenreichen, von roten Klippen eingefaßten glasklaren Buchten. Auch hier Bungalow-Hotels, Tavernen, ein teures, aber alle Erfrischungen bietendes Strandrestaurant. Für Jachten gibt es einen geschützten Ankerplatz, ein modernes Klubhaus und allen Bedarf für die weitere Kreuzfahrt: Süßwasser, Treibstoff, Lebensmittel und so weiter. Nördlich der Straße überrascht ein smaragdgrüner, mineralhaltiger *Süßwassersee* inmitten schiefergrauer, senkrecht abfallender Felsen. Auf dem Isthmus zwischen den beiden Buchten, dem *Kap Sostír*, liegen eingebettet in den Sand die Fundamente eines Apollon-Tempels aus dem 6. Jh.

Várkiza, der nächste Ort, hat den breitesten, weißesten Sandstrand dieser Küste, eine herrlich weite Bucht vor den Weingärten des ansteigenden Hügellandes der Mesógeia (sprich: Mesója). Es folgen fjordähnliche, tief eingeschnittene Felsen, ehe man nach *Lagonísi* (Badestrand, Sonnenschirme) und schließlich nach *Anávyssos* kommt. Dort wurde 1936 der große Kouros mit den muskulösen Gliedmaßen gefunden, der im Nationalmuseum zu sehen ist. Auf seinem Sockel steht in Form eines Distichons: »Bleibe stehen und weine, bei seinem Grab, um den verstorbenen Kroisos, den der wütende Ares zerstört hat, während er unter den Kriegern in der vordersten Linie kämpfte.« Das Antlitz dieses Jünglings ist, wie man sich erinnern wird, wohl das ansprechendste aller Kouroi, sein Lächeln das strahlendste. Heute durchstreift wohl kaum noch ein Kroisos-Jüngling den Fischerort. Die meisten Einwohner sind albanischer Herkunft.

Nach Anávyssos kommt *Sounion*, die südlichste Landspitze Attikas. Die Felsen hinter der steilen, kieferbestandenen Küste – im Herbst kann man hier auf die Wachteljagd gehen – sind nackt und kahl mit Ausnahme der würzigen Salbei-, Thymian- und Wacholdersträucher. Auffallend ist eine ganz neue Klarheit und Reinheit der Umrisse. Die Nähe der Kykladen wird spürbar – Kéos und Kythnos sind von hier deutlich zu sehen. Die Landzunge von Sounion ist ein jäh abfallendes Felsplateau, das von Resten antiker Mauern halbkreisförmig umschlossen ist. Die luftige Höhe krönt der *Tempel des Poseidon* aus dem 5. Jh. vor Chr. Er ruht auf massiven Substruktionen, bedingt durch den abschüssigen Felsboden. Die heute wieder aufgerichteten, zum Teil auch ergänzten dorischen Säulen, der Architrav, die Anten des Pronaos, beleben die Vorstellung von dem letzten Tempelbau nach den Perserkriegen. Er war nur wenig größer als ein unvollendet gebliebener Vorgänger-Bau. Als Architekten kann man sich den Baumeister des kurz vorher errichteten Hephaistéion (Theséion) in Athen denken. Aufgenommene und erweiterte architektonische Konzeptionen sprechen dafür: vergrößerte Vorhallen, friesgeschmückt, als ›Raum‹ vor der Cella begriffen. Sehr verwitterte Reliefplatten sind erhalten. Das Besondere aber sind in Sounion die ungewöhnlich schlanken Säulen der Ringhalle. Sie wirken nicht nur, sie sind höher im Verhältnis zu ihrem Durchmesser als die aller dorischen Tempel im 5. Jh. Die breiten Kanneluren – nur 16 statt der üblichen 20 – sollten womöglich durch ihre Flächenhaftigkeit den zu grazilen Eindruck mildern. Der Marmor stammt aus einem nahegelegenen Steinbruch; er ist auffallend weiß und ohne die warme rötliche Patina, die der eisenhaltige pentelische Marmor mit der Zeit annimmt. Die unteren Säulentrommeln sind von eingeritzten Namenszügen ungezählter Reisender verunziert. Auch der Name Lord Byrons ist darunter, und es war hier »auf Sounions marmornem Felssturz«, wo sich der Dichter, entsetzt von dem Schicksal des unterdrückten, versklavten Griechenland wünschte, »schwanengleich« nur noch »zu singen und zu sterben«.

Auf der Höhe ist es oft recht windig, und ich persönlich bilde mir gern ein, daß mir hier bereits die scharfe erfrischende Luft der Kykladen entgegenweht. Der Ausblick ist überwältigend. Die Weite des sonnenflimmernden Meeres dehnt sich ungebrochen bis zu dem fernen Kreta. An klaren Tagen kann man Milos sehen, die Insel, von der die berühmte Venusstatue stammt, die heute zu den Schätzen des Louvre zählt. – Vom Meer aus erblickt man schon von weitem die schneeweißen Tempelsäulen als zartes Filigran vor dem tiefen Himmelsblau. Eckart Peterich sah sie »gleich einer silbernen Krone auf dem goldgrünen Kiefernkissen« liegen.

Theben
Asopos
Erýthrai
Plataä
Kithairón
1409
1748
Víllia
Hos. Meléios
Eleútherai
Kaza
Oinói
Porto Germenó
Aigósthena
HALKYONISCHER
GOLF
1131
Patéras
Alepochóri
Mándra
Hg. Melétios
Heraion
Perachóra
Geránia
1351
Eleusis
Mégara
Loutráki
Korinth
Páchi
SALAMIS
PIRÄUS
Skála Oropoú
Néa Palátia
Amphiáreion
Hg. Apostoloi
Kálamos
Malakása
Hg. Merkoúrios
Parnís
1413
Hg. Triáda
Dekéleia
Phyle
Tatoí
Phyli
Acharnai
Kapandpiti
Rhamnoús
Aphídnai
Káto Soúli
Marathon
Dionysos
Bucht von Marathon
Néa Mákri
Pentélikon
Kiphisiá
Pentéli
Chalándri
Raphína
Diastávrosis
Pikérmi
Stavrós
Pallíni
ATHEN
Spáta
Loútsa
Hymettos
Paianía (Liópesi)
Mesógeia
Brauron
Koropí
Flughafen Ellenikón
Alimos
Markópoulon
Porto Raphti
Glypháda
Kalývia
Voúla
Várkissa
Keratéa
Vouliagméni
Kap Sostis
Bucht von Phaliron
SARONISCHER GOLF
GOLF VON EUBÖA
EUBÖA
Thorikón
Anávyssos
Laúrion
MAKRÓNISOS
Sounion
ÄGINA
nach Epidauros
10
20km
Attika

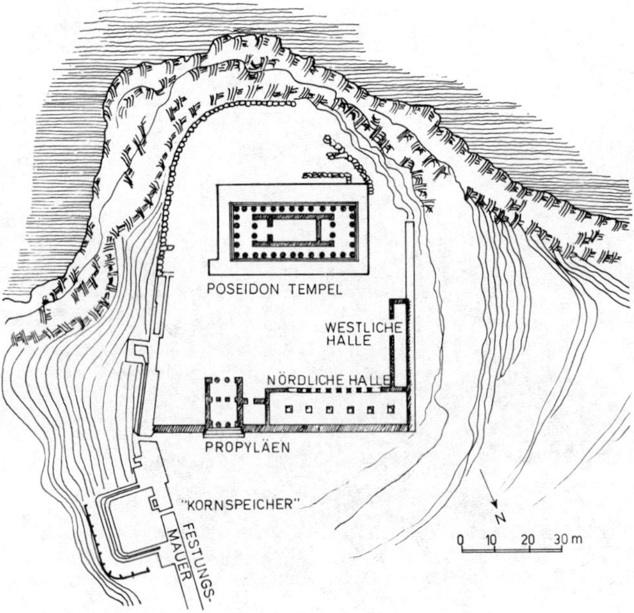

25 Sounion. Das Poseidon-Heiligtum.

Sounion, der Apháia-Tempel auf Aigina und die Akropolis bilden auf der Luftlinie ein fast gleichschenkliges Dreieck, und manches westwärts fahrende Schiff folgt noch heute dem antiken Brauch und navigiert nach den Punkten dieser drei Tempel, anstatt den geraden Kurs entlang der Küste zu nehmen.

Für den Weg zurück nach Athen wählen wir die landeinwärts führende Straße über *Laurion* (sprich: Láwrion), wo heute in bescheidenstem Ausmaß Zink und Manganerz gefördert werden anstelle des Silbers, das in der Antike so viel zum Reichtum des klassischen Athen beigetragen hatte. Schon im 2. Jh. nach Chr. waren die Silbervorkommen erschöpft. Laurion ist kein erheiternder Ort: eine staubige kleine Bergwerkstadt, umgeben von Schlakkehaufen und den melancholischen Silhouetten aufgegebener Werkhallen und ihrer Schornsteine.

Etwa 1 km nördlich zweigt rechts ein Weg ab zu dem frühgeschichtlichen *Thorikón*, einem kretischen Flottenstützpunkt aus minoischer Zeit. Später befestigten auch die Athener den Ort, der ihnen als vorgeschobener Stützpunkt zum Schutz des Seeweges zu den Silberbergwerken diente. Am Berghang mit dem Blick auf Wiesen, Felder und Schlackehaufen liegen die Reste eines Theaters aus dem 4. Jh. vor Chr., das nach Form und Bauart einzig in seiner Art ist. Dem Hügelhang folgend ist die Cavea, der Zuschauerraum, elliptisch anstatt halbkreisförmig angelegt, ein charakteristisches Beispiel für die griechische Findigkeit und den Einfallsreichtum, wenn baukünstlerische Konventionen den Erfordernissen der Natur anzupassen waren. Im Sommer finden hier Aufführungen antiker Dramen statt; damals kann das Theater zu kaum mehr als der Zerstreuung der dort stationierten Truppen gedient haben. Parallel zur Küste liegt langgestreckt die Insel Makrónisos, oft genug Aufenthaltsort für politische Gefangene. Die Hauptstraße klettert hinter der Abzweigung nach Thorikón einen breiten Paß hinauf und senkt sich dann langsam in die Ebene.

Die *Mesógeia* – der Name bedeutet Mittelland – ist der lieblichste Teil von Attika, ein sanft welliges Weinland, unterbrochen von Olivenhainen, auch Korn- oder Rapsfeldern, im Westen von stumpfkegeligen Hügelkuppen. Im Osten läßt in der Ferne eine Bergkette mit unendlicher Formenvielfalt und schneebedeckt bis zum Frühjahr die Nähe einer anderen Welt ahnen: die Berge der Insel Euböa (sprich: Évia). Byzantinische Kirchen und Kapellen liegen über das ganze Land verstreut. Die interessantesten von ihnen sind: die aus dem 11. Jh. stammende *Taxiarchoi,* die Erzengelkirche, die vermutlich auf den Fundamenten einer frühchristlichen Basilika erbaut wurde – bemerkenswert der Marmorschrein hinter der Ikonostasis, der von zwei geriffelten, an den Kapitellen mit Blumenornamentik verzierten Säulen getragen wird; die *Hagios Petros-Kirche*, in welcher sich der Narthex zum Kirchenraum mit drei Arkadenbögen öffnet und die Bruchstücke griechischer, römischer und frühchristlicher Kunst freigibt; und schließlich *Hagios Georgios*, kuppellos, in einem Olivenhain. Die Kirche wird von Querwänden in fünf Abschnitte unterteilt, wobei eine der Querwände als Ikonostasis fungiert. Alle diese Kirchen sind von der Hauptstraße aus leicht zu Fuß erreichbar. Nach der Erzengel-Kirche erfragt man sich den Weg in dem Dorf *Kalývia* bei dem Kilometerstein 101 von Athen, nach der St. Petros-Kirche und der Georgios-Kirche in *Markópoulon* beim Kilometerstein 103. Man sollte nicht vergessen, sich nach dem Schlüssel zu erkundigen, da die Kirchen vermutlich versperrt sind.

Auch die Ostküste ist reich an Sandstränden. Als einer der schönsten gilt *Porto Raphti,* eine fast kreisrunde Bucht, deren Öffnung kaum 1 1/2 km breit ist. Sie wird von einer zuckerhutförmigen kleinen Insel bewacht, die ein römisches Denkmal krönt. Von diesem geschützten Ankerplatz bei dem antiken Städtchen *Prásiai* pflegten die athenischen Gesandtschaften nach Delos auszusegeln.

Die Straße nach Porto Raphti zweigt in Markópoulon ab. Doch zuvor gehe man dort in den Bäckerladen am Hauptplatz und kaufe sich ein Landbrot, das beste in ganz Attika, und Paximádia, die knusprigen mit Anis gewürzten Zwiebacke.

Die rote Erde der Mesógeia ist sehr fruchtbar. In den Dörfern herrscht ein gewisser Wohlstand. Während der byzantinischen Zeit gehörte fast aller Grund der Kirche. Den Bauern war daher die fränkische Eroberung willkommen. Sie hatten zwar weiterhin Steuern zu entrichten, doch die Abgaben wurden nicht mehr nach Konstantinopel geschickt, sondern von den neuen Grundherren einbehalten, die auf ihren Gütern wohnten und die Einkünfte wieder in das Land ›zurückpflügten‹. Die heutigen Bewohner sind albanischer Abkunft und sprechen meist noch einen alten albanischen Dialekt. Es sind Nachkommen der Ansiedler des 17. Jhs., die man herbeigeholt hatte, um Landstriche, die sich unter der osmanischen Mißwirtschaft rasch entvölkert hatten, neu zu besiedeln. Sie leben heute noch an den gleichen Orten, besonders in Attika und der Peloponnes. Die neuen Ansiedler gingen bald in der Bevölkerung auf; die Griechen assimilieren fremde Volksgruppen rasch und haben ihre Minderheiten stets gut behandelt. Heute zählen die Bauern und Winzer der Mesógeia zu den loyalsten griechischen Staatsbürgern. Im Jahr 1806 erlitt Chateaubriand, als er sich hier auf der Rebhuhnjagd befand, einen Sonnenstich und fand in einer albanischen Hütte in Keratéa, dem ersten Dorf nördlich von Laurion, Pflege. Er war höchst erstaunt über den Reichtum an Vögeln in dieser Gegend – Wiedehopfe, Holztauben, Krähen und Dohlen sowie das rotbeinige Rebhuhn – und fand in seinem Buch ›Itinéraire de Paris à Jérusalem‹ beredte Worte für die würdevolle Haltung des barfüßigen siebzehnjährigen albanischen Mädchens, dessen Haar »mit Münzen und Silberstückchen besteckt« war und das mit leiser Stimme vor sich hin sang, während es ihm aufwartete.

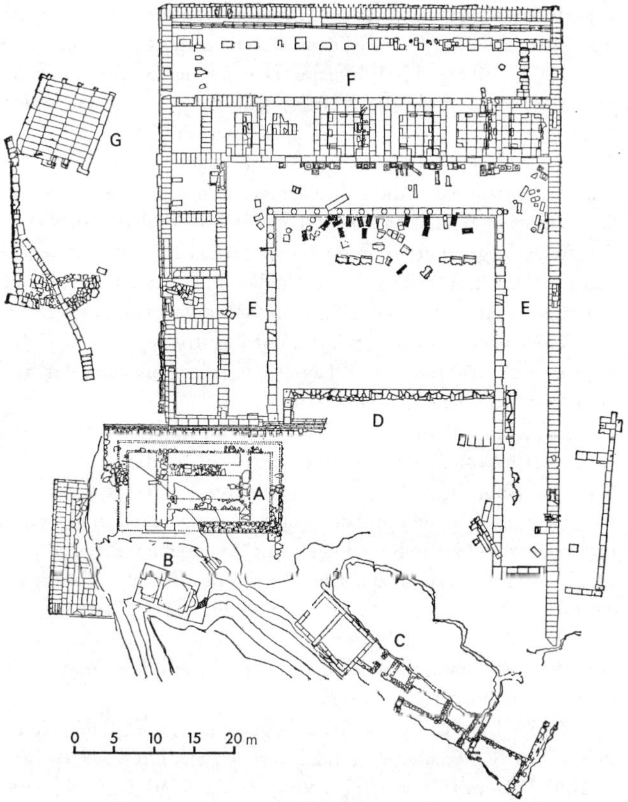

26 Brauron. Das Artemis-Heiligtum.

A Artemis-Tempel (um 500 v. Chr.) - **B** Alter Altar, darüber Nikólaos-Kapelle - **C** Grotte der Iphigenie - **D** Temenosmauer - **E** Rechteckige Säulenstoa (5. Jh. v. Chr.) - **F** Halle der Weihgeschenke - **G** Alte Brücke.

Von der Straße nach Porto Raphti gabelt links etwa 2 km hinter Markópoulon ein Weg ab. Er führt, vorbei an einem fränkischen Turm aus dem 13. Jh., in ein weites Tal. Auf einen Feigenbaumhain und Rebgärten folgt mooriges Grasland bis zur Küste. Dieses Sumpfgelände, von niedrigen Hügeln umgeben, ist die Stätte des antiken *Brauron* (sprich: Vraóna), wo Orestes und Iphigenie nach ihrer dramatischen Flucht vom »heulenden Uferstrand« der Taurer landeten, ein Ereignis, das von dem Boten der ›Iphigenie auf Tauris‹ des Euripides so lebendig geschildert wird.

Die Geschichte der Iphigenie ist eines der Kernthemen der griechischen Mythologie. Weiter nördlich an dieser Küste liegt Aulis. Hier wurde die mykenische Prinzessin von ihrem Vater Agamemnon den Göttern dargebracht, nachdem der Seher Kalchas geweissagt hatte, die Flotte der Achäer werde solange in einer Windstille liegen bleiben, bis die Tochter des Königs auf dem Altar der Artemis geopfert worden sei. Die Handlung wurde jedoch nicht vollzogen. Die keusche und in diesem Fall auch mitfühlende Artemis zog das Mädchen eilig vom Opferaltar weg und verbarg es in einer nach dem transpontinischen Tauris segelnden Wolke, wo sie es als Priesterin ihres Tempels festhielt, bis dann der Bruder Orestes die Unglückliche rettete.

Nachdem in Aulis die Opferriten pro forma vollzogen worden waren, erhob sich der versprochene Wind und die achäischen Schiffe segelten gen Troja. Agamemnons Vorgehen, seine Einwilligung, das eigene Kind den Staatsinteressen zu opfern, wurde ihm von seiner Gattin Klytaimestra nicht verziehen, deren Muttergefühle sich über diese zynische Tat politischer Zweckmäßigkeit empörten. Damit kam zu der schicksalhaften Verkettung von Ehebruch, Mord und Muttermord, in die das Haus des Atreus verstrickt war, neue Schuld, die uns in den großen Dramen der Dichter noch heute erschüttert.

Das der brauronischen Artemis geweihte Heiligtum befindet sich an der Stelle einer alten neolithischen Siedlung. Der Mythos erzählt, daß eines Tages ein Lieblingsbär der Jagdgöttin von einer zornigen Menschenmenge getötet worden war, weil er ein kleines Mädchen gefressen hatte. Voll des Zornes über das Sakrileg verlangte Artemis, daß fortan alle kleinen Mädchen in Attika im Alter von fünf bis zehn Jahren in ihre Dienste zu treten und sie in ihrem brauronischen Heiligtum zu verehren hätten; dort wurden die Kinder ›Bären‹ genannt und hatten, in safranfarbenen Gewändern – als Erinnerung an die Bärenfelle – einen rituellen Tanz zu vollführen. Das brauronische Fest wurde jedes fünfte Jahr gefeiert, und kein athenisches Mädchen durfte heiraten, wenn es nicht daran teilgenommen hatte. Eine solche Gelegenheit haben die Pelasger genutzt: als sie die Nachkommen der Argonauten von der Insel Lemnos vertrieben, weil sie selbst, Herodot zufolge, wegen ihrer unzüchtigen Überfälle auf athenische Mädchen aus Attika verjagt worden waren, ergriffen sie bei einem Raubzug eine Anzahl der kleinen ›Bären‹, die gerade die Brauronien feierten, und entführten sie auf ihre Insel. – Ausgrabungen der letzten Jahre haben in Brauron aus dem Moorboden eine aus dem 5. Jh. vor Chr. stammende Stoa auf einem Marmor-Stylobat zutage gefördert. An ihrem Nordostende befindet sich eine Folge kleiner Räume, in denen vermutlich die kleinen Tempeldienerinnen untergebracht waren. Von dem dorischen Tempel der Artemis sind nur die Fundamente erhalten. Er soll das Kultbild der Göttin, das Iphigenie aus dem Tempel in Tauris entführte, bewahrt haben. Eine Reihe ausgezeichneter Weihreliefs aus dem späten 5. Jh. vor Chr., die Opferhandlungen zu Ehren der Göttin wiedergeben, sind im kleinen Museum der Grabung zu sehen. Die wichtigsten und schönsten Funde freilich bewahrt das Nationalmuseum in Athen

Auf dem Rückweg bemerkt man am Fuße des nördlichen Hügelzuges die eindrucksvollen Ruinen einer frühchristlichen Basilika und eines runden Gebäudes, das vermutlich ein Baptisterium war. Auf die Hauptstraße zurückgekehrt, gelangt man nun nach *Liópesi*, dem nördlichsten der Mesógeia-Dörfer in dem alten Demos (Gemeinde) Paianía, wo sich außer vier kleinen freskengeschmückten alten Kirchen auch eine moderne befindet, die von Photis Kontoglou, einem Künstler unserer Zeit, der sich das Byzanz der Paläologen-Zeit zum Vorbild genommen hat, ausgemalt worden ist. Jeder Zollbreit der Wandflächen, Kuppel, Apsis, Gewölbezwickel, Stützbogen und Narthex ist mit Fresken bedeckt: es erscheinen Erzengel, Propheten, Kirchenväter, Heilige und auch alle vertrauten Bildmotive aus dem Leben Christi und der Gottesmutter. Gerade diese Szenen aus dem ›Dodekaéorton‹, dem Zyklus der Zwölf Feste, mit dem der Reisende in Griechenland bald vertraut werden wird, sind in Auffassung und Ausführung an die in den großen byzantinischen Kirchen in Daphni, Hosios Lukas oder in Mistra angelehnt. Die Nachempfindung ist so erstaunlich, daß man geneigt ist, darüber die Virtuosität in der Beherrschung der alten Maltechniken zu übersehen.

Nahebei befindet sich die Kanakis-Taverne, eine der angenehmsten in der Umgebung Athens, wo das Essen zwischen den kleinen Hecken des verwilderten Gartens serviert wird. Narzissenwiesen, Orangenblüten und Flieder verbreiten im Frühling einen

Duft, der einem fast zu Kopf steigen kann. Das Essen ist einfach, aber gut. Als Vorspeisen: Oliven, eingemachte Auberginen, gebratene Hühnerleber, hausgemachte Wurst; dann am Spieß gebratenes Huhn oder Souvlákia; schließlich Honig und Nüsse oder Käse und dazu ein mit Harz versetzter Rosé-Wein namens ›Kokkineli‹. Der Blick hinaus fällt auf einen der typischen kegelförmigen Hügel der Mesógeia mit seinen Weinterrassen, auf Gemüsegärten, Kornfelder-Streifen und Kiefernwipfel. Den unmittelbaren Hintergrund bildet die mächtige Wand des Hymettos. Steil, kahl und ausgedörrt, von Schluchten zerfurcht, wirkt er fast erschreckend. Die Ostseite hat nichts von der gerundeten Glätte der westlichen Hänge, die diesen erstaunlichen Bergrücken manchmal wie einen riesigen grauen Elefanten, der sich in der Ebene ausgestreckt hat, erscheinen lassen.

Im Demos Paianía wurde Demosthenes als Sohn eines Schwertschmiedes geboren. »Ganz Griechenland bewunderte ihn«, sagt Plutarch, »Persien machte ihm den Hof, und Philipp von Makedonien selbst schätzte ihn höher als alle anderen Redner.« Der Historiker Theopompos von Chios andererseits bezeichnete ihn als wetterwendisch und unzuverlässig. Ganz gewiß scheint Demosthenes von praktischer Staatskunst wenig verstanden zu haben. Seine Philippiken mögen zu den großen rhetorischen Werken der griechischen Literatur zählen, aber sie vermochten nicht, die griechischen Stadtstaaten gegen die Bedrohung durch Philipp von Makedonien zu einen. In diesen Jahren der Zwietracht, die von dem Schatten des als unbesiegbar geltenden Philipp verdunkelt wurden, waren die hellenischen Staaten nicht mehr willens, ihre kleinlichen Meinungsverschiedenheiten der Erhaltung der Demokratie in Griechenland unterzuordnen.

In Stavrós, nördlich von Liópesi, gabelt sich die Straße. In westlicher Richtung führt sie zurück nach Athen. Man umfährt die Nordflanke des Hymettos, auf der die kleine byzantinische Kirche des Hl. Johannes, ›des Jägers‹, Hagios Ioánnis o Kynigós, sitzt. Sie stammt aus dem 12. Jh. und erhielt im 17. Jh. ihre Kuppel. Kürzlich verlor sie ihre vertraute weiße Tünche und wurde etwas zu gut restauriert. Auf diesem Wege ist man also wieder in Athen angelangt nach einer etwa 150 km langen Rundfahrt durch das südöstliche Attika.

Das Kloster Daoú Pentéli, Marathon, Rhamnoús

Bei dem Straßenknotenpunkt in Stavrós (Bezeichnung auch: Hagia Paraskeví nach der dortigen Kirche) wählt man die Abzweigung nach Osten. Über Pallíni – rechts Gabelung nach *Loútsa,* einem wegen seiner Kiefernschatten beliebten Badestrand – und *Pikérmi.* hier zwei gute Tavernen, Wildpret im Herbst und Winter –, kommt man zu der Wegkreuzung Diastávrosis. Hier klettert links ein Feldweg hinauf zum *Kloster Daoú-Pentéli*, das in einem einsamen Wald versteckt liegt. Diese Kirche aus dem 12. Jh., im 16. Jh. neu errichtet, ist mit ihren sechs so verschiedenen Kuppeln ein rechtes Kuriosum. Die höchste überdacht den Narthex, der auf anderem Niveau steht als der sechseckige Hauptraum der Kirche. Möglicherweise waren hier armenische und georgische Einflüsse am Werk, denen man auf dem griechischen Festland selten begegnet.

Hinter Diastávrosis senkt sich die Straße zu der breiten, krummsäbelförmigen Bucht von Marathon hinab. Sie ist den Etesien aus dem Nordosten – in Griechenland spricht man bei diesen sommerlichen Passatwinden nur vom ›Meltémi‹ – weit geöffnet. Weiße Schaumkronen tanzen dann wie die Mähnen wilder Rösser über den Wellen. Gegenüber erhebt sich der Gebirgskamm von Euböa, bar aller Vegetation, ohne ein Dorf, soweit das Auge reicht. Hinter dem Küstenland entfalten sich im Westen jene bewaldeten Hügelzüge, über welche der Läufer, der Überlieferung zufolge, nach Athen eilte, um dort den Ausgang der Schlacht mitzuteilen, wo er, die Agorá noch erreichend, mit dem Ruf »Wir haben gesiegt« tot zusammenbrach. Von einer dieser Höhen ließ auch ein namenloser Verräter seinen Schild aufblitzen, um den persischen Befehlshaber Datis zu verständigen, daß sich in der Hauptstadt keine Truppen befanden. Die persische Flotte umsegelte daraufhin Kap Sunion, um Athen vom Meere her anzugreifen, aber als sie vor Piräus eintraf, hatte Miltiades das Heer bereits nach siegreicher Schlacht in Eilmärschen in die Stadt zurückgeführt.

Die Schlacht von Marathon im Jahre 490 vor Chr. war die erste der drei großen Schlachten, in welchen sich die Athener mit so erstaunlichem Erfolg gegen die weit überlegenen Streitkräfte des Perserkönigs Dareios schlugen. Historiker meinen, es könne sich hierbei um den Versuch einer großangelegten asiatischen Invasion

Europas gehandelt haben. Die Griechen kämpften mit ungeheurem Mut unter der Führung des Miltiades, eines entschlossenen und glänzenden Taktikers. »Im Laufschritt« gingen sie zum Angriff über, brachten Verwirrung in die Reihen der persischen Truppen, die in den Sumpf abgedrängt wurden und dort steckenblieben. Die Schlacht wurde von beiden Flügeln her gewonnen; die Mitte der Perser blieb bis zum Schluß ungebrochen, sah sich dann aber umzingelt. Dennoch fällt es schwer, zu glauben, daß die Griechen, wie Herodot behauptet, weniger als 200 Mann, die Perser dagegen 6400 Soldaten verloren. Ihren Sieg verdankten die Griechen zum guten Teil dem überheblichen Selbstvertrauen der Perser und der Weigerung des Datis, die Truppe, die zum Schutz der Flotte zurückbehalten worden war, in den Kampf zu werfen. Die Auswirkung des Sieges, der weder so bedeutsam noch so entscheidend war wie der bei Salamis, – zehn Jahre später war eine verdoppelte Kampfkraft zu bezwingen – muß die politische Moral der Griechen ungemein gestützt haben. Jeder Athener, sagt George Grote, der englische Historiker des 19. Jahrhunderts, erstarkte »in einer Woge wachsenden Gemeinsinns und patriotischen Gefühls«.

In der Mitte des damaligen Schlachtfeldes steht der ›Soros‹, ein aufgeschütteter Erdhügel, auf dessen Boden die Archäologen Spuren von Holzkohle und Menschenknochen gefunden haben – die Gebeine der griechischen Gefallenen. Feuersteinsplitter sind als Bruchstücke der Pfeilspitzen von persischen Bogenschützen identifiziert worden. Herodot sagt, die Schlacht sei dicht bei einem Sumpf geschlagen worden. Jetzt ist das Gelände rings um den ›Soros‹ trockenes Ackerland mit Weingärten und Olivenbäumen, unter denen sich im Frühjahr Narzissenteppiche, ›Narcissus tazzetta‹, ausbreiten. Der Stätte haftet etwas spürbar Weihevolles an und, wie schon Pausanias sagt, auch etwas Geisterhaftes: »Hier hört man allnächtlich Pferde wiehern und Männer kämpfen.« Keinem, der sich eigens vornahm, solches zu erfahren, habe dies etwas Gutes gebracht.

Etwa 700 m vor dem Dorf Marathon zweigt rechts eine Straße ab. Zuerst geht es durch struppiges Ödland. Hinter Kato Souli wird der Weg dann steinig und schlecht, doch er führt zu den grünen Bergen, in denen auf einer Anhöhe über dem Golf von Euböa die Terrasse mit den Tempelruinen von *Rhamnoús* liegt. Von zwei Seiten war sie durch Mauern aus weißen Marmorquadern abgestützt. Die Fundamente des größeren der beiden Tempel identifizierte man als *Heiligtum der Némesis,* der Göttin der gerechten Vergeltung für Maßlosigkeit und Hybris. Im 5. Jh. vor Chr. wurde er in dorischem Stil erbaut und war wahrscheinlich das Werk des Baumeisters des Hephaistéion (Theséion) in Athen und des Poseidon-Tempels in Sunion. Er bewahrte die überlebensgroße Statue der Göttin aus parischem Marmor, die auf dem Haupt einen mit Hirschen und kleinen Niken geschmückten Kranz trug. In der linken Hand hielt sie einen Apfelzweig, in der rechten eine Schale, auf der Äthiopier dargestellt waren. Pausanias beschreibt das alles recht genau. Man nimmt an, daß Pheidias das Standbild in Auftrag bekam, sich jedoch entschloß, es von seinem Lieblingsschüler Agorákritos ausführen zu lassen. Vermutlich wurde der Tempel nie völlig fertiggestellt, denn die drei Stufen zum Stylobat sind nicht geglättet und einige der umherliegenden Säulentrommeln noch nicht kanneliert. Der kleinere Tempel des 6. Jhs. vor Chr., an den der größere beinahe anstößt, wird zuweilen als ein *Tempel*

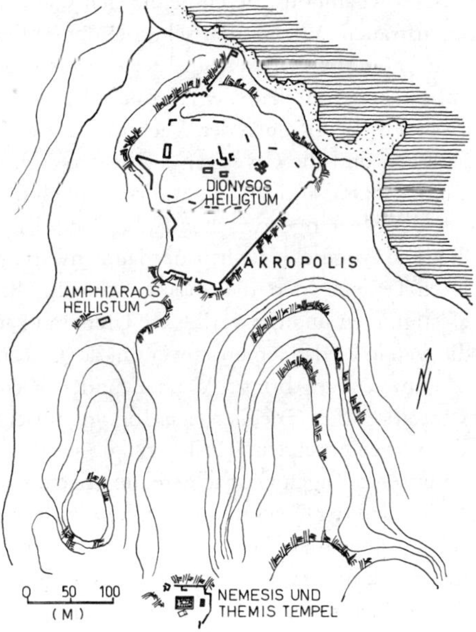

27 Rhamnoús. Lage des ›Némesis und Thémis-Heiligtums‹ und der Akropolis.

der Thémis bezeichnet. Themis galt als Schützerin des Rechtes, die, Hesiod zufolge, der Ehe des Uranos (Himmel) und der Gaia (Erde) entsprang. Er könnte auch ein früheres Heiligtum der Némesis gewesen sein, das die Perser bei ihrer Landung am Strand von Marathon zerstörten. Für diesen Akt der Entweihung nahm die Göttin, die nach Pausanias »von allen Göttern am unerbittlichsten gegen Frevler ist«, unverzüglich Rache, indem sie für deren Niederlage in der Schlacht von Marathon sorgte: einer der häufigen Fälle in der griechischen Mythologie, in denen die Götter sich an den Schlachten der Sterblichen beteiligen und einer Partei ihren schon sicher geglaubten Sieg nehmen. Im Gegensatz zu dieser Legende sind die meisten Archäologen der Meinung, der Tempel sei bis in römische Zeiten hinein ein Themis-Heiligtum gewesen.

Vom Tempelbezirk geht man durch eine Schlucht hinab zu einem Kieselstrand, den ein Hügel in zwei kleine Buchten teilt. Aus dem Immergrün des Buschwerks taucht eine massive, fast goldfarbene Steinmauer aus dem 4. Jh. vor Chr. auf; sie stammt von der antiken Stadt Rhamnoús, deren Name sich von dem stachligen Kreuzdornstrauch herleitet, der schon in der Antike an allen Hügeln wuchs und dessen Blätter brechreizerregende und abführende Wirkung haben. Innerhalb der Akropolis befinden sich noch die dicht überwachsenen Ruinen der Wachttürme, von Kasernenräumen, Zisternen und die Cavea eines Theaters. Offensichtlich lag in Rhamnoús eine Garnison, die wahrscheinlich die Einfahrt zum Eúripos, der Meerenge zwischen Euböa und dem Festland, sichern sollte. Die Abgeschiedenheit der landeinwärts gelegenen Höhe mit ihren Tempelresten, die einsame Schlucht, die zerbröckelnden Befestigungen und der verlassene Uferstrand atmen eine Herbheit, die man in Gedanken unschwer mit der Göttin der Vergeltung in Zusammenhang bringt. Man bewundert wieder einmal die geniale Intuition der Griechen, aus topographischen Gegebenheiten den Ort zu erkennen, der ihre religiösen Vorstellungen überhöht. In unseren Tagen beobachtete die griechische Archäologin Evi Melas, daß der Wächter im Tempelbezirk der Nemesis meist tagelang vergebens auf Besucher wartet: »Sollte es wirklich nur das kurze Stück mühsamer Fahrt sein, das sie [die Besucher] abschreckt? Oder bevorzugt der Fremde in Griechenland die Tempel der lichten und heiteren Götter?«

Rhamnús liegt 53 km von Athen entfernt. Die Straße führt

von hier nicht weiter. Man steht am Ufer des Golfes und sieht gegenüber die Küste von Euböa. Folglich fährt man den Weg zurück, den man gekommen ist oder nimmt eine neue Straße, die bei Néa Mákri, 2 km südlich des Schlachtfeldes, an den Nordhängen des Pentélikon bis Diónysos entlangläuft und von dort durch Kiefernwald, dann durch den Villenvorort Ekáli nach Athen zurückführt.

Der Pentélikon, das Amphiáreion

Wir wählen die breite Ausfallstraße aus dem Athener Zentrum zu den nördlichen Vororten. Auf *Psychikón,* bei Ausländern als Wohngegend sehr beliebt, folgt der weniger anspruchsvolle Vorort *Philothéi*, nach der Heiligen gleichen Namens benannt, einer aus angesehener Familie stammenden Nonne des 16. Jhs., die großen Landbesitz hatte und ein Kloster, ein Hospital und eine Weberei gründete, aus deren Einkünften sie griechische Mädchen aus türkischen Harems freikaufte. Sie war eine entschlossene, heißblütige Frau und hatte keine gute Meinung von ihren athenischen Landsleuten, die sie einmal in einem Brief schilderte als ein Volk ohne Religion, Festigkeit und Scham, niederträchtig und leichtfertig, allzeit mit Beleidigungen und Vorwürfen zur Hand, murrend, nörgelnd, ein Volk mit gemeiner Sprache, das Zank und Streit, Mißhelligkeiten und Klatsch liebt, kleinlich, anmaßend, gesetzlos, durchtrieben, neugierig und immer darauf bedacht, aus dem Unglück anderer Gewinn zu ziehen. Ein wahrlich hartes Urteil, das Demetrios Sikelianos in seinem Buch über ›Old and New Athens‹ wiedergibt. Ihr Reichtum und ihre guten Werke – und zweifellos auch ihre scharfe Zunge – trugen ihr die Feindschaft der Türken ein, die sie schließlich während eines mitternächtlichen Stundengebets ergriffen und zu Tode prügelten. Die Kirche sprach sie später heilig.

Von Philotéi gelangt man linkerhand in den Arbeitervorort *Néa Ionía*. Dort frage man nach der Ómorphi Eklesía, der ›Schönen Kirche‹, einem kleinen Kreuzkuppelbau aus dem 12. Jh. Das sorgfältig Stein für Stein von Flachziegeln eingefaßte Mauerwerk, der reliefierte Rankenschmuck der Fensterlaibungen und die hohe oktogonale Kuppel verdienen Aufmerksamkeit. Der Innenraum ist mit interessanten Fresken aus dem frühen 14. Jh. ausgeschmückt.

Man kehrt zur Hauptstraße zurück und biegt beim Kilometerstein 8 rechts ein. Die Straße führt hinter *Chalándri* durch Ackerland, das jetzt rasch verstädtert, zum *Pentélikon*. Auf dem pyramidenförmigen Bergstock haben die seit zweieinhalb Jahrtausenden abgebauten Marmorvorkommen tiefe Narben hinterlassen. Der Berg gehört zu den großen liebenswerten Wahrzeichen der attischen Landschaft. Nach dem ersten Drittel des Anstiegs (befahrbar) stößt man inmitten schattenspendender Platanen auf das reiche *Pentéli-Kloster*. Vielerlei Bäche rinnen die Hänge hinab. Auch hier gleicht im Sommer die Umgebung einem riesigen Ferienlager aus Zelten und Laubhütten, auch hierher entfliehen Athens Mütter mit ihren Kindern, um Kühle zu suchen, und sie alle erwarten zum Wochenende den hart arbeitenden Papa aus der Stadt.

Die Berghänge oberhalb des Klosters sind zerfurcht von aufgegebenen Marmorbrüchen, eine Art Mondlandschaft aus weißem Trümmerschutt. Bergziegen knabbern an den Büscheln von Heidekraut und Thymian, die die jahrhundertealten Narben nicht zu verdecken vermögen. Man kann sich dem Pentélikon nicht ohne eine gewisse Verehrung nähern. Das Innere des Berges, seine kostbaren Einschlüsse, haben seit dem 6. Jh. vor Chr. in unablässiger Folge den Rohstoff für größte Werke der Baukunst und Bildhauerei geliefert. »Aus pentelischem Marmor«, die Beschriftung ist aus unzähligen Museumskatalogen vertraut. Im Unterschied zum schneeweißen parischen Marmor zeichnet sich der pentelische durch seine opake Struktur aus; er enthält eine Beimischung von Eisen, die bewirkt, daß er unter dem Einfluß der Witterung eine warme, honigfarbene Patina annimmt.

Hier in den Wäldern besaß die exzentrische Herzogin de Plaisance, Gattin des napoleonischen Generals Lebrun, mehrere Sommerhäuser. Am leichtesten ausfindig zu machen ist das *Kastello Rhododáphni*, das ›Oleander-Schlößchen‹, heute nur noch eine verwilderte neugotische Ruine. In der ländlichen Abgeschiedenheit hatte sie ihre Freunde zu Gast. Eine dieser Vertrauten war die liebreizende Jane Digby, die nacheinander Lady Ellenborough, Baronin Wenigen, Gräfin Theotoki und die Gemahlin eines arabischen Emirs war. Die beiden Frauen müssen ein seltsam gegensätzliches Paar gewesen sein: die kleine, verkrampfte, ausgemergelte Französin in ihrem weißen Baumwollgewand und dem Schleier, den sie auf ›hebräische‹ – heute würden wir sagen, auf orientalische

– Art trug, und die große, füllige, blühend frische Engländerin mit ihren schönen Gesichtszügen und den meerblauen Augen. Hier, so will der Klatsch es wissen, empfing die Herzogin auch ihren Liebhaber, den Räuberhauptmann Bibisis. Die Wahrheit ist prosaischer: eines ihrer Landhäuser wurde einmal von diesem Banditen überfallen.

Nordwestlich von hier liegt *Kiphissiá*, wo alte athenische Familien inmitten schattiger Gärten, in denen die Nachtigallen schlagen, wohnen oder auch nur den Sommer verbringen. Zudem gibt es hier noch angenehme Hotels. Herodes Attikus zog sich nach Kiphissiá zurück, um den Tod seiner geliebten Gattin Regilla zu betrauern und sich neue freigebige Stiftungen an das Volk von Athen auszudenken. Es ist außerdem die Heimat des Komödiendichters Menander.

Im Haus Nr. 1 der Odos Metaxas, direkt am Hauptplatz, befindet sich ein Laden, in dem es die erstaunlichste Auswahl von eingemachten Früchten zu kaufen gibt. Daß Konfitüren im Zeremoniell der griechischen Gastfreundschaft eine sehr wichtige Rolle spielen, wird der Besucher bei seinen Reisen über Land sehr bald selbst feststellen. Nachdem man Platz genommen hat, trifft auf einem Tablett mit Spitzentuch, zuweilen auch mit Perlendeckchen, der Marmeladetopf ein, um ihn herum Gläser mit gekühltem Wasser, darin ein Löffel. Man nimmt den Löffel heraus, trinkt den ersten Schluck auf das Wohl des Gastgebers, löffelt sich eine Portion Pistazien- oder Sauerkirschen-Konfitüre aus dem Topf und trinkt nach dem süßen Eingemachten mit gesteigertem Genuß und in vollen Zügen das frische Wasser. Ein zweites Mal wird nicht angeboten. In dem Laden in Kiphissiá kann man die ausgefallensten Früchte kosten, darunter Walnüsse, Auberginen und Neranzen. Die Rosenblätter-Marmelade ist nicht so gut wie die edle Substanz vermuten läßt. Sie schmeckt ein wenig nach billigem Parfüm. Besonders beliebt ist Mastix-Konfitüre, eine klebrige weiße Masse, in ihrer Beschaffenheit nicht unähnlich den weichen Sahnekaramellen. Serviert wird sie auf einem bereits in ein Glas eiskalten Wassers getauchten Löffel – daher die Bezeichnung ›Hypovríchio‹ (Unterseeboot).

Nördlich von Kiphissiá – man wähle zur Weiterfahrt die Autobahn Athen-Lárisa-Saloníki – dehnt sich eine sanft wellige Ebene bis zu den bewaldeten Ausläufern des Párnis. Weingärten, Kornfelder und Gemüseäcker in den muldenförmigen Senken. Zur Rechten streift der Blick den Stausee bei Marathon, der die Hauptstadt mit Wasser versorgt. Der Damm aus pentelischem Marmor, 1926 von amerikanischen Ingenieuren errichtet, sammelt das Wasser der vielen Bäche, die im Winter die Berghänge herabsprudeln, ehe sie in der Ebene von Marathon versickern.

Links der Autobahn folgt nun das Dorf *Aphídnai*, das in der Frühgeschichte Attikas als befestigter Stützpunkt eine Rolle spielte. Aphídnai war eine der zwölf Städte, die Theseus angeblich zu einer Verwaltungseinheit zusammenschloß. Hierher auch brachte er Helena, damals noch ein Kind, nachdem er sie vom Hof ihres Vaters in Sparta entführt hatte. Ihre Brüder, die unerschrockenen Dioskuren, hatten beherzt die Verfolgung aufgenommen und fanden die Schwester wohlbehalten und unberührt, denn der alternde Theseus hatte aus Achtung vor ihrem zarten Alter seine Begehrlichkeit gezügelt.

Bei der Ausfahrt nach Kapandríti verläßt man die Autobahn wieder und benutzt die Landstraße nach Kálamos. Die Kiefernwälder werden dichter und üppiger und gegen Ende der Fahrt hat man hinreißende Ausblicke auf den Golf von Euböa, der sich allmählich zum Eúripos hin verengt. Hinter der Kirche von Kálamos nimmt man die rechte Abzweigung und ist nach wenigen Kilometern (50 km von Athen aus) im *Heiligtum des Amphiáraos,* des argivischen Sehers, der später auch als Heilgott verehrt wurde. Er hatte an einem mißlungenen Angriffskrieg der Sieben gegen Theben teilgenommen. Auf der Flucht aus der Katastrophe griff Zeus ein. Hier bei Oropós spaltete er die Erde und ließ Mann, Rosse und Streitwagen in der Tiefe entschwinden. Das Heiligtum breitet sich unter lichtem Baumschatten in einem abgelegenen kleinen Tal aus. Der Wind, der durch die Kiefern streift, ist von Harzduft geschwängert, und außer dem Säuseln der Wipfel vernimmt man nur das Glucksen eines Bachs mit von Frauenhaar überwucherten Ufern, der zum Meer hinabrinnt. Pausanias bezeichnet die Stätte als »Traum-Orakel«. Die Heilung Suchenden pflegten dem Gott einen Widder als Opfer darzubringen, um sich zu reinigen und zu läutern, ehe sie sich auf einem Tierfell niederließen. Sobald sie eingeschlafen waren, beantwortete ihnen das Orakel ihre Fragen im Traum.

Beim Betreten des Heiligtums hat man zur Rechten das Fundament eines großen Opferaltars. Hinter ihm liegen die Grundmauern eines *dorischen Anten-Tempels* aus dem 4. Jh. vor Chr., will sagen, eines Tempels, dessen Schmalseiten sich zwischen den vorgezogenen Cellalangwänden öffnen. Die Stirnseiten der Langwände schließen pfeilerartig ab. Meist stehen zwei Säulen zwischen den Anten; hier waren es vermutlich sechs. Der Sockel der Amphiáraos-Kultstatue, die Pausanias noch gesehen hat, ist im Mittelschiff der Cella zu erkennen. Rechts des Altares liegt die Öffnung einer *heiligen Quelle,* aus welcher der in die Unterwelt verschwundene Seher wieder aufzutauchen pflegte. Pilger warfen als Dankopfer Münzen hinein. Die Heilkräfte des Wassers werden von Erasístratos im 3. Jh. vor Chr. beschrieben, einem der hervorragendsten Ärzte des Altertums, dessen Erkenntnisse die pathologische Anatomie als Wissenschaft recht eigentlich begründeten. Auf der Terrasse oberhalb des Altars befinden sich zahlreiche Sockel von Statuen und die Reste von Bänken, auf denen wohl die Ratsuchenden warteten, bevor ihnen ein Schlafplatz zugewiesen wurde. Die lange und eindrucksvolle *Stoa* aus dem frühen 4. Jh. vor Chr., in der das heilbringende Orakel sich dann den Träumenden offenbarte, schließt im Nordosten an. 17 ionische Säulen teilten sie in der Längsachse. An den Wänden entlang verlief auf marmornen Füßen

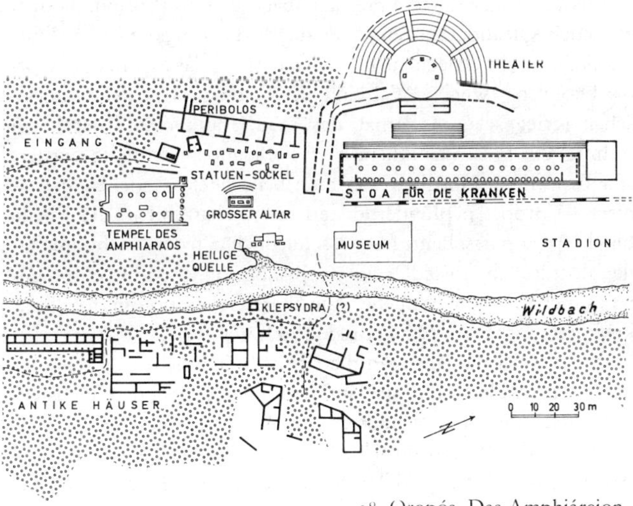

28 Oropós. Das Amphiáreion.

eine Schlafbank. Am Abhang oberhalb der Stoa liegt, von den Zweigen der Aleppo-Kiefern beschirmt, die bezauberndste aller Ruinen, ein kleines *Theater*, das wegen seiner vorzüglichen Akustik berühmt ist. Das Proskenion, durch 8 dorische Halbsäulen aus grauem Hymettos-Marmor gegliedert, ist 3 m hoch und wurde klug und einsichtsvoll restauriert. Fünf erstaunlich gut erhaltene Marmorsitze für die Priester stehen mit ihren Inschriften und rankenverzierten Seitenwangen im Halbkreis um die Orchestra. Sie ist hier kreisrund im Unterschied zur üblichen Baupraxis, die ein Segment abschneidet, um an die Gerade das Proskenion anschließen zu lassen. Hier wie anderwärts wird einem deutlich, daß die Griechen es niemals unterließen, der tragischen Muse zu huldigen. Kein Garnisonsstädtchen, keine Heilungsstätte, kein noch so entlegenes ländliches Heiligtum war ohne sein kleines Theater, auf dessen Bühne die Schauspieler gemessenen Schrittes im Festgewand der Verehrer des Dionysos agierten. Ihre Gesichter waren verborgen hinter tragischen, komischen oder satyrischen Masken.

Archárnai, der Párnis und die Festung Phyle

Der nächste Ausflug führt von Athen aus nach Nordwesten. Vom Vathis-Platz ausgehend fährt man über die Odos Liosíon, diesmal zwischen Oleanderhecken, quer durch die Ebene zu dem Dorf *Achárnai,* wo in Griechenland der erste Efeu, das Symbol des Gottes Dionysos, wuchs. Während der Feldzüge des Peloponnesischen Krieges lag Achárnai, das 3000 Hopliten und damit ein Zehntel der gesamten athenischen Fußtruppen stellte, in vorderster Frontlinie. Nördlich von hier, bei Dekeleía, stießen spartanische Vorposten plündernd und brandschatzend in die Ebene hinab. Achárnai ist heute fast ausschließlich von den Nachkommen der albanischen Ansiedler des 17. Jhs. bewohnt, und in den Cafés ist es nichts Ungewöhnliches, die ältere Generation in dem hartkehligen Skipetaren-Dialekt reden zu hören.

Nach Achárnai läßt man die Ebene hinter sich. Eine vorzügliche Bergstraße windet sich auf den *Párnis*-Gipfel, den höchsten, aber nicht unbedingt schönsten der Berge, die die attische Tiefebene auf drei Seiten umschließen. Hier hinauf kamen die alten Athener, um Bär und Wildschwein zu jagen. – Nach etwa zwei Drittel des Weges beginnen hochstämmige Tannenwälder. Knapp unterhalb des Gipfels, auf dem im Winter sogar Ski gelaufen wird, liegen Sanatorien, Gasthäuser und Villen. Inmitten der würzigen Koniferenluft glaubt man sich fast in die Schweiz versetzt. Auch das moderne Luxushotel mit Swimming-Pool fehlt nicht. Es liegt auf einer beherrschenden Altane und bietet eine großartige Aussicht auf das mittlere Attika.

In Achárnai zweigt eine Straße nach Osten ab. Auch sie führt über Varybóbi in die dicht bewaldete Gegend von Tatói zu einem Ausläufer des Párnis. Dies ist der antike Demos Dekéleia. Die griechische Königsfamilie hatte hier oben ein Sommerschloß und einen Friedhof für ihre Könige, der inmitten eines herrlichen Parks liegt. Auf dem Grat des Berges hinter dem Schloß erreicht man von der kleinen Taverne und ihren Platanen aus nach etwa 20 Minuten steilen Anstiegs einige Reste des berühmten spartanischen Stützpunktes Dekéleia. Auch Mardonios, der persische Feldherr, führte seine Truppen auf diesem Weg, als die Schlacht bei Salamis verloren und der Plan, die Athener auf seine Seite zu ziehen, gescheitert war. Er kam bis Plataä; dort verlor er sein Leben in der Schlacht. Die Befestigung wurde unter persönlicher Aufsicht des Lakedemonier-Königs Agis erbaut und sollte, wie Thukydides sagt, »die Ebene, damit den reichsten Teil des Landes, beunruhigen«.

Ein schlechtes Wegstück führt hinter dem Paß bei Hagios Merkoúrios in Schleifen hinab nach Malakása, schneidet dort die Autobahn Athen-Lamía und endet als gute Straße bei *Skala Oropoú* am Golf von Euböa. Die Umrisse der Insel, die sich von der Südspitze Attikas bis zum Pagasäischen Golf erstreckt, sind uns immer vertrauter geworden. Eine Art Geborgenheit geht von dem stets gegenwärtigen Euböa aus; seine Gipfel sind fast überall zwischen den Festlandbergen zu sehen, und auf den Straßen Ost-Attikas und – Böotiens grüßt immer wieder ein blauer Streifen des Meeres. Von Skala Oropoú, dem *antiken Oropós*, einem ständigen Zankapfel zwischen Athenern und Böotiern, geht eine Fähre hinüber zur Stätte des *antiken Erétria*. Im Hinterland beider Orte, hüben wie drüben, wächst eine ganz besonders köstliche Art grüner Feigen.

Eine dritte Straße führt von Achárnai in westlicher Richtung nach dem 19 km entfernt gelegenen Dorf Phyli. Man kommt zuerst zum *Kloster der Panhagía tou Kleistóu*, der ›Muttergottes der

Engpässe‹, das wahrscheinlich byzantinischen Ursprungs ist, und später erweitert wurde. Es thront über einer jähen Schlucht. Kurz vor dem Kloster klettert ein holpriger Weg in den einsamen Engpaß. Diese Strecke läßt sich nur noch mit dem Jeep befahren. Doch wer gut zu Fuß ist, lasse sich nicht schrecken. Die Mühen lohnen sich vollauf: vor uns wilde Steilhänge, Felsverwerfungen, tiefe Schluchten – hinter uns Ausblicke auf die attische Ebene und Athen gegen den vertrauten Hintergrund des Hymettos. Im Winter gibt es hier gefährliche Schneeverwehungen, und mancher Wanderer oder Hirte ist bei einem ungesicherten Tritt schon ums Leben gekommen. Noch vor dem Phyli-Paß erreicht man ein dreieckiges Plateau, das von einem Befestigungsring aus dem 4. Jh. vor Chr. umgeben ist; viereckige Türme, unter ihnen auch ein runder, stehen jeweils über dem Punkt, wo eine der zahlreichen Schluchten mündet. Die *Festung Phyle,* die eine frühere Burg überdeckt, bewachte einst den kürzesten Weg zwischen Böotien und Attika. Das rechtwinklige Quaderwerk der 3 m dicken Mauerwälle ist besonders an der Ost- und Südostseite gut erhalten. An einigen Stellen kann man 16 Steinlagen zählen. Interessant an den beiden im Süden und Osten gelegenen Eingängen, die allerdings nicht ganz leicht auszumachen sind, ist die raffinierte Bauweise, die den Angreifer zwingt, mit der entblößten rechten, also seiner nicht vom Schild geschützten Seite, darauf zuzustürmen. Das letzte Stück des Aufstiegs zu der Festung ist sehr steil. Thrasýboulos, der athenische Stratege und Staatsmann, der in der Endphase des Peloponnesischen Krieges eine so große Rolle spielte, konnte 404 vor Chr. von Theben aus die Festung Phyle besetzen. Mit seinen Anhängern stieg er von hier in die Ebene hinab, um Athen von der Diktatur der Dreißig Tyrannen, die von den Spartanern eingesetzt worden waren, zu befreien.

Der Hymettos

Es wäre fast ein Unrecht, wollte man Athen verlassen, ohne einen Ausflug zu dem elefantengrauen Felsrücken des Hymettos gemacht zu haben, dem nächsten und vertrautesten der attischen Berge. Ein Spaziergang entlang seiner busch- und gestrüppbedeckten Hänge könnte leicht zur sehnsuchtsvollsten Erinnerung an die attische Landschaft werden. Die Straße führt aus der Stadtmitte

Athens quer durch den Arbeiter-Vorort *Kaisarianí*, der beim Aufstand von 1944 ein kommunistischer Stützpunkt gegen die Königstreuen war. Bald erreicht man ein grünes Tälchen, eine Oase im kahlen Gestein, voller Zypressen, Olivenbäume und Platanen. An Sonn- und Feiertagen ist sie beliebtes Ziel der Spaziergänger aus den Vororten. Am oberen Talende entspringt unter einer großen Platane eine *Quelle,* von der es seit alters her im Volke heißt, ihr Wasser verhelfe den Frauen zu Fruchtbarkeit. Ovid beschreibt sie in der ›Kunst der Liebe‹:

Nahe den purpurnen Hängen des blütenreichen Hymettos
rauscht eine Quelle, und grün breitet der Rasen sich aus;
Bäumchen fügen zum Wald sich, und Buschwerk beschattet die Gräser,
Rosmarin duftet gar hold, Lorbeer und Myrtengesträuch;
zart gedeihn Tamarisken und blätterdicht üppig der Buchsbaum,
hier wächst zierlicher Klee. Ragt nicht die Pinie dort?
Linde Zephyrlüfte und kräftespendende Winde
rühren vielerlei Laub, lassen erzittern das Gras.
(Übersetzt von Eckart Peterich)

So ist es auch heute noch. Selbst die vordringenden Vororte haben hieran nichts verändert. Oberhalb der Quelle steht das *Kloster Kaisarianí*, eine Gründung des 11. Jhs. Es war lange von Mönchen bewohnt, deren Bienenvölker hochgerühmten Honig lieferten. Die Klosterkirche ist dem ›Tempelgang Mariens‹ geweiht. Ihr Mauerwerk ist aus von Flachziegeln sorgfältig umkleideten Hausteinen errichtet. In jüngster Zeit ist sie recht gründlich restauriert worden. Die Wandmalereien im Kircheninnern stammen aus dem frühen, die des Narthex aus dem späten 17. Jh., also aus nachbyzantinischer Zeit. Die thronende Gottesmutter in der Apsiskonche ist eine Kopie der Ikone des kretischen Ikonographen Emmanuel Tzanes, die sich im Byzantinischen Museum in Athen befindet. Über der Tür zum Refektorium fällt der reich ornamentierte marmorne Querbalken auf, ein wiederverwendetes antikes Bauglied. Kaisarianí ist für die Geschichte der byzantinischen Kirchenbaukunst nicht bedeutend, aber seine elegante kleine Kuppel, seine warmen roten Backsteindächer, sogar sein nicht ganz dazu passender Kampanile aus dem 17. Jh., allesamt im Schatten der Zypressen, Platanen und Kiefern, fügen sich zu einem Anblick ländlicher Geborgenheit am Rande der Großstadt. Man wundert sich nicht, daß athenische Familien während der türkischen

Besetzung oft hier Zuflucht suchten. Sie hätten sich kein angenehmeres Refugium aussuchen können.

Oberhalb von Kaisarianí tragen die baumlosen Hänge des Berges nur noch mühsam sich behauptendes Gesträuch: Zistrose, Wacholder, Terebinthe und duftenden Salbei, Thymian und Lavendel, die zusammen mit der Traubenhyazinthe und dem violetten Krokus des Frühlings die berühmten Hymettos-Bienen füttern. Hymettos-Honig, mit dem angeblich Platons Mund schon bei Geburt gefüllt war, wird heute überall in ganz Attika erzeugt; die alten Griechen glaubten jedoch, daß guter Honig nur vom Hymettos kommen könne, da dort die ersten Bienen ausgeschwärmt seien.

Kehrenreich führt die Straße an der hübschen kleinen byzantinischen Kirche des *Klosters Astéri* vorbei und hinauf zu einem kahlen Gipfelplateau. Bei wolkenlosem Himmel hat man hier, 18 km von Athen entfernt, eine unbegrenzte Aussicht auf Attika, hinüber nach Euböa und auf die Inseln des Saronischen Golfs.

Daphni, die Insel Salamis, Eleusis

Unser nächster Ausflug nach Daphni und Eleusis wird uns nicht mehr nach Athen zurückführen. Wir verlassen die Stadt auf der großen Ausfallstraße nach Westen. Auch hier setzt sich eine Hügelkette, die Ausläufer des Aigáleos, dem Weiterwachsen der Vororte entgegen. Der Blick von der Höhe bei Chaidári auf die Stadt zurück ist unvergleichlich – besonders, wenn die Sonne sich neigt, wenn die Hänge des Hymettos veilchenfarben erglühen und das riesige Häusermeer sich in ein Gewoge aus flimmernden Lichtpunkten verwandelt. Auch heute noch empfindet man die Größe der geschichtlichen Szenerie.

Die Straße vereinigt sich nun mit dem Lauf der früheren ›Heiligen Straße‹ nach Eleusis, die beiderseits von Grabmalen ruhmreicher athenischer Bürger gesäumt wurde. Heute stehen hier Tankstellen, Vororthäuser und auch die grauen Steinmauern einer Irrenanstalt. Bald tauchen zur Linken Zypressenwipfel und die breite rote Backsteinkuppel der Kirche von Daphni über den hohen Mauern auf, mit denen die Kreuzfahrer das Kloster umgeben haben.

Die Kirche von *Daphni* ist der ›Koimesis‹, dem ›Tod Mariens‹, geweiht und eine der bedeutendsten des Landes. Der Bau stammt aus der Mitte des 11. Jhs., die Mosaiken aus dem späten 11. Jh., einem ›goldenen Zeitalter‹ der byzantinischen Kunst. In Konstantinopel lag die Herrschaft in den Händen der Komnenen-Dynastie, der es gelang, den Kaiserthron drei Generationen hintereinander vom Vater an den Sohn weiterzugeben.

Hier stehen wir vor einem klassischen Beispiel der Kirchenbaukunst des 11. Jhs., ein Kreuzkuppelbau, hier in konstantinopolitanischem, in ›großstädtischem‹ Ausmaß. Der Hauptraum erhebt sich über einem quadratischen Grundriß, den das gleichsei-

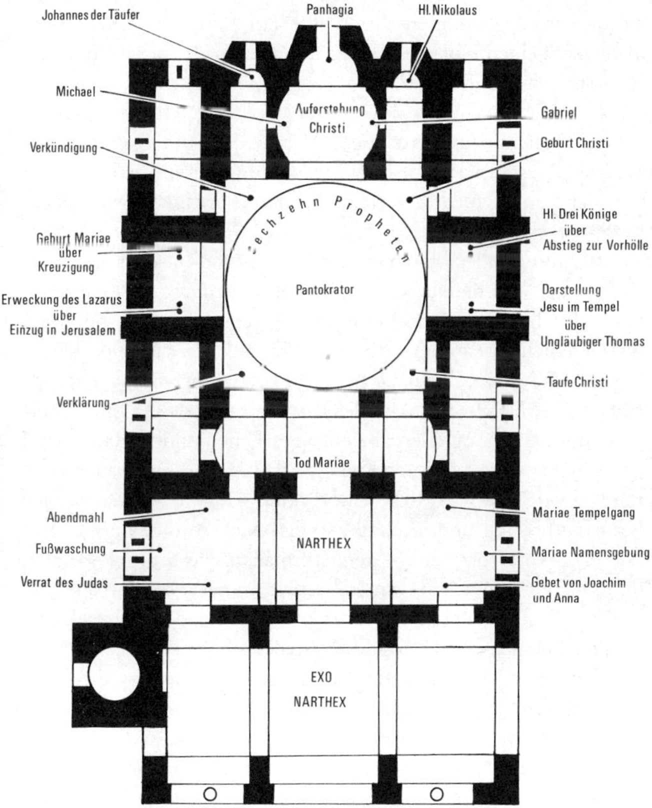

29 Daphni. Grundriß und Mosaiken der Klosterkirche.

tige Griechenkreuz unterteilt. Über dem Schnittpunkt der Kreuzarme ruht auf Pfeilern, den sie verbindenden Bögen, und abgestützt von den vier Ecktrompen, die Kuppel auf ihrem Tambour. Die Eckräume füllen Kapellen. Wie immer ist der östliche von einer Apside abgeschlossene Kreuzarm dem ›Bema‹, dem Altarraum, vorbehalten, und auch hier liegt der Westfront ein Narthex vor. Außerdem wurde im 12. Jh. noch ein zweigeschossiger antikischer Exonarthex angefügt, dessen Fassade im 13. Jh. durch Zisterzienser, denen von den Kreuzfahrern das Kloster übergeben worden war, in gotischem Stil umgewandelt wurde. Statt der stufenweisen Annäherung durch die Vorhallen betritt man gegenwärtig das Kircheninnere durch eine Tür an der Südseite, zu der man durch einen Hof mit Kreuzgang gelangt. Leider ist im Inneren vom ursprünglichen Plattenbelag des Fußbodens ebensowenig erhalten, wie von der marmornen Wandtäfelung, und die Mosaiken haben unter jahrhundertelanger Vernachlässigung gelitten. Sie sind jetzt restauriert worden, doch originale Teile zeugen noch von der hohen, äußerst verfeinerten Kunstfertigkeit, welche die byzantinischen Mosaizisten in der besten Periode erreicht hatten.

Mosaikfußböden waren in hellenistischer, römischer und frühchristlicher Zeit bereits weit verbreitet. Mosaiken, auf denen heilige oder herrscherliche Gestalten Gegenstand der Abbildung waren, tauchen seit dem 5. Jh. nach Chr. auf, vorwiegend in Saloniki und Ravenna. Die neue Art der Darstellung entwickelte sich rasch und erlitt nur während des Bilderstreits 727-843 eine Unterbrechung, als die Wiedergabe aller göttlichen und heiligmäßigen Gestalten aus der religiösen Kunst verbannt war. Doch auch während dieser Zeit schritt die Entwicklung voran, wandelten sich Kunstauffassung und Technik, so daß nach Aufhebung des Bilderverbots der bis dahin streng formalistische Stil gelöster, erfindungsreicher und von einem heraufdämmernden Humanismus erfüllt scheint. Daphni ist dafür ein bedeutendes Beispiel. Die großen Themen der Ikonographie stellen sich jetzt als Bilder vor; der Faltenwurf der Gewänder ist raffinierter modelliert, die strenge Frontalstellung ist einer leichten Wendung und fast lebhaften Charakteristik der Gesichter gewichen; die Anzahl der szenischen Darstellungen hat sich vermehrt, die der strengen Einzelfiguren sich vermindert. Der Einfluß klassischer Reliefs ist sowohl in dem fließenden Faltenwurf wie in dem edlen Ausdruck der Gesichter erkennbar. »Die neue Kunst«, sagt Otto Demus, »gleitet den Mönchen aus den Händen und bemüht sich um die Gunst der hellenistischen Hofkreise.« In Daphni als einer Gründung des Kaiserhauses war der Stil der Mosaiken durchaus vom Geist der Hauptstadt geprägt.

Der erste Eindruck beim Betreten der Kirche mag wegen der großen Flächen hell verputzter Wände enttäuschen. Es scheint so wenig von der glitzernden Kostbarkeit byzantinischer Prachtentfaltung erhalten, die der Reichtum des Benaki- und des Byzantinischen Museums hatte erwarten lassen. Aber jede der noch vorhandenen Kompositionen verdient eingehende Betrachtung. Jede einzelne ist ein Kunstwerk. Die ikonographische Anordnung ist nicht zufallsbestimmt, sondern von streng liturgischer Symbolik, da man den Kirchenraum als visuelles Abbild des Himmels und der Ikonograph sich als Diener der Theologen begriff. Dies gilt für die Ausschmückung aller byzantinischen Kirchen. Es ist daher recht nützlich und erhellend, sich den Plan der ikonographischen Anordnung von Mosaiken oder Fresken innerhalb dieser Kirchen zu vergegenwärtigen. Man weiß dann, wonach man Ausschau zu halten hat. Die Kuppel ist der Himmel, wo Christus – nicht der sanfte Erlöser, sondern das Abbild des unsichtbaren Allmächtigen – in der Glorie herrscht. Er ist von den vier Erzengeln oder von den zwölf Aposteln umgeben, oder – wie hier in Daphni – von den Propheten, die sein Kommen auf Erden ankündigten. In der Wölbung der Apsis, dem Raum des Allerheiligsten hinter der Ikonostasis, ist Maria mit dem göttlichen Kind dargestellt. Auch sie ist von Erzengeln, meist Michael und Gabriel, oder von besonders verehrungswürdigen Heiligen flankiert. Wendet man sich von dem himmlischen zu dem irdischen Bereich, so ist die unterste Wandzone bedeckt mit Bildern von Heiligen, Mönchen, Asketen und Bischöfen. In der Wandzone darüber, sowie in den Wölbungen der Kreuzarme, auch in den Trompen, befinden sich die großen Szenen aus dem Leben Christi und der Muttergottes – die Bilder des *Dodekaéorton*, des ›Zyklus der Zwölf Feste‹. Es sind dies: Mariae Verkündigung, die Geburt Christi, Darstellung im Tempel, Taufe im Jordan, Erweckung des Lazarus, Verklärung, Einzug in Jerusalem, Kreuzigung, Christus in der Vorhölle, Auferstehung, Pfingsten und der Tod Mariae. Nur die Reihenfolge, kaum der Gegenstand dieser Szenen, kann sich von Kirche zu Kirche ändern. Besonders hervorgehoben werden die ›Kreuzigung‹ und ›Christi Abstieg zur Vorhölle‹, die beide das Mysterium der Auferstehung ankündigen. Andere Szenen aus den Evangelien wie der ›Ungläubige Thomas‹, die ›Anbetung‹, die ›Fußwaschung‹, vervollständigen häufig die Ausschmückung, besonders im Narthex. So kommt jeder Gruppierung von Heiligen, jeder Szene aus der Heilsgeschichte an dem ihr zugewiesenen Platz in der Kirche eine besondere Bedeutung zu, die dem Andächtigen in steter Steigerung zu dem Allerheiligsten hin die theologischen Wahrheiten veranschaulichte.

In Daphni – wie auch andernorts – beginne man im Narthex. Bei den Mosaiken vom ›Verrat des Judas‹, der ›Fußwaschung‹ und ›Mariae Tempelgang‹ wird man den erzählenden Modus der Darstellung bemerken. Im Hauptraum begegnet man sodann dem neuen Humanismus, am eindrucksvollsten wohl auf der ›Verklärung‹ und der ›Taufe Christi‹ in den beiden westlichen Trompen unter der Kuppel. Die Gestalt des Christus mag unbewegt, statisch anmuten. Dennoch schimmert durch den Ausdruck überirdischer jenseitiger Majestät auch der ›schöne Mensch‹. Einen hervorragenden Platz haben wie immer die ›Kreuzigung‹ und der ›Abstieg zur Vorhölle‹, Kompositionen von großer Ausgewogenheit, die man an der Ostwand des Querschiffes mit dem Blick auf den Altarraum umfaßt. Die Muttergottes auf der ›Kreuzigung‹ ist eine Verkörperung von Trauer und schmerzlichem Verlust; ihre Mundwinkel senken sich leicht herab, die unteren Lider ihrer mandelförmigen Augen sind hochgezogen, als wollten sie einen Tränensturz auffangen. Sie ist eine der erschütterndsten Gestalten in der gesamten byzantinischen Mosaikkunst. Auf dem ›Abstieg zur Vorhölle‹ läßt die Figur des Hades – Christus setzt den Fuß auf ihn – an die römische Kopie einer antiken liegenden Statue denken; ein unmißverständliches Zeugnis für die klassische Vergangenheit, die den byzantinischen Mosaizisten des späten 11. Jhs. wieder bewußt war und die sie inspirierte. So lassen auch die Gewandfalten des Engels mit den riesigen Flügeln aus der ›Verkündigung‹ in der nordöstlichen Trompe seine Gestalt in einem fast klassischen Bewegungsfluß durchscheinen. Besonders beachtenswert die prachtvoll gewandete Figur des Erzengels Michael auf der Nordwand des Bema, dem Raum vor der Mittelapsis: er ist hier wahrhaftig »Herr der himmlischen Heerscharen« und die strengen, wiewohl wundervoll lebendigen Gesichter der Heiligen in den Gewölben sowie die Gesichter der Juden, die Christus an den Toren Jerusalems willkommen heißen. Bei der Farbgebung dominieren die hellen, leichten Töne. Das Zusammenspiel aus Tausenden von hellroten, blauen und grünen Steinchen auf goldenem Hintergrund führt hier zu einem fast pastellenen Farbklang.

Beherrscht wird die ganze Kirche von dem gewaltigen *Pantokrator* in der Kuppel, einer furchtgebietenden Vision des Messias. Christi Haupt und Oberkörper sind dargestellt. Eine Hand ist segnend erhoben, während die langgliedrigen Finger der anderen das mit Edelsteinen besetzte ›Buch der Bücher‹ umschließen. Das Antlitz mit den herrlich gewölbten Augenbrauen und dem Mund eines Mannes, der über alle Maßen entschieden, wenn nicht gar unversöhnlich ist, herb, östlich, unerbittlich, ohne auch nur einen Anflug von Milde – ein Christus der Nemesis. In dem Pantokrator in Daphni tritt die gesamte byzantinische Geisteshaltung und Lebensform in Erscheinung. Er ist weltenweit entfernt von dem Christus der italienischen und westlichen Kunst.

Neben dem Kloster befindet sich ein Touristen-Pavillon. Nahebei in dem Kiefernwäldchen findet alljährlich im September ein Weinfest statt. Alle in Griechenland erzeugten Weinsorten, vom rauhesten attischen Retsina bis zum süßesten Samos-Wein, kann man in diesen Tagen zum Preis einer Eintrittskarte nach Herzenslust durchprobieren und eine Menge lärmender junger Männer läßt sich die wohlfeilen Weinmengen nicht entgehen. Erfrischungsbuden, allerlei Volksbelustigungen, sogar ein Restaurant fehlen nicht. Die in Licht getauchte Klosterkirche, das Rot ihrer ziegelgedeckten Kuppel und Dächer, die streng gerichteten Steinlagen der Mauern und darin die reich durchbrochene Zierde der Bogenfenster stehen eindrucksvoll vor dem nächtlichen Hintergrund.

Hinter Daphni führt die Straße hinab zur landumschlossenen Bucht von Eleusis. Gegen das offene Meer hin ist sie durch die flache, kiefernbestandene *Insel Salamis* abgeriegelt. Die schmale Meerenge zwischen der Ostspitze der Insel und der attischen Küste, wo der Aigáleos-Bergzug allmählich ins Meer eintaucht, war Schauplatz der entscheidenden Phase der Schlacht von Salamis im Jahr 480 vor Chr. Nachdem Xerxes in das unverteidigte und verlassene Athen eingezogen war und die Tempel auf der Akropo-

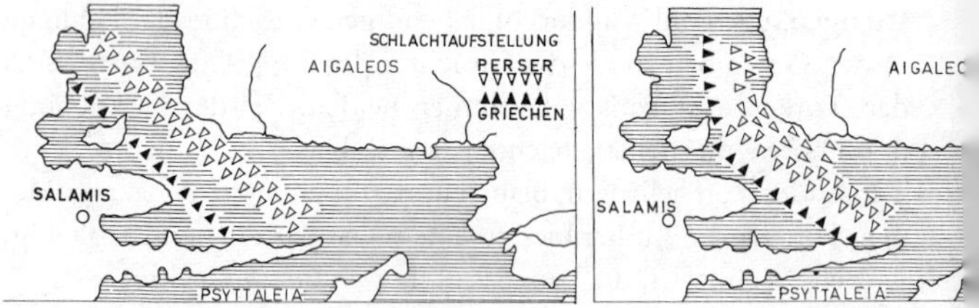

lis zerstört hatte, ließ er seinen goldenen Thron auf einen »hohen Hügel« oberhalb der Meerenge setzen, in welcher die feuerroten Triëren der griechischen Verbündeten ankerten, während ihre Führer sich darüber in den Haaren lagen, was als nächstes zu tun sei. Die Spartaner (als Landmacht) wollten hinter den Isthmus zurückweichen. Einzig Themistokles, der die Behauptung Athens nur durch die Herrschaft auf dem Wasser gesichert sah, trat unbeugsam für eine Kraftprobe der Flotte ein. Mit Schläue und Beredsamkeit hatte er seine den Persern an Zahl beträchtlich unterlegenen Verbündeten schließlich überzeugt, daß man sich dem Feind auf dem selbst gewählten Kampfplatz stellen müsse. Nachdem er die persische Flotte in die Meerenge gelockt hatte, wählte er, wie Plutarch sagt, auch die beste Zeit für den Kampf, »denn er stellte seine Triëren den Perserschiffen erst zum Kampf entgegen, als die Stunde gekommen war, da eine frische Brise wie gewöhnlich die Wellen von der offenen See her in den Sund hineintrieb. Für die griechischen Schiffe war dies kein Nachteil, da sie flach und niedrig gebaut waren. Die Perserschiffe hingegen, welche mit hochragendem Heck und Verdeck schwerfällig heranfuhren, wurden vom Winde abgedreht und schief vor die Griechen hingetrieben.« Am Abend war der Ausgang der Schlacht entschieden, und die zersplitterten Wracks der persischen Schiffe schlugen an die felsige Küste. Die Worte des Orakels hatten sich erfüllt: Athen und Griechenland waren von den »hölzernen Mauern« gerettet worden. Die Seeherrschaft war errungen. Aber es bedurfte noch einer dritten Schlacht – der bei Platää, ein Jahr später – um die persische Bedrohung für immer zu beseitigen.

Themistokles und Xerxes waren die Hauptpersonen des Dramas von Salamis; doch unter den kleineren Rollen finden sich auch die Namen der drei großen Tragödiendichter: Aischylos

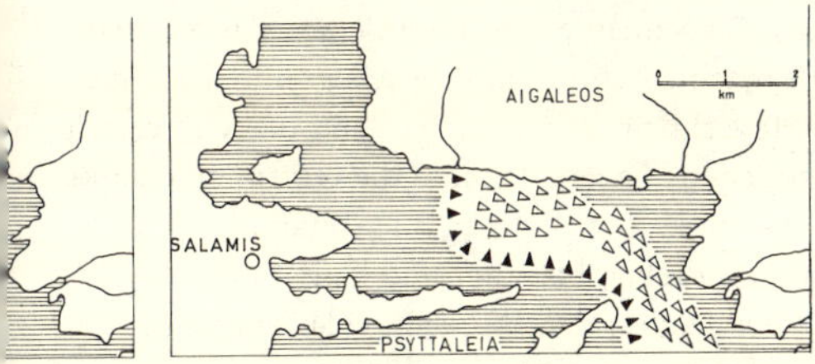

30 Die Schlacht bei Salamis (480 v.Chr.)

kämpfte selbst in der Schlacht und gibt von ihr in seinen ›Persern‹ eine großartige Schilderung; der jugendliche, um seiner Schönheit berühmte Sophokles führte mit einer Leier in der Hand den Chor nackter Knaben rund um die Siegestrophäe an; und Euripides wurde auf der Insel geboren, wie manche sagen, am Tage der Schlacht. Bis vor kurzem gab es noch einen weiteren großen griechischen Dichter auf der Insel, den 1951 verstorbenen Angelos Sikelianos. Allbekannt wegen seines apollogleichen Profils und seiner exzentrischen Gewohnheit, antike griechische Gewänder zu tragen, lebte er in einem weißgetünchten Haus im Pinienwald nahe beim Phaneroméni-Kloster. Seine sinnenstark empfundenen lyrischen Verse sind in gewisser Weise eine Verlebendigung des griechischen Geistes aus dem Sprachschatz des 20. Jahrhunderts.

Wir folgen nun der ›Heiligen Straße‹, auf der sich die athenischen Pilger zur Feier der Mysterien nach Eleusis begaben. Einst war sie von Statuen, kleinen Heiligtümern und Weihgaben gesäumt. Heute führt sie als breite Autobahn durch die *Thriasische Ebene*, vorbei an Seifenfabriken, Zementwerken und Erdölraffinerien. Auf der rechten Seite, nur wenige Meter vom Meer entfernt, liegen zwei schilfumrandete Salzseen, die *Rhéitoi*. Sie waren früher ein Lieblingsplatz der Wildvögel – heute kaum mehr vorstellbar inmitten der Fabrikschlote und Industrie-Anlagen. Die Schriftsteller der Antike waren des Glaubens, die Wasser kämen unterirdisch vom Eurípos her geflossen. Beide Seen waren Demeter und ihrer Tochter Persephone geweiht, deren Mythos sich mit diesem Landstrich verband.

Die Thriasische Ebene war die erste, auf der Korn gesät wurde, denn als Demeter, die Göttin der Fruchtbarkeit, auf der Suche nach ihrer Tochter, der von Pluton in den Hades entführten Persephone, dem König von Eleusis für seine Gastfreundschaft danken wollte, schenkte sie seinem Sohn Triptólemos das kostbare Saatgut. Der Knabe machte sich auf, um diese Segnung des Landbaus an die ganze Menschheit weiterzugeben und reiste in einem von Schlangen gezogenen Wagen, den ihm die Göttin geschenkt hatte, über das Erdenrund. Demeter war eine spitzige und stachlige Person, im Handumdrehen beleidigt und häufig rachsüchtig. Einen der Gärtner des Hades, der über sie geklatscht hatte, bestrafte sie, indem sie ihn in ein tiefes Loch stieß, das sie mit einem Felsblock verschloß. Einen anderen jungen Mann verwandelte sie in eine Eidechse, weil er über die gierige Art, mit der sie Gerstensaft trank, gelacht hatte. Triptólemos jedoch war vermutlich besser erzogen und lachte niemals über seine göttliche Schutzherrin.

Kurz ehe man *Eleusis*, den Geburtsort des Aischylos, erreicht, führt links eine Straße zum *Heiligtum der Demeter und Persephone* (oder Kore). Unter den großen antiken Ruinenstätten ist diese gewiß die am wenigsten begeisternde, steht aber in ihrer religiösen Bedeutung mit an erster Stelle. Tausende von Pilgern strömten alljährlich im Herbst herbei, um an den Riten der *Großen Mysterien* teilzunehmen, den heiligsten aller Mysterienfeste in Griechenland. Als Vorbereitung darauf, als feierliche ›Reinigung‹ und Einweisung der Teilnehmer vor ihrer Aufnahme als Mysten, galten die alljährlichen *Kleinen Mysterien,* die man im Frühjahr im Demeter-Heiligtum am Ilissos-Fluß bei Athen beging.

Die Gelehrten sind heute der Meinung, das früheste Heiligtum in Eleusis stamme aus prähistorischer Zeit (etwa 2000 vor Chr.). Die heiligen Bauten, deren verwirrende Fundamente wir heute sehen, wurden immer wieder verändert und neugestaltet – von den Peisistratiden, von Kimon und Perikles, von Lykurg im 4. Jh. vor Chr., nachdem die Perser das Heiligtum zerstört hatten, und schließlich von den antoninischen Kaisern im 2. Jh. nach Chr., als die Einweihung in die Mysterien unter den römischen Patrizierfamilien große Mode war. Heute steht nichts mehr aufrecht, denn auch Alarich und seine Goten scheinen hier mit gewohnter Gründlichkeit am Werk gewesen zu sein. Das alles machte die Rekonstruktion und Restauration des Heiligtums sehr schwer, und der Besucher bedient sich hier besonders gerne des Lageplans, um die Fundamente der verschiedenen Schichten und Bauepochen zu identifizieren.

Der *Heilige Bezirk* war immer beengt: einmal von dem niedrigen Hügel mit der Akropolis der Eleusiner, die hier seit dem Jahre 2000 vor Chr. siedelten, zum anderen vom Meer. Heute sind auch noch die Zementfabriken bedrohlich nahe gerückt. Man betritt die Stätte durch die *Großen Propyläen,* ein Bauwerk aus antoninischer Zeit. Die in Stein gefaßte Öffnung unmittelbar zur Linken war einstmals ein heiliger Brunnen, der einzige, der der antiken Stadt Trinkwasser spendete. Man nannte ihn ›Kallíchoron‹, Schönreigenbrunnen, weil eleusinische Mädchen rituelle Tänze

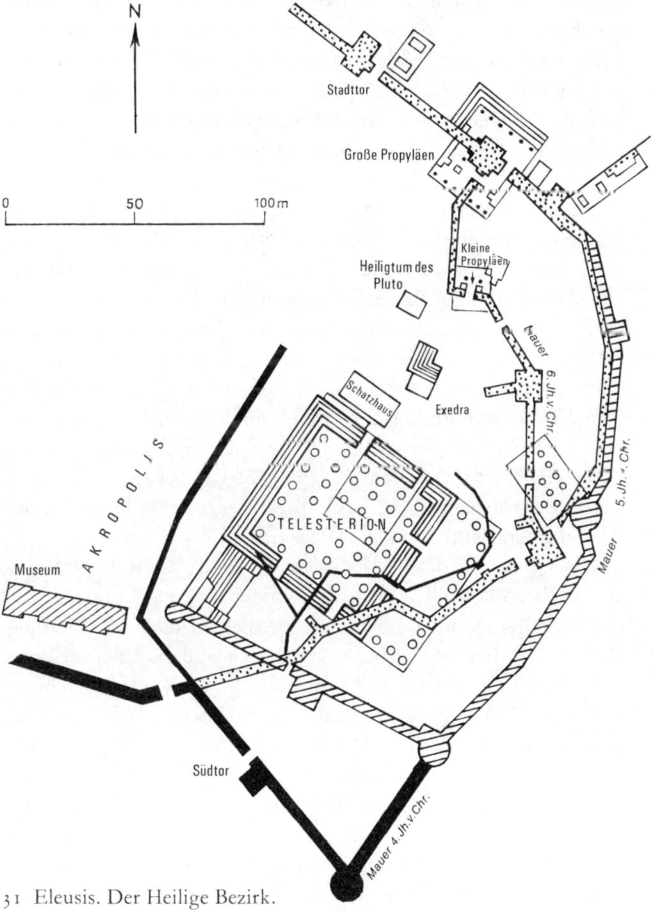

31 Eleusis. Der Heilige Bezirk.

um ihn aufführten, die ein Chor mit Lobgesängen auf Demeter begleitete. – Wir gehen weiter zu den *Kleinen Propyläen*, ebenfalls ein römisches Monument mit erstaunlich üppigem Bauschmuck. In dem Felsen zur Rechten befinden sich zwei Höhlen, vor denen eine kleine ummauerte Terrasse liegt. Dies ist das *Heiligtum des Pluton*. Von den Höhlen galt eine als der Eingang zur Unterwelt, die andere als ihr Ausgang, aus dem Persephone, die Pluton ja in den Hades entführt hatte, in jedem Frühling hervortrat, um der Welt wieder Licht und Fruchtbarkeit zu bringen. Die Grundlinien des ›Plutonions‹, des Tempels für den Herrn über die Schätze der Erde, sind vor der größeren Höhle erkennbar. Wir kehren zum ›Heiligen Weg‹ zurück und gelangen von dort zum *Telestérion*, in dem die Mysterien gefeiert wurden. Seine Grundfläche mit den noch vorhandenen Säulenbasen ist leicht zu erkennen, da im Innenraum, der im 5. Jh. vor Chr. seine größte Ausdehnung erreichte, sechs Reihen aus je sieben Säulen – wie man annimmt ionischen – standen. Rundum, auf der Westseite noch gut erhalten, liefen acht Stufen, auf denen bis zu 3000 Menschen Platz fanden. Der Bau hatte ein oberes Stockwerk, in dem die ›hierá‹, die mit der Weihezeremonie zusammenhängenden ›heiligen Gegenstände‹ aufbewahrt wurden. Darüber befand sich ein Holzdach. Dieser erstaunliche quadratische Tempel mit seiner im 4. Jh. vor Chr. von dem Baumeister Philon angefügten Säulenvorhalle an der Ostseite und dem ›Säulen-Wald‹ im Innern, deren Diagonalreihen sich vielfach kreuzten, den Weg freigaben, ihn sperrten, ist heute ein einziges großes Trümmerfeld, vermehrt noch durch die zerschmetterten Bauteile anderer Perioden.

Die Obhut für den Verlauf der Mysterien lag in den Händen zweier Priesterfamilien, den Eumolpiden und den Keryken, welche die ›Hierophanten‹, die Enthüller des Heiligen, die Herolde, Fackelträger und andere hohe Amtsträger stellten. Über die Form der Riten und insbesondere den Vollzug der Weihe herrscht bis auf unsere Tage tiefes Geheimnis, und es scheint, als solle sich das Dunkel auch nie aufhellen. Die Mysten hatten einen feierlichen Eid der Geheimhaltung abzulegen. Geheimnisbruch bedeutete Todesstrafe, und dennoch ist es seltsam, daß uns nicht eine einzige Indiskretion überliefert worden ist. Pausanias, für gewöhnlich ein sehr mitteilungsfreudiger Berichterstatter, bemerkt nur bedeutungsschwer: »Was innerhalb der Mauer des Heiligtums ist, zu beschreiben, hat der Traum mir verboten ...« Strabon ist ähnlich zurückhaltend. Heute nimmt man allgemein an, daß bei den Mysterien Fruchtbarkeitsriten im Vordergrund standen, begleitet von Betrachtungen und Vermutungen über das Leben nach dem Tode und der Beziehung zwischen dem Schicksal der Menschen und dem Naturgeschehen. Die Offenbarungen enthüllten sich in Form eines heiligen Schauspiels. Es handelte von Demeter und ihrer Tochter alljährlichem Hervortreten aus den Asphodelengefilden der Unterwelt. Den Mysten, die eine mit Myrtengirlanden geschmückte Statue des Iákchos, des Sohnes der Demeter, trugen, folgten Tausende von Teilnehmern und Zuschauern, und Herodot scheint nichts Seltsames darin zu finden, daß sich 30000 Menschen vom ›Heiligen Tor‹ beim Keraméikos aus auf der ›Heiligen Straße‹ nach Eleusis begaben. – Im späten 4. Jh. nach Chr. fanden die Mysterien mit dem Edikt des Kaisers Theodosius ihr Ende.

Der Kithairón, Eléutherai, Aigósthena und Porto Germenó

Hinter Eleusis zweigt eine Landstraße nach Norden ab, in Richtung Theben. Nach dem Ort Mándra überquert sie einen rauhen, dünn besiedelten Landstrich, nähert sich allmählich den Ostausläufern des Kithairón-Gebirges und tritt dann in ein tief eingeschnittenes Tal. Unmittelbar zur Rechten überrascht die Ruine eines Wach- und Wehrturms. Er gehörte zum Befestigungsgürtel entlang der attisch-böotischen Grenze. Man ist jetzt bei dem Dorf Oinóë. Dort sollte man rechterhand nach Pánakton abzweigen, nicht so sehr wegen der antiken Reste der beiden *Grenzfesten Oinóë* und *Pánakton*, die im Gelände heute schwer auszumachen sind, vielmehr wird man nach etwa halber Wegstrecke zum *Kloster Hosios Melétios* gewiesen. Es ist sehens- und liebenswert in seiner ländlichen Abgeschiedenheit, breitet sich seit dem 11. Jh. auf einem Bergvorsprung aus und umschließt mit seinen Gebäuden die schöne Kreuzkuppelkirche aus dem 12. Jh. Sie hat statt des Narthex eine Líti, eine saalartige Vorhalle (Fresken aus dem 16. und 17. Jh.), in der man, auch nächtens, zu den Andachten und Stundengebeten zusammenkam. Viele Menschen zog es damals zu einem Leben in Askese und Frömmigkeit. Die Welle der Abkehr von Reichtum und Macht brachte dem Kloster so großen

Zulauf, daß in der Umgebung noch fast dreißig Nebenunterkünfte mit eigenen Kapellchen entstanden.

Auf dem Weg, den wir eingeschlagen hatten, zur Hauptstraße zurückgekehrt, tritt man nun ins *Kithairón-Gebirge* ein. Diese Landschaft, dem allen Freuden und Genüssen zugewandten Dionysos heilig, ist herb, fast abweisend, die Umrisse des Gebirges schwerfällig und ohne Eleganz. Seine steilen schiefergrauen Hänge mit ihren Silbertannen und das einsame, buschwerkbestandene Land zu seinen Füßen waren dem Vernehmen nach die Lieblingsgegend Pans, des Hirtengottes, der halb Ziege, halb Mensch, lebhaft, lustig, aber leicht aufbrausend, die ersten Rohrpfeifen aus dem Schilfrohr machte, in das die Nymphe Syrinx, der er vergeblich nachgesetzt hatte, verwandelt wurde. Hier hatten Löwen, Bären und Wildeber ihre Höhlen, und Hirsche durchzogen die Wälder. – Man kommt zur *Káza-Schlucht*, dem geographischen und strategischen Hindernis vor dem antiken *Drios-Kephalaí*, dem ›Eichenhäupter‹-Paß, der über den Kithairón nach Theben führt. Die Bergenge scheint auf den ersten Blick verstellt von einer steilen Anhöhe, auf der man Mauerreste erkennt. Dies ist die Festung *Eléutherai*, die Attika und die Megáris ab dem 4. Jh. vor Chr. vor Einfällen aus dem Norden sicherte. Sie ist gut erhalten, vor allem die 3 m dicke und in regelmäßigem Quaderwerk gefugte Nordmauer, darauf viereckige Türme, die im Unterstock Tore und im Obergeschoß Schießscharten haben. Die beste Ansicht auf die gesamte Anlage hat man von Norden, wenn man auf einem kahlen Plateau den Scheitel der Steigung erreicht hat. Von hier fällt dann die Straße in Haarnadelkurven nach Theben und zur Böotischen Tiefebene ab. Eléutherai war der Geburtsort Myrons, eines der meistgerühmten Bildhauer des 5. Jhs. vor Chr. Sein großes Werk ist nur bruchstückhaft auf uns überkommen. Am bekanntesten blieb, durch zahlreiche römische Kopien verbreitet, sein ›Diskuswerfer‹. Die ›Anthologia Palatina‹ in der Vatikanischen Bibliothek bewahrt noch 36 antike Epigramme, die sein Monument einer Kuh auf dem Marktplatz von Athen preisen: sie sei so naturgetreu dargestellt, daß man meine, ihr Brüllen zu hören.

Kurz vor Eléutherai zweigt links eine Straße zu dem Bergdorf Víllia hinauf und schlängelt sich dann in bequemen Schleifen hinab zu dem kleinen Hafen *Porto Germenó* in einer Bucht am Ende des

Halkyonischen Golfs. Auf dem letzten Teilstück entdeckt man über den Baumwipfeln auch hier Ruinen einer großen Befestigungsanlage: das antike *Aigósthena* mit noch vorzüglich erhaltenen Mauern aus dem 4. Jh. vor Chr. Die fünfzehn viereckigen Türme mit Toren, Ausfallpforten und Fenstern waren größer als die in Eléutherai. Der eindrucksvollste Abschnitt befindet sich heute auf der Landseite, doch es liegt auf der Hand, daß die Festung ursprünglich als Verteidigungsposten gegen Eindringlinge vom Meer her errichtet wurde. Viele der Türme, besonders die gegen Ende des 4. Jhs. erbauten, waren für eine hölzerne Schleudermaschine eingerichtet, die Steine und Pfeile auf die Angreifer prasseln ließ. Nur in Messene auf der Peloponnes gibt es noch erstaunlichere und besser erhaltene Fortifikationen aus diesem für den griechischen Festungsbau bedeutendsten Zeitalter.

Am Saum der Bucht angekommen, hat man einen hinreißenden Ausblick auf die stille Wasserfläche und die böotischen Berge, die gen Norden eine Schirmwand bilden. Nahe am Meer stehen einige bescheidene Tavernen. Leuchtend gestrichene Boote liegen kieloben auf dem schmalen Kieselstrand, und in ihrem Schatten hokken Kinder, die Köder an ihren Angelhaken befestigen. Im Sommer ist es hier sehr lebendig. Viele Athener, die mit Kind und Oma, mit Picknick-Korb und Liegestuhl der heißen Stadt entflohen sind, bauen ihre Laubhütten und Zelte und lassen es sich wohl sein. Die Sonne flimmert auf dem durchsichtigen Meer, und ein Dunstschleier verdeckt die bewaldeten Ausläufer des Hélikon, die unvermittelt zur kahlen, verlassenen Küste abfallen.

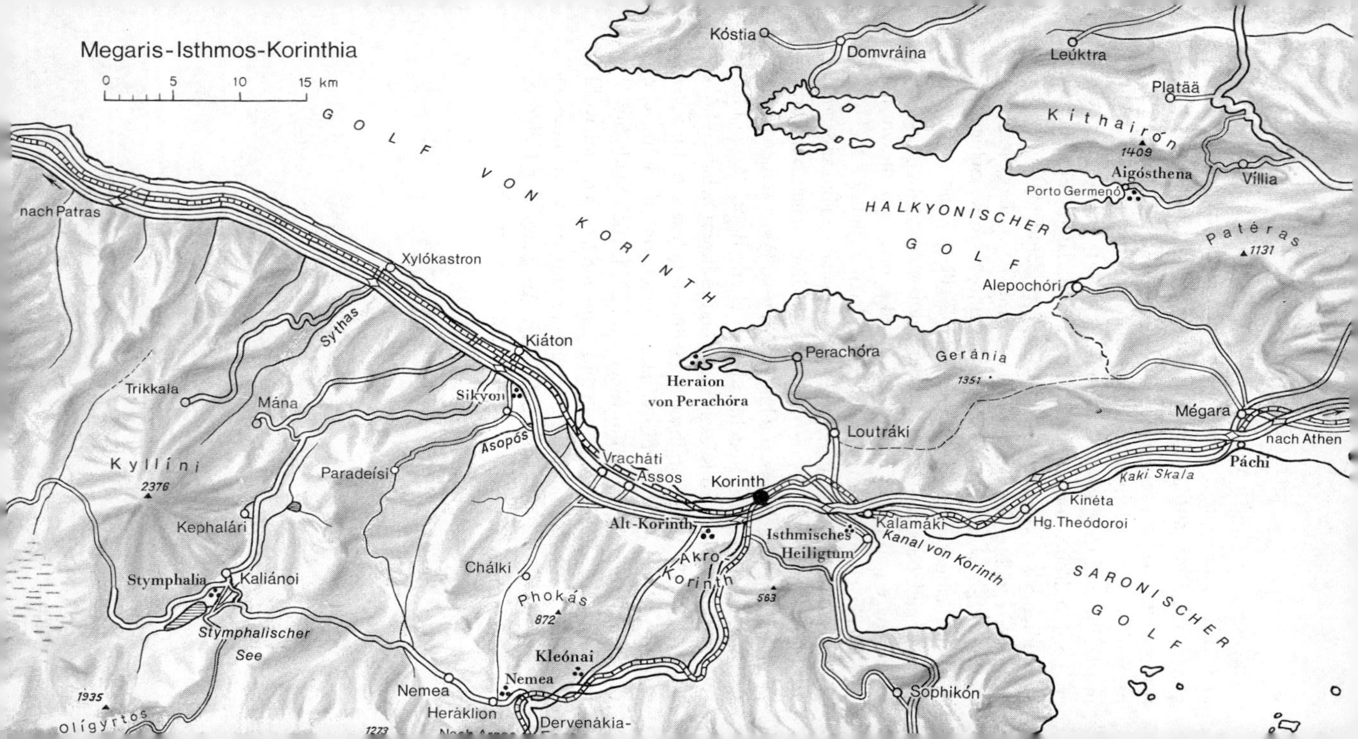
Megaris-Isthmos-Korinthia
0 5 10 15 km
GOLF VON KORINTH
HALKYONISCHER GOLF
SARONISCHER GOLF
Kóstia
Domvráina
Leúktra
Plataä
Kíthairón
1409
Aigósthena
Víllia
Porto Germenó
Patéras
1131
Alepochóri
Perachóra
Geránia
1351
Heraion von Perachóra
Mégara
nach Athen
Páchi
Loutráki
Kaki Skala
Kinéta
Hg. Theódoroi
Kalamáki
Kanal von Korinth
Isthmisches Heiligtum
563
Korinth
Alt-Korinth
Akro-Korinth
Vracháti
Assos
Kiáton
Sikyon
Asopós
Xylókastron
nach Patras
Sythas
Trikkala
Mána
Paradeísi
Kyllíni
2376
Kephalári
Stymphalia
Kaliánoi
Stymphalischer See
Chálki
Phokás
872
Kleónai
Nemea
Heráklion
Dervenákia-
Sophikón
1935
Olígyrtos
1273

Der Zugang zur Peloponnes

V

Megáris, 151 – die Kaki-Skála, 152 – Isthmos, 153 – Perachóra, 154 – Isthmisches Heiligtum, 156 – Korinth, 157 – Akro-Korinth, 168 – Síkyon, 170 – Stymphalischer See, 174 – Neméa, 176

Die Strecke Athen-Korinth, die wir bei Eleusis verlassen hatten und die wir hier wieder aufnehmen, führt uns zunächst in die Landschaft der Megáris. Heute gehört sie zum Regierungsbezirk, dem ›Nomos‹ von Attika. Im Altertum war sie ein selbständiger Staat, in der Frühzeit einer der reichsten und unternehmendsten, der zumeist mit seinen mächtigeren Nachbarn Athen und Korinth im Krieg lag und immer wieder von ihnen verwüstet und ausgeplündert wurde. Aus Nísaia, dem heutigen Pachi, segelten die Megarer im 8. und 7. Jh. vor Chr. aus, um die ersten griechischen Niederlassungen in Sizilien und am Bosporus zu gründen.

Die Rückblicke auf die landumschlossene Bucht von Salamis, deren versteckte Einfahrt von einer Kette kegelförmiger Inseln bewacht wird, sind traumhaft im Wechsel der Konturen und des Lichtes. Johann Jakob Bachofen, der sich 1851 auf dem gleichen Wege befand, meinte im weiteren Lauf seiner gewiß gemächlicheren Reise: »... so zeigt nun Megaras offenes Gestade die ganze Heiterkeit und Lust eines südlichen Landes und läßt es begreifen, wie Euklids Mitbürger dem ›megarischen Gelächter‹ in ganz Griechenland sprichwörtlichen Ruf erwarben.« – Die Autostraße umgeht *Megara,* dessen weiß getünchte Häuser sich über den antiken Akropolen auf den beiden Hügelkuppen bis zu deren Fuß ausbreiten. Hier wurden im 7. Jh. vor Chr. Byzas, der Gründer von Byzanz, und etwa 570 vor Chr. der Elegiendichter Théognis geboren. Alljährlich im Frühjahr fanden die Megarischen Spiele statt, zu denen auch ein Wettkampf im Küssen zwischen Jünglingen gehörte, an dessen Ende, wie Theokrit erzählt, »jener, der am liebreizendsten Lippe auf Lippe drückt, mit Girlanden beladen zu seiner Mutter heimkehrt«. Die heutigen megarischen Festlichkeiten halten sich mehr an den neuzeitlichen Geschmack: am

Dienstag nach Ostern fassen sich die Bauernmädchen, hübsch in ihrer Volkstracht mit den klingenden Silbermünzen an den Mützen anzusehen, bei den Händen und führen auf der Platía, dem Hauptplatz des Ortes, wo sich vermutlich die antike Agorá befand, die ›Trata‹, einen Reigentanz, auf.

Hinter Megara ist es ratsam, die alte Straße nach Korinth zu nehmen; die Strecke, nicht viel weiter als die neue Schnellstraße, ist interessanter, und man hat immer den Blick übers Meer. An dieser Küste geht der Mythos des jugendlichen Theseus um, der hier auf seinem Weg von Troizén nach Athen das Land von allerlei abscheulichen Ungeheuern befreite. Die Straße, die von früher her den Namen *Kaki Skála*, die ›Böse Treppe‹ führt, verläuft etwa auf halber Hanghöhe über kleinen Buchten mit kristallklarem grünem Wasser und ist aus den Steilwänden der Skironischen Felsen herausgehauen, die so jäh abfallen, daß schon Strabon sagt, sie ließen »keinen Durchgang zwischen sich und dem Meer«. Die Bezeichnung ›böse‹ dürfte aus den Zeiten stammen, in denen dieser zerklüftete Landstrich von Räubern und Wegelagerern heimgesucht war. Der attischen Sage zufolge trieb hier der Räuber Skiron sein Unwesen. Er hatte die unfreundliche Gewohnheit, den Reisenden, die des Weges kamen, die Habseligkeiten abzunehmen, sie zu nötigen, ihm die Füße zu waschen und sie hierbei mit einem Fußtritt über die Klippen hinab ins Meer zu befördern, wo eine riesige Schildkröte, die unter den Felsen im Wasser lauerte, sie auffraß – bis schließlich Theseus ihm das nämliche Schicksal bereitete.

Kaum hat man die gefährlichen kahlen Wände hinter sich gelassen, säumen Pinien und Kiefern, denen ein besonders lebhaftes Smaragdgrün eigentümlich ist, einen langen weißen Kiesstrand, die *Kinéta*, mit ihren zahlreichen Tavernen und Zeltplätzen. Der Saronische Golf beginnt sich jetzt zu verengen, das gegenüberliegende Ufer der Peloponnes rückt näher und starke Strömungen bewirken, daß das Meer hier auch im Hochsommer verhältnismäßig kalt ist. Im Dorf *Hagioi Theódoroi*, – dem antiken Krommyón, wo Theseus die Graue Sau Phaia, die sich von Menschenfleisch nährte, erschlug, – liegt links an der Straße die hervorragende Taverne ›Nikoláos‹, deren Spezialitäten am Spieß gebratenes Huhn und köstlich eingelegte Früchte – Quitten, Mandarinen, Walnüsse, Mirabellen, Birnen, Feigen – sind.

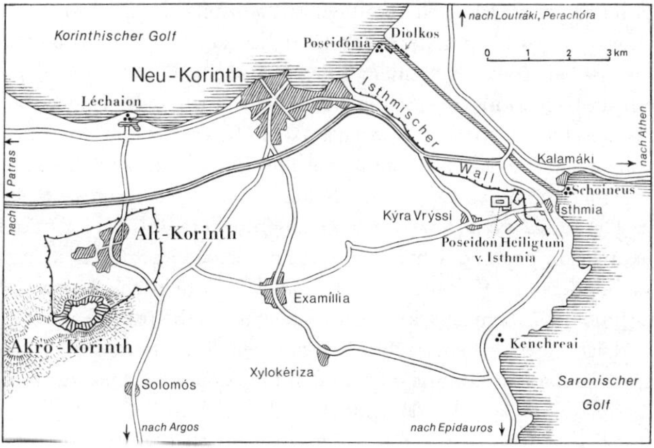

32 Der Isthmos von Korinth und seine Umgebung.

Bei der Mautstation wird man wieder auf die große Schnellstraße geführt. Jetzt liegt das sandige Schwemmland des *Isthmos* vor uns, das vom *Kanal von Korinth* durchschnitten wird, einem schnurgeraden Wasserweg zwischen hohen Ufern aus Sand- und Kalkstein. Der Kanal ist 6,3 km lang und nur 23 m breit. Französische und griechische Ingenieure legten ihn in den Jahren 1881 bis 1893 an. Er verkürzt die Fahrt von Piräus zur Adria um nahezu 200 Seemeilen. Schon zweieinhalbtausend Jahre vorher hatte man sich mit dem gleichen Plan getragen: zuerst Periánder, der Tyrann von Korinth, später die römischen Kaiser. Im Jahre 67 ließ Nero Tausende von jüdischen Gefangenen den Durchstich beginnen. Höchstpersönlich lockerte er mit goldener Axt die erste Handvoll Erdreich. Aber das Vorhaben wurde aufgegeben, als man ihn nach Gallien rief, um den Aufstand des Julius Vindex zu unterdrücken.

Kurz vor der Brücke über den Kanal geht rechts der Weg nach Perachóra ab. Wir folgen ihm in westlicher Richtung am Fuß der zum Schwemmland des Isthmos abfallenden Hügel entlang und kommen nach *Loutráki,* einem beliebten Kurort für Leber- und Nierenleiden. Vor uns reckt sich eine schmale Landzunge aus bläulich-grauem Kalkstein mit gezacktem Grat weit in den Korinthischen Golf hinaus. An ihrem Ende befindet sich das Heráion von Perachóra. Ehe man die äußerste Landspitze erreicht, kommt man zuerst zu dem malerischen Dörfchen Perachóra. Dort endet die Asphaltstraße. Auf einem guten Feldweg geht es weiter, vorbei am Eschatiotis-See. Schließlich umfährt man linker Hand eine fast geschlossene Bucht. Spuren antiken Mauerwerks tauchen auf, sodann eine archaische Zisterne mit einer Treppe, die zum Wasserspiegel hinabführt. Dies ist die Stätte des alten Heiligtums.

Das *Heráion von Perachóra*, das Heiligtum der Göttin Hera, wird erstmals in geometrischer Zeit erwähnt. Seine Geschichte ist eng verbunden mit Korinth, dessen günstige strategische Lage am Isthmos den Schiffsverkehr durch den Korinthischen Golf von und nach Westen beherrschte. Klettert man die Südseite der Landspitze hinab, so kommt man an den Fundamenten eines *Tempels der Hera Liménia,* der ›Beschützerin des Hafens‹, aus dem 8. Jh. vor Chr. vorbei, sodann an einer hellenistischen Zisterne, einer Stoa aus dem 5. Jh. vor Chr. und einem klassischen Altar mit Triglyphen und Metopen. Nördlich davon liegen die Mauern eines geometrischen Apsiden-*Tempels der Hera Akráia* aus dem 9. Jh. vor Chr. Wie man sich die frühen Tempel-Häuser mit gerundeter Rückwand etwa vorzustellen hat, mag ein kleines Tonmodell,

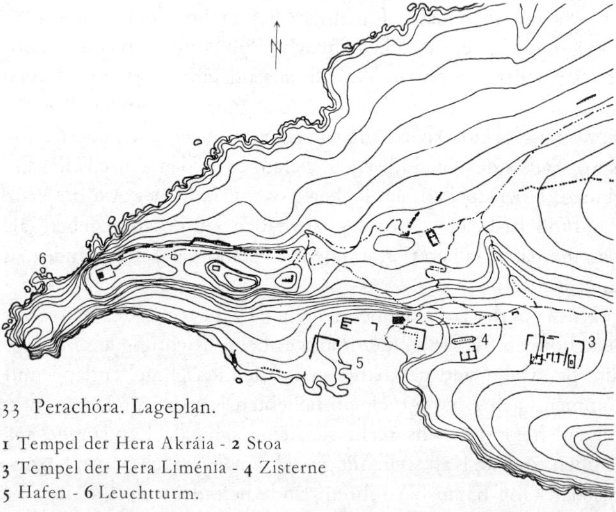

33 Perachóra. Lageplan.

1 Tempel der Hera Akráia - 2 Stoa
3 Tempel der Hera Liménia - 4 Zisterne
5 Hafen - 6 Leuchtturm.

wohl als Weihgabe an die Göttin gedacht, veranschaulichen. Es kam hier bei den Ausgrabungen zutage und wird heute im Athener Nationalmuseum bewahrt. Westlich befinden sich eine kleine gepflasterte Terrasse und die Fundamente eines gleichfalls der *Hera Akráia* geweihten *archaischen Tempels* vom Ende des 6. Jhs. vor Chr., der wohl den alten geometrischen ersetzt hat.

Der Ort ist abgelegen, an der äußersten Spitze einer Felszunge. ›Spitze‹, dies besagt auch der Beiname der Hera ›Akráia‹. Ein einsamer Leuchtturm steht dort. Die kleine Bucht darunter, der ›Heilige Hafen‹, ist ideal zum Schwimmen in klarem Wasser. Darüber erheben sich die steilen, gestrüppbewachsenen Ausläufer des Gerània-Bergzuges, der ›Kranichberge‹. Zur Zeit einer großen Flut, die der Sage nach nur Deukalíon und seine Gattin Pýrrha überlebten, trieb auch Mégaros, ein Sohn des Zeus, hilflos in den aufgewühlten Wassern. Der Ruf von Kranichen hat ihn gerettet. Die Vögel leiteten ihn zu dem Berggrat und damit in Sicherheit. Im Norden ist der Halkyonische Golf mit seinen tümmlerförmigen Inselchen vom Hélikon-Gebirge eingefaßt; irgendwo fern im Westen liegt Delphi auf einem Abhang des Parnaß. Bei ruhiger See sieht man, wenn man Glück hat, weit draußen Rudel von Delphinen spielen. Im Süden steigt die peloponnesische Bergkette aus einem fruchtbaren Küstengürtel auf.

Wir kehren zur Brücke über den Kanal zurück und biegen nun nach der Brücke links ein, um bei Isthmia das Isthmische Heiligtum aufzusuchen. Die Straße überquert das baumlose Plateau des *Isthmos,* eine mit silbergrauen Disteln und verkümmertem Gesträuch bedeckte Erdbebengegend. Von zwei Meeren umspült, dem Saronischen Golf im Osten und dem Korinthischen im Westen, ist der Ort, wie es sich gehört, dem Erderschütterer und Meeresgott Poseidon geweiht. Keine Spur mehr von den Wäldern, in denen der wegelagernde Riese Sinis, der ›Kiefern-Beuger‹, den Reisenden auflauerte und ihre Arme an zwei herabgebogene Stämme band, die, sobald er sie losließ, auseinanderschnellten und das Opfer entzweirissen. Aber in Theseus geriet Sinis an einen Mann, der ihm gewachsen war. Kaum hatte der junge Held dem Bösewicht die gleiche Strafe zuteil werden lassen, da vernahm er ein Rascheln im Unterholz und erblickte ein Mädchen, das durchs Gehölz davoneilte. Er folgte ihm nach und stieß auf Sinis' Tochter, wie sie verstörten Sinns zwischen den wilden Lilien umherwanderte. Sie verliebten sich auf den ersten Blick, und zu guter Stunde gebar sie ihm einen Sohn.

Das *Isthmische Heiligtum* lag innerhalb eines ›Peribolos‹, der Umgrenzung, die den Heiligen Bezirk umschloß. Über den Fundamenten des durch Brand zerstörten archaischen Tempels liegen die Grundmauern des *Poseidon-Tempels* aus dem 5. Jh. vor Chr. Doch wichtiger und interessanter sind hier die Reste des frühen *Stadions,* in dem alle zwei Jahre die Isthmischen Spiele ausgetragen wurden. Im Süden des Heiligtums zwischen Tempel und heutiger Straße »hat sich außer der üblichen Startschwelle eine einzigartige Ziel- oder Stoppeinrichtung erhalten: 16 Schnüre, welche die Zielpforten für 16 Läufer versperrten, wurden sinnreich zu einer Versenkung im Zentrum der Anlage geführt und brachten dort beim Eintreffen des Läufers (das heißt beim Zerreißen der Schnur) ein Täfelchen oder ähnliches zum Reagieren. Der in dieser Versenkung postierte Schiedsrichter konnte also genau die Reihenfolge der Wettläufer bestimmen« (G. Gruben), wodurch jene Unparteilichkeit gewährleistet war, von der Aristophanes in ›Die Ritter‹ berichtet. Nahebei Reste von Wasserleitungen und -becken. Nordöstlich des Tempels befand sich ein *Theater*, von dem nur noch die Stützmauer und die Fundamente des Proskenion übrigblieben. Die Stätte ist baumlos und senkt sich in flachen Terrassenstufen allmählich zum Meer hinab. Sie hat etwas ausgesprochen Luftiges. Man blickt auf das westliche Ende des Saronischen Golfs und kann zuschauen, wie Schlepper sich vor die Schiffe spannen, um sie durch den Kanal zu ziehen. – Alle Quellen deuten darauf hin, daß das Isthmische Heiligtum in erster Linie wegen der großen Sportveranstaltungen berühmt war. Es hatte weder die religiöse Bedeu-

34 Perachóra. Tönernes Modell eines apsidialen Tempelhauses. 8. Jh. v. Chr. (Athen, Nationalmuseum)

tung von Delphi, noch wehte der panhellenische Geist von Olympia; jedoch zogen die athletischen Wettkämpfe nächst den olympischen die meisten Besucher herbei. Während der Festspielzeit ging es hier äußerst lebhaft zu. Zauberkünstler, Wahrsager, Kuppler und fliegende Händler umschwärmten das Stadion. Platon nahm hier als Jüngling an den Ringkämpfen teil, und Dion Chrysóstomos schildert die debattierenden Gelehrten, die deklamierenden Dichter und Rhetoren, wie sie den Siegern mit dem Fichtenkranz Beifall zollten.

Östlich des Theaters stand die unter Justinian im 6. Jh. nach Chr. errichtete Festung. Sie war Teil des *Isthmischen Walls*. Den wiederum hatten die Spartaner 480 vor Chr. angelegt, falls es nötig werden sollte, den anrückenden Persern Halt zu bieten. Die Sperrmauer, 6 röm. Meilen lang (*Examíllia*, ein nahes Dorf bewahrt dies mit seinem Namen), überquert den Isthmos etwa parallel zum Kanal. Sie ist noch vielerorts erhalten, auch östlich des Heiligtums, wo sich ihr Mauerwerk zu etwa 7 m Höhe türmt.

Wir kehren nun zurück zur Straße nach Korinth. Nahe der Kanalenden, im Osten, besonders im Westen, ist der *Díolkos* aufgedeckt worden, die mit Porosplatten belegte ›Schleifbahn‹, auf der Schiffe über Land gezogen wurden. Sie überquerte die Landenge lange vor dem ›Isthmischen Wall‹. Die Korinther wußten um die Lage an beiden Meeren und damit um ihren Vorteil für Handel und Seefahrt und schufen die Abkürzung schon Anfang des 6. Jhs. vor Chr. Sie wurde häufig benutzt, auch von Oktavian, der nach der Schlacht bei Aktion Antonius und Kleopatra verfolgte.

Korinth, heute eine staubige Garnisonsstadt, war stets anfällig für katastrophale Erdbeben. Die komplexe Topographie – der Isthmos, die beiden Meere, das Festland, der Miniatur-Subkontinent – wird einem jetzt bewußt, und auch: diese Stadt ist eindeutig die Eingangspforte zur Peloponnes, es gibt keinen anderen Landzugang zur ›Insel des Pelops‹. Südwestlich liegen die Ruinen von Alt-Korinth, eine der ruhmreichsten Städte des Altertums bis in die römische Zeit. Auf engstem Raum drängt es sich unter den phantastisch steil abfallenden Burgfelsen von Akro-Korinth. Die große Festung auf dem Bergplateau galt, zumindest in der Antike, als uneinnehmbar. Weithin sichtbar grüßt der abgeplattete Gipfel über Land und Meer und gibt freimütig Ort und Lage preis.

Der Seehandel von Ost nach West und umgekehrt war den jeweiweiligen Herren Korinths und der 600 m hohen Zitadelle auf Gnade oder Ungnade ausgeliefert. Nicht verwunderlich also, daß aus den Bewohnern dieses Umschlagplatzes vornehmlich Handels- und Seeleute wurden, Männer, die im 7. Jh. vor Chr. die Kolonien Syrakus und Kérkyra (heute Korfú) gründeten, und wie Thukydides meint, die ersten Trieren bauten. Ihre Flotten-Unternehmungen verbürgten die Handelsvormachtstellung der Stadt, deren Reichtum sich zudem noch durch die fruchtbare Küstenebene erhöhte. Weingärten, Getreidefelder, Zitrus- und Olivenhaine erstreckten sich in einem halbmondförmigen Bogen vom Sockel von Akro-Korinth bis zu den Hügelausläufern vor Síkyon. Reichtum schuf Luxus, und die Korinther erwarben sich den Ruf des ausschweifendsten und sittenlosesten Volkes in Griechenland. Aphrodite war ihre Schutzgöttin. Hetären, häufig Frauen von Bildung und kultivierter Lebensart, die sich der Kunst der käuflichen Liebe wie einer Religion geweiht hatten, machten ihnen das Dasein angenehm. Zu den berühmtesten zählte Laïs, deren Busen so vollkommen geformt war, daß Maler aus ganz Griechenland nach Korinth kamen, um seine göttlichen Rundungen auf ihren Tafeln abzubilden. Die Prostitution galt in Korinth, ebenso wie die Paiderastie in ganz Griechenland, nicht als Laster, sondern war eine selbstverständliche Lebensform. Beiden abzuschwören, wäre für ein schönes Mädchen in Korinth oder einen schmucken Jüngling in einem der griechischen Stadtstaaten recht exzentrisch gewesen.

Der Mythos überliefert, die Stadt sei einstmals von Sísyphos regiert worden, einem Gauner, der für seine Schwindeleien von Zeus damit bestraft wurde, daß er in alle Ewigkeit im Tartaros einen Felsblock einen Abhang hinaufwälzen und dann zusehen mußte, wie er wieder hinabrollte. Zwischen dem 7. und 6. Jh. vor Chr. begannen unter dem kraftvollen Periánder aus dem Herrscherhaus der Kypseliden Handel und Seefahrt Korinths aufzublühen. Die Regierungsform blieb oligarchisch. Die wohlgenährten, vergnügungssüchtigen Kaufleute zeigten wenig Interesse für die Ideale einer politischen Demokratie, aber das Wachstum des demokratischen athenischen Staates rief ihre Eifersucht wach. Die Folge war, daß Korinth sich der Sache Spartas anschloß und mit beträchtlichem Gewinn aus dem Peloponnesischen Krieg hervorging. Wende und Abstieg kamen zweieinhalb Jahrhunderte später, als der Achäische Bund, dem Korinth angehörte, die Torheit beging, die wachsende Macht Roms zu verhöhnen. Die Korinther gingen sogar so weit, aus ihren Fenstern menschlichen Unrat auf die Köpfe der römischen Botschafter hinabzuschütten. Für diese sinnlose Beleidigung hatten sie 146 vor Chr. mit einem Massaker und der Brandschatzung ihrer Stadt durch Mummius zu zahlen. Korinth hörte buchstäblich auf zu existieren. Die Gemälde, für die die Stadt berühmt war, wurden nach Rom fortgeschafft. Es blieben nur einige wenige zurück, die als Spielbretter dienten, auf denen wie Polýbios mit eigenen Augen sah, die Legionäre des Konsuls Würfel spielten. Julius Cäsar machte im Jahre 46 vor Chr. einiges wieder gut, indem er die Stadt neu aufbauen ließ, und als der heilige Paulus sie ein Jahrhundert später aufsuchte, war sie eine angesehene römische Kolonie. Die Schlüsselstellung der Stadt an der großen Wegekreuzung der römischen Welt sorgte für ihr Wiederaufblühen. Aber der Ruhm Korinths war im Unterschied zu dem anderer griechischer Stadtstaaten nie von jenem Leuchten erfüllt, das von einem wachen und kultivierten schöpferischen Geistesleben ausgeht. Das intellektuelle Leben Korinths blieb eigentlich während seiner ganzen Geschichte ohne Bedeutung.

Die Ruinen der alten Stadt liegen am Fuße von Akro-Korinth. In Richtung Síkyon und der baumreichen achäischen Küste fällt das Gelände – wie bei Isthmia – in natürlichen Terrassen zum Meer ab. Nur ist hier die Aussicht auf die kahlen und einsamen phokischen Bergketten, auf Helikon und Parnaß, unendlich viel großartiger als alles, was der Saronische Golf bei all seinen Bezauberungen zu bieten hat. Die Trümmerstätte der antiken Agorá beherrschen sieben massive dorische Säulen aus porösem Kalkstein mit flachen Kapitellen, die einstmals mit einer dünnen Stuckschicht geglättet waren. Sie gehören zum *Apollon-Tempel*, einem der frühesten großen Tempel in Griechenland. Im ›Goldenen Zeitalter‹ des Periánder wurde er um 540 vor Chr. auf einem hohen vierstufigen Unterbau erstellt. Die aufrechten monolithischen Säulenschäfte bildeten den Säulenumgang; sie umgreifen die Westseite der Cella. Im Süden grenzte der Tempel an die *Nordwest-Stoa* an, von der nur der Stylobat erhalten ist. Der offene Hauptplatz, die *Agorá*, war in griechischer Zeit mit großen Kieseln, in römischer mit Marmorplatten gepflastert und von Ladengeschäften und kleinen Tempeln gesäumt. Auf der gegenüberliegenden Seite fällt ein großer Sockel auf – ein Monument aus vier Steinquaderlagen auf zweistufigem Unterbau: das *Bema,* die Rednertribüne der römischen Statthalter, von der aus auch Paulus gepredigt haben soll. Sie stand vor der *Süd-Stoa* des 4. Jhs. vor Chr., einem einstmals prachtvollen zweistöckigen Bau, dessen schattenspendende Halle sich zur Agorá mit 71 enggestellten Säulen öffnete (von denen nicht eine einzige erhalten ist). Beiderseits des Bema und auch in der Tiefe einer jeden Stoa drängten sich Läden und Tavernen, darinnen die Kaufleute die Marktpreise erörterten und über Lokalpolitik stritten.

Dies also war der Schauplatz, auf dem *Paulus* von der jüdischen Gemeinde Korinths zur Verantwortung gezogen wurde. Sie beschuldigte ihn in Anwesenheit des römischen Statthalters, er verfälsche und verderbe ihren Glauben. Anfänglich noch waren einige Korinther, Griechen oder Juden, von den Predigten des Apostels beeindruckt. Etwas Erregendes, Beunruhigendes ging von ihm aus. Eine seiner Predigten in der Synagoge führte dann zu einem Aufruhr, in dessen Verlauf er von griechischen Raufbolden verprügelt wurde. Er war, seinem eigenen Eingeständnis zufolge, »mit Schwachheit und Furcht und großer Zaghaftigkeit« nach Korinth gekommen, verbrachte aber immerhin eineinhalb Jahre in der Stadt. Er wohnte bei Aquila, einem Juden aus Pontus, und

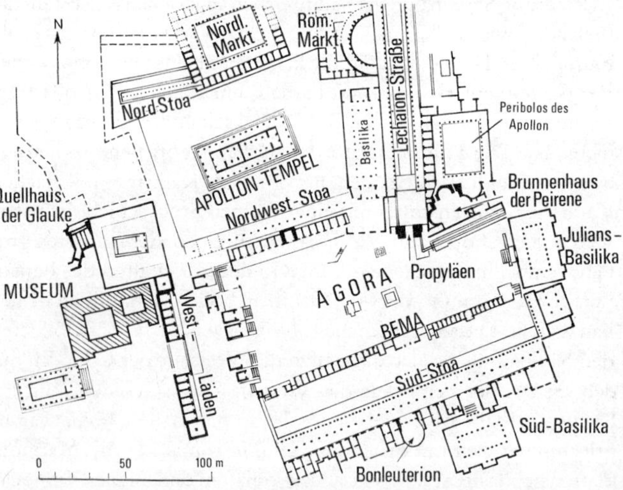

35 Das antike Korinth

ster Umgebung gab es im Boden äußerst feinschlammige, sehr helle Tonvorkommen, die sich für die *korinthische Ware,* die dünnwandigen Gefäße mit dem subtilen roten und rot-schwarzen Oberflächendekor auf gelblichweißem Tongrund, besonders eignete. Bis zum 6. Jh. vor Chr. blühte der Export, besonders nach Italien. Die korinthischen Töpfer waren, anders als jene in Attika, hauptsächlich an der Ausfuhr interessiert. Trotz der Massenerzeugung blieben ihre Produkte von hoher Qualität. Bei der sogenannten protokorinthischen Töpferei des 8.-7. Jhs. vor Chr., die sich in der antiken Welt großer Beliebtheit erfreute, bestechen sowohl die feine, äußerst präzise Linienführung der Einzeldarstellung wie die ausdrucksvolle Wirkung der Gesamtkomposition. Im 6. Jh. macht sich eine Vorliebe für die Abbildung von Vögeln, wilden Tieren und Ungeheuern bemerkbar. Dann schleichen sich allmählich attische Einflüsse ein, und das Bedürfnis des athenischen Töpfers, eine Geschichte zu erzählen, beginnt die korinthischen Kunsthandwerker zu beeinflussen. Um die Mitte des 6. Jhs. hatten die Athener die wichtigsten Absatzmärkte erobert, und die Qualität der korinthischen Töpferei ließ jetzt merklich nach. Die Zeichnungen werden größer und gröber, rötlich violette Farbe wird immer reichlicher verwendet, und Rosetten und andere Blumenmotive füllen einen bereits überladenen Grund aus.

Am Eingang des Museums ist ein von der American School of Classical Studies veröffentlichter ausgezeichneter kleiner Führer zu haben. Zu den eindrucksvolleren Keramiken gehören ein dreifüßiger Wasserkrug aus dem 8. Jh. vor Chr. mit erlesener geometrischer Zeichnung und stilisierten Rehen im oberen Bandstreifen (Schaukasten 11); ein protokorinthischer Arýballos – eine Ölflasche, die von den Athleten nach anstrengendem Training zur Pflege des Körpers verwendet wurde –, auf deren Mittelstreifen miteinander kämpfende Krieger abgebildet sind (Schaukasten 12); eine schöne Ámphora und eine Oínochoe (Gießkrug) aus der frühkorinthischen Periode (7. Jh. vor Chr.), exquisit in der Form und überaus elegant in ihren Blumen- und Tiermustern (Schaukasten 15); und ein spätkorinthischer Arýballos, etwa 580 vor Chr., mit einem Chorführer, der einen Reigen schwarzer männlicher Figuren anführt (Schaukasten 15). Des weiteren ist bemerkenswert: ein Kieselmosaik – eines der frühesten in Griechenland, etwa 400 vor Chr. –, mit Greifen, die ein Pferd zerfleischen (Nr. 5 im Vestibül) sowie Opfergaben an den Heilgott Asklepios, die erkrankte Gliedmaßen, Brüste, Genitalien und auch eine Hand mit einem krebsartigen Geschwür darstellen (an der Westwand des Asklepion-Saals). Im römischen und nachklassischen Saal ist ein schöner Kopf des Nero Julius Cäsar, Sohn des Germanicus zu sehen (Nr. 7), sowie ein ebenfalls römischer Kopf der Glücksgöttin Tyche, die eine kunstreich gearbeitete Krone in Form von Festungszinnen trägt (Nr. 16).

Auf dem kühlen und schattigen Dorfplatz läßt sich gut ausruhen, ehe man nach Akro-Korinth hinaufsteigt. Es gibt hier ein paar altmodische Cafés, wo Männer über dem Távli, einer griechischen Abart des Halma- oder Puffspiels sitzen, und es herrscht trotz der Touristenläden und der allgegenwärtigen Dia-Verkäufer eine ländlich-bäuerliche Atmosphäre. Abgesehen vom üblichen Oúzo, dem Kaffee und der Orangenlimonade bekommt man auch Souvlákia (Spießchen) auf kleinen Holzstäben serviert.

Akro-Korinth hat eine prachtvolle Gestalt: beherrschend und aggressiv – und doch fügt sich der Kegelstumpf des Berges sehr harmonisch in die vielgestaltige Gliederung von Land und Meer. Die Aussicht von der Höhe ist überwältigend. Im unmittelbaren Vordergrund erstreckt sich der fruchtbare Landstreifen bis zu den bewaldeten Ausläufern des Kyllíni-Gebirges, dessen kahle metallfarbene Gipfel in den wolkenlosen Himmel aufsteigen. Die Berge der Argolis, seltsam verwitterte und ausgewaschene Formationen, trollen sich südwärts; im Osten und Westen liegen die durch den Isthmos getrennten beiden Meere, im Norden, hinter der sich verjüngenden Landspitze von Perachóra, die stille, ruhevolle Fläche des vom Hélikon begrenzten Halkyonischen Golfs; im Nordwesten erhebt sich das immer wieder faszinierende dunstige Massiv des Parnaß.

Man kann sich gut vorstellen, daß hier auf der luftigen Höhe Bellerophón, der Enkel des Sísyphos, mit himmlischem Zaumzeug von Athena beschenkt, das geflügelte Pferd Pégasos einfing, zähmte und mit dessen Hilfe die feuerspeiende Chimaira, ein aus Löwe, Ziege und Drache zusammengewachsenes Ungeheuer erschlug. Die Taten des Bellerophón gingen in die korinthische Mythologie ein. Er war der lokale Heros, dessen Abbild man auch gelegentlich auf die korinthischen Münzen prägte. Immer war darauf der Pegasos.

Im Mittelalter war der Felsen von Akro-Korinth das Eroberungsziel der Invasoren aus Ost und West. Geoffroi de Villehardouin, der Chronist der fränkischen Eroberungen im byzantinischen Griechenland, spricht von ihm als »einer der stärksten Städte unter dem Himmel«. Die Verteidigung gegen die Franken fiel dem Herrn von Nauplia, Leon Sgoúros, zu. Als dieser feurige Patriot erkannte, daß die Festung nicht zu halten war, stürzte er sich auf dem Rücken seines Pferdes die 500 m hohe Felssteilwand hinab. Der Besitz der Zitadelle ging von den seigneuralen Villehardouins auf die florentinischen Acciajuoli über und danach auf die Johanniter-Ritter, die sie ihrerseits den Griechen preisgaben. Im Jahre 1458, fünf Jahre nach dem Fall von Konstantinopel, wurde die ›Sternenburg‹, wie die Türken sie nannten, von den überlegenen Streitkräften des Sultans Mehmed II. belagert und bei einer schweren Beschießung mit Steinkugeln – eine wog annähernd 900 Pfund – zerstört. Von 1686 bis 1717 kam die Festung in den Besitz der Venezianer. Aber es war nur eine Atempause vor dem erneuten Verlust an die Osmanen. Wenig mehr als ein Jahrhundert darauf wurde eine armselig herabgekommene und inzwischen auch völlig entmutigte türkische Garnison von den griechischen Freiheitskämpfern endgültig vertrieben.

Der Weg nach Akro-Korinth wird schon vom ersten Mauergürtel ab sehr steil. Reste byzantinischer, fränkischer und türkischer Befestigungswerke sind erhalten, doch das Geschick und die Kunst der venezianischen Festungsbaumeister stellte alle diese Anlagen in den Schatten. Am eindrucksvollsten: einige der Wachttürme, drei imposante, über Rampen miteinander verbundene Tore und die zinnenbewehrten Festungswälle. Die drei Ringe des gewaltigen Mauerwerks, die organisch aus dem immer jäher abfallenden Hang herauszuwachsen scheinen, ermöglichten es den Verteidigern, alle Angreifer mit einem vernichtenden Feuer niederzuhalten. Man überquert zuerst den flachen Festungsgraben, der früher eine Zugbrücke besaß, und gelangt durch das äußere Tor zur zweiten Verteidigungslinie und ihrem Tor. Ein dritter Torbau, von außen quadratisch, gibt durch einen gewölbten Gang den Zutritt zum westlichen Burgplateau und den Ruinen eines fränkischen Verlieses frei. Hier, im Innern der Festung, geht es in nordöstlicher Richtung eine Bodensenke hinab, und man steht vor dem leeren Gemäuer einer Moschee. Unmittelbar nördlich von ihr, im besterhaltenen (fränkischen) Teil des inneren Festungsringes, entdeckt man eine Ausfallpforte. Auf dem Gelände verstreut liegen die Ruinen vormaliger Kapellen, Minaretts und Kasernen, aber auch eingefallene Keller und Zisternen, oft trügerisch verdeckt von Gesträuch. Man geht hier also besser nicht unbekümmert querfeldein.

Einer der ausgetretenen Pfade führt unter der höchsten Erhebung vorbei zur *Quelle der oberen Peiréne* nahe dem südlichen Teil des Festungsrings. Daß sie, wie man in der Antike glaubte, das ›Brunnenhaus der Peiréne‹ auf der korinthischen Agorá gespeist habe, gehört wohl in das Reich der Fabel. Die Quelle ist in einem überwölbten Raum unter der Erde gefaßt und eine Eisenstiege führt noch zu einer zweiten, tiefer als der Wasserspiegel liegenden Kammer hinab, die überfließendes Wasser auffing.

Auf der Kuppe des Plateaus (575 m ü. d. M.) hat man in den Zwanziger Jahren spärliche Fundamentblöcke des einst berühmten Aphrodite-Tempels gefunden, überlagert von Bauresten der Byzantiner, Franken, Türken und Venezianer. Heute trifft man hier kaum mehr einen Menschen. Die Käfer, Bienen und Eidechsen sind die einzigen Lebewesen. Verzauberungen der Liebe kommen einem hier oben recht unwirklich vor. Aphrodite, die einstmals hier Verehrte, geht an dieser großartigen Stätte nicht mehr um.

Westlich von Korinth verläuft die Straße zwischen Obsthainen und Weingärten durch zahlreiche blumenprangende Dörfer. Mit fortschreitender Jahreszeit folgen auf die blaßblauen Hortensien und kletternden Rosen das glutrote Strahlen des Hibiskus, das Konfetti-Rosa und -Weiß des Oleanders, und im Spätsommer treten Dahlien in allen Farben an die Stelle der verbrannten Sonnenblumen. Das Leben hier atmet Wohlstand. Radfahrer, Gänse, Hühner und Karren behaupten ihr Recht im Verkehr. Die neue Schnellstraße zwischen Korinth und Patras verläuft weiter landeinwärts; sie spart Zeit, ist aber weniger interessant.

Bei Kiáton führen zwei Abzweigungen in die Berge hinauf. Die erste, östlich des Ortes, endet knapp hinter dem Dorf Vasilikó bei den Ruinen von *Síkyon,* einer der schönsten kleineren antiken Stätten in der Peloponnes. Der Hügel im Süden steigt zu einem triangelförmigen, terrassierten Tafelland an. Auf zwei Seiten ist es von nicht sehr hohen, aber steilen Hängen geschützt. Wieder fällt die eigentümliche Stufengliederung des Geländes auf, die für die korinthische Landschaft so charakteristisch ist. Der Rundblick von hier oben umfaßt Parnaß und Hélikon auf der anderen Seite des Golfes, eine dramatische Hintergrundkulisse, an die sich die Perachóra-Landzunge am Fuß des Geránia-Bergzuges und der steile Höcker von Akro-Korinth im Osten anschließen.

Das antike Síkyon lag auf diesen zum Meer abfallenden Terrassen. Die noch vorhandenen Ruinen sind die Reste der hellenistischen Stadt, die Demetrios Poliorketés 303 vor Chr. neu gründete, als er sich bemühte, den größten Teil Griechenlands den Händen von Kassandros, Seleukos und Pyrrhos, den rivalisierenden Anwärtern auf den Thron Alexanders des Großen, zu entreißen. Er konzentrierte die Stadt rings um die Burg und nannte sie, selbstbewußt wie er war: Demétrias – nicht zu verwechseln übrigens mit dem anderen Demétrias in Thessalien, das er ebenfalls gründete. In der griechischen Vorstellung war und blieb die Stadt jedoch stets Síkyon, die ›Stadt der Gurken‹.

Im 7. Jh. vor Chr. begann die gesundheitsfördernde kleine Stadt, die allen Meeresbrisen des Golfs von Korinth offenstand, politische Bedeutung zu erlangen, und zwar unter der Herrschaft des Orthágoras, eines vormaligen Kochs, der eine sikyonische Dynastie gründete. Sie war mehr als hundert Jahre an der Macht

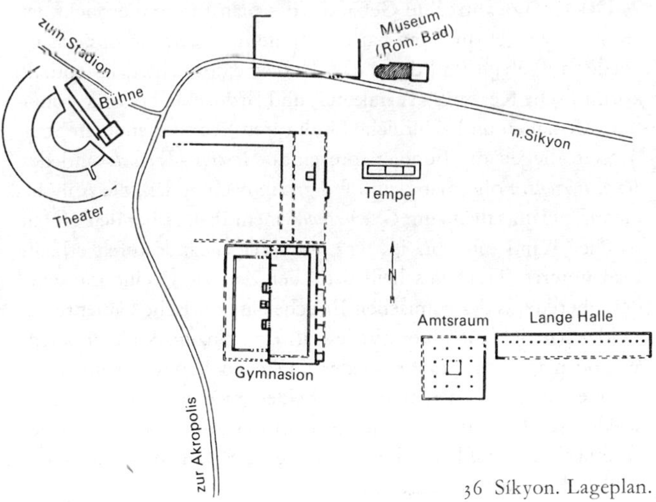

36 Síkyon. Lageplan.

und wurde von Aristoteles wegen ihrer Toleranz, von Plutarch wegen der Eintracht unter den »reinen und dorischen Aristokraten« gerühmt.

Síkyons großer Held trat jedoch erst im 3. Jh. vor Chr. hervor. Die Stadt wurde damals von einem Usurpator-Tyrannen regiert. Arátos, der verbannte Thronerbe, war in Argos aufgewachsen, ein anziehender und gescheiter Jüngling, der über die Verhältnisse in seiner Heimatstadt gut unterrichtet war. In einer mondlosen Nacht stahl er sich mit einer Handvoll gleichgesinnter Patrioten heran und erkletterte die Mauern, obwohl ein Rudel heulender Hunde Alarm schlug. Der Staatsstreich gelang, und er bemühte sich nach Kräften und mit allen Mitteln, den Achäischen Bund zu unterstützen, wo immer er konnte, die griechische Unabhängigkeit zu stärken und den Würgegriff der makedonischen Diadochen zu brechen. Schließlich von Philipp v., dem fähigen, aber nichtswürdigen vorletzten makedonischen König vergiftet, wurde er mit großem Gepränge als der »Gründer und Retter seines Landes« in Síkyon begraben. – Ein schreckliches Erdbeben zerstörte im 1. Jh. nach Chr. die Stadt. Die meisten Bewohner zogen zur Küste hinunter in die Nähe des heutigen Kiáton, und als der Engländer Wheler im 17. Jh. dorthin kam, fand er nur noch »drei türkische Familien und ebenso viele christliche« vor.

Das einzige aufrechte Gebäude, das man rundum erblickt, ist ein roter Ziegelbau. Man hat die Ruine der *römischen Bäderanlage* wieder aufgebaut und darin das *Museum* eingerichtet. Es enthält korinthische Keramik, Terrakotta- und Bronzekleinplastik, römische Mosaiken und zahlreiche Skulpturen. Auf der anderen Straßenseite liegen die Fundamente eines *Artemis-Tempels* und des *Bouleutérions*. Folgt man dem Pfad 200 m nach Süden, die Anhöhe hinauf, gelangt man zum *Gymnasion,* einem Platz, über den oft ein frischer Wind hingeht. Es war auf zwei Geländestufen erbaut. Den unteren Trakt aus hellenistischer Zeit zierte eine ionische, den oberen aus der römischen Epoche eine dorische Säulenreihe. Leider hat sich auch hier nur jeweils eine einzige Säule erhalten. Würde man einige mehr wieder aufstellen können, kämen die schönen Proportionen über den beiden rechteckigen Terrassen wieder zur Geltung. Vor der Stützmauer zum oberen Teil des Gymnasions befinden sich zwei steinerne Brunnen, wohlplaziert zu den drei Treppenaufgängen.

Es ist ein Jammer, daß uns an diesem stillen und bezaubernden Ort keinerlei Spuren von Skulptur oder Bauschmuck mehr daran erinnern, daß Síkyon einstmals ein bedeutendes Zentrum künstlerischen Schaffens war, wo sich eine der frühesten *Bildhauer- und Malerschulen* Griechenlands befand. Bis nach Delphi muß man reisen, um dort vor dem Fries des Schatzhauses der Sikyonier eine lebendige Anschauung vom Können und dem Kunstverstand ihrer Bildhauer im 6. Jh. vor Chr. zu gewinnen. Lysipp, der berühmte Bronzebildner im 4. Jh. vor Chr., war ein Sikyonier und Apelles, der gefeierteste griechische Maler entwickelte hier vor 330 vor Chr. seinen Stil zur endgültigen Vollkommenheit. Plinius nennt Síkyon »die Heimstätte der Malerei« und behauptet, ein Sikyonier habe die Bedeutung und Schönheit der Linie für die Kunst erkannt. Zur Zeit des Arátos – selbst ein kundiger Kunstkritiker – waren die Malereien von Síkyon noch in ganz Griechenland berühmt. Von ihren Farben sagt Plutarch, daß es die einzigen waren, die sich als dauerhaft erwiesen. – Außerdem war die Stadt Zentrum der Mode und Schneiderkunst, berühmt wegen des Geschmacks und Geschicks seiner Weber und der Zuschneider, in deren fließenden Faltengewändern die Bewohner sehr gut gekleidet waren. Auch eine besondere Art von Sandalen, die in ganz Griechenland hochgeschätzt waren, wurde hier gefertigt.

Oberhalb des Gymnasions liegt das *Theater* aus dem 3. Jh. vor Chr. Die Ränge, von denen die beiden untersten mehr oder weniger unversehrt geblieben sind, waren von nicht weniger als 16 Treppenaufgängen durchschnitten, ungewöhnlich viele im Verhältnis zum bescheidenen Ausmaß des Zuschauerrunds. Als weitere Besonderheit fällt auf, daß man durch zwei Gewölbegänge zur Cavea gelangt und dort unmittelbar auf die Diázoma, den Umgang zwischen den Rängen, hinaustritt – also nicht wie gewöhnlich von der Orchestra aus aufsteigt. Die Vertiefung im Proskenion war für das Auftreten von Gestalten aus der Unterwelt bestimmt. – Weiter die Anhöhe hinauf gen Südwesten sind an der höchsten Stelle die Spuren des von Kornfeldern überwachsenen *Stadions* noch zu erkennen.

Überall am Hügelabhang liegen zwischen Disteln, Königskerzen und würzig duftenden Sträuchern zerbrochene Kalksteinquadern, aber nirgendwo findet sich mehr eine Steineichen-Art, die, Pausanias zufolge, nur in Síkyon wuchs und deren Blätter auf der einen Seite schwärzlich, auf der anderen weiß waren: »... am ehesten könnte man ihre Farbe mit den Blättern der Silberpappel vergleichen«. Sie waren von besonderer Bedeutung bei den Brandopfern im Heiligtum der Artemis. Pausanias sagt weiter: »Von den Opfertieren opfern sie ihr [der Göttin] die Schenkel außer von Schweinen, die sonstigen verbrennen sie mit Wacholderholz und verbrennen zugleich mit den Schenkeln ein Blatt der Steineiche.«

Die zweite Abzweigung bei Kiáton (sie biegt westlich des Ortes landeinwärts) führt zum Stymphalischen See und nach Neméa. Die Straße ist recht mittelmäßig, aber eine immer großartiger werdende Landschaft läßt dies bald vergessen. Der Weg klimmt aufwärts, windet sich durch Täler, man blickt in Schluchten voller Zypressen-Dickicht und erreicht das windige Hochplateau unter den *Kyllíni*-Gipfeln, dem höchsten Bergmassiv (2376 m) der Nord-Peloponnes. Sobald die Küste dem Blick entschwindet, hat man eine Grenze überschritten und befindet sich nicht mehr im Demos ›Korínthia‹, sondern am Nordrand von Arkadien. Die engen Hochtäler laufen auf eine langgestreckte Ebene zu. Wilde, völlig kahle Bergrücken umstehen sie von allen Seiten. Im Norden erheben sich atemberaubend und in abweisender Einsamkeit die gewaltigen schiefergrauen Felswände des Kyllíni, der auf manchen Karten auch als ›Zíria‹ bezeichnet wird. Ein vorschießender Sporn, der ›Stýmphalos‹, steigt steil aus der Ebene auf. Am Südrand türmt sich ein weiterer zerklüfteter Gipfel auf, der Apelaurum, an dessen Fuß die Wasser des *Stymphalischen Sees* in einen unterirdischen Wasserweg einmünden. Hohes Schilf, einige Maisfelder, ein paar windgebeugte Zwergpappeln umranden den seichten See, der im Sommer beträchtlich schrumpft, aber voller Wasserpflanzen und von Seerosen-Teppichen überdeckt ist. Das Wasser, von Gebirgsbächen gespeist, bleibt auch unter der Augustsonne eiskalt.

Vor Tausenden von Jahren, als die Seeufer dicht bewaldet waren, hausten hier die stymphalischen Vögel, die Herakles auf Befehl seines Herrn Eurystheus zu töten hatte. Der Heros schüttelte eine von Hephaistos gefertigte bronzene Klapper, die die Vögel so erschreckte, daß sie aus ihren Verstecken aufflogen; so war es ihm möglich, seine Zauberpfeile auf sie abzuschießen.

Diodóros, der sich gegen Ende des 4. Jhs. vor Chr. bemüht, die Mythologie rational zu erklären, sagt, es seien ganz einfach

Vögel gewesen, die sich von den Feldfrüchten nährten. Der Mythos freilich will wissen, daß sie im See brüteten, eherne Schnäbel, Klauen und Flügel hatten und, wenn sie in Schwärmen aufflogen, ein Geprassel von erzenen Federn auf Mensch und Tier hinabsausen ließen. Ihre Exkremente erstickten die Saat; außerdem gaben sie noch einen widerwärtigen Gestank von sich – das sumpfige Wasser soll auch heute noch sehr ungesund sein. Pausanias erklärt, sie hätten die Größe von Kranichen gehabt und »gleichen dem Ibis« und keine Waffe habe ihre gefürchteten Schnäbel zu durchbohren vermocht. Heute fliegen nur Falken tief über die reglose Wasserfläche.

Die Straße hatte uns zu dem Örtchen *Stýmphalos* gebracht, an dessen Ausgang uns die leeren Außenmauern einer dreischiffigen Frankenkirche mit Spitzbogenfenstern überraschen. Kreuzfahrer haben sie im 13. Jh. erbaut. Etwas weiter südlich liegen auf einem flachen langgestreckten Hügel die wenigen Überreste einer antiken Akropolis mit Fundamentresten des Tempels der Athena Polías. Im Südwesten ist der Mauerwall besonders gut erhalten. Zwischen der Akropolis und dem See stößt man auf die Fundamente weiterer Gebäude, die häufig unter Wasser liegen, sobald der See steigt. Der Tempel der Stymphalischen Artemis, unter dessen Dach Pausanias holzgeschnitzte Abbilder der stymphalischen Vögel und »hinter dem Tempel« Marmorstatuen von Mädchen mit »Vogelschenkeln« sah, hat sich nicht feststellen lassen.

Vom Dörfchen Stýmphalos aus fährt man 4 km nach Kaliánoi zurück, wo eine Straße nach Osten abzweigt. Sie überquert den Sattel eines zerklüfteten Berges und senkt sich in ein hügeliges Rebland hinab, das Gebiet der Phliásier, das im Altertum wegen seines Weins berühmt war. Es ist die Heimatgegend des Prátinas, eines Zeitgenossen des Aischylos. Er war der Schöpfer des Satyrspiels, bei dem der Chor, als Satyrn verkleidet, sich in grotesken und obszönen Narrenpossen erging, um ein Gegengewicht zur emotionellen Spannung des tragischen Hauptthemas zu schaffen.

Weiter geht es – kleine Bäche, Pappelgehölze, ein wenig Landbestellung, helle, lehmhaltige Berghügel, und unter schattigen Platanen waschen Frauen Wäsche in eckigen Holztrögen. Ihr lebhaftes Schwatzen begleitet das aufgeregte Zirpen der Zikaden im versengten hohen Gras. Über dem Dorf Neméa – bislang nannte es sich Hagios Geórgios – klebt seit dem 17. Jh. an einer Bergflanke das ›Felsenkloster‹ *Moní Vráchou*. Die Straße steigt nochmal an und tritt dann in ein langgestrecktes, rebenbedecktes Tal, in dem sich die Stätte des antiken Neméa unmittelbar bei dem Dorf Herakleion ausbreitet.

Das alte *Neméa* war nie eine Stadtsiedlung, sondern ein Heiligtum des Zeus und eine der vier großen panhellenischen athletischen Festspielstätten. Der Zypressenhain, der das Heiligtum umgab, ist verschwunden, aber Zwergzypressen, die eleganter und graziöser sind – ›Cypressus sempervirens‹, das Holz, aus dem Noah seine Arche baute – wachsen in Alleen und Dickichten auf den benachbarten Hügeln. Im Norden sieht der abgeflachte Phokás-Berg, der antike Ápesas, so aus, als habe man ihm mit gigantischer Axt den Gipfel gekappt. Theokrit nennt Neméa »wohl bewässert«, und muntere Bäche fließen auch heute noch die rissigen Berghänge hinab.

Die *Nemeischen Spiele* hatten ihren Ursprung in einer traurigen Begebenheit. Die antiken athletischen Wettkämpfe standen, gleich den Spielen, die Achilles um den Scheiterhaufen des Patroklos veranstaltete, häufig in Zusammenhang mit Zeremonien, welche die Reise der abgeschiedenen Seelen nach Elysion beschleunigen sollten. So geschah es auch mit Opheltes, dem Kind eines Priesters des Zeus. Seine Mutter legte den Knaben in einer Wiese bei Neméa auf den Blättern des wilden Selleries nieder, indes sie zu einer Quelle ging, um Wasser für die sieben argivischen Fürsten zu holen, die sich zur Belagerung von Theben aufmachten. Bei ihrer Rückkehr fand sie das Kind durch einen Schlangenbiß getötet. Die Sieben begründeten daraufhin die Spiele zum Gedenken an den Tod des Kindes. Daher trugen die Schiedsrichter beim Festspiel zur Trauer um Opheltes schwarze Gewänder, und der Kranz des Siegers wurde aus dem wilden Sellerie gewunden.

Einer anderen Überlieferung zufolge begründete Herakles, nachdem er den ›Nemeischen Löwen‹ erschlagen hatte, die Spiele zu Ehren seines Vaters Zeus. Der Löwe war riesig und weder Eisen noch Bronze oder Stein vermochte seine Haut zu durchdringen. Bei der Geburt des Ungetiers erbebte seine Mutter Seléne, der Mond, so schrecklich, daß sie ihn neben einer Höhle auf dem Berg Tretos fallen ließ, von wo aus er dann das umliegende Land heimsuchte. Als Herakles heranwuchs, erhielt der Löwe von Hera in einem ihrer unbeherrschten Anfälle von Eifersucht den Auftrag, den Bastardsohn ihres ungetreuen Gemahls zu verschlingen. Aber sie hatte nicht mit den Körperkräften des halbgöttlichen Sprößlings gerechnet. Anfänglich war Herakles ratlos und wußte nicht, was tun. Weder seine Pfeile, noch das Schwert oder die Keule konnten dem Tier etwas anhaben. Schließlich packte er das Ungeheuer mit beiden Händen und erwürgte es. Sodann schnitt er mit den Klauen des Tieres das unverwundbare Fell auf, zog es ab, legte es sich selbst an und setzte sich den Löwenkopf als Helm auf. So angetan trat er vor seinen Herrn Eurystheus, der beim Anblick der grauenvollen Verkleidung einen solchen Schrecken bekam, daß er sich eiligst in einem in die Erde eingegrabenen ehernen Gefäß versteckte.

Die Nemeischen Spiele wurden jedes zweite Jahr abgehalten. Gekämpft wurde um den Sieg im Waffenlauf (in voller Rüstung), Diskuswerfen, Wagenrennen, Speerwerfen, Bogenschießen, Boxen und Ringen. Die bekanntesten Athleten Griechenlands beteiligten sich. Alkibiades gewann auch hier – wie in Olympia – das Wagenrennen. Vom berühmten Andomedes von Phlius, der sich im Fünfkampf hervortat, sagt Bakchylides im 5. Jh. vor Chr., er habe »unter den anderen Fünfkämpfern so hell geleuchtet, wie der strahlende Mond um die Monatsmitte das Glänzen der Sterne verdunkelt«, indes er »den Schaft der schwarzblättrigen Erle zu den steilen Höhen des Himmels hinaufschleuderte«. Aber auch weniger erfreuliche Ereignisse sind verzeichnet. So nahm einmal ein Boxkampf einen tragischen Ausgang: einer der Kämpfer versetzte seinem Gegner einen so heftigen Schlag unter die Rippen, daß er auf der Stelle tot war.

Im Hain, in dem die Spiele abgehalten wurden, standen auch zahlreiche Bauten. Von diesen ist nur der *Zeus-Tempel* aus dem 4. Jh. vor Chr. erhalten. Er bezeichnet die Übergangszeit vom klassischen zum hellenistischen dorischen Stil, und der Einfluß des Skopas, der den Tempel in Tegéa entwarf, ist offenkundig. Je 12 Kalksteinsäulen an den Lang- und je 6 an den Schmalseiten umgaben die Cella. Drei Säulen, von denen zwei ein Bruchstück des Architravs tragen, stehen noch auf dem Unterbau als ein weithin erfreuendes Wahrzeichen inmitten der Weingärten. Sie sind ungewöhnlich schlank und erscheinen folglich beträchtlich höher als sie tatsächlich sind. Südöstlich von hier befanden sich das

Theater, das Stadion und der Hippodrom, doch die Überreste sind kaum der Rede wert. Eine Erderhebung im Süden ist angeblich der Hügel, der über dem Grab des Opheltes aufgeschüttet wurde.

Beim Heiligtum ist man noch etwa 5 km von der großen Hauptstraße Korinth-Argos entfernt. Bald nach der Einmündung, in Richtung Argos weiterfahrend, fand linkerhand auf dem welligen Talboden eine der entscheidenden Schlachten des griechischen Unabhängigkeitskrieges statt. Das nach Norden ziehende 6000 Mann starke Heer des Dramali-Pascha wurde in der *Tretos*-Enge von 1100 Griechen aus dem Hinterhalt überfallen und vernichtet. Die Patrioten befehligte der furchtlose Niketás, genannt ›Turkophágos‹, der Türkenfresser. Den Ruhm hat allerdings der Oberbefehlshaber Kolokotrónis eingeheimst, ein anmaßender und schlauer Soldat, der ebenso eitel wie tapfer war. Die Hagios Sostis- oder Erlöserkirche, die von der Straße her an einer Bergflanke zu sehen ist, gedenkt dieses Sieges.

In südlicher Richtung weiterfahrend überquert man nun selbst den antiken Tretos-Paß – heute: die *Enge von Dervenákia*. Hier an der Wasserscheide zur Argolis heftet sich die Straße eng an das ausgetrocknete Bett des einst reißenden Sturzbaches. Oleanderbüsche säumen die steinigen Ufer, – im Frühsommer eine überschwengliche Blütenpracht auf diesem heißen Stück Weges.

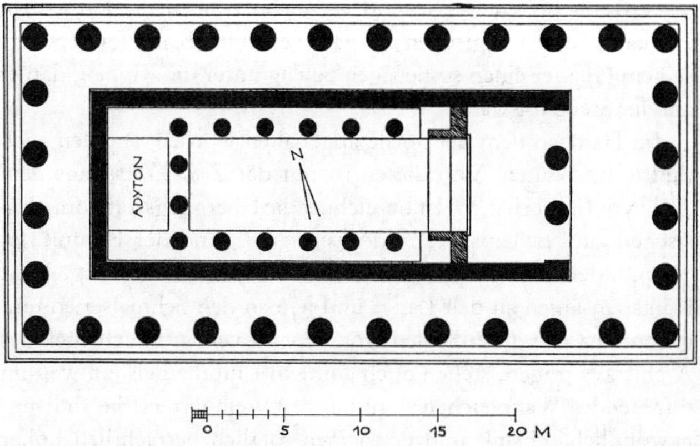

37 Neméa. Der Zeus-Tempel.

Argolis – die homerische Ebene

VI

Mykene, 179 – Heraion von Argos, 196 – Argos, 198 – Tiryns, 203

Die Ebene, die sich südlich des Tretos-Passes öffnet, ist grandios und weiträumig; sie hat etwa die Form eines Dreiecks und ist von Bergen umschlossen; der höchste Gebirgszug im Westen bildet eine natürliche Mauer gegen das arkadische Plateau. Nimmt man den Tretos als die Spitze des Dreiecks an, so sind die Endpunkte der Grundlinie bezeichnet durch die Befestigungen bei Nauplia (griechisch: Náfplion) und den kegelförmigen Berg mit der Lárisa-Burg über der Stadt Argos. Aus dieser Landschaft mit ihren großzügigen Proportionen, aus der vom Argivischen Golf gesäumten ›homerischen Ebene‹, atmet eine Wärme und ein Strahlen, die ein neues Klima ankündigen. Die Hitze, das Brachland, die bebauten Felder erinnern an die Beiworte, welche der Dichter ihnen lieh: »sehr durstig« und »Rosse nährend« – nur, daß heute Herden von Schafen anstelle der Stuten des Diomedes hier weiden. Am Abend rollen lange Lastwagen-Kolonnen aus dem fruchtbaren Gebiet gen Norden, beladen mit Obst und Gemüse für die Märkte Athens.

Die erste Abzweigung links führt zu dem Dorf *Mykénai* und dem ›Hôtel de la Belle Hélène et du Roi Ménélas‹. Ein niedriger Hügelzug schirmt die prähistorische Stätte ab. Die Straße steigt zwischen üppigen Oleander-Böschungen zum Touristen-Pavillon hinauf, von dem man über das unter der Sonne flirrende Flachland blickt. Die Straße endet auf einem großen aufgeschütteten Parkplatz.

Hier oben gibt es keinen Schatten, aber zuweilen bläst eine frische Brise über den Doppelgipfel oberhalb der Burg hinweg, und überall spürt man den scharfen Duft von Kräutern. Große Stücke kyklopischen Mauerwerks tauchen an den Abhängen eines Bachbettes auf, das sich bald zu einer Schlucht verengt. Man hat jetzt die Ebene im Rücken und sieht sich einer entblößten, nackten, zerklüfteten Szenerie gegenüber: vor grauen Bergwänden ein vorgelagerter Hügel, von dem aus sich der obere Teil der argivischen Ebene beherrschen ließ, einstmals ein Stützpunkt von unermeßlicher strategischer Bedeutung. Die von gewaltigen Mauern umgürtete *Akropolis von Mykene* sitzt gleich einer Krone auf dem aufragenden Felsen, zu dessen Seiten zwei mit Steinbrocken übersäte Schluchten in die Ebene auslaufen. Im Altertum vereinigten sich an dieser Stelle die vom Korinthischen Golf landeinwärts führenden Straßen und liefen unter der großen naturgeschaffenen Bastion vorbei.

Ob Mykene die kretisch-minoische Zivilisation beeinflußte oder von ihr beherrscht wurde, ist eine ungelöste Frage geblieben, seit Heinrich Schliemann, der zum Archäologen gewordene Großkaufmann, die Städte des Agamemnon und des Priamus entdeckte und Sir Arthur Evans, auf einem etwas konventionelleren Weg als Wissenschaftler groß geworden, die preziösen Herrlichkeiten des Minos-Palastes in Kreta enthüllte. Ziemlich sicher scheint immerhin, daß nach der Zerstörung von Knossos und dem Niedergang der minoischen Vorherrschaft die Führung im ägäischen Becken auf die Mykener überging (etwa um 1400 vor Chr.). Als Seeleute und Kolonisten übertrafen sie die Minoer, deren Handelsbeziehungen sie übernahmen und weiter entwickelten. Um die gleiche Zeit, im späten Bronzezeitalter, scheint eine Periode großer Bautätigkeit und auch künstlerischer Betätigung eingesetzt zu haben. Grimmig barbarische Bauwerke aus sonnengetrockneten Ziegeln wurden auf Unterbauten aus lehmverbundenen Rollsteinen errichtet. Kalkverputz, zuweilen mit ornamentalen oder figürlichen Fresken verziert, bedeckte Fußböden und Wände; die Türen waren aus Holz, die Fenster klein, die Dächer flach. Als Bäder dienten irdene Wannen. Die Hütten der ärmeren Bevölkerung hatten Fußböden aus gestampfter Erde. Ohne Übertreibung läßt sich sagen, daß die mykenischen Paläste und einige der Tholos-(Kuppel-)Gräber ihrer Könige die einzigen Bauwerke in Europa vor der hellenischen Periode sind, bei denen den Baumeistern sowohl funktionelle wie künstlerische Gesichtspunkte vor Augen standen. Kostbare Dinge der Kleinkunst, des Kunstgewerbes, des täglichen Gebrauchs, sind in der Eleganz ihrer Formgebung und handwerklichen Vorzüglichkeit bis heute kaum

nach Olympia
Malandréni
Lyrkeía
Sterna
Inachos
Kakoúri
Sánga
Mantinéa
Karyá
Artemísion
1772
Heraion von Argos
Chónika
Plataníti
Midéa
Arachnáion
1199
Dénd-a
ARGOS
Larisa
Mérbaka
Tiryns
Kephalári
Erasínos
Skopí
Mýloi
Nauplia
Lerna
Archladókampos
TRIPOLIS
Parthénion
Kynouria
Pallántion
Tegea
Táka-See
Kloster Loukoú
Paralía Astroú
Astros
ch Megalópolis
Hagios Andreas
Hagios Petros
Karyaí
1935
Párnon
1194
nach Sparta
Vasarás
1839
Leonídion
Paralía Tyroú
Néa Epidauros
Paleá Epidauros
Ligoúrion
Epidauros
Erépanon
Asine
Tolón
Iria
GOLF VON NAUPLIA
Tracheiá
Dryópi
1113
Dídyma
Ermióni
Kranídion
Portochéli
Kósta
SPETSAI
ANGISTRI
AIGINA
METHANA
Methana
PÓROS
Troizén
Galatás
721
Adéres
DÓKOS
Hydra
590
HYDRA
0
5
10
15 km

Argolis

übertroffen worden. Auf europäischem Boden gibt es keine prähistorischen Gräber, die so vielfältige und kostbare Schätze enthielten wie die von Mykene.

Unter Agamemnon (etwa um 1250 vor Chr.) führte das mykenische Königreich, dem neben Korinth und Síkyon eine Zeitlang auch ganz Achaia angehörte – Homer nennt alle Griechen Achaier –, die große Allianz der griechischen Staaten an in jenem Krieg gegen seinen Handelsrivalen Troja. Irgendwann im 12. Jh. vor Chr. überflutete die dorische Invasion Griechenland in mehreren Wellen. Verkohlte Reste aus Grabungsschichten, die für das späte 12. Jh. vor Chr. kennzeichnend sind, lassen erkennen, daß die großen Paläste von Mykene, Tiryns, Argos, auch von Pylos, um diese Zeit in Flammen aufgingen. Danach senkte sich Dunkel über diese Stätten. Mykene erwachte in hellenistischer Zeit noch einmal kurz zu neuem Leben, aber nicht mehr zu neuer Macht.

Der Anblick der Burg ist großartig und furchtgebietend zugleich. Die prähistorischen Fundamente sind umschlossen von kyklopischen und etwas jüngeren, mächtigen Polygonalmauern, die aus geschickt behauenen Kalksteinblöcken – durchschnittliches Gewicht 6 Tonnen – gefügt sind und der Formung des unvermittelt aus der Schlucht aufsteigenden Hügels mit seinen geraden, gebogenen und gelegentlichen scharfgebrochenen Flächen homogen folgen. Unter dem grellen Licht, das auf dies versengte, baumlose Gelände niederbrennt, bilden die Steinfugen – je nach Sonnenstand – oft ein überaus lebendiges Muster und verstärken noch die Plastizität der mächtigen Mauerfluchten. Sie haben einstmals das Nervenzentrum eines Seefahrerreichs umschlossen.

Man geht auf den Haupteingang im Nordwesten zu und steht alsbald vor dem berühmten *Löwentor,* über dem Europas älteste Monumental-Plastik erhalten geblieben ist: ein Steinrelief (Höhe 3,10 m), welches das Entlastungsdreieck über dem monolithischen Türsturz ausfüllt. Die beiden sich gegenüberstehenden Löwen, deren fehlende Köpfe wahrscheinlich aus Steatit und aufgesetzt waren, sind kräftig modelliert, im Detail vielleicht etwas unbeholfen, aber die Gespanntheit der Leiber, ihre leichte Drehung, die sicher erscheinen läßt, daß die Wappentiere des Königshauses ihre Köpfe dem Ankömmling zuwandten, hat etwas Großartiges, einen Anflug von raubtierhafter Eleganz. Ihre Vordertatzen stemmen sie auf zwei merkwürdig »konkav geformte Gegenstände, die man

›Altäre‹ nennt« – so der griechische Archäologe Spyrídon Marinátos. Er sieht in der Säule zwischen den Tieren ein dem ägyptischen Zeichen für ›Vereinigung‹ ähnliches Symbol, »auf dessen Sinn gerade Mykenes Macht beruhte«. Andere Deutungen sprechen vom Symbol für eine Hausgottheit und halten die Löwen für das Sinnbild der Untertanen, welche die unter ihrem Schutze stehende Königsburg bewachen.

Hinweise im ›Agamemnon‹ des Aischylos und in der ›Elektra‹ des Sophokles lassen vermuten, daß der Schauplatz beider Tragödien wahrscheinlich knapp innerhalb oder unmittelbar außerhalb des Löwentors zu denken ist. In der ›Elektra‹ begeben sich die Hauptpersonen, Elektra, Orestes, Klytaimestra und Aígisthos, immer wieder »ins Innere der Tore«. Im ›Agamemnon‹ spricht Kassandra von dieser nach Tod riechenden Pforte und an anderer Stelle vom Hause als:

»Ein gottverhaßtes also, das nun vieles weiß:
Von bösem Mord und abgehauenem Haupt,
Ein Menschenschlachthaus und ein Flur, von Blut bespritzt«
(Übersetzt von Emil Staiger)

Die Seherin beschwört mit diesen Worten den bösen Fluch der Atriden, dessen grausige Folgen die Vorstellungskraft der Dichter von Homer bis hin zu den Dichtern unseres Jahrhunderts immer neu in ihren Bann zog. In frühester Zeit teilten Atreus und Thyestes, die Söhne des Pelops, die Peloponnes zwischen sich auf. Aber Thyestes verführte seines Bruders Weib und stahl ein goldenes Lamm, Unterpfand der Herrschaft über Mykene. Betrogen und geschädigt setzte Atreus daraufhin eine grausige Rache ins Werk. Er lud Thyestes zum Gastmahl und tischte ihm seine ermordeten Kinder auf. Als Thyestes entdeckte, daß er sein eigenes Fleisch und Blut verzehrte – er hatte mit herzhaftem Appetit zugegriffen –, verfluchte er das Haus des Atreus. Später, während Agamemnon, der Sohn des Atreus und oberster Kriegsherr der Griechen vor Troja, im Felde lag, verführte Aigisthos, der Sprößling einer inzestuösen Verbindung zwischen Thyestes und seiner eigenen Tochter, die Gemahlin Agamemnons, Klytaimestra. Nach dem Kriege tötete Aigisthos, von Klytaimestra angestachelt, Agamemnon und dessen trojanische Geliebte Kassandra mit einer Axt. Entsetzt über die Mittäterschaft seiner Mutter bei der Ermordung seines Vaters »türmt Orestes«, wie Kassandra prophe-

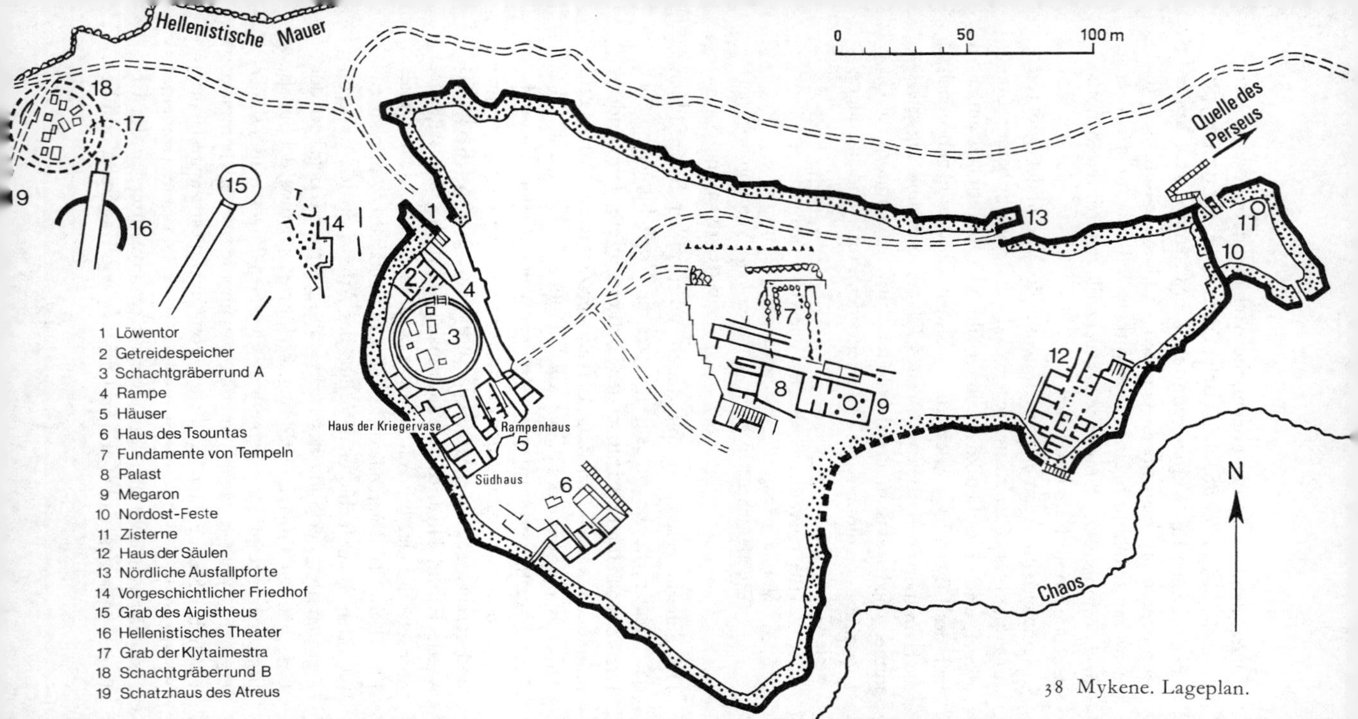

38 Mykene. Lageplan.

zeit hatte, »zum Gipfel des Geschlechts Fluch« (Aischylos ›Agamemnon‹), indem er beide, Klytaimestra und Aígisthos, ermordete. Er wurde daraufhin von den abscheulichen Erinyen durch ganz Griechenland gejagt, bis ihn schließlich Athena auf dem Aeropag entsühnte. Es ist eine eindrucksvolle Liste von Verbrechen: Mord, Ehebruch, Diebstahl, Menschenfresserei, Inzest, Königsmord, Muttermord. »Ein Haus des Todes, wenn es je eins gab«, sagt Sophokles in der ›Elektra‹. Die gewaltigen Blöcke kyklopischen Mauerwerks um Agamemnons Palast scheinen den ungeheueren Vorgängen zu entsprechen. Es dürfte wenige Orte geben, an denen Natur, Architektur und Literatur so eng zusammengewirkt haben, um ein Geschehen dreitausend Jahre lang mit solch beklemmender Intensität lebendig zu halten.

Innerhalb des Löwentors, durch dessen mehr als 3m hohe Toröffnung Menschen, Pferde und Wagen einzogen, findet sich gleich links das aus dem Felsen gehauene Schilderhaus eines Wachtpostens. Rechts vom Wege, nach den Bauresten eines großen *Getreidespeichers,* erstreckt sich das *Rund der Königsgräber.* Ursprünglich befand sich der Friedhof außerhalb der Burg. Später, bei einer Erneuerung dieses Mauerabschnitts erweiterte man ihn zugleich und hat das ehrwürdige Rund in die Befestigung miteinbezogen. Eine Doppelreihe aufrecht stehender Steinplatten umschloß den Ort, an dem Schliemann im Sommer 1876 die *Schachtgräber* als eine der berühmtesten Entdeckungen freilegte. Nicht nur Alter und Ausmaß dieser kreisrunden Begräbnisstätte – sie mißt 26m im Durchmesser, und man datiert sie in die Zeit zwischen 1600-1500 vor Chr. – setzte ihn in Erstaunen, sondern vielmehr die Goldfunde und kostbaren Gegenstände, die ans Tageslicht kamen und sich jetzt im Nationalmuseum in Athen befinden. Sie stammen aus sechs Gräbern, die neunzehn Skelette enthielten. Über den Gräbern erhoben sich stelenartige Grabsteine. Einige tragen ornamentalen Reliefschmuck, andere waren nur geglättet. Zwei der unverzierten Stelen befinden sich noch an Ort und Stelle.

Aus dem Reichtum der mit den Toten begrabenen Schätze schloß man, daß es sich um königliche Persönlichkeiten gehandelt haben müsse. Goldmasken wie die sogenannte ›Totenmaske des Agamemnon‹ bedeckten die Gesichter der Männer, goldene Stirnbänder zierten die der Frauen. Prachtvolle Waffen, Schmuck aller Art, Goldsiegel, Gefäße aus getriebenem Gold überraschten die

39 Mykene. Das Schliemannsche Gräberrund. Rekonstruktion.

Ausgräber. Fast dreieinhalb Jahrtausende lang lagen die unermeßlich kostbaren Beigaben unter dem Erdreich des Berghangs, ohne daß vorüberziehende Räuber, Plünderer und Eroberer etwas von ihnen ahnten. Und diese Fülle und Erlesenheit war es auch, die Schliemann – ein Genie, das einen mehr intuitiven als wissenschaftlichen Zugang zur Archäologie hatte – in dem Glauben bestärkte, er sei auf die Grabstätte Agamemnons und seiner Familie gestoßen. Es stimmt zwar, daß Pausanias, der Mykene aufsuchte, als es bereits in Trümmern lag, erklärte: »Das Grab des Atreus ist da und auch derer, die, mit Agamemnon aus Ilion zurückgekehrt, Aigisthos bewirtete und tötete.« Aber die moderne archäologische Forschung hält es für ausgeschlossen, daß die königlichen Schachtgräber die Grablege von Homers Atriden sein können, da der Trojanische Krieg, wie allgemein angenommen, im 12. Jh. stattfand, also 300 Jahre später als der Zeitabschnitt, für den die Grabfunde zeugen. Eine ältere Dynastie muß dort bestattet worden sein.

Südöstlich von dem Gräberrund drängen sich die Grundmauern kleiner Häuser, die vermutlich von wohlhabenden Mykenern bewohnt waren, gegen die polygonale Burgmauer: das *Rampenhaus,* das *Haus der Kriegervase* – so genannt, weil die berühmte ›Kriegervase‹ im Nationalmuseum hier gefunden wurde –, das *Südhaus* und ein kleiner Palast, das *Haus des Tsoúntas* – nach dem Archälogen genannt, der es freilegte –, in dessen Nordostecke sich ein kleiner Hof befand; von ihm führen 13 Stufen hinunter zu einem Gang, der mit, wie man annimmt, Vorrats-Räumen verbunden war. Von der Inneneinrichtung dieser Häuser – wie überhaupt aller mykenischer Häuser – weiß man nur, daß niedrige Bänke an den Wänden der Vorhallen entlangliefen. Im Hauptraum, in dessen Mitte sich eine Herdstelle befand, standen Lampen und Holzkohlenpfannen.

Wir kehren zum Löwentor zurück und folgen dem Lauf der alten Zickzack-Rampe, auf welcher auch Wagen fuhren, hinauf bis zur *Oberburg,* wo die Palastgebäude, Heimstätte der unseligen Atriden, standen. Der Aufstieg ist recht mühselig, holprig, schattenlos. Auf dem steinigen Boden wuchern kleine stachlige Strauchbüschel. Im späten Frühling blüht hier die scharlachrote Anemone, die ›Anemóne hortensis fulgens‹, mit ihrer grünen Rüsche aus lanzettförmigen Blättern. Sie nutzt den geringen Schatten, den vorspringende Steine spenden. Wenn ihre Blütenblätter erschlaffen und welken, nehmen sie eine blaßviolette Färbung an, und der Wind bläst sie dann weit über den Hügelhang. Die Rampe war eng und kann zu keiner Zeit besonders imposant gewesen sein.

Bei der Großzügigkeit der Befestigungsanlage scheint es auf den ersten Blick verwunderlich, wie eng, windungsreich und verschachtelt die mykenischen Baumeister ihre Straßen, Häuser, Gänge und Räume anlegten. Es kann nicht nur das Prinzip rationeller Nutzung des beschwerlich beigebrachten Baumaterials gewesen sein, das sie dazu veranlaßte. Die kontinuierliche, dabei überraschende, äußerst flexible Abfolge des Bauplans muß ihnen ebenso reizvoll erschienen sein, wie den frühen griechischen Architekten in der folgenden Epoche der ruhig und frei für sich stehende Baukörper.

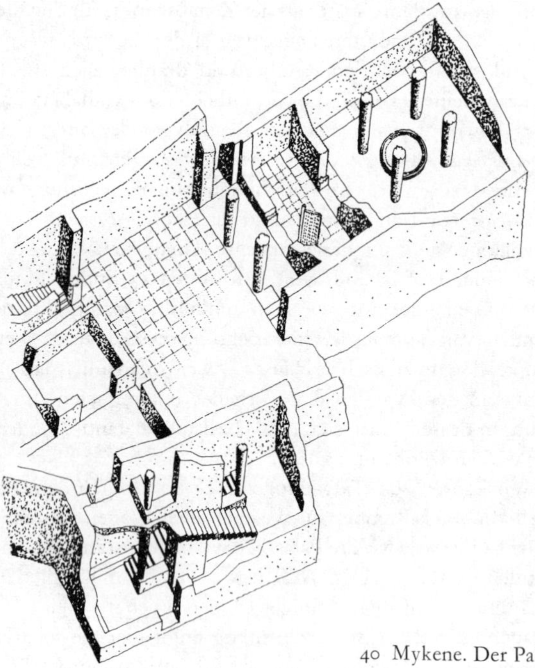

40 Mykene. Der Palast.

Von der Altane des *königlichen Palastes* fällt der Blick in die schwindelnde Tiefe der Schlucht unterhalb der Mauer und weitet sich dann über dem Fleckenteppich der Felder in der Ebene, an deren Ende die befestigte Lárisa bei Argos als düstere Pyramide aus dem umliegenden Ackerland und den Obsthainen aufragt. Die Berge Arkadiens, grimmig, von Felsschründen aufgerissen, die in der nachmittäglichen Sonne zu Lichtspalten werden, bilden eine scheinbar undurchdringliche Sperre gegen Westen. Die uneinnehmbare Lage des Palastes gewinnt hier etwas befreiend Großartiges. Man betritt die königlichen Gemächer durch einen großen *Mittelhof*. Der gemörtelte Boden trug eine mit viereckigen Feldern bemalte Stuckschicht. Auch die Sockelzone der Wände war bemalt. Reste des Schmuckbandes aus Triglyphen und Halbrosetten sind noch zu erkennen. Früher kamen Gäste und Gesandte auf dem südlichen Aufstiegsweg über eine Flucht von

Stufen zu diesem Hof. Heute betritt man ihn, der alten Rampe folgend, durch einen Gang an der Westseite des Palastes. Die Brandmale auf dem Fußboden sind, wie man annimmt, Spuren der großen Feuersbrunst, die Mykene zur Zeit der dorischen Invasion zerstörte. An den Hof schließt westlich der *kleine Thronsaal* an; vermutlich stand der Sessel an der Nordwand auf dem vertieften Teil des Fußbodens. An der Ostseite des Hofes gelangt man durch eine Vorhalle in den Vorraum zu dem *Mégaron,* dem größten Gemach des Palastes. Fresko-Bruchstücke eines Wandfrieses im Nationalmuseum von Athen lassen die prachtvolle Ausstattung dieses Raumes nur ahnen. Auch hier war der Boden stuckiert und mit farbig marmorierten Feldern bemalt. In der Mitte befindet sich die kreisrunde flache Herdstelle (Durchmesser 3,70 m). Sie ist jetzt meist abgedeckt, um den besonders schönen Farbschmuck der Ummantelung des Glutbeckens zu erhalten. Ein Spiralband läuft um die Oberseite, ein züngelndes Flammenmuster um die Außenseite der Einfassung. Von den vier Holzsäulen, die man sich rings um den Herd denken muß, sind noch zwei der originalen steinernen Sockel zu sehen. Dies also war der Raum, in dem sich der Hof versammelte, in dem olivenhäutige, mit Äxten bewaffnete Diener und Homers »liebreizende« argivische Frauen in ihren »langen Gewändern« den Herrscher von Mykene umgaben.

Es ist schwierig, wenn nicht gar unmöglich, sich in dem Irrgarten der kleinen Räume nördlich des Mégaron zu orientieren. Über eine der vielen Türschwellen betritt man ein ›Badezimmer‹; zumindest könnte es eins gewesen sein, denn der versenkte Fußboden weist Spuren roten Verputzes innerhalb einer erhöhten Randeinfassung auf. Einheimische, nicht berufsmäßige Führer erklären, dies sei das Bad, in welchem Agamemnon erschlagen wurde. Ich erinnere mich, daß ein Schafhirte einmal auf einen Flecken scharlachroter Anemonen wies. »Sehen Sie«, sagte er, »sie wachsen überall dort, wo einmal Königsblut geflossen ist«. An jenem Apriltag schien die ganze Burg in Flammen zu stehen inmitten der blutroten Blüten.

Wir gehen jetzt hinab zum *Haus der Säulen* nahe dem Wachtturm an der Südostecke der kyklopischen Burgmauer. Er gehörte zu dem Teil des Befestigungssystems, das überall durch Posten gesichert war. Von hier dürfte der müde, »von Tau durchnäßte« Wächter hoffnungsvoll über die Schlucht hinweg Ausschau gehalten haben: »Nun wieder schau ich nach dem Flammenzeichen aus, dem Feuerschein, der uns aus Troja Kunde bringt« (Aischylos ›Agamemnon‹). An den noch vorhandenen Fundamenten dieses Hauses sind zwei Dinge interessant. Erstens entspricht die Anlage den Beschreibungen, die Homer vom Palast des Odysseus auf Ithaka gibt, für den man hier also ein anschauliches Beispiel findet. Zweitens besitzt es einen Hof, der von Säulen umstellt war, die auf die Fluchtlinien des Mégarons ausgerichtet sind, eine Besonderheit, die die Häuser und Tempel mit offener Säulenvorhalle der klassischen Periode vorwegnimmt: die in Verlängerung der Seitenmauern vorgesetzten Ecksäulen.

Wir folgen dem weiteren Lauf der Mauern und erreichen auf der Nordseite des Mauergürtels den Einstieg zu der *Geheimen Zisterne*. Er verbirgt sich unter einem vorspringenden muldenförmigen Dach, das zweifellos mit aufgeschütteter Erde ›getarnt‹ war. Der unterirdische Gang wurde im 13. Jh. vor Chr. ausgebaut. Man steigt 16 Stufen hinab in die Kalksteinaushöhlungen des gewachsenen Gesteins. Ist man unten angelangt, wo das Wasser einen viereckigen Steinschacht füllt, so packt einen unversehens ein Gefühl des Gewürgt-werdens. Der Tod ist in Mykene allgegenwärtig. In der stickigen Luft dieser Felskammer ist er geradezu mit Händen zu greifen. Die Zisterne war durch Terrakottaröhren mit der Quelle des Perseus, der *Perseia*, verbunden, die 360 m außerhalb der Umfassung der Burg lag. In dem unsicherer gewordenen letzten Jahrhundert der mykenischen Herrschaft war somit die Wasserversorgung für Zeiten der Belagerung gesichert.

Wieder draußen im Freien, ist man froh über die thymianduftende Luft und das Zirpen der Zikaden. Nichts scheint die Einsamkeit und Verlassenheit der öden Hänge des Zára- und Hagios Elias-Berges und der umliegenden gestrüppbewachsenen Hügel zu stören. Einmal sah ich einen Hirten, gefolgt von der Herde seiner schwarzen Bergziegen, den felsigen Hang heraufklettern. Obwohl die Entfernung über die Schlucht hinweg nicht groß ist, schien das Geläut von weither zu kommen und klang merkwürdig wehmütig und sehnsuchtsvoll an mein Ohr. – Geht man die Kyklopenmauer in westlicher Richtung weiter ab, so hat man mit Erreichen des Löwentores den ganzen Umkreis der Burg abgeschritten; dabei kommt man an einer *nördlichen Ausfallpforte* vorbei, einem kleinen, aber massiven Tor mit einer Doppeltür und einem gewaltigen Querbalken. Hier soll Orestes nach der Ermordung Klytaimestras, gehetzt von den Erinyen, deren »schaudervolle Augen von blutigem Eiter tropften«, aus der Burg geflohen sein. Das Gelände zwischen der Ausfallspforte und dem Löwentor ist übersät mit den Trümmern der kurzlebigen hellenistischen Stadtgemeinde.

Beim Abstieg vom Löwentor zur Unterstadt bewegt man sich auf Schritt und Tritt zwischen den Mauerresten prähistorischer Bauten und Gräber. Noch bevor man wieder zur Autostraße kommt, liegt, dem Parkplatz etwa gegenüber, ein *zweites Rund von Königsgräbern*, das erst 1952 freigelegt wurde. Es ist etwas älter als das von Schliemann entdeckte Schachtgräberrund. Die Zeiten, in denen beide Grabstätten benutzt wurden – etwa von 1600-1500 vor Chr. – überschneiden sich. Das Beiwort ›königlich‹ bezieht sich auch hier auf die große Menge kostbarer Gegenstände – Schmuck, Vasen, Schwerter und eine bezaubernde Bergkristallschale in Form einer Ente –, die in den Gräbern gefunden wurden und sich jetzt alle im Nationalmuseum befinden. In einem der Gräber stieß man auf das Skelett einer jungen Frau, einer ›mykenischen Prinzessin‹, das reich mit goldenen und silbernen Spangen und Halsbändern bedeckt war; auf beiden Schultern fand man eine Bronzenadel mit einem Kristallknopf, die offensichtlich ein Gewand festhielten. In einem anderen Grab waren zwei Männer mit ihren Waffen begraben: einer Lanze, einem Messer und einem Schwert mit Elfenbeinknauf, allesamt aus Bronze. In wieder einem anderen Grab war ein kleines, etwa zehnjähriges Mädchen mit Grabbeigaben in verkleinerten Maßen bestattet. Neben dem zierlichen Skelett lag eine Kinder-Klapper aus Gold.

Links von der Autostraße liegen die Grundmauern des *Hauses des Ölhändlers*, ein einstmals ziemlich großer Bau mit einem Vorratsraum, in dem man Ölkrüge, wie häufig von Homer beschrieben, in einer Reihe gegen die Wand aufgestellt fand; zudem kamen dort über 30 Tontafeln mit Aufzeichnungen in Linear B-Schrift, außerdem Dolche, Schilde und Bronze-Werkzeuge zutage. Im anstoßenden *Haus der Sphinxe* wurden Elfenbein-Figurinen gefunden, darunter eine Tafel mit zwei heraldisch einander zugewandten Sphinxen, und etwa sechzig kleine Elfenbeinsäulen, in denen man Votivbilder für die gleiche Gottheit erblicken kann, deren Säulenzeichen auf dem Löwentor-Relief steht.

Wir besitzen somit einen sichtbaren Nachweis von den Waffen, die Homers Helden verwendeten, vom Schmuck, den ihre Frauen trugen und von der Anlage der Häuser, in denen sie wohnten. Archäologen wie Schliemann, Tsoúntas, Papadimitríou und Wace haben durch sorgfältiges Vergleichen der Keramik aus den einzelnen Grabungsschichten – für den Laien meist unscheinbare Splitter und Scherben – die Datierung der frühgeschichtlichen Funde und damit die Vorstellung eines historischen Ablaufs ermöglicht. Zudem leisteten sie auch der Literaturgeschichte einen hervorragenden Dienst, indem sie Homer über die Stufe des Mythenschreibers, des unvergleichlich begabten Geschichtenerzählers, hinausgehoben haben. Nachdem man in Mykene gewesen ist, nimmt man die Ilias und Odyssee mit einer um Vieles bereicherten Vorstellung zur Hand.

Als nächstes wenden wir uns den *Kuppelgräbern* zu. Im Griechischen und in der Altertumswissenschaft spricht man von Tholos-Gräbern. Sie sind fraglos die erstaunlichsten Baudenkmäler aus prähistorischer Zeit in Griechenland. Da man im kretisch-minoischen Bereich zwar ein Kuppelgrab, aber keine derart repräsentativen – und somit erst vergleichbaren – Grabanlagen fand, nimmt man an, daß ihre monumentale Gestaltung eine rein mykenische Schöpfung ist. Aus der Vereinigung von verschiedenen Charakteristika ägäischer prähistorischer Bauten entwickelt sich eine strenge Architekturform: »Für diese Grabanlagen wurde jeweils in den Hang eines Hügels ein breiter Zugang (Dromos) gegraben, an seinem Ende das Rund für das Kuppelgrab ausgehoben. Dann wurden von untenher ringförmig Steinkreise aufeinandergelegt, welche, allmählich vorkragend, ein Steingewölbe bildeten, sich nach oben immer mehr zusammenziehend. Ein runder Deckstein schloß das Ganze oben ab. Die vorkragenden, innen zu einem Steingewölbe verschliffenen Steinplatten waren außen mit Erdreich bedeckt und dadurch zusammengehalten. So überdeckt zum Schluß ein Hügel das künstliche, in den Berghang hineingegrabene Gewölbe ...« (W. H. Schuchhardt)

Am eindrucksvollsten ist das sogenannte ›Grab des Agamemnon‹ oder *Schatzhaus des Atreus* rechts von der zum Dorf führenden Straße. Mit Hilfe von Keramikfunden konnte man es in die 2. Hälfte des 14. Jhs. vor Chr. datieren. Die Seitenwände des 6 m breiten ›Dromos‹ zeigen gut gefluchtete Quadern aus dunkelgrauem

Konglomeratgestein. Der etwa 40 m lange Zugang endet vor dem feierlichen Einlaß: das Tor war in eine Fassade eingebunden, die rote und grüne Platten aus Breccienstein gliederten. Die erhaltenen Reste des Bauschmucks werden in verschiedenen Museen aufbewahrt. Man hat Teile der flankierenden grünen Halbsäulen, reliefiert mit Zickzack- und Spiralbändern, zwischen denen sich die Türöffnung über einem roten Schwellstein nach oben verjüngt. Ob in das Entlastungsdreieck über dem Türsturz ein Relief eingesetzt war, wie am Löwentor, ist ungewiß. Die Fragmente lassen eher auf einen die ganze Fassadenbreite gliedernden Plattenschmuck schließen. – Zu dem Kuppelraum führt ein gangartiger Durchlaß. In Türsturzhöhe decken ihn zwei schwere rechteckige Plattenblöcke, die weit auf das Mauerwerk des Rundbaus übergreifen. Besonders der zweite (innere) Block hat gigantische Ausmaße: er ist 8 m breit, 5 m tief, 1,20 m hoch und wiegt über 100 t (100000 kg). Transport und Einbau sind eine erstaunliche Leistung in prähistorischer Zeit, der man auch andernorts immer wieder begegnet.

Der Innenraum hat einen Durchmesser von 14,60 m und ist nahezu ebenso hoch. Einige Bronzenägel in den oberen der insgesamt 33 Quader-Lagen zeigen an, daß die Mauern ursprünglich in irgendeiner Form, vermutlich mit Metallrosetten, verziert

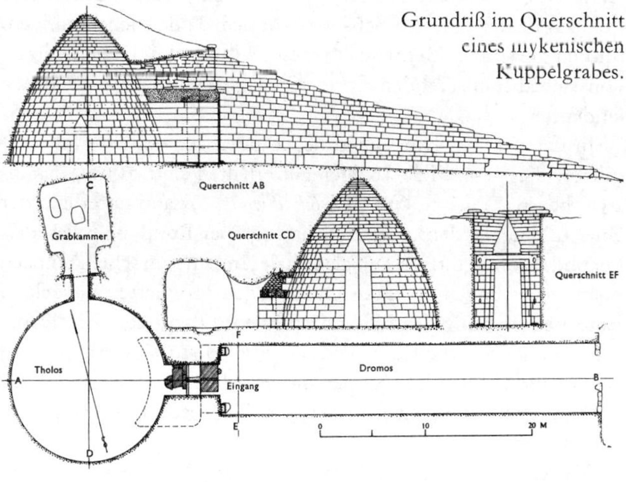

Grundriß im Querschnitt eines mykenischen Kuppelgrabes.

41 Mykene. Das ›Schatzhaus des Atreus‹.

waren. – Zur Rechten befindet sich ein kleiner, aus dem Felsen gehauener Raum, die eigentliche Grabkammer, die seltsamerweise ungeschmückt und auch ungenutzt blieb. Vielleicht wurde sie nie ganz fertiggestellt. Doch wenn diese feierliche Anlage je die Gebeine eines Toten aus dem Geschlecht der frühen Könige geborgen haben sollte, kann es nicht Agamemnon gewesen sein, da sie etwa 200 Jahre vor dem Trojanischen Krieg errichtet wurde.

Manche Besucher tun nur einen Schritt hinein, stören sich an der dumpfen Luft, finden das Ganze eher düster und kehren mit einem Seufzer der Erleichterung in den Schatten des ›Dromos‹ zurück. Es ist jedoch klüger, etwas auszuharren, sich an die Dunkelheit zu gewöhnen und den Blick Stein um Stein zur Höhe der immer enger gezogenen Quaderringe hinaufwandern zu lassen. Es wird einem dann bewußt, daß dieses frühe Bauwerk von einem Baumeister entworfen wurde, der sich nicht nur über die technische Bewältigung von Druck und Schub, Spannung und Belastung genau im Klaren war, sondern auch schöpferische Phantasie besaß. A.J.B. Wace, der lange die Ausgrabungen leitete und mit Mykene vertrauter war als irgendein Archäologe des 20. Jhs., geht so weit zu sagen, daß »der unbekannte Meister der Bronzezeit, der das ›Schatzhaus des Atreus‹ entwarf und erbaute, verdient, zu den größten Architekten der Welt gezählt zu werden«. Man kann auch eine Art Schauder vor dem Tode nachempfinden, für den die frühen Menschen in dieser herben, durch Feierlichkeit von sich distanzierenden Form einen gleichnishaften Ausdruck fanden.

In der näheren Umgegend liegen noch acht weitere Kuppelgräber, die wesentlich weniger gut erhalten sind. Eines, das inzwischen restaurierte *Grab der Klytaimestra*, knapp unterhalb der Burg und neben dem zweiten Schachtgräber-Rund, ist etwas kleiner und insofern interessant, als sich der Innenraum schlanker nach oben wölbt und die oberen Quaderlagen profilierter aufrücken. Eine Verfeinerung des Baukonzeptes wird darin deutlich. Daneben befindet sich die Ruine vom *Grab des Aigisthos,* des Geliebten der Königin. Alle diese Namen dienen selbstverständlich nur zur Identifikation und stehen in keinerlei historischer Beziehung zu den Stätten.

Mykene ist ein gespenstischer Ort, war von Menschen bevölkert, welche Legende und Literatur zu Geschöpfen einer ungeheu-

42 Mykene. Im ›Schatzhaus des Atreus‹. Links der Zugang zur ›Grabkammer‹. Lithographie von 1834.

erlichen, ja dämonischen Größe ausgestaltet haben, so finster und unheimlich wie die naturgewachsenen Felsblöcke und Quadern des kyklopischen Mauerwerks, das sie zum Schutz gegen den Haß aufrichteten, den ihre tragischen Taten erweckten. Aber die Kunstschätze aus Gold, Silber, Elfenbein und Alabaster, aus edelstem

Material, das die Mykener mit so unfehlbarem Geschick und Geschmack zu bearbeiten verstanden, bleibt ein unschätzbar wertvolles Zeugnis der Kulturstufe, die ein zu so Grausamem fähiges Geschlecht zu erreichen vermochte.

Vom Dorf Mykénai aus kommt man auf holprigem Fahrweg am Fuß des Euboiaberges entlang bis Chónika und dort mit scharfer Abzweigung nach links zum *Heráion von Argos*. Die bessere Straße führt von dem Landstädtchen Argos nach *Chónika* – im Ort eine schöne Kirche aus dem 12. Jh., der ›Koimesis‹, dem Tod Mariens, geweiht. Doch die letzten 2 km staubigen Feldwegs zum Heraion hinauf (bei dieser Route mit Abzweigung nach rechts) bleiben einem nicht erspart.

Das Heiligtum liegt auf einer breiten Altane am unteren Berghang. Auch hier umfaßt der Blick die Weite der argivischen Ebene und findet erst an den blauen Konturen der arkadischen Gebirge im Westen seine Grenze. Die unmittelbare Umgebung ist menschenleer, unbewohnt, der Boden steinig und war früher einmal von der Pflanze ›Asterion‹ bedeckt, aus deren Blättern die Priesterinnen Girlanden für das Kultbild der Hera wanden. Nirgendwo auf dem griechischen Festland gab es einen wichtigeren Ort

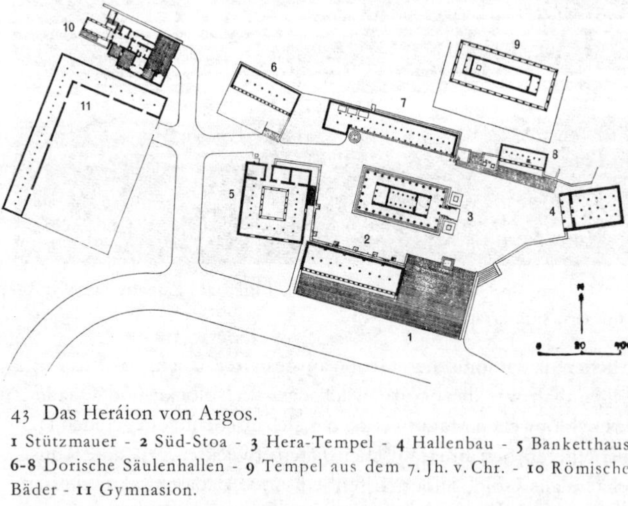

43 Das Heráion von Argos.

1 Stützmauer - 2 Süd-Stoa - 3 Hera-Tempel - 4 Hallenbau - 5 Banketthaus 6-8 Dorische Säulenhallen - 9 Tempel aus dem 7. Jh. v. Chr. - 10 Römische Bäder - 11 Gymnasion.

für die Verehrung der Göttin, die im besonderen Schutzherrin der Argiver war. Überall in der Argolis sind die Mythen verwoben mit der beherrschenden Gestalt der »kuhäugigen« Königin des Götterhimmels. Der Mythos bemächtigte sich ihrer in vielen Vorstellungen. Einer Version zufolge war sie die Schwester des Zeus und wurde von ihrem Bruder in Gestalt eines Kuckucks umworben. Sie verbrachten ihre Hochzeitsnacht in Samos, und sie dauerte dreihundert Jahre. Nach dieser langwährenden Verzückung begann Zeus, der Reize seiner Schwester überdrüssig, sich anderwärts nach Liebesabenteuern umzusehen, und seine Untreue brachte Hera vor Eifersucht nahezu um den Verstand. Sie wurde zur rachsüchtigsten aller getäuschten Ehefrauen, zankte und keifte mit schrillem Pfauen-Gekreisch und sann auf immer neue Listen, um Zeus bei seinen Seitensprüngen zu ertappen und zu demütigen.

Einsamkeit und die das Heráion umgebende Weite sind einzigartig und nur durch sie, kaum mehr durch die Reste der im Boden ruhenden Fundamente, läßt sich die einstige Größe des Ortes erahnen. Bei aller religiösen Bedeutung war das Heiligtum eine der kleineren und wie üblich dicht zusammengedrängten Kultstätten, zu der die Pilger zu Fuß und Wagen auf staubigen Wegen von den verschiedenen Akropolen und Siedlungen der Ebene herbeiströmten. Eine gestufte Stützmauer im Süden führt zu den Resten der aus der Mitte des 5. Jhs. vor Chr. stammenden *Süd-Stoa,* deren Grundmauern mit der inneren Säulenreihe gut zu erkennen sind. An ihrer Ostseite setzte sich die Stützmauer, gleich einer monumentalen Treppe, bis zur nächst höhergelegenen Terrasse fort. Sie trägt den aus viereckigen Tuffsteinquadern gefügten Unterbau des dorischen *Hera-Tempels.* Er war im letzten Drittel des 5. Jhs. vor Chr. aus Kalkstein errichtet worden. Von seinem marmornen Schmuck, den Skulpturen der Giebel und Metopenfelder wurden leider nur wenige Fragmente gefunden. In der Cella stand die große, von Polyklet aus Goldelfenbein geschaffene Statue der Göttin, hoheitsvoll, einen Granatapfel in der einen, das königliche Zepter in der anderen Hand. Pausanias berichtet: »Auf dem Zepter soll aber ein Kuckuck sitzen, und sie sagen, Zeus habe sich, als er um die jungfräuliche Hera warb, in diesen Vogel verwandelt und sie habe ihn im Spiel gejagt.« In römischer Zeit schenkte Nero der Göttin eine goldene Krone und ein Purpurgewand. Hadrian stiftete einen mit Edelsteinen besetzten goldenen Pfau, den ihr heiligen Vogel, dessen Eitelkeit und prachtvolles Gefieder persönliche Eigenschaften der Göttin trefflich symbolisieren. *Westlich und östlich des Tempels* befanden sich noch zwei eigenartige Bauten, deren Spuren im Gelände schwer auszumachen sind. Doch im Geiste sollte man sich vorstellen, daß im Osten ein dreiseitig *geschlossener Hallenbau* aus der Mitte des 5. Jhs. vor Chr. stand. Mit 3 Reihen von je 5 Säulen im Innern ruft er die Erinnerung an das eleusinische Telestérion wach und hat wohl gleichfalls kultischen Bräuchen gedient. Im Westen umschloß ein etwa *quadratischer Bau* aus dem 6. Jh. vor Chr. einen Innenhof mit doppeltem Säulenumgang. Vom Hof aus betrat man an dessen Nordseite drei Gemächer, deren steinerne Liegebetten an den Wänden zu dem Schluß führten, daß es sich um Bankettträume handle. Hier werden wohl bevorzugte oder ausgezeichnete Teilnehmer die Festtage beschlossen haben.

Von der mittleren steigt man zu einer dritten, mit kyklopischen Mauern abgestützten Terrasse hinauf; nicht nur, um die spärlichen Fundamente des alten, von einer Feuersbrunst zerstörten *Tempels aus dem 7. Jh. vor Chr.* vorzufinden, sondern auch, um hier auf dem Boden zu stehen, auf welchem die achäischen Führer vor der Einschiffung nach Troja Agamemnon den Treueid leisteten. – Unterhalb dieses Tempels lagen noch drei frühe langgestreckte Säulenhallen und weitab im Südwesten die Reste der *römischen Bäder*. Unter den dortigen Mosaikböden befanden sich beheizte Hohlräume – eine frühe Form der Zentralheizung. Südlich der Bäder schloß die stark zerfallene L-förmige Stoa eines antiken *Gymnasions* an.

Auf dem Weg zu der geschäftigen kleinen Marktstadt Argos stehen viele Kinder seitlich der Landstraße und verkaufen Blumen, Melonen, Pflaumen, Apfelsinen – je nach Jahreszeit. Argos ist heute ein Städtchen ohne besondere Eigenart. Wenige griechische Städte besitzen jedoch eine so reiche mythische und historische Vergangenheit. Hier suchte Danaos, der Vater von fünfzig Töchtern, Zuflucht, nachdem er sich mit seinem Bruder Aigyptos, dem Vater von fünfzig kräftigen Söhnen, zerstritten hatte. Die Söhne machten sich aus Ägypten auf und setzten ihrem Onkel nach, um ihre Kusinen zu heiraten und damit eine Verpflichtung zu erfüllen, die allen Junggesellen gegenüber unverheirateten weiblichen Verwandten auferlegt war. Mädchen galten im antiken Griechenland als Bürde und Verbindlichkeit. Zu einem späteren Zeitpunkt definierte die attische Rechtsprechung sie als »eine Belastung des Grundbesitzes«. Falls sich keine anderen Bewerber um ihre Hand meldeten, mußten sie an ihre Verwandten verheiratet werden. Sogar heute noch kann, besonders unter der einfacheren Bevölkerung, ein junger Mann erst ans Heiraten denken, wenn sich Ehemänner für seine Schwestern gefunden haben. Danaos, ein rachsüchtiger Mensch, ergriff die Gelegenheit, welche die von den Neffen bezeugte Familienloyalität ihm bot. Er gab seine Zustimmung zu der Vielheirat, wies jedoch seine Töchter insgeheim an, in der Hochzeitsnacht ihre Gatten mit langen Nadeln ins Herz zu stechen und zu töten. Die Danaïden gehorchten pflichtschuldig, wurden für ihre Untat aber schwer bestraft. Sie wurden dazu verdammt, in alle Ewigkeit aus durchlöcherten Krügen Wasser in einen bodenlosen Brunnen der Unterwelt zu gießen.

Und weiter berichten die Mythen: Adrastos und Amphiáraos setzten den Zug der ›Sieben gegen Theben‹ ins Werk, einen Angriffskrieg, der in der mythischen Vergangenheit beider Staaten eine große Rolle spielt. – Eine der Aufgaben des Herakles war es, im fernen Thrakien die menschenfressenden Rosse des Königs Diomedes zu zähmen und nach Argos zu bringen. Als ihm dies gelungen war, weihte er sie dort der Hera. – Homer weiß von einem anderen Diomedes, dem Sohn des Tydeus und Helden vor Troja, der den Krieg überstand und nach Argos heimkehrte. Dort allerdings erwartete ihn nichts Gutes von seiner ungetreuen Gattin, die ihm sogar nach dem Leben trachtete. Diomedes mußte Zuflucht suchen am Altar der Hera, ehe er die Stadt verlassen und schließlich in Italien aufs neue Fuß fassen konnte. – Homer gebraucht den Namen Argos (d.i. die Ebene) gleichzeitig für die ganze Peloponnes; als ›Argiver‹, wie übrigens auch als ›Achaier‹, bezeichnete er häufig alle Griechen.

Argos war seit der Frühen Bronzezeit besiedelt, gelangte gegen Ende der mykenischen Epoche auf den Höhepunkt seiner Macht und gewann dann erst unter Pheidon, in der Mitte des 7. Jhs. vor Chr., erneuten Einfluß und Bedeutung. Es heißt, dieser argivische König aus dem Hause der Herakliden habe dort das gemünzte Silbergeld und neue Einheiten für Maße und Gewichte eingeführt. Der Aufstieg Spartas machte jedoch der argivischen Vorherrschaft in der Peloponnes ein Ende. Weder die Bündnisse mit den Gegnern des verhaßten Sparta, noch Versuche der argivischen Diplomatie, im Peloponnesischen Krieg die eine Seite gegen die andere auszuspielen, konnten die erschütterte politische Macht wieder festigen. Dessen ungeachtet blieb Argos immer ein lebendiger und wichtiger Handelsplatz, dem die Lage am nahen Meer und am Knotenpunkt wichtiger Straßen zugute kam.

Auch als *Kunstzentrum* war die Stadt bedeutend. Eine alte Bildhauertradition kam hier in klassischer Zeit zu hoher Blüte, und antike Schriftsteller sprechen wiederholt von den vielen Statuen, die die Stadt schmückten. Um 500 vor Chr. tritt Hageládas hervor. Plinius d. Ä. nennt ihn als Lehrer von Pheidias, Myron und Polyklet (ebenfalls einem Argiver). Dies scheint nun zumindest für die beiden Letztgenannten unwahrscheinlich, da zwischen der Schaffenszeit von Lehrer und Schülern die Spanne einer ganzen Generation lag. Doch die spätantike Erwähnung läßt erkennen, in welch legendärem Ansehen seine Schule stand. Außerdem war Argos ein musikalisches Zentrum. Herodot rühmt die Argiver als die besten Musiker in Griechenland. Nur auf dem Gebiet der griechischen Literatur gibt es unter den unsterblichen Namen keinen Autor, der Sohn dieser Stadt war.

Das moderne Argos breitet sich über der antiken Stadt aus. Sie wird noch heute von der – nach der Tochter des Pelasgos genannten – *Lárisa* beherrscht, einem dreihundert Meter hohen Bergkegel, der aus der Ebene aufragt. Man braucht eine knappe Stunde, um zur *mittelalterlichen Burg* und ihren doppelten Ringwällen und Wehrtürmen auf ihrem Gipfel hinaufzusteigen, die von Byzantinern und Franken erbaut wurden und die Türken später noch verstärkten. – Auch schon in der Antike liefen zwei Mauerringe um eine *Akropolis*. Bei Grabungen stieß man innerhalb der Burgruine auf die Fundamente von *Tempeln des Zeus Larisáios* und der *Athena Polías*, die oberhalb der heißen Stadt von einem kühlenden Wind umfangen lagen. Von der Höhe oder auch von der Klosterkirche zur Felsgrottenmadonna, der *Panhagía tou Vráchou*, die auf halbem Wege, zypressenumstanden, am Hang lehnt, sieht man aus einem neuen Blickwinkel auf die »Rosse nährende« Ebene hinab: nördlich des oleanderbestandenen Kiesbettes des Cháradros, der – falls er Wasser führt – in den Ínachos und mit ihm vereint in den Argivischen Golf fließt, breiten sich die Kornfelder; ostwärts säumen Obsthaine den Küstenrand der Bucht von Nauplia. Nahe im Nordosten, über den ›Deiras-Sattel‹ mit der Lárisa verbunden, liegt der *Aspis-Hügel*, sogenannt, weil seine Form einem ›Schild‹ gleicht. Auf dem Gipfel fand man unter einer kleinen Akropolis Spuren vorgeschichtlicher Besiedlung (vor 2000 vor Chr.), an ihrem Fuße eine mykenische Nekropolis mit zahlreichen Kammer- und Schachtgräbern. Auf einer rechteckigen Terrasse am Südwesthang war das *Heiligtum der Athene Oxydérkes*, der ›Klarsichtigen‹, das der Göttin von Diomedes aus Dankbarkeit geweiht wurde. Hatte sie ihm doch vor Troja, wie wir von Homer wissen, »den Nebel, der früher dich täuschte, daß du nun klar unterscheidest der Götter und Menschen Erscheinung« von den Augen fortgenommen, damit er sich nicht in einen aussichtslosen Kampf mit einem der Unsterblichen einließ.

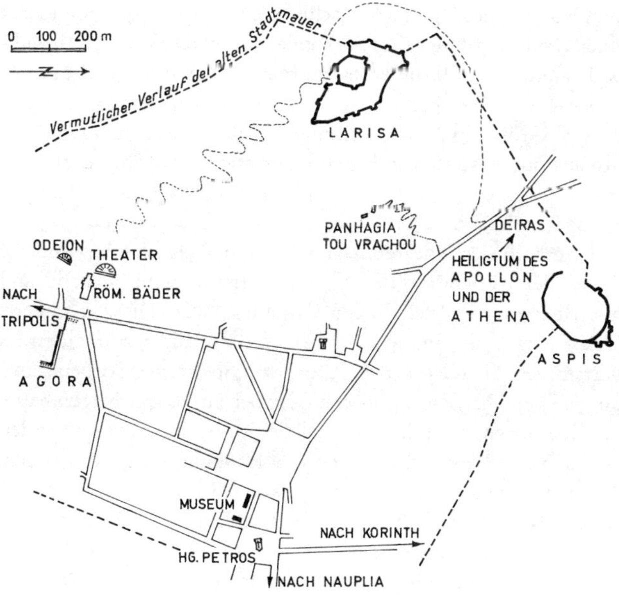

44 Die Stadt Argos mit Lárisa und Aspis.

Südlich des modernen Stadtzentrums und links der Straße nach Tripolis lag die antike Stadtmitte, die *Agorá*. Die neuzeitliche Bebauung setzt den Ausgrabungen Schranken. Man erkennt einen großen Saal mit Innenstützen. Es war das *Bouleuterion* (5. Jh. vor Chr.), in dem die Stadtväter berieten. Doch von der Vielfalt der Monumente, die den großen Markt umstanden, von den Tempeln, Altären, Heiligtümern – achtundzwanzig an der Zahl –, von den Grabmalen, Denkmälern und Statuen, von den Wandelhallen und dem geschäftigen Treiben kann man sich nur noch durch die Aufzählungen des Pausanias eine Vorstellung machen.

Die Ruinen gegenüber der Agorá vermitteln ein anschaulicheres Bild. Zuerst der rote Backstein-Komplex der *römischen Bäder* aus dem 2. Jh. nach Chr. Das ›Frigidarium‹ (Kaltbad) hatte einst drei (!) Schwimmbecken und die ›Calderia‹ oder Warmbadräume wurden unter dem Fußboden mittels kleiner aufgeheizter Backsteinpfeiler temperiert und durch ein sich erwärmendes System von Röhren mit Heißwasser versorgt. An die querliegende Halle, zum Ruhen oder Umkleiden, schließt ein großer Apsis-Raum mit einer Gruft an, in der drei Sarkophage, sowie Reste von Mosaikböden und ein vielfarbiger marmorner Plattenbelag zu sehen sind. – Am Lárisa-Berghang steigen die Sitzreihen des *Theaters* auf, dessen Größe und ungewöhnlich steiler Zuschauerraum eindrucksvoller sind als sein Erhaltungszustand. Das Theater stammt aus dem späten 4. Jh. vor Chr. und bot auf 81 Rängen Platz für 20000 Zuschauer.

Oberhalb des Theaters stand die von Pausanias bewunderte Statue der Lyrikerin Telesílla, die auf ihren Helm blickend und mit Büchern zu ihren Füßen dargestellt war. Diese dichtende Dame bewog die Frauen von Argos dazu, die Stadtmauern zu verteidigen, als Kleómenes, König von Sparta, der soeben (etwa um 500 vor Chr.) das argivische Heer bei Tiryns geschlagen hatte, vor den Toren stand. Der Anblick der weiblichen Krieger auf den Wällen versetzte die spartanischen Soldaten in solches Erstaunen, daß sie kehrtmachten und heimwärts zogen. Herodot dagegen berichtet, Kleómenes habe zu seiner Rechtfertigung vor den Spartiaten gesagt, er habe von einer Eroberung abgesehen, da bei seinem Opfer im Tempel der Hera aus der Brust anstatt aus dem Haupte der Göttin eine Flamme hervorgeschossen sei: ein Vorzeichen, daß er sich nicht dazu bestimmt sehe, Herr der Stadt zu werden.

Die Argiver behaupteten daraufhin, Kleómenes sei von seiner Unfähigkeit, die Stadt zu erobern, so bedrückt gewesen, daß er den Verstand verloren habe. Die Spartaner wiederum fanden diese Auslegung demütigend. Die Erkrankung des Königs, so ließen sie amtlich verlautbaren, sei die Folge einer schädlichen Gewohnheit: er habe durch den Umgang mit den Skyten gelernt, unvermischten Wein zu trinken. In der Tat tranken die Griechen ihren Wein mit Wasser vermischt.

Südlich des Theaters, einem römischen Aquädukt folgend, kommt man zu dem *römischen Odeon* aus dem 1. Jh. nach Chr.; von dem kleinen, wahrscheinlich überdachten Auditorium sind noch 14 Sitzreihen erhalten. Sie überlagern die flachen Stufenränge des griechischen Baus aus dem 4. Jh. vor Chr., in dem sich auch die argivische Volksversammlung zusammenfand. Ein Gang in das *Museum* nahe des Hauptplatzes ist wie fast immer aufschlußreich. In dem modernen hellen Bau haben französische Archäologen ihre Funde aus der antiken Stadt, ihrer näheren Umgebung und aus dem benachbarten, von den Amerikanern ausgegrabenen Lerna ausgebreitet. Die Beispiele der argivischen Keramik aus neolithischer, protogeometrischer und geometrischer Zeit zeigen, gut überschaubar, den Lauf der Entwicklung; dazwischen einprägsame Terrakotta-Idole und -Figurinen. Die Statuen, Portraits, Weih- und Grabreliefs stammen vorwiegend aus späthellenistischer und römischer Zeit. Außerhalb des Museums sieht man unter einem schützenden Dach ausgezeichnete Fußbodenmosaiken aus dem 5. Jh. vor Chr. Besonders interessant sind die sechs Platten mit der Folge der zwölf Kalendermonate. Je zu zweien füllen erstaunlich individuell erfaßte Figuren, eine jede mit dem für den Jahresablauf bezeichnenden Attribut charakterisiert, die Blickfelder.

Wenn man Argos in Richtung Nauplia verläßt, fährt man auf den flachen lang gezogenen Hügel des »mauerumgürteten« *Tiryns* zu. Er erhebt sich 25 m über den Meeresspiegel und nur 18 m über das Schwemmland ringsum. Die Bucht von Nauplia ist hier stark versandet. Sicher lag Tiryns in seiner großen Zeit sehr viel näher am Meer. Aus der Ferne erscheint der graue Buckel vor dem argivischen Bergstock des *Arachnáion*, des ›Spinnen‹-Gebirges recht unbedeutend und wenig anziehend, doch beim Näherkommen gibt man rasch den Gedanken an eine eilige Weiterfahrt auf. Der Anblick der aus riesigen Steinblöcken aufgetürmten Mauern (bis zu 20 m hoch) läßt einen fast erschrecken wie vor etwas Ungeheuerlichem. Staunend versucht man sich vorzustellen – heute nicht anders als zu antiken Zeiten –, wie diese zwei, ja drei Meter langen und bis zu anderthalb Meter hohen Blöcke zu sieben bis acht Meter dicken Mauern gefügt werden konnten.

Den Alten gab die Überlieferung einleuchtende Auskunft: der Danaer Próitos, einer der frühen Herrscher von Tiryns, habe die Kyklopen aus dem kleinasiatischen Lykien kommen lassen. Diesen Riesenmenschen, Söhnen des Uranos und der Gaia, mit nur einem Auge auf der Stirn, war das kraftvolle Hantieren mit den kaum oder nicht behauenen Felsblöcken zuzutrauen. ›Kyklopische Mauer‹ ist heute zum Fachwort in der Altertumswissenschaft geworden und bezeichnet, auch an anderen Orten, diese Art der aus kolossalen Feldsteinen gefügten Mauertechnik. – Auf Próitos folg-

45 Tiryns. Die Oberburg aus der Vogelschau.

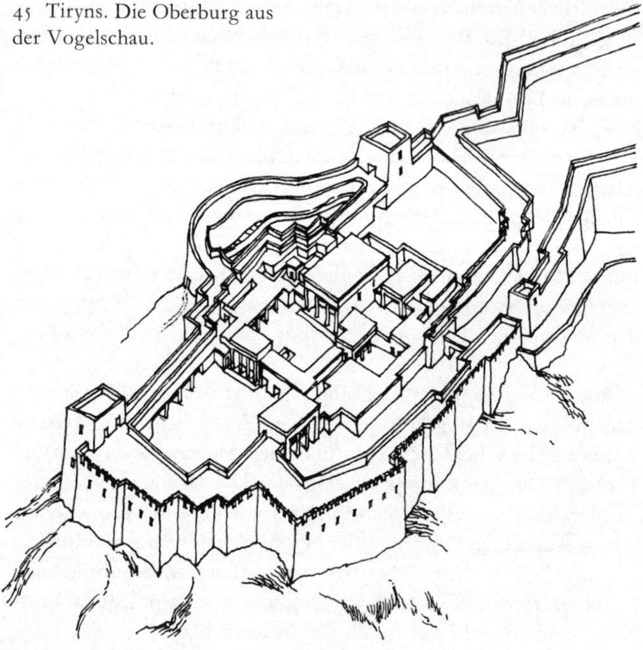

ten in Tiryns Perseus, Amphitryon und Eurýstheus. Des Amphityron Gemahlin Alkmene, Tochter von Perseus' Sohn Elektryon, erlag der List von Zeus, der sie heiß begehrte. Es gelang ihm erst, als er die Gestalt des Amphitryon annahm, sich der liebreichen Gattin zu nähern – und sie gebar den Herakles. Die Eifersucht Heras aber wußte es trickreich einzurichten, daß an dem Tag, da Zeus dem zur Welt kommenden Kind die glanzvolle Herrschaft über das Geschlecht der Perseiden versprach, nicht Herakles, sondern sein kläglicher Vetter Eurýstheus geboren wurde. Ihm fiel damit die Königswürde zu, und so kam es, daß der kurz darauf geborene Zeussohn als Untertan dem Eurýstheus dienen und sich den zwölf ihm auferlegten Aufgaben stellen mußte. – Hier in Tiryns also ist der kraft- und lebenssprühendste der griechischen Heroen aufgewachsen. Die Mythologie schildert ihn als gutartigen ritterlichen Haudegen, unersattlicher Schwelgereien fähig und zu plötzlichen Zornausbrüchen neigend. Seine unerschrockene Tatkraft lohnten ihm die Götter nach einem aufreibenden Leben mit Unsterblichkeit. Gleich seinem Ahnherrn Perseus wurde er in die lichten Gefilde des Olymp erhoben.

Soweit unsere Kunde von den Burgherren auf Tiryns. Königsgräber mit Schätzen, wie sie Schliemann in Mykene freilegte, wurden nicht gefunden. Wir wissen nur, daß, wie in Mykene, durchziehende Fremdvölker zu Ende des 12. Jhs. vor Chr. die Burg überrannten. Diese Katastrophe und Feuersbrünste setzen auch dem Leben in Tiryns ein gewaltsames Ende.

Den Funden der Archäologen zufolge war Tiryns bereits im dritten Jt. vor Chr. bewohnt, also etwa tausend Jahre vor dem Entstehen dieser kyklopischen Mauern. Ihre Bauweise, ihre Anlage, ihre Bestimmung diente rein strategischen Erfordernissen. Zur Besichtigung dieser auf drei Ebenen aufgetürmten ungeheuerlichen Umwallung geht man auf der Ostseite des Hügels zu einer Rampe, die breit genug war, um auch im Streitwagen vor dem *Haupttor im Osten* vorzufahren. Innerhalb der Mauern führt der breite Weg nach rechts zur unteren Terrasse. Die Fundamentreste gehören zur *Unterstadt*, die in bedrängten Zeiten Fluchtburg war. Ein starker Mauerwall trennt sie von der *Mittelburg*, einer Art großem Hinterhof zur Palastanlage. Beim Haupttor nach links abbiegend gelangt man zur oberen Terrasse, wo der von einem inneren Wall umgebene Palast stand. Man erreicht ein *zweites Tor*.

Seinen Ausmaßen nach dürfte es dem Löwentor in Mykene ähnlich gewesen sein. Im großen Schwellenstein sind Löcher für die Drehzapfen der Torflügel und an den Pfosten ist die Einlassung, durch die ein riesiger Sperrbalken in die Mauer zurückgezogen werden konnte, noch feststellbar. Hinter dem Tor befindet sich, wenn man in südlicher Richtung weitergeht, eine aus dem 13. Jh. vor Chr. stammende *Steingalerie,* die erstaunlich gut erhalten und deren merkwürdige Gewölbestruktur, ein Krag- oder ›falsches‹ Gewölbe aus gigantischen Bauelementen, höchst eindrucksvoll ist. Durch sechs Öffnungen blickt man hinab auf das verschwenderische Grün der Zitronenhaine, der Tabak- und Maisfelder. Ursprünglich waren die Öffnungen Zugänge zu *sechs Kasematten,* Vorrats- und Rüstkammern, die aber mit der Außenmauer, in die sie eingelassen waren, seit langem abgestürzt sind. Der überwölbte Gang diente Jahrhunderte lang als Stall für Schafe, die sich gegen die Mauer rieben und den rohen riesigen Steinquadern eine weichgerundete, glänzende Oberfläche verliehen haben.

Wieder im Freien, wendet man sich nun nach rechts und tritt auf einer riesigen monolithischen Steinplatte von blauer Färbung über die Schwelle des *Großen Propylon.* Dies war der eigentliche und offizielle Eingang zu dem *Palast* des 13. Jhs. vor Chr., dessen Gebäude und Gemächer aus sonngetrockneten Lehmziegeln hochgeführt waren. Nur die steinernen Grundmauern sind noch vorhanden. In einer darunterliegenden Schicht sind bruchstückhafte Reste eines großen, etwa aus dem Jahre 2000 vor Chr. stammenden kreisrunden Mauerrings ausgegraben worden. Beim Bau dieser frühesten Anlage wurden, wie man annimmt, zum ersten Mal in Europa gebrannte Ziegel verwendet. Das Propylon führt in den *Äußeren Palasthof,* an dessen Südende sich eine zweite überdachte Steingalerie befindet, von der aus man über eine Flucht von Stufen hinab zu *fünf weiteren Kasematten* gelangt. Um das verwirrende Labyrinth der Palastanlage kennenzulernen, wendet man sich im großen Hof gen Norden, geht durch das *Kleine Propylon* in den Haupthof, in dem sich ein Rundaltar befand. Über diesen *Großen Innenhof* schritten Boten, fremde Gesandten und Besucher des Königs auf das Hauptgemach zu. Wie in Mykene waren sie vor dem Eintritt in das *Mégaron* noch durch eine *Vorhalle* und einen *Vorraum* aufgehalten worden. In der Mitte des Mégaron befand sich auch hier ein Herd, umgeben von vier steinernen Basen für die

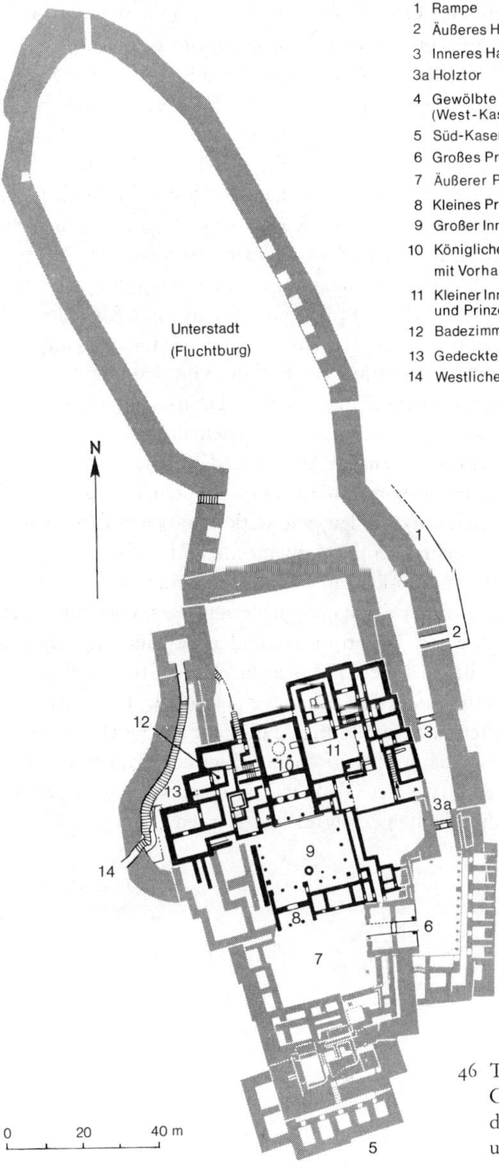

46 Tiryns. Grundplan der Burganlage um 1200 v. Chr.

Holzsäulen, die das Dach hielten. Fußboden und Wände waren stukkiert und bemalt. Anschließend lagen die *königlichen Privatgemächer:* außer vielen Nebenräumen, alle durch winklige Korridore miteinander verbunden, noch zwei kleinere Mégara, beide von dem *Kleinen Innenhof* aus zugänglich. Sie werden das *Frauen- und das Prinzenmégaron* gewesen sein. Auch ein *Badezimmer* ist (westlich vom Hauptmégaron) vorhanden, dessen Fußboden, ein monolither Kalksteinblock im Ausmaß von etwa 3x4 m allen Respekt abnötigt. In Tonwannen hat man warm gebadet. – Westlich der Palastanlage bohrt sich ein geheimer Gang über viele unregelmäßige, gut erhaltene Stufen abwärts zu einer Ausfallpforte im Westwall, von wo aus man zur Hauptstraße hinabgelangt.

Von der Innenausstattung der Räume, von den baukünstlerischen Verfeinerungen kann man heute in Tiryns kaum mehr etwas ahnen. Die kostbaren Stuckreste farbig bemalter Wandfriese bewahren das Nationalmuseum in Athen und das Museum in Nauplia. Doch in der heiteren Atmosphäre auf der oberen Terrasse fällt es nicht schwer, sich vorzustellen, wie stark man früher den Gegensatz zwischen abschreckender Außenwehr und höfisch-kultiviertem Lebensstil empfunden haben muß, wie man die Weite der Höfe und die Vielzahl der enggegliederten Gemächer mit ihren sorgfältig geglätteten Böden und Wänden bewunderte. Freilich lassen die gewaltigen äußeren Mauergürtel, die Größe der Steine, die von Männern bewegt und zusammengefügt wurden, von denen wir nichts wissen, die Einbildungskraft nicht los. Doch anders als über dem von Fluch und tragischem Schicksal verdüsterten Mykene liegt über Tiryns der Glanz tatkräftigen, wohl auch gewalttätigen, doch schließlich erfolgreichen Wirkens.

Die südliche Argolis

VII

Nauplia, 209 – Mérbaka, 215 – Tolón, 217 – Epidauros, 218 – Troizén, 227 – Lerna, 228 – Kloster Loukoú, 230 – Leonídion, 232

Nach dem Ausflug in die ferne Welt des vorgeschichtlichen Tiryns wendet man sich erleichtert nach *Nauplia,* seinem bezaubernden kleinen Hafen, der in einem rechten Winkel zwischen einer felsigen Landzunge und einer steil abfallenden natürlichen Felsbastion mit einer venezianischen Burg liegt. Manche Menschen glauben in den Straßen der Stadt einen Hauch italienischer Eleganz zu verspüren. Freilich wäre es verkehrt, hier Palazzi, Loggien, Renaissance-Strenge oder barocken Überschwang zu erwarten. Es gibt jedoch stattliche mehrgeschossige Häuser mit vorgezogenen Balkonen, türkische Brunnen, die aus Blendbögen hervorsprudeln, mauerumschlossene Gärten voller Hibiskus und Bougainvilleas, Mandarinen- und Gummibäumen. Nauplia hatte drei Moscheen – in der einen tagte erstmals das freie griechische Parlament, eine andere wurde zur Kirche für die römisch-katholischen Bewohner, die dritte ist als Theater- und Kinosaal in Gebrauch. Es gibt die große Pfarrkirche des Heiligen Spyrídon, 1702 unter den Venezianern für die orthodoxen Griechen erbaut und mit mittelmäßigen italienischen Bildern und Wandmalereien (wie der Nachbildung von Leonardos Abendmahl) ausgestattet. Am Nordosttor prangt die Tafel mit dem Markus-Löwen, der uns auch andernorts noch öfter begegnen wird. Und es gibt außerdem die charakteristisch griechische, struppig-wuschelige öffentliche Gartenanlage vor dem Bahnhof mit einem Reiterstandbild des allgegenwärtigen Kolokotrónis, die vertraute staubige Öde des Hauptplatzes, der allerdings an den Markttagen mit dem dann herbeiströmenden Volk aus Land und Stadt zu seiner wahren Bestimmung erwacht. Die alte Oberstadt mit gewundenen Treppenaufgängen und gepflasterten schmalen Gäßchen ist noch nicht von architektonischen Auswüchsen des 20. Jhs. verschandelt. Vom

47 Nauplia mit Itsch-Kaleh (Akro-Nauplia) und der Feste Palamídi.

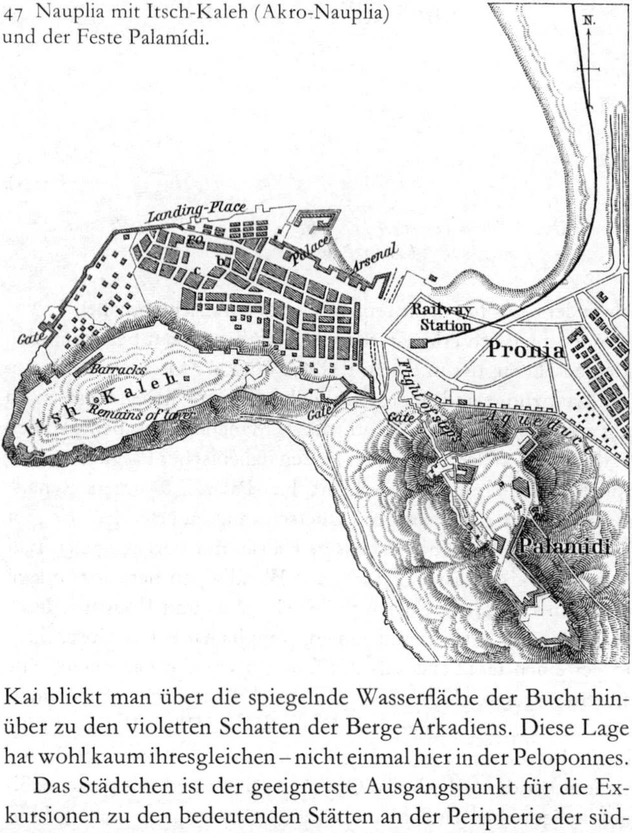

Kai blickt man über die spiegelnde Wasserfläche der Bucht hinüber zu den violetten Schatten der Berge Arkadiens. Diese Lage hat wohl kaum ihresgleichen – nicht einmal hier in der Peloponnes.

Das Städtchen ist der geeignetste Ausgangspunkt für die Exkursionen zu den bedeutenden Stätten an der Peripherie der südlichen Argolis. Es hat eine Menge Hotels in allen Preislagen. Die teureren sind auffallend schön gelegen. Das Xenía-Hotel erstreckt sich neben der aus dem 17. Jh. stammenden venezianischen Grimani-Bastion auf einem Sattel zwischen zwei Festungen, der auf dem Palamídi (216 m) und der des Itsch-Kaleh (85 m). Der Blick auf die Buchten zu beiden Seiten ist herrlich, die südliche hat einen Badestrand. Das Amphitryon-Hotel liegt bei der West-Mole des kleinen Hafens und nahe dem ›Pendadélphia‹, der Bastion der ›Fünf Brüder‹, die Teil der Umfassungsmauer aus dem 16. Jh. ist. Das *Bourtzi*-Hotel, ein kleines ›Château d'If‹, ist auf einem Inselchen 150 m dem Ufer vorgelagert. Im 15. Jh. hat ein venezianischer

Architekt die kleine Festung erbaut, die später mit türkischen Zinnen und einem hübschen achteckigen Turm ausgestaltet worden ist und jahrelang die Wohnung pensionierter Scharfrichter war. Von den Bewohnern aus der Stadt verwiesen, mußten sie so weit draußen ihre Zuflucht nehmen. – Zu Beginn des Unabhängigkeitskrieges belagerte ein gewisser Hauptmann Hastings, der eine Truppe griechischer Patrioten befehligte, das noch türkische Nauplia und feuerte Brandsätze, die von einem ebenfalls in griechischen Diensten stehenden französischen Obristen Jourdain erfunden waren, von Bourtzi aus in die Stadt. Die Kanonade war äußerst geräuschvoll, brachte aber nur eine Menge Rauch und Qualm zustande. Inzwischen sind die feuchten Kammern des Bourtzi in behagliche Hotelzimmer umgewandelt worden, und das Schwimmen im tiefen Wasser dort draußen ist herrlich.

Reisenden, die von den Eindrücken des vorgeschichtlichen Mykene und Tiryns noch verfolgt werden, sei der Besuch des *Museums* sehr angeraten. Es ist eines der instruktivsten und schönsten außerhalb Athens, eingerichtet in dem noblen venezianischen Kasernenbau des 18. Jhs, am Hauptplatz. Neben der großen Sammlung mykenischer Keramik, neben dem einzigen in Tiryns gefundenen Schrifttäfelchen und tönernen, bemalten Votiv-Schilden des 7. Jhs. vor Chr., Terracotta-Figurinen und Vasen, geben eine Gußform aus Mykene für Goldschmuck und besonders die fast vollständig erhaltene Kriegerrüstung aus einem mykenischen Doppelgrab bei Dendra eine beredte Vorstellung von der frühen Kultur und Lebensart. (Bei *Déndra*, wo weitere Gräber entdeckt wurden, lag der Friedhof der nahen mykenischen Siedlung *Midéa* mit ihrem kyklopisch befestigten Burgberg.

Nauplia hat keine große antike Vergangenheit. Historisches ist schnell erzählt. Der mythische Gründer der Stadt soll Nauplios, Sohn des Poseidon und der Danaide Amymone, gewesen sein. Palamedes, sein Sohn, der dem oberen Festungsberg den Namen ›Palamídi‹ gab, habe Kalender und Alphabet eingeführt und zur Kurzweil der Achäer bei der Belagerung von Troja das Schach- und Würfelspiel erfunden. Man weiß, daß der Nordhang der felsigen Landzunge Akro-Nauplia (später Itsch-Kaleh) schon seit dem ausgehenden Neolithikum, also zu Ende des 3. Jts. vor Chr. besiedelt war. Im 7. Jh. vor Chr. erschien die Stadt den Argivern als Flotten- und Handelshafen so begehrenswert, daß sie sich ihrer bemächtigten. Befestigt wurde Akro-Nauplia erst im 3. Jh. vor Chr., versank dann aber mit dem Niedergang von Argos im Dunkel der Jahrhunderte.

Erstmals taucht der Name im frühen 13. Jh. wieder auf. Die Stadt stand damals unter byzantinischer Herrschaft. 1199 hatte Alexios III. den Venezianern in Nauplia und fünf anderen Häfen der Peloponnes das Freihandelsrecht gewährt. Leon Sgouros war der korrupte, gewalttätige und blutrünstige Statthalter, der sich erlaubte, einen Pagen, den Neffen des Bischofs von Athen, zu ermorden, weil er in seiner Gegenwart ein Glas zerbrochen hatte. Bei anderer Gelegenheit lud er den Bischof von Korinth, mit dem er auf schlechtem Fuß stand, zum Abendessen, tischte ihm zuerst auf, quetschte ihm dann die Augen heraus und warf den Hilflosen über eine Felsklippe.

Um 1210 brachten die französischen Kreuzfahrer Festung und Hafen in ihren Besitz, machten Nauplia zur Hauptstadt des Herzogtums der Moréa, verkauften es aber im späten 14. Jh. um billiges Geld an die Venezianer. (Moréa war die mittelalterliche Bezeichnung für die Peloponnes, beibehalten bis zum Freiheitskrieg der Griechen im 19. Jh.) Das ehemalige Königreich der Atriden war nun also in Händen eines venezianischen Podestá. In dem folgenden langwährenden Kampf zwischen Venedig und dem türkischen Reich um den Besitz der Flottenstützpunkte der Moréa machte Nauplia schwere Belagerungen durch. Seine Bewohner erduldeten schreckliche Entbehrungen, während die Bauern des umliegenden Landes nahezu ausgerottet wurden und schließlich durch albanische Siedler ersetzt werden mußten. Den heldenhaftesten Widerstand leisteten die Venezianer, unterstützt von den Bewohnern und den Stratiótoi, Soldaten, die sie aus der einheimischen Bevölkerung rekrutiert hatten, während der vierzehn Monate andauernden Belagerung in den Jahren 1537-38. Kassim, dem Befehlshaber der Türken, gelang es, die Festung Palamídi zu erobern und aus einer großen Kanone, welche die Einwohner kleinlaut den ›Knochenbrecher‹ nannten, schwere Geschosse in die Stadt zu feuern. Dennoch gab man nicht auf. Im Jahre 1540 schließlich hatte man sich dem Vertrag zwischen dem Sultan und Venedig zu fügen: Nauplia wurde fast eineinhalb Jahrhunderte lang zur Hauptstadt der türkisch besetzten Gebiete der Moréa, bis 1686 dem erfolgreichen Dogen Francesco Morosini die Rückeroberung des ›Napoli di Romania‹ glückte. Doch die Türken bezogen erneut Stellung vor der Stadt und die Belagerung von 1715 nahm einen sehr viel tragischeren Verlauf. Der kühne Angriff der Janitscharen, wahrscheinlich auch noch Verrat, ermöglichten den Belagerern, auf einem überdachten Weg ins Innere der oberen Festung zu gelangen und auf dem Palamídi Fuß zu fassen. Am nächsten Tag eröffnete die osmanische Flotte von der Seeseite her eine vernichtende Kanonade, und die Venezianer wurden zusammengeschlagen. Finlay, der englische Historiker des 19. Jhs., nennt einen Verlust von 25000 Mann. Außerdem wurden draußen vor dem Zelt des Großwesirs, das mit Damaszenerseide und Buchara-Teppichen behängt und von flatternden Wimpeln umstellt war, unter Trommelschlag und schrillem Pfeifen der Querflöten noch tausend italienischen Soldaten die Köpfe abgeschlagen. Während der nächsten hundert Jahre wehte der Halbmond unbestritten von der höchsten Batterie der Festung.

Nauplia wurde den Türken zu Beginn des Unabhängigkeitskrieges entrissen und war von 1829 bis 1834 die offizielle Hauptstadt Griechenlands. Aber politische Machenschaften und persönliche Rivalitäten machten damals alle Versuche einer ordentlichen Verwaltung der befreiten Gebiete zunichte. Finlay, der an dem nur zu bekannten Haßliebe-Komplex aller Philhellenen litt, drückt es stark, aber gerecht aus, wenn er sagt, daß »Griechenland zu diesem Zeitpunkt von der Beständigkeit und der Vaterlandsliebe seines Volkes und nicht von der Tatkraft der Regierung oder der Tapferkeit seiner Heerführer gerettet wurde«. Zehn Jahre erbitterter Feldzüge gegen die Türken hatten alle Vorzüge und Unzulänglichkeiten des griechischen Charakters zutage treten lassen: die hartnäckige, unbeugsame Tapferkeit und den nicht zu unterdrückenden Patriotismus, die Leidenschaft für politische Intrige und den unheilbaren Neid auf den Mann an der Spitze. Unfähigkeit der Behörden und übertriebene Berichte von niedergebrannten Dörfern und Massenmorden unter der Bevölkerung durch sich als Patrioten ausgebende Briganten erhöhten die Spannung in der menschenüberfüllten kleinen Hauptstadt und führten schließlich zur Ermordung des Grafen Kapodístrias, eines korfiotischen Aristokraten, der im Dienste des Zaren gestanden hatte und 1827 von der Nationalversammlung zum griechischen Staatspräsidenten gewählt worden war. Er wurde vor dem Portal der Hagios

Spyrídon-Kirche von den Brüdern Mavromicháli getötet, die einem stolzen, leidenschaftlichen Manioten-Geschlecht angehörten und eben jene Recht- und Gesetzlosigkeit verkörperten, die Kapodistrias, ein kluger und erfahrener, wenn auch autokratischer Staatsmann von internationalem Ansehen, auszurotten versuchte.

Im Jahre 1834 traf Otto von Bayern, der erste König des jungen Griechenland, in Nauplia, der Hauptstadt seines winzigen, turbulenten Königreichs ein. Der neunzehnjährige Jüngling ging von einer englischen Fregatte an Land, die von den Flotten der drei Schutzmächte in den Golf von Argos geleitet worden war. Durch ein Spalier englischer, französischer und russischer Matrosen fuhr er in die Stadt ein, gefolgt von einem Zug bayerischer Offiziere und Soldaten in ihren weißblauen Uniformen und hohen Raupenhelmen. Die schmetternden Märsche der Militärkapelle müssen in den Ohren der griechischen Bauern höchst merkwürdig geklungen haben.

Sie waren an ihre *Klephtenlieder* gewöhnt, langstrophige, balladenartige Gesänge, die vom Widerstand gegen die verabscheute Fremdherrschaft, von Überfall, Kampf, Verleumdung, List und Sieg berichten, aber auch Familientragödien, Verlust der süßen Freiheit oder Verwundung und Tod eines Klephten beklagen. Der Wortbedeutung nach sind Klephten nichts anderes als Diebe und die Gesellen von damals unterschied nur der glühende Haß gegen die ›Tourkokratía‹ vom landläufigen Banditen. Ihre bei Christen wie Muselmanen gefürchteten Gewalttaten und Räubereien waren grausam und gesetzeswidrig. Doch in den Augen der Unterdrückten und Armen, die sie verschonten oder schützten, wurde ein Klephtis zum Rebellen, zu einem heroischen Kämpfer für die Befreiung. Die Balladen aus dieser Zeit, die ›Klephtika‹, sind inzwischen, beladen mit allem Gefühl romantischer Glorifizierung, in den Bestand der griechischen Volkslieder eingegangen.

Was gibt es in Nauplia zu sehen? Zu den Festungsanlagen auf dem *Itsch-Kaleh* gelangt man durch einen 1713 errichteten monumentalen Torbogen. Der venezianische Löwe darüber erinnert an die Vorteile, welcher sich das seefahrende Griechenland unter der Kolonialverwaltung der Serenissima zu einer Zeit erfreute, als das übrige Land einem »Greuel der Verwüstung« durch korrupte und habgierige Paschas ausgeliefert war. Innerhalb der Ummauerung auf dem Gipfelplateau herrscht Öde und Verlassenheit: ein paar verfallene Bastionen, ein Dschungel von Feigenkakteen – in Griechenland nennt man sie ›fränkische Feigen‹ –, einige verstreute Passionsblumen, Kasernen und ein eingezäuntes, abweisendes Gefängnis.

Der *Palamídi* dagegen zeigt sich als stolzragender Felsstock, der sich über der Stadt auftürmt und eine der prächtigsten Festungen in der Moréa trägt. Um mit dem Wagen hinaufzugelangen, verläßt man Nauplia auf der Leophóros 25. Martíou in östlicher Richtung. Im Vorot *Prónia* kommt man an der Kirche der ›Evangelístria‹ (Mariae Verkündigung) vorbei, die von Zypressen umstanden am Hang liegt: Hier versammelten sich 1832 die Mitglieder der *Nationalversammlung* und bestätigten die Wahl des Prinzen Otto von Bayern zum König von Griechenland. – Man betritt die *Festung* durch ein Tor, das sich als fünfseitiges kleines Fort darstellt. Innerhalb der Ummauerungen, die abschüssiges Gelände mit einbeziehen, lassen sich fünf solcher Forts unterscheiden – ursprünglich waren es sieben –, die von den Venezianern zu Beginn des 18. Jhs. erbaut wurden. Da es am Berg keine natürlichen Wasservorkommen gibt, hatte jede der Bastionen ihre eigene Zisterne, die es der Garnison ermöglichte, einer langen Belagerung standzuhalten. Die höchste Geschützstellung, die die ganze Verteidigungsanlage beherrschte, besaß kugelsichere Unterstände. – An der Südwestseite des Gipfels fällt der Felsen nahezu senkrecht zum Meer ab. Jenseits der halbmondförmigen Bucht erhebt sich im Westen der Artemision-Bergzug vor dem Sumpfland von Lerna.

An der Nordwestflanke der Festung führen 857 Stufen im Zickzack den steilen Felshang hinab und unter vier Torbogen hindurch. Diese schwindelerregende Folge von Haarnadelkehren hinab stürmten die Janitscharen, als sie 1715 den geschlagenen Venezianern nachsetzten. Die Treppe endet in der Nähe des Xenía-Hotels auf einer breiten Straße, die sich um die Landzunge des Itsch-Kaleh herumschlängelt.

Von Nauplia aus sollte man sich einen Ausflug zu den frühen *byzantinischen Kirchen der Argolis* vornehmen. Sie liegen nahe beieinander: in Mérbaka, Plataníti und Chónika. Ein besonderes Kleinod ist die ›Panhagía‹ (Marienkirche) in *Mérbaka*. Sie gehört zum Typ der Viersäulen-Kuppelkirchen mit in den rechteckigen Grundriß eingeschriebenem Kreuz. Die Vereinigung von antiken

Marmorquadern, von mit Flachziegeln umkleideten Hausteinen darüber und von farbigem Fayence-Schmuck dazwischen schafft einen reizvollen Wechsel in der Schichtung der Außenmauern. Das Dorf ist nach Wilhelm van Moerbeke genannt, einem hochgebildeten flämischen Hellenisten, dem philosophischen Gesprächspartner von Thomas von Aquin, der 1277 während der fränkischen Besetzung als erster weströmischer Bischof von Korinth nach Griechenland kam und den kleinen Ort seines Bistums mit der kostbar ausgestatteten Kirche aus dem frühen 12. Jh. besonders liebte. – Die winzig kleine Erlöser-Kirche in *Plataníti* stammt aus dem frühen 12. Jh., in den Ausmaßen ein Kapellchen, doch in der Anlage ein regelrechter Kirchenbau. Am frühesten ist wahrscheinlich die Kirche der ›Koimesis‹ (Marientod) in *Chónika*. Die in die Außenmauern eingesetzten Marmorkreuze deuten darauf hin. Verglichen mit Mérbaka wirkt sie strenger und nicht so ausgewogen in den Proportionen.

Auf eine weitere sehenswerte Kirche aus dem frühen 12. Jh. trifft man auf einer rechten Abzweigung von der Straße nach Epidauros, kurz hinter Prónia. Die Kirche ›Zoodóchos Pigí‹ (Quelle des Lebens) gehört zu dem Frauenkloster *Hagia Moni*. Ihr Name greift sinnverwandelt älteste Tradition auf, denn die nahe Kánathos-Quelle diente Hera einmal im Jahr zum kultischen Bad, das

ihre Jungfäulichkeit erneuerte. Überreste einer antiken Mauer und eines Aquädukts verleihen der ländlichen Szene einen besonderen Charme.

Die nächste Abzweigung von der Straße nach Epidauros, ebenfalls auf der rechten Seite, führt nach *Tolón*, einem Fischerdorf, das sich am Rand des Sandstrandes einer sehr geschützten Bucht hinzieht. Viele Boote ankern hier. Knaben stehen auf hölzernen Landestegen und werfen ihre Angelleinen aus. Ab und zu tuckert ein Kaïki herein und lädt seine Netze voll glänzender, glatter, silbergrauer Marídhes, einer Art griechischer Sprotten, aus. Das Dorf hat ein modernes Hotel und mehrere Tavernen, wo man im Freien sitzen kann. Aber der frischgefangene Fisch ist eher teuer; man zahlt nach dem Gewicht, und der Wirt bringt einem die Waage zum Tisch unter dem Weinspalier, damit man sich selbst überzeugen kann. An Wochenenden ist Tolón von Naupliern und Argivern überfüllt, die aus der drückenden Hitze in der Ebene fliehen. – Zu Beginn des Morosini-Feldzuges, im Jahr 1686, war diese verschlafene kleine Bucht Schauplatz der Landung des schwedischen Grafen Königsmarck, zuerst in preußischen, dann in venezianischen Diensten, der auf unentwirrbare Weise mit Georg I. von England und dem Kurfürsten von Sachsen und König von Polen verwandt war und sich an der Spitze einer Vorhut von rotröckigen

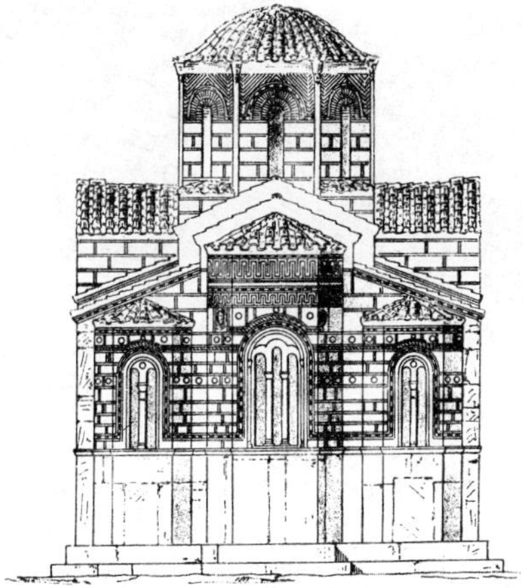

48 Mérbaka.
Die Panhagía-Kirche.
Süd- und Ostansicht.

Hannoveranern von Tolón aus aufmachte, um die Palamídi-Festung zu besetzen und Nauplia den Türken zu entreißen. Am Ostende der Bucht hat man eine kleine Landzunge mit prähistorischer Akropolis und Spuren von Polygonalmauern als *Asine* identifiziert, das von Homer in der Ilias erwähnt wird. Östlich von Asine setzt sich der Sandstrand fort, der dort noch breiter und feiner ist als bei Tolón. Das Hinterland jedoch ist flach und reizlos im Vergleich zu dem schattigen Grün bei dem Fischerdörfchen.

Die Straße nach *Epidauros*, der berühmten Stätte mit dem Heiligtum des Asklepios und dem Theater, führt nun durch einen einsamen Landstrich der argivischen Halbinsel. Gestrüppbewachsene Hügel und steiniger Talboden treten an die Stelle der schimmernden Ebene. Von der Höhe oberhalb des Dorfes *Ligourión* kam das Feuerzeichen, das dem Palast von Mykene den Fall von Troja ankündigte. In der Ortschaft rechts führt eine Abzweigung zum *Heiligtum des Asklepios*, das sich auf einer grünen, baumreichen und von grauen, kahlen Bergen umschlossenen Ebene ausbreitet. Am Hang des höchsten dieser Berge, dem Thitton, was Brustwarze oder ›Titte‹ bedeutet, wurde Asklepios, das Kind

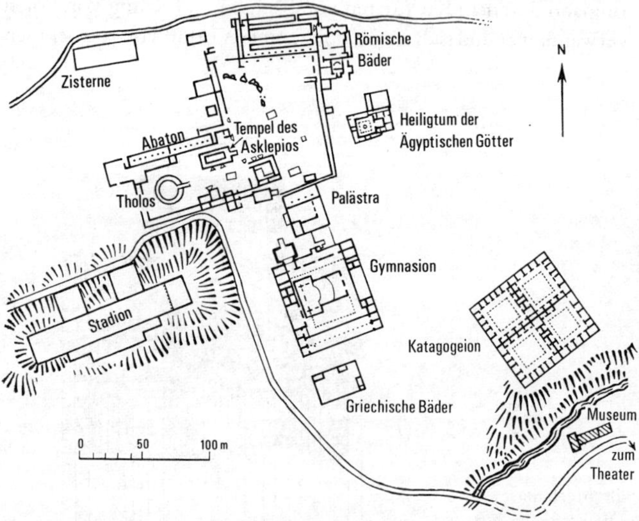

49 Epidauros. Das Asklepios-Heiligtum.

Apollons und der Koronis, von einer Ziege gesäugt, indes seinem Kopf Blitze entfuhren, um ihn als halbgöttliches Wesen auszuweisen. Asklepios erlernte von Cheíron, dem alten Kentauren, der im Pélion-Gebirge in Thessalien lebte, die Kunst zu heilen und reiste dann in Griechenland umher, machte Kranke gesund, erfand neue Medikamente aus Kräutern und Pflanzen und machte sogar Tote wieder lebendig. Doch gerade die letzte seiner Fähigkeiten brachte ihm unliebsame Erfahrungen: Zeus war so erbost, weil er den Hippolytos wieder zum Leben erweckt und damit die Gesetze der Natur umgekehrt hatte, in die nur er, Zeus allein, einzugreifen das Recht hatte, daß er einen Donnerkeil nach ihm schleuderte und ihn in die Unterwelt verbannte. Dessen ungeachtet blühte der Kult des Gottes der Heilkunst und hatte sein Zentrum in Epidauros, im Schatten des Thitton, der berühmt war wegen der Heilkräuter, die an seinen Hängen wuchsen.

Der Heilige Bezirk hieß der ›Alsos‹, was Hain bedeutet. Hohe Kiefern müssen hier gestanden haben. Auch heute werfen sie wieder ihren Schatten über die Grundmauern von Tempeln, Herbergen und Schlafräumen. Epidauros war das Lourdes des Altertums und mit allem ausgestattet, was zu einem Kurort gehört. Aus den entlegensten Ecken der hellenischen Welt strömten die Kranken und Siechen hierher. Das Heiligtum war so bekannt und weithin gerühmt, daß im Jahre 293 vor Chr., als Rom von einer schrecklichen Epidemie heimgesucht wurde, Botschafter in Epidauros eintrafen, um zu erfragen, welche Gegenmittel einzusetzen seien. Die Diagnose der Erkrankung des Patienten wurde anscheinend von Priestern, die den Asklepios verkörperten, in einer Vision gestellt – wahrscheinlich während der Patient schlief. Wunderbare Heilungen bewirkte das Auflegen zahmer gelber Schlangen, die nur in Epidauros vorkommen und den Vorgang der Erneuerung symbolisierten, da sie alljährlich ihre Haut abwerfen; sie leckten die Patienten im Schlaf, bis sie völlig geheilt waren. Die Heilungsriten waren ein streng gehütetes Geheimnis, zu dem nur Priester Zugang hatten. Was die heikle Frage der Wiedererweckung zum Leben anlangte, so erklären die Mythenschreiber, sie sei durch Anwendung des Blutes der Medusa, das in einer heiligen Phiole aufbewahrt wurde, bewirkt worden.

Diese Wunderkuren schlossen die Anwendung herkömmlicher Heilmethoden wie Bäder, Umschläge und therapeutische Salben nicht aus. In manchen Fällen empfahl der Gott körperliche Bewegung und eine strikte Diät. Rekonvaleszenten hatten Gelegenheit, den beliebtesten Athleten des Tages auf der Rennbahn Beifall zu zollen oder Zerstreuung im Theater zu suchen. Der ganze Ort duftete nach den harzhaltigen Kiefern, und von den strauchbewachsenen Hügeln trägt heute noch der Wind den würzigen Geruch von Thymian und Salbei herab. Es ist hübsch zu wissen, daß hier nie jemand gestorben ist, denn Todesfälle durften innerhalb des Heiligen Bezirks nicht vorkommen.

Abgesehen von dem erstaunlichen Theater, der größten klassischen Ruine Griechenlands außerhalb Athens, steht von den Bauten wenig mehr denn Grundmauern. Aber es ist angenehm, zwischen den Marmorblöcken und Kalksteinsockeln umherzuwandern, die reine Luft zu atmen und sich der gelassenen Heiterkeit des Ortes hinzugeben. Die Umrisse des *Stadions* sind, wenn man von Nauplia ankommt, rechts von der Straße zu erkennen. Anders als in Delphi, wo die Wettkämpfe auf einem hohen Felsvorsprung stattfanden, liegt das Stadion hier vertieft in einer Bodensenke. Auf der grasbewachsenen südlichen Böschung befinden sich einige gut erhaltene Sitzreihen. Die ›Sphendone‹, die Zuschauerwälle an den Schmalseiten, schließen rechtwinklig an, nicht halbkreisförmig wie anderwärts, und dort meist erst in späterer Zeit. Zerbrochene Pfeiler neben dem Startplatz am Ostende waren vermutlich Teil des offiziellen Eingangstors. Die Athleten allerdings betraten das Stadion durch den überwölbten Gang zwischen dem Sitzreihen-Geröll an der nördlichen Böschung.

Auf der anderen Seite der Straße breiten sich die Fundamente der Tempel, Bäder, Stoen, Häuser und Brunnen aus. Wir stoßen als erstes auf die Grundmauern der *Tholos,* eines Rundtempels. Die Ruine ist unscheinbar, war jedoch einstmals ein sehr heiliger Bau und zudem das Schaustück des ganzen Heiligtums. Man bekommt eine Vorstellung von seiner verschwenderischen Ausschmückung, wenn man im Museum gewesen ist und die reich ornamentierten Baufragmente gesehen hat. Die Tholos wurde um die Mitte des 4. Jhs. vor Chr. von Polyklet dem Jüngeren entworfen, und wenn man allein die Schenkungen in Betracht zieht, die eine marmorne Inschrift – auch im Museum – verzeichnet, müssen die Baukosten enorm gewesen sein. Die äußere Säulenstellung aus 26 dorischen Säulen auf dreistufigem Unterbau schirmte den Innenraum ab,

50 Epidauros. Asklepios-Heiligtum. Querschnitt durch die Tholos.

51 Epidauros. Asklepios-Heiligtum.
Grundriß der Tholos, im Zentrum das Labyrinth.

dessen Boden mit einem Schachbrettmuster verschiedenfarbiger Marmorplatten ausgelegt war. Der innere Säulenkranz bestand aus 14 Säulen mit korinthischen Kapitellen. Das Dach erhob sich kegelförmig, und die verputzten Wände der Cella waren mit Fresken geschmückt. Die marmorne Regenrinne, die Sima, trug ein reiches plastisches Rankenornament, und den Fries zierten Metopen mit großen Rosetten in der Mitte. Der Bau erhob sich über einem Unterbau aus 6 konzentrischen Mauerringen, deren 3 innere von gegeneinander versetzten Öffnungen durchbrochen und durch Zwischenwände miteinander verbunden waren. Wollte man in die Mitte des Gebäudes gelangen, so zwangen einen die gegeneinander versetzten Öffnungen und die Zwischenwände, sich wie in einem Labyrinth voranzuschlängeln und jede der Windungen fast ganz zu umlaufen, ehe man zur Mitte kam. Dort stand der Altar, auf dem geopfert und den gelben Schlangen des Asklepios, die in einer unterirdischen Grube hausten, Gaben dargebracht wurden. Der eigentümliche Zugang war vorsätzlich so angelegt, daß er symbolisch die Illusion der Bewegung des heiligen Reptils hervorrief.

Nördlich der Tholos sind Reste des *Abaton* zu sehen, einer Stoa, die auch als ›Ort des Tempelschlafs‹, als ›Krankenabteilung‹ oder ›Schlafsaal‹ bezeichnet wird. Hier schliefen die Heilungssuchenden und wurden im Traum von dem Gott aufgesucht, der ihr Leiden diagnostizierte und die Behandlung verordnete. Am Ostende des Abaton befand sich der *Tempel des Asklepios*. Die Grundmauern sind klar zu erkennen. Er wurde in der 2. Hälfte des 4. Jhs. vor Chr. aus korinthischem Tuffstein erbaut und hatte eine dorische Säulenordnung, die allerdings etwas verkürzt war. Den 6 Säulen an jeder Schmalseite standen nur 11 an jeder Langseite gegenüber. Dies war das Zentrum der Verehrung des Heilgottes, und sein Abbild aus Gold und Elfenbein erhob sich hoch aus einer Ausschachtung, in welche die Heilungssuchenden mit ihren Opfergaben hinabstiegen. Man glaubt, daß sie in dem unteren Raum erneut befragt wurden und in den dafür vorgesehenen Gruben entlang der Tempelwände ihre Opfergaben zurückließen. Der Gott war auf seinem Thron sitzend dargestellt. Mit einer Hand berührte er den Kopf einer Schlange, während die andere einen Stab hielt. Ein Hund hockte zu seinen Füßen. Strabon schildert den Tempel dicht gedrängt voller Menschen und angefüllt mit Weihgaben, auf denen die Namen der dankbaren Bittsteller und eine ausführliche Beschreibung ihrer Behandlung verzeichnet waren. Ein Wald von Votivdenkmälern umgab den Tempel.

Südöstlich des Tempels liegt die *Palästra,* ein Gebäude, bei dem Kammern und eine Stoa den Innenhof umgeben. Daran schließen römische Fundamente und das *Gymnasion* an, dessen Mittelhof in ein *römisches Odeion* umgebaut worden ist, von dem noch Reste zu sehen sind. Östlich vom Gymnasion breiten sich die weitläufigen Grundmauern des *Katagógion* aus, der großen ›Herberge‹ für die Besucher mit immerhin 160 Räumen! Es war aus Lehmziegeln auf steinernem Unterbau errichtet und setzte sich aus vier gleichen Baukörpern zusammen. Ein jeder umschloß einen inneren Säulenhof. Trotz seiner Größe kann das Katagógeion nicht allen andrängenden Patienten Platz geboten haben. Wahrscheinlich lagen am Rande des Heiligtums noch weitere bescheidenere Herbergen.

Wir begeben uns nun ins *Museum*. Man stößt zuerst auf die Inschriften aus dem Asklepios-Tempel, die Heilungen von Krankheiten verzeichnen, welche von Bandwurm- über Augen-, Glieder-, Nieren- und Gallenbeschwerden bis zu Unfruchtbarkeit reichen; sodann Statuen – einige sind Abgüsse – des Asklepios und der Hygiéia, der Göttin der Gesundheit; Fragmente der Giebelfiguren und Rekonstruktionen von Teilen des Tempels. Zahlreich sind die Baufragmente der Tholos: ein Stück des Fußbodens; ein sorgfältig ausgearbeitetes korinthisches Kapitell, angeblich eine Arbeit des jüngeren Polyklet; ein Teil der runden Mauer und der tief kassettierten Decke des Umgangs, deren Perlstab-gerahmte Felder verschwenderisch mit Rosetten in der Mitte von offenen Blüten und sich nach außen wölbenden Akanthusblättern in jeder der Ecken ornamentiert sind; ein Stück des Gebälks, bestehend aus dem Triglyphenfries, dessen Metopen Rosetten tragen; und aus dem eleganten Rankenband der Sima, aus dem Palmetten emporwachsen und Löwenköpfe mit erstaunlich menschenähnlichem Ausdruck als Wasserspeier hervortreten.

Südlich des Museums liegen auf verschiedener Höhe ein Touristen-Pavillon und ein kleines Motel. Im Sommer ist es sehr reizvoll, unter den großen Kiefern zu Abend zu essen, wenn die Stille des nun menschenleeren Ortes nur vom Summen einer elektrischen Lichtmaschine und dem Zirpen einiger unermüdlicher Zikaden unterbrochen wird. Vom Touristen-Pavillon steigt man im

Baumschatten zum *Theater* hinauf. Man hat es bei der Anreise schon von weitem liegen sehen: seine von dunklem Grün gerahmten grauen steinernen Sitzreihen am Hang des Kynórtion. Kommt man nahe heran, so sind sein guter Erhaltungszustand und die Schönheit seiner Proportionen noch eindrucksvoller. Es wurde um die Mitte des 4. Jhs. vor Chr. von Polyklet dem Jüngeren in der Einbuchtung des Hanges gebaut, die von Natur aus so amphitheaterförmig gerundet war, daß jeder Zuschauer, wo er auch sitzen mochte, einen ausgezeichneten Blick auf Orchestra und Bühne hatte. Die ursprünglich 54 Sitzreihen des Halbrunds, auf denen bis zu 14000 Zuschauer Platz finden konnten, sind unterhalb der breiten Diázoma von 11, oberhalb von 21 Treppen unterteilt und vorzüglich erhalten. Die Steinsitze sind glatt und unverziert mit Ausnahme der ersten Reihe und der beiden Reihen unmittelbar über und unter der Diázoma, die geschwungene Rücklehnen hatten und die für offizielle Persönlichkeiten reserviert waren. Die Sitzreihen oberhalb der Diázoma steigen entsprechend dem natürlichen Hangverlauf steiler an und setzen das Halbrund der unteren Cavea bis zur obersten Reihe voll ausgeformt fort, was beispielsweise im Dionysos-Theater in Athen nicht möglich war, weil der steile Akropolisfelsen und an beide Seiten anstoßende Gebäude es verhinderten. Die Akustik ist so vollkommen, daß man ein Flüsterwort von der Mitte der *Orchestra*, einem großen, mit hellen Steinplatten ausgelegten Kreis, noch auf dem obersten Rang hören kann.

Vom *Proskenion,* der Bühne, und der *Skené*, dem Bühnenhaus, sind nur noch die Fundamente erhalten. Man hat eine moderne Konstruktion aufgesetzt, die für die heutigen Aufführungen als Bühne und Hintergrundskulisse dient. Die antike Skené bestand aus zwei Stockwerken und war von Säulen und Halbsäulen gegliedert und von einer durchlaufenden Galerie geteilt, auf der das ›Theologeíon‹, der von Wolken umgebene ›Sprechplatz der Götter‹, vor- und zurückgeschoben werden konnte. Aus olympischer Höhe wendeten sie sich an die Sterblichen auf dem unteren Proskenion oder an den Chor auf der Orchestra. Die Darsteller verteilten sich folglich, ihren Rollen entsprechend, auf drei Ebenen: Götter, Hauptdarsteller und Chor, der das Volk repräsentierte. Zuweilen wurden Sterbliche von einer Hebevorrichtung, dem ›Gheranós‹ (Kranich), von der Bühne auf die Stufe der Götter

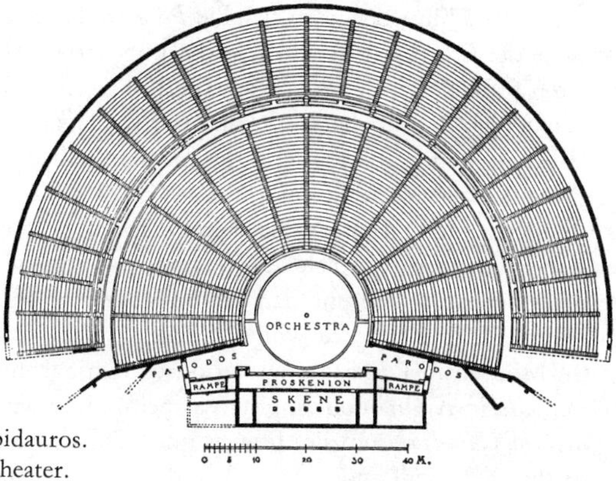

52 Epidauros. Das Theater.

hochgezogen. Hinter der Skené befanden sich bewegliche Kammern, die auf Rädern herausgerollt werden konnten, um einen Szenenwechsel anzudeuten – zum Beispiel das Palastinnere, wo Klytaimestra neben dem Leichnam des Agamemnon steht, der unter purpurnem Tuch in einem silbernen Bad liegt. Es gab noch andere Requisiten, um gewisse Bühneneffekte zu erzielen: mit Kieselsteinen gefüllte Tierblasen wurden auf Kupferblech hin- und hergerollt und brachten ein donnerähnliches Geräusch hervor, und ein dreikantiges Spiegelprisma erzeugte Blitze. Das Bühnenbild, auf Leinwand gemalt, war auf Holzrahmen gespannt, die in eine Vorrichtung an den Stützen des Proskenion eingeschoben werden konnten.

Darsteller tragischer Rollen trugen kunstreich verzierte Lederstiefel mit hohen Sohlen und Absätzen, um ihre Erscheinung besonders hervorzuheben. Sie hatten große Masken mit weitgeöffneten Mündern vor den Gesichtern. Komiker hingegen trugen Halbstiefel mit dünnen Sohlen. Sklaven waren an Masken mit verzerrten Mündern zu erkennen. Die Masken des Chors in den ›Vögeln‹ des Aristophanes liefen in riesige Schnäbel aus, die bei den ›Wespen‹ in lange Stacheln. Die Schauspieler wurden vom Staat bezahlt und erhielten eine hohe Besoldung; sie mußten sich einer harten Schulung unterziehen und strenge Diät halten. Ihre Bewegungen und Gesten auf der Bühne waren wahrscheinlich abrupt und steif. Man nimmt an, daß sie ihren Text mit pathetischer Stentorstimme deklamierten.

Beiderseits der Bühne befanden sich die *Párodoi,* die Zugänge, durch welche der Chor die Orchestra betrat, während die Schauspieler durch fünf Türen der Skené auf die Bühne kamen. Die Tore zu den beiden Párodoi hat man restauriert, – elegante hellenistische Portale, deren drei Pfeiler – der mittlere teilt die Türöffnung – ein fein proportioniertes ionisches Gebälk tragen.

Das Athener Nationaltheater veranstaltet in jedem Sommer im Theater von Epidauros Festspiele. Große Sonderautobusse bringen die Besucher aus Athen und den Provinzstädten. Außerdem kann man auch die besonders reizvolle Anreise per Schiff wählen. Es legt am Morgen in Piräus ab, kreuzt durch den Saronischen Golf an den Inseln Äigina und Angistri vorbei und erreicht den Hafen von *Palaiá Epídauros* um die Mittagsstunde. Die kleine antike Stadt lag früher auf einer Landspitze, welche die Bucht in der Mitte teilte. Inzwischen hat sich das Meer tiefer in die Küste hineingefressen, und man nimmt an, daß sich noch antike Fundamente unter Wasser befinden. Hinter dem fruchtbaren Küstenland mit seinen Zitronenhainen steigen die Berge hoch. Im Süden erhebt sich das vulkanische Massiv der Halbinsel Méthana imposant aus dem Meer. Man hat Zeit, um zu Mittag zu essen und von den Klippen ins Wasser zu springen. Die kurze Autobusfahrt zum Heiligtum führt durch ein bewaldetes Tal. Bäche kommen von den Hängen, fließen durch Obst- und Gemüseland. Beim Heiligtum angelangt, wandelt man unter mächtigen Kieferwipfeln – der Harzduft ist am Abend besonders stark – zwischen den Ruinen.

Wenn man sich für die Vorstellung einen Sitz in der obersten Reihe aussucht, kann man sich gegen den sonngewärmten Stein zurücklehnen, ohne daß einen die Füße irgendeines unruhigen Nachbarn in den Rücken knuffen. Während des Sonnenuntergangs senkt sich für kurze Zeit Zwielicht über das Tal, und der Thitton-Berg setzt eine weniger strenge Miene auf. Drunten in der Orchestra webt der Chor stilisierte choreographische Muster, indes er die Götter anruft und das tragische Schicksal des Helden beklagt. Im Unterholz schicken die Glühwürmchen Leuchtsignale an ihre Gefährten aus. Zikaden zirpen unbeirrt weiter, aber nicht so laut, daß ein auch nur geflüstertes Wort auf der Bühne verloren ginge, die 60 m weiter unten liegt. Die Aufführungen finden in neugriechischer Sprache statt. – Der Autobus fährt einen dann zurück nach Nauplia, nach Athen oder aber zu dem kleinen

Hafen, wo sich die Lichter des Dampfers auf der ruhigen Wasserfläche spiegeln. An Bord gibt es eine Imbiß-Theke; einige Fahrgäste stimmen eines der wehmütigen Klephtenlieder an, andere lassen ihre Transistor-Radios spielen. Anfänglich ist jedermann noch angeregt, aber allmählich werden die meisten von Schläfrigkeit überwältigt, und bald hört man keinen Laut mehr außer dem zischenden Schäumen der phosphoreszierenden Bugwelle. Immer ist Land in Sicht. Die Umrisse felsiger Inselchen und kahler Landzungen tauchen plötzlich aus der Dunkelheit heraus und verschwinden wieder. Gegen zwei Uhr nachts ist man wieder in Athen.

Man kann aber auch erwägen, am kommenden Morgen einen Ausflug nach *Troizén* anzuschließen. Die Fahrt entlang des Saronischen Golfes ist herrlich, der Blick auf die wilden Felsformationen von Méthana großartig, und die Umgebung des Hippólytos-Heiligtums bei Troizén von verwunschener Schönheit. △

Der Reisende, der nach der südlichen Peloponnes unterwegs ist, nimmt jetzt am besten den Weg über Nauplia nach Argos. Etwa 5 km südlich von Argos führt rechts eine Seitenstraße nach *Kephalári*, wo die Wasser des Erasínos am Fuße eines Steilhangs aus dem Felsen hervorschießen. Kephalári, der Ortsname, sagt schon, daß hier der Kopf einer Wasserader aus dem Fels hervorbricht. Strabon und Diodor behaupten, es sei der Abfluß des Stymphalischen Sees, der nach 40 km langer unterirdischer Reise als Erasínos an den Tag tritt – eine großartige und phantasievolle Vorstellung, die aber unser Jahrhundert mit seinen geologischen Einsichten ernstlich bezweifelt. Aber auch zwei Höhlen über dem Wasser ließen den Ort als einen besonderen erscheinen. Pausanias glaubt, daß Pan, der stets ein Kundiger und Liebhaber der Höhlen war, hier verehrt wurde, und der fromme Sinn späterer Zeit hat in der kleineren der Höhlen das Kirchlein der Panhagíatis Zoodóchou Pigís für ›Maria, den lebensspendenden Quell‹ errichtet, zum Teil auch aus dem Fels herausgeschlagen. Wasserpflanzen wachsen in dem Teich unterhalb der Höhle, und der Bach teilt sich dann in zahlreiche weidengesäumte Rinnsale, die die Wiesen und Felder bewässern und sich dann wieder vereinigen, um durch den Sumpf von Lerna ins Meer zu fließen. Der Erasínos ist der einzige argivische Fluß, der im Sommer nicht austrocknet.

Auf der Hauptstraße kommt man bald nach der Kephaléri-Abzweigung zu dem Dorf Mýloi, ›die Mühlen‹, der Stätte des antiken *Lerna*, wo Herakles die Hydra erschlug. Dieses Ungeheuer besaß einen hundeähnlichen Leib, einen so giftigen Atem, daß sein Ausströmen genügte, um alles Leben zu vernichten, und den verschiedenen Mythen zufolge zwischen zehn und zehntausend Köpfen, von denen einer unsterblich war. Die Hydra hauste unter einer Platane neben einem bodenlosen See. In ihrem Kampf mit Herakles kam ihr ein riesiger Krebs zu Hilfe und zwickte den Helden in den Fuß – Hera wußte dies zu belohnen und versetzte ihn nach dem Kampf unter die Tierkreiszeichen. Das Ringen endete damit, daß Herakles das unsterbliche Haupt der Hydra packte, abhackte und rasch, während es noch zischte und schäumte, unter einem Felsblock vergrub. In diesem Mythos spiegelt sich wahrscheinlich die Leistung eines prähistorischen argivischen Königs, der, weil er die strategisch wichtige Lage des Ortes erkannte, Deiche und Entwässerungsgräben ziehen und die Bestellung des Landes in Angriff nehmen ließ. Nahe bei dem legendären Baum, das Ufer wird bis heute von den knorrigen Ästen alter Platanen beschattet, lag der Halkyónische See, in dessen stillen, friedlichen Wassern der Schwimmer unversehens von Strudeln erfaßt und hinabgezogen wurde. Nero soll angeblich versucht haben, seine Tiefe auszuloten, indem er Steine an Seile band, aber er konnte keines auftreiben, das lang genug gewesen wäre. An seinen Ufern fanden alljährlich nächtlichte Dionysien statt.

Zwischen Meer und Straße inmitten von Schilf und hohem Gras haben amerikanische Archäologen die *prähistorische Siedlung* ausgegraben, die von der Jüngeren Steinzeit (etwa 4. Jt. vor Chr.) bis zur mykenischen Epoche bewohnt war und deren Fundlagen – und die Funde im Museum von Argos – mit seltener Deutlichkeit und Kontinuität über die Entwicklung der frühesten Zivilisationen Aufschluß geben. Nicht in mykenischer Zeit, als Lerna wahrscheinlich schon im Schatten von Mykene und Tiryns stand, sondern in der mittelhelladischen Epoche (um 2000 vor Chr.) muß es eine bedeutende und blühende Stadt mit Palästen und starkem Mauerring gewesen sein. Oberhalb des Sumpfgeländes erhebt sich der Pontínos-Berg mit den Ruinen einer fränkischen Burg.

Kurz nach Mýloi, gabelt sich die Straße. Die Hauptstraße steigt westwärts nach Arkadien hinan. Der Reisende, der sich für die

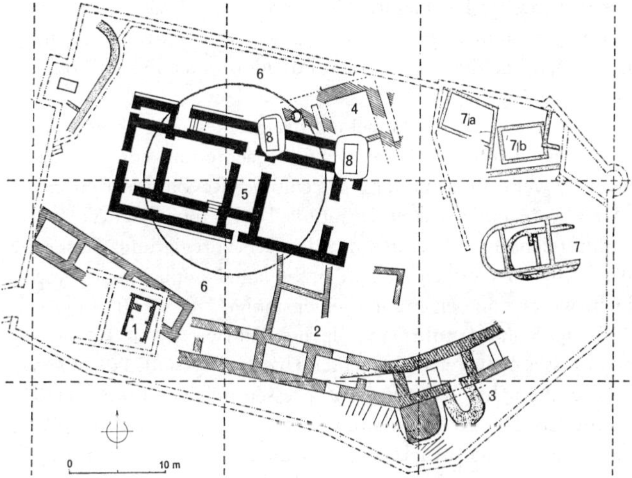

53 Lerna. Plan der Ausgrabungen mit Bauten aus frühhelladischer bis in mykenische Zeit.

1 Steinzeithaus - 2 frühhelladische doppelte Befestigung 3 angefügter Wehrturm - 4 erster frühhelladischer Palast - 5 zweiter frühhelladischer Palast, ›Haus der Ziegel‹ - 6 großer Steinkreis - 7 mittelhelladische Häuser - 7a Küche 7b Laden - 8 mykenische Gräber.

südwärts laufende Straße bis nach Leonídion entschließt – der Umweg nimmt den größten Teil des Tages in Anspruch – kommt durch die verlassene Pracht der *Kynoúria*, einer Landschaft, die in der Antike die wilden und raubgierigen Nachkommen des Perseus bewohnten. Die Berge ragen steil aus dem Meer auf und bilden viele aneinandergereihte reizvolle Buchten. Bevor man zur tyreatischen Ebene, der ersten Stelle fruchtbaren Landes hinabfährt, teilt sich erneut die Straße. Links führt sie zu dem Küsten- und Strandort *Paralía Ástrou*, dem antiken *Astros* auf einer Landzunge, auf der auch die Ruine einer fränkischen Festung sitzt. An ihrer Nordseite stößt man noch auf antike Mauerquadern. – Weit interessanter ist es jedoch, ein Naturphänomen in der Bucht nördlich von Paralía Ástrou zu bestaunen: etwa 50m vom Strand entfernt zeigen sich starke Wirbelbildungen, Aufwallungen über der Wasserfläche. Zeitweise verfärben sie sich rötlich trüb. An dieser Stelle schießt eine starke Wasserader aus dem Meeresboden.

Die frühen Griechen nannten die Erscheinung *Díne*, ›Wirbel‹, und sie mag ihnen nicht ganz geheuer gewesen sein, denn »von alters her versenkten die Argiver dem Poseidon in die Díne schön aufgezäumte Rosse«.

Nimmt man an der Gabelung den rechten Weg, kommt man zu dem neuzeitlichen *Astros*. Der Ort machte 1823 von sich reden, als die Zweite Versammlung griechischer Revolutionsführer hier anstatt in Nauplia zusammentrat, weil der temperamentvolle und einflußreiche Kolokotrónis mit der Zentralregierung, der er die Anerkennung verweigerte, in Streit lag, Nauplia sogar besetzt hielt, wo er seine eigene und eigensinnige Herrschaft aufgerichtet hatte. Von hier führt ein holpriger Fahrweg in das Tal des Tanos-Flusses hinauf zu den leuchtend weißen Gebäuden des *Klosters Loukoú*, die sich im Schutz von Zypressen auf einer waldigen Höhe ausbreiten. Der Name Loukoú geht vielleicht auf das lateinische lucus, der Hain, zurück, wahrscheinlicher aber auf den Stifter, einen Kaufmann mit Namen Loukas. Gegenwärtig ist Loukoú eine ›Moni‹, ein Nonnenkloster, allgemein aber spricht man vom ›Monastírion‹ Loukoú, denn es war als Mönchskloster gegründet und lange von Mönchen bewohnt. Links vom Eingang führt der zerfallene Bogen eines römischen Aquädukts, mit Stalaktiten behangen, über einen Bach. Etwa einen halben Kilometer nach Nordosten liegen zwei monolithe Granitsäulen und auch antike Quadern in einer Wiese. Herodes Attikus, der reiche Athener und Bewunderer Hadrians, soll hier im 2. Jh. nach Chr. ein schönes Landhaus besessen haben.

Wir betraten den Klosterhof an einem Herbstmorgen, sahen die Mauern in einem Flammenmeer von Purpurwinden und bewunderten die gepflegten Blumenbeete voller Löwenmäulchen, Astern und vielfarbiger Dahlien. Marmorfragmente, darunter eine kopflose Statue der Athene, waren ringsum aufgestellt. Bänke standen in schattigen Winkeln. Aus der Mitte dieses bezaubernden Gartens erhebt sich die gedrungene, und doch elegante kleine byzantinische *Kirche der Metamórphosis,* der ›Verklärung Christi‹, aus dem 12. Jh. mit großem achteckigem Tambour und dreiseitigen Apsiden. Wie es heißt, war sie von benachbarten »heiligen Leuten« errichtet worden. An den Außenmauern sind alte Fayencen angebracht. In die Südmauer hat man antike Quadern mit plastischem Schmuck und an ihrem östlichem Ende das Fragment eines Mosaikbodens eingemauert. Zwei schöne korinthische Kapitelle flankieren die Westtüre. Aus dem Wiederverwenden heidnisch-antiker oder auch sehr früher christlicher Werkstücke von verschwundenen Bauten läßt sich der Wunsch herauslesen das ländliche Gotteshaus so schön wie möglich auszustatten. Man war arm an Mitteln, arm an eigener Kunst, zu bedrängt für schöpferisches Tun. Aber der Boden barg noch Kostbares aus der großen Vergangenheit und gab es reichlich frei. Landauf, landab begegnet man dieser antiken Zierde an Kirchen und sie rufen an dieser Stelle das wohltuende Gefühl einer Beständigkeit dessen, was man für Wert erachtet, herauf. Im Innern der Kirche, teilen vier alte Marmorsäulen kleine Seitenschiffe ab, und aus dunkelgrünen, rötlichockerfarbenen, gelblichen und hellgrauen Marmorplatten ist ein schöner Fußboden entstanden, dessen geometrische Muster sich aus Quadraten, Rhomben, Rechtecken und einem Doppeladler im mittleren Medaillon zusammenfügen. Die nachbyzantinischen Fresken sind wundervoll erhalten und einige der Ikonen aus der gleichen Epoche an der Ikonostasis aus geschnitztem Walnußholz sind hervorragend.

Eine asketisch aussehende Äbtissin führte uns in das Gästehaus, von wo man einen Blick über die tyreatische Ebene hat. Ein Flugzeug mit gelben Flügeln zog niedrige Kreise wie ein riesiger Spielzeug-Schmetterling und besprühte die Olivenhaine. Im Garten unter uns gingen schwarzgewandete Nonnen ihren täglichen Geschäften nach. Die Ordnung und gelassene Heiterkeit des Ortes war im Vergleich mit der malerischen Unordentlichkeit und distanzierten Freundlichkeit der meisten Mönchsklöster sehr auffallend. Die Äbtissin bot uns Ouzo mit einem ganz ungewöhnlich duftenden Aroma an, dazu Kaffee und Loukoúmi, süße Gelee-Fondants, die man in Deutschland nicht kennt. Sie erzählte uns, das Kloster habe während des Unabhängigkeitskrieges alle seine Schätze hergeben müssen, um die rauhen Kriegsleute mit Geld und Quartier zu versorgen. Der Erlös für manche Reliquie sei in die Kriegskassen geflossen.

In den Ort Astros zurückgekehrt, folgt man der Straße nach Süden, die in die Faltungen des Párnon hinaufklettert und den Blick auf verlassene kleine Buchten freigibt. Sie sind von zerklüfteten Klippen eingeschlossen, auf denen sich hellrote Mineralien-Ablagerungen abzeichnen. Im Herbst sind die Höhen über und über mit Heide bedeckt. Es ist ein eigentümlich stiller, verschwiegener und nur spärlich bewohnter Landstrich; gelegentlich kommt ein Bauer auf seinem Esel vorbeigeritten und winkt einem auf die übliche freundliche peloponnesische Weise zu.

Hinter *Paralía-Tyroú*, einem kleinen Hafenort, reihen sich Windmühlen auf dem Grat eines Hügelzugs. Sandstrände, deren Wellenmuster kein Fußtritt gestört hat, säumen die kleinen Buchten, und die Zypressenhaine mehren sich. Schon bald weichen die Berge wieder so weit zurück, daß sich erneut Oliven- und Obsthaine auf fruchtbarem Grund ausbreiten können. Im Hintergrund steigen kegelförmige Gipfel und schroffe Felsen zu gewaltiger Höhe auf. Eines der schönsten Dörfer der Peloponnes, *Leonídion*, liegt hier am Eingang zu einer dramatischen Schlucht. Eine Kette eigentümlich gestufter Felsen von phantastischer flammenroter Färbung führt bis tief ins Herz der wilden Landschaft Tsakoniá. Es heißt, daß hier Wölfe hausen, und die Bewohner, die weder Türken noch irgendwelche anderen Eroberer je unterwerfen konnten, sprechen noch einen Dialekt, der angeblich dorischen Ursprungs ist. Die weißen niedrigen Kuben der Häuser von Leonídion, die Straßen, Gäßchen und kleinen Plätze steigen auf und ab im welligen Gelände und fügen sich innerhalb der großen Arena leuchtender Felswände zu einem bezaubernden baulichen Ganzen zusammen. Die Küstenstraße endet hier. Ein Karrenweg, der nur bei trockenem Boden befahrbar ist, klettert über das Parnón-Massiv nach Sparta.

Es ist jedoch klüger, zur Straßengabelung bei Mýloi zurückzukehren und auf der Hauptstraße durch Arkadien nach Sparta zu fahren. Über viele Haarnadelkehren steigt sie in das Bergland. Man hat wundervolle Rückblicke auf die Bucht von Nauplia und die südliche Argolis. Hinter dem hübschen Dorf *Achladókampos* am Rande des Hochtals mit dem Namen ›Birnen-Feld‹, geht es zwischen kahlen schiefergrauen Bergrücken vorbei an kleinen Oasen von Pappeln und Wildkirschen über den Paß des Parthénion-Massivs. Kaum 60 km von der drückenden Hitze der Argolis entfernt, spürt man hier oben das frische Hochlandklima. Die Straße fällt dann zur großen Ebene hinab, in der Tripolis, die heutige Hauptstadt Arkadiens, liegt.

Arkadien

VIII

Auf einem berühmten Gemälde im Louvre zeigt Poussin eine Gruppe von Hirten vor einem römischen Grabstein, auf dem sie die Inschrift ›Et in Arcadia ego‹ entziffern. Im Hintergrund erstreckt sich eine laubreiche Landschaft mit Bergen am Horizont; rosa Schäfchenwolken ziehen über einen indigoblauen Himmel; die Stimmung ist elegisch. Nichts könnte der arkadischen Landschaft von heute oder der von den antiken griechischen Schriftstellern geschilderten weniger ähnlich sein, auch wenn in den Hochlandtälern hier und dort verkümmerte Eichen stehen und mancher der graublauen Berghänge mit herrlichen Fichten- und Tannenwäldern bestanden ist.

Im Altertum war das von Gestrüpp und einer dünnen Grasnarbe überzogene Bergland, das die Mitte der Peloponnes einnimmt, wegen seiner Esel berühmt. Seine Bewohner, die im Ruf standen, das gröbste und unfreundlichste Volk Griechenlands zu sein, lebten von ihren Schaf- und Ziegenherden und jagten Bären und wilde Eber. Dessen ungeachtet waren sie bei aller bäurischen Ungeschliffenheit angeblich ein musikalisches Volk, und Hermes, ein arkadischer Gott, geboren in einer Höhle auf dem Berg Kyllíni in der Nordpeloponnes, verfertigte an den Ufern des eiligen Bergflusses Ladon die ersten Flöten aus Schilfrohr und die erste Leier aus Kuhdarm-Saiten, mit einem Schildkrötenpanzer als Klangkörper. Und Pan, der Schutzgott dieses Landes der Schäfer, ein gutartiger und unbekümmerter Geselle, der sein Nachmittagsschläfchen liebte und nur zornig wurde, wenn man ihn aufstörte, erfand hier die Syrinx, auch Pansflöte genannt.

Warum nur hat man so lange Zeit hindurch das Wort ›arkadisch‹ mit der Vorstellung von einer pastoralen Landschaft verbunden, die von rosenwangigen Schäfern und Schäferinnen be-

Arkadien

0
5
10 km
Orchomenós
Kakoúri
Sánga
Levídi
Mantinéia
Mainalon
Skopí
TRIPOLIS
nach Argos
Parthénion
Pallántion
Palaio Episkopí
Tegea
Táka-See
nach Sparta
Ládon-Stausee
Ládon
Trópaia
Stavrodrómi
Erýmanthos
Olympia
Alpheios
Langádia
Karkaloú
Vytína
Dimitsána
nach Pyrgos
Piána
Ipsoús
Loúsios
Helissón
Andrítsaina
Karýtaina
Mínthi
1219
1421
Lýkaion
Káto Phigaleía
Bassai
(1151)
Neda-Schlucht
Tholón
Neda
Phigaleía
Lykósoura
Megalópolis
Tetrázion
Chorémi
Ísari
nach Kyparissía

wohnt wird, die sich in immerwährendem Sommer sonnen? Es liegt an dem Wort ›Schäfer‹. Diese kahlen, eingeschlossenen Täler waren in der Tat und sind noch immer von Schäfern bewohnt, einzelgängerischen Gestalten in schweren Schaffellmänteln, die auf schwindelerregenden Felssimsen hocken, umgeben von ihren Bergziegen, die im stachligen Gesträuch zwischen Steinblöcken herumknabbern. Anscheinend wurden die römischen Dichter, vor allem Vergil, von Pindars Hinweis auf Arkadien als eines »Landes der Herden« verleitet, sich von dem Wort ›Schäfer‹ eine falsche Vorstellung zu machen. Sie ließen die Schilderungen anderer griechischer Schriftsteller von den langen Wintern und schweren Schneefällen, in denen sogar die Schlangen in ihren Löchern erfroren, unbeachtet und stellten sich in ihrer Phantasie eine ländliche Gegend vor, in der die Hirten nichts anderes zu tun hatten, als auf blumigen Wiesen zu liegen und im sonnenfleckigen Schatten von Ulmen und Platanen ihre Rohrflöten zu blasen. Dieses Sehnsuchtsbild der Stadtrömer, der Poetentraum von einer harmonieerfüllten Ideallandschaft ist dann Jahrhunderte lang weitergereicht worden. Große und bedeutende Kunstwerke gingen daraus hervor, die ihre Apotheose in den Gemälden Poussins und in Miltons Versen erreichte und in den Schäferspielen des Rokoko ausklang.

Die örtlichen Mythen gehen weit zurück. Pelasgos, den Hesiod als eine chthonische Gestalt schildert, war der erste König von Arkadien. Er zeigte seinen Untertanen, wie sie sich durch Fellkleidung und den Bau von Hütten vor den Unbilden der Witterung schützen konnten, und lehrte sie, sich von Pflanzen zu ernähren. Seine Tochter Kallisto erweckte die liebevolle Zuneigung des Zeus. Als Hera von dieser Liebschaft erfuhr, verwandelte sie Kallisto in einen Bären, und in ihrer schon bekannten rachsüchtigen Art bat sie Artemis, den Bären zu erlegen. Gebrochenen Herzens ehrte Zeus das Andenken der Kallisto, indem er sie als das Sternbild des Großen Bären an den Himmel versetzte.

Die Arkadier nahmen am Trojanischen Krieg teil. Da sie als Gebirgsvolk weder Schiffe hatten noch Seeleute waren, machten sie sich mit der Flotte Agamemnons nach Troja auf. Im Peloponnesischen Krieg waren sie gezwungen, sich mit Sparta zu verbünden, aber nach dem thebanischen Sieg über Sparta bei Leuktra im Jahre 371 wurden sie begeisterte Mitglieder des ›Arkadischen Bundes‹.

Er war das Geisteskind des Epameinóndas und hatte zum Ziel, sich vom Würgegriff Spartas in der Peloponnes zu befreien. Sie waren ebenso enthusiastische Mitglieder des ›Achäischen Bundes‹, einer der vielen mißlungenen griechischen Bemühungen um politische Einheit, die den tyrannischen Übergriffen der makedonischen Diadochen Widerstand entgegensetzen sollte. Kein arkadischer Staat stieg je zur Großmacht auf, aber seine rauhen, schlichten Bewohner scheinen im allgemeinen auf der Seite der Demokratie gegen die Autokratie gestanden zu haben, sobald sie nicht von ihrem mächtigen Nachbarn Sparta unter Druck gesetzt wurden.

Tripolis – Mantinéa

Tripolis ist eine mittelalterliche Gründung, von der wir erstmals in der Zeit der türkischen Besetzung hören, als es Residenz der Paschas der Moréa war. Es liegt in der Nähe des antiken Pallántion, einer alten Polis, von der 1940 bei einer Grabung Tempelfunde aus dem 6. Jh. vor Chr. und einige Gebäudereste wieder zu Tage kamen. An die Vergangenheit von Pallantion, Mantinéia und Tegea, der drei bedeutenden Orte der Ebene, wollte ›Tripolis‹ wieder anknüpfen. Nach der völligen Zerstörung im Verlauf der griechischen Freiheitskämpfe durch Ibrahim Pascha beherbergt die Stadt heute kaum Nennenswertes. Aber sie ist wichtiger Knotenpunkt für alle Verkehrswege durch die Peloponnes. Von hier gehen die Straßen nach Lakonien und Messenien im Süden, nach Elis im Nordwesten und nach Achaia im Norden.

Auf dem Weg in den gebirgigen Norden ist das erste Fahrtziel *Mantinéia*, wo die spartanische Militärmacht zu wiederholten Malen ihre fast unbesiegbare Stärke gegen die demokratischen Stadtstaaten Griechenlands einsetzte. Nördlich von Tripolis zieht sich die Ebene zusammen. Sie ist baumlos, der Himmel darüber, außer im Hochsommer, häufig bedeckt. Treibende Wolkenschatten gleiten über die schwärzlich-grauen Berge, die das Plateau wie einen riesigen Krater umgeben. Bei *Skopí* stößt ein felsiger Hügelzug in die Ebene vor, die sich hier auf eine Breite von etwa anderthalb Kilometer verengt. An diesem Ort fand 418 vor Chr. eine der entscheidenden Schlachten des Peloponnesischen Krieges statt. Die Spartaner, zehntausend Mann stark und geführt von König Agis, fügten den verbündeten Heeren von

Athen, Argos, Elis und Mantinéia eine schwere Niederlage zu. Dieser Sieg war ein Musterbeispiel spartanischer Disziplin und der geordneten Weitergabe von Befehlen, die in anderen griechischen Heeren unbekannt war. Dort feuerten die Heerführer ihre Truppen mit leidenschaftlichen Reden zu spontanen, zuweilen tollkühnen Angriffen auf den Feind an. Die spartanische Methode war fachmännischer. Der englische Historiker George Grote schildert, wie bei Eröffnung der Schlacht im Engpaß von Mantinéia die spartanischen Pfeifer »zu spielen begannen, indes der langsame, feierliche und gleichmäßige Marschtritt der Truppen sich dem Takt dieser Instrumente anglich, ohne daß die Linien ins Schwanken gerieten oder auseinanderbrachen«. Kein anderes griechisches Heer war auf den Gedanken gekommen, sich den Luxus von Pfeifern zu leisten.

Das Schlachtfeld von Mantinéia im Schatten seines Amphitheaters aus grauen Bergen, das zur Bühne für das Vorspiel der spartanischen Vorherrschaft geworden war, ist 80 Jahre später auch der Schauplatz einer der heftigsten Erschütterungen im langwährenden Todeskampf des spartanischen Militarismus gewesen. Von dem gleichen Felsvorsprung aus, der den entscheidenden, einstmals die spartanischen Waffen begünstigenden Engpaß beherrscht, verfolgte nun Epameinóndas, der glänzendste aller thebanischen Staatsmänner und Heerführer, im Jahre 362 vor Chr. die zweite Schlacht von Mantinéia. Erst als der unaufhaltbare Sturmangriff der thebanischen ›Heiligen Schar‹ mit ihren schimmernden Helmen und polierten Schilden und Speeren die Reihen der zusammengedrängten spartanischen Heloten durchbrochen hatte, nahm der verwundete Epameinóndas die Hand von der Brust, die ein feindlicher Pfeil durchbohrt hatte, und ließ das Blut seinem Leib entströmen. Doch der Verlust dieses edlen Mannes raubte den Thebanern die Früchte ihres Sieges. Schreckerfüllt durch seinen Tod, blieb das Heer wie gelähmt in der Stunde seines Triumphs mit gesenkten Waffen stehen und ließ die geschlagenen Spartaner unbelästigt nach Süden entkommen.

Nördlich von Skopí führt eine Abzweigung nach rechts zur *antiken Stadt Mantinéia*, die sich entgegen jeder herkömmlichen Regel in der Ebene ausbreitete und auch keine Akropolis hatte. Die Mantineier waren zwar durch ihre geographische Lage gezwungen, die Vorherrschaft Spartas anzuerkennen, aber sie lieb-

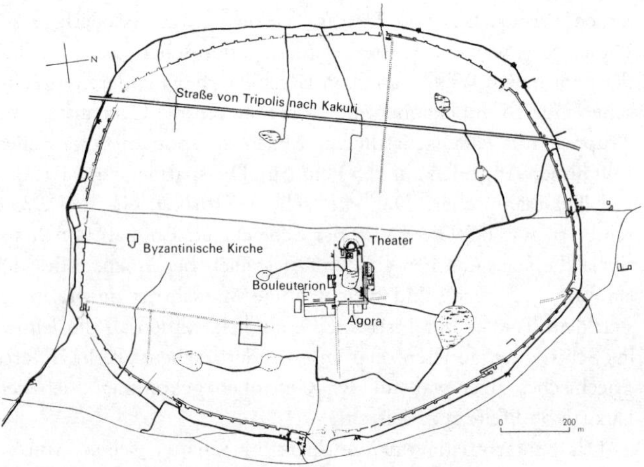

54 Mantinéia. Lageplan.

ten ihren mächtigen Nachbarn keineswegs. Ihre Verfassung wird im 2. Jh. vor Chr. von Polýbios sehr gerühmt. Zur Zeit Hadrians wurde der aus Bithynien gebürtige Antinoos hier verehrt, da auch die Mantineier behaupteten, bithynischer Abkunft zu sein. Er war allerdings berühmter durch die ungewöhnliche Leidenschaft, die er im Kaiser entfacht hatte, als um eigener Leistungen und Fähigkeiten willen. Pausanias spricht von den Statuen und Gemälden des Hadrian-Günstlings im Gymnasion und von den Spielen, die zu seinen Ehren im Hippodrom »außerhalb der Mauern« abgehalten wurden. – Von der Stadtbefestigung mit zehn Toren und zahlreichen Wachttürmen ist nichts mehr zu sehen. Die Umrisse des *Theaters* lassen sich jedoch an einem niedrigen Hang leicht ausmachen. Zwei Sitzreihen sind erhalten, und einige Baufragmente vom Proskenion liegen verstreut in den feuchten Wiesen. Die Bühne befand sich in einem leicht schrägen Winkel zur Orchestra, und die Cavea war weiter gerundet als der sonst übliche Halbkreis.

Dieser Teil der Ebene ist ein von Bächen durchzogenes Sumpfgelände. Eines dieser Gewässer ermöglichte es den Spartanern im Jahre 385 vor Chr., während der Regierung ihres Königs Agesiláos, Mantinéia zu bezwingen. Sie sperrten unterhalb der Stadt den

Ophris, der daraufhin über seine Ufer trat und die Stadt überschwemmte. Die Bewohner mußten sich auf die benachbarten Dörfer verteilen. Diese Auflösung Mantinéias in verstreute Siedlungen war ein typisches Beispiel für die Taktik Spartas, die demokratischen Stadtstaaten, auf die sich das politische Gefüge in ganz Griechenland gründete, zu zerbrechen. Aber mit dem Aufstieg Thebens und dem daraus folgenden Niedergang der spartanischen Macht wurde Mantinéia neu erbaut; diesmal nach einem Plan, der die Bäche aus seiner Mitte verbannte. Das Problem der Überschwemmungen blieb freilich ungelöst. Polýbios sagt, die Mantineier hoben schließlich Gräben aus, in die das Wasser bis zum Einsickern in unterirdische Katavothren abgeleitet werden konnte. Dennoch spielten Überschwemmungen, besonders die absichtlich herbeigeführten, eine wichtige und kostspielige Rolle in der Geschichte von Mantinéia; die Geschichtsschreiber erwähnen mehr als einmal die herausfordernden Versuche von Mantineiern und von Tegeaten, die im Süden der Ebene wohnten, wechselseitig ihr Gebiet unter Wasser zu setzen.

Mantinéia ist von ausgesprochen melancholischer Schönheit. Im klaren Sommerlicht scheinen die Berge besonders streng und von metallischer Härte. Turmfalken ziehen hoch oben ihre Kreise. – Auf der alten Stätte hat sich nie wieder ein Dorf angesiedelt, und das Sumpfland dehnt sich unbestellt über den Gebeinen von Generationen von Soldaten: arkadischen Patrioten und peloponnesischen Söldnern, spartanischen Heloten und prunkvoll bewaffneten thebanischen Jünglingen, die ein feierliches Gelübde ewiger Freundschaft miteinander verband.

Orchomenós – Dimitsána – der Ladon

Hinter der Abzweigung nach Mantinéia läuft die Hauptstraße am Gebirge entlang, dann über einen breiten Paß, der die Ebenen von Mantinéia und von Orchomenós trennt. Beim Dorf Levídi führt rechts eine holprige Straße in ein schüsselförmiges Tal, in dem es einstmals, wie Apollodóros sagt, von Herden wimmelte. Schroffe Berge rundum. Das Dorf *Kalpáki* in 1000 m Höhe an einem Hang gegenüber dem fast 2000 m hohen Maínalon-Gebirge gelegen, ist Ort der antiken *Akropolis von Orchomenós*. In frühester Zeit herrschte hier ein Königsgeschlecht über Arkadien. Außerder Kapelle des Hagios Ioannis und einem kreisrunden Dreschboden sind jetzt nur noch drei gut erhaltene Säulenbasen eines Artemis-Tempels zu sehen. Ein steiler Anstieg zur Bergkuppe führt zu den Ruinen eines kleinen *Athena-Tempels* und anderen antiken Fundamenten. Von der Terrasse des Bouleutérion sieht man zwischen Akropolis und den hohen Gipfeln im Osten in das Tal hinab. Die Mulde des Theaters, dessen Sitzreihen im Erdreich begraben liegen, ist gerade noch erkennbar. Es ist ein herber Ort, kahl und verlassen – aber großartig.

Von Levídi fährt man um die Nordflanke des Maínalon und kommt zu dem Kurort *Bytina* (sprich: Vitína), einer Art griechischen Schwarzwalddorfs, über 1000 m hoch, inmitten hoher Tannenwälder. Sanatorien, Hotels und ein Motel bezeugen, wie gern man hierher kommt. Bei *Karkaloú* zweigt eine Nebenstraße zu dem malerisch gelegenen alten Bergdorf *Dimitsána* ab, das auf einer Terrasse über einer tiefen Schlucht sitzt, in der in weiter Schleife der Loúsios fließt. Die Berge fallen allmählich zum Oberlauf des Alpheios und der Ebene von Megalópolis ab, die im Westen vom Bergstock des Lýkaion und im Süden von der lakonischen Gebirgskette begrenzt ist. Während der Türkenbesetzung war Dimitsána ein Zentrum der Gelehrsamkeit. Der Ort besaß eine berühmte Bibliothek. Heute sucht man ihn nur wegen seiner bezaubernden Aussicht auf. Drunten in der Schlucht liegt versteckt in einer schattigen Senke das Kloster *Hagios Ioánnis Pródromos*, von ›Johannes dem Täufer‹, das im 12. Jh. vom Kaiserhaus der Komnenen gestiftet worden ist. – Die meisten Einwohner von Dimitsána sind inzwischen nach Athen oder Amerika ausgewandert. Auch andernorts trifft man auf verfallende Dörfer, die sich mit einem halben Dutzend Familien, ein paar Hirtenhunden und einigen mageren Hühnern an die Berghänge klammern, wie versteinerte Wachtposten, denen nichts mehr zu bewachen bleibt – melancholisch stimmende Eindrücke im hohen Arkadien. Von Dimitsána führt eine schlechte Straße über Ipsoús, ebenfalls einem hochgelegenen, im Sommer beliebten Gebirgsort, hinab in die Ebene von Megalópolis.

Bleibt man in Karkaloú auf der Hauptstraße, so beginnt allmählich eine der schönsten Wegstrecken in der Peloponnes. Eine Biegung gibt schon bald den Blick auf das große Dorf *Langádia* frei. Erstaunlich, wie die massiven grauen Steinhäuser, rotbedacht, an der steilen Bergwand ihren Stand behaupten. Hier sollte man in herrlicher Luft auf der Altane über den grünen Abstürzen zur Schlucht Rast machen und zumindest einen ›Kafedáki‹ trinken. Man kann auch zu Mittag essen oder in den Touristenläden stöbern, die Fell- und Schafwolldecken, wollene Bauerntaschen, moderne Nachahmungen von Bauernstickereien, gestreifte Bettüberdecken, Schafglocken und natürlich auch die unvermeidliche Venus von Milo feilbieten. Wären diese Statuetten aus Bronze oder Gips nicht so ergötzlich kitschig, so könnte die äußerste Verfeinerung des hellenistischen Zeitalters, die diese vollkommene Inkarnation weiblicher Schönheit personifiziert, nirgendwo so fehl am Platz sein wie in diesem einsamen Gebirgsdorf – fast so fremd wie die nordischen Touristen, deren Stromlinien-Busse sich über die endlosen Kurven hier heraufwinden.

Weiter unten, bei *Stavrodrómi* führt eine Abzweigung auf der rechten Seite nach *Trópaia,* wieder einem bemerkenswert schön gelegenen Dorf; hinter ihm klimmt die Straße aufwärts zwischen Hängen, die von ihren Mangan-Ablagerungen karmesinrot gefärbt sind. Ein halsbrecherischer Steilhang fällt senkrecht in das verlassene, vom Ladon durchschossene Tal. Die Szenerie ist wild: steilaufragende und überhängende Felsen türmen sich über einem Kessel, den die blaßgrünen kristallklaren Wasser eines heutigen Stausees füllen, dessen Dammkonstruktion erst kürzlich vollendet wurde.

Hinter Stavrodrómi kommt man in eine ländlichere, idyllischere Gegend und folgt nun dem Lauf des Ladon und seinen üppig mit Platanen und Pappeln bestandenen Ufern. Die welligen Ausläufer der Berge sind dicht bewaldet, und zwischen den Wasseradern im breiten Flußbett leuchtet im späten Frühling der Ginster. An diesen Ufern stieß Poseidon unversehens auf seine Schwester Demeter und wurde plötzlich von unzügelbarer Begierde ergriffen, sie zu besitzen. Um seinen Zutraulichkeiten zu entgehen, verwandelte sie sich in eine Stute, worauf Poseidon prompt die Gestalt eines Hengstes annahm und sie auf der Stelle für sich gewann. Demeter badete sodann in den Wassern des Ladon, der Pausanias zufolge »Buntfische« enthielt, die »singen sollen wie die Drosseln«. Man erreicht dann die Brücke über das breite Flußbett des Erýmanthos, der sich im oberen Teil tosend aus einer Schlucht des Erýmanthos-Gebirges stürzt. Er bezeichnet die Grenze zwischen Arkadien und Elis. Beide Flüsse, Ladon und Erýmanthos, münden in den Alpheios (in Griechenland sprich: Alfiós), der in seinem Unterlauf breit und in heiterer Gelassenheit zwischen grünen Hügeln und sandigen Ufern an Olympia vorbeifließt.

Megalópolis – Karýtaina – Andritsaina – Bassai

Der Reisende, der von Tripolis aus die südwestliche Route nach Megalópolis einschlägt, kommt auch hier bald wieder aus der Ebene in hügeliges Land. Nach knapp 30 km, ehe sich die Straße erneut in großen Schleifen hinabwindet, hat man einen großartigen Ausblick auf die Ebene von Megalópolis: Gehölz- und Baumgruppen, kleine Hügel, dazwischen Felder und am westlichen Rand der Lauf des jungen Alpheios. Arkadien enthüllt ein neues Gesicht. Man befindet sich jetzt 220 m tiefer als in der tripolitanischen Ebene. Die Luft ist wärmer und feuchter, die Landschaft weiträumiger, die Berge weniger streng. Nur die Kette des Lý-
△ kaion (sprich: Líkeon) bildet mit ihrer Folge gebrochener Felsgrate eine Sperre im Westen. Bei dem katastrophalen Erdbeben von 1965 soll sich der ganze Bergstock leicht verschoben haben. Die Dörfer an seinen Hängen stürzten damals zusammen. Das moderne Megalópolis ist ohne besonderen Charakter; neuerdings wird südlich der Stadt das reichste Braunkohlevorkommen des Landes gefördert. Doch die Trümmerstätte der *antiken Stadt* (Ausfahrt auf der Straße nach Pýrgos) lohnt den Besuch.

Megalópolis, die ›Große Stadt‹, wurde 371 vor Chr. von Epameinóndas als Sitz des Arkadischen Bundes gegründet. Der große Thebaner stand nach dem Sieg über die Spartaner bei Leuktra auf dem Höhepunkt der Macht. Seine Absicht war es, durch den Zusammenschluß aller Kräfte in Arkadien Sparta in seinen lakonischen Grenzen zu halten und es zu hindern, seine bisher nur allzu erfolgreichen Versuche fortzusetzen, die Peloponnes in kleine, ihm unterwürfige Einheiten aufzuspalten. Politisch gesehen war das ein guter Gedanke. Irgendwie aber glückte die Neugründung von Megalópolis nicht so recht. Die ›Große Stadt‹, der Versammlungsort des ›Rates der Zehntausend‹, der sich aus Vertretern aller verbündeten arkadischen Stadtstaaten zusammensetzte, war nur in ihrer Anlage ›groß‹. Sie dehnte sich beiderseits des Helissón und ihr doppelter Mauerring mit seinem Umfang von 9 km glich einem zu weit geratenen Gewand. Polýbios, der um 200 vor Chr. in der Stadt geboren war, erklärt, ihre Macht sei rasch abgesunken, und im 1. Jh. nach Chr. beschrieb ein Komödien-Dichter spöttisch die ›Große Stadt‹ als eine ›große Wüste‹. Als Pausanias sie 100 Jahre später aufsuchte, war sie verlassen und weitgehend verfallen. Abgesehen von Polýbios, dem gelehrten Geschichtsschreiber, brachte Megalópolis nur noch Philopoímin, den glänzenden Feldherrn und Strategen etwa um 253-183 vor Chr., als bedeutenden Mann hervor. Ihm gelang es, Sparta in den wechselvollen und immer kriegerisch ausgetragenen Kämpfen gegen die makedonischen und römischen Machtansprüche in den Achäischen Bund einzubringen. Seine Erfolge bestärkten ihn in der Idee von einem einheitlichen peloponnesischen Staat. Doch mit dieser Vorstellung blieb er glücklos. Pausanias vergleicht ihn, vielleicht etwas übertrieben, mit Miltiades, und Plutarch fügt hinzu, einer der Römer habe ihn als »den letzten der Griechen« bezeichnet. Er soll häßlich und für seine mangelnden gesellschaftlichen Manieren bekannt gewesen sein.

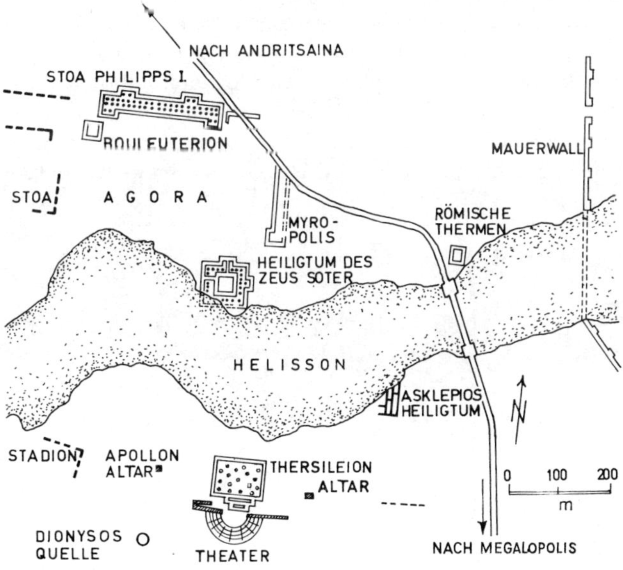

55 Das antike Megalópolis.

Die damals »jüngste Stadt Griechenlands« besaß das größte *Theater*, das 20000 Zuschauer fassen konnte. Seine sehr schön proportionierte Cavea öffnet sich nach Westen und ist dem breiten Bett des Helissón zugekehrt. Den Hintergrund bilden die Ausläufer des Lýkaion und etwas weiter nördlich die Festung Karýtaina vor rundgipfligen Bergkonturen. Nur die vorderste Sitzreihe ist mehr oder weniger unversehrt erhalten, sechs weitere sind in Bruchteilen noch erkennbar. Einmal, an einem Sommernachmittag, war ich hier allein. Das schrille Zirpen der Zikaden war begleitet vom Quaken der Frösche auf den sandigen Flußufern. Eine Schafherde zog unter dem Bogen einer Steinbrücke hindurch. Zwei Ziegen waren an einem Steinblock angebunden, der einmal Teil des Proskenion war, und kauten die versengten Gräser und Kräuter. Im hohen Gras der oberen Cavea klammerten sich die fleischigen Knollenköpfe der parasitischen ›Cytinus hypocistis‹, deren gelbe Blüten von leuchtend orangefarbenen Schuppen umrandet sind, an die Wurzeln von Zistrosenbüschen. Chrysippusfalter, schwarz und orange gesprenkelt, flitzten zwischen diesen erstaunlichen Pflanzen hin und her.

Jenseits des Proskenion liegen einige Basen der zahlreichen Säulen des *Thersiléion*. Dies war die große Versammlungshalle mit 6000 Sitz- und 10000 Stehplätzen – eine Art antiken Prototyps des ›Palais des Nations‹ in Genf, ebenso vergänglich, ebenso wirkungslos. Die Bühne der antiken Geschichte hatte sich inzwischen in unvergleichlich viel größere Dimensionen ausgeweitet, und die

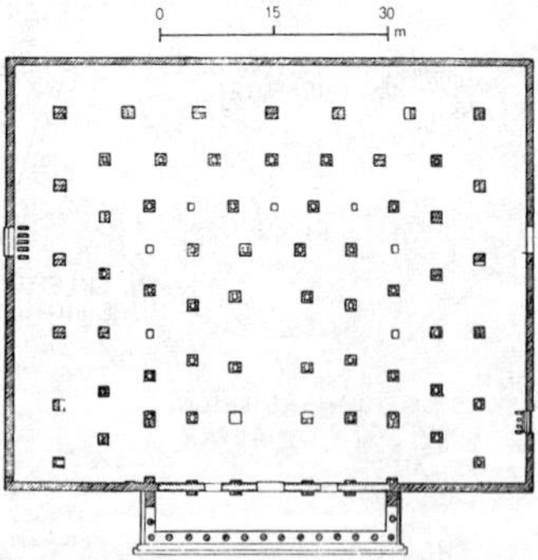

56 Megalópolis. Das Thersiléion.

regionalen Rivalitäten zwischen den griechischen Stadtstaaten, die oft wenig mehr als Grenzstreitigkeiten waren, mußten vor den imperialen Bestrebungen Makedoniens und Roms verblassen. In der Mitte der Halle war zwischen vier Säulen ein besonderer Platz für den Redner vorgesehen, von dem aus auch Demosthenes und Áischines gesprochen haben. Weitere Säulen standen auf den Sockeln innerhalb der rechteckigen Halle. Sie liefen anscheinend radial in gleichmäßigem Jochabstand auf den Rednerplatz zu. Die *Agorá* mit ihren prachtvollen Ausmaßen ist auf dem Nordwestufer des Helissón identifiziert worden.

Am Nordwestrand der Ebene erhebt sich die trutzige Feste von *Karýtaina,* die imposanteste der fränkischen Burgen in der Moréa. Je weiter man in der Peloponnes herumkommt, desto mehr ist man von dem Netz dieser mittelalterlichen Burgruinen beeindruckt. Im Vergleich zu venezianischen Festungsbaumeistern waren die Franken zwar Dilettanten, aber die strategisch geschickt gewählten Punkte haben an wilder, romantischer Schönheit nicht leicht ihresgleichen. Streitigkeiten um Mitgift und Erbschaft erhöhten den Marktwert dieser schloßartigen Anlagen, die zwischen den räuberischen Baronen häufig den Besitzer wechselten. Die Wappenschilder über den Toreinfahrten tragen die Namen großer Feudalfamilien: Villehardouin, Bruyères, Champlitte, Neuilly, Tournay, Nivelet, St. Omer, La Trémouille. Aber für die Ritter aus dem Norden in diesem sonnentrunkenen Land, inmitten staubiger Olivenhaine und rebenbedeckter Täler, war des Bleibens nicht lange. Bruderzwiste, auch gegenseitiger Mord und Totschlag und Kriege mit den unterworfenen Griechen forderten ihre Opfer. Vielleicht stellte sich die göttliche Vorsehung in ihrem Entsetzen über die Frevel des Vierten Kreuzzugs auf die Seite der Griechen – jedenfalls war kaum ein Zeitraum von zwei Generationen nach der Eroberung der Moréa durch die Kreuzfahrer verstrichen, als viele der ruhmreichen Namen bereits wieder erloschen waren. Nicht alle fränkischen Herren waren die groben, ungeschliffenen Gesellen, an die man beim Vierten Kreuzzug denkt. Es gab auch gebildete Männer wie Leonardo von Veroli, der Kanzler des Fürstentums Achaia, der ein Büchernarr war, eine Bibliothek katalogisierte und eine Vorliebe für Ritterromane und medizinische Werke hatte. Guillaume de Villehardouin war zwar kriegslustig, aber ein ritterlicher Mann, der Griechenland wirklich und aufrichtig liebte.

Karýtaina erstreckt sich über einen Doppelberg, der die ins Herz der Moréa führenden Gebirgspässe beherrscht. Auf dem östlichen der Zwillingsgipfel breitet sich das Dorf aus, auf dem westlichen, der höher und eigenartig abgeflacht ist, erhebt sich die Burg. Über den Sattel zwischen beiden ziehen sich weitere Häuser hin. Ein Bergvorsprung am Fuß der Burg fällt plötzlich steil ab. Mehrere hundert Meter tief drunten schlängelt sich das grüne Band des Alpheios zwischen rostroten Felswänden durch eine enge Schlucht. Von der Straße nach Andrítsaina aus gesehen fügt sich Karýtaina zu einem auffallend schönen und vollkommen proportionierten Bauwerk zusammen. Auf dem Weg zum *Dorf Karýtaina* hinauf klebt links am Berghang neben einem schönen fränkischen Glockenturm und seinen alten Fresken die kleine, aus dem 11. Jh. stammende Kirche der *Panhagía*. Sie besitzt eine kunstvoll gearbeitete Ikonostasis, die in hellen Farben mit Vögeln und vielerlei Ornamenten bemalt ist. Ein Irrgarten von immer enger werdenden Gäßchen zwischen alten, zum Teil leer gelassenen Häusern, manche mit vorgebauten Balkonen, steigt an bis zum Sattel. Abgestürzte Mauerbrocken des mittelalterlichen Hauptturms liegen umher, überwachsen von Brombeerbüschen und Wolfsmilch. Überall auch hier die Stimmung wehmütiger Verlassenheit. Die jüngere Generation hat zusammengepackt und ist nach Athen, nach Amerika, nach Australien davongegangen. Zuweilen fragt man sich, wie diese Bergprovinz in zehn oder zwanzig Jahren aussehen wird, wenn der Exodus im gegenwärtigen Ausmaß fortdauert. Es ist beklemmend zu sehen, wie die oft spärlichen Ruinen aus klassischer Zeit säuberlich mit Drahtnetz eingezäunt sind, daß aber alte Dörfer in Schutt zusammenfallen und die Einwohner Arkadiens ihr Auskommen nur noch als Bedienstete von Motels, Touristen-Hotels, bei Tankstellen oder gar in der Fremde finden können.

Nördlich des Sattels blickt die byzantinische *Hagios Nikólaos*-Kirche auf einen Friedhof und einen Zypressenhain. Ihr Grundriß ist kreuzförmig. Vier kleine Kuppeln sitzen auf den äußersten Enden der Kreuzarme, eine größere auf dem behäbigen Tambour in der Mitte, und aus der unterschiedlichen Höhe der giebeligen Dächer ergeben sich reizvolle Flächenüberschneidungen. Die Pro-

57 Die Feste Karýtaina. Im Vordergrund der junge Alpheios.

portionen im Innern folgen der strengen Bauordnung und vermitteln, obwohl die Kirche vergleichsweise klein ist, den Eindruck von einem hohen, erhabenen Raum. Die wahrscheinlich nachbyzantinischen Fresken sind zu beschädigt, stellenweise auch zu übermalt, als daß man ihre Qualität noch beurteilen könnte, aber in der Gesamtwirkung strahlt eine wunderschöne glühende Farbigkeit von ihnen aus.

Beim Besuch der Burg ist es ratsam, sich von einem Dorfbewohner den Weg zeigen zu lassen, denn der Anstieg ist steil und einigermaßen verwirrend. Im Frühling ist der Pfad von Bienenragwurz und der langstieligen rosa-malvenfarbenen ›Anemone hortensis‹ eingefaßt, die elliptische Blütenblätter und drei Tragblätter tief unterhalb der Blüte hat. Nach zwei Dritteln des Wegs kommt man an der *Hagios Andreas*-Kapelle vorbei. Sie ist von kurioser Bauart: ihr westliches Ende hat die Form einer Basilika, das östliche die eines halben Griechenkreuzes. Von dem kleinen Gebäude daneben heißt es, es sei das *Haus des Kolokotrónis,* der während des Feldzuges von 1821 wahrscheinlich einmal hier gewohnt hat. Unten in der Ebene war er eines Tages von einem türkischen Kavallerietrupp gründlich in die Flucht geschlagen worden. Im allgemeinen Durcheinander verlor er sein Gewehr und trat unbewaffnet, aber gänzlich furchtlos den eiligen Rückzug an. Jahre später erklärte der Freischärlergeneral, eigensinnig und selbstherrlich, er habe dem König von Griechenland die Festung Karýtaina als persönliches Geschenk angeboten, da er sie selbst erbaut habe.

Man betritt die *Festung* durch ein Vorwerk. Obwohl sie Sitz einer der zwölf großen Baronien der Moréa war, ist sie im Innern doch recht enttäuschend, nicht nur weil sie jetzt verfallen ist. Im 13. Jh. wurde sie von Hughues de Bruyères, dem Vater Geoffrois, des berühmtesten Repräsentanten des französischen Rittertums in der Moréa, erbaut und wirkt unbezwingbarer als alle anderen mittelalterlichen Burgen in Südgriechenland, außer Monemvasía. Die de Bruyères wählten den Platz eindeutig wegen seiner einzigartigen Lage: sie beherrscht das Tal des oberen Alpheios wie seiner Nebenflüsse und die Straßen durch die arkadischen Berge, also sowohl den Süden bis in die messenischen Ebenen hinab wie den Nordwesten bis zur Küste von Elis. Da die Burg ein rein strategischer Zweckbau war, verlief das Leben auf ihr wohl nicht sonderlich ereignisreich, aber ihr Besitz war im historischen Kräftespiel jeweils begehrter Stützpunkt. So mußte sie 1320 beim Niedergang der fränkischen Herrschaft in der Moréa an die Paläologen abgetreten werden und unterstand den byzantinischen Despoten von Mistra. 1460 wurde sie von den Türken erobert. Im Zweiten Weltkrieg diente sie zum letzten Mal einem militärischen Zweck, als die von den Partisanen unablässig bedrängte deutsche Besatzungsarmee dort oben Artilleriestellungen einrichtete. Von dem Vorwerk wendet sich der Pfad nach links zum Haupttor, das in die Füllmauer eingelassen und im Norden von einem viereckigen Turm flankiert ist. Durch den Torbogen und den anschließenden gewölbten Durchgang kommt man in den dreieckigen Burghof. An der Südseite lag eine große Halle, und in der Nordecke steht ein viereckiger Turm. Drunten, etwa 100 bis 200 m tiefer, liegt ein kreisrunder Dreschboden. Die Ausläufer des Lýkaion erheben sich unmittelbar auf der anderen Seite der Schlucht. Im Vordergrund, im Norden, hängt die Hagios Nikólaos-Kirche über dem Abgrund. Aus dem Südosten schlängelt sich von seiner Quelle im fernen Taýgetos-Massiv der Alpheios heran.

Wir folgen der Straße nach Westen und überqueren eine modern überbaute, *alte fränkische Brücke,* von deren sechs Bogen vier erhalten sind. An einen der Pfeiler klammert sich, gegen die Strömung geschützt, ein kleines Kapellchen, zu dem Steinstufen aus dem Flußbett hinaufführen. Eine dramatische Geschichte, deren Kern sich vielleicht am kürzesten unter der Überschrift ›Vom Teufel und der armen Seele‹ fassen läßt, gibt im Volksglauben diesem Zufluchtsort seinen Sinn. Die Straße steigt in die Ausläufer des Lýkaion-Gebirges hinauf, und die verwunschene einsame Schlucht entschwindet dem Blick. Auf der Hochlandstraße kommt *Andrítsaina* in Sicht, ein stattliches Bergdorf im Schatten seiner knorrigen Platanen. Der riesige Baum auf der Platía muß wohl über einer Wasserader gewachsen sein. Man hat ein Rohr durch den Stamm hinabgeführt, und nun plätschert frisches Quellwasser aus ihm hervor, eine Attraktion, auf die niemand versäumt, den Fremden aufmerksam zu machen. Als ich kürzlich in Andrítsaina eintraf, war gerade Markttag. Es herrschte reges Leben. Grellfarbige Kleidungsstücke – die gestrigen Modelle aus den Kaufhäusern Athens – waren in hölzernen Verkaufsständen und auf den Dächern von Kleinbussen ausgelegt. Unser Wagen, der im Schneckentempo

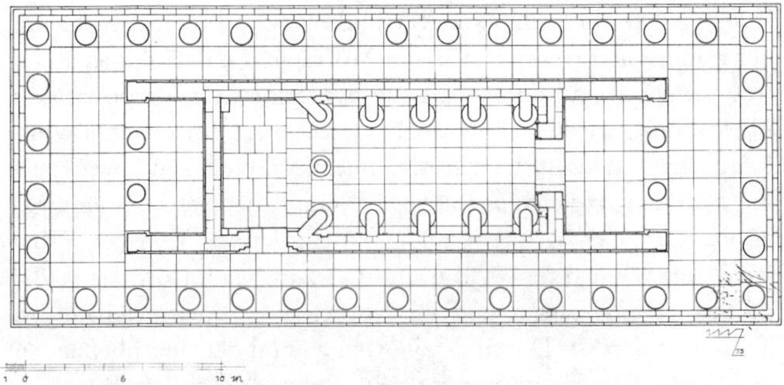

58 Bassai. Tempel des Apollon Epikoúrios.

vorwärts kroch, nahm den größten Teil des noch verfügbaren Platzes der engen Hauptstraße ein, und die Einwohner, im faszinierenden Ritual des Handelns plötzlich unterbrochen, mußten sich buchstäblich gegen die Mauern ihrer Häuser pressen. Sie nahmen es jedoch keineswegs übel, und Buben riefen uns die wenigen deutschen Worte zu, die sie aufgeschnappt hatten. In den entlegeneren Gegenden Griechenlands nimmt man als selbstverständlich an, daß alle Reisenden deutsche Touristen sind. Die Jahre zwischen 1941-44 sind vergessen, oder man ignoriert sie einfach. Andrítsaina besitzt ein Xenía-Hotel und eine Bibliothek, die im Verhältnis zur stetig abnehmenden Bevölkerung geradezu riesig ist und die von einem literarisch interessierten Bürger, der in Frankreich zu Wohlstand gekommen war, gestiftet wurde. Da er auch für ihren Unterhalt vorgesorgt hatte, reicht der Bestand von den antiken Schriftstellern über die Meisterwerke des französischen Romans im 19. Jh. bis zur Neuzeit.

Von Andrítsaina gibt es eine recht abenteuerliche Straße ins untere Tal des Alpheios und zur Küste hinab. Die Hochlandstraße steigt weiter hinauf durch eine sehr verlassene, wunderbar gegliederte Landschaft bis nach *Bassai*. Nicht eine menschliche Behausung, nur hie und da ein Baum beleben die karge Strenge. Rechts und links des Weges Buschwerk und Gestrüpp, ein Gebirgszug folgt dem anderen. Von Zeit zu Zeit kommt man an runden Tennen vorbei, dem einzigen Hinweis, daß irgendwo noch Menschen und Tiere in diesem herben Hochland leben. Plötzlich hört die Straße auf, und der *Tempel des Apollon Epikoúrios* erhebt sich, grau wie das Gestein ringsum, auf einem Felsplateau unter dem Kotílion-Berg. Es erscheint erstaunlich, daß ein so großer und bedeutender Tempel – er wurde von Íktinos, dem führenden Baumeister des 5. Jhs. vor Chr. erbaut – an einer der einsamsten Stellen der Peloponnes in nahezu 1200 m Höhe errichtet wurde. Pausanias berichtet, dies sei auf Kosten des benachbarten *Phigaleía* geschehen (Reste der antiken Stadt finden sich beim Dorf Ano-Phigaleía) zum Dank für den Beistand, den Apollon den Opfern der Pest während des Peloponnesischen Krieges gewährte; daher auch die Weihung an ›Epikoúrios‹, den Hilfebringenden. Thukydides, der Zeitgenosse, erklärt andererseits, die Pest habe nur in Athen gewütet.

Mit Ausnahme des Wärterhauses ist nirgendwo ein Gehöft, ein Weiler oder Dorf in Sicht. Und doch gibt es außerhalb Athens in ganz Griechenland keinen besser erhaltenen Tempel. Der Bauplan weicht vom herkömmlichen ab. Dem dorischen Kanon folgend hat der Tempel an den Schmalseiten je 6, doch an den beiden Langseiten je 15 anstatt der üblichen 13 Säulen. Der Bau wirkt daher langgestreckt. Das Adyton, die geheime Kultkammer, von der die Öffentlichkeit im allgemeinen ausgeschlossen blieb, ist von der Cella nicht durch eine Wand abgetrennt. Merkwürdigerweise war er nicht von Westen nach Osten sondern von Norden nach Süden ausgerichtet. Ob das Beibehalten der Lage des älteren kleinen Tempels, ob die Ausrichtung nach Delphi, dem berühmtesten Heiligtum des Apollon, dafür ausschlaggebend war, wissen wir nicht. Deutlich wird nur, daß der Tempel an seinem jetzigen Ort dem früheren Pilger und jetzigen Wanderer den besten Blick bot und ohne Zweifel waren für den Bau in dieser Lage die geringsten Untermauerungen erforderlich. Der Stylobat weist, anders als beim Parthenon, keinerlei Kurvatur auf, aber die Säulen besitzen eine deutliche Entasis, eine Schwellung des Säulenschafts. Natürlich darf man hier nicht all die subtilen Verfeinerungen des Parthenon erwarten. Íktinos, dem hier nicht, wie auf der Akropolis, Marmor zur Verfügung stand, sondern der harte heimische Kalkstein, konnte sicher die Steinmetzen nicht mit zu hohen Ansprüchen überfordern. Dennoch rühmt schon Pausanias den Tempel wegen der Schönheit des Steins und seiner genauen Zusammenfügung. Von den 38 dorischen Säulen des äußeren Umgangs stehen 37 noch aufrecht. Der Architrav ist nur in Teilstücken erhalten.

Ein Fries im Innern der Cella schildert die Kentauromachie und die Amazonomachie auf 23 Reliefplatten. Sie sind alle gefunden, im 19. Jh. nach Korfu gebracht und von der britischen Regierung für 15 000 Pfund angekauft worden. Heute befinden sie sich im Britischen Museum in London. Die Cella ist nahezu unzerstört, und 7 der 10 ionischen Halbsäulen mit ihren schönen weitausladenden Basen sind im Verbund mit den von der Cellamauer vorgezogenen Wandzungen in gutem Zustand. Sie waren vormals von eigens für diese einmalige Raumordnung geschaffenen ionischen Dreiviertel-Kapitellen bekrönt. Nur die beiden südlichsten Halbsäulen, wie die freistehende Mittelsäule zwischen ihnen, trugen die ersten, an einem Bau bekannten korinthischen Kapitelle. Hinter dieser, nicht durch eine Wand bezeichneten, sondern nur von der

59 Bassai. Tempel des Apollon Epikoúrios.
Blick in Cella und Adyton.

Säule angedeuteten Schranke stand im eigentlichen Kultraum der Cella das alte, wohl hölzerne Kultbild des Apollon.

Vieles ist ungewöhnlich, oder auch völlig neu an diesem Bau. Man denke nur an die Gliederungen und Erfindungen im Innenraum, daran, daß ihn – nicht die Cella-Außenwände – ein plastischer Fries schmückte, an die Verschmelzung von Elementen aus den drei griechischen Bauordnungen, der dorischen, der ionischen und der korinthischen. Íktinos, der große Baumeister, bestätigt auch hier eine schöpferische Kraft, die den Vorstellungen seiner Zeit vorauseilt.

Man übersieht die Proportionen und Geschlossenheit des Tempels am besten vom Hang des Kotílion, der felsigen Anhöhe hinter der Eingangsseite im Norden. Die Luft hier ist kühl und erfrischend, auch wenn eine glühende Sommersonne niederbrennt. Nirgendwo gibt es Schatten und die Einsamkeit ist unermeßlich; aber die Ordnung der schlanken, von der Zeit und der Witterung gezeichneten Säulen beherrscht noch immer dieses Rund der zartfarbigen Staffelung naher und ferner Gipfel. Wenn je eine Andachtstätte in Einklang mit ihrer Landschaft stand, dann diese hier. Gleich der Akropolis in Athen und dem Heiligtum von Delphi ergreift sie durch ihre großartige Zeitlosigkeit.

Nach Bassai gibt es im westlichen Arkadien nichts mehr, das diese Eindrücke steigern könnte.

Tegéa

Zur Fahrt ins südliche Arkadien wählt man in Tripolis die Straße nach Sparta. Nach 6 km führt eine linke Abzweigung zum antiken *Tegéa*. Als mächtigster Stadtstaat in Arkadien leistete Tegéa lange und anhaltend Widerstand gegen Sparta; aber im Peloponnesischen Krieg war es wegen seiner Lage an der lakedaimonischen Grenze genötigt, sich mit dem verhaßten Nachbarn zu verbünden. Vom *Tempel der Athena Aléa*, der 395 vor Chr. abbrannte und von Skopas neu erbaut wurde, ist oberhalb der zweiten Säulentrommeln kaum etwas erhalten. – Stadt und Tempel wurden dann im 4. Jh. nach Chr. von Alarich völlig zerstört. Antike Schriftsteller sagen in ihren Schilderungen, der Tempel habe an Größe und kunstvoller Ausstattung alle anderen in der Peloponnes übertroffen. Er zeichnete sich aus durch seine schönen Proportionen,

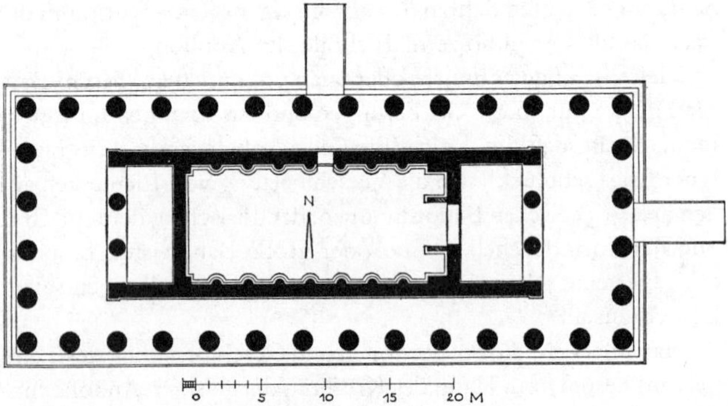

60 Tegéa. Tempel der Athena Aléa.

durch die schlanken dorischen Säulen seines äußeren Umgangs, die Skulpturen der Giebelfelder und besonders durch die Einführung ionischer Halbsäulen mit korinthischem Kapitell, die im Cella-Inneren die Wandfläche gliederten. Gerade diese Neuerung ist, baugeschichtlich gesehen, die bedeutendste und auch überraschendste in Tegéa: ein großartig freier, mit architektonischen Elementen geschmückter Innenraum war durch das Hineinnehmen der Säulen des inneren Umgangs in die Wand entstanden. Das berühmte elfenbeinerne Kultbild der Athena Aléa ließ Augustus nach der Schlacht bei Aktion (31 vor Chr.) fortschaffen. – Die geräumigen Bauproportionen sind noch gut zu erahnen. Einige der bis zu 1,50 m hohen Säulentrommeln liegen umgestürzt umher, andere stehen in Reih und Glied auf dem grasüberwachsenen Stylobat. Heute ist der Tempel von den Häusern des Dorfes eingeengt. Eines hat einen reizenden, im türkischen Stil gehaltenen verglasten Vorbau, der aus dem ersten Stock vorspringt. – Das *Museum* besitzt Kopien mehrerer Werke des Skopas, darunter den liebreizenden Kopf der Hygiéia, der Göttin der Gesundheit, dessen Original sich im Nationalmuseum in Athen befindet, sowie Fragmente der baukünstlerischen Ausschmückung des Tempels.

Das benachbarte Dorf *Pálaio-Episkopí* war im Mittelalter der große, die Hochebene beherrschende Ort *Nikli,* während der Frankenzeit wohlhabender Bischofssitz und gut befestigter Stützpunkt, der alle Verbindungslinien quer durch die Moréa beherrschte. Guillaume de Villehardouin hat im 13. Jh. auch hier Hof gehalten und Lanzenstechen, Bogenschießen und Turniere veranstaltet. In Nikli scheint es – was selten vorkam – Eheschließungen zwischen Franken und Griechen gegeben zu haben, und diese Mischlings-Einwohnerschaft, die zum Teil französisch sprach und zum katholischen Glauben übertrat, wanderte nach der Brandschatzung der Stadt durch die erobernden Byzantiner nach der südlichsten Spitze der Peloponnes aus, wo sie späterhin als eine der kriegerischsten und freiheitsdurstigsten Gemeinden Griechenlands bekannt wurde.

Zurückgekehrt auf die Hauptstraße nach Sparta, kommt man an den schlammbraunen, sumpfigen Wassern des Táka-Sees vorbei, dessen Südende, reich an Wildvögeln, von einer Kette abweisender Bergrücken eingefaßt ist. Es folgt eine Strecke durch das *Bergland des Párnon.* Die Straße klettert bis auf 900 m Höhe, ehe die langsame, gewundene Abfahrt beginnt. Die Luft verliert ihre belebende Hochlandfrische. Die Vegetation, Vorboten der Aloen und Kakteen des Eurótas-Tals, wird wieder üppiger, besonders in den meist trockenen Bachbetten. In einer langen Kehre umrundet man noch einen scharfen Berggrat, läßt letzte Hügel hinter sich, und es öffnet sich ein Blick von überraschender Großartigkeit. Der von riesigen Schlünden durchschnittene Grat des *Taýgetos,* des höchsten Gebirges der Peloponnes, reckt seine Gipfelspitzen, die *Pentedáktyla,* seine ›fünf Finger‹, die noch im Sommer Schneekappen tragen, bis zu 2409 m hoch über die Olivenhaine in der Ebene. Zu ihren Füßen erstreckt sich die lakonische Ebene, ein weites und fruchtbares Tal, das vom Oleander-gesäumten Wasserlauf des Eurótas durchströmt wird – im Frühsommer ein Meer aus roten und weißen Blütentupfen. An seinem Rande liegt die heutige Stadt Sparta.

Die lakonische Ebene

IX

Das Schlachtfeld von Sellásia, 256 – Sparta, 258 – Amykláion, 270 Therápne, 272 – Langáda-Paß, 273

Sparta – schon der Name allein ruft die Angst und den Haß wach, mit denen es einst jene griechischen Stadtstaaten erfüllte, deren eigene kontinuierliche Entwicklung vom Willen dieses militanten Volkes zum Stillstand gebracht und oftmals ausgelöscht wurde. Und doch besitzt die lakedaimonische Landschaft ein Strahlen und eine Fruchtbarkeit, die unverzüglich die Sinne ansprechen. Die rote Erde des weitumschlossenen Tals ist mit Olivenhainen bedeckt, von Gräben und tiefen Rinnen aufgebrochen. – Homer sagt, Lakonien sei »so reich an Tälern und Schluchten«. Platanengesäumte Wasserläufe, vom Taýgetos kommend, fließen durch Orangen- und Maulbeerhaine der raschen, schlammig-trüben Strömung des Eurótas zu. An den Flußufern wächst üppigster Oleander, der das kostbare Gegengift bei Schlangenbiß hergibt. Die Obsthaine sind mit Zwergpalmen durchsetzt, die im Bronze-Zeitalter das Material für Seile lieferten. Über dem Land türmt sich allgegenwärtig der Taýgetos auf, die wild zerklüfteten Gipfel, auf deren höchstem Pferde dem Sonnengott Helios geopfert wurden. Je nach Sicht und Licht hat die Bergkette ein wildes, sogar grausames Aussehen; dann fällt es nicht schwer, einen Zusammenhang mit dem strengen und harten Charakter der Menschengemeinschaft zu erkennen, die in ihrem Schatten lebte.

Lakonien und sein Herzstück, die Ebene des Eurótas-Tales, sind ein Paradies für den Reisenden. Landschaft, Mythologie, Geschichte, frühe Plastik und Kleinkunst, byzantinische Kirchen, mittelalterliche Burgen und Paläste – es ist alles vorhanden. Am naheliegendsten ist es, von Norden nach Süden zu reisen, mit Abzweigungen nach Osten und Westen, wenn man damit auch beim Ende der geschichtlichen Entwicklung beginnt.

Noch vor der endgültigen Einfahrt in die Ebene führt eine Abzweigung nach rechts zum *Schlachtfeld von Sellásia*. Hier nahm

Lakonien und Messenien

im Jahre 221 vor Chr. der lange Kampf, den die Spartaner so mütig und hartnäckig gegen die übermächtigen, jetzt mit den übrigen peloponnesischen Staaten verbündeten Streitkräften des Königs von Makedonien geführt hatten, ein verhängnisvolles Ende. Die wiederholten Sturmangriffe der schweren makedonischen Reiterei – eine von Alexanders des Großen Neuerungen in der Kunst der Kriegführung – brachen in die spartanischen Linien ein und jagten ihren König in die Flucht. Zum ersten Mal in der Geschichte ist damals ein feindliches Heer in Sparta eingezogen.

Das moderne *Sparta* wurde im 19. Jh. am Hang des südlichsten der sechs Hügel, über welche sich die antike Stadt erstreckte, erbaut. Ein rechtwinklig sich überschneidendes Straßennetz läßt genügend Raum für Gärten voller Magnolienbäume und subtropischer Pflanzen. Die Menschen sind freundlich und fleißig und widmen sich der Landwirtschaft. Spartanische Willkür und Anmaßung gehören der Vergangenheit an. Da sie einen fruchtbaren Boden besitzen, neigen sie weniger als ihre Nachbarn, die Arkadier, zum Auswandern. Sie haben die bekannte Ordnungsliebe ihrer Vorfahren geerbt. Die Kriminalität ist geringer als irgendwo sonst in der Peloponnes. In der Leophóros Konstantínou Palaiológou, der Hauptstraße, liegt das Museum und das ältere, aber ordentliche Hotel Meneláion, zudem noch ein paar Restaurants, die man aber auch auf der Platía findet. Schmackhaftere Mahlzeiten, vor allem Fleischgerichte vom Grill, sind im Touristen-Pavillon im nahen Mistra zu finden. Das moderne Xenía-Hotel Spartas liegt hübsch und angenehm auf einem Hügel hinter dem Museum. Die Stadt, ohne Bahnverbindung, ist nur mit dem Autobus zu erreichen, und vorerst noch landet hier kein Flugzeug. Der Name oder das, was er einmal bedeutete, vermag im Nationalbewußtsein noch immer ein Echo wachzurufen. Im heutigen Staat, dessen Verfassung keine Adelsprädikate kennt, trägt der griechische König immer noch den Titel eines Herzogs von Sparta.

Man erreicht zu Fuß in einer kanppen halben Stunde auf der Leophóros Konstantínou Palaiológou die *antike Akropolis,* die im Nordwesten auf einer niedrigen Anhöhe liegt und von der British School of Archaeology in Athen ausgegraben wurde. Vorher sieht man westlich vom Fußballplatz, am Rand der alten Stadt, einen rechteckigen Unterbau mit zwei oder drei gut erhaltenen Quaderlagen, der allgemein, aber unrichtig, als das ›Grab des Leonídas‹

bezeichnet wird; in Wahrheit sind es die Reste eines kleinen hellenistischen Tempels. Über eine niedrige römische Mauer kommt man in das Zentrum der antiken Stadt, die bis zum 2. Jh. vor Chr. nicht befestigt war. Die Ruinen der Akropolis sind nicht sehr eindrucksvoll. Die Szenerie inmitten der Hügel, zwischen Wicken und Königskerzen und dem Schatten der Olivenbäume, gleicht eher einer bukolischen Idylle. Die relative Bedeutungslosigkeit der Stätte im Vergleich zu anderen berühmten Akropolen und Heiligtümern macht den Unterschied der spartanischen Lebensform zu der anderer Staaten deutlich. Man vertraute auf die militärische Machtstellung und den Ring von Bergen, der die eigene fruchtbare Talsenke gegen Eindringlinge schützte, und verspürte keinerlei Nötigung, sich in und um eine befestigte Zitadelle zusammenzudrängen. Man begnügte sich mit einfachen Tempelbauten und den wichtigsten öffentlichen Gebäuden, die sich weder durch besondere Formenschönheit noch durch aufwendigen bildhauerischen Schmuck auszeichneten. Thukydides kam zu einer

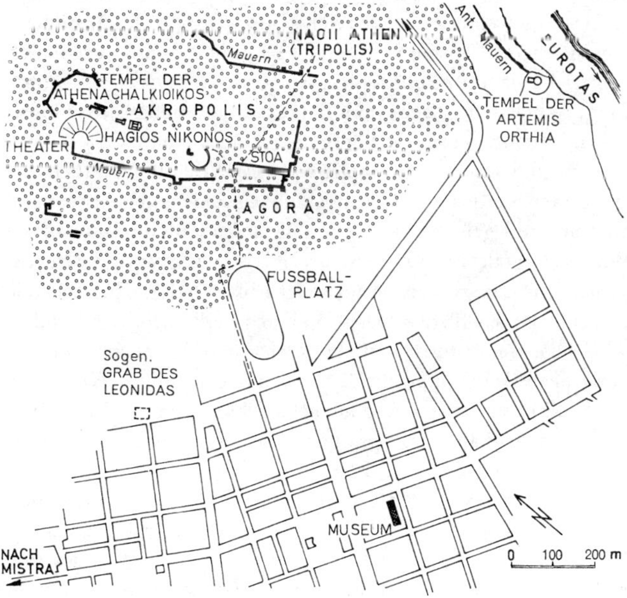

61 Sparta. Lageplan.

weitblickenden Schlußfolgerung: »Ich nehme an, wenn die Stadt der Lakedaimonier verlassen werden sollte und nur die Tempel und die Grundmauern der öffentlichen Gebäude übrig blieben, würde die Nachwelt die Kunde von der Macht dieses so vielgerühmten Volkes nur ungläubig hinnehmen.« Prophetische Worte! Wenn die späte Nachmittagssonne die schneebedeckten ›Fünf Finger‹-Spitzen des Taýgetos, die ›Pentedáktyla‹ in eine Kette flammenfarbener Gipfel verwandelt und der Laut der Schafglocken von einem buschigen Hügel zum nächsten hinüberhallt, wird selbst der für Griechenland und die Antike begeistertste aller Reisenden, der zwischen Kräutern und wilden Rosen nach dem einen oder anderen Rest antiken Mauerwerks stöbert, das Urteil des Thukydides kaum übertrieben finden.

Es mangelte Sparta nicht nur an hervorragenden Bauten. Die Spartaner verhielten sich überdies – was unter den alten Griechen selten war – recht gleichgültig gegenüber den Künsten und der Literatur. Musik und Verse dienten nur zur Lobpreisung martialischer Tugenden. Sie pflegten keinen Handel mit Fremden, waren nicht weltgewandt und ließen sich keineswegs von der Anmut gesellschaftlichen Anstands anderer beeindrucken. Sie hatten auch keinerlei Talent für Philosophie, Rhetorik oder Dialektik. Eroberung, militärische Zucht und Gehorsam gegenüber dem Gesetz galten als würdigere Ziele. Simónides vergleicht dieses so gar nicht für sich einnehmende, wenngleich mutige Volk mit »Pferden, die eingeritten werden, wenn sie noch Füllen sind« und gleicherweise »fügsam und gelehrig wie geduldig in der Unterordnung«. Die Bevölkerung des Staates war in drei Klassen eingestuft: die eigentlichen *Spartiaten* von freier dorischer Abkunft als die herrschende Schicht, die das Stadtgebiet bewohnten, das fruchtbare Land in der Ebene verwalteten und alle Rechte und Ämter in Staat und Heer ausüben konnten; die *Periöken,* die ›Umwohner‹, die in den der Stadt benachbarten Randgebieten lebten, persönlich auch frei und zum Militärdienst verpflichtet waren, aber keinerlei Mitspracherecht in Staat und Heer besaßen; zuletzt die *Heloten,* ursprünglich die von den Dorern unterworfenen Ureinwohner, durch Abgabepflicht der Hälfte des von ihnen erwirtschafteten Landertrages an Spartiaten und Periöken gebunden, persönlich rechtlos und damit eigentlich die Staatssklaven, die schutzlos waren in Fällen von Gewalt und Willkür. In seinem Werk ›Große

Griechen und Römer‹ verrät Plutarch in der Lebensbeschreibung des Lykurg, dessen Gesetze die Gesellschaftsstruktur Spartas auf Jahrhunderte hinaus festlegten, mehr als verstohlene Bewunderung für soviel Tüchtigkeit, Disziplin und Zielstrebigkeit – Eigenschaften, die selbst bei den verdientermaßen berühmtesten Griechen aller Zeitalter selten sind. Die Vorstellung von der Erblichkeit der Ämter war den Spartanern tief eingewurzelt und galt, wie Herodot sagt, für alle Berufe, sogar für Köche, Flötenspieler und Stadtausrufer. Ein Mann mit einer schönen lauten Stimme, der gern sein Talent als Herold beweisen wollte, konnte diesen Beruf nicht ergreifen, wenn sein Vater nicht vor ihm Herold gewesen war. An der Spitze des Staates standen zwei Könige. Dieses kuriose, für Sparta eigentümliche Regierungsprinzip hatte, wie Herodot glaubt, seinen Ursprung darin, daß einem der herrschenden Monarchen Zwillingssöhne geboren wurden – ein Vorkommnis, das die Spartaner in eine Klemme brachte und sogar das Orakel in Delphi verdutzte. Da sich nicht feststellen ließ, welcher der ältere war, bestiegen beide Söhne den Thron, und das Doppelkönigtum wurde zur ständigen Einrichtung. Wenn das Heer in Schlachtordnung aufgestellt war, sagt Plutarch, »stimmte der König den Angriffsgesang an«, worauf es »ruhig und heiter zum Klang der Schalmeien der Gefahr entgegenging«. Das Volk sah daher in seinen Königen eher die großen Heerführer als die Regenten. Wenn sie starben, liefen die Frauen durch die Stadt und schlugen laut trommelnd auf große Kessel, und aus jeder Familie waren ein Mann und eine Frau verpflichtet, Trauerkleider anzulegen. Verwaltung und politisches Handeln lagen in den Händen einer Gruppe von *Ephoren,* einer Art ›Aufsehern‹, die alljährlich gewählt wurden und das Volk vor Mißbrauch der königlichen Macht schützten. Diese ihrem Wesen nach demokratische Wahl stellt innerhalb eines ansonsten durchweg autokratischen Regierungssystems ein Paradoxon dar. Die Ephoren besaßen weitgehende Machtbefugnisse; sie konnten selbst den König aus dem Krieg zurückrufen, ihn sogar vor Gericht stellen und bestrafen, wenn seine Führung des Feldzuges zu beanstanden war. Hinter den Ephoren lauerte die *Kryptéia,* ein gefürchteter Geheimdienst, der öffentliches und privates Leben ebenso durchsetzte und durchdrang wie nur irgendeine neuzeitliche totalitäre Geheimpolizei. Seine Agenten waren voll bewaffnet, meist junge Rohlinge, die im Land umherstreiften und nicht gefügige Heloten gnadenlos terrorisierten.

Die Stellung der Frauen war recht ungewöhnlich. Spartanische junge Mädchen führten kein so freudloses und abgeschlossenes Dasein wie ihre Schwestern in anderen griechischen Stadtstaaten. Gekleidet in jenen geschlitzten ›Chiton‹, über den sich das ganze übrige Griechenland erregte – die Prüden nannten sie schockiert die ›Schenkelzeiger‹ –, unterzogen sie sich einer ebenso strengen körperlichen Ertüchtigung wie die Jünglinge und beteiligten sich an Wettrennen, Ringkämpfen und Boxkämpfen. Kyníska, eine spartanische Prinzessin, die ein Gestüt hielt, war die erste Frau, die mit ihren Viergespannen bei den Olympischen Spielen 396 und 392 vor Chr. einen Sieg errang. Um die Frauen abzuhärten, befahl ihnen Lykurg, in Prozessionen nackt einherzuschreiten. Plutarch berichtet auch, daß ihnen aufgegeben war, »wie die Knaben nackt ihre Aufzüge zu halten und bei gewissen Festen zu tanzen und zu singen, in Gegenwart und vor den Augen junger Männer«. Diese Zurschaustellung sollte zu Eheschließungen anregen, was in diesem Männerstaat anscheinend notwendig war, um die Nachkommenschaft zu sichern. Die Homosexualität zwischen Männern wurde nicht nur geduldet, sondern sogar gefördert, besonders im Heer, wo die enge Verbindung zwischen Führern und Geführten die Grundlage der harten spartanischen Disziplin war. Junggesellen wurden, weil sie keine männlichen Kinder zeugten, und darauf kam es an, gründlich verachtet. Sie gingen ihrer Bürgerrechte verlustig und hatten, als Zeichen ihrer Schande, am kältesten Wintertag nackt um den Marktplatz herum zu marschieren. Verheiratete junge Männer näherten sich ihren Frauen nur des Nachts und kehrten, nachdem sie eine Stunde in völliger Dunkelheit und Schweigen mit ihnen verbracht hatten, wieder in ihre Männerquartiere zurück. Erst nach dem dreißigsten Lebensjahr stand es ihnen zu, auch bei ihren Familien zu wohnen.

Alle gesunden männlichen Kinder führten vom siebenten Lebensjahr an ein kasernenähnliches Leben. Wiesen sie irgendwelche körperlichen Schäden auf, wurden sie im Taýgetos-Gebirge ausgesetzt. Eine Mutter gab ihrem Sohn, der in den Krieg zog, mit auf den Weg, »als Sieger mit dem Schild, besiegt aber auf dem Schild« zurückzukehren. Alles war einzig auf das Ziel militärischer Tüchtigkeit und Leistungsfähigkeit ausgerichtet. Plutarch sagt an einer

Stelle, die dem Ohr des 20. Jahrhunderts betrüblich bekannt klingt, Lykurg habe den Spartanern verboten, »das Land zu verlassen und zu reisen, so daß sie hätten fremde Sitten kennen lernen und andersartige Staatsformen sich zum Vorbild nehmen können«.

Die Ideale von militärischer Zucht und autarker Stärke haben ein ganzes Volk getragen und es zu einer Großmacht werden lassen, die nahezu ein halbes Jahrtausend lang der hellenischen Welt Widerpart bot. Worüber soll man mehr staunen, über das Durchhaltevermögen, die Selbstlosigkeit oder die Beschränktheit? Zweifellos wurden die großen Leistungen Spartas von seiner hierfür unvergleichlich geeigneten geographischen Lage begünstigt. Im Norden erhebt sich das arkadische Bergmassiv, im Osten die breit hingelagerte Masse des Parnón, im Süden bot die Küste nur wenig Ankerplätze und den Westen sperrte der Taÿgetos – der ›Eiserne Vorhang‹ war ringsum dicht. Es gab kaum eine Ritze, durch welche neue Gedankenströme, die das übrige Griechenland belebten, hätten eindringen können. Überdies lassen alle Urkunden und Aufzeichnungen erkennen, daß Sparta den besiegten oder unterworfenen anderen Griechen mit Arroganz und hochfahrendem Mutwillen begegnete. Es war, um es rundheraus zu sagen, bei jedermann gründlich unbeliebt.

Heute herrscht Schweigen über der alten *Akropolis*, den spärlichen Ruinen der »verhaßten« Stadt. Hinter einer spätrömischen Mauer sind Spuren einiger aus Stein erbauter und ebenfalls römischer ›Öfen‹, wohl Badeanlagen, zu sehen. Zur Linken liegt die von Disteln und wilden Oliven überwachsene Cavea des großen hellenistischen *Theaters* aus dem 2. und 1. Jh. vor Chr. Einige Sitzreihen sind erhalten. Es soll bis zur römischen Zeit keine Skené gehabt haben, da Schauspiel-Vorstellungen mit der Begründung, ihre Bedeutung habe sich erschöpft und sie seien zudem leichtfertig und wertlos, verboten waren. Der Bau blieb daher öffentlichen Versammlungen vorbehalten. Nahebei befand sich eine geräumige *Agorá,* von deren Gebäuden und Standbildern sich kaum etwas erhalten hat. Ihr auffallendstes Bauwerk war die ›Persische Säulenhalle‹, erbaut aus dem Beutegut aus der Zeit der Perserkriege und geschmückt mit den Statuen der ›barbarischen‹ Führer, darunter dem Perser Mardonius. Auf der Agorá standen die Statuen des Apollon Phythaios, der Artemis und der Leto, und es befand sich dort der berühmte *Chorós*, der ›Tanzplatz‹, auf dem beim alljährlichen Festspiel der Gymnopaidía – einer halb athletischen, halb religiösen Zeremonie, die das Ideal männlicher Härte verherrlichen sollte – nackte Knaben tanzten, militärische Spiele und Schein-Ringkämpfe ausführten. Xenophon, der für Sparta eingenommen war, erklärt, die Gymnopaidía sei eine Veranstaltung des Frohsinns und der Freude gewesen, und Fremde seien von weither gekommen, um an dem Fest teilzunehmen. Kein Spartaner der beiden oberen Klassen hätte es sich einfallen lassen, nicht hinzugehen.

Oberhalb des Theaters befindet sich unter Eukalyptusbäumen und Kiefern das berühmteste Bauwerk der Akropolis, das frühe *Tempelhaus der Athena Chalkíoikos.* Das ›Erzene Haus der Athene‹ hatte diesen Namen, weil seine Wände mit Bronzeplatten bedeckt waren, auf deren Reliefs Pausanias noch die Taten der Dioskuren, des Herakles und vieles andere mehr dargestellt sah. Es stand innerhalb eines Heiligen Bezirkes, umgeben von Säulenhallen, und an seinem Südende lag das Grab des homerischen Königs Tyndaréos. Die lakonischen Mythenerzähler berichten, der Bau des Heiligtums sei von den Kindern des Tyndáreos, Kastor und Polydeukes, Helena und Klytaimestra, begonnen worden. Pausanias zufolge hat es dann Gitiádas, der Architekt und Erzgießer, zudem Verfasser dorischer Gedichte, zu Beginn des 6. Jhs. vor Chr. vollendet. Zweifellos gab es in Sparta während der archaischen Zeit Künstler von kraftvoller, männlicher Wesensart. Bedeutende Funde sind jetzt im Museum ausgestellt.

Vor dem Tempelbezirk geschah es, daß Lykurg von einem hitzköpfigen Jüngling, dem die neuen Gesetze nicht behagten, überfallen und auf einem Auge geblendet wurde. Lykurg nahm den schweren Verlust sehr philosophisch hin und befahl unverzüglich, daß zur Erinnerung an das Vorkommnis innerhalb des Heiligen Bezirks ein *Tempel der Athena Ophthalmítis* errichtet werde. Bei aller Strenge seiner Gesetze entriet Lykurg nicht der Menschlichkeit, und Plutarch erzählt, er habe, anstatt den Angreifer zu strafen, ihn in sein Haus gerufen »und sich von ihm aufwarten lassen«. Der Junge wurde einer seiner ergebensten Bewunderer.

Am Ostende des Plateaus befindet sich die Ruine – Mauerreste, Säulenbasen und eine Apsis – der aus dem 10. Jh. nach Chr. stammenden *Basilika* und daneben der etwas späteren *Grabkapelle des Hagios Níkonos Metanoítis,* eines umherziehenden Bußpredigers

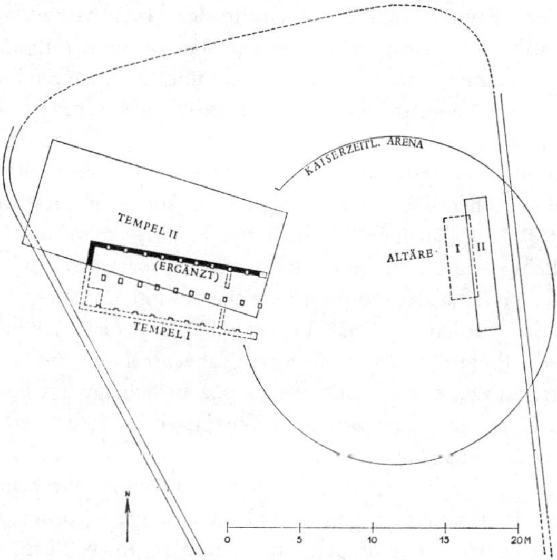

62 Sparta. Heiligtum der Artemis Orthía.
Altar I und Tempel I - Anfang 1. H. des 8. Jhs. v. Chr.
Altar II und Tempel II - 6. Jh. v. Chr.

und Missionars mit Wunderheilkräften, der aber voll von Vorurteilen gegen die Juden war. Als die Spartaner ihn einmal anflehten, er solle sie von der verheerenden Pest befreien, weigerte er sich, die Stadt zu betreten, solange nicht alle jüdischen Einwohner sie verlassen hätten. Im Augenblick, da sein Ultimatum akzeptiert wurde, erlosch die Krankheit. Als Anerkennung für seine Dienste wurde ihm die Ehre des Schutzheiligen von Sparta zuteil.

Ein ostwärts verlaufender Pfad führt um einen Hügel herum zum *Heiligtum der Artemis Orthía,* der ›Aufrechten‹, am Westufer des Eurótas inmitten von Schilf und quakenden Fröschen. Der Name knüpft an Mythisches: das ehrwürdige hölzerne Kultbild der Göttin galt lange als verschollen. Orestes soll es nach seiner Flucht aus Tauris hierher gebracht haben (ähnlich dem Mythos in Brauron). Erst Jahrhunderte später entdeckte man es wieder, ›aufrecht‹, vom Geäst eines Keuschlammstrauches umfangen. Doch auch schon zuvor war hier das religiöse Zentrum der weit auseinandergezogenen Stadt. Alljährlich im Frühling fanden Feiern zu Ehren von Artemis, der Göttin der Fruchtbarkeit statt. Man weiß von den rituellen Tänzen der Mädchen und Jünglinge, von deren uralten Traditionsformen, aber über die weiteren kultischen Handlungen wurde bereits in der Antike mystisches Schweigen gebreitet. Man weiß auch von sportlichen und musischen Wettkämpfen, ausgetragen von jungen Spartanern zum Abschluß ihrer langen öffentlichen Erziehung und Ausbildung. Den Artemis Orthía-Kult haben jedoch die harten Prüfungen im Erdulden körperlicher Schmerzen, denen sich die älteren spartanischen Knaben vor dem Altar der Göttin unterziehen mußten, in Verruf gebracht. Sie wurden gegeißelt, in römischer Zeit nicht selten bis zum Tode. Plutarch schreibt, sie waren dabei »fröhlich und heiter. Sie wetteiferten, wer von ihnen die meisten Schläge am besten aushält. Der Sieger genießt das größte Ansehen ...« und erhielt den Titel des Altar-Gewinners.

Die Ausgrabungen, die dem Laien wie ein rechtes Durcheinander vorkommen mögen, haben Schichten zutage gefördert, die vom 3. Jh. nach Chr. hinabreichen bis zum 10. Jh. vor Chr. Die Mauern des Tempelhauses waren aus ungebrannten Ziegeln. Wie innerhalb der Akropolis, bietet auch diese Stätte nur spärliche Anhaltspunkte, um sich die antike Situation zurückrufen zu können, aber den Schauder über die qualvollen Kasteiungen, die hier stattfanden, kann auch der friedliche Anblick von Bauern, die heute ihre Obstbäume beschneiden, oder das glucksende Geräusch munterer Bäche nicht verringern.

An dem *Museum* in der Leophóros Konstantínou Palaiológou darf man nicht vorübergehen. Es liegt etwas zurückgesetzt in einem kleinen öffentlichen Garten und ist 1875–76 in einem historisierenden neuklassizistischen Stil von dem dänischen Architekten Theophil Hansen erbaut worden, von dem auch die Akademie in Athen stammt. Die Bestände, hauptsächlich Funde aus dem Gelände um die Akropolis und dem Heiligtum der Artemis Orthía, stellen instruktive Beispiele der schöpferischen Kunst Spartas vor Augen. Die lakonische archaische Bildhauerei ist lapidar, manchmal grob, immer fesselnd. Es wäre absolut verfehlt, hier etwas zu erwarten wie attische Kouroi und Koren. In ihrer gewollten Abschirmung gegen Einflüsse von außen ist spartanische Kunst eher kraftvoll und vital als feinnervig und elegant, eher symbolisch als idealistisch. Und doch waren es gerade auch Einflüsse von außen –

am stärksten die des ionischen, des der spartanischen Strenge so entgegengesetzten Kreises –, die Kunstwerke entstehen ließen, die man in Sparta bewunderte. Danach senkte sich wieder der Vorhang und alle Kunst welkte dahin. Im 4. Jh., als Skopas, Lysipp und Praxiteles ihre Meisterwerke in Bronze und Marmor hervorbrachten, scheint in der Werkstatt lakonischer Bildhauer nichts Vergleichbares entstanden zu sein.

In der *Eingangshalle* stehen Stelen und Sockel von Statuen der Sieger bei der Geißelung im Artemis Orthía-Heiligtum. Manche tragen Inschriften mit dem Namen des Jünglings und seiner Weihung an die Wachstums- und Fruchtbarkeitsgöttin. Auf einigen ist auch das Zeichen der Sichel, der Siegespreis, zu erkennen (Nr. 218, 1505 und 1541).

Wir beginnen mit dem rechten Flügel und betreten zuerst *Saal I* mit den chthonischen Gottheiten. Nr. 1 ist eine pyramidenförmige Stele (etwa 600 vor Chr.), die auf allen vier Seiten mit Reliefs der wichtigsten Gestalten aus der lakonischen Mythologie geschmückt ist. Zwei Seiten sind den Schlangen, den Symbolen der Dioskuren, gewidmet, die in der lakonischen Kunst wiederholt vorkommen. Auf der dritten Seite sehen wir einen behelmten Agamemnon, der um Klytaimestra, die eine spartanische Prinzessin war, wirbt. Auch sie hält die geheimnisvolle Sichel in der linken Hand. Auf der vierten Seite wird Menelaos von einer zärtlichen Helena verfolgt, die vermutlich vor ihrer trojanischen Eskapade in ihn verliebt war. Stele Nr. 505 aus der Zeit um 500 vor Chr. bildet auf einem für die lakonische Bildhauerei typischen sehr flachen Relief einen unbekannten bärtigen Mann im Profil ab, auf einem Thron sitzend, dessen Beine in Löwentatzen enden. In der rechten Hand hält er einen großen Kántharos, einen altgriechischen Becher, in der linken einen Granatapfel. Ein Hund schickt sich gerade an, ihm die Vorderpfoten aufs Knie zu legen. Über dem Kántharos – einem Attribut göttlicher Verehrung, meist dem Dionysos, aber auch anderen Gottheiten zugedacht – ist ein Pferd abgebildet. Der vornehme Thron, die selbstsichere Haltung der sitzenden Gestalt, die ausgewogene Anordnung aller Einzelheiten fügen sich in ihrer Gesamtheit zu einem kleinen Meisterwerk zusammen. Stele Nr. 3, eine etwas frühere Arbeit aus der Mitte des 6. Jhs. vor Chr., zeigt in gleichem Flachrelief ein sitzendes Paar. Das Gesicht des Mannes fehlt, aber das der Frau mit den großen mandelförmigen Augen und dem entschiedenen Kinn ist von großer Hoheit und einer fast ägyptischen Ungerührtheit. Zu Füßen des Paares treten zwei winzige Figuren herzu; sie tragen einen Granatapfel und einen Hahn – gleichfalls göttliche Attribute – und einen Gegenstand, der möglicherweise ein Ei ist, das Symbol des Lebens nach dem Tode. Auf einer anderen, nicht numerierten Stele hält eine männliche Figur einen Kántharos, aus dem sich eine Schlange herausringelt.

In *Saal II* stehen die Reliefs der Dioskuren, der Brüder von Helena, denen man in der spartanischen Mythologie auf Schritt und Tritt begegnet. Stele Nr. 575 aus dem frühen 6. Jh. vor Chr. zeigt die speerbewaffneten unsterblichen Zwillinge, wie sie einander ins Antlitz blicken, zwischen sich zwei Amphoren mit schlanken Hälsen – eines ihrer Symbolzeichen. Über ihnen flankieren zwei Schlangen das Ei der Leda, aus dem ihre liebreizende Schwester ausgebrütet wurde. Diese in grauem Marmor und in denkbar flachem Relief ausgeführte Stele – nur die Umrisse sind gemeißelt – ist handwerklich roh, besitzt aber eine bemerkenswerte formale Geschlossenheit. Zwei andere Reliefs, beide unnumeriert, sind ebenfalls beachtenswert: eines aus pentelischem Marmor, das die Brüder von vorn und zwischen ihnen und dem Speer, den ein jeder in der Hand hat, die Köpfe ihrer Pferde darstellt; und ein kleineres aus rotem Taýgetos-Marmor, auf dem die Dioskuren zu Pferd aufeinander zureiten.

Im *Saal III* gelangen wir in die Nähe der klassischen Epoche. Ein ungewöhnliches und sehr schönes Kapitell-Fragment (Nr. 929) vom Thron des Apollon aus dem Amykláion ist ein gutes Beispiel makelloser Steinmetzarbeit im späten 6. Jh. vor Chr. und ihrer glücklichen Mischung dorischer Kraft und ionischer Anmut. In diesem Saal befindet sich auch das bekannteste Stück des Museums, Kopf und Oberkörper eines behelmten Kriegers aus parischem Marmor, der bei dem ›Erzenen Haus der Athena‹ gefunden und von den Grabungsarbeitern sofort ›Leonidas‹ genannt wurde. Die Arbeit ist zwar aus dem frühen 5. Jh., wurde aber wahrscheinlich einige Jahre nach dem Tod des Helden von Thermópylai ausgeführt und zeigt einen Krieger in reifem Alter. Der halb lächelnde, entschlossene Mund ist vollippig, das Körpermaß kurz und gedrungen. Die Plastik ist stilistisch den großen aiginetischen Marmorarbeiten verwandt, die sich in München befinden, und ist offenkundig das kraftvolle Werk eines befähigten Könners. Schöner noch ist der kopflose Torso eines Athleten (Nr. 94) aus der Mitte des 5. Jhs. vor Chr., der zuweilen dem Polyklet zugeschrieben wird. Die Sparsamkeit und Perfektion der Modellierung, die den Oberkörper organisch aus den schlanken Hüften herauswachsen läßt, erinnert an ein früheres und größeres Meisterwerk, den ›Kritios-Knaben‹ im Akropolis-Museum.

Im linken Flügel sieht man in *Saal IV* eine Sammlung von winzigen, in sehr flachem Relief ausgeführten Bleifiguren von Kriegern, Tieren und geflügelten Wesen; in einer anderen Vitrine kleine Bronzestatuetten, darunter Meisterliches aus den frühen lakonischen Bronzewerkstätten; und zudem zwei wundervoll geformte Tonpithoi, große bauchige Vorrats- oder Grabgefäße mit fein reliefierten Schmuckbändern und Darstellungen aus der Mythologie. In *Saal V* sind mehrere Torsen zu sehen, zumeist unterlebensgroß, Köpfe, Statuen- und Sarkophagfragmente, alles aus hellenistischer und römischer Zeit. Man verläßt das Museum mit einem Gefühl der Erleichterung, daß zumindest ein schmaler Lichtstrahl die seltsam mürrische Wesensart von Xenophons »Herrenvolk« erhellt hat. Die Spartaner mögen härteste Verfechter von Disziplin und unbedingtem Gehorsam gewesen sein, aber sie waren nicht unberührt von dem Wunsch, eine oftmals derbe, aber aufrichtige ästhetische Ausdrucksform ihrer religiösen Vorstellungswelt zu finden und zu schaffen. Letzten Endes jedoch brachte es die lakonische Bildhauerei zu keiner Entfaltung, wie auch die Bürger des Staates sich aus der einmal geprägten Form nicht fortzuentwickeln wußten.

Vom Museum ist es fünf Minuten zu Fuß zur Ecke der Leophóros Konstantínou Palaiológou und der Odos Dioskoúron, wo in einem Haus zwei schöne *Mosaikfußböden*, die früher eine prächtige römische Villa zierten, erhalten sind. Ein Aufseher im Museum zeigt einem den Weg und hat auch den Schlüssel zu dem Haus. An Stelle der kargen Strenge im Museum sieht man sich hier der Sinnenfreude und einem intensiven Vergnügen an Farben gegenüber. Tausende von kleinen farbigen Steinchen sind zu Kompositionen bekannter mythologischer Szenen zusammengefügt. Sie lassen an Reichtum und patrizische Lebensführung denken – römisch, geräumig, luxuriös. Das Leben im römischen Sparta war ereignislos und wahrscheinlich sehr angenehm, denn die Eroberung durch

Flamininus hatte seinen Bewohnern jeden Gedanken an weitere militärische Aggressionen gründlich ausgetrieben.

Das erste Mosaik erzählt die Geschichte der Europa und des Stiers, in welcher die hübsche Tochter des Königs von Tyros auf dem Rücken des vor Sinnenlust tollwütigen Tieres, in das sich Zeus verwandelt hat, hinweggetragen wird. Die Prinzessin mit schmaler Taille und breiten Hüften hat auf ihrem Antlitz den Ausdruck einer Mischung aus Glückseligkeit und schnippischer Keckheit, mit just einer Andeutung vergnüglicher Unruhe über die Dinge, die ihr bevorstehen. Zwei pausbäckige kleine Eros-Gestalten entrollen eine wirbelnde Draperie um ihren Kopf. Das zweite Mosaik stellt Orpheus dar, wie er den Tieren vorspielt. Die Figur mit der Leier ist konventionell, und den Zügen des Dichter-Musikers mangelt der lebhaft beseelte Ausdruck der koketten Europa. Er ist von Tieren umgeben – Löwe, Wildeber, Panther, Hund, Kaninchen, Ente, Pfau, Schildkröte und Schlangen. Auf der gegenüberliegenden Straßenseite in einem anderen Hof befindet sich ein drittes Mosaik von geringerer Qualität, das den als Mädchen verkleideten Achilles inmitten der Töchter des Lykomedes zeigt.

Etwa 7 km südlich von Sparta, auf der Straße nach Gýtheion, führt links abzweigend ein Feldweg durch Orangenhaine zu einer Anhöhe mit der Kirche der *Hagia Kyriakí*, der Stätte des blumigen *Amykláion*, wo in vorhellenischer Zeit der Kult eines bärtigen Mannes, einer Vegetations-Gottheit, zelebriert wurde. Später dann ging die Verehrung auf Apollon über, der Kraft seines unheilwehrenden Einflusses auch als Schirmherr über die Landwirtschaft geschätzt war. Den antiken Ort Amýklai verband später ein ›Heiliger Weg‹ mit Sparta. Im Hochsommer, der Jahreszeit dörrender Hitze und welkender Pflanzen, wurde zum Andenken an eine der unseligen Liebesaffären des Gottes das Nationalfest der *Hyakínthien* begangen. Es ist eine kummervolle Geschichte. Als Apollon sich eines Tages in Amýklai im Diskuswerfen übte, tötete er unwillentlich seinen Liebling Hyákinthos, Sohn des Amýklas. Zephyr, der eifersüchtige Westwind, der ebenfalls in den Jüngling verliebt war, hatte vorsätzlich Apollons Wurfscheibe in die falsche Richtung getrieben, so daß sie Hyákinthos am Kopf traf und tötete. Die Blume, die aus dem von seinem Blut getränkten Boden wuchs, war die erste Hyazinthe, ein Emblem des Todes. Im frühen Frühjahr blüht hier die purpurblaue Traubenhyazinthe in dichten Gruppen zwischen den Asphodelen. Eine archaische Kolossal-Statue des auf einem reichverzierten Thron sitzenden Apollon, deren Fundamente unter der gegenwärtigen Kapelle liegen, war in ganz Griechenland berühmt. Von alldem ist heute nur noch eine römische Inschrift übrig, Teil einer Weihegabe des Kaisers Tiberius zum Andenken an Hyákinthos; zudem ein Halbkreis von Stützmauern, die in einem Bogen um die Nordostseite der Anhöhe herumlaufen. Wenn die Sonne in Amýklai untergeht, spürt man trotz des Dunstes, der über den Obstgärten hängt, einen plötzlichen Kälteschauer in der Luft, und der Schnee auf den ›Fünf Finger‹-Gipfeln des Taýgetos verwandelt sich, sobald das Strahlen hinter den gezahnten Graten verblaßt, zu einem eiskalten Grau.

Noch eine andere, weniger romantische Erinnerung weckt Amýklai – die an den abscheulichen Abbé Fourmont, den exzentrischsten aller Griechenlandreisenden des 18. Jhs., dem die Entweihung antiker Inschriften ein dämonisches Vergnügen bereitete. In seiner abstrusen Phantasie hatte das gesamte griechisch-römische Altertum das Höllenfeuer seines Rächerzornes zu erwarten. In Amýklai, behauptete er, bedeutende Inschriften eigenhändig kurz und klein geschlagen und zu Pulver zerrieben zu haben. Geradezu tollwütig in seinem Drang nach Verstümmelung – ein seltsames Phänomen im Zeitalter der Toleranz – bedauert dieser schizophrene Mann in einem seiner erstaunlichen Briefe, daß er bisher noch nicht Gelegenheit gehabt habe, sämtliche antiken Stätten in Griechenland in Stücke zu hacken. »Mantinée, Stymphalié, Tegée et surtout Olympie et Nemée méritoient bien

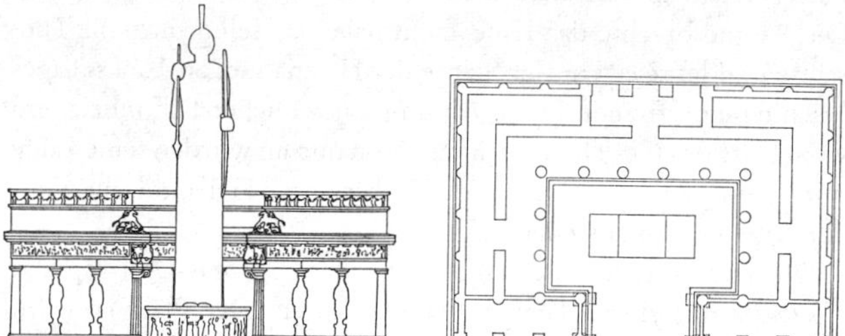

63 Amýklai. ›Thron‹ des Apollon-Kárneios.

que je les renversasse de fond en comble ...« schreibt er und fügt hinzu: »J'en ai l'autorité.«

Das *Meneláion* im antiken *Therápne*, das wahrscheinlich ebenso alt ist wie das Amykláion ruft in seiner beherrschenden Stellung womöglich noch stärkere Erinnerungen wach. Auf der Straße nach Geráki, die von der Straße nach Tripolis kurz hinter Sparta rechts abzweigt, führt nach 4,5 km ein Fußweg ab, der eine mit hohem Gras, Gestrüpp und Obstbäumen bedeckte Böschung hinansteigt. Vorbei an einem gigantischen Eukalyptusbaum, zwischen Hecken, Ginster und Geißblatt klettert der Steig zur Stätte des Meneláion hinauf. Sie liegt auf einer jäh abfallenden Altane oberhalb der Orangenhaine, die das Geröllbett des Eurótas säumen. Im Norden schimmert der Oberlauf des Flusses pastellblau in der Nachmittagssonne. Sein Hauptstrom führt eiskaltes Wasser, das sich von der Quelle auf dem Sattel zwischen Taýgetos und arkadischem Bergmassiv herabschlängelt. Im Osten wellen sich die öden tsakonischen Hügelzüge. Die Dioskuren sollen, wie es heißt, in den Wäldern dieser Gegend die Nächte verbracht haben, wo es noch heute die ihnen heiligen Schlangen gibt.

Der gestufte rechteckige Stylobat des Meneláion, das wahrscheinlich die Grabanlage eines antiken Königs war, besteht aus drei Lagen riesiger Konglomerat- und Porosquadern. Die von Pausanias bestätigte Überlieferung besagt, dies sei ein »Tempel des Menelaos«, in dem sich sein Grab und das der Helena befanden. Viele Bittsteller und Pilger kamen hierher, Männer, die Menelaos anflehten, ihnen den Sieg in der Schlacht zu gewähren, Frauen, die Helena baten, ihnen Schönheit zu schenken. Herodot erzählt die Geschichte einer schönen Königin von Sparta, die das Unglück hatte, einem abscheulich häßlichen Kind das Leben zu geben. Die Amme brachte das Kind mehrmals ins Heiligtum von Therápne und legte es vor der Statue der Helena nieder. Eines Tages erschien eine fremde Frau von unvergleichlicher Schönheit und streichelte das Gesicht des Kindes. Von nun an wurden seine Züge mit jedem Tag anziehender. Es ist hübsch, sich Helena als die wundertätige Fee vorzustellen.

Nahebei auf dem gegenüberliegenden Eurótas-Ufer lag das *Phoibáion* mit einem Tempel der Dioskuren. Der Platz ist nicht genau identifiziert. Hier wurden vor den zeremoniellen Kämpfen, die Lykurg sich zur Stählung der jungen Spartaner ausgedacht hatte, Opfer dargebracht: geschlachtete junge Hunde wurden dem Enyálios, einem kleineren, aber blutdürstigen Kriegsgott, auf den Opferaltar gelegt. Die Zeremonie fand zur Nachtzeit statt und war vom Quaken der an den Bächen sitzenden Frösche begleitet. Die anschließenden Knabenkämpfe waren eine Art Ringkampf, bei dem jeder Griff erlaubt war und die Kämpfer sich schlugen, bissen und einander die Augen ausquetschten. Waren die Wettspiele beendet, wurden die mißhandelten Leiber der auf dem Kampfplatz Gebliebenen in den Fluß geworfen. In der Ertüchtigungsschule des Lykurg gab es keine halben Maßnahmen.

Westlich von Sparta hängt auf einem vorspringenden Teil des Taýgetos über der Ebene das Dorf *Trýpi.* Der Berg ist auf allen Seiten von tiefen Abgründen aufgerissen, die mit spitzigen Felsbrocken übersät sind. In eine dieser Scharten pflegten die Spartaner ihre Verbrecher und politischen Gefangenen hinabzustoßen. Nur Aristomenes, ein heldenhafter Gegner im Zweiten Messenischen Krieg, wurde auf wunderbare Weise gerettet. Wahrscheinlich hat ein Felsvorsprung seinen Sturz aufgehalten, denn er langte unverletzt in der Tiefe an, klammerte sich an den Schwanz eines Fuchses und fand so den Weg hinaus aus der düsteren Schlucht und zurück zu seinen messenischen Kampfgenossen.

In Trýpi weht bereits Gebirgsluft. Hier beginnt die Straße über den *Langáda-Paß,* der den Taýgetos-Grat in 1520 m Höhe überquert und dann durch die prachtvollste Gebirgslandschaft der Peloponnes nach Kalamáta absteigt; dies war wahrscheinlich auch der Weg, den Telemach von Nestors Hauptstadt Pylos zum Hof des Menelaos nahm. Die heutige, inzwischen asphaltierte Straße ist gewunden, steil und abschüssig, nicht unähnlich einer Alpenstraße. Man sollte bei oder nach Regenwetter vorsichtig sein. Hinter Trýpi wird sie äußerst eng, und die Berghänge steigen senkrecht auf. Im Altertum, so sagt Pausanias, gab es hier »Jagdmöglichkeit auf wilde Ziegen und auf Wildschweine und sehr viel auch auf Hirsche und Bären«. Die schwarze Bergziege ist noch immer da und springt von einem schwindelerregenden Felsvorsprung zum nächsten. Nach einem Tunnel schlängelt sich die Straße auf einer schmalen, aus dem Kalkstein herausgesprengten Trasse um turmhohe Steilwände. Gesteinslagen brechen ab, drehen sich spiralig, drängen empor in allen nur denkbaren Formverzerrungen, pyramidisch, knotig, rhomboid.

Erdrutsche und Lawinen sind häufig. Nachdem die Baumgrenze erreicht und man schließlich von Lakonien nach Messinien gelangt ist, kommt man in ein dichtbewaldetes, schüsselförmiges Tal von majestätischen Ausmaßen. Der Boden verschwindet unter dichtem Farnkraut, und die Luft ist sogar im Hochsommer kühl und erfrischend. Ich erinnere mich, wie einmal Gewitterwolken urplötzlich die Berggipfel verhüllten, der Regen herabprasselte und der Donner in der kraterförmigen Arena, dem Herzstück und Mittelpunkt der Taýgetos-Kette, widerhallend von den Felswänden zurückprallte. Ebenso urplötzlich war alles vorüber. Die noch nassen Ziegeldächer zweier Weiler blitzten wie Granate; ein blasser Regenbogen bildete einen dünnen und zarten Bogen von einer Gipfelhöhe zur anderen; Kastanienwälder färbten sich golden, als Pfeile von Sonnenlicht die eilenden Wolken durchstießen.

Die Straße trichtert sich nun erneut in eine enge Schlucht hinein, und die Abfahrt beginnt in endlosen Windungen zwischen den kerkerartig aufragenden Gesteinsmauern. Nur langsam öffnen sich die gähnenden Felswände, der Horizont weitet sich, und man erhascht Blicke in grünes Tiefland und zu einer fernen Bergkette, die ein Fudschijama-ähnlicher Gipfel krönt. Jäh geht es weiter abwärts, bis man tief drunten am Rand der schimmernden Ebene und beherrscht von den Ruinen der Burg Guillaume de Villehardouins die Stadt Kalamáta liegen sieht.

Mittelalterliche Städte

X

Mistra, 275 – Chrýsapha, 290 – Geráki, 291 – Monemvasía, 293

Im Jahre 1249 beschloß Guillaume des Villehardouin, der sympatischste und griechenfreundlichste der fränkischen Fürsten von Achaia, eine starke Festung auf einem Taýgetos-Sporn zu errichten und nannte sie ›die Herrin‹ – altfranzösisch: maistressa –, was sich beim Volk sehr bald in *Mistra* umschliff. Ursprünglich hieß der Felskegel Myzíthra. Ist es die Ähnlichkeit der Form? Ein beliebter Schafskäse hat jedenfalls den gleichen Namen. – Mistra war nicht Hauptstadt von Achaia, wohl aber Lieblingsresidenz Guillaumes, von der aus er mögliche Aufstände in Schach halten konnte. Nach der slawischen Invasion des 7. Jhs. nach Chr. war das Tal des Eurótas hauptsächlich von Sklavonen bevölkert. Die Lakonier, Nachkommen des alten Sparta, waren südwärts auf die Halbinsel Mani oder hinauf ins Hochland des Taýgetos ausgewichen. Blickt man von der Höhe des Bergfrieds auf das fruchtbare, von mächtigen Gebirgszügen eingeschlossene Herrschaftsgebiet hinab, so begreift man, warum es Guillaume so teuer war und warum es ihm fast das Herz brach, als er im Jahre 1263, drei Jahre nach seiner Gefangennahme in der Schlacht von Pelagonia, gezwungen war, den Streitkräften des wiedererstarkten Byzanz Mistra als Teil seines Lösegeldes zu übergeben. Vergeblich versuchte er 1265 die Festung wiederzuerobern. Die Byzantiner behielten die Oberhand und mit diesem Augenblick beginnt die kurze, aber ruhmreiche Geschichte Mistras. Die Landbevölkerung hatte sich während der ständigen Unruhen hinter die Festungsmauern zurückgezogen und so entstand die Hügelstadt. Steile enge Treppen und Stufengassen klettern zwischen den Ruinen von Kirchen und Häusern hinab. Eine ganze mittelalterliche mauerumschlossene Siedlung, deren Anlage man nicht nur aus Fundamenten erahnen muß, kann sich uns gerade noch mit ihrem aufrechten Gemäuer und den erhalten gebliebenen Gebäuden selbst darstellen.

Als Zufluchtsstätte byzantinischer Zivilisation gewann Mistra in dem vom Westen und den Osmanen bedrängten Kaiserreich zunehmend an Bedeutung. Seit der Mitte des 14. Jhs. wurden Angehörige des Kaiserhauses und des Hofes aus der Hauptstadt entsandt, um die Einsatzbereitschaft der Streitkräfte zu sichern, und schon seit Beginn des Jahrhunderts bauten bedeutende Architek-

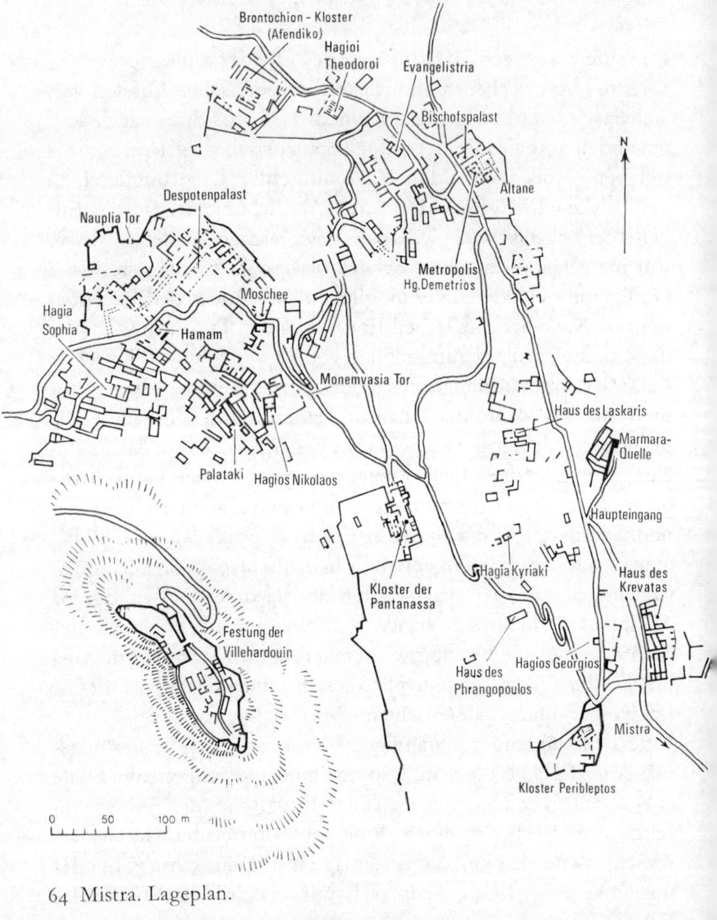

64 Mistra. Lageplan.

ten verschwenderisch ausgeschmückte Kirchen. Kaiser Johannes VI. Kantakouzenos (1347-1354) ernannte seinen zweiten Sohn Manuel zum Statthalter von Mistra mit dem Titel eines Despoten. Während der dreißig Jahre seines Despotats förderte auch er den Kirchenbau, ließ wertvolle Handschriften kopieren und illuminieren, sammelte kostbare Bücher – die er auch las –, und schuf Studienmöglichkeiten für Gelehrte. Als der hochgebildete Johannes VI. Kantakouzenos dem Kaiserthron entsagte und die Mönchskutte anlegte, zog er sich nach Mistra zurück. In der ersten Hälfte des 15. Jhs. war die Stadt zu einem angesehenen Ort der Gelehrsamkeit geworden. Der Vergleich mit italienischen Städten der Renaissance ist nicht zu weit hergeholt. Mistra hat hervorragende Geister angezogen: so den für die politischen wie kulturellen Beziehungen zum Westen so bedeutenden Prälaten und späteren Kardinal Bessarion; hier lebten der gefeierte neuplatonische Philosoph Georgios Gemistos Plethon und Hieronymos Charitonómos, einer der ersten griechischen Wissenschaftler, der an einer Universität des Westens, in Paris, einen Lehrstuhl erhielt.

Auch in politischer Hinsicht stieg, indes die Türken den Ring um Konstantinopel enger zogen, Mistras Bedeutung. Seine Geschichte wurde zu keiner Zeit der kurzen Glanzperiode durch die endlose Kette politischer Verbrechen und Morde entwürdigt, die Konstantinopel mit so schauerlicher Regelmäßigkeit heimsuchten. Im Jahre 1449, als die Hauptstadt schon alarmierend bedroht war, ist Konstantin XI. Dragáses, der letzte und heldenhafteste der byzantinischen Kaiser, in Mistra gekrönt worden. Es sollte die letzte Kaiserkrönung sein, und es war die erste, die nicht vom Patriarchen von Konstantinopel vorgenommen wurde. 1459, sechs Jahre nach dem Fall von Konstantinopel, hatten die Türken auch Mistra eingenommen. Unter ihrer Herrschaft blieb die Stadt noch bewohnt, und während einer gewissen Zeit residierten die Paschas im Palast der Despoten. Es scheint, daß sie keine der arkadengeschmückten Kirchen oder fürstlichen Herrenhäuser in Moscheen, Harems oder Hamáms umgewandelt zu haben.

Goethe, der nie in Griechenland gewesen war, aber wahrscheinlich Chroniken und alte Reiseberichte kannte, läßt hier die Liebesszene zwischen Faust und Helena spielen. Im dritten Akt von Faust II sagt Phorkyas:

»So viele Jahre stand verlassen das Talgebirg,
Das hinter Sparta nordwärts in die Höhe steigt,
Taygetos im Rücken, wo als muntrer Bach
Herab Eurotas rollt ...«

Goethes Topographie ist allerdings nicht ganz richtig.

Heute gründet sich die Anziehungskraft Mistras hauptsächlich auf seine Kirchen und die Fresken in ihnen, von denen einige zum Vorzüglichsten gehören, was die *spätbyzantinische Malerei* hervorgebracht hat. Enthusiastische Kenner behaupten, sie seien die reinste, unverfälschteste Fortführung der hellenistischen Tradition in der christlichen Kunst – freilich nicht ohne eine Beimischung östlicher Mystik – und hätten Giotto unmittelbar beeinflußt. Andere, vorsichtigere Kritiker vermuten, daß die Mistra-Fresken zwischen 1330 und 1430 ausgeführt wurden, also in dem Jahrhundert nach Giottos Tod und machen darauf aufmerksam, daß in ihnen unleugbar westliche Stileinflüsse nachzuweisen sind. Soweit die Kontroverse. Sicher ist, daß griechische Ikonographen zu Beginn des 14. Jhs. nach Italien auswanderten, und Giotto könnte durchaus von byzantinischen Vorbildern beeinflußt worden sein. Auch byzantinische Gelehrte suchten in wachsender Zahl Italien auf, und es ist unwahrscheinlich, daß sie bei ihrer Rückkehr nach Konstantinopel und Mistra nicht einiges von dem, was sie im Westen beeindruckt hatte, an einheimische Künstler und Architekten weitergaben. Wahrscheinlich war es ein Fall von wechselseitiger Beeinflussung.

Die spätbyzantinische Malerei ist in ihren schwachen Werken schemagebunden und umständlich gekünstelt; in ihren besten Werken jedoch, so auch in Mistra, wird der Impuls aus dem 12. Jh. weiterentwickelt, der ein menschlicheres Element in die Darstellung des Göttlichen einführte. Abendländische Einflüsse haben die strengen Regeln gemildert, die in dem ›Malerhandbuch‹ niedergelegt sind, welches Dionysios von Phourna, ein Maler-Mönch, aus früheren Handbüchern zusammengestellt hatte. Gesten und Haltungen sind gelöster, dem Detail wird größere Aufmerksamkeit gewidmet. Dynamik, Bewegung, Überschneidung beleben die Darstellung. Die Gestaltung der Massenszenen wird dramatischer. Auch die Farben sind nuancierter, lebhafter, werden feinfühliger eingesetzt. Doch was die Bilder der Palaiologenzeit an Fülle und Vielfalt gewinnen, das büßen sie an der großen Auffassung des Heiligen und an ausstrahlender Kraft ein. Die Wurzeln der byzantinischen Malerei gründen immer in dem heiligen Charakter der frühen Ikonen. So schwächen die neuen Tendenzen, trotz ihrer erfrischenden Wirkungen, die monumentale Kraft. Formen- und Farbkanon haben sich überlebt. Immerhin hatten sie tausend Jahre lang gegolten. Nach Mistra stirbt die byzantinische Malerei. Die nachbyzantinische Kunst führt die Tradition in anderen Teilen des Landes fort, vor allem auf dem Berg Athos, auf Kreta und den italienisierten Ionischen Inseln. Es sind oftmals herrliche Bilder, feierlich, prächtig – aber im Grunde stets ein Nachklang.

Es ist ratsam, die Wanderung durch Mistra bei der Toreinfahrt durch die äußere Stadtmauer (Haupteingang) zu beginnen. Hier in der Unterstadt drängen sich die verfallenen Ruinen: leere Hüllen von Kirchen, Häusern, Läden. Ein Pfad führt in nördlicher Richtung zu der dem Demetrios, einem großen Soldatenheiligen geweihten *Metrópolis*, die unter den Kirchen Mistras dem Rang nach an erster Stelle steht. Sie wurde um 1290 als dreischiffige Basilika erbaut, der im 15. Jh. ein eingeschriebener Kreuzkuppelbau als Oberstock und noch vier Kuppeln über den Kreuzarmen aufgesetzt worden sind.

Diese Verschmelzung der beiden Grundformen des byzantinischen Kirchenbaus – römische Basilika und griechische Kreuzform – wiederholt sich wieder und wieder in Mistra. Weil die Kirchen klein sind, wirken sie manchmal wie verschachtelt. Aber durch ihre Ausmalung, überwölbt von der Mittelkuppel mit Christus dem Pantokrator, entsteht im Innern doch ein Eindruck von erhabener Höhe, den die meisten Bauten von außen nicht ahnen lassen.

Das *ikonographische Programm* folgt stets festgelegten Regeln. Wie wir schon in Daphni sahen, stellen sie sich dar als absichtsvolle Gliederung des Raums in sich steigernde Sphären des Ehrfurcht gebietenden Wunderbaren. Irdisches und himmlisches Dasein stehen in ihrer Rangfolge in symbolischem Bezug zum liturgischen Geschehen, und der Kirchenraum ist für den Gläubigen sowohl ›Bilderbuch‹ wie ›Vision‹ der Weltordnung. – In der unteren der horizontalen Raumzonen werden Szenen aus der Bibel und dem Leben der Heiligen geschildert; die mittlere ist dem Dodekaéorton, den ›Zwölf Festen‹, großen Augenblicken aus dem Leben

Christi, oft auch noch Szenen aus der Kindheit Mariens vorbehalten; in der oberen Zone herrschen Christus, der Herr der Welt, die thronende Gottesmutter, seltener auch die symbolische Verherrlichung des Heiligen Geistes. Um sie scharen sich Engel, Propheten und Apostel. – So vereinfacht und verallgemeinert diese kurze Charakterisierung auch anmuten mag, man wird in allen Kirchen feststellen, daß die Ausschmückung diesem Kanon gehorcht. Zugleich wird man aber auch sehen, wie variantenreich er ausgelegt wurde, welch kaum auszuschöpfenden Spielraum er dem Hervorheben eines Themenkreises oder der Betonung lokaler Legenden und Vorstellungen, vor allem aber der Gestaltungskraft des einzelnen Künstlers läßt. So gleicht keine der vielen Kirchen wirklich der anderen.

In der mittleren Apsis der ›Metrópolis‹ hält die Muttergottes, eine langgestreckte, strenge, beinahe mönchische Gestalt in einem ziegelroten Gewand, das Kind auf dem Arm. Im Narthex schildern die Fresken das Jüngste Gericht: Christus zwischen den Auserwählten auf der einen, den Verdammten auf der anderen Seite. Auf der westlichen Wand gehört die Gestalt eines Engels, der im aufgeschlagenen Buch des Lebens liest, zum Eindrucksvollsten dieser Malerei. Die Vorstellung von Jüngstem Gericht und Erlösung fanden hier als bewegendes Thema für den Gläubigen besonderen Ausdruck. Die Marmorsäulen beiderseits des Mittelschiffs tragen zum Teil Kapitelle aus dem antiken Sparta. Eine Marmorplatte mit dem eingemeißelten byzantinischen Doppeladler bezeichnet die Stelle auf dem Fußboden, wo Konstantin XI., der letzte byzantinische Kaiser, bei seiner Krönung stand. – Kirche und Metropolitanspalast öffnen sich auf eine Altane, heute ein bezaubernder stiller Ort. Der Blick geht über die Ebene und die wogenden Ausläufer des Parnón, die im Osten eine bläuliche, von Schatten durchzogene Sperre bilden. Neben einer hohen Zypresse steht ein römischer Sarkophag mit bacchantischen Reliefs. Auch er stammt aus dem antiken Sparta.

Die beiden nächsten Kirchen, Dependenzen des Brontochion-Klosters, sind klein. Die *Evangelístria* mit ihren hohen Apsiden und dem achteckigen Tambour, in dem vier Fenster mit Bogennischen abwechseln, blickt über die Nebengebäude der Metrópolis hinaus. Sie besticht durch die Einfachheit ihrer einzigen Kuppel und der flach abfallenden Dächer. In Mistra, wo sich die baukünstlerischen

Varianten mit zusätzlichen Vorhallen und Arkaden zu übertreffen suchen, wirkt sie verblüffend bescheiden. Die *Hagioi Theódoroi,* auch eine Kirche von Soldatenheiligen, die beide Theodor heißen, stammt vom Ende des 13. Jhs. und ist die älteste in Mistra; sie fällt auf durch die (kürzlich restaurierte) übergroße Kuppel über einer Vielzahl sinnvoll gestaffelter Dächer. Kunstreiche Ziegelmuster zieren die Fensterbögen der dreiseitigen Apsiden. Leider sind die Fresken stark beschädigt.

Nordwestlich der Kirche der Hll. Theodore liegt die ›Hodegítria‹, Hauptkirche des *Brontochion-Klosters,* seit türkischer Zeit das *Afendikó,* die Kirche des ›Gebietenden‹ genannt. Es ist ein prachtvoller Baukörper, vorwiegend von sich gegenseitig stützenden Rundformen um- und überspannt. Auch hier über dem Basilika-Grundriß das kreuzförmig aufgesetzte Obergeschoß, zudem drei geräumige Apsiden und mehrere angefügte Kapellen. Zu Anfang des 14. Jhs. erbaut, ist der Südwand wenig später ein auf drei schlanken Säulen ruhender Portikus vorgelegt worden, den alsbald adlige Familien der Moréa für ihre Grabstätten auserkoren. Dies ist das Mistra des 14. und 15. Jhs.: Konstantinopolitanisch, palaiologisch, üppig verziert und eine Aura von Reichtum und kosmopolitischer Lebensführung beschwörend.

Im unteren Bereich verkleiden Marmortafeln die Wände. Die Fresken darüber sind sehr qualitätvoll und veranschaulichen das neu aufgekommene Interesse an Bewegung, erzählender Schilderung und dramatischem Geschehen. Auch sie waren zumeist von farbigen Marmorplatten gerahmt. Im Narthex findet man unter anderen ›Christus mit der Samariterin‹ und die ›Hochzeit von Kana‹. Die Figuren erscheinen gelöst, fast naturalistisch und der Faltenwurf ihrer Gewänder ist subtil schattiert. In der nördlichen Kapelle zeigt ein Wandbild den ›Chor der Märtyrer‹. Die neun Männer in der ersten Reihe, angeführt vom heiligen Paulus, sind sehr individuell charakterisiert. Hinter ihnen verlieren sich die Heiligenscheine weiterer Glaubensstreiter in der Tiefe des Raumes. Die Kapelle enthält die Gräber des Despoten Theodor II. Palaiologos und des Abtes Pachómios, des Stifters der Kirche, der auf einem der Fresken als bescheidener, kleiner Mönch abgebildet ist, der einer hochgewachsenen, aufrecht stehenden Muttergottes das Modell der Kirche darbietet. Die Wände der düsteren Südkapelle sind bedeckt mit den ›Chrysobullen‹, den kaiserlichen Goldsiegelurkunden, die bezeugen, welche Besitztümer dem Kloster, darunter ganze Dörfer und Landstriche der Peloponnes, zugesprochen waren. (Die ausgestellten Urkunden sind Kopien.) Vier Engel mit ausgebreiteten, einander überdeckenden Schwingen umgaben, inmitten weinroter Schatten, ein Christusbild, von dem nur die Mandorla erhalten ist.

Im Hauptschiff trägt die erste Säule der südlichen Reihe ein schönes antikes Kapitell. Auf der nur bruchstückhaft erhaltenen Darstellung der ›Geburt Christi‹ in der Zone der Emporen entzückt ein smaragdgrüner Ochse neben der Krippe. In einer der kleinen südlichen Nebenkuppeln ist ein Porträt des ›Propheten Melchisedek‹ von gerolltem Blattwerk eingerahmt, ein ehrwürdiges Haupt mit einem Gesichtsausdruck von geradezu grimmiger Intensität; das Fleisch hebt sich elfenbeinglatt von grünen und braunen Schattierungen ab, und durch den Bart schimmert noch ein hautfarbener Hauch. Er hält eine goldene Schriftrolle vor dem verblichenen Rosa seines Gewandes. In diesem Bildnis wird eine neue und subtile Verwendung der Farbe erkennbar. Mit einer breiteren Skala der Tönungen konnte der menschlich-natürliche Ausdruck der Gesichter stärker betont werden. Der Kopf des Melchisedek ist ein Meilenstein auf diesem Wege.

In der Hauptkuppel herrscht Christus in der Glorie, dem die Apostel mit ehrfurchtsvollem Gesichtsausdruck huldigen. Darunter füllen Heilige und Propheten, in brauner und altgoldner Gewandung die Gewölbe und Seitenschiffe. Die Fresken der Afendikó-Kirche, die aus der ersten Hälfte des 14. Jhs. stammen, sind eine bedeutende Manifestation der neuen Tendenzen, der Ruhelosigkeit und Wißbegierde. Sie äußern sich in dem wachsenden Bemühen um einen dynamischeren Erzählungsmodus, in einer abwechslungsreicheren Farbgebung und der Einführung von Menschen und Gegenständen, die der Künstler tatsächlich selbst gesehen und nicht von anderen Bildern übernommen hat.

Wir verlassen jetzt die Unterstadt und steigen auf dem beschwerlich steilen Pfad durch den Doppelbogen des Monemvasía-Tors hinauf ins Aristokratenviertel und erreichen auf einer Plattform unter dem Gipfel den *Despotenpalast*. Allein schon die Ausmaße des Baus lassen auf die Pracht und Feierlichkeit schließen, mit welcher der Sohn des Kaisers sich umgab. Der Palast liegt an der Nordostseite des Plateaus. Innerhalb der mächtigen Außenmauern sind im Nordflügel des L-förmigen Gebäudes die eingestürzten Gemächer aus der Mitte des 13. bis zum späten 14. Jh. – folglich zum Teil noch aus fränkischer Zeit – erkennbar. Etwas ungereimt wirken hier die Überreste einer kleinen türkischen Moschee in der alles andere als orientalischen Umgebung. An der Nordfassade erlaubte ein schmaler, vorspringender, von sechs großen Arkaden getragener Balkon den Blick auf die Flanke des Taýgetos und in das obere Eurótastal.

Auf dem Palasthof hat man große öffentliche Versammlungen abgehalten, an denen die gesellschaftliche und geistige Elite von Mistra teilnahm. Die bedeutendste Erscheinung war der exzentrische humanistische Philosoph Georgios Gemistos Plethon, der sich, 1360 in Konstantinopel geboren, nach 1400 in Mistra niederließ und dort um 1450 starb. Er war ein Neuplatoniker von umfassender Bildung und Gelehrsamkeit, der größte Verfechter antiken griechischen Geistes, dessen Interessen nicht nur auf philosophischem, sondern auch vielen praktischen Gebieten lagen. In einer berühmten Denkschrift an Kaiser Manuel II. Palaiologos legte er drastische, aber wenig praktische Reformvorschläge vor, darunter die Abschaffung des Privatbesitzes und die Verstaatlichung von Grund und Boden, was viele der reichen byzantinischen Grundbesitzer in beträchtliche Besorgnis versetzte. Als Humanist forderte er eine Reform des Strafrechts und die Ab-

65 Mistra. Der Despotenpalast. Rekonstruktion des Ostflügels, Südfassade.

schaffung der Todesstrafe. Er wurde auch nicht müde, gegen die aufgehäuften Reichtümer der Mönche zu wettern, die er einen ›Schwarm von Drohnen‹ nannte. Dieser idealistische Geist trug als leidenschaftlicher Hellenist viel dazu bei, daß man in der westlichen Welt wieder von Platon sprach; er nahm am Konzil von Florenz (1438/39) teil, wo er sehr gefeiert wurde und auf Cosimo de'Medici so nachhaltig wirkte, daß dieser eine ›Platonische Akademie‹ gründete.

Der Westflügel des Palastes mit seinen drei Stockwerken ist ein höchst imposantes Bauwerk mit einem jetzt halb versunkenen überwölbten Erdgeschoß, darüber dem ersten Stock mit niedriger Decke und acht Einzelgemächern und schließlich das lange, rechteckige Geschoß des Thronsaals. Spätgotische Fenster und darüber eine Reihe runder Fenster erhellten den Raum. Es ist selten, daß man ein so schön erhaltenes Beispiel profaner byzantinischer Baukunst in Griechenland antrifft.

Genau westlich vom Palast, nahe bei der kleinen Hagios Nikólaos-Kirche steht die Ruine des ältesten großen Herrenhauses, *Palatáki*, der ›Kleine Palast‹ genannt, Wohnsitz einer der führenden Familien der Stadt. Die stolze Gliederung des Turms an der Südseite, der aus der zweiten Hälfte des 13. Jhs. stammt – die dreistöckige Nordfassade ist eine Hinzufügung aus dem 14. Jh. –, schmücken Zierbänder aus verschieden gesetzten Ziegeln. Sogar in dem verfallenden Zustand gelingt es den Mauerhüllen noch, den Eindruck eines großen Stadthauses zu vermitteln, in dem man ein angenehmes Leben führte, wo Männer und Frauen, denen eine wohlerzogene Dienerschaft aufwartete, in kultivierter Sorglosigkeit und Behaglichkeit wohnten.

Nördlich des Palatáki, noch unterhalb der Burg, steht die kokette kleine *Hagia-Sophia-Kirche*, die jetzt restauriert wurde. Manuel VI. Kantakouzenos, der erste Despot, dessen Wappenschild noch auf einer Marmortafel zu finden ist, ließ sie um die Mitte des 14. Jhs. als seine Palastkapelle erbauen. Man betritt sie durch einen ungewöhnlich großen, überwölbten Narthex. Der Plattenbelag des Fußbodens ist der kostbarste in ganz Mistra. Von den Fresken sind nur die der beiden Kapellen an der Ostseite gut erhalten. Der schöne Glockenturm über der Nordgalerie wurde während der türkischen Besetzung in ein Minarett umgewandelt.

Von hier führt ein steiler Pfad hinauf zum Gipfel des ›Myzéthras‹ mit seiner Festung. Guillaume de Villehardouin hat sie 1249 erbaut. Er war in Griechenland geboren, liebte das Land und regierte es besser als irgendein anderer fränkischer Fürst. Aber seine Erziehung, seine Anschauungen und seine Lebensform waren französisch, und es galt als Ehre für junge Ritter, in seinen Hofstaat aufgenommen zu werden. In Mistra war er von tausend Berittenen umgeben, und es muß ein seltsames Schauspiel für die Bewohner der Ebene gewesen sein, wenn diese mit dem Fürsten ausritten und die Wimpel an ihren Lanzenspitzen über den staubigen Olivenbäumen flatterten.

Das äußere Tor befindet sich an der Nordwestseite. Ein gewölbter Gang führt durch die Füllmauer in den äußeren Burghof. Von hier steigt der Pfad zum inneren Burghof abermals an. Links befindet sich eine Zisterne für Zeiten der Belagerung. Dahinter bietet ein runder Turm einen weiten Ausblick uber das Land. Die abgerundeten Bastionen des inneren Burgbezirks sind sämtlich fränkisch mit wenigen byzantinischen und türkischen Hinzufügungen. Heute sprießen aus den Ritzen zwischen den verwitterten Steinblöcken Kräuter und wilde Bergblumen. Der Myzíthra-Hügel fällt auf der Taýgetos-Seite steil ab in eine tiefe, wilde Schlucht.

Auf dem Aufstiegsweg geht man wieder zurück bis zum Monemvasía-Tor. Dort führt ein Pfad in südlicher Richtung zum *Kloster der Pantánassa,* der ›Allherrschenden‹, mit dem stolzen, von Zypressen flankierten Glockenturm. Dies ist der freundlichste und häuslichste Ort in Mistra, noch immer bewohnt, heute von Nonnen. Dem Besucher wird ein Ouzo oder ein Löffelchen Konfitüre und dazu immer das Glas kühlen Wassers angeboten. Im stillen Hof wogt eine Blumenpracht aus vielen Töpfen und Blecheimern. Die Kirche ist klein, aber es gibt eine Menge zu sehen, und man sollte verweilen können.

Johannes Phrangópoulos, Minister des letzten byzantinischen Despoten mit Befugnissen über ganz Moréa, hat 1428 das Kloster gegründet und die *Kirche* gestiftet. Architektonisch gesehen ist sie eine Nachbildung der Afendikó-Kirche in kleinerem Maßstab. Spitzbogige Blendarkaden im unteren Geschoß und rundbogige im oberen laufen um die sehr hohen Apsiden. In unregelmäßigem Abstand wird aus dem Blendwerk eine echte Arkade, da, wo sie sich als Fenster zum Innenraum öffnet. Die Fülle der steigenden

Bögen vermehrt sich durch die hängenden der Girlanden, die als umlaufendes Schmuckband beide Geschosse trennen. Welche Vielfalt der Rundungen, der vertikalen und horizontalen! Die Schwünge, Bögen, Ellipsen und Kurven aus warmem rotem Backstein kontrastieren überraschend zur klassischen Strenge früherer Kirchen. Auch der Glockenturm am äußersten Ende der Ostfassade trägt auf seinen arkadendurchbrochenen oberen Geschossen noch eine hohe elliptische Kuppel.

Man betritt *das Innere* der Kirche durch ein mit kufischen Mustern verziertes Portal und sieht sich in dem in Mistra üblichen Typ der Basilika mit aufgesetzter Kreuzform im Obergeschoß. Die sechs Marmorsäulen, von denen jeweils drei die Seitenschiffe abteilen, tragen Kapitelle mit Pflanzenornamenten, Kombinationen aus ionischen und korinthischen Formelementen. Das Licht ist trüb, der Raum wegen des abfallenden Geländes beengt, und die unbekannten Meister der Pantánassa müssen eine unausdenkliche Mühe gehabt haben, die Gesamtheit von Himmel und Erde in diesem Irrgarten von kleinen Kuppeln, flachen Gewölbezwickeln und engen Tonnengewölben unterzubringen. Die bedeutendsten Kompositionen befinden sich in der Zone der Kreuzarme, und es ist nicht immer ganz einfach, einen guten Blickwinkel zur Betrachtung zu gewinnen; sieht man sie später auf Reproduktionen an, so ist man erstaunt, wie viele Details einem entgangen sind.

Die *Fresken* stammen etwa aus der gleichen Zeit wie der Kirchenbau. Mit der abwechslungsreichen Vielfalt der Gewandungen, den reichhaltigen Architektur-Hintergründen, der Lebendigkeit der Gesichter, der Behandlung des Faltenwurfs und vor allem der erstaunlichen Farbenskala – eine Neueinführung ist hier Zitronengelb und Erbsengrün – haben die Schöpfer dieser dichten malerischen Kompositionen offensichtlich der majestätischen Strenge des 11. und 12. Jhs. den Rücken gekehrt. Die Perspektive ist noch immer zaghaft, die Zeichnung häufig linkisch, die Inspiration noch liturgisch, aber der – oder die – Künstler der kretischen Schule, die hier arbeiteten, bemühten sich um eine Beseelung des Ausdrucks. Damit waren sie in gewissem Sinne Vorläufer der religiösen Kunst, die im 16. Jh. auf dem Berg Athos, in Serbien und in Rußland aufblühen sollte. Wenn die Fresken der Pantánassa auch oft als Abgesang der byzantinischen Freskenmalerei gelten, so zeigt sich uns heute, daß von hier eine Verbindung zur Entwicklung der religiösen Malerei in Osteuropa führte.

Betrachten wir von den Szenen des Dodekaéorton, des Zyklus der Zwölf Feste, zuerst die ›Himmelfahrt‹ im Gewölbe des Sanktuariums. Apostel, die beiderseits der Tonnendecke, auf der einen Wandfläche die Muttergottes, auf der anderen den Erzengel umstehen, blicken in ehrfurchtsvollem Staunen nach oben. Die Anmut der Bewegungen ist auffallend, die Bäume in ihrem üppigen Wuchs sind kaum mehr stilisiert.

Ein meisterliches Werk ist die ›Erweckung des Lazarus‹. Der zum Leben Wiedererweckte, noch eingehüllt in das Leichentuch, steht in dem aufgerichteten Sarkophag. Ein Mann befreit ihn von der Umwicklung, ein anderer hält sich wie betäubt die Nase zu. Zwei Helfer tragen eilig den marmornen Deckel des Sarges zur Seite. Dem Maler gelingt es, mit subtilen Farbklängen die äußerst realistischen Einzelbeobachtungen zusammenzufassen und innerhalb der ihm von Tradition und Konvention auferlegten Grenzen die in der Situation enthaltene dramatische Spannung spürbar werden zu lassen. – Der ›Einzug in Jerusalem‹ im Mittelschiff ist ebenfalls vortrefflich. Obwohl die Komposition durch eine übertriebene Fülle der Details an Qualität einbüßt – einige Kunstkritiker haben sie mit einem Breughel verglichen –, gewinnt sie durch ihre unvergleichliche Farbgebung. Türme, Mauern und Dächer sind erdbeerfarben mit malvenfarbenen Schatten, umringt von einem strahlend gelben Stadtwall unterhalb der bernsteinbraunen Felsen. Inmitten dieses Aufruhrs von Farben – der Hintergrund ist erbsensuppengrün – reitet Christus auf einem schneeweißen Esel in die Stadt ein, während Kinder vor ihm auf dem Weg spielen und die Stadtältesten, von denen einer einen zebra-gestreiften Mantel trägt, vortreten, um ihn zu begrüßen. Innerhalb der Massenszenen ist jede der Gruppen in ihre eigene Perspektive eingeschlossen. Die Teile stehen in Spannung zueinander, doch der betrachtende Blick vermag die beabsichtigte dramatische Einheit des Ganzen zu erfassen.

Die sehr beschädigte ›Geburt Christi‹ im südlichen Querschiff erinnert in ihren Details an die kleinen Tafeln der frühitalienischen Malerschulen: Die Krippe, Ochs und Esel, die etwas hölzernen Pferdchen, blaßgrau und terrakottafarben, auf denen die Könige in grünen und blaßgelben Mänteln reiten. Die Darstellung ist liebenswert. Auf der ›Verkündigung‹ tragen den wundervoll vorwärts getriebenen Engel – dessen Antlitz leider irreparabel beschädigt ist – seine ausgebreiteten Schwingen aus metallischem Grün und Gelb mit einem Hauch mildernden Graus gegen einen opulenten, palastartigen Hintergrund, den porphyrgemaserte Säulen aufgliedern. Der Marmorfußboden ist tiefrot, und zu Füßen des Engels trinkt eine streifig gefiederte Wachtel von dem Wasser, das aus einem Brunnen in Form eines Pinienzapfens fließt. Aus den Raumzwickeln und Wölbungen blicken Mönche, Propheten und Kirchenväter herab. Der Kopf eines Bischofs in einer kleinen Nordwest-Kuppel ist besonders eindrucksvoll: Eine dunkle, ausschließlich mit Grün und Violett bemalte Fläche, die ihre Höhungen auf Grund der damaligen byzantinischen Technik nur aus einer Folge weißer Pinselstriche erhält.

Von der Pantánassa führt der Weg im Zickzack hügelabwärts durch ein früher dicht besiedeltes Wohnviertel, in dem auch das *Haus des Johannes Phrangópoulos,* des Stifters der ›Pantánassa‹ steht. Fast am Fuß des Abhangs liegt die kleine, in der Mitte des 14. Jhs. erbaute und ausgemalte *Perívleptos-Kirche.* Der Name meint Maria, ›die von überall gesehen (verehrt) wird‹. Es ist eine Zweisäulen-Kirche mit Kuppel, die wegen der Abschüssigkeit des Geländes teilweise in den Fels hineingebaut wurde. Auch sie gehörte zu einem Kloster, über dessen Eingangstor zwei antithetische Löwen das Emblem des Klosters aus der fränkischen Zeit halten. Hier ist nichts von der anmutigen Verspieltheit der ›Pantánassa‹, sondern man steht wieder vor byzantinischer Strenge. Die Apsiden, nicht halbrunde, sondern kantig aneinanderstoßende, geschlossene Mauerflächen, werden nur von je einem kleinen Bogenfenster durchbrochen.

An den Fresken haben zwei Maler gearbeitet. Bei eingehenderem Betrachten wird man sehr bald die Szenen des bedeutenderen Meisters erkennen. Seine Fresken sind wohl die schönsten in Mistra. Sie kommen aus konstantinopolitanischer Tradition und sind zugleich früheste Ankündigung einer Stilrichtung, die dann als die ›Kretische Malerschule‹ im 16. Jh. zu voller Blüte gelangt. Klare Formen, knapper Erzählstil und die Würde der Gestalten fußen auf hellenistischer Überlieferung. Die Vorliebe des Malers für ein leuchtendes Dunkelblau gibt sofort den Ton an, den einer kühlen, feierlichen Großartigkeit. Die besterhaltenen Fresken befinden sich in den Seitenschiffen und Apsiden. Die ›Himmelfahrt Christi‹ breitet sich auch hier über die Wandzonen und die Dekkenwölbung des Altarraumes. Vier Engel in wehenden Gewändern entschweben mit dem Auferstandenen in der Mandorla. Die Apostel blicken in kühn verrenkter Haltung zu dem Wunder auf und nehmen eine ernste Gottesmutter, der zwei Erzengel beistehen, in ihre Mitte. Auch in der Mittelapsis rahmen zwei Erzengel die thronende Maria, die in ziegelrotem Gewand das Christuskind auf ihrem Schoß hält. In der Nordapsis, die leider sehr schlecht beleuchtet ist, entfaltet sich meisterlich die selten dargestellte Szene der ›Göttlichen Leitourgia‹. Rostrothaarige Engel mit grünen und innen blauen Flügeln tragen vor einem intensiv dunkelblauen Hintergrund in langen hellen Dalmatiken von perlengrauer Undurchsichtigkeit liturgische Geräte, sowie Brot und Wein für das Abendmahl. Trotz der Feierlichkeit der Prozession bewegen sie sich natürlich und gelöst. Selbst die steife lineare Faltenzeichnung der Gewänder wirkt eigentümlich lebendig. – Großartig ist die Figur des Hl. Joánnis Chrysóstomos, des Verfassers der berühmten »goldzüngigen« Homilien. Er entrollt ein Schriftblatt vor seinem großflächigen, streng ornamentierten Meßgewand, zu dem die zarten Hände und ein sanftes, empfindsames Antlitz in eindrucksvollem Gegensatz stehen.

Von den Szenen des Zwölf-Feste-Zyklus (dem Dodekaéorton) sind besonders erwähnenswert: die ›Verklärung‹ mit ihrem rothaarigen Christus in einem weißen, leicht orange getönten Gewand; die ›Kreuzigung‹ im südlichen Querschiff; die ›Kreuzabnahme‹, deren trauernde Maria sienesische Einflüsse verrät; ebenfalls im südlichen Querschiff die ›Geburt Christi‹, auf der die Gottesmutter neben der Krippe, wie betäubt von dem unerhörten Ereignis, niedergesunken ist. Engel mit staunenden Gesichtern, von himmelblauen Pinselstrichen erhellt, wachen über sie. Eine düstere Felsenhöhle ist Schauplatz dieser Szene. Die Darstellungen aus der ›Kindheit Mariens‹ im südlichen Seitenschiff sind von unterschiedlicher Qualität. Bezaubernd ersonnen und ausgeführt sind hier tanzende Gestalten, die sich an den Händen halten.

Die Perívleptos-Fresken gehören zu den letzten großen Meisterwerken der byzantinischen Kunst. In Mistra trifft man auf eine nur kurze, aber strahlende Blütezeit des Besten und Schönsten der byzantinischen Kultur, auf einen letzten Zufluchtsort der Vernunft und der Gelehrsamkeit in einer ihrem Ende nahen Epoche.

Auf dem Weg von der Perívleptos-Kirche zur Hauptstraße kommt man am zerfallenen ›Haus des Krevatás‹, eines angesehenen Bürgers, vorbei, der noch die Freiheitskriege 1826 tätig miterlebte. Zumindest die Unterstadt von Mistra war also vor 150 Jahren noch von einflußreichen Leuten bewohnt. Weiter unten, wo der Hang sanft in die Ebene übergeht, lag das türkische Mufteika-Viertel, wo die osmanischen Beamten, unter schattigem Gehölz wohnten. Von hier ist es nur einige Minuten zu Fuß zum Dorf, wo sich am Hauptplatz ein angenehmes Hotel befindet.

Nach den Kunstwerken in Mistra stellt sich uns in den Kirchen von Chrýsapha und Geráki der ländliche Aspekt des Byzantinischen dar. Diese Kirchen sind kräftige, untersetzte Bauten, deren Innenwände oftmals mit Fresken von Bauernmalern bedeckt waren und die auf ganz natürliche Weise aus dem Gestein der Párnon-Hänge herauszuwachsen scheinen. Ihre Lage in den Bergen führt uns in ein neues, schrofferes und abseitigeres Lakonien. Der Párnon ist gegenüber der schmalen, hochragenden Kette des Taýgetos ein breit gelagertes Gebirge. Die Gegend ist steinig, rauh und dünn besiedelt. Oft kommt man an wilden Mandelbäumen vorbei, die der winterliche Nordwind zu grotesken Formen verzerrt hat.

Eine schmale Straße auf dem Ostufer des Eurótas steigt zwischen Böschungen aus roter lakonischer Erde allmählich zu dem Dorf *Chrýsapha* auf. Hier ist ein Führer unerläßlich, der die Wege kennt und weiß, wo die Schlüssel zu den Kirchen zu finden sind. Man erkundige sich im Café am Hauptplatz. Ungewöhnlich viele Kirchen aus dem 14. Jh. und späterer Zeit verteilen sich über das zerstreut liegende Dorf und die umliegenden Wiesen. Im späten Mittelalter muß Chrýsapha eine blühende Gemeinde gewesen sein. Die vier Hauptkirchen sind typisch für die lakonische Provinzkunst der spätbyzantinischen Zeit. Die beiden ersten befinden sich im Dorf selbst. Die *Hagios Demetrios*-Kirche aus dem 17. Jh. hat einen kreuzförmigen Grundriß, davor einen Narthex, und ihre rauchgeschwärzten Mauern setzen einen düsteren, aber reizvollen Farbklang aus lohfarbenem Braunrot, Grau und Braun; die Kirche besitzt eine gute nachbyzantinische Ikone des ›Christus Elkómenos‹, des Gegeißelten. – Die aus dem 14. Jh. stammende *Koimesis*, die dem ›Tod Mariens‹ geweihte Kirche, ist kleiner, weniger elegant, hat eine unschöne moderne Ikonostasis und im nördlichen Querschiff einige halbwegs gut erhaltene Fresken. – In einer halben Stunde zu Fuß über das wellige Hochland erreicht man die *Hagios Ioánnis Pródromos*, Johannes dem Täufer geweiht, in deren südlichem Querschiff eine schöne ›Verklärung‹ zu sehen ist: Christus, in mattgelbe Gewänder gekleidet, steigt in einer hellroten Wolke zum Himmel auf. Dort liegt auch die *Chrysaphiótissa*, die ›Muttergottes von Chrýsapha‹, aus dem 13. Jh., einstmals ein kleines Kloster, von dem nur noch die Grundmauern der Zellen stehen. In eine Turmruine, wahrscheinlich aus späterer Zeit, ist jetzt der Raum des Sanktuariums eingewölbt. Die Fresken sind stark beschädigt. Von einer hochverehrten ›fliegenden Ikone‹ aus dieser Kirche werden wir noch mehr erfahren, wenn wir in Monemvasía angelangt sind.

Die Straße nach Geráki überquert das zerklüftete Hochplateau von *Tsakonien*. Der Taýgetos weicht immer weiter nach Westen zurück. Die ganze Herrlichkeit der Bergkette liegt nun vor einem, verjüngt sich bis zu ihrem fernen Ende auf der Halbinsel Mani – ein großes bläuliches, schneebedecktes Rückgrat, das sich durch die südliche Peloponnes zieht und sie teilt. Vor uns laufen die Täler des Párnon in unregelmäßiger Faltung zum Lakonischen Golf hinab. Zwischen Sparta und Geráki gibt es kaum ein Dorf, das diese Bezeichnung verdiente. Die wenigen Bewohner hier werden ›Tsákones‹ genannt, was eine verderbte Form von ›Lakónes‹, nämlich Lakonier, ist; sie sind ein Volk, über das man wenig weiß, wahrscheinlich slawischen Ursprungs, wild und unabhängig, mit einem sehr fremd klingenden Dialekt. Da ich nur einmal um die Mittagsstunde in der großen Augusthitze in Geráki war, habe ich keine Gelegenheit gehabt, die männlichen Einwohner den berühmten ›Tsakónikos‹ tanzen zu sehen, ein Volkstanz, der im Süden der Peloponnes noch heute beliebt ist. »Die Männer verschlingen die Arme, als ob sie bemüht seien, einander nicht zu verlieren. Auf Grund sehr alter Tradition soll dieser Tanz die Flucht des Theseus aus dem Labyrinth von Knossos darstellen.« (Dora Stratoú)

Geráki liegt am Fuß eines kahlen Hügels in der Nähe des *antiken Gerónthrai*, einer spartanischen Stadtgemeinde, in der alljährlich zu Ehren des Kriegsgottes ein Fest abgehalten wurde. Über pelasgischen Grundmauern baute in fränkischer Zeit Guy de Nivelet eine Burg. Sie gehörte zu dem Gürtel von Befestigungen, die in einem Hufeisenbogen von Westen nach Norden und weiter nach Osten die fruchtbare lakedaimonische Ebene abschirmten. Das alte Gerónthrai war im Mittelalter in den Besitz eines Feudalherrn namens Hierax übergegangen und hieß hinfort, wie auch in byzantinischen Quellen zu lesen, ›Hierákion‹. Geráki scheint das verschliffene Hierákion zu sein. Wie in Chrýsapha ist auch hier für den Weg zu den Kirchen ein Führer unbedingt erforderlich, die weit verstreut in den Mandelbaumhainen liegen. Als die Burg nach der Schlacht von Pelagonia von den Franken auf die Byzantinier überging, blieb sie offenbar strategischer Stützpunkt. In ihrem Schatten entstand die kleine Stadt mit den vielen Kirchen. Aber im Unterschied zu Mistra war Geráki nie kosmopolitisches Zentrum. Die Kirchen sind klein, aber einige zeigen in ihrer Architektur und den Wandmalereien eine deutliche Orientierung an den Impulsen, die von Konstantinopel ausgingen.

Als erste kommt, wenn ich dem von meinem einheimischen Führer eingeschlagenen Weg folge, die kleine *Hagios Ioánnis Chrysóstomos-Kirche* aus dem 13. Jh. mit einem Tonnengewölbe über dem einzigen Schiff und einer Apsis. An der südlichen Außenmauer wechseln Ziegelmuster mit eingelassenen Steinplatten, was ein wenig wunderlich, aber nicht unhübsch wirkt. Weitere Steinplatten, antike Relief-Bruchstücke, rund um das Portal – eine mit römischer Inschrift dient als Türsturz – rahmen eindrucksvoll den bescheidenen Eingang zu einem noch einfacheren Inneren, in dem die ›Anbetung der Erzengel‹ im Gewölbe überrascht. – Für die Außenmauern der *Hagios Sostis,* der ›Erlöser-Kirche‹, wurden ebenfalls alte Platten als Schmuck dieses Kreuzkuppelbaus um etwa 1200 wiederverwendet. – In den Wiesen unterhalb des Dorfes liegen die *Hagioi Theódoroi-Kirche* (ohne Freskenspuren im Innern) und die zweischiffige *Hagios Nikólaos-Kirche* vom Ende des 13. Jhs., deren schwache Spuren einst guter Wandmalereien jetzt zwei Betonkuppeln schützen.

Auf dem Rückweg zum Dorf zwischen Feldsteinmauern besuchen wir noch die *Evangelístria,* die älteste Kirche im weiten Umkreis aus der Mitte des 12. Jhs., ein kleiner Kreuzkuppelbau in einem Zypressenhain. Der zylindrische Tambour ist zwar unverhältnismäßig hoch, doch die Zypressen rundum sind höher und machen dies wieder wett. Die sehr qualitätvollen und auch gut erhaltenen Fresken sind gegen Ende des Jahrhunderts entstanden und schmücken die Wände mit dem reichen byzantinischen Ausstattungsprogramm. Der ›Pantokrator‹ mit den glühenden Augen in der Kuppel und eine ›Verklärung‹ im Tonnengewölbe über dem Sanktuarium sind bemerkenswert.

Von der ›Evangelístria‹ aus klettert man wenigstens eine Stunde den steilen, mit stachligen Steineichen bedeckten Berghang hinauf zur *Burg*. Man stößt dort auf byzantinische Ruinen, die aber im Unterschied zu Mistra gänzlich zerfallen sind. Nur die Festungsmauern der Südseite sind noch stattlich. Man betritt das thymianduftende Burginnere von Südwesten her durch einen Torbogen. Im Norden befindet sich eine Ausfallpforte. – Am interessantesten hier oben ist die *Hagios Georgios-Kirche,* eine dreischiffige Basilika in der Nähe des Haupttores. Wie die ›Evangelístria‹ ist auch dieser Bau fränkischen Ursprungs. Das Wappen über dem Bogen der Eingangstür deutet wahrscheinlich auf das Geschlecht der De Nivelets. Im Innern der Kirche befindet sich links eine kleine Votiv-Kapelle mit einem steinernen Schrein, darin eine neuere Ikone. Zwei geknotete Säulen tragen einen Spitzbogen mit Sternen und Lilien, und wieder ist das Rautenwappen zu sehen. Nichts könnte mehr überraschen als dieses etwas grobe Stück gotischer Steinmetzarbeit in der Verlassenheit der sonnengedörrten tsakonischen Einöde.

Von Geráki aus kann man auf einer schlechten und teils schwierigen Straße weiterfahren nach Monemvasía, unserem nächsten Ziel. Bei Vlachióti stößt sie auf die weit bessere direkte Verbindung zwischen Sparta und Monemvasiá, auf der es aber keine Abzweigung nach Chrýsapha und Geráki gibt. – Auch der Süden Lakoniens ist gebirgig. Vor Sykéa durchquert man plötzlich eine Ebene voller Feigenbaum-Haine, erklettert dann nochmals die Höhe eines einsamen Bergzuges, ehe die Straße abrupt zur kahlen Ostküste abfällt. Der Felsen von *Monemvasía,* dick und schwer wie ein Elefant, hockt am südlichsten Ende einer halbmondförmigen Bucht. Pausanias fielen dort Kiesel auf, »die in der Form besonders schön und von verschiedenster Farbe waren«.

Beim Namen Monemvasía wird mancher vielleicht zuerst einmal an den Malvasier-Wein denken, der von dieser Stadt den Namen erhalten hat. Im Mittelalter war er weithin berühmt, und niemand erstaunte es, daß es ausgerechnet eine Bütte Malvasiers war, in der man 1478 den Herzog von Clarence ertränkte. – Auf den Hängen um Monemvasía wächst heute nicht mehr ein einziger Rebstock der Malvasier-Traube. Als die Venezianer 1540 die Schlüssel der letzten christlichen Festung, die sich bis dahin noch gegen die Türken gehalten hatte, dem Feind übergaben, nahmen sie nicht nur ihre Artillerie, sondern auch viele Einwohner mit, die sich in anderen venezianischen Kolonien – auf Kreta, Santorin, Korfu und in Dalmatien – neu niederlassen wollten. Die Monemvasier gruben beim Abzug ihre Weinreben aus und pflanzten sie in der neuen Heimat wieder ein. Ein süßer bernsteinfarbener Wein, der heute auf der vulkanischen Insel Santorin wächst, kommt angeblich dem mittelalterlichen Malvasier am nächsten.

Die Lage des alten Monemvasía am Hang des gewaltigen rötlichen Felsens, der sich in der späten Nachmittagssonne violett färbt, ist bemerkenswert. Die mauerumschlossene Stadt ist mit dem Festland nur durch einen schmalen Damm verbunden: ›i móni émvasis‹, ›der einzige Eingang‹ – eine Bezeichnung, die zum Namen des Ortes wurde. Monemvasía lag an einem der wichtigen Wasserwege zwischen Italien und der Levante, seine Handelsschiffe befuhren das östliche Mittelmeer und die Besatzungen zählten zu den erfahrensten Seeleuten ihrer Zeit. Auch vom strategischen Standpunkt war die Lage ausgezeichnet. Zudem wurde die Stadt klug und weise regiert und erfreute sich unter der Herrschaft der Komnenen mancher Freiheiten und Privilegien, die anderwärts in Griechenland unbekannt waren. Ihre Bewohner waren berühmt wegen ihres staatsbürgerlichen Verantwortungsbewußtseins: Niemand beklagte sich, wenn die Güter derer, die ohne nahe Verwandte starben, auf dem Wege der Nachlaßbesteuerung eingezogen wurden, um den Erlös für den Unterhalt der Burg zu verwenden.

Als die Franken Griechenland in Besitz nahmen, war das byzantinische Monemvasía einer der letzten Zufluchtsorte des Hellenismus. Es sollte zum größten Hindernis für Guillaume de Villehardouin werden, das er bei der Eroberung der Moréa zu überwinden hatte. Die Belagerung dauerte drei Jahre. Ein mittelalterlicher Chronist drückt es poetisch aus, die Griechen glichen »einer Nach-

66 Monemvasía. Stich des 17. Jhs.

tigall in ihrem Käfig«, und die Garnison ernährte sich schließlich von Katzen und Mäusen. Um die Festung im Jahre 1249 endlich niederzwingen zu können, mußte Guillaume die Hilfe der Herzöge von Athen und Naxos, des Barons von Euboia, des Grafen Orsini von Kephalónia und der venezianischen Flotte herbeirufen – eine ansehnliche Streitmacht, die dann schließlich die Oberhand gewann. Doch die Franken hielten sich nicht lange. Zehn Jahre nach der Eroberung erlitt Guillaume seine demütigende Niederlage bei Pelagonia und war genötigt, auch Monemvasía als Teil seines Lösegeldes dem Kaiser von Byzanz abzutreten.

Erbittert kämpften die Franken noch etwa 50 Jahre lang – letztlich vergebens – um die Wiedergewinnung der Herrschaft in der Moréa. Von Andravída im Nordwesten bis nach Monemvasía im Südosten mußten Land und Leute Invasionen, Plünderei, Anarchie und Blutvergießen über sich ergehen lassen.

Monemvasía wurde, seit 1262 erneut unter byzantinischer Herrschaft, ein bedeutender Bischofssitz und wieder blühendes Handelszentrum. Kaiser Michael VIII. war so beeindruckt, daß er den Kaufleuten Steuererleichterungen gewährte. Der große behäbige Felsen mit seiner schier uneinnehmbaren Festung lag schützend vor einem Hafen voller Schiffe, auf denen die Flaggen von Byzanz, Venedig, Genua und Amalfi flatterten. Als Sultan Mehmed II. nach dem Fall von Konstantinopel die Moréa überrannte, war sein größter Ehrgeiz, den ›violetten Felsen‹, wie die Türken Monemvasía nannten, niederzuzwingen; aber sogar er, der brillante Taktiker, hegte einen so tiefen Respekt vor dem Mut und der Ausdauer der Bewohner, daß er davon absah, sie anzugreifen. Während er noch zauderte, gingen die Monemvasier den Papst im Jahre 1460 um Schutz an. Doch der Versuch Pius' II., damit auch seine geistliche Oberhohheit auf diese feste Burg des orthodoxen Bekenntnisses auszudehnen, erregte schon bald Argwohn und Ärgernis bei Byzantinern und Griechen, die 1464 ihr Geschick dann lieber in die Hände der ›Erlauchten Republik‹ legten. Die venezianischen Condottieri, die die Macht übernahmen, regierten klug und duldsam. Der Wohlstand kehrte zurück, und der Podestà bestätigte die Sonderprivilegien, deren die Kaufleute sich unter byzantinischer Herrschaft erfreut hatten.

Im Jahre 1540, als die osmanische Macht ihren Zenith erreichte, hatte Venedig nicht mehr die Kraft, seine Seehandelsstützpunkte aufrecht zu erhalten. Monemvasía ergab sich, ebenso wie Nauplia, den Streitkräften Suleimans des Großen. Der Verlust der Festungen bezeichnet das Ende des venezianischen Einflusses in Griechenland, und das Banner des Löwen von St. Markus verschwand vom Festland. Einmal noch, für die kurze Spanne von 1690 bis 1715, eroberte Venedig im Zuge der Morosini-Expedition Monemvasía zur Freude seiner Bewohner. Mit der Rückkehr der Türken fiel dann der Vorhang über dem wechselvollen Geschick der Stadt. Ihre Gebäude verkamen und stürzten ein, die Bewohner fielen zurück ins Analphabetentum, die Geburtenziffer sank ab, und der Handel erstarb. In den türkischen Berichten aus jener Zeit wird Monemvasía nur einmal erwähnt. Aus seinem geschleiften Hafen exportierten die Osmanen einen Farbstoff, ›primokokki‹ genannt, den sie aus einem Parasiten gewannen, der die Steineichen der Moréa befallen hatte. Er wurde zum Einfärben der roten Feze verwandt. Es gleicht dem unbeugsamen Geist der Monemvasier, der sich im wechselvollen Geschick der Geschichte gehärtet und bewährt hatte, daß sie 1821 beim Ausbruch des Unabhängigkeitskrieges als Erste in der Moréa die Freiheit erlangten. Ihre Stadt war Unterschlupf und Stützpunkt für alle Patrioten.

Die Überreste der einst stattlichen Hafenanlagen ziehen sich an der Landseite des ›violetten Felsens‹ hin. Auf dem Festland, wo sich einst die Weinberge ausdehnten, ist inzwischen ein modernes Dorf mit Kino, Hotel und Tankstelle entstanden. Von hier gelangt man über den Damm zum Torbau einer Bastion auf der Insel und hat, je weiter man vordringt, das Gefühl, als betrete man eine tote Stadt. Sie hat ihr Gesicht dem Meer zugekehrt. Zwei etwa parallel geführte Mauern liefen zum Meer hinab und schlossen damit die *Stadt* von Osten und Westen her ein. Das Rechteck wird durch die Felskuppe im Norden und eine Kaimauer, auf der man spazieren gehen kann, im Süden vervollständigt. Heute wohnen hier kaum mehr als ein halbes Dutzend Familien. Die Stille wird nur durch das Geschrei der Möwen und von den Wellen, die gegen die Felsen anrollen, unterbrochen. Zweimal in der Woche legt ein Schiff an, das von Piräus zur Insel Kýthera fährt.

Ein enges gepflastertes Gäßchen, darin rechts eine primitive Taverne, in der man Eier, Wein, und wenn man Glück hat, gebratenen Fisch bekommen kann, ist die einstige Hauptstraße, die auf einen kleinen Platz mit weitem Ausblick mündet. Eine türkische Kanone zielt aufs Meer hinaus. Fern im Süden laufen die Konturen des Parnóngebirges beim Kap Maléa aus, dessen wilde und felsige Küste der Schrecken der Seeleute – nicht nur in der Antike – war. Auf der Ostseite des Platzes steht die im 16. Jh., noch während der ersten venezianischen Besetzung erbaute *Kirche des Christus Elkómenos.* Sie wurde über der Stelle eines älteren Baus aus dem 12. Jh. errichtet und barg die berühmte Ikone des ›Gegeißelten Christus‹. Sie galt als so heilig und kostbar, daß Kaiser Isaak II. Angelos sie heimlich in seinen Besitz brachte und nach Konstantinopel schaffen ließ. Heute hat die Kirche als einzigen Schatz eine schöne Ikone der ›Kreuzigung‹. Zwei Pfeiler mit Kapitellen in korinthischem Stil rahmen das Hauptportal, und über dem byzantinischen Türsturz befindet sich die zerbrochene Reliefplatte einer Ikonóstasis. Sie muß wohl aus dem älteren Bau stammen und zeigt zwei Pfauen, die in ihrem verwitterten Zustand aussehen, als vollführten sie einen linkischen Tanz. Oberhalb der ›Elkómenos‹ liegt die strengere *Myrtidiótissa,* die Kirche der ›myrthenbekränzten‹ Jungfrau Maria (14. Jh.), mit ihrer wohlgestalteten Kuppel. Das Innere der Kirche mit leicht zugespitzten Bogen ist nackt und kahl. Um so mehr zieht eine prachtvoll geschnitzte Chorwand den Blick auf sich.

Östlich der ›Elkómenos‹ liegen die Reste verlassener Wohnhäuser, dreistöckige, finstere Gehäuse mit einfallenden Ziegeldächern, auseinanderbrechenden Giebeln, zugemauerten Türen. Hin und wieder trippelt ein Huhn über eine aus dem Felsen gehauene Treppe. Niedrige Brustwehren mit Zinnen beugen sich über das Meer hinaus. Am äußersten östlichen Ende befindet sich ein zweiter Platz, größer als der erste. Hier stehen zwei Kirchen: die *Hagios Nikólaos,* aus dem gleichen schlammgrauen Stein erbaut wie die ›Myrtidiótissa‹, entstand erst 1703, während der zweiten venezianischen Periode, und läßt mit ihrer nie fertig gewordenen vorgelegten Fassade deutlich abendländischen Einfluß spüren. In ihrer Formenstrenge, dem ungeschmückten Äußeren steht sie in seltsamem Einklang mit der verlassenen Umgebung. – Die *Chrysaphiótissa,* die ›Heilige Jungfrau von Chrýsapha‹, stammt aus dem Anfang des 17. Jhs., ist weiß getüncht und hat einen riesigen Tambour mit breiter Kuppel. In der Vorstellung der lakonischen Bauern, in der die Trennungslinie zwischen Religion und Aberglaube häufig etwas verwischt ist, nimmt diese Kirche einen besonderen

Platz ein: eine der Kapellen bewahrt die berühmte ›fliegende Ikone von Chrýsapha‹. Das Bild, so heißt es, sei auf Befehl der Heiligen Jungfrau aus eigenem Vermögen von Chrýsapha nach Monemvasía geflogen. Hier habe Maria einer alten Frau im Traum die Stelle bedeutet, eine Quelle, wo sie zu finden sei. In der Nähe ist dann die Kirche aufgerichtet worden. Die Bewohner von Chrýsapha hatten jedoch hinsichtlich dieses mirakulösen Fluges ihre eigene Meinung. Sie argwöhnten eine Missetat, kamen unter irgendeinem trügerischen Vorwand nach Monemvasía und stahlen sich ihre Ikone zurück. Doch wie eine Brieftaube flog sie abermals quer über die tsakonischen Berge in ihre neue Behausung. Schließlich fanden die Leute von Chýsapha sich mit einer Ersatz-Ikone ab, die ihnen die triumphierenden Monemvasier schenkten. Seitdem sah sich auch das heilige Bild zu keinem neuen Flug mehr gezwungen.

An dieser Stelle ist die südliche Kaimauer mit ihren Geschützscharten gut erhalten. Ebenfalls gut erkennbar ist die lange abfallende Ostmauer von der Höhe der Steilwand bis zum Meer. Dahinter sind nur noch Felsen, Wasser und ein Leuchtturm, über dem sich 300 m höher die zinnenbewehrte Festung türmt.

Auf dem Weg zur Oberstadt und der Festung blickt man bald, wie aus der Vogelschau, auf die Kirchenkuppeln und dachlosen Häuser tief unten. Von den in regelmäßigen Abständen eingeschnittenen Scharten der Brustwehr aus kann man sich schwer vorstellen, wie ein Angreifer überhaupt daran gedacht haben mag, den senkrecht aufsteigenden Felsen zu überwinden. Guillaume de Villehardouin, der einzige Eroberer der Festung, erzwang die Kapitulation der Garnison auch nur durch Blockade. Man geht durch einen zweiten Torbogen und betritt die *Oberstadt*. Über dem Hauptbogen befindet sich eine Steinplatte mit der Inschrift ›Hier regiert Christus‹ – ein militanter Christus, der seinen Segen den byzantinischen Waffen erteilt. Die Torflügel waren mit Metall beschlagen. Gefängniszellen säumen eine Seite des Gewölbeganges. Eine zinnenbewehrte Mauer umschließt den Gipfel mit Ausnahme der Nordseite, wo die Felswand senkrecht abfällt. Unter den Byzantinern wurden die Bastionen und ein viereckiges Fort erbaut. An einer Hausmauer befindet sich ein venezianischer Wappenschild, und an einem Brunnenhäuschen ist der Markus-Löwe eingemeißelt. Die übrigen, von Wolfsmilch, Disteln und Thymian überwucherten Befestigungen sind türkisch. Im Sommer ist der Duft der von der Sonne versengten Kräuter überwältigend. Ein wilder Feigenbaum weist den Weg zur *Hagia Sophia*-Kirche, die auf der obersten Terrasse steht. Der Kreuzkuppelbau wurde im 12. Jh. von Kaiser Andronikos II., einem unermüdlichen Förderer der Kirchenkunst, gestiftet und nach demselben Plan wie Daphni erbaut – hochstrebend, erhaben in der Konzeption und majestätisch in den Proportionen. Auf einem Marmorrelief über dem Eingang sind zwei Lämmer und zwei Tauben abgebildet. Das Innere ist jetzt sehr leer. Einige Freskenreste aus dem 13. Jh. in den Gewölbezwickeln und im Narthex, sowie ein besser erhaltener Christus in der Mittelapsis, der ein aufgeschlagenes Evangelienbuch hält, sind letzte Spuren der Wandmalerei. Die Zerstörungen durch den Lauf der vergangenen Zeiten sind sehr zu beklagen, denn Proportionen und Raumwirkung sprechen noch deutlich von bester byzantinischer Bautradition.

Im Norden ist die halbmondförmige Bucht mit ihrem 1,5 km langen Sandstrand von den Höhenzügen beherrscht, auf denen die Argiver die Kolonie *Epidauros Liméra* gründeten. Beim Blick hinunter über die steile Felswand ragen schwarze spitze Felsklippen aus dem Wasser, an denen sich die Wellen brechen.

Jedesmal, wenn man nach Monemvasía kommt, scheint der Verfall weiter fortgeschritten. Aber die Frau, die uns in der Taverne den Fisch briet, erzählte uns, daß »viele Ausländer, viele, viele ...« – sie bündelte ihre Finger und ließ die Hand kreisen, um uns einen Begriff von der Menge zu geben, die sie in ihrer Vorstellung darstellten – alte Häuser aufkauften. Und spottbillig noch dazu. Sicher wird auch Monemvasía bald ein Magnet für unternehmungslustige Menschen werden, denen es daheim nicht mehr gefällt. Immerhin gibt es einen vorzüglichen Ankerplatz für Jachten, und der Festland-Strand ist superb. Sicher werden auch bald die verlassenen, zum Himmel offenstehenden Türme in kleine Bars mit Musikboxen umgewandelt und das venezianische Mauerwerk mit Fischernetzen und Muschelgirlanden behängt sein. Man sieht es im Geiste schon ganz deutlich vor sich.

Mani

XI

Gýtheion, 301 – Feste Passavá, 303 – Areópolis, 304 – Pýrgos-Diroú, 308
Tiefe Mani, 309 – Gerolimín, 312 – Oitylon, 313 – Kardamýli, 316

Die Halbinsel Mani oder auch Maina stößt als Mittelfinger der peloponnesischen Hand am weitesten ins Ägäische Meer vor. Nächst Tarifa in Spanien ist sie die südlichste Spitze des europäischen Festlandes. Bewohnt wird sie von einem kleinen, aber sehr eigenständigen Teil des griechischen Volkes, den Abkömmlingen der antiken Spartaner, deren leidenschaftliches Unabhängigkeitsbedürfnis sie schon während der frühen Slaweneinfälle (vom 7. bis 9. Jh.) in die einsamen Gegenden des hohen Taýgetos trieb. Ihre kriegerischen Tugenden, ihre persönliche Tapferkeit flößten den Heeren des Sultans solche Furcht ein, daß es die ›Hohe Pforte‹ vorzog, sie sich lieber ihrer selbstzerstörerischen Neigung für Bruderkrieg und Blutrache zu überlassen, als sie in kostspieligen militärischen Anstrengungen zu unterwerfen. Im 18. Jh. wurde ihnen dann ausdrücklich die Autonomie gewährt, die ihnen eine bevorrechtigte Stellung in der türkisch besetzten Moréa verschaffte. Jahrhundertelang gaben die baumlosen Felshänge und Geröllschluchten das Echo von Schüssen der einander befehdenden Familien wieder. Bewaffnet mit den doppeltgeschwungenen Schwertern, den ›Yatagans‹, mit Äxten und Musketen, ritten sie schwerbehängt mit Patronengürteln und Pulverdosen aus ihren Türmen. Es gab kein Haus, das diesen Namen verdiente und nicht seinen Schutzturm besessen hätte! Nicht um die Felder zu pflügen oder Rebstöcke zu pflegen, waren sie unterwegs, sondern um ihre Nachbarn im nächsten Dorf zu beunruhigen. Die großen maniotischen Familien – die Mavromicháli, die Stephanópoloi, die Mourtzónoi – lebten nach dem Gesetz der Blutrache. Mani mag etwas abseits vom allgemeinen Geschehen der griechischen Geschichte liegen, doch für jeden, der dem faszinierenden Rätsel des griechischen Charakters näherkommen möchte, öffnet sich hier ein erhellender Spalt. Und demjenigen, der Landschaften liebt, steht hier eines der erregendsten Erlebnisse bevor.

Mani beginnt genau genommen in *Gýtheion,* dem einstigen Kriegshafen von Sparta. Das Städtchen klimmt terrassenförmig zu einer Anhöhe mit dem Blick auf eine sichelförmige Bucht. Die Häuser am Kai leuchten weißlich, hellrot, zitronengelb. Südlich des Hafens mit seinen Fischkuttern verbindet ein Dammweg das Festlandufer mit einer kleinen grünen Insel, die heute Marathonisi, die ›Fenchel-Insel‹ heißt. Sie sieht freundlich, aber unbedeutend aus. Auf den Grundmauern eines antiken Tempels steht jetzt eine Kapelle. Und doch ist dies Homers *Kranai*, wo Helena und Paris zum erstenmal ihre Reise von Sparta nach Troja unterbrachen. Neben dem Gedanken an diese verzückte Nacht unter den Sternen des lakonischen Golfes verblaßt alles, woran man sonst noch in Gýtheion denken mag – seine Mollusken, die phönizische Seeleute wegen des Purpurfarbstoffes fischten; seine Reede, an der die lakedaimonischen Triëren vor Anker lagen; seine Käse, von denen Lukian sagt, sie seien in der ganzen griechisch-römischen Welt berühmt gewesen; seine Jahre des Zwielichts unter römischer Verwaltung, von der bis heute die Ruinen eines aus Marmor erbauten Theaters zeugen, das im Nordosten in einen Olivenhang eingebettet liegt.

Geographisch gesehen teilt sich Mani in zwei deutlich unterschiedene Regionen: die *Äußere Mani* mit tiefen, fruchtbaren, sogar bewaldeten Tälern reicht im Norden etwa bis zu der Linie zwischen Gýtheion und Kardamýli, im Süden bis auf die Höhe der Bucht von Ageranós und der Bucht von Oítylon; und die *Tiefe Mani*, die sich südlich dieser Verbindungslinie erstreckt. Es ist ein verbranntes, sonnenversengtes Land; felsige Hochebenen, deren wilde, kahle Hänge bis hinab zur Spitze von Kap Taíneron die zerklüftete Faltung der Taýgetos-Kette fortsetzen – kühn, kantig, eckig und immer wieder großartig.

Von Gýtheion schlängelt sich die Straße nach Areópolis durch Weinberge, Olivenhaine und Maisfelder, die von Aloen und Zypressen eingefaßt sind, zum Innern der Halbinsel. Das Meer verschwindet. Der Grat des Taýgetos kommt näher heran, und die Straße taucht in eine rote Felsschlucht. Ruinen säumen den Ostkamm. Am Ausgang der Schlucht gewinnt man den Überblick: zinnenbewehrte Mauern liegen auf einem von Weinbergen umgebenen Hügel, der den Lakonischen Golf im Osten und die Pässe über den Taýgetos im Westen beherrscht. Kundige sind der Meinung, dies sei die Stätte des antiken *Las*, das von Homer in der Ilias erwähnt wird und lakonischem Mythos zufolge von den Dioskuren zerstört wurde. Die noch sichtbaren Mauerreste waren einst die stolze fränkische Feste *Passavá* – so genannt nach dem französischen Kriegsruf ›Passe-avant‹ (vorwärts) oder ›Pas-avant‹ (nicht weiter). Im Jahre 1254 baute Jean de Neuilly, Maréchal de la Morée, das trapezförmige Kastro. Es gibt keinen Pfad hinauf, und man braucht eine halbe Stunde, um durch dichtes, mannshohes Erdbeerbaum- und anderes Gesträuch zu der Ruine zu klettern. Inmitten der Mauern steht noch eine dachlose kleine Kapelle. Beim Gang entlang der westlichen Brustwehr mit ihren Schießscharten blickt man über den gähnenden Abgrund hinab, der die Festung gegen ungebärdige Manioten schützte.

Als Guillaume de Villehardouin im Jahre 1259 von Kaiser Michael VIII. bei Pelagonia gefangengenommen wurde, hatte er als Teil seines Lösegeldes außer Burgen auch Geiseln zu stellen. Unter ihnen, die er vielleicht nicht ohne gewisse Berechnung auswählte, befand sich Marguerite, die Tochter des Barons von Passavá, letzter Sproß der Familie de Neuilly. In Konstantinopel wurde die französische Dame, obwohl eine Gefangene, gut behandelt. Bei ihrer Freilassung heiratete sie Jean de St. Omer, aus einflußreicher Familie. Unverzüglich machte er ihre Sache zu der seinen, denn Guillaume hatte während der Gefangenschaft Marguerites auch noch ihr anderes Erbteil, die Baronie Akova an sich gerissen. Der hieraus folgende Zwist zwischen dem hochfahrenden St. Omer und Villehardouin führte zu langwierigen Prozessen, und zweimal mußten die Barone von Achaia zusammengerufen werden, um sich mit dem Fall zu befassen. Der schlauere und durchtriebenere Guillaume setzte sich gegenüber seinen Gegnern durch, machte aber schließlich eine großmütige Geste und überließ Marguerite ein Drittel ihres Erbes; die beiden anderen Teile behielt er für seine eigene Tochter. Dieser Fall ist charakteristisch für die Händel der fränkischen Adligen in Griechenland und ihre ständigen gegenseitigen Übervorteilungen während des 13. Jhs.

Passavá ist eine der wenigen mittelalterlichen Anlagen in der Mani. Um die Mitte des 14. Jhs. wurde sie von den Byzantinern erobert, sodann von den Türken und Venezianern. Diese schleiften die Burg, da sie der Meinung waren, sie könnten die Gebirgspässe ebensogut von Gýtheion aus bewachen. Sieht man die Feste im späten Nachmittagslicht, wenn über Buschwald und Weinbergen die sanfte Heiterkeit aufleuchtet, so ist man versucht, sie für einen besonders idyllischen Ort zu halten.

Die Straße folgt jetzt einem engen Tal. Im Sommer wuchern die gefiederten Zweige des Keuschlammstrauchs mit seinen blaßblauen Blütenrispen zwischen hellrotem Oleander. In der Stille über dem ausgetrockneten Bachbett sitzt die beinahe mit Händen zu greifende Hitze zwischen den Ufern gefangen. Das Tal wird abwechselnd breiter und wieder enger. Hinter dem Dorf *Vachos* liegt nur noch Dürre über dem Land. Wir haben den Sattel überquert. Im Westen öffnet sich der Blick zum messenischen Golf. Ringsum schiefergraue Berge – schöne plastische Gebilde mit sanften großflächigen Formen und ruhigem, seltsam scharfem Umriß gegen die Bläue. Die Straße senkt sich kurvenreich zwischen niedrigen Steinmäuerchen. Sie frieden die sorgsam gelockerte Erde ein, aus der Olivenbäume sprießen, die von der Trockenheit in verdrechselte, gnomenhafte Wesen verwandelt wurden.

Schließlich erreicht man *Areópolis,* das ursprünglich Tsimóva hieß und Anfang des 19. Jhs. vom Haupt der streitbarsten Sippe in der Mani, den Mavromicháli oder ›Schwarzen Michaels‹, die später den griechischen Kabinetten mehrere hervorragende Minister stellen sollte, in Areópolis, die Stadt des Kriegsgottes, umbenannt wurde. Um die Mavromicháli und ihre Taten rankt sich ein Kranz von Geschichten, die jeder Grieche kennt. Sie behaupten, mütterlicherseits von einer Seejungfrau abzustammen. Von den bis an die Zähne mit Krummsäbeln, von ›Yatagans‹ und kunstvoll eingelegten Karabinern bewaffneten Männern hieß es, sie besäßen eine götterähnliche männliche Schönheit, buschige Augenbrauen und riesige schwarze Schnurrbärte. Dem ruhmreichen Namen der Mavromicháli fügte Petrobey noch größeren Glanz hinzu. Vor den Unabhängigkeitskriegen brachte er im nationalen Interesse sogar einen Waffenstillstand zwischen den sich befehdenden Sippen zustande und führte nach Ausbruch des Krieges dreitausend Manioten an, um die Kapitulation des türkischen Feldlagers in Kalamáta zu erzwingen. Er hat in neunundvierzig Schlachten gekämpft, und man sah in ihm den wiedergeborenen Ares. Doch als der Frieden kam, erlag er den berauschenden Freuden der politischen Intrige, zerstritt sich mit Kapodístrias, dessen Stellung als Staatsoberhaupt er anstrebte, wurde aber ins Gefängnis geworfen. Wegen dieser unerträglichen Beleidigung der maniotischen Ehre ermordeten seine Neffen Kapodístrias in Nauplia, und die gesamte Bevölkerung der Mani erhob sich zum Aufstand gegen die erste Regierung des neuen griechischen Staates.

Was sich heute in Areópolis geradezu physisch auf den Besucher überträgt – zumindest im Sommer – ist seine unter der brütenden Sonne ermattete, träge Atmosphäre. Seitdem die Mavromicháli ihren Wohnsitz nach Athen, in die luftigen Dachterrassen-Wohnungen der Hochhäuser, verlegt haben, hat sich der Geist des Ares aus der kleinen Stadt verzogen. Ruhe, ja fast Langeweile hat sich auf den Ort herabgesenkt. Die heiseren Rufe, die Befehle und gotteslästerlichen Flüche, das Wiehern sich aufbäumender Pferde, die in die Luft abgefeuerten Schüsse hallen nur noch in der Phantasie wider. Die Männer haben hagere, braune Gesichter, deren

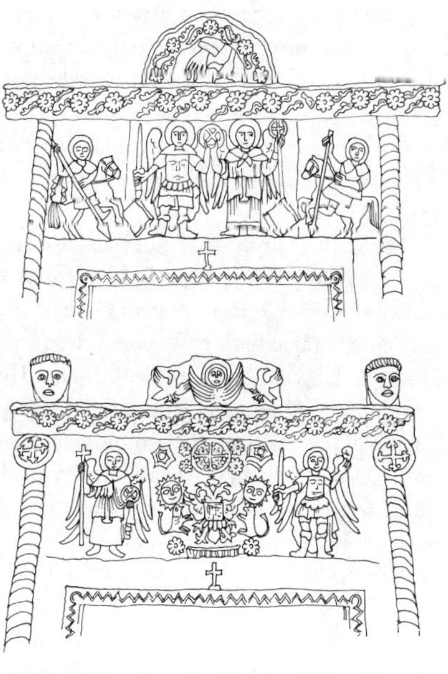

67 Areópolis. Relieffelder über der Süd- und Nordtüre der Taxiarchen-Kirche.

Haut von den langen schattenlosen Sommern faltig und ledern geworden ist, ihre Gestalten sind sehnig und ihre Bewegungen geschmeidig, rasch und nervös. Die Frauen lassen sich kaum blikken. Gelegentlich huscht eine gebeugte Gestalt, von Kopf bis Fuß in Schwarz gekleidet, an einer weißgetünchten Hausmauer entlang, und ein kleines braunes Gesicht lugt verstohlen aus einem der Fenster. Mani ist eindeutig ein Männerland – so zumindest bis zu den siebziger Jahren. Es mag sich jetzt auch hier vieles sehr schnell ändern.

Auf der Platía im Zentrum von Areópolis steht die *Kirche der Taxiárchoi,* der ›Erzengel‹, eine einschiffige überkuppelte Basilika mit hohem, sich verjüngendem Glockenturm. Ihr schimmerndes Weiß schmückt eine farbige Außenverzierung, die ihresgleichen sucht und ein Meisterwerk folkloristischer Phantasie ist. Zu dem allgemeinen Eindruck properer Weiße tragen auch die gekalkten Pflastersteine und geweißelten Stämme der Akazienbäume vor der Kirche bei. Zuerst gehe man um die Apsis herum: über einem Band hellroter Rosetten erheben sich fünf Pfeiler, deren Kapitelle durch Flachreliefbogen miteinander verbunden sind. Über ihnen läuft ein erhabener Märchenfries, auf dem zwischen den Seraphim rundgesichtige, großäugige Sonnen lachen, die wie von Igelstacheln umgeben sind. Eine Borte aus dreieckigen Blütenblättern faßt alles ein. Auch die Tierkreiszeichen fehlen nicht und sind als tänzelnde Tiere dargestellt.

Das Relief über dem Hauptportal überrascht durch seine lebhafte gelb-schwarz-grüne Bemalung. In der Mitte ein doppelköpfiger byzantinischer Adler mit reichem Gefieder, ausgestreckten Klauen und einem rätselhaften Wappenschild vor der Brust. Zwei rührend kleine Löwen sitzen auf jeder Seite. Unterhalb des Adlers befindet sich zwischen zwei Rosetten eine Schriftrolle mit der Jahreszahl 1798. Patrick Leigh Fermor, der ein kenntnisreiches Mani-Buch geschrieben hat, ist fasziniert von dem heraldischen Vogel und fragt sich bei der Suche nach seiner Herkunft, ob er wohl eine grobe Kopie eines Maria-Theresien-Talers sein könne oder auf irgendeine Weise vom Wappenvogel Rußlands inspiriert sei. Rechts und links neben dem Adler schauen zwei Sonnenscheiben aus großen Augen herab. Beiderseits der Sonnen und Löwen stehen die Erzengel; der eine hält ein Schwert, der andere ein Kreuz – wie aus übergroßen Backmodeln geformte Gestalten. Das Bildfeld schließt mit einem Rosettenband ab, über dem auf einer zweiten kleineren Tafel Fabelwesen auftauchen. Man meint eine traurig lächelnde Sphinx zwischen zwei Harpyien, Rückerinnerungen an die Antike, zu erkennen. Am merkwürdigsten sind die großen steinernen Gesichter über den Enden des Rosettensimses, die mit angespannter Unbeweglichkeit ins Weite starren. Der Erfinder dieses Kirchenschmuckes hatte eine wunderbare Phantasie und die großartige Unbekümmertheit, sich ihr ganz anzuvertrauen. Die ganze Komposition ist ein erstaunliches Beispiel von Kraft, Vorstellungsvermögen und Ausdrucksstärke.

Nicht weniger originell ist das Flachrelief über dem Südportal. Hier sehen wir wieder die Erzengel, diesmal in taubengraue Gewänder gekleidet und mit cremefarbenen Gesichtern. Beiderseits von ihnen reiten die Soldatenheiligen Georg und Theodor auf braunroten Rössern. Der Heilige Geist als Taube und die Hand Gottvaters schweben im kleinen Reliefbild über dem Rosettensims, der das Hauptfeld bekrönt. Engel und Heilige – heilige Soldaten – sind die Beschützer der Hauptkirche des Städtchens im Herzen der kriegerischen Mani.

In der Nähe liegt die Kirche des *Hagios Ioannis Prodromos,* des ›den Weg Christi bereitenden Johannes‹. Die Innenwände dieses kleinen tonnengewölbten, einschiffigen Raumes decken Fresken der bäuerlichen Mönchskunst. Die Figuren haben übergroße Gesichter mit riesigen Augen, die in keinem Verhältnis zu ihren kleinen und schwächlichen Körpern stehen. Den Szenen der Wundertaten und Martyrien fehlt es nicht an drastischer Lebhaftigkeit. Beachtenswert sind der gegen einen roten Hintergrund auf dem Kopf stehend gekreuzigte Petrus und auf der Ikonóstasis ein recht derb aussehender Christus mit einem Gewand voller Sterne und Rosetten, die rührend liebevoll wirken in der Absicht, ihn zu verherrlichen.

Südlich von Areópolis beginnt der Landstrich der Tiefen Mani. Die letzten Ausläufer des Taýgetos, immer noch gewaltige Bergrücken, stürzen, von wilden Schluchten zerklüftet, gleich Felsenkaskaden ins Meer. Dies sind die *Kakovoúnia,* die ›Bösen Berge‹, auch die *Kakovoúlia,* Land der ›Bösen Ratschläge‹ genannt. Dramatisch in ihren Formen, nackt und streng die Gipfel, scheinen sie einer Alptraumwelt anzugehören. Zur Mittagsstunde haben sie eine Farbe von geschmolzenem Blei, am Nachmittag werden sie sanft bräunlich, und am Abend glühen sie malvenfarben. Die ›Bösen Berge‹ sind nicht falsch benannt.

Im Dorf *Pýrgos-Diroú* sollte man sich die kleine Kirche des *Hagios Ioánnis* aus dem frühen 12. Jh. ansehen. Um diese Zeit war der Kreuzkuppelbau auch im abgelegenen Mani schon recht weit verbreitet. Daß byzantinische Baumeister ihn bereits um das Jahr 1000 hier bekannt gemacht hatten, bezeugt die winzige *Hagios Petros*-Kirche. Sie liegt eine halbe Wegstunde vom Dorf entfernt, wirkt in ihrer Kleinheit und dem schmucklosen Äußeren fast monumental und trotzt mit ihrem mächtigen sechseckigen Tambour den Zeiten. In beiden Kirchen hat der häufig erneuerte Kalkputz darunterliegende Freskenreste und den Reliefschmuck der steinernen Chorschranken, des ›Templon‹, bewahrt. Zwischen Pýrgos-Diroú und Geroliména (auch Gerolimín) wird man noch auf viele Kirchen und Kapellen aus dem 11. bis 13. Jh. treffen. Nur drei Beispiele: In *Vámvaka* (griechisch: Bámbaka), die *Hagioi Theódorioi* mit der eingemeißelten Jahreszahl von 1075 und dem Namen von ›Nikitas Marmaras‹, dem Steinmetzen Nikitas. Er muß ein geachteter Könner gewesen sein, den man auch an anderen Orten beauftragte. Als maniotische Eigentümlichkeit achte man auf das auch den Narthex überspannende Gewölbe des Langschiffes. In *Érimos* die Kirche der *Hagia Varvára* (Barbara) aus der zweiten Hälfte des 12. Jhs. Sie gilt als die schönste in Mani, vornehm in ihren Proportionen, mit Rhomben- und Zahnschnittmustern aus Ziegeln zwischen den Hausteinmauern. Nahe *Kítta* die *Hagios Episkopí* mit gut erhaltenen, vorzüglichen, womöglich konstantinopolitanischen Wandmalereien.

Außer den genannten wird man noch viele, weitgehend unbekannte Kirchen entdecken. Für den Freund byzantinischer Kunst sind sie von besonderem Reiz. Im Landesinnern häufen sie sich und sind um so eigenständiger, je abgeschiedener sie liegen. Eine kleine Kirche in der Nähe des Dorfes *Keria* stammt aus dem 9. oder 10. Jh., offensichtlich bevor byzantinische Einflüsse die Mani erreicht hatten. Wie im Pelasgischen Zeitalter oder im Megalithikum sind Feldsteine ohne Verbund oder Verputz aufeinandergeschichtet. In der Technik des ›falschen Gewölbes‹ hat man größere längliche Blöcke zu selbsttragenden Bögen zusammengesetzt, die den schmalen langgestreckten Innenraum deckten. Auf die frühesten dieser kleinen Kirchen stieß man erst vor wenigen Jahren an der Südküste, nahe dem Dorf *Álika* und weiß seither, daß das Christentum bereits seit dem 5. Jh. in der Mani Eingang gefunden hat. Ob man sich bei den Erkundungen nun zu Fuß oder mit dem Maulesel auf den Weg macht, es ist absolut unerläßlich, sich einen Bauern als Führer zu nehmen. Man erkundige sich auf dem Polizeirevier in Kítta oder in Geroliména, wo man auch mit einer Übernachtungsmöglichkeit rechnen kann.

Noch befinden wir uns in Pýrgos-Diroú. Eine Straße führt zum Meer hinab in eine verlassene Bucht, die einstmals der Hafen war. *Kleine Höhlen* durchziehen die Felsklippen. Auch hier haben erst neuerdings griechische Archäologen entdeckt, daß diese Höhlen in neolithischer Zeit, also um 3000 vor Chr., bewohnt waren. Die Funde zeigten, daß es sich um eine der ganz wenigen Siedlungen dieser Epoche handelt, die man bisher auf der Peloponnes kennt. – Es ist heiß und feucht am Strand, und an den Wochenenden kommen Ausflügler herbei, die sich die seit 1958 erforschten *großen Höhlen* ansehen wollen. Der Eingang zur ersten befindet sich oberhalb zweier geschäftstüchtiger kleiner ›Kafeneía‹. Sie besteht aus geräumigen Kammern mit Galerien und Nebenkammern. Die zweite Höhle, südlich der Cafés, ist interessanter. Man kann sie in der Länge von 2 km auf einem gewundenen Wasserlauf im Ruderboot durchfahren. Stellenweise sehr eng, verbreitert sie sich dann mehrmals zu großen Wasserflächen, die die Einheimischen ›Seen‹ nennen, denn das Wasser an der Oberfläche ist Süßwasser. In mittlerer Tiefe ist es brackig und auf dem Grund salzig. Die Stalaktiten sind von unterschiedlicher Färbung, einige sehr auffallend von Ablagerungen des roten Taýgetosgesteins durchzogen.

An der Küste endet die Straße. Hier gibt es keinen Weg zur Weiterfahrt. Man muß nach Pýrgos-Diroú zurückkehren.

Auf dem Weg über Vámvaka und Érimos kommt man bei Mézapo zur *Bucht von Tigáni*. Sie ist umschlossen von einer schmalen, langgestreckten Felszunge, die sich vom Süden her als Riegel in das Ionische Meer vorschiebt, wie ein ›Pfannenstiel‹, denn Tigáni heißt Pfanne. Der schattenlose Ausläufer der ›Bösen Berge‹ hat etwas Höllisches. Gnadenlos brennt die Sonne über den Felsbukkeln und spitzigen Zacken und läßt das in Scharten und Mulden gefangene Meerwasser verdunsten. Frauen sammeln hier für einen

Hungerlohn das getrocknete Meersalz. Die Ruinen auf dem äußersten Felsenhöcker sollen die der *Burg Maines* oder Mani sein, die Kaiser Konstantin VII. Porphyrogennetos (913-957) in dem Buch für seinen Sohn erwähnt und die dem umliegenden Land den Namen gab. Ganz sicher ist man sich nicht. Die Reste geben keinen eindeutigen Aufschluß mehr, und solange man noch keine Spur von Guillaume de Villehardouins großem *Kastro La Magne* entdeckt hat, könnte hier auch seine Burg gelegen haben, die die Franken 1262 nach dem Verlust der entscheidenden Schlacht bei Pelagonia, zusammen mit Monemvasía und Mistra an die Byzantiner abtreten mußten.

Dem Reisenden wird auf der Fahrt in den Süden schon in Pýrgos-Diroú zum ersten Mal eines der hohen rechteckigen Turmhäuser aus grauem Stein aufgefallen sein. Nun wird man ihnen immer häufiger begegnen, denn wir befinden uns im *Land der Niklier*. Ursprünglich waren dies Flüchtlinge aus Arkadien, ein fränkisch-griechisches Volksgemisch, das im 13. Jh. nach der Niederlage der Ritter bei Níkli (nahe von Tegéa) nach Süden floh. Sie siedelten sich auf der kahlen, unfruchtbaren Hochebene zwischen den ›Bösen Bergen‹ und dem Meer an, und die ehemals herrenlose Gegend wurde bald zum Herzland der ›Tiefen Mani‹. Die ›Niklianoi‹ oder Niklier erwarben sich bald den Ruf einer wilden und kriegerischen Gemeinschaft. Im Laufe der Zeit hat sich unter ihnen eine machtvolle Aristokratie herausgebildet. Sie besaß Waffen, Land, hatte ihre Türme und war Meister der Piraterie und Räuberei. Ihre Turmhäuser beherrschten die Dörfer, und die von ihnen Abhängigen, zumeist unterwürfige Familien von nicht-niklischer Herkunft, bewohnten die unteren Stockwerke.

Wenn man schon das Gebiet der Niklier das Herzland der ›Tiefen Mani‹ nennt, dann war das Dorf *Kítta* (griechisch: Koíta) – sein Name ist eine verderbte Form von città – das Haupt, das Zentrum aller Energien. Heute erscheint einem der Ort wie ein Monument seiner selbst, ein Denkmal dieser abgeschlossenen, ganz auf sich selbst gestellten Dorfgemeinschaft, deren Bräuche und Lebensart so elementar, so ursprünglich waren wie der Granitfelsen, auf dem ihre befestigten Wohnungen standen. Der Ort gleicht einem Irrgarten von verfallenden Türmen, deren Außenflächen keinen sichtbaren Eingang, keine Ausfallspforte, auch kein Fenster in den unteren Zonen erkennen lassen, wodurch optisch die

Illusion von übertriebener Höhe entsteht. Nur im obersten Geschoß durchbrechen vier Fenster, eins auf jeder Seite, die Mauern. Die Dächer sind flach, haben eine Brustwehr, in der gelegentlich Schießscharten ausgespart sind. – Weiter im Süden beeindruckt auch *Váthia* mit seinen vielen Turmhäusern auf einsamer Höhe.

Die Fehden der Niklier wurden meist durch die Verletzung von Besitzrechten heraufbeschworen. Häufig ging es um das Recht der Wachteljagd, denn das Land liegt im Spätsommer auf dem Wanderweg dieser Zugvögel – und in Essig eingemacht, waren sie wichtiger Nahrungsvorrat der Bevölkerung. Das unbefugte Betreten des nachbarlichen Grundes bedeutete Krieg, der dann vom Familienrat in aller Form erklärt und im Dorf durch einen Herold und das Geläut der Kirchenglocken verkündet wurde. Wie bei den Montagues und Capulets in ›Romeo und Julia‹ beteiligte sich auch das Dienstpersonal und brach die leidenschaftlichsten gewalttätigen Streitereien mit dem feindlichen Haushalt vom Zaun. Der Sieg war erst vollständig, wenn der Turm des Feindes erobert und zerstört war. Oft war das durch direkte Beschießung mit schweren Steinen von einem nahen höheren Turm zu erreichen. Feuergefechte mit Handwaffen waren etwas Übliches, und die maniotischen Kinder wuchsen unter der Begleitmusik tagelanger Schießereien auf; auch die Geistlichkeit runzelte darüber keineswegs die Stirn, sondern wirkte kräftig mit. Bei wichtigen Anlässen wurde ein Waffenstillstand verkündet: so durfte ein Kriegsteilnehmer unbehelligt das Niemandsland durchqueren, wenn er der Taufe oder dem Begräbnis eines nahen Verwandten beizuwohnen hatte. Während der Vendetta-Zeiten hallten die rituellen Gesänge der Totenklage, die unheimlichen, zuweilen sehr schönen ›Moirológoi‹ (sprich: Mirolóji), häufig von Flöten oder Klarinetten begleitet, über das Land. Erst nach dem Unabhängigkeitskrieg, als die Bewohner von Kítta und den benachbarten Dörfern eine maniotische Truppe bildeten und zur Wiederherstellung der Ordnung in anderen Teilen der Moréa ausgeschickt wurden, um Aufruhr zu unterdrücken, endeten die blutigen Niklier-Kriege. Kítta ist jetzt ein nahezu verlassener Ort.

Doch mir fiel auf, daß das Polizeirevier auch heute noch im obersten Stockwerk eines der höchsten Türme untergebracht war. Man hatte einen schmiedeeisernen Balkon angefügt, und dort saß der Dorfpolizist, beschattet von einem Plastik-Strohhut, und las eine Zeitung. Es gab wohl wenig für ihn zu tun, solange die Sommersonne herniederbrannte wie in Nordafrika und die Hitze in sengenden Wellen von den glühenden Steinen zurückprallte. Der Blick schweift von hier oben über die zerklüftete Wildnis aus grauen Felsen. Genau im Westen, etwa 3 km entfernt, liegt das Dorf Nómia, der Erbfeind, mit dem Kítta stets in Fehde lag. Auf den von Mäuerchen gesäumten Feldwegen kauten Ziegen verdorrtes Unkraut. Einige Mandelbäume reckten ihre staubbedeckten Zweige in den Himmel, und über den unteren Ästen lüfteten rote Schafwolldecken.

Von Kítta sind es nur knappe zwanzig Minuten zu Fuß (doch man braucht dazu einen Führer!), zur *Kirche des Heiligen Georgios,* die einst den in Griechenland seltenen Heiligen *Sergios und Bakchos* geweiht war. Der Volksmund allerdings nennt die Kirche ›Troulióti‹. Dies ist das gleiche Wort, mit dem die Apulier ihre Häuser, die ›Trulli‹ bezeichnen, und es bedeutet, daß der Raum ›überkuppelt‹ ist. Wahrscheinlich also stand hier ein viel älteres Kirchlein, aber es lohnt den Weg auch zu dem kleinen viersäuligen Kreuzkuppelbau des 12. Jhs. Er ist dreischiffig, mit schönem Ziegelband-Dekor an den Außenmauern, und hat vier ausgezeichnete Kapitelle mit Akanthos- und Weinrebenschmuck im Innern.

Nach Süden zu senkt sich die Straße hinter Kítta wieder zum Meer hinab nach *Gerolimín* (auch Geroliména), wo sich die weißen Häuser um die Hafenbucht drängen. Es ist eine kleine Bucht, und ihr Wasser ist glasklar, wenn nicht gerade der Schirokko weht. Nach Westen zu stößt das Kap Grosso, eine Steilklippe, ins Meer hinaus. Jahrhundertelang war der Ort berüchtigter Piraten-Unterschlupf, und die Bewohner steckten, gleich anderer am Meer gelegener Dörfer, alle unter einer Decke. Heute sind die Fischer und ihre Familien ein freundliches, friedfertiges Volk. Im Hafen tanzen die Kaïkia in der Unterströmung sanft auf und ab, und der Kai ist ein einziges Geknäuel von Tauen, Seilen und Schnüren, wenn die Männer und Knaben mit der Herstellung und dem Flicken der Netze beschäftigt sind. Es überkommt einen hier das befreiende Gefühl lässiger Gelöstheit nach der Anspannung in der Wildheit und Dürre der ›Bösen Berge‹. Die Taverne am Hafen – man kann dort auch übernachten – hält gebratenen Fisch, guten Retsína, frischgebackenes Brot sowie Eier, Tomaten und Féta-Käse bereit. Noch sind es wenige Fremde, die bis hierher kommen, und wenn dann die Nacht ihr dunkles Zelt spannt, durchbricht nur noch der hohle Klang der aneinanderschlagenden Boote die Stille.

Etwa 10 km südöstlich von Gerolimín senkt sich der Kamm des Taýgetos mit einer letzten wilden Gesteinsaufwerfung ins Meer. Dies ist das in der Seefahrt berüchtigte *Kap Matapán,* im Mittelalter ›Kap Tainaron‹, ein Ort, der in den Mythen als eines der Tore zur Unterwelt galt. Hier soll Herakles in den Hades hinabgestiegen sein, um den dreiköpfigen Höllenhund Kerberos zu bezwingen. Sein Löwenfell hat ihn dabei vor den wütenden Peitschenhieben des stachligen Hundeschwanzes geschützt. Kaum mehr sichtbare Fundamentreste zeugen von dem in der Überlieferung genannten Poseidon-Tempel, und es heißt, daß an der Ostflanke die *Feste* Guillaume de Villehardouins *Le Grant-Maigne* (La Magne) gelegen habe, die zusammen mit Monemvasía und Mistra als strategisches Dreieck die südliche Moréa bewachte. Aber wie bei Tigáni – wir hörten dort ebenfalls von diesem Kastro – sind auch hier die Spuren zu verwittert, um mit Gewißheit Guillaumes Feste zu identifizieren. In den Gewässern um das Kap fand im Zweiten Weltkrieg eine Seeschlacht zwischen der britischen und italienischen Flotte statt.

Von Gerolimín empfiehlt sich für den Rückweg die gleiche Straße nach Areópolis, auf der wir auch gekommen sind. Die Strecke nach Kalamáta im Norden windet sich am Messenischen Golf entlang, steigt, fällt, überquert breit gelagerte kahle Höhlen, die wie Walfischrücken ins Meer gleiten, und umrundet von Schilf und Abrahamsstrauch eingefaßte Kieselstrände. Die erste große, auch tiefe Bucht ist zugleich *Hafen von Oítylon und von Areópolis.* Am Südende stehen ein paar Häuser. Dies ist *Liméni,* wo früher die Mavromicháli ihren Landsitz hatten und Petrobey ausländische Reisende in orientalischem Stil bewirtete. Den kleinen Ankerplatz schützt eine Landzunge, die sich wie ein riesiger Theatervorhang aus grauem Stein senkrecht aus dem Meer erhebt.

Im Jahre 1770 ging in der Bucht von Oítylon (sprich: Vítilon) eine russische Truppe unter Feodor Orloff an Land, der von Katharina der Großen Befehl erhalten hatte, die Griechen zu befreien. Die Manioten empfingen die Russen mit offenen Armen. Aber der erste Jubel war noch kaum verklungen, als Mißtrauen und Argwohn über die wahren Absichten der Befreier die Beziehungen zu vergiften begannen. Die entsandten Kräfte waren zu gering, um etwas Entscheidendes ausrichten zu können, und zudem wurde von den Griechen erwartet, daß sie sich als loyale Untertanen der Zarin verhielten. Bald war offenkundig, daß das Unternehmen, wiewohl von einem aufrichtigen Philhellenen geführt, nur ein Schachzug in Rußlands langem Kampf mit dem Osmanenreich war. Beim ersten Ansturm wurde die vorderste türkische Verteidigungslinie zwar überrannt. Dann aber, als die Türken den anfänglichen Schrecken überwunden hatten, warfen sie albanische Truppen in den Kampf, die sich mit der ihnen eigenen Brutalität schlugen. Russen wie einheimische Patrioten wurden gleicherweise zurückgedrängt, und die russischen Schiffe segelten unrühmlich wieder aus der Bucht von Oítylon hinaus und sollten für mehr als ein halbes Jahrhundert nicht mehr in griechischen Gewässern auftauchen. Den Griechen trug dieser dilettantische Versuch nur Enttäuschung, zerstörte Illusionen und grausame Vergeltungsmaßnahmen ein.

Hinter dem Hafen von Oítylon (auch Nea Vítylo) klettert die Straße zu dem wohlhabenden Ort *Oítylon* (oder Vítylo) mit seinen wehrhaften Steinhäusern hinauf. Der Unterschied zu Kítta ist schlagend. Hier gibt es mit Rosen überwachsene Pergolen, und in den kleinen Gärten hinter den Häusern stehen der Hibiskus und Granatapfelbäume. Auf den Balkonen und aus Blechkanistern wachsen Canna-Lilien. Überkuppelte Kapellen schmiegen sich in terrassierte Zypressenhaine. Verschlungene Pfade winden sich zwischen den niedrigen Mauern entlang, und unter den riesigen, sonnenschirmartigen Strohhüten gehen Männer und Frauen ihrer Arbeit nach. Oítylon war einstmals der wichtigste Ort in der ganzen Mani, das Zentrum des Sklavenhandels, in dem sich die Korsaren aus Nordafrika drängten, von den einheimischen Piraten aus der ›Tiefen Mani‹ ganz zu schweigen. Im Jahre 1675 rief eine der führenden Familien von Oítylon, die Stephanópoloi, die sich durch die von den Türken erpreßten Abgaben nahezu zugrunde gerichtet sah, die Hilfe der Republik Genua an. Die Genuesen boten ihnen Korsika als neue Heimstatt an. Nahezu tausend Nordmanioten ließen sich dorthin verpflanzen, sprachen weiterhin stolz ihr Griechisch und hielten an ihren Bräuchen fest. Die Herzogin von Abrantès, Gemahlin von Napoleons Marschall Junot, war von maniotischer Abkunft und erklärte, Napoleon selbst komme aus maniotischem Stamm: der Name Buonaparte sei die wörtliche Übersetzung des alten griechischen Namens Kalomeris, was ›der gute Teil‹ oder ›buona parte‹ bedeutet. Eine andere bekannte Familie in Oítylon waren die Iatrákoi, die behaupteten, Abkömmlinge der Medici zu sein, nämlich Nachkommen eines florentinischen Herrn dieses Namens, der nach der Mani ausgewandert war. Iatrákos ist zugegebenermaßen die Übersetzung von Medico, der Arzt, und die Familie in Oítylon zögerte nicht, ihn als Beinamen ihren Unterschriften anzufügen. Warum jedoch ein reicher Florentiner die Toskana der Renaissance gegen das Leben in der entlegenen Wildnis der Mani eingetauscht haben mag, bleibt ein Geheimnis.

Südlich von Oítylon, jenseits einer Schlucht, erhebt sich eine Folge von angeböschten Befestigungen, ein großes Plateau, das rings von einer Mauer umgeben ist: Dies ist *Kelephá*, das türkische Fort. Die Umwallung einer baumlosen, steinübersäten Fläche von etwa 14000 Quadratmeter bezeichnet den südlichsten Punkt des türkischen Vordringens in die Mani. Von dieser beherrschenden Stellung aus waren die Einwohner von Oítylon genauestens zu überwachen, die Eintreibung der Tributzahlungen zu erzwingen, und die Reichweite der Geschütze sicherte auch noch die Bucht mit dem guten Ankerplatz. Außerdem diente die Festung als Riegel gegen wilde Vorstöße der Niklier von Süden her.

Nördlich von Oítylon werden die Formen der Landschaft viel milder und freundlicher. Kühe grasen auf grünen Wiesen, die sich sanft zum Meer hin abstufen. Kurz ehe man nach *Nomitsí* kommt, sieht man beiderseits der Straße einige kleine Kirchen. Sie stammen aus mittelbyzantinischer Zeit und liegen bezaubernd in der bukolischen Landschaft. Rechts von der Straße, mit einer kleinen gedrungenen Kuppel, die *Hagioi Anárgyroi,* den Heiligen Kosmas und Damian geweiht: die Ikonóstasis ist in den Hauptbau vorgezogen, und auf der linken Seite befindet sich ein gut erhaltenes Fresko der beiden philantropischen Ärzte, die in Griechenland zuweilen als eine christliche Wiedergeburt der Dioskuren gelten und hier als zwei ehrwürdige bärtige Herren abgebildet sind. Ebenfalls rechts, ein Stückchen weiter die Straße hinunter, liegt die *Hagios Sotir*-Kirche, überkuppelt, dreischiffig, mit Resten von Wandmalereien und vier Marmorsäulen, von denen zwei in die Ikonóstasis eingelassen sind. Auf der linken Straßenseite, wo die

Obstgärten zum Meer hinabfallen, steht die winzige überkuppelte *Hypapantí-Kirche*, die der ›Darstellung Jesu im Tempel‹ gedenkt.

Hinter Nomitsí geht es durch Olivenhaine, die Zypressenreihen gegen den Wind abschirmen. Dies ist eine Mittelmeerlandschaft, wie sie den Nordländern sehnsuchtsvoll vor Augen steht. Der Hauptort dieses Küstenstrichs, wo eine dramatische Schlucht ein breites, kiesbedecktes Flußbett entläßt, ist *Kardamýli*. In dem kleinen Hafen liegt ein felsiges Inselchen, auf dem Neoptólemos auf seiner Fahrt zum Hof des Meneláos und zur Werbung um Hermione gelandet sein soll. Ein zweites solches Inselchen weiter südlich wird in der spartanischen Mythologie als der Geburtsort der Dioskuren genannt. Eine Brücke überquert das Flußbett. Der obere Teil des Dorfes zieht sich durch Obsthaine an einem bewaldeten, abgeflachten Hügel hin, auf dem die Überreste einer venezianischen Burg liegen; in ihren Mauern eine aus dem 18. Jh. stammende Kirche mit hohem, spitz zulaufendem Campanile. Sie wirkt fast italienisch. Gen Osten verengt sich das Tal zu einem zerklüfteten Hohlweg, und über dem Waldgürtel aus schwarzen Fichten türmen sich die vertrauten zackigen Gipfel des Taýgetos.

Auch nach Kardamýli bleibt die Szenerie großartig: bewaldet, grün, hier und da Zypressendickichte, die sich in die Schründe der roten Felsen hineinziehen. Die Kargheit und der Geist der Mani, ihre Türme und Blutfehden liegen hinter uns, sind schon fast unwirklich geworden. Das kleine Tal bei *Varoúsia* beherrscht ein kegelförmiger Berg mit den Resten des türkischen Forts *Zarnáta* aus dem 17. Jh. Zuweilen steht noch ein Turm, kürzer und gedrungener als die ragenden grimmigen Niklier-Türme der ›Tiefen Mani‹, als Silhouette gegen den Horizont. Zur Küste hin wird es sehr steil, und die Straße läuft in Haarnadelkehren nach Kalamáta hinab. Das erste Gebäude, dessen man ansichtig wird, ist das Xenía-Hotel, ein moderner Bau an dem wieder weit gewordenen Strand. Seinen Duschen, seinen gut gefederten Betten und seiner Bar kann man nach der anstrengenden Fahrt durchs Niklier-Land kaum widerstehen.

Messenien

XII

Wer Messenien besucht, wird an den bedeutenden Stätten nahezu mit allen Epochen vertraut. Es gibt viel zu sehen, aber die weitgestreute Lage der Orte erleichtert dies nicht gerade. Eine Rundreise läßt sich daher kaum zusammenstellen. Dafür gibt es in Kalamáta und Pylos gute Hotels, von denen aus man Ausflüge machen kann. Überall trifft man auf schöne Badestrände.

Bei einer Rundreise durch die Peloponnes im Uhrzeigersinn würde man von Mani aus nach Kalamáta kommen. Man kann es aber auch von Sparta über den Langáda-Paß erreichen, oder aber von Tripolis über Megalópolis, wenn man von Athen den direktesten Weg nehmen will. Hinter Megalópolis überquert die Straße den Oberlauf des Alpheios und führt in engen Kehren ins messenische Tiefland hinab: ein schimmernder Schild von Ölbäumen, dazwischen die dunklen Spitzen der Zypressen. Die Weinberge sind von Kakteen und wehenden Paradiesfeigen eingehegt. Dattelpalmen überschatten weißgetünchte Bauernhäuser. Obsthaine und Maulbeerbaumgärten wechseln mit Baumwoll- und Weizenfeldern; im Winter stäubt der Flaum der Mimosen, im Sommer flammen die Sonnenblumen. Von Norden nach Süden fließt der Pámisos, in dessen heilenden Wassern man im Altertum kranke Kinder badete. Kein Wunder, daß die Griechen die Ebene ›Makária‹, die ›Gesegnete‹, nannten, daß Tyrtáios, ein Lyriker des 7. Jhs. vor Chr. von ihren »weiten Tanzflächen« schwärmte und Euripides ihre »fließenden Wasser und Weidegründe für Herden« pries. Im Sommer brennt die Sonne glühend auf all diese Fruchtbarkeit herab.

Kalamáta besitzt Eisenbahn- und Flugverbindung mit Athen. Das wohlhabende Städtchen liegt am Fuß eines Westhanges des Taýgetos. Schnurgerade führt die Hauptstraße zu seinem Hafen. Es hat einen guten Badestrand mit Fischrestaurants, dem Xenía-

Hotel, und der Blick geht weit über das Küstenland der Äußeren Mani. Es ist bekannt wegen seiner violetten länglichen Oliven, aus denen das beste Öl Griechenlands geschlagen wird, seiner Zuhälter – die Einheimischen schwören, dies sei eine Verleumdung – und des ›Kalamatianós‹, eines Volkstanzes, der von Männern und Frauen in einer Kette getanzt wird. Man hält sich in weitem Abstand an den Händen, wobei der Anführer und der Zweite der Kette gemeinsam ein Taschentuch fassen, um dem Vortänzer Bewegungsfreiheit und auch Halt zu geben bei seinen federnden Sprüngen und wirbelnden Schrittfolgen. Nach geraumer Zeit tritt der Partner an die Stelle des ersten Tänzers und dieser schließt sich der Kette an. Der Kalamatianós wird auch in vielen Tavernen Athens, bei Hochzeiten und anderen festlichen Gelegenheiten im ganzen Land getanzt.

Oberhalb von Kalamáta, dem homerischen Phárai (oder Phérai), liegt an einer Schleife des Neda-Flusses über der antiken Akropolis eine Burg der Villehardouin. Die Wasser treten hier aus einer Taýgetos-Schlucht, teilen sich zu beiden Seiten der befestigten Anhöhe und fließen dann, wieder vereint, durch die Stadt. Kalamáta war hundert Jahre lang erbliches Lehen der Villehardouin. Geoffroi de Villehardouin nennt in seiner Chronik des Vierten Kreuzzugs – dem Versuch, einige der Ruchlosigkeiten, die von den fränkischen Rittern begangen wurden, zu beschönigen – das 1208 errichtete *Kastro Chalemate,* »das sehr stark und schön war«. Guillaume, Fürst von Achaia, dessen bevorzugter Sitz Mistra war, wurde hier geboren und starb auch hier, obwohl seine offizielle Residenz in Andravída war. Hier ist anzumerken, daß der Name ›Achaia‹ heute nur für die Küstenprovinz der nördlichen Peloponnes gilt, daß die Franken ihn aber auf die ganze Moréa, nämlich ihr ›Fürstentum Achaia‹ ausdehnten. Nach Guillaumes Tod ging die Burg in den Besitz seiner verwitweten Tochter Isabelle über. Sie wurde durch die Intrigen ihrer angiovinischen Schwiegereltern um ihr Erbe betrogen und starb in den Niederlanden als eine enttäuschte, von Sehnsucht nach ihrem Geburtsort und dem sonnigen Messenien verzehrte Frau. Die Burg ging dann zwischen burgundischen Herzögen und florentinischen Bankiers hin und her, bis sie 1387 von Marie de Bourbon, der Titular-Kaiserin von Konstantinopel erworben wurde, die von der Manie besessen war, für ihren Sohn, den Fürsten von Galilaia, Baronien zu sammeln. Es gelang ihr, Herrin von sechzehn Burgen allein im Fürstentum Achaia zu werden. Die Gestalten der stolzen willensstarken Frauen, Mütter künftiger gekrönter Häupter Europas, sind in den fränkischen Chroniken Griechenlands nicht nur als machthungrig, sondern auch als genau so kühn und ehrgeizig geschildert wie irgendeiner der besitzgierigen Barone. Im 15. Jh. setzten die Venezianer nach ihrem vergeblichen Versuch, die osmanische Invasion aufzuhalten, die Burg in Brand, um sie nicht unversehrt in türkische Hände fallen zu lassen.

Es ist nur noch wenig übrig von den gewölbten Gemächern, in denen die Villehardouin, Anjou, Savoyer und Bourbonen ihre Verschwörungen ausheckten, Heiratsverträge schlossen und Rückerstattungsurkunden aufsetzten. Zwei ovale Mauergürtel lassen sich unterscheiden, von denen der innere auf höherer Ebene liegt. Das moosüberwachsene äußere Tor, ein viereckiger Turm mit gewölbtem Durchgang, ist am besten erhalten. Er steht über den Resten einer byzantinischen Kirche.

Die Straße nach Westen verläuft ein wenig landeinwärts parallel der Küste. Die Ebene, früher ein Malaria-Sumpf, bedecken heute schachbrettartig Reisfelder. Man überquert den Pámisos, in den, wie Pausanias damals wußte, »auch die Meeresfische hineinschwimmen, besonders im Frühling. Dasselbe tun die Fische auch im Rhein und im Meander.« Vom Dorf Messéne – nicht mit dem antiken Messene zu verwechseln – windet sich eine schmale Straße nordwärts in die Berge hinauf, vorbei an den Mauern und Türmen der fränkischen Feste von Androúsa. Sie war als Gerichtssitz des achäischen Fürstentums ehemals ein bedeutender Ort. Über Lámpaina (sprich: Lábena) erreicht man dann *Mavromáti*, ein Dorf zwischen Maulbeerbäumen, das schon innerhalb der langen Festungsmauern und inmitten der Ruinen des antiken Messene am Südwesthang des Ithómi-Berges liegt. Die Blätter einer großen Platane überwölben eine antike Quelle und ein kleines Café, das zur schattigen Rast einlädt. Der Wirt kann Spiegeleier, Brot und Fétakäse auftischen. Frauen mit den breitkrempigen maniotischen Strohhüten füllen an dem Quell, der aus einer Felsspalte hervorschießt, ihre Krüge und Blechkanister, denn dies ist die einzige Wasserstelle des Dorfes.

In Mavromáti gibt es dreierlei Dinge zu tun: Man sollte den

Gipfel des Ithómi ersteigen, die Festungswälle aus dem 4. Jh. vor Chr. entlanggehen und die Ruinen der antiken Stadt besichtigen. In zeitlicher Reihenfolge steht der Aufstieg zum *Ithómi* an erster Stelle; man braucht eine gute Stunde, kann im Dorf aber auch Maultiere mieten. In gewissem Sinn ist es ein Pilgerweg. Der Berg, dessen abgeplatteter Gipfel sich machtvoll wie ein hochaufstrebender Wachtturm über der ›Makária‹ erhebt, hat eine tiefe und mannigfaltige Beziehung zu den langen, tragischen Kriegen, welche die Messenier zur Verteidigung ihres Landes gegen die Spartaner führten. Die Messenier behaupten, der *Erste Messenische Krieg* im 8. Jh. vor Chr. sei von den Spartanern provoziert worden, die eine Gruppe von bewaffneten, als Mädchen verkleideten Jünglingen in ein Gemach hineinschickten, in dem einige angesehene Messenier der Ruhe pflegten. Die vorgeblich dem Vergnügen der messenischen Männer dienenden spartanischen ›Mädchen‹ zückten im Raum unverzüglich Dolche und Schwerter. Im Handgemenge wurden sie getötet, und Sparta, entschlossen, die fruchtbaren Landstriche Messeniens an sich zu bringen, hatte den gewünschten Vorwand für eine Strafexpedition.

Die Messenier vollbrachten Erstaunliches an Tapferkeit und Heldenmut. Aber Erschöpfung und Seuchen nötigten sie schließlich, ihre unbefestigten Städte aufzugeben und sich auf den Ithómi-Berg zurückzuziehen. Außerdem waren die Vorzeichen übereinstimmend ungünstig: Als ihr König im Begriff war, dem Zeus zu opfern, rissen sich die Opfer-Widder los und rannten ihre Hörner mit solcher Gewalt gegen den Altar, daß sie auf der Stelle tot liegen blieben; des Nachts heulten die Hunde rings um die Befestigung und verzogen sich schließlich ins Feldlager der Spartaner; ein Schild fiel von der Statue der Artemis herab; und das Orakel zu Delphi weissagte ein hartes Geschick für »die Einwohner im Kreis des Tanzbodens«. Nachdem sich ihr König das Leben genommen hatte, ergaben sich die letzten Verteidiger.

Im 7. Jh. erhoben sich die unterdrückten Messenier zum Aufstand und entfesselten damit den *Zweiten Messenischen Krieg,* der durch die Heldentaten des Aristoménes berühmt wurde, eines unerschrockenen Führers, der kühne und waghalsige Einfälle in spartanisches Gebiet unternahm und sogar in das ›Erzene Haus‹, das Heiligtum der Athene in Sparta, eindrang, um dort einen Schild zurückzulassen mit der Inschrift: ›Das Geschenk des Aristoménes an die Göttin, den Spartanern weggenommen‹. Bei einem anderen nächtlichen Vorstoß wurde er von der unerwarteten Erscheinung der Helena und der Dioskuren zurückgeworfen, die über die Frechheit des messenischen Feldherrn empört waren. In diesem zweiten Krieg wählten die Messenier den Eira-Berg nördlich des Ithómi als befestigten Stützpunkt. Er fiel, als die von Spionen gut unterrichteten Spartaner während eines Wolkenbruchs die Mauern erklommen und die Verteidiger überrumpelten. Sie wurden in die Leibeigenschaft überführt. Einer großen Anzahl gelang es aber, nach Sizilien zu entkommen, wo sie Messina gründeten. Eine dritte Revolte brach im Jahre 464 vor Chr. aus, und in diesem *Dritten Messenischen Krieg* war der Ithómi wiederum die letzte Festung, die sich den Spartanern ergab.

Der Zickzack-Pfad auf den 800 m hohen Gipfel ist steil, von Disteln und stacheligen Polstern gesäumt, aber nicht so mühselig, wie Homer zu verstehen gibt, wenn er ihn »leiterartig« nennt. Dafür ist der Blick über das »gesegnete Land« großartig: Im Norden erhebt sich das arkadische Hochland, im Süden verliert sich der vom Langáda-Paß gespaltene Taÿgetos nach der Mani hin, und im Westen trennen niedrigere Bergzüge die messenische Ebene von der Bucht von Navarino. – Die Messenier behaupteten, Zeus sei neben einer Quelle unterhalb des Gipfels von den Nymphen Ithómi und Neda, die ihre Namen dem Berg und dem Fluß gaben, aufgezogen worden. Hier wurden alljährlich zu Ehren des Zeus die *Ithomáia* gefeiert, bei denen auch musische Wettbewerbe stattfanden. Wo anders hat es in Griechenland einen so hoch und frei gelegenen Schauplatz für Festspiele gegeben! – Von dem *Heiligtum für Zeus Ithomátas* ist heute nichts mehr auszumachen; es sei denn ein gepflasterter Dreschplatz beflügelt die Phantasie, sich hier den ›Tanzboden‹ der Festspiele vorzustellen. Über dem Altarplatz hat sich im 16. Jh. das *kleine Vourkáno-Kloster* (heute aufgelassen) etabliert, Mutterhaus des *großen Vourkano-Klosters* (18. Jh.) mit seiner hübschen Kirche (1625) im Klosterhof. Es liegt am Sattelhang zwischen Ithómi und Eua (sprich: Éva). Vom *Eua-Gipfel*, der ein *Dionysos-Heiligtum* trug, soll der bacchische Ruf ›Euoi‹ zum ersten Mal von den Lippen des Gottes und seiner wilden Mänaden vernommen worden sein.

Der Abstieg nach Mavromáti ist verhältnismäßig mühelos. Westlich des Dorfes beginnen die aus dem 4. Jh. vor Chr. stammenden *Befestigungsanlagen des antiken Messéne,* welche zuerst gegen die spartanischen, später gegen die makedonischen Angriffe abschirmten. Sie sind die ausgedehntesten und besterhaltenen in ganz Griechenland. Gleich Megalópolis (siehe S. 242) entstand das antike Messéne auf Grund der Niederlage Spartas 371 vor Chr. bei Leuktra und aus Besorgnis vor dessen möglichem Wiedererstarken. Daß des Epimeinondas Wahl dabei auf diesen gut zu verteidigenden Platz fiel, verübelten die Spartaner ihm zutiefst und lehnten es allein unter allen griechischen Staaten ab, die Autonomie der neuen Stadt zu garantieren. In Athen trat Demosthenes in einer eindrucksvollen Rede für die messenische Unabhängigkeit ein.

Die etwa 9 km langen, in regelmäßigen Abständen mit Wachttürmen verstärkten Stadtmauern, die den Westhang des Ithómi umziehen und seinen Gipfel miteinschließen, lassen sich noch weitgehend verfolgen. Im Norden sind sie gut erhalten, besonders eindrucksvoll beim *Arkadischen Tor* (rechts der Landstraße nach

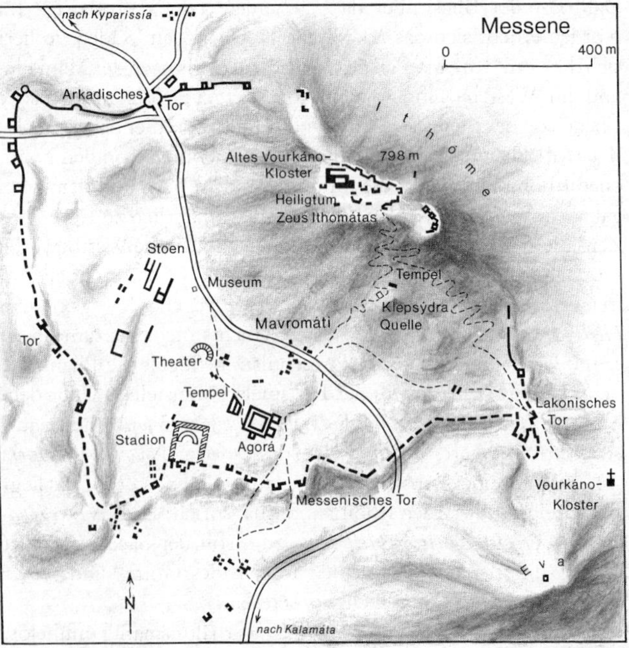

Die antike Stadt Messéne. Lageplan.

Kyparissía). Die Toranlage schloß zwischen ihrem äußeren und dem inneren Tor einen runden Hof (Ø fast 20 m) ein, der von der Höhe der sich nach oben verjüngenden Mauern verteidigt werden konnte. Neun Quaderlagen ruhen noch aufeinander. Jeder Steinblock – übrigens ein jeder des gesamten Wehrgürtels – ist vorzüglich behauen und ohne Mörtel verpaßt. Eine staunenswerte Leistung! Sie wird einem recht bewußt, wenn man sich des lässig gefügten Mauerwerks mancher um 1500 Jahre später erbauten Kreuzritterburgen erinnert. Vom inneren, dem eigentlichen Stadttor, ist der kolossale Türsturz ausgebrochen und lehnt jetzt am westlichen Türpfeiler, – ein Monolith von 5,73 m Länge und mehr als 1 qm Stärke. – Die Türme haben einen weiten Rundblick und damit dem unbemerkten Anrücken feindlicher Truppen wenig Chance gewährt. Auch von den Wehrgängen konnte man nach allen Richtungen spähen. – Im Osten erklimmen die Stadtmauern den Ithómi-Gipfel, im Westen und Süden verlieren sie sich in sanfterem Gelände. Zyklamenbüschel, deren Stengel angeblich Leibspeise der wilden Eber gewesen seien, sprießen aus den Ritzen der Mauern, die auch große Kornfelder einschlossen, um die Messenier im Belagerungsfall zu versorgen. – Ihre härteste Probe hatte die Stadtfeste 214 vor Chr. zu bestehen, als der junge Demetrios, Sohn Philipps V., mit dem makedonischen Heer zu Belagerung angerückt war. Doch seine Truppen wurden so grimmig mit Felsbrocken, sowie Ziegeln – den Wurfgeschossen der Frauen – bombardiert, daß sie nahezu vernichtet wurden und auch Demetrios selbst fiel vor den Mauern.

Südwestlich von Mavromáti, in einer muschelförmigen Falte des Berges, liegt die *antike Stadt Messéne*. Führende Architekten jener Tage wurden mit dem Bau der öffentlichen Gebäude beauftragt. Epameinóndas nahm persönlich an den Feierlichkeiten der Neugründung teil. Die Weissagung des böotischen Nymphen-Orakels, dem er als gebürtiger Thebaner vertraute, hatte verheißen, daß »die helle Blüte Spartas verderben und Messene wieder auf alle Zeiten bewohnt sein wird«. Die Worte müssen ihn in der Richtigkeit seiner Wahl bestärkt haben. Beim Klang böotischer Flöten brachte er das erste Opfer dar. Messéne war weniger repräsentativ und anspruchsvoll geplant als Megalópolis, dafür hielt zumindest seine Stadtbefestigung länger den Zeiten stand. Tempel und Höfe zierten die Statuen des Damophon, des einzigen bemerkenswerten messenischen Künstlers, der auch den Auftrag erhielt, die große Zeus-Statue des Pheidias in Olympia auszubessern. Weithin berühmt war eine Bronzestatue des messenischen Helden Aristoménes.

In der Tiefe der Geländemulde liegen rechts die kniehohen Mauerreste der *Agorá*. Sie war vierseitig von Säulenhallen umstanden, die Fundamente an der Nord- und Ostseite sind wieder freigelegt. An die Außenseite der Ost-Stoa schlossen sich zwei Gebäude an: nördlich gelegen das gut erhaltene *kleine Theater*, eine überaus elegante und anmutige Ruine. Wenigstens 10 Sitzreihen aus dem grauem Kalkstein in muschelförmiger Anordnung sind unversehrt, und den Fußboden der Orchestra deckt roter, weißer und blauer Marmorplattenbelag. Es folgen die Spuren eines Propylon als *Osttor zur Agorá*, und südlich anstoßend liegen die Grundmauern der als *Synédrion* erkannten quadratischen Halle mit einer um drei Wände herumlaufenden steinernen Sitzbank. Hier tagte die messenische Volksversammlung. Westlich der Agorá breiten sich die Fundamente eines Tempels aus, vermutlich das *Hierothýsion,* ein Heiligtum, das allen Göttern geweiht war. Einige wenige Steinplatten der Sitzreihen des *Stadions* liegen südlich davon in den Olivenhainen und nördlich vom Tempel, kaum mehr erkennbar, ein *großes Theaterhalbrund*. Damit endet unser Ausflug auf den Ithómi.

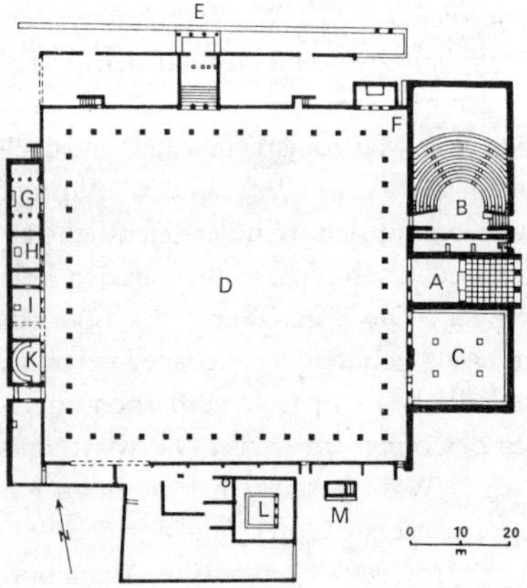

69 Messéne.
Die Agorá.

A Propylon - **B** kleines Theater - **C** Synédrion - **D** Hof - **E** Nord-Propylon
F-K Kulträume - **L** Prytanéion - **M** Heróon.

Wieder zurückgekehrt nach dem modernen Messene nahe dem Meer, folgt man der Straße in südwestlicher Richtung bis Rizómylos. Dort gabelt sie sich. Die Abzweigung nach Süden führt zur Ostküste des westlichsten der großen drei Finger der Peloponnes, wo es sanft, warm und ruhevoll ist. In *Vounária* werden noch heute Öl- und Weinkrüge mit einem Fassungsvermögen von 800 Litern nach den gleichen Methoden hergestellt wie im Altertum. Mit Öl gefüllt wurden sie jahrhundertelang auf venezianische Handelsschiffe verladen, die nach der Levante segelten. Weiter südlich auf einer Landzunge liegt *Koróni* mit seiner schönen venezianischen Burg. Unterhalb der Bastionen tuckern Kaikia über das glasklare Wasser, dort wo einstmals die Galeeren vor Anker gelegen haben.

Die *Zwillingsburgen* von Koróni an der Ostküste und Methóni an der Westküste hießen im Mittelalter *Koron und Modon* und waren die ›Oculi capitales communis‹, die ›wichtigsten Augen der Republik‹, wie es in der amtlichen venezianischen Urkunde heißt. Zugleich waren es auch die ersten Niederlassungen der Serenissima auf griechischem Festland. Koróni, 1206 den fränkischen Baronen abgezwungen, war eine Versorgungs- und Proviantstation für Handelsschiffe und berühmt für seinen Koschenille-Export (der rote ungiftige Farbstoff einer Schildlausart), für die Herstellung von Belagerungsmaschinen und für sein Olivenöl, wovon es angeblich hier mehr gab als irgendwo in der Welt. Es hieß, »in Korone regnet es sogar Öl«. Die Venezianer übten ihre bewährte religiöse Toleranz und ließen den griechischen Bischöfen die geistliche Autorität über ihre orthodoxen Gemeinden. Der Wohlstand nahm zu, als immer mehr Pilger aus dem Norden die Reise zum Heiligen Land an dem einen oder anderen der beiden Plätze unterbrachen. Die Venezianer lebten in freundschaftlichem Umgang mit den Einheimischen, bestanden nur darauf, sich von ihnen in einem zu unterscheiden: sie verboten ihren Truppen, sich Bärte wachsen zu lassen, wie die Griechen als gute Byzantiner sie gerne trugen. Im Jahre 1500 wurde Koróni vom Heer des Sultans erobert, und Bajezid II., ›der Mystiker‹, hielt unter dröhnendem Trommelwirbel und schrillem Pfeifenspiel seinen Einzug. Während der Regierungszeit Suleimans II., des Großen, nahm der genuesische Admiral Andrea Doria unter der Flagge Karls V., der mit dem Sultan im Krieg lag, Koróni den Türken, konnte es aber nicht halten.

Die Einwohner, die ihn mit offenen Armen empfangen hatten, mußten es schwer büßen, als er wieder davonsegelte.

Koróni hat kein eigentliches Hafenviertel. Schwere Mauern und Bastionen verteidigen den östlichen Vorsprung der Landzunge. Beiderseits davon breitet sich das Städtchen mit seinen hellen Häusern aus. Die Befestigungsanlage umschließt einen viereckigen Hof, den eine ältere byzantinische Nord-Süd-Mauer in zwei ungleiche Hälften unterteilt. Man gelangt zum Haupteingang über eine rampenartige, mit Kopfsteinen gepflasterte Straße. Der Eingang, ein schön geformter gotischer Bogen, der beim Blick zurück einen bezaubernden Ausschnitt des Hafens und der Berge der Mani rahmt, ist Teil eines großartigen venezianischen Torbaus aus dem frühen 13. Jh. Von hier etwa beobachtete Chateaubriand 1806, wie die türkische Flotte an der maniotischen Küste heraufgefahren kam und die Streitkräfte Petrobeys bombardierte. Innerhalb der Mauern liegen ein Friedhof und einige kleine Kirchen; die bedeutendste gehört zu dem *Kloster Hagios Ioánnis*, rechts vom Torturm, mit schwarz gestrichenen Pforten, fünf Kuppeln auf schlanken, aber etwas unbeholfen wirkenden Tambouren und mit einer Krypta. Das Kloster ist von Nonnen bewohnt. Der von zerbröckelndem venezianischem Mauerwerk umgebene Hof mit seinem schütteren Grün zwischen den schiefen und verrutschten alten Grabsteinen und seinen gebückten, schwarz gekleideten alten Weiblein hat etwas Geisterhaftes.

An der Nordostecke der Festung erheben sich senkrecht über den Uferfelsen zwei massive Rundtürme von verschiedener Höhe. Diese Doppelbastion, hochaufstrebende Flächen perfekt gefügter Mauern, gleicht natürlichen Felsabbrüchen. Im Nachmittagslicht verwandeln sie sich in reines Gold und wirken von der Hafenbucht aus am eindrucksvollsten. Um die ganze mauer- und zinnenbewehrte Landzunge kann man in einem Kaïki herumsegeln. Nach der Doppelbastion kommt man dann bald zu einem großen türkischen Außenwerk des 16. Jhs., danach zu frühesten byzantinischen und wieder venezianischen Mauern und schließlich zur venezianischen Westbastion (von 1463) mit einem Kuppeldach auf Stützbögen. Man kann über eine Wendeltreppe zur Geschütz-Plattform hinaufsteigen und hat wieder den hinreißenden Blick auf den messenischen Golf und bis hinaus auf das offene Meer. Im Vordergrund erstreckt sich nach Süden ein langer Sandstrand.

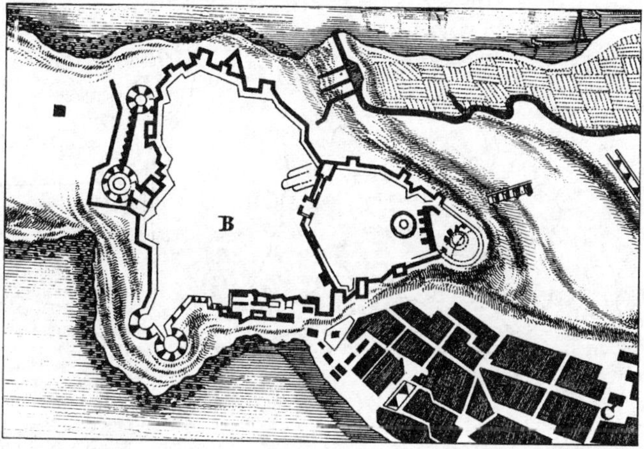

70 Koróni, das venezianische ›Koron‹. Detail aus einem Stich des 17. Jhs.

Ein neuzeitlicher Treppenweg führt zu einer schattigen Terrasse und dem kleinen Museum hinab.

Über Koróni hinaus geht es in südlicher Richtung nicht mehr sehr viel weiter. Nach Westen verbindet es nur ein Karrenweg mit Methóni; er durchquert die Olivenhaine und Hügelzüge von *Kap Akrítas* und stößt vor dem hübschen kleinen Fischerdorf mit dem antiken Namen Phoenikoús wieder zur Küste.

Unser nächstes größeres Ziel ist Pylos. In Koróni kehrt man am besten um und erreicht bei Risómylos die Hauptstraße Kalamáta-Pylos. Herrliche Blicke zurück auf den Taÿgetos, der südwärts im metallfarbenen Dunst der ›Bösen Berge‹ verschwindet. Die Straße senkt sich dann allmählich zur Westküste und dem Ionischen Meer hinab, und man spürt ein neues, viel milderes Klima. Drunten liegt die ovale, landumschlossene *Bucht von Navarino* mit den pastellfarbenen Häusern von *Pylos* an ihrem südlichen Ende. Die Insel Sphaktería schirmt als mächtiges Riff die 5 km lange und 3 km breite Bucht gegen das offene Meer ab. Im Süden wie im Norden der Insel erlauben schmale Durchlässe den Schiffsverkehr.

Bucht, Insel und die beiden Burgen, die vom Festland her die Durchgänge überwachten, haben eine lange und wechselvolle

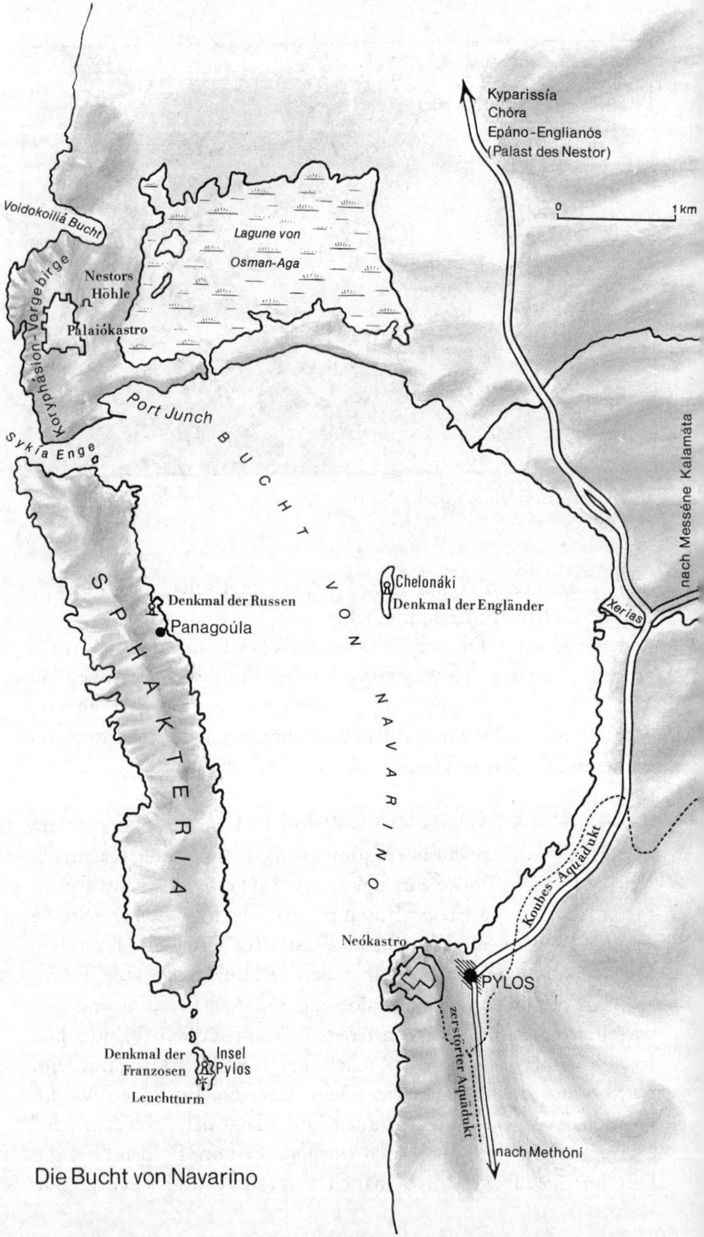

Die Bucht von Navarino

Geschichte. Auf dem Kap *Koryphásion* im Norden drängte sich eine mittelalterliche Stadt um die Frankenfeste. Seit dem 6. Jh. schon hieß die Burghöhe im Volksmund ›Ton Avarino‹ nach den Avaren, die das Land überrannt und sich hier festgesetzt hatten. Im Sprachgebrauch der Byzantiner ist daraus *Navarino* geworden und galt jahrhundertelang auch als Bezeichnung für das umliegende Gebiet. – Das Südende der Bucht befestigt seit dem 16. Jh. ein gewaltiges Kastro der Türken, und das neuzeitliche Städtchen, in dem wir ankamen, begann sich erst im 19. Jh. herauszubilden. Die gegenwärtige griechische Leidenschaft für die Wiedererwekkung klassischer Namen hat es Pylos getauft, obwohl die antike Stadt gleichen Namens und auch Nestors Palast viel weiter nördlich und mehr im Landesinnern lagen.

Während des griechischen Unabhängigkeitskrieges bemächtigten sich griechische Patrioten des Türkenkastros. Als 1825 Ibrahim Pascha, die ›Geißel der Morea‹, die Burg belagerte, stellte sich heraus, daß die ungeschulten griechischen Freischärler in ihren gestickten, goldglitzernden Jacken – das Gold stammte aus englischen Anleihen – Ibrahims einfacher gekleideten, aber besser ausgerüsteten ›Araberjungens‹, wie Finlay sie nennt, nicht gewachsen waren. Sehr schnell war die Festung wieder in türkischer Hand und auch sofort Ibrahims Hauptquartier für seine ganz Messenien verwüstenden Feldzüge. – Die *Seeschlacht von Navarino* im Jahre 1827 hat dann den Namen der Bucht in aller Welt bekannt gemacht.

Sitzt man in Pylos in einem der Cafés unter den Arkaden des Platzes gegenüber dem Denkmal der drei alliierten Admiräle und beschäftigt sich gerade mit der Landkarte, so ist es sehr fesselnd zu versuchen, die verschiedenen Phasen der Gefechte zu rekonstruieren. Es scheint unglaublich, daß es vier großen Flotten nicht nur gelang, in dieses landumschlossene Wasserbecken einzudringen, sondern daß sie außerdem noch Platz fanden, sich darin eine Seeschlacht zu liefern.

Im Jahre 1827 begannen die gemeinsamen griechischen Anstrengungen gegen die Türken nachzulassen. Der Befreiungs-Kreuzzug war sechs Jahre nach seinem Beginn zu einem Bürgerkrieg zwischen selbsternannten Generälen entartet. Auf internationaler Ebene trat allein Rußland für die griechische Unabhängigkeit ein. Österreich und Preußen standen den griechischen Bestrebungen außerordentlich reserviert gegenüber, und England und Frankreich sympathisierten zwar mit den Griechen, wünschten aber nicht, in einen Krieg mit der Hohen Pforte verwickelt zu werden.

Admiral Codrington, der Oberbefehlshaber der verbündeten Flotten Großbritanniens, Frankreichs und Rußlands, hatte Auftrag, weitere Greueltaten der Türken zu verhindern, – etwa die Massendeportation der Bewohner der Moréa, welche die öffentliche Meinung des Westens so empört hatte. Im Oktober 1827 war die gesamte türkisch-ägyptische Flotte in der Bucht von Navaríno zusammengezogen worden. Codrington fürchtete, sie könnte aus der Bucht ausbrechen, um neue Aktionen gegen die Bevölkerung durchzuführen, und lief, ermutigt von de Rigny und dem Grafen Heydden, seinen französischen und russischen Kollegen, in die Bucht ein, um die Türken demonstrativ zu warnen. Die türkisch-ägyptische Flotte lag in einem weiten Halbkreis verteilt und bestand aus 89 Schiffen, bestückt mit 2438 Kanonen, die alliierte aus 27 Schiffen mit 1276 Kanonen, jedoch hatten die Verbündeten das Übergewicht an Schlachtschiffen. Codrington fuhr als erster auf seinem Flaggschiff ›Asia‹ zwischen der Südspitze von Sphaktería und dem türkischen Kastro hindurch. Auf sein Geschwader folgte das französische, und als letzte kamen die Russen. 20000 Mann türkischer Truppen in ihrem Feldlager auf dem Abhang unterhalb der Burg sahen atemlos zu, wie ein Schiff nach dem anderen durch die enge Durchfahrt hereinkam. Es war kurz nach 12 Uhr mittags. Der erste Schuß wurde von den Türken abgegeben – möglicherweise aus Panik, sicher nicht auf Befehl ihres Kommandierenden. Die britische ›Dartmouth‹ und das französische Flaggschiff ›Sirène‹ erwiderten das Feuer. Binnen weniger Minuten war das Gefecht im Gang. Die Schiffe lagen unbeweglich – es war kein Platz zum Manövrieren – und schossen aus kürzester Entfernung. Codrington und de Rigny vermieden geschickt die türkischen Brander und konzentrierten ihr Feuer auf die feindlichen Schlachtschiffe, während Graf Heyddens Geschwader die feindlichen Fregatten und Schaluppen vernichtete. Der Anblick der brennenden Schiffe muß, nach Augenzeugenberichten und zeitgenössischen Stichen, phantastisch gewesen sein. Als der Abend anbrach, schien die ganze Bucht in Flammen zu stehen, während ein osmanisches Schiff nach dem anderen explodierte und

Myriaden von Funken über den rauchverhüllten Himmel flogen. Die Hitze war unerträglich. Zerschmetterte Masten, Rahen und andere Schiffsteile, an die sich Seeleute klammerten, trieben auf dem gespenstisch beleuchteten Meer. Die Besatzungen der Alliierten kämpften die ganze Nacht hindurch, um zu verhindern, daß ihre Schiffe Feuer fingen. Bei Morgengrauen lagen nur noch 29 von den 87 türkischen Schiffen auf dem Wasser.

Bei Navaríno büßten die Türken die Seeherrschaft ein. Nie wieder sollten der Sultan oder sein ägyptischer Vasall, der häßliche pockennarbige Ibrahim Pascha, in der Lage sein, ihre Truppen auf dem Festland zu versorgen oder ihnen Verstärkungen zuzuführen. Die Griechen hatten praktisch ihre Unabhängigkeit gewonnen. Aber in der Schlacht hatte kein einziger Grieche mitgekämpft. Sie war von britischen, französischen und russischen Seeleuten mit einer erstaunlichen Demonstration internationalen Zusammenwirkens gewonnen worden. In London hingegen war man einigermaßen konsterniert. In der Thronrede wurde die Schlacht als ein »unglückliches Ereignis« bezeichnet, und König Georg IV. bedauerte, daß es »zu einem Konflikt mit den Flottenstreitkräften eines alten Verbündeten kommen mußte«. Codrington wurde von seinem Kommando im Mittelmeer abberufen.

Navaríno war die letzte große Seeschlacht alten Stils, ehe das Dampfschiff die Seekriegsführung revolutionierte. Zudem war es eine der entscheidenden Schlachten des 19. Jhs. Da die griechische Unabhängigkeit nun möglich wurde, änderte sie die Landkarte Osteuropas und leitete für das Osmanenreich die lange Periode des Siechtums ein, an dem der ›kranke Mann am Bosporus‹ schließlich fast zugrunde gehen sollte.

Die Porträts der Admirale hängen in dem kleinen *Museum*. Es liegt am Wege hinauf zur türkischen Burg. Außerdem besitzt es einige bezaubernde kolorierte Stiche von morgenländischen Gestalten in wogenden Gewändern gegen einen hellblauen Himmel; sie stammen von Dupré, einem Schüler Davids, der mit seiner ›Voyage à Athènes et Constantinople‹ einen faszinierenden Bilderkommentar zum Griechenland des 19. Jhs. lieferte. Ansonsten findet man Keramiken, Geschmeide, Dolche, Amphoren ein großes Terrakottagefäß aus einem mykenischen Grab und einige hellenistische Fragmente, die in der Nähe der Stadt ausgegraben wurden.

71 Die Bucht von Navaríno. Detail aus einem Stich des 17. Jhs.

Vom Museum sind es einige Minuten zu Fuß zum *Neókastro*, der aus dem 16. Jh. stammenden türkischen Festung, die den südlichen Eingang zur Bucht bewacht. Man betritt die von Mauern, Zinnen und Wehrtürmen geschützte Anlage durch ein Tor im Osten. Die Bastion im Nordosten der Mauern wurde zerstört, als die Venezianer zwischen 1668 und 1715 dort Fuß faßten. Zwei der viereckigen Türme beherrschen noch die Wasserstraße. Die Mauern haben einen umlaufenden Wehrgang und sind in ihrer großzügigen Führung höchst eindrucksvoll. Innerhalb der Umfassung, in der einstmals die türkische Bevölkerung in pestilenzartig verseuchten Verhältnissen lebte, stand eine Moschee. Nach der Eroberung der Festung durch griechische Bauern-Freischärler im Jahre 1821, auf die ein grauenvolles Blutbad folgte, wurde sie in die freundliche Kirche ›Hagia Sotíra‹ umgewandelt. Sechs Jahre später, nach der Schlacht von Navaríno, ließ der französische General Maison im Südosten der Festung eine Zitadelle (später Gefängnis) errichten, die verrotteten muselmanischen Elendsquartiere abreißen und die Bewohner außerhalb der Mauern ansiedeln. Die moderne Stadt Pylos wuchs, und über den Boden des Burggeländes breiten sich heute Thymian und blühende Sträucher.

Am Landesteg von Pylos liegen die Motorboote zur Fahrt durch die Bucht und um die Insel Sphaktería. Es empfiehlt sich, frühmorgens loszufahren, ehe sich das Wasser unter der Vormittagsbrise kräuselt, wenn man die Wracks der türkischen Schiffe auf dem Meeresboden liegen sehen will. Für diesen Ausflug sollte man einen guten halben Tag Zeit haben. Das Boot fährt in südwestlicher Richtung zu der kleinen *Insel Pylos* (auch Tsichli-Babá). Beiderseits von ihr sind Codringtons Geschwader in die Bucht eingelaufen. Eine aus dem Felsen gehauene Treppe führt zum Gipfel mit seinem Leuchtturm und dem Denkmal für die in der Schlacht gefallenen französischen Matrosen. Die schmalere der Durchfahrten wird zusätzlich beengt von aufragenden Felsklippen. Eine von ihnen haben Wind und Wasser durchhöhlt, so daß die Wellen des Ionischen Meeres durch das natürliche Felsentor einströmen. Das Boot tuckert dann im Windschatten zur zerklüfteten Küste der *Insel Sphaktería*, die 5 km lang und stellenweise kaum 800 m breit ist. Die Felsen steigen senkrecht aus dem Wasser, ein riesiger Wellenbrecher gegen das Anbranden des offenen Meeres. Das Boot fährt an einem Gedenkstein für den piemontesischen Philhellenen Graf Santarosa vorbei und legt dann an der kleinen Lände von *Panagoúla* an. Etwa auf der Höhe von Panagoúla haben 1827 in der Bucht die erbittertsten Kämpfe stattgefunden. Bei diesem einzigen Ankerplatz steht auf der Insel eine weiße Kapelle und das von Zypressen überschattete Denkmal für die russischen Matrosen, das kürzlich von den Sowjets renoviert worden ist.

Panagoúla ist auch der Schauplatz des von Thukydides beschriebenen spartanischen Feldlagers im Jahre 425 vor Chr., dem 7. Jahr des Peloponnesischen Krieges. Die Athener hatten sich mit großer Kühnheit auf feindlichem Gebiet, nämlich am Kap Koryphásion, der nördlichen Festlandspitze festgesetzt und verschanzt. Die Spartaner landeten daraufhin auf Sphaktería. Aber athenische Triëren drangen auch durch beide Zufahrten in die Bucht ein und fügten der spartanischen Flotte eine schwere Niederlage zu. Die Besatzung auf Sphaktería war abgeschnitten. Die Ephoren von Sparta schickten Abgesandte nach Athen, um Frieden zu erbitten, aber die Athener weigerten sich zu verhandeln. Daraufhin machten die Spartaner jede erdenkliche Anstrengung, um die Blockade zu brechen. Den Heloten wurden ihre Freiheit und große Geldsummen versprochen, falls sie unbemerkt Lebensmittel auf die Insel bringen könnten. Thukydides sagt: »Auch schwammen sie hinüber auf der Hafenseite, Taucher unter Wasser, und zogen an Stricken Schläuche nach mit Honigmohn und gestampftem Leinsamen.«

Beim Herannahen des Winters entschlossen sich die Athener, die alle Seeverbindungen beherrschten, zum Sturmangriff. Er scheint die Spartaner überrumpelt zu haben. Die Athener hatten nach anfänglicher Furcht, so meint Thukydides »die größte Zuversicht gewonnen, seit ihnen ihre vielfache Übermacht so klar vor Augen trat ... nun also brachen sie plötzlich mit Verachtung und Geschrei in ganzen Schwärmen auf die Spartaner ein und schleuderten Steine, Pfeile, Spieße, was eben jeder zur Hand hatte.« Wegen der ohrenbetäubenden Schlachtrufe der Athener konnten die Spartaner die Befehle ihrer Anführer nicht hören; geblendet vom Staub und bedrängt durch einen Hagel von Pfeilen, zogen sie sich auf die Felsenhöhe zurück, wo sie von einer zweiten feindlichen Truppe im Rücken gefaßt wurden. Nach kurzer Verhandlung ergaben sie sich bedingungslos. Die Athener errichteten ein Tropaion und brachten die Gefangenen, die nach Sphaktería geworfene Elitetruppe des spartanischen Heeres, im Triumph nach Athen. Zweiundsiebzig Tage hatten Belagerung und Kämpfe gedauert. Das Prestige Spartas hatte einen schweren Schlag erlitten. Doch das Ende des langen tragischen Krieges kam durch diesen Sieg nicht näher.

Die Felswände von Sphaktería, wasserumspült, zu Höhlen ausgewaschen, von Sprüngen zerfurcht, enden jäh bei der Weiterfahrt nach Norden. Die *Sykiá-Enge* zwischen der Insel und dem Koryphásion-Vorgebirge auf dem Festland ist kaum 100 m breit und zu seicht, als daß außer Kaïkia auch größere Schiffe passieren könnten. Breite und Tiefe des Kanals müssen sich jedoch seit der Zeit des Thukydides verändert haben, denn er spricht davon, daß mehrere Triëren nebeneinander hindurchfuhren. Überreste einer Mole aus dem 4. Jh. vor Chr. sind neben dem Landesteg am Koryphásion-Hang zu sehen, wo sich das athenische Feldlager und auch der frühe *Hafen des mykenischen Pylos* befanden. Weitere Spuren der »am Meer gelegenen Festung«, die Strabon erwähnt, sind nicht erkennbar. Er vermutet, daß die Bewohner von Nestors Stadt sie errichtet haben, als sie zur Zeit der dorischen Invasion aus ihren brennenden Häusern flohen.

Seither trug dieser Ort viele Namen. Antike Quellen nennen die dortige Akropolis *Koryphásion* nach dem Vorgebirge, auf dem sie sich ausbreitet. Vom 6. bis 9. Jh. nach Chr. fiel sie den Avaren in die Hände, und wir hörten schon, daß sie fortab bei den Byzantinern ›Ton Avarino‹ oder einfach *Navarino* hieß. Die Franken nannten sie *Castel de Port de Jonc* wegen der verschilften, sumpfigen Umgebung des Hafens. Erst Ende des 16. Jhs. ist dann die Bezeichnung *Palaiókastro* aufgekommen, als nämlich die Türken an der südlichen Landspitze ihr ›Neókastro‹ errichtet hatten.

Man klettert eine gute halbe Stunde bis zur Höhe des Palaiókastro. Verwitterter Fels stößt seine scharfen kantigen Brüche durch blaugraue Disteln, und Eidechsen und Schlangen rascheln im Gesträuch. Als ›Castel de Port de Jonc‹ hat Nicolas de St. Omer die Frankenfeste an dieser imposanten Stelle im 13. Jh. erbaut. Der Baron war flämischer Herkunft und hatte eine reiche Erbin geheiratet. Er war berüchtigt wegen seiner hochfahrenden Art, zugleich aber geachtet wegen des Geldes, das er für die Errichtung und Instandhaltung seiner Burgen ausgab. – Im 14. Jh. flüchtete sich die unersättliche Burgensammlerin Marie de Bourbon hierher vor ihrem Rivalen, dem Venezianer Carlo Zeno, der Domherr von Patras war und wesentlich mehr Vergnügen am Kriegswesen als an der Theologie fand. – Als Kaiser Johannes VIII. im Jahre 1439 nach Florenz reiste, um sich – allerdings vergeblich – während des Existenzkampfes von Byzanz der westlichen Hilfe gegen die Türken zu versichern, bestieg er in Navarino, damals ein blühender Seehandelsplatz im Schutze der Burg, eines der Schiffe des Dogen.

Ein schönes Bogentor, runde und viereckige Bastionen, zinnenbewehrte Mauern und ein Teil des Mauerumgangs sind gut erhalten. Die Befestigung im Norden und Westen ruht auf dem Unterbau der antiken Akropolis, die Epameinóndas im 4. Jh. vor Chr. noch einmal erneuert hatte. – Auch der Burg St. Omers blieb das in der Moréa nachgerade bekannte Schicksal des ständigen Besitzwechsels nicht erspart. Nach dem endgültigen Niedergang der fränkischen Macht war sie seit 1423 von Venezianern, von Türken, wieder von den Venezianern und neuerlich von Türken besetzt.

Ein herrlicher Rundblick belohnt für die Mühen des Weges: im Osten unter uns die schilfumrandete Lagune von Osman-Aga, die blaue Bucht und der halbmondförmige Küstensaum, der sich in weitem Bogen südwärts gen Pylos schwingt; im Süden ›Port de Jonc‹ am Fuß des Burgberges und gegenüber die Steilklippen von Sphaktería; im Westen die weite Fläche des Ionischen Meeres; nördlich von Kap Koryphásion eine nahezu kreisrunde Bucht, die tief in die Festlandsküste einschneidet und den bildhaften Namen ›Voidokoiliá‹ (sprich: Veudokiliá), der Ochsenbauch, trägt. Den Bogen schließen im Nordosten grüne Hügel, über ihnen in der Ferne die seltsam gegliederten Bergformen des Aigáleion.

Etwa senkrecht unter der Nordostecke der Festungsmauer liegt am Fuß des Berges, versteckt zwischen Fels und Gesträuch, der Eingang zu *Nestors Höhle* – der Abstieg von der Burg ist nichts für Ängstliche. Pausanias nennt die Höhle: »darin sollen die Rinder des Nestor und früher schon des Neleus gehaust haben«. Einem anderen Mythos zufolge diente die Höhle als Stall für die Rinder, die der kleine Hermes seinem Halbbruder Apollon stahl, und da Stalaktiten im ›Großen Saal‹ an Tiere und Tierfelle erinnern, sollen es die zu Stein gewordenen Häute der von Hermes getöteten Tiere sein.

Auf der Rückfahrt nach Pylos nimmt das Motorboot Richtung auf das Inselchen *Chelonáki*, ›Kleine Schildkröte‹, das in der Mitte der Bucht liegt. Der flache Felsen trägt ein anspruchsloses Denkmal für die 1827 gefallenen britischen Matrosen. In seiner Bescheidenheit wirkt es im Gegensatz zu den mächtigeren französi-

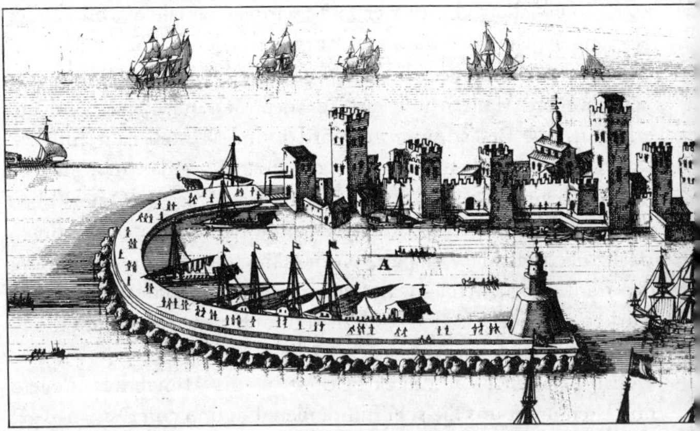

72 Methóni, das venezianische ›Modon‹. Stich des 17. Jhs.

schen und russischen Monumenten wie eine absichtliche Untertreibung des britischen Beitrags zum Sieg.

Nur 12 km südlich des modernen Städtchens Pylos liegt *Methóni*, das ›Modon‹ der Venezianer und neben Koróni das zweite ›Auge der Republik‹. Die großartigste und weitläufigste mittelalterliche Festungsanlage der Peloponnes liegt der Insel Sapientia gegenüber. Feinkörniger Sand zieht sich von den Mauern im Südosten um eine weite offene Bucht. Schatten wird man nur in den Tavernen an ihrem Saum finden. Nachts tanzen hier die Fischer den ›Zeibékikos‹ – vereinzelte wirbelnde Gestalten auf dem mondhellen Strand.

Methóni war früher besiedelt als Koróni. Homer nennt den Ort Pedasos und »reich an Reben« – die umliegenden Hügel sind es heute noch. Es war eine der sieben Städte, die Agamemnon dem Achilles anbot, um ihn zu bewegen, sein Schmollen einzustellen und den Kampf gegen die Trojaner wiederaufzunehmen. In römischer Zeit wurde es von Antonius stark befestigt und seinen Verbündeten, König Bogus von Mauretanien, setzte er als Befehlshaber der Garnison ein. Im frühen Mittelalter war es ein Schlupfwinkel von Seeräubern, welche die aus der Levante nach Italien zurückkehrenden Handelsschiffe überfielen. Nach der Einnahme von Konstantinopel durch die Lateiner im Jahre 1204 wurde

Geoffroi de Villehardouin, der aus Syrien nach Konstantinopel eilte, um sich seines Anteils am Beutegut zu versichern, »von Wind und Zufall ... in den Hafen von Modon« verschlagen. Diesem Zufallsbesuch entsprang die künftige Vorherrschaft der Villehardouin in der Moréa, denn während Geoffroi in Methóni auf das Abflauen des Sturms wartete, machte sich ein griechischer Verräter an ihn heran und schlug ihm vor, sich gemeinsam des benachbarten Landes zu bemächtigen. Geoffroi erkannte, mit welcher Leichtigkeit eine verhältnismäßig kleine Anzahl von Rittern die schlecht gerüsteten Griechen überwältigen konnten. Er versicherte sich der Waffenhilfe seines Landsmannes aus der Champagne, Guillaume de Champlitte, und zusammen eroberten sie die Moréa. Zwei Jahre später, 1206, ›verkauften‹ sie Methóni an den Dogen Enrico Dandolo. Wahrscheinlicher ist, daß sie seiner bereits aufgefahrenen Flotte weichen mußten, die damit einen der bedeutendsten Stützpunkte auf dem griechischen Festland für Venedig gewann. Methóni wurde fortan zu einem blühenden Handelshafen, Umschlagplatz für Schiffe aller Länder, die hier Wein und Koschinelle luden. In seinem 1908 erschienenen, bis heute maßgebenden Werk ›The Latins in the Levant‹ nennt der Historiker William Miller Methóni »das Port Said des fränkischen Griechenland«. Methóni besaß auch einen geschäftigen Markt, auf dem die Türken geräuchertes Schweinefleisch als gefragten Exportartikel an die Venezianer verkauften. Ein Pilger des 15. Jhs. berichtet, der gesamte, in Venedig angebotene Schinkenspeck komme aus der Hafenstadt Methóni, wo man auch Würste herstelle.

Das heutige Dorf liegt etwa 700m landeinwärts. Vor dem Eintritt in die *Festung* überquert man zunächst den breiten Festungsgraben, der sich quer über die Landzunge von Meer zu Meer zieht. Die solide steinerne Brücke hat General Maison erst 1828 von seinen französischen Soldaten bauen lassen. Wälle, Mauern und Bastionen sind gut erhalten, und ihre ungebrochene Linie ruft noch heute den Eindruck der Unbezwinglichkeit wach. Den Torbau aus dem frühen 18. Jh. gliedern Halbpfeiler mit klassizierenden Kapitellen, neben denen auf Reliefplatten die Trophäen von Morosini prangen. Ein älteres Tor befand sich weiter östlich in der Nordmauer des 15. Jhs., noch vor der mächtigen ›Loredan-Bastion‹, die auch erst 1714 an der Ostecke aufgeführt wurde und die der wuchtigen ›Bembo-Bastion‹ an der Westecke entsprechen sollte, die schon seit 1480 steht. Nach dem Durchschreiten eines zweiten und dritten Torbaus sieht man sich einer monolithischen Säule aus rotem Granit mit byzantinischem Kapitell gegenüber, die allgemein die *Morosini-Säule* genannt wird. Warum – dies weiß von den Einheimischen niemand genau zu sagen, aber aus dem Lauf der geschichtlichen Ereignisse kann man es sich ganz gut selbst erklären. Im glühend heißen August des Jahres 1500 war die venezianische Garnison von 7000 Mann einer harten Belagerung durch 100000 Türken unter Sultan Bajezid II. ausgesetzt und wurde aus fünfhundert Kanonen beschossen. Als die Janitscharen endlich die Mauern erklommen hatten, setzten sie die Gebäude in Brand, der Bischof fand in der brennenden Kirche den Tod, und Verteidiger, wie die gesamte männliche Bevölkerung über zwölf Jahre wurden enthauptet. In Venedig empfand man den Fall von Methóni als nationale Katastrophe, und der ›Rat der Zehn‹ brach in Tränen aus, als er die Kunde vernahm. Es folgte manch vergeblicher Versuch, den Stützpunkt zurückzugewinnen. Erst ein erneuter Krieg brachte 1686 die Wende. Morosini selbst befehligte die Truppen. Als er mit einem Gefolge venezianischer Würdenträger eine vorgeschobene Stellung inspizierte, wurde er von den Türken erkannt und unter Feuer genommen. Seine Begleiter rannten in alle Richtungen davon, nur Morosini blieb, ohne mit der Wimper zu zucken, reglos stehen, die leibhaftige Verkörperung einer venezianischen ›bella figura‹. Seine Kaltblütigkeit machte auf die Türken großen Eindruck und trug wohl auch dazu bei, daß sie schließlich kapitulierten. – Wie an vielen anderen Orten der Moréa kehrten 1715 erneut die Türken zurück und hielten sich hier bis zur Befreiung Griechenlands.

Innerhalb der Mauern lag ein dicht bevölkertes Wohnviertel. Das einzige halbwegs erhaltene Gebäude ist ein kleiner überkuppelter Hamam, ein türkisches Bad. In die Ostmauern mit ihren Türmen und Bastionen haben die Türken Geschützstellungen eingebaut. Die Mauern der Westseite stammen größtenteils von den venezianischen Festungsbaumeistern des 15. Jhs. und wachsen unmittelbar aus den Küstenfelsen heraus. Mit ungebrochener Gewalt rollen die Wellen aus der Weite des Mittelmeeres gegen sie an. Die Wege sind dicht mit Disteln überwachsen, und es empfiehlt sich, auf den Mauerumgängen zu bleiben, obwohl sie sich häufig auf verschiedenen Ebenen fortsetzen und man immerfort auf und ab klettern muß.

An der Südspitze der Anlage öffnet sich, flankiert von zwei Türmen, der hohe Bogen des See-Tores zu einem Landesteg, der von einer zinnenbesetzten Brustwehr gegen die Wasserseite abgeschirmt wird. Ein Damm verbindet das See-Tor mit einem prachtvoll erhaltenen türkischen Vorwerk auf der äußersten Felsenklippe. Der Blick durch den Bogen des See-Tores ist hinreißend: ein Zusammenklang von Meer, Himmel, Licht und Farben mit der kühnen Lage des *Bourzi-Turmes* und der Klarheit seiner architektonischen Formen. Aus der verfallenden Monumentalität ringsum scheint noch einmal die Herrlichkeit und der stolze Behauptungswille vergangener Zeiten auf. Im 16. Jh. haben Türken das achteckige Außenfort auf einem gleichfalls achteckigen Sockelbau errichtet. Auf dem unteren Turm sitzt mit gleichem Grundriß, aber kleinerem Umfang, ein etwa ebenso hoher zweiter Turm, der überkuppelt ist. Den mächtigen Unterbau und beide Turmgeschosse umlaufen drei Zinnenkränze. Vom ›Bourzi‹ aus kann man an einem zweiten, von viereckigen Türmen flankierten See-Tor mit den Wappenschildern venezianischer Statthalter vorbei zum Sandstrand der Bucht hinüberrudern – und sogar schwimmen, denn die Entfernung ist kurz. Dies ist der Ort, wo die mittelalterlichen Galeeren vor Anker gingen, wo auch Ibrahim Pascha 1825 mit seinen Arabern und Negern landete. Ebenfalls in dieser Bucht ließ Miaoúlis, einer der unerschrockensten Führer des Unabhängigkeitskrieges, sechs Brander zwischen die ägyptischen Schiffe fahren. Viele fingen Feuer, und die Explosionen der Pulvermagazine waren weit über dem südlichen Messenien zu hören.

Wenige mittelalterliche Stätten in Griechenland beschwören so lebhaft die Vergangenheit herauf, doch unsere Zeit ist über Methóni hinweggegangen. Schon als Chateaubriand zu Beginn des 19. Jhs. die Festung aufsuchte, fand er »partout le silence, l'abandon et l'oubli«.

Von Pylos aus, wohin man in jedem Fall wieder zurückkehren muß, beginnt auch unsere letzte Erkundungsfahrt. Wir fahren am Rande der Bucht entlang nach Norden. Die Straße über Chóra nach Kyparissía schlängelt sich hinauf in grünes Hügelland. Die Hänge sind wie mit Stacheln bedeckt: es sind Zwergzypressen,

Windbrecher, auf denen sich feinkörniger Staub im Sommer so dick ablagert, daß sie wie versteinert wirken. Nach 18 km von Pylos aus bezeichnet der Wegweiser die Abzweigung nach Epáno-Englianós, wo man den sogenannten *Palast des Nestor* und die *mykenische Stadt Pylos* auf einer Hügelkuppe entdeckt hat, von der aus das Gebiet zwischen der Insel Sphaktería im Südwesten und dem Aigáleion-Gebirge im Nordosten beherrscht werden konnte.

Lange hat man auf Grund altgriechischer Überlieferung vermutet, Alt-Pylos müsse näher am Meer, womöglich auf dem Kap Koryphásion zu suchen sein. Bei den eingehenden Nachforschungen machte man eine Wiederentdeckung: am nördlichen Saum der Voidokoiliá-Bucht, genau gegenüber der ›Höhle des Nestor‹, stieß man auf ein Tholosgrab, das schon in der Antike als das *Grab des Thrasymédes* (eines Sohnes von Nestor) bekannt war. Die Kostbarkeit der reichen Beigaben bestätigte, daß hier ein Fürst bestattet worden sein muß. Doch kein Palast, keine frühe Stadt fanden sich in Nähe der Küste. – Schon die antiken Schriftsteller hat es seit dem 1. Jh. vor Chr. beschäftigt, wo das mykenische Pylos lag. Einige geben zu verstehen, daß es sich in Messenien befand, andere in Elis (etwa 12 km östlich des antiken Elis), und wieder andere legen nahe, daß es sich an der triphylischen Küste (beim heutigen Kakóvatos) ausbreitete. Homer, der als erster Nestors Stadt nennt, ließ sie – wie uns – im Ungewissen. Seine Charakteristika lassen sich auf viele landschaftliche Gegebenheiten beziehen, sind so verschieden auslegbar, daß jeder der Orte sie für sich geltend machen kann. In der Ilias zählt er sieben ›blühende Städte‹ auf (verstreut über die westliche Peloponnes!), von denen er sagt, sie seien: »alle dem Meere nicht fern und nahe dem sandigen Pylos«. Oder er berichtet, daß Telemachos seinen Wagen bestieg: »... und willig entflogen die Rosse fort ins Feld und ließen zurück das ragende Pylos«. Er vermerkt auch Entfernung und Zeit für die Reisen des Besuchers, der zum Palast kam, und die neuere Forschung hat mit Scharfsinn versucht, aus diesen Hinweisen den Ort zu identifizieren. Doch Widersprüchliches blieb, rief Gegenargumente wach, und eigentlich konnte nur geduldiges Forschen nach neuen Zeugnissen oder Beweisen weiterhelfen.

Die Ausgrabungen bei Epáno Englianós, die Professor Blegen mit seiner amerikanisch-griechischen Archäologen-Gruppe seit 1939 durchgeführt hat, lassen die flexiblen topographischen Angaben Homers in neuem Licht erscheinen. Für diesen Ort in Messenien gewinnen sie erstaunlich viel Realität, und frappierende Funde erhellen Dunkelstellen in der Überlieferung. Der Palast aus den Jahren 1300-1200 vor Chr. ist nach Größe und Anordnung dem von Mykene vergleichbar und dürfte folglich die Residenz eines großen Königs gewesen sein. Mit Professor Blegens Worten: »Die einzige Königsdynastie, die im 13. Jh. vor Chr. im westlichen Messenien stark und reich genug war, um einen solchen Palast zu erbauen und zu unterhalten, war die der Neleiden.« Nestor war der Sohn des Neleus, des Begründers der Dynastie, und sein Beitrag an Schiffen zum trojanischen Kriegszug stand nur dem des Agamemnon nach.

In einem Punkt sind sich alle alten Schriftsteller und Dichter einig: alle berichten von der Fruchtbarkeit des Landes, über das Nestor herrschte. Homer nennt es das »schafezüchtende Pylos« und »reich an Pferden«, und Pindar nennt es »geheiligt«. Strabon erwähnt Schafherden, die in Olivenhainen grasen und schildert Nestor als Viehräuber. Einmal – und für diese Behauptung zitiert er Homer – habe er sich davon gemacht mit

»Fünfzig Herden von Rindern und ebenso viele von Schafen,
Schweine auch ebensoviel und schweifende Rotten von Ziegen,
Rötliche Rosse dazu an hundertfünfzig, es waren
Stuten alle und hatten zumeist ein säugendes Füllen.«

Die Dichter sind sich auch über den Charakter des Königs einig: er war ein unverbesserlicher Viehdieb, aber klug, gerecht, vorsichtig, von freigebiger Gastfreundschaft und jemand, auf dessen Rat man hörte. Nestor hatte mehr Glück als Agamemnon oder Odysseus, er kehrte wohlbehalten aus Troja zurück und konnte seine alten Tage im Schoße seiner Familie verleben.

Es ist faszinierend, wie rasch man zu einer Vorstellung kommen kann, wie dieser Mann und sein Hof vor mehr als 3000 Jahren lebten, obwohl alles, was heute noch zu sehen ist, nicht höher reicht als bis zur Hüfte. Da der Palast auf dem ebenen Niveau der Anhöhe erbaut war, nicht Eigenwilligkeiten des Geländes, welche die Anlage von Mykene so kompliziert machten, Rechnung tragen mußte, läßt sich seine architektonische Gliederung leichter erfassen als die Raumfolgen von Agamemnons Palast. Anders auch als in Mykene gab es in Nestors Pylos keine kyklopischen Mauerringe mehr, keine Tore mit riesigen Sperrbalken, auch keine monumental gestalteten Grabbauten. Es spielten sich hier auch nicht Tragödien von einer Tragweite ab, wie wir sie aus dem Palast der Atriden kennen. Aber gleich Mykene ist Pylos zur Zeit der dorischen Wanderung zwischen 1200 und 1120 vor Chr. eingeäschert worden. – Das 1961 errichtete Schutzdach über der frühen Stätte macht den allgemeinen Eindruck nicht gerade reizvoll, aber es schützt die Reste der prähistorischen Luftziegelmauern vor Nässe und sengender Sonne.

Der langgestreckte rechteckige Hauptbau war die Residenz des Königs, mit den Staatsgemächern, dem königlichen Wohntrakt, den Räumen für Palastbedienstete, – mit Vorratskammern und den Weinmagazinen. Der König und sein Hof lebten gut. Der

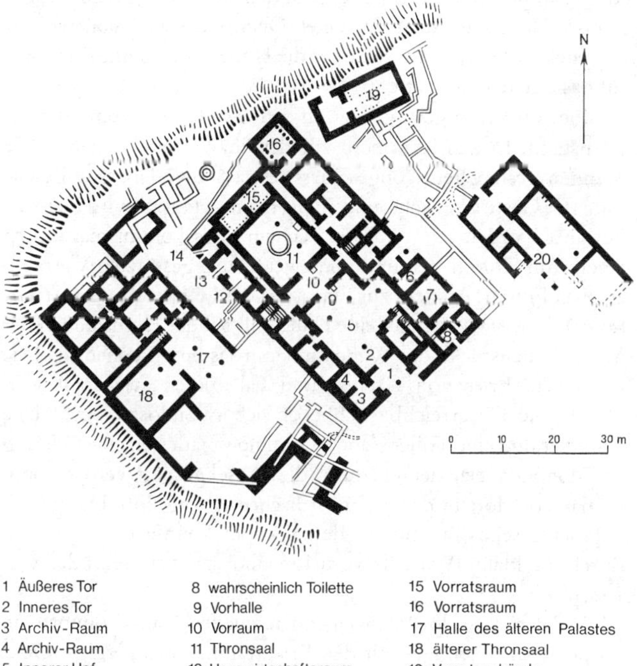

1 Äußeres Tor
2 Inneres Tor
3 Archiv-Raum
4 Archiv-Raum
5 Innerer Hof
6 Badezimmer
7 Gemach der Königin
8 wahrscheinlich Toilette
9 Vorhalle
10 Vorraum
11 Thronsaal
12 Hauswirtschaftsraum
13 Hauswirtschaftsraum
14 Hauswirtschaftsraum
15 Vorratsraum
16 Vorratsraum
17 Halle des älteren Palastes
18 älterer Thronsaal
19 Vorratsgebäude
20 Trakt der Werkstätten

73 Pylos-Englianós. Der Palast des Nestor.

Wohntrakt war zweistöckig. Flachdächer stuften sich in unterschiedlicher Höhe. Der Zugang zum *Palast* liegt im Südosten. In der Mitte der äußeren und inneren Torbreite erhob sich jeweils eine hölzerne Säule auf den noch vorhandenen steinernen Rundbasen. Rechts vor dem *Propylon* war der Raum für die Palastwache, links zwei kleine Kammern, in denen etwa 600 beschriftete Tontäfelchen gefunden wurden, die über eine wohlorganisierte Verwaltung Aufschluß geben. Man fand Inventare der Palasteinrichtung, von Möbeln und Gegenständen aus kostbarem Material. Listen und Abrechnungen über die Abgaben aus dem Lande und Aufzeichnungen mit den Namen der Hofbeamten, militärischen Führer, der Palastbediensteten, sogar der Bürgermeister der benachbarten Orte wurden hier geführt. Rechts vom inneren Tor stieg man über eine Treppe (drei Stufen sind erhalten) zur Dachterrasse, wahrscheinlich der eines Obergeschosses, von wo ein Ausguckposten freien Blick über die Hügelzüge, in die Täler und auf das offene Meer hatte.

Vom Propylon gelangt man in den *Innenhof*, der zum Himmel offenstand. In den Kammern auf der linken Seite kamen große Mengen gestapelten Tongeschirrs, etwa 800 Gefäße zur Bewirtung der Gäste ans Licht, und auch anderer Hausrat wird hier aufbewahrt worden sein. Auf der rechten Seite kommt man durch einen zum Hof offenen und von zwei Säulen gestützten Vorraum zu zwei Fluren. An dem zur Südostecke führenden lag das *Staatsgemach der Königin*: eine ›kleine Halle‹ mit runder Herdstelle in der Mitte. Bruchstücke der Wandstukkatur lassen erkennen, daß sie mit einem Fries von Greifen und Fabeltieren ausgemalt war. Durch eine Tür erreichbar schließen sich im Südosten eine kleine Kammer und eine Toilette an. So zumindest läßt sich eine Öffnung im Fußbodenbelag deuten, durch die Wasser gespült werden konnte, das von dort in einen unterirdischen Abzug floß. Die in sich abgeschlossene Raumflucht der Königin konnte man lediglich durch die kleine Vorhalle vom Innenhof aus betreten oder verlassen.

Auf dem von dort abzweigenden zweiten Gang kommt man zu dem Nordostflügel mit den Privaträumen des Königs. Doch man biege hier sofort zweimal rechts um die Mauern und befindet sich damit in einem kleinen Zwischentrakt für Gäste. Gleich rechts ein *Baderaum* – und hier überkommt einen ein seltsames Gefühl kaum entschwundener Gegenwart, sobald man sich der Zeilen Homers erinnert:

»Dem Telémachos bot indessen des Neliaden
Jüngste Tochter das Bad, Polykaste, die herrliche Jungfrau.
Als ihn die Maid gebadet, ihm Öl zur Salbung geboten,
Und ihn mit prächtigen Linnen und einem Gewande bekleidet,
Stieg er aus der Wanne, schön wie der Unsterblichen einer...«

Noch steht die mit Ornamenten bemalte Tonwanne, davor ein Tritt zu bequemem Einstieg und seitlich ein Podest mit Vertiefungen für die Wassergefäße zum Nachschütten. Im darüberliegenden Teil des Obergeschosses muß Öl bewahrt worden und herabgeflossen sein, als die große Feuersbrunst den Palast heimsuchte, denn es durchtränkte die Tonwanne und den Wandstuck im Gemach der Königin und bewahrte die bemalten, uns kostbaren Fragmente vor der Vernichtung.

Aus dem Bad führt ein Vorraum entweder durch einen Nebenausgang ins Freie oder zu zwei kleinen Zimmern, einem Warteraum mit einer stuckverkleideten Bank, auf der Besucher Platz nahmen und von Dienern mit Wein und Erfrischungen aus dem anderen Raum gelabt wurden. Scherben von Bechern und Krügen lagen noch auf dem Boden. Bei den Ausgrabungen von 1939 wurden auch hier *Tontafeln* gefunden, in die – damals noch unentzifferbare – Schriftzeichen eingeritzt sind. Weitere Schrifttafeln wurden 1952 ausgegraben. Um diese Zeit begann Michael Ventris, ein ehemaliger britischer Offizier, der sich im Krieg mit Kryptoanalyse beschäftigt und dann der Archäologie zugewandt hatte, mit der Entzifferung. Man mußte vermuten, daß die unbekannten Schriftzeichen möglicherweise in keiner Verbindung zu frühen griechischen Dialekten stehen würden. Ventris erkannte aber bald eine wechselseitige Verwandtschaft der phonetischen Lautwerte, die den von Homer verwendeten archaischen Deklinationen entspricht. Die grammatikalische Struktur der Sprache trat schrittweise zu Tage, und *Linear-B*, wie man die von den Minoern und Mykenern der Bronzezeit verwendete Schrift nennt, erwies sich als eine Abart des archaischen Griechisch. Enttäuschend bei diesem großen Erfolg wissenschaftlichen Scharfsinns war einzig, daß die Pylos-Tafeln fast ausschließlich Inventare, Listen und Rechnungen bewahren. Ist es jedoch nicht allzu natürlich, daß sich der früheste Beginn schriftlicher Dokumentation auf den praktischen

Alltag bezieht und nicht unvermittelt mit Epik oder Poesie einsetzt? Man identifizierte immerhin Ortsnamen, die erst seit der Archaik überliefert waren, und fand allein das Wort PYLOS über fünfzigmal verzeichnet – ein weiteres und bedeutendes Argument der Ausgräber dafür, daß dies das Pylos war, von dem Homer immer spricht.

Wieder in den großen Innenhof zurückgekehrt, steht man mit dem Blick auf den Hauptraum zunächst vor einer offenen Vorhalle mit zwei Säulen. Wie in allen mykenischen Palästen betritt man durch sie einen kleineren Vorraum, einst mit hellfarbigen Fresken geschmückt, von welchem rechts eine Treppe (8 Stufen sind erhalten) zum Obergeschoß des Wohnflügels mit seinen Privaträumen führte. Der Vorraum könnte der Ort sein, von dem Homer sagt:

»... den Telémachos hieß Nestor
Hier sich betten, den lieben Sohn des Odysseus,
Unter der tönenden Halle, in schöngeschnittener Bettstatt.«

Nestor war berühmt für seine Gastfreundlichkeit und er beteuert, daß er in seinem Palast viele »Mäntel und schimmernde Decken« besäße. Der große Thronsaal, *das Megaron*, ist der prächtigste Raum des ganzen Palastes: in der Mitte mit einem Durchmesser von 4 m die große runde Herdstätte zwischen 4 hölzernen Säulen, die eine breite Galerie trugen. Abdrücke der jeweils 32 flachen Kanneluren sind auf dem Stucküberzug der Steinbasen noch erkennbar. Der Rauch der geheiligten Stelle des Palastes zog wahrscheinlich durch einen in der Decke eingelassenen Schornstein ab. An der rechten Wand stand der mit Elfenbein und anderen kostbaren Einlagen verzierte hölzerne Thronsessel. Die flache Mulde zur Rechten des Thrones war vermutlich für ein Becken bestimmt, welches Neleus und Nestor erlaubte, Trankopfer auszugießen, ohne vom Thron herabsteigen zu müssen. Hier wird Nestor zu Ehren des Telémachos auch das Opfer eines Rindes, dem »das Blut schwarz entströmte« dargebracht haben, während Jünglinge es »mit dem Fünfzack« umstanden.

»Schnell zerlegten sie ihn [den Tierkörper] und lösten die Knochen und
Aus nach Sitte und Brauch und deckten doppelte Schichten [Schenkel
Fett darüber und fügten dazu noch saftige Stücke.
So auf den Scheitern verbrannt' es der Greis und sprengte zur Weihe
Funkelnden Wein ...«

74 Pylos-Englianos. Rekonstruktion des Megarons im Palast des Nestor.

Wahrscheinlich wurden die Wände durch ein Gerüst von vertikalen und horizontalen Balken gestützt, die nach Professor Blegens Meinung möglicherweise wie bei Fachwerkhäusern frei und unverkleidet blieben. Die Mauerflächen waren auch hier hellfarbig stuckiert und bemalt; Fresken mit Leoparden, Löwen und anderen wilden Tieren bedeckten die Wände; viereckige Ornamentfelder zierten den Fußboden, und die schon vertraute stilisierte Darstellung des vielarmigen Seepolypen zeichnete die Stelle vor dem Thron aus. Die verwendeten Farben waren Rot, Blau, Gelb, Schwarz und Weiß, alle sehr hell, keine reinen, aber unschattierte Töne. Die Funde im Museum des nahen Chóra, das man unbedingt besuchen sollte, und die Fragmente im Nationalmuseum in Athen lassen keinen Zweifel, daß von dem Raum eine prachtvolle und auch heiter stimmende Festlichkeit ausstrahlte.

In zwei großen *Vorratsräumen* unmittelbar hinter dem Thronsaal sieht man noch, ordentlich um die Wände herumführend, die Einlassungen für die spitzbodigen großen Tongefäße. Ein hier gefundener Stapel von Schrifttäfelchen verzeichnet die Besonderheiten von Aroma und Geschmack der verschiedenen Olivenöl-Sorten.

Westlich des Palastes liegt ein zweiter Gebäudekomplex, der stärker verwüstet ist und systematischer ausgeplündert wurde. (Man hat hier zwei fränkische Münzen gefunden.) Er ist älter als der große Palast. Die Wände der Eingangshalle waren mit einem anmutigen Fries hellroter Greifen verziert. Die Halle führte in einen großen Raum, vielleicht den früheren Thronsaal. Auf der Gegenseite, *im Nordosten des Palastes*, liegt ein etwas jüngerer Bau für weitere Vorräte. Viele der Weinkrüge, zwar zersprungen oder zerbrochen, stehen noch genau so, wie man sie vor drei Jahrtausenden hinterlassen hat. In dem Raumtrakt *südöstlich vom Großen Palast* fanden sich die verschiedensten Rohmaterialien. Tontäfelchen mit Vermerken über Reparaturen von Ledergegenständen und Bronzegeräten lassen vermuten, daß hier die Handwerker des Palastes ihre Werkstätten hatten.

Auf den nächst tieferen Geländestufen vor dem Palast haben Stichgrabungen gezeigt, daß es auch in Pylos, genau wie in Mykene und Tiryns, eine Ober- und eine Unterstadt gab. Scherben bezeugen, daß das Gebiet schon seit etwa 2000 vor Chr., also lange vor der Palastepoche, besiedelt war, und die Tor- und Mauerreste eines *frühmykenischen Umfassungswalles* im Nordosten bestätigen es.

In der Nachbarschaft des Palastes ist man auf *Tholos-Gräber*, möglicherweise Grabstätten der Könige, gestoßen. Das bedeutendste Grab liegt in einem Olivenhain, etwa 100 m nordöstlich vom Hauptbau. Es enthielt unter anderem Gold, Juwelen, Amethyste, Bernstein-Halsketten, Ringe, Nachbildungen kleiner Eulen und ein königliches Siegel, in das ein geflügelter Greif eingeschnitten ist. Andere Gräber fand man südlich des Burghügels.

Nur 3 km hinter Epáno Englianós liegt das Städtchen *Chorá*, nun bekannt geworden durch sein Museum mit den staunenswerten Funden aus Alt-Pylos. Weiter geht es nach Norden zwischen dem Meer und dem Aigáleion-Gebirge. In *Kyparissía*, das im 4. Jh. vor Chr. von Epameinóndas um die gleiche Zeit wie Messéne und Megalópolis gegründet wurde und später ein blühender byzantinischer Hafen war, kann man nach der Oberstadt (Ano-Kyparissía) hinauffahren. Vor 1000 nach Chr. ein Zufluchtsort der vor den Avaren geflohenen Landbewohner, die ihre Siedlung Arkadia nannten, heute ein Irrgarten von Treppengäßchen und Dorfhäusern. Auch hier trifft man auf eine Frankenburg, die in die Hände der Genuesen, Türken, Venezianer und wieder der Türken wechselte. Im Süden der Ruinen ein Turm aus antikem Steinmaterial, von dem die Leute sagen, daß Giganten ihn errichttet haben müßten, als sie mit den Göttern im Streit lagen.

Eine landeinwärts verlaufende Straße verbindet Kyparissía mit der Hauptverkehrsstraße Kalamáta-Tripolis. Unsere Küstenstraße führt nach Durchquerung der dicht mit Oliven bestandenen Triphylischen Ebene nordwärts ins Gebiet von Elis, nach Pyrgos und Olympia, unserem nächsten Ziel.

Carl M. Blegen und Marion Rawson bin ich dankbar verpflichtet; ihr *A Guide to the Palace of Nestor,* University of Cincinnati, 1962, war mir bei der Beschreibung der komplizierten Baulichkeiten des Palastes in Pylos von großer Hilfe.

Olympia

XIII

Nördlich der triphylischen Berge, deren Ausläufer unseren Weg im vorstehenden Kapitel bis Kyparissía begleitet hatten, sind es nun die Vorgebirge Arkadiens, die sich bis zum Meer vorschieben. Unterhalb des Minthi-Bergstocks – so genannt nach einem Mädchen, das von Hades geliebt und von Persephone in einem Anfall von Eifersucht in eine Minzenstaude verwandelt wurde – liegt ein grüngesäumter Lagunensee mit dem kleinen Thermalbad *Kaïápha*. Indes die Straße sanft ansteigt, werden die Bäume größer und üppiger. Etwa 4 km hinter Kaïápha führt eine Abzweigung ostwärts zu den schönen, vorwiegend aus dem 4. Jh. vor Chr. stammenden Mauern von *Samikón*, die von den Eléiern zur Sicherung des Passes nach Arkadien aufgerichtet wurden, um sich so vor den Übergriffen Spartas zu sichern. Entlang der Küste erstreckt sich über viele Kilometer ein Sandstrand, es folgen weitere Lagunen, keine Häfen. Man überquert dann den Alpheios, fährt durch flaches Schwemmland und erreicht das elische *Pyrgos*. Die kleine Provinzhauptstadt ist berüchtigt wegen ihrer häufigen Erdbeben und einer recht rabiaten Leidenschaftlichkeit der Bewohner. Hier trifft die Straße auf die Verbindung Patras – Olympia, in scharfem Knick nach Osten taucht sie ins Hügelland. Es ist überall grün: helle Akazienwälder, vereinzelte Platanen- und Eukalyptusgruppen, Feigenbäume breiten ihren lichten Schirm, und den Wegrand begleiten die himmelragenden Blütenstände der Aloën. Die Straße senkt sich, windet sich noch durch einige Örtchen, und plötzlich befindet man sich in der Mitte des *Dorfes Olympia* mit seinen schlagfertigen, fröhlichen und geschäftstüchtigen Bewohnern.

Bei der Ankunft ist ein erstes Gefühl enttäuschter Erwartung fast unausbleiblich. Nirgends trifft der Blick auch nur auf eine Spur leuchtenden Marmors. Touristenläden, Bars, Restaurants rechts und links. Natürlich gibt es eine Menge Hotels; kleinere in den Nebengassen sauber und billig, größere an der Hauptstraße sauber und teurer. Dann das ›Xenía‹ am Hang unterhalb des alten Museums mit seinen uniformen, aber für den Fremden recht angenehmen Qualitäten. Und außerdem das SPAP, teuer, traditionsreich und wundervoll auf der Höhe gelegen, von dem man auf die ›Altis‹, den Heiligen Hain, und auf das Tal des Alpheios blickt.

Eine abscheuliche Betonbrücke führt über den *Kládeos*, den fröhlichen Bergbach, der das Dorf nur streift, dessen Wasser aber vor der Mündung in den Alpheios und gemeinsam mit ihm dem Heiligtum immer wieder bedrohlich nahe gekommen sind. Ein ringsum für sich alleinstehender Bergkegel fällt auf, dicht und dunkel bewachsen: der *Kronoshügel*, von dem es heißt, man habe auf seinem Gipfel dem Vater des Zeus schon geopfert, lange ehe der Sohn am Fuße des Abhangs verehrt wurde.

Homer nennt das Land »stattlich« – nicht ohne Grund. Eine der anmutigsten Landschaften Griechenlands ist das breite Tal des *Alpheios*, der Elis und das alte Land der Pisatis bewässert. Baumbestandene Hügel senken sich zu seinem Strombett hinab; immer wieder fließen ihm Bäche und Flüßchen aus den Nebentälern zu. Es bedarf in der Landschaft Olympias jedoch mehr noch als vielleicht in Delphi oder Athen eines längeren Aufenthaltes, um jenen besonderen Augenblick zu erleben, in dem sich die erstaunliche Harmonie zwischen den Ruinen und ihrer Lage auftut und in dem man die historischen Zusammenhänge aus der Topographie des Ortes zu begreifen vermag.

Seit dem 10. Jh. vor Chr., womöglich schon früher, wurde Zeus in Olympia verehrt. Zu den Opferfesten müssen im Laufe der folgenden beiden Jahrhunderte Wettspiele getreten sein, denen Griechen von altersher leidenschaftlich zugetan waren. Der Sage nach hat der Verräter Óxylos, ein verfemter kalydonischer Fürst, der die dorischen Eindringlinge auf der Suche nach fettem Weideland durch die Peloponnes führte, sie vorsätzlich in die zerklüfteten Schluchten von Arkadien geleitet, damit sie die Fruchtbarkeit des Landes Elis, das er selbst begehrte, nicht bemerken sollten. Als Belohnung für seine Dienstleistungen machten die Dorer ihn tatsächlich zum König dieses Landes, das sie nie gesehen hatten. Der örtlichen Legende zufolge begründete Óxylos daraufhin die *Olympischen Spiele*. Der Mythos dagegen weiß, daß Herakles das

Gelände für den ersten Wettstreit der Götter untereinander abgesteckt und hergerichtet habe und daß Apollon damals Sieger im Fünfkampf geblieben sei.

Als Siegeszeichen den Kranz aus Zweigen des wilden Ölbaums zu erringen, galt als die größte Ehre, die ein Jüngling erstreben konnte – sie wurde höher geschätzt als der pythische Lorbeer, der isthmische Fichtenkranz oder der nemeische wilde Sellerie. Dichter und Schriftsteller aller Zeitalter – mit Ausnahme von Euripides und Platon, welche die Klugheit übermäßiger Heldenverehrung bezweifelten – ließen nicht ab, die Athleten mit Siegesliedern zu feiern.

»So nimm denn, Pisas schattiger Hain am Alpheios,
Diesen Festzug an und die Feier der Kränze!
Nimmer verlöschenden Ruhm hat,
Wer deine herrliche Zier als Krone trägt«

heißt es in einer Ode Pindars, die er einem Sieger aus Aigina widmet. Bei der Rückkehr in seine Heimatstadt empfing den Olympioniken eine freudetrunkene Menge. Der Sieger wurde zuerst unter Flötenspiel zum Tempel geleitet. In der Prozession schritt er purpurgewandet voran, um beim Kultbild seinen Olivenkranz niederzulegen. Durch den Sieg im olympischen Heiligtum – so empfand man allgemein bis in späthellenistische Zeiten – war er ein vom Wohlwollen des Zeus Ausgezeichneter. Noch Cicero behauptet, kein in Rom einziehender ruhmreicher Feldherr sei mit solchen Huldigungsbekundungen empfangen worden.

Aufgezeichnet hat man die Olympischen Spiele seit 776 vor Chr. Frühere Wettspiele mögen vielleicht stattgefunden haben, aber dieses Jahr nennt man seit antiker Zeit als das der *Ersten Olympiade*.

Älteste und wichtigste der *Wettkampfarten* war der Lauf über die einfache (192 m) und doppelte (384 m) Stadionstrecke. Bald hören wir vom Langlauf über 20 und 24 ›Stadien‹ und seit der 18. Olympiade (708 vor Chr.) vom Fünfkampf: Diskuswurf, Weitsprung, Speerwurf, Lauf und Ringkampf. Wenig später trat auch der Faustkampf zu den Disziplinen und seit der 33. Olympiade (648 vor Chr.) das beliebte ›Pankration‹. Es war eine besondere Form des Ringkampfes, bei dem alle Griffe, auch Faustschläge, erlaubt waren. Im grellen Augustsonnenlicht verfolgte die Menge in größter Aufregung die gebräunten muskulösen Kämpfer, die inmitten der von ihren Füßen aufgewirbelten Staubwolken aufeinander einschlugen, sich umklammerten und in die Luft schleuderten. Doch Höhepunkt der Kämpfe und auch der Spannung unter den Zuschauern waren seit der 25. Olympiade (680 vor Chr.) die Wagenrennen der Viergespanne, die nicht im Stadion, sondern im Hippodrom stattfanden. Auch zu dieser Art des Wettbewerbs kamen neue Abwandlungen hinzu; so unter anderem zuerst Pferderennen, dann auch noch Wagenrennen im Zweigespann. Nicht verwunderlich also, daß sich die Dauer der Wettkämpfe von ein, höchstens zwei Tagen bis zu fünf Tagen in der klassischen Zeit und schließlich bis zu sechzehn Tagen ausdehnte.

Alle vier Jahre, während der Vollmondzeit der Sommersonnwende, pilgerten die Menschen nach Olympia, um an den Opferfeiern für Zeus und an den Festspielen zu Ehren des Gottes teilzunehmen. Zunächst versammelten sich nur die Bürger einer Reihe westgriechischer Staaten, doch schon bald wurden die Olympiaden zu einem panhellenistischen Ereignis. Die Eléier ließen sich allerdings zu keiner Zeit ihr angestammtes Vorrecht nehmen, die Spiele auszurichten. Herolde verkündeten in allen Landen den Heiligen Waffenstillstand, die ›Ekecheiría‹, für die Dauer des Wettstreites. Im Jahre 396 vor Chr. nahm sich das kleine Elis heraus, das mächtige Sparta mit einer Strafe zu belegen, weil es dieses Gebot verletzt hatte, und schloß auch die spartanischen Athleten von der Teilnahme aus. Bei dieser 96. Olympiade sind daraufhin viele Besucher ferngeblieben. Für Art und Ablauf des Wettstreites an den vielen anderen Festspielorten zwischen Thrakien und Sparta, Ionien und Sizilien waren die Olympiaden Vorbild. Regeln wurden, Aristoteles zufolge, nie schriftlich niedergelegt; die Teilnehmer kannten sie aus der Überlieferung. Bei Verstößen hatte der Athlet eine hohe Geldbuße für den Bronzeguß einer Zeusstatue zu entrichten. Sie gesellte sich als ›Weihgabe‹ zu den schon vorhandenen ›Zanes‹, die ihren Platz – sicher nicht ohne mahnende Absicht – vor dem Eingang zum Stadion hatten. Immer war der sportliche Wettstreit aufs engste in den religiösen Charakter des Festes eingebunden. Vor und nach den Spielen fanden die gemeinsamen rituellen Opferfeiern statt, Weihgaben, monumentale oder bescheidene, wurden gespendet. Ganze Staaten oder auch ein Einzelner baten um den Beistand des Gottes oder dankten für seine Gunst.

Natürlich kamen während des Festes nicht nur Pilger und Wettkämpfer nach Olympia. Es war sehr bald auch Treffpunkt namhafter Staatsmänner und vieler, die dabei mitreden wollten. Hier wurden neue Verbindungen geknüpft, Informationen ausgetauscht, Gerüchte in Umlauf gesetzt, neue Verrätereien angezettelt – vor allem wurde ernsthaft Politik betrieben; Staatsverträge und Bündnisse wurden abgeschlossen, deren urkundlicher Wortlaut auf Stein- und Bronzeplatten im ›Heiligen Hain‹ Aufstellung fand, denn »der Zeus von Olympia gilt als Bürge und Bewahrer der Verträge«. (H. Bengtson).

Aber auch die Gelegenheit zu eitler oder berechnender Selbstdarstellung ist erkannt und wahrgenommen worden. So berichtet Isókrates von einer der geschickten Darbietungen des Alkibíades und wie es ihm gelang, auf der 91. Olympiade (416 vor Chr.) als dreimaliger Sieger Eindruck zu machen: »Zu jener Zeit sah er, wie die Festversammlung von Olympia bei allen Menschen Hochachtung und Bewunderung genoß und daß die Griechen dabei eine große Schau des Reichtums, der Körperkraft und der Geistesbildung veranstalteten, daß ferner die Athleten beneidet wurden und die Vaterstädte der Sieger Berühmtheit erlangten; dazu überlegte er, daß die öffentlichen Dienste, die er daheim in Athen leistete, in den Augen der Mitbürger nur seinen eigenen Zwecken dienten, während die Teilnahme an jenen Festspielen zum Nutzen der Stadt vor ganz Griechenland erfolgte. Obwohl er nun weder ungeschickter noch körperlich schwächer war als irgendein anderer, verschmähte er die leichtathletischen Wettkämpfe, denn er wußte, daß einige der Athleten niedriger Herkunft und Bürger kleiner Städte waren und nur eine bescheidene Erziehung genossen hatten – er gründete vielmehr einen Rennstall, was nur den Reichsten vorbehalten ist und was kein Mann geringer Herkunft in Angriff nehmen konnte. Und so übertraf er nicht nur seine Gegner im Kampf, sondern auch alle, die jemals auf der Rennbahn gesiegt hatten.« Ohne Scheu bestellte sich Alkibíades die Siegeshymne selbst beim alten Euripides. Einige Zeilen sind bis auf unsere Tage überkommen. Seine feierlichen Opfer, seine prunkvollen Bankette, seine verschwenderisch geschmückten Zelte sind damals das Tagesgespräch von Olympia gewesen.

Dennoch waren und blieben die vielen sportlich geübten Jünglinge und Männer die Hauptakteure. Es wimmelte von empfindlichen, leicht reizbaren Athleten, um die sich Trainer und Bewunderer scharten. Den Wettkämpfern waren die überdachten Unterkünfte vorbehalten, während die Menge in Zelten oder unter freiem Himmel schlief. Platon, der damals bereits ein berühmter Mann war, teilte ein Zelt mit Leuten, die ihm völlig unbekannt waren. Rund fünfhundert Jahre nach ihm beklagt sich Lukian über die Unmöglichkeit, auf den nach und aus Olympia führenden Wegen voranzukommen, da sie mit Fußgängern verstopft gewesen seien. Des Nachts, nachdem sich die siegreichen Wettkämpfer bei Vollmond in feierlicher Prozession und mit Lobgesängen auf den »wolkenthronenden Zeus« versammelt hatten, verwandelte sich das große Areal in einen riesigen Festspielplatz.

In römischer Zeit war die Einheit der ›Heiligen Spiele‹, war der religiöse Charakter des Wettkampfes verlorengegangen. Nicht verloren war die Anziehungskraft Olympias auf die antike Welt, die aus womöglich noch größerem Umkreis den Wettspielen zuströmte. Hadrian, der große Freund der Griechen, tat im 2. Jh. nach Chr. noch einmal viel für die Verschönerung des Heiligtums. Eine gewaltsame Störung des Friedens in der Altis war 267 nach Chr. der Herulereinfall in Achaia. Angesichts dieser unmittelbaren Bedrohung schützte man sich durch den eiligen Bau von Mauern und Türmen, die man aus Quadern, Säulentrommeln, Kapitellen und Architravblöcken der umliegenden Gebäude aufrichtete. – Im Jahre 393 nach Chr. verfügte Theodosios I., der das Christentum zur Staatsreligion erklärte und alle heidnischen Kulte verbot, die Aufhebung der Spiele. Ein großes hellenisches Ideal war endgültig untergegangen.

Jenseits der Kládeosbrücke liegt der Eingang zur *Altis*. Anfänglich fällt es schwer, sich spontan der Archäologie zuzuwenden. Zu vielfältig sind die Eindrücke. »Vom Kronoshügel herab, der schon immer von hohen Kiefern überrauscht war, ist der Wald heruntergekommen ...« (Erhard Kästner). Es ist höchst überraschend, in diesen Hain einzutreten, in dem milden, von Tausenden von Kiefernbüscheln gefilterten Licht zu wandeln, zur Frühjahrszeit Blumenteppiche aus roten, weißen und tiefvioletten Anemonen überschwenglich ausgebreitet zu finden, zwischen den zarten, bleichen Asphodelen, den Blumen des Hades, zu verweilen, oder im Herbst, wenn die Luft vom harzigen Aroma der Kiefern schwer ist, die

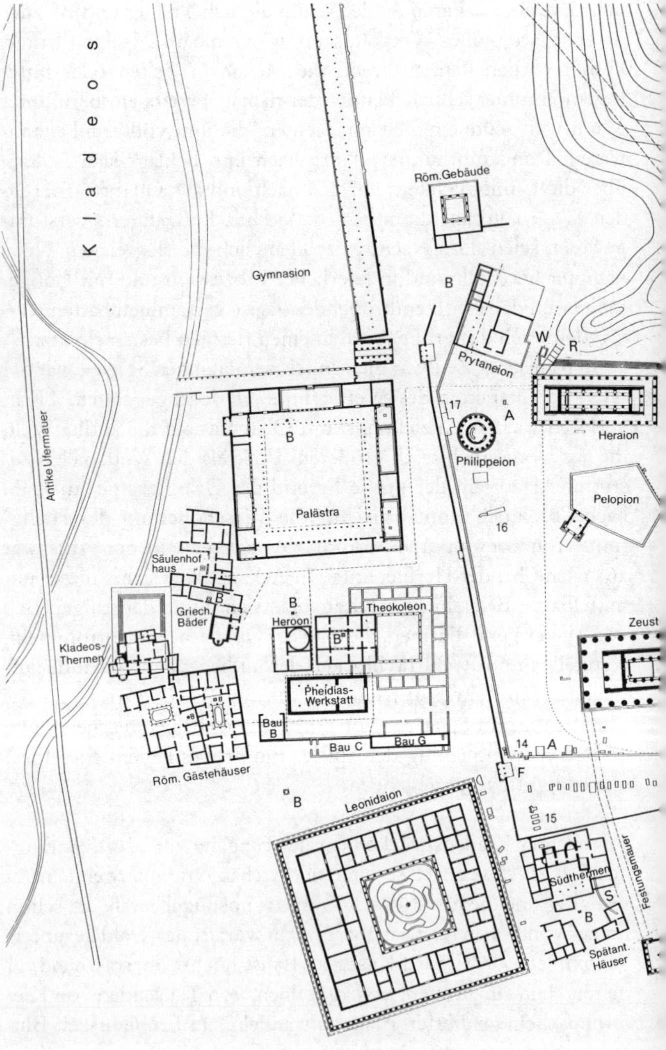

75 Olympia. Der Heilige Bezirk.

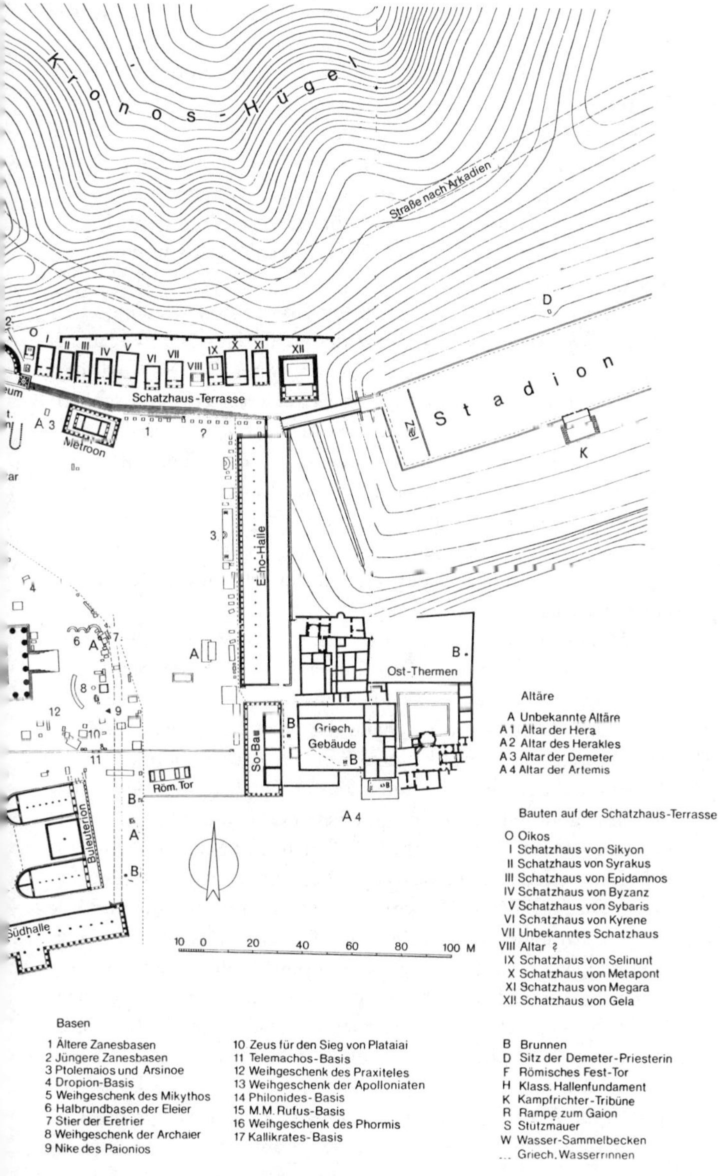
Kronos-Hügel
Straße nach Arkadien
Stadion
Schatzhaus-Terrasse
Metroon
Echo-Halle
Ost-Thermen
Griech. Gebäude
So-Bau
Röm. Tor
Buleuterion
Südhalle
10 0 20 40 60 80 100 M
Altäre
A Unbekannte Altäre
A 1 Altar der Hera
A 2 Altar des Herakles
A 3 Altar der Demeter
A 4 Altar der Artemis
Bauten auf der Schatzhaus-Terrasse
O Oikos
I Schatzhaus von Sikyon
II Schatzhaus von Syrakus
III Schatzhaus von Epidamnos
IV Schatzhaus von Byzanz
V Schatzhaus von Sybaris
VI Schatzhaus von Kyrene
VII Unbekanntes Schatzhaus
VIII Altar ?
IX Schatzhaus von Selinunt
X Schatzhaus von Metapont
XI Schatzhaus von Megara
XII Schatzhaus von Gela
Basen
1 Ältere Zanesbasen
2 Jüngere Zanesbasen
3 Ptolemaios und Arsinoe
4 Dropion-Basis
5 Weihgeschenk des Mikythos
6 Halbrundbasen der Eleier
7 Stier der Eretrier
8 Weihgeschenk der Archaier
9 Nike des Paionios
10 Zeus für den Sieg von Plataiai
11 Telemachos-Basis
12 Weihgeschenk des Praxiteles
13 Weihgeschenk der Apolloniaten
14 Philonides-Basis
15 M.M. Rufus-Basis
16 Weihgeschenk des Phormis
17 Kallikrates-Basis
B Brunnen
D Sitz der Demeter-Priesterin
F Römisches Fest-Tor
H Klass. Hallenfundament
K Kampfrichter-Tribüne
R Rampe zum Gaion
S Stützmauer
W Wasser-Sammelbecken
... Griech. Wasserrinnen

tiefroten kleinen Zyklamen aus dem trockenen Nadelboden hervorbrechen zu sehen. Immer erfaßt das Auge *auch* die grauen Steine, Trümmer der großen Zeit, zu deren Untergang Kriege, Raub und menschliche Nachlässigkeit hier weniger beigetragen haben als die Erde selbst. Eines der gewaltigsten Beben, für die Elis sehr anfällig ist, ließ im 6. Jh. nach Chr. zusammensinken, was aufrecht stand, und der Alpheios, der in kapriziöser Laune immer wieder seinen Lauf änderte, über die Ufer trat, Land mit sich riß oder es mit Schwemmsand bedeckte, hat die Altis unter seinen Ablagerungen begraben.

Deutsche Archäologen haben seit 1875 in drei Grabungsetappen die Bauten und Kunstschätze des Heiligtums unter E. Curtius und F. Adler zuerst freigelegt, dann unter W. Dörpfeld und H. Schleif durch Tiefengrabungen weiter erforscht, und schließlich wurden unter E. Kunze und A. Mallwitz durch erneute Untersuchungen die bisherigen Kenntnisse bedeutend erweitert und veranschaulicht. Nach dem Ausmaß der Verwüstungen ist es erstaunlich und nur archäologischer Sorgfalt zu verdanken, wenn wir auf unserem Rundgang dennoch zu einer gewissen Vorstellung von der Lage der Denkmäler und ihrer Bedeutung gelangen können.

Als erstes wenden wir uns den beiden großen Tempeln zu. Am Fuße des Kronoshügels ziehen drei aufrechtstehende Säulen aus hellem honigfarbenem Kalkstein den Blick auf sich. Sie gehören zu der langgestreckten Ringhalle des dorischen *Heratempels,* die nach Erweiterung eines kleinen früheren Baus etwa um 600 vor Chr. um die Cella herumgeführt wurde. Die Proportionen waren gedrungen und massig, entsprachen der wundervollen Selbstsicherheit archaischer Kunst. 6 Säulen an den Schmal- und 17 an den Langseiten trugen das hölzerne, mit Tonziegeln gedeckte Dach. Die auffallende Verschiedenartigkeit ihrer Schäfte und Kapitelle rührt daher, daß sie nach und nach hölzerne Säulen ersetzten und jeweils das gewandelte Stilempfinden ihrer Zeit repräsentieren. Pausanias hat noch eine der Holzsäulen ›in situ‹ gesehen. Im Innern der Cella – nur die unterste Quaderlage, die Orthostaten, war aus Muschelkalk, die aufgeführten Wände aus Lehmziegeln – fällt nahe der Westwand eine schmale, lange Basis auf, welche die *Kultbildgruppe einer sitzenden Hera und eines stehenden behelmten Zeus* trug. Pausanias hat sie als »schlichte Kunstwerke«

beschrieben. Dagegen bewunderte er den *Hermes des Praxiteles*, der schon 1877 bei den ersten Ausgrabungen auf dem Boden der Cella liegend gefunden wurde und zu den größten Kostbarkeiten des Museums in Olympia zählt.

Auf dem Wege zum Zeustempel betritt man ältesten geheiligten Boden Südlich des ›Heraion‹ bezeichnet ein loser Steinkranz die Stelle des *Pelópion,* den Ort, von dem Dörpfeld glaubt, Herakles habe ihn für das Grab des Pelops, der der Peloponnes den Namen gab, ausgewählt, als er das Heiligtum absteckte. Baugeschichtliche Untersuchungen stießen hier auf mehrere mykenische und mittelhelladische Gräber und Häuser, fanden aber gesicherte Reste für die Gedenkstätte eines Helden, eines Heróon, erst aus der Zeit des frühen 4. Jhs. vor Chr. Es war ein ummauerter Bezirk, in den die Eléier durch einen Torbau eintraten, um dem Heros auf einem Feuer aus weißem Pappelholz einen schwarzen Widder zu opfern.

Benachbart im Nordosten befand sich der berühmte *Altar des Zeus,* »der aus Opferasche aufgerichtet wurde. Denn Zeus hatte in Olympia ursprünglich keinen Tempel, sondern wurde wie in allen seinen alten Heiligtümern als Herr des Himmels im Freien verehrt« (E. Kunze). Solange das Heiligtum bestand, war hier das Zentrum der kultischen Feiern, und Pausanias versichert, daß sich der Aschenkegel zu seiner Zeit etwa 7 m hoch über einem steinernen Podest erhoben habe. Alle Spuren davon haben der Wind und die Jahrhunderte getilgt.

Zum *Zeustempel* führt an seiner Ostseite eine Rampe auf den weiträumigen Stylobat, die oberste Stufe der mächtigen Fundamente für Cella und Säulenumgang. Dieser Unterbau beherrscht immer noch den Hain auf majestätische Weise. Libon, ein elischer Architekt, hat den dorischen Tempel um die Mitte des 5. Jhs. vor Chr. aus heimischem Muschelkalk erbaut, und erst das große Erdbeben zu Beginn des 6. Jhs. nach Chr. hat ihn vernichtet. Man steht noch heute staunend vor diesem Werk der Zerstörung; es ist, als habe eine dämonische Kraft die Steine gen Himmel geschleudert, ehe sie in merkwürdiger Ordnung seitlich niederstürzten. Richtet man die Säulentrommeln und Gebälkteile im Geiste wieder auf, so wird man ein Bauwerk etwa von der Höhe des Parthenon vor sich sehen. Auch die Abmessungen der Grundflächen – in Olympia etwa 28x64 m – würden sich einander nähern. Doch damit sind Ähnlichkeiten – als primitive Hilfe für die Vorstellungskraft –

auch schon erschöpft. Bei näherer Betrachtung stehen wesentliche Unterschiede entscheidend im Vordergrund. Die 6x13 Säulen der Ringhallen-Schmal- und Langseiten (am Parthenon 8x17), die wuchtigen Gebälk- und die Giebelmaße geben einem ungebrochenen, streng dorischen Proportionsideal Ausdruck. In kraftvoller Ausprägung erfüllen alle Einzelteile und ihre sichere Abstimmung aufeinander den dorischen Baukanon. Die (etwa 10,5 m) hohen Säulen verjüngten sich von ihrem unteren Durchmesser (etwa 2,30 m) stark nach oben (etwa 1,70 m). Die Ausladung der Kapitelle übertraf dann den unteren Durchmesser, und die Deckplatten erreichten sogar 2,65 m Seitenlänge. Der Abstand von Säule zu Säule betrug etwas mehr als ihr doppelter unterer Durchmesser. Alle Bauteile waren mit einer feinen, je nach Bestimmung auch farbigen Stuckschicht überzogen. Ein Mörtelstrich deckte die Platten des Fußbodens.

In der Cella, die man durch bronzene Türen betrat, bezeichneten weiße Marmorplatten den Standort der von *Pheidias* um 430 vor Chr. geschaffenen *Götterstatue des Thronenden Zeus,* von der es in der Antike hieß, es sei ein Unglück zu sterben, ohne sie gesehen zu haben. Auf einer Basis, die das westliche Drittel des Cellaraumes beanspruchte, erreichte die über 12 m hohe Plastik fast die Decke. »Das Kultbild war aus Gold und Elfenbein hergestellt, in seinem Inneren also im wesentlichen hohl. Mantel und Haar des Gottes waren demnach golden; Körper, Hände und das Gesicht elfenbeinern. Auf seiner Rechten stand die geflügelte Nike, die immer noch gut lebensgroß, ca. 2,00 m hoch, gewesen sein muß. In der Linken hielt er das lange Szepter, auf dessen Knauf der Adler saß. Die Füße ruhten auf einem Schemel, den Löwen trugen, und der Thron selber war mit kostbaren Einlegearbeiten, figürlichen und ornamentalen, geschmückt, die Pausanias detailliert aufführt, was hier nicht wiederholt werden kann. Es ist die umfangreichste Beschreibung eines Kultbildes, die Pausanias je gab. Freilich galt es auch zu seiner Zeit als das größte und kostbarste. Obwohl erst die kolossale Größe das Bild in die Reihe der Sieben Weltwunder brachte, so hat neben dem Reichtum an Material doch die vor allem im Antlitz des Gottes sich ausprägende Geisteskraft zu dem tiefen, bewegenden Eindruck beigetragen, den das Bild auf den antiken Betrachter machte« (A. Mallwitz). Im 5. Jh. nach Chr. soll Kaiser Theodosios II. die Statue nach Konstantinopel haben schaffen lassen. Dort muß sie später während einer Feuersbrunst zugrunde gegangen sein.

In der Ruine der *Byzantinischen Kirche,* westlich vom Zeustempel und außerhalb des Heiligen Bezirks, die *Werkstatt des Pheidias* zu erkennen, aus der das Götterbild hervorging, war eines der bedeutendsten Ergebnisse des seit 1952 laufenden letzten Grabungsabschnitts. Es entsprechen nicht nur die Abmessungen des Innenraumes denen der Tempelcella, auch ein freitragendes Dach über einer Innenhöhe von mindestens 13 m und sich nach außen öffnende Türflügel für einen ungewöhnlich großen Eingang an der Ostwand – 4,60 m breit und gewiß 9 m hoch – konnten aus den Bauresten erschlossen werden. Tiefengrabungen unmittelbar um die Außenmauern brachten Werkzeuge, Werkstoffabfälle, Tonformen von Gewandteilen, die eine maßstabgerechte Grundform voraussetzten, Bleischablonen für Ornamente und tönerne Gußformen, in welche ein ebenfalls gefundener schillernder Stern aus Glasfluß noch hineinpaßt, ans Licht. Nicht zuletzt fand man zwischen dem Werkstattabfall für das monumentale Goldelfenbeinbild einen Becher mit der Besitzerinschrift ›des Pheidias bin ich‹.

Für unsere weiteren Wege in der Altis wird es am besten sein, beim Gymnasion beginnend die Gebäude bis hin zum ›Haus des Nero‹ kennenzulernen, die gleich der Pheidias-Werkstatt außerhalb der Umfassungsmauer des Heiligen Bezirks liegen. Dann begeben wir uns zum Prytanéion im Norden des Heiligtums und gehen von dort, wieder innerhalb der Umgrenzung, ostwärts bis zum Stadion.

Das *Gymnasion,* dessen Mauern einstmals Inschriften mit dem Namen der Olivenzweig-Sieger trugen, stammt aus dem 2. Jh. vor Chr. Es war berühmt wegen seiner hervorragenden Laufbahn. Sie hatte Stadionlänge, setzte sich noch jenseits der modernen Straße fort und war überdacht von der zweischiffigen ›Osthalle‹. Diese ist an den Basen ihrer beiden Säulenreihen noch deutlich zu erkennen. Südlich schließt ein prachtvolles dreischiffiges *Prunktor* in korinthischer Ordnung als Verbindung zwischen Gymnasion und der Altis an. Eine Halle im Westen hat der Kládeos mit sich genommen. So läßt sich nicht mehr sagen, wie groß das Übungsfeld war, auf dem Springer, Diskus- und Speerwerfer trainierten. Die Halle im Süden lehnte sich an den Nordteil der *Palästra,* in der sich die Ringer und Faustkämpfer vorbereiteten. In diesem schönen, großzügigen Bau aus dem 3. Jh. vor Chr., der einen quadratischen Hof umschloß, sind fast alle Räume nur durch Säulenstellungen von den davorliegenden Hallen getrennt, die sich zu einem quadratischen Hof hin öffnen. Soweit dies möglich war, hat man die Säulen der Hallen und die, welche die Räume abgrenzten, wieder aufgerichtet, und man kann sich vorstellen, wie Trainer, Athleten, Lehrer, Rhetoren und Philosophen aus der schattigen Tiefe den Zweikämpfern auf dem Mittelfeld zusahen. Einige geschlossene Räume dienten den Sportlern zur Körperpflege; hier konnten sie sich mit Öl einreiben, in feinem Sand wälzen, schaben und ein Kaltbad nehmen. Philóstratos, der Sophist, erzählt, daß ihre Haut »wie der Flaum reifer Pfirsiche« leuchtete. Die jungen Leute waren zuweilen recht eitel und eingebildet. Einer der Wettläufer ging sogar soweit, seine eigene Statue in Auftrag zu geben und sie auf dem langen Weg von Kyrene nach Olympia zu transportieren – ehe der Wettkampf überhaupt stattgefunden hatte. Doch inmitten von Ruhmsucht und hochfahrendem Selbstgefühl gab es auch Sittenstrenge, sogar Prüderie. So wird von einem Thebaner, der drei Preise gewann, berichtet, er habe ostentativ den Raum verlassen, sobald in seiner Gegenwart eine obszöne Bemerkung fiel. – Trainer achteten auf strenge Diät der Athleten, verboten ihnen Mehlspeisen, erlaubten Käse und stritten darüber, was für den Muskelaufbau besser sei, Tiefseefisch oder Küstenfisch. Plutarch berichtet, sie erlaubten den jungen Männern nicht einmal, bei den Mahlzeiten zu sprechen, damit das Gespräch ihnen nicht Kopfschmerzen verursache.

Zwischen Palästra und Pheidias-Werkstatt liegen die Ruinen des Theokoleon und des Heróon, beide aus dem 5. Jh. vor Chr. Das *Theokoleon,* so nimmt man an und dies sagt der Name, war die Wohnung der obersten Priester, der ›Theokólen‹, die den Vollzug der großen Opferhandlungen leiteten. Ganz gesichert ist dies nicht. Das rechteckige Gebäude, das einen kleinen Innenhof mit Brunnen umschloß, könnte, so nahe der Pheidias-Werkstatt, auch anderen Zwecken gedient haben. Im 1. Jh. vor Chr. ist der Bau nach Osten hin beträchtlich erweitert worden.

Es ist wahrscheinlich, daß das *Heróon* erst in späterer Zeit zur Gedenkstätte für einen Heros (oder mehrere) wurde. In seinem Rundraum fanden sich Reste eines Altares mit den eingemeißelten Buchstaben für das Wort Heros. Ursprünglich war der Bau wohl eines der frühen Badehäuser, und der Tholos in ihm ist das Schwitzbad. Die Tür im Westen führte zu der Kaltwasser- und der älteren Sitzbäderanlage nahe dem Kládeos. Spätere Erweiterungen, ein technisch immer ausgeklügelteres Kanalisationsnetz, Beheizung und Belüftung waren in römischer Zeit nicht mehr ausreichend, und es entstanden die anspruchsvoll ausgestatteten ›Kládeos-Thermen‹.

Weiter im Süden kommen wir zu dem großen Gästehaus aus der 2. Hälfte des 4. Jhs. vor Chr., dem *Leonidéion*. Es diente als Herberge für die vornehmen Teilnehmer an den Wagenrennen, für hohe Festbesucher und später für hohe römische Beamte. Die Zimmer waren rings um einen Hof mit Brunnenanlagen und Wasserbecken geordnet. Nicht nur die Hof- sondern auch die Außenseiten des anspruchsvollen vielräumigen Baus umzog je ein Säulenumgang, in dessen Schatten sich die Besucher drängten, wenn die Festprozession zur Eröffnung der Spiele vorbeizog.

Östlich des Leonidéion, jenseits spätantiker Häuserfundamente, bildeten zwei Apsiden-Hallen aus dem Ende des 6. Jhs. vor Chr., zu denen sehr viel später, Ende des 4. Jhs. nach Chr., ein Bau auf quadratischem Grundriß hinzukam, das *Bouleutérion*. In diesen Räumen versammelte sich die Boulé, eine Ratsversammlung ausgewählter Bürger von Elis und der Pisatis. Sie hatten die Priester und Kampfrichter zu wählen und über die Ausgestaltung des Heiligtums und die Ausrichtung der Festspiele zu bestimmen. Hier auch hatten die Wettkämpfer vor einer Statue des Zeus und in Gegenwart der ›Hellanodiken‹, der Kampfrichter, den olympischen Eid abzulegen. Die Hellanodiken, zuerst nur einer, später wechselnd bis zu zwölf, setzten die Kampfbedingungen fest, überwachten die Athleten während der letzten Trainingszeit, zu der sie sich in Olympia einzufinden hatten, und achteten auf Einhaltung der Regeln bei den Wettspielen.

Noch weiter ostwärts schließt sich ein Komplex verwirrender und vielfach sich überschneidender und überlagernder Grundmauern an, die nur noch für den Fachmann in ihrer Bestimmung zu erfassen sind. Es handelt sich um die Reste des *Südostbaus,* der, wie man annimmt, ein *Heiligtum der Hestía,* der Göttin des Herdfeuers, war. In den anschließenden Spuren eines griechischen Gebäudes möchte man das ›Haus der Hellanodiken‹ erkennen. Darüber ziehen sich die Fundamente vom *Haus des Nero,* der sich im

Sommer des Jahres 67 nach Chr. hier aufhielt und sich nicht scheute, seine Wohnung so nahe am Heiligen Hain zu nehmen. Hoffte er seine griechischen Untertanen durch die Großmut seiner Anwesenheit zu beeindrucken? Der Aufwand um den sittenlosen Kaiser, Putz und Prunk zur Pflege seiner göttlichen Persönlichkeit ließ die Preise astronomisch hochschnellen, und die Griechen hatten für die kaiserliche Herablassung teuer zu zahlen. – Anfang des 3. Jhs. nach Chr. riß man auch dieses Gebäude nieder und errichtete die in Olympia größte römische Bäderanlage, die *Ost-Thermen*. – Während all dieser Bauunternehmungen setzte der kleine *Altar der Artemis* aus dem 5. Jh. vor Chr. und ihr kleines Tempelhaus der Ausdehnung nach Süden die Achtungsgrenze, die nicht zu überschreiten war. Wahrscheinlich lag er an der Straße, die zum Hippodrom führte.

Auf dem Wege zu unserem nächsten Ausgangspunkt, dem ›Prytanéion‹ im Nordwesten der Altis, haben wir das Heiligtum etwa diagonal zu durchqueren. Beiderseits unseres Pfades stehen in dichter Reihung die Basen für die Weihgeschenke an den Herrn des Hains. Plinius schätzte die Anzahl der Statuen auf dreitausend, und Pausanias nennt bei seiner Aufzählung die Namen berühmter Künstler: Pheidias, Myron, Polyklet und Lysipp. Am auffallendsten, wenn auch nicht zur vollen Höhe von 9 m wiederaufgerichtet, ist ein dreikantiger Pfeiler vor der Südostecke des Zeus-Tempels, auf dem die berühmte ›*Nike des Paiónios*‹ stand. Die Inschrift besagt, daß Messenier und Naupaktier sie dem olympischen Zeus nach ihrem Sieg über die Spartaner als den Zehnten der Feindbeute weihten. Um 420 vor Chr. wurde sie aufgestellt. Heute hat die Marmorskulptur ihren Platz im Museum. Überlebensgroß, leicht nach vorne geneigt, scheint die Siegesgöttin herabzuschweben. Ihre Zehen berühren bereits den Boden. Im weit zurückschwingenden Gewand und den ausgebreiteten Flügeln staut sich noch der Flugwind. Eine geschickte Rekonstruktion im Museum verdeutlicht hilfreich die kühne bildhauerische Konzeption des Meisters.

Rechter Hand lassen wir die Fundamente der *Echohalle* liegen, die in der 2. Hälfte des 4. Jhs. vor Chr. als Abschluß der Altis im Osten errichtet wurde. Es war ein vornehmer und großzügiger kühler Wandelgang, berühmt wegen seines siebenfachen Widerhalls. In römischer Zeit wurden hier musikalische Wettbewerbe abgehalten, an denen Nero mit seiner Sangesleidenschaft mehrfach teilnahm.

Vom *Prytanéion* berichtet Pausanias, daß dort auf einem Hausaltar der Hestía Tag und Nacht ein Feuer brannte. Einmal im Jahr sei die Asche, mit Alpheioswasser vermischt, feierlich zum Aschenaltar des Zeus gebracht worden. Vermutungen, daß in diesen Räumen Ehrengäste und Olympioniken festlich bewirtet wurden, lassen sich weder sicher nachweisen noch bestreiten.

Südlich des Prytanéion, nahe der Altismauer, stößt man auf den runden Unterbau und Stylobat des *Philippéion*. Der Sieger von Chaironéia, Philipp II. von Makedonien, stiftete 338 vor Chr. den sorgfältig gefügten und reich ausgestatteten Rundbau. Nach seinem gewaltsamen Ende ließ Alexander der Große, sein Sohn, ihn vollenden. Ein Ring ionischer Säulen umgab die Cella. Pausanias sah noch auf der gekrümmten Basis die fünf Goldelfenbein-Standbilder von Alexander, umgeben von seinen Eltern und Großeltern. Auf der 114. Olympiade (324 vor Chr.) verkündete Nikanor von Stágeiros von hier aus die Göttlichkeit Alexanders des Großen.

Wir begeben uns jetzt zur *Schatzhausterrasse* am Fuß des Kronoshügels und stoßen zuerst auf den Backsteinkern der römischen *Exedra des Herodes Attikus*. Der große Mäzen ließ dieses ›Nymphäum der Regilla‹ zu Ehren seiner Frau errichten. Der halbkreisförmige hohe Sockel trug einen Kranz von Nischen, die sich mit doppelt gesetzten Halbsäulen voneinander absetzten. Möglichst viele Statuen von Mitgliedern des römischen Kaiserhauses sollten auf diesem Monument Platz finden, und man darf auf Grund der gefundenen Torsen annehmen, daß sie auch noch auf dem bekrönenden Gesims gestanden haben. Eine aufwendige und recht kostspielige, weil von weither herangeführte, Wasserzuleitung füllte das Halbrund des Beckens zwischen dem Nischenkranz und der vorderen Brüstung. Es folgen nun, nebeneinander aufgereiht, die Ruinen von zwölf *Schatzhäusern* aus dem 5. und 6. Jh. vor Chr. Sie waren nicht nur selbst schon eine stolze Repräsentanz der Städte, die sie stifteten, sondern bargen auch noch besonders kostbare Weihgeschenke an das Heiligtum. Pausanias sah im 2. Jh. nach Chr. nur noch zehn. Von Westen nach Osten benennt er das Schatzhaus von Síkyon, von Syrakus, Epidámnos, Byzanz, Sýbaris, Kyrene, Selinunt, Metapont, Mégara und von Gela. Die beiden fehlenden Stifternamen haben sich bisher noch aus keinem Anzeichen erschließen lassen. Uns bietet sich heute leider nur ein recht gleichförmiger Anblick nahe beieinanderliegender Grundmauern. In klassischer Zeit haben sich die Häuser, meist in der Art kleiner Antentempel, an prachtvoller Zierde überboten. Im Museum vermitteln die Funde von Bauteilen und farbig geschmückten Dachterrakotten eine lebhafte Vorstellung.

Unmittelbar vor der Schatzhausterrasse, zwischen Hera-Tempel und Stadionzugang, erhob sich das *Metróon,* ein kleinerer Ringhallentempel des frühen 4. Jhs. vor Chr. Er war der Göttermutter Rhea geweiht und hat gewiß ein an anderer Stelle aufgegebenes älteres Heiligtum ersetzt. Wie aus einer Inschrift hervorgeht, wurde in römischer Zeit Augustus der Herr des Tempels; den Torso seiner Kolossalstatue fand man bei den Grabungen noch auf dem Stylobat liegend. Schon in der Spätantike, nach 260 nach Chr., hat man den Bau bis auf wenige Quadern über den Grundmauern abgetragen, um Material für die in Eile zu errichtenden Befestigungsmauern gegen den befürchteten Ansturm der Heruler zu gewinnen.

Vom Metróon gehen wir auf das *Stadiontor* zu, vorbei an den *Zanes-Basen,* auf denen die Zeusstatuen standen, die aus den Strafgeldern der Athleten, die Kampfregeln verletzt hatten, in Auftrag gegeben worden waren. Doch es gibt nur wenig Anhaltspunkte dafür, daß in Olympia in großem Ausmaß geschwindelt wurde. Nach der hellenistischen Zeit, als Ehrgeiz oder Gewinnsucht von ›Berufsathleten‹ den religiösen Charakter der Festspiele verfälschte, waren Absprachen, wer siegen solle, nicht unbekannt.

Der überwölbte Eingang, durch den Athleten und Helladoniken das *Stadion* betraten, stammt, so wie wir ihn jetzt vor uns sehen, aus römischer Zeit. Vor uns erstreckt sich zwischen aufgeworfenen, sanft abfallenden Erdböschungen das große langgestreckte Rechteck der Laufbahn. Im Unterschied zu anderen griechischen Stadien gab es hier keine marmornen, steinernen oder auch nur hölzernen Sitzreihen. Etwa 40000 Zuschauer saßen oder standen auf dem blanken Boden, der zur Zeit der Festspiele wahrscheinlich – so wie auch heute – mit Gras bewachsen war. Unter den großen griechischen Stadien war es das einfachste und stand doch in seiner Geltung an erster Stelle. Da man sicher sein konnte, daß Zuschauermengen herbeiströmen würden, sah man wohl keinen Anlaß, die einkommenden Gelder vorwiegend für das Stadion zu verwenden, sondern gab es eher für die Ausgestaltung und Verschönerung des Heiligtums aus.

Hier also versammelten sich im Hochsommer die Athleten aus der griechischen und später auch der römischen Welt. An den Ost- und Westenden der Laufbahn befinden sich für zwanzig Läufer die Start- und Zielschwellen; jeder Läufer stand auf einer schmalen rechteckigen Steinplatte, in die zwei Rillen für das Abstoßen der Zehen eingemeißelt sind. Die Distanz zwischen beiden Schwellenreihen betrug 192 m. Dahinter hatten die Athleten im Osten und im Westen etwa 10 m weiteren Raum zum Auslauf. Lukian erwähnt, daß sie auf feinem Sand liefen. Näher der westlichen als der östlichen Laufbahngrenze sieht man am Fuße der Südböschung die Fundamente der Kampfrichtertribüne. Von hier aus führten die Helladoniken, die über das Sportfeld verteilt ihre Hilfskampfrichter hatten, die oberste Aufsicht über die Einhaltung der Kampfregeln, benannten die Sieger und bekränzten sie.

Dion Chrysóstomos erzählt, daß die Wettläufe bei Morgengrauen begannen, damit dem Läufer die kühle Luft der frühen Morgenstunden zugute kam. Alle Athleten, Läufer, Boxer, Faust- und Ringkämpfer, Speer- und Diskuswerfer, kämpften nackt. Einer Überlieferung zufolge soll im Jahre 720 vor Chr. ein Läufer während des Rennens den kurzen Lendenschurz verloren haben. Die Helladoniken kamen daraufhin zu dem Schluß, daß Bekleidung die Bewegungen der Athleten behindere, und ordneten an, alle hätten nackt zum Wettkampf anzutreten. Niemand in Griechenland erblickte darin etwas Unzüchtiges. So kann dieses Kampfrichtergebot nicht der Grund für den Ausschluß der Frauen von den Wettspielen gewesen sein. Es war vielmehr selbstverständlich, daß Frauen, die im öffentlichen Leben nie in Erscheinung traten, auch hier vor der Umgrenzung des Heiligtums zurückblieben. Einer jedoch, der Mutter des Peisírodos, gelang es, bei der 94. Olympiade (404 vor Chr.) als Trainer verkleidet, zwischen die Zuschauer zu schlüpfen, um den Sieg ihres Sohnes mitzuerleben. Natürlich hat man dies entdeckt, verfuhr aber milde mit ihr wegen des berühmten Sohnes und setzte nur fest, daß hinfort auch alle Trainer das Stadion nackt zu betreten hätten. Andererseits war es den Frauen nicht verwehrt, Rennpferde zu besitzen und sie bei den Rennen im Hippodrom laufen zu lassen. So ist von der spartanischen Prinzessin Kyníska bekannt, daß sie mit den Pferden ihres

Gestüts in Olympia sehr erfolgreich war. – Seit alters bestand allerdings eine Ausnahme: Die Priesterin der Demeter-Chamyne, die auf der Nordböschung einen Altar verwaltete, hatte als einzige Frau das Vorrecht, den Spielen beizuwohnen.

Wir haben jetzt in großen Zügen die Denkmäler der Altis abgeschritten. Das *Hippodrom* sahen wir allerdings nicht. Seine Lage hat sich bislang nicht genau feststellen lassen. Man vermutet, daß es südlich des Stadions, nahe der Alpheiosniederung, lag. Doch keine Grabung konnte bislang diese Vermutung bestätigen. Anscheinend nach hat der Fluß die Spuren mit sich fortgeschwemmt.

Das *Museum* von Olympia birgt die Funde der Ausgrabungen in der Altis. Herrliche Werke aus Bronze, Ton und Marmor zeugen von einem Jahrtausend der antiken Kunstentwicklung. Der alte Museumsbau, von Dörpfeld als eine würdige Behausung vor allem für die Figuren des Ost- und Westgiebels vom Zeustempel entworfen, ist zu klein geworden. Im neuen Museum am Ostufer des Kládeos findet jetzt alles Aufstellung, auch vieles, was in den letzten Jahren, in Magazinen gehütet, dem Reisenden verborgen bleiben mußte.

Man kann sich nicht bildhaft genug vorstellen, welche Überfülle von Weihgeschenken sich im Laufe der Jahrhunderte aus dem ganzen großgriechischen Raum im Heiligen Hain angefunden hatte. Sie müssen ihn für das Auge nahezu undurchdringlich gemacht haben. Die frühen kleinen Bronzefiguren von Tieren, Kriegern und Göttern; die frühen Zeusstatuetten, nur Handspannen groß; die kostbaren Gerätschaften wie Dreifüße und orientalisierende Greifenkessel; die monumentalen Statuen, die mehrfigurigen Denkmäler, die Siegeszeichen und die vielen Waffenweihungen, denen wir in den Sälen und vor den Vitrinen gegenüberstehen, sind in ihrem teilweise fragmentarischen Zustand nur ein Abglanz des ehemaligen Reichtums. Und doch ist das Bruchstückhafte, was überdauert hat bis in unsere Tage, wie beispielsweise die Sammlung der antiken Bronzen, die in ihrer großen Zahl und Vielfalt Aufschluß über eine Entwicklung vom 9. Jh. vor Chr. bis zur römischen Zeit geben, einmalig in der Welt.

Es ist sehr zu empfehlen, an einer Führung teilzunehmen oder sich von einem der Handbücher über Olympia leiten zu lassen (vorzügliche Publikationen, gerade auch in deutscher Sprache, stehen zur Verfügung). Der Versuch, in unserem Buch eine detaillierte Beschreibung zu geben – und nur sie wäre von einigem Gewinn – müßte seinen Rahmen sprengen.

Bei den *Weihgaben* wird neben aller Bewunderung für das handwerkliche und technische Können, für bildhafte Vorstellung, Formgefühl und Zierat, immer wieder überraschen, wie seit der Schulzeit memorierte Ereignisse der Geschichte plötzlich Präsenz gewinnen. So berichtet die fein punktierte Inschrift auf einem fremdartig geformten, ungriechisch aussehenden Kegelhelm des 5. Jhs. vor Chr., den der Boden noch mit seinem hellen Bronzeglanz freigab: ›die Athener [weihten ihn] dem Zeus, von den Medern [Persern] genommen‹ – ein eindrucksvolles Beutestück also aus den Perserkriegen. Bei einem stark zerstörten und daher viel weniger ansprechendem Helm des späten 6. Jhs. vor Chr. steht auf dem Wangenschild: ›Miltiades dem Zeus geweiht‹. Mit dieser Kürze, ohne Angabe der Abkunft und Herkunft, kann sich nur nennen, wer allbekannt ist. Miltíades, der große Feldherr und Sieger von Marathon, durfte dies mit Stolz von sich annehmen.

Für eine anschauliche Vorstellung der Bauten in der Altis sind auch die reichen Funde des Bauschmuckes und der Dachterrakotten von Interesse: die Löwenkopf-Wasserspeier vom Zeustempel, die farbig ornamentierten Simenbänder, der Schmuck der Giebel, die Stirnziegel und die prachtvollen Scheibenakrotere als Firstbekrönung von Dächern. Den nachhaltigsten Eindruck vermittelt freilich der *Skulpturenschmuck des Zeustempels,* ausgeführt in schönstem parischem Marmor. Metopen und Giebelfiguren entstanden zwischen den Jahren 470-456 vor Chr., in frühklassischer Zeit also, in der die gespannte archaische Formenstrenge, auch der stets jugendlich lächelnde Gesichtsausdruck, sich zu einer gelösteren Haltung und in eine schicksalsbewußte Nachdenklichkeit wandeln.

Die zwölf *Metopen,* deren Relief den dorischen *Fries um die Cella* an ihrer östlichen Schmalseite schmückten, schildern die zwölf Taten des Herakles, des mit dem olympischen Heiligtum seit mythologischer Zeit verbundenen Heros. Der Wandel in der Auffassung, das sich anbahnende Neue wird hier durch die Einheit des Themas für alle Metopen und in der Straffung jeder einzelnen Plattenkomposition besonders deutlich. Dargestellt ist nicht der unerschütterliche, kraftvoll draufgängerische Held, sondern der heroische Mensch, der sich müht bei der Bewältigung der ihm auf-

76 Olympia. Zeus-Tempel, Ostgiebel.

erlegten Prüfungen. Drei der Metopen befinden sich seit ihrer Auffindung vor 150 Jahren im Louvre. Man sieht sie hier in Abgüssen.

Im Ostgiebel sind die letzten Vorbereitungen zu dem verhängnisvollen Wagenrennen zwischen dem König Oinomáos von Pisa in Elis und Pelops, dem lydischen Prinzen, dargestellt. Pelops ist der Freier um des Königs Tochter Hippodaméia, die seine Liebe erwidert. Der König hatte bei allen Bewerbern stets seine Zustimmung davon abhängig gemacht, daß sie ihn im Wagenrennen besiegten. Diesmal bestach die verliebte Hippodaméia den Wagenlenker ihres Vaters, die Nägel aus den Radnaben des königlichen Rennwagens herauszuziehen. Dem Tempelbesucher war vertraut: das Wagenrennen findet statt, der Unglücksfall wird sich ereignen, und der König wird als Verlierer sterben. Dargestellt fand er den Augenblick der spannungsgeladenen Stille vor dem Aufbruch zu der Wettfahrt auf Leben und Tod.

77 Olympia. Zeus-Tempel, Westgiebel.

Wettfahrt zwischen Pelops und Oinomáos.

Bei der Beschreibung der Giebelfiguren, deren Anordnung und Deutung die Gelehrten bis heute immer wieder beschäftigt hat, folgen wir den Forschungsergebnissen von P. Grunauer. In der Mitte des Giebelfeldes steht Zeus als der göttliche Schiedsrichter. Er wendet sich, vom Betrachter aus gesehen, nach links zu Oinomáos und des Königs Gemahlin Sterópe. Rechts von ihm stehen Pelops und Hippodaméia. Beiden Paaren zur Seite sieht man die Viergespanne: hinter dem des Oinomaos der ungetreue Wagenlenker Mýrtilos, hinter dem Gespann des Pelops der ›Greise Seher‹, eine der besterhaltenen Gestalten des Giebels. Er ahnt bereits das Geschick des Königs. Ebenso scheinen die zu den Seiten kauernden Bediensteten von einem Vorgefühl des dramatischen Geschehens erfüllt. Aus den Giebelzwickeln verfolgen die liegenden Flußgötter die dramatische Entwicklung. Pausanias schon hat sie als ›Alpheios‹ und ›Kládeos‹ gedeutet.

Kampf der Lapithen und Kentauren.

Im etwas jüngeren *Westgiebel* ist gegenüber der unheilschwangeren Ruhe des Ostgiebels Aufruhr und Kampf geschildert. Zu der Hochzeit des Lapithenfürsten Peiríthoos mit der Lapithin Deidaméia, die im Péliongebirge in Thessalien gefeiert wird, waren auch die Kentauren geladen. Vom Weingenuß entfesselt, versuchen sie sich an den Mädchen und Knaben zu vergreifen, aber die Lapithen, geführt von Peiríthoos und seinem Freunde Theseus, treten rettend dazwischen. »Wie kraftvoll ist das uralte Thema gestaltet: Der Raub der Lapithenfrauen und -jünglinge durch die Kentauren, die nicht mehr die vormenschlich titanenhaften Wesen der archaischen Kunst sind, sondern trotz der Pferdeleiber ganz gequälte Menschen, die rauben müssen, weil sich das Schöne ihnen versagt. Erbittert roh ist der Kampf, grausam-hart, mit Beißen und Stechen. Und doch werden Theseus und Peiríthoos siegen; die strahlende Macht des – wiederum unsichtbar für die Kämpfer gedachten – Apollon in der Giebelmitte steht ihnen bei, seine sieghafte Gebärde der Rechten gebietet Schweigen und Stille« (W. Fuchs). Apollon ist hier die Personifikation von Ordnung und Geist über Begierde und Chaos, unnahbar streng und doch heiter gelassen. Eine göttliche und zugleich menschliche Idealgestalt steht beherrschend über dem Konflikt. – Dynamik und bildhauerische Entfaltung treten im Westgiebel stärker in Erscheinung, die Verschlingungen und Bezüge innerhalb der Giebelkomposition sind kühner. So muß es erstaunen, wie sich bei den so viel verhalteneren, lockerer aufeinander bezogenen Gestalten des Ostgiebels die innere Spannung, die sie verbindet, dem Betrachter dennoch mitteilt. Absicht und Möglichkeit, eine Stimmung auszudrücken, sind ein neues und wesentliches Element der Kunst des ›Strengen Stils‹.

Das fränkische Elis und die achäische Küste

XIV

Andravída, 377 – Kastell Tornése (Chlemoútsi), 379 – Glaréntsa, das antike Kyllíni, 381 – Patras, 383 – Ríon und Antírrion, 386 – Aigion, 387 – Megaspílaion, 389 – Kalávryta, Hagia Lavra, 391

Auf der großen Verbindungsstraße Olympia – Patras – Athen fahren wir zunächst bis Patras, streifen unterwegs die fränkischen Sitze in der nördlichen Moréa, lernen hinter Patras, bei Diakoptón, auf einem Vorstoß ins einsame Bergland von Achaia zwei entlegene Klöster kennen und beschließen dann unsere Rundreise durch die Peloponnes am Korinthischen Golf mit dem Blick auf Akro-Korinth.

Den Weg von Olympia nach Pyrgos kennen wir bereits. Hinter Pyrgos weichen die Berge im Osten zurück, und das Land wird weit und vollkommen eben. Elis bleibt auch hier »stattlich«, wenngleich weniger reizvoll; die Venezianer waren von seiner Fruchtbarkeit immerhin so beeindruckt, daß sie es »die Milchkuh der Moréa« nannten. Die Landschaft, so hat man gesagt, erinnere an Flandern und die Champagne; vielleicht ist dies der Grund, warum die Ritter aus dem Westen ihr so zugetan waren. In *Gastoúni,* dem fränkischen Gastogne, führt ein Feldweg in östlicher Richtung nach 14 km zu dem *antiken Elis,* wo Herakles die Ställe des Königs Augias säuberte, indem er den Lauf des Penéios in die königlichen Höfe umleitete. Die antiken Ruinen sind nicht mehr eindrucksvoll. Es genügt eigentlich sich vorzustellen, daß hier im Gymnasion nahe der Agorá die Athleten vor den Olympischen Spielen sich zusammenfinden mußten zu den Trainings- und Ausscheidungskämpfen.

Nördlich von Gastoúni läuft die Straße durch *Andravída,* das Andréville der Franken. Daß dieses wenig einnehmende Dorf, früher ein türkischer Marktflecken, einstmals eine blühende mittelalterliche Stadt gewesen ist, läßt sich kaum mehr ahnen. Es war der Regierungssitz der Fürsten von Achaia, der Champlitte, Villehardouin, Anjou, Savoyen, Valois und Bourbon, die von hier aus

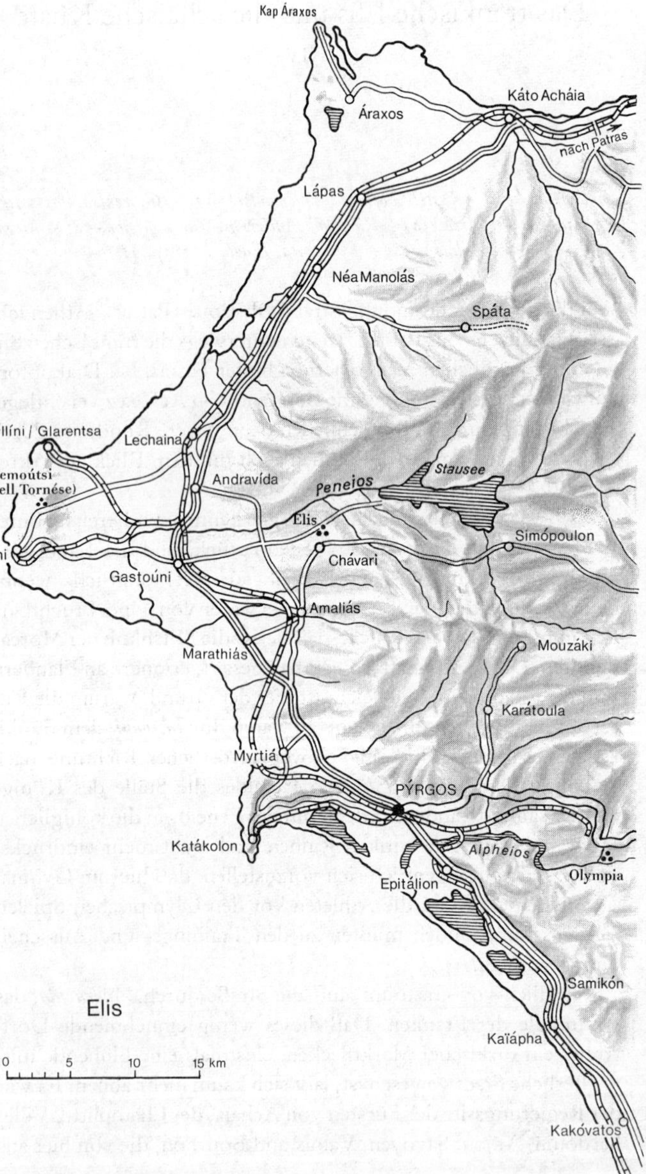

Kap Áraxos
Áraxos
Káto Acháia
nach Patras
Lápas
Néa Manolás
Spáta
Kyllíni / Glarentsa
Lechainá
Chlemoútsi
(Kastell Tornése)
Andravída
Peneios
Stausee
Elis
Simópoulon
Chávari
Loutrá Kyllíni
Gastoúni
Amaliás
Marathiás
Mouzáki
Karátoula
Myrtiá
PÝRGOS
Katákolon
Alpheios
Olympia
Epitálion
Samikón
Kaïápha
Kakóvatos
0
5
10
15 km

Elis

mit Hilfe einer verzweigten Verwaltung die Moréa beherrschten. Von den Bauten aus dieser Zeit haben sich weder das Schloß, in dem die Villehardouins fürstlich Hof hielten, die Kapelle, in der sie begraben wurden, noch die ›Herbergen‹ der religiösen Orden, der Karmeliter, der Templer, der Deutschordensritter erhalten. Nur eine gotische Ruine ist noch da, und sie entbehrt nicht des Zaubers. Das zum Himmel offene Gemäuer der katholischen St. Sophien-Kirche aus honigfarbenem Stein steht in einer Umfriedung voller Rosenbüsche. Nördlich des Hauptplatzes führt die dritte linke Seitenstraße dorthin. Nach dem Übergewicht der Antike in Olympia bezaubert dieser schüchterne Rest aus dem Mittelalter mit seinen Spitzbögen und Rippengewölben – schon allein durch den unvermuteten Kontrast. Die Stadt war der Schauplatz von mehr als einer politischen Versammlung. Hier stand auch Geoffroi de Bruyères, der verschrobene, aber sehr beliebte Herr von Karýtaina, mit einer Schlinge um den Hals, als die empörten Barone ihn beschuldigten, daß er mit einer neuen Geliebten nach Apulien auf und davon gegangen sei, während er doch einen Sklavonier-Aufstand in der südlichen Moréa hätte niederschlagen sollen.

Die Straße überquert die Bahngeleise und führt durch das Dorf Lechainá, das sich lediglich dadurch auszeichnet, daß es der Geburtsort von Karkavitsas ist, eines populären Romanschreibers und kaustischen Kommentators der griechischen Gesellschaft der Jahrhundertwende. Links führt eine Abzweigung zu einem niedrigen Tafelberg nahe des Meeres, auf dem das *Kastell Tornése* steht. Auf der Landseite von riesigen Weizenfeldern umgeben, ist es eine der großartigen mittelalterlichen Burganlagen in der Moréa, ein meilenweit sichtbares Wahrzeichen. Die Franken haben es erbaut und nannten es ›Clair-mont‹, was sich bei den Griechen zu Chlemoútsi verwandelte.

Die Geschichte der Burg beginnt mit einem Streit zwischen dem Papst und dem Fürsten von Achaia, denn Geoffroi II. Villehardouin nahm keinen Anstand, den Bau seiner neuen Zitadelle aus den Einkünften eingezogener kirchlicher Lehensgüter zu finanzieren. Papst Honorius II., der gerade mit den Vorbereitungen für die Kaiserkrönung Friedrichs II. von Hohenstaufen in Rom voll beschäftigt war, protestierte zwar, daß ein weltlicher Fürst willkürlich über kirchlichen Grundbesitz verfügte, der noch dazu reich an wertvollem Handelsgut, wie Öl, Feigen, Rosinen, Honig und Koschinelle war. Doch Geoffroi weigerte sich, sein Vorhaben aufzugeben, und der Papst tat ihn in den Kirchenbann. Den Fürsten von Achaia rührte dies wenig. Im Jahre 1223 stellte er seine Burg fertig, von deren hervorragender strategischer Lage er überzeugt war.

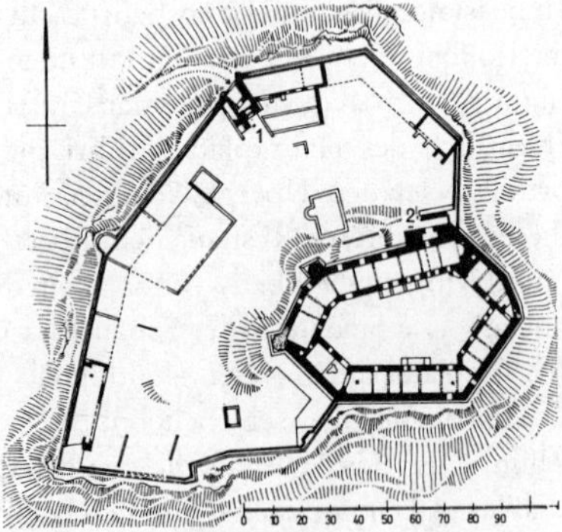

78 Das Kastell Tornése (Chlemoútsi).
1 Haupttor der Außenburg - 2 Tor der Innenburg.

Geoffrois Bruder und Nachfolger Guillaume mehrte die Bedeutung der Burg, indem er eine Münze einrichtete. Die Geldstükke waren als ›tournois‹ bekannt, weil sie ursprünglich in Tours geprägt wurden. Sie trugen den Namen des Fürsten, ein Bild der Kirche St. Martin von Tours und die Inschrift ›De Clarencia‹. Diese ›tournois‹ waren der Grund, warum die Burg unter den Venezianern den Namen Kastell Tornése erhielt. Marguerite, Guillaumes Tochter und Erbin, geriet hier in ein Netz von Intrigen. Sie war eine charakterstarke fränkische Prinzessin, die sich weigerte, betrügerischen Prätendenten ihre Erbrechte abzutreten. Um sich der Unterstützung einer ausländischen Macht zu versichern, verheiratete sie ihre vierzehnjährige Tochter mit dem Infanten Ferdinand von Mallorca. Nun aber fürchteten die burgundischen Barone, das Fürstentum könne in spanische Hände übergehen. Sie bemächtigten sich Marguerites und warfen sie in den Kerker der Burg, wo sie, die letzte der Villehardouins in der Moréa, 1315 starb, stolz und mutig bis zu ihrem Ende.

Im 15. Jh. residierte Konstantin Dragáses, der bald darauf der letzte Kaiser von Byzanz wurde, in der Burg und führte 1427 von hier aus einen glänzenden Feldzug gegen die Italiener Tocco, Malatesta und Centurione, die von ihren Handelsstützpunkten aus den Franken die Macht über die Moréa entrissen hatten. Die Byzantiner herrschten bis 1460 und verloren dann den Platz an die Türken. Im Jahre 1825, als Ibrahims ägyptisches Heer durch die Moréa fegte und überall Verwüstung hinter sich zurückließ, wurde das Kastell in die Luft gesprengt.

Zwei überkuppelte Torbogen sind in der Nordwestecke der nahezu 17 m hohen Füllmauer eingelassen. Nun im äußeren Burghof, sieht man sich dem sechseckigen mächtigen Kern der Festung gegenüber. Durch ein Tor an der Nordseite betritt man die innere Burg, in der sich tonnengewölbte Säle zu einem Kranz rings um den Hof schließen. In diese geräumigen Gemächer pflegten die unsteten, ohne festen Wohnsitz umherziehenden Villehardouins häufig einzukehren. Die nördliche Halle hat an ihrer Südseite sieben Bogenfenster. Die anderen fünf Säle sind zwar nicht so gut erhalten, zeigen aber noch die hohen Kaminnischen, in denen die Holzscheite prasselten, wenn die Winterstürme über das Ionische Meer herüberbliesen.

Etwa 6 km entfernt von hier erreicht man das *alte Glaréntsa*, das einstmals der geschäftigste Hafen in der nördlichen Moréa war und heute wieder *Kyllíni* heißt wie in der Antike. Auf dem Wege dorthin muß der Reisende sich davor hüten, nicht in die falsche Richtung gewiesen zu werden, entweder durch seinen Reiseführer, seine Straßenkarte oder einen wohlmeinenden Einheimischen. Denn hier kann der *Name Kyllíni* für vier verschiedene Dinge gelten, nämlich: erstens für den ganzen halbinselartigen *Landvorsprung*, der wegen seiner Schildkröten-Form auch ›Chelóntas‹, die Schildkröte, genannt wird; zweitens für die lange Strecke von Sanddünen südlich des Landvorsprungs, der von der Brandung des Ionischen Meeres bespült wird, und wo man an einem herrlichen *Ferienstrand* Bungalows mieten kann; drittens für *das Dorf* und die Thermalbäder – auch Loutrá genannt – am Südwesthang des Burgberges mit dem kleinen Hafen, von wo Fährdampfer nach der Insel Zákynthos (Zante) verkehren; viertens für den *antiken Hafen* Kyllíni im Norden mit seinen Heiligtümern der Aphrodite und des Asklepios und einem phallischen Kultmal für Hermes, der hier besonders verehrt wurde. Pausanias sagt, es »ist ein aufgerichtetes männliches Glied auf der Basis«.

Achaia
0
5
10 km
AITOLIEN
Palaiópyrgos
nach Mesolóngion
Naupaktos
Trikorphon
1545
Amphissa
Delphi
2457
Parnass
Aráchova
Itéa
Distomon
Stéiri
Hósios Loukás
Antíkyrra
868
Galaxídion
Eratiní
GOLF VON ITÉA
GOLF VON KORINTH
1748
Hélikon
Antírrion
Ríon
Psathópyrgos
Kamáres
Phoinix
Áigion
Risómilos
Diakoptón
Plátanos
PATRAS
Gláukos
Panachaikón
1926
ACHAIA
Kerinitis
Selinos
Phtéri
Buráikos
Krathis
Derveni
Káto Pitsá
Xylókastron
Kiáton
Sythas
Sikyon
Asopós
nach Korinth
Káto Achaia
Alissós
Chalandritsa
Pirros
Petsákoi
Zachloroú
Megaspílaion
1780
Marmáti
Kalávryta
Hagia Lávra
Erymanthos
2224
nach Olympia
Chelmós
2341
Tríkkala
Kyllíni
2376
Mána
1300

Die Gegend ist flach oder leicht gewellt. Der Blick geht hinaus aufs Meer. Möwen kreischen. Am nördlichen Horizont ragen Inselschatten auf – das gebirgige, von Erdbeben zerrissene Kephallinía und das homerische Ithaka; westwärts ist der niedrige, von einem Pyramidengipfel gekrönte Umriß der Insel Zante zu erkennen. Die Geschichte des Hafenstädtchens Glaréntsa beginnt mit den Villehardouin, die es als wichtigen Stützpunkt ausbauten. Venezianer und Genuesen legten auf den Wegen in die Levante hier an. Die Bedeutung des lebhaften Handelszentrums erkennt man daran, daß die hier verwendeten Maße und Gewichte für Korn und Wein im ganzen lateinischen Griechenland galten. Eine Zweigstelle des florentinischen Bankhauses Acciaiuoli konnte es an Bedeutung mit der Niederlassung des Hauses in London aufnehmen.

Heute ist von den mittelalterlichen Bauten Glaréntsas so gut wie nichts mehr, von der antiken Hafenanlage nur wenige Reste zu sehen. Für die völlige Zerstörung der Stadt war Konstantin Dragáses verantwortlich, der fürchtete, Glaréntza könne in feindlichen Händen wieder einmal zu einer Bedrohung der Moréa werden. Er befahl, es dem Erdboden gleichzumachen. Die Banken, Handelshäuser, Läden und Kirchen wurden niedergerissen, Kaufleute und Seeleute ins Exil geschickt. Die Zerstörung von Glaréntsa durch die Byzantiner, die am Vorabend der türkischen Eroberung erfolgte, bezeichnet das Ende der fränkischen Periode, jener Laune der Geschichte, da den vom Vierten Kreuzzug heimkehrenden Rittern nichts verlockender erschien, als die Peloponnes zu besitzen. Von den lateinischen Herren in Griechenland blieben jetzt nur noch die Venezianer in ihren befestigten Seehandelsplätzen.

Wir fahren nun wieder zurück nach Lechainá zur Hauptstraße. Linker Hand sieht man Kap Áraxos liegen, das heute ein wichtiger Stützpunkt der griechischen Luftwaffe ist. Durch eine Landschaft voller Weingärten, Orangen-, Zitronen- und anderer Zitrusfrucht-Haine, erreichen wir *Patras* (griechisch: Patrai). Die Stadt von rund 100000 Einwohnern ist heute dem Reisenden als der Endpunkt der Autofähre aus Italien bekannt. Früher war es der Hauptausfuhrhafen für die Korinthenernte. Die Lage ist eindrucksvoll. Stadt und Hafen liegen auf einem Ausläufer des Panachaïkón-Gebirges. Im Norden, jenseits des Golfes, erheben sich großartig die aitolischen Berge und die ferneren Gipfel des Vardoúsia- und des Gióna-Gebirges. Patras war wegen seiner günstigen Lage am Meer zwar nicht bedeutungslos, spielte aber in der antiken Geschichte keine große Rolle. Es wurde in der Mitte des 2. Jhs. vor Chr. in den Kriegen zwischen Rom und dem Achäischen Bund verwüstet, später von Augustus, der es zur ›Colonia Augusta Aroe Patrae‹ erhob, neu bevölkert. Wie der heilige Paulus Korinth, so suchte der Apostel Andreas Patras auf, bekehrte den römischen Statthalter zum Christentum und erlitt, wie man annimmt, an einem X-förmigen Kreuz aus Olivenholz, der ›crux decussata‹ oder dem Andreaskreuz, den Märtyrertod. Die Gebeine keines anderen Heiligen scheinen so weit verstreut worden zu sein. Einige gelangten nach Amalfi, ein Zahn, eine Kniescheibe und drei Finger nach St. Andrews in Schottland, und der Kopf wurde, nachdem er zwischen Patras und Konstantinopel hin und her gehandelt worden war, vom Despoten der Moréa auf der Flucht vor den anrükkenden Türken nach Rom gebracht, wo der Papst eine große Empfangszeremonie auf der Milvischen Brücke veranstaltete. Heute befindet sich das Haupt des Schutzheiligen der Stadt wieder in Patras in der *alten Hagios Andreas-Kirche,* die über einem früheren Demeter-Heiligtum und einem Quellen-Orakel steht. Der Schädel wird demnächst in die neue Kathedrale überführt werden, deren Bau nahezu vollendet ist. Der heilige Andreas vergaß jedoch trotz der Zerstreuung seiner sterblichen Reste seine gläubige Gemeinde in Patras nicht. Die Chroniken berichten, sein Eingreifen habe

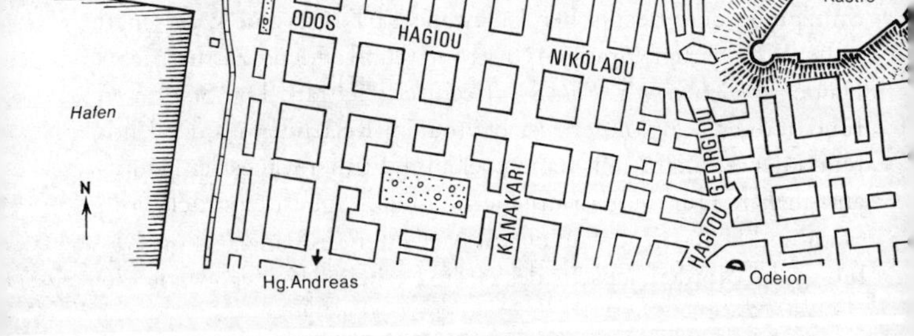

die Stadt im 9. Jh. vor der Brandschatzung durch die Sklavonier bewahrt, da die Angreifer vor der schimmernden Erscheinung seiner Gestalt zurückschreckten.

Nach der fränkischen Eroberung wurde Patras eine strategisch bedeutsame Baronie, die den Golf von Korinth gegen Invasionen vom Westen her abschirmte. Es fiel dem Guillaume Aleman zu, einem ungehobelten Provençalen, der die Geistlichkeit empörte, weil er dem Hofmeister des lateinischen Erzbischofs die Nase abschnitt und sein Andachtshaus in einen militärischen Stützpunkt umwandelte. Der Stellung der Kirche hat das nicht geschadet. Als ein anderer Erzbischof Statthalter von Patras wurde, erklärte er die Stadt zu einem Territorium des Vatikans, der sie in der Folge an die ›Erlauchte Republik‹ verpachtete.

Von Patras ist dann erst wieder 1821 zu hören, als es zum Hexenkessel der Intrigen griechischer Patrioten wurde. Es bleibt umstritten, ob der Aufruf zur Eröffnung von Feindseligkeiten gegen die Türken, der zum Ausbruch des Unabhängigkeitskrieges führte, in Patras oder Kalávryta erfolgte. Ziemlich sicher scheint zu sein, wie Finlay sagt, daß »das Volk kühn zu den Waffen griff, während seine Vorgesetzten abwarteten, wie der Hase lief«. General Makryiánnis, einer der farbenprächtigsten Führer des Aufstandes, ein tapferer Soldat, schildert bildhaft in seinen Memoiren die ersten Tage des Krieges in Patras. Von türkischen Geheimagenten verfolgt, suchte er Zuflucht im Haus des russischen Konsuls, wo man ihm entrüstete Vorhaltungen wegen seiner unhygienischen persönlichen Gewohnheiten machte. Als er sich mit blankem Säbel in der Hand hinauswagte, wurde er Zeuge der erbitterten Kämpfe zwischen den Türken, die die Burg hielten, und den Griechen, die mit dem Rücken zum Meer fochten – »und das Meer war voll von Frauen und Kindern, die bis zum Hals im Wasser standen«.

Die *Akropolis*, etwas oberhalb der Stadt, lohnt einen Besuch, allein schon wegen der herrlichen Aussicht über den Golf von Patras und auf die Festlandsberge. Nach Westen breitet sich die fruchtbare achäische Ebene aus. Die Hagios Nikólaos-Straße führt zur Anhöhe hinauf. Rechts in der Odos Hagiou Georgíou steht die Ruine des *römischen Odeons,* die kürzlich restauriert worden ist. Eine hübsche, aber unwichtige Ruine. Man steigt nahezu hundert Stufen hinan, um zur Höhe der Akropolis zu gelangen, die der Schauplatz des alljährlichen Festes der Artemis Laphria war. Ein in unseren Augen recht grausames Opfer wurde der Göttin der Jagd dargebracht, das selbst nach Pausanias' Ansicht ungewöhnlich war. Auf den Opferaltar wurde trockenes Holz geschichtet und um ihn aus frischen grünen Hölzern ein Gatter aufgerichtet. Nach einer Prozession um den Altar zu Ehren der Göttin, bei der die jungfräuliche Priesterin in einem von Hirschen gezogenen Wagen fuhr, warfen die Teilnehmer »eßbare Vögel und gleicherweise alle Opfertiere lebend auf den Altar und dazu Wildschweine und Hirsche und Rehe, manche auch Junge von Wölfen und Bären. Dann legen sie Feuer an das Holz.«

Über der Akropolis stehen die Ruinen einer *Festung,* an der, wie überall, nacheinander die Byzantiner, die Franken und die Türken gebaut haben: die nördliche Füllmauer ist byzantinisch aus dem 9. Jh., eine der Stellen, von denen die Griechen mit Hilfe des heiligen Andreas die Sklavonier zurückwarfen. Aus der gleichen Zeit stammt der viereckige Bergfried auf dem höchsten Punkt in der Nordostecke, der zur Paläologenzeit verstärkt worden ist. Eine Brücke führt über den seichten Burggraben dorthin, der den Teil des Bergfrieds von der übrigen Festung trennt.

8 km östlich von Patras zweigt links von der Hauptstraße nach Athen eine Nebenstraße nach Ríon ab, wo häufig Autofähren zur gegenüberliegenden Küste nach Antírrion übersetzen. Der enge Kanal, ›die kleinen Dardanellen‹ genannt, ist ein wichtiger Verbindungsweg zwischen der Peloponnes und dem griechischen Festland. Beiderseits der Meerenge, an der Stelle zweier antiker Poseidon-Tempel, stehen zwei starke gedrungene Forts, von den Venezianern um 1400 angelegt und von Sultan Bajezid II. 1499 verstärkt. Sie sind unter den Namen Kastro Moria (Moréa) und Kastro Roumeli bekannt und wirken am flachen Ufer hockend, eigentümlich spielzeugartig. Am Ende des Unabhängigkeitskrieges war das Kastro Moria die letzte türkische Festung, die sich gehalten hatte. Nach der Schlacht von Navarino hatten die wechselseitigen Rivalitäten zwischen Großbritannien und Rußland die Befriedung der Moréa verzögert. Die noch verbliebenen Bewohner wurden von sogenannten griechischen Patrioten, die sich häufig nicht besser als gewöhnliche Straßenräuber aufführten, ebenso terrorisiert und ausgeplündert wie von den Truppen des Ibrahim Pascha. Schließlich entsandte die französische Regierung eine Armee von 14000 Mann unter General Maison, um die türkischen

79 Patras. Das Kastro. Detail aus einem Stich des 17. Jhs.

Widerstandsnester auszuräumen. Maison brachte Pioniere und Verwaltungsbeamte mit, die Straßen bauten und das von den Türken hinterlassene Chaos überwinden halfen. Immer hatte die griechische Unabhängigkeitsbewegung ihre Impulse aus dem Volk erhalten, das durchhielt, für sie kämpfte und litt und mit Navarino war das ersehnte Ziel nahegerückt. Das französische Heer setzte nun der türkischen Herrschaft endgültig ein Ende.

Hinter Ríon wechseln bewaldete kleine Buchten, wo Ruderboote an Landestegen vertäut liegen, mit schilfumrandeten Stränden und buschigen Landzungen, aber die Badestrände dieses Binnenmeeres gehören nicht zu den besten in Griechenland; in *Psathópyrgos* befindet sich übrigens ein brauchbares Motel. Überall sieht man Rebgärten – hier kommen die Korinthen her – und blühende Hecken. Von Achaia ist nur der Küstenstreifen wirklich fruchtbar. *Aigion* liegt auf schmalem, in drei Stufen abfallendem Gelände zwischen Meer und einem terrassenartig abfallenden Felsen und seine geräumige Platía ist weit und breit an der Küste gerühmt. Man sitzt unter einem mächtigen Platanendach, im Rücken die geschäftige Dorfstraße, und blickt hinaus auf den blauen Golf und die lokrischen Berge am jenseitigen Ufer. Von hier geht eine Autofähre nach Itéa, dem Hafen von Delphi.

Im antiken Heiligtum des Ortes, dem *Homarion* inmitten eines Heiligen Hains, befand sich eine Statue des Zeus-Homarios in der ungewöhnlichen Gestalt eines Knaben. Der Preis in einem Schönheitswettbewerb war die unerläßliche Vorbedingung für die Wahl des Knaben-Priesters, der dieses Abbild des Göttervaters zu betreuen hatte. Doch sobald sein Bart zu sprießen begann, wurde er entlassen und durch einen neuen hübschen Buben ersetzt. Dahin ist auch jede Spur des *Heiligtums der Eileithyía,* der Göttin der Niederkunft.

Im Heiligen Hain von Aigion trat zweimal im Jahr die Versammlung des Achäischen Bundes zusammen. Diese Vereinigung muß als eine der wenigen ernsthaften Bemühungen zu gemeinsamer Politik des Widerstandes gelten gegen die makedonische und späterhin die römische Aggression. Gleich als belebe sie der Geist des Achäischen Bundes, versammelten sich im Februar 1821 hier die griechischen Freiheitskämpfer und Priester aus der ganzen Moréa, um den Zeitpunkt für die entscheidende Erhebung gegen die Türken festzusetzen.

Östlich von Aigion lag an der Stelle des Dorfes *Rizómylos* das antike *Hélike,* das angeblich von Ion, einem Tempeldiener in Delphi und Vater der ersten Ansiedler in Ionien gegründet wurde. Die Stadt war berühmt durch ihr *Poseidon-Heiligtum.* Als dann die ›Ionier‹ von den Achäern aus der Stadt vertrieben wurden und an der kleinasiatischen Küste eine neue Heimat fanden, bewahrten sie stets ihre Verehrung für den Poseidon-Helikonios. Später ereilte die Achäer dafür, daß sie Schutzsuchende aus dem Heiligtum vertrieben hatten, das Strafgericht des Poseidon: im 4. Jh. vor Chr. versank nach einem schweren Erdbeben die Stadt im Meer und alle Bewohner ertranken. In alter Zeit galten ja die Erdbeben als Ausdruck des Unwillens der Götter, vornehmlich Poseidons, der stets ein wilder und jähzorniger Gott war. Im Zusammenhang mit Hélike berichtet Pausanias von gewissen bösen Vorzeichen, die dem gefürchteten Ereignis vorangehen: die Sonne sei von roten oder schwarzen Schleiern verdeckt, Sturmböen rissen Bäume aus, Quellen trockneten aus, Flammen schössen über den Himmel und es seien neue Sternbilder zu sehen, die den Augenzeugen großen Schrecken einflößten ... »ferner gebe es auch unter der Erde starkes Sturmgetöse« – Poseidon, der sich in einen seiner Jähzornsanfälle hineinsteigerte. Dieses ominöse, vorahnende Gepolter ist den heutigen Bewohnern von Achäa ebenso vertraut wie denen des Altertums. Die stets gegenwärtige Erdbebengefahr liegt allzeit dicht unter der Oberfläche des griechischen Bewußtseins. Die Bewohner haben mit dieser Gefahr zu leben.

Bei Rizómylos ist der Küstenstreifen am breitesten; aber schon bald rücken die letzten Ausläufer des arkadischen Bergmassivs dramatisch gegen das Meer vor. Auf dem kalkigen Boden ihrer zernarbten Schlünde wachsen Kiefern. Südlich von *Diakoptón,* das ein wenig landeinwärts liegt, zerteilt die riesige bewaldete *Bouráïkos-Schlucht* (in Griechenland sprich: Vouráïkos) die Bergwand. Sie ist so eng und steil, daß kein Platz für eine Straße bleibt. Nur mit einer Bergbahn, die streckenweise als Zahnradbahn aufwärts klettert, erreicht man Megaspílaion und Kalávryta. Die winzigen Spielzeugwagen klappern und schwanken auf dem schmalen Geleis zwischen den Felswänden. Und während die Räder eine halsbrecherische Steigung hinaufknirschen, sieht man in kleine Schluchten mit verkümmerten Platanen hinab, wo eisgrüne Wasseraugen zwischen riesigen glatten Felsblöcken liegen. Im Herbst fährt man zwischen den Steilhängen durch ein einziges Flammenmeer von orange-, bernstein- und korallenfarbenem Laub. Üppige Farne und Frauenhaar säumen den tosenden Gebirgsbach, und hellrote Zyklamen blühen neben den Geleisen. Die Sonne dringt nur um die Mittagsstunde mit einigen kurzen Lichtstrahlen in den Abgrund ein. Hier wohnt niemand. Irgendwo in der Nähe muß sich eine dem Herakles geheiligte Höhle befunden haben, wo man sich vor seinem Abbild mit Hilfe eines Würfelspiels den orakelartigen Rat des Halbgottes einholen konnte.

Je höher man hinaufkommt, desto breiter wird die Schlucht, und der Zug hält schließlich in *Zachloroú,* der Bahnstation von *Megaspílaion,* einem Gebirgsdorf, in dem sich auch ein bescheidenes kleines Hotel befindet. Man geht von hier etwa eine Dreiviertelstunde zu Fuß zu dem Kloster hinauf, um das die Obst- und Gemüsegärten der Mönche terrassenförmig angelegt sind. – Einstmals schritten auf diesem Pfad zwei heilige Kirchenväter, denen die Heilige Jungfrau, begleitet von den Heiligen Andreas, Paulus und Lukas, in einer Vision erschienen war und ihnen befohlen hatte, nach Achaia zu reisen, wo sie in einer Höhle in einer Bergschlucht ihr Bildnis finden würden. Am Fuß eines großen Felsens trat ihnen die Heilige Euphrosyne, eine Hirtin aus königlichem Geblüt, entgegen und stieß gebieterisch ihren Hirtenstab in den Boden. Alsbald sprudelte eine Quelle hervor. Sie befahl ihnen, sich zu einer Höhle zu begeben, in welcher ein Drache hauste. Ein Blitzschlag ließ das Ungeheuer tot niedersinken, und die Pilger fanden nicht nur die heilige Ikone der Muttergottes, sondern auch den Tisch, an dem der Heilige Lukas sein Evangelium geschrieben hatte. So die Legende.

Die Höhle wurde zum Wallfahrtsort; es entstand ein *Kloster* mit Namen *Méga Spílaion,* die ›große Höhle‹. Die gegenwärtigen Gebäude wurden 1934 errichtet, nachdem eine Feuersbrunst das alte Kloster mitsamt seiner reichhaltigen Bibliothek vernichtet hatte. Schade, daß der Neubau nicht besser ausgefallen ist. Aber seine Lage, wie er sich Stockwerk um Stockwerk an die senkrecht abfallende Felswand klammert, ist eindrucksvoll. In den Sprüngen und Spalten des Felsens sind angeblich die Umrisse von drei Kreuzen erkennbar – aber wohl nur für fromme Augen. In byzantinischer Zeit gehörte das Kloster zu den reichen und blühenden in Griechenland. Der Historiker Pouqueville, der im frühen 19. Jh. französischer Konsul am Hof Ali Paschas in Ioánnina war und Griechenland bereiste, berichtet, daß Mönche, die nach dem Fall von Konstantinopel nach Süden flohen, der Bibliothek wertvolle Handschriften, darunter eine Abschrift der verlorengegangenen Komödien des Menander, zubrachten.

Trotz der unglücklichen Restauration lohnt das Innere des Klosters einen Besuch, wenn auch nur, um von der Galerie in das Tal hinabzublicken. Die Kirche ist der *Panhagía Chrysospiliótissa,* der ›Madonna in der Goldenen Höhle‹ geweiht, und ihr größter Schatz ist die von der Heiligen Euphrosyne und den beiden heiligen Vätern entdeckte Ikone, die auf wunderbare Weise den verschiedenen Feuersbrünsten im Lauf der Zeiten entging. Es ist ein primitives Wachsbild, das der Hand des Heiligen Lukas, dem überaus produktiven Maler, zugeschrieben wird. Während des Unabhängigkeitskrieges ›sprach‹ die Ikone häufig, gab Ratschläge und brach in Tränen aus, wenn die Dinge für die Griechen schlecht standen. Der eingelegte Fußboden, auf dem der kaiserliche Doppeladler und Muster aus Sonne, Mond und Sternen zu sehen sind, stammt noch aus dem 17. Jh. Unter den Reliquien, die den Brand von 1934 überlebten und die jetzt in der Schatzkammer sind, befinden sich der Schädel der Heiligen Euphrosyne in silbernem Reliquienschrein und ein Reliquiar mit ihrer Hand, sowie die Schädel der beiden kriegerischen Heiligen Theodore, des Tiro und des Theodor Stratelates. Aus dem 12. Jh. wird ein schönes Evangeliar verwahrt, dessen Einband farbige Zellenschmelzplatten schmücken.

Das Kloster bietet Unterkunft in einem Gästehaus, und der Besucher kann hier gegen einen Obolus übernachten. Die Luft ist wunderbar rein und frisch, und es bieten sich schöne Spaziergänge.

Von Zachloroú fährt die kleine Eisenbahn durch offeneres Land weiter nach *Kalávryta*, einem Gebirgserholungsort am Rande der zerklüfteten Chelmós-Bergkette. Bäche fließen durch das Dorf, und die Wasser des Alyssos sollen Menschen und Tiere von der Tollwut geheilt haben. Im 13. Jh. hatte die große französische Familie der La Trémouille ihr *Kastro Tremolo* oben auf dem Tafelberg, der sich 300 m über dem Dorf auftürmt. Es schützte die von den Franken beherrschte Küste Achaias gegen die Einfälle der arkadischen Bergvölker. Die Burgruine lohnt kaum, daß man zu ihr hinaufklettert. Obwohl die Baronie Kalávryta in der Hochgebirgswildnis nur strategische Bedeutung hatte, ist doch bemerkenswert, daß im 15. Jh. Cyriacus von Ancona, ein gebildeter weitgereister Kaufmann, der sich für griechische Inschriften und Handschriften interessierte und die Medici mit kostbaren Büchern belieferte, sich hier mit einem gelehrten griechischen Herrn traf. Dieser besaß eine große Bibliothek und lieh Cyriacus einen Herodot. Die Kalavryter sind ein robustes, abgehärtetes Bergvolk, nicht mehr so grob und ungeschliffen wie ihre Vorfahren. Als deren Stadt, das *antike Kýnaitha*, im 3. Jh. vor Chr. von den Aitoliern dem Erdboden gleichgemacht wurde, begrüßten, wie Polýbios schreibt, die übrigen Griechen dieses Ereignis als ein Urteil der Götter.

Auf dem Berghang oberhalb des Städtchens steht ein großes Kreuz zum Gedenken daran, daß im Jahre 1943 die gesamte männliche Bevölkerung von der deutschen Besatzungstruppe als Vergeltung für Partisanenüberfälle exekutiert wurde. Es war Dezember und bitter kalt. Männer und Knaben wurden den schneebedeckten Hang hinaufgeführt und mit Maschinengewehrfeuer niedergemacht; die Hauptgebäude wurden in Brand gesteckt. Die Zeiger der Uhr an der Hauptkirche, der Metropolis, stehen noch immer auf 2 Uhr 34, der damaligen Schreckensstunde.

Die meisten Besucher reisen hierher, um das Kloster Hagia Lávra (griech.: Laura) aufzusuchen, das 7 km südwestlich vom Dorf zwischen Stechpalmengehölz und Zypressen liegt. Es besteht seit 961 als frühe Tochtergründung der Mönche vom Athos. Man ist versucht zu glauben, es sei einer Heiligen mit Namen Laura geweiht, doch die ›Lavrai‹ waren beieinanderliegende Einsiedeleien von Asketen, und der Name leitet sich von den Höhlen der ersten Mönche in Syrien und Palästina ab, da man sie als Labyrinthe ansah, was sich zu ›Lavra‹ abschliff. Die Asketen lebten innerhalb des Klosterverbandes nach eigener Tageseinteilung und strebten mit strengen, selbstauferlegten Übungen die Heiligung an. Nur an Sonn- und Feiertagen kamen sie in ihrem Kloster zu gemeinsamen Andachten zusammen.

Außer einem berühmten Kloster ist Hagia Lávra auch noch ein nationales Heiligtum. Hier soll der Metropolit Germanos von Patras, ein von höchsten patriotischen Gefühlen bewegter Kirchenmann, am 25. März 1821 neben der großen Platane vor der Hauptkirche die Standarte des Aufstandes gegen die Türken entrollt haben. So lautet jedenfalls die Geschichte, wie sie in zahllosen Schulbüchern gelehrt und von griechischen Dichtern und Malern in Wort und Bild besungen wird. Die historischen Urkunden verbürgen lediglich, daß um den 25. März muselmanische Männer von den Griechen in Kalávryta getötet wurden, daß Bischof Germanos sich auf dem Weg nach Tripolis wahrscheinlich in Hagia Lavra aufhielt und daß dies einer der zahlreichen Orte war, von denen das Signal für die Erhebung ausging.

Ibrahim Pascha hat das Kloster 1826 niedergebrannt. Es wurde wieder aufgebaut, aber 1943 von den Deutschen neuerlich eingeäschert und hat heute in seiner Nachkriegs-Verwandlung etwas von einem römisch-katholischen Nonnenkloster, sauber und adrett, wohlgeordnet und mit Kolonnaden versehen. Die anstoßende, aus dem 17. Jh. stammende kreuzförmige Koimesis-Kirche (Tod Mariens) entging beiden Feuersbrünsten; in ihr wurde der Gottesdienst gefeiert, welcher der Ausrufung des Aufstandes voranging. Außer Erinnerungsstücken an den Aufbruch zur nationalen Erhebung besitzt die Schatzkammer Handschriften aus dem 11. bis 14. Jh. sowie den Buchdeckel eines Evangeliars, der dem Kloster von Katharina der Großen geschenkt wurde.

So man mit dem Auto nach Kalavytra gekommen ist, kann man zwischen drei Routen zur Küste hinab wählen:

1. Eine asphaltierte Straße in allgemein westlicher Richtung durchquert verlassenes Hügelland. Im Süden recken sich die Felsspitzen des Erýmanthos-Gebirges. Nackter Kalstein steigt aus Kiefernwäldern auf. Hier pirschte Herakles dem erymanthischen Eber durch Schneewehen nach, bis er das wilde Tier in seinem Netz einfing und auf den Schultern davontrug. Die antiken Vasenmaler wurden nie überdrüssig, den Feigling Eurystheus abzubilden, wie

er aus seinem erzenen Krug auf das Schreckenstier mit den enormen Hauern lugt, das von Herakles nach Mykene zu bringen er selbst befohlen hatte. Hinter Chalandrítsa, vormals eine fränkische Baronie und Teil des Festungsrings, der die arkadische Hochebene umschloß, senkt sich die Straße in die olivenbestandene Ebene zum Meer. Der Erýmanthos zeigt jetzt im fernen Dunst seine gerundeten und jäh abfallenden Gipfel, die in der Vollkommenheit ihrer Formen etwas Atemberaubendes haben. Unterhalb der Hänge des Panachaïkos führt rechter Hand ein Pfad durch Felder und Wiesen mit rosafarbenem Knoblauch, blutroten Adonisröschen, trichterförmigem Aronsstab und Serapias-Orchideen zu der kleinen *Kirche der Panhagía.* Diese kleine Abzweigung wird nicht wegen der baukünstlerischen Schönheit des Kirchleins empfohlen, denn schön kann man sie nicht nennen –, doch sie ist, wenngleich dachlos, die älteste noch erhaltene byzantinische Kirche in der nördlichen Peloponnes, möglicherweise aus dem 9. Jh. Zwei Marmorsäulen mit eindrucksvollen Kapitellen trennen die beiden winzigen Schiffe voneinander. Zum Schluß führt der Weg durch die flache, fruchtbare Gegend von Patras.

2. Auf der gleichen Straße Kalávryta verlassend, nimmt man nach 13 km die Abzweigung nach Norden in die Berge hinein. Sie berührt die Dörfer Petsákoi und Phtéri, überquert eine Wasserscheide und führt durch Eichenwälder hinab in die majestätische Selinus-Schlucht, wo hohe Felsvorsprünge über dem Gebirgsbach hängen, der dem Buraïkos parallel lauft und ebenso schön ist. Diese Straße gelangt bei Aigion an die Küste.

3. Eine neue Straße, dicht unter Megaspílaion vorbeiführend, nutzt von dort bis zu den Straßen an der Küste den Einschnitt des Flüßchens, das sich östlich des Bouráïkos sein Bett schuf.

Östlich von Diakoptón wird die Küste besonders prächtig. Über das Wasser blickt man in die landumschlossene Bucht von Itéa. Darüber ragen die Gipfel des Parnass. Irgendwo an diesen gewaltigen Hängen liegt Delphi. Auf dem peloponnesischen Ufer treten die achäischen Berge jetzt so nahe ans Meer heran, daß der schmale Küstenstreifen kaum für Straße und Eisenbahn Platz läßt. Entlang dieser alten Straße – die neue große Verbindungsstraße Patras–Korinth läuft weiter landeinwärts, sie ist besser, aber weniger interessant – ritten einst die Kreuzritter Champlitte und Villehardouin, um das Fürstentum Achaia zu gründen. Es umfaßte die ganze Moréa und hatte über zweihundert Jahre Bestand. Außer der eindrucksvollen Schlucht bei Diakoptón stoßen wir noch auf zwei weitere große Schluchten: die Krathis-Schlucht, in die ein Rinnsal des Styx fließt, und die Sythas-Schlucht, die sich fächerförmig öffnet und in Terrassen zum Meer abfällt. Auf ihrem weichen hellgelben Sedimentgestein stehen Zwergzypressen, und wo sie sich zum Meer weiten, wachsen Rebstöcke, Myrthen und Orangenbäume. Es ist, als hätten die Hauptcharakteristika der peloponnesischen Landschaft – die zerklüfteten Berggrate, bewaldeten Schluchten mit tief eingeschnittenen Wasserläufen und die Flecken schimmernder Fruchtbarkeit – auf diesem schmalen, eingeengten Landstrich ihre Apotheose erreicht.

In *Xylókastron,* das wahrscheinlich der Hafen des antiken Pelléne war, einer der zwölf achäischen Städte, die behaupteten, von einem Giganten gegründet worden zu sein, gibt es Hotels, Restaurants, möblierte Zimmer, einen für den Club Méditerranée reservierten Zeltlagerplatz, einen Kieselstrand vor einem schattigen Wald mächtiger Kiefern und hoher Schirmpinien. Von hier zweigt eine Straße nach Tríkkala an den Hängen des Kyllíni ab, wo man im Winter Ski läuft. Bald darauf ist man in Kiáton unterhalb des antiken Síkyon und Akro-Korinth, der Schlüssel zu allen Kostbarkeiten der Peloponnes, taucht über den Weingärten auf.

Durch Böotien

XV

Theben, 398 – Platää, 402 – Leuktra, 405 – Théspiai, 407 – Hain der Musen, 408 – Labeírion, 408 – Kopáis-Niederung, 409 – Ptóïon, 410 – Feste Gla, 412 – Orchomenós, 414 – Skripoú, 417 – Levádia, 419 – Chaironéia, 422 – Daulis, 425

Nun, da wir die Peloponnes kennengelernt haben, gilt unser Interesse dem nördlichen Teil Griechenlands. Das erste, wenn auch noch ferne Ziel ist Delphi – fern, weil es für den gemächlicher Reisenden auf dem Wege durch Böotien zuvor noch vieles zu sehen gibt. Mythologie und Geschichte wetteifern um die Vorherrschaft. Strabon schildert Böotien als einen »von Westen nach Osten gezogenen Streifen« und meint damit die große Ebene zwischen den Bergketten, »an Länge fast Attika gleich … an Güte des Bodens [ihm] aber weit vorzuziehen«.

Von Athen aus richtet sich der Blick also zunächst nach Nordwesten, und es empfiehlt sich, da wir keine Rundreise durch das »Rinderland« planen, die Erkundungen jeweils von einem angenehm gelegenen Stützpunkt aus zu unternehmen. Straße und Eisenbahn laufen hinter Athen in einer großen Schleife um die bewaldeten Ausläufer des Párnis und senken sich dann in die große böotische Ebene hinab. Jenseits der Wasserscheide zwischen Attika und Böotien wird die Landschaft festländischer, weniger mittelmeerisch. Die Vegetation beschränkt sich nicht mehr auf Olivenbäume, Zypressen und Oleander. Die Weinrebe hat sich in Hintergärten und auf terrassierte Randsimse zurückgezogen. Mais, Baumwolle und Tabak treten an ihre Stelle. Die umstehenden Berge sind an bewölkten Tagen von kargem, gestrengem Grau, im Hochsommer von loderndem Ocker, und der Parnass, der sich im Westen auftürmt, schließt den Horizont. Die Sümpfe, jetzt entwässert, die sich in schier unübersehbare Weizenfelder verwandelt haben, waren einstmals voller Wildvögel. Seen und Bäche waren reich an Fischen. Die antiken Geographen meinten, der Untergrund sei voller Löcher und Höhlen, und die ganze Gegend war allgemein bekannt für ihre Maulwurfshügel. Das Klima bewegt

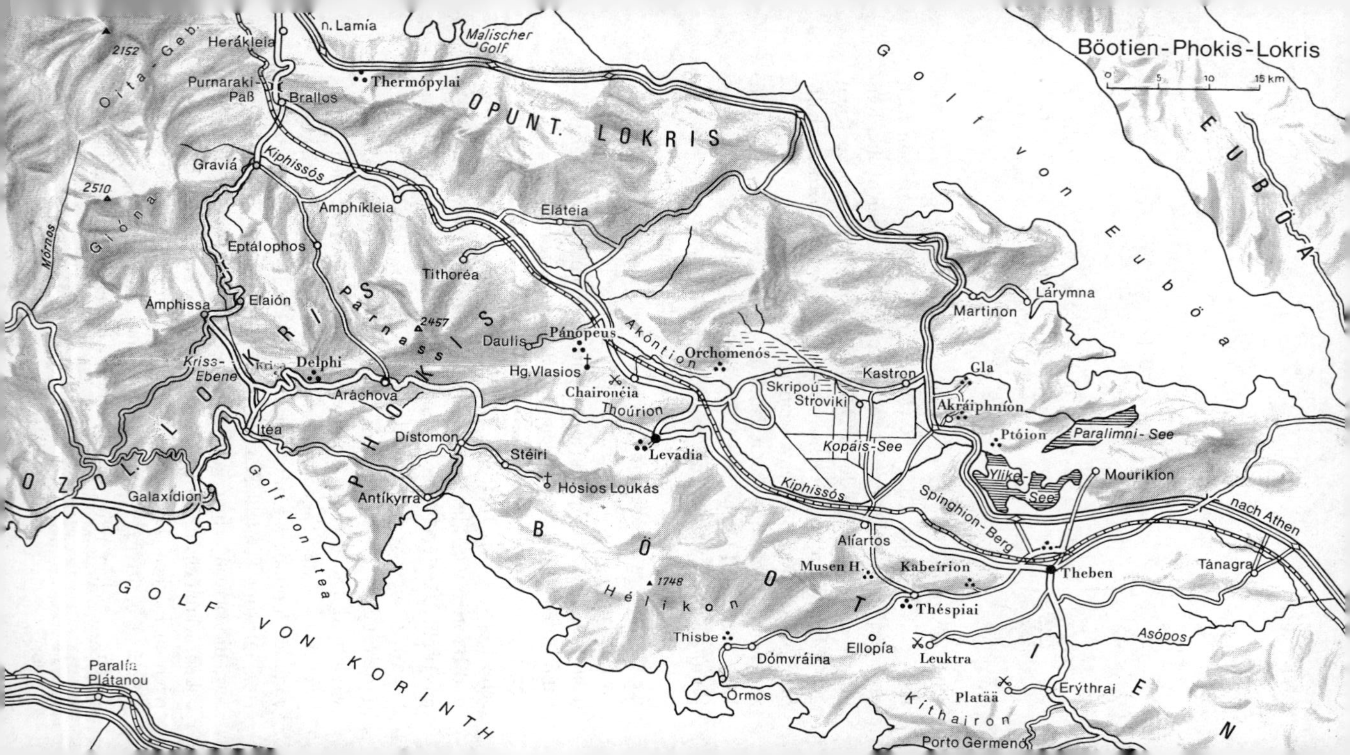

Böotien-Phokis-Lokris
0
5
10
15 km
n. Lamía
Malischer Golf
Heráklein
2152
Oita-Geb.
Purnaraki-Paß
Thermópylai
Brallos
OPUNT. LOKRIS
Graviá
Kiphissós
2510
Amphíkleia
Eláteia
Giona
Mórnos
Eptálophos
Tithoréa
Ámphissa
Elaión
Parnass
2457
Daulis
Pánopeus
Akóntion
Orchomenós
Kriss-Ebene
Krisa
Delphi
Hg. Vlasios
Chaironéia
Arachova
Thoúrion
Skripoú
Stroviki
Kastron
Itéa
Dístomon
Levádia
Stéiri
Hósios Loukás
Kopaís-See
Galaxídion
Antíkyrra
Kiphissós
OZOL. LOKRIS
PHOKIS
Golf von Itea
GOLF VON KORINTH
BÖOTIEN
1748
Hélikon
Golf von Euböa
EUBÖA
Lárymna
Martinon
Gla
Akraíphnion
Ptóion
Paralimni-See
Ylike-See
Mourikion
Spinghion-Berg
nach Athen
Aliártos
Musen H.
Kabeírion
Theben
Tánagra
Théspiai
Thisbe
Ellopía
Leuktra
Asópos
Dómvráina
Paralía Plátanou
Ormos
Platää
Erýthrai
Kithairon
Porto Germenó

sich in Extremen. Schon Hesiod beklagte sich über die Strenge der Winter; im Sommer sind die Tiefebenen ein Feuerofen. Ein grauer Himmel, plötzlich kalte Winde, die blühenden Hecken und Pflaumenblüten des Frühjahrs sind zuweilen wie ein Vorgeschmack nördlicher Regionen.

Die boshaften Athener bezeichneten in antiker Zeit ihre verachteten Nachbarn häufig als ›böotische Schweine‹, die angeblich grobschlächtig, ordinär, sinnlich und habgierig waren. Dessen ungeachtet brachten sie zwei große Dichter hervor: Hesiod und Pindar. Auch der Philosoph und Historiker Plutarch war Böotier. Besonders begabt waren die Menschen für Musik. Aus einer Schilfrohrart, die nur an den Ufern des Kopáïs-Sees wuchs, fertigten sie den ›Aulos‹, die böotische Flöte, die unseren Oboen verwandt ist. Amphíon soll seine Landsleute in den verschiedenen Spielweisen dieses Instrumentes unterwiesen haben. Er war der eine der ›Thebanischen Dioskuren‹, der Zwillingssöhne des Zeus und der thebanischen Königstochter Antiope. Kurz nach der Geburt mit seinem Bruder Zethos im Kithairón-Gebirge ausgesetzt, gab er sich ganz seiner Lyra hin, während Zethos zu einem behenden und tatkräftigen Menschen heranwuchs.

Durch Böotien führt der Haupteinfallsweg aus dem Norden, und so hat es den Durchzug so mancher Eroberer erlebt – Dorer, Perser, Makedonier, Römer, Franken, Normannen, Spanier, Türken und Deutsche. Heute widmen seine Bewohner sich hauptsächlich der Landwirtschaft auf ihren fruchtbar gemachten Sümpfen; sie haben während der letzten zweihundert Jahre keinen bedeutenden Namen hervorgebracht, kein folgenreiches Ereignis ausgelöst.

Die Ebene, die wir in nordwestlicher Richtung durchqueren, wird vom Asópos bewässert, dem einzigen Flüßchen der Gegend, das geradewegs ins Meer fließt, ohne im porösen Kalkstein zu versickern und sich unterirdisch seinen Weg zu suchen. Hin und wieder erhascht man einen Blick auf den blauen Streifen des *Eúripos*, der Wasserstraße zwischen Euböa und dem Festland, die sich ihrer engsten Stelle nähert. Auf der Festlandsseite liegt die *Bucht von Aulis,* wo Agamemnons Flotte auf der Fahrt nach Troja in der Windstille lag und Iphigenie geopfert werden sollte. Die Trümmer des Artemis-Tempels sind zu unerheblich, als daß sie zu einem Besuch aufforderten. Das wenige Kilometer westlich der Straße gelegene *Tánagra* (in Griechenland sprich: Tanágra) war einstmals berühmt wegen seiner bemalten Terrakotta-Statuetten; die schönsten Sammlungen dieser kleinen Figuren befinden sich im Nationalmuseum in Athen, im Museum in Delphi und im Britischen Museum in London. Mit Tánagra verbindet sich die Erinnerung an den Triton, ein Meerungeheuer mit Kiemen und einer Menschennase, den Zähnen eines wilden Tieres, meergrünen Augen, Fingernägeln gleich den Scheren eines Krebses und dem Schwanz eines Delphins, das vom Meeresstrand heraufzuklettern, große Mengen Weines zu trinken und den Bewohnern ihr Vieh zu stehlen pflegte. Bei Tánagra zweigt eine Straße nach Aulis und Euböa, eine zweite nach *Theben* im Westen ab.

»Keine Stadt in Griechenland«, so lesen wir im Handbuch der griechischen und römischen Geographie, »besaß eine solche fortdauernde Berühmtheit«. Dieser Ruhm gereichte ihm nicht immer zur Ehre. Der Reisende, der sich der berühmten Vergangenheit erinnert, fühlt sich magisch von der Stadt der Sieben Tore angezogen, findet sich dann aber in einer trübseligen Provinzstadt, die sich durch nichts empfiehlt als durch einen guten, leicht mit Harz versetzten Rosé-Wein. Das Auge bleibt an ein paar antiken Steinen und wenigen baufälligen türkischen Häusern haften. Trotzdem sollte man Theben und die kadméische Ebene keinesfalls zu rasch durchfahren, schon um der reichen mythologischen und der dramatischen historischen Ereignisse willen, die jeweils an Ort und Stelle wieder lebendig werden.

Das Stadtzentrum Thebens auf dem höchsten der Hügel, die Hauptstraße mit Tavernen und Weinläden, liegt über der antiken Akropolis, der Kadméia. Kadmos kam aus Phönikien und brachte von dort die Schriftzeichen nach Griechenland; er gründete Theben und besiedelte Böotien. Pindar sagt, er habe Harmonía ›mit den vollgewölbten Augen‹ geheiratet und Drachenzähne ausgesät, denen fünf Krieger entsprangen. Es waren die Vorfahren der thebanischen Aristokratie, unter ihnen der unglückselige Láios. Die Stadt wurde unter den Klängen von Musik erbaut, die Amphíon, der Vater von Niobes glücklosen Kindern, auf einer Leier anstimmte. Horaz zufolge waren die Melodien so schön, daß die Steine sich von selbst bewegten und zu vollendeter baulicher Ordnung fügten. Hier gebar Seméle, des Kadmos Tochter, die Zeus unter Donner und Blitz umarmt hatte, den Dionysos, der unverzüglich in der ›Mutterstadt‹ seiner Anbeter die erste Weinrebe pflanzte. Auch Herakles war, einer mythologischen Version nach, ein gebürtiger Thebaner; desgleichen der berühmte Seher Teirésias, den Athena geblendet hatte, weil er sie einen Augenblick lang erspähte, wie sie im Hélikon nackt in einen Bach sprang. Später tat es ihr leid, und sie gewährte ihm die Gabe des Zweiten Gesichts.

Der Mythologie zufolge bedrohen schon früh Laster und Verbrechen den Palast von Theben. Nach einer uralten Prophezeiung sollte dem Láios und der Iokáste ein Sohn geboren werden, der seinen Vater töten und seine Mutter heiraten werde. Verzweifelt über diese erschreckende Vorbestimmung, setzte das Königspaar sein erstgeborenes Kind, einen Knaben, auf dem Berg Kithairón aus und trieb ihm einen Dorn durch die Füße. Aber ein Schäfer kam dem Kind zu Hilfe und nahm es mit an den Hof von Korinth, wo es den Namen Ödipus oder Schwellfuß wegen seiner verwachsenen Füße erhielt. Eines Tages, auf dem Rückweg aus Delphi, wo er das Orakel um Rat gefragt hatte, stieß der junge Ödipus in einem engen Hohlweg auf Láios und sein Gefolge, das ihn ungestüm aus dem Wege trieb. In dem sich daraus entwickelnden Handgemenge tötete er zufällig den König. Ohne zu wissen, wer sein Opfer war, durchquerte Ödipus sodann Böotien, das gerade von der Sphinx, einem geflügelten Wesen mit dem Leib eines Löwen und dem Kopf einer Frau, heimgesucht wurde. Dieses Ungeheuer hatte sich auf einen Felsabsatz gelagert und legte den Bewohnern von Theben allerlei Rätsel vor. Es ergriff denjenigen, der es nicht lösen konnte, zerriß ihn und fraß ihn auf. Ödipus, der es wagte, sich der Sphinx zu stellen, löste das Rätsel des Monstrums, das sich daraufhin aus Scham und Verzweiflung von seinem Felsvorsprung zu Tode stürzte. Aus Dankbarkeit hierfür riefen die Thebaner ihn zum König aus und boten ihm die Hand der Witwe des Láios zur Ehe. So erfüllte sich die Weissagung: zu dem Vatermord war nun auch die Blutschande gekommen.

Jahre später suchte eine neue Plage das Land heim, die Pest hielt die Stadt in ihrem Würgegriff. Den aufgeschreckten Bewohnern wurde ein Orakelspruch des delphischen Apollon kundgetan:

»Befleckung dieses Bodens, die das Land
Sich selbst erschuf und sich unheilbar nährt,
Muß unverzüglich ausgerottet sein.«

(Übersetzt von Ernst Buschor)

In der überhitzten Atmosphäre von Angst und Tod wurde die Wahrheit über die Ermordung des Láios entdeckt. Von den Göttern zugrunde gerichtet, stach Ödipus sich die Augen aus, Iokáste erhängte sich. Aber die Götter waren noch nicht besänftigt. Der Fluch traf auch die »mißgeborene Brut«, die Kinder von Iokáste und Ödipus. Einige Jahre darauf belagerte der Sohn Polyneikes mit Hilfe seiner argivischen Verbündeten die Stadt und umringte »ihre sieben Tore mit einem Kreis von Blut«, um sie aus der Tyrannei des Usurpators Kreon zu befreien. Doch Polyneikes fiel im Zweikampf mit seinem Bruder Etéokles, und auf den Befehl König Kreons, der seinen Untertanen die Folgen eines bewaffneten Aufstandes klar und deutlich vor Augen führen wollte, mußte er unbestattet liegen gelassen werden.

»Sein Leib sei unbedeckt, der Vögel Fraß,
Der Hunde Beute, Ekel jedem Aug«

Antigone aber, die Schwester des toten Jünglings, widersetzte sich Kreons Befehl, begrub heimlich seinen Leichnam und goß, dem religiösen Brauch folgend, Trankopfer über seinem Grab aus. Laut rühmte sie sich ihrer Tat und rief die Götter als ihre Helfer an. Kreon überlieferte sie dafür dem Tode.

Sophokles' Trauerspiel hat diesen Konflikt zwischen den Geboten der Götter, denen die eigenwillige Heldin gehorchte, und den Gesetzen des Menschen, deren unbeugsamer Wächter und Vollstrecker Kreon war, zum Inhalt. Mit dem Opfer der Antigone, die lebendig »in einer Felsengruft« bestattet wird, ist der Fluch endlich gesühnt. An tragischer Größe, dramatischer Geschlossenheit und konsequent entwickelter Handlung gibt es wenig in der griechischen Literatur, das sich mit Sophokles' Fassung der thebanischen Legende messen kann.

Von den *Ruinen der antiken Stadt* sind nur geringe Teile der Mauern südlich und östlich der Kadméia übrig, und zwar zwischen den Bächen Dirke und Ismene, die die Stadt reichlich mit Wasser versorgten und wohl der Grund waren für den schlammigen Boden während der Winterszeit, den Dikaiarchos, der Schüler des Aristoteles, dort eigens erwähnt. Der dunkelgraue böotische Marmor, in dem die Bauten aufgeführt waren, verlieh der Stadt etwas Düsteres, und obwohl sie zweifellos aufwendig ausgestaltet waren, hat niemand sie je als schön bezeichnet. Spuren eines imposanten Megaron, das wahrscheinlich Teil des Palastes der mykenischen Zeit war, in dem Láios, Ödipus und Kreon Hof hielten, sind kürzlich entdeckt worden, und in der Pelópidas-Straße hat man zwei Schichten eines Palast-Anbaus freigelegt. Hier wurden Tontafeln mit Schriftzeichen der Linear-B gefunden, die man ins 13. Jh. vor Chr. datiert hat, also etwa der Zeit von Kreons Regierung und dem Krieg der ›Sieben gegen Theben‹.

Während der Perserkriege benahm sich Theben ausgesprochen nichtswürdig: sein Heer schloß sich dem Perser Mardonios an und kämpfte mit ihm gegen die vereinte griechische Streitmacht. Die Thebaner waren geistig langsam, etwas schwer von Begriff und geradezu besessen von Eifersucht auf die schnelleren und gewandten Athener. Sie erwiesen sich womöglich als noch rachsüchtiger als die Spartaner, auf deren Seite sie im Peloponnesischen Krieg traten. Nach dem Sieg versuchten sie Lysander dazu zu bewegen, Athen dem Erdboden gleichzumachen und seine Bevölkerung in die Sklaverei zu verkaufen. Der spartanische König lehnte, zu seiner Ehre sei es gesagt, dieses Ansinnen ab. In der zweiten Hälfte des 4. Jhs. vor Chr. erscheint das oligarchische Theben unter der staatsmännischen Führung des Epameinóndas und des Pelópidas in sympathischerem Licht. Aber mit dem Tod des Epameinóndas setzte der Niedergang ein. Nach der Eroberung durch die Makedonier zog sich Theben durch eine Revolte, die der Athener Demosthenes anstiftete – der große Volksredner mischte sich gern ungefragt in die Politik ein –, die Wut Alexanders des Großen zu. Der künftige Welteroberer befahl nicht nur seinen rotberockten Soldaten, die Stadt dem Erdboden gleichzumachen, sondern auch 6000 Thebaner zu erschlagen und 3000 gefangenzunehmen. Sein Biograph und Vergötterer Arrianos billigt diese Maßnahme, indem er feierlich erklärt: »So war Theben endlich für seine Hinterlist bestraft worden – es hatte die Strafe für seinen Verrat Griechenlands in den Perserkriegen bezahlt.« Alexander hatte allerdings angeordnet, eine Ausnahme zu machen: er befahl, seine aristotelische Schulung mag ihn dazu veranlaßt haben, das Haus des Pindar zu verschonen. Pindar wurde hier geboren, und seine Laufbahn als Lyriker, so heißt es, begann damit, daß er an einem heißen Sommertag auf dem Weg nach Théspiai rastete und in tiefen Schlaf verfiel, woraufhin ein Bienenschwarm sich auf seinem Gesicht niederließ und seinen Mund mit Wachs bedeckte. Hinfort hörte man von ihm nur noch honigsüße Worte, die sich, wie Horaz schreibt, in kühnen Dithyramben von seinen Lippen ergossen »wie ein Fluß, der aus den Bergen herabtost und über seine Ufer tritt«.

Nach der Brandschatzung durch Alexander sank die Stadt in Vergessenheit bis zum Mittelalter, als der Pilger Benjamin von Tudela sie groß, reich und blühend und voller jüdischer Seidenweber antraf, mit deren verschwenderischen Schöpfungen die byzantinischen Kaiser und ihre Gemahlinnen sich kleideten und ihre Räume schmückten. Der Seidenhandel überlebte sogar die normannische Invasion des 12. Jhs.; damals entführten die Normannen eine große Zahl thebanischer Weber nach Palermo. Der Seidenhandel ist heute tot, aber Maulbeerbäume wachsen noch immer rings um die Stadt. Mit dem Eintreffen der fränkischen Barone wurde ›Estives‹, wie Theben nun genannt wurde, der Sitz der Familie de la Roche, die sich den Titel ›Herzöge der Athener und Thebaner‹ zulegte. Die Misere Athens im 13. Jh. muß in der Tat tragisch gewesen sein, wenn sie diesen kleinstädtischen, feuchten Ort anstatt der attischen Stadt des Lichts zu ihrer offiziellen Residenz machten. Am Westende der Odos Pindárou ist noch ein letzter Überrest der fränkischen Zeit erhalten: ein schöner, schwerer und behäbiger Turm, genannt ›Santameri‹ – eine verderbte Form von St. Omer –, der zu einer von Nicolas de St. Omer, dem Teilherrn von Theben, erbauten Burg gehörte. Neben dem Turm befindet sich das Museum, das einen eindrucksvollen archaischen Apollo besitzt sowie einige eigentümliche Grabstelen aus schwarzem Stein mit Spuren bemalter Flachreliefs, die böotische Krieger in der Schlacht zeigen.

Böotien ist stets der Schauplatz heftiger bewaffneter Zusammenstöße gewesen. Keiner gereicht den griechischen Waffen zu größerer Ehre als die dritte und entscheidende Schlacht der Perserkriege bei *Platää* (griechisch: Plataiái). Von Theben erreicht man den Ort in südlicher Richtung über Erýthrai. Nachdem der persische Befehlshaber Mardonios Athen zerstört und geräumt hatte, begannen sich die verbündeten Griechen, von denen sich die Thebaner wie stets ausgeschlossen hatten, 479 vor Chr. an den Abhängen des Kíthairon zu versammeln. Die seltene Bekundung griechischer Einigkeit machte die thebanische Perfidie nur um so verächtlicher.

Die Truppen der Stadtstaaten standen unter dem Oberbefehl des spartanischen Heerführers Pausanias, eines Neffen des Leonidas, und zählten 110000 Mann. Athen, das vornehmlich eine Seemacht war, gab sich ohne Murren mit dem zweiten Platz zufrieden. Mardonios sah sich hin- und hergerissen zwischen einer Vorahnung, daß es besser sei, sich aus Griechenland davonzumachen, ehe die Zange sich um sein schwerfälliges Heer von 300000 Mann schloß, und dem Wunsch, die Demütigung von Salamis zu rächen. Als seine Späher ihm hinterbrachten, daß die Griechen ihre Streitkräfte beim Isthmus von Korinth zusammenzogen, um nach Böotien vorzustoßen, beschloß er, sich am Asópos, wo er im Rücken vom freundlich gesonnenen Theben verteidigt sein würde, zur Entscheidungsschlacht zu stellen.

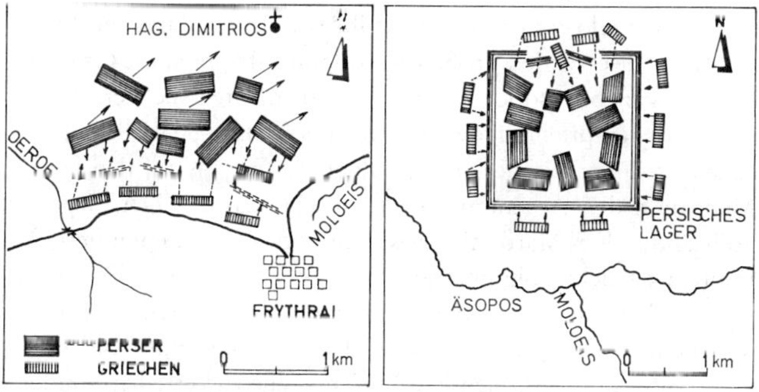

80 Die Schlacht bei Platää (479 v.Chr.).

Man kann vom Fuß der niedrigen Mauern oberhalb des Tals mit Hilfe Herodots die verschiedenen Bewegungen und Züge dieser komplizierten Schlacht ungefähr rekonstruieren. Während die griechischen Heere auf den Vorbergen ihre Stellungen bezogen, unternahm Makístios, ein hervorragender persischer Kavallerie-Offizier, in einen scharlachroten Rock und einen goldenen Schuppenharnisch gekleidet, einen kühnen Reiterangriff. Alles ging gut, bis er getötet wurde, woraufhin Herodot von den Persern berichtet, »man schor sich und den Pferden und den Zugtieren das Haar und erhob laut die Totenklage. Ganz Böotien hallte wider...« Die Omen hatte beide Armeen davor gewarnt, die Defensive zu verlassen; jene Streitmacht, die als erste den Asópos überquere, sei dem Untergang geweiht. Folglich starrten die Gegner einander zehn Tage lang unbeweglich über das Flüßchen hinweg an. Schließlich ließ sich Mardonios von einer Folge spartanischer und athenischer Täuschungsmanöver, von unablässigen Veränderungen in der Aufstellung der verbündeten griechischen Heere hinters Licht führen und zu dem Glauben verleiten, die Griechen schickten sich zum Abzug an. Er schlug die Omen in den Wind und führte eine laut schreiende, schlecht gerüstete Truppe über den Fluß, wo ihr auf dem südlichen Ufer die schwerbewaffneten Einheiten des spartanischen Berufsheeres entgegentraten. Von den Athenern verstärkt, richteten die Spartaner die Angreifer aufs schrecklichste zu. Mardonios, auf weißem Schlachtroß, kämpfte tapfer, aber mit dem Augenblick, da er von einem Spartaner getötet wurde, erfaßte die Perser Panik, und sie flohen Hals über Kopf in aufgelöster Ordnung auf ihr befestigtes Lager zu. In der hiernach einsetzenden großen Verfolgung strömten die Griechen den Hang zum Asópos hinab und umzingelten die Perser. Die Thebaner kämpften mit der Wut der Verzweiflung. Vielleicht verlangte es die poetische Gerechtigkeit, daß sie bis auf den letzten Mann von den Athenern niedergemacht wurden. Der Sieg war vollständig. Des Mardonios kostbares Zelt wurde geplündert, das Beutegut gleichmäßig unter den Verbündeten verteilt. Es war sowohl in den Augen der Heloten als auch der Hopliten schlechthin märchenhaft. Da gab es nicht nur silberne Tische, mit Gold eingelegte Ruhelager und reichgewebte Teppiche zu verteilen, sondern auch ganze Wagen voller Becher und Trinkgefäße, ganz zu schweigen von Kamelen, Saumtieren und persischen Frauen. Der Anblick von soviel verschwenderischem Reichtum ließ den spartanischen Heerführer Pausanias fragen, warum wohl ein so reiches Volk die Griechen ihres einzigen Besitztums, nämlich ihrer Armut, berauben wolle. Übersättigt von Triumph, Plünderung und Schlächterei kehrten die Griechen zur Agora von Plätää zurück, wo sie dem Zeus Eleuthérios, dem Befreier, opferten. »So hatte denn Mardonios den Tod des Leonidas gebüßt«, schließt Herodot, »wie es der Orakelspruch vorausgesagt hatte.« Nach Plätää unternahm der Großkönig keinen weiteren Versuch, den Hellespont zu überqueren und Griechenland zu erobern.

Es sind kaum Überreste der alten Stadtgemeinde erhalten, deren Umland früher einmal infolge unzureichender unterirdischer Abflüsse überflutet gewesen sein muß. So kommt Strabon zu der Erklärung: »Plataä erhielt seinen Namen wahrscheinlich von der *Plate* [dem Schaufelblatt] der Ruder, und Platäer hießen die vom Ruderschlag Lebenden.« In den Kornfeldern, die sanft zum Asópos-Flüßchen abfallen, läßt sich eine etwa kreisförmige Mauerumschließung mit einem Umfang von etwa 4 km nachziehen. Auf einer Terrasse in der Nähe der Nordwestmauer sind die Fundamente eines Tempels, möglicherweise der Hera, zu sehen. Aber es ist keine Spur des Heiligtums der Demeter zu entdecken, das besonders grimmig umkämpft wurde, auf dessen geheiligtem Boden man aber nach der Schlacht keinen persischen Leichnam fand. Herodot meint, die Göttin habe sich der Entweihung ihres Heiligtums in Eleusis durch die Barbaren erinnert und sie gehindert, den Fuß in ihren böotischen Tempel zu setzen.

Die Platäer können sich des edlen Rufs rühmen, vom späten 6. Jh. vor Chr. an dem Bündnis mit Athen die Treue gehalten zu haben. Bei Marathon war es der einzige Stadtstaat, der den hart bedrängten Athenern eine Truppe zur Hilfe schickte. Während des Peloponnesischen Krieges schwankte es nie. Nach zweijähriger Belagerung durch die Spartaner und ihre Verbündeten waren die zusammengeschmolzenen Platäer schließlich 427 gezwungen, sich zu ergeben. Der Feind ließ nicht einen einzigen Einwohner am Leben und zerstörte sämtliche Gebäude. So zahlte Plataä teuer für seine Treue zu Athen. Philipp II. von Makedonien ließ 338 die Stadt und Alexander der Große die Wälle wieder aufbauen, die heute, fast zerfallen, an der Westseite noch am besten erkennbar sind.

Leuktra (sprich: Léfktra), der Ort, an dem eine nicht weniger berühmte Schlacht geschlagen wurde, liegt einige Kilometer entfernt im Nordwesten. Kurz bevor man von Plataä wieder nach Theben käme, führt linker Hand ein Feldweg zu dem Dorf Leuktra, etwas oberhalb des antiken Schlachtfeldes. Pausanias sagt vom Sieg Thebens über Sparta im Jahre 371 vor Chr. bei Leuktra, es sei »der ruhmreichste, der je von Griechen gegen Griechen errungen wurde«. Es ist die altvertraute Geschichte der Griechen, sich eher gegenseitig zu vernichten, als sich einer gemeinsamen Führung anzuvertrauen. Die Vorherrschaft Spartas nach dem Peloponnesischen Krieg wurde von niemand angefochten. Jedoch ließ sich Theben, das an die Stelle Athens als zweitgrößte Macht getreten war, die Übergriffe der Spartaner nicht gefallen, die mitten im Frieden die Burg der Stadt besetzt hatten. Nach ihrer Vertreibung bildete sich unter thebanischer Führung der Böotische Bund. Dies brachte die Spartaner zum Handeln, und ihr Heer drang in Böotien ein.

Die thebanischen Führer waren sich anfänglich nicht sicher, ob sie es wagen sollten, einen so gewaltigen Widersacher auf offenem Gelände anzugreifen, aber Epameinóndas, der dem Staat neue Lebenskräfte eingeflößt und den thebanischen Waffen Ehre eingebracht hatte, setzte trotz der zahlenmäßigen Unterlegenheit seine Zuversicht in die Kampfkraft der ›Heiligen Schaar‹ und den draufgängerischen Schwung der thebanischen Reiterei. Auch die Omen standen günstig. In Theben öffneten sich die Tempeltore von selbst, und die Waffen im Heiligtum des Herakles verschwanden über Nacht, ein Anzeichen, daß der Halbgott selbst an der Schlacht teilnehmen würde; ein weißes Spinnennetz hatte sich plötzlich vor dem Eingang zum Heiligtum der Demeter gebildet; und während die Erörterung, ob man kämpfen solle oder nicht, noch im Gange war, kam außerdem eine muntere kleine Stute fröhlich ins thebanische Feldlager getrabt. Dies wurde als ein weiteres günstiges Vorzeichen genommen, und die Stute wurde, wie es sich gehörte, geopfert.

Der Sieg war hauptsächlich der glänzenden Taktik des Epameinóndas zu verdanken. Anstatt auf der ganzen Linie anzugreifen, bildete er einen Keil, hinter dem, wie Xenophon sagt, eine »zusammengefaßte Formation in einer Tiefe von mindestens fünfzig Schilden« folgte. Ein wilder Sturmangriff dieser gestaffelten Truppenmasse gegen den feindlichen rechten Flügel durchbrach die spartanische Aufstellung, die, in einer langen Linie ausgezogen, keine Tiefe aufwies. Diese neue Taktik brachte einen vollen Erfolg. Sie stürzte die Spartaner in größte Verwirrung, und obendrein wurde ihr König Kléombrotos gleich zu Beginn des Gefechts getötet. Die thebanische Reiterei machte den Sieg vollständig, indem sie den letzten Zusammenhalt der Feinde zerschlug. Die Niederlage der Spartaner fuhr »gleich einem Donnerschlag auf jedermann in Griechenland nieder« (George Grote). Sie veränderte alle militärischen Begriffe und Vorstellungen und machte den spartanischen Anspruch auf die Vorherrschaft zunichte.

Die Schlacht wurde nördlich des *Tumulus* ausgetragen, den wir heute noch sehen und der wahrscheinlich das Kriegergrab der Spartaner ist. Darüber hinaus erinnern nur noch *Ta Marmara* an den Ort der erbitterten Kämpfe. Es sind die Reste eines ›Tropaions‹, des Siegesmales der Thebaner: auf einer Sockelung, umgeben von neun steinernen Schilden, soll die bronzene Statue des Epameinóndas gestanden haben. Ich fragte einen Bauern, ob es in der Nähe irgendwelche ›archaia‹, antike Dinge, gebe. Er führte mich in ein Feld, stocherte im Korn herum und deutete auf eine Steinplatte, die aus dem feuchten Boden herausragte. Sie könnte Teil einer Stele gewesen sein und war mit dem Namen MYRON beschriftet. Der Bildhauer Myron, der aus dem benachbarten Eleútherai stammte, starb allerdings ungefähr hundert Jahre vor der Schlacht. Was mag diese Stele bezeichnet haben? Die Platte war, wie der Mann sagte, 1963 von einem Traktor hochgeworfen worden.

Von Leuktra aus erreicht man über Ellopía nach etwa 14 km *Théspiai,* das sich mit Platää in die Auszeichnung teilt, eine der beiden böotischen Städte gewesen zu sein, die in unnachgiebiger Feindseligkeit zu Theben verharrten und folglich von Xerxes niedergebrannt wurden. Kaum noch feststellbare Grundmauern eines *Tempels der Musen* liegen in der Ebene südlich des Dorfes. In ihm verehrten die Thespier den *Eros,* einen urzeitlichen Gott, der sexuelle wie geistig-seelische Kräfte zu entfachen wußte und seine brennenden Fackeln gleicherweise auf Götter und Sterbliche schleuderte. Erst in hellenistischer Zeit verjüngt er sich zusehends. Von Dichtern und bildenden Künstlern sentimentalisiert, wird er zum Sohn der Aphrodite und schließlich zu dem drallen, pausbäckigen kleinen Amor oder Cupido, den die römischen Künstler so populär machten. Der ursprüngliche griechische Eros war eine wesentlich männlichere Gottheit. Es wurde alle vier Jahre ein Fest zu seinen Ehren abgehalten, genannt die ›Erotidia‹, und sein ältestes Kultbild war ein unbehauener aufgerichteter Steinblock, dem jede Jungvermählte eine Flechte ihres Haares als Symbol ihrer Jugend und einen Gürtel als Symbol ihrer Jungfräulichkeit darbrachte. Im 4. Jh. vor Chr. schuf Lysipp einen berühmten Eros, der noch zur Zeit Ciceros das Heiligtum des Eros in Théspiai zierte und später von Nero nach Rom geschafft wurde. Eine zweite

Statue, ein Werk des Praxiteles, wurde der Stadt von ihrer berühmtesten Einwohnerin, der weithin bekannten Phryne geschenkt. Phryne war ein Mädchen bescheidener Herkunft, das sich seinen Lebensunterhalt mit dem Sammeln von Kapern verdiente, bis sie erkannte, welche Vorteile ihre unvergleichliche Schönheit ihr boten. Sie wurde die berühmteste athenische Hetäre und war die Geliebte des Praxiteles. Es heißt, eine vergoldete Statue, zu der sie Modell gestanden hatte, fand im großen Apollon-Heiligtum in Delphi Aufstellung. Kein Grieche betrachtete dies als Sakrileg. Als sie einmal auf dem Areopag in Athen vor Gericht stand, entblößte sie ihren göttlichen Busen und wurde von den Richtern daraufhin unverzüglich freigesprochen. Unermeßlich reich geworden, regte sie einige große Kunstwerke jener Zeit an.

Frühe thrakische Siedler brachten ihre Verehrung für die Musen in die Abgeschiedenheit des Hélikon. Ursprünglich war es ein Kult der Hirten, die in Bergen und Quellen Gottheiten verehrten. Etwa 7 km wandert man das Tal hinan zum *Hain der Musen*. Er besaß einen riesigen Altarplatz, reich umstellt von Statuen und Weihreliefs, und seit dem 3. Jh. vor Chr. gab es ein Theater als Schauplatz der ›Musenspiele‹. Es waren Wettbewerbe, alle vier Jahre veranstaltet, für Musik, Gesang, Lyrik, später auch für Dramen. Alles ist in konstantinischer Zeit mit dem Vordringen des Christentums geplündert und zerstört worden, und die Reste sind heute fast schon wieder zu Natur geworden. – Auf dem Wege dorthin sitzt zur Rechten ein verfallener hellenistischer Turm auf einer kegelförmigen Anhöhe; hier lag einmal das *antike Askra,* der Geburtsort des archaischen Epikers Hesiod aus dem 7. Jh. Der Dichter schrieb von der Übersiedlung seines Vaters aus Kleinasien hierher: »Nahe dem Hélikon ließ er sich nieder im ärmlichen Askra, übel im Winter, beschwerlich im Sommer und niemals erfreulich.«

Hier an einem der Berghänge entsprang auch irgendwo die Quelle, in die der *Jüngling Narziß* so lange und beharrlich blickte, daß er sich in sein eigenes Abbild verliebte. »Das ist doch ganz und gar einfältig«, meint Pausanias nüchtern, »daß jemand, der alt genug war, um sich zu verlieben, nicht hätte unterscheiden können, was ein Mensch und der Schatten eines Menschen sei.« Dennoch ist es schade, daß dieser Ort nicht mehr auffindbar ist.

△ Entdeckt und erforscht wurde hingegen das *Heiligtum der Kabeiren.* Es liegt – fast versteckt – in einer Hügelfalte östlich von

Théspiai auf dem Wege nach Theben. – Südwestlich von Théspiai △ kommt man auf halbwegs guter Staubstraße zum *homerischen Thísbi* (sprich: Thísvi), findet polygonales Mauerwerk nordwestlich und Befestigungen aus klassischer Zeit östlich des heutigen Dorfes.

Von wo immer man aus dem südlichen Böotien auf die Hauptstraße Theben-Levádia stößt, fährt man auf den ehemaligen Kopáïs-See zu. Einst eine weite schimmernde Fläche, Brutstätte der Kraniche, umgeben von Felsen und Bergen, die sich aus seichtem Wasser erhoben – heute von Weiden- und Pappelreihen in große Gevierte aufgeteilt und wichtigstes Gebiet für den Anbau von Baumwolle. Der See oder Sumpf wurde Ende des 19. Jhs. trockengelegt. Strabons Behauptung, das ganze Becken sei bereits von den Bewohnern des antiken Orchomenós entwässert worden, fand Bestätigung, seitdem die Archäologen vielverzweigte Systeme wohl ausgeklügelter Deiche und Kanäle feststellten, die den See in ›Katavothren‹, in Zugänge zu Hohlräumen im Kalkstein ableiteten. Diese wiederum geben die Wasser in die euböische Meerenge frei. Hier wird man übrigens auf ein geologisches Phänomen aufmerksam, dem man in Böotien noch öfters begegnet: zwischen den eigentümlich höckerförmigen, schiefergrauen Felsen, die wie bei einer Fata Morgana über dem sonnengetränkten Ackerland auftauchen, liegen Seen auf verschiedenen Höhenstufen, die das Wasser ihrer Zuflüsse ebenfalls durch Gesteinskammern in die Meerenge von Euböa entlassen.

Im Südosten der Niederung vor dem abweisenden Sphíngion-Berg – angeblich die Höhe, von welcher sich die Sphinx hinabstürzte, als Ödipus ihr Rätsel löste – liegt Homers »grasiges *Alíartos*«. Wie damals ist es von »wohl bewässerten Wiesen« umgeben. Pausanias stellte fest, daß die Aale hier im See »von bedeutender Größe und dem Gaumen sehr angenehm« seien. Unter den Stadtmauern fand während des Böotischen Krieges im Jahre 395 vor Chr. der spartanische Feldherr Lysander den Tod; ein Mann aus Alíartos, der »als Schildzeichen eine Schlange führte«, hatte ihn getötet und machte damit eine Prophezeiung wahr, von der Plutarch sagt, sie habe Lysander »vor der listig nachschleichenden Schlange« gewarnt. Auch der blinde Seher Teiresias fand hier sein Ende nach einem sieben Generationen umfassenden Leben, als er aus einer Quelle eiskaltes Wasser trank und sich erkältete.

Bei Alíartos (auch Moúlkion) hat der Reisende die Wahl zwischen zwei Straßen. Die eine führt direkt nach Levádia – und weiter nach Delphi oder nordwärts nach Mittelgriechenland. Sie läuft parallel zu den Hängen des Hélikon, dessen Umrisse und Farben sich im Laufe des Tages immer wieder wandeln und verändern. Die Bienenvölker erzeugen im Hélikon einen besonderen, süßlich duftenden Honig. Auch die dortigen Gräser und Wurzeln seien von so süßem Geschmack, sagte man im Altertum, daß sie damals als Mittel gegen das Gift von Vipern und Nattern dienten. George Wheler, der im 17. Jh. auf diesen würzigen Berghalden umherwanderte, pflückte unzählige, leuchtend gelbe Narzissen, die in den geschützten Tälern hinter Levádia auf dem Weg nach Delphi wachsen, und kletterte hoch genug hinauf, um Tannen zu erblikken, »deren Terpentin sehr stark duftet ... und auch Gemswurz, deren Wurzeln Skorpionen gleichen«, sowie Erdbeerbäume, deren Früchte ihm köstlich mundeten.

Der andere und interessantere Weg beschreibt einen Bogen rund um den Ost- und Nordrand der Ebene und führt über das Heiligtum des Apollon Ptóïos, über Gla und über Orchomenós auch nach Levádia. Von Alíartos läuft eine staubige Straße quer durch die Baumwollfelder nach Norden, schneidet die Nationalstraße Athen–Saloniki und erreicht das Dorf *Akräiphnion* (sprich: Akräfnion), wohin die Thebaner sich nach der Zerstörung ihrer Stadt durch Alexander den Großen flüchteten. Hinter dem Ort (Richtung Kókkinon) achte man rechts auf eine abzweigende Staubstraße, die zum Westhang des Ptóïos-Bergstocks führt. Hier lag das Heiligtum des Apollon, *das Ptóïon*. Es ist nicht so leicht, die Ruinen zu finden. Die Kapelle der ›Hágia Paraskeví‹ im Schatten einer großen Steineiche ist das Wegzeichen, nach dem es Ausschau zu halten gilt. Hinter ihr steigen die drei Terrassen des Apollon-Heiligtums auf. Es war seit alters der Sitz eines verehrten Orakels, das auch von Mardonios am Vorabend der Schlacht von Platää befragt wurde, und zwar durch einen karischen Dolmetscher, dem die weissagende Stimme zum großen Erstaunen seiner thebanischen Führer in fließendem Karisch antwortete. Auf der ersten Terrasse befinden sich die Fundamente eines Rundbaus und eine rechteckige Zisterne, in welcher die Ratsuchenden sich reinigten, ehe sie zur zweiten Terrasse hinaufstiegen, auf der man die Grundmauern von zwei Stoen erkennt. Auf der dritten Terrasse, von

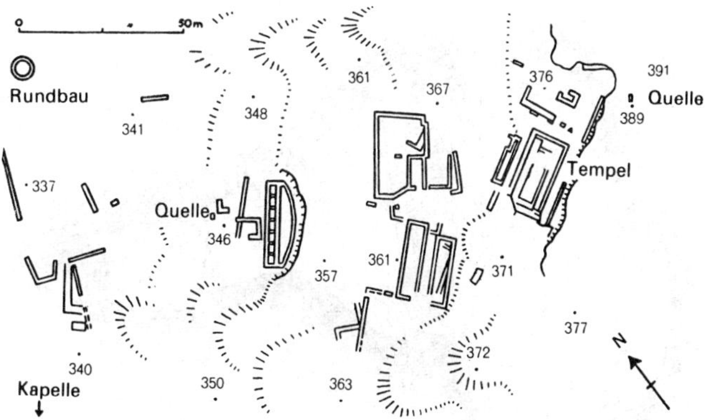

81 Ptóïon. Lageplan.

Stützmauern unterfangen, erhob sich der dorische Apollon-Tempel des 3. Jhs. vor Chr. über den Fundamenten eines älteren aus dem 7. Jh. vor Chr. Hier wurde die große archaische Statue des Apollon Ptóïos gefunden, die sich jetzt im Nationalmuseum in Athen befindet. Pindar schreibt, Apollon sei, ehe er diesen Platz wählte, durch die Himmel gewirbelt und »über das Land und alle Meere hingegangen und stand auf den himmelstrebenden Wachttürmen der Berge und erkundete die Höhlen, während er selbst die Grundsteine seiner Haine legte ...«. Oberhalb des Tempels hat man die Grundmauern einer Quelleinfassung als die Stelle des Orakels identifiziert. Die ›Perdiko Vrysi‹, die ›Rebhuhn-Quelle‹, bricht hier aus dem Felsen hervor. Während man von einer Terrasse zur nächsten hinaufklettert, sinkt man oft knöcheltief in weiches Moos ein, das von Rinnsalen durchzogen ist. Es scheint, als drängten Wasser aus der Niederung des ehemaligen Kopáïs-Sees, die in unterirdische Kammern dieses Bergstocks abflossen, hier wieder an die Oberfläche.

Von einem Vorsprung südöstlich des Heiligtums hat man einen schönen Blick auf den drunten liegenden *Ylíke-See* und die ihm zufließenden Bächlein. Am Westrand des Sees, der wie der Marathon-Stausee Athen mit Wasser versorgt, läuft die Autobahn von Athen nach Lamía vorbei. Er war offensichtlich früher ein Krater und ist tiefer gelegen als die Kopáïs-Niederung; seine Gestalt ist von faszinierender Form, eine Folge von Achter-Schlingen, die

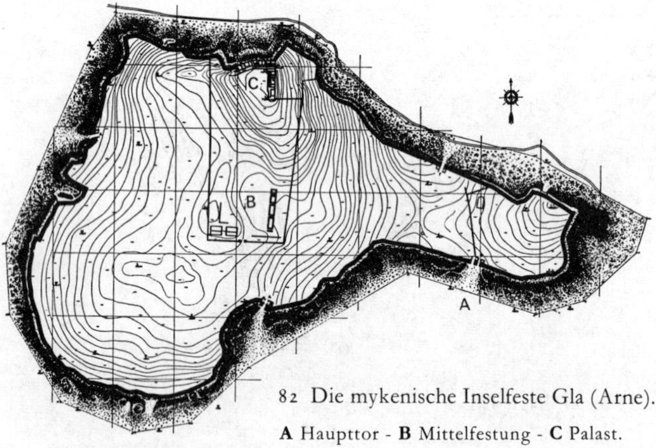

82 Die mykenische Inselfeste Gla (Arne).
A Haupttor - **B** Mittelfestung - **C** Palast.

alle verschieden groß sind. Kahle felsige Ufer schließen die fjordartigen Buchten mit ihrem glasklaren Wasser ein. Die kegelförmigen Berge und verschobenen vulkanischen Formationen erinnern zuweilen an eine Mondlandschaft, dann wieder ähneln sie japanischen Farbholzschnitten. Ein unterirdischer Wasserweg verbindet den Ylíki-See mit dem kleineren *Paralimni* im Nordosten, dessen Spiegel noch tiefer liegt. Man erreicht ihn über eine von Theben nach Norden gehende und ebenfalls die Nationalstraße kreuzende Landstraße. Sie führt durch Mouríkion zu dem eng umschlossenen Becken hinab, wo schiefergrauer Fels über der langgestreckten Wasserfläche aufsteigt. Es ist ein erstaunlicher Anblick – unerwartet, einsam und verlassen, bizarr.

Zur Nationalstraße zurückgekehrt, fährt man in Richtung Lamía bis zur nächsten Ausfahrt bei dem Ort Kástron (früher Topólia). Man verläßt sie dort, zweigt danach nach rechts, um, östlich der Autobahn, zu der sogenannten Insel *Gla* – möglicherweise dem bei Homer genannten *Arne* – zu kommen. Früher war die plateauartige Erhebung aus schierem Fels wirklich eine Insel inmitten des Köïpas-Sees. Heute umrundet die Staubstraße eine der seltsamsten prähistorischen Stätten Griechenlands. Sie liegt mit dem höchsten Punkt etwa 70 m über der Ebene, im Süden und Westen fällt sie bis auf 30 m ab. Kyklopische Mauern folgen der Felssteilwand in einer Gesamtlänge von 3 km. Es gab vier Zugänge zu der

Akropolis aus dem 14. Jh. vor Chr. Das Haupttor lag im Süden. Geht man im Inneren in nordwestlicher Richtung weiter, so gelangt man zur Mittelfestung, dem als ›Agora‹ bezeichneten Teil. Nördlich davon befand sich an der höchsten Stelle des Felsens der Palast mit L-förmigem Grundriß. Diese ungewöhnliche Anlage in jener Zeit ist bisher nur noch einmal in Hagia Triada auf Südkreta bekannt. Man nimmt an, daß minyische Fürsten hier gesessen haben. Die Festung beherrschte das Nordostbecken des Kopaïs-Sees unterhalb des Ptóïosberges. Die Mauern waren über steinernem Fundament aus sonnengetrockneten Lehmziegeln aufgeführt. Man sieht die Spuren von Korridoren, vielen Kammern und von zwei Megara, wie sie in mykenischen Palästen üblich sind. Jeweils eines lag nahe der Eingänge an den Enden der zwei Flügel. Nicht weniger als 39 Türen hat man gezählt.

Gla ist eine der wenigen antiken Stätten Griechenlands, deren Geschichte bisher noch keinen sicheren Anknüpfungspunkt an my-

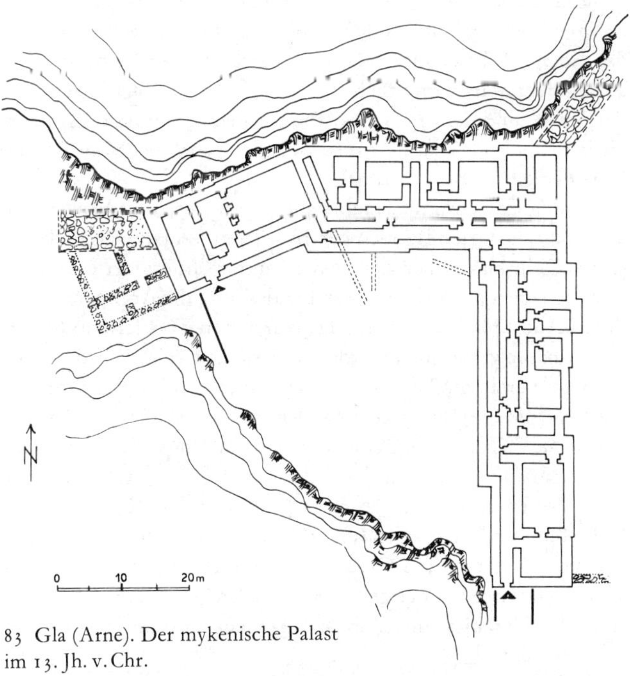

83 Gla (Arne). Der mykenische Palast im 13. Jh. v. Chr.

thologisches oder historisches Geschehen preisgegeben hat. Das Rätsel um die frühen Bewohner übt – mehr noch als die erneut untersuchten Baureste – eine eigentümliche Faszination aus. Hier oben gibt es keinen Baum, keine Ziege weit und breit, nur Bienen, Salbei und Fenchel über einer versunkenen Vergangenheit.

△ Von Kástron aus nach Westen, erreicht man nach etwa 15 km Orchomenós. Dieses *böotische Orchomenós* ist, wohlgemerkt, nicht mit der gleichnamigen antiken Stadt in Arkadien zu verwechseln. Gelbe Schwertlilien säumen die oft sumpfigen Ufer des Kiphissós, des bei Aischylos »vielkunkeligen« Flusses, der in den phokischen Bergen entspringt und, wie Hesiod sagt, »wie ein Drache in gewundenem Lauf« durch die Ebene fließt. Ein zweites Flüßchen, der Mélas, entspringt aus einem ›Kephalári‹, der Austrittsstelle einer Wasserader im Nordsockel des *Akóntion,* dem einem ›Wurfspeer‹ ähnelnden kahlen, abweisenden Hügelrücken. Der Mélas war berühmt wegen seines dunkel gefärbten Wassers – er heißt heute Mavropótamos, ›Schwarzer Fluß‹ –, und Plutarch sagt, er sei »zur Sommersonnwende wie der Nil angeschwollen«; er war der einzige Wasserlauf in Griechenland, der von seiner Quelle ab schiffbar war, vermutlich mit flachkieligen Booten. Zwischen der Straße und dem Akóntion-Berg liegen die Spuren der Stadt, die in frühhelladischer Zeit, also zwischen 2600-1900 vor Chr., die bedeutendste in Böotien war.

Orchomenós war die Hauptstadt der Minyer, eines Volkes, das aus Thessalien nach Böotien herabkam und so uralt war, daß man sich auch in klassischer Zeit seiner kaum mehr erinnerte. Minyas war der legendäre König dieses Landes, und die Argonauten mit ihrem Anführer Iason stammten von seinen Töchtern ab, die in Fledermäuse verwandelt wurden, weil sie sich weigerten, den Dionysos zu verehren. Theben war Orchomenós tributpflichtig, und die Legende erzählt, daß einmal den orchomenischen Abgesandten, als sie thebanisches Gebiet betraten, um längst überfällige Abgaben einzukassieren, ein trotziger Herakles gegenübertrat, der ihnen Nasen und Ohren abschnitt, sie ihnen wie Ketten um die Hälse hing und sie so nach Orchomenós zurückschickte. Das war den stolzen Leuten aus Orchomenós zuviel. In dem hieraus entstehenden Krieg wurden sie jedoch von den Thebanern unter Führung des Herakles, den Athena mit einer Rüstung ausgestattet hatte, besiegt.

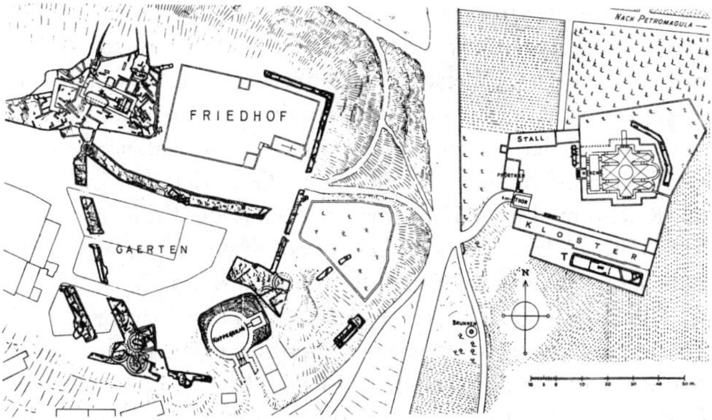

84 Orchomenós. Lageplan der frühhelladischen Siedlung. Rechts die byzantinische Basilika des 9. Jhs.

Das eindrucksvollste erhaltene Bauwerk der Minyer-Kultur ist das *Schatzhaus des Minyas,* von dem Pausanias behauptet, es sei »ein Wunderbau, der keinem anderen in Griechenland selbst oder anderswo nachsteht«. Dieses von Schliemann ausgegrabene Kuppelgrab liegt knapp neben der Hauptstraße. Wie das Schatzhaus des Atreus in Mykene, stammt es vermutlich aus der Zeit um 1300 vor Chr. und wie dort erreicht man es über einen ›Dromos‹, den Zugang, der in den Berghang eingeschnitten ist. Er führt zu einem sich nach oben verjüngendem Portal mit einem gewaltigen Türsturz aus blauem Schiefer. Die ehemals gewölbte, jetzt eingestürzte Rotunde hat einen Durchmesser von 14 m. In den 8 erhaltenen Mauerlagen sind Löcher für Bronze-Rosetten erkennbar. Weil die runde Grabkammer jetzt zum Himmel hin offensteht, läßt sich die Technik des aufgeführten Mauerwerks gut studieren. Andererseits fehlt hier völlig jene Atmosphäre der feierlichen Abgeschlossenheit, die das mykenische Königsgrab auszeichnet. Ein Korridor verbindet den Kuppelrundbau mit einer kleinen quadratischen Grabkammer mit Palmetten und Rosetten, die als Reliefschmuck in die Decke eingemeißelt sind. Angeblich ist hier der mythische König Minyas zu Grabe gelegt worden.

Der Weg vom Kuppelgrab hinauf zur *Akropolis* ist steil und steinig. Obwohl man viele Scherben aus neolithischer Zeit gefunden hat, sind wohl wegen der schwierigen Bedingungen bei den ersten Grabungen zu Ende des 19. Jhs. die schütteren Lehmziegelspuren der frühesten Siedlungsphase nicht ausreichend erkannt und präpariert worden. Von den noch sichtbaren Fundamenten gehören die ältesten der frühhelladischen Periode an. Die *Wälle* stammen teils aus dem 7. Jh., teils aus dem 4. Jh. vor Chr. und sind auf der Südseite mit dem polygonalen Mauerwerk des 4. Jhs. am besten erhalten. Obwohl zu dieser Zeit die Größe und der Reichtum von Orchomenós nur noch in der Erinnerung fortlebten, besaß das Akóntion noch immer strategischen Wert, denn es beherrschte auch die Engstelle von Chaironéia.

Das Ende von Orchomenós nahte im Jahre 364 vor Chr. als Folge der unentwegten Fehde mit Theben. Epameinóndas kreuzte mit der Flotte im Hellespont, und Pelópidas lag in Thessalien im Feld, als 300 Berittene aus Orchomenós, unterstützt von thebanischen Verrätern, einen Überfall auf Theben vorbereiteten. Ihr Plan wurde entdeckt, Orchomenós von den Thebanern zur Strafe restlos zerstört, seine männliche Bevölkerung niedergemacht, seine Frauen und Kinder in die Sklaverei verkauft. Diese radikale Vernichtung erregte allenthalben Abscheu unter den benachbarten Staaten und bestätigte den Ruf der Grausamkeit, den die Thebaner sich erworben hatten. Nach der Schlacht von Chaironéia bauten die Makedonier die Stadt als Gegengewicht gegen Theben wieder auf.

Pindar und Theokrit erwähnen die Verehrung der Einwohner für die Chariten oder Grazien, bei deren Fest Musikwettbewerbe stattfanden. Nach heutigen Begriffen kann die Musik im antiken Griechenland nie etwas anderes als eine untergeordnete, eine zusätzliche Kunstform gewesen sein. Die Griechen hielten es für die Aufgabe der Musik, die Textvorlage – Worte, Versrhythmus, Sinngehalt – zu untermalen oder zu begleiten. Eine eigene instrumentale Darbietung empfanden sie als Ablenkung, die zuweilen sogar als unmoralisch rundweg mißbilligt wurde. Als Notenzeichen kannte man keine besondere musikalische Schrift. Griechische Großbuchstaben, zwischen die Zeilen eines Textes gesetzt, gaben den Instrumentalisten die Anhaltspunkte für ihre Spielweise. Aber man weiß nicht mehr, wie die Buchstaben als Notenzeichen zu lesen waren, und daher ist antike Musik auch nicht mehr aufführbar. Streichinstrumente mit Bogenführung waren unbekannt. Die Darmsaiten wurden gezupft oder man ließ sie schwirren, genau wie die Stahlsaiten der heutigen Bouzoúki. Dem Haften an der von ihnen geachteten Überlieferung, den uns fremden Tonarten und gleitenden Zwischentönen, und der engen Verbindung mit der Lyrik verdankt die moderne griechische Volksmusik wahrscheinlich sehr viel. Das Ohr der einfachen heutigen Griechen ist noch immer viel aufmerksamer auf die Worte als auf die Melodie eines volkstümlichen Liedes gerichtet.

Der *Tempel der Chariten* soll sich östlich von der Straße, gegenüber dem Schatzhaus, befunden haben, wahrscheinlich an der Stelle, wo jetzt die byzantinische Kirche steht. Die Chariten – Hesiod sagt, es seien ihrer drei gewesen – waren die Verkörperung von allem, was im Leben angenehm und erfreulich ist – Liebe, Schönheit und Anmut. Sie lachten viel und gern, waren äußerst flink, sie sangen nicht nur, sondern tanzten und sprangen, badeten in den Bächen und Flüssen und bekränzten sich mit Rosengirlanden. Bei der Hochzeit des Kadmos und der Harmonía entzückten sie die Gäste mit ihren hübschen Liedern. Pindar sagt, sie halfen den Athleten aus Orchomenós, die Wettkämpfe in Olympia zu gewinnen.

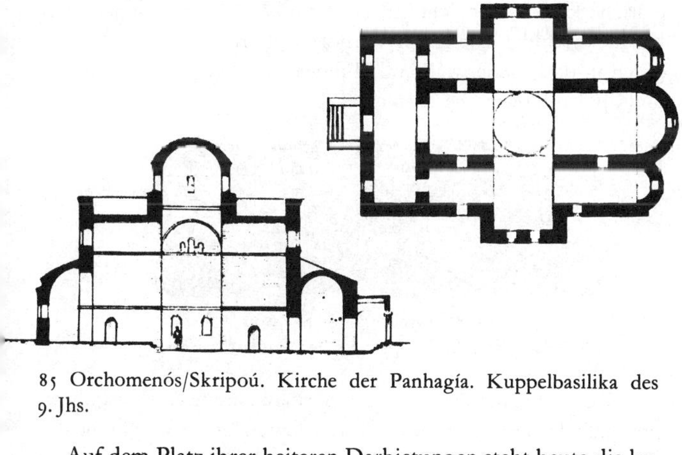

85 Orchomenós/Skripoú. Kirche der Panhagía. Kuppelbasilika des 9. Jhs.

Auf dem Platz ihrer heiteren Darbietungen steht heute die byzantinische *Koímesis-Kirche von Skripoú,* der älteste kreuzförmige Kirchenbau in Griechenland. Eine Inschrift datiert ihn ins Jahr 873/874. Die Mauern mit ihren vielen antiken Spolien von einem nahe gelegenen Tempel sind besonders sorgsam und solide gefügt. Tambour und Kuppel über dem Schnittpunkt des gleichhohen

Längs- und Querschiffes wurden 1936 bei der Renovierung erneuert. Sehr viel niedrigere Seitenschiffe, tonnengewölbt, sind an den Hauptbau angefügt und wirken wie ein fast schon vergessenes Relikt des früheren Basilikatyps. Grundriß und Baukörper beherrscht die für Griechenland neue Form des gleichschenkeligen Griechenkreuzes so dominierend, daß sich anmutigere Proportionen gegen die Strenge des Baugedankens noch nicht durchzusetzen vermögen. Aber gerade die stolze Strenge und unverspielte Großzügigkeit macht diese Kirche so eindrucksvoll. – Interessant sind die Reliefsimse, die die drei Zonen des Innenraums voneinander abteilen – eine Form der Gliederung, die schon bald aus der byzantinischen Kunst verschwinden sollte. Ornamentale Flachreliefs auf Marmorquadern zieren die Außenwände der Mittelapsis: ein Ungeheuer mit Menschenkopf, das einem wilden Eber nachsetzt; ein Greif, der sich auf einen Hirsch stürzt. Darunter läuft ein plastischer Streifen mit langer Inschrift, die auch den Namen des Stifters nennt. An der Südmauer flankieren zwei Pfauen eine Sonnenuhr und über dem Westeingang schmückt eine Doppelreihe kreisrunder Schnittflächen antiker Säulentrommeln den Narthex. Kinder spielen im Vorhof der Kirche, und alte Frauen sitzen in der Sonne, während Hühner zwischen Säulenstümpfen und Spolienblöcken herumpicken.

86 Orchomenós/Skripoú.
Reliefplatte an der Ostseite der ›Panhagía-Kirche‹.

Die Kirchen der Panhagía von Skripoú hat vielen Begebnissen im Laufe der Jahrhunderte die Stirn geboten. So auch während des Zweiten Weltkriegs. Es wird berichtet, daß 1943 eine Gruppe griechischer Widerstandskämpfer Zuflucht in der Kirche suchte. Der Herbstregen hatte eingesetzt, und der Kiphissós war über seine Ufer getreten. Deutsche Panzer rollten die Straße hinunter und richteten ihre Geschütze auf die Kirche; aber ihre Ketten gerieten in Schlamm und fanden keinen Halt mehr. Als sich während der aufgeregten Versuche der Deutschen, die Fahrzeuge wieder flott zu bekommen, erneut ein Unwetter entlud und der Donner von den Bergwänden des Hélikon und Parnass widerhallte, tauchte plötzlich über der Kuppel der Kirche, völlig unbekümmert über den strömenden Regen, die Erscheinung der Heiligen Jungfrau auf. Die Panzer zogen sich zurück, sobald sie sich aus dem Morast freigemacht hatten. Nicht ein einziger Schuß wurde abgegeben. Ein Votivbild in der Kirche gedenkt dieses Begebnisses.

Nahe bei der Kirche befindet sich eine Taverne. Nicht von ungefähr trägt sie den Namen ›Pestropha‹, die ›Forelle‹, die man – eine Rarität in Griechenland – gekocht oder gegrillt zum Mittagessen bekommen kann. Der unternehmende Gastwirt hat den Forellenlaich aus der Schweiz importiert und züchtet sie in seinem Garten hinter dem Haus in Wasserbecken, die der Kephíssos speist. Von dort gelangen sie sogar bis in die Küche des Hilton-Hotels in Athen.

Nahe bei Orchomenós liegt das Städtchen Levádia, neben Theben heute Hauptort der Landschaft Böotien, dessen rote Ziegeldächer sich vor den Ausläufern des Helikon ausbreiten. Sein auffallendes Wahrzeichen ist der von Lord Elgin gestiftete hohe Uhrturm. Am Westrand einer tiefeingeschnittenen Schlucht erhebt sich auf einer felsigen Anhöhe die mittelalterliche Burg. Gen Westen türmt sich der dunstig blaue Parnaß auf, dessen Gipfel von November bis Mai Schneemützen tragen und häufig von Wolken verhüllt sind.

Levádia, wo die Herstellung dicht gewalkter Schafwolldecken heimisch ist, macht einen lebhaften Eindruck. Als scharlachrote, grüne und magentarote Farbflecken hängen die Produkte von den hölzernen Balkonen zum Trocknen herab. Die Autobusse nach Delphi halten am Rande der Unterstadt. Man steigt aus, vertritt sich ein wenig die Füße und viele der Fahrgäste laben sich bei den fliegenden Händlern an frischen ›Souvlákia‹ – das sind ›Spießchen‹, mit Fleisch besteckte Holzstäbchen, auf dem Rost gebraten.

Am Fuß des Burghügels tritt die Hérkyna, ein lebhafter Wildwasserbach aus einer Schlucht. Eine kleine türkische Bogenbrücke führt hier über den eiskalten Bach. Unterhalb der Felsensteilwände breiten große Platanen ihr Dach über dem rauschenden Wasser aus – ein prachtvoller Platz, um sich im Freien die Erfrischungen der Tavernen und Cafés schmecken zu lassen. Zudem stoßen hier noch zwei nahegelegene kleine Quellen dem Flüßchen zu. In der Antike wurde die eine *Lethe* genannt, nach dem Fluß der Unterwelt, der alle, die aus ihm tranken, das irdische Leben vergessen ließ; die andere trug den Namen *Mnemosýne* nach der Göttin des Gedächtnisses. Auf dem Westufer sind Nischen für Weihegaben aus der Felswand herausgeschnitten. Ein Spalt bildet eine Art Steinkammer mit aus dem Felsen gehauenen Sitzen, sie war der Lieblingsaufenthalt türkischer Statthalter, die sich hierher zurückzogen, um ihre Narghilé, die Wasserpfeife zu rauchen und sich durch die langen schläfrigen Sommernachmittage hindurchzudösen, überall bot Wasser – gurgelndes, tröpfelndes, sickerndes – Kühlung.

Die Schlucht ist der Zugang zum *Orakel des Trophónios,* das von Kroisos, Mardonios und im 2. Jh. nach Chr., als alle anderen böotischen Orakel nicht mehr antworteten, von Plutarch zu Rate gezogen wurde. Die Orakelkammer lag in einer Erdspalte innerhalb eines heiligen Hains, in dem sich ein Tempel mit einer von Praxiteles geschaffenen Statue des Trophónios, eines minyschen Halbgottes, befand. Leake, ein zuverlässiger Topograph des 19. Jhs., verlegte den Hain an das Ostufer der Herkyna, nicht, wie man heute eher annimmt, auf die Höhe, zu der der Weg hinaufführt und die als das Jagdgefilde der Persephone galt.

Die Vorschriften für die Befragung des Orakels sind faszinierend. Der Ratsuchende wurde in einer dem Daimon agathos (dem Guten Geist) und der Tyche (dem Guten Glück) geweihten Kammer untergebracht und durfte mehrere Tage lang kein heißes Bad nehmen. Er konnte sich jedoch im eisigen Wasser der Herkyna waschen. In der Nacht seines Eintritts wurde über einer Grube ein Widder geopfert, um aus der Beschaffenheit der Eingeweide zu erfahren, ob der Fragende von Trophónios günstig und gnädig empfangen werden würde. Nachdem er von Knaben gesalbt und mit Öl eingerieben worden war, verwies man ihn an die Priester, die ihn Wasser aus der Lethe-Quelle trinken ließen, damit er alles vergaß, was er je gewußt hatte. Sodann trank er Wasser aus der Mnemosýne-Quelle, um sich zu erinnern, was er in der Orakelgrube hören würde. Er wurde in einen mit Bändern gegürteten Leinenkittel gekleidet und zu dem Schlund geführt, der etwa die Gestalt eines Backofens hatte.

Pausanias, der selbst hier Rat gesucht hat, schildert uns den Eintritt und Austritt: »Der Hinabsteigende legt sich auf den Boden, indem er mit Honig gebackene Kuchen in der Hand hält, schiebt zuerst seine Füße in das Loch und folgt dann selber nach, wobei er darauf Bedacht nimmt, daß sich seine Knie in dem Loch befinden. Der übrige Körper wird dann sofort ergriffen und folgt den Knieen nach, wie der größte und reißendste Fluß einen vom Strudel erfaßten Menschen verschlingt. Die Hinabgestiegenen kehren durch dieselbe Öffnung wieder zurück und wieder mit den Füßen voraus.« Danach nahmen sich die Priester wieder des Ratsuchenden an, setzten ihn auf den »Thron des Erinnerns« und befragten ihn über das, was er gesehen und erfahren hatte. »Ganz benommen vom Schreck und ohne Bewußtsein seiner selbst« wurde er sodann seinen Freunden übergeben. Pausanias fügt hinzu, er habe schon bald seine Sinneskräfte zurückgewonnen, und meint: »das Lachen kommt dem Ratsuchenden auch wieder.«

Die *Burg* auf einem zerklüfteten Felsen westlich der Schlucht ist das *früheste katalanische Baudenkmal* in Griechenland. Die zerfallenen Türme, Mauern und Torbogen der Festung sind Zeugen der seltsamen Zeitspanne spanischer Herrschaft, wie übrigens auch die Wachttürme an der Straße zwischen Theben und Levádia. Die Stadt war zu Beginn des 13. Jhs. in die Abhängigkeit des fränkischen Herzogtums Athen geraten. Im Winter 1311 jedoch stieß eine Truppe katalanischer Söldner, die ursprünglich vom Herzog von Athen, Gautier de Brienne, angeworben worden war, um gegen die Griechen zu kämpfen, und denen der Herzog den Sold schuldete, nach Böotien hinab. Sie waren begleitet von einem großen Troß, von Weibern, Kindern, Gepäck, und entschlossen, mit Waffengewalt mit ihrem Schuldner abzurechnen. Die ihnen entgegentretenden Ritter standen unter dem Befehl des Herzogs von Athen. Zu ihm gestoßen waren außerdem mit ihren Truppen der Marquis von Budonitza, der Herzog von Naxos, Thomas d'Autremencourt und die Barone der Moréa und Euböas. Angesichts einer solchen Heerschar kam Gautier auf den Gedanken, nach Konstantinopel weiterzuziehen, wenn er die unverschämten Spanier gezüchtigt hätte, und dem Kaiser von Byzanz seinen Thron zu entreißen. Doch es harrte seiner eine böse Überraschung.

Die Katalanen waren zwar zahlenmäßig unterlegen, hatten sich aber mit Schlauheit und Bedacht ihre Pläne zurechtgelegt. Sie überschwemmten die Felder und Wiesen zwischen Skripoú und Levádia, indem sie Gräben aushoben und die Wasser des Kiphissós hineinleiteten. So waren sie von einem sumpfigen Morast geschützt, der aber immer noch wie Grasland aussah. Der Herzog von Athen führte persönlich den Angriff an. Er schwenkte sein Banner, das einen goldenen Löwen auf azurblauem, mit Sternen besätem Grund zeigte, und seine Ritter in Kettenpanzern und mit goldenen Sporen folgten ihm. Wie erwartet ritten sie ihre Pferde in den Sumpf, konnten weder vorwärts noch zurück, und Menschen und Tiere boten feststehende Zielscheiben für die Bolzen und Pfeile der Spanier, die sich mit dem Ruf ›Aragon!‹ auf sie stürzten. Das Massaker unter den Franken war schaudervoll. Ein katalanischer Chronist behauptet, 20 000 Mann Fußvolk und 700 Ritter seien getötet worden, unter ihnen auch Gautier de Brienne, dessen abgeschlagenes Haupt auf einer Pike aufgespießt im katalanischen Feldlager umhergetragen wurde. Die Schlacht war entscheidend. Die fränkische Macht in Mittelgriechenland war in wenigen Stunden gebrochen, und die Griechen öffneten der ›Glückhaften Kompanie der Katalanen‹ die Tore von Levádia. Die Straße nach Athen lag jedem Zugriff offen und hinfort wurden Attika und Böotien zum Herrschaftsgebiet spanischer und späterhin florentinischer Oberherren.

Westlich dieses Schlachtfeldes liegen Chaironéia und Daulis. Beide Orte kann man von Levádia aus in einem halben Tag aufsuchen. *Chaironéia,* wo Plutarch 46 nach Chr. geboren wurde, wo er 120 nach Chr. auch starb und wo er die meisten seiner Werke schrieb, liegt in der schmalen Ebene zwischen den Bergen Akóntion und Thoúrion. So war der Ort von großer strategischer Bedeutung, da er leicht die Haupteinfallsstraße aus dem Norden sperren konnte. In friedlichen Zeiten war es ein pflanzenreiches Gebiet, das ›Grasse‹ der hellenischen Welt, und berühmt für die Herstellung von Heilsalben, die aus Lilien, Rosen und Narzissen destilliert wurden. Mit der Rosensalbe hat man hölzerne Kultbilder und Statuen vor Fäulnis und Vermodern geschützt.

Die Ruinen sind von der Straße aus sichtbar. Die Cavea eines kleinen Theaters ohne die üblichen seitlichen Stützmauern ist gut erhalten; die Skene hingegen ist verschwunden. Die zerfallenen Türme und Mauern, welche die antike Stadt umschlossen, ziehen sich den Hügel hinab. Der 6 m hohe marmorne ›Löwe von Chaironéia‹ steht nur wenig abseits von der Dorfmitte in einem Zypressenhain. Sein künstlerischer Wert – falls man ihm einen solchen zusprechen möchte – wird überschattet von seiner historischen Bedeutung: das Denkmal erhebt sich über dem Sammelgrab der thebanischen ›Heiligen Schar‹, die in der Schlacht von Chaironéia im mörderischen Kampf mit der Phalanx des jungen Alexander restlos vernichtet wurde. Englische Reisende wurden auf den Löwen erstmals zu Beginn des 19. Jhs. wieder aufmerksam. Im Unabhängigkeitskrieg hackte ihn dann Odysseus Androútsos, der räuberischste der Revolutionsführer, in Stücke in der Hoffnung, den Grabhügel voller Schätze zu finden. Die anschließende Ausgrabung des Tumulus förderte über zweihundert menschliche Skelette zu Tage. Zu Beginn unseres Jahrhunderts hat man den Löwen aus den fast vollständig erhaltenen Bruchstücken wieder zusammengefügt. Jetzt sitzt er hochaufgerichtet auf seinen Hinterbeinen und starrt ein wenig einfältig gegen den imposanten Hintergrund des Parnass.

Die *Schlacht von Chaironéia* war für das Geschick Griechenlands entscheidend. Im Sommer 338 vor Chr. stand Philipp von Makedonien bereit, nach Böotien einzubrechen und sich das ganze festländische Griechenland zu unterwerfen. An einem flammenden

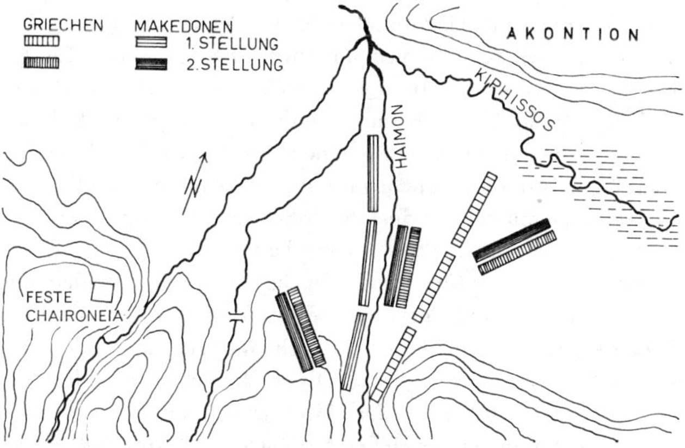

87 Aufmarsch der Heere zur Schlacht von Chaironéia (338 v. Chr.).

Augusttag stand das gut ausgebildete, hervorragend ausgerüstete und glänzend geführte makedonische Heer einer Armee uneiniger Griechen gegenüber, die nur von den Ermahnungen des Atheners Demosthenes zusammengehalten wurde, dessen beschwörende Reden, wie Plutarch sagt, diesmal sogar die Thebaner bewog, den »Pfad der Ehre« zu beschreiten. Thebaner und Athener stellten die Haupttruppen; außer ihnen kämpften Phoker, Korinther und Achäer mit. Aber kein Spartaner kämpfte bei Chaironéia, und es ist interessant sich zu überlegen, ob spartanische Führungskunst vielleicht den Ausschlag zugunsten der Griechen hätte geben können. Nicht einmal Demosthenes, dessen Rat sich die verbündeten Heerführer anvertraut hatten, schlug sich ehrenvoll; Plutarchs Schilderungen zufolge »verließ er seinen Posten, lief schmählich davon und warf die Waffen weg...«

Philipp wird beschuldigt, sich nach der Schlacht ungebührlicher Heiterkeit hingegeben zu haben; er betrank sich angeblich auf dem Schlachtfeld und riß zotige Witze, während er die Leichen seiner Widersacher inspizierte, die zuhauf in den blutgetränkten Bächen lagen. Aber er soll geweint haben beim Anblick der thebanischen Toten, den ausgewählten Kämpfern der ›Heiligen Schar‹, »jungen Männern«, so schreibt Plutarch, »die einander in persönlicher Liebe und Zuneigung verbunden waren« und die in Paaren als geschworene Freunde in die Schlacht gingen. Sie hatten den Hauptstoß Alexanders aufgefangen und mit einem Mut und einer Aufopferung gekämpft, die auch ihre Väter häufig, aber, weil auf der falschen Seite, in weniger würdiger Sache an den Tag gelegt hatten. Sie starben bis auf den letzten Mann, alle mit durchstoßener Brust. Als die Kunde von der Katastrophe nach Athen gelangte, starb Isókrates vor Schmerz, und Hypérides schlug drakonische Notstandsmaßnahmen vor; die nachfolgenden Generationen sahen mit dem Verlust dieser Schlacht das Ende der demokratischen griechischen Stadtstaaten besiegelt.

Im Jahre 86 vor Chr. wurde für die griechischen Waffen eine gleicherweise verhängnisvolle *zweite Schlacht* auf dem Feld *von Chaironéia* geschlagen. Die hellenistische Welt Alexanders des Großen zerbröckelte vor der unaufhaltsam anstürmenden Flutwelle der römischen Eroberung. Das Heer des Königs Mithridates VI. von Pontos, um den der Hellenismus sich ein letztes Mal zusammengeschlossen hatte, leistete verzweifelten Widerstand. Mithridates war ein großtuerischer Machthaber; er hatte sich eine mechanische Vorrichtung bauen lassen, mittels derer die Figur einer Siegesgöttin eine Krone auf sein Haupt herabließ. In den Tagen vor der Schlacht löste sich die Krone von der Vorrichtung, ehe sie den Kopf des Königs berührte und rollte zu Boden. Das Omen war eindeutig. Sullas Legionen, so sagt Plutarch, »ergossen sich wie ein angeschwollener Strom über Böotien«, und die Streitkräfte des Mithridates wurden so restlos vernichtet, daß der Konsul erklärte, das Leichenfeld mache einen Durchzug durch Böotien unmöglich.

Westlich von Chaironéia rücken die Vorberge des Parnass in die Ebene vor, weichen wieder zurück und bieten einen großartigen, in sich bewegten Anblick. Die erste Abzweigung links führt zu dem Dorf Hagios Vlásios und der *Akropolis von Panopeús*, der Geburtsstadt des Epeiós, der mit Hilfe der Athene das Trojanische Pferd gebaut hatte. Der Mauerwall aus dem 4. Jh. vor Chr. mit zwei gut erhaltenen Eingangstoren und sechs Türmen steht noch. Vor einer nahegelegenen Schlucht, die Pausanias wegen des Grabmals des Giganten Tityos erwähnt, sah er auch »zwei Steine, jeder von beiden etwa so groß wie eine ausreichende Wagenladung, und sie haben die Farbe von Lehm ... Sie strömen einen Geruch aus, am ehesten wie die Haut eines Menschen. Das soll von dem Lehm übriggeblieben sein, aus dem von Prometheus das ganze Menschengeschlecht geformt wurde.«

Zurückgekehrt zur Hauptstraße erreicht man über die nächste Abzweigung, wieder nach Westen, *Daulis*, das seiner eindrucksvollen Lage wegen einen Besuch lohnt. Der Name (griech.: Daulia, sprich: Dáflia) leitet sich von dem waldigen Charakter der Umgebung her, ›dávlos‹ ist die örtliche Variante von ›dásos‹, was ›Wald‹ bedeutet. Vom Dorf klettert man einen Abhang zur Akropolis hinauf, überwuchert von den verschiedensten Arten der Immergrüngewächse. Zwischen zwei Türmen – der rechte ist mittelalterlich – stehen im Westen die Reste eines mehr als 3 m breiten Tores, des einzigen Zugangs von den Hängen des Parnass her. Wälle und viereckige Wachttürme aus polygonalen und rechteckigen Quadern stehen steil über den Abgründen auf den drei anderen Seiten. Das mächtige weiße Jerusalem-Kloster, zypressenumstanden, lagert breit oberhalb der Burg auf einem Felssporn, knapp unter dem

Tannengürtel. Im Südosten führt ein Pfad durch die einsamen, verlassenen Berge zum ›Dreiweg‹, und von dort nach Delphi. In der Ebene drunten ist ein Heer nach dem anderen aus dem Norden vorbeigezogen, ohne sich lange aufzuhalten, und ohne diesen elegischen, fenchelduftenden Ort zu behelligen. Nur Philipp von Makedonien fand Zeit und günstige Gelegenheit, um diese Stadt zu zerstören, deren Männer, wiewohl wenige an Zahl, für ihre Größe und Stärke berühmt waren. Wir wissen, daß die Festung wieder aufgebaut wurde, denn Livius spricht von ihrer uneinnehmbaren Lage auf der luftigen Höhe.

Die Mythologie indessen ist nicht an Daulis vorbeigezogen. Téreus, der thrakische König und Besiedler Böotiens, verspeiste hier die grausige Mahlzeit, die ihm sein Weib Prokne zubereitet hatte. Der König hatte seine Schwägerin Philoméle verführt, und da er fürchtete, sie könne ihn verraten, schnitt er ihr die Zunge heraus. Aber Philoméle webte eine Schilderung ihres Leids in ein Stück Stoff und schenkte es ihrer Schwester. Die empörte Prokne ersann hierauf eine makabre Rache. Sie erschlug gemeinsam mit ihrer Schwester den Sohn, den sie von Téreus hatte und tischte ihn ihrem Gemahl auf. Als Téreus des Greuels gewahr wurde, beschloß er, Frau und Schwägerin umzubringen, doch unversehens wurden alle drei in Vögel verwandelt, Téreus in einen Wiedehopf mit einem Kamm aus goldenen Federn, der hinfort im Wald umherflog mit dem Ruf pou? pou? (wo? wo?) die beiden Schwestern suchte; Philoméle war zur Schwalbe und Prokne zur Nachtigall geworden, die mit betörendem Gesang um das Kind klagte, das sie erschlagen hatte. Lateinische Dichter haben die Verwandlung der Schwestern umgekehrt und Prokne zur Schwalbe und Philoméle zur Nachtigall gemacht. Wie auch immer, Daulis wird als Lieblingsplatz der Nachtigallen genannt, »weshalb auch manche von den Dichtern«, sagt Thukydides, »bei der Erwähnung der Nachtigall ihr den Beinamen ›die daulische‹ geben.«

Durch Ost-Rumelien nach Delphi

XVI

Von der nordwestlichen Ecke Böotiens, von Chaironéia und Daulis aus, ist es reizvoll, sich um die Nordflanke des Parnass herum auf einem wenig bekannten und befahrenen Weg über den Graviá-Paß Delphi zu nähern. Diesem Weg wollen wir zunächst folgen. Dann aber werden wir, von Levádia ausgehend, den kürzeren und auch allgemein bevorzugten Weg über Aráchova nach Delphi, mit einer Abzweigung nach Hósias Loúkas, einschlagen. Wir kommen auf diesen Fahrten durch die alten Stammeslandschaften der Phoker und der Lokrer. Im Sprachgebrauch der Griechen sind die Gebiete auch heute noch ein Teil (der östliche) des im Mittelalter aufgekommenen Begriffs von ›Roumelien‹, mit dem die Byzantiner und dann die Türken das von Hellenen bewohnte Festland von der Peloponnes-Halbinsel, der ›Moréa‹, unterschieden. (Ausführlicheres ist hierüber zu Beginn des Kapitels XXV zu lesen.)

Über Brállos nach Delphi

Etwa 10 km in der Luftlinie nordwestlich von Daulis, ebenfalls im Kiphissós-Tal und über eine Abzweigung von der Hauptstraße Levádia–Lamía zu erreichen, liegt *Tithoréa,* einstmals von den kriegerischen Phokern bewohnt. Eine Nymphe, die einer Eiche entwuchs, gab dem Ort seinen Namen. Er war berühmt wegen seines Olivenöls, das in der griechisch-römischen Welt sehr geschätzt war; aus ihm wurden so gute Salben hergestellt, daß man sie dem Kaiser in Rom als Geschenke übersandte. Die Lage der Akropolis vor der gewaltigen Hintergrundkulisse des Parnass ist großartig. Im Süden schirmen sie senkrechte Felswände ab, die in einem riesigen dreieckigen Vorsprung des Gebirges enden, der im Osten jäh in eine einsame Schlucht abfällt. Die Befestigungen der Stadt waren am stärksten im Norden und Westen, wo das Gelände geringeren Schutz bot. Es sind Mauern aus dem 4. bis 3. Jh. vor Chr., die aus regelmäßigen Hausteinquadern gefügt waren. Viele der Blöcke liegen heute verstreut in den Gemüsegärten umher.

Am Eingang zum Dorf fällt neben einem modernen Kriegerdenkmal der Unterbau eines einstmals vermutlich sehr schönen Turms auf. Tithoréa drängt sich um den Fuß des Felshangs und hat eine wohltuend gute Luft. Durch die engen Gassen schaut man immer wieder auf efeubedecktes antikes Mauerwerk. Aus dem ›Kakorevma‹, der ›Bösen Schlucht‹ mit ihrem Sturzbach, holten sich im Altertum die Einwohner das Wasser. Knapp hinter den letzten Häusern des Dorfes befindet sich eine Höhle, in welcher die Tithoreer während der Invasion des Xerxes Zuflucht suchten. Hier hauste während des Unabhängigkeitskrieges auch Byrons Freund Trelawny, der verrückteste und exzentrischste der englischen Philhellenen des 19. Jhs., zusammen mit dem patriotischen Räuberhauptmann Odysseus Androútsos. Als er von hier an seine Mutter in England schrieb, gab er als Adresse an: ›Höhle des Odysseus, Parnassos-Berg‹. »Wie wunderbar«, schrieb die Mutter arglos zurück, »daß wir mit diesem alten und berühmten Ort in Briefwechsel stehen«. Die beiden Abenteurer gaben einander an Schäbigkeit nichts nach. Trelawny heiratete Androútsos' zwölfjährige Halbschwester, die er alsbald wieder sitzen ließ. Später fand man in der verkommenen Verschanzung der beiden Haufen von Gold, welches Androútsos den griechischen Bauern und anderen Räuberhauptleuten abgenommen hatte.

Wieder zurück auf der Hauptstraße, bringt uns die in gleicher Höhe nach Osten führende Abzweigung über den Kiphissós hinüber nach *Eláteia*. In der Antike war dies nach Delphi der bedeutendste Ort in Phokis. Seine Eroberung durch Philipp von Makedonien, kurz vor seinem Sieg bei Chaironéia, hatte Mittelgriechenland dem König der Makedonier ausgeliefert.

Der nächste wichtigere Ort ist *Amphíkleia*. Die hier gefeierten Mysterien zu Ehren des Dionysos fand Pausanias »sehr sehenswert«; den Dionysos verehrte man in dieser Gegend als einen heilenden Gott, der mit Hilfe von Träumen wirkte, während ein göttlich inspirierter Priester das Orakel verkündete. Ein Stück Mauer auf dem Friedhof ist das einzige Überbleibsel aus der Antike. Der Turmunterbau nahebei ist venezianischen Ursprungs.

Ehe wir in Brállos (griechisch: Mprálos) nach Süden abbiegen, um Delphi zu erreichen, wollen wir mit einem kleinen Abstecher noch die antike Stätte der Thermopylen aufsuchen. So bleiben wir weiter auf der Straße nach Lamía, die sich in die östlichen Ausläufer des *Oíta-Gebirges* hineinwindet. Sein höchster Gipfel war dem Zeus geweiht; auf ihm flehte der sterbende *Herakles,* dessen todesgequälten Leib das »Höllenkleid« zerfraß, seinen Sohn an:

»Dann schlage Holz der alten Eichen ab
Und schneide viele starke Zweige zu
Des wilden Ölbaums, Lager meinem Leib!
Mit Fackelglanz der Fichte zünde dann
Das Feuer an, und ohne Tränenflut,
Ganz ohne Klage, ohne Jammern tu
Das Werk ...« (Übersetzt von Ernst Buschor)

So heißt es bei Sophokles in den ›Mädchen von Trachis‹. Das »Höllenkleid« war das mit dem Blut des Kentauren Nessus getränkte Gewand, das die eifersüchtige Deiáneira als vermeintlichen Liebeszauber dem ahnungslosen Herakles geschenkt hatte. Rasend vor brennendem Schmerz versuchte er, es sich vom Leibe zu reißen und verwundete sich dabei so schwer, daß ihm der selbstgewählte Tod auf dem Scheiterhaufen Erlösung schien. So willigte der Heros, das Inbild von Mannesmut und unvergleichlicher Kraft mit mehr Würde in sein Ende, als man es ihm nach seinem turbulenten, sieggewohnten Leben zugetraut hätte. Als der Scheiterhaufen aufbrennt, fahren Blitze vom Himmel und Herakles steigt zu den Unsterblichen auf, wo er Hebe als Gattin erhält – so schildert es uns Sophokles.

Wir überfahren den Purnaráki-Paß, die Wasserscheide zwischen dem Kiphissós und dem Sperchéios (in Griechenland sprich: Sperchiós) und erreichen nach dem Ort Herákleia die Abzweigung nach *Thermopílai*, der Stätte, die durch den Heldentod des Spartanerkönigs Leonídas und seiner dreihundert Soldaten berühmt geworden ist. Wegen der Anschwemmungen des Sperchéios erscheint der »enge Furchgang, auf dem nur ein Wagen fahren konnte« –, wir verdanken Herodot eine genaue Beschreibung – heute sehr undramatisch. Im Altertum glich die Lage einem strategischen Nadelöhr. Der schmale Durchlaß zwischen Bergen und Meer war – wie auch noch an zwei anderen Stellen – bei Loutra durch eine Mauer mit einem Tor (pylon) gesperrt. Da dort warme

Quellen (thermai) aus dem Boden treten, kam es zu der Ortsbezeichnung. Die Spartaner hatten Xerxes mit seinem persischen Heer im Jahre 480 vor Chr. den Zugang nach Griechenland verlegen wollen, doch ihre Stellung fiel durch Verrat. Ein griechischer Überläufer führte eine persische Abteilung durch das Gebirge in den Rücken der Verteidiger, die Mann für Mann fielen. Ihnen wurde ein Gedenkstein gesetzt mit einer Inschrift, die sich uns in der freien Übersetzung Schillers eingeprägt hat:

»Wanderer, kommst du nach Sparta, verkünde dorten, du habest
Uns hier liegen gesehen, wie das Gesetz es befahl.«

Nach diesem Ausflug fahren wir auf dem gleichen Wege wieder nach Brállos zurück und von dort nach *Graviá*. Von hier aus klettert eine Nebenstraße nach *Eptálophos* hinauf, zu dem ›Sieben-Hügel‹-Dorf, das sich breit hinzieht, inmitten von Bächen und Pappelgehölzen, gegen einen Hintergrund zerklüfteter Felsen von bemerkenswert perfekter, symmetrischer Form. Nachdem die Straße die Wasserscheide erreicht hat, führt sie in eine schweigende Welt von Tannenwäldern hinein, überquert ein ödes Plateau und schlängelt sich nach Aráchova.

Die Route, für die wir uns in Gravía entscheiden, führt zwischen dem Parnass und dem Gióna-Bergstock im Westen nach Ámphissa. Wären nicht die vielen Platanen und wilden Birnbäume, man könnte sich inmitten der Tannen- und Steineichenwälder fast in der Schweiz fühlen. Jenseits der Paßhöhe erhascht man schon Blicke auf das endlose Meer von Ölbaumwipfeln, das sich weiter unten am Fuß der Berge ausbreitet. Kein Dorf könnte idyllischer liegen als *Elaión* mitten in den Olivenhainen und vielen Wassern, die von einer rebenbestandenen Terrasse zur nächsten herabfallen.

Die Abfahrt endet in *Ámphissa*. Es ist um einen spitz zulaufenden Bergvorsprung erbaut. Auch hier über den Resten der antiken Akropolis die Ruine einer mittelalterlichen Burg, die den Graviá-Paß überwacht. Ámphissa liegt am oberen Ende der Krissa-Ebene, der ›Heiligen Ebene‹, und war im Altertum die Hauptstadt des westlichen, des ›ozolischen‹ Lokris. Im 4. Jh. vor Chr. wagten seine Bewohner, das benachbarte, dem Apollon geweihte Land zu bebauen, dessen Orakel zu Delphi auf die Ebene hinabblickte. Die *Delphische Amphiktyonie*, die Vereinigung von zwölf Stämmen zum Schutz des Heiligtums von Apollon, fühlte sich herausgefordert, und ihre militanten Angehörigen marschierten mit Hacken und Äxten durch die Ebene, um diese entheiligenden Anpflanzungen zu vernichten. Die Leute aus Amphissa verteidigten ihre Felder, und damit begann 356 vor Chr. einer der ›Heiligen Kriege‹, die in oder um Delphi ausgetragen wurden. In einem erneuten Streit mit den Lokrern von Ámphissa rief die Amphiktyonie 338 vor Chr. Philipp von Makedonien zu Hilfe, der auf ihren Ruf unverzüglich herbeikam, und dann von Ámphissa für seine eigenen Zwecke Besitz ergriff, weil er in der Stadt einen vortrefflichen Stützpunkt für die Eroberung des übrigen Griechenlands erkannte.

Im 13. Jh. erhielt das fränkische Geschlecht der d'Autremencourts aus der Picardie Ámphissa zum Lehen und erbaute eine starke Burg auf der Stelle der klassischen Festung, von der noch Reste gefluchteten und polygonalen Mauerwerks erhalten sind, und nannte sie *Salona*, woraus 1311 die katalanischen Eroberer La Sol machten. Die Burg hatte drei Umfassungen, deren zerfallene Wälle – mit späteren katalanischen Hinzufügungen – jetzt von hohen Schirmpinien umstanden sind. Der Weg hinauf ist steil. Ein schöner monolithischer Querblock, wahrscheinlich antiken Ursprungs, ruht auf den Laibungen des Eingangstors. Ein freistehender Rundturm beherrscht heute noch den Festungskern.

Im späten 14. Jh. herrschte auf der Burg die Gräfin-Mutter Helene Kantakouzenos, aber die eigentliche Macht lag in den Händen ihres Liebhabers, eines übel beleumundeten Priesters, der die Landleute ausbeutete und den Mädchen von Delphi nachstellte. Sein vorgesetzter Bischof, besorgt über die Absichten, die dieser mittelalterliche Rasputin gegenüber der Tochter und ihrer Mitgift hegte, rief Sultan Bajezid I., den ›Donnerkeil‹ um Hilfe an, der alsbald mit mehreren tausend Mann über die lokrischen Bergpässe herbeigeritten kam, die Burg zu seinem Hauptquartier machte, die Gräfin-Mutter den Beschimpfungen seiner Soldaten auslieferte und dem ruchlosen Priester den Kopf abschlug. Die größte Demütigung aber stand der armen Tochter bevor, in deren Adern das Blut von Byzanz und Aragon floß. Der Sultan befahl sie in seinen Harem, übergab sie sodann seinen Soldaten als ›Freiwild‹ und ließ sie schließlich sogar töten, weil sie angeblich seinen Leidenschaften mit Kälte begegnet war.

Südlich von Ámphissa durchquert die Straße die dem *Apollon geheiligte Ebene* in einer wahren Urlandschaft von vollendeter Harmonie und großzügigen Formen, deren Konturen von den Bergen, von dem Mäandermuster der Olivenhaine bis zu den Windungen der landumschlossenen Bucht immer wieder aufgenommen werden. Die Dichte der Olivenbäume ist legendär; diese knorrigen, knotigen Stämme gehören zu den ältesten in Griechenland. Ein Wegweiser macht auf die Abzweigung nach Delphi aufmerksam. Irgendwo zu Seiten dieser silbrig-grünen Strecke – wir wissen nicht genau wo – lag das *Hippodrom*, der Schauplatz der großen Wagenrennen, die während der ›Pythischen Spiele‹ abgehalten wurden. Diese Wettrennen waren dem Apollon besonders geheiligt, und angeblich haben sich die Götter selber an ihnen beteiligt. Sie griffen auch häufig in die Entscheidungen ein, stießen den Spruch des Schiedsrichters um oder entrissen die Zügel den Händen eines Siegers, der sich nicht ihrer Gunst erfreute. Sophokles gibt die Schilderung eines solchen Wettkampfes, an dem Orestes mit seinen thessalischen Stuten teilnahm; die Rennen, sagt er, begannen bei Sonnenaufgang mit einem Fanfarenstoß aus einer bronzenen Trompete. Heute brennt die Sonne auf die schweigenden Haine nieder, hier und dort pflügt ein Bauer die rötlich-braune Erde.

Die Straße endet in *Itéa*, dem verlandenden Hafen von Delphi, den Bagger für Touristenschiffe freihalten. Der Ort hat wenig Leben, aber andererseits zwei gute Hotels, die zu empfehlen sind, wenn in Delphi keine Unterkunft zu haben ist. Neuerdings geht von hier ein Fährschiff nach Aigion an der achäischen Küste. Eine neue Straße auf dem Westufer der Bucht, das nach der schattigen Üppigkeit der ›Heiligen Ebene‹ erstaunlich kahl ist, endet gegenwärtig in Galaxídion.

Galaxídion wird häufig das künftige St. Tropez Griechenlands genannt. Es liegt auf einer Landzunge, in deren Windschatten Segelboote und Jachten ausgezeichnete Ankerplätze finden. Über das kleine Binnenmeer hat man einen schönen Blick nach Delphi und auf die Steilwände des Parnass. Der malerische Ort ist von Schiffszimmerleuten bewohnt. Die Rümpfe der breiten, reparaturbedürftigen Kaïkia und die Skelette der im Bau befindlichen Boote liegen überall am Strand. Baden ist hier kein sonderliches Vergnügen, das Meer ist suppig, und im Sommer herrscht eine rechte Fliegenplage. Die Galaxidier taten sich im 18. Jh. als tüchtige Seeleute hervor. Zudem waren sie tapfere, geschickte und patriotisch gesonnene Kämpfer. Daher versuchten die Türken sie schon bald nach Ausbruch des Unabhängigkeitskrieges auszurotten. Alexandros Ypsilantis der Jüngere sah voller Kummer von der achäischen Küste aus zu, wie die Stadt niedergebrannt wurde.

Galaxídion besitzt eine byzantinische Kirche aus dem 13. Jh. Da sie zumeist verschlossen ist, erkundige man sich auf dem Polizeirevier, wo der Schlüssel zu haben ist, ehe man auf der Straße etwa 3 km nach Westen hinausfährt. Jenseits des Golfs von Korinth erheben sich die peloponnesischen Bergketten. Die Kirche des ›Erlösers‹, *Hagios Sotír*, schmiegt sich, von Ölbäumen umstanden, behaglich in einen Zypressenhain. In Auftrag gegeben wurde der Bau vom Despoten Michael II. von Epiros als Dank für die Befreiung aus den Fängen einer Kurtisane, die ihn seine angetraute fromme Frau hatte vergessen lassen. So berichtet es die Kirchenchronik. Ein querlaufendes Tonnengewölbe vermittelt, von innen gesehen, den Eindruck einer Kuppel innerhalb der Basilika. Leider sind die Wandmalereien nicht gut erhalten. Reliefs in der Apsis, die wahrscheinlich von der Ikonostasis einer früheren Kirche stammen, zeigen stilisierte Pinienzapfen und Zypressenzweige in den Winkeln der Kreuze.

Zwischen Galaxídion und Itéa verkehren Kaïkia. Die Fahrt ist nur kurz, aber zauberhaft. Das Boot zieht seinen Wellenpfeil durch die ölig glatten Wasser des Golfs, dessen kahle Inselchen wie versteinerte Tümmler aussehen. Silberdunst hängt über den Hainen der ›Heiligen Ebene‹, die inmitten des Amphitheaters aus gewaltigen Bergen liegt.

Von Levádia nach Delphi

In einer breiten Mulde zwischen Hélikon und Parnass über eine Folge welliger, ausgewaschener und verwehter Hügel führt die Hauptstraße von Athen aus hinter Levádia in genau westlicher Richtung nach Delphi. Von keinem anderen mir bekannten Punkt aus stellt sich das Parnass-Massiv uns besser vor Augen. Allmählich füllen die mächtigen Bergzüge des aufgeworfenen Kalkgesteins das ganze Blickfeld. Es ist eine einsame Gegend. Gelegentlich sieht man Schafpferche und einen ›Hani‹ oder Rastplatz mit seinen großen Filzzelten im Windschatten der Felswände: einen wlachischen Weiler. Diese Vlachen oder Kutsovlachen sind ein nomadisches Bergvolk walachischer Herkunft. Sie sprechen eine Abart des Vulgär-Latein und kommen im Winter aus dem Hohen Pindos ins Tiefland des mittleren und westlichen Griechenlands herab. Ihre Herden knabbern zwischen stachligem Gesträuch an den jäh abfallenden Hängen – einer Landschaft, meint man, eigens geschaffen, um die Zugänge nach Delphi zu bewachen.

Etwa 24 km hinter Levádia zweigen wir links ab und kommen bald zum antiken Kreuzweg der drei Straßen von Delphi, Daulis und Theben, dem ›triodos‹. Diese Stelle des *Dreiwegs* hat man früher auch den *Gespaltenen Weg*, den ›schisti hodos‹ genannt, und die dritte Bezeichnung *Dístomon*, der ›sich nach zwei Seiten öffnende Weg‹, gilt bis heute, auch auf allen Landkarten. An diesem düsteren, schweigenden Ort, so sagt der Mythos, stieß Ödipus auf Laios und sein königliches Gefolge. Sophokles dichtet in seinem ›König Ödipus‹:

»Der Lenker und der Alte trieben mich
Gewaltsam aus der Bahn und voller Zorn
Traf ich den frechen Wagenführer schwer.
Der Alte sah es und er lauerte,
Bis ich am Wagen dicht vorüberkam,
Da fuhr sein Pferdestachel auf mein Haupt.
Das hat er schwer bezahlt: im Augenblick
Traf ihn mein Stab und rücklings sah man ihn
Vom Wagensitz geschleudert in den Staub.
Und alle schlug ich tot.«
(Übersetzt von Ernst Buschor)

Es heißt, daß das auf der linken Straßenseite stehende Denkmal für einen Offizier, der hier im 19. Jh. eine berüchtigte Bande von Straßenräubern vernichtete, auf einem Tumulus (Grabhügel) stehe, unter welchem Laios und sein Gefolge begraben wurden. Pausanias erzählt, ein platäischer König habe sie hier gefunden und über ihren Gebeinen »Feldsteine aufgehäuft«. Die Gräber, fügt er hinzu, »waren mitten im Dreiweg«, was mit dem jetzigen Denkmal übereinstimmen würde.

Bald darauf kommt man zu einer Gabelung. Links führt sie zum *Dorf Dístomon*, dem im Zweiten Weltkrieg als Zentrum von Guerillakämpfen Vergeltungsmaßnahmen nicht erspart blieben. Die Straße gabelt sich hier abermals. Südwärts senkt sie sich plötzlich zur Bucht von *Antíkyra* am Golf von Korinth hinab. Man stößt auf Bergwerksanlagen und die Häuser französischer Bergbau-Ingenieure, die hier in den Bauxitwerken und einer Aluminiumfabrik arbeiten. Eine Uferstraße nach Osten führt zur kleinen byzantinischen *Hagios Panteléïmon*-Kirche. Uberreste der antiken Mauern von Antíkyra am Westufer der Bucht sind über den Felshang verstreut. Auch einige Gräber hat man hier freigelegt. – Im Altertum war der Ort berühmt wegen seiner Nieswurz, die zur Behandlung von Darmleiden genommen wurde. Sie, für gewöhnlich mit grüner Blüte und röhrenförmigen, Honig absondernden Organen und großen gezackten Blättern, wuchs in Hülle und Fülle auf den felsigen Berghängen. Es gab zwei Arten: eine abführende mit schwarzer Wurzel und eine Brechreiz erregende mit weißer Wurzel. Sie wurde außerdem als Heilmittel gegen Wahnsinn und in späterer Zeit auch bei Gicht oder Zipperlein verwendet.

Die andere Straße, die in Dístomon nach Osten abzweigt, führt über *Stíris* (griechisch: Stéiri), das für seinen sämigen Schafsmilch-Joghurt berühmt ist, zum *Kloster Hósios Loukás*. Die Kirche und die ihr zugehörigen Gebäude blicken auf ein sich trichterförmig öffnendes Tal hinab, dessen Felder auf allen Seiten von steilen schiefergrauen Spornen des Hélikon eingeschlossen sind.

Die früheste kleine Kapelle war der Heiligen Barbara geweiht, einer Märtyrerin, die im 10. Jh. allgemein sehr verehrt wurde. Die Jünger eines heiligmäßigen Mannes aus dem benachbarten Stíris haben sie über seinem Grab erbaut. Dieser Mann hieß Loukás - die orthodoxe Bezeichnung ›Hosios‹ entspricht dem ›Seligen‹ der westlichen Kirche –, und der Ruf seiner prophetischen Begabung, seiner wunderwirkenden Kräfte und seiner Gespräche mit Tieren und Vögeln drang bald über seine heimischen Berge hinaus. Er starb um die Mitte des 10. Jhs., seine bescheidene Kapelle wurde zu einem Wallfahrtsort, und schließlich wurde hier ein Kloster gegründet. In Konstantinopel vernahm Teóphano, die schöne Tochter eines Tavernenwirtes und Gemahlin dreier aufeinanderfolgender Kaiser, von dem Kloster und kam auf den Gedanken, es auszuschmücken. Ihr Sohn, Kaiser Basíleios II. ›der Bulgarentöter‹, soll dies Beginnen unterstützt haben, als er zu Beginn des 11. Jhs. im Triumph durch Griechenland zog. Die Kriege gegen die Bulgaren und Slawen waren erfolgreich abgeschlossen. Im ganzen Kaiserreich folgte ein Aufschwung schöpferischer Betätigung. Das Goldene Zeitalter von Byzanz brach an. Die großzügige Gestaltung von Hósios Loukás ist ein charakteristisches Beispiel byzantinischer Tradition, auch den entlegensten Klostergemeinschaften die Förderung des Kaiserhauses angedeihen zu lassen.

Die einstmals blühende, vielköpfige Mönchsgemeinde ist heute auf eine Handvoll weißbärtiger alter Männer zusammengeschrumpft. Die früher zum Kloster gehörenden Mandelbaum-Haine und reichtragenden Felder sind den umliegenden Dörfern zugeschlagen worden. Zwischen dem Westeingang der Kirche und einem alten Gebäudetrakt liegt eine wundervolle Terrasse. Wo man früher unter den großen Platanen auf Holzbänken saß und den von Mönchen gereichten Ouzo schlürfte, räkeln sich jetzt junge Leute auf Plastik-Stühlen und trinken Orangeade und Nescafé. Auch ein Touristenladen hat sich etabliert. Aber gegen sieben Uhr ist der letzte Ausflüglerbus abgefahren und das letzte Transistor-Echo verhallt. Die Vorberge des Hélikon bilden einen dunklen Schirm rings um das friedvolle Tal. Die Luft ist schwer vom Duft der Sträucher und Bäume, und mit ein wenig Glück findet man in dem kleinen Hotelchen sogar ein Zimmer für eine der selten gewordenen Nächte, in denen man noch der Stille lauschen kann.

Die *Hauptkirche* des Klosters stammt aus dem Beginn des 11. Jhs. und ist ein hoher Kreuzkuppelbau, dessen Außenwände reich mit Schmuckbändern aus Ziegelwerk und Hausteingürteln gegliedert sind. Kleine Marmorsäulen unterteilen die zwei- und dreibogigen Fenster. Das Innere wird beherrscht von der mächtigen Kuppel. Ihre Last wird von 8 Pfeilerstützen, der Schub von Trompen, Bögen und Verstrebungen bis zu den Außenmauern hin aufgefangen. Vom Mittelraum aus entzieht sich die bis in die Umgänge verankerte Konstruktion den Blicken. Dies Verbergen klarer Funktionen wird durch die Zerlegung der Pfeiler in einzelne farbige Felder unterstrichen. Wand und Wölbung lösen sich durch den ornamentalen und den Bildschmuck zu illusionären Flächen auf, die ihren eigenen Raumvorstellungen folgen. Die Ausschmückung war wahrscheinlich das Werk von Künstlern aus Konstantinopel und ist eines der schönsten Beispiele der byzantinischen Bemühung, aus Farben, Mosaiksteinchen, Ziegeln, Gips, Stein und Marmor eine harmonische, von Lobpreisungen auf den Herrn widerhallende Einheit zu schaffen. Von der oft nur winzigsten Neigung oder Hebung, mit der die Mosaiksteinchen (Tesserae) in den Stuck eingebettet wurden, hing ab, in welchem Winkel, also auch mit welcher Intensität das Licht auf sie auftraf, ob ein Steinchen der gleichen Farbe heller oder dunkler erschien. Diese subtile Technik war entscheidend für den Eindruck und die Einheitlichkeit der gesamten Bildkomposition. Der Fußboden und die unteren Wandzonen waren mit kostbaren vielfarbigen Marmorplatten verkleidet. Der marmorne Lettner ist kunstvoll reliefiert, und jeder Zoll der Wandfläche im Kircheninnern, im Narthex, in der Kuppel, in den Apsiden und Querschiffen glüht von Mosaiken auf goldenem Grund.

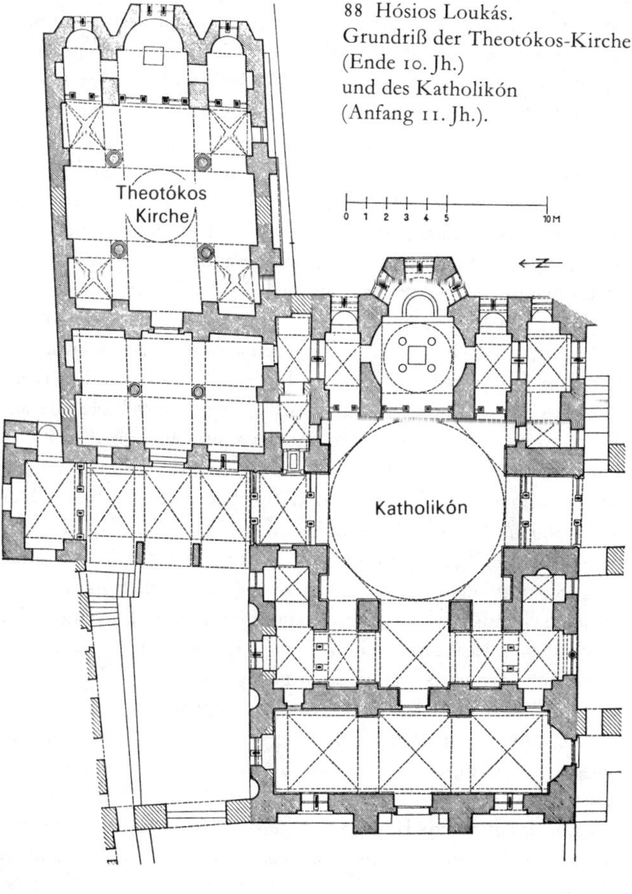

88 Hósios Loukás.
Grundriß der Theotókos-Kirche (Ende 10. Jh.) und des Katholikón (Anfang 11. Jh.).

Zuerst der *Narthex*. Die Haltung der Apostel auf den Gewölbebogen, die leichte Drehung ihrer Häupter, weist letztlich auf den Pantokrator hin, dessen Abbild den Raum über der in das Kircheninnere führenden Tür füllt. Zwei der eindrucksvollsten Bildnisse sind der ›Heilige Petrus‹ an der Ostwand und der ›Heilige Andreas‹ an der Westwand mit ihrem lebhaften Gesichtsausdruck und den unverhältnismäßig großen Köpfen. Unter den Szenen aus dem Leben Christi sind die ›Kreuzigung‹ auf der linken und die ›Auferstehung‹ auf der rechten Seite in flachen Bogenfeldern beiderseits der Mitteltür besonders ausdrucksvoll. Die Gestalt am Kreuz mit den schweren Gliedern ist trotz ihrer monolithischen Strenge von körperlichem Schmerz durchzuckt. Auf der ›Auferstehung‹ nimmt Christus den Adam aus der Vorhölle zu sich. Eva scheint schon allein dem kühnen Schwung seines aufwärts wehenden Mantels zu folgen. Links stehen würdig und ruhig die königlichen Propheten David und Salomon. – Der Dekor der Bogenrahmen ist verschwenderisch und äußerst farbig, wie überhaupt die gesamte Ausschmückung des Narthex eine Biegsamkeit und Geschmeidigkeit, eine Ausdruckskraft und auch Sensibilität besitzt, deren sich die majestätische Strenge der Mosaiken im Hauptraum enthält.

Im *Mittelraum* und in den *Seitenkapellen* folgt die Bildanordnung eng dem ikonographischen Plan. In der mittleren Zone der Nischen, in den Wölbungen und Kapellen, mischen sich Heilige mit Asketen, Propheten, Bischöfen und vertrauten heiligmäßigen Gestalten zu einer ›Porträtgalerie‹, die anfänglich die erzählenden Darstellungen der oberen Region zu überschatten scheint. Der Rang, der hier den Lokalheiligen eingeräumt ist, erklärt sich aus der treuen Verehrung, mit der man in der tiefen Provinz an ihnen hing. Sie trägt auch, wie Otto Demus sagt, wesentlich zu dem hier vorherrschenden »Geist mönchischer Kargheit und Strenge« bei. Professor André Grabar geht noch weiter, wenn er meint: »Die byzantinische Kunst ist schon ernst genug, aber in Hósios Loukás sehen wir uns ihrer asketischsten Seite gegenüber.« Der Anmut werden nur wenige Zugeständnisse gemacht, der warmen Empfindung überhaupt keine. Unter den Köpfen sind besonders beachtenswert der ›Heilige Demetrios‹ im südlichen Querschiff, der ›Heilige Basilios‹ im Bogenfeld unter der Nordost-Trompe, der Soldatenheilige ›Meroúrios‹ mit dem in der Scheide steckenden

Schwert im westlichen Gewölbebogen auf der linken Seite beim Betreten des Mittelraums und ein lebhafter ›Heiliger Nikólaos‹ im Bogenfeld unter der Südwest-Trompe. Im nördlichen Querschiff fallen ein schöner ›Erzengel Gabriel‹ mit braunroten Füßen und Flügeln und ein Medaillon des ›Seligen Loukás von Stíris‹ auf, der in feierlicher Anbetung die Hände erhebt. Auch an den anderen Wandteilen und Gewölbezwickeln stellen Erzengel und Heilige gleichsam die Ehrenwache. Im Unterschied zu den Aposteln im Narthex blicken sie alle in hieratischer Strenge geradeaus. Die gleichen Gestalten erscheinen in dem gelösteren und befreiteren Stil von Daphni in den verschiedensten Wendungen, mit dem Ergebnis, daß ihr Bild individueller, ›persönlicher‹ wirkt.

Über der Welt der Heiligen befinden sich die Darstellungen der Heilsgeschichte, die in höchster Höhe von Christus dem Pantokrator in der Mittelkuppel überwölbt sind. Das leider zerstörte Mosaik hat man durch ein Fresko ersetzt. Die Apsis ist der Muttergottes mit dem Kind vorbehalten. Sie sitzt auf einem von Kissen bedeckten, mit kunstvoller Einlegearbeit verzierten Thron vor dem konkaven Goldhintergrund, der in unausmeßbaren Raum zu führen scheint. Goldgründe, welche die byzantinischen Mosaizisten so liebten, sollten immer das Gefühl der Raumtiefe hervorrufen, wobei der Widerschein des auf die einzelnen Steinchen fallenden Lichts für diese Wirkung von entscheidender Wichtigkeit war. In der Kuppelwölbung des Altarraums vor der Apsis sitzen die Zwölf Apostel um das Symbol der Dreifaltigkeit, und die Taube hat sich auf dem Thron für das Kommen des Weltenrichters, der ›Hetoimasía‹, niedergelassen.

In den vier Trompen unterhalb der Mittelkuppel sind Teile aus dem Dodekaéorton abgebildet: ›Mariae Verkündigung‹, eine sehr schöne ›Geburt Christi‹, darauf der heilige Joseph mit riesigen schwarzen Augen und sich über die Krippe beugende Tiere, die der Szene etwas sehr Trauliches geben; eine ›Taufe Christi‹, auf welcher der Messias bis zu den Schultern in den Wassern des Jordan steht, während zwei Engel mit kunstvoll drapierten Badetüchern auf ihn zutreten; und – etwas gröber – ›Mariae Tempelgang‹, auf dem der Weg zum Tempel, den Maria einschlägt, zugleich auf den Altarraum von Hósios Loukás zuführt. Diese beständige Ausrichtung der Bewegung auf einen zentralen Punkt zu ist eine Eigenart der Mosaiken in dieser Klosterkirche.

Da es nicht immer ganz leicht ist, die in großer Höhe angebrachten konkaven Kompositionen von unten wirklich genau zu betrachten, bemühten sich die byzantinischen Künstler, die sich der Beziehung von Optik und Geometrie genauestens bewußt waren, besonders bei diesen Darstellungen den Lichteffekt innerhalb des Mosaiks zu verstärken. Es gelang ihnen, indem sie die Heilsgestalt oder die Bildererzählung in den Goldgrund ›einbetteten‹, ihn bereits *vor* der Szene, um sie herum anlegten, nicht nur als deren Hintergrund. Die von der Architektur bedingten, gewölbten Bildflächen in Absiden, Zwickelwölbungen und Kuppeln kamen dabei dem Eindruck eines in die Tiefe führenden imaginären Raumes nur entgegen. In Hósios Loukás neigt der karge und strenge Mosaizist des 11. Jhs. wohl auch infolge einer weniger nuancierten Farbpalette zu einer Überbetonung der Modellierung seiner Figuren. Gewiß sind die Mosaiken in Daphni in Technik und Ausführung gekonnter und raffinierter, die Tönungen viel reichhaltiger, doch in seiner Geschlossenheit, der Kraft und Intensität der Figuren, den kunstvoll in den Bau einbezogenen dekorativen Details und seinen majestätischen Proportionen behauptet sich Hósios Loukás als ungebrochenes Beispiel einer byzantinischen Kirche des 11. Jhs.

Unter der Kirche befindet sich die *Krypta der Heiligen Barbara* mit dem Grab des Seligen Loukás; sie ist mit groben Fresken der kappadokischen Bauernschule ausgemalt, die vor allen ästhetischen Zielen einen ländlich-schlichten, didaktischen Zweck verfolgte und im ganzen Kaiserreich zu gleicher Zeit wie die verfeinerte Kunst der Hauptstadt blühte. – Der Altarraum der Hauptkirche steht in Verbindung mit dem Narthex der um ein halbes Jahrhundert älteren *Theotókos-Kirche*, der Gottesmutter geweiht.

Zu dem Kloster gehören zahlreiche kleinere Niederlassungen, von denen ich zwei aufgesucht habe. Sie liegen weit von den allgemeinen Wegen, und man erkundige sich am besten bei den Mönchen. Eine ist die Ruine der kleinen ›Hagios Panteléïmon-Kirche‹ in der Bucht von Kýthera, der Insel, die unter attisch-böotischer Verwaltung stand; die andere, ›Hagios Nikólaos eis tous kampous‹, ›St. Nikolaus in den Wiesen‹, liegt in einem Mandelbaumhain und man gelangt von Ochómenos aus über einen Gebirgsweg dorthin, der nur bei gutem Wetter mit dem Auto befahrbar ist. Hier kann man einige Fresken aus dem 10. Jh. bewundern.

Delphi

XVII

Delphi liegt inmitten von Bergen, und sähe man nicht in der Ferne ein Stückchen des Korinthischen Golfs, könnte man meinen, in einer majestätisch ragenden Urlandschaft eingeschlossen zu sein. Man befindet sich hier in einer der geologischen Druckzonen. Erdbeben und Erdrutsche können immer wieder mal vorkommen. Heftige klimatische Wechsel sind häufig, Wolken lösen sich auf, bilden sich wieder neu und treiben ihre Schatten über die Olivenhaine hin. Bei Unwettern vermögen Wolkenbrüche die Landschaft völlig auszulöschen, und Donner hallt dann vielfach aus den Talschluchten wider. Im Sommer sitzt die Hitze in der Arena aus rückstrahlendem Kalkgestein gefangen, und die von urzeitlichen Rissen und Sprüngen durchfurchten Felswände werfen ein eigentümliches Licht zurück. Kaum ein Fremder, der sich des überwältigenden Eindrucks der dramatischen Szenerie entziehen könnte.

Im vorangegangenen Kapitel wurden mehrere Zufahrten nach Delphi geschildert. Die meisten Reisenden werden jedoch den direkten Weg aus Athen über Levádia nehmen, dem auch in alter Zeit die Pilger zu Fuß oder im Wagen folgten. Nach der Gabelung bei Dístomon steigt die Straße an und gibt den Blick auf großartige wilde Gipfel frei. Alle Umrisse formen sich messerscharf. Die Luft wird dünner. Das Blau des Himmels nimmt eine neue Intensität an. Ein Gefühl, man nähere sich einem Ort von besonderer, wahrlich mythischer Bedeutung, wird immer stärker. Auf der Höhe des Passes ist es dann, als hebe sich ein Vorhang mit gewaltigem Schwung: zur linken Hand die tiefe Schlucht des Flusses Pleistos, aus der die sanften Hänge des Tsoukadiés hoch emporsteigen, zur Rechten das zentrale Massiv des Parnass. In der Ferne verbirgt noch ein Felsvorsprung das Ziel der Erwartung, aber an ihm vorbei ahnt man mit einem Blick über Ölbaumwipfel die Weite der ›Heiligen Ebene‹.

Unmittelbar vor uns, ausgebreitet in 890 m Höhe, liegen die grauen Steinhäuser von Aráchova mit dem mächtigen Glockenturm auf einem hohen Felsblock. Vom unteren Dorfrand aus fallen die Streifen mühsam bebauten Bodens ab bis zum Grund der Schlucht. Die Lage dieses Bergdorfes ist so unerhört schön, daß die Bewohner angeblich länger leben als Menschen irgendwo sonst in Griechenland, weil sie jeden Augenblick des Daseins auszukosten und zu verlängern verstünden. In den Läden sind Arbeiten des heimischen Handwerks ausgestellt, wollene Taschen, Teppiche, Decken. Die Farben sind unbekümmert grell und bunt. Die alten ursprünglichen Muster der Gegend, kräftig und großflächig, wurden inzwischen fast überall im Lande von der wiederbelebten Heimindustrie aufgenommen. Als Besonderheit gelten hier (wie auch im Epiros) die ›veléntses‹, langhaarige weiche Wollteppiche, eigentlich winterliche Schlafdecken, die jetzt auch von den schicken Einrichtungshäusern im nördlichen Europa entdeckt und angeboten werden. Früher trugen die Frauen von Aráchova ihre kostbar gestickten Trachten. Soweit gewitzte Händler sie nicht längst aufgekauft haben, ist man heute stolz auf diese Erbstücke und bewahrt sie. George Wheler fiel im 17. Jh. der kunstreiche Kopfputz auf. »Die Frauen«, sagt er, »tragen um ihre Gesichter kleine Geldstücke, und desgleichen um den Hals und die Arme; ihr Haar ist zurückgekämmt und eigentümlich den Rücken hinunter geflochten, und an den Enden hängen Troddeln aus Silberknöpfen.« Auch noch in anderen Gegenden trifft man auf diese Art des Kopfschmucks, denn die Griechen verfielen in den schwierigen Zeiten der türkischen Besetzung auf den schlauen Gedanken, ihr Geld aufzubewahren, auch zu vererben, indem sie türkische, österreichische, italienische Münzen zu Ketten aufreihten und vorgeblich als Schmuck trugen. – Der Rotwein von Aráchova ist gut, steigt einem aber leicht zu Kopf, und der einheimische Käse ist Spezialität und Kuriosität zugleich. Er wird aus Ziegenmilch hergestellt und reift in kleinen Körbchen, deren Flechtmuster sich dekorativ in die Wachsrinde eindrücken.

Aráchova ist der Ausgangspunkt für die Wanderungen zur ›Korykischen Grotte‹ und auf den Gipfel des Parnass. Für beide Wege – das Nymphenheiligtum ist schwer zu finden, der Berganstieg unwegsam – sei sehr zu einem einheimischen Führer geraten.

Hinter Aráchova führt die Straße zwischen Terrassen voller

Mandelbäume wieder abwärts, bis Reben die Bäume ablösen. Der Pleistos gräbt sich noch tiefer zwischen die Bergzüge. Ruinen einer antiken Nekropolis kündigen die Nähe des Heiligtums an. Hinter einer ausgreifenden Rechtskurve um einen mächtigen Felsvorsprung sieht man sich plötzlich in einem riesigen Felsen-Amphitheater. Senkrecht ragen die Wände der Phaidriaden in die Höhe. Nach und nach erst fallen Säulenstümpfe, helle Mauerreste, graue Steinquadern und rotes Ziegelwerk ins Auge. Nun ist es gewiß: man ist angelangt, man ist in *Delphi*, der berühmtesten Orakelstätte des Altertums, zu der von weither die Menschen, Städte, Könige und Staaten kamen, um sich des göttlich inspirierten Rates zu vergewissern. Der Blick löst sich von den Felsen und wandert hinab, gleitet über das silbrig grüne Gewoge der Oliven, die sich wie ein immer breiter werdender Strom in das Meer aus Ölbaumhainen in der Ebene vor dem Golf von Itéa ergießen. Falken, Habichte, ab und zu auch Steinadler schweben majestätisch und wachsam über dem Heiligtum des Apollon. Östlich seiner Umgrenzung entspringt in einer tiefen Felsspalte die berühmte *Quelle der Kastalía*, deren reinigender Brunnen vor der Verkündung des Orakels eine so große Rolle spielte. Als kleiner Bach fließen

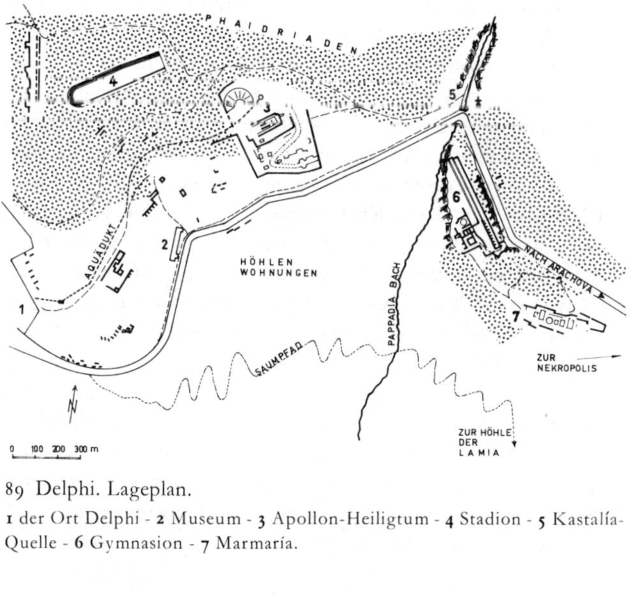

89 Delphi. Lageplan.

1 der Ort Delphi - **2** Museum - **3** Apollon-Heiligtum - **4** Stadion - **5** Kastalía-Quelle - **6** Gymnasion - **7** Marmaría.

die Wasser aus dem Becken in die Pleistosschlucht hinab – vorbei am *Heiligtum der Athena Pronaía,* dessen Marmorreste am Hang unterhalb der Straße leuchtendweiß aus dem vielen Grün hervorlugen. Kurz und allgemein nennt man sie jetzt die ›*Marmaría*‹. Jenseits des Pleistos, den Phaidriaden gegenüber, klettert ein Maultierpfad im Zickzack die kahle Wand des *Kirphis-Berges* hinauf und sieht aus wie die Sgraffito-Inschrift, die die Hand eines Riesen eingeritzt hat.

Die Hauptstraße des *jungen Ortes Delphi* an der vorausliegenden Parnass-Flanke ist von Hotels und Touristenläden gesäumt. Das ursprüngliche Dörfchen, das sich über dem Heiligtum angesiedelt hatte, ist Stein für Stein abgetragen und dort wieder aufgebaut worden, als gegen Ende des vergangenen Jahrhunderts die Ausgrabungen begannen. Alle Hotels haben eine prachtvolle Aussicht. Im Schatten von Sonnendächern sitzt man beim Frühstück, Mittag- und Abendessen über den Ölgärten und der Pleistos-Schlucht. Der Joghurt des Parnass ist berühmt in ganz Griechenland; das gleiche gilt von den dunklen fleischigen Oliven der Ebene von Ámphissa. In den Geschäften findet man Ähnliches wie in Aráchova, nur ein wenig teurer, und auch mehr wertlosen Trödelkram. Merkwürdigerweise gibt es in diesem Ort so nahe dem Heiligtum des Vaters des Asklepios keine Apotheke oder Drogerie. An Sonn- und Festtagen kommen die Hirten mit ihren von Sonne und Wind zu einem satten Bronzeton gebräunten Gesichtern von ihren Pferchen in den Bergen herab, um sich im Kafeneíon das Neueste berichten zu lassen. Zuweilen am Abend, wenn der Wein oder der Ouzo ihre lockernde Wirkung getan haben, beginnen sie zur Melodie einer klagenden Klarinette zu tanzen, ein Vergnügen, wozu man die einheimische und ausländische Jugend im etwas abseits liegenden Touristen-Pavillon nicht lange auffordern muß. In den langen Sommernächten findet sie sich auf einer großen Terrasse über der ›Heiligen Ebene‹ zusammen.

Die frühesten Erwähnungen eines Heiligtums in Delphi reichen in mythische Zeiten zurück. Es heißt, daß umherziehende Hirten plötzlich von einer unerklärlichen Unruhe ergriffen wurden, sich inspiriert fühlten und in ›Zungen‹ sprachen, sobald sie an einer Felsspalte vorbeikamen, der betäubende Dünste entströmten; der Drache Python soll sie bewacht haben. Man verstand ihre

Äußerungen als vieldeutige Prophezeiungen und nannte den heiligen Ort *Pytho*. Erst zu geschichtlicher Zeit erkannte man dann in den Orakelkräften, die hier in Erscheinung traten, das Wirken Apollons. Der mythische Dichter Musaios erklärt dies so: der Ort sei ursprünglich gemeinsames Besitztum von Gaia und Poseidon, also von Erde und Meer, gewesen. Gaia gab ihren Anteil an Apollon weiter, der Poseidon im Tausch gegen seinen Anteil einen Seehafen anbot. Ehe er das Orakel jedoch in Besitz nehmen konnte, war er genötigt, mit den goldenen Pfeilen, die ihm sein Halbbruder Hephaistos eigens gefertigt hatte, das Ungeheuer Python, einen Sohn der Gaia, der seine Mutter verfolgt hatte, zu töten. Es war ihm auch auferlegt, nach Thessalien zu wandern, um sich in den Wassern des Penéios zu läutern. Als ›Phoibos‹, der ›Gereinigte‹, und bekränzt mit dem Zweig des heiligen Lorbeer aus dem Tempe-Tal kehrte er zurück. Der Zweig wurde zum Wahrzeichen seines delphischen Heiligtums. Sodann machte er sich zum Anführer der Musen, die in der Einsamkeit des Hélikon hausten, brachte sie mit sich nach Delphi und führte sie bei rituellen Tänzen an. Er liebte Dichtkunst und Musik, spielte auf einer goldenen Leier mit sieben Saiten, deren gezupfte Töne den sieben Vokalen der griechischen Sprache entsprachen.

Apollon ist das Sinnbild der Jugend, des Lichts und der Schönheit. Von allen olympischen Göttern ist er der griechischste, und seine vielen persönlichen Eigenschaften sind charakteristische Züge der anthropomorphen Wesensart der griechischen Religion. Unaufhörlich verwickelt in Liebschaften mit Knaben und Mädchen nahm er mannigfache Gestalt, auch die der Tiere, an; er war Hüter und Wächter über Besitz und sittliche Ordnung, Helfer und Richter im Streit; er war Heilgott; war mit Bogen und Leier (seinen Attributen) der »Ferntreffende«, wie es in der Ilias heißt. Seine Pfeile verfehlten ihr Ziel nie, und ebenso unfehlbar wußte er mit seinem Lied Sinn und Gemüt zu erregen. Er war ein umherziehender Gott ohne festen Wohnsitz, suchte aber jedes Frühjahr in einem von Schwänen gezogenen Wagen Delphi auf und verließ es im Herbst wieder, begleitet von den fackeltragenden Priestern. Während des Winters schwieg das Orakel.

Der Apollo-Kult entwickelte sich rasch. Im Heiligtum wurde die *Pythia*, eine Priesterin, eingesetzt, die im Tempel über dem heiligen Spalt in den berauschenden Dämpfen die vielsinnigen, oft auch rätselvollen Worte fand, die ein Jahrtausend lang einen so machtvollen Einfluß auf das Tun und Lassen der Menschen ausübten. Aischylos sagt in den ›Eumeniden‹, es sei der Gott selbst gewesen, der mit der Pythia als Mittlerin »seines Vaters Wort und Wille« der Menschheit auslegte. Delphi, eines der panhellenischen Heiligtümer, war von tiefer religiöser Bedeutsamkeit. Sein einzigartiger Rang war unbestritten. Strabon ist der Meinung, daß »die Lage des Ortes das ihre dazu beitrug. Denn er liegt fast in der Mitte von ganz Hellas ... und wurde auch für den Mittelpunkt der bewohnten Welt gehalten und der Nabel der Erde genannt«. Er führt Pindar an, »der die Fabel erzählt, daß nämlich die von Zeus gesendeten Adler, der eine von Westen, der andere von Osten, hier zusammentrafen«. Natur und die Götter wirkten also zusammen, um dem Ort seine ehrfurchtgebietende Erhabenheit zu verleihen.

Dem Orakel standen fünf gewählte *Priester* vor, die behaupteten, ihr Amt leite sich von Deukálion, dem Stammvater der Griechen ab. In ihren Händen lag die Oberaufsicht über die Vorgänge im Heiligtum. Sprachgewandt und beschlagen in den Künsten der Diplomatie fiel es ihnen zu, die Botschaft zu formulieren, die die Pythia in ihrer Ekstase nur als Wort- und Satzfragmente hervorstieß. Ihr politischer Einfluß wird deutlich, wenn man bedenkt, daß sie in Athen und anderwärts ihre Agenten hatten. Gestützt auf die vielen Nachrichten, die sich bei ihnen sammelten, dürften sie über die politische Lage stets informiert und der Beantwortung aller Fragen, die an sie gestellt wurden, immer gewachsen gewesen sein. Über direkte Beziehungen zwischen Priestern und Politikern ist wenig bekannt, aber zweifellos ist es bei der großen Auswirkung, die die Orakelsprüche hatten, auch zu allerlei Drahtzieherei hinter den Kulissen gekommen.

Der Ruhm des *Orakels* war schon im 8. Jh. vor Chr. allenthalben fest begründet, und etwa seit dem 6. Jh. vor Chr. trafen aus allen Gegenden der zivilisierten Welt Weihgeschenke ein. Allein Kroisos bedachte das Heiligtum mit einer goldenen Löwen-Statue, einem goldenen Mischkrug, der eine Vierteltonne wog, vier silbernen Fässern und zwei silbernen Sprengern für Weihwasser. Als ob das alles noch nicht genüge, fügte der lydische König sämtliche Gürtel und Halsketten seiner Gemahlin hinzu und befahl, 3000 Tiere zu opfern. Als einer Institution, die zu politischen Entscheidungen führte, muß man dem Orakel eine nicht zu unterschätzende Bedeutung zugestehen. In den Perserkriegen neigte es zu defätistischer Haltung, im Peloponnesischen Krieg bekundete es eine Voreingenommenheit für Sparta. Es wurde unter anderen von Ödipus, Agamemnon, Kleómenes, Philipp von Makedonien und Alexander dem Großen um Rat gefragt, und letzterem rief die Priesterin zu: »Mein Sohn, niemand kann Dir widerstehen!«

Die Weisheit des Orakels wurde anfänglich in metrischer Form, nach dem 4. Jh. vor Chr. jedoch in Prosa verlautbart. Meist war der Sinn rätselartig verschlüsselt und oft genug mehrdeutig. Kann man Kroisos, als das Orakel ihm sagte, er werde ein mächtiges Reich zerstören, wenn er den Halys überschreite, einen Vorwurf machen, daß er nicht begriff, daß das fragliche Reich sein eigenes war? Wievielen Athenern, die das Orakel anwies, ihr Vertrauen in »hölzerne Mauern« zu setzen, war es einsichtig, daß das Holz ihrer Schiffe gemeint war, die bei Salamis den Sieg brachten? War Philipp von Makedonien, als er die kryptische Warnung erhielt: »Gekrönt ist der Stier, die Zeit ist vollbracht, es kommt der Opferer«, zu arglos, weil er nicht verstand, daß der »Opferer« sein eigener Mörder war? Zuweilen äußerte das Orakel ungefragt seine Ansicht, so als es erklärte, Sokrates sei ein weiserer Mann als Sophokles oder Euripides.

Auch zum Schicksal des Aesop hat es seine Stimme erhoben: der Dichter, dessen treffende Fabeln das Entzücken der literarischen Kreise Athens im 5. Jh. waren, geriet in den Verdacht, Tempelgut veruntreut zu haben, worauf ihn die empörten Delphier von der Höhe der Phaidriaden hinabstießen. Aber das Orakel bewies später seine Unschuld, und dem Enkel mußte eine Entschädigung gezahlt werden.

Die *Ratsuchenden*, die *Theopropoi*, hatten reinen Herzens und ohne böse Absichten zum Orakel zu kommen. Die Reihenfolge, in der sie die heilige Kammer betraten, wurde durch das Los festgesetzt. Die meisten Probleme, für die sie um den Schiedsspruch der Götter ansuchten, betrafen den Anbau ihrer Felder, Liebesgeschichten, beabsichtigte Eheschließungen, Reisen, Geldanleihen, den Verkauf von Sklaven und ähnliche präzise Fragen des täglichen Lebens. Sie hatten eine Gebühr zu entrichten und eine Ziege, ein Schaf oder ein Rind zu opfern. Ehe die Tiere geschlachtet wurden, vergewisserte man sich, daß sie in gutem Gesundheitszustand waren. Um ihren Appetit auf die Probe zu stellen, gab man den Rindern Gerste, den Schafen Kichererbsen zu fressen. Ziegen wurden mit kaltem Wasser übergossen, und nur wenn sie vor Kälte zitterten, galten sie für würdig, zum Opferaltar geführt zu werden.

Das delphische Gebiet im Land der Phoker stand anfänglich unter der Herrschaft des benachbarten, mächtigeren Krisa (auch: Chryson). Doch dort wurden die Bewohner zusehends neidischer und habgieriger. Sie verlangten von den Pilgern immer höheren Wegzoll und vergingen sich an den Frauen, was die Leute aus Delphi gegen sie aufbrachte. So kam es um 600 vor Chr. zum *Ersten Heiligen Krieg*, um 590 vor Chr. wurde Krisa von Truppen verschiedener Staaten, die entschlossen waren, die Heiligkeit dieser Stätte für alle Griechen zu bewahren, dem Erdboden gleichgemacht. Sie schlossen sich zum ›Amphiktyonischen Bund‹ zusammen, der seine Hauptaufgabe darin sah, fortan die Interessen des Heiligtums wahrzunehmen und seine Schätze zu behüten. Im Jahre 448 brach der *Zweite Heilige Krieg* aus, in dem sich letztlich Sparta und Athen gegenüberstanden. Die Unabhängigkeit des Orakels war verloren gegangen, da die mit den Athenern verbündeten Phoker sich in den Besitz des Heiligtums gebracht hatten. Nach einigem Hin und Her gewann Delphi die Autonomie wieder zurück. Um die Mitte des 4. Jhs. vor Chr. entstand dann aus den Auseinandersetzungen um die Bebauung der ›Heiligen Ebene‹ durch die Leute aus Ámphissa der *Dritte Heilige Krieg*. Die Phoker bemächtigten sich Delphis und schmolzen einen guten Teil der Gold- und Silberschätze ein, um ihre Söldner zu bezahlen. Ihr Führer verteilte kostbare Gegenstände aus dem Tempel, darunter ein Halsband der Helena, an seine Günstlinge. Es brauchte zehn Jahre, bis endlich mit Hilfe Philipps von Makedonien die Phoker vertrieben und zur Zahlung einer hohen Entschädigungssumme an Delphi verurteilt waren. Der Redner Aischines, Mitglied der pro-makedonischen Partei in Athen, hatte mit glühenden Reden gegen die Entheiligung dazu beigetragen, daß Philipp von Makedonien zur Hilfe der Amphiktyonie herbeigerufen wurde und hierdurch in Mittelgriechenland Fuß fassen konnte.

Im Jahre 279 vor Chr. brachen Kelten, die, im heutigen Jugoslawien ansässig gewesen, durch Völkerbewegungen in Ungarn und den Karpatengebieten in Bewegung geraten waren, über das Heiligtum herein. Aber sie waren nicht nur durch ungünstige Omen unsicher geworden, sondern hatten auch die Naturgewalten – Frost und Schnee, Erdbeben und Erdrutsche – gegen sich. Als sie die Steilhänge des Parnass hinabkletterten, griffen die Griechen sie im Rücken an. Zudem brachen Gewitter aus, die Donner hallten, und riesige Steine lösten sich von den Felswänden. Panik entstand, und in ihrer Verwirrung töteten sich die Angreifer gegenseitig. Es blieb Sulla vorbehalten, zweihundert Jahre später das Heiligtum mit schauerlicher Gründlichkeit auszuplündern. Nach ihm schleppte der unersättliche Nero fünfhundert Bronzestatuen nach Rom davon. Der griechenfreundliche Hadrian und die anderen Antoninen taten, was sie konnten, um Delphi in seiner vormaligen Pracht wiederherzustellen, aber es war zu spät. Die Aussprüche des Gottes überzeugten nicht mehr. Die Ratsuchenden waren skeptisch, die Priester bestechlich geworden, und die im 4. Jh. von Thukydides schon geargwöhnte und von Euripides bereits angeprangerte Scharlatanerie lag offen zu Tage. Die frühchristliche Kirche war der Auffassung, das Orakel sei vom Teufel inspiriert. Im 4. Jh. nach Chr. ließ Konstantin zahlreiche Kunstwerke nach Konstantinopel bringen. In der kurzen Regierungszeit des Julian Apostata, der die klassische Welt wiederbeleben wollte und selbst einer der letzten Ratsuchenden gewesen war, prophezeite das Orakel mit einem ergreifenden Abgesang sein eigenes Ende. Das berühmte Edikt von 393 des Kaisers Theodosios, der das Heidentum strikt bekämpfte, besiegelte den Untergang des Heiligtums, und von da an schwieg das Orakel für immer.

Im Laufe der Zeiten entstand auf dem antiken Ruinenfeld ein Dörfchen. George Wheler, der Engländer, traf bei seiner Reise im 17. Jh. auf »einen Han (Herberge) für Vorüberreisende«, zudem zählte er noch etwa »zweihundert Häuser, und diese sehr schlecht gebaut«, bemerkte aber auch Spuren von Marmorsitzreihen auf der Stadion-Terrasse und stellte neben der Kastália-Quelle eingelassene Nischen im Fels fest. 1838 begann der Franzose Laurent mit der Erforschung des Trümmerfeldes, und seit 1892 wird das Heiligtum vom Französischen Institut für Archäologie in Athen systematisch freigelegt. Schon 1902 ist das Dörfchen 2 km nach Westen verlegt worden.

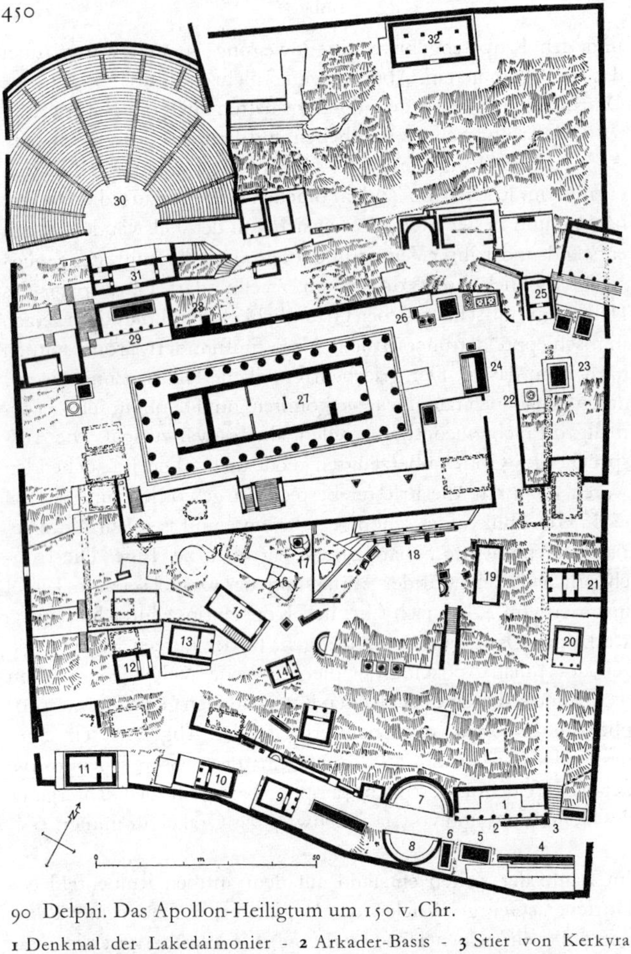

90 Delphi. Das Apollon-Heiligtum um 150 v. Chr.

1 Denkmal der Lakedaimonier - **2** Arkader-Basis - **3** Stier von Kerkyra **4** Marathon-Basis - **5-8** Weihgeschenke der Argiver - **7** die Könige von Argos - **8** die Epigonen - **9** Schatzhaus von Síkyon - **10** Schatzhaus von Siphnos - **11** Schatzhaus der Thebaner - **12** Schatzhaus von Poteídaia - **13** Schatzhaus der Athener - **14** Schatzhaus der Knidier - **15** Bouleutérion - **16** Felsen der Sibylle - **17** Sphinx der Naxier - **18** Halle der Athener - **19** Schatzhäuser der Korinther - **20** Schatzhaus von Kyrene - **21** Prythanéion - **22** Dreifuß von Platää - **23** Wagen der Rhodier - **24** Apollon-Altar von Chios - **25** Schatzhaus der Akanthier - **26** Pfeilerbasis des Prusias - **27** Tempel des Apollon **28** Fundstelle des ›Wagenlenkers‹ - **29** Weihegabe des Krateros - **30** Theater **31** Skene - **32** Lesche der Knidier.

Der *antike Zugang zum Bezirk des Apollon* liegt am untersten östlichen Ende der Mauerumfriedung. Hier beginnt die *Heilige Straße*, ein ansteigender, rampenartiger Prozessionsweg, der sich mit zwei scharfen Kehren zum Tempel hinaufwindet. Beiderseits standen die vielen Weihungen – Denkmale, Statuen, Schatzhäuser. Alles ist auf engem Raum zusammengedrängt, scheint zunächst verwirrend und unübersichtlich. Zudem verwehrt die Lage des Heiligtums auf einer Folge übereinanderliegender Terrassen dem Ankömmling, sich einen Überblick zu verschaffen. Im Sommer sengt die Sonne gnadenlos herab und die Zikaden schrillen in dem verdorrten Gesträuch. Die Stimmung muß herb und feierlich gewesen sein. Delphi hatte nichts von der heiteren Festtagsatmosphäre Olympias. Bakchýlides spricht von Opfertieren, die brüllend den Weg zum Altar schritten, von goldenen Dreifüßen, die an den Wegrandern glitzerten, und Euripides sagt, die Luft sei von Weihrauchdämpfen erfüllt gewesen, die »zur Höhe des Tempels hinaufströmten«.

Gleich vor dem Eingang zum Heiligen Bezirk hat sich, freilich erst in römischer Zeit, eine kleine quadratische *Agorá* etabliert. Man erkennt sie an den unkannelierten ionischen Säulen und den Resten von Ziegelmauern. Auf ihr drängten sich früher die Pilger, um Votivgaben und Devotionalien zu kaufen und Plutarch klagt über lästige Führer, die hier ihre Dienste anboten.

Am Anfang der Heiligen Straße liegen rechts die langgestreckten Fundamente des *Denkmals der Lakedaimonier*, das von Lysander zum Andenken an den Sieg von Aigospótamoi (405 vor Chr.) gestiftet wurde. Auf zwei Sockelbändern vor der umfassenden Mauernische standen 37 Statuen von spartanischen Heerführern, Admirälen und den ihnen wohlgesonnenen Göttern. – Die *Arkadier*, deren Feindseligkeit gegenüber Sparta allbekannt war, stellten die Reihe von Bronze-Statuen ihrer mythischen Helden so dicht davor, daß es sicher eine vorsätzliche Provokation war. – Im Anschluß daran, und gegenüber auf der linken Straßenseite errichteten die *Argiver*, gleichfalls darauf bedacht, gegenüber den Spartanern aufzutrumpfen, zwei imposante halbrunde Exedren. Sie hielten die Erinnerung an die Gründung des unabhängigen Messene im Jahre 369 vor Chr. wach: rechts das Denkmal mit zwanzig Statuen der Könige und Königinnen von Argos, die Herakles ihren Ahnherrn nennen; links die Exedra der Sieben Epigonen. – Es folgen die

Fundamente der Schatzhäuser, die von einzelnen Städten zur Aufstellung wertvoller Weihegaben gestiftet worden waren. Links des Weges befinden sich die Grundmauern des *Schatzhauses von Sikyon* und daneben der Unterbau des *Schatzhauses von Siphnos*, auf dem Bruchstücke von wundervoll gearbeiteten Simsbändern mit Eierstab- und Palmettenornament liegen. Dieses erstaunliche kleine ionische Bauwerk aus dem 6. Jh. vor Chr., das nur etwa 7 x 9 m mißt, hatte seinen Eingang an der Westseite. Statt zweier Säulen stützten zwei Karyatiden Gebälk und Giebel der Vorhalle des kleinen Naïskos. Beide Mädchenfiguren hielten eine Frucht in der Hand und trugen hohe, mit einem Reliefband verzierte Hüte. Ein großartiger archaischer figürlicher Fries, dessen Teile sich jetzt im Museum befinden, umlief die Außenmauern. Als Akrotere saßen zwei Sphinxe zu seiten des Giebelfeldes, und über der Giebelmitte stand eine geflügelte Nike. Die Laibung der Cellatür war reich ornamentiert. Allen Bauschmuck, den figürlichen und ornamentalen, muß man sich in hellen, leuchtenden Farben bemalt denken. Die noch sichtbaren Fundamentreste an Ort und Stelle sind ernüchternd, aber die Teilrekonstruktion im Museum, vor allem die originalen Fragmente, vermögen den preziösen Charakter des kleinen Baus heraufzubeschwören. Die Schatzhäuser der Thebaner, Megarer, von Poteídaia, der Aitolier, Knidier, von Syrakus und sogar eins der Etrusker liegen über den Abhang verstreut, sind aber für das ungeschulte Auge in ihrem zerstörten Zustand kaum zu identifizieren.

Auf der Höhe der ersten Wendung der ›Heiligen Straße‹ steht eines der aufrechten Wahrzeichen des Heiligtums, das großenteils mit den alten Quadern wieder aufgebaute *Schatzhaus der Athener*. Es mißt ebenfalls nur etwa 6 x 10 m und war ganz aus Paros-Marmor errichtet. Die Mauern verjüngen sich nach oben, um den Bau zu strecken, und die gewisse Schwere des rein dorischen Antentempelchens mag durch ein Akroterion, eine Amazone zu Pferde, über dem flachen Giebel gemildert worden sein. An den Wänden befanden sich viele Weihinschriften, darunter auch zwei Hymnen auf Apollon, die sogar frühe Notenzeichen tragen. Eine aus dem 3. Jh. vor Chr. stammende Kopie einer früheren Inschrift läuft an der Süd- und Westmauer der Substruktion entlang; sie lautet »Die Athener weihten Apollon die Kriegsbeute der Meder nach der Schlacht von Marathon« und läßt vermuten, daß die hier von den Persern erbeuteten Trophäen zur Schau gestellt waren. Angeblich hackten und pickten Krähen das Gold von den Weihegaben herunter, kurz ehe Alkibiades sich auf seinen verhängnisvollen Kriegszug nach Sizilien begab. Solche Omen galten im alten Griechenland nicht weniger als ein Orakel, und der Flug der Vögel beispielsweise wurde von jedem Feldherrn, der sich anschickte, in die Schlacht zu ziehen, genau studiert. Sokrates, Euripides und andere waren jedoch skeptischer. Die aufgeklärte Auffassung des Sokrates war: »Der Augur sollte der Autorität des Feldherrn unterstehen und nicht der Feldherr der Autorität des Auguren.«

Die ›Heilige Straße‹ läuft nunmehr in der Gegenrichtung an den Resten des *Bouleutérion* oder Senatshauses vorbei, wo die Senatoren und Prytanen (Vorsteher) ihre Verwaltungsgeschäfte besorgten und ihre Beratungen abhielten. Daneben befindet sich der von zusammenhaltendem Mauerwerk geschützte Felsen, von dem *Heróphile* »mit dem Beinamen Sibylle«, die sich abwechselnd Gattin, Tochter und Schwester des Apollon nannte, die ersten Orakel verkündete. Pausanias schreibt, sie habe sich in Ekstase befunden, wenn sie sich »in Begeisterung und vom Gotte erfüllt« äußerte. Eine natürliche Bodenspalte nahebei soll der Eingang zu dem Schlund sein, in welchem der *Drache Python* hauste. – Rechts davon, nahe der großen Stützmauer, der Fels, der das Säulenmonument mit der *Sphinx der Naxier* trug. – Es folgt auf dreistufigem Unterbau die schmale langgestreckte *Halle der Athener,* in der

91 Die Halle der Athener vor der polygonalen Stützmauer des Apollon-Tempels.

die den Persern nach der Schlacht von Salamis (480 vor Chr.) und den Seegefechten im Jahre 478 vor Chr. abgenommene Kriegsbeute ausgestellt war. Drei der ursprünglich acht ionischen Säulen, die so schlank und anmutig waren, daß sie gerade ein hölzernes Dach tragen konnten, stehen vor der großartigen *polygonalen Mauer,* welche die Terrasse, auf der sich der Apollon-Tempel erhob, abstützte und für den Fall eines Erdbebens absichern sollte. Die weitgehend in ihrer natürlichen Form belassenen Steine sind nach kunstvoller Bearbeitung der Kanten genauestens aneinandergepaßt. Die Mauerfläche ist sorgfältig geglättet. Sie leuchtet jetzt honigfarben und trägt die Inschriften von über 800 Urkunden und Verfügungen. – Gegenüber befindet sich ein runder Festplatz, *Hálos* (Tenne) genannt, auf dem während der Pythischen Spiele Apollons Sieg über den Drachen mit einer dramatischen Aufführung gefeiert wurde.

Auf der Höhe der zweiten Schleife führt eine scharfe, ansteigende Abzweigung nach links zu dem runden Sockel des Weihgeschenkes nach *Platää,* das von allen Staaten, die in der berühmten Schlacht von 479 vor Chr. gegen die Perser siegreich waren, gemeinsam errichtet wurde: eine Säule, aus drei ineinander verschlungenen bronzenen Schlangen gebildet, trug einen goldnen Dreifuß, in den die Namen der siegreichen Staaten eingegraben waren. Kaiser Konstantin hat sie später nach Konstantinopel gebracht, wo sie heute noch an ihrem Platz auf dem Hippodrom steht. – Gegenüber der Rundbasis befindet sich der um 475 vor Chr. von den Bewohnern der Insel Chios gestiftete *Altar des Apollon,* der ebenfalls des griechischen Sieges über die Perser gedenkt. Er ist aus graublauen Marmorquadern, mit weißen marmornen Zierleisten abgesetzt, errichtet – ein auffallendes, aber nüchternes Monument, das in unserem Jahrhundert bereits zweimal auf Kosten reicher Schiffsreeder von Chios restauriert worden ist. – Gegenüber der Nordostecke des Apollon-Tempels steht ein hohes rechteckiges Postament mit einem Girlandenfries, auf dem einstmals das Reiterstandbild des Prusias II. stand, eines bösartig verderbten und körperlich verunstalteten Königs von Bithynien aus dem 2. Jh. vor Chr., der sehr zu vulgärem Prachtaufwand neigte.

Auf der nun erreichten Terrassenstufe führt die wiederhergestellte Rampe zum ehemaligen Osteingang des *Apollon-Tempels,* der beinahe so groß war wie der Parthenon. Hier ist einem nun der weite Rundblick über den ganzen Heiligen Bezirk gewährt. Sechs der dorischen Kalksteinsäulen des Umgangs stehen wieder aufrecht und geben eine Vorstellung von der einstigen Großartigkeit des Tempels in der kühnen Landschaft. Je nach der Tageszeit und dem wechselnden Licht sehen sie grau, rötlich-braun oder golden aus.

Über den Bau des ersten Tempelhauses erzählten sich die Alten die phantasievollsten Mythen. Einmal soll es aus Lorbeerzweigen des Tempe-Tals in Thessalien in Art einer Laubhütte, dann wieder aus Hölzern mit eingeflochtenen Farren erstellt worden sein. Einer dritten Legende zufolge hatten es Bienen und Vögel aus Wachs und Federn gefertigt. So erfährt man geradezu mit Erleichterung, daß Hephaistos der Baumeister war und daß er den Tempel gänzlich aus Bronze erbaute. – Von den historisch verbürgten Ursprüngen weiß man wenig, außer daß der früheste Tempel, ein Holzbau mit bronzeverkleideten Wänden, im Jahre 548 vor Chr. von einer Feuersbrunst zerstört wurde. Ende des 6. Jhs. vor Chr. wurde er durch einen stattlichen Steinbau ersetzt, den aber im 4. Jh. ein Erdbeben zerstörte. Die ganze griechische Welt trug durch Spenden zu einem neuen Tempel bei, der um 330 vor Chr. vollendet wurde. Das Material des früheren Tempels hat man in die Grundmauern und den Stylobat verbaut.

Den großen Ruhm hat sich in Delphi der *Tempel des 6. Jhs.* erworben. Auch damals schon brachte eine panhellenische Sammlung die nötigen Mittel auf, und die Aufführung der Eingangsfront in parischem Marmor hatten die Alkmaioniden übernommen, eine der führenden athenischen Adelsfamilien, zu welcher derzeit auch Kleisthenes, in späteren Generationen Perikles und Alkibiades zählten. Durch die abscheuliche Diktatur des Hippias, des letzten der tyrannischen Peisistratiden, war sie aus Athen vertrieben worden. Weder die Emigrantenpolitik der Alkmaioniden noch der verzweifelte Versuch des Jünglings Harmódios und seines Beschützers Aristogéiton, den Tyrannen Hippias zu ermorden, vermochte den Sturz der Peisistratiden herbeizuführen. Ausschlaggebend wurde vielmehr die wiederholte Mahnung des Delphischen Orakels an den Spartaner-König Kleómenes: »Athen muß befreit werden!« Herodot erklärt, die Alkmaioniden hätten die Priesterin regelrecht bestochen, damit die Pythia den Spartanern Weisung gebe, die Herrschaft des Hippias zu stürzen. Die nachfolgenden Ereignisse sind nicht ohne Ironie: die spartanische Diktatur vertrieb die Tyrannen in Athen und schuf damit die Voraussetzung für die demokratischen Reformen des Kleisthenes. Der Glanz von besonderem Rang und hoher Würde, der von dem Namen der Alkmaioniden ausging, die Pindar »jene Bürger von Erechtheus« nennt, »die im göttlichen Pytho deinen Tempel, oh Apoll, zu einem Wunderwerk machten«, gab diesem Unternehmen, das alle Griechen anging, einen enormen Auftrieb. Der Tempel war ein dorischer Peripteros auf einem dreistufigen Stylobat.

Der ursprüngliche Plan hatte für die gesamte Ringhalle Poros-Säulen vorgesehen. Aber durch den edleren Marmorstein an der Ostfassade – einige der alten Säulentrommeln sind noch erhalten – kommt in der griechischen Architektur ein Zug zu Leichterem, Hellerem auf, welcher die großen marmornen Meisterwerke des 5. Jhs. vorausahnen ließ.

Vom *Skulpturenschmuck* des Alkmaioniden-Tempels hat sich immerhin so viel erhalten, daß man weiß, was auf den Giebelfeldern dargestellt war: an der Eingangsseite im Osten das Erscheinen, die ›Epiphanie‹ des Apollon in Delphi, ausgeführt von dem attischen Bildhauer Antenoros; an der Rückseite im Westen die ›Gigantomachie‹, der Kampf der Götter mit den Riesen. Fragmente davon befinden sich im Museum. Vom Bau des 4. Jhs. sind die Giebelthemen nur noch aus der Beschreibung des Pausanias bekannt: im Osten das Erscheinen Apollons mit den Musen; im Westen Dionysos und die Thyiaden (die ihm folgenden Mädchen des Parnassos).

Euripides hat in seinem ›Ion‹ eine unvergeßliche Schilderung der kostbaren Reichtümer des Tempels hinterlassen: des alten Omphalos, des heiligen »Nabels der Erde, in Binden gehüllt, Gorgonen rings«, der »heiligen Tücher«, die einst Herakles den Amazonen geraubt und dem Haus Apollons geweiht hatte. In sie waren Bilder eingewebt, die das Geschehnis am Himmel mit Sonne, Mond und Sternbildern herrlich darstellten. Auf anderen Geweben waren Seeschlachten zwischen Griechen und Persern, Kentauren auf der Jagd hinter Hirschen, der Fang von wilden Löwen und Kekrops in seiner Schlangengestalt abgebildet.

Lorbeer-Girlanden hingen von der Decke der Cella herab und Tempeldiener fegten den heiligen Grund mit Büscheln des schönsten Lorbeers

»Entsprossen aus un-
Verwelklichen Gärten,
Wo heiliges Naß,
Das sendet die immerquellende Flut
Der Quellen empor,
Das heilige Laub der Myrthe benetzt.«
(Übersetzt von Emil Staiger)

Berühmt war die Goldstatue des Apollon hinter einem Altar mit dem ewig brennenden Feuer, das mit Tannenholz unterhalten wurde. Als kostbarer Besitz wurde der eiserne Thron verwahrt, auf dem Pindar gesessen haben soll, wenn er seine pythischen Oden vortrug, sowie die schmiedeeiserne Statue des Herakles im Kampf mit der Hydra, die Pausanias ein Wunder nennt, denn »Eisenarbeit an Statuen ist äußerst schwierig und mühsam«. Man gedachte im Tempel auch mit einer Bronzeplastik des Wolfes, der einst all nächtlich draußen vor dem Heiligtum geheult hatte, um auf ein Versteck gestohlener Tempelschätze aufmerksam zu machen. Die Aussprüche der ›Sieben Weisen‹, darunter das berühmte »Erkenne dich selbst« oder »Nichts im Übermaß«, waren als Inschriften auf den Wänden des Pronaos zu lesen. Welchen Einfluß diese Ratschläge der Mäßigung auf ein Volk hatten, das so verschwenderisch in der Liebe und so maßlos im Haß war wie die Griechen, kann man nur mutmaßen.

Der Sitz des Orakels befand sich im Adyton, dem ›Unbetretbaren‹, zu dem nur die Pythia und die Priester Zugang hatten. Den Spalt, aus dem die berauschenden Dünste hervorkamen, hat man nicht festgestellt. Die Priesterin – Pindar nennt sie »die delphische Biene« – war immer ein junges unberührtes Mädchen, bis eines Tages ein gottloser Jüngling es verführte. Danach wurden nur ältere und weniger anziehende Frauen ausgewählt und weitere Ungehörigkeiten sind nicht vermeldet. Strabon schreibt »über der Öffnung aber stehe ein hoher Dreifuß, welchen die Pythia besteige, die nun den Dunst einatme«. Sie gab sodann in einem Zustand der Ekstase, indes sie Lorbeerblätter kaute, die vieldeutigen Worte von sich, die der unschlüssige Fragesteller mit Hilfe geschulter Berater auszulegen und zu deuten hatte. Zuweilen sollen die Ausdünstungen eine so starke Wirkung ausgeübt haben, daß die Pythia wie wahnsinnig von ihrem Dreifuß aufsprang, sich in Krämpfen wand und binnen weniger Tage starb.

Oberhalb des Tempels steigt man über eine römische Treppe hinauf zum *Theater* aus dem 4. Jh. vor Chr., aus Marmor erbaut, und später von den Römern mit grauem Kalkstein restauriert. Die Cavea hat nur 33 Sitzreihen, unterteilt von einer gepflasterten Diázoma. Die Orchestra, mit unregelmäßigen Platten ausgelegt, ist hier in späterer, römischer Zeit, wie auch anderen Orts, von einer Wasserzuleitung umgeben worden. Kein griechisches Theater fügt sich als baukünstlerische Schöpfung besser in seinen landschaftlichen Rahmen als dieses in das große Amphitheater der Felswände. Den schönsten Ausblick hat man von der obersten Sitzreihe. Am späten Nachmittag beginnen die Phaidriaden zu schimmern und zu glühen, verfärben sich rot, malvenfarben. Die Bergzüge jenseits des Pleistos leuchten im Gegenlicht tief kobalt-blau, und das Tal füllt sich mit dunklen Schatten. Gelegentlich tönt der Klang von Ziegenglocken aus der Schlucht herauf. Weder die an der Hauptstraße geparkten Autobusse noch die Führungen, die auf den unteren Terrassen des Heiligtums hinüber- und herüberwandern, können der tiefen Harmonie von Ort und Umgebung etwas anhaben.

Im Jahre 1927 organisierte die amerikanische Gattin des griechischen Dichters Angelos Sikelianos ein Delphisches Festspiel mit einer Aufführung des ›Gefesselten Prometheus‹ von Aischylos, der ersten antiken Tragödie, die seit dem Edikt des Theodosios in diesem Theater aufgeführt wurde. Sie gab damit einen Anstoß. Häufiger unternehmen seither Schauspielertruppen Tourneen zu den antiken Stätten des Landes, und die Werke der attischen Tragiker bewegen wieder die Menschen in den antiken Freilufttheatern von Epidauros bis Dodóna. Ich sah hier einmal eine Aufführung des ›König Ödipus‹ von Sophokles. Es war ein Spätnachmittag im August. Die ländliche Zuhörerschaft folgte dem Unheil, welches das Haus des Lábdakos heimsuchte, mit hörbarer Bewegung. Die Griechen besitzen gleich ihren antiken Vorfahren eine echte Liebe zum Theater und identifizieren sich mühelos mit den großen Gestalten der antiken Tragödie. Ich erinnere mich lebhaft des Augenblicks, als der geblendete Ödipus aus dem Palast herausstürzte und rief:

»O weh, o weh, o weh, o weh!
Wohin strauchelt mein Schritt in die Nacht?
Wohin flattert mein Ruf in die Nacht?«
(Übersetzt von Ernst Buschor)

Das Licht war eben auf den ›rosenroten‹ Phaidriaden verblichen. Graue Schatten breiteten sich über die Berge aus. In diesem Augenblick waren die Worte zeitlos gegenwärtig.

Östlich vom Theater befand sich der heute ausgetrocknete *Kassotis-Bach,* der einen geheiligten Lorbeer- und Myrthen-Hain bewässerte und dann durch einen Kanal in das Adyton des Tempels floß, wo die Pythia von seinem Wasser trank, ehe sie begann, auf die mythischen Stimmen zu hören. Jenseits des Bachbettes führt ein Pfad zur *Lesche,* der ›Gemeindehalle‹ *der Knidier.* Die Mauern des rechteckigen Raums sind aus ungebrannten Ziegeln, und der Eingang befand sich auf der dem Tal zugewandten Langseite. Zwei Reihen mit je vier Holzsäulen trugen ein Holzdach. Der Versammlungsraum, in dem Pilger Schatten und Unterkunft fanden, in dem die Delpher zu Gesprächen zusammenkamen, war mit Wandgemälden des Polygnot von Thasos ausgeschmückt. Sie stellten Szenen aus dem Trojanischen Krieg dar. Nicht eines der Bilder ist erhalten, doch in der antiken Welt waren sie vielgerühmt. Nach den uns überkommenen Schilderungen und der Kenntnis der Vasenmalerei aus der gleichen Zeit – der Sicherheit der Bildkomposition, des glücklichen Gefühls für Ordnung und der souveränen Darstellung der fließenden Bewegung – kann man sich vorstellen, wie sehr die Gemälde eines großen Meisters die Menschen beeindruckt haben müssen.

Von der Diázoma des Theaters findet man leicht den Serpentinenweg zum *Stadion,* dem bedeutendsten und höchsten Punkt der antiken Stadt, hoch über dem Apollon-Tempel und außerhalb des Heiligen Bezirks gelegen. Es ist das besterhaltene aller griechischen Stadien, wurde um die Mitte des 5. Jhs. erbaut und faßte 7000 Zuschauer. Auf der Nordböschung, die sich an die Felswand anlehnt, und im westlichen Halbrund befinden sich 12 gut erhaltene Sitzreihen, die durch Treppenaufgänge in ebenso viele Abteilungen aufgeteilt sind; auf der Südseite, wo das Gelände steil abfällt und die künstliche Erdaufhäufung von einer starken Stützmauer gehalten wurde, befinden sich nur 6 Sitzreihen. Die heute noch benutzbaren stammen aus antoninischer Zeit. Die leichte Ausbuchtung der Stadionlängsseiten sollte verhindern, daß die Zuschauer einander die Sicht verdeckten. Eine Nische in Nähe der hufeisenförmigen Rundung im Westen führte zu einem Brunnen, an dem die Zuschauer sich mit kaltem Gebirgswasser erfrischen konnten. Der Zugang erfolgte von Südosten. In römischer Zeit stand hier ein Triumphbogen, von dem noch 4 Pfeiler erhalten sind. An dieser Stelle begann der Umzug der Athleten, die um die Laufbahn an den Tribünen vorbeimarschierten. Wie beim Stadion in Olympia sind die Startschwellen – mit Startrillen für die Zehen der Läufer – an den beiden Laufbahnenden erhalten. Siebzehn Läufer konnten sich gleichzeitig im Wettkampf messen. Die Kosten für die Erbauung und ständige Unterhaltung in dieser Berglage müssen beträchtlich gewesen sein. Eine Inschrift aus der Mitte des 3. Jhs. erwähnt, was für das Abstützen der Wälle, die Einebnung der Laufbahn, das Ausheben der Sprunggrube, Einzäunung, Wendemarken und das Heraufschaffen der riesigen Mengen Sand für die Laufbahn aufgewendet worden ist.

Die ›Pythien‹ waren seit den ältesten Zeiten musische Wettkämpfe. Im Jahre 582 vor Chr. traten athletische Disziplinen hinzu, und das Pythische Fest wurde nun alle vier Jahre, in jedem dritten Jahr einer Olympiade im August begangen. Eine Hymne an Apollon, die den Sieg des Gottes über Python feierte und von einer Leier begleitet rezitiert wurde, eröffnete den Wettsreit. Die Sportarten, in denen um den Sieg gekämpft wurde, waren die gleichen wie in Olympia, denen man noch einen Langstreckenlauf für Knaben und als letzten und sensationellsten Wettkampf ein Wettrennen in Bronzerüstung hinzugefügt hatte. Wagenrennen fanden in der ›Heiligen Ebene‹ statt. Der Sieger wurde mit einem von Knaben gepflückten Lorbeerkranz gekrönt. Andere Preise oder Belohnungen gab es nicht, außer dem hymnischen Lob der Leistungen, was dem Herzen – nicht nur dem griechischen – so wohltätig ist. Die Ehre eines Sieges bei den Pythischen Spielen stand an Geltung nur einem Sieg in Olympia nach. Bezeichnend war der Fall des Dorieus, eines populären Athleten, der von den Athenern gefangengenommen wurde, als er während des Peloponnesischen Krieges eine feindliche Flotte befehligte, aber auf Grund des Ansehens, das ihm seine pythischen Siege eingebracht hatten, unverzüglich wieder auf freien Fuß gesetzt wurde.

Im Unterschied aber zu den Olympischen Wettkämpfen spielte die Musik eine wichtige Rolle. Es gab Wettbewerbe für Gesang und Komposition, für Flöten- und später auch für Leierspiel. Pindar nennt die Weise des Flötenspielers eine »vielköpfige Melodie«, die dem Zischen der Schlangen ähnele und zudem einen »herrlichen Ansporn« darstelle. Pausanias hingegen sagt, die Flötenwettbewerbe wurden schließlich wieder fallengelassen, weil man meinte, »es sei nicht glückverheißend, den Flötengesang zu hören. Denn der Flötengesang bestand aus den düstersten Flötenmelodien und aus zu den Flöten gesungenen Trauerliedern.« Die griechische Musik ist noch heute häufig von überaus wehmütigen Gefühlen inspiriert.

Vom Stadion führt eine Abkürzung zur Mitte des heutigen Dorfes. Wir gehen jedoch den Zickzackweg durch das Heiligtum zurück zur Hauptstraße und erreichen, in östlicher Richtung weitergehend, die *Kastalía-Quelle*. Obwohl sich die Parkplätze jetzt bis hierher erstrecken, ist es immer noch ein idyllischer Ort, den große Platanen überschatten. Die Quelle, die aus der Schlucht hervorkommt, welche die Phaidriaden hier entzwei spaltet, ist eiskalt und erstaunlich klar. Griechische Besucher mit ihrer Leidenschaft für reines und klares Wasser trinken es begeistert und nehmen es in großen Korbflaschen mit nach Hause.

Seit frühester Zeit war dieser Ort eine Kultstätte. Gaia, die Erdmutter, wurde hier verehrt und Python, ihr Drachen-Sohn, der in dem Erdschlund seine Höhle hatte, habe hier ihr Heiligtum bewacht, ehe ihn der lichte Apollon tötete. – Die Quellwasser hat man hinter einer Fassade aus sieben Marmorpilastern in einem langen schmalen Reservoir gesammelt, und die vier Nischen in der Felswand dahinter dienten den Weihungen an die Nymphe Kastalia. Aus ehemals sieben engen Ausflüssen ergoß sich das Wasser in das aus dem Felsboden ausgehauene 3 x 10 m große Bekken, wo die Pilger, die Ratsuchenden und die Athleten sich vor ihrem Gang zum Tempel oder zum Stadion reinigten und läuterten, indem sie ihr Haupt benetzten. Lateinische Dichter sagen, die Musen beflügelten ihren Geist, nachdem sie aus der Quelle getrunken hätten. – Ein Pfad führt ein kurzes Stück in die düstere Schlucht hinein; er ist mit riesigen Geröllblöcken übersät und von unvermuteten Spalten durchzogen, und gelegentlich kracht immer mal wieder ein Felsstück von oben herab – geheimnisvoll, gewiß nicht von Menschenhand in Bewegung gesetzt ...

Geht man von der Kastalía-Quelle noch ein wenig weiter auf der Hauptstraße, so läuft unterhalb eines Erfrischungskiosks ein Weg hinab zur Marmaría. Der erste Komplex alter Fundamente umfaßt das aus dem 4. Jh. vor Chr. stammende und mit römischen

Hinzufügungen versehene *Gymnasion,* das sich auf mehrere Terrassenstufen verteilt. Dies war der Übungsplatz der Athleten vor den öffentlichen Wettbewerben, und er besaß parallel zu der Übungslaufbahn unter freiem Himmel noch eine überdachte Laufbahn. Zwischen dem Unkraut und den Disteln liegt eine gerillte Steinplatte, von der wahrscheinlich gestartet wurde. Sie war mit einem ›Husplex‹ ausgestattet, einer mechanischen Vorrichtung, die beim Herabfallen laut aufschlug und so das Signal für den Start gab. Ein antiker Schriftsteller vergleicht die Läufer, die am Husplex mit mühsam gezügelter Anspannung auf das Aufschlagen des Hebelarms warten, mit den Rosselenkern, die kurz vor Beginn des Wagenrennens ihre sich bäumenden Pferde verhalten. Auf der unteren Terrasse der Palästra befindet sich ein offener, früher überdachter und mit einer Säulenhalle versehener Hof mit Resten eines runden Beckens, das wahrscheinlich ein Schwimmbad war. In der Stützmauer öffneten sich in regelmäßigem Abstand Nischen für Brausen oder Duschen.

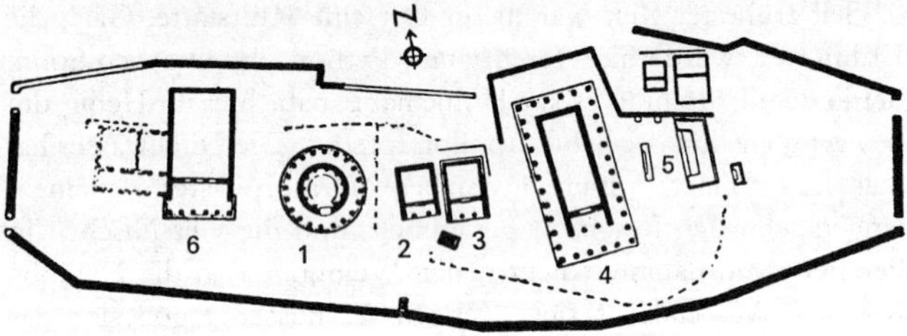

92 Delphi. Das Heiligtum der Athena Pronáia in der Marmaría.

1 Tholos - **2** Schatzhaus von Massilia - **3** Schatzhaus von Athen? - **4** Tempel der Athena Pronáia um 510 v. Chr. über älterem Tempel aus dem 7. Jh. **5** Altäre - **6** Neuer Athena-Tempel des 4. Jhs. v. Chr.

Der Weg läuft unter schattigen Olivenbäumen weiter den Abhang hinab zum *Heiligtum der Athena Pronaía,* der ›Tempelwächterin‹, das weniger bedeutend war als das Apollon-Heiligtum, aber nicht minder schön gelegen ist. Der Frühling breitet zwischen den Ruinen einen Blumenteppich. Chamäleons schlüpfen in den Rillen und Rissen des Mauerwerks umher, und Bienen schwärmen in den süß duftenden Lorbeerbäumen. Das herausragende Baudenkmal ist hier die *Tholos,* deren leuchtende Marmorsäulen man schon von weitem gesehen hat. Es ist ein Rundbau auf dreistufigem Unterbau aus dem 4. Jh. vor Chr., dessen Bestimmung den Gelehrten bis heute verborgen blieb. Mit einem äußeren Ring von 20 dorischen Säulen und einem inneren Ring von 10 korinthischen Halbsäulen vor der Cella-Innenwand sowie dem kegelförmigen Dach muß es ein überaus anmutiges und elegantes Bauwerk gewesen sein. Drei der kräftigen und zugleich schlank wirkenden dorischen Säulen sind mit Architrav, Metopen- und Triglyphenfries, darüber das Dachgesims mit seinem Rankenwerk und den Löwenköpfen als Wasserspeiern wiederaufgerichtet. Gewißlich eine bezaubernde Ruine inmitten des landschaftlichen Rahmens – dem Blick auf das sich weitende Tal, das sich an diesem Punkt zu seiner engsten Stelle zusammengezogen hat. Der Ort ist friedvoll, fast bukolisch. Insekten summen im Cistusgesträuch. Nichts ist hier vom Gedränge der Monumente, das einen im Heiligtum des Apollon an ein übergroßes Puzzle-Spiel denken läßt.

Das kleine *Schatzhaus von Massilia,* dem heutigen Marseille, unmittelbar neben der Tholos, war, nach einigen erhaltenen Lagen über dem Fundament zu urteilen, ein zierlicher kleiner Antentempel in ionischem Stil, erbaut um 530 vor Chr., also etwa aus der gleichen Zeit wie das Schatzhaus von Siphnos. Noch weiter östlich liegen Fundamente und Tuffsteintrümmer des aus dem Ende des 6. Jhs. stammenden *älteren Athena Pronaía-Tempels,* der an der Stelle eines noch früheren Tempels aus dem 7. Jh. vor Chr. erbaut war. Hier fuhren, wie Herodot versichert, Blitze auf eine persische Truppenabteilung herab, die am Vorabend der Schlacht von Salamis im Begriff war, das Heiligtum zu plündern: »zwei Felsgipfel brachen vom Parnassos los, stürzten mit Getöse auf sie herab und begruben sie«. Panik ergriff die Perser, und sie flohen. Diese Geschichte ist eines der seltenen Beispiele von Familienloyalität unter den Olympiern. Im allgemeinen neigen sie dazu, ihren wechselseitigen Interessen und Anliegen entgegenzuwirken. In diesem Fall jedoch gab Athene ihren Tempel einem Erdrutsch preis, um das kostbare Heiligtum ihres Halbbruders Apollon vor den Persern abzuschirmen. Nicht oft hat die Göttin der Weisheit solche Großherzigkeit an den Tag gelegt. Drei dorische Säulentrommeln haben bis heute ihren Platz auf dem Stylobat behauptet, dessen starke Verwerfung einen eindrücklicheren Nachweis über die auch in der Folgezeit immer wieder aufgetretenen titanischen Erdgewalten liefert, als umherliegende Gerölltrümmer. Der Bau eines dritten Athena-Tempels wurde im 4. Jh. vor Chr. notwendig. Diesmal aber entschloß man sich, ihn am westlichen Ende der Terrasse, einer etwas weniger gefährdeten Stelle, zu errichten.

Jenseits der Marmaría liegt die Nekropolis der antiken Stadt. Mehrere Pfade führen durch Olivenhaine zum Bett des Pleistos hinab. Überreste antiken Mauerwerks, meist von Stützmauern, sind erkennbar. Am Grunde der Schlucht hat man ein Gefühl vollständiger Abgeschiedenheit. Der Pappadia-Bach sickert in Rinnsalen von der Kastália-Quelle herab, und man stößt auf eine von großen Steinblöcken umgebene Höhle, bei der die *Sybaris-Quelle* entspringt. Hier hauste die Lámia, ein vampirartiges Ungeheuer, das die Umgegend heimsuchte und die Kinder ihren Müttern raubte. Der Spaziergang dauert etwa drei Stunden.

Ein Ausflug von etwa sechs Stunden hin und zurück (oder von Aráchova mit dem Auto und dann noch eine Stunde zu Fuß) führt zur berühmteren Höhle, der *Korykischen Grotte.* Man geht hinter dem Stadion um die Südwand der Phaidriaden zu einem Hochplateau voller Steine und verkümmerter Kiefern hinauf. Darüber erhebt sich der Gipfel des Parnass. Man begegnet flachshaarigen Hirten mit ihren schwarzen Bergziegen, die halsbrecherisch von Felsblock zu Felsblock springen. Die Grotte, zu welcher der Pfad schließlich führt – man braucht unbedingt einen Führer –, befindet sich am Nordwestende des Plateaus unterhalb des Tannengürtels. Ich muß gestehen, daß ich die Begeisterung des Pausanias, der sie von allen Grotten, die er gesehen, die schönste fand, nicht teilen kann. Euripides rühmt ihre »Bergkammern«; angeblich gibt es ihrer vierzig, deren feuchte Wände einen schimmernden roten und grünen Lichtschein zurückwerfen. Bei Kerzenlicht gewahrt man Stalaktiten und Stalagmiten. Die Grotte war nach der Nymphe Korýkia, der Geliebten Apollons, benannt und Pan und den Nymphen heilig. Auf diesen Höhen hausten die wilden Thyiaden-Frauen, deren »flammende Fackel, hoch in die Nacht gehalten«, die düstere Einsamkeit erhellte, indes Dionysos geschwinden Fußes »inmitten seines rasenden Gefolges« vorwärts sprang. Der letzte Aufstieg zu der Grotte verlangt zwanzig Minuten anstrengender Kletterei.

Das *Museum* liegt auf halbem Weg zwischen dem Heiligtum des Apollon und dem Dorf und will mit seiner nüchternen Fassade nicht recht in diese klassische Landschaft passen. Ehe man es betritt, lohnt es sich, die beiden aus dem 4. Jh. nach Chr. stammenden Fußbodenmosaiken rechts vom Eingang zu betrachten. Sie waren in römischer Zeit sehr beliebt, weniger kostspielig als eingelegte Böden aus mehrfarbigen Marmorplatten, und als Schmuck stattlicher Häuser über das ganze Mittelmeerbecken verbreitet. Eines der Mosaiken zeigt ein Vogel-Stilleben: Papageien, rotbeinige Rebhühner und gefleckte Perlhühner; das andere hat eine etwas größere zoologische Reichweite: unter den stilisierten Tieren ein Pferd, ein Kamel, ein Windhund und ein wilder Eber.

Das Innere des Museums ist geräumig und hat sehr gutes Licht. Seitlich des Treppenaufgangs steht der *Omphalos,* der sogenannte ›Nabel der Welt‹, dessen Reliefschmuck aus ineinander verflochtenen Binden wohl die Kontinuität des Lebens symbolisieren soll. Wahrscheinlich ist es die Replik aus hellenistischer Zeit, die auch Pausanias gesehen hat. Der eigentliche heilige Stein stand im Adyton des Apollon-Tempels, und außerhalb des Tempels waren einige Nachbildungen aufgestellt worden. – Der chronologischen Anordnung folgen wir nun im entgegengesetzten Uhrzeigersinn. In *Raum I* sind Bronzeschilde und ein kleiner Bronze-Kouros aus dem 7. Jh. vor Chr. zu sehen. *Raum II* ist voll der berühmtesten Dinge. Die *Sphinx* haben die *Naxier* um 560 als Kennzeichen ihrer Insel in das Heiligtum gestiftet. Sie stand ursprünglich auf einer 9 m hohen Säule über dem Felsen der Sibylle. Das Fabelwesen mit weiblichem Kopf, mit stilisierten Federn bedeckter Brust und einem Löwenleib mit sichelförmigen Vogelschwingen sitzt auf seinen Hinterpranken und starrt in die Ferne. Die gespannte hokkende Stellung erinnert an die Löwen von Delos, die dort als Wächter den Heiligen Bezirk beschirmen. Sie stammen ebenfalls aus einer naxischen Werkstatt, wenn auch aus etwas früherer Zeit. Hinter diesen Arbeiten steht eine bewundernswerte bildhauerische Tradition: sie strahlen ein aristokratisches Gefühl für Autorität und Grazie aus.

An den Wänden sind die faszinierenden Fragmente des *Frieses vom Schatzhaus der Siphnier* aufgestellt. Trotz ihrer Beschädigung gewinnen die Skulpturen sehr bald Leben. Der *Nordfries* zeigt die Gigantomachie. Die Götter kämpfen von links nach rechts, die Riesen stellen sich ihnen entgegen. Speere, Schwerter und große Steine sind die Waffen. Die Löwen vom Gespann der Kybele gra-

93 Delphi. Fragment des Nordfrieses vom Siphnier-Schatzhaus. Kampf der Götter mit den Giganten.

ben ihre Pranken in den entblößten Oberkörper eines behelmten Giganten. Apollon und Artemis schießen mit Pfeilen auf drei Riesen, ein vierter flieht, ein fünfter ist gefallen. Hera beugt sich zu einem Gestürzten, um ihn zu töten. Zwei Giganten greifen den athletischen Ares an, einer mit erhobenem Speer, der andere schleudert einen Felsbrocken auf den Gott. – Der *Fries der Ostseite* hat den großen Kampf um Troja zum Thema. Links die Versammlung der Götter, die über den Ausgang des Streites debattieren. Auf der linken Seite, mit Blickrichtung auf die Kämpfenden, sitzen Ares, Aphrodite, Artemis, zu der sich ihr Bruder Apollon umwendet und auf einem Thron der Göttervater Zeus. Ihr Wohlwollen gilt, wie man weiß, den Trojanern, während die den Griechen zugeneigten Olympier sich ihnen gegenüber gruppiert haben. Thetis und Poseidon sind leider zerstört. Es folgen Athena, Hera und Demeter. Alle sind mit offensichtlicher Erregung an der Auseinandersetzung interessiert. Auf der rechten Frieshälfte findet der Kampf statt. Trojaner und Griechen haben sich einander gegenüber aufgestellt, die Trojaner nach rechts zur glückverheißenden Seite hin agierend, mit dem Blick der ihnen wohlgesonnenen Götter im Rücken. – Auf dem *Fries der Südseite* scheint das Thema der Entführung der Zwillingsschwestern Phoibe und Hiláeira durch die Dioskuren-Zwillinge für den Bildhauer nur Vorwand gewesen zu sein, Pferde in verschiedenen Stellungen und Gangarten zeigen zu können. Der Westfries zeigt das ›Urteil des Paris‹. Beide, Süd- und Westfries, sind leider nur bruchstückhaft erhalten. Die *Reliefstreifen* umliefen das ganze Gebäude und waren oben und unten von plastisch wundervoll differenziert und lebendig gearbeiteten Zierleisten eingefaßt. Sobald sich der Blick an diesen, oder gar an den Details der Friesdarstellung verfängt, ist man sogleich fasziniert und gefesselt von der Sorgfalt und Empfindsamkeit der plastischen Gestaltung, von der Klugheit der Staffelung und Verflechtung der Bildebenen in nur wenigen Zentimetern Raumtiefe, von der Feinheit der Oberflächenbehandlung und wie sie zwischen Gewand- und nackten Körperpartien unterscheidet, von der pretiösen, fast zärtlichen Darstellung des Lockenhaares, der Kopfbedeckungen, Faltenfälle, der gekräuselten Pferdemähnen und -schwänze. Von den Details her vermag man erst zu ermessen, daß dieser Fries in seiner Gesamtheit, mit seiner gedrängten Fülle sich in erregter Bewegung befindlicher Götter, Menschen und Tiere ein Meisterwerk der Gestaltungskraft ist. Um 525 wurde er von zwei uns unbekannten Bildhauern geschaffen.

Im *Raum III* fallen die beiden Rundplastiken der Brüder *Kléobis und Biton* aus der Zeit um 600 ins Auge. Die beiden athletischen argivischen Jünglinge spannten sich beim Ausbleiben der Ochsen vor den Wagen ihrer Mutter, einer Hera-Priesterin, und fuhren sie durch die Ebene zum Heiligtum nach Argos. Als Dank erbat die Mutter von der Göttin das Schönste, was sie ihren Söhnen gewähren könne, und Hera schenkte den ermattet Ruhenden den ewigen Schlaf. Die Argiver, bewegt von diesem Geschick, schenkten die Standbilder der getreuen Söhne in das delphische Heiligtum. Bei beiden Statuen deutet sich die ›innere Beweglichkeit‹ an, die etwas späteren archaischen Kouroi schon eigen ist. Kléobis ist untersetzt, Biton von schlankerem Typ, beide haben kurze, muskulöse Arme. Ein erwartungsvoller Ausdruck liegt auf ihren Gesichtern mit den leicht geöffneten Lippen, und die erstaunliche Spannung des Körpers kann einen glauben machen, sie würden gleich vorspringen, um sich an den Wagen ihrer Mutter anzuschirren. Eine interessante Einzelheit ist das Fehlen der Zehen an den Füßen beider Figuren; man meint, dies bedeute, daß sie eigentlich Schuhe getragen hätten. – Von den zwölf Metopen

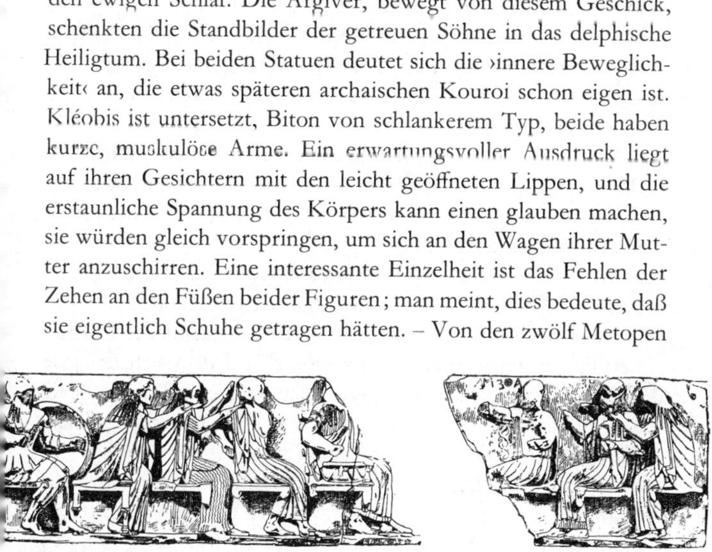

94 Delphi. Fragment des Ostfrieses vom Siphnier-Schatzhaus. Beratung der Götter während des Kampfes um Troja.

des *Schatzhauses von Sikyon,* dem rein dorischen kleinen Antentempel an der Heiligen Straße unmittelbar neben dem ionischen Thesauros der Siphnier, sind uns noch fünf, zum Teil sehr beschädigt, erhalten. Und dennoch lassen sie den Einblick in die hohe Qualität der archaischen sikyonischen Bildhauerkunst um 560 vor Chr. zu. Auf den einst ungewöhnlich langgestreckten Bildfeldern sieht man Zeus als den Stier, auf dem Europa sich festklammert, steht vor dem ›Kalydonischen Eber‹, der leider zu bruchstückhaften ›Landung der Argonauten‹ und kann auf dem besterhaltenen Fragment, dem ›Rinderraub der Dioskuren‹, denen der Heros Idas beisteht, den rhythmischen und Raum schaffenden Reiz nachempfinden, der den frühen Bildhauer bei seiner noch streng parallel gestaffelten Darstellung beflügelt haben mag.

Die *Räume IV-VIII* enthalten Bruchstücke von Metopen vom Schatzhaus der Athener mit den Taten des Herakles und des Theseus; Fragmente der Giebelfiguren vom Tempel des Apollon; Metopen und Teile der Kassetten-Decke der Tholos in der Marmaría. In *Raum VII* befindet sich außer zwei Bronze-Hydrien – anmutig geformten Wasserkrügen mit drei Henkeln – die schöne Stele eines Atheleten, der nach dem Kampf mit dem Schaber in der Rechten den seitlich erhobenen linken Arm von Öl und Staub reinigt, während ein Knabe, zweifellos sein Diener, aus der rechten Ecke zu ihm hinaufschaut. Die Modellierung des Körpers in der Vorderansicht, die Drehung der Schulterpartie über der belasteten und entlasteten Hüfte, das Spiel des Kontrapostes, entspricht bester frühklassischer Tradition der Zeit um 470 vor Chr. Leider fehlen beiden Gestalten die Köpfe.

In *Raum IX* wächst die *Säule der Tanzenden Mädchen,* ein ungewöhnliches Monument der hellenistischen Periode (um 380 vor Chr.), zur Decke auf. Der etwa elf Meter hohe kannelierte Schaft ähnelt einem gigantischen Akanthusstiel, bei dem sich um jede der fünf Trommeln neues üppiges Blattwerk entrollt. Die Säule trägt drei Mädchen, die Rücken an Rücken einen hieratischen Tanz aufführen. Man erkannte sie als die Thyiaden, Priesterinnen des Dionysos. Die Leichtigkeit und Anmut ihrer Bewegung wird noch betont von dem weichen schwingenden Fluß ihrer hochgegürteten Gewänder. – Eine Athletenstatue stellt den Thessalier Agias, den Gewinner von vierzehn Preisen bei panhellenischen Wettkämpfen, dar. Man hält die Arbeit für eine gute, aus dem späten 4. Jh.

vor Chr. stammende Marmorkopie einer Bronzeplastik des Lysipp.

Der *bronzene Wagenlenker* steht – geziemend und sehr aufregend – allein in *Raum X* gegen einen blaßgrauen Hintergrund. Die lebensgroße, aus sieben, einzeln gegossenen Teilen zusammengesetzte Figur gehörte zu einem bronzenen Viergespann, das auf der Tempelterrasse gegenüber der nördlichen Langseite stand und ein *Weihgeschenk des Tyrannen Polyzalos* von Gela in Sizilien war. In der ersten Hälfte des 5. Jhs. vor Chr. stiftete er es zum Gedenken an den Sieg seiner Pferde im Wagenrennen. Die Deichsel und das Joch des Wagens sind erhalten; außerdem hat man den Schwanz und die Hinterbeine eines der Pferde und ihre Hufe gefunden. Die Darstellung zeigt den Jüngling im Augenblick vor dem Start, in der Konzentration auf das Rennen – oder ist es der Moment vor der Ehrenrunde, im Wissen um den gewonnenen Kampf? Man wird dies nicht mit Sicherheit sagen können, und es ist auch nicht so wesentlich. Mit leichtem kundigen Griff hält der Rosselenker die Zügel in der Hand. Der Arm ist kraftvoll und muskulös. Die Anspannung setzt sich über Schultern und Hals bis in die Haltung des Kopfes fort. Doch sein Gesicht mit dem Ausdruck aufmerksamen Bereitseins trägt trotz der entschlossenen Kinnpartie ausgesprochen ruhige sanfte Züge. Prachtvoll sind die in einen Lidkranz eingesetzten Augen aus dunklen Steinen in weißem Emailfluß. Um den nur leicht nach rechts gewendeten Kopf liegt eine mit einem Mäandermuster verzierte Kopfbinde, und das Haupthaar, besonders die Schläfen- und Nackenlocken sind kunstvoll ziseliert und liegen dem Kopf so dicht an, daß man zu spüren meint, wie Erregung oder Anstrengung sie haben feucht werden lassen. Die schön modellierten geäderten Füße stehen dicht beieinander. Eng gerafft fällt der Chiton unter dem Gürtel in strengen geraden Röhrenfalten bis zum Knöchel und ruft eine Säulenwirkung hervor, die diesem Werk eigentümlich ist. Von jedem Blickpunkt aus wirkt die Figur vollkommen. Ungewöhnlich lang erscheint die untere Gewandpartie. Der Bildhauer, der möglicherweise aus der Magna Graecia stammte, war wohl bemüht, die Verzerrung zu berichtigen, die unvermeidlich auftritt, wenn man Plastik von unten betrachtet.

Vergleicht man den Wagenlenker mit den beiden anderen Meisterwerken monumentaler Bronzeplastik des 5. Jhs. vor Chr., so wird man an ihm die Autorität eines ›Poseidon vom Artemision‹ oder des ›Zeus Soter vom Piräus‹ (beide im Nationalmuseum Athen) vermissen. Der Wagenlenker war ganz gewiß kein Gott. Man sieht in ihm, so war die Weihung wohl auch gemeint, ganz einfach das ideale Bild eines wohlgeratenen Jünglings, der zu Ehren des Gottes um den pythischen Lorbeer kämpft. Es fällt nicht ganz leicht, sich von hier zu lösen und sich im *Raum XI* den Einzelfunden verschiedener Epochen zuzuwenden. Ein gut erhaltener ›Antínoos‹ repräsentiert die römische Ära – eine sanfte und kraftlose Figur. Unter den kleinen Gegenständen befinden sich bronzene Fledermäuse und kauernde Löwinnen, der Kopf eines Windhundes und geometrische Pferdchen. Eine Terrakotta-Figurine stellt eine bis zu den Hüften nackte weibliche Figur dar, die sich gegen eine Säule lehnt, eine andere, eine elegant bekleidete Dame, trägt Spuren von Bemalung. Beide haben etwas von der koketten Eleganz des 18. Jhs. und könnten aus einem Gemälde von Fragonard herausgetreten sein.

Wenn man diesen letzten Raum verläßt – noch voller Staunen über die unvergleichliche Verbindung von Können und Inspiration, von der Kraft der griechischen Bildhauer, ihre Vorstellungswelt zu formen – sieht man sich plötzlich einer überwältigenden Aussicht auf die in den großen Fenstern gerahmten Phaidriaden gegenüber. Rostfarben türmen sie sich beiderseits der mythischen Drachenschlucht auf, die sie in zwei getrennte, aber einander ergänzende Körper zerteilt; an der Peripherie stufen sich die von den Bächlein der Kastália-Quelle bewässerten Olivenhaine zum Tal hinab, und purpurne Schatten schieben sich über den äußeren Bergring, »von wo Apollon im Mittelpunkt der Welt seinen Bogen schwirren ließ«. In diesem Augenblick scheint der Geist der Harmonie, der zwischen dem schöpferischen Genius der Griechen und ihrer sichtbaren äußeren Welt bestanden haben muß, lebendig begreifbar zu werden.

Für manchen Reisenden wird Delphi möglicherweise am Ende der Fahrt liegen. Aber Delphi ist nicht das Ende von Hellas. Nördlich und westlich des Parnass liegt das ganze festländische Griechenland: von anderer Wesensart, wechselvoller in der Landschaft, den historischen Bezügen und den erhaltenen Denkmälern. Aber kaum wird man wie hier in Delphi die Verschmelzung von Gehalt und Gestalt spüren. Delphi, inmitten seiner großen Bergformen, trägt vielleicht einprägsamer als andere Landschaften Griechenlands – als die felsigen Küsten Attikas oder die strahlenden Ebenen der Peloponnes – das Siegel des klassischen Griechenland: jenes Ideal von der in sich vollendeten Form, das sich Durchdringen von Geist und Natur.

Thessalien

XVIII

Domokós, 472 – Phársala, 476 – Lárisa, 478 – Velestínon/Phérai, 480 – Sésklo, 484 – Dimíni, 486 – Demétrias, Pagasái, 486 – Volos/Iólkos, 487 – die Pélion-Dörfer, 490 – Tírnavos, 498 – Elassón, 498

Der Weg nach Thessalien, der ›Kornkammer Griechenlands‹, führt über Lamía, wo sich die alte Hauptstraße nach Norden, die wir von Theben bis Brállos schon kennen, und die Autobahn Athen–Saloniki treffen. Die neue Autobahn, die entlang des Malischen und des Pagasäischen Golfs direkt nach Volos führt, mag dem Reisenden eine angenehme Alternative bieten. Wir aber wählen in diesem Kapitel die alte Hauptstraße, um Lárisa, die Hauptstadt Thessaliens zu erreichen. Mit einem Abstecher werden wir ebenfalls nach Volos kommen und von dort aus die Pélion-Dörfer kennenlernen. Der eilige Reisende freilich kann die Fahrt auf der landschaftlich reizvoll geführten Autobahn beträchtlich beschleunigen, wenn er auf das Sehenswerte vor Lárisa verzichten will.

Straße und Bahnlinie klettern nördlich von Lamía an den westlichen Othrys-Bergen zum Phourka-Paß (750 m) hinauf. Ihre braunroten Hänge sind kahl und unbewaldet, bieten aber schöne Rückblicke auf die große Mauer des Oíta-Gebirges, die sich bis zu 2500 m Höhe über dem Sperchéios-Tal erhebt. Auf der Fahrt hinab ins Tiefland kommt man bei Metalleíon an ertragreichen Chromgruben vorbei, ehe *Domokós* und die Ruine seiner mittelalterlichen Burg auf dem schmalen Bergvorsprung oberhalb des Ortes vor uns auftaucht. Domokós hieß in der Antike Thaumakoí, die kleinen ›Wunder‹, und trägt seinen Namen wahrlich zu Recht. Der unbegrenzte Blick über die Ebene Mittel-Thessaliens, über das riesige Fleckenmuster der Felder im Frühling und Herbst, oder über das wogende Meer goldfarbenen Weizens im Sommer ist ungewöhnlich weit und reizvoll. Domokós selbst zeigt sich als ein äußerst malerischer kleiner Ort.

Thessalien ist die größte Beckenlandschaft des griechischen Festlandes. Auf allen Seiten ist sie von Gebirgswällen umschlossen: im Norden von den einsamen Kamboúnia-Bergen, die sich

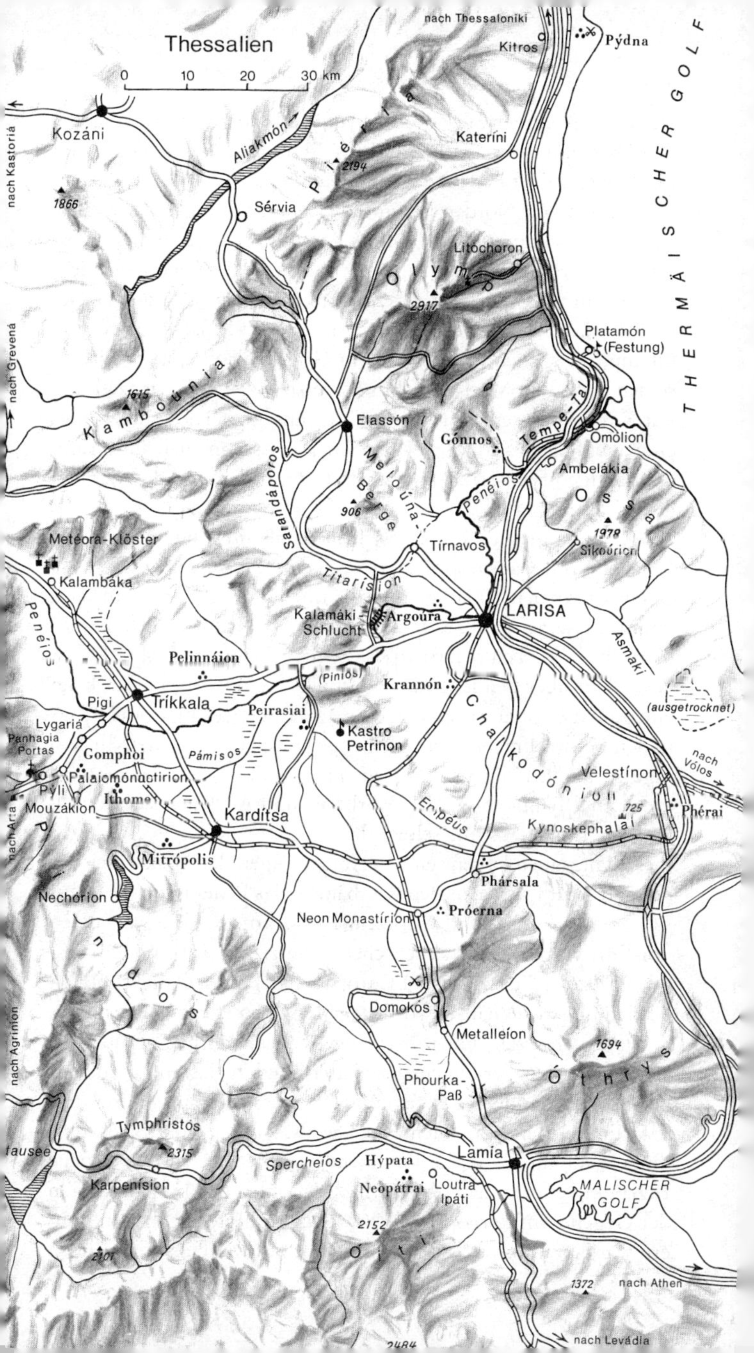
Thessalien
0 10 20 30 km
nach Thessaloniki
Kitros
Pýdna
THERMÄISCHER GOLF
Kozáni
nach Kastoriá
1866
Aliakmón
Piéria
2194
Kateríni
Sérvia
Litóchoron
Olymp
2917
Platamón (Festung)
nach Grevená
Kamboúnia
1615
Elassón
Tempe-Tal
Omolion
Gónnos
Ambelákia
Sarandáporos
Meloúna-Berge
906
Penéios
Ossa
1978
Sikoúrion
Tírnavos
Meteóra-Klöster
Kalambáka
Titarísion
Kalamáki-Schlucht
Argoúra
LARISA
Asmaki
Penéios
Pelinnáion
(Piniós)
Krannón
(ausgetrocknet)
Pigi
Tríkkala
Peirasiai
Kastro Petrinon
Chalkodónion
Lygariá
Panhagia Portas
Gomphoi
Pámisos
nach Vólos
Velestínon
Palaiomónastirion
Pýli
Ithome
Mouzákion
Kardítsa
Enipeus
725
Phérai
Kynoskephalai
nach Arta
Mitrópolis
Phársala
Nechórion
Neon Monastírion
Próerna
Pindos
Domokós
Metalleíon
nach Agrínion
1694
Óthrys
Phourka-Paß
Tymphristós
2315
tausee
Lamía
Spercheios
Hýpata
Karpenísion
Neopátrai
Loutra Ipáti
MALISCHER GOLF
2152
Óiti
2101
1372
nach Athen
nach Levádia
2484

mit dem gewaltigen Massiv des Olymp verbinden; im Osten schließen Ossa und Pélion an; das Othrys-Gebirge steht im Süden; und im Westen bildet der Pindos eine schwer passierbare Schranke. – Als Xerxes von Norden her in die Ebene eindrang, wiesen seine Führer ihn darauf hin, wie völlig sie von den Bergen eingeschlossen sei. Herodot fügt hinzu, wenn die Thessalier sich nicht dem Großkönig unterworfen hätten, dann hätten die Perser mit Gewißheit das Tempe-Tal, den tiefen Einschnitt zwischen Ossa und Olymp, durch den der Penéios (in Griechenland sprich: Piniós) seinen Weg zum Meer gesucht hat, versperrt und das ganze Land unter Wasser gesetzt. Er war der Meinung, daß Thessalien früher einmal ein See war. Der gleichen Ansicht ist man auch auf Grund der heutigen Forschung. Gegen Ende der Eiszeit soll dies der Fall gewesen sein.

Die geologische Gestalt Thessaliens als umwallter Kessel ist Ursache für das ausgesprochen kontinentale Klima im Innern, im Gegensatz zu den gemäßigten Verhältnissen an der Küste. Im Winter, bis März, ja April bestimmen Fröste und Schneefälle, im Sommer sehr hohe Temperaturen das Wetter. Ein metallischer Dunst liegt dann über den legendären Gipfeln im Norden, und es kann einen auf die Folter spannen: sieht man die Schneehaube des Olymp in den Himmel ragen, oder bleibt sie wieder verborgen? Nur wenige Epitheta Homers sind treffender als das vom »wolkensammelnden Olymp«. Sogar die Vorberge und Ausläufer zeigen sich von der Ebene aus nur selten klar.

In Thessalien lebten seit den frühen Tagen der Menschheit Jäger und Waldleute. Aus den Kiesbänken des Penéios kamen *paläolithische Funde* ans Licht, Werkzeuge aus Karneol, die etwa 130000 vor Chr. von Neandertalmenschen benutzt worden sind. – Thessalien ist auch die Landschaft Europas, in der man auf die frühesten Ansiedlungen seßhaft gewordener Menschen stieß. Während der mittleren Steinzeit, im *Mesolithikum,* haben sich hier wandernde Jäger in festen Wohngemeinschaften niedergelassen, vornehmlich an den Rändern des eiszeitlichen Sees. Auf ihre Spuren traf man in den tiefsten Schichten vieler ›Magoúlen‹, der Siedlungs›hügel‹, die im Laufe der kommenden Zeiten durch immer neue Bebauung entstanden. (An die 150 Magoúlen kennt man allein in der Gegend um Lárisa und Volos.) Den frühesten seßhaften Bauern war Keramikware, gebrannter Ton, noch unbekannt. – Ihnen folgen die Siedler des *Neolithikums* (etwa zwischen 6000–2600 vor Chr.), der Zeitspanne, die man in Thessalien in drei Entwicklungsphasen unterteilt und mit dem Namen der richtungweisenden Grabungsstätten bezeichnet als *Proto-Sésklo-, Sésklo- und Dimíni-Kultur*. Die Häuser, meist innerhalb befestigter Mauerringe, bestehen jetzt aus geformten, ungebrannten Lehmziegeln und gegen Ende dieser jungsteinzeitlichen Epoche findet man nun (außer Stein- und Knochenwerkzeugen) auch Tongeschirr in Fülle. Geritzte, farbig aufgetragene und in den Ton polierte geometrische Muster kennzeichnen den Lauf der Entwicklung. Gleichzeitig mit der Keramik kommen früheste kleine Idole zum Vorschein, aus Ton, aus Knochen, aus Stein. Die Vorstellung hat diese Göttinnen und Götter mit üppigsten Körperformen ausgestattet. Sie wandelt sich in der Dimíni-Zeit zu Kultzeichen, welche die kleinen Plastiken in fast abstrakt knapper Form auf das Wesentliche vereinfachen. – Sodann machen sich Zuströme von auswärts geltend. Zuerst (etwa zwischen 2600-2000 vor Chr.) überwiegt der Einfluß aus dem südlichen griechischen Raum, den Kerngebieten der *frühhelladischen Kultur*. Nach 2000 vor Chr. waren es nicht nur Einflüsse, sondern Eindringlinge, die aus dem Norden über Westmakedonien nach Thessalien kamen, Fuß faßten, hier erstarkten. Bald traten sie in Handelsbeziehungen zum Süden, die seit etwa 1400 vor Chr. auch in der Gegenrichtung einsetzen. Mit ihnen kam es zu neuen kulturellen Anregungen. Das Licht der Geschichte fällt auf *›mykenische‹ Burgen* (etwa Iólkos), von denen bisher noch keine ganz freigelegt ist. Aber Teilgrabungen und Einzelfunde zeugen von verwandten Anlagen, von gleichen Kostbarkeiten, die sich – thessalisch verstanden – behäbiger, weniger nuanciert, dafür massiv ›golden‹ zeigen. Kein Zweifel, beim Messen der Kräfte vor der Ausfahrt nach Troja wußten die thessalischen Könige ihren Rang gegen die anderen Herrscher Griechenlands zu behaupten!

In archaischer Zeit zog die fruchtbare, derzeit schon dicht bevölkerte Ebene die Thesproter an, die von Westen her über das Pindos-Gebirge kamen. Sie unterwarfen die Bewohner und regierten oligarchisch. Alte Siedlungen erblühten zu Städten mit repräsentativen Bauten (Phársalos, Phérai), denn die herrschenden Geschlechter waren zu Wohlstand gekommen. Die Pferde Thessaliens, die noch heute zwischen den Kornfeldern grasen, waren in ganz Griechenland berühmt, und die thessalische Reiterei spielte in den militärischen Erwägungen von Eindringlingen wie Verteidigern eine wichtige Rolle. Das Land war zu einer politischen Macht geworden, mit der es zu rechnen galt. Daher hatten die anliegenden Phoker schon im 6. Jh. quer über den Thermopylen-Paß eine Mauer zum Schutz gegen die thessalischen Überfälle auf ihr Gebiet gebaut. In den Perserkriegen jedoch ging die Selbständigkeit verloren und wurde nie wieder zurückgewonnen. Schließlich, nach den Wirren der Diadochenzeit, wurde Thessalien römische Provinz.

Das hervorragende Weizen- und Weidegebiet nennt Strabon »ein sehr gesegnetes Land«. Aber eingehenderer Beschreibung widersetzen sich zumindest weite Teile des thessalischen Tieflandes. Wie recht Laurence Sterne doch hatte, als er sagte, es gebe »nichts Schrecklicheres für den Reiseschriftsteller als eine große fruchtbare Ebene, wenn sie keine großen Flüsse oder Brücken besitzt und einem nichts darbietet als ein ewig gleichbleibendes Bild von Hülle und Fülle.« Die staubbedeckten und im Winter schlammverkrusteten Wege zwischen den Kornfeldern durchfurchen tiefe Wagenspuren. Im Frühling stehen die Störche mit unnahbarer Eleganz auf den Kuppeln der roten Backstein-Kirchen. Allerorten wälzen sich Säue neben schmutzstarrenden Trögen, wie wohl auch die fetten Schweine, welche einst der Aphrodite in den antiken Städten der Ebene geopfert wurden.

Nachdem man hinter Domokós in die Ebene hinabgelangt ist, erreicht man als nächsten Ort *Neon Monastírion,* wo auf einer Anhöhe zur Rechten die ausgedehnten Quadersteinmauern des mittelalterlichen *Gynaikókastron*, der ›Burg der Frauen‹ über dem antiken *Proërna* liegen. Im Ort gabelt sich die Straße. Der eine Zweig führt in nordwestlicher Richtung nach Kardítsa, Tríkkala und den Metéora-Klöstern, wir aber bleiben auf der Route Lárisa und kommen nun nach Phársala, dem *antiken Phársalos*, Schauplatz von Cäsars berühmter Schlacht im Jahre 48 vor Chr. Dies war die erste der drei großen, auf griechischem Boden oder in griechischen Gewässern ausgetragenen innerrömischen Auseinandersetzungen. Phársala, Philíppi und Aktion (Actium) entschieden über das Schicksal Roms, führten das ›Imperium Romanum‹ herauf. Durch die Senke von Phársala, an dieser Stelle etwa 7 km breit, fließt der Enipéus (in Griechenland sprich: Epinévs) und wahrscheinlich auf seinem südlichen Ufer war es, wo »gleichartige Waffen, gemeinsame Feldzeichen und ein so gewaltiges Aufgebot von Manneskraft und Macht mit sich selbst in Streit geriet« (Plutarch).

Das ebene Gelände eignete sich vorzüglich für den Vormarsch von Cäsars glänzend geführten, kampferprobten Legionen gegen die zahlenmäßig größere, aber formlose Streitmacht, die Pompeius zusammengezogen hatte. Die Schlacht begann bei Sonnenaufgang; binnen weniger Stunden war sie entschieden. Um die Mittagsstunde befand sich der große Pompeius, von wenigen Getreuen begleitet, auf der Flucht zum Meer, und weiter nach Ägypten, wo er schmählich umkommen sollte. Sein Heer war restlos geschlagen, in völliger Auflösung, seine für die Siegesfeier bereits »mit Myrthe bekränzten und mit bunten Decken geschmückten Zelte, mit Tischen voller Trinkgefäße wohl versehen,« wurden die Beute von Cäsars Soldaten.

Der Ort, günstig eingebettet zwischen den Auslaufern des Othrys-Gebirges, war seit prähistorischer Zeit ununterbrochen besiedelt. Am Westrand der Stadt ist ein *Kuppelgrab aus der späten archaischen Zeit* interessant, das einen mykenischen Grabbau überdeckt. Das antike Phársalos war die Hauptstadt der thessalischen Landschaft Phthiótis.

Hinter dem Enipéus überquert eine Kette steiler kahler Höhen die Ebene in ostwestlicher Richtung. An ihren schattenlosen Abhängen wurden die beiden Schlachten bei den Kynoskephalaí, den »Hundsköpfen«, ausgefochten, so genannt nach den sonderbaren Umrissen der Bergformation. In der ersten Schlacht im Jahre 364 vor Chr. fiel Pelópidas, der Freund des Epameinóndas, im Kampf mit den Streitkräften Alexanders, des Tyrannen von Phérai, der auch Tagos (Führer) der Thessalier war und der den Thebanern die Oberherrschaft über Mittelgriechenland streitig machte. In der zweiten Schlacht im Jahr 197 vor Chr., zu Ende der makedonischen Herrschaft über Griechenland, wurde Philipp V. von Makedonien, der ein erschöpftes, hauptsächlich aus alten Männern und Knaben rekrutiertes Heer befehligte, von den Legionen und Elefanten des Römers Q. Flamininus in die Flucht geschlagen. Je weiter man von hier nach Norden gelangt, desto häufiger wird man auf die Spuren stoßen, die die Strudel der römischen Weltpolitik im nördlichen Griechenland hinterlassen haben.

Die Straße läuft weiter durch flaches Land; fern im Westen die mauergleiche Sperre des Pindos. Gelegentlich stößt man auf Siedlungen der Wlachen, Nachkommen der Eindringlinge aus der Walachei, die in den Gebirgsdörfern des Pindos leben, aber im Winter mit ihren Schafen, ihren Frauen und ihrem leicht verletzlichen Stolz ins Tiefland herab kommen. Im Mittelalter hatten sie die Ebene überrannt. Der Pilger Benjamin von Tudela verglich sie mit Bergziegen, weil sie als Wanderhirten von Ort zu Ort wechseln. Es waren Leute, die alles ausplünderten und verwüsteten, was ihnen in den Weg kam, die aber »in der Schlacht unbesiegbar waren und sich von keinem König zähmen ließen«. Nach ihnen strömten im 14. Jh. wilde Serben über die makedonische Grenze, trunken von den Siegen Stephan Duschans, der davon träumte, ein serbisches Großreich zu errrichten und dies sogar beinahe zuwege brachte. Das Chaos, welches der in Konstantinopel wütende Bürgerkrieg zu dieser Zeit schuf, bot dem Emporkömmling Duschan die Gelegenheit, sich in Skopje zum ›Zar der Griechen und Serben‹ krönen zu lassen. Gegen Ende des 14. Jhs. gingen alle Rivalitäten der Serben, Griechen und Vlachen in der Flutwelle der osmanischen Eroberung unter. Die von verschreckten Einwohnern teilweise im Stich gelassenen Ländereien wurden, nachdem sich Paschas große Güter herausgeschnitten hatten, von den Türken mit Bauern aus Kleinasien besiedelt.

Die Folge hiervon war, daß Thessalien eine der wenigen Provinzen des Landes ist, in denen Dörfer mit einer gemischt griechischen und türkischen Bevölkerung entstanden. Dieses dreifache Einströmen fremder Völker – von Vlachen, Serben und Türken – hat dem Land einen besonderen, auch vom Balkanischen geformten Stempel aufgeprägt.

Im Mittelpunkt der ostthessalischen Ebene breitet sich *Lárisa*, die Hauptstadt der Provinz aus, die 1941 nach einem schweren Erdbeben fast vollkommen wiederaufgebaut werden mußte. – Seit dem 6. Jh. vor Chr. herrschten hier die Aleuaden, ein aus Epiros stammendes Adelsgeschlecht. Ihr mythischer Ahnherr soll ein goldhaariger Kuhhirte vom Berge Ossa gewesen sein, der von einem Drachen umbuhlt wurde; Drachen waren, wie Aelianus, ein römischer Sophist des 2. Jhs. nach Chr. in einem seiner zoologischen Traktate versichert, »hervorragende Kenner der Schönheit«. Die Aleuaden waren machtvolle Fürsten, die auch den Tagós des Thessalischen Bundes stellten und es vermochten, Künstler und Wissenschaftler um sich zu sammeln, so einen Pindar, oder Hippokrates, der 370 vor Chr. hier auch starb. – Den niedrigen Hügel der alten Akropolis krönt heute der Uhrturm, in den man das Minarett bei der Moschee der Türkenzeit (über einer byzantinischen Kirche) verwandelte, nachdem der Berliner Kongreß 1881 die neue Landesgrenze von den Thermopylen nach Norden bis hinauf zur Tempe-Schlucht verlegt hatte. Der lehmige Penéios, Hauptfluß Thessaliens, fließt mit einer seiner zahlreichen Windungen durch die Stadt, eine der heißesten in Griechenland. In manchen Vierteln, staubig und baufällig, aber nicht ohne geschäftiges Treiben, ist noch immer etwas von der Atmosphäre eines türkischen Provinzbasars zu spüren. Im 17. Jh. vermerkte der englische Reisende Edward Brown, daß sich in Lárisa »fünftausend Kamele im Dienst des Grand Seignior« befänden, und noch um die Mitte des 19. Jhs. suchte Edward Lear zwischen Fieberanfällen, die ihn während der glühenden Hitze schüttelten, Kurzweil beim Zeichnen einiger Kamele. Heute sieht man freilich keine mehr.

Als einzige wirkliche Sehenswürdigkeit von Lárisa besuche man hier das *Museum*, untergebracht in einer kleinen Moschee nahe beim Hauptplatz. Es birgt Zeugnisse aus den Zeiten frühester Besiedlung im Neolithikum bis zur frühchristlichen Epoche. Keramik, Reliefs, Plastik geben beredt Auskunft über die kulturelle Entwicklung in Thessalien. Auch der berühmte ›Menhir‹, ein hoher Steinkoloß mit der roh reliefierten Riesengestalt eines behelmten Kriegers, über dessen Datierung man sich nicht ganz schlüssig zu sein scheint (etwa 1500 vor Chr.?), fand hier seinen Platz. Nördlich von Lárisa in der Soúphli-Magoúla am Steilufer des Penéios machten deutsche Archäologen diesen erstaunlichen Fund.

Vom trägen Treiben auf dem Hauptplatz lasse man sich, während die Sonne niederbrennt, nicht täuschen. Das Geschäftsleben der 55 000 Einwohner zählenden Stadt vollzieht sich hinter herabgelassenen Jalousien in der Tiefe der Häuser und Höfe. Erst am Abend werden Cafétische auf die Platía gerückt und sie erwacht zu pulsierendem Leben. Einzig der Überlandverkehr zwängte sich einst zu jeder Tages- und Nachtzeit von hier aus in die abzweigenden Straßen, ehe die Autobahn Athen – Saloniki einen großen Teil der Fahrzeuge um die Stadt herumleitet. Lárisa ist wichtiger Verkehrsknotenpunkt, auch für den Handel. Sechs große Ausfallstraßen führen zu den Häfen an der Ost- und Westküste, verbinden Griechenland mit dem nördlicheren Europa und seiner Hauptstadt im Süden. – Für den Reisenden gibt es außer einfacheren Hotels in der Stadt ein bequemes Xenía-Hotel am östlichen Stadtrand nahe der Autobahn.

Für die Fahrt nach Volos (63 km) kann man die Autobahn benutzen. Wir halten uns weiterhin an die alte Landstraße. Nach 44 km zweigt rechts eine Nebenstraße nach *Velestínon* ab. Das in

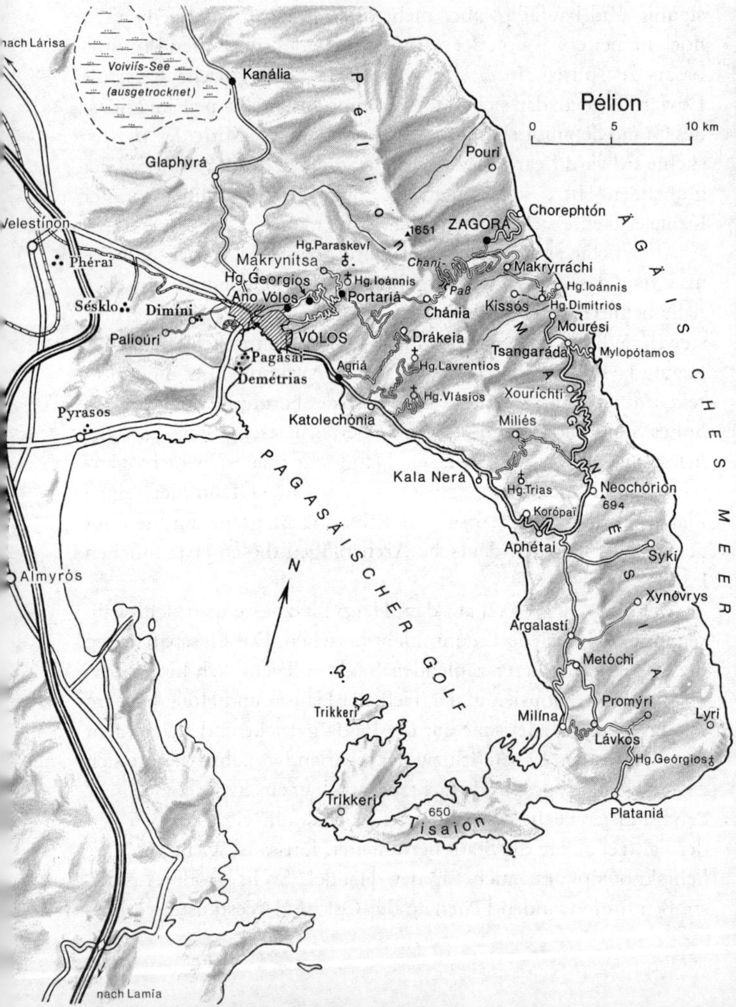

Apfelgärten gelegene Dorf hat sich über dem *antiken Phérai* ausgebreitet, das im 4. Jh. vor Chr. durch den Tyrannen Iason – nicht zu verwechseln mit dem legendären Führer der Argonauten, der ebenfalls ein Thessalier war – groß wurde. Er einigte zum letzten Mal in der antiken Geschichte Thessalien und erstrebte machtgierig mit dem zu seiner Zeit größten Heer die Hegemonie über Griechenland. Xenophon spricht von ihm als dem »mächtigen und vielgenannten Mann seiner Zeit«, der ein so großes Heer von Berittenen, Schwerbewaffneten und Leichtbeschildeten befehligte, daß er »es mit der ganzen übrigen Welt aufnehmen konnte«. Zu den pythischen Spielen in Delphi ließ Iason auf dem Höhepunkt seiner Macht einmal 1000 Rinder und mehr als 3000 andere Tiere von den ihm unterworfenen Städten zusammentreiben; hierbei bot er derjenigen thessalischen Stadt einen Goldkranz als Preis, die den schönsten Stier liefern würde, würdig, diesen phantastischen Zug zum Opferaltar zu führen.

Iason ist ermordet worden wie alle seine Nachfolger. An Grausamkeit übertraf keiner seinen zügellosen Neffen Alexandros, dessen einzige religiöse Übung in der Anbetung des Speers bestand, mit dem er seinen Onkel umgebracht hatte. Sein eigenes schaudervolles Ende wurde ihm durch eine Verschwörung seiner Gattin Thesbe und ihrer drei Brüder bereitet. Thesbe schickte die Wachen weg und auch den riesigen Wachthund, der geschult war, jedermann außer Alexandros und sie selbst anzufallen. Dann führte sie die jungen Männer über eine Treppe ins Gemach ihres Gatten. Die Stufen hatte sie mit wollenen Decken belegt, um die Schritte zu dämpfen. Sie hob die Lampe über den Leib des Tyrannen und dies, erzählt Plutarch, »war das Zeichen, daß er in tiefem Schlaf lag. Nun hielt ihn der eine bei den Füßen fest, der andere faßte ihn bei den Haaren und bog ihm den Kopf zurück und der dritte tötete ihn mit Schwerthieben. Daß sein Leichnam weggeworfen und von den Pheraiern mit Füßen getreten wurde, das war doch wohl der würdige Lohn für seine Missetaten«. Mit dem gewaltsamen Tod dieses gewalttätigen Mannes schwand die Macht der thessalischen Despoten, und Philipp II. von Makedonien gewann bald darauf die Oberhand.

Nahe der Platía und einem kleinen Platanenhain steht man vor einem kleinen Weiher in einem künstlichen Becken – seichtes Wasser, von Riedgras überwachsen. Edward Dodwell hat die

Szene auf einer seiner bezaubernden ›Ansichten von Griechenland‹ gemalt. Zu Beginn des 19. Jhs. war der Teich von Minaretten und Bäumen umstanden, im Vordergrund eine Palme neben einer zerbrochenen Säule. Nimmt man an, daß Dodwell die Säule nicht hinzu erfunden hat, so darf man an dieser Stelle die *Quelle der Hyperéia* vermuten. Vielleicht verfalle ich hier, der hübschen Skizze wegen, einem Trugschluß? Jedenfalls heißt es, daß sich die Quelle inmitten der Stadt der thessalischen Tyrannen befand. – Auf einer Anhöhe im Westen stand wohl der *Palast des Admetos,* wo Apollon zur Strafe ein Jahr lang des Königs Herden hüten mußte, weil er die Kyklopen, die seines mächtigen Vaters Zeus Donnerkeil fertigten, getötet hatte. In seinen Mußestunden spielte er so schön auf seiner Leier, daß die Löwen »die Schluchten des Óthrys verlassend« in die Ebene hinabkamen, wo »die buntgefleckten Damhirschkälbchen tanzten«.

Eine enge Freundschaft entwickelte sich zwischen dem König und dem Gott, der dem Land üppigen Wohlstand schenkte. Ihm war zu verdanken, daß alle Kühe des Königs zwei Kälber zur Welt brachten; dabei galten Zwillinge nicht nur als glückbringend, sondern besaßen angeblich auch lebensfördernde Kräfte – Apollon selbst war ja ein Zwilling. So wurde das Vieh fett und vermehrte sich, doch im Palast braute sich Unheil zusammen.

König Admetos hatte inmitten der aufgeregten Vorbereitungen zu seiner Hochzeit mit der Prinzessin Alkestis aus Iólkos vergessen, der Artemis zu opfern. Die Göttin säumte nicht, ihr Mißfallen zu äußern. Als Admetos gesalbt und bekränzt das Brautgemach betrat, gewahrte er, daß ihn auf dem Ehebett keine liebreizende Braut erwartete, sondern ein wirres Knäuel zischender Schlangen. Das böse Omen war offenkundig. Admetos jedoch achtete nicht darauf, lebte glücklich mit Alkestis, und sie hatten schon zwei Kinder, als die Moiren, Töchter des Zeus und der Themis, von Artemis angestiftet, befanden, daß die Zeit gekommen sei, da Admetos seine verhängnisvolle Unterlassung büßen und sich seinen Vorfahren in der Unterwelt zugesellen müsse. Apollon war seinem Freunde treulich zugetan. Er traktierte die drei den Lebensfaden spinnenden Schicksalsschwestern so reichlich mit Wein, daß sie einwilligten, dem König die Strafe zu erlassen, falls ein anderer an seiner Stelle in das Reich des Hades eintreten würde. An alle erging die Frage, doch sogar die greisen Eltern des Königs weigerten sich, hingen noch am Leben. Wohl aber erbot sich die junge liebende Alkestis, für ihren Gatten zu sterben. Admetos nahm ihr Opfer ohne große Skrupel an. Galt doch die Frau derzeit im Vergleich zum Mann nur wenig. Selbst heute noch trifft man in gewissen Gegenden und Schichten auf die tief verwurzelte Überzeugung vom ungleichen Wert der Geschlechter. Sogar in der Großstadt Athen gibt es Tavernen, in denen die Männer am einen Ende des Tisches zusammensitzen, essen, trinken und singen, während ihre Frauen und Töchter am anderen Ende hocken und sich mit dem begnügen, was man ihnen zuschiebt.

Admetos hatte also mit seiner Einwilligung durchaus nicht gegen Sitte und Meinung verstoßen, zumal er den Tod der Gattin auch tief beklagte. Noch während sein Schmerz ganz frisch war, kam Herakles des Weges, dem er ungeachtet der Hoftrauer im Palast von Phérai Gastfreundschaft gewährte. Herakles blieben die düsteren Vorkommnisse nicht lange verborgen. Allsogleich sagte er seine Hilfe zu und lauerte am Grabe der Alkestis dem Thánatos, dem Boten aus der Unterwelt, auf, als dieser im Begriff war, die Tote zu Hades zu geleiten. Rasch hatte er den Todesdaimon überwältigt, Alkestis befreit, und so den Gott der Unterwelt um seinen Preis betrogen. Die Freude über den guten Ausgang war groß – obwohl in unseren Augen Admetos kaum einen so mitfühlenden Beistand verdient hat. Auch Euripides sah dies so. Er nahm die alte mythische Geschichte zum Anlaß, um die schicksalsschweren Verkettungen von selbstlosem Opfer und menschlichem Versagen in einer seiner großen Tragödien zu gestalten.

In vorgeschichtlicher Zeit war die Akropolis von Phérai schon bewohnt. Eine noch frühere prähistorische Siedlung erstreckt sich auf einem Hügel im Südosten. Die Ruinen aus historischer Zeit sind noch nicht ausreichend untersucht, so die Reste eines Tempels aus dem 6. Jh. vor Chr., im 4. Jh. erneuert, wahrscheinlich der Artemis heilig, und außerdem die Spuren eines Herakles-Tempels. – Zur Zeit als die Franken Griechenland unter sich aufteilten, fiel Phérai dem Grafen Berthold von Katzenellenbogen, einem Kreuzritter aus dem Rheinland zu, dessen vielsilbiger Name den Ohren seiner griechischen Vasallen einigermaßen seltsam geklungen haben muß. – Im 18. Jh. wurde hier der griechische Freiheitsdichter *Rígas Pheráios* geboren, der die Errichtung einer unabhängigen

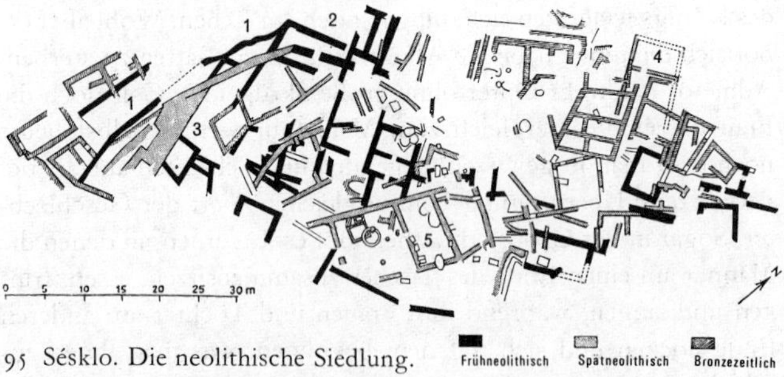

95 Sésklo. Die neolithische Siedlung.

1 frühneolithische Wehrmauer - 2 Torgang - 3 spätneolithische Wehrmauer 4-5 spätneolithische Megaronbauten.

Balkan-Konföderation anstrebte und seine Kampfschriften heimlich in Wien drucken ließ. Seine anfeuernden Lieder, vor allem seine Kriegshymne, die zu einer Art Nationalhymne wurde, haben bei den Griechen sein Andenken lebendig gehalten. Noch vor dem Ausbruch des Unabhängigkeitskrieges von einem Landsmann verraten, wurde er von den Österreichern festgenommen und den Türken ausgeliefert, die ihn 1798 erdrosselten und seinen Leichnam in die Donau warfen.

Als nächste Abzweigung von der Landstraße führt rechterhand, etwa 8 km hinter Velestínon, ein Feldweg nach *Sésklo*, oder Seskoulo, der Siedlung aus dem Neolithikum. Sie wurde schon zu Beginn unseres Jahrhunderts ausgegraben und blieb ungeachtet der zahlreichen neueren Fundstätten das aufschlußreichste und wohl

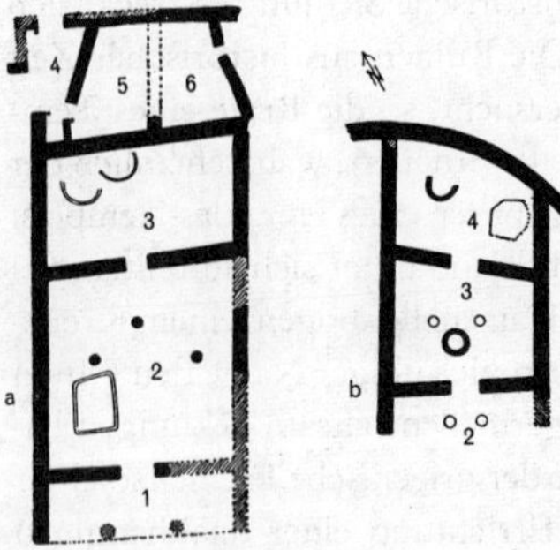

96 Steinzeitliche Megaronbauten in Sésklo (a) und in Dimíni (b).

auch am besten erforschte Beispiel eines jungsteinzeitlichen Dorfes. Es liegt auf einem Steilfelsen, der vor dem südlichen Hügelland nicht allzuhoch aus der Ebene aufragt. Charakteristisch für die ›Sésklo-Kultur‹ sind Lehmziegelhäuser auf rechteckigen Grundmauern, reiche Funde von Keramikscherben, Werkzeugen und Gerätschaften (im Museum von Volos), die über den Alltag der Bewohner Aufschluß geben. Sie trieben Ackerbau und Viehzucht. Reste einer doppelten Ummauerung stammen aus spätneolithischer Zeit, als der Ort neu überbaut wurde. Am größten dieser Häuser fällt ein Vorhof und ein gemauerter Herd im Hauptraum auf. – Die komplizierten Überlagerungen ließen jedoch zugleich eine noch sehr viel frühere Ansiedlung der prä-keramischen Periode (etwa um 4000 vor Chr.) erkennen, die man ›Proto-Sésklo-Kultur‹ nennt, wo immer man in Thessalien auf die ältesten Lehmziegelhäuser trifft.

Von Sésklo aus ist nicht weit nach dem ungleich eindrucksvolleren *Dimíni* (4 km vor Volos, Abzweigung von der Landstraße nach

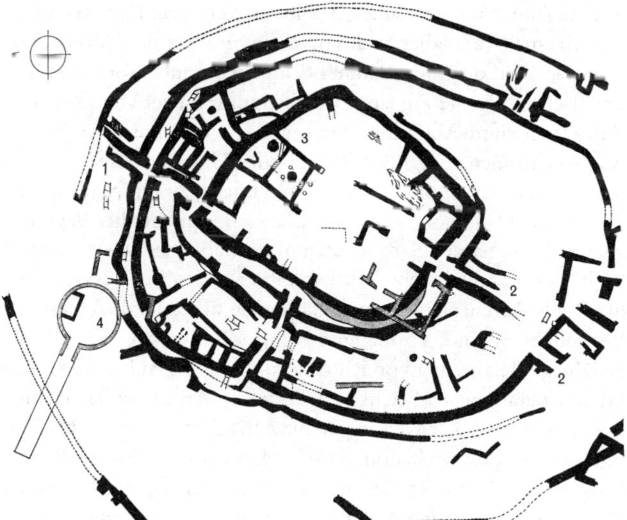

97 Dimíni. Spätneolithische Siedlung.

1 Nordtore - 2 Südtore - 3 spätneolithisches Megaron - 4 bronzezeitliches Kuppelgrab.

Süden). Die Menschen, die im späten Neolithikum die Bodenwelle zu ihrem Siedlungsplatz wählten, mit Feldsteinaufschüttungen noch vergrößerten, konnten sich bei Überschwemmung oder gegen Angreifer einigermaßen gesichert fühlen. Mit stellenweise mehr als sechs Mauerringen schützten sie ihre Häuser. Die schmalen Tore im Süden und Norden, die jeweils nur ein Einzelner passieren konnte, führten auf die freie Mitte zwischen dem Häuserrund. Der südliche Zutritt war auf die Mittelachse des Megarons ausgerichtet. Mit seiner Vorhalle und der von vier Holzpfosten umstandenen Herdstelle ruft es lebhaft die Erinnerung an die Königspaläste von Mykene und Pylos herauf. In Dimíni lehnt sich der anschließende Hauptraum mit seiner Rückwand an die Rundung der innersten Ringmauer. Es ist der abgeschirmte Sitz eines Herrn! Er muß von hier aus das Land regiert und seine Untertanen bei Gefahr im Innern der Wälle um sich gesammelt haben.

Als letzte Abzweigung, 2 km vor Volos, führt die alte Landstraße über Almyrós nach Lamía. Auf ihr erreicht man Demétrias und Pagasái; man kann aber auch von Volos aus mit dem Motorboot über den Golf dorthin gelangen. Von der rhombenförmigen hellenistischen, über 12 km langen Befestigungsmauer von *Demétrias* sind ausgedehnte Abschnitte sowie Reste von 76 Türmen erhalten. Auch die Ruinen der großen Bauten – des Theaters, des Herrscherpalastes und der Agorá – sind gut auszumachen. Die Stadt wurde nach 294 vor Chr. von *Demetrios Poliorketés*, dem ›Städtebelagerer‹, gegründet, einer der glanzvollsten Machthaber der hellenistischen Welt, dessen militärische Laufbahn ihn auf den Feldzügen gegen die Diadochen in alle Himmelsrichtungen führte: er befehligte als Verbündeter seines vormaligen Feindes Ptolemaios 305/304 die einjährige Belagerung von Rhodos, kämpfte gegen Kassandros in Griechenland, gegen Seleukos in Asien. In Athen gab er sich den empörendsten Ausschweifungen hin und schändete sogar den Heiligen Bezirk des Parthenon, da seine Leidenschaft für die ältliche Prostituierte Lamía so übermächtig war, daß er ihr dort einen Tempel weihte. Plutarch erzählt, daß er auch um einen athenischen Jüngling buhlte, »der sich trotz vielen Anknüpfungsversuchen, Anerbietungen und Drohungen von niemandem habe verführen lassen.Wie nun der Knabe«, der von Demetrios in ein Badezimmer gedrängt worden war, »seine Verlassenheit und dringende Not erkannte, nahm er den Deckel vom Kessel, sprang in das kochende Wasser und tötete sich, womit er ein seiner unwürdiges Schicksal erlitt, aber eine seiner Vaterstadt und seiner Schönheit würdige Gesinnung bewies«.

Das ältere *Pagasái* – schon in prähistorischer Zeit war es besiedelt – zeigt nur noch dem Fachgelehrten die Spuren seiner einstigen Größe. Im mühsamen Gelände wird der interessiert Umherstreifende nur noch einige Mauerreste und verfallende Türme südlich eines Bachbetts, das in west- östlicher Richtung verläuft, aufspüren können. Als Hafen des mykenischen Iólkos und späterhin von Phérai war es wesentlich berühmter als Demétrias. Nach ihm ist der große Pagasäische Golf benannt, aus dem sich im Norden nochmal ein kleiner Halbkreis zur Bucht von Volos ausweitet. Am Strand gibt es eine Taverne mit weitem Blick nach Südosten über den Golf und auf die vielen Dörfchen an den Hängen des Pélion, der sich im Nordosten zu seiner vollen Höhe (1650 m) erhebt.

Hier an diesem Küstenstreif wurde die ›Argo‹ gebaut, das Schiff, das Iason und die *Argonauten* bestiegen, indes ihre Freunde ihnen vom Ufer zuwinkten und »mit leuchtenden Augen die hellerstrahlende Eos Pélions Höhen beschaute«, wie es bei Apollónios heißt. Dem Delphischen Orakel zufolge sollte dem Land Iólkos weder Frieden noch Wohlstand beschieden sein, solange nicht das Vlies des goldenen Widders auf einem von Helden gesteuerten Schiff aus dem kleinasiatischen Kolchis zurückgebracht worden war. Es war wahrlich eine berühmte Besatzung, die da ausfuhr, die Elite der kriegerischen griechischen Jugend – Tiphys der Lotse und Náuplios der Steuermann, Meléagros von Kálydon und Polydeúkes, der Zwillingsbruder des Kastor, Amphiáraos der Seher, Boútes der Imker, Idmon der Vertraute der Vögel, und nicht zuletzt Herakles, dessen Gewicht, wie Apollodóros sagt, so enorm war, daß das Schiff »mit menschlicher Stimme erklärte«, es könne ihn nicht tragen. Am Ruder saß Orpheus und spielte die Leier. – Etwa um 1500 vor Chr. wurde, wie man heute annimmt, die an Abenteuern reiche Seefahrt unternommen.

Volos ist eine betriebsame, durchaus keine anziehende Stadt. Es wurde 1955 von einem Erdbeben teilweise zerstört und macht nach dem Wiederaufbau mit seinen breiten Straßen einen freundlichen, wenn auch etwas phantasielosen Eindruck. Aber es hat einen vorzüglichen Hafen, und die Schiffe werden im Sommer und Herbst mit dem besten Obst, das der griechische Markt feilzubieten hat, beladen: mit Aprikosen, Pfirsichen, Äpfeln und Birnen von den Vorbergen des Pélion und den Obsthainen rings um Phérai.

Auf einer überbauten Anhöhe im Nordwesten der Stadt lag das *antike Iólkos*. Gerade diesen Stadtteil haben alle Erdbeben verschont und so fanden sich noch nicht die Mittel, die mykenische Akropolis vollkommen freizulegen. Apollónios von Rhodos berichtet von »gut gebauten Straßen« und, als Krönung des Hügels, von Iasons Palast, in dem es »viele Bedienstete, Männer und Frauen« gab, und daß er kostbar ausgestattet war. Letzteres haben Teil- und Stichgrabungen der jüngsten Zeit voll bestätigt. – Das angrenzende, oftmals trockene Flußbett ist womöglich das des Flüßchens Anauros, das Iason an einem regnerischen Tag durchwatete, als er in den strudelnden Wassern ein hilfloses altes Weib gewahrte. Ohne lange zu zögern trug er es auf dem Rücken durch den angeschwollenen Bach, woraufhin sich ihm Hera, die Göttin, zu erkennen gab und ihm ihren Schutz versprach. Unglücklicherweise war jedoch eine seiner Sandalen im Uferschlamm stecken geblieben, und so traf er nur halb beschuht bei einem Festmahl ein, welches sein Onkel, König Pélias von Iólkos, gab. Dieser entsann sich sogleich eines Orakelspruchs, der ihn gewarnt hatte, er werde von einem Mann, der sich mit einem unbeschuhten Fuß dem Palast nähere, umgebracht werden. Alsogleich setzte er die gefahrvolle Suche nach dem Goldenen Vlies ins Werk und übertrug Iason den Oberbefehl in der Hoffnung, daß er dabei umkäme.

Funde aus Iólkos, darunter bemalte Scherben mit frühesten Darstellungen der Argos-Ausfahrt, – vor allem aber die einmalige Sammlung von über 200 bemalten Grabstelen aus dem hellenistischen Demétrias, bewahrt das neue *Museum von Volos* am südöstlichen Stadtrand, nahe der Ausfahrt nach Miléai. Es ist modern, übersichtlich angelegt und weiß auch steinzeitliche Werkzeuge und frühes Tongeschirr – Keramiken aus Sésklo, Dimíni, dem jüngst erforschten prähistorischen Pýrasos und vieler anderer Magoúlen – faszinierend darzubieten. Zum Eindrucksvollsten aus Demétrias gehören der strenge, leider kopflose Krieger (Nr. 235); die in lebhaften Farben bemalte Stele von Choirele (Nr. 55); und die drei anmutig eleganten Figuren im Schaukasten (Nr. 355). Aus Phérai (Velestínon) stammen geometrische und archaische kleine

98 Blick von NO in die Bucht von Volos.

Bronzen, sowie Stelen der hellenistischen bis römischen Epoche. Stelen der archaischen Zeit haben sich aus Phálanna (nördlich von Lárisa) erhalten; der bezaubernde kleine Torso einer Aphrodite (Nr. 715) kommt von der nahen Insel Skópelos.

Von Volos aus wollen wir jetzt eine Rundreise durch das Pélion-Gebirge unternehmen. Wie so oft in Griechenland führt uns dieser Ausflug in eine herrliche Landschaft, doch die Straßen sind schmal, sehr gewunden und teilweise in schlechtem Zustand. Immer wieder hatten sich die Bewohner der Ebene bei den gewaltsamen Durchzügen und Besetzungen fremder Eroberer in die unwegsamen Randgebirge zurückgezogen, um dort zu überleben. Nach dem Einfall der Awaren und Slaven, Serben und Bulgaren, bildeten sich im Pélion um frühe Klöster und Kirchen Stützpunkte des Griechentums. Auch die Türken haben es der Anstrengung nicht für wert gehalten, das Gebirge fest in ihre Hand zu nehmen, so daß hier, abgeschlossen von aller Welt, sich selbst verwaltende griechische Gemeinden – natürlich Tribut zahlend – behaupteten und ihre Eigentümlichkeit in Lebensform und Bauweise bewahrten. Ein ganz eigener individueller Stil der Bauernarchitektur blühte auf. – Als der Unabhängigkeitskrieg ausbrach, schlossen sich die 24 Pélion-Gemeinden mit ihren 45 000 Einwohnern sogleich der Revolte an, aber Zwistigkeiten untereinander gaben Dramali Pascha, dem türkischen Befehlshaber in Lárisa, Gelegenheit, ihnen eine schwere Niederlage zuzufügen.

Man fährt zunächst nach Osten und folgt dann der Küste des Pagasäischen Golfs. In den Dörfern und Weilern der alten *Halbinsel Magnésia* hat fast jedes Haus seinen Garten voller Rosen, aus deren Blütenblättern das stark duftende Öl gewonnen wird. Riesige Dahlien, Canna-Lilien, eine ungewöhnliche Art blaßblauer Prunkwinden stehen in üppiger Pracht, und im Frühsommer leuchten die hellroten und blauen Blütenkugeln der Hortensien aus dem noch frischen Grün. Olivenhaine und riesige Obstgärten breiten sich über die Hänge, wahre Wälder aus Pfirsich-, Aprikosen-, Birnen und Apfelbäumen. Nach 20 km führt links ein Weg hinauf zu dem von Kalksteinhöhen eingekesselten *Miliés*. Der als Sommerfrische beliebte Ort ist während der Türkenzeit durch Seidenraupenzucht und Spinnereien reich geworden, besaß eine bedeutende Bibliothek und eine Schule, in der zu Beginn des 19.

Jhs. Geographie, Chemie und andere Naturwissenschaften gelehrt wurden.

Die Hauptstraße folgt weiter der Küste, ehe sie sich allmählich auf die heidebedeckten Höhen des auslaufenden Pélion hinaufwindet und wechselnd einen Blick über den Pagasäischen Golf im Westen oder auf das offene Meer im Osten freigibt, wo zwei der lieblichsten ägäischen Inseln, Skíathos und Skópelos am Horizont liegen. Das Erdreich hat hier eine auffallend rötlich-violette Tönung. Beim Kilometerstein 31 gabelt sich die Straße. Wir verfolgen so weit wie möglich den Weg zur sichelförmigen Landzunge, von deren äußerster Spitze sich das Inselchen *Tríkkeri* gelöst hat. In den Dörfern, die sich an der Westküste, der klimatisch milden, kultivierten Seite der Halbinsel, entlangziehen, wohnen Bauern und Fischer, Abkömmlinge jener berühmten Seeleute, die mit ihren breiten Schiffen seit Jahrhunderten mit allen Häfen der Levante Handel trieben. – In der Meerenge zwischen der Halbinsel Magnésia und Skíathos ankerte, Herodot zufolge, im August 480 vor Chr. die persische Flotte mit einer halben Million Mann an Bord, je acht Schiffe in einer Reihe, die Schnäbel dem Meer zugekehrt. Kap Artemision auf Euboa taucht in der Ferne auf, wo des Xerxes unbeholfene Seestreitkräfte kurz darauf ihren ersten großen Zusammenstoß mit den griechischen Trieren hatte.

Die andere Straße, die beim Kilometer 31 ins Gebirge nach *Neochórion* hochsteigt, überquert einen der Pélion-Pässe, und sieht im Nordosten über das weite Meer hinweg für einen atemberaubenden kurzen Augenblick den Berg Athos auf der Chalkidike: ein einsamer, spitz zulaufender Gipfel, der wie eine Fata Morgana durch den blassen Meeresdunst in den Himmel hinaufstößt. Das Heidekraut weicht jetzt struppiger Macchia. Die Straße windet sich unablässig um tiefe, senkrecht abfallende, von Erosion, Erdrutschen und Gebirgsbächen geschaffene Spalten, bis sie endlich nach Tsangaráda (griechisch: Tzagkaráda) gelangt, einem weit auseinandergezogenen Reihendorf in Eichen- und Kastanienwäldern auf 500 m Höhe. Vom wunderschön gelegenen Xenía-Hotel blickt man über Baumwipfel und Hänge, die unvermittelt zum Meer abfallen, wo *Mylopótamos*, der Strand von Tzangaráda, zum Baden lädt. Man erreicht ihn nach 7 km Fahrt über viele Haarnadelkurven.

Diese den nördlichen und nordöstlichen Winden ausgesetzten

Gebirgshänge haben besonders reiche Niederschläge während der Winter- und Frühjahrsstürme, und Edelkastanienwälder, Farne in den Lichtungen, Brombeerhecken, sogar Walderdbeeren gedeihen hier in überschwenglicher Üppigkeit. Man hat fast das Gefühl, als befinde man sich in Südtirol, und nur der Blick aus dem Zimmerfenster auf das weite Meer, oder nächtens das Anrollen der Wellen rufen einem zurück, daß man sich in der Ägäis befindet. Auch im Landinnern vernimmt man überall das in Griechenland so seltene Geräusch rinnenden Wassers, dieses wundervollen, würzigen, kristallklaren Wassers, das einem in dickrandigen Gläsern gereicht wird. Es wird erwartet, daß es einem köstlich mundet. Die Griechen trinken Wasser nicht nur, weil der Körper eine gewisse Menge Flüssigkeit braucht. Sie schmecken und genießen es wie Kenner und vergleichen die verschiedenen Quellen in all ihren Nuancen. Eine höchst zivilisierte Einstellung – die auch schon Homer hatte. Oftmals stößt man auf Ortsnamen wie Kalánera und Kriónero, was Ort des ›guten‹ oder des ›kalten Wassers‹ bedeutet.

Von Tsangaráda läuft die Straße hinab nach Hagios Ioánnis. Unterwegs, bei einer Gabelung nach links, liegt nur 1 km abseits *Kissós* (Efeu), ein reizendes Örtchen in den Bergen. Der kleine Abstecher sei jedem empfohlen, den Eigenart und behäbige Schönheit der Bauern-Kirchen erfreuen. Breit lagert die Dorfkirche der Hagia Marína (1802) mit ihrer hölzernen Galerie um die Außenmauern am Rand der Platía. Die Apsiden schauen in das grüne Tal hinab. Im Innern bezaubern gute Ikonen an der Altarwand, die Fresken des bedeutenden thrakischen Laienmalers Iánnis Pagónis, der um die Wende zum 19. Jh. manche Pélionkirche ausgeschmückt hat, und besonders die köstlichen Bildfelder an den umlaufenden Emporenbrüstungen in ländlichem, griechisch verstandenem ›Rokoko‹. – Der Fischerort *Hagios Ioánnis* am Fuß der Kastanienwälder, mit seinen vielen Sandbuchten und Tavernen, ist im Sommer beliebtes Ziel der Ausflügler aus Volos, aber auch schon fremder Touristen. Danach steigt die Straße wieder an und windet sich nach Zagorá. Man passiert eine eindrucksvolle Schlucht, die sich wie eine von einem scharfen Messer zugefügte Wunde am abschüssigsten und bewaldetesten Teil des Pélion öffnet.

Dies ist die Landschaft, in der die *Kentauren* hausten, die Abkömmlinge – halb Mensch, halb Pferd – des gottlosen Ixion, der die Kühnheit besaß, Hera, die Gattin des Zeus, verführen zu wollen. Seine Vermessenheit schrie nach Sühne. Daher wurde er auf ein Flammenrad gebunden, das sich ewig in der Unterwelt dreht. – Nichts regt sich auf den einsamen Lichtungen oder im Schatten der verschränkten Zweige. Nur die Phantasie vermag noch den Laut der stampfenden Hufe heraufzubeschwören, vermag sich die Erregung der wilden Gesellen vorzustellen, die zur Hochzeit des Königs Peiríthoos mit der Lapithin Hippodaméia geladen waren und sich trunken, vom Liebreiz der Lapithenfrauen betört, an ihnen und der Braut vergreifen wollten.

Der Pélion spielt bereits in den frühesten Mythen eine Rolle, als die *Giganten* den Ossa auf ihn türmten, um die Götter auf dem Olymp zu belagern. Auf dem Pélion geschah es, daß Apollon die Jägerin *Kyréne* überraschte, als sie allein mit einem Löwen kämpfte. Schnell entflammt entführte er sie weit über das Meer zu jener Küste Nordafrikas, die bis heute nach ihr genannt ist. – Auf dem Pélion wurde auch die Hochzeit des *Peleus und der Thetis*, der Eltern des Achilleus, gefeiert; Peleus war der Befehlshaber der Myrmidonen, einer Heerschar von Ameisen, die sich in Krieger verwandelt hatten; die Meergöttin Thetis lebte als Tochter des Nereus auf dem Meeresgrund. Zeus und Poseidon umwarben die schöne Nereïde, doch ihr war vorausgesagt, ihr Sohn würde einmal mächtiger sein als der Vater. Das machte die Götter stutzig. Sie wandten sich ab und überließen es dem sterblichen Peleus, Thetis für sich zu gewinnen. Sie machte ihm dies nicht leicht, verwandelte sich in Feuer, in Wasser, einen Löwen, eine Schlange, mußte sich aber schließlich doch ergeben. Ihr unstillbarer Wunsch nach einem unsterblichen Kind brachte sie dazu, ihre Kinder zu kochen oder ins Feuer zu werfen. Da müsse sich doch zeigen, so glaubte die Besessene, ob der göttliche Teil in ihnen stark genug sei, zu überleben. Alle Kinder starben. Doch Peleus gelang es, sie bei der Geburt des Achilleus, ihrem siebten Kind, dem späteren Helden vor Troja, von ihrer abscheulichen Probe abzubringen.

Eine ansprechendere Mythengestalt aus den Wäldern des Pélion ist der menschenfreundliche Kentaur *Cheíron*. Als Tier-Mensch hatte er mit seinen wilden hemmungslosen Stammesgenossen das chthonische Wesen gemein, aber er war anders als sie. Den Kräften der Natur nahe und bewandert in der Heilkunst, galt er als Vater der Medizin und verstand viel von der Musik. Die Jünglinge Iáson, Achilleus und Asklepios gab man in seine Obhut. Der weise Lehrmeister brachte ihnen seine Erfahrungen mit heilenden Pflanzen und als Chirurg bei und unterrichtete die künftigen Heroen in der Kunst des Reitens, Jagens und des Flötenspiels. Dem Achilleus, so heißt es, gab er Rehkalbsmark zu essen, damit er schnell zu laufen vermöge, und Löweneingeweide, um ihm Löwenmut einzuflößen. Zeus belohnte ihn für seine Verdienste, indem er ihm als Sternbild des Kentauren, unseres ›Schützen‹, einen Platz am Himmelszelt anwies.

Zagorá – oberhalb des bewaldeten Strandes von *Chorephtón*, dem Ort ›wo man tanzt‹, und gerühmt wegen seiner Fische, Muscheln und Krebse – ist das lebhafte Hauptstädtchen des Pélion. Im 18. Jh. war es – ebenso wie Miliés – eine Hochburg der Bildung und Gelehrsamkeit und besaß gleichfalls eine bedeutende Bibliothek. Rígas Pheráios ist hier groß geworden und hat hier studiert. Die älteren Häuser von Zagorá boten etwaigen Feinden eine durch zwei Stockwerke gehende glatte, fensterlose Außenmauer dar, nur das vorspringende dritte Stockwerk öffnet sich luftig unter dem Schieferdach. In fast allen Orten des Pélion trifft man auf stattliche Herrenhäuser. Im 18. und 19. Jh. waren die Bewohner durch die Ausfuhr heimischer Erzeugnisse, vornehmlich Seide und Webwaren, zu Wohlstand gekommen. Während des relativen Friedens, dessen die Péliondörfer sich in der Türkenzeit erfreuten, entwikkelte sich eine eigenständige Volkskunst. Galten bisher die künstlerischen Anstrengungen ausschließlich den religiösen Ansprüchen, so hatten die Handelsbeziehungen der Kaufleute nach Mitteleuropa zu Anregungen geführt, die jetzt auch die Schranke vor der Gestaltung des profanen Lebensbereichs aufstießen. Mit Begeisterung, großer Unbekümmertheit und Phantasie stürzten sich die einheimischen Maler auf die neuen Aufgaben, auf den Schmuck der Wohnhäuser, der Möbel und des Hausgeräts. Dies wieder befruchtete die ›Ars sacra‹, und ein Blick in zwei der Kirchen des 18. Jhs. in Zagorá macht dies deutlich.

An der *Hagia Kyriakí*, im üblichen strengen Pélion-Basilikastil gebaut, sind Fayenceplatten mit einem Tulpenmuster eingemauert, die an ›Türkisches‹ denken lassen. Die *Hagios Georgios*, ebenfalls eine dreischiffige Basilika, umgibt ein schiefergedeckter dreiseitiger Umgang in Art einer Loggia. Solche Galerien, die sich zum

Land hinaus oder zum Dorf hinein öffnen – wir kennen sie schon seit unserem Besuch in Kíssos – sind ein besonderes Merkmal der Pélion-Kirchen. Die gut proportionierten Apsiden von Hagios Georgios gliedern außen drei Reihen von Halbsäulen mit phantasievoll ornamentierten Kapitellen. Im Innenraum bestaunt man die Filigranarbeit der aus dem 18. Jh. stammenden, reich vergoldeten Ikonostasis, und die Kanzel ist eine der mächtigsten und dekorativsten, die ich in einer Dorfkirche gesehen habe. An der Südwand achte man auf ein ›Epitáphion‹, eine schöne Arbeit des 17. Jhs. aus Odessa.

Von Zagorá aus steigt die Straße weiter ins Gebirge. Bäche fallen in Kaskaden durch dichte Kastanienwälder die Abgründe hinab. Aus den Kastanien- werden Buchenwälder und schließlich fährt man zwischen riesigen Tannen in 1200 m Höhe über den *Cham-Paß* unterhalb des Pélion-Gipfels, wo Cheíron seine Höhle gehabt haben soll. Durch freieres Gelände beginnt dann die gewundene Abfahrt hinab zum Pagasäischen Golf. *Portariá* ist der nächste größere Ort, beliebte Sommerfrische mit einem Xenía-Hotel. Schachtelartige Villen liegen verstreut an den Berglehnen und grellrote Dachziegel sind an die Stelle der schönen Schieferdächer älterer Häuser getreten.

In Portariá zweigt eine Bergstraße nach Norden, eingeschnitten in die Buchtung eines jähen Absturzes, zu dem 3 km entfernten *Makrynítsa* ab. Die Pélion-Dörfer entstanden im 13. und 14. Jh. in Anlehnung an noch frühere Kirchen und Klöster. Eines der ältesten war das Kloster bei Makrynítsa, vor 1230 gegründet. Hohe alte Fachwerkhäuser klammern sich so eng an den steilen Hang, daß der Eingang häufig im obersten Stockwerk liegt. Auch hier statteten die Bewohner ihre Häuser mit vielfältigem Zierat aus – man beachte die geschnitzten Holztüren und Gatter, den gemalten Schmuck über den Fenstern. Sie ließen kunstvoll gearbeitete Ikonostasen für die Kirchen und Kapellen anfertigen, die einst noch mehr Weihrauchfässer, Hängelampen, Kännchen, Leuchter und andere heilige Gerätschaften bewahrten als heute – Schöpfungen der einheimischen Silberschmiede, deren Handwerkskunst auf dem ganzen Balkan berühmt war. Makrynítsa, das 900 m hoch liegt, hat seinen Hauptplatz durch Aufmauerungen zu einer besonders geräumigen Altane erweitert. Der Blick wandert hier weit über den Pagasäischen Golf, ein prächtiges ›Belvedere‹ oberhalb der Schlucht und im Schatten von vier riesigen Platanen mit so gewaltigen Stämmen, daß man in einem von ihnen ein gemütliches kleines Kämmerchen mit grüner Tür eingerichtet hat. Etwas zurückliegend auf der Platía steht die *Hagios Ioánnis*-Kirche, in ihrer Kleinheit ein stattliches Beispiel der Pélion-Architektur, deren Apsis außen auch wieder in mehrere Ränge gegliedert ist, ein jeder durch Marmorlisenen in schmale Relieffelder unterteilt, die mit bezaubernd verrückten Darstellungen verziert sind – einem überladenen Kreuz, Sonne und Mond, einer Zypresse, einer kauernden Gestalt und Blätterranken. Der Schmuck ähnelt dem an den Apsiden der St. Georgs-Kirche in Zagorá, ist nur ein wenig gröber. Vom Ast einer Platane hängt die Kirchenglocke herab und macht das ganze noch malerischer. Wasser sprudelt aus den Messing-Speiern eines Marmorbrunnens hervor.

Die alte *Klosterkirche der Panhagía* aus dem Jahr 1272 liegt etwas außerhalb. Jeder Dorfbewohner wird einem gern den Weg zeigen; die Menschen sind hier freundlich, gastfrei und von bäuerlicher Höflichkeit und Zuvorkommenheit. Die Kirche wurde bei einem Erdbeben in jüngster Zeit stark beschädigt und ist auf Kosten eines einheimischen Wohltäters restauriert worden. Über dem in Marmor eingefaßten Südtor zeigt ein Außenfresko aus dem 18. Jh. die Muttergottes mit dem Kind auf einem reichverzierten Barockthron. In die drei Apsiden sind auch hier Relieftafeln eingelassen. Eine Löwenjagd wird geschildert mit einem von vier Pferden gezogenen Wagen und einem einsamen Vogel, der aus der rechten Ecke herauslugt; stilistisch könnte sie aus frühchristlicher Zeit stammen. Im Innern der Kirche befindet sich ein schönes Muttergottes-Relief aus dem 13. Jh. Die beiden anstoßenden Kapellen stehen auf verschiedenem Niveau: die Allerheiligen-Kapelle mit einer bäuerlichen hölzernen Ikonostasis hat an ihrer südlichen Außenwand noch beschädigte Fresken, und die Wandmalereien, die das Innere der St. Nikolaus-Kapelle schmücken, sind typisch für die provinzielle Malerei in ihrer unmittelbaren naiven Ausprägung. Im Geheimen ist in beiden Kapellen während der türkischen Okkupation Unterricht in Geschichte und Theologie abgehalten worden. Bezeichnend, daß es gerade diese beiden Lehrfächer waren! Die Pélion-Leute setzten allen Stolz darein, zu verhindern, daß ihr zweifaches Erbe, das des Hellenismus und das des orthodoxen Glaubens, in einer um sich greifenden Teilnahmslosigkeit unterging. Lehrer und Priester verfolgten unbeirrt, wenn auch verstohlen, ihr Ziel, während vor ihren Augen von den türkischen Forts in Volos der Halbmond flatterte.

Ano-Volos (Ober-Volos) breitet sich über der Stadt auf den Hügeln vor dem Pélion aus. Bei der Rückkehr aus dem Gebirge leuchten von oben die roten Dächer aus den Obsthainen. Die Familie Kontós besitzt dort ein Haus, das mit großartigen Fresken des *Bauernmalers Theóphilos* ausgeschmückt ist, eines echten ›Primitiven‹, der von 1868? bis 1934 lebte und seit der Jahrhundertwende mit seiner Kunst hausierend durch das östliche Griechenland zog, Geschäfte (auch in Makrynítsa), Cafés wie Privathäuser ausmalte und sich so durchs Leben brachte. Er war ein Original und trug die Tracht aus der Zeit des Unabhängigkeitskrieges: Fustanella, Tzaroúchia und die weißen Strümpfe. Er kostümierte sich übrigens auch gern als Alexander der Große, der sich in der griechischen Folklore zuweilen in den Hagios Georgios verwandelt und das Land von seinen Drachen befreit.

Aus den Malereien des Theóphilos bricht ursprüngliche Begabung hervor. Ihn kümmerten nicht Perspektive noch exakte Maßstäbe. Dennoch sind seine Landschaften – ausgesprochen *griechische* Landschaften – immer wiederzuerkennen. Orte und Gegenstände stellte er mit verblüffender Genauigkeit dar. Er scheute sich, wie alle Naiven, keinen Augenblick, auch Vorlagen zu benutzen. Zudem muß ihn ein außergewöhnliches Gedächtnis befähigt haben, Selbstgesehenes in spontane, einfallsreiche Malerei umzusetzen.

Die *Fresken im Haus des Kontoú* schildern Episoden aus dem Unabhängigkeitskrieg: prächtig aufgedonnerte militärische Herren mit eingefrorenem Gesichtsausdruck und grimmigen Schnurrbärten – ländlich-bäuerliche Pélion-Szenen mit prachtvollen Vögeln, Blumen und wilden Tieren. – Gegen Ende der Zwanziger Jahre sind in Paris lebende Griechen auf den Reiz seiner Bilder aufmerksam geworden und haben sie in den Galerien links der Seine bekanntgemacht. Vom Erlös der Verkäufe beschafften sie ihm Farben und Leinwand in Fülle, und immer blieb noch etwas darüber hinaus. Theóphilos hatte ausgesorgt. Gegen Ende seines Lebens zog er wieder nach Vareia auf Mytilíni, wo er schon in seiner Jugend alle ihm erreichbaren Tavernen ausgemalt hatte. Ein kleines Museum in Vareiá zeigt dort die Bilder seiner letzten

Jahre, und seit 1945 hat man seine Malerei mehrfach auch auf Ausstellungen in Athen, Paris und Brüssel sehen können.

In Ano-Volos hat unser Pélion-Ausflug sein Ende gefunden. Von hier ist man schnell in Volos und hält sich dort an die Beschilderung, die zurück nach Lárisa führt. Der Reisende, der auf kürzestem Weg nach Westmakedonien gelangen will, ohne Umfahrt über Saloniki oder die Meteóra-Klöster, nehme die schöne neue Landstraße von Lárisa nach Kozáni, auf der man die westlichen Berge des Olymp-Massivs überquert. Von den bedeutenden Orten, die auf dieser Strecke liegen, sei hier noch die Rede.

Am Nordrand der Ebene von Lárisa liegt *Tírnavos*, eine heiße und staubige kleine Stadt. Ihr Name ist in ganz Griechenland beliebt und hoch geschätzt, da hier ein Ouzo nach besonderem Rezept hergestellt wird, den natürlich die Tavernen und Cafés an der großen Platía in verschiedenen Abfüllungen reichlich feilbieten. – Am ersten Tag der Fastenzeit zieht eine ungewöhnliche Prozession, die ihren Ursprung in irgendeinem uralten orphischen Ritus hat, durch die Straßen des Städtchens. Die Teilnehmer, sämtlich Männer, tragen große irdene, phallusförmige Gegenstände, nennen sich Phallusträger, nehmen ihre Sache überaus ernst und feierlich und haben für die zotigen Zurufe der jugendlichen Zuschauer nur taube Ohren. – Nach Tírnavos folgt die Straße einem geräumigen Tal, das von Homers »lieblichem Titarísion« durchzogen ist, einem raschfließenden Nebenfluß des Penéios, der sich zwischen dichten Pappelgehölzen in einer weiten Schleife seinen Weg zwischen den Bergstöcken bahnt. Homer weiß vom Titarísion zu berichten:

»der zum Penéios hin die schönen Fluten entsendet,
doch er mischt sich nicht mit dem silberwilden Penéios,
sondern er gleitet wie Öl auf seiner Fläche hinüber.«

Nach seinem Austritt aus den Bergen heißt er Xeriás, ›Trockenfluß‹, und das mit Recht, da seine Wasser zum Berieseln der Felder abgeleitet werden. Die Straße überwindet die Meloúna-Berge und senkt sich wieder zum Becken von Elassón, an dessen Rand beiderseits des Elassonítikos die kleine Marktstadt vor einer Schlucht liegt, durch die das Flüßchen hinabkommt. Homer nennt es, vermutlich nach dem hellen Gneisgestein der nördlichen Hänge, das »leuchtende Oloosson«. Die Kriegerschar, welche die Stadt in den

Trojanischen Krieg entsandte, wurde vom »streitbaren Helden Polypoítes« befehligt, dem Sohn des Peiríthoos und der Hippodaméia, der am Tag der Schlacht zwischen den Kentauren und Lapithen gezeugt wurde.

Die antike Akropole erstreckte sich 200 m über dem heutigen Städtchen auf dem Bergkegel links der Elassonítikos-Schlucht, der – strategisch äußerst günstig – auch auf seiner anderen Seite steil zu einem Paralleltal abfällt. Zu Beginn des 14. Jhs. hat sich auf der Höhe ein Kloster niedergelassen mit seiner berühmten Kirche *Panhagía Olympiótissa*. Ihr Abt gehörte als Metropolit von Elassón der Delegation an, die 1589 das Patriarchat von Moskau gründete. Die ›Olympiótissa‹ wurde von dem hochgebildeten Kaiser Andronikos II. (1282-1328), einem eifrigen Kirchenstifter, in Auftrag gegeben. Diesem Baustil und der Art der Ausschmückung wird man noch oft im nördlichen Griechenland, besonders in Makedonien begegnen: hoher Tambour, über den die Kuppelhaube nur flach hinaustritt; der hohe himmelwärts strebende Hauptbau mit den wenig vorspringenden, aber ebenfalls hochgezogenen und somit schlankwirkenden Apsiden; ein betont niedriger, angesetzter Umgang; vielfach variierte Ziegelschmuckbänder im Mauerwerk, um Fensterbögen, als Tambourzierde. Auf den ersten Blick wirken die überhöhten Proportionen erregend, aber ihr Reiz verblaßt doch, sobald man erkennt, daß sie die kraftvolle strukturelle Einheit verderben, der wir bisher meist begegneten und für die byzantinische Kirchenbauer zu Recht berühmt waren. Der Konzeption des makedonischen Baumeisters mangelt es nicht an Anmut und Eleganz, aber die Harmonie der Volumen, der Raumteile, die den herkömmlichen Typ des Kreuzkuppelbaus bestimmen, die belebende Wechselwirkung zwischen den breit lagernden Ebenen der Dächer zu ihrer unterschiedlichen Höhe, sie verkümmern zugunsten eines nur hochstrebenden, damit aber nicht auch leicht oder gar licht wirkenden Baukörpers.

An der Westseite der Kirche überrascht die um 1300 geschnitzte hölzerne Doppeltür. Auf den jeweils drei rechteckigen Feldern greifen Kreise ineinander, fügen sich zu Dreiecksformen oder bilden Kreuzornamente. Im abstrakten Spiel der verschlungenen Linien werden islamische Einflüsse offenkundig. Eine schöne Marmorsäule steht in der Tür vom Narthex zum Kircheninnern. Die Fresken aus der Palaiologenzeit, im Stil erzählend und in der

Ausführung konventionell, sind künstlerisch nicht herausragend. Dafür ist die hölzerne Ikonostasis (eine viel spätere Arbeit) mit ihrem dichten Rankenwerk, den darin verborgenen Menschen- und Tierleibern ein prachtvolles Beispiel epirotischer Schnitzkunst. Sie stammt aus dem 19. Jh.

Hinter Elassón ist die Gegend kaum von Menschenhand gezähmt und gebändigt. Der *Olymp* rückt näher; sanft gewellte Bergrücken sind dem riesigen Massiv vorgelagert. Es bieten sich gewaltige Ausblicke auf die fast 3000 m hohen Schneegipfel. Man begreift, daß ihre atemberaubende Ferne und Mächtigkeit die alten Griechen bewog, sie zum Himmel selbst, zum Thron der Götter zu machen. Aber wenn auch nicht an Höhe, so werden, wie man zumindest aus dem Blickwinkel der *im Tal* verharrenden Sterblichen zugeben muß, die Gipfel des Olymp an Vollkommenheit der Form und Schönheit des Umrisses von den berühmten Häuptern des Parnáss und des Taýgetos weit überragt.

Nachdem man durch die *Enge von Sarandáporos* den öden windigen Sattel (905 m) des Kamboúnia-Gebirges erreicht hat, zwängt sich die Straße durch den Engpaß von *Stena-Pórtas* hinab nach *Sérvia* und ins westliche Makedonien. Der Name des Städtchens legt schon nahe, daß Serben hier wohnten. Bereits im 7. Jh. hatte Kaiser Herákleios ihnen Land zugeteilt, um ihrer Hilfe bei der Sicherung und Verteidigung des wichtigen Paßweges nach Mittelgriechenland gewiß zu sein. Doch im 10. Jh. kamen die Bulgaren. Basileios II. hat sie im Anfang des 11. Jhs. wieder vertrieben, und im 13. Jh. haben die Byzantiner, beziehungsweise das Despotat von Epiros, die Stadt erneut stark befestigt. Ihre Mauern und Türme verfallen heute auf einer Anhöhe über dem Einlaß ins Gebirge, und um ihre zahlreichen Kirchen steht es nicht allzuviel besser.

Die Meteora-Klöster

XIX

Der Weg von Lárisa zu den Metéora-Klöstern führt durch das flache Thessalien, die schier endlosen Felder der großen Ebene, die von schilfgesäumten Bächen bewässert werden. Auf weite Strecken hin werfen Pappelalleen ihre Schatten auf den Asphalt. Gänseherden sind am Straßenrand unterwegs. Im Süden liegen die großen Gestüte. Hier in der Gegend wurden die edelrassigen Pferde gezüchtet, die sich zur Zeit, als das persische Heer zu den Thermopylen vorrückte, bei den von Xerxes veranstalteten Wettrennen mit den asiatischen Pferden maßen. Die bläuliche, von tiefen Schlünden zerschnittene Pindoskette kommt naher heran. Der ruhige wasserreiche Trikkalinós, mit dem antiken Namen Lethe, ein Nebenflüßchen des Penéios, der unsere Straße in einiger Entfernung begleitet hat, fließt durch *Tríkkala.* Seine Quelle liegt nördlich in dem Bergland, an dessen Rand sich die kleine Marktstadt ausbreitet. Auf dem äußersten der in die Ebene mündenden Hügel beherrscht noch die mittelalterliche Festung das Stadtbild. Von ihr regierte Zar Duschan im 14. Jh. sein Serbenreich, und unter den Türken war sie Sitz des Paschas von Thessalien. Der großartige Ausblick von der Höhe läßt sogleich die Vorteile der Lage erkennen, die in Richtung Kalambáka und der absonderlichen Felsenpfeiler der Meteoren den Einfallsweg aus Epiros über den Zygós-Paß und zugleich den von Norden in die Enge stoßenden aus Makedonien kontrolliert. Nicht verwunderlich, daß ein so bedeutender wie günstiger Punkt seit ältester Zeit (3. Jt.) bewohnt war. Im Altertum saß auf der Höhe die *Akropolis von Trikka,* die als wichtigste unter drei weiteren Burgen den Westrand der Ebene schützte. Ihre Spuren haben sich ebenso verloren wie die des ältesten griechischen Asklepios-Heiligtums. In Trikka soll sich Pheidias für seine Reitergruppen am Parthenon-Fries edle Pferde als

Modelle ausgewählt haben Auf dem alljährlichen Landwirtschaftsmarkt unserer Tage entscheiden sich die Besucher eher für Zugmaschinen und Mähdrescher. Das moderne Tríkkala ist ein wohlhabendes, aber nicht gerade einnehmendes Städtchen, trotz seines Bazars, der verfallenden Moschee mit ihrem Minarett, dem zinnengekrönten Uhrturm und dem modernen ›Diwan-Hotel‹, das allerdings gute Möglichkeit zur Übernachtung bietet, wenn die beiden ebenfalls modernen Hotels in Kalambáka, dem Ausgangspunkt für den Besuch der Metéora-Klöster, besetzt sind.

Von Tríkkala aus bietet sich in südwestlicher Richtung ein reizvoller Ausflug zu der antiken Grenzfeste ›Gómphoi‹ und der byzantinischen Kirche ›Panhagía tis Pórtas‹ an. Nach den Orten *Pigí* und *Lygariá* biegt links eine Staubstraße zur *Feste Gómphoi*, die sich unter Philipp II. von Makedonien, zu Zeiten Caesars und auch noch Justinians bewährte. Vor zweien der vier ›Tore des Pindos‹, hatte sie die thessalische Ebene gegen Einfälle aus dem Gebirge zu schützen. Der Einschnitt bei dem Dorf *Mouzáki* führt auf höchst abenteuerlichen Pfaden in den Pindos. Dagegen wird man bei *Pýli* auf einer immerhin passierbaren Höhenstraße über die Bergpässe geleitet. Sie zwängt sich dort neben dem Flüßchen Portaïkós durch die *Stená tis Pórtas* (›Torengen‹).

Über eine alte Brücke hinter dem Dorf kommt man auf dem Feldweg zum Ziel unsrer Fahrt, der Kirche der *Panhagía Pórtas*. Kein Laut ist zu vernehmen außer dem Gurgeln des Baches. Maulbeerbäume, Platanen, Zypressen und der gefiederte Abrahamsstrauch umgeben die alten Mauern. Es ist ein ausgesprochen byzantinischer klösterlicher Ort, abgeschieden und heiter, wie man ihn in ganz Thessalien nicht wieder finden wird.

Die Kirche hat 1283 Johannes I. Angelos Doukas, der rebellische uneheliche Sohn des Despoten Michael II. Angelos von Epiros gestiftet – eine temperamentvolle Persönlichkeit in turbulenter △ Zeit. Mit Sitz in *Neopátrai* am unteren Sperchéios herrschte er als Sebastokrator über Thessalien, verbündete sich mit den vlachischen Nomaden Thessaliens und bekämpfte zeitlebens Kaiser Michael VIII. Palailogos, mit dem Ziel, die Ländereien, die er kühn den Franken entrissen hatte, für sich zu behalten. Er wurde, kurz ehe er starb, noch Mönch, woraufhin auch seine Gemahlin, eine Vlachin, den Schleier nahm. Vier Jahre nach Fertigstellung der ›Pórta Panhagía‹ hat man ihn dort begraben.

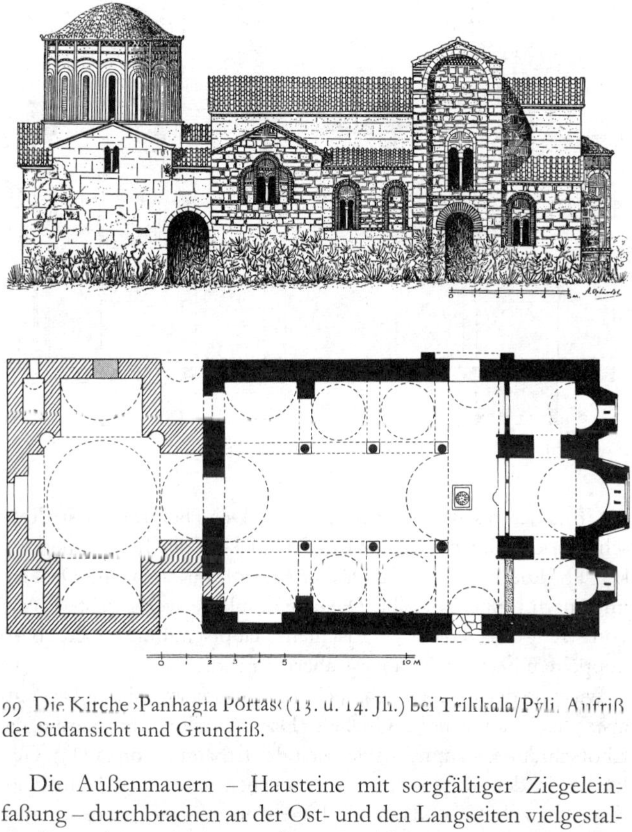

99 Die Kirche ›Panhagia Pórtas‹ (13. u. 14. Jh.) bei Tríkkala/Pýli. Aufriß der Südansicht und Grundriß.

Die Außenmauern – Hausteine mit sorgfältiger Ziegeleinfaßung – durchbrachen an der Ost- und den Langseiten vielgestaltige Bogenfenster mit kunstvollem Ziegeldekor – eine Außenzierde, der man noch phantasievoller in Saloniki und Arta begegnen wird. Die Kirche ist im allgemeinen verschlossen, aber der Bauer im Haus nebenan mit dem schattigen Gemüsegarten, verwahrt den Schlüssel. Das Innere ist architektonisch außerordentlich interessant. Man tritt in den geräumigen Narthex, der erst Ende des 14. Jhs. vor die Kirche gelegt wurde. Für sich genommen ist er eine perfekte kleine Kreuzkuppelkirche mit übermächtiger Laterne, die von 16 (!) reich profilierten, schmalen, hohen Fenstern durchbrochen ist, was sehr anmutig wirkt. Der Hauptbau hat die Form einer Kreuzkirche ohne Kuppel, ein Typus des

100 ›Panhagía Pórtas‹. Rekonstruktion des Templon.

13. Jhs., der rasche Verbreitung fand. Der Hauptraum ist dreischiffig, und im östlichen Drittel setzt sich der hohe Querarm klar ab. Die Firste beider Dächer sind gleich hoch, die Decken im Innern tonnengewölbt. Die eigentümliche, vertauschte Folge von streng waagerecht überdachtem Hauptschiff und hoch überkuppeltem Narthex ist höchst überraschend.

Was von der Innenausschmückung blieb, ist zwar karg, bezeugt aber die einstige hohe Qualität. Das Templon, die marmorne Chorschranke, stammt aus der Zeit der Erbauung (um 1283). Gekehlte, in der Mitte ›geknotete‹ Säulchen geben den Eintritt in den Altarraum frei und rahmen, höher und zierlicher, zwei Mosaiktafeln vor den Vierungspfeilern. Sie zeigen die edlen, sehr lebendig gestalteten Figuren der Gottesmutter mit dem Kind und von Christus mit dem Buch des Lebens. Neuerdings wurden auch die ursprünglichen, wohl etwas späteren Fresken in der Apsis freigelegt. – Von mehr historischem als künstlerischem Interesse ist das Porträt des Johannes Dukas mit einem Engel, welcher ihn als Stifter der Kirche der Muttergottes mit dem Kind vorstellt. Wahrscheinlich hat er die Kirche an dem ›Tor‹ zwischen Thessalien und dem Epiros aus Zerknirschung und zur Rettung seiner Seele erbauen lassen. Wenige Byzantiner, so gewissenlos sie in weltlichen Angelegenheiten auch sein mochten, entbehrten eines tiefen mystischen Glaubens an die orthodoxe Lehre. Byzanz brachte kaum Agnostiker und keine Atheisten hervor.

Durch die Schlucht wird jetzt eine neue Straße gebaut. Beiderseits auf den Höhen die alten Klöster *Kouras* am Südhang und das stark befestigte *Doúsikon* aus dem 14. Jh. am Nordhang (auch *Hag. Vissaris* genannt nach dem Sel. Bessarion von Lárisa). Schon früh fallen tiefe Schatten in den geheimnisvollen Engpaß, über den die Despoten von Epiros aus ihrer Hauptstadt Arta hinabritten, um das Tiefland zu erobern, und zwischen diesen großartigen Felsmauern geleitete der Despot Michael II. Angelos seine makedonische Gemahlin, die schöne, heiligmäßige Theodora, mit großem Pomp in seine epirotische Hauptstadt. Ich bin etwa drei Kilometer auf dieser Straße zu Fuß gegangen. Über den Gebirgsbach spannt sich der elegante Bogen einer mittelalterlichen Steinbrücke. Sie ist, wie alle byzantinischen oder türkischen Brücken des Landes, hochgewölbt, mit Stufen angelegt und so schmal, daß nur ein Mensch oder ein Tier zur gleichen Zeit hinübergehen können. Sie hat weder Brüstung noch Geländer. Man muß beim Übergang schon recht sicheren Fußes sein. Einige Vlachen kamen mit ihren Schafen auf einem Lastwagen an uns vorbei – es war Mai, die Jahreszeit, zu der sie aus der Tiefebene wieder hinauf in ihre Bergheimat am Pindos ziehen – und in die Stille der Schlucht drang plötzlich ein Schwall von Bouzoúki-Musik aus ihren Transistoren.

Von Tríkkala geht es in südöstlicher Richtung quer über die Ebene nach *Kardítsa*, einem Marktstädtchen türkischen Ursprungs. Auf den Dächern der älteren Häuser nisten Störche. Der General Plastiras wurde 1884 hier geboren – ein ehrgeiziger Kavallerieoffizier, der stets auf einem schwarzen Pferd herumzureiten pflegte, unablässig militärische Staatsstreiche organisierte, wenn er nicht gerade Minister oder im Exil war, und als eine der umstrittensten Erscheinungen der griechischen politischen Bühne der ersten Hälfte unseres Jahrhunderts in Erinnerung ist.

Eine dritte Straße führt von Tríkkala nach Nordwesten über den Pindos, durch Epiros bis zum Ionischen Meer. Nach etwa 22 km erwartet den Reisenden ein erstaunlicher Anblick. Riesige, dunkelgraue, unheimlich wirkende Felsen (Konglomeratgestein – Kalke, Serpentin, vor allem kristallines Schiefer- und Marmorgeröll, oftmals in Schichtungen zwischen festem Sandgestein verbacken) ragen rechts des Weges unvermittelt aus den Obst- und Weingärten auf. Die Felsenmasse stellt sich beim Näherkommen als ein Labyrinth von 250 bis 300 m hohen, bizarren Steinsäulen dar, auf deren Höhen die Meteóra-Klöster sitzen. Die senkrechten Zerklüftungen, die Klammen zwischen den Felsenpfeilern hat, wie Geologen annehmen, ein reißender Gebirgsstrom ausgewaschen. Er kam von Norden und ergoß sich hier in eine Meeresbucht der Tertiärzeit, die die thessalische Ebene deckte. Ursprünglich hatte Erdreich den ›Meteóra-Kegel‹ als festes Gestein unter sich geborgen. Aus ihm rissen die ihr Bett suchenden Wasser lockere Sande und Gerölle mit sich fort. Den Felsen inmitten der Strömung griffen sie an, wo immer er ihrer Gewalt wich – und es entstanden die seltsamen Einzelformen der Steintürme, Steinblöcke und -nadeln. Ins Auge fällt, daß auch Wind und Wetter kräftig an der Erosion mitgewirkt haben: glatte Sandsteinflächen wechseln mit horizontaler Schichtung, hervortretend, eingekerbt, je nach Gesteinshärte; stellenweise reißen eine Vielzahl löchriger Verwitterungen, auch Höhlen, die Wände auf; dominierend sind jedoch die senkrechten Ausspülungen und Spaltungen, die Rillen, Risse und Klüfte.

Vor sechshundert Jahren, um die Mitte des 14. Jhs., überquerte ein junger Mönch namens Athanásios das Gebirge auf der Suche nach einem Refugium. Durch einen makedonischen Bischof hatte er von diesem wilden und einsamen Ort erfahren, an dem nur Raubvögel horsteten. In der aufgewühlten, von fremden Herren und ihrer Machtgier immer neu beunruhigten Zeit, in der weder Recht noch Gesetz galten, strebte er nach einem Leben der Versenkung in das Gebet für die Seelenrettung der Menschen, ohne hierin durch ihre gewalttätigen Ambitionen immer wieder gestört zu werden. Hier fand er es. Der Eremit Kyr' (Herr) Neílos war schon einige Zeit vor ihm hierher gelangt, und weitere Einsiedler waren ihm gefolgt; aber Athanásios Meteorítis, wie man ihn nannte, gründete das erste der ›zwischen Himmel und Erde schwebenden‹ Klöster, und weihte es der ›Metamórphosis‹, der ›Verklärung des Herrn‹. Im Volk hieß es bald das Kloster des ›Meteorou‹, des ›Schwebenden‹.

Kalambáka (griechisch: Kalampáka, ein Name türkischen Ursprungs) ist das *antike Aigínion;* unter den Byzantinern war es Bischofssitz und hieß *Stágoi* (sprich: Stági), auch Stagous (aus:

101 Die Metéora-Felsen. Lithographie von 1834.

stous Hagious, ›zu den Heiligen‹). Rings um das Städtchen fließen allerlei Bäche durch die Kornfelder und Weinberge in das breite Kieselbett des Penéios, der hier aus den Schluchten des Pindos heraustritt – der Schatten der düsteren Felsenmauer ist stets gegenwärtig. An ihrem Fuß liegen das Xenía-Hotel und das Diwani-Motel, deren Fenster über das Penéios-Tal und den unvermittelt dahinter aufragenden Pindos blicken.

Die großartige byzantinische Kirche, die vormals Metropolitan-Kirche des mittelalterlichen Stágoi war, sollte man sich unbedingt ansehen. Als Basilika mit drei Schiffen und Apsis wurde sie zu Beginn des 14. Jhs. auf den Fundamenten einer älteren im Auf-

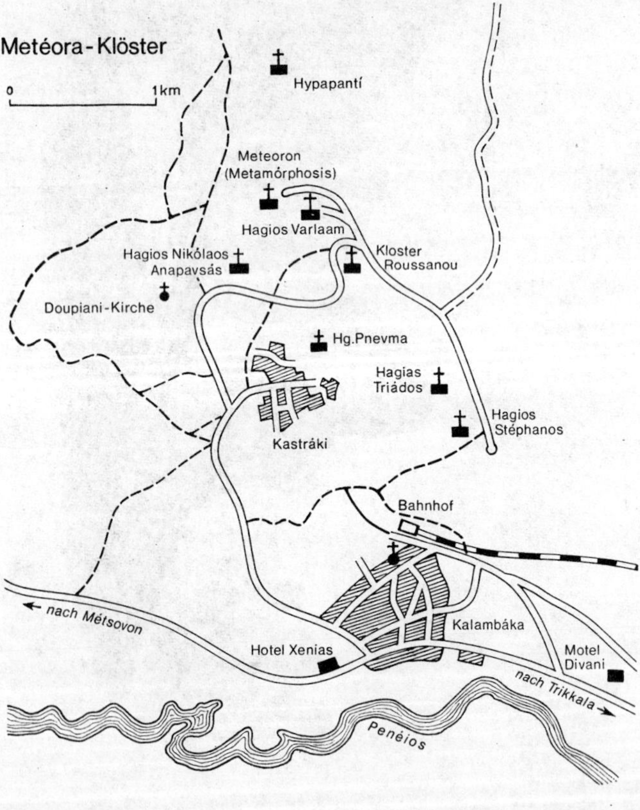

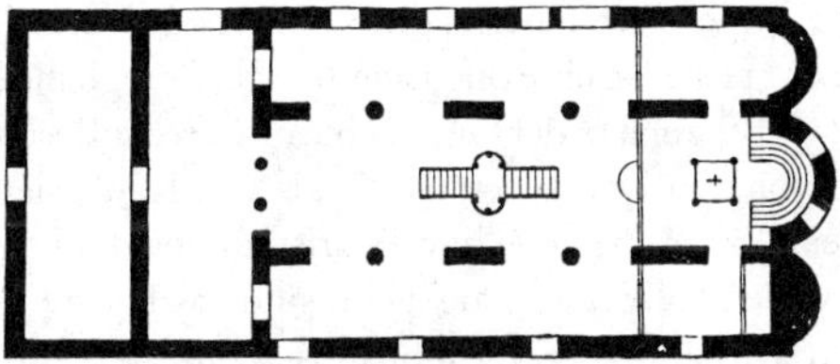

102 Die Kirche der Metropoliten von Stágoi (10./11. Jh.).

trage von Andronikos III. Palaiologos (1328-1341) erneuert. Am steinernen Baldachin des Ciboriums über dem Altar, der mit einem Blattornament verziert ist, wurden offenkundig Teile der älteren Kirche wiederverwendet. Das gleiche gilt für den imposanten marmornen Ambo im Mittelschiff mit seinen Treppenwangen, die Felder mit reliefierten Doppelkreuzen zeigen, seiner sechseckigen Plattform, deren zwei überstehende Ecken eine Säule aus Porphyr und eine aus grüngeädertem Serpentin abstützen, und dem Baldachin in Form eines Pyramidendachs. In die Südwand des Ambo sind antike Grabstelen eingebaut. Die sorgfältige Steinmetzarbeit und die kunstvolle Form dieser Kanzel, die nicht unverdientermaßen mit dem großen Ambo in San Clemente in Rom verglichen worden ist, sind ein unverkennbarer Beweis für das Prestige, das der Bischofssitz von Stágoi, wohl gerade wegen seiner geographischen Randlage, in der byzantinischen Kirchenwelt genossen haben muß. Der Narthex ist eine Hinzufügung aus dem 16. Jh. Unter den Ikonen sind eine doppelseitige ›Kreuzigung‹ und ein ›Marientod‹, auf welchem Christus in einer grünen, aus Engelsköpfen zusammengefügten Mandorla erscheint, besonders bemerkenswert. Die Fresken, auch die der darüber liegenden zweiten Schicht eines kretischen Malers des 16. Jhs., haben leider sehr stark gelitten. Eine große ›Kreuzigung‹ erstreckt sich über die Nordwand; am linken Ende des südlichen Seitenschiffes steigt Elias in seinem feurigen Wagen zum Himmel auf. An der Nordwand des Narthex ist der Text einer Bulle des Kaisers Andronikos II. Palaiologos (1282-1328) aufgemalt, welche die Rechte und Grenzen der Diözese von Stágoi und ihre Rangfolge unter den anderen Bistümern festgelegt hatte. Eine geschwätzige Nonne, die uns begleitete, schrieb die Schwärzung der Wandmalereien den Feuerstellen der deutschen Soldaten zu, die während des Krieges, wie sie empört versicherte, die Kirche als Pferdestall verwendet hätten. Aber sie brachte offensichtlich alles mögliche durcheinander und wußte auch in der Geschichte nicht recht Bescheid, denn sie sprach von den Deutschen häufig als von Kaukasiern.

Die drei Klöster, die der eilige Tourist für gewöhnlich an einem gedrängt vollen halben Tag aufsucht, sind das Kloster Metamórphosis, Varlaam und Hagios Stephanos. Von den ursprünglichen dreizehn Klöstern – die zahlreichen kleineren Niederlassungen nicht gerechnet – sind heute nur noch vier von einigen wenigen Mönchen oder Nonnen bewohnt. Stattdessen brachte die Modernisierung der jüngsten Zeit – die asphaltierte Autostraße, der Touristenverkehr, der Einbruch von Andenken- und Limonadenverkäufern – eine Art der Belebung, wie sie den Gründer-Mönchen nie vorgeschwebt haben kann. Doch das alles hat die außerordentliche, beklemmende wie befreiende Atmosphäre der Abgeschiedenheit von der Welt noch nicht zerstören und die Großartigkeit des Eindrucks nicht mindern können.

Von Kalambáka führt die Straße in einer Kehre um den ›Schwarzen Felsen‹ zu dem freundlichen kleinen Dorf *Kastráki*, das sich noch dichter an den Fuß der hochragenden Felstürme schmiegt. Links des Weges, im Nordwesten, erhebt sich der gigantische, oben abgerundete Felsblock von *Doupiani* mit seinen unnahbaren Einsiedeleien in den ausgewaschenen Höhlen des Gesteins, zu denen die frühesten Eremiten an Leitern hinaufhangelten. Hier oben, fernab von den Geschäften der Menschen, hielten sie Zwiesprache mit Gott, büßten und kasteiten sich. Einmal in der Woche versammelten sie sich alle zum Gottesdienst im *Kyriakón* (Haus des Herrn), der gemeinsamen Kirche, die sie oben auf dem Felsen errichtet hatten.

Über dem Ort reckt sich 300 m hoch ein Konglomeratkegel mit dem ›Heiliggeist‹-Klösterchen *Hagion Pneuma* (in Griechenland sprich: Pnevma). Eine Kapelle, die in einer Spalte des Felsens klebt, ist dem *Heiligen Georg der ›Mandília‹* geweiht, denn Pilger überließen dem Heiligen nach beschwerlichem Weg ihr ›Taschentuch‹ als Pfand der ihm zuliebe ertragenen Mühen. Die Dorfbuben veranstalten noch heute Wettrennen den Felshang hinauf, wobei sie farbige Taschentücher, *ihre* ›Mandília‹, schwenken, die sie dann oben auf einer Leine vor der Kapelle aufreihen.

Ein Kenner der Meteoren, Donald M. Nicol, meint in seiner

103 Meteóra. Das Kloster der Metamórphosis oder ›Großes Meteóron‹. Holzstich nach Zeichnung von Visc. Eastnor.

Geschichte der ›Felsenklöster Thessaliens‹, dies sei vermutlich der Gipfel gewesen, auf dem der junge Athanásios sich zuerst niederließ und »in stillem Gebet und Meditation seinen Geist schulte, um der Gnade des göttlichen Lichtes teilhaftig zu werden, indes er seine Hände mit dem Weben von Wolle übte und bei der Arbeit sang ...« Aber als er gewahrte, daß Teufel und Dämonen es auf ihn abgesehen hatten, seine Höhle beharrlich umkreisten, entschloß er sich, auf einen anderen Felsen zu übersiedeln, der so hoch war, daß sogar die Kräfte des Bösen zauderten, ihm nachzusteigen. Allmählich, Stück um Stück, bezwang Athanásios mit Hilfe übereinandergeklammerter Leitern den 613 m hohen *Platýs Líthos,* den ›Breiten Felsen‹, der sich am behäbigsten zwischen den anderen Felstürmen ausdehnt, und suchte sich, frommer Hesychast, der er war, eine Höhle auf halber Höhe als erste Bleibe. Reste einer Strickleiter hängen noch von einer hölzernen Tür über dem Abgrund. Später erbaute er oben auf dem Plateau eine Kapelle, und die Kunde von seinem heiligmäßigen Leben rief so viele Schüler und Jünger herbei, daß er sich bewegen ließ, hier oben eine Mönchsgemeinde zu gründen. So entstand zwischen 1356 und 1372 das *Kloster Metamórphosis,* das als das *Große Meteoron* bekannt wurde. Keine Frau durfte in seine Nähe kommen, denn Athanásios war von tiefstem Argwohn gegenüber dem weiblichen Geschlecht erfüllt. Einmal, als die Witwe Stephan Duschans, ›Kaisers der Serben und Griechen (1331-1355)‹, um seinen Segen bat, weigerte er sich nicht nur sich ihr zu nähern, sondern beschimpfte sie regelrecht und prophezeite ihr bevorstehendes Ende. Drei Monate darauf starb sie. Seine Heiligmäßigkeit wurde legendär, und nach seinem Tod entströmte mehrere Monate lang seinem Grab ein wunderbarer, nicht mit Worten zu fassender angenehmer Duft, der die Mönche ermutigte, die Härten eines ganz besonders strengen Winters durchzustehen. Sein Nachfolger war der Mönch Joasaph – vormaliger Prinz Johannes Dukas Palaiologos, Sohn des Zaren Stephan Urosch (1355-1371) und einer griechischen Prinzessin aus dem Palaiologenhaus. Er hatte sich 1381 auf den Athos zurückgezogen, wechselte 1401-1422 zu den Meteoren, und das Kloster ging von da an einer Zeit beachtlichen Wohlstandes entgegen. Viel verdankte er hierbei den freigebigen Spenden seiner Schwester, der hübschen und ansprechenden Maria Angelina Komnena Dukina Palaiologina, die im Alter von zehn Jahren an

Thomas Preliumbovitsch, den zügellosen serbischen Despoten von Ioánnina verheiratet worden war.

Die steile Felsentreppe erleichtert erst seit 1923 den Aufstieg zum Kloster. Dort ragt ein baufälliger hölzerner Schuppen über den Abgrund hinaus, Standort für die Winde, an deren 40 m langen Seilen Menschen und Lasten den Höhenunterschied überwanden. Robert Curzon hat vor mehr als 150 Jahren in seinem Reisebuch über die Klöster der Levante seine Abfahrt mittels dieser schaudervollen Vorrichtung geschildert: »Die Mönche nahmen an den Griffen der Winde Aufstellung, das Netz wurde auf dem Boden ausgebreitet, und nachdem ich mich mit übergeschlagenen Beinen draufgesetzt hatte, wurden die vier Zipfel über meinem Kopf zusammengerafft und an dem Haken am Ende des Seils festgemacht. Als alles bereit war, drehten sie ein wenig an der Winde, was bewirkte, daß ich vom Boden hoch gehoben und aus der Tür hinaus direkt in den Himmel geschleudert wurde, und zwar mit einem solchen Schwung, daß das Netz heftig hin und her schwankte; nachdem es einigermaßen ausgependelt hatte, beugten der Abt und noch ein anderer Mönch sich über die Brüstung, ergriffen das Seil, brachten es ganz zur Ruhe, und dann wurde ich langsam und sanft zum Boden hinabgelassen.« Ein Mönch des Großen Meteóron erzählte mir einmal, einer der letzten Besucher, die den Felsen auf diese Weise erklommen habe, sei Königin Marie von Rumänien gewesen. Winde, Seile und Netz werden auch heute noch manchmal für Lasten gebraucht.

Die ursprüngliche Kirche des Athanásios war ein kleiner Kreuzkuppelbau. In der Mitte des 16. Jhs. wurde dieser zum Altarraum einer sehr viel größeren Kirche. Die Wandbilder des alten Kirchleins entstanden erst 1483 und sind als frühe *nachbyzantinische* Fresken der ›Makedonischen Malerschule‹ interessant. In der Hauptkirche stammen sie aus dem 16. Jh. und stehen der ›Kretischen Schule‹, die die Tradition der ›Makedonischen Schule‹ ablöste, nahe. Während der Fünfziger Jahre unseres Jahrhunderts wurde die Kirche etwas zu perfekt restauriert. Zu dem glänzenden Gepränge im ungewöhnlich hohen Kirchenraum tragen die mächtigen Kandelaber, die reich geschnitzten Ikonenständer, der mit Intarsien eingelegte Patriarchenstuhl und die kostbare Ikonostasis wesentlich bei. Sie ist teils vergoldet und von einer großen ›Kreuzigung‹ gekrönt.

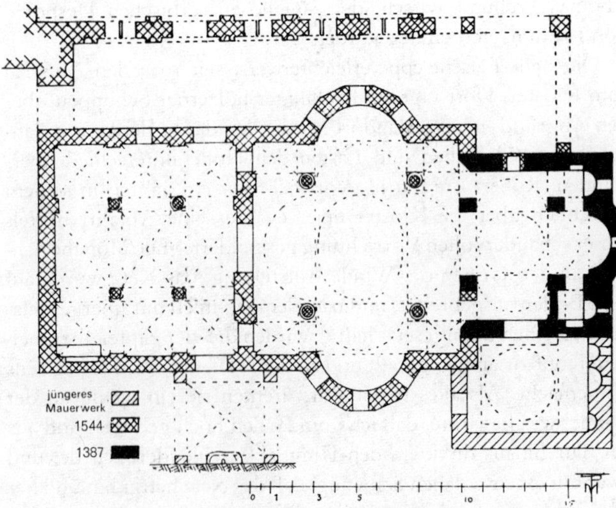

104 Metéora. Das Katholikón des Metamórphosis-Klosters.

Die Anordnung der Wandbilder hält sich streng an die alten ikonographischen Anweisungen. Unter dem Pantokrator in der Kuppel entfaltet sich der Zyklus der zwölf Kirchenfeste. Im großen, von vier Säulen gestützten Narthex ist neben dem ›Jüngsten Gericht‹ das lebensgroße Porträt des Klostergründers Athanásios und seines Nachfolgers Joasaph, der ein Modell der Kirche in der Hand hält, zu sehen – hagere, verehrungswürdige Gestalten mit langen grauen Bärten.

Die Klostergebäude beherbergen eine Sammlung alter bedeutender Handschriften und für die Geschichte der Meteoren wichtige Urkunden. In der *Trápeza*, der ›Speisehalle‹ des Klosters, einem großen kühlen Raum mit Kuppelgewölben, von fünf anmutigen Mittelsäulen abgestützt, ist neuerdings das *Klostermuseum* eingerichtet. Einige der Ikonen des 14.-16. Jhs. sind ganz hervorragend. Zu ihnen zählen: der ›Ungläubige Thomas‹ (zwischen 1367-1384) vor einem für die palaiologische Malerei charakteristischen Architektur-Hintergrund. Unter die Apostelgruppe zur Rechten von Christus haben sich der grausame, wie genußsüchtige Despot von Ioánnina Thomas Preliumbovitsch, der als einziger ungerührt vom Geschehen aus dem Bild herausblickt, und seine fromme Gemahlin, die zarte Maria Angelina Komnena gemischt; ein knabenhafter ›Heiliger Demetrios‹, der seinen Wurfspeer dem Führer einer bulgarischen Heerschar, die Saloniki belagert, in den Leib stößt, für welche patriotische Tat zwei Engel ihn krönen und die Hand Gottes ihn segnet; eine sehr schöne ›Taufe Christi‹ aus der 2. Hälfte des 14. Jhs. inmitten einer großflächig gesehenen Felslandschaft. Sich tummelnde Fische und ein kleiner personifizierter ›Jordan‹ sind das anekdotische Beiwerk; ein kostbares kleines ›Diptychon‹ (Ende des 14. Jhs.), monumental in der verinnerlichten Auffassung – links das Brustbild der Muttergottes mit dem Ausdruck tiefsten seelischen Schmerzes, rechts das Brustbild Christi als Schmerzensmann, mit geschlossenen Lidern in einem Antlitz, von dem die Ruhe des Vollbrachten ausströmt, beider Häupter neigen sich einander zu; bemerkenswert sind auch die elf (von wahrscheinlich zwölf) ›Menológion-Ikonen‹, auf denen eine Reihe von Heiligen in der Abfolge ihrer Feste während des Kirchenjahres erscheinen – hier in der Art der Miniaturmalerei. Farben, Gewandung und Faltenwurf rücken diese Tafeln ins 16. Jh.

Für die Ikonenmaler bedeutete das Jahr 1453, der Fall von Konstantinopel, keinen Einschnitt in der Ausübung ihrer Kunst. Anders war dies für die Freskenmaler. Begreiflicherweise wurden schon in den Jahrzehnten vor dem Ende von Byzanz keine großen Kirchen mehr gebaut, und folglich gab es für die Freskenmaler auch keine wirklich großen Aufgaben; sie setzen dann in nachbyzantinischer Zeit mit der Ausschmückung der großen Klosterkirchen und Refektorien auf den Meteoren, auf dem Berg Athos, und auch für die Klöster im griechischen Land wieder ein. Doch der Ikonenmaler konnte in der Stille seine Arbeit auf die kleine handliche transportable Bildtafel konzentrieren und die alte Maltradition weiterpflegen. Meisterliche Werke sind gerade auch in der nachbyzantinischen Epoche entstanden, und die etwas abschätzige Meinung, der man manchmal begegnet: es seien eben Ikonen der Spätzeit – sie kann sich nicht aus wirklicher Kenntnis gebildet haben. Es gab damals hervorragende Werkstätten und Künstler, besonders auf Kreta, und gerade die kleinen tragbaren Tafeln gewannen eine immer größere Wertschätzung, vertraten – in die Altarschranke, die ›bildertragende‹ Ikonostasis eingelassen – die großflächigen Wandmalereien, die wegen der beschränkteren

Mittel und Möglichkeiten nicht mehr in dem früheren großzügigen Umfang in Auftrag gegeben werden konnten. Freilich kann man, je weiter man sich unserer Zeit nähert, auch auf jene ›ausgeschriebenen Formeln‹ treffen, auf bescheidene, in großer Anzahl hergestellte Andachtsbilder, die dann in einer traditionsverhafteten Routine erstarren.

Während der Jahrzehnte, in denen das byzantinische Kaiserreich dahinsiechte, waren diese ›zwischen Himmel und Erde schwebenden Klöster‹ Zufluchtsstätten des orthodoxen Glaubens. Im 16. Jh. hat es 24 Mönchsniederlassungen gegeben. Doch mit der Konsolidierung der türkischen Herrschaft kamen schlechte Zeiten, auch für die unzugänglichen Klöster. Nicht nur Verarmung, interner Streit über das Verbliebene an Landbesitz, auch ein deutliches Schwinden von Zucht und Moral setzten ein. Dem ›Großen Meteóron‹ stand damals ein verachtungswürdiger Abt vor, der sich von den Türken in Sold nehmen ließ, und für diese Sünde des Verrats, mit dem Kirchenbann belegt, ins Exil geschickt wurde. Zahlreiche Klöster wurden nach und nach aufgegeben, und vom 17. Jh. an brachten Plünderung, Verkauf und Betrug die Mönche um viele ihrer Kirchenschätze. In den dreißiger Jahren des 19. Jhs. schilderte Curzon die Mönche als »muffige Leute … die sich von Wurzeln nährten und wie Mäuse in Löchern lebten …«. Bis in die Zeit des Zweiten Weltkrieges dienten die Klöster als Verstecke für Verfolgte und Widerstandskämpfer.

Alles, was vom *Kloster Hypsilotéra*, dem ›Höchsten‹ auf einem Nebengipfel des ›Breiten Felsens‹, noch übrig ist, sind ein auf die Felswand gemaltes Bildnis zweier Heiliger und die Reste einer Strickleiter, die von einem schmalen Vorsprung herabhängt. Auf einem anderen Felsrücken, dem ersten bebauten auf dem Weg von Kalambáka, befindet sich das aufgelassene, um 1388 erbaute *Kloster Hagios Nikólaos Anapavsás* mit einer kleinen Basilika, die bedeutend ist, weil der Mönch *Theophánes Strelitsás* (der Nachname bezeichnet seinen Geburtsort auf Kreta) sie 1527 – in nachbyzantinischer Zeit also – mit hervorragenden Wandbildern ausgeschmückt hat. Es sind die frühesten Fresken der ›Kretischen Schule‹ auf den Meteoren, gehören zugleich auch zu den frühen Werken von *Theophánes dem Kreter,* wie er später als der berühmteste Maler der neuen Stilrichtung, welche die Traditionen der ›Makedonischen Schule‹ ablöste, genannt wurde. Seine Hauptwerke schuf er auf dem Berg Athos in den Klöstern ›Megísti Lávra‹ (1535) und ›Stavronikíta‹ (1546).

In erstaunlicher Lage, auf der Kuppe eines völlig freistehenden Monolithen, sieht man die Ruine des *Klosters Hagia Moni* aus dem Jahre 1315. Nördlich des ›Breiten Felsens‹ führt ein Pfad zwischen Felspfeilern, die wie Orgelpfeifen aufgespalten sind, zum *Kloster Hypapantí* (Darstellung Christi im Tempel). Kyr' Neílos hat es, einer Inschrift zufolge, 1366 gestiftet. Es ist seit langem aufgegeben, aber in jüngster Zeit restauriert worden. Eine der beiden Kirchen nutzt für sich eine Höhle in der Mitte der Steilwand und ist über eine Steintreppe zu erreichen. Der kuppellose und der Enge entsprechend winzige Raum ist mit Fresken aus palaiologischer Zeit ausgeschmückt: Szenen aus dem Zyklus der zwölf Kirchenfeste im Hauptschiff und dem Querschiffbogen; in der Apsis die Muttergottes mit dem Kind zwischen den Erzengeln. Ikonen verzieren die reich geschnitzte Ikonostasis aus vergoldetem Holz.

Ein schauerlicher Abgrund trennt den ›Breiten Felsen‹ von einem prachtvollen Felsblock, dessen Kuppe das *Kloster Varlaam* (griechisch: Barlaam) bis zu den Steilrändern besetzt hat. Seine Lage inmitten der übrigen Felsen erinnert an die Mondlandschaft von El Grecos Vision des Berges Sinai. Ursprünglich, zur Zeit des Athanásios, stand hier nur die Klause des Einsiedlers Varlaam, dessen Name dann zu dem des Klosters wurde, und der nicht mit dem streitbaren Theologen und Hesychasten-Bekämpfer Varlaam, dem Gegner des Gregórios Palamás, zu verwechseln ist, der etwa um die gleiche Zeit lebte und 1348 als Bischof von Gerace in Italien starb. Fast 200 Jahre später (1517) gründeten die Brüder Theophánes und Nektários aus der frommen epirotischen Familie Asparás das Kloster. Die Mönche des ›Großen Meteoron‹ überließen ihnen Maultiere, um Steine zum Fuß des Felsens zu schaffen, aber wie sie es bewerkstelligten, die Winde für den Transport des Baumaterials in der schwindelnden Höhe zu installieren, wird immer staunenswert bleiben. Die Brüder waren äußerst strenge Hesychasten und legten ihren Mitbrüdern harte Disziplin in der Lebensführung auf; nur einmal am Tag gab es ein Stück Brot, Bohnen und Wasser, und die halbe Nacht hindurch wurde gebetet. Theophánes selbst kasteite sich und trug stets einen eisernen Gürtel um den nackten Leib. Das Streben nach einem heiligmäßigen Leben zog so viele Jünger an, daß sich die Brüder schließlich auch weltlichen Fragen, wie dem Ankauf von Land oder dem Bau von Mühlen, zuwenden mußten, um ihre wachsende Klostergemeinschaft ernähren zu können. Kurz ehe Theophánes starb – es war zur Stunde des Sonnenuntergangs und der Tag der Vollendung des Kirchenbaus –, streckte er auf seinem Lager wie der Gekreuzigte die Arme weit aus, und indes er seinen letzten Atemzug tat, leuchtete für kurze Zeit ein nie gesehener Stern plötzlich hell über dem Kloster auf. Ein Mitbruder versichert, die Luft sei von einem »süßen und unbeschreiblichen Duft« erfüllt gewesen, und das Antlitz des Toten habe »wie eine duftende Wiese voll der strahlendsten Blumen« ausgesehen.

Varlaam ist vergleichsweise bewohnter als die anderen Klöster. Häufig führt ein älterer Mönch, der sein langes graues Haar in einem säuberlich geflochtenen Knoten unter dem hohen Zylinderhut, dem Kalimáphion, trägt. Er geleitet den Besucher mit ernster, feierlicher Höflichkeit durch die Gebäude, verkauft Postkarten, bietet Ouzo an und nimmt auch ein Trinkgeld entgegen. Die übrigen Mönche gehen indessen ihren geistlichen und weltlichen Tagespflichten nach. Die Klostergebäude – Refektorium, ein Spital, Küche, Wirtschaftsgebäude, die Mönchszellen, der Aufzugsturm mit Lastenwinde –, die wie willkürlich beieinander zu stehen scheinen, binden die vielen roten Ziegeldächer, über denen die Kuppeln der Kirche und des Klosterspitals herausragen, zu einem großen Gesamtkomplex zusammen. Über ausgetretene Holzdielen und Steinplatten kommt man zu den teils verlassenen Zellen. In einer Vorratskammer ist eine nahezu sieben Meter hohe Tonne mit mehr als zwei Meter Durchmesser zu sehen, welche die Mönche beim Heraufholen mit der Winde beträchtlichen Schweiß gekostet haben muß. Der nicht mehr verwendete, von Mauerwerk abgestützte Holzschuppen mit dem Rad der Winde ragt wie ein verfallendes Belvedere über die wilde Schlucht hinaus.

Die *Klosterkirche Hagion Panton,* eine Kreuzkuppelkirche zu ›Aller Heiligen‹ Ehre, schmücken Fresken von 1548 (im 18. Jh. restauriert) mit den vertrauten Szenen aus dem Dodekaéorton. Der Maler Phrángos Katelános aus Theben, der auf dem Athos auch mit Theophánes dem Kreter zusammenarbeitete, hat sie ausgeschmückt. Wohin der Blick auch fällt, trifft er auf goldene Heiligenscheine, auf ernste asketische Gesichter, entdeckt einfallsreiche, realistisch beobachtete Details zu den großen bekannten Sze-

105 Die Meteóra-Klöster. Ausschnitt aus einem Kupferstich von 1782.

nen vor zerklüfteten Berglandschaften oder Architekturprospekten. Gerade diese Hintergründe verraten deutlich eine gewisse Kenntnis italienischer Darstellungen. Auf der ›Kreuzigung‹ im Nordarm des Querschiffs erhöhen der wehende Faltenwurf des Mantels der Muttergottes und der Gewänder ihrer Begleiter die schmerzvolle Dramatik des Geschehens. In der Wandzone darunter sind die bescheideneren Heiligen versammelt, darunter ein ›Hagios Makários‹, der nur mit seinem eigenen langen Haar bekleidet ist.

Den Narthex haben 1566 zwei Mönche aus Theben ausgeschmückt. Auf einem großartigen ›Jüngsten Gericht‹ fällt links unten ein Detail besonders ins Auge: die Darstellung der ›Seligen im Schoße Abrahams‹, der zu Füßen der Gottesmutter sitzt. Die Südostecke sah man für das Beinhaus und das Wandbild der Klostergründer Theophánes und Nektários vor. Auch Varlaam erscheint in der Reihe von Heiligen und Mönchsgestalten. Man sieht ›Sisoes, vor dem Alexandergrab nachdenkend‹; der heilige Bekenner und Anachoret blickt auf ein Skelett in einem offenen Sarkophag. Hier bin ich jedoch nicht sicher, ob sich die Darstellung nicht in der *Nebenkapelle der Drei Hierarchen* befindet. Diese wurde bereits 1627 renoviert und 1637 von einem Ioánnis aus Stágoi zum Teil neu ausgemalt – sozusagen in kretischer ›Manier‹, so, wie ein thessalischer Maler der zeitgemäßen Stilrichtung zu folgen verstand. Beeindruckend bleibt der fromme Ernst. Doch die Gestik wirkt erstarrt, die Reihung der überlängten Gestalten schematisiert. Man vergleiche die Darstellung vom ›Tod Ephraims‹ des Syrers mit der gleichen Szene, ihrer malerischen Gelöstheit, wie der Theophánes der Kreter sie in der Klosterkirche von Hagios Nikólaos Anapavsás ein Jahrhundert früher gestaltet hatte. Sehr selten anzutreffen ist das Thema der ›Grablegung des Ioánnis Chrysóstomos‹, das sich an den ›Tod Ephraims‹ anschließt. – Das *Klostermuseum* bewahrt alte liturgische Gegenstände, Handschriften – darunter ein kleines Evangelienbuch, das einstmals dem Kaiser Konstantin VII. Porphyrogénnetos (912-959) gehörte – und einige interessante Ikonen.

Hinter Varlaam umgeht die Straße das *Kloster Roussanou* (Anfang des 16. Jhs. gegründet) auf einer vergleichsweise kleineren, besonders unzugänglichen Felsnadel. Die drei Stockwerke hohen Mauern sind so kühn auf den äußersten Felsrand gesetzt, daß sie

das Gestein nach oben fortzusetzen scheinen. Roussanou war nie eines der einflußreichen Klöster, und als Curzon es 1834 aufsuchte, war es von zwei verstörten alten Nonnen bewohnt, die sich weigerten, dem englischen Reisenden und seiner Begleitung, den ›epirotischen banditi‹, die Strickleiter hinabzulassen, stattdessen aufgeregt aufeinander einschnatterten und dazwischen den Fremden Flüche zukreischten. Dem Reisenden war hier bis vor wenigen Jahren ein huldvollerer Empfang durch die wenigen Nonnen sicher, die noch in den alten Mauern über die absackenden Fußbodendielen eilten, welche bei jedem Fußtritt auf unheilverkündende Weise erzitterten. – Die *Kirche* ist der *Heiligen Barbara* geweiht, die die Menschen vor Blitzschlag beschützt und deren Wahrzeichen ausgerechnet ein Turm ist. Die Fresken von 1566 haben sich während der 400 Jahre ausgezeichnet erhalten.

Eindrucksvoller als Roussanou ist das *Kloster der Hagia Triáda,* der ›Heiligen Dreifaltigkeit‹, in der Mitte des 15. Jhs. auf einem knollenförmigen Felsen gegründet, der sich nach Meinung der Leute aus der Umgebung bei einem der letzten Erdbeben ein Stück auf der Geröllsohle abwärts bewegt hat. Die Kirche, wie fast alle auf den Metéora-Felsen ein Kreuzkuppelbau (1476), wurde erst 1692 (und später) ausgemalt. Man fühlt sich besonders belohnt, wenn man nach den ungezählten Treppen des Aufstiegs einen Blick in eine kleine *Felsenkapelle* tun konnte, ursprünglich wohl nur eine Eremitenklause, 1682 dann von drei Mönchen, die mit ihrem Namen zeichneten, mit naiver Bauernfrömmigkeit ausgeschmückt. Sie ist dem Ioánnis Pródromos, dem ›Vorläufer‹ (Täufer) geweiht.

Am äußersten westlichen Ende sitzt das *Kloster Hagios Stéphanos,* das letzte der noch bewohnten Klöster, von der Haupt-Felsenformation durch einen schmalen, überbrückten Abgrund abgesondert. Der Szenenwechsel ist überraschend: nichts türmt sich mehr auf, der Horizont ist frei. Die beherrschende Lage auf dieser vorgeschobenen Bastion und der wundervolle weite Ausblick auf die Penéios-Ebene können die ineinandergeschachtelten Klosterbauten, darunter eine bemerkenswerte Küche und die große Trápeza, um ihre Wirkung bringen. Nach dem Fall von Konstantinopel erfreute sich das Kloster der Wohltaten und Stiftungen verbannter Adelsfamilien – rumänischer Gospodaren und serbischer Woiwoden –, die den entlegenen Klostergemeinschaften ihre verbliebenen Reichtümer vermachten. Hagios Stéphanos war am wohlhabendsten. So ist auch diese Schatzkammer reich an illuminierten Handschriften, Ikonen, Silbergerät und Reliquiaren; darunter der in Silber gefaßte Schädel des Schutzheiligen Charálambos, dessen Heilkräfte angeblich viele Pestilenzen abwehrte, die Thessalien heimsuchten.

Auf dem Felsen befand sich schon im 12. Jh. eine Klause. (Die völlig unzugänglichen Felsnadeln hat man erst in späteren, bedrohteren Zeiten als Zuflucht aufgesucht.) Eine Inschrift nennt den Mönch Jeremias und das Jahr 1192. Antonios Kantakouzenos, ein Angehöriger der Kaiserfamilie und wahrscheinlich Vetter des serbischen Fürsten und späteren Mönchs Joasaph, dem das Metamórphosis-Kloster sein Aufblühen verdankt, soll im 14. Jh. die Klosterkirche zu Ehren des Hagios Stéphanos gestiftet haben – eine kleine Basilika mit hart am Felsrand klebender Apsis. Links von der Türe erscheint auf den Fresken (von 1501) das Bild des Gründers, eines weißbärtigen Herrn, der eine Schriftrolle hält. Die Überlieferung, wonach das Kloster von seinem ruhmreichen Verwandten, dem Kaiser Johannes VI. Kantakouzenos (1347-1354) ins Leben gerufen worden sein soll, der seine Tage als Mönch in Mistra beschloß, wird durch eine Urkunde in der Klosterbibliothek widerlegt.

Spät erst, an der Wende zum 19. Jh., ist die neue Hauptkirche erbaut und dem Heiligen Charálambos geweiht worden (1798). Es ist eine Dreikonchen-Kirche mit einer Hauptkuppel und zwei kleinen Kuppeln über den Räumen rechts und links vom Altar. Ihr kostbarster Schmuck ist das reich geschnitzte Inventar: der Patriarchenstuhl, das Chorgestühl, Sängerpulte, vor allem der Altar und die Ikonostasis mit ihrer phantasievollen plastischen Zierde. Sie ist beispielhaft für die epirotische Schnitzkunst, mit großer Zartheit ausgeführt, und wir wissen, daß sie unter Ali Pascha, der zu Beginn des 19. Jhs. über Epiros und Albanien herrschte, in der Kirche aufgestellt werden konnte. – Seit unserem Jahrhundert erst sind hier Nonnen die Bewohner.

›Hagios Stéphanos‹ liegt etwa dort, wo Pindos- und Kamboúnia-Ausläufer zusammentreffen. Gen Süden hinter Tríkkala verlieren sich das blaue Band des Penéios und die helle Ebene in einschläferndem Dunst. Bei dem ungehinderten Ausblick von diesem Felsen erscheint einem jetzt die sich offen entfaltende Landschaftsstruktur, ihre Ordnung, als etwas Großartiges im Vergleich zu der aufgespaltenen, wilden Szenerie, die man hinter sich gelassen hat.

Inmitten der Herbheit und Heftigkeit dieser Felsformationen gibt es nichts, außer vielleicht dem leuchtenden Grün der Farne, Maulbeer- und Wacholdersträucher in den Gesteinseinschnitten, was anziehend genug wäre, um diesem Ort, statt der heiteren Gelassenheit eines normalen Klosterlebens auf dem Lande oder in der Stadt, den Vorzug zu geben. Wie übermächtig muß der Wille zur Abkehr von den Machenschaften der Welt, muß die Sehnsucht nach einer mystischen Versenkung in Gott einzelne Menschen getrieben haben, daß ihnen die äußerste Einsamkeit in den abweisenden Felswänden oder auf den Steinpfeilern als rettende Zuflucht erschien. Es ist interessant, sich hier zu erinnern, daß sich in der ganzen klassischen Literatur kein einziger Hinweis auf die seltsame Felsengruppe findet, und es scheint, daß die Griechen der Antike Naturereignisse oder Naturwunder einfach nicht zur Kenntnis nahmen, sofern sie in dem Unerwarteten, Drohenden, Gefährlichen nicht irgendeine Beziehung zum Menschen erkennen konnten. Hatte sie sich eingestellt, so war dem Ort damit meist eine mythologische oder religiöse Bedeutung zugekommen.

Um wieder nach Kalambáka zu kommen, gibt es nur die gleiche, einzige Straße zurück. Der Weg von dort nach Ioánnina über den Métsovon-Paß ist in Kapitel XXVII geschildert.

Wir fahren jetzt über Lárisa auf der Hauptstraße nach Saloniki weiter, fast immer mit Blick auf die seichten, trägen Wasser des Penéios, bis sich Straße und Fluß zusammen in das *Tempe-Tal* hineinzwängen. Alle thessalischen Flüsse und Bäche hat der Strom in seinen Lauf aufgenommen, ehe er sich anschickte, durch die Enge den Ausweg zum Meer zu suchen. Die alten Thessalier glaubten, die 12 km lange Schlucht, die Olymp und Ossa trennt, habe Poseidons Dreizack eingeschnitten. Tempe war die Heimat des Lorbeerbaumes, und ein früher Mythos erzählt, daß einmal Apollon an diesen von Mastixbäumen und Terebinthen gesäumten Ufern Daphne, der Tochter des Flußgottes nachsetzte. Da sie nicht willens war, sich seinem Werben zu ergeben, verwandelte ihr Vater sie in einen Lorbeerbaum, so daß dem enttäuschten Bewunderer nichts blieb, als ihr Haar zu liebkosen, das zu Lorbeerblättern geworden war. Alle acht Jahre kam eine Abordnung edler Jünglinge aus guter Familie von Delphi hierher, die beim Klang der Flöten in einer Prozession durch das Tal zogen und den geheiligten Lorbeer pflückten, der für den Orakelsitz des Gottes bestimmt war.

Die Berghänge zu Seiten des Penéios sind nicht hoch, erheben sich aber mit ihrer dunklen immergrünen Vegetation steil von den Ufern. Knorrige Platanen säumen Homers »waldige Strudel«, ein Labsal für Auge und Gemüt nach dem grellen Licht der heißen Ebene. Polýbios und Livius schildern das Tal als rauh und zerklüftet. Später haben Dichter seine romantische Schönheit verherrlicht. Doch sie hat recht gelitten, seit neben dem Gleis für den Balkan-Express (ganz bescheiden nimmt es sich aus und war schon fast eins geworden mit der Landschaft) die breite Trasse der Autobahn brutal in die Stille eingebrochen ist. Eine wichtige Verbindung zwischen dem Osten und Mittel- und Südgriechenland, Durchzugsweg vieler Heere war das Tempe-Tal freilich schon immer, und von der Antike bis ins Mittelalter wachten die Festungen *Gónnoi* und *Omólion* an den Ausgängen der Schlucht.

Von dem *Dorf Tempe* am Beginn des Tales erreicht man auf schmaler, sehr gewundener Straße *Ambelákia*. 1780 entstand hier eine der frühesten Landwirtschafts-, Industrie- und Handelsgenossenschaften, die sich auf die Produktion von krapprot gefärbten Garnen spezialisierte und sie von Wien bis Paris in ganz Europa vertrieb. Bis zu ihrer Auflösung im Jahre 1811 hatte es das Dorf am Ossa-Hang zu einem für die damalige Zeit beachtlichen Wohlstand gebracht, der einen heute noch sichtbaren Niederschlag in den stattlichen Häusern des Ortes fand. Berühmt ist das Haus des Vorstehers Georg Schwarz, alias Geórgios Mavros, mit seiner großartigen Innenausstattung, bei der sich die Anregungen von den weiten Reisen des Hausherrn mit den einheimischen Elementen aufs köstlichste mischen.

Beim Austritt aus dem Tempe-Tal hat sich die Landschaft völlig verändert. Der Szenenwechsel verblüfft geradezu: eine ungebrochene Küstenlinie faßt die blaßblaue Fläche des Thermäischen Golfes, und ein breiter Streifen bebauten Schwemmlandes zieht sich entlang der Gebirgsränder nach Norden. Auf einem Felssporn, der bis zum Meer vorstößt, liegt die *Festung Platamón*, das antike Herákleion. Für die Byzantiner, Kreuzfahrer und Türken war sie ein strategisch wichtiger Stützpunkt. Die gut erhaltenen

Mauern der dreieckigen Umschließung mit einem schönen achteckigen Turm heben sich eindrucksvoll gegen die niedrigen bewaldeten Höhenzüge ab, an deren Rand sich das Dorf Panteléïmon ausbreitet. Hinfort sind die sich auf die Gipfelgruppe des Olymp öffnenden Blicke wahrhaft großartig (so sie sich frei von Wolken, Nebel oder Dunst zeigt!). Eichen-, Kastanien- und Buchenwälder bedecken die Vorberge. Frühmorgens und am Nachmittag füllt das schräg einfallende Sonnenlicht die Klüfte und Abgründe und schafft immer neue Perspektiven. Die großen Steilhänge fallen aus schwindelnder Höhe in die Ebene hinab. Bald darauf taucht ein Wegweiser auf, und eine Seitenstraße zweigt in südwestlicher Richtung nach *Litóchoron* ab, dem Ausgangspunkt für den Aufstieg zum Thron des Zeus. Man erkundige sich beim Griechischen Alpenklub im Dorf nach Führern und Mauleseln.

Ist man über Katerini bis Kitros gelangt, führt rechts eine Abzweigung zu Salinen rings um einen Sumpf, der Stätte des *antiken Pydna*. Hier wurde die Mutter Alexanders des Großen, die leidenschaftliche Olympiás, während der Bruderkriege zwischen den Nachfolgern ihres Sohnes auf den Befehl des Kassándros erdolcht. An gleicher Stelle schlug im Jahre 168 vor Chr. der römische Feldherr Aemilius Paullus die Streitkräfte des Perseus, des letzten Königs von Makedonien. *Die Schlacht* hatte nach einer Mondfinsternis begonnen, welche der Offizier Sulpicius Gallus den römischen Legionen in einem Vortrag über Sternkunde richtig vorausgesagt hatte. Das Naturphänomen hatte jedoch den kräftigen schwarzberockten Thrakern, Söldnern des Königs von Makedonien, einen solchen Schrecken eingejagt, daß sie wie von Sinnen durcheinander stoben, in laute Wehklagen ausbrachen und gegen ihre Schilde schlugen. So waren sie für die Römer keine ernst zu nehmenden Gegner. Und auch die scharlachrotberockte Phalanx, der Stolz des makedonischen Heeres – beim Angriff soll sie den Anblick eines riesigen Igels geboten haben, der unversehens seine Stacheln sträubt, wenn er den Kampf aufnimmt – brach unter dem gewaltigen Ansturm der römischen Elefanten-Truppe zusammen. Der hasenherzige Perseus floh vom Schlachtfeld unter dem Vorwand, er müsse dem Herakles opfern, einem Gott, wie Plutarch sarkastisch bemerkte, »der doch feige Opfergaben nicht entgegennimmt«. Livius hat uns eine faszinierende und technisch detaillierte Schilderung hinterlassen, wie die Römer die angsterfüllten Elefanten die Steilhänge des Olymp hinab transportierten. Sobald sie aber ebenen Boden unter den Füßen hatten, fühlten sich die Tiere wieder sicher, und das dumpfe Dröhnen ihres stampfenden Laufs, mit dem sie über das Schlachtfeld stürmten, war in seiner Schrekkenswirkung auf den Gegner kampfentscheidend. Nach der Niederlage von Pydna hörte Griechenland auf, eine Großmacht zu sein. Binnen weniger Stunden war der römische Patrizier Aemilius Paullus Herr über den europäischen Teil des Reiches Alexanders des Großen, und der Weg nach Osten lag offen vor den römischen Legionen. – Sichtbare Überreste aus antiker Zeit sind hier kaum vorhanden. Zwei Tumuli am Abhang über dem Meeresstrand hält man für Grabhügel, die über den Gebeinen der zwanzigtausend makedonischen Gefallenen errichtet wurden.

Hinter Kítros führt nach 33 km eine Brücke über den *Aliakmón*, drei weitere Brücken über den *Loudiás*, über den pappelgesäumten *Axiós*, der von Jugoslawien kommend als der *Vardar* die griechische Grenze erreicht, und über den *Gallikós*. Es sind regelrechte Wasserstraßen, die aus dem makedonischen Hochland und den balkanischen Gebirgen kommen und die jetzt an die Stelle der griechischen Flüsse und Bäche mit den Namen der antiken Flußgötter treten. Der Verkehr wird dichter. Die flache Eintönigkeit der Reis- und Tabakfelder endet schließlich zwischen den riesigen Industrieanlagen und Fabriken vor dem Stadtrand von Saloniki.

Thessaloniki

XX

In römischer Zeit betrat der von Westen kommende Reisende Thessaloniki durch das ›Goldene Tor‹ und war alsbald auf der Platía Vardari (auch: Axioú oder Metaxá). Von hier durchquert heute die Odos Egnatías die Stadt von Westen nach Osten; sie folgt nicht dem Lauf der alten *römischen Via Egnatia*, die um das Stadtgebiet im Bogen herumführte. Sie begann an der Adriaküste bei Dyrrhachion (Durazzo) und endete am Hellespont. Auf der gesamten Strecke standen am Rande Meilensteine, die der Namen von zu Göttern erhobenen Kaisern gedachten. Sie wurde zu einer der großen Handelsstraßen zwischen Orient und Okzident, war aber zuerst einmal Heerstraße der Legionen, die im Austausch für hellenistische Kultur römisches Recht und Gesetz und römische Ordnung in den Osten brachten.

In türkischer Zeit, als die Stadt ›Selanik‹ beziehungsweise ›Saloniki‹ hieß, etablierten sich am Westrand der Stadt offene Märkte, und damals schon boten Bauern auf dem Vardar-Platz ihre Waren zum Verkauf. Statt auf Ochsenkarren kommen sie inzwischen mit Lastautos aus der makedonischen Ebene. Hier, auf dem Gelände rings um den Platz errichteten im Ersten Weltkrieg die zurückgeschlagenen Kämpfer von Gallipoli, Einheiten der vielsprachigen alliierten Expeditionstruppe, ihre Lager. Saloniki als Stützpunkt der Balkanfront war in den Augen des Oberkommandierenden an der Westfront nicht mehr als ein unbedeutender Nebenkriegsschauplatz – Clemenceau nannte die Truppen verächtlich »die Gärtner von Saloniki«. Aber Churchill urteilte später, daß »der Zusammenbruch der Mittelmächte dennoch an dieser vielgeschmähten Front begann«. Tausende alliierter Soldaten – Franzosen, Engländer, Italiener, Griechen und Serben – sind auf den Ehrenfriedhöfen begraben, die über die melancholischen makedonischen Hügel verstreut liegen.

Thessaloniki

1 Weißer Turm
2 Galerius-Bogen
3 Rotunde (Georgs-Kirche)
4 Hagios Panteléïmonos
5 Hagia Paraskeví (Panhagía Achieropoíetos)
6 Hagios Demetrios
7 Hagia Sophia
8 Theotókos (Panhagía Chalkéon)
9 Kloster der Vlatádes
10 Tor der Anna Palaiologína
11 Eptapyrgíon
12 Kettenturm (Gingirli Kule)
13 Hormisdas-Turm
14 Hosios David-Kirche
15 Kirche des Propheten Elias
16 Hagia Aikateríni
17 Hagioi Apóstoloi
18 Geburtshaus Mustafa Kemals Atatürks
19 Hagios Nikólaos Orphanós

0 200 400 600 m

Seit nahezu zweitausend Jahren ist Thessaloniki (wie man es neuerdings wieder offiziell bezeichnet) die zweite Hauptstadt der griechischen Welt. Die Stadt entstand Ende des 4. Jhs. vor Chr. nahe dem antiken Thérmai – daher hat der Thermäische Golf seinen Namen –, durch welches Xerxes im Jahre 480 zog, während seine Flotte sich im Golf zum Feldzug gegen Griechenland neu ordnete. Der Diadoche Kassándros hat sie 316/315 vor Chr. gegründet und nannte sie nach seiner Gattin Thessalónike, einer Halbschwester Alexander des Großen. Unter den römischen Kaisern war sie alsbald die Hauptstadt von Makedonien, und dem verbannten Cicero Ort der Zuflucht.

Der Apostel Paulus hegte eine Zuneigung zu ihren Bewohnern, die »das Wort aufgenommen hatten mit Freude, wie der Heilige Geist sie schenkt«, ungeachtet der Leichtfertigkeit der Frauen mit ihrem römischen Schmuck und Tand. Wie die Frauen in Ephesos wird er auch die Thessalonikierinnen ermahnt haben, »sich mit Schamhaftigkeit und Züchtigkeit zu schmücken, nicht mit Haargeflecht, Gold, Perlen und kostbaren Kleidern, vielmehr durch gute Werke, wie es Frauen geziemt« (Tim. 2, 9-10). Konstantin der Große erwog eine Zeitlang, die Hauptstadt des Reiches nach Thessaloniki zu verlegen, das Ausgangsort der Handelswege zum Balkan und von wachsender wirtschaftlicher und strategischer Bedeutung war. Als er sich schließlich doch für Byzanz entschied, waren die Bewohner ebenso betrübt wie empört darüber, daß der emporgekommenen Siedlung am Bosporus der Preis zufallen sollte. Seit dem Ende des 4. Jhs. nach Chr., als die kämpferische Einstellung des Kaisers Theodosios gegen das sterbende Heidentum den endgültigen Triumph des Christentums heraufführte, war es das Schicksal Thessalonikis, Schauplatz endloser Belagerungen und haarspalterischer theologischer Dispute zu sein. Unter dem Schutz des heiligen Demetrios sollte es in der byzantinischen Politik eine ereignisreiche und häufig heroische Rolle spielen, die an Bedeutung nur der Konstantinopels nachstand.

Heute ist Thessaloniki die Hauptstadt von Nordgriechenland, eine Universitätsstadt und vorgeschobenes Hauptquartier der NATO in Südosteuropa. Nach einer gewaltigen Feuersbrunst im Jahre 1917 wurde die Unterstadt zwischen den Bergen und dem Meer nach dem Plan sich rechtwinklig überschneidender Straßen neu erbaut. Einzigartige Basiliken und Kuppelkirchen lassen dem nüchtern gewordenen jungen Stadtbild einen Hauch von Wärme und reifem Alter. Parallel zur Odos Egnatías verläuft die Odos Megálou Alexándrou (auch: Tsimiskís), die Haupteinkaufsstraße; die Bürgersteige sind mit syrischem Hibiskus eingefaßt, und von den Passanten geht ein angenehmes Fluidum ruhiger Vornehmheit aus, das in Griechenland selten ist. Man ißt hier wesentlich besser als in Athen, und die Fisch-, Krebs- und Muschelgerichte am Hafen sind sehr zu empfehlen. Die Konditoreien sind von den Damen lebhaft besucht, die den turmhohen ›Pastes‹ (Torten) und den süßesten aller süßen Zuckerbäckereien mit den orientalischen Namen, wie Kataïphi oder Galaktoboúriko, zusprechen. Es gibt Hotels in jeder Preislage und mit jederlei Komfort. Dahin ist das Saloniki des vorigen Jahrhunderts, in dem der englische Reisende Edward Lear auf dem Höhepunkt einer Cholera-Epidemie durch die übelriechenden Gäßchen streifte, um sich eine Unterkunft zu suchen und nur eine »Locanda« fand, den »letzten trüben Schatten einer europäischen Unterkunft zwischen Stambul und Kattaro, die von der korpulentesten und schwärzesten aller Negerinnen geführt wurde«. Heute flimmern Neon-Lichtreklamen vor dem tiefblauen Nachthimmel, Fabriken und Industrieanlagen ziehen immer größere Kreise um die Stadt, deren Weichbild im Sommer unter einer Dunstglocke verschwimmt. Büro-Hochhäuser und Wohnblocks erstrecken sich entlang der breiten Bucht bis hinaus zum Vorort Karambournáki, wo es gute Fisch-Tavernen am Rand des blassen und matten Meeres gibt, in das der Treibsand, den Axiós und Aliákmon mit sich führen, bräunliche Schlieren zeichnet. Hier verlieren sich städtische Hetze und Betriebsamkeit. Die Zeit hat ein eigenes Maß, und man läßt sich gerne in ihren gemächlicheren Lauf zurückfallen.

Galt in Athen, der Hauptstadt, das Übergewicht unseres Interesses der Antike, so ist in der großen Stadt des griechischen Nordens die Zeit des Mittelalters noch lebendig und wird uns im Laufe der Streifzüge sehr bald in ihren Bann ziehen. Besser noch als im heutigen Istanbul, wenn auch nicht unbedingt großartiger, haben sich hier die Denkmale der byzantinischen Epoche als eine ablesbare, faßbare Entwicklung konstantinopolitanischer Kunst und Kultur bewahrt. Zwei Tage sollte man sich wenigstens Zeit nehmen, um ohne Eile von Kirche zu Kirche zu wandern. Zwölf sind es an der Zahl. Ausgehend von der antiken ›Rotonda‹, dem Rundbau, den die frühen Christen zu ihrem Gotteshaus machten, über die strengen Basiliken bis hin zu den komplizierten Bauformen der Palaiologenzeit wird man die ganze Spanne byzantinischen Lebensgefühls – die erregende Zeit der Entfaltung und die des sich ankündenden Niedergangs – vor sich ausgebreitet finden.

Wir beginnen mit unseren Erkundungen beim *Weißen Turm* am Ostende des Hafenkais. Der Wehrturm war Endpunkt der byzantinischen Stadtmauer, die im Osten in ziemlich gerader Linie zum Burgberg hinaufführte und sich von dort wieder in weitem Bogen nach Westen und Süden zum Hafen absenkte. Er wurde im 15. Jh. von den Venezianern als Teil der Seebefestigungen errichtet. In seinen Mauern sprang 1825 ein Trupp meuternder Janitscharen über die Klinge, als der Sultan Mahmut II. der Reformator in einem verzweifelten Versuch, in seinem überdehnten Reich die Ordnung wiederherzustellen, eine Dezimierung dieser zunehmend widerspenstigen Truppe befahl. An die Landseite des ›Blutigen Turms‹, wie er danach genannt wurde, schließt sich eine öffentliche Gartenanlage an. In den mondhellen Nächten glitzern die großen gekräuselten Blätter der pfingstrosenähnlichen Blüten des syrischen Hibiskus.

Östlich der Gärten liegt das Gelände der Internationalen Handelsmesse, die alljährlich im September stattfindet und die auf einen mittelalterlichen Markt zurückgeht, der zur Förderung des Handwerks der Stadt am Festtag des heiligen Demetrios abgehalten wurde. Den Anlagen gegenüber findet man zum *Archäologischen Museum* in einer ehemaligen Moschee, gut angelegt und gut beleuchtet. Unter den Plastiken, einer reichen Sammlung aus dem thessalischen, makedonischen, thrakischen Gebiet, sei hier einmal aufmerksam gemacht auf die kleinen Reliefs mit dem ›thessalischen Reiter‹, einer für den ganzen nordgriechischen Raum eigentümlichen Darstellung. Wahrscheinlich geht sie auf eine Kultfigur skythischer Herkunft zurück, die im Volksbewußtsein tief verhaftet war – noch im 4. Jh. nach Chr. wurden Münzen mit seinem Abbild geprägt. Auf den frühen, flachen Reliefs ist der Reiter als Jäger abgebildet, der einen Speer schwingt und auf einen Baum zu galoppiert, um den sich eine Schlange windet. Später nimmt der Reiterheros priesterlichen oder halbgöttlichen Charakter an. Zuweilen trägt er einen Kranz auf dem Kopf oder römische Militäruniform – denn er überdauert die römische Eroberung –, und in frühchristlicher Zeit trug das Andenken an ihn dazu bei, das volkstümliche Vorstellungsbild vom heiligen Demetrios zu schaffen. Auch er sitzt noch häufig zu Pferde, reitet jetzt jedoch auf einen Altar zu, der vor dem von Schlangen umwundenen Baum steht. Es gibt verschiedene Theorien darüber, wer dieser Reiter oder Jäger gewesen sein könnte. Wahrscheinlich ist er eine zusammengesetzte Persönlichkeit: zum Teil Asklepios, dessen Schlangen-Emblem stets erscheint, zum Teil Rhesos, der Führer der Thraker im Trojanischen Krieg, dessen Pferde »weißer als Schnee« waren und schnell wie der Wind liefen. In beide Vorstellungen muß sich irgendeine legendäre Vaterfigur des thrakischen Volkes mischen.

Der Saal links vom Eingang zeigt hervorragende Kleinkunst, meist aus makedonischen Gräbern, ein erregender Höhepunkt unter den Exponaten dieses Museums. Ihre hohe Qualität straft alsbald die volkstümliche Meinung Lügen, die gern behauptet, der barbarische Norden habe keine erstklassigen Kunsthandwerker hervorgebracht. Neben Vasen, Waffen, Terrakotten, Bronzefigurinen und Bronzegefäßen sieht man kostbaren Gold- und Silberschmuck (2. Jh. vor Chr.), darunter besonders bemerkenswert ein Paar mit Edelsteinen verzierter Ohrringe mit kleinen Eroten als Anhängern, einstmals der Besitz eines jung verstorbenen Mädchens; besondere Trinkgefäße auf behuften Füßen, in die man aromatische Blätter eintauchte, um dem Wein einen Duftgeschmack zu verleihen. Am äußersten Ende des Saals dominiert eine 91 cm hohe Graburne aus Bronze, wundervoll erhalten mit dem goldenen Schimmer des Metalls, das keinerlei Patina angesetzt hat. Dargestellt ist eine ›Heilige Hochzeit‹: Dionysos und Ariadne sind von tanzenden Mänaden umgeben, zwischen die sich ein Silen und ein Jüngling gemischt haben. Die Henkel, die auf der Gefäßschulter sitzenden Figuren und die Hände des Dionysos sind gegossen und angesetzt. Auch die Weinranken, die sich über dem Hauptbild und um die Halszone schlingen, sind angefügt – besonders delikat die in Silber aufgelegten Blätter. Der kühle Glanz des Edelmetalls wiederholt sich am Gefäßrand und -fuß. Alle andere Zierde, vor allem die um die Gefäßwände ziehenden Reliefs, auch die Tierfriese am Hals und unter dem Hauptbild, sind getrieben. Man wandert mit wachsender Faszination um das matt schimmernde Kunstwerk und bewundert die Spontaneität der hellenistischen Darstellung um 330 vor Chr., ehe die aus dem klassischen Zeitalter er-

erbte natürliche Anmut, Eleganz und Disziplin durch Überbetonung von Prachtfülle und blumigem Aufwand zu entarten begann. – Als man den *Dervéni-Krater* 1962 in dem Dorf Dervéni nördlich von Saloniki fand, enthielt er noch die Asche eines Thessaliers, dessen Name – wie man vermutet – die Inschrift um die Lippe des Gefäßes nennt.

Vom Museum ist es etwa fünf Minuten zu Fuß zur Kreuzung der Odos Angeláki und Odos Egnatías, wo rechts die Gebäude der Universität liegen. Das Wohn- und Geschäftsviertel zur Linken, das einstmals Teil einer riesigen kaiserlichen Umschließung mit Palast, Hippodrom und Mausoleum war, beherrscht der dreifache *Triumphbogen des Galerius*, den der blutdürstige ›Caesar von Illyrien und Thrakien‹ und Schwiegersohn des Diokletian zur Erinnerung an seine Feldzüge errichten ließ. Der Triumphbogen mit seinen drei Ost-West-Durchlässen und dem einem von Süd nach Nord stand auf acht mächtigen Pfeilern. Die vier mittleren trugen eine Kuppel. Nur zwei Pfeiler der Westseite mit ihren vier breiten Reliefzonen blieben erhalten. Die Friese erzählen die Geschichte des Erfolges der römischen Waffen gegen die Parther. Unter anderem bringt Galerius sein Opfer dar, während Diokletian zuschaut.

Südlich des Triumphbogens lag das *Hippodrom*, dessen Arena im Jahre 390 der Schauplatz eines grauenvollen Massenmords an den Bewohnern der Stadt war. Ein bekannter Athlet und populärer Wagenlenker warb um die Gunst eines Sklavenknaben, der dem Botherich gehörte, dem verhaßten, vom Kaiser Theodosios persönlich ernannten Befehlshaber der ostgotischen Garnison von Thessalonike. Botherich empörte sich über die Laxheit mittelmeerischer Moralbegriffe und setzte den Wagenlenker gefangen, dessen wütende Anhänger daraufhin den Befehlshaber und seine gleicherweise verhaßten germanischen Offiziere ermordeten. Ihre Leichen wurden unter dem Johlen einer begeisterten Volksmenge durch die Straßen geschleift. Der prüde und cholerische Theodosios, der auf seine gotischen Kommandeure angewiesen war, um das Heer schlagkräftig zu halten, befahl unverzüglich eine rasche und grausame Vergeltung, die wie eine dunkle und perfide Verschwörung geplant wurde. Das Volk von Thessalonike versammelte sich im Hippodrom, um seinem aus dem Gefängnis freigelassenen Idol zuzujubeln. Da wurden die Ausgänge verrammelt und die Truppen des Theodosios fielen mit blanken Schwertern über die nichtsahnende Menschenmenge her. Die Schlächterei soll drei Stunden gedauert haben und mindestens siebentausend Thessalonichern das Leben gekostet haben. Doch die Kirche, zu deren militantem Vorkämpfer Theodosios I. sich berufen fühlte, konnte diese blutige Vergeltung nicht stillschweigend dulden. Der Kaiser wurde zeitweise exkommuniziert und durfte während seiner Bußzeit keine kaiserlichen Hoheitszeichen tragen.

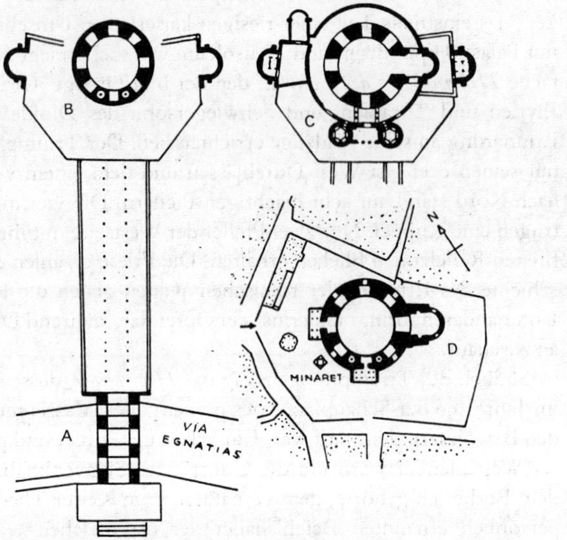

106 Thessaloniki. Galeriusbogen und Georgskirche.

A Galerius-Bogen - **B** sogenanntes Mausoleum des Galerius - **C** Umbau zur spätantiken Kirche - **D** Umwandlung in die Moschee.

Der ›Triumphbogen des Galerius‹ öffnete sich nach Norden auf eine breite, von Portiken gesäumte Straße, die als axiale Verbindung zum Eingang eines sonderbaren kreisrunden Bauwerks führte. Man nimmt an, daß Galerius es zu Anfang des 4. Jhs. als sein Mausoleum errichten ließ. Aber die Historie spielte ihm einen Streich, denn schon gegen Ende des Jahrhunderts hat man den monumentalen Grabbau in eine christliche Kirche umgewandelt, und dem heiligen Georg, dem volkstümlichen Krieger-Märtyrer des Ostens geweiht. Es ist heute ein Museum für frühchristliche Kunst und heißt kurzer Hand *Rotunde* oder auch *Georgskirche*.

Architektonisch verdankt die ›Rotunde‹ viel den ähnlichen Bauwerken, die Galerius auf seinen Feldzügen im Osten gesehen haben dürfte. Auch Hadrians Pantheon in Rom wird ihm bekannt gewesen sein. Der Grundriß ist kaum einfacher und großartiger zu denken. Auf einem hochragenden Zylinder ruht eine riesige halbkreisförmige Kuppel mit einer Spannweite von 24,15 m. Im Innern durchbrachen 8 Nischen die über 6 m dicken Wände. Die Ostnische hat man um das Jahr 450 bei der Umwandlung in eine Kirche erweitert, einen großen Altarraum mit Apsis angeschlossen, den Eingang von der Südseite zur Westseite verlegt und einen Narthex davorgesetzt. Der antike Innenraum blieb also unbeeinträchtigt bestehen und erhielt zudem sehr bald seinen staunenswerten *Mosaiken-Schmuck*. In der Kuppelmitte ist er leider zerstört, zu erkennen ist nur noch die Vorzeichnung zu einem Christus, der das Kreuz trug und von Engeln umgeben war (Die ursprüngliche Weihung galt denn auch den ›Archangeloi‹, den Erzengeln, ehe sie auf den Hagios Georgios übertragen wurde). Erhalten blieb der breite Mosaikenfries, der die untere Kuppelzone deckt, immerhin sieben der einst in acht Felder aufgeteilten Darstellungen. Auf jeder erscheinen zwei (ab und zu drei) Märtyrer-Heilige in anbetender Haltung mit erhobenen Armen. Sie stehen vor einem jeweils wechselnden, äußerst phantasievollen Architekturprospekt, der den Gedanken der Scheinarchitektur aufgenommen haben mag, als noch die Marmorverkleidung die Wandzonen des Galerius-Baus gliederte. Auch der bezaubernde Mosaiken-Dekor in den Nischenwölbungen ruft dort die Illusion einer Kassettendecke wach, deren Felder Vogel-, Früchte- und Blumenmotive schmücken.

Die Höhe des Raumes erschwert es, die raffinierte, zum Teil mit den kleinstmöglichen Mosaiksteinchen ausgeführte Modellierung der Köpfe, die Lebhaftigkeit des Ausdrucks und die Eleganz von Linienführung und Faltenwurf zu bewundern. Das Fernglas oder auch gute Reproduktionen sind hier wieder hilfreich. Dargestellt sind Persönlichkeiten, Portraits (nicht im Sinne der Ähnlichkeit) von sehr verschiedenen Menschen. Die Charakterisierung reicht vom knabenhaften Porphýrios bis zum altersgrauen Philippos. Die Reihung der Heiligen wird in den kommenden Jahrhunderten als Verkörperung einer unwandelbaren Ergebenheit in den Willen Gottes und die Gesetze der Kirche in allen byzantinischen Gotteshäusern auf die Gläubigen herabsehen.

Die Architektur-Phantasien, die auf die spätere Buch-Illumination einen so machtvollen Einfluß ausüben sollten, sind voll der späthellenistischen, aber auch syrischen und alexandrinischen Motive: Säulen und Pfeiler mit Kompositkapitellen, Bogen, Friese und Kuppeln von östlicher Opulenz. Pfauen stolzieren an Brüstungen entlang, und langhälsige Vögel gleiten über Simsbänder hinweg. Lüster hängen von juwelenbesetzten Baldachinen herab, und türkisfarbene Vorhänge sind zurückgezogen und enthüllen brennende Kerzenleuchter beiderseits eines Ciboriums mit einer Loggia dahinter. Einfallsreichtum verbindet sich mit künstlerischem und technischem Geschick und zeugt von äußerst verfeinertem Geschmack. Die fromme Verzückung des frühen östlichen Christentums strahlt aus von den Gestalten der Heiligen inmitten der verschwenderischen Traumarchitektur. Die Stimmung ist ausgesprochen elegisch, doch nicht düster und ohne jede Andeutung der byzantinischen Strenge und Kargheit der späteren Jahre. Noch sind die hellenistisch-östlichen Einflüsse zu stark.

Von den Türken stammt der äußere Mauerring um die ursprünglich sichtbare Kuppel. Sie verwandelten die Kirche in eine Moschee und errichteten neben dem Eingang ein Minarett.

Östlich der ›Rotunde‹ stehen verfallene alte Häuser eingeklemmt zwischen hohen neuen Blocks. Auf einem nahen Plätzchen, auf dem sich des Abends die Nachbarn versammeln, erheben sich die schön geformten Kuppeln der *Hagios Panteléïmon*-Kirche, der Tochtergründung eines Klosters auf dem Berg Athos. Wir gehen zur Odos Egnatías zurück und biegen rechts in die Odos Hagias Sophías ein. Hier stehen wir vor der *Hagia Paraskeví*, der ›Freitags‹-Kirche, in deren Besitz sich eine Marien-Ikone befand, die ›nicht von Menschenhand gemacht‹ war. So kam sie zu dem Namen *Panhagía Acheiropoiëtos*. Die große dreischiffige Basilika des 5. Jhs. war zu allen Zeiten von einem offenen hölzernen Dachstuhl gedeckt und liegt jetzt so tief unter dem heutigen Straßenniveau, daß sich weder das Licht in dem Bau, noch der Bau sich mit seinen Proportionen gegen die Umgebung voll entfalten können. Seit ihrem Bestehen war die Kirche der Panhagía Theotókos, der ›Gottesgebärerin‹, geweiht, weil man sich damit zu der von den

Alexandrinern beantragten Entscheidung des Konzils von Ephesos im Jahr 431 bekennen wollte. Es stellte die Göttlichkeit der Heiligen Jungfrau fest und erregte so den leidenschaftlichen Widerspruch des Patriarchen Nestorios von Konstantinopel, dessen wilde Eiferreden und Bannflüche gegen die ›ephesischen Ketzer‹ einen Sturm theologischen Streites auslösten und damit die Einheit der neuen Kirche um ein Haar zunichte machten. Die Thessalonicher stürzten sich mit Feuereifer in die Kontroverse und machten sich die Sache des Heiligen Kýrillos von Alexandria gegen die Nestorianer von Konstantinopel zu eigen. Politik und Ranganspruche spielten in der Auseinandersetzung ihre Rolle, und die miteinander rivalisierenden Lehren spiegelten häufig nur die Antagonismen und Eifersüchteleien zwischen den Patriarchaten Alexandria, Rom und Konstantinopel wider. Die Weihung der ›Acheiropoíëtos‹ an die Gottesmutter kann man nach der Niederlage der Nestorianer als ganz vorsätzlichen Schlag gegen Konstantinopel verstehen, dessen Anspruch, das ›neue Rom‹ zu sein, den empfindlichen Thessalonichern noch immer sehr gegen den Strich ging.

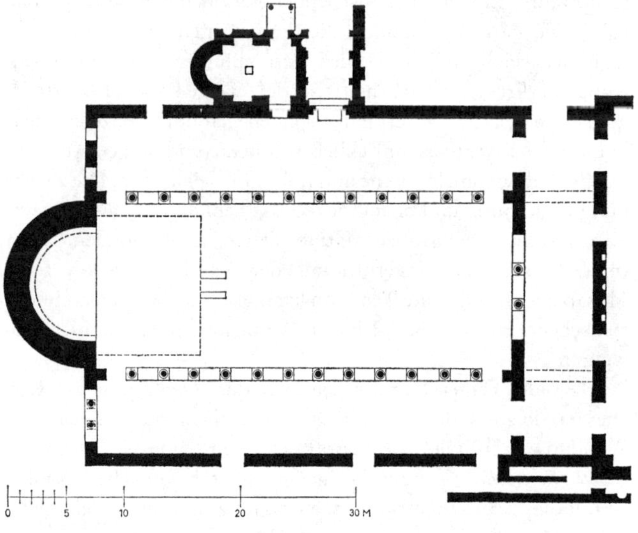

107 Thessaloniki. Hagia Paraskeví (um 470). Oftmals umgebaut, seit dem 13. Jh. ›Acheiropoíëtos‹ genannt.

Das Innere der Kirche beeindruckt durch seine Großräumigkeit und eine imposante architektonische Einfachheit. An den Langseiten machen zwei übereinander laufende Reihen rhythmisch angeordneter Bogenfenster, ein jedes durch eine stämmige kleine Säule vom anderen getrennt, den Raum licht und weit, lassen die doppelgeschossigen Arkaden, die das Mittelschiff gegen die Seitenschiffe abgrenzen, als plastische Raumunterteilung erscheinen. Jeweils zwölf grau-weiße Marmorsäulen tragen im Emporengeschoß (ursprünglich umlief es auch die Westwand über dem Narthex) ionische Kapitelle, im Hauptgeschoß prachtvolle theodosianische Kapitelle, eine kunstreich-komplizierte Abwandlung des korinthischen Kapitells, die im 5. Jh. entstanden war. Dieser Kapitell-Typ breitete sich nach Osten und Westen aus, aber nur in Thessaloniki und Konstantinopel erreichte er mit seinen gezahnten und wie vom Wind umgebogenen Akanthus-Blättern seine verfeinertste Form.

Der Mosaiken-Schmuck der Wände ist leider dahin. Erhalten hat er sich noch in den Arkadenrundungen, besonders schön am ›Trivelum‹, dem dreibogigen Durchlaß vom Narthex in den Hauptraum. Er steht den Nischendekorationen der Georgskirche nahe. Die Farben, besonders die tief getönten, sind ganz ungewöhnlich reich und satt. Lilien, Mohnblumen, Sonnenblumen, Kapuzinerkresse und früchtetragende Zweige sprießen aus reich verzierten Vasen; Blätterkränze winden sich um Kreuze und heilige Bücher; Achtecke umschließen Früchte und Vögel. Auf dem Goldgrund wimmeln Fische und füllige blaue Fasanen. Die Zeichnung ist anmutig und phantasievoll. – Ebenfalls seit Bestehen der Kirche decken die großen Marmorplatten den Fußboden. Doch ohne die alte Marmorverkleidung der Wände, ohne ihre alten Mosaiken, ohne das alte Templon kann man sich bei aller architektonischen Harmonie des Eindrucks nüchterner Kühle nicht erwehren.

Die Odos Hagias Sophías steigt von der ›Acheiropoíëtos‹-Kirche gerade zur Odos Hagiou Dimitríou hinan, auf der man mit Wendung nach links zur Hauptkirche von Saloniki, der *Hagios Demetrios Basilika* kommt. Die gesamte Geschichte Thessalonikis ist mit dieser Kirche verknüpft. Sie ist religiöser und gesellschaftlicher Mittelpunkt zugleich, aufs Engste verbunden mit dem Schicksal der Stadt.

Nach dem Übergang vom Heidentum zum Christentum hatte das volkstümliche Vorstellungsbild von dem Heiligen Demetrios ihm noch einige der Attribute des ›thessalischen Reiters‹ belassen. Gleich ihm ist er ein heldenhafter Krieger, jung und schön, und sein mystisches Verhältnis zur Muttergottes hat Ähnlichkeit mit der Beziehung des Reiters zur thrakischen Göttin Bendis, deren Kult dem der Artemis glich. Von Demetrios selbst wissen wir nur, daß er ein junger Mann aus guter Familie war und daß seine militärische Tüchtigkeit ihm die Gönnerschaft des Galerius eintrug. Seine Bekehrung zum Christentum aber versetzte den Kaiser in Zorn, und er ließ ihn in den Thermen gefangen setzen. Die Sache wurde noch schlimmer, als Nestor, ein Athlet und Freund des Demetrios, ebenfalls ein Christ, den besten Gladiator und derzeitigen Günstling des Kaisers bei einer öffentlichen Schaustellung im Hippodrom herausforderte und dabei tötete. Das ließ das Maß überlaufen. Der aufgebrachte Kaiser befahl, Nestor auf der Stelle hinzurichten, und Demetrios, den Galerius verdächtigte, er habe

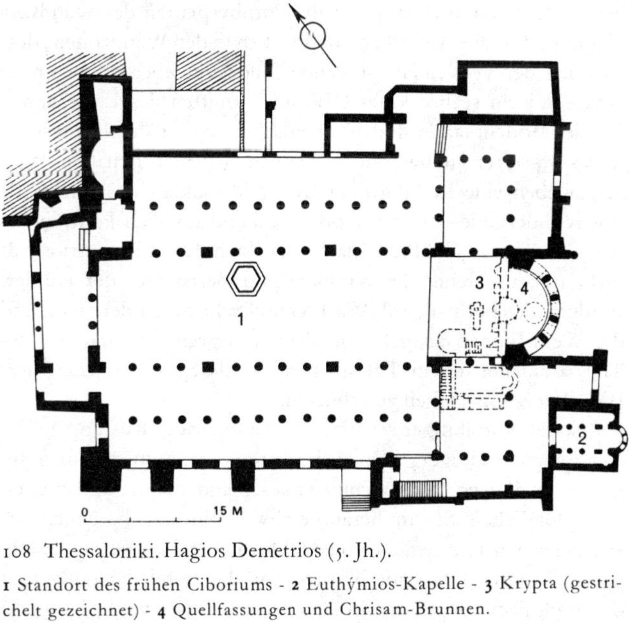

108 Thessaloniki. Hagios Demetrios (5. Jh.).

1 Standort des frühen Ciboriums - **2** Euthýmios-Kapelle - **3** Krypta (gestrichelt gezeichnet) - **4** Quellfassungen und Chrisam-Brunnen.

diesen Schimpf seines Schützlings angestiftet, wurde in seinem Gefängnis von Lanzenstichen durchbohrt. Die Kurzsichtigkeit herrscherlicher Rachsucht hatte Demetrios zur Gloriole des Martyriums verholfen. Während die Erinnerung an den Kaiser Galerius bald schwand, blieb bei den Bewohnern das Gedenken an den heldischen Blutzeugen immer lebendig. – Die Christen hatten schon bald, als ihnen wieder mehr Freiheiten zugestanden wurden, über dem Ort seines Todes eine Kapelle erbaut. Seine wachsende Volkstümlichkeit führte dann schon im 5. Jh. zu dem Beschluß, an Stelle der Kapelle eine große fünfschiffige Basilika mit Querschiff zu errichten, die aber schon im 7. Jh. einem Brand zum Opfer fiel. Ende des 7. Jhs. neu erbaut, wurde sie im Laufe der Jahrhunderte mehrfach schwer beschädigt und 1917 durch eine große Feuersbrunst nahezu bis auf die Grundmauern zerstört.

Nach der Anlage des 5. Jhs., teils auch nach der des 7. Jhs. hat man sie in den vergangenen Jahrzehnten wiederaufgebaut. Alle Bauteile, die noch gerettet und ergänzt werden konnten, hat man bei der modernen Rekonstruktion wiederverwendet. Unwiederbringlich verloren aber waren die Porphyrplatten der Wandverkleidung, fast alle Mosaiken und Fresken in den Wandzonen; desgleichen der von einem goldenen Baldachin überwölbte große Altar und ein sechseckiges Ciborium inmitten des Langhauses. Auf den Bodenplatten sind die Standspuren dieser Verehrungsstätte des Märtyrer-Heiligen noch deutlich zu sehen. Erhalten dagegen blieben eine Reihe großer früher Mosaiktafeln, gemeint als ›Votivbilder‹, die – einst in großer Zahl und aus allen Jahrhunderten – die Wände und Pfeilerflächen deckten. Denn Demetrios galt nicht nur als Heiler der Kranken und Beschützer der Kinder, sondern gleichermaßen als Wächter und Schirmherr der Stadt, und die Weih-Ikonen zeugen von dem unbegrenzten Glauben der Thessalonicher an seine Fähigkeiten, sie – die Stadt, wie jeden ihrer Bewohner – vor Unheil zu schützen.

Es hieß von ihm, er sei stets in schimmernder Rüstung an der Spitze der Verteidiger gegen die Barbaren vorangestürmt: im 6. Jh. gegen die Slawen, deren Schiffe er auseinander jagte, indem er einen plötzlichen Sturm heraufbeschwor; im 11. Jh. gegen die Petschenegen-Horden, die von der Donau herabkamen; im 12. Jh. gegen Tankred und seine Normannen, die wohlhabende Bürger der Stadt nackt durch die Straßen trieben, Altäre entweihten und die Einwohner in solcher Zahl umbrachten, daß ein ›Abgrund der Feindschaft‹, wie der zeitgenössische Historiker Niketas Choniates schrieb, hinfort alle Griechen von den Rittern aus dem Westen trennte. Im 13. Jh. feuerte er die Stadt an, die Bulgaren in die Flucht zu schlagen, deren Führer Skyloiannis, der ›Hunde-Hans‹, bei den Mauern vom Heiligen selbst erschlagen wurde. Im selben Jahrhundert verjagte er die Lombarden, freilich nicht ohne die militärische Hilfe des Theodor Angelos, des ehrgeizigen Fürsten von Epiros, der sich unverzüglich in der Stadt des heiligen Demetrios zum Kaiser krönen ließ und die lateinischen Barone zwang, ihm als dem »altissimo imperatori graecorum« zu huldigen. So ging das ephemere fränkische Kreuzfahrer-Königreich, das Bonifaz von Montferrat begründet hatte, unbeweint unter. Die Thessalonicher waren begeistert, sie meinten, endlich den Kaisermantel von Konstantinopel geerbt zu haben; aber ihr Wahn wurde alsbald von Johannes III. Vatatzes, dem Kaiser von Byzanz, der vom Exil in Nikaia aus herrschte, zerstört. Er marschierte gegen Thessaloniki und schaffte das sich unabhängig erklärende Kaiserreich aus der Welt. Diesmal griff der heilige Demetrios nicht ein; denn es handelte sich um eine innerpolitische Auseinandersetzung unter Byzantinern.

Sogar im Jahr 1430, als die Stadt nach einer vom Sultan selbst befehligten Belagerung den Türken erlag, schien es dem osmanischen Statthalter ratsam, sich nicht mit dem streitbaren Heiligen anzulegen, denn seiner Andachtsstätte blieb zunächst die Entweihung erspart. Alle anderen Kirchen wurden sofort in Moscheen umgewandelt und viele der Einwohner einschließlich Frauen und Kinder niedergemacht. Der Fall von Thessaloniki, der dem Konstantinopels um dreiundzwanzig Jahre vorausging, war die vorletzte Warnung an die Führer der westlichen Welt, die untätig dastanden und mit unbegreiflicher Teilnahmslosigkeit dem Sturz eines Reiches zusahen, das trotz aller Alterserscheinungen ein Erbe bewahrt hatte, das sie eigentlich verpflichtet hätte, es zu schützen. Binnen eines weiteren Jahrhunderts waren die osmanischen Truppen in Budapest eingezogen und belagerten Wien.

Der Anlageplan der Basilika ist klar und übersichtlich: Narthex; Hauptschiff mit zwei, durch Säulenreihen abgetrennten Seitenschiffen, die, wie auch der Narthex, Emporen tragen; im Osten Querschiff, das die Apsis einbindet. Die baugeschichtlichen

Befunde einiger Abschnitte, besonders im Osttteil der Kirche, stellen sich freilich komplizierter dar, doch dies soll uns hier nicht im einzelnen beschäftigen. Durch ein weitgespanntes Trivelum, die dreibogige große Pforte zwischen Narthex und Naos, die man mit Vorhängen, den ›vela‹, schließen konnte, betritt man den Hauptraum. Der Antenpfeiler an der Westwand rechter Hand trägt ein außerordentlich phantasievoll gestaltetes theodosianisches Kapitell. Große Pfauenvögel mit prächtig reliefiertem Gefieder trinken zwischen bewegtem Laubwerk aus einem Kántharos. Andere Kapitelle, meist noch aus dem 5. und beginnenden 6. Jh., krönen die farbigen Marmorsäulen im Mittelschiff. Hier lugen seltsame, minuziös gestaltete Gesichter von geflügelten Tieren, von Widdern und Löwen über die gekräuselten Ränder der Akanthusblätter. Sie sind stets stilisiert, und die gezackten, in spitzenartig unterschnittenem Relief umgebogenen oder gerollten Blattenden wölben sich in bewegter Plastizität.

Die ältesten Mosaiken gehen auch auf das 5. und 6. Jh. zurück und haben den Brand des 7. Jhs. überstanden, dann aber, wie auch die Tafeln des 7. Jhs., in der Feuersbrunst von 1917 stark an Farbigkeit verloren. In der Nuancierung und Mischung der Farbtöne war Thessaloniki damals selbst Italien voraus. Die Mosaiken sind ein wundervolles Zeugnis für die Vitalität der byzantinischen Kunst zu einer Zeit, da sie nach der Explosion schöpferischer Energie, die die Ära Justinians auszeichnete, durchaus hätte an Ermattung leiden können. Allerdings vermochte sich der Elan künstlerischer Tätigkeiten in den frühchristlichen Jahrhunderten unbeeinträchtigt von Kriegskatastrophen zu entfalten. Doch auch in Krisenzeiten wurde in den Mosaikwerkstätten emsig gearbeitet. Gefahr von außen scheint dem frommen Tatendrang der Thessalonicher sogar stets noch besonderen Antrieb verliehen zu haben.

Weder die Mosaiken noch die Wandmalereien, die heute nur noch in Resten vorhanden sind, folgten in dieser Kirche einem ›ikonographischen Programm‹, waren vielmehr Stiftungen und Weihgaben, die dem wundertätigen Heiligen Dankbarkeit ausdrücken sollten. Geht man im Uhrzeigersinn durch die Basilika, sieht man an der Westwand des Mittelschiffs links vom Trivelum den Heiligen Demetrios mit vier Klerikern, ein Mosaik, das möglicherweise erst im 9. Jh. entstand; an der Wand daneben ein Grabmonument des 15. Jhs. in florentinischem Stil. – Im ersten der beiden nördlichen Seitenschiffe erscheint über dem Durchgang zu einer kleinen Kapelle mit dem (legendären) Grab des Demetrios eines der frühesten Wandmosaiken (5. Jh.), leider ein Fragment, das Demetrios von Engeln umschwebt darstellte. Der einzige noch erhaltene Engel tritt aus einem Meer silbergetönter Wolken heraus und bläst auf einer Posaune. – Die beiden Tafeln am Nordostpfeiler des Mittelschiffs sind wie Ikonen vor dem Sanktuarium angebracht, beide bestes Beispiel für den Votiv-Gedanken, aus dem sie erstanden. Die erste zeigt Demetrios und zwei Kinder, die er von Krankheit befreite. Der junge Heilige mit dichtem welligem Haar ist ungewöhnlich hochgewachsen, und seine beseelten großen Augen scheinen alle Menschen aufzurufen. Seine Rechte ist in der Art des Erlöser-Gestus erhoben, die Linke legt sich schützend um die Schulter eines der Knaben. Die Gesichter der beiden Kinder mit ihren runden Augen sind so lebensecht, daß sie sich kaum von den kleinen Buben unterscheiden, die hier so gerne während des ungenierten Geschnatters ihrer Mütter zwischen den Marmorsäulen Versteck spielen. An Sommerabenden ist die Kirche ein viel aufgesuchter Ort: »Páme!, ›gehen wir‹, nach Hagios Demetrios!« Das Mittelschiff ist geräumig, die Luft kühl, und immer trifft man den einen oder andern. Eines Nachmittags sah ich zu, wie in rascher Folge hintereinander drei Hochzeiten gefeiert wurden. Der Priester gab seinen Segen, legte Braut und Bräutigam Kränze aus Plastik-Orangenblüten auf den Scheitel und führte sie in einem rituellen Reigenschritt, dem ›Jesaias Tanz‹, dreimal um den Altar. Die Hochzeitsgäste in ihrem dunklen Sonntagsstaat blickten anfänglich ein wenig verlegen drein; dann seufzten einige dramatisch auf, andere schwatzten und lachten. Die Kinder starrten kurz den wallenden Schleier der Braut an – und nahmen ihr Versteckspiel zwischen den Säulen wieder auf.

Die andere Tafel am Nordostpfeiler mit der Panhagía und einem Hl. Theodor entstand wahrscheinlich erst im 11. oder 12. Jh. Die Farbgebung ist nüchterner, dennoch hebt sich das dunkle Braunrot des Mantels der Muttergottes mit wundervollem Farbempfinden vom blassen grünlich-blauen Hintergrund ab. Auch hier läßt die Inschrift erkennen, daß ein dankbarer Mann namens Clemens sie geweiht hat. Mit leichter Körperwendung hält Maria eine entfaltete Pergamentrolle mit ihren Fürbitten in der Hand. Theodor, ein asketischer Mann mit in Gebetshaltung emporgehobenen Händen, steht streng frontal neben ihr. Äußerlich scheinbar ohne Beziehung zueinander, verbinden die beiden Gestalten die Strahlen, die von der Gloriole Christi ausgehen.

Die drei Mosaik-Tafeln der ersten Hälfte des 7. Jhs. am Südostpfeiler sind durch viele Abbildungen bekannt. Auf der zum Langhaus gerichteten Seite wird der Heilige Sergius verehrt, ein junger römischer Offizier, der in Syrien den Märtyrertod erlitten hatte: ein schlanker Jüngling, beinahe zu hochgewachsen, mit Lockenhaar und einem goldenen Reif um den Hals, der eine ›Chlamys‹ trägt, ein ungegürtetes langes Übergewand, das abwechselnd mit Kleeblättern und Kreisen verziert ist. Der Heilige ähnelt dem Demetrios auf der Tafel mit den Kindern. Vielleicht wurden die beiden Mosaiken von demselben Künstler geschaffen. – Die Tafel über der an den Pfeiler stoßenden Ikonostasis zeigt der Beschriftung zufolge Demetrios zwischen den Stiftern »dieses berühmten Hauses«. Der junge Märtyrer steht in der Mitte, kaum wahrnehmbar erhöht, ein edler Jüngling in weißer, mit rhombenförmigen Würfeln besetzter Chlamys. Die Art der Charakterisierung, bei der sich Würde mit dekorativer Phantasie vereinen, ist eine Besonderheit, die spätere Ikonographen dann immer stärker entwickelt haben. Neben dem schmalen, fast unkörperlich wirkenden Heiligen mit dem asketischen Antlitz stehen die Stifter zu beiden Seiten umso fester auf der Erde, robuste Männer mit kräftigen Bärten. Sie scheinen der Anwesenheit des Heiligen nicht gewahr und vielleicht nur gerade seines Schutzes bewußt zu sein: rechts ein Würdenträger, der einen prallen Geldbeutel in der Hand hält, vielleicht der Statthalter Leontios, der den Bau des 5. Jhs. initiierte; in der linken Gestalt möchte man den Bischof Johannes erkennen, der sich bei der Verteidigung der Stadt während der Slawen-Invasionen im Anfang des 6. Jhs. besonders hervortat. Alle drei Gesichter sind mit kleinsten Würfeln aufs Lebendigste modelliert. – Die zum Altarraum gekehrte Tafel stellt Demetrios mit einem Diakon dar, der angeblich so verzweifelt über die Zerstörung der Kirche durch die Feuersbrunst war, daß der Heilige von Mitleid gerührt ward, ihn im Traum aufsuchte und ihn mit der bevorstehenden Wiederherstellung der Kirche tröstete. Der Traum wurde bekannt und bewog bald darauf eine Anzahl reicher und einflußreicher Persönlichkeiten, den Wiederaufbau der Kirche – das Bauwerk des 7. Jhs. – in Auftrag zu geben.

Unter dem Ostteil der Kirche befinden sich Ziegelgewölbe und eine Art *Krypta*, die aber durch Fenster auf Straßenhöhe noch Licht empfangen. Eine Treppe seitlich des Altarraums verbindet diesen ältesten Teil mit der Kirche. Erst nach dem Brand von 1917 hat man hier die Fundamente genauer untersucht und stieß dabei auf die Grundmauern eines Nymphäums in einer römischen Thermenanlage, wodurch die alte Legende, daß die Kirche über dem Gefängnis des Heiligen, dem Ort seines Martyriums, stünde, sich erneut festigte. Historiker widersetzen sich ihr nämlich mit der Ansicht, daß Demetrios garnicht in Thessaloniki, sondern in der illyrischen Stadt Sirmium getötet worden sei und dort sei auch das Grab des Märtyrers zu suchen. Wie auch immer, das Ansehen des Heiligen, Sohnes von Thessaloniki, muß dies in der Hauptstadt sehr bald in Vergessenheit haben geraten lassen, denn schon unter dem Bau der fruhesten kleinen Kirche hat man um die antike Quellfassung des Nymphäums ein kreuzförmiges Becken gelegt, das Weihwasser spendete – wundertätiges Wasser, wie es sehr bald hieß, ›aus dem Grab des Heiligen‹. Zu Beginn des 5. Jhs. war Leontios, der Statthalter von Illyrien, so beeindruckt von der Erleichterung, die er in einem von den Ärzten als unheilbar erachteten Leiden empfing, daß er den Bau einer prachtvollen Kirche zu Ehren des ›neuen Asklepios‹ anregte und förderte. Dies war dann die erste, im 7. Jh. abgebrannte Basilika.

Die ›Krypta‹, heute ein kleines Kirchen-Museum, zeigt sich, wie sie etwa der Besucher des 11. Jhs. angetroffen haben mag. Damals war es nicht mehr pures, sondern mit duftendem Öl (Myro) versetztes Wasser, das zwei Marmorbecken zu seiten einer halbrunden Ädikula sammelten. Ein weiteres rundes Becken, von einem Kleriker des 13. Jhs. als der »weltumgürtende Ozean« bezeichnet, bewahrte eine Flaschen-Reliquie, deren durch die Wundermacht des Demetrios sich stets erneuernde Füllung dem Wasser der anderen Becken beigegeben wurde und damit dem Wasser die heilende Kraft verlieh. Tausende von Pilgern wallfahrteten hierher, um sich von echten und eingebildeten Leiden befreien zu lassen.

Aus dem ältesten Kirchenraum steigt man wieder nach oben und sieht sich in der Südostecke des Querschiffes vor dem jüngsten Anbau der byzantinischen Zeit, der *Euthýmios-Kapelle*. Der Brand von 1917 hat sie verschont und so blieben die hervorragenden Wandmalereien erhalten: Dodekaéorton, Koimesis, ganzfigurige Heilige, eine eigenwillig dargestellte Bilderfolge aus dem Leben des Euthýmios. Eine Inschrift datiert die Fresken in das Jahr 1303, und Fachleute möchten die Hand des Manuel Pansélinos, des Malers, der in Kirchen des Athos Bedeutendes schuf, erkennen.

Wir gehen nun durch das südliche Seitenschiff, vorbei an Resten von Wandmalerien, auf den Durchgang zum Narthex zu und sehen dort ein letztes großes, und wieder frühes Mosaik des 5. Jhs.: Demetrios mit Gläubigen, zwar nur ein Fragment, aber besonders schön. Der Heilige mit seinem blassen ernsten Antlitz steht mit betend erhobenen Händen vor dem Ziborium der frühen Kirche. Die dekorative Ausgestaltung des Hintergrundes und die hellenistische Gewandbehandlung bezeugen die Ambivalenz in Thessaloniki gegenüber östlichen und antiken Traditionen, deren Zusammenwachsen sich zum byzantinischen Stil festigt.

Der Weg hinab von der Demetrios-Basilika, entlang der Odos Hagias Sophías und vorbei an der ›Acheiropoíētos‹, überquert die Odos Egnatías und führt zu einem Platz mit der wundervollen *Hagia Sophía*, der Kirche der ›Göttlichen Weisheit‹, aus dem 8. Jh. Das durch die Anfügungen in der Türkenzeit schwer wirkende, würfelartige Äußere läßt zunächst nicht ahnen, welch interessanter Bauplan sich innerhalb der abweisenden Mauern verbirgt: es durchdringen sich hier der Typ der Basilika mit dem der Kreuzkuppelkirche. Beim Eintritt in den Innenraum überwiegt nicht mehr der unmittelbare Zug der Längsachse, sondern der Blick wandert unwillkürlich auch nach oben, wo von einer flachen Kuppel blaßgoldenes Licht in den Raum flutet. Nach dem Basilika-Schema trennen zwei Stützenreihen, Pfeiler im Wechsel mit Säulen, die nach außen gerückten Seitenschiffe ab. In das verbreiterte Mittelschiff eingezogen sind vier mächtige Pfeiler, auf denen das Kuppelgewölbe ruht, und die wie eine in das Mittelschiff eingeschriebene Kreuzform wirken. Der Ostseite der Kirche sind drei Apsiden vorgesetzt, wobei die Seitenapsiden nicht in achsialem Bezug zu den Seitenschiffen stehen.

Das großartige Kuppelmosaik mit der ›Himmelfahrt Christi‹ entstand im 9. Jh., kurz nach dem Bilderstreit. Der Pantokrator thront auf einem Regenbogen in der von zwei Engeln getragenen Mandorla. Im weiten Kuppelrund umstehen ihn die Gottesmutter zwischen zwei Engeln und beiderseits die zwölf Apostel, in sehr lebendiger individueller Haltung. Einige sind in tiefe Meditation versunken, andere starren verzückt zu dem Wunder der Himmelfahrt empor; zwischen ihnen die Inschrift »Ihr Männer von Galiläa, was steht ihr da und schaut in den Himmel?« Prachtvoll stilisierte Bäume, keiner ganz gleich dem anderen, trennen die Gestalten voneinander. Die Gesamtanordnung ist voller Phantasie und religiöser Inbrunst.

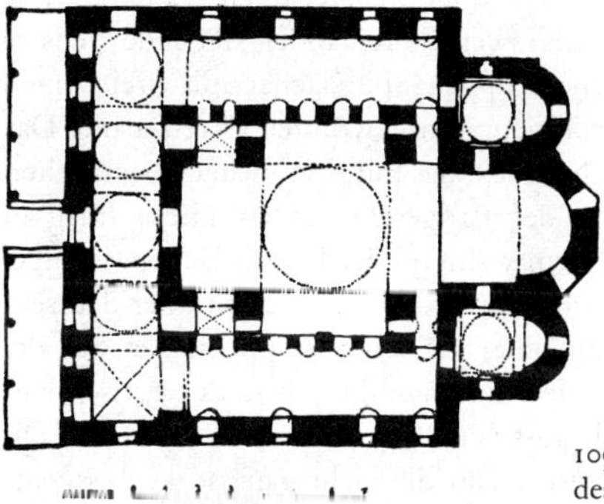

109 Hagia Sophía (Anfang des 8. Jhs.).

Auf dem Mosaik der Apsiswölbung hält die ›Allumfassende‹, die ›Panhagía Platytéra‹ den Gläubigen zugewandt das segnende Christuskind auf ihrem Schoß; eine hervorragende Arbeit, bei der kleinste Steinchen die Körperformen umschreiben und zu lebendiger Plastizitat zusammenfassen. Eindrucksvoll sind besonders das lebendige Antlitz des Kindes und das der Muttergottes, die mit tiefem Ernst und dunklen, um das Leid der Welt wissenden Augen aus der Einsamkeit des riesigen Goldgrundes in das Gotteshaus schaut. Auch diese Darstellung entstand gegen Ende des 9. Jhs., kurz nach dem Bilderstreit, und überdeckte das schlichte Kreuz, das in der Setztechnik des Goldgrundes zum Teil noch erkennbar ist. Die Mosaik-Inschrift eines Psalmentextes bezieht sich auf den frühen Schmuck aus bilderfeindlicher Zeit, und das Monogramm Kaiser Konstantins VI. und der Kaiserin Irene legt nahe, daß er um 787 gefertigt wurde. Es bestätigt zudem, daß man damals in Thessaloniki – wie auch hundert Jahre später mit dem Bild der Gottesmutter – der konstantinopolitanischen Entwicklung folgte.

Nun gehen wir durch die Odos Egnatías zur *Theotókos-Kirche* auf der großen Platía. Sie wird auch ›*Panhagía Chalkéon*‹ genannt, weil sie im Viertel der türkischen Kupferschmiede lag, denen sie damals als Moschee diente. Statt des lauten Hämmerns hört man jetzt die durchdringenden Rufe der Obstverkäufer. Hatten wir bei der ›Hagia Sophía‹ gesehen, wie der kreuzförmige Grundriß sich mit dem der Basilika verschwistert, so stehen wir nun vor einer der reinen griechischen Kreuzkuppelkirchen aus dem frühen 11. Jh. Auf einem besonders hohen achteckigen Tambour mit Bogenarkaden, die jeweils zwei übereinander stehende Fenster einfassen, ruht die flache Kuppel. Spitzdächer mit dreieckigen Giebeln decken die, im Innenraum gewölbten, Kreuzarme. Das hohe Obergeschoß des Narthex, das mit drei vielfach gestaffelten Bögen die Unterteilung des Erdgeschosses aufnimmt, mag in dieser monumentalen Form während der letzten Bauphase angefügt worden sein. Es kündet, wie auch die beiden über den seitlichen Arkaden schwingenden kleineren Kuppeln, den Stil der Palaiologenzeit an. Für die Mauern und ihren stark plastisch wirkenden Schmuck wurde ausschließlich Backstein verwendet. Die Einheitlichkeit des Materials läßt die nicht ganz so konsequente Gliederung des doppelgeschossigen Baukörpers dennoch großlinig und klar erscheinen.

Herrliche Fresken, nicht allzu gut erhalten, sind noch im Narthex und der Apsis zu sehen, besonders das ›Jüngste Gericht‹ im Narthex, das sich in seiner hieratischen Strenge wahrhaft erhaben darstellt. In überragender Größe thront Christus als Weltenrichter, umgeben von Cherubimen und Erzengeln. Ihnen beigesellt sind Maria (links) und Ioánnis Pródromos, der ›Vorläufer‹, (rechts), die beiden Fürbittenden für die Menschheit, für die Adam und Eva stellvertretend als kleine Gestalten zu Christi Füßen knien. Im weiten Rund des Hintergrunds verlieren sich die himmlischen Heerscharen. Hat man die ausschweifenden Phantasien himmlischer Freuden und höllischen Grauens der späteren Darstellungen vor Augen, so kann man sich eine symbolhaft vergeistigtere Formel dieses großen Themas, das um 1028 in der ›Panhagía Chalkéon‹ zum ersten Mal in Thessaloniki erscheint, kaum vorstellen. Noch vereinfachter stellt sich der Grundgedanke des Weltgerichts dann nur noch in der Ikonographie der ›Deësis‹ dar, auf der Christus als Weltenrichter thront und Maria und Johannes ihm zu Seiten für die Menschheit bitten.

Beiderseits der Kirche, an der Odos Egnatías, befinden sich zwei reizvolle Bauten aus türkischer Zeit: rechts ein kleiner Backstein-*Hamam* mit zahlreichen Kuppeln, genannt ›Loútra Parádeisos‹, die Bäder des Paradieses, die noch immer in Gebrauch sind; links eine *Moschee*, die in ein Vergnügungs-Etablissement mit Namen Alcazar umgewandelt worden ist, wo halbwüchsige Jungen Billard spielen und ältere Männer in einem dunklen, achteckigen Raum Ouzo trinken, während aus einer Musikbox die neuesten Popschlager dröhnen. Saloniki ist voll von diesen kleinen türkischen ›Inseln‹, soweit sie die Orgie nationalen Überschwangs im Jahr 1912 überlebt haben. Als nämlich nach dem gewonnenen Ersten Balkankrieg die neue griechische Nordgrenze endlich auch Saloniki einschloß, hat man blindlings beseitigt, was an die Türkenherrschaft erinnerte. Daß die Griechen damals sogleich ihre alten Kirchen, die von den Türken als Moschee benutzt worden waren, wieder herrichteten, war selbstverständlich; daß sie dabei auch die schlanken Minarette zerstörten, mag man heute für das alte Stadtbild vielleicht schon bedauern. – Wenige Monate nach der Befreiung fiel bereits ein Schatten auf die Stadt, als König Georg I., der Begründer der glücklosen Dynastie der Glücksburger auf seinem Nachmittagsspaziergang von einem Geisteskranken, der ihn einmal um Geld angebettelt hatte und abgewiesen worden war, erschossen wurde.

Unmittelbar vor der ›Panhagía Chalkéon‹ und nahe den ›Bädern des Paradieses‹ erstreckt sich die *Platía Dikastírion*, in deren nördlicher Hälfte jetzt die Ausgrabungen der römischen Agorá, einstmals Zentrum der Hauptstadt der römischen Provinz Makedonien, im Gange sind. Die Besichtigung kann sich als recht verwirrend erweisen, aber der Aufseher, der Besucher in der Einzäunung einläßt, kann das Nötigste erklären. In der Nordostecke, links vom Eingang, befinden sich die Überreste einer breiten, gestuften Marmor-Stoa, die in nordsüdlicher Richtung verläuft und von der fünf Stufen erhalten sind. Am auffallendsten sind die Reste des freigelegten *Odeions*. Die Skene hatte sechs Bogennischen, die, wie es bei den Römern beliebt war, für die Musiker vorgesehen waren. Die Sänger galten als privilegierte Elite, und Sueton schildert, wie sie, um körperlich gut instand zu bleiben, sich mit Brech- und Abführmitteln reinigten und stundenlang auf dem Rücken zu liegen pflegten, mit Bleiplatten auf der Brust, um die Lungen zu kräftigen. – Am Südostende einer Stoa verbarg Ziegelschutt etwas, das vielleicht eine frühchristliche Kapelle, eher eine Art Katakombe war, die Sicherheit vor den neugierigen Blicken der Späher des Galerius bot. Man fand ein Freskenfragment in römischem Stil, auf dem zwei Heilige gegen einen blaßblauen Meereshintergrund dargestellt sind.

Ein neuer Besichtigungstag gilt (mit Ausnahme der Hosios David-Kirche) der mittleren und spätbyzantinischen Zeit. Guter Ausgangspunkt ist die Platía Eleutherías (sprich: Elevtherías), der Platz der ›Freiheit‹, in der Nähe des *Hafens*, der auch heute noch von Frachtschiffen angelaufen wird; sie laden den begehrten Tabak des makedonischen Hinterlandes. – Im 10. Jh. schlossen noch die Arme einer antiken Mole den inneren Hafen ein, und die größeren Schiffe konnten vor sarazenischen Seeräubern hier Schutz suchen, wie zum Beispiel, als im Jahr 904 Wachtposten eine aus 54 Galeeren bestehende arabische Flotte erspähten, die vorsichtig um das Kap Hagia Triáda aufkreuzte. Sobald das schrille Geschrei der Araber und ihrer äthiopischen Söldner hörbar wurde, ergingen sich die Einwohner der Stadt ungeachtet ihres Vertrauens auf den heiligen Demetrios in lautem Wehklagen. Ioánnis Kaminiátes, ein Augenzeuge, hat das Grauen, das über die Bevölkerung hereinbrach, beschrieben. Griechisches Feuer spie aus langen Kupferrohren von Bord der feindlichen Schiffe auf die Verteidiger, und Käfige voller halbnackter, dunkelhäutiger und riesige Krummsäbel schwingender Gesellen wurden an Ladebäumen auf die Seemauer hinabgelassen. Pfeile, Steine und das flüssige Feuer regneten auf die verwirrten und betäubten Thessalonicher herab, die rasch überwältigt waren. In der Massenschlächterei, die folgte, wurden unterschiedslos alle und jeder umgebracht. Aber die Araber verschenkten den Erfolg. Nach zwei Tagen segelten sie mit Beutegut und Sklaven, vom Gemetzel übersättigt, wieder davon. Hafen und Stadt blieben als ein Trümmerhaufen zurück. Es war danach hoch an der Zeit, die schon zuvor in Verfall geratenen Befestigungsanlagen der Stadt gründlich zu überholen.

Von der Platía Eleutherías erreicht man entweder im Wagen oder in einer Dreiviertelstunde zu Fuß das *Kloster der Vlatádes* (so hieß die Stifterfamilie) im Nordosten der Stadt unterhalb des Burgberges, das letzte von zwanzig Klöstern, die es einst in der Stadt gab. Die Kirche des 14. Jhs. ist mehrfach umgebaut und verändert worden, zuletzt im 19. Jh. Kein Einheimischer, der Fremde nicht hinaufführen möchte, denn von der Brüstung des klösterlichen Rosengartens hat man eine großartige Aussicht auf die Stadt und den Golf. Wenn es über der Stadt nicht allzu dunstig ist, kann man im Südwesten, jenseits des Schwemmlandes der Flußmündungen von Axiós und Aliákmon das mächtige Massiv des Olymp erkennen. Hübsch ist der unmittelbare Vordergrund, das türkische Viertel, dessen rote Ziegeldächer zwischen Gruppen kurzer, gedrungener Zypressen sich in Terrassen den Hang hinabstufen.

Nördlich des Klosters zieht sich die mittelalterliche Stadtmauer mit ihren Wachttürmen hin. Der Tordurchgang hinter dem Kloster führt auf die Hügel vor der Stadt, wo die Kinder im Frühling ihre Drachen steigen lassen. Von hier aus, und beflügelt vom Heiligen Demetrios, wurden die Ausfälle gegen die belagernden Heere geführt. Im Jahr 1040 unternahm von gleicher Stelle der riesige Wikinger Harold Hardraade, der Bruder des Heiligen Olaf von Norwegen, einen Gegenangriff gegen die aufständischen Bulgaren und Serben. Harold, der ›Harte‹, über zwei Meter groß und für seine Tapferkeit weithin berühmt, war durch Rußland nach Konstantinopel gelangt und dort zum Befehlshaber der Warager-Garde ernannt worden, der Leibgarde des Kaisers, die sich aus Skandinaviern und Engländern zusammensetzte. Die Tochter Konstantins VIII., Zoë, die im Alter von fünfzig Jahren ihre Jungfräulichkeit einbüßte und damit Kaiserin wurde, und deren späte Liebschaften den byzantinischen Hof zwanzig Jahre lang in Atem hielten, soll von dem kolossalen Nordländer äußerst angezogen gewesen sein. Er jedoch war der Reize der alternden Dame bald überdrüssig und entfloh nach Rußland zu seiner früheren Geliebten, der Tochter des Großfürsten von Nowgorod. Von dort begab er sich über Norwegen nach England und fiel dort in der Schlacht von Stamfordbridge.

Geht man die Stadtmauer ein Stück in östlicher Richtung entlang, trifft man auf das *Tor der Anna Palaiologína* (14. Jh.), so genannt nach der Gemahlin des Kaisers Andrónikos III. Es führt in den Bezirk der stark befestigten byzantinischen und türkischen Burg mit ihren bis zu 10,50 m hohen Mauern. Die Ruinen des *Eptapýrgion*, des ›Schlosses der sieben Türme‹, lag im Osten auf der höchsten Erhebung. Der Mittelturm, der gewaltigste – und heute ein Gefängnis – wurde von den Türken 1431, ein Jahr nach ihrer Eroberung der Stadt erbaut. – Im Winkel, wo sich Nord- und Ostmauer treffen, erhebt sich der ›Kettenturm‹, der seinen türkischen Namen *Gingirli Kule* behalten hat, ein wehrhafter Rundturm. Von hier fällt die mächtige Befestigung um die Oststadt fast gradlinig zum Meer hinab und endet am ›Weißen Turm‹. In ihrem oberen Drittel hat sich der *Hormisdas-Turm* gut gehalten, so genannt nach einem Sassaniden-Fürsten, der unter Kaiser Theodosios (378-395) als Statthalter amtierte und zufolge einer Inschrift aus Ziegel-Buchstaben am Oberteil des Turmes »die Stadt mit unzerstörbaren Wällen vollständig befestigte«. Die damalige Mauerführung hat nie mehr wesentlich verändert werden müssen. Nur Ausbesserungen, auch Verbesserungen oder geringfügige Ausdehnungen wurden zu allen Zeiten, auch von den Türken, vorgenommen.

Der Weg hinab vom ›Kloster der Vlatádes‹ führt mitten durch das einstige Türkenviertel mit seinen steilen, gewundenen Gäßchen, offenen Abwasserleitungen und den Höfen mit ihren Weinspalieren. Baufällige Holzbalkone, die auf konsolenähnlichen Trägern ruhen, springen aus dem ersten Stockwerk der Häuser hervor. Priester mit hohen Hüten steigen die Treppengassen hinauf, Tauben gurren in mauerumschlossenen Gärten, Kinder mit großen schwarzen Augen schauen neugierig aus dem Schatten verkümmerter Akazien hervor, und von Flöhen wimmelnde Esel, die mit Gemüsekörben beladen sind, klappern mit ihren Hufen über die Pflastersteine. Nur die Hodschas mit ihrem roten Fez sind aus dem Straßenbild verschwunden. Über allem liegt ein merkwürdiger Geruch von Staub, Katzen, faulendem Gemüse und Abfall, vermischt mit dem Duft von Jasmin und Syringen. Hin und wieder kracht in das einschläfernde Summen dieses zeitvergessenen Lebens der Lärm eines Preßluftbohrers. Die Greifarme des Fortschritts kriechen erbarmungslos die Anhöhe hinauf.

Westlich des Klosters, durch das Gewirr einiger Gäßchen, in denen man sich den Weg erfragen muß, kommt man zur verstümmelten *Hosios David-Kirche*, die über den Resten eines römischen Tempels erbaut wurde. Dieser fast quadratische Kuppelbau, der sich damals an die ehrwürdige Apsis einer vorangegangenen Basilika anschloß, war die Kirche des heute verschwundenen Klosters ›Christou tou Latmou‹. Wegen des hervorragenden Mosaiks in der alten Apsis aus der Zeit um 500 ist sie berühmt.

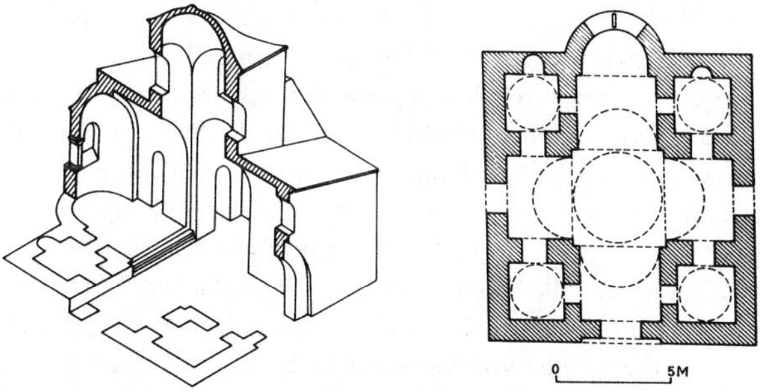

110 Hosios David (5. Jh.).

(Nur noch in einer Seitenkapelle von S. Lorenzo in Mailand kennt man ein ähnliches, gleich frühes Apsis-Mosaik.) Dargestellt ist die ›Vision des Propheten Ezechiel‹.

Der jugendliche Christus sitzt im himmlischen Licht der Mandorla auf einem Regenbogen, umgeben von den Symbolen der vier Evangelisten. Zur Rechten sinnt der Prophet Habakuk über einem Text, links hebt der Prophet Ezechiel in erschrockenem Staunen die Hände zum Gesicht, halb in betendem Gestus, halb überwältigt von der Heilserscheinung in der Glorie. Zu Christi Füßen ergießen sich die Ströme des Paradieses in den babylonischen Fluß Chabovas, in dessen Wassern der entsetzte Flußgott sich zur Flucht wendet. Als Farbklang überwiegt eine subtile Mischung von Blau, Grau und Grün, mit einem Hauch von Gold, Orange und Blaßgelb. Der bartlose Christusjüngling und die ausdrucksstarke, völlig gelöste Bewegung der Propheten zeigen, wie eng sich die Mosaizisten an der antiken Tradition orientiert haben.

Die Kirche umgibt ein kleiner gepflegter Garten mit Basilikum und Fuchsientöpfen. Eine schwarzgekleidete alte Frau, die nebenan wohnt, hat den Schlüssel. Ihr olivenfarbenes, pergamentartiges Gesicht erstrahlte in verzücktem Lächeln, als sie meine Kamera sah, und ich photographierte sie natürlich. Sie erzählte mir von ihrer Flucht aus Kleinasien im Jahr 1922, vom Massaker, das die Türken unter den Griechen und Armeniern anrichteten und vom Brand in Smyrna. Sie war eine aus der halben Million Flüchtlinge, die sich in Makedonien angesiedelt hatten und träumte noch immer von ihrer verlorenen Heimat.

In westlicher Richtung weitergehend fragen wir uns durch zur

Kirche des Propheten Elias. Sie stammt wahrscheinlich aus dem 14. Jh. und gehörte ebenfalls früher zu einem Kloster. An das Mittelquadrat des Kreuzkuppelbaus schließt sich, wie stets, im Osten die Apsis an. Neu für uns ist die Lage der Seitenapsiden, die als ›Konchen‹ aus der Nord- und Südwand hervorspringen. Dieser Kleeblattform des Grundrisses werden wir noch häufig auf dem Berg Athos begegnen, auch dem großräumigen Narthex, der ›Líti‹, in der sich die Mönchsgemeinde zu einfachen Gottesdiensten, auch dem Totenritual versammelten. – In den vergangenen Jahren ist die Kirche von klobigen Stützmauern befreit worden und beeindruckt nach langer Entstellung durch die reich profilierte Plastizität ihres Baukörpers.

Wiederum westlich, und wie die Elias-Kirche nahe der nordwestlichen Stadtmauer, liegt die *Hagia Aikateríni* oder St.-Katharinen-Kirche, ein eleganter, besonders in seiner Außengliederung sehr harmonisch wirkender Kreuzkuppelbau vom Ende des 13. Jhs. Über dem dreiseitigen inneren Umgang sitzen vier kleinere Kuppeln, an jeder Ecke eine, überragt von der hoch angesetzten Mittelkuppel mit ihrem reizvollen Wechsel von Blend- und Fensterarkaden.

Auch die Mauerflächen sind von doppelten und dreifachen, hochgezogenen Bogenordnungen durchbrochen und damit fast aufgelöst. Qualitätvolle Fresken, kurz nach der Erbauung entstanden, haben sich leider nur fragmentarisch erhalten. Noch gar nicht lange wieder freigelegt, können sie als gutes Beispiel für die ›Makedonische Malerei‹ gelten, die von Thessaloniki ihren Ausgang nahm.

Unser nächstes Ziel ist die Kirche der *Hagioi Apóstoloi.* Man suche zur Odos Hagiou Dimitríou zu kommen und verfolge sie in westlicher Richtung fast bis zu ihrem Ende, wo linkerhand etwas zurückliegend ein kleiner Platz auftaucht. Dort erhebt sich die Apostel-Kirche auf dem alten, tiefer liegenden Stadtniveau, inmitten von Blumenbeeten und Orangenbäumen. Bei sinkender Sonne wässert ein Pope mit einem Nylonschlauch das blühende Grün, und die Frauen finden sich allmählich zur Vesper ein. Gleich Hagios Demetrios ist die Apostelkirche, wenn auch in bescheidenerem Ausmaß, ein viel besuchtes, lebendiges Gotteshaus.

Als Bau, zwischen 1312-1315 vollendet, steht sie der Katharinen-Kirche nahe. Die Außenwände, vor allem die Westfassade,

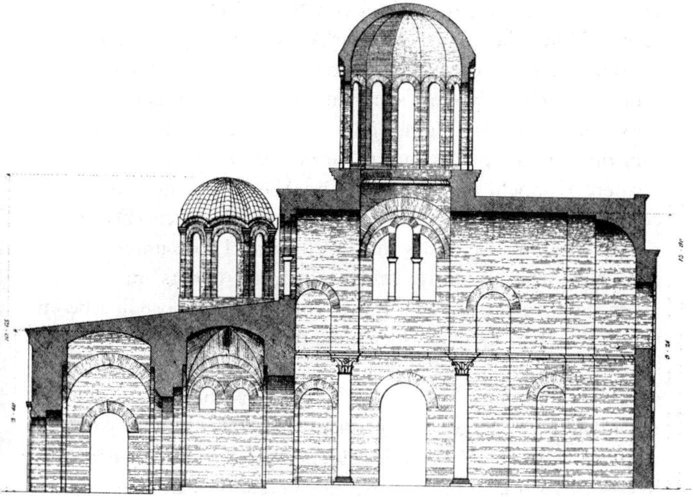

111 Die Apostel-Kirche (Anfang des 14. Jhs.). Längsschnitt und Grundriß.

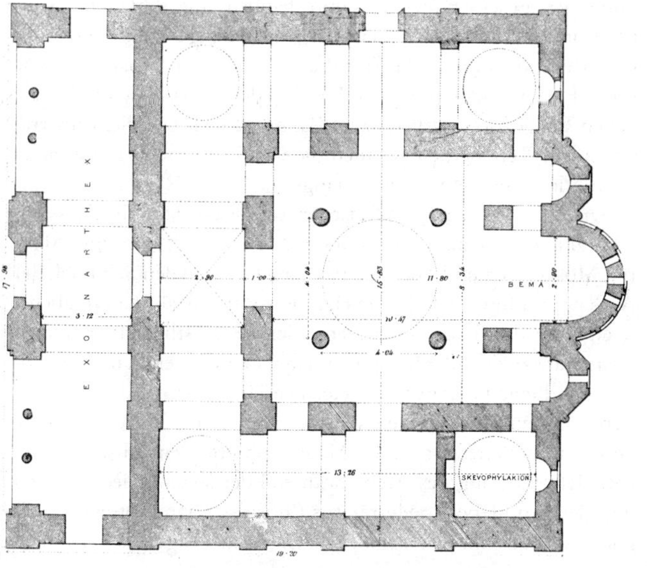

zeigen den anmutigen Wechsel von Mauerfläche und sie in ihrer ganzen Höhe gliedernden Blendarkaden und Bogenfenster. Eine Besonderheit sind die vier schlanken Säulen mit den theodosianischen Kapitellen zwischen den Fenstern, mit denen der Exo-Narthex sich fast wie eine Loggia öffnet. Mit hohem Tambour stemmt sich die Mittelkuppel von den Gewölben der Kreuzarme. Vier kleinere Kuppeln umgeben sie. Das Mauerwerk der Kirche ist eine Meisterleistung aus Quader-, Hau- und Backstein. Das dekorative Zusammenspiel des in Struktur und Farbe unterschiedlichen Baumaterials dürfte seinen Ursprung bereits im 10. und 11. Jh. haben, aber erst im 13. Jh. – und bei der Apostelkirche im frühen 14. Jh. – handhabt der byzantinische Baumeister die verschiedenen Einsatzmöglichkeiten virtuos und mit dem formenden Geschick eines Mosaizisten. Anderem, ähnlich erfindungsreich belebtem Mauerwerk werden wir in Kastoría und Arta begegnen. – Der zurückhaltende Schmuck und die Majestät der frühbyzantinischen Basilika gehören der Vergangenheit an.

In Thessaloniki stellt die Apostel-Kirche einen Höhepunkt der Entwicklung während der Palaiologenzeit dar: der plastische Bauschmuck doppelter und dreifacher Zickzack-Leisten aus Ziegeln unter den geschwungenen Kuppelhauben; die schlanken Säulchen und Kapitelle zwischen den feinsinnig gestuften Blendbögen. Besonders die in die Wand eingezeichneten Muster der wie breite Flechtbänder verlegten Ziegel an der Apsis steigern die zierlichen Proportionen zu graziler Anmut. Doch bei allem überraschendem Reiz bergen sie auch die Gefahr der sich auflösenden Form, den Keim eines Niedergangs.

Die letzte Phase schöpferischen Kunstschaffens in Thessaloniki fällt zeitlich zusammen mit der *Hesychasten*-Bewegung. Maurer, Mosaizisten und Maler legten noch Hand an den Schmuck der Außen- und Innenwände von Hagioi Apóstoloi, als der Glaubensstreit über die Stadt hereinbrach, der die geistlichen Herren in Gegensatz zueinander brachte und ihre Gemeinden in unversöhnlich feindliche Gruppen spaltete. Die Hesychasten, deren Name sich von dem griechischen Wort ›Hesychía‹ für Ruhe und Stille herleitete, widmeten sich der Meditation und dem einsamen Gebet. Beherrschung des Atems während der steten Wiederholung des gleichen Gebets: »Herr Jesus Christus, Sohn Gottes, sei mir gnädig«, die Beobachtung gewisser Gebetshaltungen, halfen ihnen, den Zustand der Versenkung zu erreichen. In ihm war im Gefühl unsagbarer Seligkeit das göttliche Licht zu schauen, jenes überirdische Licht, das die Apostel auf dem Berg Tabor geschaut hatten. Kaum besser als aus einer Hymne des Gregor von Nazianz, dem fast tausend Jahre zuvor die Erfahrung mystischer Entrükkung zuteil geworden war, läßt sich die fromme Sehnsucht eines Hesychasten begreifen:

»Einsam, nicht mit der Welt vermischt,
Spricht er ständig mit Gott allein.
Schauend wird er geschaut, liebend wird er geliebt;
Zu Licht ist er, zu unaussprechbar glitzerndem, geworden.
Gesegnet, fühlt er sich umso ärmer;
Obgleich er nah ist, bleibt er doch fremd.
O Wunder, seltsam und unerklärbar allerwege.«
(zitiert nach P. Huber, ›Athos‹)

Der Mensch, erklärten sie, bete nicht nur mit seinem Willen und seinen Geisteskräften, sondern auch mit dem ganzen Körper und seinen Gefühlen. *Gregórios Palamás* (1296-1358), ein Mönch vom Berg Athos, später Metropolit von Thessaloniki, war ein fortschrittlicher Theologe und als bedeutendster Verfechter des Hesychasmus erklärte er, es gebe göttliche ›Energien‹, wie Gnade, Liebe, erleuchtende Erkenntnis. Gott selbst zwar sei transzendental und in seinem Wesen nicht faßbar, aber seine ›Energien‹ wirkten in die Welt, offenbarten sich den Menschen, seien ein ›Mittleres‹, das Vermittelnde zwischen Gott und Mensch. Sein Gegenspieler, der aus Kalabrien stammende *Mönch Varlaam*, ein scharfer, aristotelisch geschulter Denker, dazu disputierfreudig, ja zanksüchtig, vertrat demgegenüber die Ansicht einer strengen Trennung zwischen Diesseits und Jenseits, welche die Existenz eines ›Vermittelnden‹ nicht zulasse. Der Kampf der beiden Richtungen erfüllte das ganze 14. Jh. Schon in den vergangenen Jahrhunderten hatte Saloniki mit seinen heftigen theologischen Auseinandersetzungen, die häufig bürgerkriegsähnliche Zustände annahmen, nur der Hauptstadt Konstantinopel nachgestanden. Vor den Altären der Apostelkirche, von Hagios Demetrios und der Hagia Sophía erhoben die Priester, ›Palamiten‹ und ›Varlaamiten‹, die Fäuste gegeneinander, beschuldigten sich der Ketzerei, und es kam wahrhaftig zu Tätlichkeiten. Die Einheit der Kirche war ernstlich bedroht, und in Konstantinopel und Thessaloniki brachen selbst Familien nach bester Tradition griechischer Parteienpolitik in zwei Lager auseinander.

Zur Lösung des Konflikts wurden 1341 zweimal Konzilien einberufen. Aber die getroffenen Entscheidungen zeigen, daß sich der theologische Streit inzwischen auch mit den politischen Machtkämpfen im Kaiserreich verwoben hatte. Hesychasten und Antihesychasten hatten sich quer durch die eigenen Lager in politische Parteigänger gespalten, die sich zum Teil hinter den Palaiologenkaiser stellten, oder den Gegenkaiser aus dem Haus der Kantakoúzenos unterstützten. Eigentliche Ursache der Ausweitung des religiösen Streites in einen politischen Streit war jedoch der klaffende Abgrund zwischen aristokratischer Oberschicht und verarmten Volksmassen. Ein tiefer Riß in der sozialen Struktur trennte das gesamte byzantinische Reich in sich erbittert bekämpfende Parteien. Besonders in Thessaloniki loderte der Kampf der *Zeloten,* der straff geführten Volkspartei gegen Adel und Magnatentum und damit gegen die Herrschenden in Konstantinopel. Jahrelang konnte die Zelotenpartei die Stadt sogar nach eigenem Gesetz regieren.

Auch die Entwicklung der Kunst blieb von den aufwühlenden Ereignissen nicht unberührt. Hesychastische Mystik, die im menschlichen Körper nichts Schlechtes oder Böses sah, kam dem Verlangen der Zeit nach Lockerung des streng liturgisch festgelegten Bildkanons, dem Streben der Künstler, Bewegung und Ausdruck zu gestalten, stützend entgegen.

Vor diesem historischen Hintergrund gewinnen die Malereien und Mosaiken der Hagioi Apostoloi-Kirche, im Stil charakteristisch für die sogenannte ›Palaiologische Renaissance‹, ein zusätzliches Interesse. Meisterwerke der darstellenden Künste sind im 14. Jh. zwar nur in Konstantinopel zu finden, aber die Apostel-Kirche macht eine bedeutende Ausnahme und ihre Wandbilder und Mosaiken gehören mit zu den letzten großen Werken byzantinischer Kunst. Im ganzen Zyklus liegt der Nachdruck durchweg auf körperlicher Bewegung und nervöser Spannung. Auf dem ›Einzug in Jerusalem‹ in dem Tonnengewölbe unter der Kuppel eilen die Ältesten vor einem Hintergrund von Türmen, Dächern und Kuppeln der Prozession entgegen; die Kinder, die ihre Kleider vor dem Esel auf den Weg ausbreiten, und der kleine Junge, der auf dem Baum Zweige abschneidet, nehmen akrobatische Haltungen ein wie die mittelalterlichen Possenreißer und Spaßmacher, die an den Straßen eines königlichen Umzugs Purzelbäume schlagen. – Ein wundervolles Muster konzentrischer Bänder aus Blattwerk und geometrischen Figuren trennt den ›Einzug in Jerusalem‹ von der ›Verklärung Christi‹, auf welcher man in den von der Christus-Figur auf der Spitze des Berges Tabor ausgehenden Strahlen einen Widerschein des Lichtes zu sehen glaubt, das die Hesychasten in ihrer Versenkung zu schauen suchten. – In der Nordwölbung ist die Szene von ›Christus in der Vorhölle‹ recht dramatisch gestaltet. Des Auferstandenen gold- und olivengrünen Mantel weht ein Wind zurück, während er den alten Adam emporhebt. Eva steht mit ausgestreckten Händen vor einer Menschenmenge, die von Abel und einem Propheten angeführt wird. Im Grün, Braun und Gold der Gewänder sitzen leuchtende Flecken von Perlgrau. – In der Südwölbung ist ›Christi Geburt‹, an der Westwand über dem Hauptportal der ›Marientod‹ geschildert. Leider ist der Pantokrator in der Kuppel stark zerstört. Unter ihm sind die Propheten, mit Schriftrollen in den Händen, aufgereiht. Von den vier Evangelisten in den Gewölbezwickeln ist der nachdenkliche Matthäus, der in der Schöpfungsgeschichte liest, am besten erhalten. Die Farbgebung ist durchweg gedämpft und subtil und stützt sich auf Grau- und Beigetöne, Korallenrosa und blasses Heliotropblau. Das Fehlen heller und kräftiger Farben läßt die Kühnheit der Umrißzeichnungen besonders stark hervortreten; gelegentlich ist im Ausdruck der Gesichter etwas von dem bedeutungsvollen Ernst zu entdecken, der an die Engel und Propheten auf den konstantinopolitanisch-großartigen Mosaiken des 11. Jhs. von Daphni erinnert.

Es bleibt uns noch der Weg zu der in der zeitlichen Reihenfolge letzten unter den bedeutenden Kirchen Salonikis, der *Hagios Nikólaos Orphanós*. Der Odos Hagiou Dimitríou nach Nordosten bis etwa zu ihrem Ende folgend, zweigt man ins Türkenviertel ab.

Um sich im Gewirr der Gassen nicht zu verlieren, ist es ratsam, mit einem Taxi zum Kallithéa-Platz zu fahren. Sollte man dabei durch die Odos Apóstolou Pávlou kommen, wird man neben dem türkischen Konsulat das Geburtshaus Mustafa Kemals, des Atatürk, ›Vaters der Türken‹ finden, der hier als der Sohn eines Zollbeamten aufwuchs. – ›Hagios Nikólaos‹ besticht nicht durch seine

Architektur, sondern durch die hervorragenden Fresken des frühen 14. Jhs. Das schlichte Kirchlein, ein hoher holzgedeckter Mittelraum mit einem dreiseitigen Umgang, liegt versteckt inmitten von Disteln und Unkraut in einem vernachlässigten Garten, und den Schlüssel holt man sich im Archäologischen Museum. Es gehörte zu einem Kloster, das ein reicher und einflußreicher Mönch nach 1300 gegründet hatte. Gute Beleuchtung und die winzigen Ausmaße der Kirche gestatten es, die Details so genau und eingehend zu betrachten, wie es in hohen oder dunklen Wölbungen anderer Kirchen oft nicht möglich ist.

Über die Ostwand des Narthex erstrecken sich zwei Bänder kleiner Kompositionen, die von den Wundertaten des Heiligen Nikólaos erzählen. Dieser lykische Bischof war der Freund der Kinder und Schutzheilige der Seeleute, Kaufleute und Pfandleiher. Der Zyklus beginnt mit der Geburt des Heiligen und endet mit seinem Tod und ist voller lebendiger Bilderbuch-Details. Man sieht ihn zum Beispiel in einem von fünf Männern geruderten Boot, wie er zu dem gefährlich geblähten weißen Segel aufblickt und sich anschickt, eine Phiale wundertätigen Öls ins stürmische Meer zu schütten. Die Fresken im südlichen Umgang stellen Szenen aus dem Leben Christi dar: der ›Samariterin am Brunnen‹ oder der ›Hochzeit zu Kana‹. Hier sitzt das Brautpaar, gekrönt und in olivgrüne, scharlachrote und weiße, mit Juwelen besetzte Gewänder gekleidet, an einem reich geschmückten und mit Speisen beladenen Tisch, während die Muttergottes Christus ins Ohr flüstert: »Sie haben keinen Wein mehr«. Den nördlichen Umgang schmückt ein Bilderzyklus zum Marienleben und zum *Akáthistos-Hymnos* – einem herrlichen 24strophigen Lobgesang auf die Gottesmutter.

Erstmals stimmte ihn das bedrängte Volk von Konstantinopel an, als 626 die Awaren vor den Toren standen. Während der langen Nacht vor der entscheidenden Schlacht beteten und sangen sie ›a-kathistos‹ (ohne zu sitzen) den neuen Hymnus vor einem Marienbild, das am folgenden Morgen, dem Feind entgegengetragen, zu wunderbarem Sieg verhalf. Seither, und nun hochverehrt, heißt die Ikone ›Panhagía des Akáthistos-Hymnos‹; wie damals in der Nacht der Not wird er bis heute stehend angestimmt. Die Freskenmaler setzten die bildhaften Anrufungen dieses Preisliedes in ihre Sprache um. In Nordgriechenland, besonders auf dem Berg Athos, bereichert der ›Zyklus zum Akáthistos-Hymnos‹ die Darstellung des ›Marienlebens‹. Hier in Nikólaos Orphanós begleitet der Text der Versstrophen über den Dächern und Kuppeln des Hintergrundes die einzelnen Szenen.

Die Ausschmückung des Hauptschiffs, die eine erstaunlich große Farbenskala umfaßt, wird beherrscht von der ›Göttlichen Leitourgía‹, von Christus als Erzpriester mit dem Brot des Lebens und einer Muttergottes, die von zwei bewundernden Engeln flankiert auf einem goldenen Podium in der Apsis steht: eine achtunggebietende Erscheinung in goldgesäumtem Gewand, mit ausgebreiteten Armen und einem Gesichtsausdruck, der alle Sanftheit, Gelöstheit, ja Weichheit widerspiegelt, den die Maler der Palaiologenzeit den herben, fast verschlossenen Zügen vergangener Epochen vorzogen. Die Szenen aus dem Dodekaéorton entfalten sich eindrucksvoll im Mittelschiff: oberhalb der Eingangstür der ›Tod Mariens‹, darüber ›Einzug in Jerusalem‹, ›Verklärung auf dem Berge Tabor‹ und ›Kreuzigung‹, überhöht von der ›Himmelfahrt‹; an anderer Stelle die ›Geburt Christi‹, auf der trauliche Details um die Krippe ausgesponnen werden, wie die Ankunft der Heiligen Drei Könige; die bäuerlichen Hirten, die der Kunde lauschen; das Bad des Kindes in einem kunstvollen Taufbecken, in welches ein Bediensteter aus einer goldenen Gießkanne Wasser gießt, während eine Frau die Hand ins Wasser taucht, um die Temperatur festzustellen; der meditierende Joseph – und so fort. An der Ostwand des südlichen Umgangs hält Christus ein offenes Evangelienbuch in Händen. Jede Spur der unpersönlichen Strenge vorangegangener Jahrhunderte ist aus seinem Antlitz verschwunden. Sein gütiger, wohlwollender Gesichtsausdruck ist überall in der Kirche der gleiche. Dies läßt vermuten, daß ein einziger Künstler immer von dem gleichen Idealbild ausgegangen ist.

All dies zeigt sich in kleinem Maßstab und vermittelt dennoch einen großartigen Eindruck von der Entwicklung der Malerei in ihrer letzten Phase vor dem Ende von Byzanz. Die Farben sind von der Üppigkeit des Pfauengefieders. Limonengrün wetteifert mit Siegellackrot, dunkles Violett geht in helle Amethyst-Töne über, und die graubraunen, kastanienfarbenen, braungelben und kupfrigen Töne der goldgesäumten Gewänder glühen und leuchten gegen tintenblaue Hintergründe. Die Gestalten der Heilsgeschichte, denen Heilige, Heiligmäßige und Propheten dienen, sind ganz gewöhnliche Menschen – schön, froh, nachdenklich, verspielt, schlau und durchtrieben, träg oder lustlos – die alle eine Lebensgeschichte haben. Um nur ganz Beliebiges auszuwählen: der rundliche, pausbäckige verschwenderisch ausstaffierte Page, der in der ›Anbetung der Heiligen Drei Könige‹ die Pferde am Zügel hält; die Apostel mit ihren Adlernasen auf der ›Fußwaschung‹; der abscheulich drohende Kaïphas, der den Juden den Rat erteilt, es sei »tunlich, daß ein Mann für das Volk sterben solle«; der gelangweilte, gleichgültige Pilatus, der sich die Hände wäscht; der schöne mitfühlende Christus, der den Frauen im Garten erscheint; die Leidtragenden auf dem ›Tod Mariens‹; oder irgend einer der Heiligen auf der unteren Zone: der Heilige Kýrillos der Almosenspender, Hagios Theódoros der Neuling und Hagios Theódoros Stratelátes, der Prophet Daniel und der jugendliche Demetrios, die Heilige Katharina und die Heilige Irene in prachtvollem Kaiserinnen-Ornat. Sie sind alle höchst realistisch und ohne weiteres in ihrer Individualität zu erkennen. Man erblickt ihre Gesichter tagtäglich auf den Straßen von Thessaloniki.

West-Makedonien

XXI

Pella, 567 – Édessa, 573 – Königsgräber bei Levkádia, 574 – Mïeza, 577 – Béroia, 578 – Vergína, Palatítsa, 581 – Siátista, 582 – Kastoriá, 585 – Panhagía Mavriótissa, 594

Die Wälder, Seen und schneebedeckten Gebirgszüge dieser nördlichen Provinz sind wohl auch dem Vielgereisten kaum bekannt. Über der vielgestaltigen Landschaft hat sich der Hauch des ›klassischen Griechenland‹ schon fast verflüchtigt, scheint die Exaltation des Lichtes uber der Blaue der Ägais vom Grun der Vegetation wieder zu satterer Kraft zurückverwandelt. Es ist eine Fahrt in die Randgebiete des Balkan.

Von Saloniki aus gabelt sich nach 27 km die Straße. Vom nördlichen Zweig sei hier nur erwähnt, daß er mehr oder weniger parallel mit dem Axiós (Vardar) durch welliges Land nach Evzóni, der Grenzstation nach Jugoslawien führt. Wir folgen der Route in Richtung Giannitsá zu unseren neuen Zielen im westlichen Makedonien, überqueren den Axiós und kommen dann ins Sumpfland um die alte verschwundene Stadt Emathía. Vor nicht allzu langer Zeit war dies eine Brutstätte der Malaria-Moskitos. Jetzt grasen Herden von Wasserbüffeln im flachen baumlosen Weizenland. Im Süden türmt sich im Dunstschleier der Olymp auf, im Westen begrenzt das Vérmion-Gebirge mit seinen dichten Wäldern den Blick.

Während der Blütezeit des makedonischen Reiches (360-168 vor Chr.) lag hier einst die Hauptstadt *Pella*. In den Wiesen und Feldern liegen die Grundmauern hellenistischer Häuser, die sich einst in das übersichtliche Netz sich rechtwinklig schneidener Straßenzüge ordneten. Es ist keine sehr erhebende Stätte. Zwischen der niedrigen Akropolis im Norden und einem Hügel im Süden, auf dem man den Palast der makedonischen Könige vermutet, donnern die Lastwagen und Autobusse auf der Fernstraße. Akropolis und Palast sind noch nicht aufgedeckt, auch nicht das Theater, in dem die ›Bakchen‹ des Euripides zum ersten Mal aufgeführt wurden. Im Palast wurde Alexander der Große geboren, an eben jenem

Tag – so zitiert Plutarch den Schriftsteller Hegésias aus Magnesia – da der Tempel der Artemis in Ephesos von einer Feuersbrunst zerstört wurde. Plutarch berichtet, von Panik ergriffene Magier seien durch die Straßen gerannt, »schlugen sich ihre Gesichter und schrien, Verderben und großes Unheil für Asien habe dieser Tag hervorgebracht«.

Alexanders Mutter Olympiás war den ekstatischen Kultbräuchen der thrakischen Frauen zugetan, »und nahm bei den Auszügen große zahme Schlangen mit, welche dann oft aus dem Efeu und den mystischen Körben hervorgekrochen kamen, sich um die Thyrsosstäbe und Kränze der Frauen schlängelten und die Männer erschreckten« (Plutarch). Schlangen spielten in der Mythologie von Pella eine wichtige Rolle; mit einem dieser zahmen Reptilien gewahrte Philipp eines Tages seine Gattin in so eindeutiger Stel-

West-Makedonien

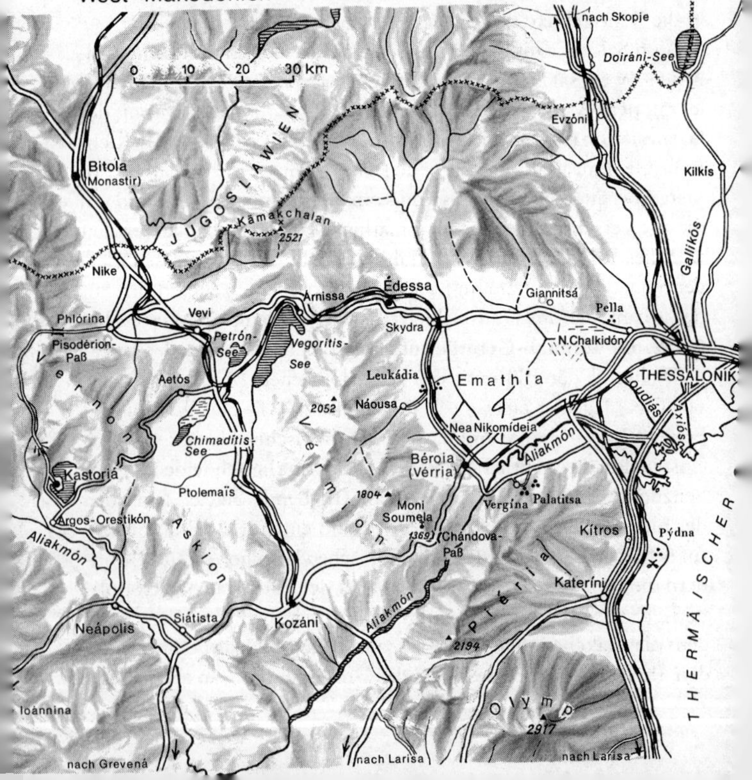

lung, daß er annahm, sie habe Umgang mit einem verkappten Gott. Wie auch immer, Schlange oder Gott – die erstaunliche Frau brachte genau neun Monate später den Sohn Alexander zur Welt.

Auch von dem politisch hochbegabten und strategisch erfolgreichen Philipp berichtet Plutarch allerhand Seltsames. Das Odium makedonischen ›Barbarentums‹ hat er wohl nie abschütteln können. Er muß ausschweifend gelebt haben, und eines Tages muß dies Alexander so in Zorn gebracht haben, daß der junge Prinz, der sich gegenüber der väterlichen Autorität nie sonderlich unterwürfig zeigte, eine Trinkschale ergriff und sie gegen den Vater schleuderte. Philipp, vom Wein bereits umwölkt, versuchte dem Wurf auszuweichen. Dabei rutschte er aus und rollte auf den Fußboden, worauf Alexander den Anwesenden verächtlich zurief: »Dieser Mann, ihr Leute, rüstet sich, von Europa nach Asien hinüberzugehen, und jetzt ist er hingefallen, da er von einem Speisesofa aufs andere steigen will.« Es stand im Palast von Pella nicht gut um die Familieneintracht, und bald nach diesem Zwischenfall befanden Alexander und seine Mutter – für die er stets Partei nahm –, daß sie Philipps Lebensführung nicht mehr ertragen konnten. Olympiás zog sich nach Epiros zurück, wo sie zwischen ihren Schlangen vor sich hin brütete, und Alexander machte sich auf den Weg nach Illyrien.

Im Altertum zogen sich durch das Sumpfgebiet um Pella schiffbare Gräben, die vom Akropolis-Hügel bis zum Thermäischen Golf führten. Während des größten Teils des Jahres ist Pella ein glühend heißer Ort, und möglicherweise war dieses Klima an Alexanders »sehr warmer und feuriger Mischung der Säfte in seinem Körper« schuld, wie Plutarch meint, der uns versichert, sein Atem und sein ganzer Körper habe »einen Duft ausgeströmt, der sich auch seinen Kleidern mitteilte«. Der Boden ist heute knochentrocken, so daß man der Schilderung von Livius folgen muß, um sich vorzustellen, daß die Zitadelle sich »wie eine Insel aus dem Teil des Sumpfes erhoben hat, welcher der Stadt am nächsten lag; und sie war auf einem riesigen Erdaufwurf errichtet, der jeder Beschädigung durch Wasser Trotz bot.« Livius spricht auch von einem »nassen Graben«, über den eine einzige Brücke führte, »so daß sich dem Feind keinerlei Zugang bietet und kein Gefangener zu entfliehen vermag«.

Neueste Nachrichten über die alte Stadt erreichten in den Sechziger Jahren unseres Jahrhunderts eine breitere Öffentlichkeit, da bald nach Beginn der *Ausgrabungen in Pella* großartige *Kieselmosaiken* ans Tageslicht kamen. Der luxuriöse Fußbodenbelag hatte in hellenistischer Zeit noch die Qualität des Exklusiven, verbreitete sich aber rasch und gehörte in römischer Zeit in fast jedes standesgemäße Haus. – Rechts von der Straße trifft man auf einen Komplex von Gebäuden, in denen die Kieselmosaikböden mit rein ornamentalem Schmuck noch meist ›in situ‹ liegen. Streng geometrische Muster setzen sich in den natürlichen Kieselsteinfarben – Weiß, Grau, Grün – ab und wirken wie große Teppichflächen. Sie müssen sehr vornehm in dem klaren architektonischen Rahmen gewirkt haben. Als Material für die Bauten diente Muschelkalkstein aus der Umgebung, der mit feinem Stuck überzogen war. Aufgefundene Teilstücke vom Verputz, von Bronzetüren und reliefierten Marmorfragmenten legen nahe, daß die vielen Zimmer, die sich um eine Folge von Innenhöfen reihen, von wohlhabenden Herren oder hohen Staatsbeamten bewohnt waren.

Am eindrucksvollsten und gut vorstellbar in seinen Ausmaßen, gerade auch wegen der wiederaufgerichteten ionischen Säulen des Peristyls, ist das *Haus der Löwenjagd,* so genannt nach der Mosaikszene, die den Boden im Raum westlich des Hofes mit dem Rhomben-Kieselmuster schmückte. Die ›Löwenjagd-Szene‹ bewahrt – wie auch alle anderen figürlichen Mosaiken – das neue Museum in Pella. Geschildert ist ein höchst dramatischer Augenblick: der Löwe hat seine Pranke in das Bein eines jungen Mannes geschlagen, ein zweiter Jüngling mit erhobenem Schwert kommt ihm zu Hilfe. Oft wird vermutet, daß der Jäger mit der alt-makedonischen Kopfbedeckung Alexander sei, dem einst auf einer Löwenjagd bei Susa sein Freund Kráteros beistand. Nichts allerdings deutet auf die Gesichtszüge des jungen Welteroberers hin, wie sie uns von der antiken Kunst überliefert wurden. Doch warum sollte die schnell bekannt gewordene Jagdepisode (später noch mehrfach Objekt der Darstellung), hier nicht schon aufgegriffen worden sein.

Auf einem zweiten Mosaik, ehemals im anschließenden Raum, reitet *Dionysos auf einem Panther*. Mit seinem Thyrsosstab in der Hand, ist der Gott hier als ein etwas weicher junger Mann abgebildet. Sein unathletischer Körper steht in auffallendem Kontrast zu der gespannten Grazie des mit einem mächtigen Satz nach vorn

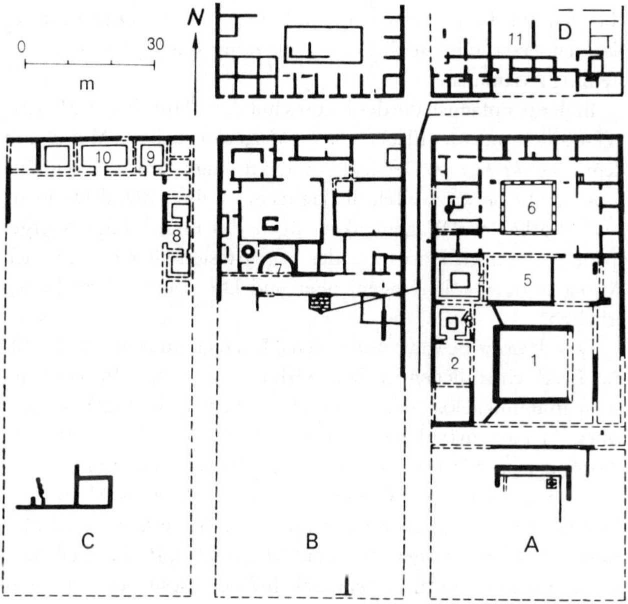

112 Pella. Die antiken Häuser nördlich der Hauptstraße.

1 Großer Hof - **2** Mosaikboden mit Hirsch und Greif - **3** Dionysos-Mosaik **4** Löwenjagd-Mosaik - **5** Rhomben-Mosaik - **6** Hof mit ionischem Säulenumgang - **7** Exedra - **8** Mosaikboden mit Amazonomachie - **9** Hirschjagd-Mosaik - **10** Raub der Helena-Mosaik - **11** Läden.

springenden Panthers. Die Schönheit des sich als Zeichnung in der Fläche entfaltenden Dionysos-Mosaiks beruht auf der eleganten, in sich schwingenden Linienführung.

Eine großartige *Hirschjagd* zierte einstmals den Fußboden eines der anderen großen Häuser. Dieses Kieselbild ist jünger als die ›Löwenjagd‹. »Gnosis hat es gemacht« steht am oberen Rand zu lesen. Lebendige Bewegung, plastische Wiedergabe, hervorragend komponierte räumliche Überschneidungen nehmen bei dieser Darstellung gefangen, auf der zwei Jünglinge, mit Schwert und Doppelaxt bewaffnet, gerade den Hirsch gestellt haben. Umrahmt ist die Szene von einem breiten Rankenornament aus köstlich zarten Verschlingungen von Pflanzenstengeln und graziösen Blüten. Die durchsichtige Leichtigkeit des Schmuckbandes läßt das eng zusammengedrängte Geschehen der Mittelszene um so eindringlicher wirken. Eine kräftige äußere Leiste mit dem Ornament des ›Laufenden Hundes‹ schließt lineares Gespinst und plastische Darstellung zusammen.

In der Empfangshalle des Hauses mit dem ›Hirschjagd-Mosaik‹ befand sich auf einer Fläche von 6,36 x 2,80 m auch das Mosaik mit dem *Raub der Helena*. Gepackt von ihrem ungestümen Freier Theseus streckt sie verzweifelt die Hände nach ihrer Magd Deianeira aus. Phorbas der Wagenlenker zügelt das ungeduldige Viergespann, das seinen Herrn mit der begehrtesten aller Frauen nach Attika bringen soll. Wagenlenker und Dienerin sind am besten erhalten.

Das *Museum* bewahrt außer den Mosaiken auch andere Funde aus Pella: einen liegenden Marmorhund aus dem 5. Jh. vor Chr., entspannt und gelöst, dabei von einer Art lauernder Wachsamkeit; einen kleinen männlichen Torso mit schönem hellenistischem Kopf, der nach Ansicht einiger Fachgelehrter dem jungen Alexander ähnelt. Unter der Bronze-Kleinplastik ist ein geschmeidiger kleiner Panther, der einen Hirsch reißt, ein bemerkenswertes Meisterstück. Ferner mögen Architekturfragmente, Proben hellenistischer Stuckmalerei und Schmuck für den Besucher interessant sein.

Nach der Ermordung Philipps und nachdem sich Alexander zur Eroberung Asiens aufgemacht hatte, blieb Antípatros als Statthalter von ›Europa‹ in Pella zurück und regierte von hier aus das unruhige Thrakien und Griechenland. Bis zum Zusammenbruch des Herrscherhauses nach der Schlacht von Pydna im Jahre 168 vor Chr. war Pella meist die Hauptstadt der Makedonen. In römischer Zeit sank sie hinter Béroia (sprich Vérria) und Thessaloniki zurück, war eine Station unter andern an der Via Egnatia, und das heutige Dörfchen Nea-Pella ist eigentlich nur noch Bushaltestelle.

Bei der Weiterfahrt erinnern Flecken von Sumpfland an die von Livius geschilderten Moore. Nach Giannitsá, einstmals ein Muselmanen-Ort, in dessen baufälliger Moschee die Nachkommen der osmanischen Eroberer Makedoniens begraben liegen, verengt sich die Ebene. Baumgruppen tauchen auf – nicht die Zypressen und Ölbäume des Südens, sondern Espen und Pyramidenpappeln, Limonenbäume, Akazien und Birken. Kühe grasen auf den Wiesen. Die grünen Ausläufer der Vérmion-Kette werden in ihrer Struktur interessanter, als sie von Pella aus schienen. Über *Skýdra*, durch das der Vodas fließt, und wo sich Konservenfabriken zur Verarbeitung der Obsternten aus dem Umland niedergelassen haben, geht es hinauf nach Édessa. Die Fahrt durch das fruchtbare Land ist bezaubernd, besonders im Mai und Juni, wenn die Bäume mit Kirschen beladen sind, oder im Spätsommer, wenn die Zweige sich unter der Last großer goldhäutiger Pfirsiche biegen, die von den Bauern mit gutem Geschäftssinn an strategisch günstigen Punkten entlang der Landstraße kistenweise verkauft werden.

Die Häuser von *Édessa* ziehen sich über einen steilen bewaldeten Hügelkamm. Dies war früher das *antike Aigai,* das die frucht- △ bare emathische Ebene vor Eindringlingen aus dem Norden schützte. Lange vor Pella war es die erste Hauptstadt der makedonischen Könige, und bis zur Zeit Alexanders ihr Begräbnisort. Herodot sagt, die Stadt sei von Perdíkkas und seinen zwei Brüdern gegründet worden, die, aus Argos verbannt, das Herrscherhaus der ›Aigaiden‹ gründeten, von dem auch Philipp und Alexander abstammten. Im Jahre 336 vor Chr. war Aigai der Schauplatz großartiger Festlichkeiten mit Wettspielen, Banketten und musischen Wettbewerben zu Ehren der Hochzeit von Philipps Tochter mit einem epirotischen Fürsten. Sie fanden ein jähes Ende, als ein Meuchelmörder dem König, gerade als er zwischen den Reihen der Götterstatuen das menschengefüllte Theater betreten wollte, das Messer in den Rücken stieß. So fand ein Herrscher den Tod, der nicht mehr als das Land rings um Pella geerbt hatte und ein Reich zurückließ, das sich von den Küsten des Marmara-Meeres bis zu denen des Ionischen Meeres erstreckte.

Für die Stadt Aigai setzte sich in hellenistischer Zeit wieder der vorgriechische, thrakische Name *Édessa* (Wasser) durch, und im Mittelalter nannten es die Slaven mit ihrem Wort für ›Wasser‹: *Vodena*. In dieser Zeit war der stark befestigte Ort nahezu ausschließlich von sklavonischen Siedlern bewohnt, die Kaiser Basíleios II. zu Anfang des 11. Jhs. auf einem seiner Feldzüge gegen die Vorstöße des Bulgaren-Zaren Samuel vertrieb. – Nach der Frankenzeit, als die Ritter ihre stets nur geringe Aufsichtsgewalt über Makedonien verloren hatten, wurde es zum Kampfgebiet zwischen den Heeren der rivalisierenden Anwärter auf den byzantinischen Thron.

Auf einem Spaziergang durch die Stadt erkundige man sich nach dem Viertel mit der neuen ›Metropolis‹-Kirche und dem Bischofspalast, um dort die alte byzantinische Kirche ›Koimesis tis Panhagías‹ aus dem 12. Jh. zu besuchen; in antiker Zeit stand hier ein Tempel. – Durch schmale Gassen, vorbei an türkischen Häusern mit ihren Holzbalkonen findet man auf der Höhe des Plateaus zu einem schattigen Platz und der türkischen Moschee mit gut erhaltenem Portal und mächtigen Kuppeln. Von dem Minarett mit seinem zerbröckelnden kreisrunden Balkon ruft kein Muëzzin mehr die Gebetsstunde aus. Alte Männer in pludrigen schwarzen Kniehosen beobachten aufmerksam die wenigen Fremden, die sich hierher verirren. Die Moschee dient heute als kleines Museum für die örtlichen Funde.

Der Vodas teilt sich von Nordwesten kommend vor der Stadt in kleine Bächlein, welche die Stadt durchfließen, ehe sie, wieder vereint, in 70 m hohen Kaskaden in die Ebene hinabstürzen. Über den Wasserfällen liegt der kühle und schattige Stadtgarten mit säuberlich angelegten Blumenbeeten, ländlichen Aussichtspavillons und Kiosken, an denen man farbenprächtigste Ansichtspostkarten von dem in Griechenland berühmten Naturschauspiel kaufen kann. Bei ein wenig Wind benetzt perlender Sprühregen die Walnuß-, Granatapfel- und wilden Feigenbäume beiderseits des tosenden Wassersturzes.

Für die Weiterfahrt nach Kastoriá wählen wir nicht den Weg über Phlórina, vorbei am Nordufer des Vegorítis-Sees, sondern nehmen die für uns interessantere Straße über Béroia (Vérria) und Kozáni. Sie zweigt von Skýdra, das wir vor Edessa berührten, nach Süden ab. Im Dorf *Levkádia* (griech.: Leukádia), nach etwa 10 km, heißt es, des Wächters oder Aufsehers habhaft zu werden, ohne dessen Hilfe es schwierig ist, die *hellenistischen Kammergräber* in den Pfirsich-Pflanzungen zwischen den blühenden Hecken zu finden. Die Tradition, makedonische Könige in Aigai zu bestatten, scheint nach dem spektakulären Begräbnis Alexanders des Großen in Babylon ihr Ende gefunden zu haben. Es gibt auch bisher keinen Nachweis dafür, daß seine streitsüchtigen Nachfolger Pella zu ihrer letzten Ruhestätte wählten; vielmehr meinen die Gelehrten, daß der friedliche Rand der emathischen Ebene womöglich als weitauseinandergezogener ›Friedhof‹ der Fürsten und Heerführer aus der Alexandernachfolge anzusehen sei. Nach den

113 Levkádia. Rekonstruktion der Fassade eines hellenistischen Kuppelgrabes (1. Hälfte des 3. Jhs. v. Chr.).

endlosen Bruderkriegen um die Herrschaft des Ostens, von wo sie die orientalisierenden Einflüsse mitbrachten, die für die Kunst und Architektur im hellenistischen Makedonien bezeichnend sind, bauten sie sich hier die Denkmale, die ihr Gedächtnis bewahren sollten.

Das erste Grab, das von der Straße aus sichtbar ist – wenn man darauf hingewiesen wird – ist das bescheidenste. Ein aus dem Felsen herausgehauener ›Dromos‹ führt in den Vorraum von einer einst ausgemalten, gewölbten Grabkammer. Eindrucksvoller ist das sogenannte ›Große Grab‹ oder *Königsgrab* aus dem frühen 3. Jh. vor Chr., das etwa fünf Minuten zu Fuß vom ersten entfernt liegt. Dieser Grabbau verblüfft auf den ersten Blick durch seine ungewöhnliche, fremdartige Gliederung. Man sieht sich einem zweistöckigen Gebäude gegenüber, dessen Mauern, in regelmäßigen

Quadern geschichtet, durch das Alter ein wenig nach außen gedrückt sind. Ein Scheinportikus im Untergeschoß zeigt vier dorische Halbsäulen zwischen den Anten, die in ihrer Mitte ein verbreitertes Joch für den Eingang offen lassen. In den je zwei Jochen beiderseits der Türe schöne Fresken. Über dem Architrav ein Fries mit Triglyphen und bemalten Metopen (Kentauromachie). Es folgt ein bemaltes Geison, und über ihm erhebt sich das zweite Geschoß: eine Schein-Loggia in ionischer Ordnung mit Blendfenstern in den Jochen, über einem bemalten Terrakottafries (Perser im Kampf mit Makedoniern), der sich balustradenartig zwischen die Stockwerke schiebt. Ein flacher Giebel mit freiem Feld über der Fassade. Die merkwürdige Komposit-Architektur läßt sehr an Einflüsse aus Kleinasien, an Elemente dortiger Grabbauten denken. Noch ein Wort zu den Darstellungen auf den Bildfeldern im Untergeschoß: etwa lebensgroß erscheint links neben der Tür der Verstorbene (?) mit Schwert und Lanze; neben ihm Hermes, der ihn geleitet. Es gehört zu seinen zahlreichen Pflichten – er war Herold, Musikant, Dieb, Diplomat, Erfinder der Astronomie und des Boxkampfes, der Maße und Gewichte –, die Abgeschiedenen als ›Psychopompós‹ in die Unterwelt zu führen. Rechts der Tür stehen Aiakós und Rhadámanthys, die Richter der Seelen und Bewahrer der Elysischen Gefilde. Platon erklärt, Rhadámanthys, ein kretischer Gesetzgeber, der sich dem Dienst der Wahrheit und Gerechtigkeit geweiht hatte, habe über die asiatischen und Aiakós über die europäischen Seelen das Urteil gesprochen. – Hinter dieser königlichen Fassade gelangt man durch einen Vorraum zur eigentlichen Grabkammer, deren Wände Pilaster in einzelne Freskenfelder aufteilen. Als Beispiel einer hellenistischen Vorliebe für das die menschliche Vergänglichkeit überdauernde Denkmal ist dieses seltsame Totenhaus höchst eindrucksvoll.

Der Eintritt in das dritte Grab (aus dem 2. oder 1. Jh. vor Chr.), nach einer an der Innenseite der Türöffnung gefundenen Inschrift das ›Grab des Lyson Kallikleon‹ genannt, ist weniger imposant als sportlich herausfordernd. Nachdem der Wärter allerlei Zweigegewirr und Brombeergebüsch beiseite gedrückt hat, beugt er sich hinab und öffnet den Metalldeckel von etwas, das wie eine Brunnenöffnung aussieht. Man steigt hinter ihm eine schmale Eisentreppe hinab. Der Schacht ist so eng, daß jemand mit überdurchschnittlichem Leibesumfang einige Mühe haben wird, sich hindurchzuwängen. Die unterirdische Kammer dürfte einstmals mit ihren 24 Gebein-Nischen das Grabgewölbe einer großen makedonischen Familie gewesen sein. Die Wände sind mit Girlanden und den Waffen der Toten bemalt. Es ist dumpf in diesem düsteren Totenhaus, und man klettert erleichtert wieder ans Tageslicht. Lieblicher denn je erscheinen einem jetzt die Pfirsichbäume in den Wiesen.

Etwa 5 km westlich der Gräber steigt der Feldweg zwischen Feuernelken und Kuckucksblumen nach *Eisvoria* (oder Kephalári) hinan, das man für das *antike Míëza* hält. Am besten läßt man den Wagen an der Stelle stehen, wo mehrere kleine Bäche zusammenfließen und geht zu Fuß einen Pfad hinauf, der von moosbedeckten großen Steinen und Büscheln riesiger Königskerzen gesäumt ist. Gegenüber erhebt sich eine Felssteilwand, die wie von Menschenhand in knapp wahrnehmbare Stufungen aufgeteilt zu sein scheint. Dies, glaubt man, ist der Ort, wo sich die von Philipp von Makedonien gestiftete ›Akademie des Aristoteles‹ befand. Die Annahme stützt sich auf die eine Grabung vorbereitenden Untersuchungen und auf die topographischen Beschreibungen antiker Schriftsteller. Hier konnte der dreizehnjährige Alexander, weit weg von den exaltierten Stimmungen seiner Mutter und den Palastintrigen in Pella, in größerer Ruhe in der Regierungskunst unterwiesen und sein Ehrgeiz von den Ratschlägen des Philosophen gedämpft werden. Als Plutarch im 2. Jh. nach Chr. nach Míëza kam, zeigte man den Besuchern noch »die marmornen Sitzbänke und schattigen Promenaden des Aristoteles«. Er hat Alexander in Ethik, Physik, Politik und Geographie unterwiesen, und die Beziehung, die sich in den Säulengängen des Nymphenheiligtums zwischen Lehrer und Schüler herausbildete, überdauerte die großen politischen Ereignisse der späteren Jahre. Bei seinen Feldzügen in Asien führte Alexander die Ilias, die er als Lehrbuch militärischen Könnens betrachtete, in einem von Aristoteles durchgesehenen Exemplar mit sich und hatte es, wie Plutarch berichtet, »immer neben seinem Schwert unter dem Kopfkissen liegen«. Als er die Hälfte der damals bekannten Welt erobert hatte, schrieb er dem Philosophen: »Ich möchte lieber durch das Wissen um das Höchste als durch meine Kriegsmacht ausgezeichnet sein«. In der Praxis allerdings ließ er es sich nicht sehr angelegen sein, dieses hohe Ziel zu erreichen.

Man hat hier im Gelände einige Fragmente flachreliefierter Steinleisten mit blattähnlichen Mustern sowie römische Münzen gefunden. Überreste einer hellenistischen Treppe und die Fundamente von bereits festgestellten Bauten sind noch nicht freigelegt; von den »steinernen Sitzen«, die Plutarch erwähnt, fand sich bisher keine Spur. Aber die Umgebung mit ihrem Platanengehölz, dem Weidengebüsch und den grasbewachsenen Waldlichtungen, in denen Alexander und seine Genossen – Kassándros, Ptolemaïos, Hárpalos und Kallísthenes, der künftige Geschichtsschreiber – jagten und sich ertüchtigten, scheint die gleiche geblieben.

Zurückgekehrt auf die Straße nach Béroia, zweigt wenige Kilometer weiter südlich die Landstraße nach *Náousa* ab, dessen früher berühmte Weinberge inzwischen Apfel-Plantagen Platz gemacht haben; aber der ›Boútari‹ (sprich: Vútari) genannte Náousa-Wein – eine Art Burgunder, der beste in Griechenland – wird hier noch immer aus Trauben hergestellt, die aus anderen Teilen des Landes bezogen werden. Der Ort liegt auf einem Ausläufer des Vérmion, Ausgangspunkt im Winter für Skiabfahrten von den Hängen des Gebirges.

Sodann erreicht man Béroia (sprich: Vérria; in Deutschland bekannt als Beröa). Wie in Édessa und Náoussa fällt einem auch hier die gedämpfte Atmosphäre auf, das Fehlen jener unbesorgten Lebhaftigkeit, ja Schrillheit, welche die Städtchen Südgriechenlands durchpulst. Die Bewohner sind zwar höflich, aber viel zurückhaltender, weniger spontan und auch weniger zu Umgang geneigt, als ihre südlicher lebenden Landsleute. Statt des Staubes und der Dürre rinnen, plätschern, gurgeln Wässerchen allerorten, statt des strahlenden, gleißenden Lichtes liegt eher ein milchiger Dunst über dem Land. Alle Umrisse sind gerundet und verwischt. Es ist nicht mehr die Landschaft der Bildhauer, sondern die der Maler. – Einige alte türkische Fachwerkhäuser halten sich wacker zwischen den phantasielosen modernen Bauten, besonders in der Hera-Straße, wo sie noch als schöne Häuserzeile zusammenstehen. Eine Besonderheit sind hier die ungewöhnlichen Außen-Schornsteine. Es gibt einen Pfirsich- und Apfel-Großmarkt und eine örtliche Tuchindustrie. Pferdekarren rumpeln zwischen Wagen, Autobussen und Motorrädern über die Straßen, die von den Rinnsalen eines Nebenflusses des Aliakmón ausgewaschen sind. Einstweilen kommen noch wenige Touristen hierher und die auffallend vielen Cafés und Konditoreien mit ihrer großen Auswahl an Süßigkeiten mit verführerisch klingenden Namen wie Coq, Serrano und Troupha sind ausschließlicher Treffpunkt der Einheimischen. Wie gewöhnlich gibt es wenig Restaurants.

Béroia ist nicht ohne eigene Geschichte. Das *Museum* besitzt eine große Sammlung hellenistischer Stelen von benachbarten Ausgrabungen, zudem die Funde, auch einige Idole, aus dem wenige Kilometer nördlich gelegenen Nikomídeia, dem ältesten der neolithischen Wohnhügel (Magoúla) in Griechenland, dem das eindrucksvolle Datum 6200 vor Chr. zuzukommen scheint. – In griechischer Zeit gehörte Béroia zu Makedonien, und bei den Römern war es eine bedeutende Garnisonstadt, in der Pompejus den Winter 49/48 vor Chr. verbrachte und vor der Schlacht von Phársala seine Legionen gegen den Widersacher Caesar zusammenzog. Auf der Anhöhe bei der Einfahrt zur Stadt gibt es noch Reste römischer Befestigungen. – Der Apostel Paulus hielt sich mit Silas um das Jahr 54 nach Chr. drei Monate lang hier auf. »Hier gingen sie nach ihrer Ankunft in die Synagoge der Juden. Diese waren edler als die in Thessalonich ... Viele von ihnen wurden gläubig, wie auch nicht wenige von den vornehmen heidnischen Frauen und Männern«, so heißt es in der Apostelgeschichte (17, 10-13). – Während der Machtkämpfe um den byzantinischen Thron im 13. Jh. war Béroia eines der ersten Ziele des Fürsten Theodor Angelos von Epiros (1215-1230) auf seinem Eroberungszug nach Thessalonike und weiter gen Osten. Er befreite als Kaiser von Thessalonike (seit 1224), wenn auch nur vorübergehend, ganz Nordgriechenland von der Herrschaft der Franken und Bulgaren.

Um die Mitte des 14. Jhs. waren dann vorübergehend die Serben in der Stadt, als der Ehrgeiz ihres sieggewohnten mächtigen Herrschers Stephan Duschan sich bereits auf den Thron von Konstantinopel richtete. Doch nach seinem plötzlichen Tod im Jahre 1355 fielen die fast kampflos eroberten griechischen Landstriche seines Reiches für ein letztes Mal an die Byzantiner zurück, ehe sich die Türken 1456, drei Jahre nach der Eroberung Konstantinopels, für lange Jahrhunderte in Béroia einrichteten.

Von den vielen Kirchen des Städtchens sind nicht nur die alten byzantinischen, sondern gerade auch die von außen so bescheidenen Kirchen der nachbyzantinischen Zeit interessant. Sie versteckten sich meist hinter Hausfassaden oder in abgeschiedenen Höfen, um nicht unnötige Aufmerksamkeit bei unduldsamen Paschas oder fanatischen Imans zu erwecken. Sie sind heute schwer ohne die Hilfe eines Einheimischen auffindbar. Im vormaligen Basarviertel liegt die älteste, die *Metrópolis- oder Apostelkirche*, eine Basilika, den Petrus und Paulus geweiht. Sie erhebt sich über den Resten eines frühchristlichen Baus aus dem 5. Jh. Das südliche Seitenschiff ist seit langem zerstört. Ziegelmuster umrahmen das dreibogige Fenster der Apsis, die ein Garten voller Moschusrosen umgibt. Unter den Wandmalereien aus verschiedenen Perioden sind die Gestalten der zwölf Hierarchen aus dem 12. Jh. in der Apsis am bedeutendsten. Die letzte Umwandlung dieser Kirche erfolgte im 15. Jh., als die Wände weiß getüncht, die christlichen Symbole herausgerissen wurden und eine muselmanische Gemeinde unbeschuht in den mit dicken türkischen Teppichen bedeckten Naos kam, um vor dem Mihrab, der in die Richtung nach Mekka weisenden Nische zu beten. An der Nordseite erhebt sich ein hohes Minarett über die Dächer des Marktviertels. – Bedeutender ist die um 1300 erbaute *Anástasis tou Christoú*, die ›Auferstehungskirche‹, ein einschiffiges Langhaus mit Bogenumgang um die Außenmauern. Eine Inschrift über der Tür besagt, daß *Kaliergis,* der beste Maler »von ganz Thessalien« sie 1315 ausgemalt hat. Seine Arbeiten zeichnen sich durch differenzierteste Charakterisierung und realistische Schilderungen aus. Der Christus im ›Abstieg zur Vorhölle‹ trägt statt des üblichen scharlachroten Mantels leuchtend gelbe Gewänder und ist mehr der sanfte Erlöser der Menschheit als der furchtgebietende Richter über die Seelen. Stille und innere Gelassenheit bestimmen die Darstellung der ›Kreuzigung‹. Die wesentlichen Züge der Malerei während der Palaiologenzeit – Individualität der Figuren, Ausdruckskraft und Klarheit der Szene – veranschaulicht besonders gut der ›Tod Mariens‹. Auf der ›Verkündigung‹ scheint der Engel wie von einer inneren Kraft getrieben, die ihren Impuls aus der Heiligkeit der Botschaft erhält. – Einige schöne Ikonen aus dem 13. bis 16. Jh. in der verfallenden Kirche des Propheten Elias – asketische Heilige, eine anmutige Muttergottes und ein Brustbild des segnenden Christus – werden gegenwärtig unter Verschluß gehalten, vermutlich bis der Bau des neuen Museums fertiggestellt ist. – In der *Hagios Spyrídonos-Kirche* in der Nähe des Hotels ›Vasílissa Vergína‹ ist ein Patriarchenstuhl mit seltsamen geschnitzten Köpfen interessant, sowie bemalte Holzarbeiten und Reste von Skulpturen-Schmuck, darunter eine Platte mit einem geflügelten Pferd, die in den Fußboden eingelassen ist. – Die *Hagios Stephanos-Kirche* in der Odos Ilías hat eine hübsche Galerie; in der *Hagia Paraskeví-Kirche* in derselben Straße ein mit Reliefs versehenes Portal mit einem römischen Kapitell darüber. In der Hagios Nikólaos-Kirche sollte man die Fresken aus nachbyzantinischer Zeit beachten.

Als Abstecher empfiehlt sich von Béroia aus die Fahrt über den Aliakmón (bei der Brückenauffahrt ein makedonischer Grabbau, ähnlich denen in Levkádia) nach *Vergína* und nach *Palatítsa*, wo man auf der Anhöhe über dem Strom einen sehr repräsentativen Fürstensitz (um 280 vor Chr.) freigelegt hat, eine Anlage auf mächtiger, das abfallende Gelände ausgleichender Substruktion. Aufgemauert war der (wohl zweigeschossige) Palast aus Lehmziegeln. Durch ein eindrucksvolles Propylon von 10 m Breite trat man auf den großen quadratischen Innenhof (Seitenlänge etwa 45 m), hinter dessen Säulenumgang an der Ost-, Süd- und Westseite die ›Staatsgemächer‹ lagen. In einigen Räumen wurden farbige Kieselmosaikböden aufgedeckt. Die Wände trugen bemalten Verputz. Nach Norden hin öffnete sich die etwa 105 m

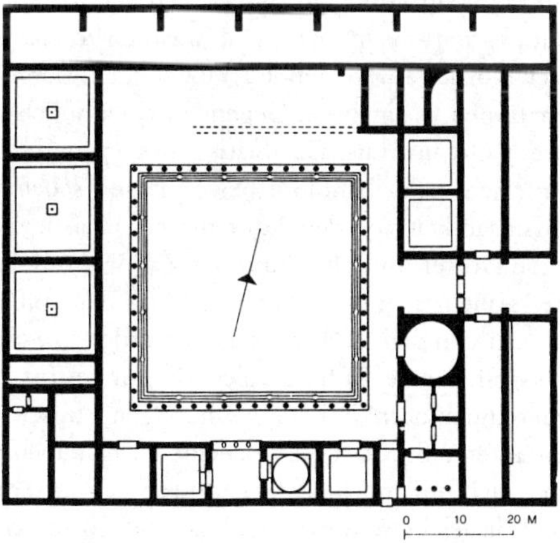

114 Palatítsa (bei Vergína), Sitz eines makedonischen Fürsten (zwischen 276 und 239 v. Chr.).

lange und 9,5 m tiefe Palastterrasse mit einem dorischen Portikus zur Ebene hinaus. Archäologen stellen sich vor, daß dies der Palast des Königs *Antígonos Gonatás* (278-239) war und daß er dem noch nicht aufgefundenen Herrschersitz in Pella sehr ähnlich gewesen sein muß. – Das seit der proto-geometrischen Epoche (10.-9. Jh. vor Chr.) besiedelte Palatítsa scheint in hellenistischer △ Zeit den Namen *Ballos* getragen zu haben.

Einen guten halben Tag sollte man für die Weiterfahrt von Béroia über die Berge des westlichen Makedonien nach Kastoriá veranschlagen. Durch Buchenwälder erklimmt man den *Chádova-Paß* in 1360 m Höhe. Die Gegend war ursprünglich von den Brigern bewohnt, einem thrakischen Stamm, der um 1200 vor Chr. nach Kleinasien auswanderte. Strabon zufolge haben die Briger dort das Königreich Phrygien begründet. Vor der Paßhöhe hat man einen herrlichen Blick über das Aliakmón-Tal, das tausend Meter tief drunten liegt, und auf die 2000 m hohen Felsstöcke der Piéma-Berge. Die lange windungsreiche Abfahrt endet in den Weizenfeldern am Rand der Ebene von Ptolemaïs. Bald darauf erreicht man *Kozáni,* an einer wichtig gewordenen Straßenkreuzung, seit der Abbau von Braunkohle der ganzen Gegend Wohlstand brachte.

Um *Siátista* aufzusuchen – eine Gemeinde, die sich erst zusammenfand und aufblühte, als die Türken bereits festen Fuß im Lande gefaßt hatten – biegt man 24 km westlich von Kozáni rechts ein. Die nach Norden abzweigende Straße steigt in Berge mit Kalkstein-Formationen, die in dieser Gegend ungewöhnlich sind. Nach 5 km liegt der Ort vor uns. Das Siátista des 17. und 18. Jhs. war einmal von reichen Pelzhändlern bewohnt und scheint in seiner Hochland-Einsamkeit von den Türken nicht belästigt worden zu sein. Wie die Dörfer im Pélion und der Zagóri im hohen Pindos verdankt es seinen eigenständigen Charakter der völligen Abgelegenheit. Fern von den Verkehrswegen wurde es zu einem Refugium für wohlhabende Ruheständler, die, ungestört von türkischen Steuereinnehmern, in hochgeschossigen Häusern wohnten. Die beiden unteren Stockwerke erscheinen nach außen hin abweisend, öffnen sich nur mit kleinen vergitterten Fenstern. Erst die dritte Etage, in leichterem Fachwerkbau auf hölzernen Tragbalken vorkragend, zeigt sich wohnlich, macht mit der ›Lüftelmalerei‹ um die Fenster und unter dem Dachgesims sogar ein ausgesprochenes Repräsentationsbedürfnis seiner Bewohner geltend. Das wirklich Sehenswerte an den vor mehr als zweihundert Jahren erbauten und jetzt größtenteils verlassenen und verfallenen *Archontiká* – wir würden sagen Patrizierhäuser – sind ihre reich ausgeschmückten Innenräume, die mit hellen Fresken bemalten Wände. Alles ruft einen ländlich-seigneuralen Lebensstil wach, dessen gesicherter Wohlstand und pralle Sinnenfreude dann aber in den Wirren des Unabhängigkeitskrieges unterging.

Zur Zeit kann man nur zwei dieser alten Häuser besichtigen. (Man frage im Café an der Hauptstraße nach dem Wärter). Das *Nerantzopoúlou-Haus* (früher Sachínis) ist noch bewohnt. Die bauliche Anordnung ist überall mehr oder weniger dieselbe: Vorratsräume und Weinkeller im unteren Stock, Schlafzimmer im zweiten, Wohn- und Empfangsräume im dritten. Die Handwerker waren zumeist Epiroten. An den weißgetunchten Außenmauern klappern die schön kassettierten Läden. Die Fenster selbst sind nochmal durch schmiedeeiserne Gitter in Schnörkel- und Spiralmustern geschützt. Das mit dicken Nägeln beschlagene Eingangstor wurde des Nachts mit einer schweren Eisenstange verriegelt. Türkisch-albanische Überfälle, die Geißel so vieler makedonischer Dörfer, waren hier zwar mehr gefürchtet, als eine tatsächliche Bedrohung, denn die räuberischen Trupps stürmten im allgemeinen das Aliakmón-Tal hinab und ließen Siátista links liegen. Die malerische Ausschmückung der Innenräume ist rustikal und farbenfroh: Schüsseln mit Äpfeln und Birnen, Scheiben roter Wassermelonen mit den schwarzen Kernen oder rote und blaue stilisierte Blumen, gegen einen goldenen oder blaßgelben Hintergrund abgesetzt. Alte Muster und Formen, verlebendigt durch Hinzufügungen aus einer scharf beobachteten Wirklichkeit, gewinnen hier eine vollkommen neue, unbekümmerte Frische. Man spürt die Freude der Maler an den profanen Dingen ihrer Umgebung, die sie hier darstellen konnten. Keiner von ihnen strebte etwa einen persönlichen Stil an; dazu wurzelte ihr Handwerk noch zu nahe der byzantinischen Tradition.

Das *Manoúsi-Haus*, ebenfalls aus dem 18. Jh., ist unbewohnt und noch eindrucksvoller. Die Außenmauern des dritten Stocks sind mit Ornamentfeldern bemalt, die an islamische Fayencen denken lassen oder auch an die Relieffelder an den Apsiden der Pélion-Kirchen. Im Innern haben Feuchtigkeit und der Holzwurm zwar ihre zerstörerischen Spuren hinterlassen, aber das Werk der Schnitzer und Maler, die im ganzen nördlichen Griechenland Aufträge erhielten, vermittelt doch noch ein überraschend farbiges Bild damaliger Wohnkultur. Die prachtvolle Ausschmückung läßt erkennen, welche Bedeutung die Hausherren festlichen Veranstaltungen, allem geselligen Zusammensein beimaßen. In gefältelter Fustanella pflegten sie dann die Gäste ins Empfangsgemach zu bringen, in ein geräumiges Zimmer mit niedriger Decke, in dem Hochzeit, Kindtaufe und Namenstage mit viel Pomp und Aufwand – häufig eine ganze Woche lang – gefeiert wurden. Die Männer in pelzgefütterten Westen, mit den darüberfallenden silbernen Schmuckgliedern wie in Kettenpanzern, führten ihre Frauen in gestickten langen Gewändern und pailletten-besetzten Übermänteln herein. Musikanten spielten auf, und die Fußbodendielen mögen unter dem Schritt der Tanzenden geächzt haben. Es klirrten die juwelenbesetzten Amulette, Münzgehänge und kameenverzierten Ketten mit den Achat-Anhängern.

Im ›Iliakós‹ dem Sonnenzimmer, in dem die ausgebuchteten Fenster einer dem Raum zugekehrten Loggia das Licht einströmen lassen, sind die Wände mit wunderlichen Fresken verziert, die sich über allerlei ›Heldentaten‹ lustig machen. Man sieht eine Hirschjagd, auf der ein Jäger mit langem schwarzen Schnurrbart grimmig seinen Säbel zieht, derweilen der vor ihm stehende Löwe ihm seine mächtige Zunge herausstreckt; Amseln fliegen über einen zitronengelben Himmel. In den Schlafzimmern hatte man offene Kamine und riesige Wandschränke mit geschnitzten und bemalten Türflügeln, in denen vor allem die Berge von Bettzeug untergebracht waren. An Stelle der Betten breitete man für die Nacht Schaffell-Teppiche, gesteppte und wollene Decken auf dem Fußboden übereinander. Die Buntglasscheiben in den Bogenfenstern waren eine Neuerung, die aus den Donauländern kam, mit denen die Pelz- und Weinhändler in Geschäftsverbindung standen. Auf einem der Wandfresken fließt solch ein breiter limonenfarbener Donaustrom unter einer Brücke durch eine Stadt voller Kirchen und stattlicher Häuser; die Phantasie-Landschaft rahmen zierlich gemalte Säulen mit immer wieder abgewandelten Blumenornamenten, und die Bogenzwickel der Arkaden-Rahmung füllen üppige Früchteschalen. – Unter dem Dach schließlich befindet sich die winzige und einzige Toilette des Hauses – ›à la turque‹, ein Loch im Fußboden. Sie ragt über einen jetzt verwahrlosten Garten hinaus.

Sollte man sich noch weitere Häuser ansehen wollen, so sind – falls man Einlaß erhalten kann – die Archontiká der Familien Kantaoúlis (früher Chatzimichális) und Poulkídis sehenswert. Der Prospekt von Konstantinopel, der ›Königin der Städte‹ im Poulkídis-Haus ist besonders köstlich, lebt aus dem traumhaft Utopischen aller Kinderzeichnungen. Rührend die absonderlichen Umrisse des Bosporus.

Weiter geht es durch das Tal des Aliakmón, den man zweimal überquert. Im Westen verläuft der Grat des nördlichen Pindos mit dem gewaltigen, schneebedeckten Smólikas, dem höchsten Gipfel (2686 m) der langen Gebirgskette. In Neápolis sei auf eine Abzweigung nach Kónitsa und zur albanischen Grenze hingewiesen. Unsere Straße führt weiterhin nach Norden, vorbei an *Argos-Orestikón*, so genannt nach einer antiken Stadt, die angeblich von Orest gegründet wurde, nachdem er, von den Erinnyen verfolgt, zu den Quellen des Aliakmón am äußersten Ende der bekannten Welt geflohen war. Das Dorf ist heute bekannt als Handelsort für Phlokátes, die beliebten langhaarigen Schafwollteppiche, und für viele Arten wollener Decken. Bald darauf erreichen wir den grünblauen See von Kastoriá. Nebeldunst hängt in den frühen Morgenstunden über den Ufern, und Schwärme von Wildvögeln fliegen in spitzen Keilen tief über das stille Wasser hin.

Das Städtchen *Kastoriá* drängt sich auf einer Landzunge zusammen, die in der Form etwa eines Pilzes oder eines Reitersporns in den See vorstößt. So gut wie unbewohnt ist der ›Pilzkopf‹, ein breiter Felsenkegel in der Mitte des Sees. Den schmalen ›Pilzstiel‹ hat man früh als natürlich geschützten Siedlungsort erkannt. Der einzige Zugang zu dem Landsteg war vom Festland im Nordwesten nur über einen Anstieg, heute vielfach Treppen, zu gewinnen. Sein Kamm fällt beidseitig bis zu 60 m zu den Ufern der nördlichen und der südlichen Seehälfte ab.

Das Klima ist nördlich rauh. Warm wird es erst im Juni, ungewöhnlich für Griechenland. Die Cafés sind voller Soldaten, denn die Grenze ist nahe. An den Ufern des Sees, in dem Hechte, Aale und Barsche vorkommen, entwickelt sich eine ertragreiche Fischerei. Ein seit Jahrhunderten betriebener Pelzhandel aber hat

Kastoriá

Kastoriá seinen eigentlichen Wohlstand gebracht. Heute arbeitet fast die gesamte Bevölkerung in den zweihundert oder mehr Pelzwerkstätten, die zum Teil noch im Besitz der Nachfahren der Pelzhändler und Kürschner aus Siátista sind. Vorwiegend werden hier die auf dem Weltmarkt anfallenden Restteile von Edelpelzen weiterverarbeitet und zum Schluß so geschickt zusammengesetzt, daß sie als Stolen, Umhänge und Mäntel der preiswerteren Angebote in aller Welt begehrt sind.

Kastoriá ist das *antike Keletron*. Die Römer haben es 200 vor Chr. zerstört. Kaiser Justinian ließ es neu befestigen. Auch diese Mauern sind verschwunden. Sie verliefen wohl ähnlich den nur noch an vereinzelten Stellen erkennbaren des Mittelalters, als die Stadt in den Strudel der Machtkämpfe zwischen dem byzantinischen Reich und den Invasoren aus den nördlichen Grenzländern geraten war. Zuerst kamen die Bulgaren, dann die Serben, die aus diesem abgelegenen Ort einen wichtigen Stützpunkt auf ihrem Weg nach Osten machten. Aber auch Robert Guiscard kam, der normannische Herzog von Apulien und Kalabrien, der den habgierigen Fürsten des Westens als erster für die glitzernde Möglichkeit der Aufteilung und Zerreißung des byzantinischen Kaiserreichs die Augen öffnete. Ihm folgte sein Sohn Bohemund, Herzog von Tarent, der riesige rotgesichtige, blonde Abenteurer-Diplomat und gefährlichste aller Kreuzfahrer, der Weihnachten 1083 hier verbrachte und sämtliche Lasttiere der Gegend für seinen Zug nach Konstantinopel und dem Heiligen Land beschlagnahmte. Um 1250 führte Michael II. Angelos, der Despot von Epiros, im benachbarten Bergland einen verbissenen Kampf gegen die Truppen von Kaiser Johannes III. Vatátzes, seines Vaters siegreichem Widersacher aus dem östlichen Nikaia bei dem Kampf um die Anwartschaft auf den byzantinischen Thron. Und in einer der Kirchen der Stadt – wir wissen nicht, in welcher – rief Stephan Urosch sich 1355 nach dem Tode seines großen Vaters Stephan Duschan zum ›Kaiser der Serben und Griechen‹ aus. Dann kamen die Albaner und schließlich die Türken, die über fünfhundert Jahre blieben. In unserem Jahrhundert lagen hier griechische Kommunisten von 1947–1949 in einem zweijährigen Kampf mit der von den Amerikanern ausgerüsteten griechischen National-Armee. Sie führten einen verbissenen Guerillakrieg aus Verstecken der umliegenden Dörfer und verschleppten Tausende von Kindern über die Grenze, um sie marxistisch aufzuziehen. Die Erinnerung an diese bittere Zeit ist im Gedächtnis der älteren Einwohner noch sehr lebendig, und wenn sie davon sprechen, blicken sie noch immer über die Schulter in Richtung auf die Gebirgskette, an welcher der Eiserne Vorhang niederging.

Bestimmend für Kastoriá, für die Gliederung und das Wachsen des Städtchens, war die Lage des *Kastros* auf dem höchsten Punkt des Landsteges (und der Verlauf der Festungsmauern an dessen Abhängen). Auch den Ortsnamen hat es beigesteuert, seit bulgarische Eroberer im 10. Jh. das ›Kostur‹ besetzt hielten. Allerdings verloren sie es bald an die Byzantiner, die es nach ihrer Sprache benannten. Weil es immer wieder in der Hand fremder Herren war, die den Raum innerhalb der Mauern für sich beanspruchten, mußten die Bewohner weichen und zogen sich an die Seeufer und den Osthang zurück, der während der langen Türkenherrschaft (von 1385-1912) am dichtesten besiedelt war.

Unterhalb der Stadtmauern bauten sie ihre hohen wehrhaften Häuser mit den wenigen vergitterten Fenstern in den starken Mauern der Untergeschosse und der mit Balkonen, Loggien und Erkern überhängenden Etagen in leichtem Fachwerkbau, ähnlich denen im gebirgigen Siátista. Und hier stehen auch die meisten der 71 Kirchen mit ihrem großartigen Freskenschmuck, dessen Entwicklungsphasen sich wegen der erhaltenen Vielzahl so gut über die Jahrhunderte hin verfolgen lassen. Die ältesten sind zugleich die größten dieser betont klein gehaltenen Gotteshäuser. Sie stehen auch am freiesten. Die späteren des 16. und 17. Jhs., oftmals in tarnender Fachwerkbauweise im Gewirr der Gäßchen versteckt, sind vielfach Stifterkirchen griechischer, oder zu Griechen gewordener albanischer Herren, die sich auf den Inschriften nennen lassen. Viele der Vornehmen erkauften sich auch beim Bischof das Recht, noch eigene Hauskapellen neben ihren Archontiká zu errichten. – Innerhalb der Festungsmauern hat sich aus vortürkischer Zeit außer der kleinen ›Taxiarchen-Kapelle‹ nur die berühmte ›Panhagía Koumbelídiki‹ erhalten, die einzige überkuppelte Kreuzkirche unter den Basiliken Kastoriás.

Die vielen Eroberer des Städtchens haben alle Toleranz geübt gegenüber dem religiösen Leben der Einwohner. Gewiß, völlig frei und ungehindert hat sich der Glaube wohl nicht entfalten können, aber wie weise hat man in Kastoriá diese Glaubensduldung für die Bedürfnisse der Frömmigkeit zu nutzen verstanden. Die kleinen Bauten, äußerlich rustikal und von bescheidenem Anspruch, konnten kaum Ärgernis erregen in den Augen der fremden Herren. Doch der künstlerische Reichtum, die fromme Pracht im Kircheninnern lassen keinen Zweifel, woran sie mit Leib und Seele hingen, was die Religion, ihre griechische Sprache, in der sie beteten und die Liturgie hörten, und was byzantinisch-orthodoxe Bildtradition ihnen bedeuteten.

Beginnen wir unseren Rundgang am Ostrand der Stadt mit der *Hagios Stephanos-Kirche* aus dem 11. Jh. Als interessante regionale Besonderheit fällt einem sogleich die mit einfachsten Mitteln abgewandelte Mauertechnik der Außenwände auf. Gefluchtete doppelte Flachziegelstreifen decken, Lage um Lage, die in Mörtel gebetteten Bruchsteine, die beiderseits auch wieder durch Flachziegel oder Flachziegelmuster abgesetzt sind und an mancher Kirche wie ornamentale Schmuckfelder wirken. Horizontale Fugenflucht als ordnendes Prinzip und verspielte Wechsel beim Setzen der Bruch- und Backsteine, nicht zuletzt deren Farbwechsel, sind feinfühlig aufeinander abgestimmt, und es entsteht ohne jederlei kostbaren Aufwand eine höchst lebendige Wandfläche. Ihre rhythmische Gliederung unterbrechen großflächig eingelegte Ziegel-Sonnenräder und – wie wir schon oft sahen – die Ziegel-Schmuckbänder um Tür- und Fensterbögen. Im Innern trennt jeweils ein breiter Pfeiler das hochgezogene Mittelschiff von den beiden winzigen Seitenschiffen.

Die Fresken sind durch schwärzendes Kerzenlicht und durch muselmanischen Fanatismus stark mitgenommen, lassen aber noch ihre unterschiedlichen Entstehungszeiten erkennen. Um 900 datiert man, neben kleineren Fragmenten, das ›Jüngste Gericht‹ an der Tonnendecke des Narthex (der vermutlich schon Teil einer älteren Kirche war). Es soll die älteste Wandmalerei in Kastoriá sein. – Die Christus-Darstellungen als Jüngling, Greis und Weltenherrscher im Gewölbe des Mittelschiffs, sowie die Pfeilerfresken sind bezeichnend für das 12. Jh. und die Fresken der oberen Wandzone stammen wohl aus dem 13. Jh.

Nördlich von ›Hagios Stephanos‹ steht die architektonisch bedeutendere *Kirche der Hagioi Anárgyroi*, der Heiligen Kosmas und Damian, eine der alten dreischiffigen Basiliken in Kastoriá. Sie wurde, wie wir aus einer Inschrift erfahren, vom Grundstein bis zum Dach von einem gewissen Theodor Lemniotes den beiden Arztheiligen geweiht, in der Hoffnung, sich solcherart guter Gesundheit für seine Familie zu versichern. Der ursprüngliche Bau wurde Ende des 10. Jhs. vom Bulgaren-Zar Samuel I. zerstört und von Kaiser Basíleios II., dem ›Bulgarentöter‹, neu errichtet, als er den Herbst 1018 in Kastoriá verbrachte. Da Seitenschiffe und Narthex gleich hoch sind, wirkt der Baukörper in sich sehr geschlossen. Unterhalb der Kirche fallen holprige Gassen voller Schlaglöcher zum nördlichen Teil des Sees hinab.

Reicher noch und prägnanter als bei ›Hagios Stephanos‹ sind hier die Ziegelornamente zwischen den Bruchsteinen: Rhomben, Dreiecke, Schriftzeichen, Sterne. Kunstvoller sind auch die zweibogigen Fenster mit teilender Marmorsäule. Blendarkaden gliedern die Seitenwände und die Westfassade. Sie ist zudem noch mit Außenfresken geschmückt: beiderseits des Portals sind Petrus und Paulus zu sehen, links daneben der Heilige Nikólaos, und rechts, wie auch im Bogenfeld über der Tür stehen schützend die beiden heiligmäßigen Ärzte. Das Innere ist so dunkel, daß man den Kustos, der nebenan wohnt, bitten sollte, die Türflügel des Narthex und die an der Südwand zu öffnen, um die Fresken besser sehen zu können. Sie stammen vorwiegend aus zwei Perioden, die sich häufig überlagern. Im Narthex, rechts von der schönen steinernen Türlaibung läßt ein ›Hagios Nikólaos‹ deutlich die beiden Malschichten erkennen. Die ältere des 10. Jhs., die untere, dominiert heute – so auch bei der strengen, dieser Welt fast entrückten Erscheinung des ›Hagios Basíleios‹, des wohltätigen Bischofs, der sein Leben der Linderung des Elends der Armen widmete. – Die Wandbilder der unteren Zone sind aus wesentlich späterer Zeit: ebenfalls rechts der Tür steigt Elias in einem von feurigen Rossen gezogenen Wagen – die Mähnen stehen aufrecht wie lodernde Flammen – zum Himmel auf. Rechts von ihm ist eine Muttergottes mit schwermütigen Augen aus einem schrägen Winkel gesehen; die ›Panhagía Strephoúsa‹, die Muttergottes ›die sich wendet‹. – Die Fresken im Naos entstanden vorwiegend in der 2. Hälfte des 12. Jhs. Die Entwicklung, welche die Malerei während der 200jährigen Zeitspanne genommen hat, wird in so naher Nachbarschaft besonders sinnfällig. Heilige, Propheten und Kirchenväter in reich nuancierten und gezierten Gewändern zeigen sich in gelockerter, fast eleganter Stellung. Auf einer unheimlichen Pfingstvision regnen Lichtstrahlen auf die Köpfe der Apostel herab. Besonders eindrucksvoll ist die ›Beweinung Christi‹ an der Nordwand, eine Schilderung des Schmerzes, wie sie uns von den abendländischen Pietà-Darstellungen vertraut ist.

Verlassene turmartige *Häuser aus dem 17. und 18. Jh.* – höher als irgendwelche in Siátista – blicken zu dem Nordufer des Sees hinüber. Sie sind noch im Besitz reicher Pelzhändler, die aber anscheinend zu emsig beschäftigt sind, ihr Vermögen ›arbeiten‹ zu lassen, als daß sie sich mit der Instandsetzung der Häuser ihrer Ahnen befassen könnten, den einstmals großartigsten in ganz Makedonien. Wenn sie sich nicht in ihren teuren Appartements in Athen oder Saloniki aufhalten, ziehen sie es vor, in Kastoriá in dummen modernen Villen zu wohnen und den Fledermäusen und Kakerlaken die freskengeschmückten Sonnenzimmer und getäfelten Räume zu überlassen, wo die bemalten Decken von Feuchtigkeit streifig geworden sind, die geschnitzten Geländer und ornamentierten Türfassungen sich irreparabel geworfen haben und morsche Fensterläden in gefährlicher Weise über den mit Nesseln verwilderten Höfen hin und her schwingen. Das dreistöckige *Tsatsapás-Haus* mit eigener Kirche im Garten, früher eines der imposantesten in einer Gasse hinter dem Hafenkai, ist jetzt nur noch ein wirres Durcheinander aus verfaulenden Balken. Reste von vergitterten Fenstern, eingelassenen Balkonen und hölzernen Trägern lassen noch ahnen, daß es eine reichverzierte Fassade gehabt haben muß. – Kopfsteinpflaster-Gäßchen führen westwärts zu dem etwas besser erhaltenen *Sapoúntzis-Haus,* zu dem man durch einen Hof gelangt. Es gibt sich weniger streng unter den weit vorgezogenen Dachtraufen, die im Frühling die Mauern vor dem herabtropfenden schmelzenden Schnee zu schützen haben. – Noch manche anderen großen Archontiká wären zu nennen, doch man wird nur auf leere Mauern in trauriger Verlassenheit stoßen. Zuweilen, wenn ein frischer Wind über den See weht, kann man hören, wie dort wieder einer der brüchigen Dachbalken herunterkracht.

Wir gehen nun – sozusagen innerhalb der Festungsmauern und unterhalb des jetzt verschwundenen letzten Türkenkastros auf der baumbestandenen Stadthöhe zu unserem neuen Orientierungspunkt, dem Gymnasion mit seiner neoklassizistischen Fassade. Unmittelbar benachbart steht auf dem Schulplatz die malerische kleine *Kirche der Panhagía Kouvelítissa*, oder *Koumbelídiki*, der Muttergottes mit der ›Kuppel‹ (türkisch: kubbe). Sie ist, wie schon gesagt, die einzige Kreuzkuppelkirche unter den vielen Kirchen Kastoriás.

Im Verhältnis zu dem winzigen Maßstab des Baus ist der Tambour ganz ungewöhnlich, fast unproportioniert hoch. Eine italienische Bombe hat ihn während des Zweiten Weltkrieges schwer beschädigt, aber 1949 wurde er gut restauriert. Drei halbzylindrische Konchen im Osten, Norden und Süden, und der Narthex im Westen stützen, vor die kurzen tonnengewölbten Kreuzarme gesetzt, den quadratischen Tambouransatz. Dem Narthex ist bald darauf noch ein Exo-Narthex vorgesetzt worden. Die Mauern sind mit den hier üblichen Ziegelmustern zwischen den Bruchsteinen aufgeführt, noch großflächiger im Dekor als bei ›Hagioi Anárgyroi‹. Ob die Kirche im 11. Jh. erbaut wurde, oder im 13. Jh., als auch die Innenfresken entstanden, scheint unter den Gelehrten strittig. Gegen 1600 ist der Exo-Narthex ausgemalt und einiges im südlichen Kreuzarm ausgebessert worden. Seit dem 15. Jh. schmücken Außenfresken die Westwand. In der unteren Zone ist neben der Schmerzensmutter Elias zu sehen, wie er von Raben gespeist wird. Johannes der Täufer (rechts der Tür) ist teils übermalt. Die große Szene über dem Eingang schildert, wie Johannes der Täufer enthauptet werden soll, während Salome vor Herodes tanzt. – Westlich von hier, auch auf dem Schulplatz, steht noch die kleine *Taxiarchen (Erzengel)-Kapelle* mit Fresken aus dem 14. Jh.

Mit wenigen Schritten in südlicher Richtung – und damit bereits wieder außerhalb der ehemaligen Festungsmauern – ist man auf dem Omónia-Platz, heute dem Zentrum der Stadt. Interessant ist hier die (möglicherweise schon vor dem Jahr 1000 errichtete) kleine einschiffige ›Nikólaos‹-Basilika. Dem Heiligen sind hier viele Kirchen geweiht, deshalb heißt sie allgemein *Hagios Nikólaos tou Kasnítzi* – denn ein Mann namens Kasnítzis hat im 12. Jh. die Kosten für ihre Ausschmückung getragen. Die Wandbilder sind vorzüglich, voller Frische und Kraft, wahrscheinlich von auswärtigen Künstlern, deren Auge sich an großen Beispielen geschult hatte. Es ist erstaunlich, wie monumental die Szenen des ›ikonographischen Programms‹ gesehen sind und auch wirken – in einem Raum, der nicht mehr als 4,80 x 6,30 m mißt. Im Narthex, hier als ›Gynaikeíon‹ den Frauen vorbehalten, berichtet eine Bilderfolge aus dem Leben des Hagios Nikólaos; darunter der Stifter Nikephóros Kasnítzis mit dem Kirchenmodell und seine Frau Anna.

Vom Omónia-Platz gehen wir, wiederum in südlicher Richtung, durch die Odos Mitropóleos zur rechterhand etwas zurückliegenden Kirche des ›Taxiarchen bei der Metrópolis‹, die nur einem der Erzengel, dem Michael, geweiht ist. Mit dem langen Namen, der die Lage bei der (modernen) Bischofskirche und dem Bischofspalast bezeichnet, sucht sie sich von den anderen Taxiarchen-Kirchen zu unterscheiden. Als dreischiffige Basilika mit hochgezogenem Mittelschiff gehört auch sie zu den ältesten der Stadt – gewiß ins 10. Jh. Wieder staunt man über die Kleinheit: das Mittelschiff mißt 1,75 m, die Seitenschiffe 1,10 m. Als man den Narthex anfügte, wurden auch Ostseite und Apsis verändert.

Die Fresken aus der Mitte des 14. Jhs. verdecken eine ältere Ausschmückung (im Südschiff und Narthex noch Reste) und folgen der konstantinopolitanischen Stilentwicklung während der Palaiologenzeit, obwohl sich gerade in diesen Jahrzehnten unter dem mächtigen Serbenzaren Stephan Duschan und seinem Bruder Symeon Urosch die unruhigen Nachbarn über die Nordgrenzen des byzantinischen Reiches erobernd vorstießen und die politische Verbindung zwischen Makedonien und der Hauptstadt unterbrochen war. Andererseits erinnern die Außenfresken an der Westfassade durch die kleinen Stifterfiguren eines bulgarischen Fürsten und seiner halbgriechischen Mutter an die unablässige Völkervermischung in den Grenzregionen. Zweifellos hat sie den Charakter der Menschen hierzulande mitbestimmt. Michael und Gabriel sind die Hauptgestalten auf diesem Fresko der dritten, spätestenMalschicht, wohl des 15. Jhs. In diesem Zeitabschnitt, in dem Niedergang und Fall des byzantinischen Reiches beschlossen lagen, beginnen sich im nördlichen Griechenland die künstlerischen Stilformen zu verändern. Die Ikonographen in den entlegenen Provinzstädten Makedoniens und Südserbiens waren mehr auf sich selbst gestellt, freier und ungehinderter beim Ausschöpfen der Quellen und Überlieferungen, aufgeschlossener gegenüber sich bietenden fremden Anregungen. Realismus, aufkeimende Zartheit und Zierlichkeit, fließendere Bewegungsrhythmen deuten sich an, und hinzu tritt die Vorahnung dreidimensionaler Räumlichkeit.

Der Weg hinab zum südlichen Kai führt zu einer anderen Gruppe von ›Archontiká‹ mit Storchennestern auf den Dächern. Das *Natzís-Haus* aus dem 17. Jh. ist von allen am besten erhalten. Man betritt es durch eine kleine Loggia. Eine Musikanten-Galerie, deren Wände mit Blumengirlanden bemalt sind, blickt auf den großen Empfangsraum hinab, in dem die Feste gefeiert wurden. Die ›salónia‹ (Wohn- und Gesellschaftsräume) sind wieder aufs Schönste ausgemalt. Der Wandschmuck steht an Bilderbuch-Skurrilität dem in Siátista nicht nach: so die vertraute, sehnsuchtsvolle Beschwörung Konstantinopels; Löwen, die auf ihren Zungenspitzen Fruchtschalen tragen; Landschaftsfriese mit Häusern zwischen Pappeln und Weiden. Entlang der Wände standen niedrige Sofas, auf denen die Archonten sich zurücklehnten und an Sommerabenden hinaus über den See blickten.

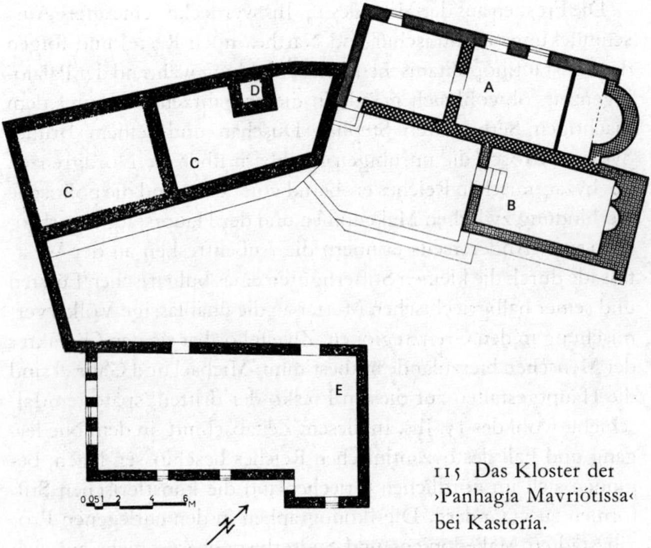

115 Das Kloster der ›Panhagía Mavriótissa‹ bei Kastoría.

A Marientod-Kirche (Ende des 11. Jhs.) - **B** Johannes-Kirche (Mitte des 14. Jhs.) - **C** Mönchswohnungen - **D** Glockenturm - **E** Gästehaus.

Der Kai am Südufer setzt sich in einer neuen guten Straße bis zur Spitze der Halbinsel fort, wo auf einem schmalen Streif zwischen dem See und der Ostseite des Kegelberges das weitgerühmte kleine *Kloster der Panhagía Mavriótissa* liegt – angeblich an der Stelle, an der zu Anfang des 12. Jhs. ein byzantinisches Heer unter dem Befehl des Kaisers Alexios I., dem fähigsten der Komnenen-Dynastie, die Landzunge vom gegenüberliegenden Seeufer aus betrat, um die Normannen, die die Stadt besetzt hatten, zu vertreiben. Wahrscheinlich gründete der Kaiser selbst das Kloster, dem der Volksmund viel später erst seinen heutigen Namen nach dem Dorf *Mavrochóri* gegeben hat, das seit langem als der nächste Ort, der Halbinsel gegenüber, die Schirmherrschaft für das Kloster übernommen hatte.

Die Panhagía Mavriótissa, die dem ›Tod Mariens‹ geweihte Klosterkirche, steht seit dem 16. Jh. nicht mehr für sich allein. An die Südwand der kleinen Basilika lehnt sich seither die *Kirche des ›Hagios Ioánnis Theológos‹* (des Apostels), ebenfalls ein kleiner Langraum. Klostergebäude mit dem eingebauten Glockenturm und alte mächtige Platanen umstehen den Hof vor den Kircheneingängen. Der Ort ist still und abgeschieden, war vormals ein Lieblingsaufenthalt byzantinischer und slawischer Fürsten, die hierher kamen, um ihre Andacht zu verrichten. Heute tun dies die Kastorianer, und an Feiertagen breiten sie dann auch noch den Inhalt ihrer Picknickkörbe unter den Platanen aus.

Die Fresken der Ioánnis Theológos-Kirche entstanden 1552, kraftvolle, nachbyzantinische Wandbilder, in der Auffassung der Konvention folgend und damit repräsentativ für die Malerei des 16. Jhs. im westlichen Makedonien. Die Außenfresken an der Eingangswand lassen nur das Geviert für die schmale Tür frei. Besonders schön die ›Drei Jünglinge im Feuerofen‹ links neben dem Bogenfeld mit dem Kirchenpatron über der Tür. Das Innere ist ebenfalls vom Fußboden bis zu den Dachschrägen ausgemalt, als gelte es, das ikonographische Repertoire in seiner ganzen Fülle in dem kleinen Raum unterzubringen. Herausragend, weniger durch Qualität als durch eigenwillige lebendige Gestaltung, das ›Letzte Abendmahl‹ an der Nordwand.

Sehr viel fesselnder sind *die Fresken in der Hauptkirche*. Sie wurden kurz vor 1200 geschaffen, also etwas später als die der ›Hagios Nikólaos tou Kasnítzi-Kirche‹. Aller Ernst und alle Strenge byzantinischer Religiosität treten einem in den auf das Wesentliche vereinfachten Formen und durch die lapidar hingeschriebene ausdrucksstarke Innenzeichnung vor Augen. Im Narthex beschwören

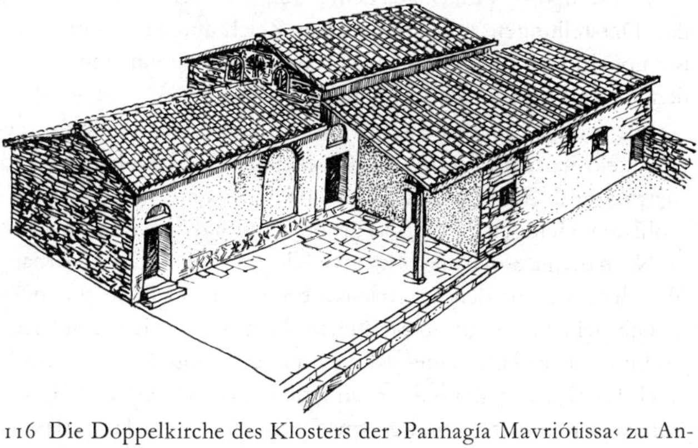

116 Die Doppelkirche des Klosters der ›Panhagía Mavriótissa‹ zu Anfang des 16. Jhs.

die Szenen der ›Taufe Christi im Jordan‹ und immer neue Aspekte des ›Jüngsten Gerichtes‹ das Spannungsfeld christlichen Glaubens. – Durch eine alte verwitterte Holztür mit großen geschnitzten Kreuzen und Sonnenrädern in Rautenfeldern tritt man in den Hauptraum. Aus der Apsis blickt die ›Panhagía Platytéra‹, die ›Thronende Gottesmutter‹ herab, Erzengel in sternenbesäten Gewändern ihr zur Seite und, klein zu ihren Füßen, der kaiserliche Stifter im Mönchsgewand; über der Apsis die großangelegte Szene der ›Himmelfahrt Christi‹; in der Zone über dem Altar ein Medaillon mit ›Christus Immanuel‹, dem Messias als Jüngling, umgeben von den vier Evangelisten. An der Westwand ist die obere Zone der Leidensgeschichte vorbehalten, und darunter entfaltet sich über die ganze Wandbreite die Darstellung vom ›Tod Mariens‹. Die Gesichter aller Umstehenden sind auf die Gottesmutter gerichtet, so daß auch der Betrachter unwillkürlich zunächst dieser Blickrichtung folgt. Vor dem Lager Mariens spielt sich ein aus der kappadokischen Mönchskunst übernommener Vorgang ab, dem man auch zuvor schon häufiger begegnet sein mag: es erscheint der Engel, der mit dem Schwert einem Juden die Hände abschlägt, weil er die Tote berühren wollte. Der ›Schlaf Mariens‹ – so die Bezeichnung der Ostkirche für ihr Sterben – ist vor einem nachtblauen Hintergrund geschildert, vor dem sich die Gewänder der Jünger, der Engel und Heiligen in starken Primärfarben abheben. Aus den erleuchteten Bogenfenstern der Häuser im Hintergrund blicken trauernde Frauen aus dem Volk. – Weder Unbeholfenheit der Darstellungen noch fehlerhafte Zeichnungen können den Kompositionen in der ›Panhagía Mavriótissa‹ die ihnen innewohnende Kraft und Intensität nehmen.

Die südliche Außenwand ist um 1230, wie man annimmt, geschmückt worden. Zu sehen sind neben den Soldatenheiligen Demetrios und Georgios, neben Propheten, Kaisern und ehemals wohl dem Heiligen Petrus, das große Wandbild der ›Wurzel Jesse‹.

Nach dem Besuch dieses kleinen Klosters fällt nun der Vorhang über dem Außerordentlichen in Kastoriá, – nicht jedoch über noch manch Sehenswertem im Städtchen. Man fühlt sich wie auf Entdeckung, sobald man eines der nach außen so unscheinbaren Fachwerk-Kirchlein späterer Jahrhunderte in den Gassen, den Hinterhöfen oder Gärten ausfindig gemacht hat. Auch eine Hinterlassenschaft der Türken ist aller Beachtung wert: die große Herberge, *der Han*, gleich am Zugang zur Landzunge. Kuppel an Kuppel decken die vielen Gast- und Wirtschaftsräume.

Von Kastoriá kommt man auf der Landstraße nach Norden über den 1580 m hohen Pisodérion-Paß zum Grenzstädtchen Phlórina, bei Níki/Kremenítsa zur jugoslawischen Grenzkontrolle und fährt dann über die *Ebene von Monastir,* die Einfallspforte, durch welche viele Heerzüge – so auch die deutschen Armeen zweier Weltkriege – nach Süden vordrangen, nach Monastir selbst, dem heutigen Bitola.

Die Halbinsel Chalkidike

XXII

Östlich von Thessaloniki stößt die Halbinsel Chalkidike wie ein riesiges Schalentier mit drei Krebsscheren oder auch wie ein Dreizack ins Ägäische Meer. Sie wird wenig besucht – unverdientermaßen, denn sie ist landschaftlich wunderschön und von Thessaloniki aus leicht zu erreichen. Vom Thermäischen und Strymonischen Golf umspült, ist die Chalkidike infolge ihrer eigentümlichen Konturen ein in sich geschlossenes Ganzes geblieben, das sich in seinen Besonderheiten vom heutigen Ost-Makedonien sehr wohl unterscheidet. Die Paionen, verwandt mit den Thrakern, waren die ursprünglichen Bewohner, ein Landvolk, das hier recht isoliert saß und sich daher mehr oder weniger unabhängig von den Thrakern entwickelte. Im 7. Jh. vor Chr. wurde die Küste von Siedlern aus dem euböischen Chalkis und Erétria kolonisiert. An die dreißig Städte gründeten sie, die meisten an den Ufern der drei Landzungen, einige wenige auf dem Festlandsteil, die sich zu den geschichtlich bedeutsamen entwickelt haben. Das bewaldete Hinterland war nur spärlich besiedelt – eigentlich bis heute. Die Bewohner sind vorwiegend Holzfäller und Fischer, ein dunkelhäutiges, schweigsames Volk. Im Unterschied zu anderen Griechen scheinen sie die Anwesenheit eines Fremden kaum zur Kenntnis zu nehmen, fragen nicht, woher er kommt und wohin er geht.

Unser erstes Reizeziel ist der westliche der drei Finger, die Landzunge *Kassándra, mit antikem Namen Palléne*. Entlang des Golfes von Thessaloniki reiht sich ein schöner Badestrand an den andern. Bei der Abzweigung nach Thérmi bleiben wir weiter auf der Straße nach Süden, und nach etwa 60 km erreicht man das Städtchen *Néa Moudaniá*. Bald darauf verengt sich das Land zu einem schmalen Isthmos, auf dem die Korinther 625 vor Chr. *Poteídaia* gründeten. Auf dem Zug des Xerxes gegen Griechenland im

Jahre 480 vor Chr. war hier seine Flotte vor Anker gegangen, um sich zu verproviantieren. Ein halbes Jahrhundert später, als sich Athen und Sparta von den Anstrengungen und Opfern der Siege über die Perser erholt hatten und als sie miteinander rivalisierend auf die Festigung ihrer Machtpositionen bedacht waren, begann sie der aufblühende Wohlstand und die wachsende Selbständigkeit der Kolonialstädte im Norden zu beunruhigen. Athen bewog das korinthische Poteídaia zum Beitritt in den Attischen Seebund und war im Jahre 431 nicht mehr bereit, die alljährliche Entsendung eines Vertreters von Korinth in die Stadt zu dulden. Da die Poteidaier seine Ausweisung ablehnten, wurde dieser vergleichsweise kleine Konflikt zwischen Korinth und Athen einer der Funken, die den Peloponnesischen Krieg auslösten. Zudem war der Stolz Athens durch die Widersetzlichkeit seines chalkidischen Verbündeten tief verletzt und verlangte danach, klare Verhältnisse zu schaffen. Doch schnell war gegen das erbitterte Aufbegehren der Poteidaier nichts auszurichten, weder mit Waffengewalt noch durch List. Zwei volle Jahre währte die Belagerung. Erst als in der abgeriegelten Stadt die Pest ausbrach, übergesprungen von Verstärkungen aus Athen, wo die Epidemie bereits den Perikles hinweggerafft hatte,war der Widerstand der durch die Seuche dezimierten Bevölkerung zu brechen. In hellenistischer Zeit, 316 vor Chr., gründete Kassandros an der selben Stelle eine neue Stadt, die er stolz *Kassandreia* nannte. Sie gewann großes Ansehen und trat zeitweilig als Hauptstadt Makedoniens an die Stelle von Pella.

Heute ist Néa Poteídaia ein melancholisches Fischerdorf mit einigen verstreut liegenden Häuschen und Hütten. Wissenschaftliche Grabungen sind bisher kaum unternommen worden. Reste antiker Mauern und Türme erheben sich beiderseits einer Brücke über den Kanal, der den sandigen Isthmos durchschneidet. Grell gestrichene Kaïkia liegen in den kleinen Buchten, wo einstmals auf Werften makedonische Triëren gebaut wurden. Blöcke der alten Stadtmauer, die sich über den Isthmos zog und an beiden Enden in einer Mole endete, später aber von den gotischen Eindringlingen zertrümmert wurde, liegen im Sand begraben. Nach Süden erstreckt sich die westliche Landzunge als kultiviertes Land, flach und grün, fast wie eine Golfplatzlandschaft, wird aber dann zur Spitze hin wieder gebirgig. Entlang der Ostküste führt eine gute Straße durch Fischerdörfchen, einige von ihnen Jahrtausende alt, berührt schattige Buchten, kommt nach *Palioúrion* mit seinem Xenía-Hotel und kleinem Jachthafen, umrundet als einfacher Fahrweg die Landzunge und stößt bei Hagios Nikólaos und Skióni zur Westküste. Bei Kalándra befand sich das antike *Méndi*, eine 750 vor Chr. gegründete Kolonie der Erétrier, wo Paiónios, der große Bildhauer des ausgehenden 5. Jhs. vor Chr. aufwuchs. Vor seiner berühmten Nike-Statue für das Siegesmonument der Messenier und Naupaktier haben wir im Museum von Olympia gestanden. Der Name des Städtchens lebt noch in der Bezeichnung ›Kyr Mendios‹ weiter, mit der man die kleinen treulichen Esel meint, die landauf landab unterwegs sind. Nimmt man sich ein wenig Zeit, um hier am Strand entlang zu wandern, kann es gut sein, daß man einen antiken Vasenhenkel, zerbrochene Keramikscherben oder alte Steinquadern aus dem Sand hervorschauen sieht. Auch auf

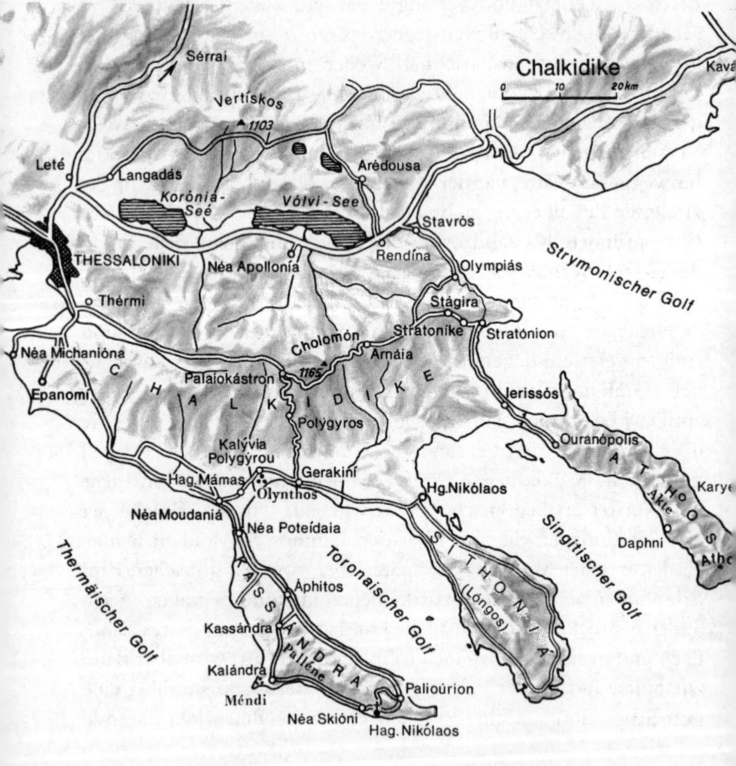

alte Wachttürme wird man treffen, von denen Signalfeuer vor nahenden Piraten warnten. Über *Kassándra*, den Hauptort im Innern, verlassen wir – nun wieder entlang der Ostküste – den westlichen Finger. Die Giganten, mythische Urbewohner der Halbinsel, sollen ausgerechnet diese freundliche Landschaft als Kampfplatz ihrer Schlacht gegen die Götter des Olymp gewählt haben. Sein Gipfel grüßt an klaren Tagen vom Festland herüber.

Auf dem Rückweg von der Landzunge Palléne/Kassándra biegt man kurz vor Néa Moudaniá auf die nach Nordost abzweigende Landstraße, die landeinwärts das obere Ende des Toronäischen Golfs begleitet. Ein merkwürdiger Hügel mit doppelter Kuppe, von dem einst prähistorische Siedler das Land beherrschten, ragt bei *Hagios Mámas* aus dem flachen, fruchtbaren Küstenland. Man achte von nun an auf den linker Hand abzweigenden Feldweg zum *Dörfchen Néa Ólynthos* und frage dort nach dem Weg durch die Wiesen und Felder zu der behäbig hockenden Anhöhe, die sich, allseitig steil abfallend, etwa 50 m über das dunstige Weideland erhebt. Kein bestellter Aufseher und kein schützender Zaun verraten, daß auf dem sogenannten Süd- und Nordhügel die große *antike Stadt Ólynthos* lag, die vor ihrer Zerstörung im Jahre 348 vor Chr. durch Philipp II. von Makedonien (359-336 vor Chr.) etwa 15 000 Einwohner hatte.

Schon im Neolithikum wählten Menschen die südliche Hügelspitze als Wohnplatz. In geschichtlicher Zeit haben sich die Bottiaier, einer der thrakischen Stämme, hier niedergelassen, doch ihr Ort wurde im Laufe der Perserkriege zerstört. Nach 479 vor Chr. kamen griechische Siedler aus dem euböischen Chalkis. Thukydides sagt, sie hätten viele ihrer Kolonialstädte an der Küste aufgegeben, um sich »landeinwärts in Ólynthos« anzusiedeln und »diese eine Stadt zu einem starken befestigten Platz zu machen«. Zu Beginn des 4. Jhs. vor Chr. war die politische und wirtschaftliche Blüte des *Chalkidischen Bundes*, den Ólynthos anführte, sprichwörtlich geworden. Niemand wurde gezwungen, dieser Konföderation beizutreten, doch wer sich um die Aufnahme bewarb, dem wurden generöse und anziehende Bedingungen geboten. Hervorragende Münzprägungen aus Ólynthos – das Haupt des Apollon auf der Kopfseite, die Leier des Gottes auf der Rückseite – sind eine der wenigen künstlerischen Hinterlassenschaften aus der Zeit der weitreichenden Machtentfaltung. Mißgunst und Sorge bewog jedoch

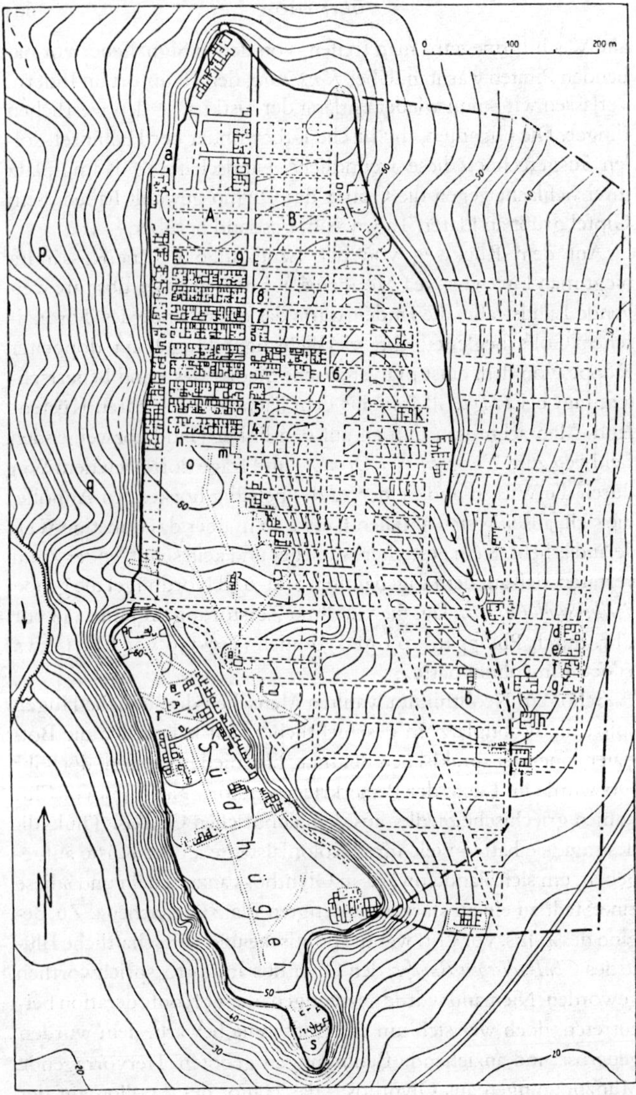

117 Ólynthos. Die antike Stadt im 4. Jh. v Chr.

a Nordwest-Tor - **b** Haus des Schauspielers - **c** Haus des Glücks - **d-i** weitere Villen mit individuellem Grundriß - **r** alter Markt - **s** neolithische Siedlung.

bald die benachbarten Stadtstaaten Ákanthos und Apollonía (am Südufer des Volvi-Sees), sich um das Eingreifen Spartas zu bemühen, das schon lange den wachsenden politischen Einfluß argwöhnisch beobachtete. Doch, weise und gut regiert, waren sich die Olynthier ihrer Überlegenheit über alle anderen makedonischen Städte bewußt und gedachten nicht, ihre Unabhängigkeit und ihre demokratische Staatsverfassung ohne harten Kampf preiszugeben. Anfänglich machten die lakedaimonischen Angreifer nur geringe Fortschritte und mußten sogar einige demütigende Niederlagen einstecken. Aber – wie der Besucher mit eigenen Augen sofort feststellen wird – muß eine Blockade der auf ihrem Geländesockel vollkommen isolierten Stadt, früher oder später unvermeidlich mit ihrer Kapitulation enden. Nach drei Kriegsjahren – 382-379 vor Chr. – zwang die Hungersnot die Einwohner, sich mit der Unterwerfung unter Sparta abzufinden.

Von dem nochmaligen Wiederaufstieg der Stadt zeugt die auf der Höhe ihrer Zeit stehende neue Stadtplanung und neue Stadtmauer. Ólynthos konnte sich bald von Sparta lösen und trat dem Attischen Seebund bei. Ein ernster Gegner aber erstand dem Gemeinwesen nun in Philipp II. von Makedonien, der ab 359 seine Macht in Nordgriechenland Schritt für Schritt bis hin zum Marmara-Meer ausgeweitet hatte. Im Jahre 349 griff er Ólynthos an. In Athen, dem sich die Stadt als Bundesgenosse angeschlossen hatte, unternahm man zunächst gar nichts, sandte dann ein gänzlich ungenügendes erstes Aufgebot von 2000 Söldnern, bis Demosthenes erklärte, wenn Ólynthos falle, werde der Krieg mit Philipp II. bald auf attischem Boden ausgetragen werden. Er sah dies völlig richtig voraus, aber seine beschwörenden Reden brachten nur die Entsendung von weiteren 4000 Mann und 18 Triëren zuwege, die dann auch noch zu spät eintrafen. Die Olynthier, auf sich selbst gestellt, konnten dem Druck der Makedonen nicht standhalten. Im Jahre 348 fiel die Stadt. Philipp ließ sie zerstören und veranstaltete auf dem Schauplatz der Verwüstung ein großes Fest mit athletischen und musischen Wettkämpfen.

Der Aufstieg zur Höhe des felsigen Hügels ist steil, aber kurz. Amerikanische Archäologen haben die Stadt ausgegraben. Sie ist ein vorzügliches Beispiel einer Stadtplanung mit rechtwinklig sich schneidendem Straßennetz, wie sie Hippodamos um 450 vor Chr. für Milet und bald darauf, von Perikles beauftragt, für Piräus entworfen hatte. Die Hauptstraßenzüge waren 5-7 m, die Seitenstraßen etwa 5 m breit. Beiderseits der Seitenstraßen lagen je fünf Häuser, die jeweils in einem Zuge aufgeführt worden sein müssen, da sie gemeinsame Trennmauern besaßen. Zwischen den Seitenstraßen lagen vier solcher Wohnzeilen, von denen die mittleren durch ein den Seitenstraßen parallel laufendes Gäßchen zugänglich waren.

Daß in Ólynthos nicht nur die Straßenzüge, sondern gerade auch die Grundmauern der Häuser erhalten geblieben sind, die hier erstmalig eine bewußte Planung auch der Wohnanlagen erkennen lassen, ist das Interessante an dieser frühhellenistischen Neugründung. – Am südöstlichen Stadtrand scheinen sich die wohlhabenden Bürger in Häusern mit individuellerem Grundriß niedergelassen zu haben. Am bekanntesten ist hier das *Haus des Glücks,* das sich nach einer Inschrift auf dem Kieselmosaik seiner Vorhalle diesen Namen gibt. Im Speisesaal und dessen Vorraum fand man die bisher ältesten Fußbodenmosaiken Griechenlands (frühes 4. Jh.) aus kleinen schwarzen und hellen Kieseln. Dargestellt sind Dionysos auf einem Panther und Thetis, die ihrem Sohn Achilleus vor Troja die Waffen übergeben läßt. Man kann die Mosaiken heute nur auf Photographien bewundern, denn zu ihrem Schutz hat man sie wieder mit Erde bedeckt.

Zurückgekehrt zur großen Straße kommt man durch Kalývia-Polygýrou nach Gerakiní. Hier muß man sich entscheiden, ob man *Lóggos* (sprich: Lóngos), die mittlere der Halbinseln sehen will, die heute meist wieder, wie *in der Antike*, *Sithoniá* genannt wird. Früh besiedelt, aber ohne aufregende Sehenswürdigkeiten ist sie ein Paradies für alle Naturfreunde: ein Waldgebirge von großer Schönheit und Unberührtheit, von vielen Wasserläufen durchzogen und mit tiefen fjordartigen Einschnitten. Die Straßen sind noch nicht durchgehend asphaltiert, auch Hotels gibt es kaum, dafür saubere freundliche Quartiere bei den Einwohnern.

Wir fahren von Gerakiní nach Norden, wo die Straße langsam in das Cholomón-Gebirge, das zentrale Massiv der Chalkidike vordringt. *Polýgyros,* Hauptort der Chalkidike, ein malerisches Bergstädtchen mit alten charakteristischen Bauernhäusern unter roten Ziegeldächern sitzt in einer der Hügelfalten zwischen Pappeln, in denen Myriaden von Vögeln singen. Ein jüngst erbautes kleines Archäologisches Museum sammelt, was aus antiker Zeit auf der

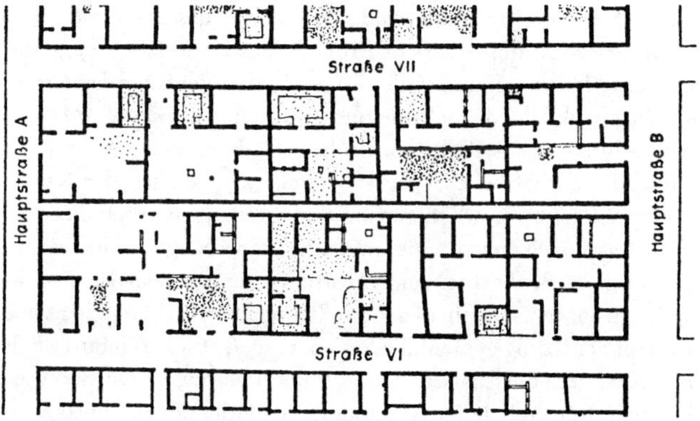

118 Ólynthos. Häuserblocks in einem Straßengeviert.

Halbinsel zutage kam: Grabungsfunde aus Ólynthos; ein unvollendeter Kouros, aus dem Meer geborgen; ein Weiherelief aus Poteídaia; ein Kopf des Dionysos (4. Jh.) aus der Nähe von Áphitos auf Kassándra; eine großartige klazomenische Graburne.

Oberhalb des Ortes und seiner heidekrautbedeckten Höhen und kurz nach dem Dorf Palaiókastron gabelt sich die Straße abermals. Der nach Osten laufende Zweig klettert und windet sich hinauf zu den eichenbestandenen Höhen unter dem Gipfel des Cholomón (1165 m). Rauchfahnen von den Feuern der Holzfäller und Köhler kräuseln sich in Spiralen aus den Waldlichtungen hervor, ehe sie sich in der nach Moos und Flechten duftenden Luft auflösen. Das Licht ist seltsam milchig. Außer Überlandbussen gibt es hier keinen Verkehr und außer den Waldarbeitern kein menschliches Wesen. In vielen Haarnadelkurven geht es hinab auf die geräumige Platía von *Arnaía,* einem stillen sauberen Dorf, in dem sich die Bewohner auf das Weben und Walken schöner Wolldecken und Wollteppiche verstehen. Früher erstreckte sich ringsum eine Art jungfräulichen Urwalds. Löwen hausten in verborgenen Unterschlupfen, die 480 vor Chr. beim Heerzug des Xerxes die Kamelkarawanen des persischen Trosses anfielen. Herodot wunderte sich höchlichst, weshalb »die Löwen sich ausschließlich an die Kamele gemacht haben; sie hatten doch dieses Tier noch nie gesehen und geschmeckt«.

Die Straße läuft zu dem Dorf *Stágira* hinab. Rechts steht auf einem Steilhang über der waldigen Gegend das Standbild eines alten Griechen, der eine Schriftrolle in der Hand hält. Die glatte moderne Marmorstatue stellt *Aristoteles* dar, der über das terrassenförmig abfallende Gelände blickt, wo einst das *antike Stágeiros,* der Geburtsort des Philosophen, lag. Als Sohn eines Arztes, der naturwissenschaftliche Schriften verfaßte, legte auch der Knabe bereits in frühen Kindertagen auf den Streifzügen durch die Wälder rings um Stágeiros eine ungewöhnliche Neigung und Begabung für das Beobachten und Erforschen der Natur an den Tag. In späteren Jahren, sowohl in den Intellektuellen-Kreisen Athens wie am Hof der Könige von Makedonien, vergaß er seine Geburtsstadt nie. Nachdem die Chalkidike von Philipp verwüstet worden war, bewog er seinen Schüler Alexander, die Städte der Halbinsel wieder aufzubauen. Er betrachtete sich stets als einen freiwillig Ausgewanderten und blieb offiziell ein Bürger von Stágeiros. Von der antiken Stadt ist nichts erhalten. Ein Turm und ein Bauwerk mit eingelassenen Bogen stammen aus späterer Zeit.

Die Straße erreicht die Küste des Strymonischen Golfs bei *Stratónion,* wo die Bergwerke einstmals das Silber für die chalkidischen Münzen lieferten. Heute wird Magnesit abgebaut. Förderanlagen und Halden ziehen sich unterhalb eines atemberaubenden Felssteilhangs am Ufer entlang. Südwärts erstrecken sich Sandstrände mit grotesken Verwehungen bis nach *Ierissós.* Als das *antike Ákanthos* war es der eifersüchtige und niederträchtige Rivale von Ólynthos. Die Hafenmole, die kleinen Schiffen vor den Winterstürmen und den Böen der Etesien, die von der thrakischen Küste her über die Bucht peitschten, Schutz gewährt, ist auf antiken Fundamenten errichtet. Von hier verkehrt täglich ein Kaïki zu den Klöstern an der Ostküste der Athos-Halbinsel. Marmorquadern und Granitblöcke aus der antiken Zeit sind beim Bau der mittelalterlichen Festung wiederverwendet worden, die Ruinen stehen auf dem Hügel oberhalb von Ierissós über der alten Akropolis. Sie hat Xerxes bei seinem Marsch durch Nordgriechenland mit großem Pomp empfangen, und Brásidas, der Thukydides zufolge »für einen Lakedaimonier kein ungeschickter Redner war«, sprach hier im achten Jahr des Peloponnesischen Krieges auf die Akanthier ein und gewann sie mit »verführerischen Argumenten« für das Bündnis mit Sparta gegen Athen.

Die Straße über den zweieinhalb Kilometer breiten Isthmos begleitet ein kurzes Stück den Kanal, den die Pioniere des Xerxes aus den niedrigen Geländewellen aushoben, damit die persische Flotte durchfahren konnte – jeweils zwei Triëren nebeneinander. Alte Fundamente von Mauern und aufgeworfene Erdwälle sind zu erkennen. Der einstige Kanal ist heute mit Erdreich zugeschüttet. Womöglich hatte die Katastrophe der Flotte des Mardonios zwölf Jahre vorher (492 vor Chr.), als ein wütender Sturm beim Umfahren der Athos-Halbinsel 300 Schiffe mit 20000 Mann an Bord an den schrecklichen Felsen nahe des Kap Ákrathos zerschellen ließ, Xerxes zu dem Entschluß bewogen, die Landenge durchstechen zu lassen, um solchem Risiko zu entgehen. Herodot jedoch ist der Meinung, der Beweggrund des Großen Königs sei seiner Prahlsucht entsprossen: er habe »seine Macht zeigen und sich ein Denkmal damit errichten« wollen. Männer aller Völkerschaften wurden in Schichten eingesetzt und »unter Geißelhieben zum Graben gezwungen«. Der Aufseher über diese gigantische, für damalige Zeiten noch nicht dagewesene Unternehmung war ein gewisser Artachaies, der größte Mann Persiens, nämlich zwei Meter fünfzig groß, dessen Stimme die lauteste der Welt und von einem Ende des Isthmos zum anderen zu hören war.

Auf der Südseite der Landenge liegt der kleine Fischerhafen *Ouranópolis* in einer breiten stillen Bucht. Ein gut geführtes Xenía-Hotel mit Restaurant, Bar, Rasenflächen und eigenem Sandstrand bietet dem auf der Chalkidike nicht gerade verwöhnten Reisenden ein wenig Komfort. Gelegentlich flitzt die Silhouette eines Wasserski-Läufers über die schimmernde Wasserfläche vor den gegenüberliegenden kleinen Inselchen. Gegen Abend läuft das Kaïki ein, das auf der Fahrt entlang der Westküste der Athos-Halbinsel Touristen und Mönche aufgenommen hat. Ouranópolis wurde 1922-23 von Flüchtlingen aus Kappadokien an der Stelle einer verschwundenen hellenistischen Stadt erbaut, die gegen Ende des 4. Jhs. von Alexarchos, dem Sohn des Antípatros, Statthalters Alexander des Großen, gegründet wurde, und es ist ordentlicher und hübscher als Ierissós. Ein großer, fünfstöckiger byzantinischer Turm mit Schießscharten und hölzernen Balkonen beherrscht Land und Meer von einer Steilklippe zwischen zwei kleinen Buchten. Er trug den Namen Prosphórion und war einst Stützpunkt des Athos-Klosters Vatopédi an der Ostküste. Verlassen und verfallen sahen ihn in den Zwanziger Jahren Mr. und Mrs. Loch, ein australisches Ehepaar. Sie haben ihn gekauft, die oberen Stockwerke bewohnbar gemacht und im Erdgeschoß eine Werkstatt eingerichtet, in der Bauernmädchen, die Nachkommen kappadokischer Teppichweber, heute Teppiche und Decken mit den Mustern ihrer Vorfahren herstellen. Die von den Lochs wiederbelebte und geförderte Heimindustrie ist inzwischen sehr gediehen, und die in Ouranópolis gewebten und geknüpften Arbeiten werden in den teuren Geschäften Athens verkauft und ins Ausland exportiert.

Wir fahren auf der Straße, auf der wir gekommen sind, bis Stratónion zurück und schlagen nun den Weg nach Norden entlang des Strymonischen Golfs ein. Kastanienwälder breiten sich über die Berghänge, und kühlende Bäche tröpfeln durch kleine Schluchten zum Meer. Der Geruch von Jod und nassem Sand mischt sich mit dem scharfen Duft der immergrünen Sträucher. Als wir eines Sommerabends an der Küste entlang fuhren, trafen wir nur auf einige Holzfäller, die ihre beladenen Esel am Halfter führten, und einen Jungen, der in einer einsamen kleinen Bucht auf einer Klippe stand und seine Angelleine auswarf. Kaum ein halbes Dutzend Autos kam uns entgegen. In der Ferne strebte ein Dampfer auf die waldigen Umrisse von Thasos zu. Wahrscheinlich gibt es in Griechenland keine schöneren und einsameren Sandstrände als hier. Bucht an Bucht reiht sich aneinander, und das Gebiet ist bisher weder von Grundstücksspekulation noch Freizeit-Industrie ›erschlossen‹ worden. In *Olympiás* – dem antiken Kápros, Hafen von Stágeiros – ragt eine hölzerne Anlegestelle ins Meer hinaus, und Boote, die an einem schon von Strabon erwähnten Inselchen vertäut sind, schwanken in der Dünung auf und ab.

Eines Abends sahen wir hier eine ›gri-gri‹-Flotte zum Fischen ausfahren. Immer sind es sieben Boote, die zusammengehören und dies durch gleiche Farbzeichen an ihren Bordwänden auch kundtun. Im Schlepp des Motorkaïkis, das den Hauptteil der Netze mitführt, hängen eine große Ruderbarke und hintereinander fünf kleine Ruderboote für je einen Mann. Über den Fanggründen angekommen, schwärmten die kleinen Boote aus – in Sternform, nach Art eines Y, oder in gerader Linie. Man kann vom Land nicht immer genau erkennen, welche Aufstellung der Kapitän je nach der Beschaffenheit des Meeresbodens und den Fangerwartungen anordnet. Bald darauf zündeten die Männer ihre Karbidlampen an, deren Licht die Fische anlockt. Es sah aus, als tanzten glitzernde

Perlen, wo im nächtlichen Dunkel Meer und Himmel ineinander übergehen.

An klaren Tagen sieht man weit im Norden die breite Mündung des Strymón vor der imposanten Sperre der thrakischen Berge. Hinter *Stavrós,* einem unbedeutenden kleinen Städtchen, in dem sich die Soldaten des nahegelegenen Nato-Stützpunkts an ihren Ausgangstagen die Zeit vertreiben, mündet unsere Landstraße nun in die große Fernstraße Thessaloniki-Kavála ein. Wir folgen ihr nach Westen durch die Rentína-Schlucht, die die Einheimischen ›das kleine Tempetal‹ nennen. Bei dem Dorf Rendína zweigt rechts ein Feldweg nach dem zwölf Kilometer entfernten *Arédousa* ab, wo der greise Euripides den Tod fand. Ein Verleumdungsfeldzug hatte ihn aus Athen vertrieben, weil er auf zynische Weise die Unfehlbarkeit der Götter angezweifelt habe. Von den Hunden des Königs von Makedonien, die ihm seine Widersacher auf den Hals gehetzt hatten, sei er in Stücke gerissen worden. Dies ist so unverbürgt wie eine andere Schilderung, nach welcher der Dichter, mit fünfundsiebzig noch immer lebenshungrig, in einer dunklen Nacht von streunenden wilden Hunden überfallen wurde, da er zu einem Stelldichein unterwegs war. Als die Kunde von seinem Tod Athen erreichte, war man dann doch tief bestürzt, und der über neunzigjährige Sophokles legte vor aller Öffentlichkeit Trauerkleider an.

Hinter Rendína folgt die Hauptstraße dem Lauf der Via Egnatia. Zur Rechten, gen Norden, liegen die seichten Gewässer des Vólvi-Sees (griech.: Límni Bólbi), dessen Fische in der Antike als Delikatesse geschätzt wurden. Archestratos, ein Autor der ›Magna Graecia‹ und Verfasser eines gastronomischen Lehrgedichts, den man spöttisch den ›Hesiod der Völlerei‹ nannte, rühmt besonders den Barsch. Am Südufer des Sees kommt man durch das Dorf *Néa-Apollonía,* wo Paulus und Silas, wie die Apostelgeschichte erzählt, sich aufhielten, als sie von Philippi nach Thessaloniki unterwegs waren. Etwa 15 km nach dem Vólvi-See taucht rechts von der Straße ein zweiter, der Korónia-See auf. Herodot erzählt von den frühen Uferbewohnern der thrakischen Seen, daß »ein jeder eine Menge Frauen hatte«, und daß sie »in Pfahlbauten hausten, zu denen man über einen schmalen Steg gelangte«. Falltüren hätten sich unter den Häusern zur Wasserfläche geöffnet und damit die kleinen Kinder nicht unversehens in den See fielen, habe man sie mit einem langen Seil an einen Wandhaken festgebunden.

Die Straße führt nach *Derveni* (nahe dem Ort Leté, in Griechenland sprich: Lití), wo der herrliche vergoldete Krater in einem hellenistischen Hügelgrab aus dem 4. Jh. vor Chr. gefunden wurde, den wir im Archäologischen Museum in Thessaloniki bewunderten.

Damit haben wir unsere Reise durch und um die Chalkidike-Halbinsel beendet. Sollte ein ethnologisch besonders interessierter Reisender gerade gegen Ende des Monats Mai hier anlagen, darf er um keinen Preis versäumen, am 20. V. den großen Festtag der Heiligen Konstantios und Helena in *Langadás* mitzuerleben. Mich hat dieses seltsame Kirchweihfest – seltsam, weil Christliches und Heidnisches in frappierender Symbiose aufleben – so beeindruckt, daß ich davon berichten will. Um nach Langadás (griech.: Lagkadás) zu gelangen, nimmt man die Hauptstraße nach Sérrai, biegt aber nach 1 km hinter der Kavála-Abzweigung ebenfalls nach Osten ab.

Der christliche Anlaß, ein Fest zu feiern, ergab sich um die Mitte des 13. Jhs., als die Kirche der heiligen Helena in einem entlegenen thrakischen Dorf in Brand geriet und die von den Flammen umzüngelten heiligen Ikonen ›aufstöhnten‹, so daß die erschreckten Dorfbewohner das Erbarmen faßte. Sie stürzten sich in das lodernde Feuer und trugen die Bilder hinaus, ohne – wie sich zeigte – auch nur eine einzige Brandwunde erlitten zu haben. Mit der Zeit gewann die Geschichte dieser wunderbaren Bilderrettung sakrosankten Charakter. Von Generation zu Generation wurden die kostbaren Ikonen weitervererbt und tauchten schließlich im Jahre 1914 bei einigen thrakischen Familien in Langadás auf, wo sie seither geblieben sind und in einem Haus in der Nähe des Schauplatzes der *Anastenária*, dem Fest des ›Aufstöhnens‹ der Bilder, aufbewahrt werden.

Die Zeremonie beginnt am Vormittag. Begleitet von rituellen Tänzen und rythmischem Trommelschlag wird ein girlandenbekränztes Kalb, dem man große Kerzen in die Ohren gesteckt hat, auf den Platz hinausgeführt. Aus dem Hintergrund klingen Klarinetten mit dem näselnden Auf und Ab ihrer langgezogenen Melodien, und gelegentlich tönt eine machtvolle Trompetenfanfare dazwischen. Im Augenblick, da das Messer in das Tier fährt, löst sich die allgemeine Spannung, ein halb schreckerfülltes, halb lustvolles Stöhnen geht durch die Menschenmenge und das Kreischen der

Frauen schrillt über den Platz, sobald Blut den Staub ziegelrot färbt. – Am Nachmittag wird dann das Freudenfeuer angezündet, Wein und Ouzo fließen reichlich, und unter lautem Zurufen und Tamburinlärm hüpfen die *Anastenárides*, die ›aufstöhnenden‹ Retter der Bilder, mit den heiligen Ikonen, unbeschuht wie ihre Vorfahren im 13. Jh., über die rotglühenden Kohlen. Gelegentlich tun sie mit hellem Aufruf einen Luftsprung zwischen ihren tänzelnden Schritten. Die Feuerläufer sind alle thrakischer Herkunft und Ärzte haben bezeugt, daß ihre Fußsohlen weder Brandblasen aufweisen noch irgendwie verfärbt sind.

Die heidnischen Wurzeln – das Schlagen der bacchischen Trommel, die Fesselung des girlandengeschmückten Kalbes, des Lieblingstieres von Dionysos, das Wehklagen und Jammern, das an die Schreie des wahnsinnigen Chors in den Bacchantinnen des Euripides erinnert – bedürfen keiner besonderen Nachweise. Sogar die Gesten der Feuerläufer leiten sich angeblich von einem antiken Mythos her, in dem es heißt, daß sich die Eichenbäume auf den thrakischen Bergen tanzend hin und her bewegten, wenn Orpheus ihnen auf der Leier vorspielte. Die Riten des Festes scheinen eine Mischung aus dionysischen und orphischen, ekstatischen und musischverzaubernden Elementen zu sein. In der Antike bestand allerdings zwischen Dionysos und Orpheus von Anbeginn an Feindschaft. In seiner Eifersucht auf Apollon ließ der Gott des Weins seine Dienerinnen, die Mänaden, noch trunken von ihren Orgien auf einem entlegenen Berggipfel, den Leib des Orpheus in Stücke reißen. An Stelle der ursprünglichen, in ganz Thrakien üblichen Orpheus-Verehrung gewann damit der ungezügelte Dionysos-Kult die Oberhand. Wir werden davon noch hören, sobald wir Thrakien bereisen (Kap. XXIV). Xenophon und auch Tacitus erwähnen die Ausschweifungen der Thraker und vermerken ihre von wilder Musik begleiteten Festgelage und Zechereien. Es ist sehr interessant und für das Nebeneinander griechischen Empfindens bezeichnend, daß es diesem heidnisch-barbarischen Ritus gelungen ist, mittels der frommen Legende von den ›aufstöhnenden‹ Ikonen, in den Festtagskalender der orthodoxen Kirche einzugehen. Nach dem 21. Mai sinkt Langadás wieder für ein Jahr in den Tageslauf ruhigen bäuerlichen Lebens zurück. Nur die Asche bleibt verstreut auf dem Flecken Ödland, bis der Herbstregen sie in glucksenden Schlamm verwandelt.

Berg Athos

XXIII

Die tausendjährige Mönchsrepublik nimmt den östlichen Finger der Halbinsel Chalkidike ein, den die Alten die Akte nannten. Befestigte mittelalterliche Klöster säumen die bewaldete Küste, und Einsiedeleien klammern sich halsbrecherisch an die senkrechten Abhänge. Einige Stätten stehen verlassen, andere sind noch immer von einer Handvoll von Mönchen bewohnt, die Tag und Nacht ihre einsamen Andachten verrichten oder in Kirchen voller Fresken, wunderwirkenden Ikonen, güldenen Kandelabern und vergoldetem Schnitzwerk zum Gebet zusammenkommen.

Üppigkeit und Vielfalt der Natur sind oft gerühmt worden. Es gibt nichts Aufregenderes als diese Landschaft mit dem Heiligen Berg, dem ›Hágion Oros‹, der sich am südlichen Zipfel der Halbinsel zu einem 2033 m hohen, spitzen Gipfel erhebt. Woher kommt der Name Athos? »Wer war einst Athos? Ein gottloser Riese! Er spottete lange der Olympier, zeigte mit felsigen Fingern Metalle und flimmernde Steine, lockte Götter heran; und sie nahten. Sofort aber tauchte der schlaue Gigant, auch Zeus war des Goldes nicht habhaft. Da packte Poseidon, voll Wut, seinen Berggau Pallene und warf ihn dem Athos auf Hände und Haupt; nun liegt er verschüttet; nur trägt noch der darübergestülpte großmarmorne Berg seinen Namen« (Theodor Däubler).

Als Maria, die Mutter des Herrn, in der Bucht von Ivíron landete – damals, als sie mit Johannes den Lazarus auf Cypern besuchen wollte und ihr Schiff vom Sturm verschlagen wurde – war sie so überwältigt von der grünen Pracht, daß sie sich in die Halbinsel verliebte. Bezaubert von den schattigen Wäldern und blumigen Wiesen, erklärte sie die ganze Landzunge zu ihrem ›Garten‹ und verbot jedem Wesen ihres Geschlechts, Mensch oder Tier, ihn zu betreten, worauf die heidnischen Götterstatuen von ihren Sockeln fielen und sich selbst zerstörten. So die christliche Legende. Die mantelumwallte Gestalt Mariens, sagen die Mönche, durchstreife häufig die Haine und Dickichte unterhalb der Klöster des Waldlandes. Tatsächlich ist die Verehrung der Gottesmutter ein die Mönchsgemeinschaften in ihren so unterschiedlichen Ausprägungen einigendes Band.

Die ersten Eremiten kamen im 8. Jh. und suchten hier Zuflucht vor der Verfolgung der kaiserlichen Soldaten während des Bilderstreites (730-843), der sich über das ganze byzantinische Reich ausgeweitet hatte. Im 9. Jh. wird Pétros Athonítis als frommer Asket bezeugt. Von Dämonen und wilden Tieren bedrängt, hauste er fünfzig Jahre lang in einer Höhle des Marmorberges. Der Zustrom von Einsiedlern wurde immer größer, und im Jahre 883 grenzte Kaiser Basíleios I. in der frühesten Urkunde ihre Rechte auf der Landzunge gegen alle Übergriffe der festländischen Nachbarn ab. – Das 10. Jh. ist das der großen Klostergründungen. Als erstes ist das Kloster ›Megíste Lávra‹ zu nennen, das 963 auf Betreiben des *Athanásios Athonítis* entstand, eines tatkräftigen Mönches aus Bithynien und persönlichen Freundes des Soldatenkaisers Nikephóros II. Phokas (963-969). Von Athanásios stammt auch die früheste Verfassung der Athos-Klöster, das *Erste Typikón*, für das er die Satzungen des Studion-Klosters in Konstantinopel zum Vorbild nahm. Es heißt von alters her *Trágos*, das Wort für ›Bockshaut‹ –, weil auf ihr die Bestimmungen geschrieben waren, die unter anderem die Unabhängigkeit der Klöster vom Patriarchen in Hierissós (Ierissós, dem Städtchen am Zugang zur Halbinsel) festhält, und die Johannes Tsimiskís im Jahre 972 mit seiner kaiserlichen Unterschrift rechtsgültig machte. Ein *Zweites Typikón*, 1045 vom »ewigdenkwürdigen Kaiser« Konstantínos IX. Monomáchos verfaßt, bestätigt im wesentlichen das erste und hebt zudem das ›Gebot der Jungfrau Maria‹, wonach keine Frau und kein weibliches Tier je das heilige Gebiet betreten darf, zum Gesetz. Ab 1060 verwalten sich die Klöster weitgehend als selbständige Mönchspublik. Aus der gewonnenen Unabhängigkeit, aus der Abgeschiedenheit des Athos wuchsen dann dem Patriarchat in Konstantinopel zur Zeit der Palaiologen-Kaiser einige der besten Kirchenführer zu; Mönche, die in heiligmäßiger Versenkung weniger zu Gelehrsamkeit als zu Weisheit gelangt waren. Aber auch leidenschaftliche Theologen traten aus der Klosterstille an die

Öffentlichkeit, wie Gregórios Palamás, der während der Hesychastenbewegung (1341-1351) die religions- und zeitgeschichtliche Entwicklung entscheidend beeinflußte.

In den Jahrhunderten der lateinischen, slawischen und türkischen Okkupationen bewahrten die Klöster Anspruch und Ansehen der griechisch-orthodoxen Religion, und als nach dem Unabhängigkeitskrieg das griechische Volk wieder zur Selbstbesinnung kam, kannte man mit Fug und Recht sagen, daß der ›Berg Athos‹ ehrfurchtsvoller genannt wurde als die Siege bei Marathon oder Salamis. – Der Wohlstand der Klöster im 19. Jh., hervorgerufen durch viel russisches Geld, das in die Mönchsrepublik floß, verwandelte den Athos für kurze Zeit in einen Stützpunkt russischen Expansionsstrebens. Auch die Zahl der Novizen aus slawischen Ländern drohte damals den Nachwuchs, der aus Griechenland und Kleinasien kam, zu überflügeln. Die Russische Revolution setzte all dem ein Ende. Nach dem Ersten Weltkrieg versiegte der Zustrom aus den slawischen Ländern. Wo es einst 40000 Mönche gab, leben heute nur noch etwa 1700 Kloster- und Laienbrüder, die heute die geistliche und juristische Oberhoheit des Patriarchats in Konstantinopel, und die Schutzherrschaft des griechischen Staates über ihren autonom verwalteten Mönchsstaat anerkennen.

Mangelnde Aufgeschlossenheit, zu starres Festhalten an Vorurteilen lähmen gerade in unserem Jahrhundert manchen Impuls belebender Erneuerung. Manche der Klöster sind daher kaum mehr als eine Heimstätte betagter Mönche, einfacher Menschen bäuerlicher Herkunft und geringer Bildung; zuweilen auch Zuflucht für Männer, die im Leben scheiterten und sich hierher zurückziehen. Ernsthafte künstlerische Tätigkeit ist sehr selten geworden. Die Felder und Weingärten sind weitgehend unbestellt. Schmarotzerpflanzen ranken ihre verderblichen Schößlinge um Obst- und Nußbäume, Kahlschlag bedroht den Baumbestand, und wo der Wald von Äxten verschont bleibt, wächst das Farnkraut so hoch, daß es schwierig wird, die schattigen Maultierpfade zu finden, die einstmals ein Kloster mit dem anderen verbanden.

Doch die unvergleichliche Schönheit der Natur, die Einsamkeit und Stille, die überall spürbare Hinneigung zu mystischem Wunderglauben, die Verklammerung mit dem Vergangenen und die Gleichgültigkeit gegenüber der Zukunft vermögen den gehetzten Mitteleuropäer in eine traumhafte Losgelöstheit von der Realität zu versetzen. Dabei lasse man jedoch nicht außer acht, sich gerade hier auf dem Athos über einige Besonderheiten und über die Grundformen klösterlicher Regeln und mönchischen Lebens zu unterrichten, um sehr viel Ungewöhnlichem mit mehr Verständnis und Einsicht zu begegnen.

ZEITRECHNUNG: Auf dem Athos gilt der *Julianische Kalender*, der dem unseren, dem Gregorianischen, um 13 Tage nachhinkt. (Ostern wird – wie in der ganzen übrigen Ostkirche – am ersten Sonntag nach dem Frühlingsvollmond gefeiert.) Dies zu bedenken wird wichtig, wenn man einen bestimmten Festtag miterleben oder ihm als einem für Besichtigungen ungeeigneten Zeitpunkt entgehen möchte. Eine von strengen Athos-Mönchen beargwöhnte Ausnahme macht das Kloster Vatopédi, das sich nach dem Gregorianischen Kalender richtet.

Die Uhrzeit richtet sich nach der Tageseinteilung im alten Byzanz und geht gegenüber der Athener Zeit um etwa viereinhalb Stunden vor.

KLÖSTER: Es gibt zwanzig *Großklöster* auf dem Athos, die seit Jahrhunderten in fester – es war nicht immer die gleiche – Rangfolge zueinander stehen. Die fünf ersten, die sich durch Wertschätzung, Reichtum, kulturelle Bedeutung auszeichnen – es sind dies: Megísti Lávra, Vatopédi, Ivíron, Chilandári und Dionysíou – haben als Hauptklöster besondere Rechte und Pflichten in der monastischen Selbstverwaltung (s. S. 627).

Heute bekennen sich zwölf der Klöster zur strengen *koinovítischen Regel* (sprich: kinovítisch), in der die Mönche ein ›gemeinsames Leben‹ (koinós biós) führen, privaten Besitz in das Kloster einbringen und die Gelübde der Armut, des Zölibats und des Gehorsams gegenüber dem auf Lebenszeit bestellten Abt, dem ›Igoúmenos‹, leisten.

Acht der Klöster folgen der *idiorrhythmischen Regel*, innerhalb der jeder Mönch nach ›eigenem Rhythmus‹ lebt. Das heißt, daß er mit einem gewissen Privateigentum, sich selbst verköstigend, eine eigene Wohnung innerhalb des Klosters haben kann, nur Ehelosigkeit gelobt und keinem Abt untersteht, da ein dreiköpfiges Gre-

Die zwanzig Großklöster

Hierarchische Rangfolge	Text	Weihung der Klosterkirche*
1. MEGÍSTI LÁVRA gegr. 963	S. 649	›Tod Mariens (15.VIII./28.VIII.) griechisch, idiorrhythmisch
2. VATOPÉDI gegr. nach 972	S. 639	›Maria Verkündigung‹ (25.III./7.IV.) griechisch, idiorrhythmisch
3. IVÍRON gegr. 976	S. 644	›Tod Mariens‹ (15.VIII./28.VIII.) georgisch, jetzt griechisch, idiorrhythmisch
4. CHILANDÁRI gegr. (1076) 1198	S. 631	›Mariae Tempelgang‹ (21.IX./4.XII.) serbisch, idiorrhythmisch
5. DIONYSÍOU gegr. 1374	S. 665	›Geburt des Johannes d. T.‹ (24.VI./7.VIII.) griechisch, koinvítisch
6. KOUTLOUMOU-SÍOU gegr. 1283	S. 694	›Verklärung Christi‹ (6./19.VIII.) griechisch, koinovítisch
7. PANTOKRÁTO-ROS gegr. 1357	S. 695	›Verklärung Christi‹ (6./19.VIII.) griechisch, idiorrhythmisch
8. XEROPOTÁMOU gegr. 956	S. 694	›Vierzig Märtyrer‹ (9.III./22.III.) griechisch, idiorrhythmisch
9. ZOGRÁPHOU gegr. (1050) 1270	S. 696	›Hagios Geórgios‹ (23.IV./6.V.) bulgarisch, koinovítisch
10. DOCHIARÍOU gegr. (976) 1030	S. 687	›den Erzengeln‹ (8.XI./21.XI.) griechisch, idiorrhythmisch
11. KARAKÁLLOU gegr. 2. H. d. 11. Jhs.	S. 698	›Peter und Paul‹ (29.VI./12.VII.) griechisch, koinovítisch
12. PHILOTHÉOU gegr. (um 1000) 12. Jh.	S. 698	›Mariae Verkündigung‹ (25.III./7.IV.) griechisch, idiorrhythmisch
13. SÍMONOS PÉTRA gegr. vor 1264	S. 677	›Geburt Christi‹ (25.XII./7.I.) griechisch, koinovítisch
14. HAGÍOU PÁVLOU gegr. 2. H. d. 10. Jhs.	S. 672	›Darstellung Jesu im Tempel‹ (2.II./15.II.) serbisch, jetzt griechisch, koinovítisch
15. STAVRONIKÍTA gegr. (10. Jh.) 1542	S. 694	›Nikolaos von Myra‹ (6.XII./19.XII.) griechisch, seit 1968 koinovítisch

Hierarchische Rangfolge	Text	Weihung der Klosterkirche*
16. XENOPHÓNTOS gegr. 1010	S. 684	›Hagios Georgios‹ (23.IV./6.V.) griechisch, koinovítisch
17. GRIGORÍOU gegr. um 1345	S. 676	›Nikólaos von Myra‹ (6.XII./19.XII.) griechisch, koinovítisch
18. ESPHIGMÉNOU gegr. vor 1030	S. 696	›Christi Himmelfahrt‹ (40 Tage n. Ostern) griechisch, koinovítisch
19. PANTELÉÏMONOS auch ROSSIKÓN gegr. (1030) 1169	S. 680	›Hagios Panteléïmon‹ (27.VIII./9.VIII.) russisch, koinovítisch
20. KONSTAMONÍTOU auch KASTAMONÍTOU gegr. 2. H. d. 11. Jhs.	S. 697	›Hagios Stéphanos‹ (27.XII./9.I.) griechisch, koinovítisch
PROTÁTON in Karyés gegr. vor 965	S. 627	›Tod Mariens‹ (15.VIII./28.VIII.) Gemeinbesitz aller Klöster

* Das zweite Datum nennt den Tag, auf den das Patronatsfest nach der westlichen Zeitrechnung fällt, die dem Kalender der Ostkirche um 13 Tage voraus ist (S. 615).

Die Mönchssiedlungen

Skíten und Kellien	Text	Weihung der Kirche*
Zu MEGISTI LÁVRA gehörig:		
Skíti HAGÍAS ÁNNIS gegr. (1007) 1572	S. 664	›Hagia Anna‹ (25.VII./7.VIII.) griechisch, idiorrhythmisch
MIKRÁ ÁNNA		Kleine Skite der Hl. Anna
KAROÚLIA	S. 663	beieinanderliegende Kellien von Griechen, Russen, Serben; idiorrhythmisch
KATOUNÁKIA gegr. im 19. Jh.	S. 664	beieinanderliegende Kellien griechisch, idiorrhythmisch
HAGIOS BASÍLEIOS		Kellien griechisch, idiorrhythmisch
KERASIÁ gegr. im 19. Jh.	S. 663	›Hagios Geórgios‹ (23.IV./6.V.) Kellien, erst russisch, jetzt griechisch
Skíti der KAVSOKALÝVIA oder Skíti HAGÍAS TRIÁDOS gegr. im 14. Jh.	S. 662	›Hl. Dreifaltigkeit‹ (50 Tage n. Ostern) griechisch, idiorrhythmisch
Skíti PRODRÓMOU gegr. Anf. d. 19. Jhs.	S. 661	›Johannes d. Täufer‹ (29.VIII./11.IX.) rumänisch, koinovítisch
Zu VATOPÉDI gehörig:		
Skíti HAGÍOU DIMITRÍOU gegr. 1744		›Hagios Demetrios‹ (26.X./8.XI) griechisch, idiorrhythmisch
Skíti HAGÍOU ANDRÉOU oder Groß-Skíti SERAÏ oder Skíti ROSSIKÍ gegr. im 18. Jh.	S. 629	›Hagios Andréas‹ (30.XI./13.XII.) russisch, koinovítisch (fast verlassen)
Zu IVÍRON gehörig:		
Skíti IVÍRON, oder Skíti PRODRÓMOU gegr. (um 1730) 1779		›Johannes d. Täufer‹ (29.VIII./11.IX.) einst georgisch, jetzt griechisch, idiorrhythmisch
Zu KOUTLOUMOUSÍOU gehörig:		
Skíti KOUTLOUMOUSÍOU, oder Skíti		›Heiliger Panteleïmon‹ (27.VII./9.VIII.)

Skíten und Kellien	Text	Weihung der Kirche*
HAGÍOU PANTELEÏ- MONOS gegr. Ende 18. Jh.		griechisch, koinovítisch
Zu PANTOKRÁTOROS gehörig:		
Skíti tou PROPHÍTOU ELÍOU oder Skíti ROSSIKÍ gegr. 1759		›dem Propheten Elias‹ (20.VII./2.VIII.) einst russisch, koinovítisch
Zu HAGÍOU PÁVLOU gehörig:		
NÉA-SKÍTI, oder Skíti THEOTÓKOU, oder Skíti tou PÝRGOU gegr. 1760	S. 664	›Mariae Geburt‹ (8...IX./21.IX.) vorwiegend griechisch, idiorrhythmisch
LÁKKO-SKÍTI, oder Skíti HAGÍOU DIMITRÍOU gegr. (15. Jh.) nach 1764		›Hagios Demetrios‹ (26.X./8.XI.) rumänisch, idiorrhythmisch
Zu XENOPHÓNTOS gehörig:		
Skíti XENOPHÓNTOS oder Skíti EVANGLISMOÚ gegr. Mitte d. 18. Jhs.		›Mariae Verkündigung‹ (25.III./7.IV.) griechisch, idiorrhythmisch
Zu PANTELÉÏMONOS gehörig:		
Skíti BOGORÓDITZKA, oder Skíti BOULGARIKÍ gegr. 1818 vormals Skíti XILOURGOÚ gegr. im 11. Jh.	S. 680	›Tod Mariens‹ (15.VIII./29.VIII.) bulgarisch, idiorrhythmisch zuerst griechisch, dann russisch, koinovítisch
Skíti CHROMÍTZA gegr. 1880		›Muttergottes von Kasan‹ (8.VII./21.VII.) Kellía, Klostergut (Metóchion) russisch, koinovítisch, jetzt verlassen
NÉA-THEBAÏS, oder Skíti ROSSIKÍ, oder Gourounóskiti gegr. 1882		›den auf dem Athos verklärten Kirchenvätern‹ (9 Wochen n. Ostern) russisch, idiorrhythmisch, verfallend.

* Das zweite Datum nennt den Tag, auf den das Patronatsfest nach der westlichen Zeitrechnung fällt, die dem Kalender der Ostkirche um 13 Tage voraus ist (S. 615).

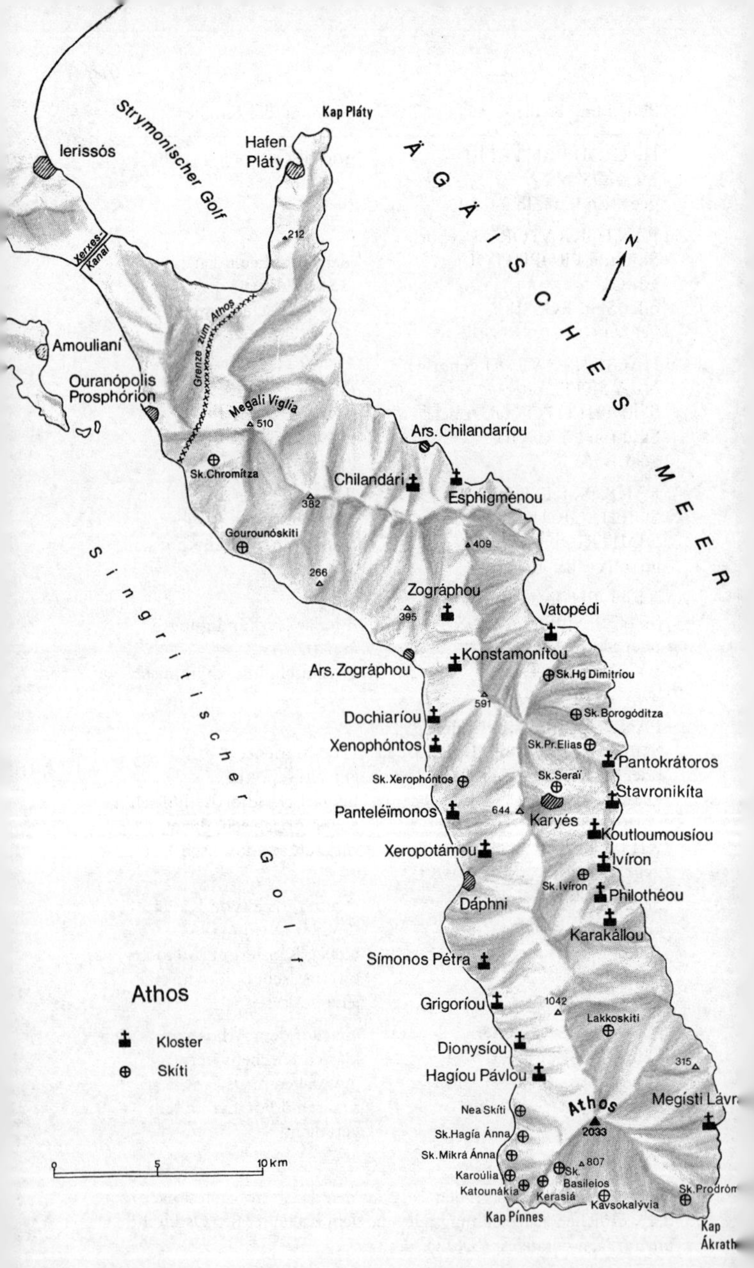

Strymonischer Golf
Kap Pláty
Hafen Pláty
Ierissós
ÄGÄISCHES MEER
N
212
Xerxes-Kanal
Grenze zum Athos
Amouliani
Ouranópolis Prosphórion
Megali Viglia
510
Ars. Chilandaríou
Sk. Chromítza
Chilandári
Esphigménou
382
Gourounóskiti
409
Singritischer Golf
266
Zográphou
395
Vatopédi
Ars. Zográphou
Konstamonítou
Sk. Hg Dimitríou
591
Dochiaríou
Sk. Borogóditza
Xenophóntos
Sk. Pr. Elias
Pantokrátoros
Sk. Xerophóntos
Sk. Seraï
Stavronikíta
Panteléïmonos
644
Karyés
Koutloumousíou
Xeropotámou
Ivíron
Sk. Ivíron
Philothéou
Dáphni
Karakállou
Símonos Pétra
Athos
Grigoríou
1042
Lakkoskiti
Kloster
Skíti
Dionysíou
315
Hagíou Pávlou
Megísti Lávr
Nea Skíti
Athos
2033
Sk. Hagía Ánna
Sk. Mikrá Ánna
0
5
10 km
807
Karoúlia
Sk. Basileios
Katounákia
Kerasiá
Sk. Prodróm
Kavsokalývia
Kap Pínnes
Kap Ákrath

mium, die aus der Mitte der Klosterbrüder jeweils zu wählenden ›Proïgoúmenoi‹, nur die klösterliche Verwaltung besorgen.

Beide Regeln fordern vom Einzelnen Disziplin und Arbeitseinsatz für das Kloster, vor allem aber die Teilnahme an den gemeinsamen Gebetsstunden und Gottesdiensten. Der Klang des Símantron ruft zwischen 5 und 6 Uhr abends zum *Hesperinós* (Vesper), zum *Mesonyktikón* (Mitternachtsgottesdienst), zum *Órthros* (Frühgottesdienst, zwischen 2 und 6 Uhr morgens) und zur Feier der *Göttlichen Leitourgia* (Abendmahl während des Vormittags). Acht Stunden am Tag, oftmals länger, versammeln sich die Mönche im *Katholikón*, der Klosterkirche.

Schon seit den ersten Klostergründungen gab es beide Arten des Mönchslebens nebeneinander, die gemeinschaftliche und die mehr individualistische. Bis zum Ende des 15. Jhs. gewann die Form der Idiorrhythmie eine große Anhängerschaft, und im 17. Jh. war dann der kleine Spielraum selbständiger Lebensführung den Mönchen so wichtig geworden, daß keines der Großklöster mehr koinovítisch geführt wurde. Doch zuvor schon hatte die Gegenbewegung eingesetzt, als nämlich die gewährten Freiheiten in Freisinnigkeit und Zügellosigkeit auszuarten begannen. Im Jahrhundert unserer Reformation reformierte sich der Athos am alten strengen Ideal – eine Tendenz, die langsam Boden gewann und die auch gerade in unserer Zeit wieder auflebt. 1968 entschieden die Stimmen der jungen Mönche des Klosters Stavronikíta, daß die stets idiorrhythmische Gemeinschaft sich als die jüngste unter die weit entsagungsvolleren koinovítischen Regeln stellte.

MÖNCHSSIEDLUNGEN: In den *Skítai* (dörfliche Wohngemeinschaften) fanden sich die Mönche zusammen, die zu besagten Zeiten verfallender Disziplin und Autorität aus den vollbelegten Klöstern abwanderten, um in Stille, Versenkung und Gebet das strenge Mönchsideal aufrecht zu erhalten. Diese Gemeinschaften versorgen sich selbst, aber jede *Skíti*, oft weit abgelegen von ihrem Mutterkloster, auf dessen Grund und Boden sie siedelte, steht mit ihm – auch durch gemeinsame Gottesdienste im Katholikón – in steter Verbindung. Ihre eigene dörfliche Kirche nennen die Skitenmönche *Kyriakón* (Haus des Herrn).

Ein ähnliches Bild bieten die *Kellía* (Zellen), im Grunde Einzelhäuser, oft in Nachbarschaft beieinander, und von den Skítai nicht leicht zu unterscheiden. – Ein einsames *Kellíon*, eine *Kalýva* (Hütte) oder ein *Káthisma* (Sitz) wird von dem jeweiligen Großkloster mitversorgt. Ursprünglich taten sich in diesen verschiedenartigen Ansiedlungen stets drei Klosterbrüder unter Führung des ältesten zu einer Wohngemeinschaft zusammen, heute ist sie oftmals zusammengeschrumpft, und viele der Häuser sind auch verlassen.

EINSIEDELEIEN: Vollkommen abgeschieden leben die Eremiten. Sie haben sich in einem primitiv zusammengebauten *Hesychastírion* oder *Asketérion* in selbstgewählte Einsamkeit, in die Unzugänglichkeit der Felswände und Gesteinsspalten zurückgezogen, um Gott in äußerster Entsagung zu dienen. Manche von ihnen sind, wie auch viele der Skitenmönche, geschickte Kunsthandwerker.

FORMALITÄTEN: Nur Männer, keinesfalls aber ›bartlose Jünglinge‹ können die Erlaubnis erlangen, die Grenze der Mönchsrepublik zu überschreiten. Eine Empfehlung für die Aufenthaltsgenehmigung von einer Woche wird den Fremden ausgestellt, sofern sie sowohl von ihrer Botschaft oder ihrem Konsulat, wie vom Außenministerium in Athen oder dem Ministerium für Nordgriechenland in Saloniki befürwortet ist. Diese Empfehlung ist in Dáphni, dem Hafen des orthodoxen Kirchenstaates, der Behörde vorzulegen. In Karyés, der Hauptstadt, läßt man sie durch eine Aufenthaltserlaubnis, das *Diamonitírion*, ersetzen, das von der Mönchsregierung, der ›Hierá Koinótis‹, unterschrieben sowie dem ›Nomarchen‹, dem lokalen weltlichen Behördenvertreter, gegengezeichnet wird. Der stets für eine Woche gültige Athospaß muß dem ›Archontáris‹, dem Betreuer der Gäste eines jeden Klosters vorgelegt werden, in dem der Besucher zu bleiben wünscht. Möchte man nach Ablauf des Passes noch auf der Halbinsel verweilen, so wird gewöhnlich nichts gegen eine Verlängerung eingewendet. Man muß nur jeweils nach Karyés zurückfahren, um die Aufenthaltsgenehmigung erneuern zu lassen.

REISEMÖGLICHKEITEN: Kaïkia fahren täglich von Ouranópolis nach Ierissós. Sie legen am Hafen eines jeden Klosters an und, auf Verlangen, auch bei jeder der Einsiedeleien. Private Kaïkia können in Ierissós, Ouranópolis, Dáphni und bei einigen größeren Klöstern gechartert werden. Vom Hafen aus führt gewöhnlich ein Treppensteig zum Kloster. (Dauer zwischen einer Viertel- und einer ganzen Stunde). Maultiere, die man mieten könnte, sind selten da. Jeder muß sein Gepäck selbst tragen. Leichtes Gepäck ist also zu empfehlen.

UNTERBRINGUNG: Auf Beschwernis und Enttäuschung, auf derbe Kost und gelegentlich auf vielfach benutzte Bettücher muß der Reisende auf dem Athosberg gefaßt sein. Ja, er mag hier sogar auf etwas stoßen, was man sonst selten in Griechenland antrifft: auf Unfreundlichkeit, eine Barschheit freilich, die meist die Folge von häufigem Aufgestörtsein durch allzu neugieriges oder anspruchsvolles touristisches Gehabe ist. Es ist wichtig, daß man sich mit dem ›Archontáris‹ befreundet. Er, der Gästebetreuer, ist der wichtigste Mann für den Fremden. Er teilt die Betten zu (oft in einem Schlafsaal) und kümmert sich um die Mahlzeiten. Ein Obolus wird erwartet – im Jahre 1968 galten fünfzig Drachmen pro Person als angemessen. Wünsche, die Bibliothek, die Schatzkammer, das Refektorium oder Kapellen zu besichtigen, müssen über den ›Archontáris‹ an den Bibliothekar gerichtet werden.

Die Tore der Klöster werden bei Sonnenuntergang geschlossen. Danach ist es unmöglich, Zutritt zum Kloster zu erlangen, es sei denn unter außerordentlichen Umständen.

VERKÖSTIGUNG: In den koinovítischen Klöstern teilen die Reisenden die Mahlzeiten mit den Mönchen im Refektorium. Die Morgenmahlzeit gibt es gewöhnlich um 9 Uhr vormittags, das Abendessen um 5 Uhr nachmittags. In den idiorrhythmischen Mönchssiedlungen, wo die Männer ihren eigenen Haushalt führen, werden den Fremden die Mahlzeiten im Gästehaus, dem ›Archontaríkon‹, zu uns gewohnten Stunden gereicht. Während der Fastentage, die recht häufig sind, besteht die Nahrung gewöhnlich aus gekochtem Gemüse. Zu anderen Zeiten kann sie abwechslungsreicher, nicht immer bekömmlicher sein. Die Besucher tun gut, bei leichtem Reisegepäck zusätzlich Büchsennahrung, Biskuits, Hartkäse usw. mit sich zu führen. In den Klöstern ›Vatopédi‹ und ›Megísti Lávra‹ werden Biskuits, Zigaretten und ›Loukoúmi‹ (eine türkische Leckerei) verkauft. In Karyés und Dáphni gibt es ein paar Gemischtwarenhandlungen, die ›Pantopoleía‹.

REISEDAUER UND REISEEINTEILUNG: Ein Tagesausflug ist ausgeschlossen. Eine Reise von drei Tagen würde es gestatten, entweder ›Ivíron‹ und ›Vatopédi‹, oder ‹Megísti Lávra‹ zu besuchen und unterwegs einen flüchtigen Blick auf die Fresken der Protáton-Kirche in Karyés zu werfen. In der Zeiteinteilung unabhängigere Jachtbesitzer können, nachdem sie die üblichen Formalitäten in Karyés (von Dáphni aus mit dem Bus zu erreichen) erfüllt haben, rund um die Halbinsel segeln und irgendein Kloster oder nach Belieben alle besuchen.

Als ich im Sommer 1968 zum Berg Athos reiste, entwarf ich einen Reiseplan für eine Acht-Tage-Tour, ausgehend von Ouranópolis, mit dem täglich verkehrenden Kaïki. Das ist die Mindestzeit, die erforderlich ist, um die zehn wichtigsten Klöster zu besuchen. Ein Abriß der Geschichte und der Sehenswürdigkeiten der übrigen zehn Klöster wird am Ende dieses Kapitels gegeben. Zur Beschreibung der Reise benutze ich ein persönliches Tagebuch, zitiere auch Bemerkungen über Eigenheiten, denen ich zuweilen begegnete, in der Hoffnung, daß dies dem Reisenden einige nützliche Winke gibt. Auf dieser Reise begleiteten mich ein Grieche und zwei amerikanische Freunde.

Da der Begriff Komfort oder die technischen Errungenschaften unseres Jahrhunderts auf dem Athos wenig gelten, seinen frommen Bewohnern nichts bedeuten dürfen, mag die Reise für den Menschen unserer Tage zur mühsamsten, auch entsagungsvollsten in ganz Griechenland werden. Doch sie ist wahrscheinlich die anregendste.

21. August: Wir verließen Ouranópolis um 10 Uhr mit dem planmäßigen Kaïki. Unter den Fahrgästen waren drei ältliche Mönche und eine Gruppe griechischer Lehrer aus Saloniki. Ich glaube, jeden von uns aus der Welt Kommenden überkam ein ehrfurchtsvoller Schauder, als wir entlang der waldigen Hänge, Klippen und Buchten segelten und die ersten im Wald und Felsen versteckten

Einsiedeleien sahen. Wir überholten ein Ruderboot, von dem aus ein Mönch die Leine warf und an einem putzigen Felsgebilde festmachte, genannt ›die drei Atemzüge‹. Im Süden war der Gipfel des ›Heiligen Berges‹, eine schimmernde Pyramide aus Marmorgestein, von flauschigen Wolken eingefaßt. Seine spitz zulaufende Form wiederholt sich in dem kleinen Kegel ›Megáli Vígla‹ im Norden der Halbinsel.

Bald tauchten die Hafenplätze der einzelnen Klöster am Ufer auf, meist geschützt von einem alten Wehrturm. Die erste Lände, man nennt sie ›Arsanás‹, war die von *Kloster Zográphou*. Holzbündel lagerten sauber gestapelt am Ufer, für die Ausfuhr bestimmt. Der ›Arsanáris‹ (Hafenverwalter) winkte von einem vorspringenden Balkon herab. Dann fuhren wir am *Kloster Dochiaríou* vorüber, überragt von seinem mächtigen zinnenbewehrten Wachtturm. Dicht darauf folgte *Xenophóntos*, unmittelbar an einer stillen Bucht gelegen, wie auch bald darauf *Hagios Panteleïmon, das Russen-Kloster* mit seinen roten Kuppeln und grünen Zwiebeltürmen. Nach der bewehrten Schiffslände des *Klosters Xeropotámou* liefen wir den Hafen *Dáphni* an und hatten unsere Reisepässe und die amtlichen Empfehlungsschreiben vorzuzeigen. Wir aßen in der Weinlaube einer Taverne zu Mittag (öliges Schmorfleisch, eiskalt serviert) und nahmen dann den Abendbus nach Karyés, dem Regierungssitz und Marktort der autonomen Mönchsrepublik. Unter den Fahrgästen waren zwei Laienbrüder, die an ihren hohen Mützen die Kokarde des doppelköpfigen Adlers trugen, das Abzeichen des kirchlichen Polizeikorps. Ein forscher junger Fahrer lenkte mit erschreckender Unbekümmertheit den Bus über Schlaglöcher und durch Haarnadelkurven.

Wir fuhren an *Xeropotámou*, dem Kloster ›am ausgetrockneten Fluß‹ vorüber, das auf einer Berghalde über der Wildbachschlucht lagert. Durch einen Dschungel von Strauchwerk erklommen wir allmählich die Höhe. Der Geruch der sonnendurchglühten Myrthen war beißend. Von einem früheren Besuch im Mai blieb mir die Erinnerung an eine Unmenge von Ginster, wilden Rosen, von Valerianella mit Büscheln von rosa- und malvenfarbigen Blüten und den Schmetterlingsblüten aller möglichen Arten von Wicken. Als wir die Wasserscheide überquert hatten, waren wir von allen Seiten vom Wald umschlossen und fuhren unter einem Dom von Bäumen, deren Stämme – von Schlingpflanzen umwunden und betupft mit deren purpurnen Beeren – aus so dichten Farnen und Unterholz emporwachsen, daß man keinen Weg hindurch findet. Die Straße führt dann in ein schlüsselförmiges Hochtal, vorbei an einzelnen Häusern und Haselnußdickichten. Es ist übrigens die einzige sogenannte Fahrstraße auf dem Hágion Oros. Nur weil höchste Gäste – Patriarchen und Metropoliten der Ostkirche, auch der griechische König und Minister – sich zur Tausendjahrfeier (1963) angesagt hatten, ließen sich die Mönche die Erlaubnis zum Bau, zum Einbruch des Autos (Werk des Teufels) in die Abgeschiedenheit des Athos abringen. »»KARYÉS!« schrie unser Fahrer mit Elan, und wir sahen die Kreuze auf den Kuppeln der Kirchen in der Abendsonne funkeln.

In der ›Hagion-Pneuma‹-Straße (sprich: Pnévma) wo der Bus hielt, sind die ›Pantopoleía‹, Geschäfte, die ›alles zum Verkauf‹ feilbieten, findet man die Schuhflicker und Schneider, das einzige Postamt der Halbinsel und die Pilger- und Touristenläden mit den Postkarten, Komboloïa (Perlenschnüren), hölzernen Weinkannen und ›Backmodeln‹ für eucharistisches Brot, die von Mönchen in ihren entfernten Behausungen geschnitzt werden. Aus Respekt vor dem ›Heiligen Geist‹ ist es verboten zu rauchen und kurzärmelige Hemden auf der Straße zu tragen. Die gleichen Anweisungen gelten auch innerhalb der Klöster.

Wir ließen unsere Koffer im Gasthaus und stiegen auf Buckelpflaster zwischen gut gewässerten Gärten zum Hause des Archimandriten, des obersten aller Äbte, für den wir ein Empfehlungsschreiben besaßen. Man empfing uns in einem schattigen Hof, angefüllt mit Rosensträuchern, Oleander und Hortensientöpfen. Tauben gurrten in den Obstbäumen. Ein weißbärtiger ›Verondas‹ (Diener eines Ältesten) in grauer Schürze brachte uns Kaffee und Ouzo, für den man hier das türkische Wort ›Raki‹ benutzt. Seit vierzig Jahren sei er nicht mehr aus Karyés herausgekommen, erzählte er uns. Der Archimandrit, der auf dem Athos – und nur hier – den Titel *Prótos*, ›der Erste‹, trägt, war zugleich ein Ikonen- und Landschaftsmaler. Freundlich begleitete er uns zu den weltlichen und kirchlichen Behörden, die uns die Aufenthaltsbewilligung ausstellten. Wir schauten in den Versammlungsraum der *Hierá Koinótis*, der ›Heiligen Gemeinschaft‹, zu der aus den zwanzig Großklöstern je ein Klostervertreter, ein *Antiprósopos*, zur gemeinsamen Verwaltung der autonomen Mönchsrepublik entsandt wird. Der Prótos wechselt jedes Jahr. Nach festgesetzter Abfolge wird er aus einem der fünf Hauptklöster berufen, welche die Rangordnung der zwanzig Großklöster anführen. Seine Vollmachten sind beschränkt, denn jedes dieser Hauptklöster bildet mit drei nachgeordneten Großklöstern eine *Tetrás*, die im Regierungsjahr des Hauptklosters dem von dort stammenden Prótos vier *Epistáten* zur Seite gibt. Sie bilden die *Epistasía*, die ›Aufsichtsbehörde‹, die über Beachtung der Gesetze und Anordnungen der Hierá Koinótis wacht, die zum Beispiel auch mit dem in Viertel geteilten Amtsstempel und mit vier Unterschriften unseren Athospaß guthieß. Novizen liefen durch die Räume und brachten den Antiprósopoi ihren Kafedáki. Als eine Art Respekt voreinander, vor der Freiwilligkeit eines Jeden, der sich auf dem Athos mühte, legte ich mir aus, daß weder Novize noch Prótos, weder Laienbrüder noch Abt sich durch das Habit oder ein Zeichen daran unterschieden.

So holte der Prótos auch selbst den Schlüssel zu dem schönen Gotteshaus aus dem 10. Jh., dem ältesten auf der Halbinsel. Das *Protáton*, noch vor dem Katholikón des ersten Klosters Megísti Lávra erbaut, ist Gemeinbesitz aller Klöster. Es war von Anbeginn die Kirche für den Prótos (daher ihr Name) und die ›Heilige Gemeinschaft‹. Ihr schlichtes Äußere – einmalig auf dem Berg Athos, wo der Typ der Kreuzkuppelkirche vorherrscht – läßt an eine dreischiffige Basilika mit drei Ostapsiden denken. Doch im Innern gibt der große quadratische Raum mit an den vier Ecken

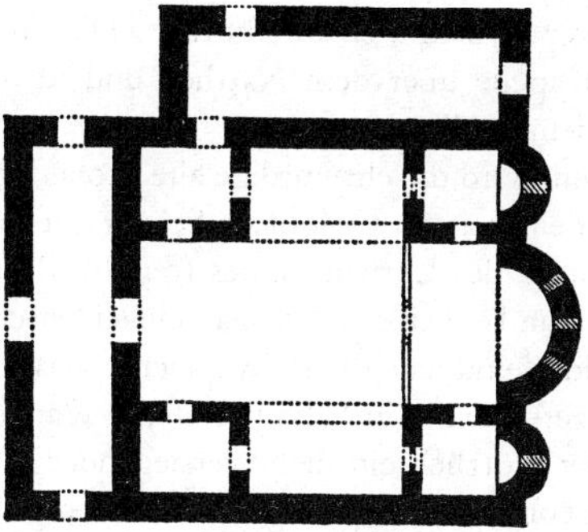

119 Karyés. Das Protáton, die älteste Kirche der Mönchsgemeinden auf dem Athos (Mitte 10. Jh.).

eingezogenen Kapellen die Form des eingeschriebenen Kreuzes zu erkennen, zu dessen Querarmen sich das Mittelschiff mit hohen, weitgespannten Bögen öffnet. Der Westwand liegt ein Narthex vor und an die Nordwand ist eine zweite schmale Vorhalle angegliedert. Der Glockenturm mit den zweifarbigen Mauerlagen stammt aus dem 14. Jh. Bemerkenswerte Fresken der makedonischen Schule, entstanden etwa um 1300, schmücken den Hauptraum. Sie werden dem Maler Manuel Pansélinos, der auch in Thessaloniki wirkte, zugeschrieben; in der Euthýmios-Kapelle in der Demetrios-Basilika standen wir vor Wandmalereien von seiner Hand. Das Werk des Pansélinos vergleicht *Dionýsios von Phoúrna*, der in der ersten Hälfte des 18. Jhs. als Malermönch in einem Kellíon in Karyés lebte, in seinem ›Malerhandbuch vom Berge Athos‹ mit dem Glanz des ›leuchtenden Mondes‹ – was naheliegt, denn der Name Pansélinos bedeutet ›Vollmond‹ und war ein Attribut, mit dem man Manuel bedacht hatte. Seinen wahren Namen kennt man nicht. Die ausdrucksstarke Charakteristik seiner Gestalten reiht ihn unter die großen Maler der Palaiologenzeit. Die Farben leuchten seit den notwendig gewordenen Restaurierungen (1955) wieder in ihrer ursprünglichen Zartheit. Sie erreichen ihre besondere Leuchtkraft durch Stufung eines Primärtons: rot erscheint als Korallenrot, feuerfarbig, weinrot, blaßrot, rötel- und fleischfarben, gesteigert noch durch das Dagegensetzen von Meeresblau, einem Bernsteinton oder silbrigem Grün. Die Schattierung wird hervorgerufen durch schwarze und indigofarbene Töne. Jeder Schatten, jedes Licht ist bedeutsam, schafft aus der Fläche eine von innerer Dynamik erfüllte Form. – Die Fresken im Narthex, in der Kapelle über dem Narthex und in der Nordhalle stammen aus dem 16. Jh.

Im Altarraum wird die ehrwürdige alte Ikone *Áxion Estin* bewahrt, von der ein späterer Goldblech-Schutz nur das Gesicht der Gottesmutter und des Christuskindes freigibt. Sie soll aus dem 8. Jh. stammen, und es heißt, daß damals ein leidenschaftlicher Anhänger der bilderfeindlichen Partei versuchte, das Bild mit einem Säbelhieb zu zerstören. Ein Schnitt traf die Wange der Gottesmutter, aus der plötzlich ein nicht versiegender Blutstrom floß. Betroffen und von Scham gepeinigt, floh der reuige Täter auf den Berg Athos, um büßend Vergebung und Frieden zu finden. Eines Tages sah er, wie sich das Meerwasser nahe dem Ufer rötete. Verwundert ging er zu der Stelle und hielt alsbald – zutiefst erschrokken – die heilige, immer noch blutende Ikone in Händen. Erst im Protáton, wohin er sie in bebender Angst brachte, heilte die Wunde. Ergriffen und erleichtert stimmten daraufhin die versammelten Mönche das Marienlob an, das mit den Worten beginnt: Áxion estin …, ›es ist würdig, Dich selig zu preisen …‹. – Am Ostermontag wird das Bild, von einem Schirm beschattet, in feierlicher Prozession zu den Häusern der Vertreter der zwanzig Klöster getragen. Jeder der Antiprósopoi besprengt das Bild mit Rosenwasser und läßt Weihrauch dampfen, während die Kirchenglocken läuten und die Zuschauer in den Ruf ›Lang lebe die Jungfrau!‹ ausbrechen.

Es war zu spät, um die russische Groß-Skíti HAGIOU ANDRÉOU oder SERAÏ aus dem 19. Jh. nahe von Karyés aufzusuchen –, vor allem die Hauptkirche, dieses übertrieben großartig gemeinte, architektonische Gebilde, in dem sich die verschiedensten Stilrichtungen des Ostens und des Westens in nicht unattraktiver Weise treffen. Die reich unterstützte russische Niederlassung war darauf angelegt, als Großkloster in die Rangfolge der schon bestehenden einzubrechen. Sie ist heute – ein Jahrhundert später – nahezu ausgestorben.

Statt dessen konnten wir noch einen Blick in das Anwesen des Dionýsios von Phoúrna tun, sahen seine Zelle, die er selbst ausgemalt hat, und wo er, wie man jetzt meint (denn um die Datierung gab es große Kontroversen), zwischen 1728 und 1733 die *Hermeneía* verfaßt haben soll, jenes berühmte Malerhandbuch, in dem er die alten Überlieferungen aufzeichnete, durchsetzt mit seinen eigenen interessierten Beobachtungen, Erfahrungen und Ansichten.* Es muß sehr viel mehr und auch frühere Malerhandbücher gegeben haben, doch keines ist bisher der Wissenschaft so vollständig bekannt geworden wie die ›Hermeneía‹. Sie enthalten Anweisungen zur Maltechnik, eine Proportionslehre, und vor allem die genauen Beschreibungen, »wie man die Wunder des Alten Testaments darstellt« und »wie die Feste des Herrn und die

*Es sei hier auf das ausführliche Werk: Athos – Leben, Glaube, Kunst (Zürich/Freiburg 1969) von Paul Huber verwiesen, dessen Forschungen und dessen eingehende Vertrautheit mit der orthodoxen Klosterwelt Geschichte und Geschehen auf dem Athos kenntnisreich erschließen.

übrigen Taten und Wunder Christi nach dem heiligen Evangelium dargestellt werden«. Für die Kirchenmaler und Malermönche enthielten diese Malerhandbücher unschätzbare Gedächtnishilfen und Leitlinien, sprachen jedoch – wie immer wieder betont wird – keine unverbrüchlich-gültigen kirchlichen Vorschriften aus, sondern sind als eine »private Zusammenstellung für den praktischen Gebrauch« (E. Weigand) anzusehen.

Zum Abendessen gingen wir in die Taverne. Ich weiß nicht mehr, was wir damals gegessen haben (und das mag auch gut so sein), doch weiß ich, daß wir lange beim Retsina saßen und der Gastwirt, ein ›Weltlicher‹, uns die Geschichte von einer Bande bewaffneter Frauen erzählte, die im Jahre 1948 Karyés durch ihre unheilige Anwesenheit entweihten. Von kommunistischen Guerillas vorgeschickt, besetzten sie während des Aufstandes nach dem Zweiten Weltkrieg den Ort für mehrere Stunden, doch nach einem Gefecht mit der Gendarmerie wurden sie glücklicherweise »nach Bulgarien« zurückgetrieben, von wo sie gekommen sein sollten. Wir schliefen in einem Raum mit sechs Betten, nachdem wir reine Bettücher verlangt hatten (die recht feucht waren). Waschgelegenheit bot sich am Brunnen im Hof. Mit der ›Primitivität‹ begann es recht eindrucksvoll, doch weit unvergeßlicher war der Ausblick von unserem baufälligen hölzernen Balkon. Der ›Heilige Berg‹ erhob sich in klarem Umriß über Wäldern und Weingärten, die, wie es heißt, häufig von verführerischen Nereiden aufgesucht werden, die in den ›Garten der Heiligen Jungfrau‹ eindringen. Bald war das Land in samtenes Mondlicht getaucht. Nur das gelegentliche Heulen eines Schakals unterbrach die Stille.

22. August: Um fünf Uhr in der Früh standen wir auf, um den Bus zu erreichen, der bis zur Bucht von Ivíron, dem Hafenplatz des Hauptortes an der Ostküste, verkehrt. Wir bereiteten uns etwas Neskaffee mit kaltem Wasser. Die Gassen waren menschenleer. Karyés erschien uns noch stiller und glich mehr denn je einem verwunschenen Dorf. Die Straße wand sich hinab zum Meer, mit dem Blick auf das *Kloster Koutloumousíou*, dessen karminrot gestrichene Kirche inmitten der hohen Mauern hervorleuchtete. Die Gräben und Senken, die den ›Garten der Heiligen Jungfrau‹ durchziehen, waren ein wahres Pflanzenparadies: Oleander, rosarote und weiße Maulbeeren, Oliven, Wal- und Haselnüsse, blühende Kletterrosen, Farne, stacheliges Gebüsch mit Sommerlaub und Immergrün als undurchdringliches Versteck für die Schakale. Der Duft aromatischer Kräuter, frisch vom Morgentau, hing an den Hügeln. Im Süden bewölkte sich der Himmel und legte einen Kranz um den Athosgipfel. Als wir zum Ufer kamen, hatte am Landesteg des Klosters Ivíron gerade das Kaïki festgemacht, das uns entlang der Küste gen Norden bringen sollte. Die See ging hoch. Der ›Meltemi‹, der Landwind aus den Weiten des südlichen Rußland fegte über das Wasser, peitschte die Wogen. Einer der Fahrgäste, ein Polizist in seiner erbsengrünen Uniform, lehnte stöhnend und murmelnd an der Reling.

Die Nordostküste ist wild, großartig und felsig, hat gefährliche Klippen und an den Felshöhen hängen auch hier eine Reihe von Klöstern über dem Meer. Der mittelalterliche Turm des *Klosters Stavronikíta* steht über den Wehrmauern mit den sie bekrönenden Mönchswohnungen »wie eine gotische Burg auf einem Felsvorsprung« – so der Eindruck Robert Curzons, als er vor der Mitte des vorigen Jahrhunderts eine Reise zu den »Klöster[n] der Levante« machte. *Pantokrátoros*, ebenfalls auf einer Klippe gelegen, war von Wellen so hoch umbrandet, daß unser Schiff nicht anlaufen konnte. Es folgt *Vatopédi*, das größte aller Klöster, eine Festung am Küstensaum im geschützten Winkel einer weiten Bucht. Schließlich *Esphigménou*, eingeengt (wie auch der Name es besagt: das ›Zusammengepreßte‹) in der Mündung eines grünen Tals.

Gegen Mittag erreichen wir den ›Arsanás‹ von CHILANDÁRI, des ersten Klosters, das wir besuchen wollten. Zur Linken wachte noch getreulich ein alter gebrechlicher Turm, schief geneigt und dem Meer schon fast verfallen, gegen die von dort her drohenden Gefahren er den Landeplatz doch einst schützen sollte. Mit sanfter Steigung führte unser Weg bergauf. Wir mußten eine Dreiviertelstunde wandern und unser Gepäck tragen. Das Land ist grün und weit offen. Wir begegneten weder Mensch noch Tier. Um uns auszuruhen, rasteten wir im Schatten eines Zypressenwäldchens. Dicht daneben erinnert ein Gedenkstein mit slawischer Inschrift an die Stelle, wo Stefan Duschan, ›Kaiser der Serben und Griechen‹, von den Mönchen begrüßt wurde, als er im 14. Jh. die große serbische Gründung Chilandári besuchte. Der Weg wurde steiler und unser Gepäck schwerer. Ringsum Hügel, auf denen Aleppo-Kiefern und dunkle Zypressen ihre spitzen Wipfel durch das Laubwerk der Olivenbäume recken. An den Rändern der kleinen Bäche blühten Glockenblumen, und versteckt im Geäst der Eschen und Platanen entdeckten wir Taubenschläge. Endlich kamen die Gemüsegärten des Klosters in Sicht, das dahinter mit seinen mächtigen Mauern aufragte, mit denen es sich gegen die Tal- und die Bergseite schützt. Der stattliche hohe Turm verstärkt noch den Wehrcharakter. Näher besehen, setzen sich diese ›Mauern‹ aus verschiedenen Hochhäusern zusammen, Wand an Wand, ohne Lücke. Nach außen zeigen die unteren Geschosse nur blanke Wandfläche, kaum einmal einen winzigen Luftschacht. Erst vom etwa fünften Stockwerk an öffnen sich Fenster, springen Erker und Holzbalken vor.

Das Kloster (idiorrhythmisch) hat Stephan I. Nemánja, der Einiger der Serben, in der 2. Hälfte des 12. Jhs., an der Stelle eines damals schon wieder aufgegebenen griechischen Klosters gegründet, das seinen Namen nach einem Mönch hatte, der auch als ›Barkenführer‹, *Chelandários*, seinen Mann stand. Dieser frühe Bau wird 1078 als bereits verlassen aufgeführt. – Stephan Nemánja nahm im Alter als Mönch Simeon die Kutte und ist in Chilandári gestorben. Sein Sohn, der später heiliggesprochene *Sáva*, brachte das Kloster zu kultureller Blüte. So richtete er dort die erste Hochschule ein, aus der in den folgenden Jahrhunderten die führenden Geister des Serbenreiches hervorgehen sollten.

Ein Jahrhundert danach, als es Usus wurde, daß slawische Prinzen in die herrschenden byzantinischen Familien einheirateten und Kirchen, Krankenhäuser und karitative Einrichtungen – auch auf griechischem Boden – gründeten, wurde das Kloster von König Stefan Urosch II. Milutin (1282-1321), dem Schwiegersohn des Kaisers Andronikos II. Palaiologos erweitert. Chilandári ward zu einer Wiege slawischer Kultur, immer wieder besucht von den serbischen Königen und Würdenträgern des Reiches. Es wird heute von nicht mehr als zwanzig Mönchen bewohnt, meist geflohenen Glaubensbrüdern aus Jugoslawien. Die Beziehungen zu Belgrad sind aber nicht völlig abgerissen; Marschall Tito hat dem Kloster einen Traktor geschenkt, und theologische Werke in serbokroatischer Sprache werden in Saloniki gedruckt, von wo sie ihren Weg in die Heimat finden.

Nachdem wir im Schatten eines Nußbaumes neben der Warte-

120 Athos. Das Kloster Stavronikíta an der Ostküste. Im Hintergrund die Pyramide des ›Hagion Oros‹. Holzstich nach einer Zeichnung von Robert Curzon.

halle, dem *Kiosk*, gerastet hatten, gingen wir durch ein mit Fresken bedecktes Tor in den Klosterhof, dem reizvollsten auf dem Berg Athos. Der Plan der klösterlichen Anlage ist mehr oder weniger gleichartig auf der ganzen Halbinsel. Die Wohntrakte, *Kordai*, mit den Mönchswohnungen im idiorrhythmischen oder den Zellen im koinovitischen Typ, das *Archontaríkion* (Gästehaus), das *Spital*, die *Wirtschaftsräume* (Küche, Bäckerei, Getreidespeicher, Weinkeller), die *Bibliothek*, der *Turmbau*, und oft auch nur einfache hohe Mauern umschließen den zentralen *Klosterhof*. Hier liegt geschützt aber freistehend das *Katholikón*, die Hauptkirche des Klosters, manchmal auch noch kleinere Kirchen oder Kapellen; ferner die *Trápeza* (Refektorium), die allerdings bei Raumnot auch Teil eines Gebäudetraktes sein kann, sich jedoch immer nahe dem Kircheneingang befindet. In der Mitte zwischen beiden, dem Katholikón und der Trápeza, steht die *Phiáli*, ein als kleiner Rundbau kunstreich gestalteter Weihbrunnen, Symbol äußerer und innerer Reinigung.

In Chilandári sprudelt ein kleiner Springbrunnen in das kelchförmige Becken der Phiáli. Es ist von acht schlanken Säulchen umgeben, die ein elegantes Kuppeldach tragen. Die Innenwölbung ist freskengeschmückt mit Szenen des Alten Testamentes, in denen ›Wasser‹ bedeutungsvoll ist. Neben der Phiáli, die hier ihren Platz ausnahmsweise einmal vor der Nordwand des Katholikóns gefunden hat, stehen große alte Zypressen. Zwischen ihren dichten Zweigen versteckten einst die Mönche ihre Reliquienschätze, Ikonen und Manuskripte, als sarazenische Seeräuber an einem Ostersonntag das Kloster angriffen. Die Natur oder die Vorsehung kam den Mönchen zu Hilfe, da ein zäher Nebel aus dem Tal aufstieg und den Piraten die Sicht nahm. Sie verirrten sich in den ziehenden Wolkenschwaden und in der aufkommenden Panik erschlugen sie sich gegenseitig. Nur drei überlebten, welche die Klosterleute wieder gesund pflegten und die sie dann zum orthodoxen Glauben bekehrten. Als die Heiligen Manuel, Isavel und Ismael erscheinen sie auf dem Freskenschmuck der Trápeza.

Der Archontáris, der Betreuer der Fremden, sprach englisch, da er nach dem letzten Krieg ein Jahr in Birmingham zugebracht hatte. Er führte uns in einen kühlen und geräumigen Gang mit Polsterbänken. An den Wänden hingen Photographien von Mitgliedern des serbischen Fürstenhauses der Karagiorgievitsch. Man bot uns Ouzo, Kaffee und Loukoúmi an und zeigte uns unsere Schlafquartiere, einen riesigen Schlafsaal für uns allein. In den einfachen Waschraum drang strahlender Sonnenschein, und draußen zirpten die Zykaden. Zum Mittagessen gab es gekochtes Gemüse, Tomaten, Zwiebelsalat, Essiggurken, Brot und Wein – ein einfaches Mahl, an das wir im Laufe der nächsten Woche noch oft sehnsuchtsvoll dachten. Der Abt, der auch dem Wein zusprach, leistete uns Gesellschaft und erzählte, daß ein Theologiestudent aus Athen während des Sommerurlaubs seinen serbischen Mönchen griechischen Unterricht erteile.

Das Katholikón, dem ›Tempelgang Mariens‹ geweiht, wurde Ende des 13. Jhs. erneuert und erweitert. Wie alle *Klosterkirchen auf dem Athos* steht es als Kreuzkuppelbau über einem kleeblattförmigen Grundriß, bildet im Innern einen Drei-Konchen-Raum mit der Apsis im Osten und je einer halbzylindrischen Ausbuchtung an dem nördlichen und südlichen Querarm. Zu beiden Seiten der Hauptapsis – dem Altarraum, in dem sich die Heilige Wandlung vollzieht – liegt eine Nebenapsis: links die *Próthesis* mit dem ›Rüsttisch‹ für die Vorbereitung des Heiligen Opfers; rechts das *Diakonikón* für die Aufbewahrung der liturgischen Geräte und Gewänder. Alle drei Nischen entzieht das Templon oder die Ikonostasis den Blicken der Gläubigen. In der nördlichen und südlichen Querkonche nehmen die Mönche am Gottesdienst teil. Als der ›Chor zur Rechten‹ und der ›Chor zur Linken‹ antworten sie sich in Wechselgesängen, die den Gottesdienst begleiten. Der westliche Kreuzarm deutet sich als Raum nur mehr an, da ja weltliche Gottesdienstbesucher, die ihn füllen würden, kaum erwartet wurden. Es zeigt sich, daß die architektonisch eigenwillige Form der Klosterkirche nicht nur eine ästhetische Abwandlung der Kreuzkuppelkirche ist, sondern zugleich ein für klösterliche Bedürfnisse geschaffener Zweckbau. Als solcher ist auch die *Líti* anzusehen, die an den Westarm anschließende geräumige Halle, in der sich die Mönche zu kleineren Andachten oder Gebetsübungen zusammenfinden. Das Wort ›Líti‹ geht auf das griechische litos = einfach, genügsam, zurück. An diese innere Vorhalle schließt sich auf dem Athos fast überall ein *Exonarthex* oder zumindest eine gedeckte äußere Vorhalle an.

Zum Kircheninnern in Chilandári: die Fresken aus dem 13. Jh. sind durch Restaurierungen des 19. Jhs. grausam entstellt, und man plant eine sachgemäße Wiederherstellung. – Auf dem Fußboden des Hauptraumes zeichnet ein schöner ›opusalexandrinum-Belag‹ geometrische Muster: Platten aus Verde antico, umrandet von einer hellen Marmorleiste und Bändern aus Marmorsplittern in den Farben grau, grün und weißlich.

121 Athos. Die Phiáli (Reinigungsbrunnen) auf dem Klosterhof. Ein Mönch ruft mit dem Schlag auf das Símantron zum Gebet. Holzstich nach einer Zeichnung von Robert Curzon.

Neben dem Thron des Abtes hängt die wundertätige *Ikone der Panhagía Tricheroúsa*, der ›dreihändigen‹ Gottesmutter. Nur das Gesicht, braun nachgedunkelt, wird von einem Goldblechschutz freigelassen. Votivgaben – Juwelen, Kreuze, Medaillen und Münzen – hängen an Kettchen, die quer über das Bild gespannt sind. Die Mönche berichten, einst habe die Ikone dem Theologen Johannes Damaskinós (ca. 670-750) gehört, derselbe, der so glühende Streitschriften gegen die Bilderstürmer schrieb, daß die Häscher des Kaisers ihm zur Strafe seine rechte Hand abhackten. Maria erschien jedoch ihrem treuen Verehrer im Traum und fügte auf wunderbare Weise die Hand wieder an. Dabei nahm sie ihm das Versprechen ab, forthin nur noch Hymnen zum Lobe Christi und Mariens zu verfassen. In tiefer Dankbarkeit ließ Johannes eine silberne Hand fertigen und unter den Füßen des Christuskindes befestigen. So kam es zu den ›drei Händen‹ der Gottesmutter. Wie das Bild im 12. Jh. von Damaskus nach Serbien gelangte, läßt sich nicht nachverfolgen. Aber daß es im Jahre 1371, als die Türken Serbien eroberten, in Chilandári auftauchte, der Zufluchtsstätte serbischer Kultur und serbischen Nationalismus, wissen die Mönche zu berichten. Auf Eselsrücken und geleitet von der Gottesmutter habe es hierher seinen Weg gefunden. Neben der ›Tricheroúsa‹ sahen wir einen Stab, der dem Kaiser Andronikos I. Komnénos (1183-1185) gehört haben soll.

Die *Bibliothek*, untergebracht im alten Turm, bewahrt unter ihren vielen Kodizes eine schöne Abschrift der vier Evangelien, ›Tetraëvángelon‹ Nr. 572 aus dem 13. Jh.; zudem eine Reihe historisch interessanter Urkunden, Dekrete, Erlasse mit den Siegeln und Unterschriften der serbischen, byzantinischen und sogar türkischen Herrscher. Auf dem frühesten dieser Pergamente bestätigen Stephan Nemánja (um 1166-1196) und Kaiser Alexios III. Angelos (1195-1203) die Gründung des Klosters. Wir betrachteten ferner eine *Mosaik-Ikone der ›Theotókos‹* (Gottesgebärerin) mit dem Kinde vom Ende des 12. Jhs., eine kaum genug zu bewundernde Arbeit. Bewegend ist die Ernsthaftigkeit des Ausdrucks. Die Beschädigungen können den erhabenen und ehrwürdigen Charakter des Bildes fast nur steigern. Nicht weniger beeindruckend waren einige meisterhaft gemalte Ikonen des 14. Jhs. – wahrscheinlich die schönsten auf dem Berg Athos. Die vier Evangelisten halten juwelengeschmückte Evangeliare in den Händen. Die Mantelfarben sind aufs Subtilste abgestimmt. Purpur und Olivgrün herrschen vor. Die Schatten sind von rauchigem Blau. Ferner fiel uns eine ›Deësis‹ auf. Christus, gebietend und mitleidsvoll zugleich, zwischen Maria und Johannes dem Täufer. Dann noch zwei Ikonen mit den Erzengeln Michael und Gabriel, letzterer in einem dunklen blau-grünen Kleid, die Falten gehöht mit hellen graubläulichen Pinselstrichen und Flügeln von mattem Gold. Diese schönen Tafeln, die ursprünglich an der Ikonenwand der Kirche hingen, haben eine Weichheit der Formen und Reinheit der Umrisse, die an slawische Einflüsse denken lassen.

Die *Trápeza*, die seit der Zuwendung zur idiorrhythmischen Ordensregel geschlossen wurde – die Mönche essen jetzt in ihren Wohnungen –, ist weniger interessant. Sie hat die Form eines T mit Apsiden, und die Fresken des 17. Jhs. stellen Szenen aus dem

Akáthistos-Hymnos und aus dem Leben des Heiligen Sáva, des frommen Sohnes von Stephan Nemánja dar. Wie oftmals in einer Trápeza schildern sie auch eines Mönches mühevollen und gefährlichen Weg zur Glorie des Herrn. Symbol dafür ist die *Himmelsleiter*, auf der er Stufe um Stufe erklimmend sich selbst überwindet, immer wieder abzustürzen droht in den Schlund der Dämonen und in die Krallen der Teufel, ehe ihn schließlich auf den obersten Sprossen Engel stützen und den Armen Christi entgegen tragen.

Als wir wieder in den Hof traten, sahen wir einen alten Mönch mit wehendem weißen Bart, wie er mit einem Hammer auf das *Simantron*, die ›Stundentrommel‹, ein längliches Holzbrett, schlug, um die Klostergemeinde zum Gebet zu rufen. Wir beobachteten den alten Mann, der unter dem Gewicht des Holzes wankte. Er wanderte rund um den Hof, den die letzten Strahlen der untergehenden Sonne erfüllten, stieg hölzerne Treppen hinauf und verschwand in der Wirrnis der Gänge. Immer noch hallte der Platz wider von dem langsam an- und abschwellenden Klang des durch den Schlag des Metalls zum Schwingen gebrachten Holzes. Aus allen Richtungen kamen nun die Klosterbrüder in der Kirche zusammen. Als der große Hof wieder leer war, setzten wir uns auf eine sonnenwarme Steinbrüstung und atmeten den Geruch des ausgedörrten Unkrautes zwischen den Pflastersteinen ein. Das Auf und Ab einer dünnen psalmodierenden Stimme drang aus dem Katholikón. Der Turm mit seinen schönen Ziegelbögen unter dem Dach nahm langsam die Farbe eines stumpfen Rosa an; und bevor es zu dunkeln begann, stiegen wir noch einmal hinauf, um über die Schieferdächer und die Kuppeln mit ihren Kreuzen in den Abend zu schauen. Der bernsteinfarbene Glanz der Mauern verwandelte sich im schwindenden Tag in zartes Purpur. Die Zypressen neben der Phiáli standen gleich Posten da, darüber wachend, daß die Ruhe und die Einsamkeit nicht entweiht wurden.

Das Abendessen nahmen wir mit dem Abt und dem Theologiestudenten ein. Danach boten wir etwas Whisky an. Allmählich wurde der Klostervorsteher gesprächig und klagte darüber, daß dem baufälligen serbischen Kloster bislang so wenig Hilfe von der griechischen Heiligen Synode zuteil wurde. Wir gingen zeitig zu Bett (ungefähr um 9 Uhr). Nirgendwo war mehr Licht zu sehen. Nur in unserem Gang brannte eine Petroleumlampe, um uns den

Weg zum Waschraum zu weisen. Eine Fledermaus zog um sie ihre wirren Kreise.

23. August: Der Abt stellte uns den Traktor Marschall Titos zur Verfügung. Wir ließen damit unser Reisegepäck zum Kaïki hinunterschaffen, machten aber selber den idyllischen Spaziergang zum Hafen lieber zu Fuß, und so fuhr der Abt, der den ›Arsenáris‹ der Schiffslände besuchen wollte, ohne uns mit dem Traktor den Weg hinab. Später trafen wir unseren Proïgoúmenos noch einmal, der seine zylindrische Kopfbedeckung gegen einen schlappigen Strohhut ausgetauscht hatte. Er schenkte jedem von uns einen kleinen Strauß Meer-Narzissen. Nur noch im Kloster Dionysíou ist man uns mit solcher Freundlichkeit entgegengekommen.

Das Kaïki brachte uns zum Hafenplatz von Vatopédi. Die See war noch rauher als tags zuvor. Der Aufstieg zum Kloster von VATOPÉDI (idiorrhythmisch) auf einem breiten gepflasterten Weg ist kurz, aber steil. Man tritt in den Hof durch ein überdachtes Portal, bewacht von einer Marien-Ikone. Ein türkischer Soldat beging einst den Frevel, auf die Hand der Muttergottes zu schießen. Die Jungfrau vergalt es sofort. Sie machte den Türken so wahnsinnig, daß er sich selber an einen Baum knüpfte, dessen Zweige daraufhin verdorrten und abstarben. – Nach langem Warten im Gästehaus, bot uns ein verdrießlicher Gästewart ziemlich ungnädig eine Tasse Kaffee an und führte uns recht widerwillig zu einem Schlafzimmer, das wir mit einem jungen Amerikaner teilten, der mit leichtem Gepäck – Skizzenbuch und Schwammbeutel – reiste.

Wir sahen uns im Klosterhof um. Stattliche, fast städtische Gebäude umstehen etwa trapezförmig die in tomatenrotem Anstrich leuchtende Hauptkirche (Ende 10. Jh.), die Phiáli vor dem erst später angebauten Orológion (Uhrturm), den freistehenden Glockenturm (1427), die schöne schiefergedeckte Trápeza (1785), eine Kapelle des Hl. Zónis (1794) und manche kleinere Bauten, deren Bedeutung sich dem Fremden nicht sogleich erschließt. An der Ostecke der Wohntrakte überwacht ein gedrungener Wehrturm, solide gebaut und zinnenbekrönt, den Hafenplatz und die weite halbmondförmige Bucht.

Vatopédi, das zweite der Großklöster in der hierarchischen Reihenfolge (nach Megísti Lávra), ist heute das reichste und wohlbestellteste der Athosklöster. Man stand hier schon immer den

Einrichtungen und Errungenschaften des Westens mit gewissem Freimut gegenüber – richtet sich zum Beispiel nach dem weströmischen, dem ›Gregorianischen Kalender‹, oder bedient sich als einziges Kloster des Lichtschalters. Der elektrische Strom wird von einem Generator erzeugt. Sogar das Hühnerei ist hier nicht verpönt. Aber es scheint, als hätten sich alle Ansätze zur Aufgeschlossenheit mit dem Dahinschwinden der Mönche ebenfalls wieder verflüchtigt. Auf weniger als hundert ist ihre Zahl zusammengeschrumpft, und man spürt den argwöhnischen Blick im Nacken, den sie von ihren Holzbalkonen aus den modernen Rucksack-Pilgern nachsenden, die diesen Ort mit ihrer Neugier, den klickenden Kameras und der lässigen Kleidung entweihen.

Nach einer Legende, nicht einmal der frühesten, hat Kaiser Theodósios I. das Kloster im 4. Jh. gegründet zum Dank für die Rettung seines Sohnes Arkádios, der schiffbrüchig auf die Küste geworfen wurde. Die Gottesmutter hatte Mitleid mit dem Knaben (griechisch: païs) und erlaubte ihm, ihren Garten zu betreten, wo er dann schlafend unter einem Brombeerbusch (griechisch: bátos) gefunden wurde. So nannte man den Ort ›Batopaidion‹. Nach geschichtlichen Quellen ist Vatopédi die Gründung dreier Männer aus Adrianopel in den Jahren 972-985. Die Kaiser Manuel I. Komnénos (1143-1180) und Andronikos II. Palaiologos (1282-1328) bedachten das Kloster mit besonders reichen Schenkungen. Prinzen, Fürsten, Despoten und Patriarchen haben es besucht und Johannes VI. Kantakoúzenos (1347-1354) verweilte hier auf einer Pilgerfahrt.

Vor dem Abendessen hatte ich Zeit, mich im *Katholikón* umzuschauen. Ich wußte, daß hier *großflächige Wandmosaiken* zu sehen sein würden. Sie interessierten mich mehr, als die trefflichen Fresken der ›Makedonischen Malerschule‹ in der Líti (inneren Vorhalle) und dem Naos (von 1312). So ging ich gleich vor das Templon, um an den beiden Ostpfeilern noch den Engel und Maria, der die Geburt des Gottessohnes verkündet wird, zu erkennen, großartige Tafeln (gerettete Wandfelder) des frühen 11. Jhs. Schon beim Eintritt hatte ich im Exonarthex (1426 angefügt) Wandmosaiken des gleichen Themas – links der Tür zur inneren Vorhalle den Engel, rechts die künftige Gottesmutter – bemerkt. Fachleute datieren die Arbeiten um 1100, die man in offensichtlicher Wertschätzung über den Freskenfriesen aus dem 15. Jh. anbrachte. Im Bogenfeld über der Tür blieb das Goldgrund-Mosaik der Deësis ›in situ‹ erhalten. – An der Tür selbst – wundervolle Bronze-Flügel aus dem 15. Jh., die von der ›Hagia Sophia‹ in Thessaloniki stammen sollen – erscheint ein weiteres Mal das Thema von ›Maria Verkündigung‹, hier als Relief. Womöglich war das Portal eine Schenkung aus Thessaloniki an die berühmte, der ›Verkündigung Mariens‹ geweihte Klosterkirche.

Im Exonarthex sind die Wandbilder der ›Makedonischen Schule‹ (hier nach 1426 geschaffen) von außerordentlicher Anschaulichkeit; so die Bildfassungen zum ›Akáthistos-Hymnos‹, die man kaum eindringlicher ausgebreitet finden wird; dann die Szenen aus dem ›Jüngsten Gericht‹, da der Posaunenstoß des Erzengels Michael das Ende der Zeiten ankündigt, und nicht nur Erde und Meer die Toten wieder herausgeben, sondern auch die wilden Tiere die von ihnen gefressenen Leiber, damit ein Jeder sich dem Ausschlag der ›Waage der Gerechtigkeit‹ stelle und das Urteil über Gut und Böse erfahre. Das Frappierende hier ist die unverbrauchte Naivität, die selbst für das abstrakteste Wort alttestamentarischer oder apokalyptischer Prophezeiung ein Bildzeichen findet und es mit der Nüchternheit und Genauigkeit einer Bildreportage sprechen läßt. Die Fresken sind 1819 gereinigt und ausgebessert worden. In Vatopédi scheinen es gerade die Restaurierungen des frühen 19. Jhs. zu sein, die mit auffallender Kühle und Zurückhaltung den ursprünglichen Eindruck neu beleben.

Ich ging nochmals zurück in den Naos, beachtete erst jetzt die kostbare Tür aus Ebenholz (von 1567) mit den feinteiligen, minutiös eingepaßten Silber- und Elfenbeineinlagen, die den Eintritt aus der inneren Vorhalle freigibt. In Konstantinopel gab es vor und nach der Einnahme durch die Türken berühmte Werkstätten, die dieses Kunsthandwerk pflegten.

An den beiden östlichen Pfeilern vor der Ikonostasis haben sich viele, zum Teil ausgezeichnete alte Ikonen angesammelt. Doch um die wertvollsten sehen zu können, ist es wichtig, die Erlaubnis zum Betreten der *Hagios Demetrios-Kapelle* (Anbau des 18. Jhs.) zu erhalten. Hier interessieren die selten gewordenen *Mosaik-Ikonen.* Am kostbarsten ist wohl eine ›Kreuzigung‹, wahrscheinlich aus dem 13. Jh., eingelegt in einen breiten Silberrahmen aus dem 14. Jh. mit in Relief getriebenen Darstellungen der zwölf Kirchenfeste. Die Darstellung mit Hilfe kleinster farbiger Steinchen wird durch die mitverwandten Silberwürfel noch pretiöser. – Das Mosaikbild einer ›Heiligen Anna‹, die Maria auf dem Arm trägt (13. oder 14. Jh.), faßt ebenfalls ein breiter Silberrahmen, geschmückt mit reliefierten Heiligengestalten zwischen getriebenen Ornamentfeldern. Weiter fällt das Relieftäfelchen des ›Heiligen Georg‹ auf (10.-11. Jh.), das aus einer Specksteinplatte geschnitzt ist. Elfenbein war damals in Byzanz selten geworden, und man fand in dem weichen, leicht zu bearbeitenden grünlichen Talkstein (Ophit) einen willkommenen Ersatz. Der Heilige in Rüstung mit Lanze und Schild steht als kriegerischer Held unter einer Arkade.

Einige der von der gesamten orthodoxen Kirche besonders verehrten *Reliquien* sind im Sanktuarium eingeschlossen. Auch sie werden dem Besucher nur auf Verlangen gezeigt: man sieht eine ›Staurothek‹, ein Altarkreuz des 15. Jhs., das zwischen Perlschnüren und Goldfiligran, zwischen goldgefaßten Bergkristallen und ornamentiertem Silberniello einen Partikel des Heiligen Kreuzes bewahrt; das silberumkleidete ›Haupt des Heiligen Gregor von Nazianz‹; und einen ›Reliquienschrein‹ des 9. Jhs. mit Szenen aus dem Leben des Heiligen Demetrios, in Gold und Silber getrieben. Da ist auch die ›Ikone der Puppen‹, ein Diptychon des 9. Jhs., einst im Besitz der Kaiserin Theodora, Gemahlin des bilderfeindlichen Theóphilos (829-842). Als dieser seine Frau im Gebet vertieft vor dem Flügelbild fand, sagte sie liebenswürdig, sie spiele mit ihren Puppen. Der Kaiser war so bezaubert von dieser Antwort, daß er ihr Vergehen stillschweigend überging. Seither trägt das Doppelbild diesen, zunächst verblüffenden Namen. Die am höchsten verehrte Reliquie bewahrt eine spät gefertigte Silberlade mit Edelsteinen und kleinen Emailminiaturen: es ist ein Stück vom ›Gürtel Mariens‹, ein rotbraunes Band, in das die Kaiserin Pulchería, eine gebildete Athenerin des 5. Jhs., goldenen Zwirn und kleine Perlen hineingewebt haben soll. Maria habe den Gürtel vor ihrer Himmelfahrt an den Apostel Thomas verschenkt, heißt es. Als kostbares Andenken wechselte der Gürtel dann mehrmals den Besitzer, wurde von Land zu Land getragen, wirkte wunderkräftig bei Pest- und Cholera-Epidemien und wurde endlich im 14. Jh. von einem serbischen Prinzen dem Kloster Vatopédi zum Geschenk gemacht.

Wir nahmen die Abendmahlzeit im Gästehaus ein, jedoch nicht wie in Chilandári mit dem Abt, sondern zusammen mit einigen reisenden Mönchen. Das Essen war vegetarisch, ohne Wein. Es gab auch keine Unterhaltung und nicht einmal höfliche Formalitäten. Wir gingen in unser Zimmer und schauten über den geheimnisvollen samtenen Hügel. Es wird etwa acht Uhr gewesen sein, als wir uns flüsternd noch eine Weile unterhielten. Plötzlich klopfte es an der Tür, und die aufgebrachte Stimme des Gästewarts – er mußte gelauscht haben – war zu hören. Empört über unsere Unehrbietigkeit in diesem Hause Gottes befahl er uns ›sofort schlafen zu gehen‹!

24. August: Wir standen um sechs Uhr auf und frühstückten mit eigenen Biskuits und Neskaffee. Noch einmal besuchten wir die schöne Kirche und überredeten einen einigermaßen verbindlichen Mönch, uns die Bibliothek und das Refektorium zu zeigen. Er ließ uns eine Stunde warten, ehe er die Erlaubnis der drei ›Proïgoúmenoi‹, der aus der Mitte der Klosterbrüder gewählten Vorsteher, erlangt hatte. Hier in Vatopédi gehört die Trápeza kaum zu den großen Sehenswürdigkeiten, und der Besucher, der noch Lávra sehen wird, sollte sich hiermit nicht aufhalten. In der *Bibliothek* im feuersicheren alten Wehrturm bestaunten wir einen in seiner Qualität auf dem Athos einzigartigen Gegenstand des Kunsthandwerks: eine geschliffene Schale aus rot-, weiß-, graugeädertem Jaspis, in der 2. Hälfte des 14. Jhs. mit vergoldetem Silber als Abendmahlskelch gefaßt. Die Schale, wohl älteren Ursprungs, ruht auf achteckigem Fuß mit vier Medaillons der großen griechischen Kirchenlehrer und vier Namensmonogrammen, darunter das Zeichen des Stifters Manuel Kantakouzenos, des Despoten von Moréa (1348-1380), der in Mistra residierte. Vom Knauf des Kelchstiels schwingen sich in elegantem Bogen zwei wunderbar gegossene Drachen als Henkel hinauf zur Randfassung der Schale. – Unter den Handschriften, viele auf Pergament, ist eine aus dem 11. Jh. mit dem Monogramm des Kaisers Konstantínos IX. Monomáchos. Ferner wird hier ein ›Oktateuch‹ (die ersten acht Bücher des Alten Testaments) aus dem 12. Jh. aufbewahrt (Kod. Nr. 602, alte Nr. 515). Das Alte Testament gab dem frommen Illustrator die sichtlich willkommene Gelegenheit, auch einmal Kampfszenen, große Menschenansammlungen darzustellen. Erhalten haben sich in Vatopédi nur noch sechs der acht Bücher, bei denen immerhin 165 Bilder in den Text eingeschoben sind. Besonders wertvoll, zudem herrlich koloriert, ist das älteste bekannte Exemplar eines Kartenwerks (Kod. Nr. 655, alte Nr. 754) zu den ›Erdbeschreibungen‹ des griechischen Geographen Strabon (1. Jh. nach Chr.) und des alexandrinischen Geographen Ptolemaïos (2. Jh. nach Chr.). Auch dieser Kodex, um 1200 entstanden, war in acht Bücher aufgeteilt; zwei davon sind im Laufe der Zeit verschwunden.

Wir wollten nun noch die *Athos-Akademie* aufsuchen, heute eine weitläufige Ruine auf einer der Hügelkuppen oberhalb von Vatopédi. Im 18. Jh., als die große Strömung der Aufklärung auch Theologen der Ostkirche erreichte, ließ der damalige Patriarch Kýrillos von Konstantinopel die Studiengebäude errichten und betraute den damals hervorragendsten griechischen Gelehrten Eugénios Boúlgaris (sprich: Evjénios Voúlgaris) mit der Leitung (1743). Aber die Athosmönche hatten von jeher der Gelehrsamkeit und vergleichenden Philosophie mit äußerstem Mißtrauen, um nicht zu sagen völlig ablehnend gegenübergestanden und erzwangen zuletzt mit Intrige und Verleumdung die Absetzung von Boúlgaris. Bald darauf haben sie die Gebäude kurzerhand unbewohnbar gemacht. – Auf einem Pfad zwischen Steineichen und Judasbäumen stiegen wir zur Bucht hinab und badeten im schimmernden Meer, hielten Picknick und warteten auf das Kaïki mit Kurs nach Süden, um in die Bucht von Ivíron zu segeln.

Der Weg von der Lände zum Kloster IVÍRON (idiorrhythmisch) ist weder lang noch beschwerlich, wenn man Athos-Verhältnisse zugrunde legt. Drei Mönche aus ›Iberien‹ (dem heutigen Georgien an der Schwarzmeerküste) haben es um 980 gegründet, von denen Thorníkios, ein ehemaliger General, am tatkräftigsten war. Wie Athanásios Athonítis, und von diesem unterstützt, wußte er das förderliche Interesse der Kaiserin Theóphano, Witwe von Romanós II. (959-963) zu wecken, und die nachfolgenden Kaiser Nikephóros II. Phokas und Johannes I. Tsimiskés machten es dann auch zu dem ihren. Sie sicherten die Existenz des Klosters ›der Iberer‹ – so kam es zum Namen Ivíron – durch Schenkungen und Privilegien und stifteten kostbare Kirchengeräte. Euthýmios, der Sohn von Thorníkios, begründete den geistigen und kulturellen Ruf, der Ivíron auch in der abendländischen Welt bekannt machte. Er selber und Mönche der folgenden Generation, die alle aus dem am weitesten nach Osten vorgeschobenen Randgebiet des Christentums stammten, übersetzten georgisches Schrifttum ins Griechische – auch Literatur aus dem angrenzenden islamischen und buddhistischen Kulturraum, die von hier aus den Weg in westliche Bibliotheken fand. – Während des 14. Jhs. kamen auch griechische Mönche zu den Georgiern, und im 16. Jh. war aus Ivíron ein ausschließlich griechisches Kloster geworden. Auch dann blieb es mit seinen Zweigniederlassungen und Ländereien in Rußland und Rumänien bedeutend, war immer eines der fünf Hauptklöster in der hierarchischen Rangfolge. Im 19. Jh. wütete ein verheerender Brand, aber man hat das Zerstörte bis auf den verfallenden Westturm wiederaufgebaut. Im Klosterhof sind jetzt außer der Hauptkirche nur noch zwei kleinere Kirchen erhalten, zudem gibt es viele Kapellen zwischen den Wohnungen der ›nach eigenem Rhythmus‹ lebenden Mönche. Der schöne Weihbrunnen steht auf dem Weg zwischen Katholikón und Trápeza.

Vor Sonnenuntergang besichtigen wir die *Kapelle der Panhagía Portaïtissa*, der ›Pförtnerin‹ (1680-1683). Durch eine schöne Tür (etwa von 1785) mit Intarsienschmuck aus Elfenbein und Perlmutter traten wir ins Innere. Die *wundertätige Ikone* der Muttergottes als ›*Portaïtissa*‹ wird hier hochverehrt. Die Legende auch ihrer Auffindung ist weit über den Athos hinaus bekannt. Das Gnadenbild war in Nikaia der Zerstörungswut der Bilderstürmer des 9. Jhs. entronnen und hatte auf wunderbare Weise den Weg übers Meer in die Bucht von Ivíron gefunden. Die Mönche setzten Ruderboote aus, um die Ikone zu bergen, doch jedesmal, wenn sie sich näherten, zog sie sich zurück, und man hörte eine himmlische Stimme sagen, daß nur Gabriel, ein georgischer Einsiedler, der in einer Höhle über dem Kloster hauste, würdig befunden sei, das Bild an Land zu bringen. So wurde der fromme Mann, der scheu und von Natur zurückhaltend war, aus seiner Einsiedelei geholt. Er schritt über die Wellen, ergriff die ehrwürdige Tafel und brachte sie liebevoll, gefolgt von allen anderen Mönchen zum Katholikón. Aber jede Nacht bewegte sich die Ikone von selbst zum Tor des Klosters, bis dann Maria den bestürzten Mönchen in einer Vision sagte: »Ich bin nicht hierhergekommen, damit ihr mich bewacht, sondern damit ich Euch bewache.« So hat man ihr nahe dem alten Tor, (das jetzige entstand 1867 nach dem Brand) eine Kapelle gebaut. Die im Laufe der Jahrhunderte dunkelbraun gewordenen Gesichter der Gottesmutter und des Kindes sind im Widerschein der gleißenden Goldblechverkleidung kaum mehr zu erkennen.

Die Metallverkleidung, das schützende ›Éndyma‹ hat man im frühen 19. Jh. um die alte Bildtafel gelegt.

Die andere *Kapelle, Johannes dem Täufer geweiht*, stützen im Innern vier Säulen aus grünem Serpentin. Sie soll neben einem antiken Tempel errichtet worden sein. Doch mehr wüßte ich von ihr nicht zu berichten.

Ich machte mich dann auf den Weg zur *Bibliothek*, wo ein sehr würdevoll aussehender Mönch mit den Lehrern aus Saloniki disputierte, die wir hier wiedertrafen. Man bot mir einen Stuhl an, und ich glaubte, daß ich nun etwas über besonders wertvolle Handschriften hören würde, die, wie ich wußte, die Bibliothek besaß. Doch zu meiner Enttäuschung stellte ich fest, daß sich die Lektüre der Mönche wirklich nur auf ihre ›Mission‹, auf die Bewahrung des orthodoxen Glaubens und auf die Bestätigung seiner Überlegenheit über andere Glaubensformen beschränkte. Sie waren sich zwar auf sehr naive Weise bewußt, daß sie Schätze der Buchkunst besaßen, schienen aber über deren Herkunft, Beschaffenheit, Wert und Unwert völlig im Unklaren zu sein. Unseligerweise kam hinzu, daß die illuminierten Manuskripte (mehrere hundert) gerade (1968) verpackt worden waren, um sie in ein neues ›Museum‹, das heißt in die nicht mehr verwendete Trápeza zu bringen. Von einem früheren Besuch her kann ich mich noch erinnern, und andere Schriftsteller bestätigen, daß hier zwei in Leder gebundene Folianten einer Bibel in georgischer Sprache aufbewahrt werden. Ferner sah ich zwei Evangelienbücher des 11. Jhs. (Ivíron 1 und Ivíron 56) und ein besonders schönes Prunkevangeliar (Ivíron 5) des 13. Jhs., mit ganz hervorragendem Miniaturenschmuck – außer den Evangelisten- und Festtagsbildern auch zahlreiche Illustrationen von Szenen, die selten oder nie dargestellt werden. Zudem ist die Sammlung von Erstausgaben griechischer Klassiker, die Anfang des 15. Jhs. bei Aldus Manutius in Venedig im Druck erschienen, äußerst bemerkenswert. – Auch den Kaiser-Ornat des Johannes I. Tzimiskés (968-976) mit den goldgestickten byzantinischen doppelköpfigen Adlern wird man im neuen Museum bewundern können.

Dort lagerte bereits die große Sammlung von Ikonen, jedoch aufeinandergestapelt, so daß es sehr schwer war, sie richtig zu betrachten, schon gar nicht unter den bohrenden Blicken eines Mönches, der jedes Bild schnell beiseite legte, wenn es besonderes Interesse erweckte. Ich wurde immerhin gewahr, daß viele davon alt und sehr schön waren.

Der Gästewart führte uns zu unserem einfachen Schlafquartier, von wo man auf einen steilen Waldhang schaute und ein wenig vom Meer sah. Das Summen der Insekten und der Zikaden Zirpkonzert in dem schwülen, windstillen Tal wirkte einschläfernd. Ein Wasserhahn am Ende des Ganges bot uns Waschgelegenheit. Da viele Besucher anwesend waren, die verköstigt sein wollten – Touristen und Geistliche –, hatte uns der Archontáris vorgeschlagen, daß wir, die ›Weltlichen‹, getrennt in einem Anbau der Küche zu Abend essen sollten. Es gab gekochte Bohnen und Brot, ein Mahl, das wir mit mitgebrachtem Käse und Loukoúmi ergänzten. Wein war so viel zu bekommen, wie wir wollten. Ich stand spät vom Tisch auf und plauderte noch mit dem Gästewirt, der sich als eine Kapazität für Legenden auf dem Athos erwies. Das alles war recht angenehm nach dem Rüffel, der uns vor dem Schlafengehen in Vatopédi zuteil geworden war.

25. *August:* Am Morgen besichtigten wir das alte *Katholikón* zu Ehren der ›Himmelfahrt Mariens‹ (976, erweitert 1513). Die Fresken in der Líti sind zu sehr restauriert und daher nicht gerade anziehend. Doch die wunderschönen Nikäischen Kacheln beiderseits vom Durchgang zum Naos können begeistern. Sie wirken wie ein festlicher Vorhang vor der überschwenglichen Pracht, die sich im Hauptraum entfaltet und zwischen der das Auge zunächst fast hilflos einherirrt. Man geht über den alten Fußboden mit den Marmoreinlagen in ›opus-alexandrinum‹. Das eingelassene Bronzeband rund um das Medaillon in der Mitte trägt eine Inschrift der georgischen Gründer. Die Muster sind nicht so elegant wie in Chilandári und Vatopédi, dafür aber farbiger: orange, rosarot, tiefviolett, vermischt mit grünlichem Ophit, Porphyr und Verde antico. Ein riesiger metallener Reifen, Träger für ungezählte Kerzen, hängt von der Decke. Er ist mit Kreuzen, Doppeladlern und Ikonenfeldern geschmückt, kam 1902 aus Moskau und umgibt den großen alten Kronleuchter, den ein byzantinischer Kaiser als Trophäe aus einem Feldzug im Osten mitbrachte und hierher stiftete. Man erkennt zwergenhaft klein Allegorien der Liebe, buddhaähnliche Gottheiten und persische Krieger. Vor der Ikonenwand (1614) stehen Bronzekandelaber, hohe Kerzenleuchter aus Mes-

sing, marmorne Bildpulte und Ikonenständer, und dazwischen hängen ungezählte silberne oder vergoldete Öllämpchen. Unter all den Kostbarkeiten befindet sich ein seltsamer Gegenstand der ›art nouveau‹: ein ›Zitronenbaum‹, das Meisterwerk eines Silberschmiedes in Moskau. Ob er nicht ursprünglich einmal als fürstlicher Tafelaufsatz gedacht war? Am nächsten Morgen sah ich, wie zwei Mönche im Hof das zarte Blattgeflitter entstaubten und polierten. – Russische Geschenke für Ivíron gehören zur Tradition, seit eine Kopie der ›Portaḯtissa‹ den Zaren Alexej Michailowitsch im Jahre 1654 auf wunderbare Weise geheilt hatte. Zum Dank dafür schenkte er dem Kloster Ländereien bei Moskau, wodurch sich die Einkünfte damals sehr verbesserten. Peter der Große (1689 bis 1725) stiftete ein juwelenbesetztes Prunkevangeliar (in einem der Querchöre). Es soll 30 kg wiegen mit seinen metallenen Buchdeckeln! Sie sind überreich verziert mit getriebenen Heiligenszenen und Rankenwerk. – Hinter den Altarschranken verbergen sich die Cimelien: Kelche, Hostienbehälter (Pyxides), ehrwürdige Reliquiare und ein vergoldetes Silberkreuz aus einer byzantinischen Werkstatt. – In der ganzen Kirche funkelt es vom Glanz der edlen Materialien. Inbrünstige Verehrung äußert sich hier in einer Art ›barbarischem‹ Prunkbedürfnis. Die georgische Wurzel hat reich ausgetrieben.

Nach dem Mittagessen wanderten wir noch zu dem bewaldeten Bergrücken nördlich des Klosters und schauten zur Küste hinunter, sahen auf das *Kloster Stavronikíta* mit seinem schönen Wehrturm, erkannten im Norden die Mauern von *Pantokrátoros* und dazwischen, in den Bergmulden, immer wieder die Dächer von Skiten und Kellien, die aber sicher nicht mehr alle bewohnt sind. Auf der Höhe glitzerten die Kuppeln von Karyés in der Sonne.

Das Kaḯki nach Megísti Lávra kam gegen vier Uhr an die Lände von Ivíron. Der Wind hatte sich gelegt. Das Meer war nur noch leicht von einer untergründigen Dünung bewegt. Als wir südwärts tuckerten, wurde die Küste steiler. Waldgeruch wehte über das Wasser, das sich von Indigoblau zu Aquamarin in Perlgrau wandelte. Der Athos-Gipfel ragte in den klaren Himmel. Wir liefen den Landeplatz des *Klosters Philothéou* an, konnten das Kloster aber nicht sehen, das ungefähr 550 Meter höher, hinter Kastanienbäumen versteckt, am Berghang liegt. Auch *Karakállou*, ein kleineres Kloster, mit übermächtigem Festungsturm zwischen Zypressen- und Nußbäumen konnten wir nicht besuchen. Die Küste wurde nun immer wilder und karger. Das Boot fuhr auf eine der vielen Klippen zu, umrundete sie, und ganz unerwartet hatten wir die Schiffslände von *Megísti Lávra* erreicht, ein wahres Piratennest. Ich dachte an Curzons Landung hier im 19. Jh., der zu seinem Dolmetscher sagte: »Schön ... nun sind wir beim Berg Athos. Wie wäre es, wenn Sie zum Kloster gingen und ein paar Maultierte oder Mönche holten oder sonst irgend etwas, womit unsere Satteltaschen zum Kloster gebracht werden. Sagen Sie dort, der berühmte englische Lord, der Freund des Patriarchen, sei angekommen und bittet höflich, das Kloster besichtigen zu dürfen, – und daß er ein großer Bundesgenosse des Sultans sei und aller Kapitäne und aller Soldaten, die zum Archipel kommen, und nun ... sputen Sie sich!« Ach, leider konnten wir nicht mit solch imponierenden Beziehungen aufwarten. So erklommen wir nun zwischen Niederholz und Stockrosen den steilen Hang, waren wohl auf dem gleichen Pfad, den einst der Heilige Athanásios erstiegen hatte, allzeit im Kampf mit umherschweifenden Dämonen und dennoch erfüllt davon, eine gute Stelle für seine Klosteranlage zu finden.

Im Dämmerlicht sahen wir die grauen Umrisse von Wällen und einem Turm und erkannten dann auch die mauerumgürteten Gebäude des Klosters MEGÍSTI LÁVRA (anfänglich koinovítisch, dann idiorrhythmisch). Es besetzt die Felszunge vor einem Ausläufer des ›Heiligen Berges‹. An diesen öden steinigen Hang hatte sich einst im 14. Jh. Gregórios Palamás in ein Kellíon zurückgezogen, ehe er zum Wortführer der Hesychastenbewegung (s. S. 561) geworden war, deren Auffassung er von hier aus verteidigte, bis er schließlich vor die Synode nach Konstantinopel (1431) gerufen wurde. Die Sonne war gerade untergegangen, und ich erinnere mich noch an das Knarren der hölzernen Türangeln, als die Tore des schönen überkuppelten Portals hinter uns geschlossen wurden. Vor uns entfaltete sich so etwas wie eine mittelalterliche Stadt. Der große Klosterhof war fast zugebaut. Man hatte den Eindruck von kleinen ineinander geschachtelten Höfen und Gassen. Vom Umgang des Gästehauses schaute man auf die Schieferdächer, die Kuppeln, Kamine und Türmchen, auf das weich schwingende Bleidach des alten Katholikón und in die Bogengänge, wo Mönche mit weltlichen Wanderarbeitern schwatzten. Da waren auch wieder die Lehrer aus Saloniki, die durch den wildesten und steinigsten Teil der Halbinsel hierher gewandert waren. Sie erzählten uns, die Aussicht sei »von unvergleichlicher Pracht« gewesen, doch ihre Schuhe waren in einem schrecklichen Zustand. Wir nahmen zusammen das Essen im Gästehaus ein, zwanzig an der Zahl, alles Laienbesucher. Es gab keinen Wein. Um neun Uhr war jedermann zu Bett gegangen. Vom Umgang aus hörte ich die Schakale in den Weingärten heulen, und im Mitternacht war mir, als lauere das ganze Rudel streunender Bestien um die Mauern.

Am Morgen war der Hof voller Leben. Mönche luden Körbe mit Kürbissen von den Eseln ab. Gärtnermönche, begleitet von den Hilfsarbeitern wandten sich mit Hacken und Schaufeln und unter lauten Rufen den Feldern und Weingärten zu, und ich fand, daß der Klosterhof mit seinen Zinnien und blühenden Topfpflanzen, dem Spalierobst und den Weinranken etwas von der Atmosphäre der alten frühen *Lávra* (was ›Mönchssiedlung‹ heißt) bewahrt hatte.

Der Gedanke, hier ein Kloster zu errichten, das erste auf dem Berg Athos, entsprang der Freundschaft zwischen dem bithynischen Adligen aus Trapezunt, der als Asket unter dem Namen Athanásios auf dem Athos lebte, und dem gottesfürchtigen kaiserlichen General Nikephóros Phokas. Als dieser zu Beginn des Kampfes um das arabisch besetzte Kreta (961) seinen frommen Freund überredete, die byzantinischen Waffen zu segnen, versprach er ihm, sobald der Sieg errungen sei, auch Mönch zu werden und mit ihm ein Kloster zu gründen. Doch nachdem Nikephóros den Sarazenen eine entscheidende Niederlage beigebracht hatte, schien es ihm angemessen und wohl auch verlockender, den Thron zu usurpieren, als die Mönchskutte zu nehmen. Nach seiner Kaiserkrönung (963) versöhnte er Athanásios, indem er dessen Absichten so machtvoll unterstützte, damit das Kloster auch bei weiteren Gründungen auf dem Athos stets seinen Vorrang halten würde. Athanásios Athonítis nannte sein Kloster Megísti Lávra, ›Größte Mönchsgemeinschaft‹, hatte aber mit seiner Tatkraft und der Strenge, mit der er sich und seine Klosterbrüder der koinovítischen Ordensregel unterwarf, Unruhe und Widerstand bei den individueller lebenden und nur lose verbundenen Athosmönchen heraufbeschworen. Als man seinen mächtigen Schirmherrn, Nikephóros II. Phokas im Jahre 969 ermordete, wurden sie sogleich bei seinem Nachfolger vorstellig. Kaiser Johannes I. Tsimiskés (969-976) blieb jedoch ungerührt. Er bestätigte nicht nur die bereits verliehenen Privilegien und das ›Erste Typikón‹ (Klosterverfassung) des Athanásios, sondern gab ihnen durch eine Goldsiegelbulle (971 oder 972) Rechtscharakter. Zudem bestimmte er darin, daß Megísti Lávra ihm unmittelbar unterstehe. Das Patriarchat von Konstantinopel habe lediglich beratenden Einfluß. Erstarkt aus den Streitigkeiten hervorgegangen, erneut bereichert und gestützt durch Schenkungen des Kaisers, konnte sich

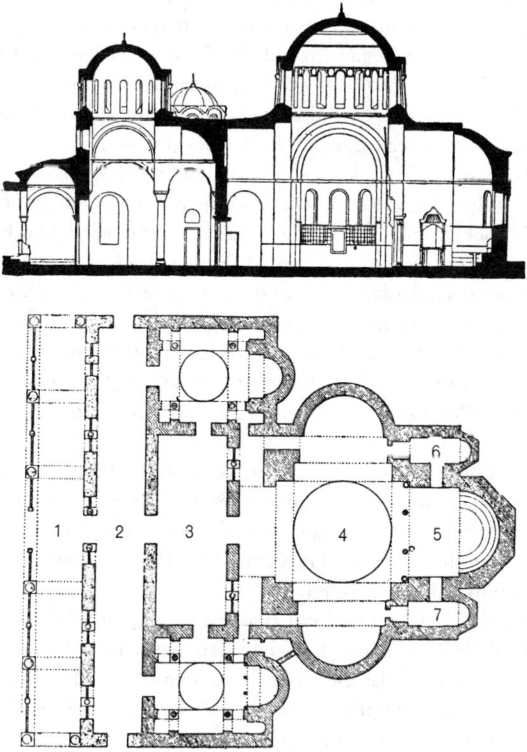

122 Katholikón des Klosters Megísti Lávra (begonnen 963). Aufriß und Grundriß des charakteristischen kleeblattförmigen Bauschemas (Trikonchos) der Klosterkirchen auf dem Athos.

1 gedeckte Vorhalle - **2** Exonarthex - **3** Líti (Esonarthex) - **4** Naos - **5** Bema **6** Próthesis - **7** Diakonikón.

Athanásios nunmehr unbehindert dem Ausbau der Klosteranlage widmen. Sie wurde richtungsweisend für viele der Klöster. Im Gegensatz zu anderen Gründungen ist Megísti Lávra kaum von Feuerschäden heimgesucht worden, und blieb wegen seiner Lage nahe des gefährlichen Südkaps auch weitgehend verschont von den Angriffen der Sarazenen, Kreuzfahrer und der katalanischen Söldner.

Der Bibliothekar des Klosters führte uns zu den Sehenswürdigkeiten. Außer der Hauptkirche steht noch eine kleinere Kirche im Klosterhof. Weitere 15 Kapellen verbergen sich innerhalb der Wohntrakte. Wir begannen mit der *Kapelle der Panhagía Koukouzélissa*, oder auch *Panhagía Portaïtissa* genannt. Auch an dieses Gnadenbild knüpft sich eine alte Legende. Der junge Edelmann Johannes Koukouzélis, Sänger am Hof des Alexios I. (1081 bis 1118) verabscheute alsbald Aufwand und Geselligkeit am Kaiserpalast, floh auf den Athos und hütete dort die Schafe. Nicht lange blieb den Mönchen seine schöne, helle Stimme verborgen, und binnen kurzem war er Vorsänger bei den Gottesdiensten. An einem Samstag, als er nach der langen Abendliturgie, die mit den 24 Strophen des Akáthistos-Hymnos zum Lobe Mariens endet, ermattet vor der Klosterpforte einschlief, just unter dem Marienbild der ›Portaïtissa‹, dankte ihm die Gottesmutter im Traum. Sie versprach ihm »himmlischen Lohn«, und beim Erwachen hielt seine Hand einen Golddukaten umschlossen. Mit diesem sichtbaren Zeichen, so sagt man, habe sich die wundertätige Kraft der Ikone gezeigt und seither nicht aufgehört, helfend zu wirken. Noch im Jahre 1945, als der Wald gefährlich nahe von Megísti Lávra in Brand geriet, hat man voller Sorge das Gnadenbild zur Pforte getragen, und das Feuer fraß sich nicht weiter.

Die *Phiáli* (Weihbrunnen) aus dem 16. Jh., im Schatten zweier ›tausendjähriger‹ Zypressen, die noch Athanásios Lavriótis gepflanzt haben soll, ist die schönste auf dem Athos. Eine zierliche, hochgewölbte Kuppel ruht mit geschwungenem Rand auf den Ziegelarkaden über stämmigen Säulchen mit ausladenden Kapitellen; zwischen ihnen marmorne Brüstungsplatten (Ende des 10. Jhs.), wiederverwendet vom ersten Templon der Hauptkirche und hierfür mit frühchristlichen Heilssymbolen und Ornamentfeldern (Kreuz und Weinranke = Eucharistie; Pfauenpaar = Ewiges Leben; Löwe schlägt Stier = Lebenskampf) wundervoll relie-

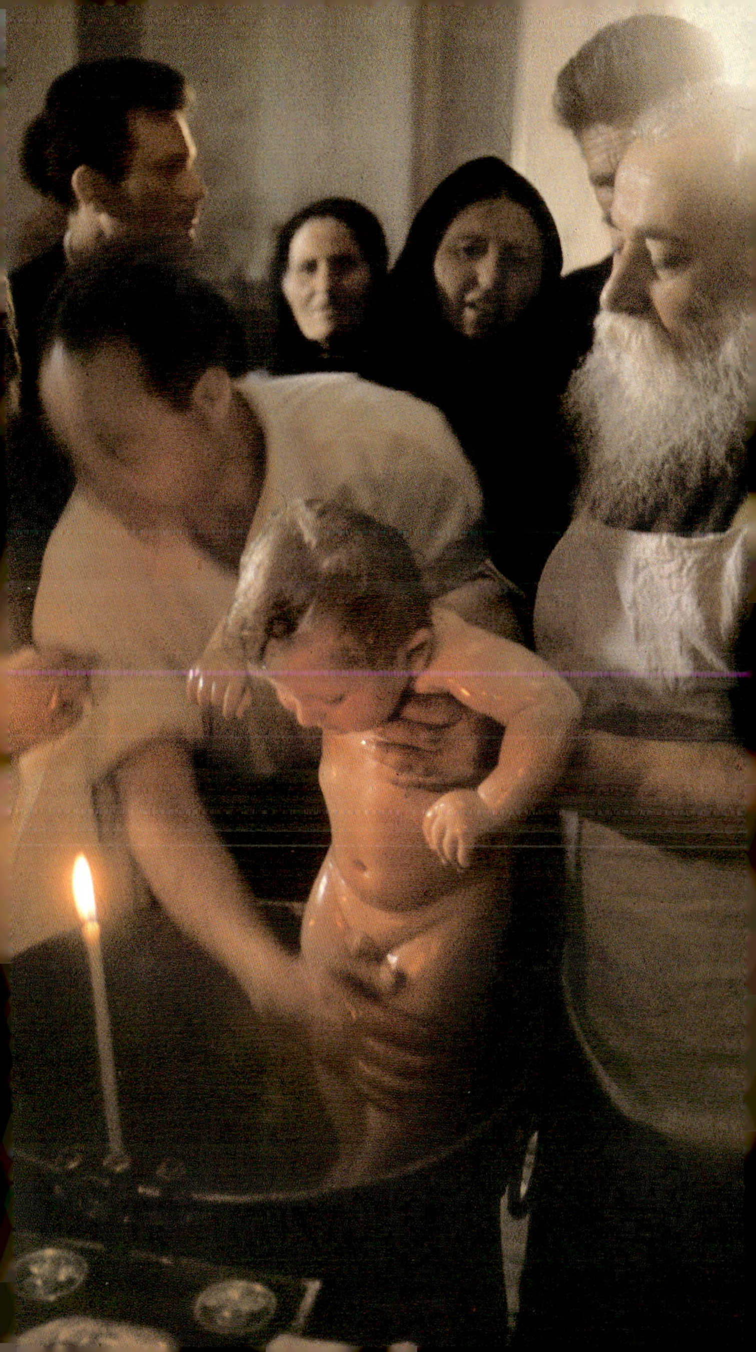

fiert. Der Kuppelhimmel über dem Marmormonolith des Wasserbeckens trägt den Freskenschmuck von 1635, Szenen in sinnreicher Beziehung zum Element des Wassers. Die Gottesmutter als den ›Lebensspendenden Quell‹ (Zoodóchos Pigí) haben die Mönche vor Augen, wenn sie nach dem Gottesdienst aus der Kirche treten, um sich zur Trápeza zu begeben.

Das *Katholikón*, von Athanásios der ›Koimesis‹ (Marientod) geweiht, entstand zwischen 963 und 1004, ein in der Anlage von allen Athos-Kirchen übernommener Dreikonchen-Kuppelbau; hier in seiner frühen Ausformung, klein, tiefgeduckt, mit kräftig ausladenden Rundungen und breiter Kuppel. Die beiden Nebenkirchen nördlich und südlich der Líti scheinen zum ersten Bauplan zu gehören. Nur die äußere Vorhalle stammt aus späterer Zeit und ist bis ins 19. Jh. hinein mehrfach verändert worden. – Beim Eintritt in den Kuppelraum sahen wir uns zunächst der steinernen Ungeheuerlichkeit der Altarschranken gegenüber, dem Machwerk eines volkstümlichen Bildhauers im späten 19. Jh. Doch dann wurden wir von unserem Begleiter auf die Stelle geheiligten Bodens aufmerksam gemacht, die von keinem menschlichen Fuß betreten werden darf: Athanasios soll hier niedergefallen sein, als er mit Hilfe von vier Arbeitern den Schlußstein in die Kuppel setzen wollte, abstürzte, sich das Rückgrat brach und starb. Die nördliche *Seitenkapelle der Vierzig Märtyrer* birgt seinen Leichnam in silbernem Schrein von einem malvenfarbenen kostbaren Stoff mit aufgenähten Kreuzen verhüllt. Dieser Ort ist das Ziel vieler Pilger, die an die weiterwirkende Kraft dieses heiligmäßigen Lebens glauben. – Sodann erst konnten wir uns der Betrachtung der Fresken im Naos hingeben. *Theophánes der Kreter* hat sie 1535 geschaffen, wahrscheinlich zusammen mit seinem Sohn Symeón, der dann auch dem *Phrángos Kateláno*s bei der Ausstattung der *südlichen Seitenkapelle Hagios Nikólaos* (1560 vollendet) beistand. Auf den Meteoren hatte ich von beiden Künstlern schon früher geschaffene Bildzyklen gesehen: von Theophánes den Wandschmuck im Kloster Hagios Nikólaos Anapavsás (1527), von Phrángos Katelános die Fresken im Katholikón des Klosters Varlaam (1548). Unsere Bewunderung für die Werke zweier großer Malerpersönlichkeiten der ›Kretischen Schule‹ nahm uns zunächst völlig gefangen.

Dann erwachte das Interesse am kunsthistorischen Vergleich zwischen ›*Makedonischer*‹ *und* ›*Kretischer Malerschule*‹. Hatten wir doch auf unserem bisherigen Reiseweg vorwiegend den Bilderschmuck der ›makedonischen‹ Maler gesehen: Vatopédi, Chilandári und vor allem die Zyklen des großen Manuel Pansélinos im Protáton in Karyés. Hier nun begegneten wir in Theophánes Strelitsás, ›dem Kreter‹, dem zweifellos bedeutendsten Vertreter dieser Malerschule im 16. Jh. – Folgte die ›Makedonische Schule‹ der Maltradition in der Palaiologenzeit, so hielt sich die ›Kretische Schule‹ mehr an die schriftlich und mündlich überlieferten Anweisungen für die Maler (siehe S. 631). Zudem war die Besetzung Kretas durch Venedig und damit wohl auch eine Begegnung mit italienischer Kunst nicht ohne Wirkung auf das Schaffen der Kreter geblieben. Reichere Details, eine Dramatisierung (auch die Überlängung asketischer Gestalten ist solch ein Moment) und perspektivische Versuche fanden Eingang. Dennoch blieb man bei der eigenen Maltechnik, folgte der byzantinischen Tradition von Formen und Symbolen und bewahrte so die außerordentliche ikonographische Einheitlichkeit in der Ausgestaltung des orthodoxen Kirchenraumes. Für die Anordnung der Szenen und Zyklen blieb stets die Steigerung auf das liturgische Geschehen hin oberstes Gesetz. Es ist, als habe man zu allen Zeiten die Worte vor Augen gehabt, die in Megísti Lávra einst als Inschrift über dem Altar standen: »Siehst Du den Thron des Herrn, o Mensch, so erzittere und senke Deine Augen, weil Christus sich täglich hier opfert und die Scharen der Engel sich in Ehrfurcht vor ihm niederwerfen.«

Vom Katholikón aus gingen wir zur *Trápeza*, einen Weg, den auch die koinovítischen Mönche nach dem langen Gottesdienst nahmen, um sich dann gemeinschaftlich zu stärken – schweigend, in Gedanken an das Liebesmahl des Herrn. Seit Megísti Lávra sich idiorrhythmisch verwaltet, wird der herrliche Raum, zugleich die größte Trápeza auf dem Athos, nicht mehr als Speisehalle benutzt. Sie hat Kreuzesform, den Querarm im Osten, und am Ende des langen Saales im Westen eine Apsis, in der einst der Igoúmenos (Abt) seinen erhöhten Platz hatte. Entlang der Wände tragen gemauerte Tische alte Marmorplatten; jeden der Tische umgeben dreiseitig, zum Gang hin offen, aufgemauerte Bänke. – Die Fresken sind 1512, als man auch die dunkle Holzdecke einzog, entstanden. Viele der Fachgelehrten möchten sie, weil sie so vorzüglich sind, dem (noch jungen) Theophánes zuschreiben. Andere bestreiten es. Doch einstimmig ist man der Meinung, daß ein hervorragender Maler der ›Kretischen Schule‹ am Werk war. An der Eingangswand und ihr zu Seiten breitet sich die Vision des ›Jüngsten Gerichtes‹ aus. Der Entwurf folgt dem ikonographischen Programm und zeichnet sich dennoch durch die großzügige Auffassung und eine ausgesprochen malerische Gliederung aus. Besonders zu erwähnen: in der unteren Zone die Menge der Gerechten auf dem Weg zur schmalen Himmelspforte; daneben die Erzväter Jakob, Abraham und Isaak im Paradiesgarten, die vor sich in einem gespannten Tuch die Seelen der Seligen halten; auf der Gegenseite Sünder, Teufel und das gräßliche Höllenungetüm, in dessen klaffenden Rachen gefallene Engel mit Eifer verdammte Seelen werfen, die als winzige nackte Gestalten zu erkennen sind. – An der Stirnwand des Nordflügels ist der ›Tod des Athanásios‹ dargestellt, im Halbkreis um ihn die trauernden Mitbrüder, umgeben von den Klostermauern der Megísti Lávra und zu ihren Häupten ihre rosarote Kirche, unter deren Kuppel der Heilige den Tod fand; in den Falten der Hügelwellen außerhalb der Mauern Augenblicksschilderungen aus dem Leben der Mönche. Die Komposition ist der Szene vom ›Tod Ephraïms, des Syrers‹, die Theophánes 1427 im Katholikon des Klosters Nikólaos Anapausás schuf, sehr verwandt. – Fast über die ganze Stirnwand des Südarmes entfaltet sich die ›Wurzel Jesse‹, eines der berühmten und auch künstlerisch herausragenden Wandbilder auf dem Athos. Über dem Lager des schlafendes Jesaias wächst der ›Stammbaum Christi‹. Zur ikonographischen Darbietung sagt das ›Malerhandbuch‹: der Baum »ist groß und steigt nach oben, und in ihn sind eingeflochten die Könige der Hebräer von David bis Christus. Zuerst David die Harfe tragend; dann Salomon; oberhalb Salomon die andern Könige nach der Ordnung, Scepter tragend, und auf der Spitze des Zweiges die Geburt Christi und auf der einen und der andern Seite die Propheten mit ihren Weissagungen, und sie sind in die Zweige verschlungen, schauen auf Christus und zeigen auf ihn.«* Auch die Darstellung der »Weisen der Griechen« sehen die Maleranleitungen für dieses Thema vor. Hier erscheinen links von Jesaias: Sokrates, Pythagoras, Dialed (?), Solon, Kleanthes und Philon; rechts von ihm: Homer, Aristoteles, Galenos, eine Sibylle,

*Zitiert nach: Godhard Schäfer, Das Handbuch der Malerei vom Berge Athos. Trier 1855.

Platon und Plutarch. Auf ihren Schriftrollen ist zu lesen, was sie über das Wesen, den Geist (Logos) Gottes dachten.

Wieder im Freien, bemerkte ich nördlich der Trápeza ein riesiges Símantron (Stundentrommel), zwölf Fuß lang, am Glockenturm mit Metallketten befestigt. Es wird nur bei ganz feierlichen Anlässen geschlagen. Wo sich der Hof weitet, kamen wir am Goldfischbehälter vorbei, den der heilige Athanásios als unbehauenen Stein herbeischleppte, eine Arbeit, die er sich auferlegt hatte, um sich gegen aufsässige Dämonen abzutöten; sie brachen ihm zwar den Fußknöchel, ließen sich jedoch mit Hieben seines eisenbeschlagenen Stockes vertreiben. Die Stelle, wo der heilige Fuß sich in den Boden drückte – so erklärte uns der Bibliothekar –, ist durch ein Kreuz gekennzeichnet. Er war bemüht, uns zur Eile anzutreiben und haspelte nur so herunter, was er den Fremden vorzutragen hatte. Als nächstes führte er uns in die *Schatzkammer*, die die Geschenke der zwei kaiserlichen Wohltäter des 10. Jhs. enthielt: den kaiserlichen Umhang des Nikephóros Phokas, den er über einem härenen Gewand getragen hatte (er hielt viel von Kasteiungen und schlief immer auf einem Pantherfell auf dem Fußboden), sowie sein Evangelienbuch in einem prächtigen Einband, auf dem in edelsteinbesetztem Rahmen Christus auf einem Podium stehend abgebildet ist, ein aufgeschlagenes Buch in der Hand. Ferner ist da zu sehen: eine alte Mosaik-Ikone des Ioánnis Pródromos, eingelegt in einen Rahmen, auf dem Heilige, angeführt von Johannes I. Tzimiskés, in kleinen Medaillons erscheinen; eine mit graviertem und reliefiertem Silberblech beschlagene, spätbyzantinische Staurothek; in juwelenbesetztem Schrein ein kleines Goldkreuz, in dessen Mitte ein Splitter vom ›Wahren Kreuz‹ verborgen ist. Dann sieht man noch Reliquiare; Urkunden von Patriarchen und kaiserliche Ordenssiegel-Erlasse; Spangen und Agraffen, funkelnd von Amethysten, Smaragden und Saphiren; kirchliche Stolen des 15. und 16. Jhs.; mit den Szenen der zwölf Kirchenfeste bestickte Gewänder.

Die *Bibliothek* besitzt elfhundert Pergamenthandschriften. Wir sahen acht kostbare einzelne Blätter aus den Briefen des heiligen Paulus an die Korinther und die Galater, erhalten in einer Unzial-Schrift des 6. Jhs. (Kodex Euthalianus), von der noch weitere 33 Blätter erhalten sind, die in den großen Bibliotheken in der Welt gehütet werden. Als eine der ältesten griechischen Pergament-

Handschriften soll sie auch zu den frühesten bekannten Abschriften des Neuen Testamentes gehören. Kaum minder kostbar erschienen mir ›Die drei Evangelien nach Markus, Lukas und Johannes‹, eine Unzial-Handschrift des 9./10. Jhs. (Kod. 172; B 52); ferner die ›Arzneimittellehre‹ des Dioskoúrides, des griechischen Arztes, der im 1. Jh. nach Chr. lebte und dessen Schriften über Pflanzen, Bäume und Wurzeln noch im späten Mittelalter kopiert wurden. Die reich bebilderte Handschrift in Megísti Lávra soll aus dem 10. Jh. stammen. Weiter erinnere ich mich an eine byzantinische Notenschrift, an Plutarchs ›Große Griechen und Römer‹ in einer Handschrift des 11. Jhs. (?) und an die erste gedruckte Homer-Ausgabe von 1488 aus Florenz.

Nach einem früh angesetzten Mittagessen mit Bohnensuppe und Tomaten stiegen wir zum Hafen hinunter, um das Kaïki mit Südkurs zu erreichen, das um zwei Uhr abging. Nichts kann auf dieser Reise so ereignisreich sein wie eine Fahrt rund um das Kap. Bei schwerem Wetter ist sie nicht einmal ungefährlich. Gottlob hatte sich an unserem Reisetag der Wind vollkommen gelegt, das Meer war glatt, von metallener Farbe. Das Boot hielt sich nahe der Küste, die bei der Schiffslände der rumänischen *Skíti Prodrómou* immer schroffer und wüster wurde. Für einen Augenblick sahen wir den Eingang zur Höhle vom ›Bösen Tod‹ hoch oben am kahlen Felshang. Das ist der Verbannungsort exkommunizierter Mönche, an den sich viele Schreckensvorstellungen heften. Wir umfuhren Kap Ákrathos. Zackige Bergspitzen steigen jäh aus fast senkrechten Geröllhängen hoch, zu deren Füßen riesige Felsblöcke liegen, die bei Bergrutschen in Vorzeiten heruntergerollt sind und nun durch die Erosion von Jahrtausenden zu einem Wall aus zerklüftetem Gestein geworden sind, durchsetzt von Höhlen und waagrechten Spalten. Manchmal bilden sich zusammenhängende Grotten, klaffende schwarze Schlünde, in denen die Wellen gurgeln und vergischen. Hier in der Nähe war es, wo die persische Flotte des Mardonios im Jahre 492 v. Chr. im Nordostturm zerschellte. Herodot berichtet: »Dreihundert Schiffe, heißt es, sind dabei zugrunde gegangen und über 20000 Mann. Das Meer ist am Athos nämlich reich an Meertieren, von denen viele Menschen gepackt und verschlungen wurden; andere wurden gegen die Felsen geschleudert, andere wieder konnten nicht schwimmen und ertranken, und andere erlagen der Kälte.« Das Unglück muß sich so tief in das Bewußtsein der Perser eingegraben haben, daß es Xerxes acht Jahre später verzog, lieber das riesige Projekt eines Durchstichs durch den schmalen Hals der Landzunge in Angriff zu nehmen, als seine Schiffe nochmals dem gefährlichen Wagnis einer solchen Fahrt auszusetzen.

Während wir an messerscharfen Klippen vorbeifuhren, sahen wir mehr als hundert Meter über dem Wasser verstreute Kellía liegen, kamen auch an der schrecklichen Klamm vorüber, die *Pétros Athonítis*, der erste Eremit, einhändig emporgeklommen war (man wundert sich nur wie!), um in luftiger Einsamkeit und unbehelligt von weltlichen Verführungen mit den ihn bedrängenden teuflischen Geistern zu ringen. Eine weitere Höhle, die bis vor kurzem von einem Asketen bewohnt war, hängt über einem schwindelerregenden Abgrund, nahe des Felsenhorstes in dem einst der *Heilige Neílos* lebte. Als er gestorben war, wuchsen von seinem Laublager Myrrhen über den Geröllhang hinab und schwammen auf den Wellen in Streifen von leuchtendem Gold, das dann die Seeleute sammelten und hinterher an fromme Verehrer des Heiligen verkauften. Sodann kam der ›*Hagion Oros*‹ in seinem vollen Umriß in Sicht. Zweitausenddreiunddreißig Meter türmt er sich hoch und trägt eine kleine weiße *Kapelle, der ›Verklärung Christi‹* geweiht, auf seinem Kalksteingipfel. Sie gleicht eher einer Berghütte, sturmsicher gebaut und notfalls Schutz bietend. Einmal im Jahr verlassen die Anachoreten, scheu und einsam lebende Klausner, ihre ›Asketéria‹ um hier am Festtag der ›Metamórphosis‹ (6. VIII./19. VIII.) gemeinsam zu beten. Strabon sagt: »Diejenigen, die seinen Gipfel bewohnen, sehen die Sonne drei Stunden früher aufgehen als die an der Küste.« Es heißt auch, daß im Augenblick, da sich das Lichtgestirn erhebt, der Schatten des Gipfels weit über das Meer bis zur Insel Skíathos, der ›im Schatten des Athos‹ liegenden, fällt.

Sodann belebt sich die felsige Einöde. Menschliche Siedlungen treten ins Blickfeld. Die KAVSOKALÝVIA, zum Kloster Megísti Lávra gehörend, klettern zwischen schattigem Grün an dem Hang hoch. Seit dem 14. Jh. wohnen hier Eremiten. Im 18. Jh. haben sie sich zu einer idiorrhythmisch formierten *Skíti* zusammengeschlossen. Kapellen mit Kuppeln, ein Glockenturm und Schieferdächer über weißgetünchten Häuschen, von Handwerker-Mönchen und Ikonenmalern bewohnt, sind von Lorbeergehölzen umgeben, aus deren Blättern Öl gepreßt wird. Da die Hauptkirche der ›Heiligen Dreifaltigkeit‹ geweiht ist, spricht man auch von *Skíti Hagías Triádos*. Hier lebte der Heilige Akákios, den fromme Entrückung einst im Fluge bis zur höchsten Spitze des Athosberges trug, wo ihm die Panhagía erschien. Wir überholten zwei Ruderbarken, die von weißbärtigen Einsiedlern fortbewegt wurden. Sie winkten uns zu und widmeten sich dann in ihren schwarzen Kutten dem Fischfang. Sonst war es vollkommen einsam, wenn man vom Tauchflug schreiender Seemöven absah.

Hier irgendwo in einer Bergfalte etwa 700-800 m über dem Meer verstecken sich auch die KELLÍA VON KERASIÁ, die ›Kirschbaum-Kellien‹. Es sind die höchsten der Mönchssiedlungen an der wilden Südflanke des Athosberges, klimatisch jedoch besonders geschützt gelegen. Vom Boot aus konnte ich den Ort nicht ausmachen. Er muß bezaubernd sein: »Oberhalb dieses Eremitenparadieses der einsam über den Wald hinausragende Marmorkegel des Athos; unterhalb der Hütte die hellgrüne Steilschlucht, und über die Wipfel riesiger Kastanien der Blick in die schwarzblaue Flut hinab.« So schildert es Jakob Philipp Fallmerayer, als er um die Mitte des vorigen Jahrhunderts auf dem Athos historischen Studien nachging.

Beim Umfahren von Kap Pínnes (auch: Hagios Geórgios, in der Antike: Kap Nymphaíon), wo die Geröllhänge einen tief rosaroten, fast feuerfarbenen Ton annehmen, kommen die KAROÚLIA in Sicht, eine Anzahl einfachster Hütten, bewohnter Grotten und Felsspalten, deren Klausner – es sind Einsiedler aus verschiedensten Ländern der Ostkirche – sich als lose Gemeinschaft verstehen und auch nur lose der ›Megísti Lávra‹ verbunden sind. Die Asketéria sind untereinander durch steinige Pfade verbunden, gerade breit genug für ein Maultier. Die Wege ersetzen ein älteres Verkehrssystem, bei dem sich die Eremiten an eine Art von behelfsmäßigen Flaschenzügen klammerten – an Seilwinden (das griechische Wort dafür ist ›Karoúlia‹) oder Ketten –, woran sie sich hinaufzogen oder herabließen, um sich gegenseitig besuchen zu können. Kleinste Terrassen haben sie dem Fels abgewonnen und mit Gemüse und einigen Reben bepflanzt. Auch eine blaue Kuppel wurde sichtbar, und mir kamen beim Blick auf die Felsennester unwillkürlich die Fresken mit der ›Himmelsleiter‹ in den Sinn. Hier muß ich erwähnen, daß man vom Landeplatz der ›Karoúlia‹ auch die kleine Siedlung KATOUNÁKIA erreichen kann, in der sich erst zu unserer Zeit vorwiegend Malermönche zusammengefunden haben. Ihre Kellía, in denen sie die alte Kunst der Ikonenmalerei pflegen und auch an junge Zöglinge weitergeben, liegen 500 m hoch in den Bergen.

Als nächstes kamen wir zur SKÍTI DER HEILIGEN ANNA, der ältesten am Hágion Óros. Schon im 11. Jh. hatten Mönche hier die ›Hesychía‹, die Seelenruhe gesucht. Ein Patriarchenerlaß, das ›Sigíllion‹ von 1689, hat später die Mönchssiedlung als Skíti der Megísti Lávra bestätigt. Sie wird idiorrhythmisch geführt wie das Hauptkloster. Die steil übereinanderliegenden Behausungen stehen durch ein seltsames Röhrennetz, eigentlich eine Vorwegnahme der ›Rohrpost‹, miteinander in Verbindung, die aus ausgehöhlten Zypressenstämmen besteht und dem ›Güteraustausch‹ dient: zum Beispiel Zwiebeln gegen Tomaten, oder was immer sich anbietet. In der Kirche, der ›Heiligen Anna‹ geweiht, wird der Fuß der Mutter Marias als ehrwürdige Reliquie verehrt. – Von hier war es nicht weit zur NÉA SKÍTI, einer stattlichen Neugründung von 1760 (idiorrhythmisch). Ihre Hauptkirche ist der ›Génesis tis Theotókou‹ geweiht. Oft hört man daher, daß von der ›*Skíti Theotókou*‹ gesprochen wird. Ihr dritter Name ›*Skíti tou Pýrgou*‹ erklärt sich aus der Nachbarschaft zu einem alten Wehrturm des Klosters Hagíou Pávlou. Es liegt etwas weiter nördlich in den Bergen und ihm ist die Mönchssiedlung auch angeschlossen. Sie macht einen recht modernen Eindruck, wie Vorstadthäuschen, teils zweigeschossig mit dazwischenliegenden Obstgärten und Pflanzungen. Der Abhang war weniger steil, und es gab da auch einen begrünten Strand. Meine amerikanischen Freunde, die einmal eine Nacht in einer Skite verbringen wollten, gingen hier an Land. Ich selbst hatte bereits einmal die Skíti der Hagías Annis, die Karoúlia und Kavsokalývia besucht. Im allgemeinen besitzen diese Mönchssiedlungen keine Kunstschätze. Man ist freundlich aufgenommen, die Unterbringung ist äußerst primitiv.

Das Boot fuhr in den Singitischen Golf hinein. Steuerbords lag in 120 m Höhe am Berg die ungeheure Festung des *Klosters Hagíou Pávlou*. Die Küste war nun bewaldet, doch immer noch schroff und zerklüftet. Im Nachhinein erschienen mir die abweisenden Geröllhänge des Vorgebirges, die riesigen ausgewaschenen Felsen wie der Alptraum einer Höllenlandschaft.

Wir tuckerten dem Kloster DIONYSÍOU (koinovítisch) entgegen, weißgetünchten Wohntrakten, vier Stockwerke hoch mit ausladenden Balkonen auf mittelalterlichen Mauersubstruktionen, überragt von einem imponierenden Festungsturm. Von dem Landeplatz aus folgten wir auf steinigem Weg dem Aeropótamos, dem ›luftigen Fluß‹, der als Wildbach durch die Felsenschlucht stürzt und so genannt wird, weil im Winter oft kalte Winde durch das Flußbett pfeifen. Leider wehte an diesem August-Nachmittag auch nicht der leiseste Hauch, doch waren wir dankbar für den Schatten, den Platanen und Walnußbäume spendeten. Terrassenförmig abgestufte Küchengärten waren von Oleanderbüschen eingefaßt, und wir bemerkten Pfirsichbäume, schwer von goldenen Früchten. Am Klostertor ist ein Brunnen mit kaltem Wasser und eine Aussichtsterrasse, von wo aus man den friedlichen Golf überblickt.

Der Felsblock, auf dem das Kloster steht, bietet keinen Raum für Erweiterungen. Zellen, Wirtschaftsräume, Lagerhäuser, Loggien und Balkone türmen sich aufeinander, ein Stockwerk überragt das andere, stützt sich vom tieferen mit hölzernen Streben ab. Die Kirche liegt auf einer oberen Terrasse etwa in Höhe des vierten Geschosses und nimmt den ganzen Raum des kleinen Hofes ein. Er ist umschlossen von Wohntrakten mit kleinen Kapellchen, der Trápeza und dem Gästehaus. Die Gründung des Klosters geht auf die Vision eines Eremiten, mit Namen Dionýsios, zurück, der sich 1366 (mit einigen gleichgesinnten Klosterbrüdern) in die nahe beim Kloster liegende Einsiedelei zurückgezogen hatte. Askese und immer entrücktere Anbetung hatten den einsamen Hesychasten die Gnade Gottes, das ›Taborlicht‹ schauen lassen. Von Nacht zu Nacht wurde die übernatürliche Flamme heller. In richtiger Auslegung dieser Botschaft bat er seinen Bruder, den Erzbischof Theodósios von Trapezunt, er möge den Kaiser Alexius III. von Trapezunt dafür gewinnen, daß er auf dem Heiligen Berg ein Kloster baue. Der Kaiser sagte dies zu. 1374 wurde mit der Anlage begonnen, die man nach dem frommen Dionýsios benannte.

Doch etwa 150 Jahre später hat ein Großbrand (1534) fast alles wieder vernichtet. Nur der noch junge kolossale Wehrturm (von 1520) bewies sich als feuersicher. Zu dieser Zeit genoß das ursprünglich von Trapezunt und Byzanz geförderte Kloster die besondere Unterstützung der Großfürsten an der Moldau. Der walachische Woiwode Johann Peter IV. Raresch (1527-1546) stiftete ein neues Katholikón (1547), und auch seine Tochter Roxandra und ihr Gemahl Großfürst Johannes Alexander IV. Lapuschneanu (1553 bis 1568), welche die Trápeza wiederherstellen und erneuern ließen (1568), traten gerade während der osmanischen Machtausweitung betont für das Gedeihen der Athosklöster ein.

Es war etwa fünf Uhr am Nachmittag, als wir in den Klosterhof traten und uns bedeutet wurde, sofort in die Trápeza zu kommen, um zusammen mit den Mönchen das Abendessen einzunehmen. Wir waren hier bei einer nach der koinovitischen Ordensregel lebenden Bruderschaft angekommen, die gemeinsam zu Tisch ging und auch den Gästen ihren Tagesrhythmus auferlegte. Wir fühlten uns bald in einem der freundlichsten und schönsten Klöster der Halbinsel aufgenommen. Man spürte den Geist des Sichversenkens und der Gemeinschaft, und die Genügsamkeit stand hier wirklich in Beziehung zur Frömmigkeit. Vor mehr als 150 Jahren hatte diese wohltätige, ja gütige Atmosphäre sogar Robert Curzon beeindruckt, der in den Schilderungen seiner ›Besuche in den Klöstern der Levante‹ sonst recht zynisch sein kann.

In der Trápeza setzte man uns zusammen mit den weltlichen Arbeitern an einen getrennten Tisch. Daß es ziemlich nach Knoblauch und Zwiebeln roch, kann ich nicht ganz verschweigen. Ein freundlicher Mönch sorgte für uns. Der schöngegliederte Raum hat eine T-Form. Der Querbalken, der offensichtlich ältere Teil, öffnet sich an der Stelle, wo der ›Stamm‹ des T sich anschließt, mit einer dreibogigen hohen Arkade. Der Abt saß am Ende des Langraumes im Dunkel der Hauptapsis. Während des Essens – einem lukullischen Mahl, bestehend aus Pilaw mit gebratenem Tintenfisch, Tomaten mit Reis und Knoblauch gefüllt, Pfirsichen, dazu Brot und herber roter Wein – bestieg ein Diakon die leuchtend bemalte Kanzel und las aus dem Menológion, einer Art Heiligenkalender, die Legende des Tages vor, indes wir den Blick über die Fresken an den Wänden gleiten ließen. Lichtbahnen drangen durch die Fenster und fielen auf grausame Szenen des Märtyrertums: abgeschlagene Köpfe mit Heiligenscheinen rollen auf den Marmorfußböden, hämische römische Legionäre schwingen blutgetränkte Schwerter, zu Tode Gefolterte, nur mit einem Lendentuch bekleidet, hängen mit dem Kopf nach unten. Nochmals wurde das

Tischgebet gesagt, und dann entfernten sich der Abt und die Mönche. Küchenhilfen räumten die Tische ab. Jetzt hatte ich Gelegenheit, die Wandbilder in Ruhe zu betrachten. Ein Kreter hat sie 1603 geschaffen. ›Das Abendmahl‹ befindet sich in der Apsis über dem Tisch des Abtes; darunter – wie auch im ganzen Raum – eine breite Zone, in der sich ganzfigurig und streng frontal, aber sehr individuell charakterisiert, die Heiligen reihen; über dem Apsisbogen die ›Verkündigung‹. An der Längswand brechen die drei übereinander verlaufenden Bildfriese plötzlich ab, und über die ganze Wandhöhe wird die ›Verstoßung des Luzifer‹ aus dem Himmel geschildert, ein herrliches Fresko, dessen Symbolik sich uns westlichen Betrachtern in ihrer Tiefsinnigkeit wohl kaum unmittelbar erschließt. Man erkennt den thronenden Christus, auch Luzifer, in der Finsternis ›auf dem Bauche liegend‹. Über seinem Flugel liest man ›Heosphóros‹, seinen griechischen Namen. Ein ›Lichtbringer‹ sollte der gefallene Erzengel sein. Zwischen Gott und Teufel das Heer der ›Asómatoi‹, der ›Körperlosen‹ (Engel), die das Medaillon mit Emanuel, dem jugendlichen Christus, vor sich tragen. In dem aufgeschlagenen Buch vor ihm ist zu lesen: »Ich sah den Satan wie einen Blitz vom Himmel fallen« – ein erschreckendes Christuswort aus dem Lukasevangelium, dessen verbildlichtem Gehalt sich die Mönche täglich gegenübersehen. – Auf dem anschließenden Wandbild begegnet man der Darstellung von der ›Himmelsleiter‹. Sie ist weit dramatischer, aber nicht unbedingt eindrucksvoller als die in der Trápeza von Chilandári und spart auf den dreißig Sprossen kaum eine Gefährdung aus, der ein armer Mensch auf seinem Weg in die Arme Christi ausgesetzt ist.

Beim Hinausgehen erst wurde ich der Vorhalle mit ihren offenen Arkaden vor dem älteren Trápezaflügel richtig gewahr. Auch sie trägt an der Rückwand großformatige und zugleich großartige Fresken (1568) – erstaunlicherweise mit apokalyptischen Szenen, zu denen die Holzschnittfolge zur Apokalypse von Lukas Cranach d. Älteren (1522), mehr noch die von Hans Holbein d. Jüngeren (1523) als Vorlagen, stilistisch freilich ins Byzantinische verwandelt, bekannt gewesen sein müssen. Die verschlungenen und historisch höchst interessanten Wege, auf denen sie zum Heiligen Berg gelangt sein könnten, versucht der Theologe Paul Huber in seinem aufschlußreichen Buch über den ›Athos‹ aufzudecken. – Die Geheime Offenbarung zählt in der Ostkirche etwa seit dem

3. Jh. nicht mehr zu den Heiligen Schriften, weil Argwohn und theologischer Streit sich an der Glaubenswürdigkeit der endzeitlichen Prophetien und gegenüber der Verheißung des unmittelbar nahenden messianischen Reiches (die man meinte, wörtlich nehmen zu müssen) entfacht hatte. Es gab daher auch keine altüberlieferten ikonographischen Maleranweisungen zu ihrer Illustration. (Erst Anfang des 18. Jhs. hat Dionýsios von Phoúrna sie in sein ›Malerhandbuch vom Berge Athos‹ mitaufgenommen). Es scheint daher sehr verständlich, daß um die Mitte des 16. Jhs. plötzlich bekannt werdende Bildvorlagen zu einem bislang nicht dargestellten Themenkreis von großem Reiz für die Maler sein mußten. Dennoch verwunderlich bleibt, daß die Visionen des Johannes gerade auf dem Athos, der orthodoxen Glaubensfeste seit dem Fall von Konstantinopel, wieder zum Gegenstand der Betrachtung werden konnten. Bis zum Beginn des 19. Jhs. war das Thema daraufhin in zehn der Großklöster aufgegriffen worden (s. S. 694). – In Dionysíou beeindruckten mich die ›Vier apokalyptischen Reiter‹, kampfesfreudig, sich ihrer Gewalt bewußt »über den vierten Teil der Erde, zu töten durch Schwert, Hunger, Pest« (Off. 6, 8); oder die Szene vom ›Sternenregen‹, zu der es in der Offenbarung (6, 12-14) heißt: »... es entstand ein großes Erdbeben, und die Sonne wurde schwarz und der ganze Mond rot wie Blut. Und die Sterne fielen vom Himmel ... Jeder Berg und jede Insel wichen von ihrem Ort.« Hier purzeln die Häuser einer Stadt wie Spielzeug durcheinander, Dächer werden in die Luft geschleudert, Türme fallen in sich zusammen. »Und die Könige der Erde ... die Reichen ... alle Sklaven und Freien verstecken sich in den Höhlen und Felsenklüften der Berge.« All dieses ist auf der gemalten Vision wirklich zu sehen.

Sodann machte ich dem Abt meine Aufwartung, für den ich das Empfehlungsschreiben eines Gelehrten der Byzantinistik aus Athen hatte. Er war ein freundlicher und gebildeter Mann, der mich zwischen vielen Büchern in seiner Zelle empfing. Der Archontáris war gerade bei ihm. Er hatte die melancholischen schwarzen Augen und die scharfen hageren Gesichtszüge jener in Kontemplation versunkenen Heiligen mit den langen Bärten, die uns von den Wänden des Refektoriums her angeblickt hatten. Wir sprachen über das Studium der Byzantinistik in England und Amerika, über moderne griechische Literatur und natürlich auch über internationale Politik. Später nahm ich an der Abendandacht in dem dunklen freskengeschmückten Katholikón teil, gefesselt von der Stimme eines jungen, noch ›bartlosen‹ Mönches, der die Psalmodien in klar schwingendem Tenor vorsang, während ehrwürdige alte Männer, von Arbeit und Krankheit gezeichnet, mit dem »Kyrie Eleison, Kyrie Eleison« (Herr erbarme Dich unser) antworteten. Dann küßten sie die heiligen Bilder, die einzige sichtbare und greifbare Offenbarung des Himmels auf Erden, schleppten sich müde hinaus und nahmen den Schleier ab, den sie während der Andacht an ihren Hüten befestigt hatten. Wir suchten nun über verwinkelte Gänge und luftig ausladende Balkone unseren Schlafraum im obersten Stock auf. Von den Fenstern aus sah man am Felsabsturz über 100 m tief hinab. Das Meer war windstill. Ich lag in meinem Bett und las bei Kerzenlicht, während der deutsche Student, der wieder mit uns zusammengetroffen war, im Halbdunkel seine Strümpfe stopfte. Aus dem angrenzenden Balkon über dem gähnenden Abgrund unterhielt sich mein griechischer Freund mit dem Gästewirt über Kirchenfragen, die durch den Wechsel der Regierung in Athen aufgeworfen worden waren.

28. August: Am Morgen sah ich mir noch einmal, begleitet vom Bibliothekar das *Katholikón* an, die Kirche des *Ioánnis Pródromos* (des Täufers). Es ist eine Dreikonchen-Anlage wie alle anderen Kirchen auf dem Athos. Sofort nach ihrer Neuerrichtung (wegen des Großbrandes von 1534) ist sie auch ausgemalt worden (1547). Die Fresken sind von harmonischer Einheitlichkeit, flüssig in der Zeichnung, lebhaft in ihrer Farbstellung. *Zórzi* ist der Maler, ein Kreter, möglicherweise von venezianischer Herkunft. Oder war er dort in der Lehre? Zórzi ist jedenfalls ein Name oder Deckname, in dem man mundartliches Venezianisch für ›Giorgio‹ erkennt. Als »bewunderswerter Maler« wird er in den Klosterakten genannt. Sein Werk ist weniger ›mönchisch‹, preist weniger die vergeistigte Weltferne als sein großer Landsmann Theophánes (s. Megísti Lávra). Dafür malt Zórzi ›italienischer‹, realer – wenn man so will. Figuren und Hintergrund wachsen zu größerer räumlicher Einheit zusammen, besonders die Szenen vor Architekturprospekten. Auf der Verlustseite steht dagegen, daß die gemilderte Strenge eine entsprechende Einbuße byzantinischer Kraft der Aussage mit sich bringt. Doch artet die Weichheit nie in Fadheit aus.

Von der Kuppel herab segnet Christus, der Pantokrator, seine Gemeinde – die ganze Menschheit. Engel auf einer grünen Wiese umgeben ihn. In den Hängezwickeln unter der Kuppel schreiben die Evangelisten ihre Botschaften zwischen rosa und blauen Schatten, umgeben von Gebetpult, Buchregalen und Leseständern. Gegenüber der ›Geburt Christi‹ (im Tonnengewölbe zur Südkonche) steht Ioánnis Pródromos, der unter sternenbesätem Himmel die ›Taufe Christi‹ mit dem Wasser des Jordans vornimmt. Auf der ›Verklärung‹ (in der Wölbung der Südapsis) ist die ätherische Gestalt Jesu auf dem Gipfel des Berges Tabor in ein fahles blaues Gewand gekleidet, umgeben vom Korallenrosa des verklärenden Scheins um ihn und einer dreifachen Aureole. Sie spiegelt die Auffassung der Hesychasten vom »ungeborenen Licht« wieder, das die drei Personen der Dreifaltigkeit ausstrahlen. Beim ›Abstieg in die Vorhölle‹ (Wölbung der Nordkonche) zeichnen sich die Hauptfiguren, Christus, Adam und Eva, stark vom Hintergrund der Vorhölle ab. Die flehenden Gebärden von Adam und Eva sind von wirksamer Dramatik. Im Tonnengewölbe zur Nordkonche befindet sich eine schöne Darstellung des ›Ungläubigen Thomas‹, eine seltsam statische Komposition. Die Leidtragenden auf dem großen Fresko vom ›Tod Mariens‹ (über dem Eingang an der Westwand) treten aus einem Nebel von Trauerfarben, dumpfem Blau, Grau und einem Malventon, heraus. Auf dem ›Verrat des Judas‹ werden »Laternen, Fackeln und Waffen« (Joh. 18, 3) von den Soldaten und Knechten, die Hohepriester und Pharisäer dem ungetreuen Jünger beigegeben hatten, hoch in die Luft gehalten. Es ist nicht ausgeschlossen, daß der Italo-Kreter Zórzi die Fresken der Arena-Kapelle in Padua gekannt hat.

In der *Bibliothek* sahen wir die berühmte *Goldene Bulle* (kaiserliche Urkunde mit Goldsiegel) des *Alexius III. Komnénos von Trapezunt*, der hierin die Gründung des Klosters im Jahre 1374 bestätigt. Auf der Papierrolle – sie ist aus sechs 38 cm breiten Streifen zu einer Länge von fast 3 m zusammengeklebt – wetteifern rot und golden eingesetzte ›Kanzlerworte‹, mit dem Blaugrün des langen Textes in kalligraphisch meisterlicher ›Reservat‹-Schrift. Unter dem Titel, der wie eine Ornamentleiste über die Rollenbreite läuft, sind »die prächtigen Farbminiaturen des Kaisers und seiner Gemahlin Theodora, welche die Stiftungsurkunde halten … Der Kirchenheilige des Klosters, Johannes der Täufer, segnet oben zwischen ihren Häuptern die fromme Tat«, wie der deutsche Byzantinist Franz Dölger sagt. Er kennt auf uns erhaltenen Kaiserurkunden kein weiteres Beispiel gleich schöner Miniaturen. – Unter den vielen und kostbaren Handschriften befindet sich ein Evangelienbuch von 1201 (Dionysíou 589). Auf dem Einband, einer emaillierten Limoges-Tafel, sind der Gekreuzigte, Maria und Johannes als goldene Reliefs eingelegt. – Eine Handschrift aus dem 13. Jh. (Kod. 33, alte Nr. 164) ist in einen Deckel gebunden, deren Innenseite mit den in Holz geschnitzten Szenen des Dodekaéorton (den zwölf großen Kirchenfesten) geziert ist. Doch unter allen Schätzen war für mich die Begegnung mit der wundertätigen Ikone der ›Panhagía des Akáthistos-Hymnos‹ am eindrücklichsten. Von ihrer Geschichte war vor dem Freskenzyklus im Kirchlein des Hl. Nikólaos Orphanós in Thessaloniki die Rede (S. 564). Das konstantinopolitanische Gnadenbild aus dem 7. Jh., eines der ältesten, zudem mit der legendären Kraft ausgestattet, Heere in die Flucht zu schlagen, muß zwar bei dem Ansturm der Lateiner auf die Hauptstadt (1204) nicht bemüht worden sein, konnte damals aber in die griechisch-byzantinische Restprovinz von Trapezunt gerettet werden. Alexios III. von Trapezunt wird es alsdann dem von ihm geförderten Athoskloster des Dionýsios zum Geschenk gemacht haben. Es hat hier den Namen ›Panhagía Myrrhovlótissa‹ bekommen, da die ehrwürdige Wachs-Ikone den Duft des beigemischten Mastixharzes (er ähnelt dem der Myrrhen) verbreitet. Seit 1786 läßt eine vergleichsweise riesige Goldeinfassung nur noch die brandgeschwärzte Gestalt der Gottesmutter mit dem zärtlich an sie geschmiegten Kind frei.

Unsere amerikanischen Freunde trafen von der Néa Skíti gerade rechtzeitig zum 9-Uhr-Mittagessen im Refektorium ein. Sie waren zwei Stunden lang auf gewundenen Pfaden durch Gestrüpp und Gebüsch hierhergewandert. Ich ging dann zum Hafen hinunter und mietete ein Kaïki, das uns für einen Tagesausflug zum Kloster Hagíou Pávlou und wieder hierher nach Dionysíou zurückbringen sollte. Während wir an der Küste entlang fuhren, schloß ich mit dem Kapitän einen Kontrakt und charterte sein Boot für die nächsten drei Tage unserer Reise, um die Klöster an der Westküste besuchen zu können, ohne jede Nacht woanders schlafen zu müssen.

Von der Schiffslände wanderten wir eine halbe Stunde in wilder und felsiger Landschaft und hatten dabei immer wieder den Gipfel des Heiligen Berges im Blick, der blendend weiß unter der gleißenden Sonne stand. Das KLOSTER HAGÍOU PÁVLOU (koinovítisch) liegt am Ausgang einer Schlucht, umgeben von unwirtlichen Steilhängen und bietet von weitem einen stolzen, abweisenden Anblick. Den Festungscharakter trägt es nicht nur gegen das Meer hin zur Schau. Auch auf der Landseite schützt sich das Kloster mit einer hohen zinnengekrönten Mauer. Vor allem hält sie die eisigen winterlichen Winde ab und im Frühjahr die Schmelzwasserbäche, die durch die Schlucht tosen. Der Zugang zum Kloster ist übersät mit Geröll und Felsblöcken, die dann mit herabgerissen werden. Später im Jahr kann man solche Wildheit der Natur kaum mehr für möglich halten. Dann duftet der Thymian, Blumen stehen am Wegrand, und im Kniegehölz nisten die Waldtauben. Im August sind es die riesigen Disteln und rosaroter Oleander, die das Auge erfreuen. Der letzte Teil des Aufstieges geht zwischen Weinspalier über einen Kiesweg. Neben dem Eingang ist eine Pergola, unter der wir rasteten und dem Kauderwelsch eines umherziehenden Laienbruders zuhörten, einem der Vielen, die die Halbinsel in der Hoffnung auf einen Freitisch und freie Unterkunft durchstreifen. Seine Glieder zitterten, als ob ihn der Schlag getroffen habe. Er fummelte in den Taschen seiner verlausten Kleidung herum und zog eine Bibel hervor, aus der er laut einige Sätze las. Dabei sah er wie zufällig zu uns auf und zwinkerte uns zu.

Innerhalb des Klosters gingen wir durch Höfe und Gänge, ohne jemand zu sehen. Endlich spürten wir den Gästewart auf. Er führte uns in ein geräumiges, sparsam möbliertes Zimmer, von wo man einen Blick auf die Steinwüste hatte. Er bot uns Pflaumenmus, Kaffee und Raki an.

Anfänglich war Hagíou Pávlou dem Kloster Xeropotámou unterstellt. Die erste Siedlung geht auf den heiligen Pávlos von Xeropotámou zurück, der Ende des 10. Jhs. sein Kloster verließ, um hier im unwegsamen Fels als Asket zu leben, bis eine überirdische Stimme ihn dazu anhielt, neben seine Höhle eine Kirche zu bauen, die er der ›Darstellung Christi im Tempel‹ (Hypapantí) weihte. Er war ein Zeitgenosse des Athanásios Lavriótis, war aus Serbien auf den Athos gekommen und hieß im weltlichen Leben Prokópios Rangavás. – Die junge Mönchsgemeinde blühte auf, vergrößerte sich im Laufe der Zeiten und löste sich 1404 als selb-

123 Athos. Das Kloster Hagíou Pávlou vor dem ›Hagion Oros‹ nach einem Stich.

ständiges Großkloster von Xeropotámou. Als einer serbischen Gründung kamen ihr im 15. Jh. die Unterstützungen erst der serbischen, dann der rumänischen Herrscher zugute. Das Katholikón, 1447 von Georg Brankovitsch gestiftet, weihten die Mönche dem ›Heiligen Georg‹, dem Namenspatron des hochherzigen Gönners. – Während des griechischen Unabhängigkeitskrieges muß sich das Serbenkloster dann besonders für die griechische Befreiung eingesetzt haben. Es wurde aufs Schlimmste von türkischen Truppen heimgesucht und lag schließlich verlassen und verödet. Seit 1840 begannen Griechen, die das Kloster übernahmen, es neu aufzubauen. Doch eine Feuersbrunst hat 1902 die Mönchsburg weitgehend zerstört. Mönchische Nachlässigkeit, die vielen hölzernen Ein- und Anbauten, Kerzen, die Tag und Nacht vor den Heiligenbildern brannten, das alles hat zum Ausbruch der verheerenden Brände beigetragen, dem so viele alte Athonitengründungen zum Opfer fielen. In Hagíou Pávlou haben nur die Kapelle des Heiligen Georg, ein Turm aus dem 16. Jh. und die große Ostmauer die Zeiten überlebt. Die anderen Gebäude sind modern, karg und zweckmäßig – vor allem aber feuersicher.

Über hölzerne Stiegen kamen wir hinauf zur *Georgskapelle*, die angeblich nahe der Felsgrotte des Heiligen Pávlos an die gegen den Berg schützende Klostermauer angebaut ist. Sie liegt erhöht, sitzt auf einem der Mönchshäuser und überragt somit die Kuppeln des Katholikón von 1844, das wieder wie die früheste Kirche der ›Darstellung Jesu im Tempel‹ geweiht ist. – Man tritt an der Südseite in den kleinen Narthex der Kapelle und erfährt auf der Inschrift an der Westwand des tonnengewölbten Langraums, daß Andrónikos Byzágios, ein sonst unbekannter Meister, sie 1423 im Auftrag eines serbischen Wohltäters ausgemalt hat. Sein Bilderschmuck zählt nach den Fresken des Protáton in Karyés (aus den Jahren um 1300) zu den ältesten Wandmalereien auf dem Athos, und sie mögen die einzigen sein, die – sieht man von den ausgebesserten Wandrissen nach einem Erdbeben ab – noch nie übermalt oder restauriert wurden. Frische und Leuchtkraft, Zartheit, Tonreichtum und Transparenz der Farben lassen sich gut mit einigen der besten Malereien in Mistra vergleichen.

In dem gut überschaubaren Raum fällt es nicht schwer, sich vor den Szenen aus dem Leben Christi und dem der Gottesmutter (an der Westwand) zurechtzufinden. Mir zeigte sich besonders auf der ›Verklärung‹, obgleich als Komposition etwas linkisch, die Geschicklichkeit und Sicherheit des Malers beim Mischen nichtprimärer Farben. Christus steht übergroß im dreifachen Strahlenkranz der Hesychasten auf dem Gipfel des rötlichvioletten und bernsteinfarbenen Taborfelsens; neben ihm Moses, olivfarben und gelb gewandet, und Elias in Grau und eisigem Blau; darunter klein, erschreckt und staunend die Schar der Jünger. – In der mittleren Wandzone reihen sich Medaillons mit den Brustbildern der Engel, Propheten und Heiligen aneinander. Ein jedes muß durch die individuelle Charakterisierung Bewunderung erwecken. Gleiches gilt vom Fries der ganzfigurigen Gestalten, der in Augenhöhe die Wände deckt. Man achte auf die sich umarmenden Heiligen Petrus und Paulus neben der Tür zum Narthex; oder im Narthex selbst auf den zarten hingegebenen Ausdruck des Heiligen Pachómios, den der Engel anspricht; und auf die ikonographisch strenge Fassung der Mutter des Gottessohnes als ›Lebensspendender Quell‹; ›der Weise Salomon‹ – so nennt ihn die Inschrift über seinem Kopf – deutet auf dies Geheimnis des Glaubens.

An Kostbarkeiten sind dem Kloster in den ersten Jahrzehnten des 13. Jhs. *drei hervorragende Gegenstände* der Kleinkunst zugewachsen:

ein *einteiliger Feldaltar*. Dargestellt ist die ›Deësis‹. Die mittlere Metallplatte zeigt in Niellotechnik und Email Christus mit der Weltkugel in seiner Linken. Auf dem umlaufenden, in Perlbänder gefaßten Pergamentstreifen erscheinen in Miniaturmalerei Maria, Johannes und zwei Erzengel. Ein breiter Silberrahmen trug 14 Niello-Email-Medaillons mit den Jüngern Christi. Nicht alle Plättchen sind erhalten.

ein *zweiflügeliger Feldaltar*. Reliefplatten und Pergament-Miniaturen bebildern den 12-Feste-Zyklus, verbunden und gerahmt durch Rautenfelder mit vier Engeln, vier Evangelistensymbolen und Heiligen.

ein *Tragekreuz*. Der Silberbeschlag um den Holzkern läßt Bildfelder für die Pergament-Miniaturen frei, die unter schützenden Kristallplättchen eingelassen sind. Auf seinem bronzenen Fuß ist das Kreuz über 90 cm hoch.

Diese Cimelien sind keine rein byzantinischen Arbeiten, setzen sich vielmehr aus Teilstücken zusammen, die Einflüsse oder auch ihre Herkunft von Venedig und aus Flandern verraten. Kunstgelehrte haben herausgefunden, daß sich die Wege im Abendland recht genau verfolgen lassen, da Konstantinopel zu Beginn des 13. Jhs. in den Händen der Lateiner war. – Erwähnt sei auch noch eine recht einmalige, sehr liebenswürdige Reliquie: Mára, die Tochter von Georg Brankovitsch, war an Sultan Murad II. (1421-1451) verheiratet worden, weil man glaubte, sie könne den Eroberungsdrang des Osmanenherrschers beschwichtigen und damit Konstantinopel retten – diese unglückliche Mára schenkte dem Kloster die *Myrrhen des einen der Heiligen Drei Könige*, befestigt an drei Amuletten mit verspielter Golddraht-Zierde.

Wir gingen zurück zum Arsanás, der Schiffllände. Es war brütend heiß, Eidechsen huschten durch das sonnenversengte Gebüsch. An einem Uferstreifen badeten wir in, wie man sagt, von Haien heimgesuchtem Wasser. Vor hunderten von Jahren beobachteten die Insassen des Klosters Dionysíou von ihren hochgelegenen Balkonen aus, wie ein Hai, der einen Mönch verschlingen wollte, um seine Beute kam. Der fromme Mann, der es regelwidrig gewagt hatte, unten in der Grotte ein Bad zu nehmen, streckte erschreckt seine Arme seitwärts und gab damit seinem Körper die Form des Kreuzes, worauf der Raubfisch von ihm abließ. Die frommen Mönche sahen das Wunder, doch war dem Hai die Beute wahrscheinlich einfach zu sperrig. Dieses Mal verunsicherte keines der Ungeheuer das durchsichtige Wasser. Die Felsen, die sich steil über uns türmten, waren horizontal geschichtet und leuchteten rot- bis schwarzbraun, bernsteinfarben, olivgrün und rosa. Die Natur, so schien es, hatte sich der gleichen Palette bedient, wie der Maler in der Kapelle des Heiligen Georg.

Wir kamen nicht rechtzeitig zum 5-Uhr-Abendessen ins Refektorium von Dionysíou. So begnügten wir uns später mit Büchsenkost, Tomaten, Pfirsichen und Wein, den uns der Gästewart zusätzlich reichte. Dabei saßen wir in einem kleinen Zimmer, von dem man die Schlucht überschaute, in der angeblich zur Nachtzeit die Dämonen heulen. – Es war der Vorabend zum Fest ›Mariä Himmelfahrt‹, und der junge Psalmensänger, dessen Stimme in der vergangenen Nacht auf uns einen so großen Eindruck gemacht hatte, wanderte durch das wie am Himmel hängende Kloster und schlug das Símantron mit einem kleinen Hammer. Der schwingende Ton kam als Echo von allen Balkonen wieder, die den Klosterhof mit der Kirche umschlossen. Das Katholikón war jetzt für die frommen Väter ein Abglanz des himmlischen Königreiches, in das die verehrte Gottesmutter von Engeln emporgetragen wurde. Ein strenger Geruch von Weihrauch umgab uns. Der Gottesdienst währte ohne Unterbrechung die ganze Nacht hindurch. Wir gingen mehrmals in die Kirche. Einige der matten und hungrigen Mönche, die seit vierzehn Tagen weder Fisch noch Öl, noch Oliven gegessen hatten, schliefen auf ihre Stöcke gestützt. Andere niesten, wenn ein Diakon ihnen den Weihrauch unter die Nase schwang. Es ging nicht formell zu. Die Tatsache, daß es in den orthodoxen Kirchen keine Bänke, kaum Kirchenstühle gibt, bringt es mit sich, daß Priester und Gemeinde sich völlig unbefangen bewegen. Die ›Holonychtía‹, die ›ganznächtige‹ Feier dauerte Stunden um Stunden. Die Antiphone zwischen den ›Sängern zur Rechten‹ und den ›Sängern zur Linken‹ unterbrach ab und zu die helle Stimme des jungen Sängers mit einer jener wundervollen Hymnen aus dem Schatz der Ostkirche.

29. August: Früh am Morgen fuhren wir mit unserem gecharterten Kaïki nordwärts zum koinovítischen griechischen Kloster GRIGORÍOU. Es liegt auf einer ins Meer vorstoßenden Felsklippe und erhebt sich mit seinen Wehrmauern und den darauf überkragenden Wohntrakten nur etwa 10 m über dem Wasserspiegel. Ein zerfallener Turm und welke Palmwipfel überragen die Klosterbauten.

Wir wurden vom Abt empfangen, der, nachdem er mich wegen der perfiden britischen Politik auf Zypern abgekanzelt hatte, uns zu einem wenig eindrucksvollen Refektorium führte. Dort aßen wir um 9 Uhr mit allen Mönchen getrockneten Stockfisch, gebraten in dem ranzigsten Öl, das ich je gekostet habe; mit essigsauerem Wein konnten wir ihn gerade noch hinunterspülen. Wir taten unser Bestes, um die aufsteigende Übelkeit zu bekämpfen, indem wir auf einem luftigen Balkon vor himmelblau gestrichenen Mauern einen Schluck Kaffee aus unseren Thermosflaschen tranken. Hier bot sich nach Süden eine großartige Aussicht auf die zerklüftete Steilküste und auf den Athos-Gipfel, über dem sich gerade eine dichte Wolkenbank niederließ.

Das Kloster hat gegen Ende des 13. Jhs. ein Mönch vom Berge Sinai gegründet, Grigórios mit Namen, den man als überzeugten Hesychasten, als Anhänger der mystischen Lehre von der Schaubarkeit des ›Taborlichtes‹, der Erfahrbarkeit der Gnade Gottes, im Katharinen-Kloster nicht dulden wollte. Er ist 91jährig auf dem Athos gestorben (1346) ohne das gute Ende der Auseinandersetzungen im Hesychastenstreit (1341-1351) noch zu erleben. – Im 15. und 16. Jh. konnte sich das Kloster, vorwiegend durch den Schutz und die Schenkungen rumänischer Fürsten, unter den Großklöstern behaupten. Es gehörte wohl nie zu den ganz reichen. Eine Feuersbrunst zerstörte es im Jahre 1761. Etwa 20 Jahre später war es wieder neu erstanden, die Gebäude alle aus dem vorigen Jahrhundert. Das Äußere der *Kirche des Heiligen Nikólaos* ist recht farbig: blau die Wände und karminrot die Laternen unter den bleiverkleideten Kuppeln. Die Fresken im Inneren, 1779 fertiggestellt, sind ohne Eigenart. Im Naos (Hauptraum) befindet sich eine verehrte *Ikone der Galaktotrophoúsa*, der ›milchnährenden‹ Gottesmutter. Sie soll um die Mitte des 15. Jhs. entstanden sein. Der Typus der stillenden Maria ist im Umkreis der Ostkirche selten dargestellt worden. Auf dem Athos begegnet man ihm nur in Grigoríou.

Am späteren Vormittag fuhren wir nordwärts unterhalb des Klosters von SÍMONOS PÉTRA ›Fels des Simon‹ (koinovitisch) vorbei. Gegründet von einem Eremiten Simon, den ein Stern zu dem wilden ausgesetzten Ort leitete, wo er dann das Kloster mit serbo-rumänischer Unterstützung errichtete. Im Jahre 1264 wurde es erstmals urkundlich genannt. Sieben Stockwerke setzen 210 m über dem Meer die Substruktions- und Wehrmauer nach oben fort, doppelt so hoch aufstrebend wie die von Dionysíou. Schmale Holzgalerien, einheitlich durchlaufend vor jedem der Geschosse erinnern mit ihren Stützen und Geländern aus dünnem Kieferngestänge an die luftigen Bambusgerüste des Fernen Ostens. Schreckliche Brände haben gerade diesen Felsenhorst mehrfach im Lauf der Jahrhunderte heimgesucht. Trotz reicher, vorwiegend rumänischer Schenkungen ist es im 18. Jh. völlig verarmt und war während des griechischen Freiheitskrieges (1821-30) zeitweise türkische Garnison. Nach der letzten Brandkatastrophe von 1891 wurde das Kloster auf Grund der alten Pläne völlig neu, doch weniger brandgefährdet, errichtet. Das neue Katholikón ist 1893 der ›Geburt Christi‹ geweiht worden.

Von der Schiffsländе muß man eine Stunde im Zickzack am fast senkrechten Hang zum Kloster aufsteigen. Vom Ufer aus wirkt die Anlage weniger schroff, doch die Fassade von Símonos Pétra ist wohl die imposanteste auf der ganzen Landzunge. Ein gewagter Aquädukt auf doppelten Stützen verbindet die Mönchsfestung mit dem dahinterliegenden Berghang. Man kann ziemlich sicher sein, daß die Erbauer im 14. Jh. keine Schwindelgefühle kannten. Ansonsten bietet das Kloster wenig, wenn man den herrlichen Blick aus der Vogelperspektive über die Halbinsel und den Golf ausnimmt. Selbst die wertvollen, teils sehr frühen Handschriften, an anderen Orten meist von den Flammen verschont, gingen 1891 im letzten Feuersturm unter.

Wir liefen in den Hafen von Dáphni ein, dem Ausgangspunkt unserer Reise, gerade rechtzeitig zu einem verspäteten Mittagessen in der Taverne, und fuhren dann dicht unter der Küste weiter. Wir hatten ihren Verlauf schon vor einer Woche, von Ouranópolis kommend, zum ersten Mal in uns aufgenommen. Diesmal bedeckte sich der Himmel, und wir erreichten den Anlegeplatz von Panteleïmonos, als die ersten Regentropfen auf das öligträge Meer fielen. Eine bequeme Rampe führt vom Ufer zwischen den lang hingestreckten Vorratshäusern und Holzfällerhütten in eine phantastische russische Stadt, die mich für einen Augenblick wie eine Dekoration von Bakst für ein Diaghilew-Ballett anmutete.

124 Athos. Das Kloster Símonos Pétra an der Westküste. Holzstich nach einer Zeichnung von Robert Curzon.

Das Kloster des Heiligen PANTELEÍMON, gewöhnlich ›Rossikón‹, das Russische, genannt (koinovítisch), ist eine bemerkenswerte Gründung mit langer wechselvoller Geschichte. Doch nicht die alte Vergangenheit zieht einen in ihren Bann. Es gibt auch keine Festungsmauern, keine Wehrtürme. Eher fühlt man sich in einem Residenzstädtchen zu Ende des 19. Jhs. Inmitten der ägäischen Landschaft, inmitten von Zypressen und Olivenhainen kommt man in eine weitläufige russische Enklave mit (ehemals) gepflegten Wegen und Plätzchen, vielen Kirchen, noch mehr Kapellen, zahllosen Kuppeln – auch in der russischen Zwiebelform – und überall goldenen Kreuzen auf den grünen und roten Dächern. In den respektablen Bauten lebten damals an die 2000 Mönche. Dank reicher Zuwendungen der Zaren und Spenden von Tausenden von Pilgern konnte sich die Mönchsstadt in einer Großzügigkeit, ja in einem Glanze entfalten, der zwar allerorten noch spürbar ist, doch seit den letzten Jahrzehnten unseres Jahrhunderts fast erloschen ist.

Die ersten russischen Mönche waren schon im 11. Jh. zum Athos gekommen und hatten an der Ostküste die *Skíti Xylourgoú* (heute Skíti Bogoróditza) durch den Kaiser Aléxios I. Komnénos (1081-1118) zugesprochen bekommen. Bald wurde sie zu klein, und die Versammlung der Athos-Äbte überließ den Russen im 12. Jh. das verlassene griechische Kloster Panteleímonos an der Westküste. Hier fiel im Jahre 1309 die Katalanische Kompanie ein, plünderte und verwüstete alles. Kaiser Andronikos II. Palaiologos (1282-1328), vor allem aber Stephan Duschan, ›Zar der Serben und Griechen‹ (1331-1355), unterstützten machtvoll den Wiederaufbau. Seit dem 16. Jh. hinderten dann wachsende politische Spannungen zwischen den Sultanen und den Zaren den Fortbestand des Klosters immer nachhaltiger, so daß 1755 kein Russe mehr dort lebte. Panteleímonos ging wieder an griechische Mönche über, doch auch sie waren arm und während der Türkenzeit ohne wirksame Hilfe. Im Jahre 1840 übernahmen wieder russische Mönche das verschuldete Kloster. Rußland, die europäische Großmacht, beim Kampf um die griechische Freiheit auf der Seite der Hellenen, verhalf ihm nun zu rasch aufblühender Größe, zu seiner bedeutendsten Zeit. Nicht nur ausreichende Geldmittel haben dies bewirkt. Der Zustrom frommer Männer war so groß, daß um 1900 mehr russische als griechische Mönche auf dem Athos lebten. Im Vergleich zu dem im Schwinden begriffenen Mönchsstand in unseren Tagen – eine allgemeine Zeiterscheinung, bei der ethnische Herkunft oder politische Verhältnisse in den einzelnen Ländern jetzt kaum mehr *entscheidend* ins Gewicht fallen – verblüffen einige Zahlen aus dem Jahr 1900. Auf dem ganzen Athos lebten damals 3496 russische und 3276 griechische Mönche. Die Zahlen müssen sprunghaft gewachsen sein, denn 1910 werden zusammen mit den kleinen Gruppen der Bulgaren, Rumänen, Serben und Georgiern etwa 9800 Klosterbrüder verzeichnet. Die slawischen Mönche besaßen jetzt den gleichen Einfluß in der klösterlichen Verwaltung wie die Griechen. Es war der Höhepunkt der Verbindung zwischen der byzantinischen und der slawischen Welt, die schon tausend Jahre vorher begonnen hatte, als die Heiligen Kýrillos und Methódios von Konstantinopel aus in die Lande zogen, um die ersten Slawen zum Christentum zu bekehren. Aber nach dem Jahre 1917 fanden nur noch wenige Novizen ihren Weg nach Pantẹleïmonos. Kaum drei Dutzend Mönche, breitgesichtige russische Bauern, sind jetzt noch da und schleppen sich nun in ihren letzten Altersjahren durch diese verfallende Klosterstadt des 19. Jhs.

Kurz nach unserem Besuch soll im Oktober 1968 nun auch noch ein Feuersturm in den leeren, für die kleine Schar frommer Männer zu groß gewordenen Bauten gewütet, den ganzen Gästetrakt und den Flügel mit dem großen Empfangssaal zerstört haben, und ich staune und bewundere, daß die gebrechlichen alten Väter noch ihre einmaligen Schätze an wertvollen Pergamenthandschriften (aus dem 9.-15. Jh.) aus der brennenden Bibliothek retten konnten – darunter die unter Theologen wie Geschichtswissenschaftlern berühmten *Homilien des Gregórios von Nazianz*, des Theologen, der sich im 4. Jh. in seinen Predigten (Homilien) mit dem antiken Götterglauben und den Mysterienkulturen auseinandersetzte. Den Text, in einer Kopie des 11. Jhs., begleiten mythologische Miniaturen (Kod. Panteleïmonos 6). – Der heutige Pilger wird sich also einem wohl noch trostloseren Anblick gegenüberfinden als dem der Verlassenheit und Leere, der sich uns bedrückend aufs Gemüt legte. Umso eher folge ich hier meinen Aufzeichnungen, die womöglich die Erinnerung an bereits Entschwundenes wachhalten könnten.

Unter dem bleiernen Himmel trugen wir unser Gepäck auf geebneten schmalen Straßen an verlassenen, mit Flechten bedeckten

Kapellen vorbei, bis wir einen großen, unregelmäßigen Hof erreichten. Dort trafen wir auf den ersten Menschen seit unserer Landung, einen alten Mönch mit einem verfilzten roten Bart, breiten Backenknochen und hellen Augen. Zum Boden gebeugt, blickte er besorgt umher, während er eine Schar von Enten mit Brotkrumen fütterte. »Armer Dostojewski«, murmelte einer meiner amerikanischen Freunde. Wir sprachen den Mönch auf Griechisch an. Er antwortete in russischer Sprache, doch schien er zu verstehen, was wir wollten. Er verwahrte die Brotkrumen in einer kleinen Grube, ging schwerfällig weg und kam nach wenigen Minuten mit dem Gästewart wieder, einem Holzfäller von Beruf, der in seiner Brummigkeit – das war uns bald klar – eben nicht freundlicher sein konnte. Wir staunten vielmehr, wie er sein Gemüt an diesem Ort des Verfalls und Dahinsterbens gesund erhalten konnte. Unseren ›Pater Dostojewski‹ überließen wir seiner entenfütternden Tätigkeit und folgten dem Holzfäller durch einen düsteren Gang. Er brachte uns Kaffee und Raki in einem mit Jalousien abgedunkelten Salon, möbliert mit abgeschabten Ledersesseln und Sofas, über die man Schutzhüllen gebreitet hatte. Photographien des Zaren, der Zarin und des Zarewitsch sowie der verwandten Potentaten (Eduard VII. und der deutsche Kaiser) hingen an den Wänden.

Der drohende Regen kam nicht. Sonnenbahnen stachen durch die Wolkendecke, ließen goldene Kreuze auf roten und grünen Kuppeln erglänzen, den Schiefer auf den Dächern silbrig blitzen, während wir über den plattenbelegten Hof gingen, Treppen mit verzierten Geländern hinauf und hinunter stiegen, vorbei an Baumspalieren und kümmerlichen Blumenbeeten, über die matte Palmen ihren Schatten warfen. Wir sahen einen Brunnen, wunderten uns hier vor einer der kleineren Kirchen über einen klassizistischen Portikus, dessen Giebelfeld vier Säulen mit korinthischem Kapitell abstützten und über Füllhörner auf den Seitenrampen, aus denen Farnwedel hingen. Es hätte mich kaum erstaunt, wenn wir auch noch auf ein kleines Bosquett mit Hermesstatue oder einem Erosknaben gestoßen wären. Statt dessen standen wir dann doch vor der *Kirche des Heiligen Panteleímon,* des als Heiliger und Märtyrer verehrten Arztes am Hof zu Nikomédia in Bithynien, der sich zum Christentum bekehrte und bekannte und unter Diokletian (286-305) grausam zu Tode gepeinigt worden ist. Die Hauptkirche – die ältere der beiden, die es hier gibt – ist in der athonitischen Kreuzform erbaut und birgt im Innern eine Menge Gold und Vergoldetes. Die Fresken würde man sich gut als Vorlagen zur Illustration einer um 1910 erschienenen Kinderbibel vorstellen können. Der Gottesdienst wird in russischer und griechischer Sprache gehalten, und der Chorgesang der russischen Mönche war einst weit über den Berg Athos hinaus berühmt. Im Hof, quer der Kirche gegenüber, liegt die riesige *Trápeza* (1892), groß genug, um dort jeweils fünfhundert Mönche oder Pilger zu beköstigen. Es ist eine mehrschiffige Halle, von Tonnengewölben überdeckt, und mit einer Apsis am westlichen Ende. Recht fremdartig nimmt sich in dieser Umgebung der Glockenturm aus. Dreistufig abgesetzt, mit einer hohen lindgrünen Spitze, überragt er fast alle Bauten.

Das *neue Katholikón* erhebt sich seit 1888 ziemlich pompös auf einer der obersten Geländeterrassen. Es ist ein recht phantastisches Bauwerk, vereinigt zwei Kirchenschiffe unter seinem Dach, besitzt zwei Hauptaltäre und auch zwei mit echtem Blattgold belegte Ikonostasen. Im einen Kirchenflügel wird die *Hagía Sképi*, der ›Heilige Mantel‹ der Gottesmutter – wir würden sagen: Maria als Schutzmantelmadonna – verehrt; der andere Flügel ist dem *Heiligen Alexander Newskij*, einem Nationalheiligen der Russen, Großfürst im 13. Jh., geweiht. Die Kirche mit ihren beiden Flügeln ist groß genug, um 2000 Gläubige, Mönche und Pilger, aufzunehmen. Der ehrwürdigste Gegenstand im goldflimmernden Raum ist die *Tausendjährige Ikone*, das wundertätige Gnadenbild des Heiligen Panteleïmon, das die Russen seit ihrem Fußfassen in der Skíti Xylourgoú an der Ostküste im Jahre 1030 durch alle Fährnisse auf dem Athos begleitet hat. Wie so viele der besonders verehrten Ikonen verbirgt auch diese sich bis auf die freigelassenen Gesichter unter einem schützenden Goldblech.

Wir sahen uns dann in der offiziellen Empfangshalle des Gästehauses, dem *Romanow-Saal* um (den die jüngste Brandkatastrophe auch vernichtet haben soll). An den Wänden hingen goldgerahmt die Bilder von den Zaren, anderen Fürstlichkeiten, von Rasputin und berühmten Äbten. Deckchen lagen auf den kleinen Tischen da und dort, und die Stühle, auf denen einst die Würdenträger aus Moskau, Kiew, Nowgorod und St. Petersburg saßen, waren längs der Wände aufgereiht.

Obwohl sich das Kloster der koinovítischen Ordensregel unterstellt, wird das Essen nicht mehr im Refektorium gereicht. Wir speisten bei Kerzenlicht in der Küche des Gästehauses, übergaben unserem liebenswerten Archontáris, der zugleich der Koch war, die Spaghetti, sowie holländische Büchsenbutter, die wir am Morgen in Dáphni gekauft hatten, bereiteten noch eine Tomatensoße mit gehackten Zwiebeln, und zum Trinken gab es herben Rotwein. Es war das beste Mahl, das wir seit einer Woche genossen hatten. Nach dem Abendessen wanderten wir noch ein wenig durch die leeren Höfe und beobachteten das Wetterleuchten am südlichen Himmel über dem Heiligen Berg. Als ich dann in einem dunklen Gang stolperte, hörte ich die aufgeschreckten Mäuse davonhuschen, es raschelte und rieselte in den Mauerrissen, und überall knarrte und ächzte es im Gebälk. Kein anderes Kloster auf dem Athosberg hat eine solch spukhafte Atmosphäre.

30. August: Früh am Morgen wanderte ich fast zwei Stunden lang im Schatten von Ölbäumen und Zypressen zum koinovítischen Griechenkloster XENOPHÓNTOS, das sich unmittelbar vom Ufer ausgehend in einen Taleinschnitt hineinzieht. Hier wieder starke Mauern, ein quadratischer Wehrturm und eine zweigeschossige Kette von Kellien, die auf den Stützbögen der Mauern aufsitzen. Es ist ein friedlicher Flecken, umgeben von grünen Hügeln. Eine Eselkarawane wand sich, mit Holz bepackt, durch das Gebüsch zu einem Kaïki, das am Landesteg festgemacht hatte. Xenophóntos wurde im frühen 11. Jh. von einem frommen byzantinischen Adeligen namens Xenophon gegründet und erfreute sich des Schutzes und der Schenkungen der byzantinischen Kaiser, hatte aber auch wie kaum ein anderes zur Zeit des Michael VIII. Palaiologos (1259 bis 1282) unter den Auswirkungen von dessen Bündnispolitik mit dem Westen, welche den Primat des Papstes über die Ostkirche (Konzil von Lyon 1274) mit einschloß, zu leiden, weil es sich hierin leidenschaftlich den kaiserlichen Anordnungen widersetzte. Nach Plünderungen und Brandschatzung konnte es sich während des 14. Jhs. wieder erholen und hat dann in den Jahrhunderten nach dem Sieg der Türken über Byzanz die Hilfe von Wohltätern aus dem Balkan erfahren. So ließ im 16. Jh. ein Fürst der Ungaro-Walachei das Kloster wieder erneuern. Aber um die Mitte des 18. Jhs. war es dennoch fast ausgestorben; der Übergang zur Idiorrhythmie mag den Niedergang mitbewirkt haben. Ein neuer

Aufschwung jedenfalls erfolgte, nachdem sich das Kloster unter einem tüchtigen Abt wieder der koinovítischen Regel unterwarf.

Stufen führen im trapezförmig umbauten Hof zum alten *Katholikón*, dem Erzmärtyrer Hagios Geórgios, Schutzpatron von Xenophóntos, geweiht. Zwischen 1544-1563 hat es der genannte ungaro-walachische Fürst restaurieren und den Kuppelraum (1545) wie die Líti (1563) mit Fresken ausschmücken lassen. Zwei Maler der Kretischen Schule haben sie geschaffen. Einer hieß Theophánes, ein Namensbruder des sehr viel bedeutenderen Theophánes, der in Megísti Lávra wirkte. Seine Malereien lassen irgendwie kalt, sind unangenehm streng, ein Eindruck, der sich leicht einstellt, sobald die ›Kreter‹ nicht mehr als braves handwerkliches Können zeigen. Der andere Maler dagegen, Antonios, ist kühn und ursprünglich – und sein Werk in Xenophóntos sei als Zeugnis für die Kretische Schule »das Eindrucksvollste auf dem Berg Athos« meint David Talbot-Rice, der große Kenner der byzantinischen Kunstentwicklung. Man betrachte zum Beispiel die großartige Komposition der ›Koimesis‹ im Naos über der Eingangstür, achte auf die ruhevolle Zone in der Bildmitte um die Gottesmutter auf ihrem großflächigen horizontalen Lager, und um die dahinter stehende, sehr aufrechte Christusgestalt in der Mandorla. Umso bewegter stellt sich der Schmerz bei der lebhaft erregten, in keinerlei Gruppen zu fassenden Schar der Leidtragenden dar. Die wirbelnden Faltenkaskaden, weiß gehöht, und die verschobene Rhythmik der Stoffmuster sind ebenfalls Ausdruck der tiefen Fassungslosigkeit. Die zwölf Apostel, die man unter den Trauernden eigentlich an bevorzugter Stelle erwarten müßte, fanden hier zwischen den Heiligen, den Patriarchen und Kaisern keinen Platz und blicken daher in Wattewolkenkränzchen aus dem Himmel hernieder. – Oder die Szene vom ›Einzug in Jerusalem‹. Sie hat etwas vom Anspruch des Unbedingten, verzichtet, was selten vorkommt, auf erzählende oder architektonische Details. Die Bildkonzeption des Antonios wirkt hier gehemmt, unbeholfen, doch wie viele Maler der Kretischen Schule besitzt er eine bemerkenswerte Virtuosität in der Farbgebung. Die Heftigkeit der Kontraste ist oft sehr ungewöhnlich, so, wenn er statt eines indigoblauen Himmels einen pechschwarzen Hintergrund für seine bevorzugten Farbtöne Siena-, Korallen- und Weinrot verwendet. – Der olivgrüne Körper Christi auf der ›Beweinung‹ betont den Schmerz und das Entsetzen, und die braungelbe Färbung von Sonne und Mond (ohne jede Spur von Weiß) auf der ›Kreuzigung‹ deutet auf die Kosmische Erschütterung, als sich zwischen der sechsten und neunten Stunde Finsternis über die Erde senkte. Hier kann man deutlicher als anderswo auf dem Berg Athos, die Herkunft einer Explosion von Leuchtkraft und von dramatischem Ausdrucksvermögen erkennen, die in den Meisterwerken des El Greco ein halbes Jahrhundert später alle Welt in Erstaunen setzen sollten.

Im Kloster Dionysíou hatten wir auf dem Athos die erste Folge von Wandbildern zur *Geheimen Offenbarung* des Johannes gesehen. Hier begegneten wir ihnen erneut im Exonarthex, der hier unmittelbar an die Trápeza anschließt. Die Fresken scheinen, auf der fast 100 Jahre älteren Fassung in Dionysíou zu fußen; sie sind etwa um 1650 entstanden.

Als Xenophóntos, im 18. Jh. wieder erstarkt, aufblühte, fand man die Georgskirche zu klein. Anfang des 19. Jhs. wurde eine neue gebaut und ebenfalls dem Heiligen Georg geweiht. Sie hat keine Fresken, zeigt sich statt dessen in sehr viel kälterer Marmorpracht. Aber sie bewahrt zwei herrliche Mosaiktafeln des 12. Jhs. (in den Ausmaßen von 120 x 52 cm; ursprünglich wohl Wandmosaiken). Die beiden Märtyrer Demétrios und Geórgios sind dargestellt als junge Männer von Adel und in absoluter Hingabe an Christus, der jeweils in der oberen Bildecke als der sie Segnende erscheint. Die Wallfahrten frommer Pilger aber gelten zwei anderen Bildern: der wundertätigen Ikone, der Panhagía Hodigítria von Xenophóntos und der des Heiligen Georg. – Die *Ikone der Hodigítria*, am Nordostpfeiler des Katholikóns, ist eine alte Kopie des sehr viel älteren Marienbildes, das aus Antiochia über Jerusalem bereits im 5. Jh. nach Konstantinopel gekommen war. Der ikonographische Typus der ›Hodigítria‹ zeigt die ›Wegweisende‹, die ›Führerin‹, in strenger sehr aufrechter Haltung mit dem Jesuskind auf dem Arm. Von den Kaisern wie vom Volk gleicherweise hochverehrt, sah man in dem Gnadenbild bald das *Palládion*, das ›Schutzbild‹ der Stadt. Man trug es gläubig dem Feind entgegen, und es hat während langer Jahrhunderte Bedrohungen und Gefahren mit wunderwirkender Kraft von den Byzantinern abgewendet. Aber den entscheidenden Strom auf die Stadt hat es nicht verhindern können und ist am 29. Mai 1453, dem Tag da Byzanz den Eroberern erlag, von den Säbelhieben der Janitscharen zerstückelt worden.

Geheimnisvollerweise zeigte sich, daß auf die besten der ungezählten Nachbildungen, die es von der ›Hodigítria‹ gab, und von der es zudem hieß, der Heilige Lukas selber habe dieses Marienbild gemalt – es zeigte sich, daß auf diese besonderen Ikonen die überirdischen Kräfte der Ur-Ikone übergegangen waren. Man kann eigentlich angesichts der Verehrung und der vielen Votivgaben frommer Bittender nicht zweifeln, daß die ›Hodigítria von Xenophóntos‹, eines dieser besonderen Bilder ist. – Zur *Ikone des Heiligen Georg:* als ich zwischen verschachtelten Bauten zur Bucht hinunterging, sah ich rieselndes Wasser durch Kieselsteine sickern. Dies, war mir gesagt worden, sei die Stelle, wo eine Ikone des Heiligen Georg (die jetzt an der Südostsäule der neuen Kirche hängt) vor Jahrhunderten von den Mönchen gefunden wurde. Sie war an fernem Gestade von Bilderstürmern rauh mißhandelt worden, blutete aus einem Spalt der Holzplatte und man hatte sie entsetzt ins Meer geworfen. Monate später wurde das Bild auf den Strand von Xenophóntos gespült, worauf eine Quelle, deren Wasser, wie man sagt, reinigende Wirkung hat, hervorsprudelte.

Am Bootssteg fand ich unser Kaïki mit meinen Freunden, die von Hg. Panteleïmon gekommen waren. Die letzte Etappe unserer Reise unternahmen wir wiederum gemeinsam und gingen nach einer Viertelstunde an der Schiffslände des idiorrhythmischen Klosters DOCHIARÍOU vor Anker. Olivenhaine, durchsetzt von Zypressen und Pinien, ziehen sich über die sanften Hügel hinter dem Kloster. Nach dem nächtlichen Regen verdunstete jetzt die Feuchtigkeit, und ein würziger Harzgeruch wehte über das Wasser. Vom Meere aus erscheint Dochiaríou als eine der schönsten, architektonisch sehr reizvoll zusammengewachsenen Klosterburgen auf der Halbinsel, die unmittelbar hinter den Hafenhäusern ansteigt. Durch das mit Fresken verzierte Portal führt der Weg in ein Labyrinth von kühlen und schattigen, freskengeschmückten Gängen zu einem kleinen Innenhof, in dem Katholikón, Trápeza und Phiáli gerade ihren Platz finden. Die dahinterliegenden Klostergebäude breiten sich zwangloser über Hangterrassen und umschließen einen geräumigeren äußeren Hof. Granatapfelbäume wachsen im Schatten der Mauern, an denen blühende Kletterpflanzen ranken.

Die Mönche sagen, die erste Siedlung sei von dem Heiligen Euthýmios gegründet worden (976), dem Dochiários (Verwalter der klösterlichen Einkünfte und Liegenschaften) von Meghísti

Lávra und persönlichen Freund des Heiligen Athanásios. In den historischen Quellen wird Dochiaríou 1030 zum ersten Mal als Kloster erwähnt. Das Katholikón war den Erzengeln geweiht – den wackersten aller Heiligen, die den Athosmönchen beistanden, als die sarazenischen Piraten die Küste der Chalkidike verheerten. Von Beginn an erfreute sich die Gründung kaiserlicher Gunst und genoß später die Wohltaten der moldau-walachischen Woiwóden. Es waren im wesentlichen die selben Gönner – Peter IV. Raresch, seine Tochter Roxandra und ihr Gemahl, der Großfürst Johann Alexander IV. Lapuschneanu –, deren Initiative zur gleichen Zeit auch dem Großkloster Dionysíou aus Verarmung und Verfall zu neuer Blüte verhalf. In Dochiaríou konnte 1547 eine Trápeza und 1568 eine neue große Hauptkirche eingeweiht werden.

Im Schatten des großen Turmes mit seinen Zinnen und Pechnasen (1617 erneuert) schaut man von einem reizenden Gästehaus in türkischem Stil (1753) auf die verschachtelten Schieferdächer und auf die weich ausgeformten Rundungen der bleigedeckten Dächer und Kuppeln des Katholikóns. Wir fanden hier vornehme Gesellschaft, einen Anwärter auf einen der Throne Europas und einen bekannten griechischen Reeder, der mit seiner Jacht eine halbe Meile vom Ufer entfernt geankert hatte. Nachdem man uns mit Erfrischungen begrüßt hatte, besichtigten wir das den Taxiarchen (Erzengeln) geweihte *Katholikón*. Unter den Hauptkirchen der 20 Großklöster ist sie die größte. Die Außenwände lassen die lebendige Struktur der Hausteinaufmauerung sehen, eine willkommene Abwechslung gegenüber den sonst meist farbig getünchten Stuckwänden. Fensterbögen und Blendarkaden werden wirkungsvoll von einfachen Ziegelbändern eingefaßt. Im Innern – es ist hier hell und licht – sahen wir den besterhaltenen Freskenschmuck auf dem Athos, inschriftlich bezeugt aus dem Jahr 1568. Die Restaurierungen sind in der Mitte des 19. Jhs sehr verständnisvoll, an wenigen flächigen Partien etwas zu glatt, vorgenommen worden. Insgesamt erhält man einen vortrefflichen Eindruck sowohl vom Können der kretischen Maler im 16. Jh., wie von dem besonders reichen Dekorationsprogramm, um das sie sich bei der Ausgestaltung bemühten. Im Exonarthex beeindruckte mich die malerische Auffassung des (wahrscheinlich unrestaurierten) Wandbildes vom ›Tod Ephraïms des Syrers‹, jenes frühchristlichen Theologen und Hymnendichters des 4. Jhs., der während langer

Jahre als Anachoret in der syrischen Wüste lebte. Um die Bahre stehen seine trauernden Schüler und Anhänger, schlanke Gestalten mit langen Bärten. Die Szene im Vordergrund rahmen Darstellungen aus dem Einsiedlerleben: Eremiten im Gebet versunken, beim Lesen heiliger Bücher, auf Eseln reitend, beim Bestellen der Felder. Ein Säulenheiliger, auf einer verzierten Säule sitzend, läßt ein Seil herunter, um einen Korb mit Vorräten heraufzuziehen. Blumen, stilisierte Sträucher und Bäume sprießen aus dem Boden. Eine Ahnung von stiller Heiterkeit geht durch die Komposition und erinnert uns in ihrer elegischen Stimmung an den ›Tod des Heiligen Athanásios‹ (1512) in der Trápeza von Megísti Lávra, dort wahrscheinlich von der Hand des großen Kreters Theophánes. Mit Sicherheit, und sehr verwandt im kompositionellen Aufbau, hat er im Metéora-Kloster Nikólaos Anapavsás den ›Tod Ephraïms, des Syrers‹ dargestellt (1527). (In der Kapelle der Drei Hierarchen im Kloster Varlaam trifft man auf die um 100 Jahre spätere, recht steife Nachbildung dieser Szene.)

Im Esonarthex, der Líti, entfalten sich Zyklen zum Alten Testament: das wandhohe Fresko der ›Wurzel Jesse‹ (auf dem Athos hatte ich die schönste Darstellung dieses Themas in der Trápeza der Megísti Lávra gesehen und beschrieben); bezaubernd war die Paradieses-Szene ›Adam gibt den Tieren die Namen‹, – ein Löwe, ein Elefant, ein Hirsch, ein Panther, ein Affe, Vögel – alles, was da kreucht und fleucht, steht artig und erwartungsvoll um ihn; ernster dagegen die ›Vertreibung aus dem Paradies‹ durch den übergroßen Erzengel; auch der ›Prophet Jonas‹, ausgespuckt von einem

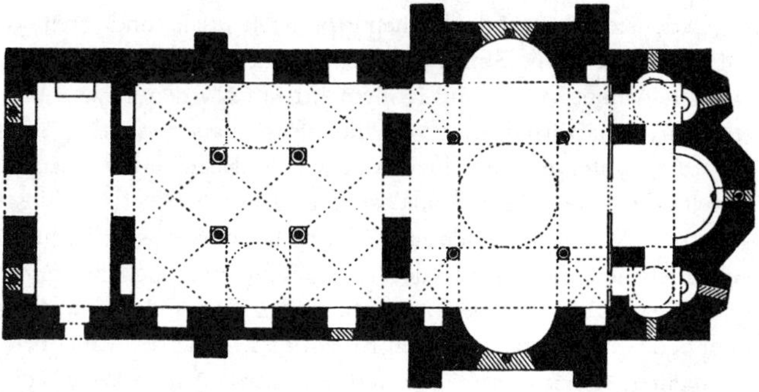

125 Athos. Katholikón des Klosters Dochiaríou (1568).

erschrockenen Wal, ist zu sehen, das Spruchband mit seinem Hilfeschrei an den Herrn in der Hand. An der Gegenwand erscheinen: Christus mit dem aufgeschlagenen Evangelienbuch und neben ihm Ioánnis Pródromos, der ›Vorläufer‹; ferner ein malerischer Weinstock mit seinen Reben und Trauben, nach Jesaias Symbol für das ›Volk Gottes‹; seitlich der Tür zum Naos der Erzengel Michael und die thronende Gottesmutter mit dem Christkind.

Der Hauptraum ist stattlich und gut proportioniert. Der mächtige Tambour mit der Mittelkuppel wird von vier Granitsäulen abgefangen. Zwei Klosterbrüder waren beim Abstauben. Auch bei dieser Arbeit trugen sie – wie jedesmal, wenn sie zum Gottesdienst die Kirche betreten – über dem Mönchshut das schwarze Schleiertuch. Eine Platte aus grünem Marmor auf dem Fußboden erinnert an das Wunder des Erzengels. Ein Hütejunge von Sithonia, der mittleren Landzunge der Chalkidike, hatte einen vergrabenen Schatz gefunden. Mönche, die von Dämonen besessen waren, haben ihn überfallen. Sie warfen ihm eine Marmorplatte in den Nacken, stießen ihn ins Meer und machten sich mit dem Schatz davon. Mit den Fluten kämpfend rief der Junge den Erzengel um Hilfe an. Sankt Michael kam sofort, brachte ihn besorgt zum Ufer und legte den noch Triefenden auf den Fußboden der Kirche von Dochiaríou, wo ihn ein Mönch fand, der gerade das Símantron zur Frühmette schlug.

Wie in den beiden Vorhallen ist auch im Hauptraum jeder Zoll der Wände mit Fresken bedeckt. Im Südchor strahlt vom thronenden ›Pantokrator‹ himmlisches Licht aus, darunter das bestirnte Firmament und eine von Rissen durchfurchte trostlose Felsenwüste, in der sich die nachdenklichen Propheten Jesaias und Jeremias aufhalten. Der selbe Sinn für Ordnung und Symmetrie herrscht auf der ›Auferstehung‹ und Höllenfahrt‹ im Nordchor, wo Christus durch die zerschmetterte Höllenpforte zwischen Adam und Eva tritt – unter ihm ein winziger Engel, der Belzebub mit Ketten fesselt. Der Boden der Hölle ist mit zerbrochenen Türschlössern besät. Wir betrachteten aufmerksam die anderen, schon häufig beschriebenen Szenen aus der Heilsgeschichte, doch als Fazit machte es uns dann fast betroffen, wie rückhaltlos wir bereit waren, dem bedeutenden französischen Byzantinisten Gabriel Millet beizupflichten, wenn er sagt, die ›Kreter‹ seien auf dem Wege von Megísti Lávra bis Dochiaríou »unbeweglich in der Routine« geworden.

Wieder im Innenhof, bewunderten wir die hübsche *Phiáli*, hier wegen der Raumnot in der Art einer rustikalen kleinen Loggia einem der Klostergebäude vorgesetzt: ein Schieferdach über den Arkadenbögen, die gewölbte Decke und die Brunnennische mit Fresken bemalt: man entdeckt Klosterbarken, die von sarazenischen Flotten verfolgt werden; schutzlose Mönche, die der Erzengel vor den Piraten rettet. Das Kloster, so nahe dem Ufer, bot offensichtlich leichte Beute für die Seeräuber. Der Turm, fest und prächtig, war Ausguck und letzte Zuflucht für die Väter. Dennoch mag es oft genug beim ersten Alarm zu spät gewesen sein, um die Klosterschätze über die steilen Treppen zu retten.

Gegenüber der Westfassade der Kirche liegt ein kühler Säulengang als *Verbindungstrakt* zwischen Katholikón und Trápeza. Schräge Lichtstrahlen fallen auf den Boden und erhellen Wände und Wölbungen mit dem herrlichen Freskenzyklus zum »Gotteslob der ganzen Geisterwelt« – wie es in der Anweisung § 362 des »Malerhandbuches vom Berge Athos« des Dionýsios von Phoúrna heißt. Hier sind die Darstellungen und Bildzeichen wieder von ursprünglicher malerischer Erfinderkraft, der Symbolgehalt oftmals so tiefgründig, daß ich ihm erst nahe kam, als ich den 148. Psalm las, auf dem die ikonographische Anweisung fußt. Auf dem sternförmigen inneren Strahlenkranz um den zentralen ›Christus Pantokrator‹ steht der Psalmbeginn: »Die ganze Geisterwelt möge den Herrn loben; lobet den Herrn vom Himmel, lobet ihn in der Höhe; dir, dem Gott, gebührt ein Lobgesang.« – Im Säulengang kommt man vorbei an der nur von Kerzenlicht erhellten kleinen Kapelle für das wundertätige Bild der *Panhagía Gorgoëpíkoos*, der ›schnellerhörenden‹ Gottesmutter. Es ist unmittelbar auf die Mauer gemalt, soll aus der frühesten Zeit der Klostergründung stammen (10. Jh.?) und wird mit folgender Legende bedacht: ein nachlässiger Mönch ließ es einst zu, daß der Rauch seiner Kerze das Gesicht der Muttergottes schwärzte und verunstaltete. Maria war darob erzürnt und befahl dem Mönch, in Zukunft aufmerksamer zu sein. Unbeholfen und vergeßlich von Natur, versündigte er sich von neuem. Maria, die nun eigentlich wie eine geschmähte Athene oder Artemis handelte, schlug ihn mit Blindheit. Der gestrafte Mann bat inständig um Gnade, worauf die Panhagía ihm alsbald in einer Vision erschien und erklärte: »Mönch, dein Gebet ist erhört worden, und du wirst wieder sehen wie vorher, denn ich bin die

Schnell-Erhörende«.* Nur das rauchgeschwärzte Gesicht Mariens, ihre Hände und das Kind schauen aus dem ›Éndyma‹, dem Goldblechschutz über dem Bild. Aus dem ganzen Land kommen Pilger, in der Hoffnung, eine sofortige Antwort auf ihre Bitten zu erhalten. Auf Grund der vielen zurückgelassenen Votivzeichen sollte man denken, daß sie erteilt wurde.

In der hellen, geräumigen *Trápeza*, die 1547 errichtet und von der ›Kretischen Schule‹ ausgemalt wurde, wollten wir vor allem den *Zyklus zur Apokalypse* sehen, den frühesten, der auf dem Athos Eingang gefunden hatte. Die 21 Blätter der Holzschnittfolge von Hans Holbein dem Jüngeren für die Basler Ausgabe der Lutherbibel von 1523 waren die ikonographischen Vorlagen, die hier zum ersten Mal in die Bildersprache der byzantinischen Kunst umgesetzt worden sind. Als wir uns im Kloster Dionysíou aufhielten, habe ich über ihre Einführung auf dem Athos berichtet (S. 669). Der Zyklus war dort um 20 Jahre später (1568) gemalt worden.

Hier, in Dochiaríou reihen sich die 21 Fresken als fortlaufendes Band um die Wände des Querflügels der Trápeza. Jede der Szenen ist (wie auch in Dionysíou) im Vergleich zum Format von Holbeins Holzschnitten (12,5 x 8 cm) auf eine Fläche von etwa 200 x 100 cm vergrößert, fast ins Monumentale. Doch hier, wie in Dionysíou, frappiert es immer wieder, wie ›wörtlich‹ die Kompositionen die Vorlage aufnehmen und wie dennoch ein unverwechselbar byzantinisches Wandbild daraus entsteht. Die Kraft, Fremdes in die eigene malerische Form zu assimilieren, reicht nahezu an die Kraft der schöpferischen Erfindung. Nur eine der Szenen, ›Die Öffnung des Buches mit den sieben Siegeln‹, sei beschrieben: auf dem Thron sitzt die lichtumflossene Gestalt Gottes in grauem Mantel über einem altrosafarbenem Gewand. Er hält das juwelengeschmückte Buch mit sieben Siegeln in der Hand, das nur von einem Lamm mit sieben Hörnern und sieben Augen – »das sind die sieben in die ganze Welt ausgesandten Geister Gottes« – geöffnet werden kann. Das weiße Tier ist hier mit grünen Hörnern dargestellt und steht aufrecht auf seinen Hinterfüßen, im Begriff, »aus der Rechten dessen, der auf dem Throne saß, das Buch zu nehmen« (Off. 5, 1-7).

Unter den zahlreichen Handschriften der *Bibliothek* sind ein ›Tetraëvángelon‹ (Evangeliar) mit Miniaturen der Evangelisten,

*Zitiert nach S. Lock, Athos, The Holy Mountain, London 1957.

denen schöne Titelseiten gegenüberstehen (Kod. Dochiaríou 39), sowie ein ›Menológion‹ für den Monat November (Kod. Dochiaríou 5) beide aus dem 12. Jh., bemerkenswert.

Wir verließen Dochiaríou und seine stille freundliche Atmosphäre mit Bedauern. Das Meer war ruhig, und die Sonne stand hoch, als das Kaïki nordwärts zuckelte, zurück in die Welt. Mittags machten wir Picknick und badeten zu Füßen eines waldigen Felsens, an dessen Hang die Häuser einer verlassenen Skíti verfielen. Der Strand war übersät mit farbigen Kieseln, Onyx, Porphyr, und dazu Marmor, von grünen Adern und gewürfeltem Grau durchzogen. Sie alle waren durch das unablässige Reiben der Brandung zu schönen runden und elliptischen Formen geschliffen, eine Freude fürs Auge und in der Hand. Am späten Nachmittag sahen wir den Turm von Prosphórion, der wie eine willkommenheißende Schildwache über dem Hafen von Ouranópolis stand. Bei der Landung grüßte unser staubüberkrustetes Auto herüber, das wir im Schatten des Turmes abgestellt hatten. Wir setzten uns in ein Café am Kai. Ein paar Tische weiter spielten zwei Jungen in Jeans und gestreiften Hemden an einem Transistorradio herum, das Fetzen aus dem ersten Akt der Traviata von sich gab. Ein Mädchen in buntbedrucktem Kleid brachte uns Eislimonade. Plötzlich kam es uns voll zu Bewußtsein, wo wir uns wieder befanden – daß wir eine ›Welt für sich‹ hinter uns gelassen hatten. Es war atemberaubend daran zu denken. Ein Kind begann zu heulen und sein Schreien übertönte das Rufen der Waldtauben, den letzten Laut, der aus dem ›Garten der Jungfrau‹ herüberdrang.

Reisende, die auch die übrigen Klöster besuchen möchten, müssen einen längeren Aufenthalt auf dem Heiligen Berg planen (mindestens zwei Wochen) und die entsprechende Bewilligung von Woche zu Woche in Karyés einholen. Auch die noch folgenden Klöster, nicht immer ebenso bedeutend wie die bereits beschriebenen, sind alle sehr schön gelegen, meist im Landinneren und geben Gelegenheit zu wunderschönen Wanderungen. Ich zähle sie in topographischer Reihenfolge auf, wie sie mehr oder weniger in der Wegrichtung aufeinander folgen, die auf den vorangegangenen Seiten beschrieben worden ist: von Dáphni an der Westküste nach Karyés, von Ivíron an der Ostküste nach Chilandári und dann rund um die Halbinsel an der Westküste entlang bis Dochiaríou.

XEROPOTÁMOU (idiorrhythmisch)

Im Landesinneren auf einer bewaldeten Hochebene über dem Singitischen Golf gelegen, nur wenig abseits der Straße Dáphni-Karyés. Als idiorrhythmische Mönchssiedlung am ›trockenen Fluß‹ (griech.: xerós potamós) für das Jahr 956 urkundlich bezeugt, also früher als die ›Große Lávra‹ (963), die aber auf Grund ihrer strengen, erstmals koinovítischen Verfassung den Anspruch auf die erste *geschlossene* Klostergründung erhebt. Das Katholikón der ›Vierzig Märtyrer‹ besitzt zwei bedeutende Schätze: erstens den größten Partikel des ›wahren Kreuzes‹ auf dem Berg Athos, in ein mit Juwelen besetztes Reliquiar gebettet, das einst im Besitz des Kaisers Romanos I. Lakapenos (919-944) gewesen sein soll; zweitens eine sehr schöne Abendmahlsschale (Patene) des 14. Jhs. aus dunkelgrünem Ophit mit der Reliefdarstellung der ›Heiligen Leitourgía‹: die Gottesmutter und zwei Engel in der Mitte; auf dem Tellerrand ein Reigen von Engeln; an erster und letzter Stelle die Gestalt Christi. Zwischen seinem zweifachen Erscheinen der Abendmahlstisch unter einem Ziborium. Ein Silberreif (mit Inschrift des 18. Jhs.) umschließt die sogenannte ›*Schale der Pulchería*‹. Eine unkontrollierbare Überlieferung will wissen, daß sie von der frommen Schwester des Kaisers Theodosios II. (408-450) stamme.

KOUTLOUMOUSÍOU (koinovítisch)

Im Landinneren gelegen, südöstlich von Karyés in einer Stunde Fußweg zu erreichen. Ländliche Umgebung: Kornfelder, Olivenhaine, Küchengärten. Gegründet hat das Kloster der seldschukische Fürst Kutlemisch, der 1283 zum Christentum übertrat und athonitischer Mönch wurde. Später waren Woiwóden aus Besarabien die Gönner. Die Kirche zum Gedenken an die ›Metamórphosis‹, die ›Verklärung Christi‹, besitzt Fresken aus dem 16. Jh. und eine gute *Ikone des Heiligen Nikólaos* über dem Patriarchenstuhl.

STAVRONIKÍTA (idiorrhythmisch, seit 1968 koinovítisch)

An der Ostküste auf einem bewaldeten Vorsprung gelegen und von einem stattlichen Turm überragt. Prachtvolle Aussicht auf den Heiligen Berg. Das Kloster wurde im 11. Jh. von einem byzantinischen Beamten gegründet, der *Stavronikítas*, ›Krummer Nikítas‹, geheißen habe. Daraus wurde der für einen frommen Klostermann sehr viel ehrendere Name *Stavronikítas*, ›der Kreuzsieger‹. Die Kirche des ›Heiligen Nikólaos‹, 1546 fertiggestellt, hat der berühmte Kreter *Theophánes* (s. Megísti Lávra) mit Fresken geschmückt. Als wundertätiges Gnadenbild wird eine *Mosaik-Ikone des Heiligen Nikólaos von Myra* aus dem 14. Jh. verehrt (am südlichen Chorpfeiler). Sie soll sich einer ihrer vielen Legenden zufolge »500 Jahre lang« auf dem Meeresgrund verborgen gehalten haben, und eine Auster hatte sich über der Stirnwunde des Heiligen festgesetzt, die ein fanatischer Bilderfeind geschlagen hatte, ehe er sie ins Meer warf. Als das Bild auf unerklärliche Weise vor der Athosküste emportauchte und man die Muschel entfernen wollte, begann die Wunde wieder zu bluten. Die Ikone, *Strídi*, die ›Auster‹, genannt, wird seither hoch verehrt, ebenso die Muschelhälften, die als Hostienschalen dienen.

PANTOKRÁTOROS (idiorrhythmisch)

Ostküste. Hoch auf einem Felsen über dem Meer gelegen mit einem Ausblick auf Stavronikíta und den Heiligen Berg. Gegründet im 14. Jh. Die Befestigungen wurden im 16. Jh. verstärkt. Die dunkelrote Klosterkirche, der ›Verklärung Christi‹ geweiht, besitzt restaurierte Fresken des 16. Jhs. und (am Nordwestpfeiler) eine nicht sehr alte, darum aber nicht minder verehrte lebensgroße *Ikone der Panhagía Geróndissa*, die einem ›greisen Vater‹ (griechisch:

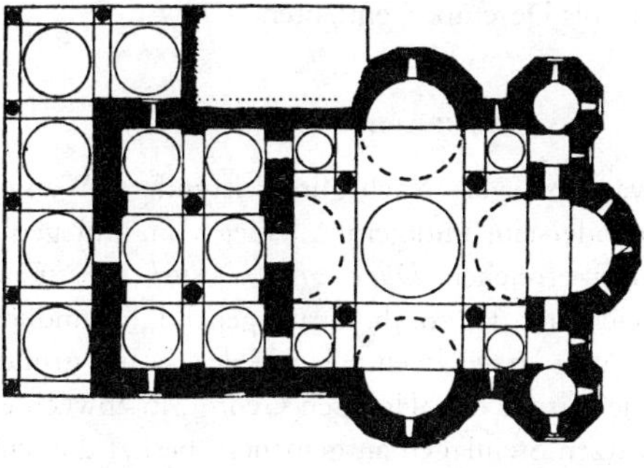

126 Athos. Katholikón des Klosters Koutloumousíou (etwa 13./14. Jh.).

géron) aus Bedrängnis und Beschwerden half. Unter den Schätzen der Bibliothek (317 Kodizes, zumeist illuminiert) sind eine *Psalterhandschrift mit zahlreichen Randminiaturen des 9. Jhs.* (Pantokrátoros 61) und ein *Evangeliar des 13. Jhs.* in kleinem Format und winziger Kalligraphie (Pantokrátoros 234) besonders wertvoll.

ESPHIGMÉNOU (koinovítisch)

An der Ostküste, von Chilandári aus leicht zu erreichen. Leitet seinen Namen, ›das Eingeengte‹, von seiner Lage im Einschnitt zwischen zwei Bergen ab. Eine Gründung des 11. Jhs. Von Kreuzfahrern, Piraten und Feuersbrünsten oftmals zerstört. Die meisten Gebäude stammen aus dem 18. Jh. Das Katholikón, der ›Himmelfahrt Christi‹ geweiht, wurde 1805/06 neu errichtet. Die rot-weißen Steinlagen der Außenmauern lassen es besonders stattlich erscheinen. Der Malermönch, der damals die Kirche mit Fresken schmückte, hatte neben sich auf dem Gerüst das *Malerhandbuch vom Berge Athos* liegen. Als der französische Forscher Didron auf der Suche nach der verschollen geglaubten Anweisung in Esphigménou war und auch den Mönch bei seiner Arbeit aufsuchte, entdeckte er hier plötzlich das Handbuch. Er konnte nach manchen Schwierigkeiten eine handschriftliche Kopie 1845 in der abendländischen Welt bekannt machen. – Als Kostbarkeit der Klosterbibliothek gilt das *Menológion* (Esphigménou 14), eine Handschrift des 11. Jhs., besonders reich illuminiert, die für jeden Tag eine Heiligenvita verzeichnet. In dem Kodex sind auf 425 Pergamentblättern die ersten vier Monate des orthodoxen Kirchenjahres (September bis Dezember) enthalten.

ZOGRÁPHOU (koinovítisch)

Landeinwärts gelegen. Nach gut dreistündiger Wanderung von Chilandári oder einstündigem Aufstieg vom Anlegeplatz an der Westküste zu erreichen. *Das einzige bulgarische Kloster* auf dem Athos, vielleicht auf das 10. Jh. zurückgehend, urkundlich seit dem 13. Jh. bestätigt, in der zweiten Hälfte des 19. Jhs. grundlegend erneuert. Die Kirche des ›Heiligen Georg‹, in abwechselnd hellen und schwarzen Steinlagen aufgemauert, besitzt die wundertätige *Ikone des Heiligen Georg* aus dem 12./13. Jh. in altslawischer Malweise. Ihrer Legende nach soll sie von selbst aus Palästina zum Berg Athos geschwommen und ›nicht von Menschenhand‹ – a-cheiropoiëtos – gemalt worden sein. Das Kloster beruft sich mit seinem Namen auf den anonymen Zográphos, den unbekannten ›Maler‹. In der Klosterbibliothek sind zwischen vielen griechischen einige altserbische und altbulgarische Kodizes besonders interessant. Den *Radomir-Psalter* (Cod. slavicus 47) hat ein Mönch dieses Namens im 13. Jh. aus dem Griechischen ins Bulgarische übersetzt und mit wenigen, aber sehr eigenständigen Illuminationen versehen, die sich vollkommen von der Tradition der byzantinischen Buchmalerei lösen.

KONSTAMONÍTOU, auch KASTAMONÍTOU (koinovítisch)

Im Landesinnern inmitten von Wäldern. Über einen grünen Höhenweg in eineinhalb Stunden von Zográphou zu erreichen. Gegründet im 11. Jh., ausgebaut im 14. Jh. dank Unterstützung der serbischen Großfürsten. Zerstörender Brand im 16. Jh., allmählicher Niedergang nach Umstellung auf Idiorrhythmie. Seit 1799 wieder unter koinovítischer Regel. Aufblühen im 19. Jh. und neues Katholikón über den Bauresten von zwei vorangegangenen Kirchen, dem ›Heiligen Stephanos‹ geweiht. Von den Mönchen heißt es, daß sie sich auch heute mit besonderer Entsagung den koinovítischen Regeln unterwerfen. Zwei alte *Ikonen, die des Heiligen Stephanos* aus der Gründungszeit des Klosters, und das Gnadenbild *der Panhagía Antiphonétria* (Maria, die ›Verbieterin‹) aus dem 13. Jh. gelten als ehrwürdig und wundertätig. – Der Name Konstamonítou läßt erkennen, wie gerne man sich auf möglichst langes Bestehen und einen noblen Gründer beruft: Konstántios (337 bis 361), der Sohn Konstantins des Großen, soll der Stifter gewesen sein. Doch das ist fromme, wenn auch schon in mittelalterliche Urkunden eingegangene Legende. Früheste Erwähnungen nennen als Gründer einen im 11. Jh. aus dem kleinasiatischen *Kastamon* gekommenen Edelmann, den man als Mönch den ›Kastamonítis‹ nannte. Daß aus dem fremdklingenden Klosternamen Kastamonítou im Sprachgebrauch das so viel vertrautere Wort: Konstamonítou (›Kloster des Konstans‹) wurde, ist leicht einzusehen, und man beließ es wohl auch allzu gern bei dem die Klostergeschichte anreichernden und schmückenden Irrtum.

PHILOTHÉOU (idiorrhythmisch)

Landeinwärts, südlich vom Kloster Ivíron, in etwa 550 m Höhe inmitten von Wald und Weinbergen gelegen. Blick auf die Ostküste. Von drei Einsiedlern Arsénios, Dionýsios und Philótheos gegründet. Philótheos soll angeblich ein Zeitgenosse des Athanásios, Gründers der ›Megísti Lávra‹, gewesen sein. Nur das schöne, in unbeworfener Aufmauerung belassene Katholikón (zwischen 1746 bis 1765 erbaut und ausgeschmückt; man achte auf die Fresken zur ›Apokalypse‹ im Exonarthex) und die Trápeza entgingen der Feuersbrunst des Jahres 1871. Es ist der ›Verkündigung an Maria‹ (griechisch: Evangelismós) geweiht und besitzt als kostbare *Reliquie die Hand des Ioánnis Chrysóstomos*, des von der Ostkirche hochverehrten Theologen und Hymnendichters des 4. Jhs. Die Reliquie gilt als Geschenk des Kaisers Nikephóros III. Botaneiátes (1079-1081), der dem Thron entsagte, um hier Mönch zu werden. Die wundertägige Ikone der ›*Panhagía Glykophiloúsa*‹ (die ›süßküssende Gottesmutter‹) am Nordostpfeiler des Katholikóns halten Fachleute für eine der frühesten Ikonen auf dem Berg Athos, möglicherweise noch aus der Zeit vor dem Bilderstreit. Pilger aus allen Ländern der Ostkirche wallfahren zur ›Glykophiloúsa‹ von Philothéou, auf deren Schutz und Hilfe sie besonders vertrauen.

KARAKÁLLOU (koinovítisch)

Eine halbe Wegstunde in südlicher Richtung von Philothéou, im schönen Landstrich ›Próvata‹ zwischen Gärten und Haselnußwäldern gelegen. Gegründet im 11. Jh., jedoch nicht, wie die Mönche glauben, durch Caracalla (dessen Bildnis unter den Fresken der Kirche zu finden ist). Die Kirche, den Heiligen ›Peter und Paul‹ geweiht, stammt aus dem 16. Jh., als die Großwoiwóden der Moldau-Walachei die Klöster auf dem Athos tatkräftig förderten. Die Fresken (auch hier im Exonarthex ein Zyklus zur ›Geheimen Offenbarung‹) entstanden in der 2. Hälfte des 18. Jhs. Ein imponierender Wehrturm mit Pechnasen (16. Jh.) steht noch warnend und schützend über den Klostermauern.

Ost-Makedonien und Thrakien

XXIV

Sérrai, 702 – Amphípolis, 705 – Pangáion-Gebirge, 707 – Kavála, 709 – Philippi, 712 – Ábdera, 722 – Komotiní, 725 – Alexandroúpolis, 726 – Trajanoúpolis, 726 – Phérai, 727 – Didymóteichon, 729 – Dráma, 731 der Roupel-Paß, 732

Es wird nur wenige Griechenlandfreunde geben, die das Land auch in seinen beiden nordöstlichen Provinzen genauer kennenlernen möchten. Als Tourist durchquert man Ostmakedonien meist aufs Schnellste, um zur Insel Thasos zu kommen, oder man eilt auf dem Weg nach Samothrake oder zum Bosporus durch den südlichen Teil des antiken Thrakien, das sich im Altertum bis hinauf zum Donaubecken erstreckte. Im Auto läßt sich die Entfernung von Thessaloniki bis zum Hébros (neugriech. Euros; sprich: Évros), an dessen Ostufer die Grenze zur Türkei verläuft, leicht an einem Tag bewältigen. Doch wir haben vor, hier und da vom Weg abzuweichen. Sérrai, das antike Amphípolis, die Hafenstadt Kavála und das im Altertum und frühchristlicher Zeit bedeutende Philippi werden wir aufsuchen. Danach sei Alexandroúpolis zu Übernachtungen angeraten, das man über die sehr türkisch anmutenden Städte Xánthi und Komotiní und nach einem Abstecher zu dem antiken Abdera erreicht. Von Alexandroúpolis aus besichtige man das thrakische Phérai mit seiner bedeutenden byzantinischen Kirche sowie die mittelalterliche Burg von Didymóteichon im Hébros-Tal nahe der türkischen Grenze.

Es gibt kaum einen aus der Antike überlieferten Ort, der nicht von den Persern unter Xerxes im Jahre 480 vor Chr. berührt worden wäre. Das Meisterwerk römischer Straßenbautechnik, die Via Egnatia, läuft quer durch beide Provinzen, und die Spuren frühchristlicher, byzantinischer und muselmanischer Bautätigkeit machen allerorten deutlich, welche Anziehungskraft – bis zu den Balkankriegen im Anfang unseres Jahrhunderts – auch weiterhin von dem nordägäischen Küstenland ausging. Je nach den politischen Ambitionen war es Ziel, Feld der Auseinandersetzung oder Durchzugsgebiet der Völkerbewegungen von West nach Ost, von Ost nach West und von Nord nach Süd.

Die alteingesessenen Bewohner, die Makedonen und Thraker, waren, beide aus dem Norden kommend, auf völlig getrennten Wegen in die frühe Geschichte eingetreten und behaupteten nicht nur gegenüber den griechischen Stämmen, sondern auch als geographische Nachbarn ihre Eigenständigkeit und ihre unterschiedlichen Bräuche. Vieles hat sich im Lauf der Jahrhunderte verschliffen, besonders einschneidend in jüngster Zeit, als nach dem Unglück von Smyrna im Jahre 1923 der große Bevölkerungsaustausch zwischen der Türkei und Griechenland ausgehandelt wurde. 380000 Türken und etwa 50000 Bulgaren und andere Minderheiten wanderten ab, 120000 Menschen blieben in Ost-Makedonien und Thrakien zurück. Fast 700000 Griechen aus Kleinasien kamen an ihrer Stelle in die nordägäischen Provinzen, die meisten als ländliche Siedler, knapp 90000 von ihnen verteilten sich auf die wenigen Städte. Aber nicht nur die ethnischen Vermischungen, auch die Einheitlichkeit der landschaftlichen Struktur innerhalb der modernen Staatsgrenzen läßt von den alten Stammesgegensätzen kaum mehr etwas ahnen.

Seit den Verträgen von 1912 und 1922 teilen sich die heutige ostmakedonische und die thrakische Provinz in das Gebiet zwischen dem langgestreckten, von West nach Ost ziehenden Kamm des Rodópi-Gebirges und dem Saum der Ägäis. In Nord-Süd-Richtung ist es vielfach gegliedert von den großen Strömen Axiós, Strymón, Néstos und Hébros, die, als Vadar, Struma, Mesta und Maritza aus den Balkanländern kommend, den Riegel der Rodopi-Kette durchbrechen und ihr verästeltes Mündungsgebiet in das Meer vorschieben. Gleichfalls bis zum Meer drängen die Ausläufer der Rodópi-Kette. Die stete Abfolge von Bergzügen, die weite Flußniederungen voneinander trennen, führt zu einem sich immer wieder ähnelndem Landschaftsbild. Man muß es schon sehr genau wissen, ob man sich westlich des Néstos, also in Makedonien, oder östlich – und damit in Thrakien befindet. Die Ebenen sind fruchtbar. Außer den Hauptströmen gibt es zahlreiche Flüße und Bäche. Wo das Land versumpft ist, meist in Küstennähe, ist man seit den Zwanziger Jahren dabei, es für die landwirtschaftliche Nutzung, besonders den Tabakanbau, trockenzulegen. Das Klima ist für mittelmeerische Verhältnisse hart. Xenophon, der sich in politischer Mission einen Winter lang dort aufhielt, erzählt, daß bisweilen der Wein in den Krügen gefroren war und daß

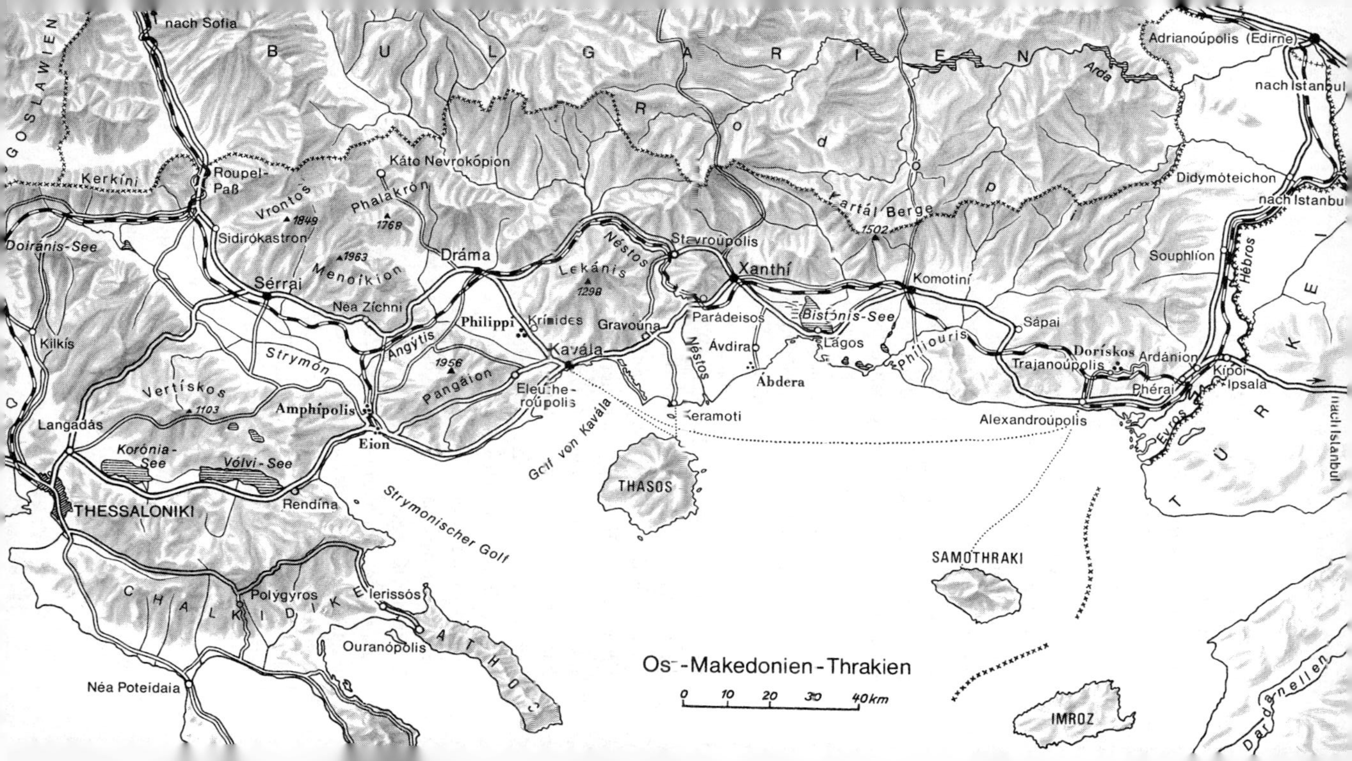
Os--Makedonien-Thrakien
0 10 20 30 40km
nach Sofia
GOSLAWIEN
BULGARIEN
Rodopi
TÜRKEI
Kerkíni
Roupel-Paß
Vrontos 1849
Phalakrón 1768
Káto Nevrokópion
Sidirókastron
Doiránis-See
Sérrai
Menoíkion 1963
Dráma
Néa Zíchni
Kilkís
Strymón
Angýtis
Philippi
Krinides
Pangáion 1956
Vertískos 1103
Amphípolis
Eion
Langadás
Korónia-See
Vólvi-See
THESSALONIKI
Rendína
Strymonischer Golf
Eleutheroúpolis
Kavála
Gravouna
Lekánis 1298
Néstos
Stavroúpolis
Xanthí
Parádeisos
Ávdira
Ábdera
Keramoti
Golf von Kavála
THASOS
Bistónis-See
Lágos
Kartál Berge 1502
Komotiní
Philiouris
Sápai
Dorískos
Trajanoúpolis
Ardánion
Phérai
Alexandroúpolis
Kípoi
Ipsala
Evros
Hébros
Souphlíon
Didymóteichon
nach Istanbul
Adrianoúpolis (Edirne)
Arda
SAMOTHRAKI
IMROZ
Dardanellen
CHALKIDIKE
Polýgyros
Ierissós
Ouranópolis
ATHOS
Néa Poteídaia

die Wachsoldaten des Königs Fuchspelzmützen trugen. Die Viehzucht, bereits in der Antike gerühmt, wird auch heute betrieben. Aber die berühmten weißen Pferde, »die schönsten und größten … weißer als Schnee, die schnell wie der Wind liefen«, wie Homer sagt, habe ich zwischen den Getreide- und Tabakfeldern nicht mehr gesehen. Auch die Löwen, von denen Homer berichtet, machen die Gegend nicht länger unsicher.

Es gibt aus alter Zeit zahlreiche farbig ausgeschmückte Erzählungen über die wilden barbarischen Bewohner, zumal über jene thrakischen Stämme, die aus den Gebirgen kommend über die Siedler in den sumpfigen Ebenen herzufallen pflegten und sie ausplünderten. Unzuverlässig und treulos – auch untereinander – sollen sich die Thraker nicht gescheut haben, selbst ihre Kinder für Geld wegzugeben. Ihre Sprache galt als unverständlich, was aber nur besagt, daß sie des Griechischen nicht mächtig waren. Allen Schilderungen nach waren die Thraker von Natur aus träge, tranken gerne und pflegten bisweilen eine herzliche Gastfreundschaft. Dann schenkten sie dem Fremden – so die Legenden – Knaben, weiße Pferde oder ihre Teppiche. Weiter heißt es, daß die Edelleute tätowiert gewesen seien und der König am Ende seiner Herrschaft – leider erfahren wir nicht, wer dies festsetzte – von den Frauen des Stammes, die sich hierzu Pferdemasken aufsetzten, verspeist wurde. Heute sind die Thraker fleißige Bauern und Tabakhändler, vielleicht etwas schwermütiger und weniger wendig als ihre temperamentvollen Landsleute im Süden.

Die Straße von Thessaloniki nach Sérrai führt zunächst durch welliges Hügelland. Die Dörfer haben wenig eigenen Charakter und von den Häusern ist kaum eines älter als fünfzig Jahre – eine Folge der Kriege, die in unserem Jahrhundert über das Land hinweggingen. Dann senkt sich der Weg zum Westufer des Strymón hinab. Hier wehte der »Wind aus dem Norden«, der nach Aischylos die Flotte des Agamemnon nach Aulis verschlug. Nach Apollodor war der Strymón solange schiffbar, bis Herakles in einer übermütigen Laune riesige Steinbrocken in das Flußbett schleuderte. Aus den griechischen Quellen hören wir immer wieder, wie unberechenbar der Fluß gewesen sei und daß häufig plötzliche Luftwirbel im Stromtal die Witterung ganz Griechenlands beeinflußt hätten. Man überquert den Strymón und kommt nach etwa 20 km zum Städtchen *Sérrai*, dem *antiken Siris* am Fuße des Vróntos, des

›Donnerberges‹. Dort trennte sich Xerxes, den die verlorene Schlacht von Salamis alle Eroberungspläne hatte aufgeben lassen, von seinen Verwundeten und Kranken, um schneller nach Kleinasien zurück zu gelangen.

In dem Landschaftsstädtchen und Handelsplatz für das umliegende Tabakanbaugebiet ist die Platía Eleutherías (sprich: Elevtherías) der Mittelpunkt. Um den Brunnen stolzieren Pfauen. Die verlassene Moschee an der Westseite des Freiheits-Platzes fällt mit ihren sechs Kuppeln und den sehr hoch angesetzten Fenstern auf, die den Bau höher erscheinen lassen, als er tatsächlich ist. Am späten Nachmittag, sobald es kühler wird, spielen hier die Kinder, und in der langen binnenländischen Dämmerung treffen sich auch die Erwachsenen zur traditionellen ›Volta‹, dem Abendkorso.

Sérrai, heute noch Bischofssitz, war seit der Spätantike und besonders im Mittelalter eine wichtige Stadt. Hier zweigte von der aus Thessaloniki kommenden Straße der Verkehr nach Norden, in Richtung des heutigen Sofia ab. Im alten Griechenviertel, das sich während der Türkenzeit am Fuße des Burgberges bildete, liegt die *Metrópolis*, den beiden Heiligen Theodoren geweiht. Die dreischiffige, etwas plump wirkende Basilika (1125–1150) aus (restauriertem) Ziegelmauerwerk erinnert in den Proportionen an die ›Protáton‹-Kirche in Karyés auf dem Athos und, wenn auch in wesentlich kleinerem Maßstab, an die ›Acheiropoíētos‹ in Thessaloniki. Nach alten Quellen ersetzte sie bereits eine dreischiffige, wohl frühchristliche Kirche. Die Mosaiken aus der Zeit des Kirchenbaus haben die Bulgaren 1913 leider stark beschädigt, als sie sich im Zweiten Balkankrieg auf dem Rückzug befanden. Von den Fresken aus dem 14. Jh. sind ebenfalls nur noch Spuren zu erkennen. Die kleine, mit einer Kuppel versehene Kapelle an der Nordwestseite muß aus späteren Zeiten stammen und stand offenbar über einen unterirdischen Gang mit der mittelalterlichen Burganlage in Verbindung. Das Kircheninnere darf man nur mit Erlaubnis des bischöflichen Sekretariats (in der Kyprou-Straße) besichtigen. Es bietet sich, obwohl der Bilderschmuck so zerstört ist, weit eindrucksvoller dar, als der Außenbau, vermittelt in seinen Proportionen den Eindruck würdevoller Harmonie. Der Raum wirkt hoch, die Architekturelemente unterstützen die Vertikale. Von den Säulenpaaren sind einige aus grünem thessalischen Marmor vom ersten Bau. Zwei alte Kapitelle und die Relieffragmente zeugen noch von der Schönheit und Qualität der Ausstattung und lassen das Ansehen der Diözese Sérrai im Mittelalter ahnen.

Über dem Kastro auf dem grünbewaldeten Hügel, das nacheinander in byzantinischen, fränkischen, serbischen und schließlich türkischen Händen war, ragt noch einer der sieben massigen Wehrtürme. Man hat deutlich vor Augen, wie wichtig den jeweiligen Burgherren der Besitz dieser großen Festungsanlage gewesen sein muß, die die Strymón-Ebene beherrschte und als Bollwerk gegen Invasoren, besonders gegen die gefürchteten Einfälle aus dem Norden diente. Dem ehrgeizigen Ungestüm des Fürsten von Epiros, Theodor Angelos, war es im Zuge eines klug ausgedachten Umgehungsmannövers gelungen, Sérrai von den Franken zurückzuerobern. Damit hatte er Thessaloniki praktisch eingeschlossen und konnte sich 1224 dort zum Kaiser krönen. Die Festung Sérrai ließ er verstärken und vertrieb von hier aus allmählich die Kreuzritter-Barone aus Ost-Makedonien. Als die Stadt ein Jahrhundert später vor den Truppen der Serben kapitulieren mußte (1345), sah man allgemein darin eine fatale Entwicklung für die Byzantiner, die sich in Kleinasien ja bereits gegen die Osmanen zur Wehr setzen mußten. Der Eroberer Stephan Duschan, ›Zar der Serben und Griechen‹, konnte an den Dogen von Venedig schreiben, er betrachte sich nunmehr als »Herr des Romäer-Reiches«. Er machte hier eine Zeitlang Station und hielt Hof mit einer Aufwendigkeit, die der in Byzanz nicht nachstehen sollte.

Der Blick von hier oben geht über die fruchtbare Ebene. Südlich von Sérrai ließ Xerxes, noch vor jeder kriegerischen Auseinandersetzung, hinderliches Gepäck und Gerät zurück, so auch den »Heiligen Wagen des Zeus« (Herodot), dessen weiterer Transport zu beschwerlich erschien. Die berühmten acht weißen Pferde, die den Kriegswagen gezogen hatten, schenkte er den Paioniern von Siris (Sérrai). Im Norden stehen die Berge des Vróntos-Massivs, um deren fast 2000 m hohen Hauptgipfel die Donner lauter rollen sollen, als an irgendeinem anderen Ort der Welt.

Am Osthang des Burgberges, halbwegs den Hügel hinab, aber noch innerhalb der Mauern, führt ein Seitenweg durch den Wald zur kleinen byzantinischen Kirche *Hagios Nikólaos*. Sie wurde erst vor kurzem nicht sehr einfühlsam restauriert. Ihr rotes Ziegelmauerwerk hebt sich leuchtend aus der tiefgrünen Umgebung. Es ist eine Dreikonchen-Kirche mit schöner Hauptkuppel und drei kleinen Kuppeln über dem Narthex. Der Bau ähnelt den Kirchen, wie wir sie auf dem Athos kennengelernt haben und muß etwa 1344, kurz bevor Sérrai an die Serben fiel, fertiggestellt worden sein. An der Südseite steht ein Glockenturm. Das Kircheninnere ist ohne Bedeutung.

Von Sérrai aus verläuft die Straße weiter in östlicher Richtung, begleitet zur Linken den Fuß des Menoíkion-Bergzuges und läßt zur Rechten den Blick über endlose Getreide- und Tabakfelder schweifen. Fern im Südosten tauchen die Gipfel des Pangáion aus dem Glast der Helligkeit. Unmittelbar aus der Ebene steigen auch sie bis zu 2000 m auf. Kurz hinter Néa Zíchni muß man scharf nach Süden abbiegen, und bevor man sich dem Aggýtis (in Griechenland sprich: Angýtis), einem Nebenfluß des Strymón nähert, bezeichnet ein Straßenschild den asphaltierten Weg nach *Amphípolis*. Im heutigen Dorf, nicht weit von der Küste, sollte sich der Reisende einen Jungen mitnehmen, der ihm beim Auffinden der verstreut liegenden Reste der einstmals berühmten antiken Stadt behilflich sein kann. Als Makedonier erwartet der Junge kein Trinkgeld. Seine Mühe gilt als Zeugnis für die Gastfreundschaft der Landbewohner. Aber ein kleines Geschenk sollte der Fremde doch bereithalten.

Die nur wenige Lagen hoch anstehenden Reste der Stadtmauer liegen weit auseinander. Ergänzt man sie jedoch im Geist in ihrem ganzen Verlauf, so ersteht das eindrucksvolle Bild einer großen Stadt, die an wichtiger Stelle den Zugang ins Landesinnere und damit zu den fruchtbaren Ebenen kontrollierte. Der Fluß umgibt mit zwei großen Windungen den Stadthügel, bevor er verästelt und breit in den Golf einmündet. Im Osten steigen, nunmehr sehr nahe, die wilden Hänge des Pangáion an, des Bergstocks, in dem einst Gold und Silber abgebaut wurde und dessen Waldreichtum das Bauholz für die antiken Werften von Amphípolis lieferte, die nicht unwesentlich zum Reichtum der Stadt beitrugen. Über das Meer hinweg erkennt man im Südosten die charakteristischen Konturen des Athos-Gipfels, der in einen Hügelrücken ausläuft und sich dann plötzlich zum Isthmus hinabsenkt.

Amphípolis hieß ursprünglich ›Ennéa Hodoi‹ (Neun Wege), weil hier neun wichtige Straßen zusammentrafen. So berichtet Herodot, daß die Perser auf ihrem Vormarsch 480 vor Chr., veranlaßt durch diesen Ortsnamen, neun Knaben und neun Mädchen ergriffen, um sie dann lebendig zu begraben. Dieses Opfer sollte zum glücklichen Ausgang des Kriegszuges beitragen. Eine Generation später begannen die Athener an der thrakischen Meeresküste mit ihren Eroberungen und bekamen dann auch 437 das ursprünglich thasische, wegen seiner reichen Bodenschätze begehrte ›Ennéa Hodoi‹ in ihre Hand. Die athenischen Siedler nannten die Stadt Amphípolis, die bald als eine der Perlen im Seereich des Perikles galt.

Auf Grund ihrer wirtschaftlichen Bedeutung entbrannten während des Peloponnesischen Krieges zwischen Athen und Sparta bald heiße Kämpfe um den Besitz der Stadt. Im Jahre 422 ergab sie sich ohne Widerstand dem Spartaner Brásidas. Die Niederlage empfand man in Athen als besonders schmählich, und selbst Thukydides, der damals die athenischen Triëren befehligte, gelang es nicht, Amphípolis zurückzuerobern. Glücklos als Stratege wurde er daraufhin in die Verbannung geschickt. Die Spartaner allerdings mußten den Sieg mit dem Tod ihres Feldherren Brásidas bezahlen. Thukydides urteilt mit dem ihm eigenen Großmut über den gegnerischen Feldherrn, daß er ein äußerst fähiger Mann gewesen sei und daß die Bescheidenheit seines Wesens seiner ausgezeichneten militärischen Planung in nichts nachgestanden habe. Der Held von Sparta sei »auf Kosten der Stadt beerdigt worden. Und die Bewohner von Amphípolis, nachdem sie sein Grab geschlossen und eingefriedet hatten, opferten ihm als Heroen, setzten ihm jährliche Opfer aus und veranstalteten ihm zu Ehre Spiele.« Nach dem Fall von Amphípolis war das große Prestige der Athener dahin. Für den Peloponnesischen Krieg hatte das Doppelereignis der Niederlage der Athener und des Todes von Brásidas zur Folge, daß die Befürworter eines Waffenstillstandes zwischen Athen und Sparta immer zahlreicher wurden. Ein Jahr später wurde der Friede ausgehandelt, der nach dem athenischen Strategen Nikias genannt wurde, ein Ereignis, das Aristophanes in seiner Komödie ›Der Frieden‹ feierte. – Wenig mehr als ein halbes Jahrhundert später fiel Amphípolis an Philipp II. (356-336) von Makedonien, der die Gegend am Strymon unter seine Herrschaft zu bringen gedachte, wobei es auch ihm hauptsächlich um den Besitz der Goldgruben am Pangáion ging.

Archäologisch ist Amphípolis noch kaum erforscht. Systematische wissenschaftliche Ausgrabungen haben bisher den Bereich des alten Stadtgebietes nur angeschnitten. Es könnte in Zukunft wohl ein viel genauerer Überblick zu gewinnen sein. Augenblicklich sieht man inmitten der wogenden Getreidefelder nur hin und wieder eine graue Marmorbasis, weiße Säulenschäfte, dann wieder einen Suchgraben mit Säulenstümpfen, die noch in Reih und Glied stehn, außerdem einzelne Mauerfragmente und Gebälkteile der einstigen Bauten. Im Süden stößt man auf Fundamentreste mit apsidialen Ostseiten, Grundmauern einer Reihe frühchristlicher Kirchen, die nahelegen, daß sich auf den Trümmern der hellenistisch-heidnischen Stadt eine frühchristliche Gemeinde entwickelt hatte.

Östlich der Hauptstraße endet ein Pfad in Richtung Pangáion bei einem kleinen Hügel. In ihm hat man das Grab eines makedonischen Fürsten entdeckt: einen tonnengewölbten Gang, an dessen Ende Stufen hinab zu der Grabkammer mit den drei steinernen Betten führen. Malereifragmente und Grabbeigaben bewahrt jetzt das Archäologische Museum von Kavála. – In nordwestlicher Richtung, 2 km von der alten Stadt entfernt, liegt die Nekropole. Auch hier enthielten die Schacht- und Kammergräber aus der Zeit zwischen 360 und 200 vor Chr. Grabbeigaben.

Nun fahre man auf der Hauptstraße nach Westen und überquere die über den hier sehr breiten Strymón führende Brücke. Wie schon im Altertum soll es hier übrigens recht gute Aale geben. Das persische Heer hatte auf seinem Marsch nach Westen schon an gleicher Stelle eine Brücke vorgefunden, und Herodot berichtet: »Die Magier brachten dem Strymón ein Opfer dar, sie schlachteten weiße Pferde ... Die Straße aber, auf der König Xerxes mit dem Heere dahinzog, wird von der thrakischen Bevölkerung noch heutigen Tages nicht bepflügt und beackert, sondern geschont und heilig gehalten.« – In einem Pinienwäldchen hinter der Brücke erhebt sich auf einem mächtigen Stufen-Sockel ein marmorner Löwe, ähnlich dem in Chaironeía. Er wurde aus Fragmenten des späten 5. oder frühen 4. Jhs. vor Chr. wieder zusammengesetzt und richtet seinen Blick über den Strymon hinweg auf die flache Akropolis von Amphípolis.

Wir umfahren jetzt auf kleineren Straßen den Nordhang des Pangáion. Der Bergstock hat immer wieder die Phantasie der Griechen beschäftigt, die hier einen Hort der Götter vermuteten und überdies seine Erzadern als Quell ihres wirtschaftlichen Wohlstandes sehr wohl kannten. In den Mythen heißt es, daß als Erster Orpheus in den Schluchten des Pangáion unter den wilden Tieren Wohnung genommen habe. Als Sohn des thrakischen Flußgottes Oíagros und der Muse Kalliópe – andere Überlieferungen sagen, als Sohn des göttlichen Apollon – habe er jeden Morgen, wenn die ersten Strahlen der Sonne über die Ebene fielen, den Sonnengott in seinem Wagen begrüßt. Dann aber sei Dionysos nach Thrakien gekommen und habe die einsamen Bergschluchten des Pangáion als ideale Stätte für seine orgiastischen Feste in Besitz genommen. Eifersüchtig auf Orpheus, der ganz dem Apollon zugetan war und dessem wilden Halbbruder die Ehrerbietung verweigerte, hetzte Dionysos den wilden Schwarm der Mänaden auf Orpheus. Die rasenden Mädchen rissen ihn in Stücke und warfen seine Glieder in den Hébros. Seither führte Dionysos, mit Efeu bekränzt, den Thyrsos-Stab schwingend, umgeben von der ausgelassenen und ausschweifenden Schar der Mänaden und Satyrn das tolle Regiment in dieser Gegend. Wenn er in seinem von Panthern gezogenen Wagen einherstürmte, von wilden brüllenden Stieren begleitet, hallten die Schluchten des Pangáion wider von dem Schreien der trunkenen Meute. Während seiner Herrschaft blühten an den Hängen des Berges Rosen von unvergleichlicher Schönheit, und in einer der zugänglicheren Bergschluchten ließ er sich durch ein Orakel vernehmen. – Pindar erwähnt, daß auch Boreas, der »Nord und Herr der Winde« hier gehaust habe. Wir hatten ja bereits von den Luftströmen und Luftwirbeln im Strymón-Tal berichtet, und auch heute beobachten die Meteorologen die Windverhältnisse im Flußtal und am Pangáion mit besonderer Sorgfalt.

Natürlich spielen die Goldgruben des Pangáion in der griechischen Sagenwelt eine große Rolle. So soll der Reichtum des Kadmos, des Gründers von Theben, aus diesem Berge stammen. Die Erzgänge traten einst unmittelbar über der Straße zu Tage. Um Eleutheroúpolis (in Griechenland sprich: Elevterúpolis), einem ›Tabakstädtchen‹ in der antiken Landschaft Phyllís, sollen die Hänge besonders reich an Gold und Silber gewesen sein. Thukydides, der in dieser Gegend ein Gut besaß, stieß in seinen Feldern auf Goldadern. Er hatte sich hierher zurückgezogen, um seine berühmte ›Geschichte des Peloponnesischen Krieges‹ zu schreiben, deren kunstvoller Aufbau noch heute bewundert wird. Wann die Minen, in denen vorwiegend Arbeiter aus dem nahegelegenen Thasos beschäftigt waren, erschöpft waren, weiß man nicht sicher. Noch im ersten nachchristlichen Jahrhundert berichtet Strabon, daß die Thraker im Einschnitt zwischen Menoíkion- und Pangáion-Gebirge Goldklumpen fanden.

Hinter Eleutheroúpolis berührt die Straße den Südrand der Ebene um Philippi und verläuft dann in scharfen Zickzackkurven durch waldreiches Hügelland, das schließlich einen prachtvollen Blick auf das sich wie ein Theaterhalbrund staffelnde Kavála und seinen Hafen bietet. An den bewaldeten Hängen klettern die weißen, ziegelbedachten Häuser hinauf, und über dem Meer verliert sich die Fächer-Spur des von der Stadt zu der gebirgigen Insel Thasos ziehenden Fährbootes. Weit im Süden sieht man immer noch den Gipfel des Olymp.

Kavála war, wie ursprünglich auch Amphípolis (Ennéa Hodoi), eine Kolonie der Insel Thasos und hieß in antiker Zeit *Neápolis*. Während der Schlacht von Philippi im Jahre 42 vor Chr., von der wir noch berichten werden, lagen die Galeeren des Brutus und Cassius im Hafen unter dem Bergvorsprung. – Auch der Apostel Paulus war später hier. In einer Vision bat ihn »ein Mann aus Mazedonien: komm herüber nach Mazedonien und hilf uns. Er verließ die Troas und reiste auf schnellstem Wege über Samothrake nach Neápolis.« Hier predigte er zum ersten Mal auf europäischem Boden. Im frühen 14. Jh. marschierte von *Christoúpolis* – wie sich die Stadt seit dem 7. Jh. nannte – die ›Katalanische Kompanie‹ nach Athen, um dann von der Akropolis aus fast ein Jahrhundert lang das griechische Festland zu tyrannisieren. Während der Türkenzeit war Neápolis/Christoúpolis auf dem Weg zwischen Ost und West wichtige Station für den Pferdewechsel und soll daher zum Namen ›Kaválla‹ gekommen sein.

Als Ausfuhrhafen für den im Hinterland angebauten Tabak war Kavála seit den Balkankriegen ein steter Zankapfel zwischen Griechenland und Bulgarien, das auch in den beiden Weltkriegen die Stadt besetzte. Heute ist Kavála die zweitgrößte Stadt Nordgriechenlands, und mit ihren weißen, rosa und blauen Häuschen, zwischen denen noch ein paar verfallene neoklassizistische Bauten aus dem 19. Jh. stehen, mit ihrem malerischen Türkenviertel und den guten Hotels, eine der lebhaftesten und attraktivsten griechischen Provinzstädte.

Man sollte hier etwas Zeit haben. Unmittelbar neben den Tabak-Lagerhäusern am Meer liegt das sehenswerte *Archäologische Museum.* Im sogenannten Neápolis-Raum (der erste Raum links) sind Objekte aus dem 7., 6. und 5. Jh. vor Chr. ausgestellt, vor allem Keramik, aber auch Terrakotten (Vitrine 7), unter denen eine Mädchenfigur mit auffallend gelöstem Gesichtsausdruck sehr reizvoll ist. Sie stammen wie zwei gedrungene kannelierte Säulen mit üppig verzierten ionischen Kapitellen aus dem 5. Jh. vor Chr. vom Parthenos-Heiligtum der jungfräulichen Göttin Athene aus ›Neápolis‹. Im Korridor sind neolithische und bronzezeitliche Funde der Grabung nahe des Han *Dikili Tasch* bei Philippi ausgestellt. Im Amphípolis-Raum (zweiter von links) ist zunächst eine besonders schön gearbeitete Kalpis (Wasser- und Weinkrug) aus der Mitte des 4. Jhs. vor Chr. mit zwei vergoldeten Kränzen zu nennen, ferner die Statuette einer Sirene und eine rotfigurige Hydria mit der Darstellung der reitenden Aphrodite inmitten einer bacchantischen Prozession. Im Raum III (von links) sind Skulpturen von Tieren (Hahn, Gans) hervorzuheben und unter den Stelen eine des 4. Jhs. vor Chr. mit der Darstellung eines Totenmahles. Außerdem wären zu nennen: ein vergoldeter Kantharos und in Form und Zeichnung hervorragende Vasen aus dem 4. und 3. Jh. vor Chr.

Alle diese Gegenstände bezeugen ein außerordentliches Qualitätsgefühl der wohlhabenden Thraker, die beste Künstler beschäftigt haben. Am nachhaltigsten beeindruckt aber wohl das rekonstruierte makedonische Grab aus Amphípolis mit den Fragmenten seiner ursprünglichen Fresken: Themen aus dem dionysischen Kult mit den typischen ikonographischen Kennzeichen wie Thyrsosstab, Weinranken, einem Löwen und anderen wilden Tieren, wobei man annehmen kann, daß sich die Künstler bei der Wiedergabe der Flora und Fauna daran gehalten haben, was sie auf dem Pangáion sahen. – Ein goldener Kranz und ein delikat geformter silberner Handspiegel in der nebenstehenden Vitrine sind als Grabbeigaben gefunden worden.

Das ›alte‹ Kavála lohnt durchaus einen Rundgang. Geht man vom Eleuthería-Platz in östlicher Richtung die Omónia-Straße entlang, so gelangt man zunächst zu einem weithin sichtbaren Wahrzeichen der Stadt, dem *türkischen Aquädukt, Kamáres* genannt. Um die Mitte des 16. Jhs. errichtet, zu einer Zeit also, da man vermuten muß, daß selbst die rückständigsten Wasserbauingenieure mehr hätten bieten können, verläuft diese anachronistische, weil im Grunde römisch anmutende Konstruktion, die nur entfernt an die monumentalen Bögen antiker Wasserleitungen in der Campagna erinnert, mitten über einen lebhaften Platz. Der Aquädukt ist doppelgeschossig und hat in der unteren wie oberen Etage je 20 hohe Doppelbögen, wobei in der oberen Reihe immer zwei kleinere, übereinander gestellte Bögen zwischen die Hauptbögen gesetzt sind. Dieses Architekturelement lockert die sonst so schwer wirkende Konstruktion etwas auf.

Von den Kamáres gehe man zum alten Hafen mit seinen vielen Kaïkia zurück und folge dann der Poulides-Straße. Auf der Westseite der vorspringenden Landzunge erreicht man das *mittelalterliche Kastro* aus dem 14. Jh. mit breitlagerndem Mauerwall und Resten der alten Türme, die über die Zinnen hinausragen. 1969 befanden sich in diesem Bereich moderne militärische Anlagen, so daß der Zutritt gesperrt war. Hier am Berghang breitet sich das alte *Türkenviertel* mit seinen steilen Gäßchen aus. Im Pfarrbereich der Panhagía-Kirche fällt ein Gebäudekomplex mit niedrigen Kuppeln auf, das *Imaret*. Diese Anlage war zu türkischer Zeit ein Altenheim und die Unterkunft für mittellose Studenten. Trotz des überall wahrnehmbaren Verfalls geht vom Imaret, der ›Armenküche‹ ein unerklärbarer Zauber aus, denn hier eröffnet sich unvermittelt ein Einblick in die untergegangene Welt des Islam. Über dem Säulenumgang, der einen unregelmäßig geformten Innenhof mit einer alten Zypresse in der Mitte umgibt, erheben sich 18 mit Kupferblech gedeckte Kuppeln. Im Schutz der Kolonnaden wanderten einst in der mittäglichen Sommerhitze oder bei Schneeschauern im Winter die gebrechlichen Alten mit den großen Turbanen umher und ließen die Zeit verstreichen zwischen den einfachen Pilawmahlzeiten. Danach zogen sie sich wohl in die dahinterliegenden zellenartigen Räume zurück, in denen nicht weniger als 300 Liegen aufgestellt waren. Vor dem konvex geschwungenen Unterbau der kuppelüberspannten Moschee mit dem hübschen Portal zum Hof hin liegt die Brunnenanlage, wo die Altenheimbewohner ihre rituellen Waschungen vollzogen. In einem zweiten, ebenfalls von Säulen umstandenen, diesmal quadratischen Hof haben sich Reste von geschnitzten Holzgittern zwischen den Säulen erhalten. All dies ist jetzt verlassen. Ich habe nie eine Menschenseele in einem dieser bezaubernden Höfe angetroffen.

Jenseits vom ›Imaret‹ steigt die Poulides-Straße allmählich bergan. Gedrechselte und geschnitzte Holzteile an den alten türkischen Häusern lassen den einstigen gesicherten Wohlstand noch ahnen. Zur Beschaulichkeit gehört auch das unbekümmerte Gezwitscher der Vögel in den Akazien und Pappeln. Vom Platz am Ende der Landzunge sieht man über die Bucht hinweg auf die Insel Thasos. In der Mitte dieses ›Belvedere‹ steht die bronzene Reiterstatue des *Mehmet Ali*, eine mächtige Figur auf prunkvoll geschmücktem Pferd, den gezückten Säbel in der Hand. Mehmet Ali (1769-1849), Pascha von Ägypten und dann Begründer des neuen ägyptischen Königshauses, an dessen letzten Regenten Faruk die älteren unter uns sich noch erinnern, war Sohn einer wohlhabenden albanischen Bauernfamilie und wurde hier in Kavála geboren. Ganz in der Nähe steht sein Geburtshaus. Es ist in gepflegtem Zustand, besitzt aber leider nicht mehr die schönen Teppiche und Möbel, die zu einem solchen Anwesen gehörten. Das Gebäude wird von der Regierung in Kairo unterhalten. Im oberen Stockwerk besichtigten wir die früheren Haremsräume mit ihren geschnitzten Türen und durchbrochenen Fenstervorbauten, den ›Muschrabien‹. An zweien der vier Wände standen breite bequeme Diwane. Die rehäugigen Haremsbewohnerinnen mußte man sich hinzudenken. An der dritten Wand waren die Schränke untergebracht, in denen die bestickten Gewänder und das Bettzeug aufbewahrt wurden, und an der vierten Wand sorgte ein Kamin für Wärme im Winter – ähnlich wie in Siátista (siehe Kapitel XXI). Das Badezimmer, in dem Dienerinnen die Damen mit Wasser begossen, wird an Einfachheit nur noch von der Toilette übertroffen, die aus einem dreieckigen Loch im Fußboden besteht. Auf dem gleichen Stockwerk, jedoch in einem anderen Flügel und mit dem Blick aufs Meer lagen die Wohnräume der männlichen Hausbewohner. Vom Arbeitsraum des Mehmet Ali, einem niedrigen Zimmer, ebenfalls mit Muschrabien vor den Fenstern, führen Türen zu einem Nebengemach, wo sich die mit Säbeln bewaffneten Leibwächter aufhielten. Auf dem Schreibtisch stehen gerahmte Photographien sämtlicher Mitglieder der Mehmet-Ali-Dynastie.

Landeinwärts, etwa 15 km weiter nördlich liegen in einer fruchtbaren Ebene vor einem pyramidenförmigen Hügel die Ruinen von *Philippi*. Weite Ausblicke auf die Gebirgsketten, vor allem auf den Kegel des Pangáion, bieten sich von dieser Stelle aus. Die Stadt hieß zunächst *Krinídes* und wurde erst von Philipp II. von Makedonien in Philippi umbenannt, der sie auch mit Befestigungsanlagen ausstattete. Wirklich berühmt aber wurde Philippi erst im Jahre 42 vor Chr. Die beiden größten römischen Armeen, welche die Widersacher im römischen Bürgerkrieg je gegeneinander aufgeboten haben, hatten in dieser Ebene wie auf einem Schachbrett Position bezogen. Allerdings gab es hier damals keine fruchtbaren Felder, sondern morastiges Terrain voller Insekten. Shakespeare stellte sich vor, wie die Raubvögel über der Ebene kreisten und läßt seinen Cassius sagen: »Raben, Krähen und Geier schaun auf uns herab als todessichern Raub.« Jedem wird an Ort und Stelle klar, daß dieser Punkt zur Entscheidungsschlacht wie geschaffen war. Wer hier das Feld behauptete, beherrschte die Via Egnatia wie den Schiffsverkehr nach Kleinasien, der im Altertum ja immer entlang der Küste lief.

Nach der Ermordung des Cäsar kämpften Octavian, der Cäsars politisches Erbe angetreten hatte, zusammen mit Antonius auf der einen, Brutus und Cassius, die Cäsarmörder, auf der anderen Seite um die Macht im Staate. Beim ersten Messen der Kräfte mußte Octavian, der sich am Tage der Schlacht krank und elend fühlte, und überdies durch einen schlechten Traum bedrückt war, durch die Legionen des Brutus eine böse Niederlage einstecken. Am gleichen Tage schlug Antonius die Truppen des Cassius, der, wie Plutarch überliefert, durch ungünstige Vorzeichen gewarnt worden war: der Liktor überreichte ihm seinen Feldherrnkranz verkehrt und der Träger seiner goldenen ›Viktoria‹ soll gestrauchelt sein und hierbei das Idol aus der Hand haben fallen lassen. Cassius, mangelhaft unterrichtet über den Erfolg des Brutus, gab nach Verlust seines Lagers die gemeinsame Sache verloren und ließ sich durch seinen Diener töten.

Tief getroffen vom Unglück und Tod seines Freundes, gleichzeitig aber ermutigt von dem unentschiedenen Ausgang der Schlacht, versuchte Brutus sein Glück aufs Neue. Diesmal gelang es den Soldaten des Antonius, in die Reihe der Legionen des Brutus einzudringen, und auch sie vernichtend zu schlagen. Danach, so schreibt Sueton, habe Brutus sich auf einen Hügel zurückgezogen »und sich in der Nacht selbst den Tod gegeben«. Damit war das Ende der ›Römischen Republik‹ in dieser sumpfigen thraki-

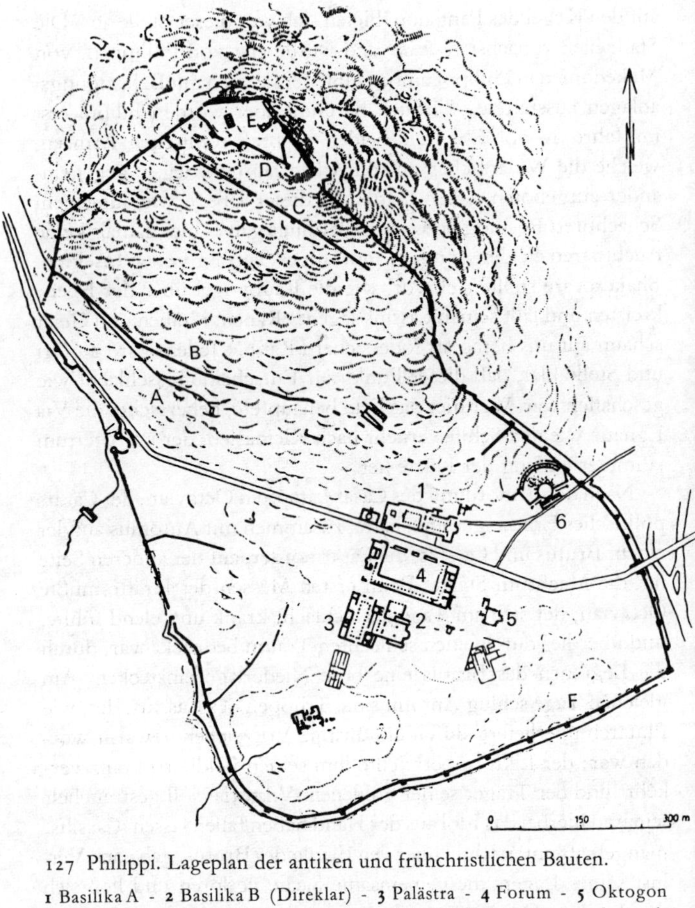

127 Philippi. Lageplan der antiken und frühchristlichen Bauten.

1 Basilika A - **2** Basilika B (Direklar) - **3** Palästra - **4** Forum - **5** Oktogon **6** Theater - **A** Aquädukt - **B** untere byzantinische Mauer - **C** obere byzantinische Mauer - **D** antike Akropolis-Mauer - **E** mittelalterliches Kastro **F** byzantinische Vormauer.

schen Ebene besiegelt. Zwischen den beiden Siegern kam es allerdings noch zu einer Auseinandersetzung. Bei Aktion (Actium) behielt dann Octavian die Oberhand und setzte sich als Cäsar Augustus an die Spitze des Staates. Weitblickend verpflanzte er sofort alle ›Antonianer‹ (auch aus Italien) in die von Antonius gegründete Veteranen-Kolonie in Philippi. Zu der Zeit, als Paulus sich hier aufhielt, sprach man in Philippi lateinisch und in der alten griechischen Kolonialstadt galt das römische Recht.

Welches geistige Klima mag Paulus vorgefunden haben, als er im Jahre 50 hier eintraf? Strömungen und Anschauungen lassen sich nur sehr allgemein rekonstruieren. Die alteingesessenen Thraker hingen an ihren Gottheiten und Mythen, verehrten besonders Bendis (der Artemis verwandt) und einen männlichen Reitergott, waren dem dionysischen Kult zugetan. In den wohlhabenden Kreisen diente man den Göttern Roms – dies ohne große Hingabe, aber Brauch und Sitte folgend. Auf Paulus und seine neuartige Lehre hatte man nicht gewartet. Er zog also vor die Stadt, redete mit den Frauen, mit Lydia, der Purpurhändlerin, trieb einer Magd den bösen Geist aus und gewann langsam Anhänger unter dem einfachen Volk. Die Obrigkeit warf ihn alsbald ins Gefängnis, mußte ihn aber, da er sich als Römer zu erkennen gab, wieder freilassen. Er reiste nun weiter nach Thessaloniki, wo ihn bald darauf Unterstützung aus Philippi, der *ersten Christengemeinde*, die er gewonnen hatte, erreichte.

Die *baulichen Überreste von Philippi*, die zumeist aus römischer, dann aber vor allem aus frühchristlicher Zeit stammen, sind auch für den archäologischen Laien eindrucksvoll und leicht zu finden. Von dem kleinen Kiosk aus, wo man die Eintrittskarte für das Ausgrabungsgelände löst (gleich rechts neben der Straße Kavála-Dráma) steige man eine Treppe hinauf und wende sich dann nach links (nach Norden) der *Basilika A* zu. Da in den frühchristlichen Kirchen von Philippi keine Weihinschriften erhalten sind, ist man übereingekommen, sie nach dem Alphabet zu benennen. Die Basilika überlagert zum Teil eine von einem Säulenhof umgebene spätantike Zisterne, die ihrerseits schon die Fundamente eines hellenistischen Heróons miteinbezog. Die Kirche hat man in den Jahren um 500 errichtet, aber ein Erdbeben hat sie offenbar schon im Laufe des 6. Jhs. zerstört. Das dreischiffige Langhaus mit über die Breite heraustretendem Querschiff und halbrunder Apsis zeichnet sich deutlich ab. Aus dem Narthex im Westen steigt man fünf Stufen hinab in ein Atrium. An drei Seiten umgeben Säulenhallen den Hof, die vierte, die Westseite, schloß mit einer doppelgeschossigen Säulenfassade, in der sich neben der Exedra in der Mitte je zwei Brunnennischen zur Reinigung der Hände und Füße

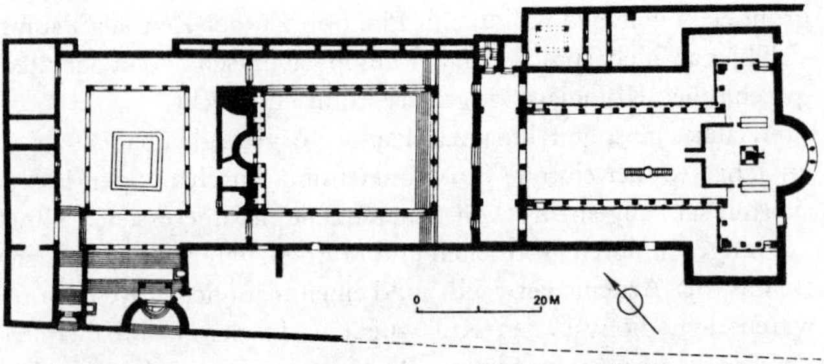

128 Philippi. Basilika A (Ende des 5. Jhs.).

vor dem Gottesdienst befanden. Im Schutt lagen schöne Fragmente des Architekturschmucks, die im neuen Museum auf dem Grabungsgelände den ehemaligen Eindruck des Kircheninnern verlebendigen: Teile fein verzierter korinthischer Kapitelle; Säulenbasen; Fragmente von Steinplatten mit Rosetten, Girlanden und Spiralen; das Bruchstück eines Reliefs mit der Darstellung zweier Pfauen, altes christliches Symbol des Ewigen Lebens, vor einem Hintergrund aus stilisierten Bäumen; und Teile einer Kanzelverkleidung. In der Apsis sind die halbrunden Klerusbänke (Synthronon) noch zu erkennen. Für den Bischof war ein besonderer Sitz vorgesehen. Der erhöhte Ambo, die frühe Form der Kanzel, stand rechter Hand im Mittelschiff. Sicherlich war der Innenraum kostbar und sorgfältig ausgestattet, aber – wie fast in allen großen frühchristlichen Bauten – mit der für die Christen bezeichnenden ernsten Frömmigkeit und Zurückhaltung, die sich von der Überladenheit und Verspieltheit spätrömischen Stilempfindens deutlich absetzt. Als Material für Säulen und Wandverkleidung wurde vorwiegend der graue, grüngetönte Marmor verwendet, wie er auch für Thessaloniki typisch ist.

Nahe des Südschiffs der Basilika A (und gleich hinter dem heutigen Wächterhaus) führen Stufen in eine tonnengewölbte Kammer, eine alte römische Zisterne, von der seit dem Mittelalter eine fromme Legende wissen will, sie sei das Gefängnis des Heiligen Paulus und seines Begleiters Silas gewesen, aus dem sie durch ein Erdbeben befreit wurden. In der Apostelgeschichte (16, 26) heißt es, daß das Beben so stark war, »daß die Grundmauern des Kerkers erschüttert wurden. Sogleich öffneten sich alle Türen und die Fesseln aller wurden gelöst.« Fest steht nur, daß die Behörden, wahrscheinlich durch die Erschütterung der Erde erschreckt und des lästig beharrlichen Apostels überdrüssig, ihn und Silas ungehindert nach Amphípolis und Thessaloniki weiterziehen ließen. – Die Spuren der Wandmalereien stammen aus dem 10. Jh., als die Paulus-Kapelle renoviert wurde.

Philippi war im 6. Jh. nicht mehr die blühende Handelsstadt von einst, denn mit dem Niedergang des Römischen Reiches im Westen hatte die Via Egnatia weitgehend ihre Bedeutung verloren, und in den verlassenen Garnisonen entlang der berühmten Verbindungsstraße zwischen West und Ost ging nur mehr der Geist der ehemals hier stationierten siegreichen römischen Legionen um. Doch die Größe der Kirchen von Philippi und ihr uns überkommener baukünstlerischer Schmuck machen hinreichend deutlich, daß die Stadt, in der erstmals in Europa das Evangelium verkündet worden war, den frühen Christen viel bedeutete. – Ein Reisender aus dem 3. Jh. berichtet in einem Epigramm auf die Stadt, daß sie »von bewunderungswerten Mauern gekrönt« gewesen sei. Die makedonischen Befestigungsanlagen müssen in der Tat ausgezeichnet gewesen sein, da einzig Philippi dem Ansturm der Goten unter Theoderich im Jahre 475 nach Chr. widerstehen konnte.

Von der Basilika A führt ein Pfad bergan zur Terrasse des *Heiligtums der ägyptischen Gottheiten* Isis, Serapis und Harpokrates. Mehrere unterteilte Räume und Reste der mit Stuck überzogenen Mauern sind erhalten. Zunächst mag es verwundern, daß im Norden der Ägäis ägyptische Götter verehrt worden sein sollen. Doch finden in der Spätzeit mit der Pax Romana auch den Römern und Griechen fremde Kulte Eingang in Rom und Griechenland. Auch in Philippi muß es Bürger gegeben haben, die der Mondgöttin vom Nil, der Stiergottheit von Memphis und Harpokrates, dem Sohn des Osiris, anhingen. – Steigt man von hier weiter den Hügel hinan, so folgt man zuletzt der *byzantinischen Ummauerung* aus dem 10. Jh., die teilweise auf der makedonischen Mauer Philipps II. errichtet wurde. Mit dem Plutarch in der Hand kann man von dieser Stelle aus versuchen, die jeweiligen Bewegungen der Legionen in den verschiedenen Phasen der berühmten Schlacht nachzuvollziehen. Auch an anderen Stellen findet man Mauerfundamente des 4. Jhs. vor Chr. unter den darauffliegenden mittelalterlichen

Steinblöcken. – Man sieht über das 1935 trockengelegte Land, in das Baumgruppen und Espenalleen ihre Muster zeichnen. Schon Philipp II. und seinem großen Sohn Alexander war es als wichtiges Anliegen erschienen, das Sumpfland um die Stadt zu entwässern. Damals ist dies auch mit Erfolg in Angriff genommen worden.

Beim Weg von der Basilika A in Richtung des Theaters passiert man einige kleine *Felsheiligtümer*, schmale hohe Nischen im Gestein, die wahrscheinlich dem Kult der Bendis dienten. Weiterhin finden sich hier lateinische Inschriften aus dem 3. Jh. nach Chr. mit Anrufungen des Silvanus, des römischen Gottes der Felder und Wälder, von dessen Verehrung die Frauen ausgeschlossen waren, weil die Landwirtschaft als Domäne der Männer galt. Anschließend gelangt man nahe der östlichen Befestigungsmauern zum *Theater*, das sich in den Hang des hier steil werdenden Akropolishügels schmiegt. Es ist nach der Gründung Philippis (Mitte des 4. Jhs. vor Chr.) angelegt worden, aber vom schönen hellenistischen Mauerwerk findet man nur noch wenige Teilstücke, etwa die Parodoi (Zugänge) zur Orchestra. Es ist im 2. Jh. nach Chr. völlig umgebaut worden, damit die bei den Römern beliebten Tierhatzen und Gladiatorenkämpfe stattfinden konnten. Die unteren Sitzreihen hat man entfernt und eine 2 m hohe Schutzmauer für die Besucher errichtet. Die Orchestra wurde vergrößert und in ein Rund verwandelt. Etwa ein halbes Dutzend der vorhandenen Sitzreihen stammen noch aus der Römerzeit. Von der obersten Reihe aus, die ein überwölbter Umgang als eine Art Theaterfoyer für die Offiziere der römischen Garnison abschloß, hat man einen herrlichen Ausblick über die grüne Ebene hinweg zu den Bergen und aufs Meer. Seit den Fünfziger Jahren spielt hier gelegentlich wieder eine der griechischen Festspieltruppen.

Weitaus bedeutender sind die archäologischen Reste südlich der Basilika A und der Autostraße. Zunächst betritt man das große Rechteck des römischen *Forums*, dessen weiträumige Abmessungen (148 x 70 m) einer bedeutenden Stadt entsprachen. Die heute erkennbare Gestaltung stammt weitgehend aus der Regierungszeit des Kaisers Marc Aurel (161-180). Die Mauerreste sind etwa hüfthoch erhalten und mit etwas Phantasie lassen sich die Bauten noch recht gut rekonstruieren. Zunächst unterscheidet man die Fundamente zweier Tempel. Der eine lag an der Nordostecke und südlich daneben die Bibliothek; an den anderen, der die Nordwestecke einnahm, schlossen sich Bauten der Stadtverwaltung. In der Mitte der langen Nordseite war zwischen Brunnenbauten und älteren Häusern das Bema, die Rednertribüne, errichtet. Vielleicht hat es Paulus – wie wir es später aus Korinth wissen – auch hier betreten und den renitenten Philippern das Evangelium gepredigt. An der Ost-, Süd- und Westummauerung öffneten sich Kolonnaden auf den großen inneren Platz.

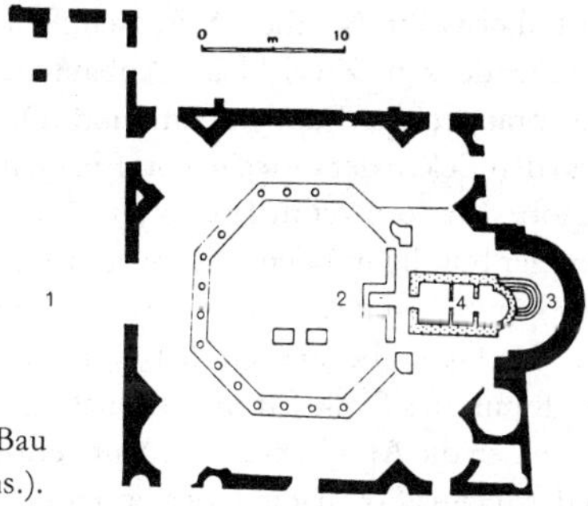

129 Philippi. Der Oktogon-Bau (Ende des 4. Jhs.).
1 Narthex - 2 Templon - 3 Synthronon - 4 spätere Kapelle.

Bei neuerlichen Ausgrabungen südöstlich des Forums wurden sehr bedeutende Fundamente einer frühchristlichen Kirche aus dem späten 4. Jh freigelegt. Der fast quadratische Innenraum ist zu einem *Oktogon* umgestaltet, dessen vor die 4 Ecken gelegten Seiten sich als Apsiden ausformen. In der Raummitte nahm ein ebenfalls im Achteck geordneter Stützenkranz das Dach auf. Vor der Ostseite wölbt sich die Hauptapsis mit Resten eines Synthronons (Fundamente einer späteren kleinen Kapelle liegen darüber). »Damit ist erstmals in Griechenland die oktogonale Form einer Märtyrer-Gedächtnisstelle belegt, wie sie aus Hierápolis in Phrygien, aus Bosra [in Südwest-Syrien] bekannt ist (Kirsten-Kraiker, Griechenlandkunde).

Unmittelbar westlich des Forums befinden sich die Ruinen eines der schönsten Bauwerke von Philippi. Es handelt sich um die *Basilika B*, einen großen Bau, der die zusammengestürzte Basilika A ersetzen sollte. Man datiert ihn um 560 und damit in die Regierungszeit Kaiser Justinians I. Die Westwand bis zur Höhe des Bogens über dem Portal zwischen Narthex und breitem Mittelschiff steht noch aufrecht, ebenfalls vier von dessen Pfeilern. Sie sind zum Wahrzeichen des versunkenen Philippi geworden. Die Türken nannten den Ort kurzerhand, wenn auch nicht sehr genau: *Direklar*, ›die Säulen‹. – Auch hier haben Baumeister und Kunsthandwerker aus Konstantinopel, oder zumindest mit dem Blick auf die Hauptstadt und die ›Hagia Sophia‹ des Justinian gearbeitet. Die drei Langschiffe waren kurz, das Mittelschiff besonders breit (15 m) und, Rekonstruktionsüberlegungen zufolge, von einer flachen Kuppel überwölbt. Narthex, Seitenschiffe und die Emporen hatten Tonnendecken. Zwei kleine Anbauten an der Nord- und Südwand sprangen als ›Baptisterium‹ und ›Diakonikón‹ mit kleiner Apsis an den Ecken der Ostseite vor. Eine sehr hohe schlanke Kuppel erhob sich 30 m vom Boden aus über der Mitte des Querarms, der hier bündig mit den Außenwänden der Seitenschiffe endet. Diese Kuppel stützte sich auf zwei Vierungspfeiler und Bogen, sowie das Gewölbe der großen, geräumigen Ostapsis, und sollte den Raum des Sanktuariums krönen. Doch sie stürzte ein. Danach scheinen die Architekten den Mut verloren zu haben – anders als bei der ›Hagia Sophia‹ in Konstantinopel, wo man nach dem Unglück gleicher Art (558) erneut ans Werk ging und den Bau vollendete (563). Die Direklar-Basilika, mit deren Innenausstattung man bereits weit vorgeschritten war, ist niemals fertiggestellt worden.

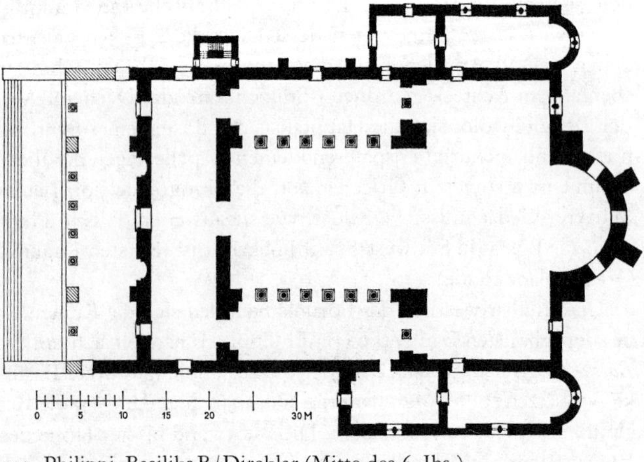

130 Philippi. Basilika B/Direklar (Mitte des 6. Jhs.).

Der Bauschmuck im kleinen *Museum* wirkt, wie schon erwähnt, besonders ansprechend durch seine Schlichtheit und die fromme Kraft der Zeichen, auch wenn Technik oder Komposition bisweilen hinter spätantiken Vorbildern zurückstehen mögen. Fische, Vögel und Blumen erscheinen auf den die Pfeiler umkleidenden Reliefplatten. Rosetten, Kreuze, Blattranken sind auf Fragmenten der Altarschranken und der Kanzelverkleidung. Der Schmuck der beiden großen noch erhaltenen Kapitelle – ein Akanthuskapitell aus Basilika A und besonders das A-jour-Kapitell aus Basilika B – verdienen eingehende Betrachtung. Bei letzterem wirkt das Blattwerk stilisiert und naturalistisch zugleich. In diffusem Licht überzieht es den massiven Kapitellkern gleich einem Spitzentuch und erblüht bei starker Beleuchtung zu erhöhter Plastik, wobei die ›bezaubernde Künstlichkeit‹ nie aufgehoben wird.

Im Westen schließt unmittelbar das Gebiet der einstigen *Palästra* an, die viele der Spolienblöcke für die Basilika B geliefert hat. Aufgrund dieser systematischen Plünderung bieten die Überbleibsel dieser Anlage – abgesehen von einem gut gearbeiteten Kapitell mit Akanthusblättern – dem archäologisch ungeübten Auge wenig. Dagegen stellen sich die südwestlich der Palästra gelegenen Reste eines anderen Baus sofort verständlich dar: 7 Stufen führen zu einem Durchgang mit gut erhaltenem Türsturz hinab, der den Zugang zu einem tiefer gelegenen Hof freigibt. Diese Anlage war die öffentliche Latrine. An drei Seiten des Rechtecks sind 20 der ehemals 50 Marmorsitze erhalten.

Auf dem Rückweg nach Kavála sollte sich der Reisende noch die *Basilika vor den Toren Philippis* anschauen (1,5 km östlich der alten Stadt beim heutigen Dorf Krinídes). Die Gelehrten datieren die ältesten Fundamentreste der schlichten dreischiffigen Basilika um das Jahr 350 und damit früher als die Kirchen innerhalb der Stadtmauern. Sie ist mehrfach zerstört und jeweils verändert und vergrößert wieder aufgebaut worden, scheint aber von Anbeginn die Kirche bei einem Friedhof gewesen zu sein. Innerhalb des gesamten Kirchenraums waren ebenfalls Grabkammern, in den Boden eingelassen, über Stufen betretbar, und die Inschriften auf den Deckplatten, soweit sie ›in situ‹ gefunden wurden, sagen, daß hier fromme Kirchenmänner von Philippi ihre letzte Ruhe fanden. Bei den Grabungen kam im Narthex ein Mosaikfußboden mit äußerst ansprechenden Tier- und Pflanzendarstellungen zum Vorschein;

zu bewundern sind Vögel, Delphine, blauumrandete Kreuze, Sterne, blaue Mäanderbänder, sowie geometrische Muster auf weißem oder rotem Grund.

Von Kavála führt die Straße nach Osten bis zum Dorfe Parádeisos durch welliges Land, gelegentlich tauchen weißgetünchte Häuser mit weit übergreifenden Dachtraufen in türkischem Stil auf. Östlich des Néstos beginnt die heutige Provinz Thrakien, das weite Flachland zwischen Küste und Rodópi-Gebirge, über dessen Kamm die Grenze zu Bulgarien läuft. Die endlosen Tabak- und Getreidefelder werden nicht einmal mehr durch Baumgruppen, Obst- oder Weingärten unterbrochen, nur einzelne Espen oder Pappeln setzen hin und wieder einen vertikalen Akzent. Auf Seitenstraßen schaukeln buntbemalte Karren dahin, am Wegrand begegnet man dunkelhäutigen Nomaden, Sarakatsánen, die den Fremdling mit düsterem Schweigen mustern. Die kleinen Dörfer wirken ärmlich, und unter der Bevölkerung leben noch viele Türken. Die Männer tragen auch heute den Turban, die Frauen kleiden sich vollkommen in Schwarz und verbergen ihre Gesichter hinter ›Yaschmaks‹. Sie sind zwar griechische Untertanen, genießen aber sonst weitgehende Autonomie, das heißt sie sprechen ihre eigene Sprache, haben eigene Schulen und beten in ihren Moscheen. Als türkische Minderheit leben sie von den Griechen völlig unbehindert, ein Paradebeispiel für die Behandlung von Minderheiten.

Man erreicht *Xánthi*, das in seinem Kern den Charakter der früheren türkischen Landstadt bewahrt hat. Auf der Platía im Zentrum – heute heißt sie Vasiléos-Konstantínos-Platz – steht noch das kleine türkische Bad, der Hamam. Auf dem anstoßenden Obstmarkt hängen farbige Kelims zum Verkauf. Kleine Rinnsale fließen unter türkisch gewölbten Brückchen dahin, und ein schönes Minarett, umstanden von Zypressen, hebt sich vor den grünen Hügeln ab. An den Hängen unterscheidet man die weiß herausleuchtenden Gebäude einiger Klöster, und im Westen werden die Ruinen einer mittelalterlichen Burg sichtbar, die zum Schutze Xánthis vor den aus dem Norden einfallenden Bulgaren errichtet worden war.

Von Xánthi aus wollen wir uns nun das *antike Ábdera* (sprich: Ávdira) anschauen. Von der großen Fernstraße in Richtung Komotiní biegt man beim Dorf Baphaíika (sprich: Vapháika) ab und erreicht 3 km südlich des heutigen Dorfes Ávdira das Gebiet der alten Stadt. Nach der Legende wurde Ábdera von Herakles zu Ehren seines treuen Gehilfen Ábderos gegründet, den die menschenfressenden Rosse des Königs Diomedes von Thrakien zerfleischt hatten. Zu geschichtlicher Zeit haben Ionier aus Klazomenai um 650 vor Chr. hier eine Kolonie gegründet. Xerxes ließ sich von der Stadt im Sommer des Jahres 480 vor Chr. üppig bewirten. Während seines auf die Bevölkerung mehr wie ein Triumphzug wirkenden Vormarsches nach Griechenland schickte der Großkönig jeweils Herolde voraus, die den Honoratioren der Orte, in denen er zu rasten gedachte, befahlen, opulente Gastmähler anzurichten. Nach Aufhebung der Tafel pflegten die Perser die Reste mitzunehmen, auch die »goldenen und silberenen Becher und Mischkrüge ... Nichts blieb zurück«, berichtet Herodot. Die Aufnahme des Großkönigs muß mit einem so gigantischen Aufwand verbunden gewesen sein, daß die Städte verarmten, ihre Bürger »hab- und heimatlos« wurden. Von den Thasiern heißt es, daß sie die Speisung des Heeres und des Königs in ihren Festlandsstädten 400 Silbertalente (fast 1 Million Mark) gekostet habe – wenn wir dem zu Übertreibungen neigenden Herodot Glauben schenken wollen. Den Abderiten, so fährt er fort, riet ein Mitbürger, »sich ohne Ausnahme in ihre Tempel zu begeben, als Schutzflehende niederzusitzen und die Götter zu bitten, ihnen die Hälfte der in Zukunft bevorstehenden Leiden zu ersparen. Was das Überstandene beträfe, sollten sie den Göttern heißen Dank sagen, daß König Xerxes nicht zweimal am Tag ein Mahl zu halten pflege; denn ... so wäre den Abderiten nur die Wahl geblieben: entweder des Xerxes Ankunft gar nicht abzuwarten oder über der Bewirtung elender als je eine Stadt zugrunde zu gehen.«

Es war zwar fast sprichwörtlich, daß die Leute von Ábdera träge und einfältig seien (beide, Cicero wie Juvenal beziehen sich darauf), doch die Stadt hat einige Männer von außergewöhnlicher geistiger Regsamkeit hervorgebracht. Da wäre zunächst *Leukippos* zu nennen und sein Schüler *Demokrit*, der bereits im 5. Jh. vor Chr. zu dem Schluß kam, daß die Materie aus stets wechselnden Verbindungen kleinster Teilchen bestünde, die in sich unteilbar, ›atomos‹, seien. Damit war die Lehre vom Atom geboren, die erst die moderne Physik wieder entscheidend weiterentwickelte. Ferner stammte *Protagoras* (etwa 485-415 vor Chr.) aus Ábdera, der erste

Sophist, dem man in Athen untersagt hatte, zu lehren, und der schließlich um der Glaubensskepsis willen, die aus seinem Werk ›Über die Götter‹ spricht, verbannt wurde. Schon der erste Satz hebt an: »Was die Götter anbelangt, so kann ich nicht mit Sicherheit sagen, ob sie existieren oder nicht.« Im 4. Jh. wurde der Philosoph *Anaxarchos* (um 380-320 vor Chr.) hier geboren, Anhänger der Lehre Demokrits, ein verbindlicher, genußfreudiger Mensch, der Alexander den Großen auf seinem Zuge nach Indien begleitete.

Sich hier, an dem einsamen und trostlosen Küstenstreifen eine lebendige Stadt vorzustellen, fällt schwer. In weitem Bogen nach Westen ausgreifend scheint sich das flache Land mit der Insel Thasos zu verbinden (vom Örtchen Keramotí geht die Fähre hinüber). Ein Fischer, der darauf bestand, mir die wenigen *antiken Reste von Ábdera* zu zeigen – die ohnehin leicht zu finden sind –, sprach voller Stolz von seinen namhaften Landsleuten, vor allem von Demokrit. Er schilderte ihn so anschaulich, als wäre er erst vor ein paar Tagen und nicht schon um 370 vor Chr. gestorben. Nördlich vom Straßenende liegen die Grundmauern eines hellenistischen Bauwerks, bei dem 26 Räume um zwei Höfe liegen. Da es dicht am Meer liegt, waren die Räume mit abgestandenem Wasser angefüllt. Weiter stößt man noch auf ein paar behauene Quaderblöcke, auf Reste von Grundmauern und auf eine einzige zerbrochene Säule. Die bei den Ausgrabungen (1950) zutage gekommenen Terrakotten und Vasen sollten weit bedeutender sein als die architektonischen Spuren. Mein archäologisch versierter Fischer erklärte, daß man nunmehr auch das Theater von Ábdera gefunden hat. Es liegt etwa 1,5 km von den oben beschriebenen Ruinen entfernt, ich habe auf eine Besichtigung verzichtet. – Reste von Mauerwerk zeichnen sich außerdem auf einem südlicher gelegenen Hügel, genannt ›Kastro‹, ab, der einsam aus der flachen Küstenlandschaft herausragt. Die Byzantiner haben hier ihre *Festung Polystylon* errichtet.

Auf kleinen Landstraßen fuhren wir so nahe wie möglich parallel zur Küste nach Osten, bis wir kurz vor *Lagós* wieder auf die Fernstraße stießen. Auf der Meerseite sahen wir große Anlagen zur Salzgewinnung, auf der Landseite liegt der Vistónis-See (griech.: Bistónis), dessen Name an die Bístones der Antike, einen Thrakerstamm in dieser Gegend, erinnert. Aus der Türkenzeit ist auch noch ›Límni Burú‹ (griech.: Mpouroú) im Gebrauch.

Durch Lágos ziehen sich viele verschlungene Kanälchen, die Lagune und Meer miteinander verbinden. Außer einer Kirche des Heiligen Nikólaos mit einem Glockenturm auf einem kleinen Inselchen in der vorgelagerten Meeresbucht bietet das Fischerdorf nichts Sehenswertes. Die Straße führt dann wieder landeinwärts durch Weideland zu dem etwas ärmlich wirkenden Komotiní, der Hauptstadt von Thrakien.

Komotiní ist der große Sammel- und Umschlagplatz für die landwirtschaftlichen Produkte ringsum. Nirgendwo wohnen mehr Türken in einer griechischen Stadt. In den Straßen und Cafés hört man meist die sanften gutturalen Laute ihrer Muttersprache. Die Menschen bewegen sich hier langsamer und bedächtiger. Die kleine Minderheit der Pomáken – mohamedanische Bulgaren, die Grenze verläuft seit dem Vertrag von Lausanne (1923) nur etwa 20 km nördlich von Komotiní – fällt neben den freundlichen Türken und den lebhaften Griechen vor allem durch die dunklere Haut auf.

Zur Besichtigung sei in Komotiní die ›Yeni-Dschami‹ in der Hephaistos-Straße empfohlen, in der die Kupferschmiede beieinandersitzen. Im Vorhof der Moschee, über deren mächtiger Kuppel ein goldener Halbmond schwebt, ist immer Leben: Türken mit Turban und in bauschigen Pluderhosen treffen sich dort und besprechen ihre täglichen Probleme, während sie ihre Schuhe aufknüpfen und die Füße waschen, ehe sie in die Moschee gehen, um zu beten. Ein Refugium muselmanischer Frömmigkeit inmitten der ›Schmieden des Hephaistos‹. Man glaubt sich hier schon fast in der Levante, jener vielsprachigen Ecke des östlichen Mittelmeers, halb europäisch, halb asiatisch, die sich ihre Lebensenergie noch immer bewahrt hat. – Noch eine andere, die kastenförmige ›Eski-Dschami‹ mit ihrem grazilen Minarett könnte den von West nach Ost Reisenden interessieren. Wer allerdings aus der Türkei nach Thrakien kommt, hat soviel Großartigeres gesehen, daß er sich hier kaum aufhalten wird.

Zwischen Komotiní und Alexandroúpolis verdient nur die römische Brücke über den Philiouris genannt zu werden. Dann folgt das fast ausschließlich von Türken bewohnte Städtchen *Sápai* mit einem merkwürdig bauchig geformten Minarett. An den im Osten aufsteigenden kahlen Hängen besaß der thrakische Dionysos ein Heiligtum. Irgendwo in dieser grauen Wildnis hatte auch der mythische Thrakerkönig Rhésos eine Kultstätte. Er war in seinem Stammland ein Halbgott geworden, zu dessen Altar sich Rinder, Eber und Gazellen als Opfertiere drängten, weil sie von übergroßer Liebe zu diesem schönen Sohn des Flußgottes Strymon und der Muse Eutérpe erfüllt waren. – Man überquert sodann den östlichsten der sich zum Meer vorschiebenden Ausläufer des Rodópi-Gebirges. Die Straße führt zwischen Olivenhainen, den ersten, die wir auf der langen Fahrt durch Ost-Makedonien und West-Thrakien entdecken konnten, nach *Alexandroúpolis* hinab. Der Stadt ist bei aller Betriebsamkeit der Verlust der Hälfte ihres Hinterlandes anzumerken. Der lebhafte Verkehr zu Wasser und zu Land zu den nahen Dardanellen ist seit 1920 abgeschnitten, als in den Pariser Verträgen (Neuilly) der Lauf des Évros, des antiken Hébros, *als Grenze* Griechenlands zu der Türkei deklariert wurde. Damit war nach den Jahrhunderten der Türkenherrschaft und nach Jahrzehnten des Streites mit den Balkanstaaten das Küstenland zwischen Rodópi und Ägäis wieder an Griechenland zurückgefallen. Zunächst schien es nämlich, als sollte Bulgarien – 1878 nach dem Sieg Rußlands über die Türkei als Pufferstaat gegründet – mit dem Anspruch auf den Küstenteil seines makedonisch-thrakischen Stammlandes erfolgreich bleiben. Im Zweiten Balkankrieg (1913) verlor es aber das makedonische Gebiet an die vereinigten Griechen und Serben; Griechenland dehnte sich bis zum Néstos aus, konnte sich aber für seinen Anspruch auf Dedeagatsch (das heutige Alexandroúpolis) und das thrakische Hinterland gegen das von Rußland unterstützte Bulgarien nicht durchsetzen. Auch die Mittelmächte im Ersten Weltkrieg garantierten den Bulgaren den verbliebenen Besitz als Preis für ihre Waffenhilfe. Erst als die Alliierten, im Bunde mit der griechischen Regierung, in Saloniki landeten und gemeinsam mit den Makedonen auf Konstantinopel zu marschierten (1918), war eine Lage geschaffen, die schließlich die Grenzregelung am Évros zugunsten Griechenlands ermöglichte.

Alexandroúpolis hat einige gute Hotels. Die meisten Gäste sind Reisende, die sich von hier nach Samothrake einschiffen. Wir nahmen Quartier, um einen Ausflug ins Évros-Tal zu unternehmen. Etwa 15 km östlich der Stadt lag linker Hand von der Fernstraße auf einem der Hänge das *antike Trajanoúpolis.* Kaiser Trajan gründete hier eine Stadt, die, an der Via Egnatia und nahe der Évros-

Mündung, bald zur Hauptstadt der Rodópi-Provinz aufstieg, sich mit ihrem Mauergürtel bis zum Meer ausdehnte und erst im 12. Jh., als die Lateiner in Byzanz regierten, an Bedeutung verlor. Doch Trajan war nicht der erste, dem eine gefestigte Herrschaft über dieses Gebiet wichtig erschienen war. Die Stadtburg von Trajanoúpolis ließ er unmittelbar neben der *Festung Doriskos* anlegen, die der Perserkönig Dareios (522-486) zur Sicherung seines Zuges ins Donaubecken gegen die Skythen (513/12) errichtet hatte. Diese Festung war so groß, daß nach dem Bericht von Plinius 10000 Mann darin Schutz fanden.

Auch Xerxes hat hier seine Truppen zusammengezogen, um die Riesenarmee vor dem Weitermarsch zählen zu lassen. Einschließlich der Flottenbesatzung seien es – und dies schreibt Herodot – 1700000 Mann gewesen! Seinen Zahlenangaben, besonders bei feindlichen Truppen, ist allerdings nicht ganz zu trauen. Doch muß man ihm zugute halten, daß die Siege seiner griechischen Landsleute bei Marathon, Salamis und Platää um so bedeutender erscheinen, je größer die Armeen waren, die sie geschlagen hatten. Herodot nun beschreibt die Zählprozedur wie folgt: »Man sammelte 10000 Mann auf einen Fleck, ließ die sich möglichst zusammen drängen und zog ringsherum einen Kreis. Dann wurden sie herausgelassen und die Stelle rings umzäunt, so daß der Zaun etwa bis an den Nabel reichte. Nun trieb man die nächsten Leute in den umzäunten Platz hinein, bis auf diese Weise das ganze Heer gezählt war.«

Die Hauptstraße biegt nun bald nach Norden in das noch weiträumige Stromtal des antiken Hébros. In *Phérai*, dem byzantinischen Virá, sollte man etwas verweilen. Der hübsche Ort in grüner, von vielen Wassern durchzogener Umgebung drängt sich um die alte byzantinische Kirche. Sie ist Maria, der Weltenretterin, der ›Kosmosotíra‹, geweiht, stammt aus dem 12. Jh. und war das Katholikón (Hauptkirche) eines stark bewehrten, reich begüterten Klosters. In der Zeit der Komnenen-Kaiser war der byzantinische Teil Thrakiens zu gesichertem Wohlstand gekommen. Die hohen Umfassungsmauern umschlossen eine kostbare Bibliothek, ein Spital, Bäder, einen Aquädukt und kleinere Kirchen. Unmittelbar nach dem Fall von Byzanz an die Lateiner (1204) regierte von hier aus ein Neffe Geoffroi de Villehardouins Virá und das umliegende Land. Zu Beginn des 14. Jhs. wurde das Kloster vollends zur Festung, als die nun vereinigten Byzantiner sich hier gegen den Einfall des Bulgarenkönigs Michael Šišman verschanzten. Die Bulgaren siegten, zerstörten und plünderten, was ihnen in die Hände kam. Gleiches taten 1331 die Türken, die mit 70 Schiffen an der thrakischen Küste landeten. Der herbeieilende Kaiser Andrónikos II. Palaiologos kam in einen vollkommen verödeten Ort. Die starken Festungsmauern waren stehengeblieben und dienten von nun an als Staatsgefängnis, in dem Widersacher und Feinde von Byzanz schmachteten. Unter dem Eroberer Sultan Murad I. kamen 1361 erneut die Türken und besetzten das Gebiet nun für lange Jahrhunderte. Die Kirche der ›Panhagía Kosmosotíra‹, damals in eine Moschee verwandelt, hat auch diese Zeiten leidlich überstanden. Leider ist ihr Äußeres in jüngster Vergangenheit nahezu überall mit einem braunroten Anstrich versehen worden. Doch in der Festigkeit der Proportionen, mit den fünf Kuppeln und einer geräumigen Apsis, die drei sich zurückstufende Blendbögen zwischen vier Strebepfeilern gliedern, folgt das kleine Bauwerk bester Bautradition und zeigt mit seinem Ziegeldekor und Reliefschmuck, daß es keineswegs nur provinziellen Ansprüchen zu genügen hatte. Dieser Eindruck verstärkt sich noch im Innern, wo vier Granitsäulen mit theodosianischen Kapitellen sowie die Freskenreste bezeugen, daß man erstklassige Handwerker beschäftigt hatte.

Bei *Ardánion* zweigt eine neu ausgebaute Fernstraße ab, die den Weg nach Konstantinopel wesentlich verkürzt und im Grunde den Verlauf der Via Egnatia aufnimmt. Die neue Brücke über den Evros verbindet die griechische Grenzstation *Kípoi* mit dem türkischen *Ipsala*. – Wir fahren weiter nach Norden auf Adrianoúpolis (Edirne) zu. Immer wieder kommt das breite Band des Flusses in Sicht, der sich durch Felder und Obstgärten windet. Die uralten Fehden und Kriege sind an dieser natürlichen Grenze augenblicklich nahezu zur Ruhe gekommen. Weder Grenzposten noch Geschützstellungen verunzieren das Land. Bei *Souphlíon* kommt man in ein Zentrum der Seidenraupenzucht. Als ich das letzte Mal dort war, hatte ein reißender Hébros das umliegende Gebiet überschwemmt, und mir kam das mythische Bild in den Sinn, wie einst das Haupt des Orpheus auf diesen Wasserstrudeln dahintrieb, immer noch singend, indes sein zerstückelter Leichnam von den rasenden Mänaden des Dionysos in den Fluß geworfen worden war.

Der Évros ist ein Strom, der breiteste in Griechenland; seine zahlreichen Zuflüsse sind in den harten thrakischen Wintern nicht selten eisbedeckt. Plinius sagt, daß man in den Sandbänken einst Gold fand, und fast 2000 Jahre später beobachtete ein französischer Reisender, daß Männer hier noch im 19. Jh. nach Gold suchten, das der Fluß aus den Balkangebirgen ausgewaschen hatte.

Weiter flußaufwärts tauchen nun auf einem Hügel mit zwei durch einen sanften Sattel getrennten Kappen die Ruinen der beiden Burgen von *Didymóteichon* (Demotika) auf. Die kleinere Festung lag auf dem höheren, die größere auf dem tieferen Gipfel. Ein weiter Mauergürtel schloß außerdem das kleine Städtchen am Hang darunter mit ein; daher der Name: die ›Zwillingsmauern‹. – Der gut zu verteidigende Ort muß die Menschen schon seit frühester Zeit angezogen haben. Thraker haben ihn, lange bevor Griechen hierher kamen, befestigt. Dann war es Trajan, der hier Plotinópolis gründete und so der Nachbarstadt von Trajanoúpolis den Namen seiner Gemahlin Plotina gab. Wann die Stadt unterging, liegt im Dunkel. Die Akten der Synode von Konstantinopel aus dem Jahr 879 erwähnen Didymóteichon zum ersten Mal wieder in byzantinischer Zeit.

Bei den Resten der antiken Stadtummauerung lassen sich an ein paar Stellen noch die unteren Lagen der frühen thrakischen Mauer feststellen. Die Byzantiner haben den alten Ring dann mit ihren Befestigungen ergänzt und verstärkt und mit zehn Türmen versehen, deren nach außen gekehrte Seite das Monogramm Christi trug. Es gab drei Stadttore und innerhalb der Mauern zwei Kirchen und viele Kapellen. Zisternen, Getreidespeicher und Windmühlen sorgten für die Verpflegung während Belagerungszeiten.

Vom Kastro auf der Höhe umfaßt der Blick einen weiten Umkreis, reicht bis zum 50 km fernen Adrianopel (Edirne). Es lohnt den steilen, doch kurzen Anstieg! Hier wurde der spätere Kaiser Johannes III. Vatátzes (1222-1254) geboren, der von Nikaia aus die Herrschaft der Lateiner in Konstantinopel zu brechen suchte. Zuvor schon, im Jahre 1189, war Friedrich Barbarossa hier eingekehrt. Für kurze Zeit hatte er die Feste eingenommen als Unterpfand für seine Verhandlungen mit dem Kaiser Isaak II. Angelos, der sich sträubte, ihm im Dritten Kreuzzug den Durchmarsch durch byzantinisches Territorium zu gestatten. Im Frühjahr 1305 suchte Michael IX., Mitkaiser und Thronanwärter während der Regierung von Andronikos II., hier Schutz vor den Ausschreitungen der ›Katalanischen Kompanie‹ und 1341 waren die Bewohner von Didymóteichon Zeugen der Nominierung des Johannes VI. Kantakouzenos zum Kaiser (Krönung 1346 in Adrianopel). Doch schon 20 Jahre später gelang es Sultan Murad I., Didymóteichon einzunehmen (1361). Das Vordringen der Türken, die Einkreisung von Konstantinopel nahmen damals schon ihren Anfang. Die ›Zwillingsmauern‹ machte er zunächst zu seiner Hauptstadt, baute den turmartigen Palast auf der Höhe, in dem sein Sohn, der spätere Sultan Bajezid I. zur Welt kam, ehe er fünf Jahre später seine Residenz ins gerade eroberte Adrianopel verlegte.

Während der Jahrhunderte der Türkenherrschaft wird es stiller innerhalb der Mauern. Einmal taucht Didymóteichon wieder ins Licht der Geschichte, als der Schwedenkönig Karl XII. nach der vernichtenden Niederlage bei Poltawa (1709) durch Peter den Großen von Rußland zur Türkei hin auswich, um der Gefangenschaft zu entgehen. Im Palast von Didymóteichon fand er Aufnahme. Die Leute zeigen einem heute ein dumpfes unterirdisches Verlies und erzählen, er sei hier als Gefangener der Türken festgehalten worden. Doch das ist Legende. Karl XII. lebte hier anderthalb Jahre lang als Gast, und natürlich war sein ganzes Sinnen auf einen Gegenschlag gerichtet. Er versuchte mit hartnäckigem Drängen, die Türken für ein Bündnis zum Vorgehen gegen den gemeinsamen Feind Rußland zu gewinnen. Vergeblich. Allein kehrte er in den Norden zurück und fiel 1714 bei einem Feldzug in Norwegen.

Der heutige Grenzort mit halb griechischer, halb türkischer Bevölkerung ist nur noch interessant durch seine bewegte Vergangenheit. Die stolzen Mauern und Türme sind zu malerischen Ruinen zusammengesunken. Im Städtchen ist nur noch ein verfallendes Holzhaus, ehemals ein Kleinod türkischer Profanarchitektur mit ausgezeichnetem Schnitzwerk, wirklich sehenswert.

Hier endete unsere Reise in den Nordosten Griechenlands. 1969 kam ich noch einmal mit dem Zug hierher und will nun noch kurz die Bahnfahrt schildern, die mich nach Thessaloniki zurückbrachte. Sie ergänzt und bereichert vortrefflich das Bild von Thrakien und Ost-Makedonien, weil die Strecke am Südhang der Rodópi-

Kette entlangführt, einem Gebiet, das wir auf der zuvor beschriebenen Autoreise nicht zu sehen bekamen.

Von Alexandroúpolis nach Thessaloniki braucht der Zug mit mehreren langen Aufenthalten neun Stunden. Die Bahnlinie biegt sofort nach Nordwesten ins Landesinnere, und die Meeresküste kommt nicht mehr in Sicht. Die Strecke wurde vor der Jahrhundertwende von den Türken absichtlich küstenfern angelegt – außerhalb der Reichweite griechischer Kanonenboote sowie der Kreuzer und Schlachtschiffe der Schutzmächte England, Frankreich und Rußland. Nur so kann man sich die weiten Umwege und das Inkaufnehmen der oft schwierigen Trassenführung erklären. Zwischen *Komotiní* und *Xánthi* dehnen sich endlose Tabakfelder. Eigentlich interessant wird die Reise erst nordwestlich von Xanthí. Hinter dem Dorf Toxótai taucht die Bahn in die *Néstos-Schlucht* ein, die so schmal ist, daß sich die Ingenieure bisher nicht an den Bau einer Straße neben der Bahnlinie herangewagt haben. Zwischen den langen Tunnelpassagen bieten sich immer wieder grandiose Ausblicke. Zunächst steigen zu beiden Seiten die Felswände steil und schroff empor, tief drunten der Fluß, der das Felsgestein im Laufe der Zeit zu bizarren Formen umgestaltet hat. Später weitet sich die Schlucht, und man schaut nun über Felsterrassen, Steilhänge und Bergvorsprünge, die sich in laufendem Wechsel zu seltsam harmonischen Formen vereinen.

Am Fuß des Phalakrón-Bergstocks liegt *Dráma*, das *antike Drabeskós*, wo die Athener bei ihrem ersten Versuch, die Kolonie Amphípolis zu gründen, von den Thrakern aufgerieben wurden. Hier unterhält die Nationale Tabak-Organisation, die für Rationalisierung des Anbaus, der Lagerung und Aufbereitung des Tabaks sorgt, ein wichtiges Forschungszentrum. Nach Süden erstreckt sich die ›Goldene Ebene‹, in der neben Tabak auch Reis, Baumwolle und Zuckerrüben angebaut werden. Der konische Hügel mit der Akropolis von Philippi setzt sich in der Ferne deutlich ab. Nun geht es nach Südwesten. Das Pangáion-Gebirge kommt näher, das ohne überleitende Bodenwellen oder gar Hügel unmittelbar aus der sanften fruchtbaren Ebene aufragt. Links der Schienen sieht man wie aus der Vogelschau in eine Art Höllenschlund hinab, in den der Aggýtis sein Flußbett gegraben hat.

Hinter Sérrai wendet sich die Eisenbahnlinie scharf nach Norden. Die nächste Station ist *Sidirókastron* am Fuße einer kargen

Hügelkette. Auf einem der Gipfel stehen die Reste eines starken, wie der Name des Ortes nahelegt, ›eisernen‹ Forts. Voraus werden die Zweitausender der Kerkíni-Berge – ihre Nordhänge liegen bereits in Bulgarien – sichtbar. An ihrer Südflanke überquert die Bahn den Strymón an einer Stelle, die strategisch ungemein wichtig war. Der Fluß durchbricht hier den Ost-West-Riegel der Rodópi-Kette, schuf den *Roupel-Paß*, den die Invasoren aus dem Norden nur zu passieren hatten, um ganz Makedonien vor sich zu sehen. Im Ersten Weltkrieg hat die Enge eine große Rolle gespielt. Griechenland war damals, wie so oft, in zwei sich befehdende Parteien aufgespalten: auf der einen Seite standen die deutschfreundlichen Royalisten um König Konstantin I., auf der anderen die liberalen Venizélos-Anhänger, die es mit der Entente hielten. Als Geste der Verbundenheit mit den Mittelmächten überließ König Konstantin im Mai 1916 das Fort Roupel den Bulgaren. Die Empörung über diese ›wohlwollende Neutralität‹ brachte dem inzwischen zur Abdankung gezwungenen Venizélos soviel Zustimmung und Unterstützung, daß er eine ›Provisorische Regierung der Nationalen Freiheitsbewegung‹ in Thessaloniki ausrufen konnte. Konstantin I. mußte unter dem Druck französischer und britischer Kriegsschiffe ins Exil gehen. Griechenland trat nun eindeutig auf die Seite der Entente und verbündete sich mit ihr gegen die Mittelmächte.

Weiter geht es gegen Westen bis zum Ostufer des *Doïránis-Sees*, in dessen Wasser sich abends die Lichter von Dörfern zweier Staaten spiegeln: Griechenlands und Jugoslawiens. Mit scharfer Wendung nach Süden hält der Zug als letzter größerer Station in *Kilkís,* einer Garnisonsstadt am Fuße der Kroúsia-Berge und führt schließlich entlang der Ufer des Gallikós nach Thessaloniki hinunter.

Das westliche Rumelien

Das Land der Aitoler und Arkananen

XXV

Naupaktos, 735 – Seeschlacht bei Lepanto, 737 – Kálydon, 740 – Mesolóngion, 744 – Pleuron, 749 – Oiniádai, 752 – Agrínion, 756 – Thérmos, 758 – Stratos, 762

Mit dem geographischen wie dem geschichtlichen Begriff *Rumelien* ist es eine verwickelte Sache. Man wird es vergeblich auf modernen griechischen Landkarten suchen. Die heutigen Provinzen, bis hinauf zu den angrenzenden Balkanstaaten, tragen seit der Befreiung des Landes von der Türkenherrschaft alle wieder offiziell ihre antiken Namen.

Die Byzantiner nannten das griechische Festland nördlich des Korinthischen Golfs das Land der ›Romáioi‹ – zur Unterscheidung von der Peloponnes-Halbinsel, für die die Franken beim überraschenden Anblick der vielen Maulbeerbäume, der ›Moréai‹, den Namen ›Moréa‹ gefunden hatten. *Romäer* waren alle hellenischen Untertanen christlichen Glaubens im Reich der oströmischen Kaiser. Auch die Griechen nannten sich so, um sich von den ›Lateinern‹ oder – wie es nach den Kreuzzügen allgemein hieß – den ›Phrángoi‹ (Franken) abzusetzen. Die Türken (auch die Perser und Araber) bezeichneten das Gebiet mit dem Wort ›Rum‹. Als sie es dann besetzt hielten, wurde daraus *Rumeli,* und im griechischen Volksmund blieb es bei dem Namen – auch nach dem Befreiungskampf. Man meinte damit vage, nicht mehr fest umgrenzt, den Norden des Landes. – Wenn man heute in Griechenland von ›*Rúmeli*‹ reden hört, so klingt dabei allemal die Erinnerung an eine große und an eine schmerzlich ertragene Vergangenheit herauf. Das Wort beinhaltet etwas vom glanzvollen Byzanz, von der Standhaftigkeit unter Drangsal und von langem leidvollen Dulden. In geographischem Sinn wird es im modernen Sprachgebrauch ausschließlich auf das Gebiet zwischen dem Nordsaum des Korinthischen Golfs und den Südgrenzen von Epiros und Thessalien angewendet, auf das gebirgige Land zwischen dem Ambrakischen und Malischen Golf. Ost-Rumelien – in der Hauptsache die Provinzen Phokis, die beiden Lokroi und die Phthiótis – haben wir im Kapitel XVI ›Wege nach Delphi‹ kennengelernt. Nach West-Rumelien, in die alten Stammeslandschaften Aitolien und Akarnanien, heute zusammengefaßt zu der einen Provinz ›Aítoloakarnanía‹ führt uns nun die Reise.

Eigene Erfahrungen, aber auch amtliche Statistiken lehren, daß Besucher, die von Westen her über Brindisi-Korfu-Igoumenítsa eintreffen, es eilig haben, zunächst einmal nach Athen zu kommen. Von dort planen sie dann, gleichsam strahlenförmig, ihre Reiserouten. Daher nehmen auch wir in den folgenden Kapiteln die

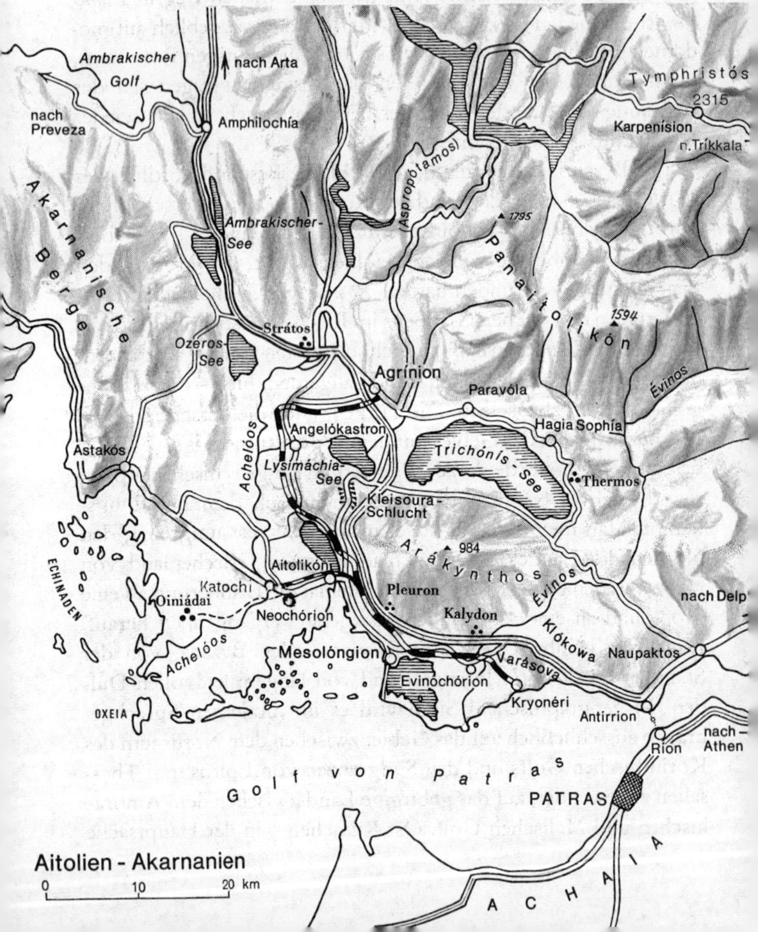

Aitolien - Akarnanien

Hauptstadt zum Ausgangspunkt bei den Beschreibungen der Landschaften an der Westküste des Festlandes.

Wählt man von Athen aus den schnellsten Weg, so wird man entlang der Nordküste der Peloponnes bei *Ríon* die Fähre benutzen, um bei *Antírrion* wieder auf Festlandsboden zu kommen. Die Türken nannten den engen Hals, durch den das Ionische Meer den Golf von Korinth speist, die ›Kleinen Dardanellen‹. Das Übersetzen an der schmalsten, nur 1,5 km breiten Stelle dauert 20 Minuten. Die Wasser sind hier oft etwas unruhig, weil der Wind durch verhältnismäßig hohe Bergketten gedrängt wird. Beiderseits des Golfes entlassen die Schluchten reißende Bäche, die auf der Nordseite zu großen Flüssen anschwellen; so der Évinos und der Achelóos, die ihren Treibsand vor sich herschieben, ehe sie sich im Ionischen Meer verlieren. Dort, mit dem Blick nach Westen, steigen die Umrisse der majestätisch hingelagerten Inseln Kephallinía und Íthaka auf. Im Norden erheben sich unmittelbar hinter dem Küstenstreifen die kahlen Berge Äitoliens und Akarnaniens. Im Süden gehen die Ausläufer des Panachaïkón-Gebirges in die höheren Bergketten der Peloponnes über, und an besonders klaren Tagen zeichnen sich auch die Gipfel des Erýmanthos-Gebirges ab. Ein überwältigender Rundblick, der wahrlich begeistern kann.

Während des Peloponnesischen Krieges bahnte sich in diesen Gewässern eine *Seeschlacht* an, die *vor Náupaktos* im Jahre 429 vor Chr. mit einem glänzenden Sieg der athenischen Flotte unter ihrem Befehlshaber Phormíon endete. Die Spartaner hatten Land- und Seestreitkräfte ausgesandt, um die mit Athen verbündeten Akarnanen auf ihre Seite zu zwingen. Die Flotte aus 47 Schiffen, vorwiegend die ihrer Bundesgenossen aus Korinth, wurden nördlich von Patras von 20 leichten athenischen Triëren gestellt. Die Korinther mußten den wendigeren athenischen Schiffen den ersten Angriff überlassen. Sie wurden von den in Kiellinie fahrenden Athenern umkreist, die sie, hart streifend, immer enger zusammendrängten. Zur hierbei entstehenden Unordnung trug der aufkommende Morgenwind bei, den Phormíon klug berechnend abgewartet hatte. In diesem Augenblick gab er das Zeichen zum Angriff. Nicht willens, die Niederlage anzuerkennen, schreibt Thukydides, verlangte Sparta eine neue, besser vorbereitete Seeschlacht. Bei dieser zweiten Auseinandersetzung gelang es den

Peloponnesiern, diesmal innerhalb des Golfes etwa vor Naupaktos, mit inzwischen 77 Schiffen die Athener zunächst zu bedrängen, neun der zwanzig athenischen Triëren den Weg abzuschneiden und sie aufzubringen. Doch mit der größeren Disziplin und seemännischen Erfahrung schlugen die Athener im Gegenstoß den sich bereits des Sieges sicher wähnenden Feind in die Flucht. Timokrátes, einen der Befehlshaber der Lakedaimonier, traf die Schmach über den Ausgang der Schlacht so tief, daß er sich über Bord warf und ertrank. Im Hafen von Naupaktos wurde er an Land gespült.

Antírrion haben die Venezianer – wie auch das gegenüberliegende Ríon – mit einem starken Kastell befestigt (um 1400). Die Türken unterschieden die Zwillingsforts später als *Kastro Moréa* und *Kastro Rumeli*. Täglich, von morgens bis abends durchpflügen die mit Autos, Reisebussen und Lastwagen beladenen Fähren die tiefblaue Wasserenge. Naupaktos (in Griechenland sprich: Návpaktos) liegt etwa 10 km östlich von Antírrion. Die Häuser der kleinen Stadt schmiegen sich, aufgereiht wie ein Band, hinter der Hafenstraße an die kahlen Berghänge, die von Norden her dem Wasser entgegendrängen. Zunächst war der Ort von den ozolischen Lokrern, den ›übelriechenden‹, besiedelt, die das Attribut zu ihrem Namen ihrer Kleidung aus Ziegenhäuten verdankten oder es, wie Strabon meint, wegen der schwefelhaltigen Quellen auf ihrem Gebiet westlich von Antírrion hinnehmen mußten. Pausanias berichtet, daß es hier ein Heiligtum der Artemis gab und eine der Aphrodite geweihte Höhle, zu der die Witwen pilgerten, um sich von der Göttin der Liebe einen neuen Gatten zu erflehen. 455 vor Chr. hatten die Athener die Hauptstadt der Lokrer in Besitz genommen und siedelten sogleich die nach dem Dritten Messenischen Krieg (464-459 vor Chr.) vertriebenen Messenier, die letzten Verteidiger vom Berg Ithóme (siehe Kapitel XII) hier an. Der gut geschützte Hafen und die strategisch wichtige Lage am Zugang vom Golf von Korinth machten den Ort zum idealen Stützpunkt der Athener während des Peloponnesischen Krieges. 426 vor Chr. landeten hier 1000 athenische Hopliten zur Unterstützung der wackeren Messenier, da Sparta nun mit 3000 Mann, verstärkt durch Aitoler und Lokrer, versuchte, Athen aus Naupaktos zu verdrängen. Nach dem Ende des Krieges ging die Stadt wieder an die Lokrer zurück.

In neuerer Zeit, 1407, übernahmen die Venezianer *Lepanto* – wie Naupaktos damals hieß – und legten mit dreifachem Ring über den antiken Stadtmauern eine große Festung als »stärkstes Bollwerk der Christenheit« an. Ihre Herrschaft dauerte fast ein Jahrhundert, war schließlich nur mehr eine Insel in dem von den Türken beherrschten Land und ist durch mehrere Belagerungen sturmreif gemacht worden. Wochenlang gingen die türkischen Kanonenkugeln auf die benommenen Verteidiger nieder. Im Jahre 1499 fiel Lepanto als letzte venezianische Besitzung auf dem griechischen Festland und der Befehlshaber Admiral Grimani mußte die Festung an die Türken übergeben. Der Verlust ging den Venezianern sehr nahe. Verletzter Stolz und Enttäuschung machten sich Luft in einem Spottfackelzug, den sie ihrem späteren Dogen darbrachten und über den Markus-Platz höhnten: »Antonio Grimani, Ruin der Christenheit«.

Im kleinen Hafenbecken, das in dieser Form von den Venezianern angelegt wurde, schaukeln heute bunte Kaïkia. Der künstlich geschaffene Hafen war damals die einzige gute Ankermöglichkeit an der unwirtlichen Felsenküste. Von hier lief die Flotte Sultan Selims II., des ›Trunkenen‹, aus, der so hieß, weil er Wein und Frauen dem Schlachtgetümmel vorzog. Eines Morgens im Oktober 1571 kam es zu dem Treffen mit den vereinigten Seestreitkräften des Papstes, der Spanier und Venedigs, die mit 200 Galeeren unter dem Kommando des Don Juan d'Austria bei der kleinen Insel Oxeía am Eingang des Golfs von Patras kreuzten. Auf einer der spanischen Galeeren lag zu diesem Zeitpunkt ein Soldat namens Cervantes mit Fieber krank in seiner Kabine darnieder. Als dann aber zum Kampf geblasen wurde, nahm er, wenngleich etwas unsicher auf den Beinen, seinen Posten auf einem der Beiboote ein, die zu seiten der Galeeren fuhren. Zwei Schüsse verwundeten ihn schwer. Dennoch bezeichnete er seine für immer verstümmelte linke Hand stets als ein Mal, das ihn an die stolzesten Augenblicke seines Lebens erinnere.

In fünf Stunden wurde der Ausgang der *Schlacht bei Lepanto* entschieden. Die Türken erlitten eine vollkommene Niederlage: »das Meer war rot vor Blut, bedeckt mit Leichen, Waffen und Schiffsteilen ... viele Türken, blind vor Angst, warfen ihre Waffen weg und sprangen ins Meer, um der Verfolgung der Feinde zu entkommen, mitten unter die Toten und Ertrinkenden ...«, lesen wir in

Richard Knolles ›Histoire of the Turkes‹ von 1638. Die Türken verloren in dieser Auseinandersetzung 130 Galeeren und Tausende von Soldaten. Wie ein Lauffeuer verbreitete sich in Europa die Nachricht vom glücklichen Ausgang der Schlacht, welche die Christenheit gerettet und dem Mythos von der Unbesiegbarkeit der osmanischen Macht ein Ende bereitet hatte. Letztlich aber war die Bedrohung des Abendlandes keineswegs gebannt: die christlichen Verbündeten fielen auseinander, und Venedig schloß mit dem Sultan einen Separatfrieden. Auf ihren Schiffswerften und in den Waffenarsenalen arbeiteten die Türken mit erhöhtem Eifer, um die Verluste bei Lepanto rasch auszugleichen. Im 17. Jh. durchstreiften ihre Flottillen unter der Flagge mit dem Halbmond von Naupaktos aus die östliche Ägäis genauso unangefochten wie von Algier aus das westliche Mittelmeer.

Über dem Hafen steigt kegelförmig ein Berg an, ein Vorsprung des Rigani-Gebirges, der das *venezianische Kastell* trägt. Durch eine Reihe von Torbögen, über denen sich eine Bastion erhebt, geht der Weg hinauf in den Burghof. Noch weiter oben, bei der Prophítis Elias-Kapelle, läßt sich das Konzept der gesamten Anlage noch gut erkennen. Hier wie auch weiter unten laufen zwei Mauern quer über die Breite des Forts. Ein Angreifer sah sich also fünf Verteidigungsstellungen gegenüber. – Die Stadt am Fuß des Berges nimmt das Hafenoval mit seinen beiden kleinen Bastionen genau in ihre Mitte. Zwei Wälle verbanden ursprünglich die Festung mit den zwei Türmen am Hafen, so daß Hafen, Stadt und Hauptfestung innerhalb eines starken Schutzgürtels lagen.

Von Naupaktos kann man über Ámphissa nach Delphi fahren (Kapitel XVI). Wir aber nehmen die Straße nach Westen. Sie führt an der Küste um das beachtliche Massiv der Klókova (mit antikem Namen Taphiassós), die hier von über 1000 m Höhe unmittelbar zum Meer abfällt. Anschließend überquert man das breite Bett des Évinos (griechisch: Eúinos), den einstigen Grenzfluß zwischen dem ozolischen Lokris und Aitolien. Im ausgewaschenen breiten Geröllbett sucht er sich immer wieder neue Rinnen.

Aitolos ist der Stammvater dieses Landes, Sohn des Endymíon, der, wie Apollodoros meint, als der schönste aller Männer galt. Aitolien war zu allen Zeiten ein wildes einsames Bergland, von Schluchten durchzogen, wie mit Narben bedeckt. Kriegerische Leute bewohnten es, Jäger und Hirten, die in weit auseinandergelegenen Dörfern siedelten, anders als die meisten Griechen, die ihr Sicherheitsbedürfnis in größere befestigte Städte zusammenführte. Die Aitoler gliederten sich in einzelne Stämme (Agraier, Ophioneis, Eurytanen u. a. m.), die selbständig untereinander waren und jeweils ihrem Heerkönig folgten. Seine Stellung mag der des thessalischen ›Tagós‹ ähnlich gewesen sein. Die anderen Griechenvölker betrachteten die Bergbewohner als rückständig. Man sagte ihnen nach, daß sie besonders orakelgläubig seien und verspottete sie wegen ihrer rauhen Sitten und ihres schwer verständlichen Dialekts. Im Kampf jedoch entwickelten sie, die einen ausgezeichneten Ruf als Speerwerfer und Schleuderer genossen, außerordentliche Fähigkeiten, von denen nicht zuletzt die Athener zu berichten wußten. Als diese 426 vor Chr. im Peloponnesischen Kriege von Naupaktos aus unter ihrem Feldherren Demosthenes den Versuch unternahmen, die Aitoler mit Waffengewalt dem Einfluß Spartas zu entziehen, mußten sie eine empfindliche Niederlage einstecken.

Die verallgemeinernde und bei den Griechen gebräuchliche Bezeichnung als ›Aitoler‹ zeigt schon, daß im Laufe der Zeit die Einteilung des Landes in Stammesgebiete zurückgetreten war. Die Bewohner selbst begannen statt dessen, sich nach ihrer Kómi (Dorf) oder Polis (Stadt) zu nennen. Über die (nie aufgegebene) Stammeszugehörigkeit ordnete sich also eine Gliederung des Landes in Polisgebiete. Diese schlossen sich im 4. Jh. vor Chr. zu einem politischen Gemeinwesen, ›Koinón‹, zusammen und erklärten sich um 367 zum Bundesstaat, der sich in der Folgezeit rasch ausbreitet. Mit den Eroberungen räuberischer Scharen in Mittel-, Ost- und Nordgriechenland, ja bis Kleinasien hin, die der Aitolische Bund nicht nur duldet, sondern auch oft genug diesen Einzelunternehmungen seine besten Feldherren voranstellt, erweitert er rasch seinen Machtbereich. Ein jeder in den dem Bund zugeschlagenen Gebieten, ob Südepirote, Thessalier, Phoker, hatte nun als Aitoler das Bürgerrecht, seine Stimme bei der alljährlichen Versammlung in dem Bundesheiligtum Thérmos abzugeben.

So beschlossen die Aitoler 294 vor Chr., das ozolische Lokris zu nehmen und 291 sogar Delphi. Aus Respekt vor der Heiligkeit des Ortes blieb es aber weiterhin unter dem Schutz der Delphischen Amphiktionie (siehe S. 430, 448). Als die Aitoler 279 vor Chr. mit hohem Einsatz den Angriff der Kelten auf das Heiligtum abwehren halfen, wurden sie in die Amphiktionie aufgenommen.

Der Aitolische Bund kam zwischen 245-225 vor Chr. an die Grenzen seiner Erfolge und seiner Macht. Als erster vermochte Philipp v. von Makedonien weitere Übergriffe und Annektionen etwas einzudämmen. Nach dem Zusammenstoß mit den Interessen Roms in Akarnanien jedoch ging der Bund seiner Auflösung entgegen, und im Jahre 167 beschränken die siegreichen Römer die Aitoler auf ihr Kernland. Als es im Jahre 14 vor Chr. von Kaiser Augustus der römischen Kolonie Patras angegliedert wurde, war dies das Ende jeder politischen Bedeutung.

Westlich des Évinos kommt man in das ›homerische‹ Aitolien. Sehr bald, bei dem Dorf Evinochórion, bezeichnet eine weiße Kapelle am Berghang die Lage des alten *Kálydon.* Auch dort hat man wieder den herrlichen Rundblick zwischen dem im Südwesten aus dem Ionischen Meer auftauchenden, pyramidenförmigen Kontur von Zante (Zákynthos) und dem Varásova-Bergstock im Osten, dem homerischen ›Chalkis‹, von dessen steil abfallenden Hängen die Wachtposten das Nähern feindlicher Schiffe signalisierten. Am Fuß der Varásova, in der Nähe der kleinen Bootswerft *Kryonéri,* entsprang die Quelle der Kallíróë, so benannt nach dem Mädchen aus Kálydon, das sich in einem Anfall tiefer Reue die Kehle durchschnitt, weil ihr Verehrer, ein Priester des Dionysos, aus Verzweiflung über die von ihr unerwiderte Liebe, am Altar des Gottes Selbstmord begangen hatte.

Kálydon ruft eher die Erinnerung an mythische Gestalten denn an historische Begebenheiten herauf. So nennt Homer den »mutigen Oinéus«. Er war ein Urenkel von Áitolos und König von Kálydon. Mit Althaía hatte er die Söhne Tydéus und Meléagros und Herakles nahm seine Tochter Deiáneira zur zweiten Gemahlin. Diomédes, der als erster von Dionysos den Wein empfing, war sein Enkel. Von Thoas, dem Herrn der Burg in Kálydon, sagt Homer, daß er die Aitoler in den Trojanischen Krieg führte, gefolgt von »an vierzig schwärzlichen Schiffen«. Auch Óxylos, ein aus Aitolien verbannter Fürst, stammte aus Kálydon. Wie er sich durch Verrat zum König über Elis machte, ist im Kapitel XIII über Olympia zu lesen. Das Ereignis aber, das diesen Ort zum Schauplatz tragischer Schicksalsverflechtungen machte, war die *Kalydonische Eberjagd.* Die Erzählung von dem Begebnis, zu dem sich die Helden aus ganz Griechenland zusammenfanden, ging von Mund zu Mund, war nicht weniger bekannt als Jasons Fahrt mit der Argo um das Goldene Vlies oder des Theseus Abenteuer auf dem Weg von Athen nach Troïzen. Aber keine der frühen verdichtenden Beschreibungen hat sich uns erhalten.

Der Kalydonische Eber war eines der vielen wilden, den Göttern heiligen Tiere, »auf die Erde gesandt«, schreibt Pausanias, »und losgelassen, um die Menschen zu strafen«. Hier nun hatte König Oinéus versäumt, der Artemis ein Opfer darzubringen. Die Göttin, schnell gekränkt, rächte sich, indem sie den wilden Eber sandte, der das Land verwüstete. Dies war der Anlaß zur Jagd, an der sich die Jugend des Landes unter Führung des rothaarigen Königssohnes Meléagros, einem überragenden Speerwerfer, beteiligte: Iason und Admétos aus Thessalien, die Dioskuren aus Sparta, Theseus und Amphiáraos aus Attika und sogar der weise Nestor unternahm die lange Reise von Pylos herauf. Die glänzendste Erscheinung in der erlauchten Gesellschaft aber war Atalánte aus Arkadien, die jungfräuliche Jägerin, die von einer Bärin der Artemis genährt worden war, schneller laufen konnte als alle Sterblichen und bereits alle Athleten beim Wettlauf geschlagen hatte. Als die Helden den Eber gestellt hatten, brachte Atalánte ihm die entscheidende Wunde bei, indem sie ihn mit einem ihrer Pfeile ins Ohr traf. So konnte Meléagros dem wütenden Tier den Todesstoß versetzen. Bei der nachfolgenden Feier reichte Meléagros mit einer großzügigen Geste die Jagdtrophäen – Stoßzähne und Balg des Ebers – der furchtlosen Amazone. Die Brüder seiner Mutter Althaía jedoch versuchten, sie ihr zu stehlen. Im nun entstehenden Handgemenge tötete Meléagros seine beiden Onkel Pléxippos und Toxéus. Seine Mutter Althaía, die über den Tod ihrer Brüder außer sich geriet, entsann sich nun einer düsteren Prophezeiung: zur Zeit, als sie Meléagros gebar, hatten die Schicksalsgöttinnen ihr geweissagt, daß das rothaarige Kind nur solange leben werde, bis das auf dem Herd brennende Holzscheit zu Asche geworden sei. Schnell entschlossen hatte sie es aus dem Feuer gerissen und verbarg es seitdem unter ihrem Gewand. Nun aber warf sie es in die Flammen, um den Tod ihrer Brüder zu rächen, unnachgiebig, auch wenn dabei ihr eigener Sohn das Leben verlieren sollte. Als das Holzstück verglüht war, sank Meléagros tot um. Die Klagefrauen an seiner Bahre verwandelte die zürnende Artemis, empört, daß man ihren Eber erlegt hatte, in Perlhühner. Die Grausamkeit und Leidenschaftlichkeit dieses an mykenische Dramen erinnernden Geschehens um Artemis, Althaía und Meléagros haben einen Euripides und Sophokles zur Gestaltung angeregt; leider sind nur Fragmente erhalten. In der neueren Literaturgeschichte hat Swinburne in seiner lyrischen Dichtung ›Atalante in Kalydon‹ das Thema aufgegriffen.

Ein Pfad führt von der Straße zu dem Hügel empor, auf dem sich die Stadt *Kálydon,* großartig gelegen, ausbreitete. Auf Spuren, die bezeugen könnten, daß Kálydon einmal die »Zierde« Griechenlands (Strabon) war, wird man nicht mehr stoßen, vermag aber zugleich einzusehen, warum Euripides die strategische Bedeutung des Ortes als militärischer Vorposten der Peloponnes hervorhebt. Im Südwesten, auf einem langgestreckten Rücken vor den Mauern der Stadt lag das *Láphrion,* das Heiligtum der Artemis-Laphría und des Apollon-Láphrios, der ihr zur Seite als Gott der Hirten verehrt wurde. Die Göttin der Jagd genoß hier vor ihm und auch vor allen anderen Göttern größtes Ansehen. So hat man ihr zwischen 630 und 600 vor Chr. den *1. Tempel* errichtet. Ein *2. Artemis-Tempel* entstand um 575 vor Chr. (Umbau um 500), von dessen tönernem Bauschmuck man durch bemalte Stirnziegel und eine erhaltene Ton-Metope (darauf der Kampf des Herakles mit dem erymanthischen Eber) weiß. Elf bemalte Ton-Metopen und Fragmente der mit Löwenköpfen geschmückten Sima haben sich dagegen von dem etwa gleichzeitigen kleinen *Apollon-Tempel* an der äußersten Südwestspitze des Hügelrückens erhalten. Auf ihnen waren apotropäische (Unheil wehrende) Wesen – Gorgonen, Sphingen, Sirenen, Löwen – dargestellt (heute im Nationalmuseum Athen und dem Museum in Thermos). Da man auch Fehlbrände gefunden hat, ist anzunehmen, daß der Terrakottaschmuck hier an Ort und Stelle hergestellt wurde. Die eingeritzten Bezeichnungen mit Buchstaben des korinthischen Alphabets und in korinthischem Dialekt geben sogar Auskunft darüber, woher die Handwerker kamen. Korinthische Töpfer standen seit dem 7. Jh. vor Chr. in bestem Ruf. – Über dem auffallendsten Fundament des Heiligen Bezirks erhob sich der um 360 vor Chr. neuerstellte große dorische *Ringhallen-Tempel der Artemis,* für den man die Porosquadern des 2. Tempels mitverwendete. Das kostbare *Gold-Elfenbeinkultbild* der Göttin (um 460 vor Chr. in den alten Bau gestiftet) fand jetzt hier seinen Platz und ist erst in römischer Zeit, als Aito-

131 Kálydon. Das Heiligtum der Artemis Laphría.

1 alter Apollon-Tempel - **2** der dritte Artemis-Tempel (um 360 v. Chr.)
3 Bau des 6. Jhs. - **4** Propylon - **5** hellenistische Halle - **6-9** Schatzhäuser
10-11 Grabbauten - **12** Heróon.

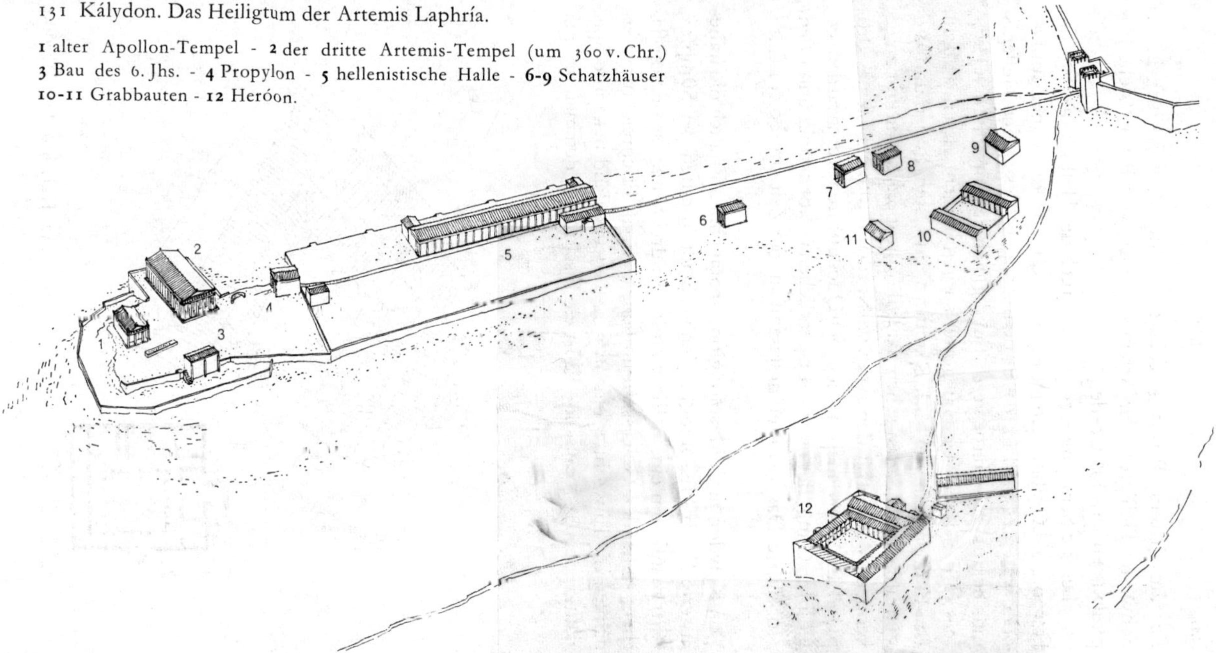

lien zur Provinz Patras geschlagen wurde (14 vor Chr.), in das Schwester-Heiligtum der Artemis-Laphria von Patras (siehe Kapitel XIV) überführt worden.

Über die Senke hinweg genau östlich des Heiligtums liegt das Heróon, das Grabmal eines Leon von Kálydon, den seine Familie – oder waren es die Bürger aus dem Zeitgeist des späten Hellenismus heraus – als Heros verehrt und gleich dem mythischen Herakles in den Kreis der Halbgötter aufgenommen wissen wollten. Die Fundamente von Kult-Kammern, im Osten, Süden und Westen um einen quadratischen Säulenhof gruppiert, sind gut zu erkennen. Man betrat den Bau von Norden durch ein kleines Propylon. Bei einer daneben gelegenen Quelle führen Stufen zu dem gewölbten Gang, der einst zur eigentlichen Grabkammer unter dem Hof führte. Das ›Leonteion‹ stammt aus der Zeit um 100 vor Chr.

Von Kálydon nach Mesolóngion (gebräuchlich ist auch die italienisierte Form Missolunghi), jener »Stadt inmitten der Sümpfe«, fährt man kaum eine halbe Stunde. An drei Seiten ist sie von flachen, stehenden Gewässern umgeben. Ihrem Fischreichtum verdanken die Einwohner eine in ganz Griechenland bekannte Spezialität: den ›avgotáracho‹. Es ist ein Fischrogen, den man in einer

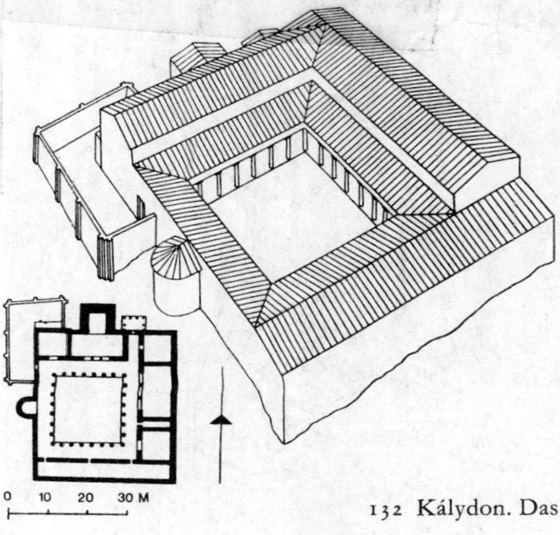

132 Kálydon. Das Heróon.

gelben Wachsrinde angeboten bekommt. Nach Schilf und Salz riechend, im Winter von Regenböen gepeitscht, im Sommer unter einem dunstigen Glast brütend, hatte dieser Ort schwer unter der Moskitoplage zu leiden. Mückenschwärme können auch heute noch lästig sein. Eine Kette kleiner Inselchen trennt die Lagunen vom offenen Meer. Flachkielige Boote schaukeln leise zwischen den Pfählen zur Markierung der Untiefen. Bei Sonnenuntergang erinnern die Farben an die Palette eines Turner: amethystfarbene Bänder, Grau und Lavendelblau, die übergehen in Türkis und Purpur, durchsetzt von grün-gelb-rosa-violett schillernden Farbinseln, Flecken alter Ölrückstände. Merkwürdig – diese plötzlich andersartige Landschaft vermittelt ein sonderbares Gefühl der Abgeschiedenheit, als gäbe es keine aitolischen Berge, nicht die Bläue des Ionischen Meeres.

Vor 1821, dem ersten Jahr des griechischen Unabhängigkeitskrieges, ist von Mesolóngion wenig die Rede. Als der Aufstand, von Patras ausgehend, im ganzen Lande aufflammte, als die Widerständler den Türken erste heftige Schläge versetzt hatten, zogen sich diese unter dem Druck der vor Patras erschienenen Schiffe hydriotischer Kapitäne aus Mesolóngion zurück. Der Phanariote, Fürst Alexander Mavrokordátos, von einer der ersten sich nebeneinander konstituierenden Nationalversammlungen zum – allerdings nicht allseits anerkannten – Präsidenten des neu zu gründenden Staates gewählt, machte Mesolóngion zu seinem Hauptquartier. Strategisch gesehen bot der Ort ähnliche Vorteile wie in der Antike einst Kálydon. Im Süden und Westen durch die Lagunen, im Norden und Osten durch die Höhen des Arákynthos-Bergstocks (auch Zygós genannt) geschützt, kann man von Mesolóngion aus den Zugang zum Golf von Korinth und die Verbindung zwischen Festland und Moréa überwachen. Nun eilten die Freischärler herbei, Klephten aus Süd- und Mittelgriechenland, Armatolen (die Kerntruppe des Befreiungsheeres) aus dem Norden, aber auch Patrioten der gehobenen Stände fanden sich ein, Griechen, die in der ›Polis‹ (Konstantinopel) aufgezogen und zu Wohlstand gekommen waren, »all ihre Unwissenheit mit Eloquenz verdekkend ... unnachgiebig in ihrer Meinung und zögernd in ihren Aktionen« nach Ansicht des kritisch urteilenden Historikers George Finlay.

Mesolóngion schien als das vorläufige Zentrum des Befreiungskampfes der beste Ort für Lord Byron, um als Vertreter des ›Londoner Griechenkomittees‹ (der Vereinigung englischer Philhellenen) eine Einigung unter den miteinander rivalisierenden griechischen Führungsgruppen zustande zu bringen. Am 5. Januar 1824 landete er in der scharlachroten Uniform des 8. Infanterie-Regiments, umringt von einer Souliotengarde in weißer Fustanella (dies waren von Albanern abstammende Freischärler aus der Gegend von Souli, die seit Jahrhunderten zu Griechen und Christen geworden waren). Donnernde Salven empfingen ihn, als er über die Lagune gerudert und an Land von den Honoratioren willkommen geheißen wurde. Da waren Freiheitskrieger, die sich als Politiker fühlten, ein würdevoller Klerus und die ›Aristokraten‹ mit bleichen Adlergesichtern.

Mesolóngion muß damals recht rückständig gewirkt haben. Keine Spur von einer Trockenlegung des Schwemmlandes oder gar von Kanalisation. Die Häuser standen in Wassertümpeln und konnten nur über Holzplanken betreten werden. Meist waren es nur schilfgedeckte Hütten, Schlamm, wohin man trat, und von der spiegelglatten unbewegten Lagune drang ein übler Geruch herüber. Trotz dieser enttäuschenden Umgebung und der verwirrenden Situation, in der er sich befand, zeigte Byron ungewöhnlich viel Geduld und bemühte sich aufopfernd, den von sich eingenommenen Männern etwas konstruktiven Patriotismus einzuimpfen. Mit schmeichelnden Worten und Drohungen versuchte er, ihnen

133 Mesolóngion vor den aitolischen Bergen.

klarzumachen, daß es gelte, nicht einander, sondern den Feind zu bekämpfen. Sie redeten ihm nach dem Munde, weil sein Titel sie beeindruckte und er Gold zu vergeben hatte. Aus dem Dichter wurde in diesen Wochen ein hingebungsvoller Diplomat für die Sache der Freiheit. Nach einem Ritt über Land während eines heftigen Gewitters überfiel ihn das Malariafieber, an dem er zehn Tage später, am 19. April starb. Nicht nur Griechenland und England waren tief bestürzt bei der Nachricht von seinem Tod: ganz Europa wurde erneut auf den Freiheitskampf der Griechen aufmerksam und wünschte nichts sehnlicher als den Sieg der Hellenen. Die Zahl der Freiwilligen aus Frankreich, Schweden, Italien, England, Deutschland und Rußland nahm sprungartig zu. Im Bewußtsein der einfachen Griechen war Byron – und ist es im Grunde bis heute – nicht nur der größte Engländer, der je gelebt hat. Sie sahen in ihm alle jene Eigenschaften gleichsam symbolisch vereinigt, die sie bewunderten: Großzügigkeit und Unparteilichkeit, ein exzentrisches Wesen, auf das man sich dennoch verlassen konnte, und dazu natürliche Autorität, zu der auch noch der Glanz eines aristokratischen Namens trat. Bis heute wird jeder englische Lord an den Maßstäben gemessen, die ›o lordos Mpaïron‹ gesetzt hat.

Seine sterblichen Reste wurden nach Schottland überführt. Das Haus, in dem er lebte und in dem er nach so kurzer Zeit starb, existiert nicht mehr. Im ›Park der Helden‹ an der nordwestlichen Stadteinfahrt wurden nicht nur den griechischen Anführern, auch

Rechts die Bergstöcke der Varásova und der Klókova.

den zahlreichen Philhellenen, die in Missolunghi ihr Leben ließen, Monumente gesetzt; einen hervorragenden Platz nimmt das Denkmal Lord Byrons ein. Nahebei befindet sich das Grab von Márkos Bótsaris, dem Souliotenführer, der kurz vor Byrons Ankunft in einem Gefecht bei Karpenísi umkam, nachdem er vorher noch in einem Brief an den erwarteten Freund der griechischen Sache Pläne zu umfassenden Operationen dargelegt hatte. Vor den meisten dieser heroischen Denkmäler tut man sich heute recht schwer. Doch es ist friedlich im Park und erholend unter dem Schatten der Palmen und Eukalyptusbäume. Auf zwei Seiten ist die Grünanlage von einer türkischen Mauer umschlossen, durch deren Schießscharten alte Kanonen noch immer die Öffnung ihrer Rohre halten.

Ein Jahr nach Byrons Tod rückte eine türkische Armee unter Reschid Pascha vor die Stadt. Ihre Attacken richteten sich vor allem auf den Mauerabschnitt, der parallel zur heutigen Straße lief. Immer wieder rannten die Türken gegen die Befestigungen, vor denen Mann und Pferd in den Gräben schlickigen Morastes versanken. Solange die Belagerten über die Lagunen hinweg vom offenen Meer her versorgt werden konnten, waren sie den Angriffen einigermaßen gewachsen. Dies änderte sich jedoch, als sich Ibrahim Pascha mit seinen ägyptischen Truppen von der Moréa aus den Belagerern anschloß. Er riß die Initiative an sich und setzte kleine flachkielige Boote, mit Musketieren und Feuerwerfern bemannt, zum Angriff von der Lagunenseite ein. Die Griechen wehrten auch diese Vorstöße ab. Schlimmer war, daß es den Türken somit gelungen war, den Ring um die Stadt fest zu schließen und sie von jeglichem Nachschub abzuschneiden.

Von Zante aus sah Dionysios Solomós, der griechische Nationaldichter, die Feuersbrünste über der belagerten Stadt aufsteigen. Ein Jahr nach Belagerungsbeginn, im April 1826, entschlossen sich Garnison und Bevölkerung zu einem Ausbruchsversuch. »Die Soldaten stürmten vor«, schreibt Finlay. »Mit lautem Schrei und gezückten Schwertern schienen sie einen jeden mit sich zu reißen. Weder die Yatagans der Albaner in Reschids Diensten noch die Bajonette der Araber unter Ibrahim konnte ihre verzweifelte Attacke abhalten.« Hätte sich nicht ein Verräter unter ihnen befunden, der den Plan den Türken zugespielt hatte, so wäre der Ausbruch tatsächlich gelungen und auch Frauen und Kinder wären davongekommen. So aber fanden sie die Fluchtwege von türkischer Kavallerie versperrt. Nur 1800 von 9000 Eingeschlossenen konnten in das Arákynthos-Gebirge entkommen, wo Hunger, Wunden und das Fieber ihren Zoll von den Flüchtigen forderten. Die übrigen wurden von den Türken in die brennende Stadt zurückgedrängt, in der sich die wenigen zurückgebliebenen Verteidiger – Griechen und zu Hilfe gekommene Philhellenen – selbst in die Luft sprengten. Mut und Ausdauer der Männer, Frauen und Kinder von Mesolóngion leben noch heute im Bewußtsein der Griechen als leuchtendes Beispiel.

Einer der namhaften modernen Dichter, Kostis Palamás (1859 bis 1943), zugleich ein Kenner und Verfechter der ›Demotikí‹, der griechischen Volkssprache, wuchs als Waise in Mesolóngion auf. Später hat er in dem bewegenden Gedicht ›Die Klage der Lagune‹ die Trostlosigkeit des von trägen Wassern umschlossenen Städtchens unvergeßlich heraufbeschworen. Im Rathaus hängt sein Bild neben dem Byrons. – Seit jüngster Zeit freilich hat sich diese Lage gründlich verändert. Die Industrialisierungswelle im ganzen Lande hat auch Mesolóngion erfaßt. Elektrochemische Unternehmen haben festgestellt, daß Stadt und Umland beste Voraussetzungen für Niederlassungen bieten. Der Hafen wird für Hochseeschiffe ausgebaut. Die Hoffnungen, am Aufschwung teilnehmen zu können, sind groß, die Aussichten allerdings noch allzusehr abhängig von einer gewissen Stabilität der wirtschaftspolitischen Gesamtlage.

Etwa 1 km westlich von Mesolóngion fallen lange, sich am Hang des Kourion-Berges hinziehende antike Mauern ins Auge. Rechts der Straße führt ein steiniger Pfad zu den Ruinen des alten *Pleuron* hinauf. Die hellenistische Anlage gehört in ihrer Ausdehnung und in ihrem Erhaltungszustand mit zum Sehenswertesten in Westgriechenland. Um sich besser zurechtzufinden, ist es ratsam, jemanden von einem der am Weg gelegenen Bauernhöfe als Führer zu gewinnen. Die Ruinen sind hier unter der Bezeichnung *Kastro Kýra Eiríni* bekannt. Um 1200 saß nämlich die Tochter von Alexius III., Eiríni, auf der Festung als dem Mittelpunkt ihres Fürstentums. Wie Kálydon verdankt Pleuron seinen Namen einem der Söhne des Áitolos. Strabon meint, es sei in mythischer Zeit von Théstios, dem Vater der Althaía, jener strengen Königin von

Kálydon gegründet worden. Die hellenistische Stadt entstand unweit einer vorgeschichtlichen Siedlung, nachdem der Makedonenkönig Demetrios II. (239-229) kurz zuvor in einem Feldzug gegen den Aitolischen Bund das Land verwüstet hatte. – Die antike Akropolis liegt in beträchtlicher Höhe auf einem fast kreisförmigen Plateau. Im Norden ist es von einem hochaufragenden Ausläufer des Arákynthos, an den anderen Seiten von stattlichen Mauern geschützt. Felsige Steilhänge erhöhen die Sicherheit. Beim Aufstieg kommt man an der *Nekropole* vorbei. Bei einem der Gräber gibt die Öffnung im Boden den Zugang zu zwei gewölbten Kammern frei; darin noch eine Steinbank, die eine Volute schmückt. Mag sein, daß der Bestattete ein höherer Offizier der Garnison war, denn Pleuron ist vor allem als Militärstützpunkt unterhalten worden. Kein Fürst hat von hier regiert, und die Bewohner waren alle einfache Leute.

Von weitem schon sieht man einen schmalen hohen Steinblock, 3,6 m hoch und etwa 90 cm breit, der an einer Mauer lehnt. Von diesem Fixpunkt aus sollte man sich bei der Besichtigung orientieren. In nördlicher Richtung stößt man zunächst auf ein in die Westmauer eingeschmiegtes *Theater*, des wohl kleinsten in Griechenland. Mit Skene, Proskenion und seinen acht Sitzreihen war es ohne allen Aufwand errichtet und diente zweifellos zur Kurzweil der Truppen. Ihm benachbart ist eine ungewöhnlich große *Zisterne*, da es weit und breit kein Frischwasser gibt. Die Dörfler nennen sie ›das Gefängnis‹. Der eingesenkte Bau mißt 32 x 19 m. Die nicht mit Stuck überzogenen Innenwände sind heute mit Efeu überwachsen; auf vier in ungleichen Abständen aufgeführten Quermauern lag wohl das Dach auf. Die so entstandenen fünf Kammern sind durch seltsam geformte dreieckige Öffnungen untereinander verbunden. Nach Norden zu weitet sich planiertes Gelände, der Platz der ehemaligen Agorá. (Unser Führer gebrauchte das türkische Wort ›pasari‹, Basar.) Im Norden wird die Agorá durch eine Brüstung abgeschlossen. An der Ostseite liegt unterhalb des Platzes das gut erhaltene Osttor der Stadtmauern, bei dem noch die Vertiefungen sichtbar sind, in denen sich die Torflügel drehten. Von hier aus blickt man auf die kahlen Hänge des Pindos.

Um den Rundgang fortzusetzen, wende man sich nun nach Südosten. Zunächst kommt man an dem Fundament eines apsidial geschlossenen Gebäudes mit ausgezeichnet erhaltenem Mauerwerk und (im Osten davon) den eingesunkenen Resten einer rechteckigen steinernen Kammer vorbei, in die eine Treppe hinabführt. Bei der Kargheit der Garnisons-Architektur ist es schwer, die Bauten näher zu bestimmen, weit und breit kein Säulenstumpf, Kapitellfragment oder ornamentiertes Gesimsstück, das einen Hinweis geben könnte. Weiter geht es an der östlichen Mauer entlang. Sie ist fast 2 m dick und in ihrem guten Erhaltungszustand prachtvolles Beispiel der Festungsbauweise im 3. Jh. vor Chr. Die sauber behauenen Quadern liegen noch in sechs, manchmal bis zu fünfzehn Steinlagen aufeinander. Der Mauerzug wird von rechteckigen Turmbauten verstärkt, von denen es insgesamt mehr als dreißig gegeben haben soll. Stufen, über die einst die Wachtposten den Wehrgang betraten, sind noch gelegentlich auszumachen. Pleuron scheint bei kriegerischen Auseinandersetzungen keine Rolle gespielt zu haben, war vielmehr durch seine beherrschende Lage ein hervorragender Beobachtungspunkt. Unbehindert genießt man hier einen phantastisch weiten Blick: im Osten, wie ein riesiges zusammengekauertes Tier aus der Ebene aufragend, zunächst der Felsrücken der Varásova; im Süden die von Dämmen durchzogenen Lagunen von Mesolóngion, die üppig grünen Felder und Zypressenreihen des Küstenstreifens, die von der Fernstraße durchschnitten werden, und jenseits des Golfes von Patras der Zackenkamm des Erýmanthos; vor der Küste im Westen, wo sich der Achelóos durch Sandbänke hindurch dem Meer zuwindet, die Insel Oxeía und der Schwarm der Echináden, der ›Seeigel‹-Inseln, in deren Nähe die Seeschlacht von Lepanto geschlagen wurde.

Hinter der Abzweigung nach Pleuron verläuft die Hauptstraße parallel zum Schienenstrang einer kurzen Eisenbahnlinie, die den Küstenort Kryonéri mit dem Tabakanbaugebiet um Agrínion verbindet. Rosa Lavendelheide blüht zu Seiten des Bahndamms.

Wenn man dem antiken Oiniádai einen Besuch abstatten will, muß man nach etwa 10 km nach Westen abbiegen, über einen Erdwall fahren, der einen tief ins Land reichenden Meerbusen überbrückt und zu dem Städtchen *Aitolikón* führt. Es folgen sorgfältig bestellte Mais- und Kornfelder, später verstreute Felsbrocken zwischen Oliven und den Schilfhütten der Sarakatsánen, die als Nomaden schon seit Jahrhunderten für die Winterszeit von den rumelischen und thrakischen Bergweiden hierherkommen. Bei

Neochóri überquert man den breit strömenden Achelóos, der wegen seiner milchig-trüben Färbung auch oft ›Aspropótamos‹ (der weiße Fluß) genannt wird. Er trennte in der Antike die beiden Kernlandschaften Aitolien und Akarnanien. Man kommt durch *Katochí*, und von dort geht es dann über eine Dammstraße durch ein von Wassergräben durchzogenes, dem früheren *Melite-See* abgewonnenes Marschland. Der See war einst durch einen Kanal mit dem Ionischen Meer verbunden. Inselartig ragen Hügelkuppen auf. Sie sind von Schilf und üppig gedeihenden Disteln umwachsen. Nichts, das an den See und die frühere Lagune erinnern könnte. Die Luft ist hier dunstig und schwül. Unvermittelt erhebt sich aus dem flachen Land ein kleiner, von Nord nach Süd verlaufender Bergrücken, von den Einwohnern *Tríkardo* genannt, auf dem das *alte Oiniádai* liegt – ebenfalls eine hellenistische Ruinenstätte, die geheimnisvoll noch nicht all ihre Spuren preisgegeben hat. Vom Fuß des Stadthügels ziehen sich Olivenhaine herauf, die weiter oben in niedriges Eichengehölz übergehen. Schließlich wird durch dichtes Gebüsch hindurch polygonales Mauerwerk sichtbar. Der ganze Bergrücken ist innerhalb eines 7 km langen Mauergürtels übersät mit Bauresten, Toren, Durchgängen, Zisternen, Hausfundamenten. Wegen des hohen Grases sei hier vor Schlangen gewarnt.

Der Legende nach soll Alkmaíon den Ort gegründet und nach seinem Sohn Oinéus benannt haben. Alkmaíon war einer der ›Epigonen‹, der seine Mutter Eriphýle tötete, weil sie seinen Vater, den Seher Amphiáraos überredete, sich am vergeblichen ›Zug der Sieben gegen Theben‹ zu beteiligen. Eriphýle hatte sich für ihren schlechten Rat mit einem Halsband bestechen lassen. Sterbend belegte sie ihren Sohn mit einem schrecklichen Fluch: Länder Griechenlands, Asiens und der ganzen Welt! Gewährt meinen Mördern niemals Aufenthalt und Schutz! Sogleich wurde der Boden, auf dem Alkmaíon stand, unfruchtbar. Die schlangenbekränzten Erinyen, die das Prinzip einer unerbittlichen Gerechtigkeit verkörpern und jeden verfolgen, der sich gegen die geheiligten Bindungen der Blutsverwandtschaft verging, hetzten nun Alkmaíon, wie sie einst dem Orestes nachgesetzt hatten. Alkmaíon wandte sich, da er heimatlos umherirrte und nirgendwo eine Bleibe fand, an das Orakel von Delphi und entdeckte so das Land am Achelóos, weil, wie Thukydides schreibt, »ein Wahrspruch Apollons ihm andeutete, es sei keine Lösung aus seinen Qualen, als bis er das Land finde und bebaue, das, als er seine Mutter schlug, noch nicht von der Sonne geschaut wurde und noch nicht Land war, da jedes andere für ihn unrein sei. Ratlos habe er endlich diese Aufschüttung des Achelóos bemerkt und gedacht, zum Leben für seinen Leib sei genug angeschwemmt worden ...« In den Wassern des bis dahin unbekannten Flusses reinigte er sich und heiratete Kallirhóë, die Tochter des Flußgottes. Auf dem Treibland ließ er sich nieder, und im Laufe der Zeit und unter seinen Nachfahren entstand ›Akarnanien‹.

Die Bezeichnung *Akarnanien* sucht man bei Homer noch vergeblich. Er nennt die westlichste der mittelgriechischen Landschaften zwischen dem Golf von Patras und dem nördlichen Teil des Ionischen Meeres einfach »Épeiros«, verwendet damit den allgemeinen Begriff für ›Festland‹. Die vorgriechische Bevölkerung soll, soweit man bis heute dafür Anzeichen hat, aus dem Osten gekommen sein. Der mythologischen Überlieferung nach waren es Stämme der Karer (Südwestküste Kleinasiens) und der Koureten (Euboia), die bis zu dem Randgebiet im Westen abgedrängt wurden. Als ›Akarnanien‹ tritt das Land erstmals nach der Mitte des 7. Jhs. vor Chr. ins Licht der Geschichte, als die Korinther den Weg zu ihrer sizilischen Kolonie Syrakus (etwa seit 730 vor Chr.) mit Gründungen entlang der griechischen Westküste und auf den Ionischen Inseln sicherten. In schriftlichen Zeugnissen erscheint Akarnanien erstmals bei Herodot und Thukydides.

Früher vom Meer aus zugänglich diente Oiniádai den Korinthern auch als Zwischenhafen zu ihrer Stadt Kérkyra auf dem heutigen Korfu. Wie fast alle hellenistischen Städte an der Westküste trug es wenig zum geistigen Leben und zur allgemeinen Entwicklung bei, und sein Ruf gründete sich ausschließlich auf den als uneinnehmbar geltenden Hafen und die Festung. Weder von Naupaktos aus (455 vor Chr.) noch mit den Triëren, die Perikles im Peloponnesischen Krieg den Achelóos hinauf beordert hatte, gelang es den Athenern, die einzige mit Sparta verbündete Stadt Akarnaniens zu bezwingen. Erst der Stratege Demosthenes vermochte sie 424 vor Chr. an Athen zu binden. Philipp v. von Makedonien hat dann 219 vor Chr. Oiniádai genommen und den für den Schiffsverkehr und Warenumschlag wichtigen Ort mit einem neuen Festungsgürtel umgeben.

Beginnen wir im alten *Hafengebiet*, einer tiefen Einbuchtung im Norden des Hügels. Auf der östlichen Seite der Einfahrt sind zum Teil gebaute, zum Teil aus dem Felsen geschlagene Anlege- und Werftplätze zu erkennen, große, parallel ausgerichtete Docks. Die Gleitstege, auf denen die Triëren zu Wasser gelassen wurden, sind nur mehr andeutungsweise erhalten. Man muß schon ein wenig die Phantasie aufrufen, um sich den regen Hafenbetrieb vorzustellen, weil ja heute auf Kilometer hin kein Wasser zu sehen ist. Über den in Nord-Südrichtung verlaufenden ›Kais‹, die den Hafen mit der Stadt verbinden, suche man sich durch das Buschwerk den Weg auf die Höhe. Aufgedeckt wurden die Ruinen um 1900 und sind mittlerweile wieder fast zugewachsen. In südöstlicher Richtung liegen die Reste des *Theaters* mit mehr als 20 Sitzreihen und einem Teil der Orchestra. Das Halbrund war in 11 Sektionen aufgeteilt, 25 aus dem anstehenden Gestein ausgehauene Sitze in der ersten Reihe waren den Notablen der Stadt vorbehalten. Am Südende fällt der Hügel allmählich zum gewundenen Bett des Achelóos ab, der sich seinen Weg durch grüne Felder und zwischen schlammbedeckten Sandbänken bahnt. Östlich der Flußmündung vervollkommnet eine Hügelkette mit gezacktem Kamm ein Bild, das einer heroischen Landschaft von Poussin nahekommt: klar und harmonisch gehen die Pläne ineinander über, entfalten sich in pastoraler, friedvoller Schönheit. Das aus den Bildern vertraute Blau des Himmels, der gewundene Flußlauf und die grauen Berge in der Ferne, alles ist vorhanden. Auf die mythischen oder allegorischen Gestalten mit der Farbe reifen Aprikosenfleisches wird der Blick allerdings nicht treffen. Das Küstenland ist menschenleer und verlassen wie kaum anderswo.

Vom Theater aus findet man die *Akropolis* auf der am weitesten nach Südosten vorgeschobenen Bergkuppe. Polygonale Mauern aus dem 6. Jh. vor Chr. und ein großes überwölbtes Tor sind hier sehenswert. – Nun steige man in nordwestlicher Richtung wieder zum einstigen Hafen hinab. Am Ende der schmalen, tief ins Land eingeschnittenen Bucht liegen die Ruinen der *Thermen* aus dem 2. Jh. vor Chr.: ein rechteckiger Raum mit einem steinernen Wasserbehälter und zwei kreisrunden Vertiefungen, Bassins, in denen die Badenden standen, wenn das heiße Wasser aus den Kesseln in der Mitte der Rotunde über sie ausgegossen wurde.

Umrundet man die Nordostspitze mit den Hafenbefestigungen

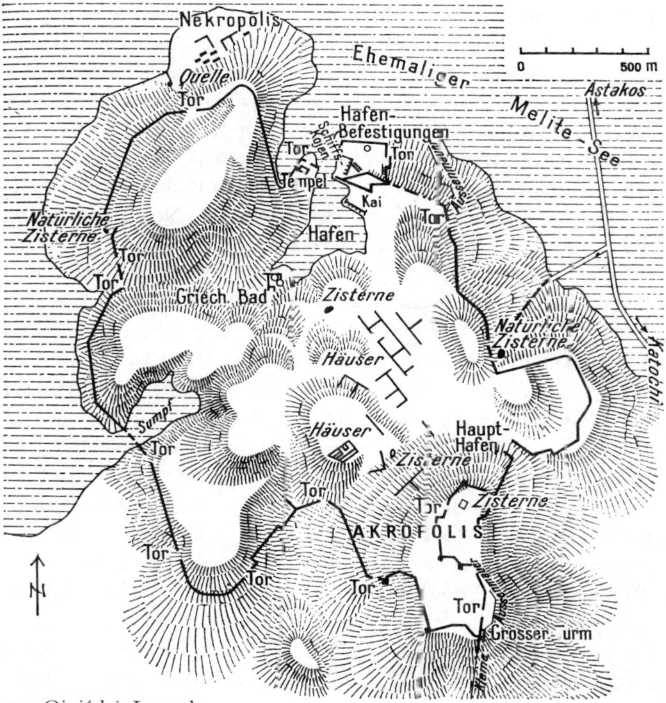

134 Oiniádai. Lageplan.

und steigt an der Ostseite erneut zur Höhe auf, so überrascht eine große natürliche Echohöhle. In der Mythologie galten diese Erdlöcher als Behausung der ›Lamía‹, eines gespenstischen Ungeheuers, das den Menschen auflauerte. Der Boden ist mit stehendem Wasser bedeckt. Das Gekrächze der umherflatternden Krähen erfüllt den düsteren schattigen Ort. Nach Norden blickt man über wiedergewonnenes Sumpfland auf das ausgebleichte Graublau der Akarnanischen Berge.

Die neue Hauptstraße von Aitolikón nach Agrínion, unserem nächsten Ziel, haben die Straßenbauer durch die tief eingeschnittene Kleisoúra-Schlucht gelegt, in der man sich wie im Innern der Erde fühlt. Man kann aber auch unmittelbar am Ostufer der Lagune entlang und dann durch das Tal des Achelóos über hügeliges, mit Buschwerk und Oliven bestandenes Gelände zunächst *Angelókastron* erreichen. Es war einst die zweite Hauptstadt des Despotats von Epiros. Ein Turm aus byzantinischer Zeit steht noch, der zu einer der vier Festungen gehörte, die der Despot Nikephoros I. zusammen mit einer hohen jährlichen Apanage seiner Tochter als Mitgift gab. Sie heiratete Philipp von Tarent, der Ende des 13. Jhs. im Namen des Königs von Neapel die Lehnshoheit über die fränkischen Herrensitze in Griechenland beanspruchte. – Über einen Sattel führt die Straße in das aitolische Bekken hinab. Mehrere Seen, Flüßchen, die dem Achelóos zustreben, und die im Osten hinter Agrínion aufsteigenden Zacken des Panaitolikón sind das Besondere auf dieser Fahrt.

Agrínion, einst Stützpunkt des Kassándros im Abwehrkampf gegen die Aitoler (314 vor Chr.), ist heute der Umschlagplatz für Baumwolle und Weizen aus den fruchtbaren Ebenen und dem Neuland an der Küste – vor allem aber Zentrum des Tabakhandels. Mehrere Fabriken verarbeiten den Tabak für den inländischen Markt. Auf der Platía im Mittelpunkt der Stadt, in der sich jetzt auch Industrie ansiedelt, geht es rege zu, doch das rasche Wachsen hat Agrínion keineswegs anziehender gemacht: »Nichts Altes ist übrig, alles neu, zu schnell, planlos aufgebaut, nie ganz fertig ... eine imposante Mischung zwischen Chaos und einer Ordnung, die sich unserem europäischen Begriffsvermögen entzieht« (E. v. Dryander). Das im Sommer extrem heiße Land um Agrínion wird häufig von Erdbeben erschüttert. 1887 wurde die Stadt vollkommen zerstört. Südlich der Stadt liegen zwei Seen, die heute wieder mit den antiken Namen genannt werden: der halbmondförmige *Trichónis*, dessen Wasser in den westlichen *Lysimáchias* abfließen. Der wiederum führt sie letztlich zum Achelóos. Zypressen und Granatapfelbäume stehen auf den Terrassen, die zum Wasser hin abfallen. Besonders die Ufer des ›Límni Trichonís‹ waren im Altertum dicht besiedelt und sind gerade in unseren Tagen wieder zum beliebten Refugium griechischer Rückwanderer aus Amerika geworden. Diese stattlichen Häuser fügen sich gut in die anmutige Landschaft.

Agrínion kann Ausgangspunkt für einen Ausflug nach Thérmos sein. Am Nordufer des Trichónis-Sees ist der erste beachtenswerte Ort *Paravóla*, in dessen unmittelbarer Nähe auf einem Hügel zwischen dem heutigen Dorf und dem See, wie man annimmt, das alte Boukátion lag. Vom ovalen Plateau ziehen sich die Reste hellenistischen Mauerwerks herab. An der Nordwestseite (5 Minuten Aufstieg) kann man sich einen Begriff von der massiven Befestigungsanlage machen. Zwölf Quaderlagen ruhen noch übereinander. Auf dem Gipfel steht, gut erhalten, ein byzantinischer halbrunder Wachturm, vortrefflicher Ausguck, sobald Gefahr im Anzug war. Daneben liegt in einem von riesigen Kakteen umzäunten Friedhof eine Basilika, an deren Apsis Spuren byzantinischen Ziegelwerks erhalten sind (das Innere ist modern). Von hier oben zwischen Eichen und wilden Mandelbäumen lassen sich die Reste einer äußeren Akropolismauer über die Unregelmäßigkeiten des Geländes hin verfolgen, und man erkennt den Plan der Festungsanlage mit ihrer doppelten Umwallung. An der Nordostseite des Plateaus ist sie durch einen Abschnitt besonders gut gearbeiteten polygonalen Mauerwerks verstärkt. Stufen unmittelbar südlich des halbrunden Turms führen hinab in die Unterstadt, ebenfalls von einem inneren und äußeren Verteidigungsring geschützt. Als ich das letzte Mal in Boukátion war, saßen dort Schulbuben in kleinen Gruppen in der Herbstsonne. Die Hitzeschwaden aus der Ebene dringen nicht hier herauf, es ist immer frisch und kühl. Im Westen wird der Silberstreifen des Kanals sichtbar, der zwischen Trichónis und Lysimáchias durch sumpfiges Gelände führt.

Wenige Kilometer vor Thérmos kommt man in das von frischen Bergwässern durchflossene Dorf *Hagia Sophía*. Auf einer luftigen Anhöhe unter Bäumen liegt die merkwürdige Kirche ›Hagios Nikólaos‹, ein schlichtes kleines Bauwerk, aber interessant, weil es fast vollständig aus Spolien besteht, wiederverwendeten Quadern, Säulentrommeln und anderen Fragmenten, die wohl aus dem antiken Thérmos stammen. Antik sind auch vier Pilaster mit grauen Kalksteinkapitellen an der Südseite und alte Steinplatten in der Apsis, dort übergriffen von einer Backsteinwölbung. – Nördlich der Kirche stehen noch die Außenmauern einer weiteren kleinen Basilika mit Resten ihres einstigen Ziegeldekors; südlich davon schließt ein winzig kleiner türkischer ›Hamam‹ (Bad) mit Kuppel an. Das Beieinander von Antike, Byzanz und Islam ist recht reizvoll. Im Norden steigt das Panaitolikón-Massiv zu kahlen, bizarr geformten Gipfeln auf, deren höchster im Volksmund wegen seines markanten Konturs ›Aravokepháli‹ (Araberkopf) genannt wird. Über die Vorberge verteilt entdeckt man mehrere hellenistische Wachttürme, welche die prosperierenden Gemeinden am See und auch Thérmos zu sichern hatten.

Gleich hinter Kephalóvryson liegt das *Heiligtum von Thérmos* in einem von Bergen umstandenen fruchtbaren Hochtal. Die Gegend ist reich an Quellen und Flüßchen, auch warme Wasser treten zutage, und so kam es zu der Bezeichnung Thérmos. Seit früher Zeit verehrten die Hirtenstämme hier ihren Beschützer Apollon, und sein Tempelbezirk wurde im Laufe der geschichtlichen Entwicklung zum bedeutendsten in Aitolo-Akarnanien. Hier war das kultische Zentrum, der religiöse Mittelpunkt der Bergstämme. Als Polis spielte es keine Rolle, war vor allem Heiligtum und galt den Aitolern, was allen Griechen Olympia oder Delphi bedeutete.

Bei den Ausgrabungen stieß man bis in prähistorische Zeiten vor, legte ein frühes Kulthaus und archaische Tempel frei, doch die herausragende Stellung, die allgemeinere Bedeutung gewann Thérmos erst, als die aitolischen Stämme sich ihrer Zusammengehörigkeit bewußt wurden und es zum ›Heiligtum des Aitolischen Bundes‹ bestimmten. Bei den alljährlichen Herbstfesten, den ›Thérmika‹, fand hier seit etwa 367 vor Chr. die Bundesversammlung statt, bei der neue Bürger in den Bund aufgenommen und die Bundesbeamten gewählt wurden. Polýbios nennt den Ort »gleichsam die Akropolis aller Aitoler«, denn hier bewahrten sie Urkunden der Vereinbarungen mit den anderen Staaten, darunter die ›Asylia-Verträge‹, auf, mit denen sie nichtaitolischen Städten die Zusicherung gaben, sie mit ihren Raubzügen (sylai) zu verschonen; und selbstverständlich bargen sie hier ihre gewonnenen Trophäen und ihre Schätze. Im Jahre 218 vor Chr. rüstete Philipp V. von Makedonien, der die Übergriffe der Aitoler und ihre ständige Beunruhigung Griechenlands nicht länger hinzunehmen gewillt war, zu einer Strafexpedition gegen den Bund. Gegen Ende eines dramatischen Feldzugs mit wechselndem Kriegsglück kam Philipp in Thérmos endlich zu vollem Erfolg. Seine Truppen plünderten das Heiligtum, zerschlugen alle hier zusammengetragenen Kunstwerke – allein an die 2000 Statuen! – und achteten nur die Götterbilder. Mit der Beute machten sie sich schleunigst auf den Rückzug. Die Aitoler konnten zwar der makedonischen Nachhut noch einige Verluste zufügen, die Niederlage aber mußten sie eingestehen. Zwölf Jahre später brach noch einmal das Unheil über Thérmos herein, denn – so Polýbios – Philipp geriet erneut in Zorn über die Aitoler, die einen Makedonien provozierenden Pakt mit Rom geschlossen hatten. »Philipp vernichtete das, was beim ersten Plünderungszug noch übrig geblieben war.« Nach diesem Schlag umschlossen nun die Aitoler ihren Heiligen Bezirk mit einer Schutzmauer von je 340 m mal 200 m Länge. Sie war zweischalig und durch 13 mächtige Festungstürme verstärkt; diese maßen 7 m im Geviert und waren im Untergeschoß mit Feldsteinen aufgefüllt. Die Haupteingänge lagen im Südwesten und Nordosten.

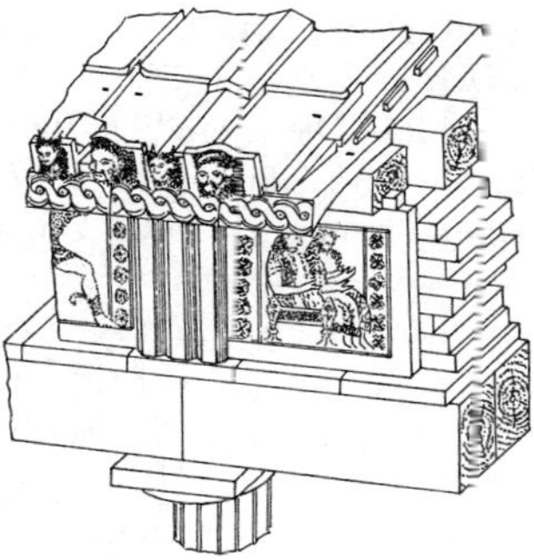

135 Thérmos. Apollon-Heiligtum. Rekonstruktion des Gebälks vom Tempel C (etwa 625 v. Chr.). Die farbig bemalten Ton-Metopen tragen mytologische Szenen.

Beim Gang durch den *Tempelbezirk des Apollon* wird man sich zwischen den Grundmauern des großen Tempels wohl am ehesten zurechtfinden. Man sieht sich inmitten eines langgestreckten Bauwerks: den Fundamenten der Ringhalle (Perístasis) mit je 15 Säulen an den Lang- und je 5 Säulen an den Schmalseiten sowie der nur 7 m breiten, aber 32 m langen Cella. Sie hatte keine Vorhalle, auch keinen Opisthodom, wohl aber eine von der Cella abgetrennte, zur Rückseite offene kleine Halle. Beide Räume durchteilte in ihrer Längsachse eine mittlere Säulenreihe, die den First des Tonziegel-Daches abstützte. Alle Säulen des um 620 vor Chr. errichteten Baus, die in der Cella und die des äußeren Umgangs, waren ursprünglich aus Holz. Bei notwendigen Instandsetzungen (seit dem 5. Jh.

wahrscheinlich in Stein ausgeführt) hat man den Tempel nie in seinen alten Maßen und auch nie seinen alten Bauschmuck verändert. Ton-Triglyphen im Wechsel mit annähernd quadratischen, bemalten Terrakotta-Metopen, auf denen mythische Gestalten oder Szenen dargestellt sind, belebten die Zone zwischen dem hölzernen Architrav und dem Dach. Die besterhaltenen der tönernen Bildfelder dieses ›dorischen Frieses‹ sieht man im Nationalmuseum in Athen. Von den bemalten Tonsimen und dem Geison, von den mit Mädchenköpfen gezierten Stirnziegeln und als Männer- oder Löwenköpfe ausgeformten Traufziegeln kann man sich im kleinen Museum von Thérmos ein Bild machen. Wie in Kálydon sollen auch hier korinthische Töpfer und Maler am Werk gewesen sein. – War es Rückständigkeit, Gleichmut, oder war es Ehrfurcht, daß man sich im Laufe der Jahrhunderte zu keinem ›moderneren‹ Bau entschloß. Die sorgfältige Restaurierung einer Tonmetope im 3. Jh. vor Chr. läßt eigentlich nur an besondere Wertschätzung des Überkommenen denken. Uns jedenfalls haben sich im Innern Aitoliens – wie an keinem vergleichbar frühen, oft weit bedeutender gewordenen Kultzentrum Griechenlands – Teile der Tempelarchitektur aus dem 7. Jh. vor Chr. erhalten, die von einem erst in der Formung begriffenen dorischen Baukanon geprägt sind.

Für die Ausgräber erwiesen sie sich an dieser Stelle nicht einmal als das früheste, sondern als das letzte Glied in der Kette baugeschichtlicher Entwicklungen, die hier bis in vorgeschichtliche Zeit zurückreicht. Es zeigte sich nämlich, daß die ungewöhnliche Nord-Süd Ausrichtung des Tempels (C) einem älteren Bau (B) folgte, dessen Mittelachse nur um einige Grad in östlicher Richtung abweicht. Die Fundamente dieses kleineren Kulthauses aus dem 10. oder 9. Jh. vor Chr. kamen innerhalb der östlichen Peristasis und der westlichen Cella-Langseite zum Vorschein, sind bezeichnenderweise leicht gekrümmt, besonders an der Rückwand (siehe auch das Tonmodell eines Tempelhauses in Perachóra, S. 155), und überraschen durch einen in U-Form um sie herumführenden Säulengang, den frühesten, von dem man in Verbindung mit einem Gebäude weiß. Der Kranz aus einfachen Steinplatten, auf denen die enggestellten Holzstützen aufsaßen, ist noch recht gut zu erkennen. Das Dach muß man sich hier – wie auch am großen Tempel – als Satteldach mit Giebelabschluß über der Eingangsseite und halbkegelförmigem Walm an der Rückseite vorstellen –, in einer Form also, die man von den oval abgerundeten Megaronbauten der neolithischen Zeit kennt.

Tatsächlich umschließt der große Tempel (C) nicht nur seinen frühen Vorgängerbau (B), sondern übergreift mit der Nordwestecke auch die vorgeschichtlichen Grundmauern eines solchen helladischen Hauses (A). Es war unterteilt in Vorhalle, Hauptraum und rückwärtige Kammer; eine Gliederung, die der vorgeometrische Bau (B) übernahm, der zudem in absolut gleicher Richtung orientiert war.

Man sieht hier also in engem Beieinander, wie sich die tektonischen Formen in langsamem Wandel verfeinern, sich auflockern und zugleich in planvollen Bezug zueinander treten; wie sich aus dem Herren- oder Königshaus (A) über den nur noch dem Kultischen dienenden Bau (B) die Gestaltung des frühen Tempels (C) zu festigen beginnt.

Von einem kleinen Tempel, westlich des großen, sind ebenfalls Reste der Dachterrakotten und von bemalten Tonmetopen zum Vorschein gekommen. Man glaubt, weil mit Tieren und Jagd in Verbindung stehender Schmuck zu erkennen ist, daß es vielleicht ein *Artemis-Tempel* gewesen sein könnte.

Im südlichen Teil des Heiligen Bezirks lagen zwei langgestreckte Säulenhallen östlich der alten Agorá und vor ihnen gehörte eine mit Efeu bewachsene Mauer zum ehemaligen *Bouleuté-*

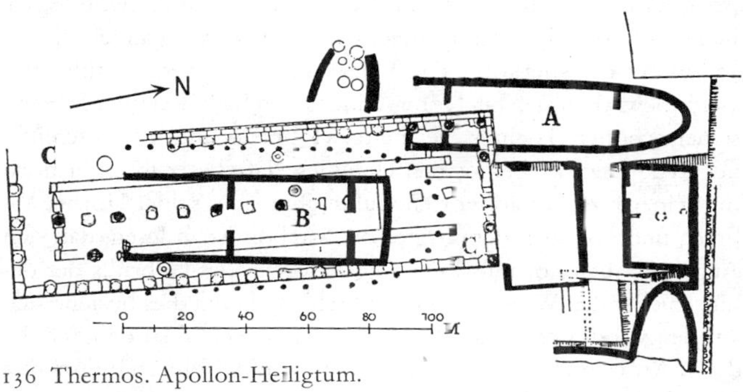

136 Thermos. Apollon-Heiligtum.

Baugeschichtliche Entwicklung zum ›Dorischen Tempel‹: **A** Helladisches Megaron mit apsidialer Rückseite - **B** Tempel des 10. bis 9. Jhs. v. Chr. **C** Tempel um 625 v. Chr.

rion, in dem die aitolischen Notabeln zusammenkamen. Man sieht die Basen dreieckiger Steinpfeiler vor der Mauer, die Tropaia trugen, einzig erhaltenes Zeugnis aus der Zeit aitolischer Siege. Die Fundamente der *Stoa-Bauten* sind mit Disteln und Rittersporn überwachsen, in denen Landkrebse, von denen sich die Bewohner während der deutschen Besatzungszeit 1941-44 ernährten, herumkriechen. Hier hatten die Händler und Kaufleute ihre Stände, in denen sie während der aitolischen Bundesversammlungen ihre Waren verkauften. Von daher mag der alte Name *Palaiobazari* stammen, den die Einheimischen für Thérmos gebrauchen. In diesem Bereich sind noch viele Basen von Weihgeschenken, Siegesdenkmälern und Statuen erhalten.

Der Besuch im kleinen *Museum* lohnt sich. Ein Sphingenakroter mit gut erhaltenem Kopf und fein gezeichneten Flügeln sowie eine Sammlung von Dachterrakotten, teilweise mit gut erhaltener Bemalung, stammen aus Thérmos wie aus Kálydon. Hinzu kommen Tongefäße, meist nur fragmentarisch erhalten, und Scherbenfunde, wichtiger Anhalt für die zeitliche Einordnung der Bauten.

Nordwestlich von Agrínion überspannt eine Brücke das breite Bett des *Achelóos*, der nun, nachdem er strudelnd vom Pindos herabgestürzt ist, sich sanft zwischen den Hügeln und um schilfbewachsene Sandbänke windet. In der Antike trat der Fluß, den der Mythos im wasserarmen Griechenland als ›Vater aller Gewässer‹ pries, häufig über die Ufer und überflutete das Land. Der unsterbliche Flußgott, der sich in dreierlei Gestalt zu verwandeln liebte, trat in der des stierköpfigen Mannes als Rivale des Herakles auf. Beide bewarben sich bei König Oinéus von Kálydon um die Hand seiner schönen Tochter Deiáneira. Höhnend und mit geschliffener Rede reizte Achelóos den Herakles, daß dieser ihm nur noch mit seiner Kraft zu antworten wußte, ihm eines seiner Hörner abbrach und vor allen demütigte. Bei Strabon ist zu lesen, daß sich Achelóos auch noch als Stier zeigte, wegen des Gebrülls der dahinschießenden Wasser, – oder als Schlange, und dies beziehe sich auf den windungsreichen Lauf. Er stellt zudem fest, daß Schiffe, deren Art er nicht genauer bezeichnet, von der Flußmündung bei Oiniádai bis herauf nach Stratos fahren konnten.

Auf einer Anhöhe über dem Westufer des Achelóos liegen die Ruinen von *Strátos*. Früheste Spuren reichen bis in die Vorgeschichte. Xenophon und Thukydides sind sich einig, dieser Stadt vom 5. Jh. an den Rang der wichtigsten und bestbefestigtsten Stadt Akarnaniens zuzuerkennen. Einmal waren die Stratioten straff geordnet und unter strenger Disziplin lebende, kriegerische Leute, zum anderen kam Stratos auf Grund seiner Lage besonderes politisches Gewicht zu: es war Grenzort zwischen Akarnanien und Aitolien, nahe einer Furt über den breiten Achelóos nach seinem Austritt aus dem Pindos-Gebirge. Im Peloponnesischen Krieg schlug sich die Stadt auf die Seite der Athener. Als die Ambrakioten 429 vor Chr. unter spartanischer Führung von Norden her anrückten und Strátos angriffen, sind sie, vorwiegend durch den geschickten Einsatz der weitgerühmten Schleuderer, abgeschlagen worden. Ebenso erging es den Aitolern mit ihren ständigen Versuchen, sich auch nach Akarnanien hinein auszuweiten.

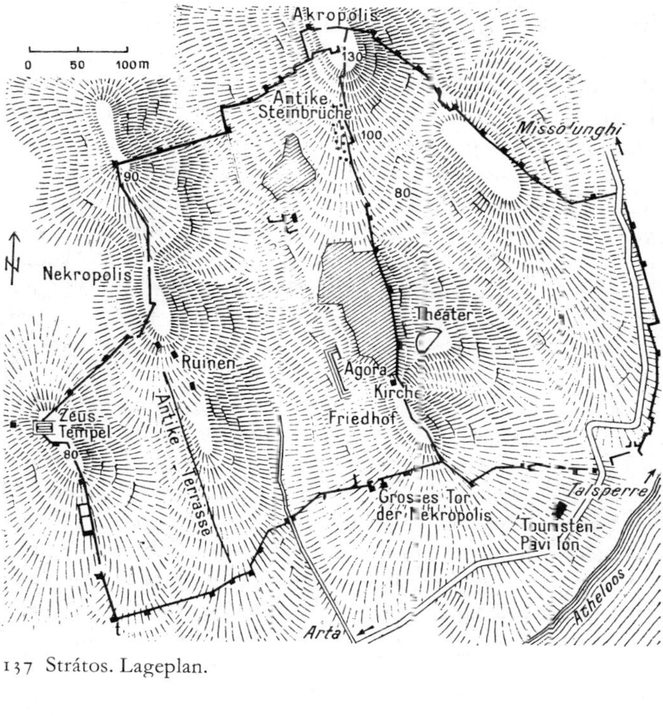

137 Strátos. Lageplan.

Die auf mehreren Hügeln gelegene Stadt war seit dem 5. Jh. vor Chr. von einer Mauer eingeschlossen, die, vornehmlich an der nordöstlichen Seite, durch viele Wehrtürme verstärkt war. Eine Quermauer teilt von Nord nach Süd das eingeschlossene Areal, und auch hier sind die Verstärkungen durch Vorsprünge und Türme gegen Osten gerichtet, um im Notfall den Westteil der Stadt allein halten zu können. Man betritt das antike Gelände am besten durch einen Zugang in der Südmauer, nahe des Touristen-Pavillons. Westlich davon befand sich das *Große Tor*. Mit seinen beiden vorgeschobenen Türmen war es eine kleine Festung in sich, die es erlaubte, den angreifenden Feind von drei Seiten zu bedrängen. Nördlich davon werden Spuren der einstigen *Agorá* sichtbar; nicht weit von hier, östlich der Mittelmauer, die Cavéa eines *Theaters*. Auf dem höchsten, nach Norden vorgeschobenen Hügel lag die *Akropolis*. Der im äußersten Westen in die Stadtbefestigung hineingenommene Hügel – wie eine Bastion nach Norden, Westen und Süden abfallend – trägt den Heiligen Bezirk mit dem *Tempel des Zeus*. Es war ein dorischer Ringhallen-Tempel, um 360 vor Chr. begonnen, etwa von den Ausmaßen des Hephaistéions in Athen. Innerhalb der Cella umlief ein ionischer Säulenkranz die Nord-, West- und Südwand, ausgehend und endend bei zwei Halbsäulen beiderseits des Portals in der Ostwand. Der Tempel, über einem früheren Bau errichtet, ist in den Jahrzehnten um 300 vor Chr. nie ganz fertiggestellt worden. Um die Mitte des 3. Jhs. gelang es den Aitolern dann doch, Stratos einzunehmen. Akarnanien wurde geteilt, die Südhälfte fiel dem Aitolischen Bund, die Nordhälfte den Molossern zu. Den Akarnanen blieb nur, den Apollon-Tempel von Aktion als neuen Ort für ihr Staatsheiligtum zu bestimmen.

Weiter führt unser Weg nach Nordwesten. Ringsum in der Ebene riesige Tabakfelder, soweit das Auge reicht. Von der Straße her ist der Ozerós-See im Westen vor den Akarnanischen Bergen als schmaler Silberstreif nur zu ahnen. Dafür taucht bald der seichte Ambrakía-See auf mit seinem blaßblauen Wasserspiegel. An der Stelle, wo er in einen schmalen Arm ausläuft, führt eine Brücke vom Ost- zum Westufer in hügeliges Gelände hinauf. Man fährt ein letztes gerades Stück zwischen nahe an die Straße herantretenden Bergen bis nach Amphilochía am Ambrakischen Golf.

Der Golf von Ambrakía

Amphilochía, 765 – Vónitsa, 767 – Arta, 770 – Kókkini Ekklisía, 785 – Burg von Rogon, 787 – Nikópolis, 788 – Préveza, 792 – Seeschlacht vor Aktion, 794

Im Süden des Golfs von Ambrakía wechseln felsige Steilufer mit flachen Landzungen. Kaum über dem Wasserspiegel liegende kleine Inselchen unterbrechen bisweilen die glatte Oberfläche. Lagunen schieben sich vor das Nordufer und manche der seichten Buchten, die tief ins Land dringen, sind nur mit flachkieligen Booten befahrbar. Zwei Flüsse, Loúros und Árachthos (auch Artinós), finden in breiten, steinigen Betten zum Golf. Beide entspringen in den hohen epirotischen Bergen. Im Westen steht der Golf durch eine stellenweise nur 350 m breite Wasserstraße mit dem Ionischen Meer in Verbindung. An den drei anderen Seiten reichen Gebirgsketten an den Golf: im Norden die Gipfel der Thesprotiká, im Osten die Váltos-Ausläufer des Pindos und im Süden die steil abfallenden Akarnanischen Berge. Eine großartige Landschaft breitet sich aus, die im hohen Mittagsglast zu blasser Unwirklichkeit entschwindet.

Amphilochía zu Füßen des Metsovoúni-Bergrückens erreichten wir am Ausgang des kleinen Trockentals auf der Hauptstraße, die uns über Agrínion und vorbei am See von Ambrakía hierherführte. Die Ruinen über dem Ort bezeichnen wahrscheinlich die Lage der antiken Akropolis von *Herákleia Limnaía*. Zwei starke Mauerflügel führten hinunter bis zur Bucht. Byzantiner haben die Anlage erneuert und unter Ali Pascha siedelte auf der Berghöhe ein kleines Dorf, das nach seinem Tode (1822) aber rasch zerfiel. Statt dessen wurde aus der türkischen Karavanserei am Golfufer die Ortschaft *Karvasarás* und hieß so, bis das neue Nationalgefühl sie mit dem schönen, aber für diese Stelle unzutreffenden antiken Namen Amphilochía bedachte. Das *antike Amphilochía* lag etwa 11 km weiter nördlich auf einem Hügelvorsprung über der Ebene am Ostufer des Golfs; man findet es südlich von Loutrón, wenn man auf der großen Straße nach Arta bei Kríkellon abzweigt. Die Mythen nennen als Gründer Amphílochos, einen der Söhne des Amphiáraos und Gefolgsmann der Helena. Er soll sich nach dem Trojanischen Krieg in dieses entlegene, von »Barbaren« bewohnte Gebiet begeben und »nicht befriedigt von den Zuständen in Argos, am Ambrakischen Golf unter anderen Siedlungen das *amphi-*

lochische Argos gegründet haben, das er nach dem Namen seiner Vaterstadt Argos nannte.« Dies berichtet Thukydides und fährt fort: »Es war diese Stadt auch die größte in Amphilochien, und die vermöglichsten Bürger hatten sich dort niedergelassen.« Apollodoros von Athen ist es für die Gründungsgeschichte dagegen wichtig, daß Amphílochos »auf Geheiß eines Orakelspruches des Apollon« gehandelt habe. Wie dem auch sei, die Bewohner von Amphilochía haben in der griechischen Geschichte keine sehr bedeutende Rolle gespielt. Nach dem Peloponnesischen Krieg, den sie auf seiten der Athener durchstanden und häufig gegen die Verbündeten der Spartaner am Golf von Ambrakía zu Felde zogen, schweigen die Quellen.

Zunächst ist Vónitsa unser Ziel. Es liegt 40 km westlich von Amphilochía an einer Bucht des Golfes. Die Fahrt am Südufer mit weitem Blick auf den Kranz flacher Inselchen über dem reglosen Wasserspiegel zu dem fernen Halbkreis der stahlblauen, lavendelfarbenen, grauen Ketten der thesprotischen und Váltos-Berge ist zauberhaft. Die sich ständig wandelnden Farben lassen einen nie in dem Gefühl ermüden, man habe dies alles schon einmal gesehen. Die Straße führt zuletzt ein Stück in die schroffen Akarnaniká hinein, um dann zu einer der vielen kleinen Buchten hinabzugleiten, die von einem schmalen ebenen Grünstreifen eingefaßt ist. Hier liegt das Dorf *Vónitsa* mit seiner mittelalterlichen Festung auf einem Bergvorsprung über dem Golf.

Beim Aufstieg zur Burg kommt man an zwei kleinen Kirchen vorbei, die sich nicht nur von außen höchst pittoresk ausnehmen. Im Innern der kleinen *Basilika ›Hagioi Apostoloi‹* erfreut die frische Art der Ausstattung, so zum Beispiel der Geldkasten, in den man als Preis für eine Kerze ein paar Drachmen hineinwirft. Er ist mit Darstellungen der Apostel Petrus und Paulus geschmückt, die ein Modell der Kirche halten. Auf der konventionelleren Ikonostasis der größeren *Nikólaos-Basilika* gleich unterhalb der Burg ist ein ungewöhnliches Motiv zu sehen: zwei Löwen mit aufgezwirbeltem Schnurrbart im Menschengesicht halten das Kreuz oben in der Mitte. Als ich den blauäugigen Jungen fragte, der sich uns als Führer angeschlossen hatte – viele Bewohner dieser Gegend sind blond und blauäugig, zweifellos ein Erbe der mittelalterlichen Herren aus dem Westen –, ob er wisse, wann die Kirche entstanden sei, antwortete er ohne zu zögern: »Oh, die reicht in die Zeit der

Kleopatra zurück.« Kleopatra? Gewiß, von ihr hatte er in der Schule gehört, als der Lehrer den Dorfbuben von der Schlacht bei Aktion – das Kap liegt in Sichtweite – erzählte, in der die ägyptische Königin mit ihrer überstürzten Flucht dem Octavian-Augustus den Sieg schenkte. Der Name bedeutete für ihn: vor langer Zeit, uralt, ›polý palaió‹. Dies ist ein magisches Wort, das man wohl schon öfters aus dem Munde einfacher Leute gehört haben wird. Es gilt mit der gleichen Ehrfurcht vom antiken Scherben bis zum alten verrosteteten Löffel.

Die *byzantinische Festung*, 1084 von Robert Guiscard vergeblich berannt, ging 1294 an Philipp von Tarent über, den Sohn König Karls II. von Neapel. Er hatte sich die Burg als Mitgift eingehandelt, als er die Tochter von Nikephóros I., die schöne Thamar, heiratete. Im Jahre 1362 gewann Leonardo Tocco von Korfu mit Hilfe der Einheimischen das Kastell. Die Tocchi mit ihren glänzenden und anspruchsvollen Titeln »Herzog von Leukádia, Graf von Kephallinía, Herr von Vónitsa« konnten über ein Jahrhundert ihren Besitz behaupten. Auch eine Burgherrin auf Vónitsa, Herzogin Francesca, Witwe Carlo Toccos, der über den größten Teil Westgriechenlands und die Inseln geherrscht hatte, ist wegen ihrer Fähigkeiten und fast männlichen Resolutheit bekannt geworden. Selbst nach dem Vordringen der Türken hielt sich Vónitsa noch bis 1479 als italienischer Vorposten inmitten des osmanischen Territoriums. Im Unabhängigkeitskrieg verfiel dann die Zitadelle, die länger als sieben Jahrhunderte den Wechselfällen der Geschichte getrotzt hatte. Nach Errichtung des neuen Königreiches Griechenland wurde eine Garnison in den verfallenden Bau gelegt. Der Militäraufstand, der die Abdankung König Ottos und seiner deutschen Gemahlin erzwang, nahm von hier seinen Ausgang (es gibt ja nur wenige politische Veränderungen in Griechenland, bei denen die Armee nicht die entscheidende Rolle gespielt hätte!).

Wir sehen heute überwiegend die Ruinen des Venezianer-Kastells und die der Türkenfeste. Vom ursprünglichen byzantinischen Mauerwerk ist fast nichts mehr erhalten, und das Zwischenspiel der Franken währte zu kurz, als daß es bemerkenswerte Spuren hinterlassen hätte. Man betritt die Anlage von einem Außentor neben einem kleinen Piniengehölz her und geht dann südwärts (links) am Wall entlang zu einem Turm. Von da aus verläuft ein Pfad in nördlicher Richtung unterhalb einer gut erhaltenen Bastion entlang, die zur zweiten Verteidigungslinie gehört hat, und durch ein zweites Tor weiter den Hügel hinan. Zur Linken liegen die Reste eines zweistöckigen Bauwerks, das wahrscheinlich die Residenz des türkischen Kommandeurs war, der von hier aus das Meer, die Berge, den Golf und das Festland überblicken konnte. In der Nähe sieht man eine langgestreckte Kapelle und daneben (östlich) die eingewölbte Zisterne. Nur das Brummen und Summen der Insekten unterbricht die Stille zwischen den verödeten Mauern. Auf dem Gipfel liegt ein großes Gebäude mit schönem Zugang (wahrscheinlich aus der Türkenzeit). Sicher standen hier jedoch schon die gewölbten Hallen, in die Philipp von Tarent die verführerische Thamar als seine Gemahlin heimführte.

Von Vónitsa aus führt eine Straße weiter in westlicher Richtung zur Fähre nach Préveza, ein anderer Weg nach Südwesten zur Anlegestelle der Fähre zur Insel Leukas (sprich: Lévkas). Wir aber kehren nach Amphilochía zurück und fahren nach Arta. Im Westen scheint der Golf in die Weite des Meeres überzugehen. Sobald man ihn hinter sich gelassen hat, befindet man sich bereits in der Provinz Epiros, die einen mit ausgedehnten Orangenhainen empfängt. Zur Blütezeit verbreiten sie einen betäubenden Duft. Er wird mitunter so intensiv, daß man glaubt, statt der Luft eine Essenz einzuatmen. Das Aroma durchzieht selbst die Häuser und viele behaupten, man könne es beim Essen und Trinken schmekken. Die hier wachsende Orangensorte zählt nicht zu den besten Qualitäten in Griechenland. Die von Korfu und Kreta ist weit überlegen. Hier werden die Früchte daher vorwiegend zu Orangeade verarbeitet. Zur Linken reichen die Orangenpflanzungen bis zu den kleinen Buchten des Golfs hinunter. Zwergzypressen dienen als Windschutz und mächtige Feigenbäume spenden großzügig Schatten. Die Übersichtlichkeit der landschaftlichen Szenerie, die üppige Vegetation, die bukolischen Düfte und verschwenderisch blühende Hecken machen einen glauben, man trete in eine neue, andersartige Landschaft ein.

Etwa sechs Kilometer vor Arta biegt ein Weg rechts, nach Osten, zu der wenige hundert Meter entfernten Kirche *Panhagía tou Vrióni* (griech.: Brióni) ab, eine der vielen kleinen byzantinischen Gotteshäuser, die in der Gegend um Arta so reizvoll sind. Ursprünglich als basilikaler Bau angelegt, dreischiffig und mit einem Holzdach, wurde bald darauf noch ein hohes Querschiff eingezogen. Nach der Umwandlung zur kreuzförmigen Kirche wurde schließlich auch noch ein Tambour mit Kuppel aufgesetzt, bevor dann der Patriarch Germanos II. von Konstantinopel sie im Jahre 1238 während seines Aufenthaltes in Epiros weihte. Dieses Ereignis halten die Ziegelinschriften am Nord- und Südgiebel fest. Das Mauerwerk ist sorg- und kunstlos aus unregelmäßig behauenen Natursteinen geschichtet nach der vor der Jahrtausendwende gebräuchlichen Weise. Nur an der Ostseite häufen sich die horizontalen Ziegelschmuckbänder, wo sie die schöne, in der Form eines halben Sechsecks hervortretende Apsis besonders reich variiert umgreifen. Die Lage ist idyllisch: zwischen locker gepflanzten Olivenbäumen, unter denen das Korn wächst, erhebt sich der Bau inmitten eines Zypressenhaines, der den kleinen Friedhof mit seinen Rosenbüschen und den efeuumrankten Judas-Bäumen beschattet. Die Gräber schmücken riesige Plastikblumengebinde, die in grellstem Rot und Gelb leuchten. Sie sind teuer im Vergleich zu den herrlichen Blumen, die die Natur hier so überschwenglich verschenkt, und stellen selbstverständlich weitaus mehr dar.

Arta liegt in einer Schleife, die der Árachthos um den von Nordwest nach Südost sich hinstreckenden Petrovoúni-Rücken zieht. Jenseits des Flusses weitet sich die Ebene mit dem Meer der Zitrusbäume. Am Berghang liegen noch einige alte türkische Häuser mit ihren Holzbalkonen, die auf Konsolen aus den oberen Stockwerken vorkragen. Leider verschwinden die stillen abgeschlossenen Innenhöfe, die man durch gewölbte Tore betrat, immer mehr. Hinter ihnen beginnt der ehemalige Burgbereich, der in einen öffentlichen Park umgewandelt wurde und als Ziel der abendlichen ›Volta‹ beliebt ist. Er wird von einem Mauerring aus dem 13. Jh. – mit geschultem Auge erkennt man die riesigen Quadern, die zur antiken Akropolis gehört haben – umschlossen. Eine mächtige, mit Zinnen bewehrte Bastion schützte die Burg gegen Norden. In das Kastro ist ein Xenía-Hotel hineingebaut worden und es gibt in Griechenland nur wenige, die in so reizvoller Umgebung stehen. Von den Balkonen der Zimmer kann man dem Lauf des Árachthos folgen. Pappelalleen ziehen sich an den Ausläufern der epirotischen Berge hinauf, die sich in immer neuen Stufungen grau und einsam in der Ferne auftürmen. Im Sommer dringt das Quaken der Frösche vom Flußufer herauf, aber lästig werden nur die aus den feuchten Orangenhainen aufsteigenden Schwärme von

Sandfliegen. – Die Bewohner von Arta sind ein auffallend schöner Menschenschlag, zudem stets freundlich, aber den vielen Durchreisenden, die zur Fähre nach Igoumenítsa wollen oder von Brindisi herüberkommen, muten sie unverfälschte griechische Hausmannskost zu, die nicht für jeden leicht zu bewältigen ist.

Arta war das *antike Ambrakía*. Es gehörte zu den korinthischen Städten, die Kýpselos und seine Söhne Gorgos und Periánder längs der Küsten Aitoliens, Akarnaniens, von Epiros und Illyrien in der 2. Hälfte des 7. Jhs. vor Chr. gründeten. In den Jahren 437 und 435 half Ambrakía Korinth, das mit Kérkyra im Streit lag wegen der gemeinsamen Kolonie Epidamnos, und wir wissen von Thukydides, daß es auf der Seite Spartas im Peloponnesischen Krieg gegen das ›Amphilochische Argos‹ zu Felde zog. Zu Glanz und selbständiger Bedeutung kam Ambrakía erstmals unter dem Molosserkönig Pyrrhos, der vom nördlichen Epiros her sein Einflußgebiet nach Süden ausdehnte und es um 295 vor Chr. zu seiner Hauptstadt machte. Hannibal hatte so große Achtung vor Pyrrhos, welcher der römischen Republik in Griechenland und Italien manche schwere Schlacht lieferte, daß er ihn als den größten Feldherrn bezeichnete. Im 2. Jh. vor Chr. fiel Ambrakía dann an die benachbarten Aitoler, die zunächst den Römern ebenfalls Widerstand leisteten. Zu dieser Zeit aber war der Stern Griechenlands, ob makedonisch, aitolisch oder spartanisch, im Niedergang begriffen, und so verlor auch Ambrakía an Bedeutung. Nach der Schlacht von Aktion, 31 vor Chr., wurde die Bevölkerung gleich der vieler anderer westgriechischer Städte nach Nikópolis, der neuen Stadt des Siegers Augustus, umgesiedelt.

Arta gelangte erst im Mittelalter wieder zu Gewicht und Ansehen. Ihm kam zugute, daß sich die epirotischen Gebirgsketten wie ein Schutzwall um das Land am Golf von Ambrakía legen und es weitgehend vor allen Eroberungsgelüsten schützen, so damals auch gegen die Kreuzritter. Noch ehe diese 1204 bis Konstantinopel vorgedrungen waren, zog sich Michael I. Angelos Dukas Komnénos (1204-1215), ein Vetter von Kaiser Isaak II. Angelos, hierher zurück, baute Arta zur Festung aus und machte es zur Hauptstadt seines neu begründeten Fürstentums, des Teilreichs Epiros. Nächst Thessaloniki wurde Arta zur wichtigsten Stadt der Byzantiner auf dem griechischen Festland. Michael I., mit der Witwe eines epirotischen Fürsten verheiratet, hatte aus der ansässigen Bevölkerung und angeheuerten Söldnern Truppen aufgestellt und konnte so aus seiner abwartenden Position heraus bald offensiv werden. Als fähigem Soldaten und geschicktem Politiker gelang es ihm immer wieder, die lateinischen Adligen gegeneinander auszuspielen und die Herrschaft der Byzantiner in seinem Gebiet zu behaupten, dessen Grenzen er bis Ioánnina im Norden und Náupaktos im Süden erweiterte. Während die fränkischen Herzöge und Grafen auf dem goldenen Thron von Konstantinopel ein unsicheres Regiment führten, festigten er und seine Nachfolger Macht und Einfluß. Epiros war zu einem Faktor geworden, mit dem man zu rechnen hatte, und trat bald in Rivalität mit dem bedeutendsten der byzantinischen Exilstaaten, mit Nikaia, von wo aus die Dynastie der Laskariden herrschte. Im Jahre 1215 wurde Michael auf einem Feldzug in Nordepiros von einem seiner Diener im Schlaf ermordet. Warum, ist nie genau bekanntgeworden. Es heißt, der Mörder sei ein Agent des Papstes gewesen, zum anderen wieder, er habe im Sold der Franken gestanden. Michaels Grausamkeit war sprichwörtlich, und Papst Innozenz III. beschuldigte ihn sogar, gefangene fränkische Ritter gekreuzigt zu haben. Zweifellos hatte er sich Feinde gemacht.

Unter dem Nachfolger, seinem Halbbruder Theodor (1215 bis 1230), und später unter seinem Sohn Michael II., erlebte Arta seine glanzvollste Zeit. Theodor vermochte den lateinischen Kaiser Peter von Courtenay bei einem Überfall in den epirotischen Bergen gefangenzunehmen. Er erweiterte die Grenzen seines Gebietes und krönte sich 1224 in Thessaloníki zum Kaiser von Byzanz, konnte sich aber dort nicht halten. Michael II. (1231-1271), exzentrisch und von nicht weniger gewalttätigem Temperament als sein Vater, baute die Hauptstadt Arta aus und spielte mit den fränkischen Baronen in Griechenland Katz und Maus. Er verheiratete seine Töchter mit Guillaume de Villehardouin, dem Fürsten von Achaia, und mit Manfred, dem König von Sizilien. Diese Verbindungen gaben ihm bei den kaleidoskopartig schnell wechselnden politischen Konstellationen gewisse Trümpfe in die Hand. Es war in der Tat kaum zu entscheiden, ob die Laskariden von Nikaia aus oder die Angeloi von Arta aus als die Kaiser in Byzanz einziehen würden, wenn das Machtgespinst der Lateiner zerreißen und die »Gottesgeschützte Stadt« an die rechtmäßigen griechischen Besitzer zurückfallen würde.

Als es dann dem späteren Kaiser Michael VIII. Palaiologos (1259 bis 1282), dem fähigsten der Aristokraten nach dem Aussterben der Laskariden (1258), im Jahre 1261 gelang, Konstantinopel zurückzuerobern, mußte er dem inzwischen zum Despotat erhobenen Epiros gewisse Autonomien zugestehen, denn das heldenmütige Einstehen der Angeloi in Arta für die Sache der Byzantiner während eines halben Jahrhunderts der Bedrohung durch die Franken verdiente anerkannt zu werden. Die nachfolgenden Despoten erwiesen sich jedoch den erfolgreichen Gründern des Staates als nicht ebenbürtig. Um die Mitte des 14. Jhs. fiel Arta, zusammen mit ganz Nordwestgriechenland und Thessalien, an die Serben. Thomas Preliumbovitsch wurde ›Fürst von Ioánnina und Arta‹. Stephan Duschan (1331-1355) hat damals die Burg der Despoten in Arta zumindest teilweise zerstört. Auch der Herrschaft der Serben war keine Dauer beschieden. Schon 1417 bezog der Venezianer Carlo Tocco, Herr von Vónitsa, die Zitadelle von Arta und im Jahre 1449 fällt die Stadt an die Türken. Damit senkt sich der Vorhang über Artas große Zeit. Als letzte herausragende Persönlichkeit hat Ali Pascha, der hitzköpfige Vizekönig von Epiros und Albanien unter dem Sultanat von Istanbul, im alten Fort von Arta gewohnt.

Im 13. und 14. Jh. also war Arta ein aufblühendes Zentrum byzantinischen Behauptungswillens, wo sich politische, geistige und künstlerische Kräfte sammelten. Als Zeugnisse dafür sind uns bis heute allein die zahlreichen Kirchen in und um Arta geblieben. Es ist verblüffend, welch schöpferisches Leben sich in dem auf sich selbst gestellten Despotat entfaltete. Dies trifft übrigens auch auf Trapezunt am Schwarzen Meer zu, wo seit 1204 byzantinische Herrscher im äußersten Osten ein autonomes kleines Teilreich regierten, als die lateinischen Kaiser den Thron in Konstantinopel besetzt hielten. Trotz aller politischen Gängelung durch die Genuesen, Mongolen und Selschuken scheint es, als hätten dort die bedrückenden Verhältnisse eine künstlerische Originalität und Aktivität geradezu herausgefordert.

Steigt man von der Burg hinab, dann trifft man in der Hagios Basíleios-Straße zunächst auf die kleine *Kirche des Heiligen Basíleios*. Der einschiffige, rechteckige Bau aus dem frühen 14. Jh. wäre in noch kleineren Ausmaßen kaum zu denken. Miniaturhafte Seitenapsiden flankieren die Hauptapsis. Doch die Kleinheit macht den Bau keineswegs provinziell. Farbig glasierte Ziegelbänder –

türkis, sonnengelb, elfenbein und dunkelblau überzogene Tonplättchen – kontrastieren kräftig zu den in Mustern gesetzten roten Backsteinen. Polychromer und architektonischer Dekor steigern sich äußerst geschmackvoll und ausgewogen. Zwei kleine, farbig glasierte Fayence-Reliefs, rechts und links des Fensters über der Apsis, sind anscheinend italienischer Herkunft. Man erkennt eine Kreuzigung und die Drei Hierarchen der Ostkirche.

Nahe von hier liegt auch die Kirche der *Hagia Theodora*. Gemeint ist die später heiliggesprochene Frau des Despoten Michael II. Angelos aus der Familie der Petraliphas, normannisch-italienischen Stammes, die aus Sérvia in Westmakedonien kam. Der schönen, aber vielleicht etwas eigensinnigen Dame war kein glückliches Familienleben beschert, denn ihr Mann stand bald im Banne einer jungen Adligen aus Arta, der die Zeitgenossen sogar Zauberkräfte nachsagten und die den ungewöhnlichen Namen Gangraine führte. Michael II. hatte für die Tugenden seiner Gattin wenig Sinn, zumal ihn seine Geliebte in der ruchlosesten Weise gegen sie einnahm und ihn veranlaßte, Theodora nicht nur den Palast in Arta zu verbieten, sondern sie regelrecht ins Exil zu schicken. Die fromme Frau hielt Leib und Seele kärglich zusammen, ernährte sich von wilden Früchten und Wurzeln und genoß gelegentlich die Gastfreundschaft eines entlegenen Klosters in den wilden Bergen. Unterdessen aber hatte Michael in Arta eine bedrückende Vision. Nach der Chronik von Galaxídion (siehe Kapitel XVI) erschien ihm Christus »in all seinem Glanze und seiner göttlichen Schönheit«, bezichtigte ihn, der List des Satans in der Person der Gangraine erlegen zu sein, und drohte, ihn »mit Feuer und Blitz« zu vernichten. Zu Tode erschrocken und zugleich von Gewissensqualen gepeinigt ließ Michael daraufhin im ganzen Land seine Gattin suchen und setzte sie wieder als die rechtmäßige Despina im Palast ein. Die großherzige Frau, der alle Rachsucht fremd war, hielt in ihrer Güte ihren impulsiven Mann davon zurück, Gangraine auf einen Esel binden zu lassen und sie dem Spott und Hohn der Bevölkerung auszusetzen, bevor sie hingerichtet werden sollte. Dank des stillen Zuredens der Theodora durfte die Buhlerin Arta verlassen, ohne daß man ihr ein Haar krümmte. Als Michael II. Angelos starb, stiftete Theodora nach dem Beispiel ihres Gatten, der zur Buße für die Vergehen seiner jungen Jahre manches Kloster, manche Kirche gegründet hatte, ebenfalls ein

Kloster und weihte es dem Erzmärtyrer *Hagios Georgios*. Nachdem sie heiliggesprochen war, haben es die Artaner, bei denen sich die neue Patronin ihrer Stadt größter Achtung und Zuneigung erfreute, alsbald ihr zu Ehren umbenannt.

Vom Kloster der Hagia Theodora ist heute nur noch der schöne Bogen des Portals zum ehemaligen Klosterhof und die Klosterkirche erhalten. Das grobe Mauerwerk des Kernbaus – eine dreischiffige Basilika – mag schon einige Jahrzehnte gestanden haben, ehe die fromme Fürstin ihren Plan verwirklichte. Doch der überkuppelte Narthex und die dem Südschiff vorgelegte offene Vorhalle stammen aus ihrer Zeit (nach 1270). Auffallend sind die schönen Proportionen im Naos. Hier sei auf vier besonders fein gearbeitete alte Säulen mit Akanthus-Kapitellen der theodosianischen Zeit hingewiesen, die aus einer frühchristlichen Kirche in Nikópolis stammen. Der Lichtgaden im überhöhten Mittelschiff sorgt für Helligkeit im Kircheninneren. Je vier doppelbogige Fenster mit kleiner Marmorsäule in der Mitte lassen das Licht eintreten. Der kleeblattförmige Ziegeldekor um das hoch angebrachte Fenster über den drei Apsiden füllt den ganzen Giebel an der Ostseite. – Vom *Grabmal der Theodora* im Narthex, das im 19. Jh. leider unverständig erneuert wurde, ist nur noch die nach Westen gerichtete Reliefplatte des Sarkophages alt. Die heilige Frau wird im Staatsornat wiedergegeben und trägt zudem den Nonnenschleier. Die Vereinigung von königlichem Status und dem der Klosterfrau betont auch der Gestus der Hände in der einen hält sie das Szepter als Zeichen ihrer weltlichen Würde, die andere hebt sie betend oder segnend empor. Eine kleine Gestalt neben ihr, ebenfalls mit einem Szepter in der Hand, stellt ihr Söhnchen, den späteren Nikephóros I., dar. Beide Figuren stehen unter einem von umknoteten Säulen getragenen Baldachin. Durch einen Sternenhimmel hindurch weist die Hand Gottes auf Theodora hin. Erzengel wachen zu beiden Seiten. Bei jedem meiner Besuche in der Kirche habe ich dort Gläubige angetroffen, meist Frauen mit Kindern, die vor dem Grabmal lange Wachskerzen anzündeten. In der schattigen Vorhalle kommen sie dann zu ausführlichem Schwatz zusammen. Offensichtlich ist die Vita von der tugendsamen Frau, die von einem zügellosen Gatten und einer skrupellosen Geliebten so viel Leid erfahren hat, noch sehr lebendig. Nach wie vor wendet man sich in Arta mit seinen Kümmernissen an sie.

Von hier aus empfiehlt sich der Besuch der *Panhagía Paragorítissa*, der ›trostreichen‹ Gottesmutter. Dies war die Hauptkirche des Despotats von Epiros, der auch ein Kloster angegliedert war. Nikephóros I. (1271-1296) war ihr Stifter. Auf dem Rankenrelief des Bogens über dem Portal zwischen Narthex und Kirchenraum hat der griechische Bauforscher A. Orlandos seinen Namen, den seiner zweiten Gemahlin Anna (Tochter von Michael VIII. Palaiológos) und seines Sohnes Thomas entziffert. Die Kirche muß um 1290 vollendet worden sein. Schwer mitgenommen, hat sie die Wirren der Jahrhunderte überdauert und dient heute, nach der vorzüglichen Restaurierung in den Sechziger Jahren, als Museum der Funde in und um Arta.

Es ist eine sonderbare Kirche. Eher glaubt man auf einen Palast zuzugehen, ist beeindruckt von der monumentalen Strenge eines hohen dreigeschossigen, fast kubischen Baukörpers, über dem die fünf Kuppeln bei erstem Gegenübertreten kaum ins Gewicht fallen. Hinter den je dreizehn schön proportionierten doppelbogigen Fenstern, die in zwei Reihen die Süd-, West- und Nordseite auflockern, könnte man sich gut die Wohn- und Staatsgemächer eines Fürsten denken. Doch das Licht fällt in seitliche Kapellen, in den Narthex und darüber in ein umlaufendes Emporengeschoß. Nur an der Ostseite prägt sich der sakrale Baucharakter aus, dringt die Gliederung des Kircheninnern durch die Außenmauern: zwei Seitenapsiden bilden den Abschluß der Kapellen und der Emporen; die hohe, bis zum Dachrand reichende Mittelapsis, flankiert von zwei kleinen Chornischen (Próthesis und Diakonikón), bezeichnet den Altarraum. Erfindungsreich variierte Ziegelornamentfriese zieren ebenfalls nur die Ostseite. Einzig ein Schmuckstreifen aus farbig glasierten Tonplättchen setzt sich um den ganzen Bau herum fort. Und wiederum nur an der Ostseite ist die Wand vom Fundament an mit ziegelumrahmten Tuffsteinquadern aufgeführt. An der Süd-, West- und Nordseite beginnt das saubere Mauerwerk erst über einer Zone aus rohen Feldsteinen. Die hier eingelassenen Pfeiler zeigen, daß man eine gewölbte, dreiseitig umlaufende Vorhalle geplant hatte, in der die grobe Wandfläche dann verputzt worden wäre.

Auch das *Innere* der Parigorítissa ist ungewöhnlich. Nicht etwa, weil sich die Gliederung außerhalb der byzantinischen Tradition stellte. Es überrascht vielmehr die kühne Konstruktion, der Einfall, auf ein System von dreifach übereinandergestellten Stützen eine Kuppel aufzusetzen, deren Scheitel sich mehr als 24 m über dem Fußboden erhebt. Sie beherrscht den Mittelraum, dessen quadratische Grundmaße (9,15 x 9,20 m) sich als kleineres Viereck in den nahezu quadratischen Grundriß der Kirche (etwa 20 x 22 m) einfügen. Vor jede der vier Wände des Naos treten zwei Wandpfeiler, verwandeln das Quadrat zunächst in ein ungleichseitiges Oktogon. Auf ihnen liegen vorkragende Konsolen auf, von denen

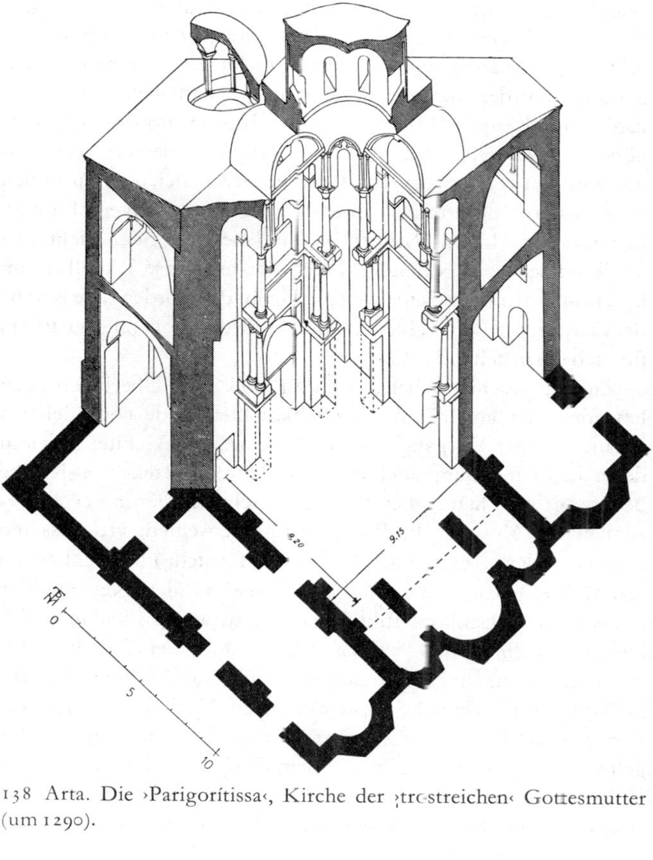

138 Arta. Die ›Parigorítissa‹, Kirche der ›trostreichen‹ Gottesmutter (um 1290).

sich Doppel-Säulen abstützen. Über ihnen führen acht einfache Säulen in die Emporenzone, wo Ecktrompen das Oktogon in ein Quadrat zurückverwandeln. In der obersten Zone entwickelt sich aus dem Geviert die angedeutete Form des eingeschriebenen Kreuzes. Hier nehmen – auf wiederum vorkragenden Konsolen – acht kleinere Säulenpaare die Gewölbebögen der vier ›Kreuzarme‹ im Wechsel mit je zwei Achtelpendentifs auf, die in das Rund des Kuppelansatzes mit seinem Durchmesser von 5,80m überführen.

Was hat dieses scheinbare Spiel mit den Bauformen und den Funktionen ihrer Teile bewirkt? Senkrechte, im Verbund mit der Wand aufgeführte Stützen hätten hier Last und Schub einer großen Kuppel nicht abfangen können; freistehende vorgezogene Stützen hätten zwar eine Kuppel mit kleinerem Durchmesser zugelassen, würden aber den Innenraum verstellt haben. Der Gedanke, durch eine mehrfach vorkragende Stützenordnung Raumhöhe zu gewinnen, seine Weite aber für einen kleineren Kuppeldurchmesser verringern zu müssen, ohne sie in den unteren Zonen zu schmälern, forderte das Einsetzen aller konstruktiven Möglichkeiten heraus. In der Parigorítissa sind sie wohl noch nicht aufs Vollkommenste angewendet. Doch der ingeniöse Einfall ist im byzantinischen Bereich nie weiter ausgebildet worden. Die Kirche der Despoten von Arta blieb in ihrer eindrucksvollen Eigenart ein für sich alleinstehendes Beispiel.

Zur Baugeschichte haben sich im Volk zwei Überlieferungen lebendig erhalten. In ihrem Kern berichten beide vom gleichen schaudervollen Vorgang: der vielbeschäftigte Architekt, der in der nahen Umgebung auch mit dem Bau der Vlachernen-Kirche beauftragt war, hatte einen tüchtigen Gehilfen, der in der Abwesenheit des Meisters die Parigorítissa nach einem viel besseren Plan veränderte. Zum einen heißt es, Eifersucht und Neid haben den Meister gepackt und unter dem Vorwand, dem Nebenbuhler etwas an der Dachkonstruktion zeigen zu wollen, lockte er ihn hinauf, um ihn in die Tiefe zu stoßen. Doch der Geselle klammerte sich an ihn und so stürzten beide zu Tode. Als Steine blieben sie – bis heute! – an der Südostecke liegen. Nach der andern Version war der Architekt so verärgert, von einem Schüler überflügelt worden zu sein, daß ihn auf dem Dach ein Schwindel ankam und er herunterfiel.

Meister aus Konstantinopel oder Thessaloniki arbeiteten an

den *Mosaiken* der Kuppel und der Pendentifs. Es waren Künstler ersten Ranges, die hier das in Griechenland vollkommenste Beispiel für den gelöst bewegten und zugleich beseelten Stil der Palaiologenzeit im 13. Jh. hinterlassen haben. ›Christus Pantokrator‹ ist umgeben von Cherubinen (den vieläugigen Engeln) und von den sechsflügeligen Seraphinen. Propheten blicken von den Wandflächen zwischen den zwölf Fenstern des Tambours zu ihm auf. Nur geringe Reste lassen auf die vier Evangelisten in den Mosaikfeldern der Pendentifs schließen. – Die frühesten *Fresken* entstanden 1558 im Altarraum. Naos, Narthex und Kapellen schmückte man nach und nach, jeweils, wenn die ursprüngliche Wandverkleidung mit Marmorplatten, die einst bis zu den Emporen reichte, eine Erneuerung forderte. Von der ernsten, vornehmen Wirkung der marmorverkleideten Wände geben nur noch Reste an der Westwand eine Vorstellung.

Prachtvoll erhalten haben sich Teile des *Skulpturenschmucks*, ein ungewöhnliches Element im Ausstattungsprogramm des 13. Jhs. Aufgrund stilistischer Kriterien waren es *italienische Steinmetzen* und Künstler, die man für die Ausgestaltung des oberen Kirchenraumes berief. Sie schufen die Kapitelle der obersten Säulenpaare, zierten die dort vortretenden Konsolen mit apokalyptischen Tieren und den Evangelistensymbolen, versahen die Dreipaßbögen unter den Pendentifs mit Ranken und Fabeltieren (nur einer in der Nordostecke ist noch zu sehen). Vor allem sind die hochreliefierten Gurte der obersten Gewölbebögen ihr Werk. Auf dem Schlußstein des Nordbogens erkennt man die ›Geburt Christi‹; zu beiden Seiten abwärts führend – wie an den Portalen mittelalterlicher Kathedralen – Engel, der Heilige Joseph, die Heiligen Drei Könige, die Hirten, den Evangelisten Lukas und den König David, die Propheten Jesaias und Isaak, die die Menschwerdung Gottes voraussagten. Im Scheitel des westlichen Bogens erscheint – fast rundplastisch – das ›Lamm Gottes‹ mit dem Kreuz, Symbol des Herrn, der die Sünden der Welt auf sich nimmt. Es folgen Gurtsteine mit Heiligen und Propheten, deren Aussage in Beziehung zum Leiden Christi steht. Der Schmuck der Süd- und Ostbögen scheint nie in Angriff genommen worden zu sein. Aus widrigen Umständen? Fehlenden Geldmitteln? Man kennt nicht den Grund.

Im Untergeschoß, wo ausschließlich *byzantinische Steinmetzen* gewirkt haben, war der Skulpturenschmuck naturgemäß Beschä-

139 Arta. Die ›Parigorítissa‹. Teilstück des Bogens über dem Mittelportal.

digungen weit mehr ausgesetzt. So kann man die marmornen Altarschranken nur noch aus wenigen Bruchstücken ergänzen, besitzt nur noch ein Fragment der in durchbrochenem Relief gearbeiteten Templonplatten, auf denen kleine Löwen sich aus den zu Kreisen verschlungenen Flechtbändern scheinen befreien zu wollen. Von dem prachtvollen Steinbogen über dem Portal zum Naos, der die Stifterinschrift trägt, war schon die Rede. Kreise, darin Fabeltiere und konzentrische Muster, die rahmenden Ornamentbänder und die Lettern heben sich in flachem Relief vom rotgetönten Steingrund. Sicher waren auch die Türen zu den seitlichen Kapellen mit schönen Laibungen versehen. Doch wie konnte dies alles unversehrt bleiben in einem Kirchenraum, der den Türken bei ihrer Besetzung von Arta als Viehstall diente; deren marmorne Wandverkleidung und Säulen dann zur Zierde eines nahen Derwischklosters entwendet wurden; den schließlich im

140 Arta. Die ›Parigorítissa‹. Platte vom ursprünglichen Templon. Rekonstruktion.

Befreiungskrieg die Türken und die muselmanischen Albaner Ali Paschas in eine Bastion verwandelten, um sich hier mit ihren Kanonen vor Markos Bótsaris und seinen Souliotem, wie vor den griechischen Freischärlern unter dem Artaner Georgios Karaïskakis zu verschanzen. In den friedlichen Zwischenzeiten war die Kirche zwar immer den Christen überlassen worden aber der Ungewißheit ihres Geschicks machte erst der Berliner Kongreß von 1878 ein Ende, der die Türken zum Abzug aus dem Gebiet um Arta (1881) und aus Thessalien zwang.

In der Umgebung von Arta gibt es noch weitere Kirchen, die für den an byzantinischer Kunst Interessierten sehenswert sind. Sie lassen sich nicht immer leicht finden und man muß darauf gefaßt sein, nicht gleich den richtigen der vielen Feldwege gewählt zu haben. Ausgangspunkt sollte die berühmte *Brücke von Arta* über den Árachthos sein. Eine ältere war bereits von den Despoten auf den Resten hellenistischer Unterbauten errichtet worden. Die heute noch benutzte haben die Türken im 17. Jh. neu aufgeführt. Sie ist schmal und holprig, steigt vom linken Ufer aus über vier kleinere Bögen zum hohen Mittelbogen an, und einst senkte sie sich über die gleiche Anzahl von Bögen auch wieder ab. Hier, am rechten Ufer, hat der Fluß im Laufe der Zeit durch Anschwemmungen sein Bett stark verändert. Land deckt jetzt die westliche Hälfte der Brücke und der schön geschwungene Mittelbogen spannt sich durchaus nicht etwa über die Mitte des Flusses, sondern erscheint recht unerwartet, aber sehr reizvoll, nahe zum westlichen Ufer gerückt. – Nach einer Legende, die in einem von allen Griechen gekannten Volkslied weiterlebt, stellten die Griechen, die unter der Aufsicht türkischer Brückenbauingenieure diese Brücke bauen mußten, bei ihrem Frondienst fest, daß einer der Pfeiler, an dem sie tagsüber gearbeitet hatten, jedesmal in der Nacht wieder von der Strömung weggespült wurde. Nach ihrer Meinung war dabei der Flußgott am Werke, der den Türken nicht wohlgesonnen war. Eines Tages setzte sich ein kleiner Vogel auf den Pfeiler nieder und zwitscherte ihnen zu, daß die Frau des Poliers in das Fundament eingemauert werden müsse, sollte der Bau je fest werden. Mit einer List wurde die Arme zur Brücke gelockt, sie müsse nach einem Ring suchen, den ihr Mann dort verloren habe. Als sie sich spähend bückte, stießen die Arbeiter sie hinab und schnell verschwand unter Steinen, Schotter und Mörtel jede

Spur von ihr. Die Brückenpfeiler konnten endlich fertiggebaut werden. Seither, so besagt die Legende, habe er jedem Hochwasser getrotzt. – Unschwer läßt sich aus dieser Legende der Mythos vom Menschenopfer, mit dem das Wohlwollen des Flußgottes erkauft werden muß, heraushören, und ein Brauch, auf den man im Lande auch in unseren Tagen noch stoßen kann, wird wohl gleich alte Wurzeln haben: wird ein neues Haus gebaut, so gilt es, die Gunst der Ortsgeister zu gewinnen. Man setzt sich zu gemeinsamem Schmaus zusammen und je nach Größe des in Angriff zu nehmenden Vorhabens werden Hähne, Ziegen und Widder verspeist.

Überquert man die moderne Brücke 100m südlich der alten, so gelangt man in einen Organgenhain hinab, in dem eine hoch aufragende Pappel zunächst den Blick auf die kleine *Kirche des Heiligen Basíleios an der Brücke* verstellt. Nordöstlich des kleinen Bauwerks schimmern durch das Blattwerk hindurch die schneebedeckten Gipfel der Tzoumérka im Pindos-Gebirge hindurch. Die Kirche erhebt sich auf dem Grundriß eines freistehenden Kreuzes, hat eine halbrunde Apsis an der Ostseite und über der Vierung einen elegant zylindrischen Tambour mit Kuppel. Trotz des etwas ländlich gröblichen Mauerwerks und der einfachen Formensprache erinnert der Bau ein wenig an die Koumbelídiki-Kirche in Kastoriá. Ziegeldekor findet sich nur an den Fenstereinfassungen und am oberen Teil des Tambours.

Bei der Weiterfahrt in Richtung Préveza biege man linker Hand nach Kostakioí ab, folge dem Feldweg nach Plisioí (auch Plisoús), um 5 km südwestlich von Arta die Kirche *Hagios Demétrios Katsoúris* aufzusuchen. Es ist gut, ein paarmal nach dem Weg zu fragen, denn sie liegt inmitten von Oliven- und Orangenbäumen. Sie steht, als die älteste Kirche in und um Arta, wahrscheinlich schon seit dem 9. Jh. und gehörte dann zu einem Kloster, das erstmals 1229 in Urkunden genannt wird. Um diese Zeit ist sie auch wieder instandgesetzt worden. – Der frühe, ohne jeden Außenwanddekor ausgeführte Kreuzkuppelbau beeindruckt vor allem durch seine harmonischen Proportionen, die ihn trotz des bescheidenen Ausmaßes weit über sonstige ländliche Kirchen hinausheben. Erwähnenswert sind zwei alte Säulen (mit ionischem Kapitell) und Reliefplatten mit frühchristlichen Motiven an dem östlichen Pfeilerpaar. Wahrscheinlich stammen sie vom ersten Templon. Die Fresken sind vom Alter mitgenommen. In der Mittelnische des

Allerheiligsten befinden sich unter der Malschicht des 17. oder frühen 18. Jhs. ausgezeichnete Darstellungen des Heiligen Blasius, Modestus und Polykarp – ausdrucksvolle und würdige Gestalten in konstantinopolitanischer Manier. Sie stammen offensichtlich noch aus dem 12. Jh., sind somit nicht nur die ältesten Fresken im Gebiet von Arta, sondern richten den Blick auf ein verhältnismäßig hohes Niveau künstlerischen Schaffens noch vor der Zeit der Despoten. Die Szenen der Heilsgeschichte im Hauptraum und der Pantokrator in der Kuppel entstanden in der 2. Hälfte des 13. Jhs.

Von Hagios Demétrios Katsoúris fahre man auf einem schmalen, von Dornbüschen und Hecken gesäumten Weg zu dem Nachbardorf Kirkizátai. Ein Junge aus dem Dorfcafé – dort, wo die Männer beim Tavli-Spiel sitzen oder laut vor sich hinlesend mit der Zeitung beschäftigt sind – wird für Sie beim Priester des Ortes den Schlüssel holen zum Kirchlein *Hagios Nikólaos tis Rodiás* aus dem 13. Jh. Der Zusatz ›tis Rodiás‹ (zu den Granatäpfeln) bezieht sich auf ein Marienkloster, das in einem solchen Garten lag, zu dem auch die Kirche gehörte. Ein Mäanderfries aus Ziegeln schmückt die Eingangsseite des Kreuzkuppelbaus mit schönem Tambour. Die Fresken (14. Jh.) sind schwer beschädigt. Eleganz und Kühle der damaligen Stilrichtung in der Polis sind hier von einer Provinzwerkstatt aufgenommen worden, die diese Eigenart präzise erfaßte.

Zurückgekehrt zur modernen Brücke über den Árachtos biege man hinter ihr rechts nach Südosten ab. Nach 1,5 km entlang des linken Flußufers liegt auf einer Höhe über dem Árachtos das *Kloster Káto Panhagía* in einem üppigen Garten voller Oleanderbüsche, Oliven- und Orangenbäume, zwischen denen sich Weinstöcke hochranken. Vor dem Eingang stehen Mimosen und Akazien. Der Klosterhof mit den in der Türkenzeit erneuerten Klostergebäuden und der alten byzantinischen Klosterkirche ist ein Ort idyllischen Friedens. Als eine seiner ›Sühnegründungen‹ hat Michael II. Angelos (sein Monogramm findet sich an der Südwand der Kirche) offensichtlich auf das stattliche Äußere der Kirche Wert gelegt. Die Mauern sind aus gleichmäßig behauenen Quadern, großenteils wiederverwendeten Blöcken aus dem antiken Ambrakía errichtet, belebt von der Farbigkeit des hellgrauen Kalk- und gelblichen Tuffsteins und dem roten Ziegelwerk. Die Westwand ist zudem mit Fresken geschmückt.

Statt der Kuppel hat der dreischiffige Innenraum ein besonders hochgezogenes Querschiff, dessen Mittelteil über der Vierung nochmals um einiges erhöht ist. Im Innern kommen unter den abblätternden Fresken aus dem 18. Jh. Fragmente früherer Bemalung hervor. Die ältesten Wandbilder aus der Zeit Michaels II. stellen im Diakonikón, der rechten der drei Apsiden des Altarraums, Bischöfe und einen Märtyrer dar.

Bliebe noch die Kirche des *Vlachernen-Klosters* zu besichtigen, eine der schönsten der kleinen byzantinischen Bauwerke in der Umgebung von Arta. Zwischen dem rechten Ufer des Árachthos und den Ausläufern der epirotischen Berge windet sich ein Pfad durch Obstgärten und Olivenhaine bis zur Stelle über einer der Flußschleifen, von der aus der Blick das Kastro und die sich am Hang des Petrovoúni-Rückens hinabstaffelnden Häuser von Arta umfaßt.

Mit seinem Namen erinnert das Kloster an die berühmte Marienkirche im Blachernen-Viertel in Konstantinopel, in der man das Gewand der Heiligen Jungfrau, der ›Parthenos‹, als kostbare Reliquie verehrte. Gegründet wurde es Ende des 12. Jhs., doch nach den Jahrhunderten der Tourkokratie ist nur die Klosterkirche erhalten geblieben. Ursprünglich erhob sich eine dreischiffig eingewölbte Basilika, deren Mittelschiff schmaler ist als die Seitenschiffe, auf fast quadratischem Grundriß. Die drei Apsiden waren völlig verschieden: die südliche zeigt sich als Halbrund, die Mittelapsis springt dreiseitig, die nördliche fünfseitig hervor. Die Despoten von Epiros erwählten sie bald schon zu ihrer Grabkirche. Michael II. Angelos hat sie dann um die Mitte des 13. Jhs. modernisieren lassen: ein Querschiff wurde durch die Mitte der drei Langschiffe gezogen und über den Schnittpunkten je eine Kuppel aufgesetzt. Auch ein tonnengewölbter Narthex ist der Westseite vorgebaut worden. Doch alles fügt sich ganz selbstverständlich in die ursprünglichen Proportionen; bei der Umwandlung der Basilika zur Kreuzkuppelform ist ein sehr reizvoller und ausgewogener Bau entstanden, reich verziert mit plastisch und linear schmückendem Ziegeldekor um Fenster, Kuppeltamboure und in den Giebelfeldern. Die sehr mitgenommenen Fresken gehören stilistisch in die Mitte des 14. Jhs.

Das Interessanteste an der Vlachernenkirche ist jedoch ihr Skulpturenschmuck: ihre Säulen und Kapitelle, ihre Marmorreliefs, Zierleisten und die reich ornamentierte Laibung um die Tür vom Narthex in den Naos. Die Wände waren mit einfachen Marmorplatten verkleidet. Den Fußboden schmückt noch farbig eingelegter Marmor. Auch das frühere Templon war aus dem edlen Material. Was sich an reliefierten Schmuckplatten erhalten hat, ist später zum Teil im Kircheinnern und auch außen an der Stirnseite des südlichen Querschiffs eingemauert worden, oder es wird im Museum von Arta verwahrt. Die Qualität der Reliefs führt weit über die Möglichkeiten der lokalen Steinmetzen hinaus, und Kenner dieser Zeit – so der griechische Bauforscher A. Orlándos – halten es für wahrscheinlich, daß Michael II. Angelos eigens Handwerker aus Konstantinopel kommen ließ. Sein Sarkophag und der seiner beiden Söhne Michael und Ioánnis (sie sind von Nikephóros I. [1271-1296] in aller Stille umgebracht worden) haben den Klosterverfall während der Türkenzeit überdauert und stehen noch im südlichen und nördlichen Seitenschiff. Die Reliefplatten von den andern Gräbern der Herrscher aus der Komnenen-Dukas-Dynastie kann man, soweit sie erhalten sind, ebenfalls im Museum sehen, oder man begegnet ihnen als eingelassenem Schmuck an den Wänden der kleinen *Hagios Merkoúrios-Kirche* in Arta.

Dem Aufsuchen und Kennenlernen der byzantinischen Kirchen Artas schließt sich ein Ausflug in die Bergwelt des Hohen Pindos an. Ziel ist die *Kókkini Ekklisía*, die ›rote Kirche‹, bei Drosopigí an der Paßstraße Arta-Tríkkala. Südlich von Arta führt von der Fernstraße eine Abzweigung in nordöstlicher Richtung zunächst über sanft gewelltes Land, folgt dem Lauf des Árachthos, steigt an, fällt wieder ab und gibt oft reizvolle Ausblicke frei auf den einst aquamarinblauen Fluß, der heute zu einem großen See gestaut ist. Mit grauem Schiefer gedeckte Bauernhöfe zwischen Mandelbaum- und Quittenpflanzungen sind versunken, neue Straßen sind im Bau.

Später biegt die Straße in das Tal des Sarantáporos ein. Ab und an hebt sich auf einem der sanft geformten Höhenrücken ein Schafhirt mit seiner Herde schattenrißähnlich gegen den Himmel ab. Die Epiroten mit eng beieinanderstehenden grauen Augen und Hakennasen gehören zum fröhlichsten Menschenschlag in Griechenland. Die übrigen Griechen behaupten zwar, sie seien geizig, aber ich kenne viele Ausländer, die von ihnen nur Großzügigkeit, Gastfreundschaft und natürliche Herzlichkeit erfahren haben.

Vor dem Bergdorf *Palaiokátounon* wird es dann wirklich steil. Je näher man jetzt den Tzoumérka-Bergen ist, um so unnahbarer scheinen die drei runden kahlen Kuppen der Hauptgipfel (bis zu 2400 m hoch). Hinter *Palaiochórion* schimmert rechts der Straße plötzlich das verwaschene Rosa alter Ziegeldächer aus dem Grün. Hier ist man angelangt bei der *Kókkini Ekklisía*, einem ausgefeilten und auch ausgereiften Beispiel byzantinischer Kirchenarchitektur, wie man es in so entlegener Berggegend nicht trefflicher erwarten kann. Das Gotteshaus ist der ›Geburt Mariens‹ geweiht, und eine Inschrift sagt, daß sie kurz vor 1281 erbaut wurde. Doch warum haben der Protostrator Théodoros (ein kaiserlicher Oberstallmeister) und seine Frau Maria es gerade hier in die tiefe Provinz gestiftet und ihr Inneres und Äußeres sorgfältig schmücken lassen? Wir wissen es nicht. – Als die Kuppel über dem in einem Rechteck eingeschriebenen kreuzförmigen Bau einstürzte, hat man sie durch ein Satteldach ersetzt. Im Innern sieht man noch das Geviert, über dem sie ansetzte. Die südliche Außenwand ist besonders verschwenderisch mit Ziegelintarsien verziert. Ein dreifaches Band roter Rhomben tritt wirkungsvoll hervor, ebenso die gleich Triglyphen gesetzten Backsteine. Die hellen Rottöne verleihen dem kleinen Bau – vorwiegend aus Tuffsteinquadern – eine außerordentliche Frische. Um der leuchtenden Farbigkeit willen, die namentlich im Frühling vor dem Hintergrund der weißen und rosa Quitten- und Judasbaumblüten begeistern kann, hat ihr der Volksmund wohl auch ihren Namen gegeben. – Auch die Fenster an der West-, Nord- und Südseite sind prachtvolle plastische Gebilde aus Ziegelwerk: ein großzügiger Bogen umspannt drei kleinere, nischenartig vertiefte Bögen, von denen sich nur der mittlere, höchste, mit einer Doppelarkade öffnet. Zwischen den schmalen Fensterschlitzen (in einem hat sich noch ein Stück der alten durchscheinenden Alabasterscheiben bewahrt) steht ein kleines Säulchen. Über die dreiseitige Apsis an der Ostseite wirft eine Platane ihre Schatten. Sie dient zugleich als Glockenturm. Das Innere der heute verlassenen Kirche ist ohne Bedeutung bis auf die Reste einer kostbar geschnitzten alten Tür zwischen Narthex und Naos und über ihr die stark verblichenen Fresken des Stifters und seiner Frau.

Nur wenige Kilometer hinter der ›Roten Kirche‹ ziehen sich die grauen Häuser von *Voulgaréli* an einem Steilhang der Tzoumérka-Gipfel bis zur Baumgrenze hinauf. Der Ort heißt heute offiziell *Drosopigí*, ›Kalte Quelle‹ und war im Zweiten Weltkrieg Stützpunkt einer rechtsgerichteten Widerstandsorganisation, die von den Briten geliefertes Geld und Waffen nicht gegen die deutsche Besatzung, sondern gegen ihre kommunistischen Landsleute einsetzten. In den Dreißiger Jahren verboten, hatte sich die Kommunistische Partei im Untergrund neu organisiert, als der Feind im Lande stand. Sie setzte auf die alte Absicht Stalins, einer kommunistischen Regierung in Athen in den Sattel zu helfen, denn viele waren den Kommunisten zugetan, mißtrauisch gegenüber den Kollaborateuren in Athen und ohne rechte Verbindung zur Exilregierung in Ägypten. Die nationale Befreiungsbewegung dagegen fürchtete, in Abhängigkeit von Moskau zu geraten, und bis heute bestimmt berechtigte oder unberechtigte Furcht vor einem kommunistischen Umschwung die Politik in Griechenland.

Von dem Café in Palaiochórion aus bewunderten wir im Südosten die titanischen Gipfel der Ágrapha-Gebirgskette und den schön geformten Kegel des Tymphristós. Der Ortsvorsteher stattete den ›Xenoi‹ (Ausländern) einen Höflichkeitsbesuch ab, lud zum Kaffee ein und kam auf die Kriegszeit zu sprechen. Er erzählte von den Querelen der Partisanenchefs, von deutschen Versuchen, auch diese abgelegene Felsenlandschaft unter Kontrolle zu halten, wobei sogar Bomben auf das Dorf abgeworfen wurden. Zwei Blindgänger liegen jetzt noch neben dem Eingang zur Hauptkirche und erinnern an eine Zeit, in der selbst das verlassene Bergnest Voulgaréli in den Strudel der Weltgeschichte gerissen wurde. Im übrigen fielen uns dort die besonders hübschen Kinder auf.

Folgt man der Straße weiter – als ich hier unterwegs war, befand sie sich noch im Bau –, erreicht man bei der ›Panhagía Pórtas‹, der Kirche, die wir auf dem Weg zu den Metéora-Klöstern kennenlernten (Kapitel XIX), die thessalische Ebene. Es ist der Weg, auf dem die Despoten von Arta den Pindos überquerten, wenn sie sich zu neuen Eroberungen nach Thessalien und Makedonien aufmachten und sich dort mit den Truppen der Herrscher von Nikaia um die Anwartschaft auf den byzantinischen Thron schlugen.

Wir kehren nach Arta zurück und fahren nun nördlich des Golfs in Richtung Préveza. 5 km hinter der Brücke über den Loúros lag auf den Ausläufern der Thesprotiká die *Burg von Rogoi*. Die Despoten haben sie zum Schutze Artas angelegt. Reste massiven grauen Mauerwerks sind weithin sichtbar. Nach etwa zehnminütigem Anstieg genießt man von oben den Blick auf den gewundenen Lauf des Loúros und über den Golf mit den ihn umgebenden Bergketten. Im Norden der Burganlage steht eine einschiffige kleine Kapelle mit Fresken der Gottesmutter und der Erzengel.

Den Ambrakischen Golf trennen zwei schmale Landzungen vom Ionischen Meer. Das bergige Rückgrat der nördlichen bricht mit einem nach Süden weisenden Absturz unvermittelt ab. Als Weide- und Grasland setzt sich die Landzunge noch acht Kilometer lang fort. Die Küste des Ionischen Meeres erreicht man hier in einem halbstündigen Spaziergang. An dieser Stelle sieht man sich alsbald inmitten der Trümmer des antiken *Nikópolis*, der ›Siegesstadt‹. Octavian, der seit dem Jahre 27 vor Chr. den Herrschertitel ›Augustus‹ führte, hat sie bald nach seinem Sieg über Antonius vor der südlichen der beiden Landzungen in der berühmten Schlacht bei Aktion (Actium, 31 vor Chr.) ins Leben gerufen. In ihr siedelte er zwangsweise die Bewohner von Ambrakía und aus anderen Städten Akarnaniens und Ätoliens an, so daß diese Gebiete weithin verödeten. Politischen Erwägungen folgend hat er bedenkenlos Menschen entwurzelt, die Denkmäler ihrer Städte geplündert und das neue Nikópolis mit den alten Spolien geschmückt; und sicher war es politische Klugheit, wenn er die Neubürger nicht allzusehr vor den Kopf stieß, die Stadt nach griechischem Sprachgebrauch benannte und ihr die griechische Polis-Verfassung gab. Sie verwaltete das Land bis zum Achelóos. Ab dem Jahre 67 war sie Hauptstadt der von Nero befohlenen römischen ›Provinz Epirus‹. Bei der Wahl des Ortes, nach drei Seiten offen und ungeschützt, nahm man kaum Rücksicht auf fortifikatorische Überlegungen. Augustus, nunmehr ohne einen ernsthaften Gegner, glaubte wohl die Sicherheit der Stadt vor feindlicher Bedrohung vernachlässigen und einem einfachen Mauerwall überlassen zu dürfen.

Zwei Jahrhunderte lang war Nikópolis die bedeutendste, auch die größte römische Stadt in Griechenland. Der Apostel Paulus verbrachte hier einen Winter und richtete damals leidenschaftliche Appelle an seinen Schüler Titus. Als Domitian die Philosophen aus Rom vertrieb, zog sich der Stoiker Epiktet hierhin zurück, und Nikópolis war die Geburtsstadt des Heiligen Eleutherus (175? bis

189), eines der ersten Päpste. Im 4. Jh. verblaßte dann der Glanz der ›Siegesstadt‹, doch blieb es dem Erneuerer der antiken Traditionen, Julian Apostata, vorbehalten, Nikópolis noch einmal zu kurzer Blüte zu bringen, ehe es im Jahre 397 von den brandschatzenden Westgoten unter Alarich heimgesucht wurde. Ihnen folgten im Jahre 474 der Vandalenkönig Geiserich, im Jahre 551 die Ostgoten unter Totila und schließlich blieben nur noch Ruinen von der einst stolzen, lebensvollen Stadt zurück. Justinian baute im 6. Jh. innerhalb des alten ausgedehnten Gebiets neue Mauern, ein Sechseck, verengt auf nur noch etwa 2 km im Umfang. Die bescheidenen Bauten einiger damals erbauter Basiliken lassen das Bild einer kleinen, gegenüber der kaiserlichen, sehr viel weniger anspruchsvollen Stadt entstehen, die wieder heranwuchs.

Der Reisende, der aus Arta nach Nikópolis kommt, wird zunächst auf das *Theater* aufmerksam. Wie die meisten antiken Thea-

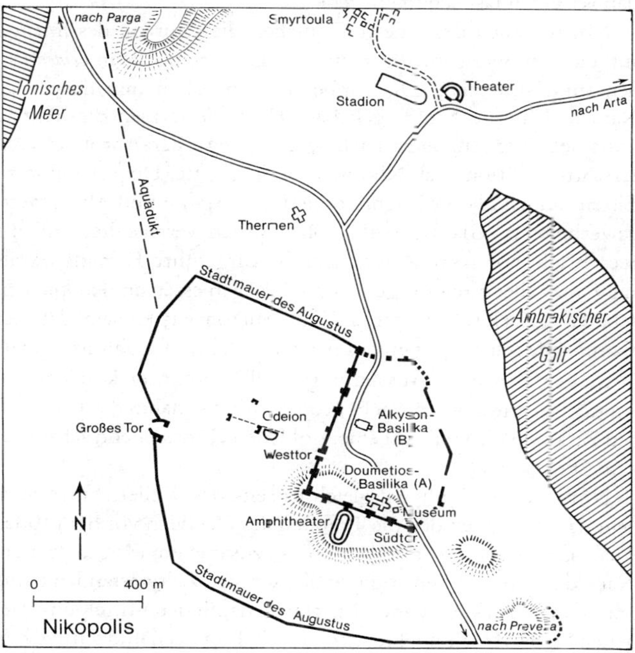

141 Nikópolis, Lageplan.

ter liegt es an einem besonders reizvollen Punkt der Landschaft mit dem Blick über den hellen Wasserspiegel des Ambrakischen Golfs. In der einstigen Orchestra wachsen heute die Asphodelen und unter den Büscheln wildwachsender Artischocken rascheln nicht nur Eidechsen, sondern auch große Grasschlangen. Ich bin ihnen mehrfach begegnet, wenn ich mir meinen Weg über die Reste der Bühnenbauten zu den oberen Rängen der Cavéa bahnte. Die Bauern sagen einem zwar, daß man sich vor giftigen Nattern in acht nehmen solle. Doch diese Furcht nährt sich womöglich aus der Angst vor dem Geist der Kleopatra, der in der Gegend allenthalben seinen Spuk treiben soll. Vertrauenerweckend sind die Störche, die in den Nischen der oberen halbkreisförmigen Bogenstellungen nisten. Von dort übersieht man die Wiesenhänge, die sich zur Lagune hinabziehen. Einer der antiken Geographen berichtet, daß die Bucht so reich an Fischen gewesen sei, daß »es einen fast schon abstieß«.

Nordwestlich des Theaters tauchen die Umrisse des *Stadions* auf, das, anders als im allgemeinen in Griechenland, an *beiden* Enden rund abschließt. Die Einheimischen haben ihm daher den Namen ›Karávi‹ (Schiff) gegeben. Hier feierte man die ›Aktia‹, Festspiele, die Augustus nach seinem Sieg über Antonius vom zerstörten Aktion nach Nikópolis verlegt hatte. Dem Apollon zu Ehren fanden alle vier Jahre athletische Agone und Musikwettbewerbe statt. Gladiatorenkämpfe wurden veranstaltet und die Seeschlacht von Aktion als Schauspiel aufgeführt. Es muß jeweils ein glanzvolles Ereignis gewesen sein – gemessen an den ›puristischeren‹ griechischen Spielen. Von Sueton wissen wir, daß der Kaiser »alle seine Vorgänger übertraf in der ... Vielfalt ihrer Darbietungen und ihrer Ausstattung«. Selbst wenn er krank war – Augustus hatte eine schwache Konstitution –, nahm der Kaiser an den Zirkusspielen teil; auf einer goldenen Kline liegend schaute er dem Spektakel zu.

Nördlich des Stadions, gleich jenseits des Weilers Smyrtoúla, liegt der Hügel, um den die Truppen des Octavian vor der großen Auseinandersetzung mit Antonius zusammengezogen waren. Nach der Schlacht ließ er die Stelle, wo sein Zelt gestanden hatte, mit Steinen markieren und bezeichnete damit den Mittelpunkt der neuen Stadt. Er schmückte den Ort mit Trophäen und stiftete hier später einen *Tempel zu Ehren des Neptun.* So berichtet der Schriftsteller Dio Cassius. Die Reste dieses Tempels liegen um einen Fundamentblock, der Einarbeitungen aufweist, die nach ihrer Form zur Befestigung von Schiffsschnäbeln (ebenfalls Kriegstrophäen) gedient haben konnten.

Wieder auf der Straße, läßt man die Abzweigung nach Igouménitsa rechts liegen und findet hinter der Justinianischen Stadtmauer linker Hand die Fundamente der frühchristlichen *Alkyson-Basilika*. Sie ist nach einem Bischof benannt, von dem man weiß, daß er 516 starb. In der fünfschiffigen Anlage, auf Plänen meist als *Basilika B* bezeichnet, mit großem Atrium und schmalem, über die Kirchenbreite herausragendem Narthex, sei auf einen Ambo aufmerksam gemacht. Ursprünglich war dies der Rundsockel einer Statue, um den ein Relief mit Szenen der Amazonomachie lief. Für seine Verwendung als christliche Kanzel hat man die antike Darstellung mit einem Mosaikenfries zugedeckt.

Etwas weiter südlich, gleich unterhalb der Justinianischen Stadtmauer, sieht man das kleine *Museum* liegen mit den sehenswerten Funden zur antiken Stadtgeschichte. – Unmittelbar daneben steht man vor der *Doumetios-Basilika (A)*. Sie ist für ihre meisterhaften Fußbodenmosaiken berühmt. Die geometrischen Tier- und Pflanzenmotive sind stilistisch zweifellos vom antiken Rom beeinflußt. Es lassen sich Inschriften entziffern, nach denen zwei Bischöfe, beide mit Namen Doumetios – abgewandelt von Demetrios –, die Kirche Mitte des 6. Jhs. gestiftet haben. Eines der Mosaiken ist mit Meeresmotiven gerahmt: mit Tintenfischen und Garnelen, Möven und puttenhaften Fischern, die Thunfische speeren. Auf der gegenüberliegenden Seite des Querschiffes schließen großgeschwungene Ranken Jagdszenen ein, die ein (zerstörtes) wahrscheinlich mythologisches Thema im Mittelfeld umgaben.

Von der ›Basilika B‹ geht man weiter landeinwärts (nach Westen) und sucht sich über die Reste byzantinischer Mauern den Weg zu dem ›Kleinen Theater‹. Die Einheimischen nennen es ›das Dunkle‹ und kommen damit seiner Bestimmung als *Odeion* näher, denn der römische Bau war wahrscheinlich überdeckt. Die massiven Ziegelmauern mit zum Teil restaurierten Sitzreihen aus grauem Stein erheben sich auf einem Feld, auf dem heute Tomaten und grüne Bohnen angebaut werden. Der gut erhaltene Zuschauerraum gehört zu den eindrucksvollsten Monumenten von Nikópolis, denn von hier aus überblickt man fast die gesamte schmaler werdende Landzunge. Nach Norden liegen die Hügel, von denen aus Octavian siegesgewiß die Flotten des Antonius und der Kleopatra beobachtete. Es war ihm nämlich – so schreibt Plutarch – am Tage zuvor ein Mann auf einem Esel begegnet und hatte auf die Frage, wie er hieße, gesagt: Mein Name ist Eutychos (der Glückliche), der des Esels Nikon (Sieger). Jenseits des römischen Aquädukts, der das Wasser des Loúros herbeileitete und wahrscheinlich die gesamte Landenge überspannte, steigen die epirotischen Berge steil auf; im Osten und Südosten, unterhalb der Linie der byzantinischen Mauern, schaukeln die Inselchen und Untiefen auf dem spiegelglatten Wasser des Golfs; im Südwesten schließen die Berge der Insel Leukas das Panorama ab, das in seiner Großartigkeit schon fast zu perfektionistisch wirkt.

Auf die Hauptstraße nach Préveza zurückgekehrt, geht es zwischen Pappeln in südlicher Richtung weiter. Reste kleiner gewölbter Bauten, wahrscheinlich antiker Gräber, liegen über die Wiesen verstreut. In den Vertiefungen und Bodenwellen des Geländes fängt sich der Blick an den Reisighütten der Aromounen und der Sarakatsánen, der Wanderhirten, die zur Winterszeit von den hohen Bergweiden hierhin herabkommen. Auf dem südlichsten Landvorsprung erreicht man *Préveza* mit seinem kleinen verschlafenen Hafen. Ein Geruch von eingesalzenem Fisch liegt über dem ganzen Ort; Haupthandelsware ist auch hier der ›avgotáracho‹, die Fischrogen-Spezialität, von der wir schon in Mesolóngion berichteten. Hübsche, weißgetünchte Häuschen stehen in den Seitenstraßen und die Innenhöfe sind voller Geranien, Hibiskus und Bougainvillea, die in verschwenderischer Pracht blühen. Besonders während des Hochsommers liegen die verwunschenen Gärten, die Lagerhäuser mit ihren abblätternden Farben und die häßlichen Neubauten, die nicht recht in das Bild dieser sanften, oft dunstverhangenen Landschaft passen, unter halbtropischen Temperaturen.

Auch Préveza ist über einer antiken Stadt erbaut, über *Bereníkia*, das im 3. Jh. vor Chr. von Pyrrhos gegründet und nach Beroníke I., »einer weisen und tugendsamen Frau«, wie Plutarch bemerkt, benannt wurde. Ihr Gatte, Ptolomaios I., hatte Pyrrhos 294 vor Chr. nach Epiros zurückgeführt und ihm seine Tochter zur Frau gegeben. – Anfang des 15. Jhs. haben Albaner hier Fuß gefaßt, und die neuerstandene Stadt war dann zunächst in venezianischem Besitz – dem der Tocchi, die auch im nahe gelegenen Vónitsa residierten – und dann in türkischer Hand, bis sie 1797 im Vertrag von Campo Formio an Frankreich abgetreten wurde. Es war die Zeit, da der Stern Napoleons in steilem Aufstieg begriffen war. Doch schon 1798, als der Korse durch sein ägyptisches Abenteuer auch mit der Türkei im Krieg lag, führte Ali Pascha mehr als 8000 Soldaten gegen die 400 Mann der französischen Garnison, die dem Angriff nach kurzer Zeit erlagen. Es heißt, einer seiner Anführer, ein Mann von Ausdauer und großer Körperkraft, habe mehr als der Hälfte der Franzosen eigenhändig die Köpfe abgeschlagen. Säuberlich in Körbe gestapelt hat sie Ali Pascha dem Sultan als Kriegstrophäen überreichen lassen, und es gibt einen Brief von Admiral Nelson kurz nach seinem Sieg über die französische Flotte bei Abukir, in dem er Ali Pascha seine persönlichen Glückwünsche ausspricht.

Von den antiken Stadtanlagen sind heute keine Spuren mehr vorhanden. Westlich der Stadt sind noch Reste venezianischer Mauern und der einstigen Zitadelle zu sehen. Préveza gilt bei den Griechen als langweiliger Ort. Kóstas Karyotákis, zu Anfang des 20. Jhs. ein recht bekannter Dichter, Autor einer Reihe sarkastischer Elegien und Satiren, hat hier gelebt. Er geißelte, was ihn tief deprimierte: die kleinbürgerliche Lebensweise in der Provinz; so den Lehrer, der im Kafeneíon über der Zeitung brütet; den des Lesens und Schreibens kaum kundigen ›großen Mann‹ des Ortes, der mit dem Zusammenzählen seiner lächerlichen Profite beschäftigt ist; die faden Spaziergänger, die mit ganzem Familienanhang auf der nichtssagenden Uferpromenade entlangwandern. – Er hat unter der Last einer kaum beizukommenden Langeweile sehr gelitten und aus dem Überdruß des immer Gleichen Selbstmord begangen. In seinen Augen war selbst die Sonne »tot unter Toten«.

Mein Blick wanderte über die Wasserenge, den schmalen Sund, in dem Ionisches Meer und Ambrakischer Golf ihre Wasser tauschen. Fischerboote, zur Ausfahrt gerichtet, liegen noch vertäut unter der trägen, einschläfernden Nachmittagssonne. Kaïkia ziehen vorbei, und Fähren verkehren zum gegenüberliegenden Aktion. Im Hintergrund sind nun wieder die Akarnanischen Berge zu sehen, die sich westwärts auf Leukas fortsetzen. Die Insel endet abrupt in den kalkweißen Klippen, von denen sich nach der Legende Sappho in den Tod stürzte. Bei regnerischem oder trübem Wetter habe ich Préveza nie gesehen, kann mir allerdings allzugut vorstellen, daß dann einer Melancholie, die Karyotákis in den Tod trieb, nicht mehr zu entrinnen ist.

Als ich einmal über den ›Guide Bleu‹ gebeugt in einem der Hafencafés saß, sprach mich eine Amerikanerin an, deutete auf ein paar braungebrannte Buben, die im Meer badeten, und sagte: »Denken Sie nur, sie spielen im Wasser, in dem vor mehr als zweitausend Jahren die Seeleute Marc Antons ihr Leben lassen mußten!« Sie hatte wohl die Schlacht bei Aktion vor Augen, zögerte eine Weile und schloß dann pathetisch: »Ertrunken – bedenken Sie – in der Schlacht, die für das Schicksal des größten Imperiums, das die Welt je gekannt hat, entscheidend war.« Hollywood-Dramatik, gewiß. Aber sie hatte nicht so unrecht.

Zweifellos unterliegt man hier dem Zwang, über den Verlauf der dramatischen Begegnung nachzudenken, deren Ausgang dem antiken Rom nach einem Jahrhundert der Bürgerkriege, in denen sich schließlich die Alleinherrschaft gegen die republikanische Ordnung durchsetzte, einen langen Frieden brachte. Für einen Octavian *und* einen Antonius, die zehn Jahre zuvor noch gemeinsam die Cäsarmörder Brutus und Cassius bei Philippi geschlagen hatten, war die Welt von Gallien bis in den Orient zu klein geworden. Keiner von beiden war imstande, die Macht mit dem anderen zu teilen. So fand erneut eine innerrömische Auseinandersetzung auf griechischem Boden statt, die dritte und letzte.

Ungeduldiger als sein Rivale, setzte Antonius alles aufs Spiel, um eine Entscheidung herbeizuführen. Sie fiel im Jahre 31 vor Chr. in der *Seeschlacht vor Aktion.* Mit Elitetruppen bezog er dort ein Lager, während seine großen, allerdings auch schwerfälligen Schiffe Bug an Heck in der Bucht von Préveza auffuhren. Von der Breitseite her hoffte er den Angriff der schnellen, beweglicheren feindlichen Galeeren am besten abfangen zu können. Agrippa aber, der die Flotte des Oktavian befehligte, dachte nicht daran, seine bessere Manövrierfähigkeit aufzugeben und kreuzte in der Höhe von Aktion auf dem Ionischen Meer. Antonius mußte sich nunmehr zur offenen Seeschlacht entscheiden. Wie Plutarch schreibt, folgte er damit dem Wunsche Kleopatras und nicht den Stimmen seiner Ratgeber, die unter diesen Umständen ein Treffen zu Lande vorgezogen hätten. Die antiken Historiker meinen, seine

Niederlage sei durch den Rückzug der 60 ägyptischen Galeeren eingeleitet worden, die sich zur Flucht wandten, als die Schlacht noch keineswegs entschieden war. Denn launisch und doppelzüngig, unberechenbar »wie eine bremsgestochene Kuh im Juni« – so zumindest lesen wir es bei Shakespeare, der sich in der Charakterschilderung anscheinend auf Plutarch stützte – hatte Kleopatra ihren betörten Liebhaber verlassen, die Segel gesetzt und war geflohen. Antonius war nicht mehr er selbst. »Ägyptens geile Hure« hatte dafür gesorgt, »daß Schlaf und Schmaus hintrödeln seinen Ehrgeiz bis zum Tod in Lethe«. Wie ein »verliebter Enterich« verließ auch er die Schlacht und jagte dem purpurnen Segel nach, welches das königliche Schiff der Küste Ägyptens entgegentrug.

Agrippa hatte gegenüber einer führungslos gewordenen Flotte leichtes Spiel. Wieder und wieder umrundete er die wegen ihrer Größe und der zu geringen Besatzung schwer zu handhabenden Schiffe, und als dann der Seesieg für Oktavian feststand hatten auch die ihres obersten Feldherrn beraubten Landtruppen weder Energie noch den Mut, weiterzukämpfen. In Scharen liefen die Soldaten ins feindliche Lager über: die Götter hatten für Oktavian entschieden! Er war nun unangefochtener Herr über Rom und bald auch über Ägypten, das er über Syrien erreichte, um vollends über Antonius und Kleopatra zu triumphieren.

Obwohl es bei Aktion kaum mehr sichtbare Zeugnisse von der einstigen alten korinthischen Kolonie *Anaktórion* gibt, ist es dennoch schön, gegen Abend über die Meerenge zu rudern, wenn sich das Wasser von hellem Blau über zartes Grün in ein flammendes Purpur verfärbt. Préveza gegenüber liegen auf dem niedrigen, meist sumpfigen Schwemmland die Reste einer kleinen türkischen Festung aus der Zeit des Ali Pascha. Nordostwärts davon erkennt man die Spuren eines *Tempels des Apollon Aktios* aus dem 7. Jh. vor Chr. Er ist schwer auszumachen, da seine Quadern in die zwei türkischen Forts auf der Landzunge verbaut wurden. Seit der Mitte des 2. Jhs. vor Chr. war dieses Apollon-Heiligtum zum kultischen Zentrum Akarnaniens geworden. Augustus hat den Tempel später restauriert und vergrößert, und nahe des alten Hafens ließ er noch einen weiteren aufführen. Dies berichtet Strabon und fügt hinzu, daß in den dortigen Bootshäusern einige der dem Antonius abgenommenen Schiffe aufbewahrt worden seien. Ein Marinemuseum also!

Der Westwind läßt die Wellen mit ungebrochener Gewalt von der Adria herüberschlagen an diesen Küstenstrich, der heute langsam im Meer versinkt.

Epiros

XXVII

Kassópe, 799 – Totenorakel am Acheron, 801 – Éphyra, 802 – die Soulioten, 803 – Párga, 805 – Dodóna, 806 – Ioánnina, 813 – Métsovon, 823 – die Dörfer in den Zagóri, 825 – Víkos-Schlucht, 827 – Igoumenítsa, 830

Epiros ist die nordwestlichste Landschaft des heutigen Griechenland, zu aller Zeit am entlegensten von den großen geistigen und kulturellen Zentren und als Gebirgsland nicht leicht zugänglich. Im Süden und Westen ist es vom Ambrakischen Golf und dem Ionischen Meer umschlossen. Im Osten bildet der von Nord nach Süd streichende Pindos, das die Dinarischen Alpen fortsetzende Rückgrat der griechischen Halbinsel, die natürliche Grenze zu Makedonien und Thessalien. Im dünnbesiedelten Norden laufen Gebirge und Flüsse nach Nieder-Albanien hinein. Im Innern gibt es vereinzelte kleine fruchtbare Becken und breitere Talböden zu seiten der Flüsse. Sie durchbrechen den Zusammenhang des Gebirges nur unerheblich. Bei den Mündungen des Kalamás, Achéron, Loúros und Árachthos haben sich keine Delta-Ebenen gebildet. Das dichte Nebeneinander der Gebirgsketten in ihrer strengen, nach Süden ausgerichteten Parallelität gibt dieser Landschaft die Einheitlichkeit, zugleich aber auch etwas Verschlossenes, das ganz ungriechisch ist.

Das alte griechische Wort *epeiros* bedeutet ›Festland‹. Wahrscheinlich haben die Korinther von ihrer Kolonie auf Kérkyra aus die ihnen gegenüberliegende Küste so bezeichnet. Dies gab dann dem ganzen Landstrich den Namen. Aus der Odyssee wissen wir von Neoptolemos, dem Sohn des Achilleus, daß er sich nach der siegreichen Einnahme von Troja mit Andromache, der Witwe Hektors, der ihm zugesprochenen Kriegsbeute, hier niederließ. In der Zeit der Dorischen Wanderung setzten sich illyrische Stämme in Epiros fest. Während langer Jahrhunderte waren ihre Heerkönige nur mit nachbarlichen Rangeleien beschäftigt. Erst um 400 vor Chr. schaute einer der Stämme, die Molosser, über die Grenzen des Landes und setzte sich im Bündnis mit Athen gegenüber den andern als Führungsmacht durch. Seit 377 folgte er Athen auch im 2. attischen Seebund. Im Jahre 357 heiratete dann die Königstochter Olympiás den makedonischen Eroberer Philipp II., der im Jahre 342 auch ihre Heimat in einen makedonischen Vasallenstaat verwandelte. Zu eigener geschichtlicher Bedeutung kam Epiros erst unter dem späteren Molosserkönig Pyrrhos (297

bis 272 vor Chr.), der in Sizilien zur Behauptung von Erbansprüchen gegen die Karthager kämpfte, in Unteritalien als Bundesgenosse der Tarentiner gegen die Römer siegte, Makedonien angriff. Aber nach ihm ging sein Reich in Söldnerunruhen unter. Nun wurde es still um dieses Bergland, und erst mit der Gründung des byzantinischen Despotats durch die Angeloi nach dem Verlust von Konstantinopel an die Lateiner hatte diese Landschaft im ganzen 13. Jh. wieder politisches Gewicht. Von hier aus wurde Thessaloniki für das Kaiserhaus wiedergewonnen und die Rückkehr des Kaiserhauses in die Hauptstadt zielstrebig betrieben. 1318 war das Ende des Despotats gekommen, und Epiros geriet unter venezianische, dann serbische, schließlich 1448 türkische Oberherrschaft. Im Unabhängigkeitskrieg machten die kriegerischen Bergbewohner als Elitetruppen unter den Freiheitskämpfern den Türken schwer zu schaffen. Aber erst 1912 gelang es den Griechen, auch Epiros vom ottomanischen Joch zu befreien.

Von Aitolien-Akarnanien kommend, bieten sich zwei Routen, um das Land kennenzulernen: die eine führt von Préveza, wo wir im Vorkapitel endeten, durch den Westteil von Epiros nach Igoumenítsa; auf der anderen fährt man von Arta nach Ioánnina ins Zentrum der heutigen Provinz und quert erst dann in Richtung Westen durch das gebirgige Land, ebenfalls mit dem Ziel Igoumenítza als Endpunkt der Reise. Beginnen wir mit unserem ersten Vorschlag:

Von Préveza durch das westliche Epiros nach Igoumenítsa

Nördlich von Préveza und den Ruinen von Nikópolis steigt die Straße die Ausläufer der Thesprotischen Berge hinan. Etwa 8 km hinter *Archángelos* biegt rechts ein Fahrweg nach *Kamarína* ab. Kurz hinter dem Dorf liegen am Fuß des steil aufgehenden Zálongo-Bergstockes die Ruinen des *antiken Kassópe.* Die Stadt bildete sich in der Mitte des 4. Jhs. vor Chr. um ein bronzezeitliches Heiligtum (bislang noch nicht gefunden). Innerhalb der hellenistischen Mauern sind ein Theater und das große Prytaneion oder Katagógion – ein Stadt- und Gästehaus, wie wir es in Epidauros und Olympia kennenlernten – sehenswert. Die Stadt selbst hatte eine wahrhaft beherrschende Lage zwischen Ionischem Meer und dem Ambrakischen Golf.

Während der weiteren Fahrt leuchten bald die weißen Obelisken des *Denkmals von Zálongo* an den Felswänden über dem kleinen *Kloster Hagios Demetrios* aus dem 13. Jh. auf. Sie erinnern an eine Episode aus dem griechischen Freiheitskampf, deren heroischen Kern die Phantasie des Volkes auch heute noch mit immer neuen Ranken schmückt. Als sich im Jahre 1822 die Soulioten in ihren Bergfesten über der Achéron-Schlucht der Übermacht der Türken ergeben mußten, floh ein Teil von ihnen nach Süden und fand im Demetrios-Kloster Zuflucht. Eines Tages nun beobachteten Kinder, daß ein türkisches Detachment, bis zu den Zähnen bewaffnet, heranrückte. Sie schlugen sofort Alarm. Daraufhin versuchten alle, Männer, Frauen und Kinder, den steilen Berg zu erklimmen. Die Männer gerieten jedoch an einen andern, von Norden heranrückenden Trupp türkischer Soldaten und wurden aufgehalten. Inzwischen langten auch die zuerst gesichteten Türken auf dem Kampfplatz an. Die Soulioten gerieten ins Kreuzfeuer der beiden Abteilungen. Bis auf einen Überlebenden wurden sie vollständig aufgerieben. Etwa sechzig Frauen erreichten in panischer Furcht vor Vergewaltigung und Gefangenschaft den Berggipfel. Als sie sich dort in aussichtsloser Lage sahen, stürzten sie sich in ihrer Verzweiflung in den Abgrund. Viele von ihnen fanden dabei den Tod. Die Bewunderung ihres Heldenmutes hat bald Legenden entstehen lassen. Es heißt, daß sie sich an den Händen gefaßt hätten zum souliotischen Rundtanz und nach jeder Runde habe sich eine nach der anderen herunterfallen lassen. Gleich dem heroischen Ausbruch aus dem eingeschlossenen Mesolóngion (Kapitel XXV) gehört das Geschehen auf dem Zálongo-Berg unter den Griechen zu den großen Erinnerungen an den Freiheitskampf. Der einmalig schöne Ausblick auf das wellige Land bis hinab zum Golf von Ambrakía mit seinen im perlgrauen Dunst schwimmenden Inselchen ist von dieser Höhe noch überwältigender als von Kassópe aus. Im Südwesten, jenseits von Aktion, wird ein schmaler Streifen Wasser sichtbar, der die Insel Leukas vom Festland trennt. Nach Norden zu schichten sich die Gipfel der Thesprotischen Berge.

Wieder auf der Hauptstraße, leitet hinter Skepastón ein grünes Tal zur *Acheron-Ebene* hinab. Zwischen Stechpalmen, Kiefern, Zypressen fühlt man sich für Augenblicke in peloponnesische Landstriche zurückversetzt. Überschaut man die Ebene, so zieht zunächst die düstere Barriere der Souliotischen Berge magisch den Blick auf sich, zackige Kalkstein-Kämme, über 1000 m hoch. Daß das Land zwischen Gebirge und Meer noch vor zwanzig Jahren ein weites Sumpfgebiet war, daß sich im Altertum hier gar der *Acherousische See* erstreckte, mag man kaum glauben. An den vielen Flüßchen und Rinnsalen, die dem Acheron (in Griechenland sprich: Achéron) zustreben, stehen im Frühling dichte Irisbüscheln; Pappelreihen grenzen Maisfelder, Weiden, die Wiesen ein, auf denen Büffel grasen. Im Sommer kann es unerträglich heiß und schwül werden, so daß die frühen Griechen glaubten, dies sei das Vorfeld zum Hades, und der träge, sich windende Acheron der Strom zur Unterwelt.

Tatsächlich wurde auf einem Felsenhügel, dort wo dem Acheron der Kokytós zufließt, das im Altertum so berühmte *Totenorakel am Acheron* entdeckt (nahe dem Dorf Mesopótamon). Seit dem 18. Jh. waren die antiken Baureste von einem Kloster des

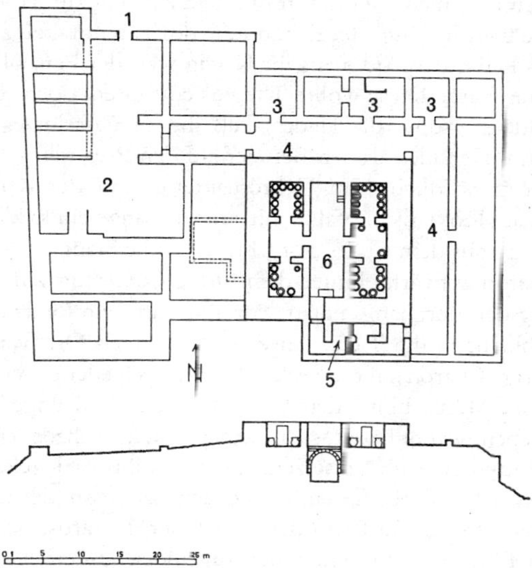

142 Das Totenorakel am Acheron beim antiken Ephyra

1 Eingang – 2 Hof mit Kammern und Magazinen – 3 Schlaf und Reinigung – 4 Nord- und Ostgang – 5 sogenanntes Labyrinth – 6 das Heiligtum, dreigeteilter Hauptsaal, darunter unterirdischer Saal.

Hl. Johannes überlagert. Der griechische Archäologe Prof. S. Dakaris legte 1956-64 die Kammern, labyrinthischen Gänge, die unterirdische und die ebenerdige Halle frei, in welcher der Besucher endlich hoffen konnte, den Abgeschiedenen zu begegnen – so er sich durch Opfer und ein strapaziöses, magisch sich steigernden Ritual in den Zustand völliger Willensentsagung hatte bringen lassen. – Pausanias meint, es sei hier gewesen, wo Orpheus versuchte, Eurydike aus dem Reich des Hades und der Persephone zurückzuholen; Herodot berichtet von Periander, der hier nach dem Schatten seiner ermordeten Gattin suchen ließ; auch Homers »Hain der hohen Pappeln und fruchtabwerfenden Weiden« glaubt man zu erkennen, in dessen Nähe Odysseus, dem Rat der Kirke folgend, sein Schiff am Meeresufer vertäute, um »im modrigen Haus des Hades« den Schatten des Teiresias zu befragen (Od. X, 508 ff).

Auch die Stadt *Éphyra* – in der Mythologie und durch antike Beschreibungen eng verknüpft mit dem Zugang zur Totenwelt – gab ihre Lage im Zuge der Erkundung des Totenorakels zu erkennen. Es heißt, daß Aidonéus ihr König war, der Persephone zur Gemahlin hatte. Diese wollte Theseus entführen, doch Aidonéus (ein anderer Name für Hades) ließ ihn in Fesseln legen, was wiederum Herakles als den Befreier auf den Plan rief, – kurzum: nur 600 m nördlich vom Nekromanteíon, auf der Kuppe des Hügels am Kokytós, umfaßte mit 1200 m Länge ein kyklopischer Mauerring aus dem 14. Jh. vor Chr. die frühe Stadt.

Acheron-aufwärts, hinter dem Ort *Glykí*, steigt zur Rechten ein Weg den Berghang hinauf; von ihm führt ein Pfad zur Acheron-Schlucht in die Tiefe. An diesem düsteren Ort wartete der knauserige Charon auf die Seelen der Abgeschiedenen. Hatte man ihnen eine Münze hinter dem Ohr oder unter der Zunge ins Grab mitgegeben, war er bereit, sie in seiner »dunkel ächzenden Fähre« ins Schattenreich überzusetzen. Dort, an ihr Ziel gelangt, befand ein richterliches Urteil, ob sie sich der Asphodelen-Wiesen Elysions erfreuen durften oder ob sie der Tártaros, der dunkle Ort der Büßenden, für eine ihnen zugemessene Zeit erwartete. – Abgesehen von den Jenseitsvorstellungen, die mit dieser Schlucht verhaftet sind, bietet sich auch die Natur mit den finsteren Felswänden, zwischen die nur gegen Mittag etwas Sonne fällt, drohend dar. Bis auf das Rauschen und Gurgeln des Wassers herrscht Totenstille und bei manchen Menschen kann sich das Gefühl beklemmender Enge bis zur blanken Angst steigern.

Verlassene Festungen, die an den Felsschroffen kleben, erinnern noch daran, daß diese Berge einmal bewohnt waren. Die temperamentvollen *Soulioten*, deren Name auf den gesamten Gebirgszug übertragen wurde, waren Flüchtlinge aus Albanien, die im 17. Jh. wegen der Türkenbedrängung ihre Heimat verlassen und sich hier in der Einöde in kleinen Dörfchen um den Hauptort Souli niedergelassen hatten. Als Nebenstamm der Tosken hielten sie ihre albanische Sprache und den christlichen Glauben, aber auch ihr räuberisches und wildes Gebaren bei. Nur dem Waffenhandwerk zugetan, verachteten sie jede Arbeit. Während des 18. Jhs. konnten sie den Türken gegenüber – ähnlich wie die Griechen in Mani – eine gewisse Autonomie behaupten. Den Soldaten des Sultans gelang es jedenfalls nicht, sie zu unterwerfen. Sie lebten von Plünderungen und überfielen die Landgüter türkischer Paschas wie die Häuser der griechischen Bauern und trieben ihr Unwesen so gründlich, daß es schließlich in der Acheron-Ebene fast kein Vieh mehr gab. Gegen Ende des Jahrhunderts erweckten ihre kriegerischen Streifzüge gegen die Türken das Interesse der russischen Regierung, die nach Bundesgenossen Ausschau hielt, um mit ihnen die Hohe Pforte in Schwierigkeiten zu bringen. Die Agenten des Zaren drangen bis in die Schlucht des Acheron vor und ermunterten die Soulioten mit Gold und Waffen zu weiteren Unternehmungen. 1792 reagierte Ali Pascha auf diese gefährlichen Unruhestifter. Er sah, daß diese Schar Verschworener es wagte, sich in die große Politik einzumischen, obwohl sie nicht mehr als 1500 Mann unter Waffen aufbieten konnte. Mit einem Generalangriff glaubte Ali, der Sache ein schnelles Ende bereiten zu können. Trotz großer Übermacht aber kam er nicht zum Ziel und mußte hohe Verluste einstecken, denn die in den Felsen versteckten Soulioten konnten von seinen Türken kaum ausgemacht werden, während sich diese geradezu als Zielscheibe darboten. »Die Soulioten kannten das Terrain ausgezeichnet, hatten Augen wie Adler, konnten wie Bergziegen klettern und hatten überdies das Herz von Helden«, schreibt Finlay. Oberst Leake dagegen bezeichnet sie schlechthin als Räuber. Byron lobt, daß sie ihm und seinen Begleitern in ihren pittoresken Kostümen »die Hand zum Willkommen ausstreckten« und kundig über die Felsen führten.

Der Sultan wollte den souliotischen Widerstand inmitten seines Herrschaftsbereichs nicht auf unbegrenzte Zeit hinaus hinnehmen. So wurde erneut eine Belagerung ins Werk gesetzt und über Jahre hinweg aufrechterhalten. In diesen Kämpfen blieb den Frauen der Soulioten vor allem die Verteidigung der Festungen überlassen. Tsavellena, ihre Anführerin, ging ihnen mit Umsicht und Tapferkeit voran. Zur Verbindung der Bergfesten untereinander hatte sie eine Brustwehr anlegen lassen, deren Reste heute noch am Südufer des Acheron etwa 800 m stromauf in der Schlucht zu sehen sind. Bei einem ihrer Ausfälle in die Ebene drang sie mit ihren Frauen bis nach Párga an der Küste vor, um die Versorgung der eingeschlossenen Kämpfer sicherzustellen. Als dann aber die bewimpelten Zelte der Belagerer sich immer enger um den Eingang der Schlucht zogen, wurden die Soulioten von ihren Versorgungsquellen abgeschnitten. Auch ein Ausbruch war nicht mehr möglich, und es war nur noch eine Frage der Zeit, wann die Türken sie ausgehungert hätten. Sie ergaben sich schließlich, nachdem sich ihr Führer, der Priester Samuel, mit dem Pulvermagazin des *Forts von Kounghi* in die Luft gesprengt hatte. Die Überlebenden verstreuten sich über Griechenland. Doch nach dem Ausbruch des Unabhängigkeitskrieges kehrten sie in ihre heimatlichen Berge zurück und griffen wieder zu den Waffen gegen die alten Unterdrücker, obwohl außer ihrem orthodoxen Glauben sie nichts mit dem Griechentum und dem Schicksal des Landes verband. Die Streitkräfte des Omer Vrióni waren ihnen jedoch so überlegen, daß sie 1822 im September unter ehrenvollen Bedingungen erneut kapitulieren mußten. Geschlossen siedelten sie sich nun in Korfu an. Markos Bótsaris sammelte noch einmal treue Kämpfer um sich und setzte den Kampf fort, bis er 1823 bei Karpenísi (Aitolien) fiel. Die Griechen mögen die Taten der Soulioten in Klephtenliedern und Geschichtsbüchern etwas heroisiert haben. Immerhin muß man sich vor Augen halten, daß die Hohe Pforte beträchtliche Streitkräfte gegen sie einsetzen und sie jahrelang in ihre militärischen Überlegungen einbeziehen mußte. Vor allem aber führte das Beispiel der Soulioten zum Zusammenschluß ähnlicher kriegerischer Gruppen in Griechenland, deren überall aufbegehrender Aktivität die Türken dann ja auch weichen mußten.

Der Ausflug nach Glykí war ein kleiner Umweg. Wir müssen zurück nach Skepastón, Kanallákion und durchqueren die grüne

Acheron-Ebene. Hinter ihr windet sich die große Straße über einen der Höhenzüge in das Becken von Margarítion. Hier verlassen wir erneut die Hauptstraße und machen einen Abstecher nach Párga, dem einzigen und besonders hübschen Küstenort zwischen Préveza und Igoumenítsa. Der Weg führt um einen kleinen See herum, sucht sich einen Durchlaß durch die steilen, ziegelroten, dicht bewachsenen Küstenklippen und geht durch Olivenhaine zwischen Ginster und Büschen wilder Rosen zur Küste hinab.

Die weißen Häuser von Párga stufen sich hinab zum halbrund geschwungenen Hafenbecken. Das Wasser gurgelt und gluckst um die Bootswände der Kaïkia. Zwei Tavernen am Kai haben ihre Tische und Stühle aufs Pflaster gestellt, und man sieht von hier wie aus einem großen Theaterraum über die Felsen und eine kleine Kapelle hinauf aufs Meer zu den südlich von Korfu liegenden Inseln Páxi und Antípaxi. Die Ruine einer venezianischen Festung, die Ali während der Kämpfe gegen die Soulioten noch einmal ausbauen ließ, thront am Nordende der Hafenbucht. An sie schließt sich eine idyllische, gleicherweise vollkommen geformte Bucht an, deren ›Goldener Strand‹ von feinstem Sand allen Badefreunden zu empfehlen ist.

Vor dem 14. Jh. wird Párga kaum erwähnt. Dann aber gehört es zum Gebiet des Despotats von Arta und wurde bald wegen seiner Zuckerrohrpflanzungen bekannt. Unter den Venezianern waren die Bewohner von Párga an erster Stelle Piraten. Die Baumeister der Dogen verwandelten ein kleines Fort zum Bollwerk gegen die nach Westen vordringenden Türken. In napoleonischer Zeit fielen die Ionischen Inseln und mit ihnen Párga für einige Jahre an Frankreich, wurden dann 1809/10 an England abgetreten, doch der Sultan konnte die Briten dafür gewinnen, Párga erneut der Hohen Pforte zu überlassen. Als die Truppen Ali Paschas bereits im Anzug waren, erfuhren die Bewohner erst von den undurchsichtigen Händeln. In ihren Augen war die Übergabe ihres Ortes an die Türken blanker Verrat. Voller Verzweiflung gruben sie ihre Toten aus, verbrannten sie, um sie den Moslems nicht in die Hände fallen zu lassen, und verließen unter lautem Wehklagen ihr Städtchen. In kleinen Ruderbooten setzten sie nach Korfu über, wobei sie außer ihren Kindern kaum etwas mitnehmen konnten, denn die Truppen Ali Paschas rückten bereits über die schmalen Bergpfade heran, besetzten den Hafen und beschlagnahmten sofort allen Besitz der Griechen. Die hinterhältigen Absprachen der englischen Außenpolitik hat man in Párga bis heute nicht vergessen, und der Exodus nach Korfu war für lange bewegendes Thema grellbunter Öldrucke und der zeitgenössischen Literatur.

Wir fahren wieder zurück in die Ebene von Margarítion. Auf der Hauptstraße erreicht man nun nach etwa 45 km Igoumenítsa. Man kann auch den Weg über Pérdika nehmen, überquert dort die Párga-Berge (Ori Párgas) und trifft bei Kartérion ebenfalls auf die Hauptstraße zur Westküste.

Von Arta über Ioánnina nach Igoumenítsa

Die Verbindung Arta–Ioánnina ist ein Teilstück der wichtigsten Fernstraße Westgriechenlands. Hinter dem Dorf Philippiás folgt der Weg dem Bett des Loúros, der sich zwischen den Thesprotischen und den ›Trockenen Bergen‹ (Xerovoúni) seinen Weg nach Süden gebahnt hat. Die sanften Formen um den Golf von Ambrakía weichen nun wilderen Formationen des Mittleren Pindos. Kurz vor dem Loúros-Damm, der den Fluß zu einem blaßblauen See inmitten kahler Felsberge aufstaut, sieht man noch die Spuren eines römischen Aquädukts, der bis hinunter nach Nikópolis führte, um die an Süßwasser arme Siegesstadt des Augustus zu versorgen. Ineinander verknotete Platanenäste bilden ein schattiges Dach über dem immer enger werdenden Flußtal. Die schmalste Stelle macht ein Tunnel passierbar. Dahinter liegt völlig verlassenes wüstes Land. Hier hatte Kronprinz Konstantin, der spätere König Konstantin I., der die Belagerungstruppen um Ioánnina im Ersten Balkankrieg anführte, sein Hauptquartier. Ioánnina und das südliche Epiros sind damals (1913) erst wieder an Griechenland zurückgekommen. Dieses Ereignisses gedenkt ein Monument auf der alten Landstraße nahe dem *›Han‹ des Emin Aga*. Danach steigt es beachtlich an, die umstehenden Berge werden höher, kahler, abweisend, beherrscht vom Gipfel des Tómaros im Westen. Im Osten werden herrliche Blicke auf die kühnen Kämme und Schluchten des Pindos frei. Im Norden steht das schneebedeckte Mitsikéli-Massiv über der silbrigen Fläche des Sees von Ioánnina.

Man ist nur noch 8 km von der Stadt entfernt, wenn linker Hand der Weg über Pediní nach *Dodóna* abzweigt. Er senkt sich in ein nach Süden hin langgestrecktes Hochtal von fast 2 km Breite, aus dem im Westen die Wände des Tómaros-Gebirges unmittelbar bis zu 2000m Höhe aufsteigen. In der nördlichen Rundung des Tals, etwa 40m über dem Talboden, liegen die Ruinen des entlegensten der großen griechischen Heiligtümer, wo sich die frühen Kultformen länger bewahrt haben, wo man den Ursprüngen der griechischen Religion näher ist als an den panhellenischen Zentren der Götterverehrung, weil sich gerade hier aller Wandel des Erkennens, der kulturellen und der künstlerischen Entwicklung zuerst manifestiert hat.

Das *Zeus-Heiligtum von Dodóna* gilt als die älteste Orakelstätte in ganz Griechenland. Wie bei den Grabungen in Troja, in Mykene oder in Pylos gewannen die Angaben der frühen Ependichter auch in Dodóna erstaunlich an historischer Realität. Die Stätte soll schon lange vor dieser Zeit, da Apollon an den delphischen Phaidriaden den Python, die »rötlich schillernde Schlange ... Wächter des Orakels der Gaia«* erschlug, von Pilgern aufgesucht worden sein. So berichtet Homer, daß Odysseus nach Dodóna ging,

> »Um dem Rat des Zeus aus den Gipfeln der Eiche zu lauschen
> Wie er, so lange schon fern, am besten zur üppigen Scholle
> Ithakas kehren solle, ob öffentlich oder verborgen«
>
> Od. XIV 328ff.

In der Argonauten-Sage heißt es, Athena habe in den Bug der ›Argo‹ ein Holzscheit der ›Heiligen Eiche‹ aus Dodóna gefügt, damit die Helden – da es menschlichen Sinnen verständlich sich auszudrücken vermochte – nicht jeglichen Rates entbehren müßten.

Früheste Funde aus dem 3. Jt. vor Chr. deuten auf einen chthonischen Kult, auf die Verehrung der (vorgriechischen) ›großen Göttin‹, Mutter der Erde, der Tiere, Göttin der Fruchtbarkeit. Dem Hirtenvolk der Thesproter, die zu Beginn des 2. Jts. vor Chr. von den Bergen und Tälern Besitz ergriffen, waren Bäume, insbesondere die Eichen, heilig. In Dodóna verband sich der Baumkult mit dem der Großen Göttin. Eine mächtige, alleinstehende Eiche galt als ihre Behausung. Stiere und Eber waren ihr heilig, und Doppeläxte dienten als Kultgerät bei den Tieropfern. – Im 14./13. Jh. vor Chr. gewann bereits der pelasgische Zeus den obersten Rang. Als dem ›Donnerer‹, Gebieter der Blitze, Herrscher im Äther baute

* Euripides, Iphigenie im Taurerland.

man ihm kein Haus, keinen Tempel. Die Griechen haben ihn auf dem Thron des Olymp beheimatet. In Dodóna – und das ist bezeichnend für die der Erde verhaftete Bindung des hiesigen Kultes – »wohnt er an den Wurzeln der Eiche«, so bei Hesiod. *Zeus-Naios* wurde hier sein Beiname (naiein = wohnen), und man fand seine Gegenwart bestätigt in der Vorliebe des Blitzschleuderers für Eichen, die er vor allen anderen Bäumen zu treffen suchte. *Gaia*, die Erdmutter, auf deren Kult sich, wie in Delphi, der Orakel-Charakter des Ortes begründete, wandelte sich neben Zeus in die Göttin *Dióne*, Gemahlin des Diós (Gottes). Bronzene Dreifußkessel umgrenzten den Heiligen Baum. Berührte man die metallenen Becken, mischte sich ihr Klang und schwang durch die Luft. Von alters her galt er als Unheil-bannend. Aus dem nie ganz gleich tönenden Klingen, vor allem aus dem Wispern der Blätter, später auch dem Gurren der Tauben im Eichenwipfel, vernahm man die Stimme des Gottes. Sie als Worte zu verstehen und ihren Sinn zu deuten, vermochten nur die *Seller* (oder Heller – daher vielleicht der Name der ›Hellenen‹). Sie waren Angehörige eines alten Priestergeschlechtes, schliefen auf dem nackten Boden, gingen barfuß, »mit ungewaschenen Füßen« (Ilias 16, 235), wie Homer eigens hervorhebt, denn diese Art, mit den Kräften der Erde in Verbindung zu bleiben, wird zu seiner Zeit bereits als ungewöhnlich und urtümlich gegolten haben.

Zu Beginn des 5. Jhs. muß das Priesteramt in andere Hände übergegangen sein. Spätere Schriftsteller sagen, daß die *Peleiáden*, die ›Tauben‹-Priesterinnen, das Heiligtum verwalteten. Herodot gibt wieder, daß man sich damals in Ägypten über ihre Herkunft erzählte: zwei Priesterinnen seien einst aus dem ägyptischen Theben von Phoinikiern entführt worden – eine nach Libyen, die andere nach Hellas, wo sie die jeweils ersten Orakelstätten gründeten. »Dagegen erzählten die Priesterinnen in Dodóne, zwei schwarze Tauben [péleiai] seien einst im ägyptischen Theben aufgeflogen ... [die eine] zu ihnen nach Dodóne. Sie habe sich auf einer Eiche niedergelassen und wie ein Mensch gesprochen: an diesem Ort solle man ein Orakel des Zeus gründen. Darin hätten die Bewohner von Dodóne ein göttliches Geheiß erkannt und hatten danach gehandelt.« Der Zusammenhang zwischen Theben, Libyen und Dodóne, von dem Herodot (II, 55) berichtet, stimmt die Archäologen skeptisch, zumal man weiß, daß er mit Eifer eine eigene

Theorie zu belegen sucht, nach der die Griechen alle Namen ihrer Götter aus Ägypten übernommen hätten. Sotiris Dakaris, der die jüngsten Ausgrabungen in Dodóna leitete, erkennt die ›schwarzen Tauben‹, die gleich dem Blätterrauschen und dem Windorgelton der Bronzekessel für den Orakelkult bezeugt sind, eher als ein »Symbol für die große Naturgöttin – als eine Erscheinungsform der Göttin selbst, wie sie auf Bildern der minoisch-mykenischen Kleinkunst dargestellt ist«.
Gleich dem Achill, den Homer ausrufen läßt:

»Zeus, du Herr von Dodóna, pelasgischer Zeus in der Ferne
Herrscher des rauhen Dodóna ...« Od. XVI 233

haben sich auch die Ratsuchenden aus dem Volk bis zur Auflösung des Heiligtums im 4. Jh. nach Chr. nach Dodóna gewandt. Die Tragödiendichter loben die Heiligkeit des Orakels. Demosthenes zitiert seine Sprüche, und Xenophon rät den Athenern, auf sein Urteil zu hören. Kroisos, der König von Lydien, der den Orakeln besonders zugetan war, versäumte nicht, auch Dodóna zu befragen. Doch meist waren es einfache Menschen, die mit ihren Alltagsproblemen hierherkamen: »Soll Nikias die Werkstatt errichten?« oder »Werde ich von meiner jetzigen Frau ein Kind haben?« So und ähnlich lauten die Fragen, mit eingeritzter Schrift auf Bleiplättchen festgehalten. Das National-Museum in Athen verwahrt diese Funde, auf denen zum Teil auch die Antwort des Orakels von Priesterhand verzeichnet ist. Von Staaten und Städten sind nur wenige Weihungen zum Dank für guten Rat bekannt. Für Fragen der Staatsraison, in politischen und staatsrechtlichen Konflikten, scheint das panhellenische, delphische Orakel ›zuständig‹ gewesen zu sein. Nur die Molosser, Nachbarn der Thesproter und seit dem 12. Jh. vor Chr. im nördlichen Pindos-Gebirge ansässig, stellten ihre Stammes-Entschließungen und Rechtsverbindlichkeiten in den Schutz des Zeus-Bezirks. Von diesem Bauern- und Kriegervolk kannte man über Jahrhunderte hinweg nur seine prachtvollen Rinder und die Hirtenhunde, die großen gefährlichen wachsamen ›Molosser-Hunde‹. Ende des 5. Jhs. vor Chr. tritt der Stamm dann recht plötzlich aus dem Dunkel seiner Lokalgeschichte hervor. Der Molosserkönig Tharýpas (423-385 vor Chr.) geht ein Bündnis mit Athen ein, Dodóna fällt in seine Hand.

Für das Orakelheiligtum brachte diese Entwicklung entscheidende Veränderungen. Erste Einflüsse attischer Kultur berührten damals die Bergvölker im äußersten Nordwesten Griechenlands. Bis zum Ende des 5. Jhs. vor Chr. hatte man Zeus unter freiem Himmel verehrt. Nun, zu Anfang des 4. Jhs., baute man ihm ein *Heiliges Haus*. Nur 4,2 x 6,5 m messen die Fundamente. Es wird sich wohlgefügt, doch keineswegs anspruchsvoll neben der mächtigen ›sprechenden Eiche‹ ausgenommen haben und bewahrte die Weihgaben an den Blitzeschleuderer, vielleicht auch sein Kultbild. Seit der Jahrhundertmitte trat eine niedrige Mauer, 13 x 11,5 m im Geviert, an Stelle der den Heiligen Baum umgrenzenden Dreifußkessel. Sie bezog die Front des Heiligen Hauses in den Orakel-Bezirk mit ein, öffnete sich aber nicht in Richtung auf das Haus, sondern auf die Heilige Eiche. König Pyrrhos hat um 280 vor Chr. den Temenos erweitern (19 x 20 m), die Mauern über 5 m hochführen und ihnen an drei Seiten ionische Säulenhallen vorlegen lassen. Nur an der Ostseite (ohne Säulengang) gebührte aller Raum dem Heiligen Baum.

Im Jahre 219 vor Chr. haben die Aitoler das Heiligtum überfallen, geplündert, Brände gelegt, aber es ist überliefert, daß eine Scheu ihnen verbot, das Heilige Haus und die Eiche dem Feuer preiszugeben. Dennoch haben sie die ›hierá oikía‹ bis auf die Grundmauern abgetragen. Unter der Schirmherrschaft von Philipp V. von Makedonien haben die Epiroten 218 vor Chr. mit dem Neuaufbau begonnen. Auf etwa doppelt so großer Grundfläche (5,6 x 9,5 m) wurde ein größerer Bau errichtet. Eine Tempelfassade – die Vorhalle aus sechs ionischen Säulen, vier unter dem Giebel, je zwei zu beiden Seiten – hat das neue Haus auch optisch als Tempel wirken lassen. Ein Propylon zum Temenos, der Säulenvor-

143 Dodóna. Der Heilige Bezirk des Zeus um 400 v. Chr.

144 Dodóna. Der Heilige Bezirk des Zeus im 4. Jh. v. Chr.

halle entsprechend angelegt, war diesmal axial auf das Heilige Haus, nicht mehr auf die Eiche, gerichtet, der Heilige Bezirk selbst vergrößert. Erhalten blieb auch jetzt der Hof-Charakter durch die Säulenhallen, die wieder an drei Seiten den Témenos begleiteten. Bis zum Ende des 4. Jhs. nach Chr. hat der Orakel-Bezirk unverändert bestanden. Die Übermacht des Christentums, das Dekret des Kaisers Theodosios I., das für so viele antike Heiligtümer das Ende bedeutete, hat auch die alten Stimmen von Dodóna zum Verstummen gebracht. Im Jahre 392 nach Chr. – so haben die Ausgrabungen es erwiesen – ist die uralte, ehrwürdige Zeus-Eiche gefällt worden.

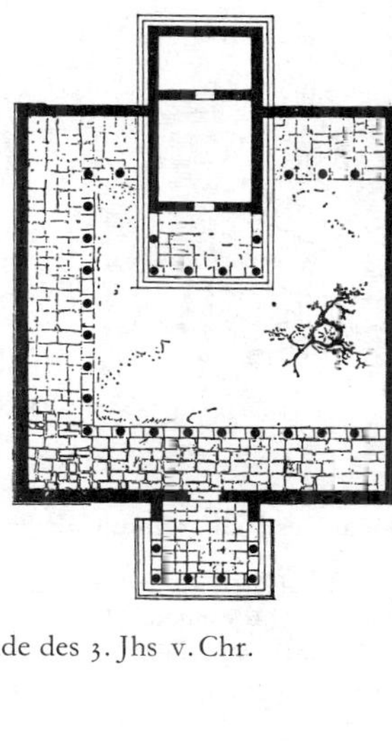

145 Dodóna.
Der Heilige Bezirk des Zeus Ende des 3. Jhs v. Chr.

Man betritt das antike Gelände heute von Westen her. Über den Umrissen des *Stadions* – unter Philipp v. zu Ende des 3. Jhs. vor Chr. angelegt – erhebt sich das großartige Halbrund des *Theaters* aus der Zeit des Molosserkönigs Pyrrhos. Bis zu 18 000 Menschen wohnten hier den damals ins Leben gerufenen musischen und athletischen Wettspielen bei, die wie die olympischen in vierjährigem Turnus stattfanden. Zeus-Naios zu Ehren hießen sie *die Naia*. In augusteischer Zeit ist die Skéne in eine Arena umgewandelt worden, die das Repertoire der Darbietungen beträchtlich erweiterte: Tierhatzen, besonders die Kämpfe zwischen Stieren und Ebern, den der Dióne-Gaia heiligen Tieren, waren äußerst beliebt. – Östlich des Theaters schneidet ein großes rechteckiges Gebäude, das *Bouleutérion* (3. Jh. vor Chr.), in den Hang. Um den Zeus-Bezirk gruppieren sich kleine *Tempel für Aphrodithe* (Anfang 3. Jh.); für *Dióne* ein älterer (Anfang 3. Jh.) und ein jüngerer Tempel (nach 219 vor Chr.); ein *Herakles-Tempel* (Anfang 3. Jh.) und seine Fundamente überlagernd, die *Basilika*, zuerst einschiffig, seit dem 6. Jh. nach Chr. dreischiffig. Sie war das Gotteshaus der nun christlich gewordenen Stadt, die seit frühen Zeiten auf der Höhe über dem Heiligtum gründete.

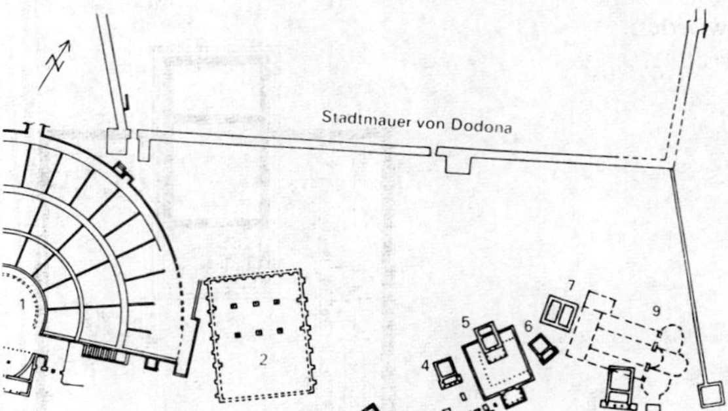

146 Dodóna. Das Heiligtum um 200 v. Chr. mit der Basilika des 6. Jhs.

1 Theater - **2** Bouleutérion - **3** Unbenannter Tempel - **4** Aphrodite-Tempel **5** Zeus-Temenos - **6** Jüngerer Dióne-Tempel - **7** Älterer Dióne-Tempel **8** Herakles-Tempel - **9** Basilika.

Die kurze Strecke bis Ioánnina ist schnell zurückgelegt. Die Stadt, in Form eines ansteigenden Dreiecks, gipfelt in einem Felsenvorsprung, der steil zum Pambótis-See abfällt. Er trägt das alte Kastro, das *Ali Pascha von Tepeléna*, der türkische Befehlshaber über Epiros in den bewegten Jahrzehnten zwischen 1788 und 1822, mit mächtigen Mauern und Bastionen zur Zitadelle ausbaute und in ihr seinen repräsentativen Palast errichten ließ. Kuppeln und schlanke Minaretts zweier Moscheen zeichnen ihre Silhouetten gegen den grünblauen Wasserspiegel. Am gegenüberliegenden Seeufer steigt unmittelbar aus der Ebene das Mitsikéli-Massiv wie eine graue Mauer auf. Die großgerundeten Formationen sind kahl und rissig, wirken wie mit Narben bedeckt.

Die einstige Residenzstadt Ali Paschas, der von den gegen die Hohe Pforte intrigierenden Großmächten England, Frankreich und Rußland für wichtig genug erachtet wurde, daß man Konsuln an seinen Hof entsandte, wirkt heute auf den ersten Blick wie jede andere Provinzstadt in Griechenland, vielleicht ein wenig belebter. Es gibt mehrere Hotels, darunter ein recht anspruchsvolles Xenía-Hotel. Ein paar Pferdekutschen, die auf der an verwilderten Gärten und Feldern vorbei zum See führenden Esplanade verkehren, lassen einen Schimmer vom pittoresken Ambiente des 19. Jhs. aufkommen, von dem Byron schwärmte und das W. M. Leake und F. C. Pouqueville als die Vertreter Englands und Frankreichs zu ihrer Zeit erlebten. Beide Diplomaten haben als Historiker und interessierte Beobachter ihre Erlebnisse und Erkenntnisse in ausgezeichneten Schilderungen hinterlassen. – In den Straßen und Cafés begegnet man stets viel Militär, denn der Ort ist nicht nur Garnisonstadt, sondern hier laufen auch die strategisch wichtigen Verbindungen zur nahen albanischen Grenze zusammen. Dadurch sind natürlich ein paar häßliche Neubauten hinzugekommen: Divisionshauptquartier, Offiziersklub, vor allem Kasernen, die zum martialisch-militärischen Eindruck beitragen.

Von Ioánnina, das seinen Namen wahrscheinlich von einem am See gelegenen frühen Kloster des Heiligen Johannes des Täufers erhalten hat, hört man zum ersten Mal im 11. Jh. Damals baute Bohemund, Sohn des Robert Guiscard, ein ungehobelter aber schlauer Normanne, der »an Schuftigkeit und Verrat allen Lateinern überlegen war« (so schreibt Anna Komnéna in der Darstellung des Lebens ihres Vaters, Kaisers Alexios I., 1081-1118), den Ort auf seinem Eroberungszug an den Bosporus zu seinem Winterquartier aus und verstärkte hierzu die Mauern eines bereits vorhandenen Forts. Im 13. Jh. war Ioánnina zunächst Hauptstadt des Despotats Epiros, mußte seinen Rang aber bald an Arta abtreten. Als im 14. Jh. Stephan Duschan Nordgriechenland seinem Serbenreich zuschlug, herrschte von hier aus der verhaßte »Caesar« Thomas Preliumbovitsch, ein unberechenbarer Tyrann, der durch die Einrichtung von Staatsmonopolen die Bevölkerung erbarmungslos ausbeutete. Sämtliche Produkte des Landes, Korn und Früchte, Fische und Vieh, durften nur durch seine Verwalter vertrieben werden. »Gering will alles Übel der Welt erscheinen im Vergleich zu dem Bösen, das Thomas, der Sohn des Preliumb, verkörpert«, schrieben die Mönche, die um 1400 die Chronik von Ioánnina verfaßten. Widernatürlichen Lastern verfallen, wurde Preliumbovitsch 1384 von einem seiner Leibwächter umgebracht. Seine Witwe und Nachfolgerin, eine fromme und liebenswerte Frau aus serbisch-byzantinischem Hause namens Maria Angelina Komnéna, der wir bei der Gründung des ersten Klosters auf den Metéora-Felsen schon begegneten, verheiratete sich nun mit einem zivilisierten Nachkömmling der Florentiner Familie Buondelmonti.

Ioánnina erlebte von da an glücklichere Tage, bis 1431 die Türken heranrückten. Zunächst führten sich die neuen Eroberer sehr tolerant auf und duldeten weiterhin die epirotischen Handelsbeziehungen zu ihren blühenden Niederlassungen in Konstantinopel und Italien – die Epiroten galten stets als gute Kaufleute. 1611 aber, als ein dem Trunk verfallener Kirchenmann sehr kurzsichtig eine Revolte angezettelt hatte, war es aus mit der Toleranz der Türken;

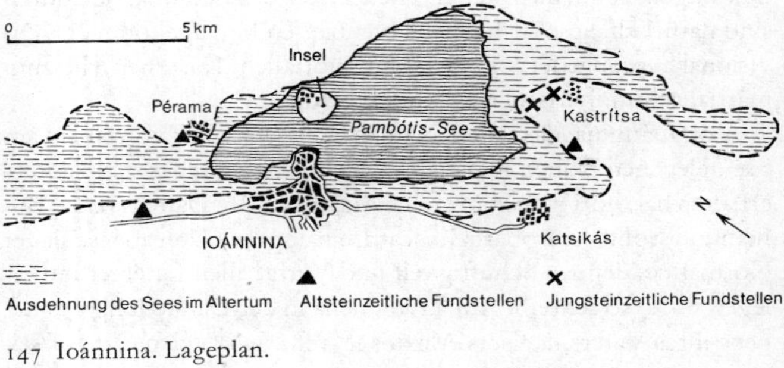

147 Ioánnina. Lageplan.

die Bevölkerung geriet hier, wie fast allerorten, unter harte Drangsal. Kommerzielle Fähigkeiten wie Freude am Handel ließen sich jedoch nicht gänzlich unterdrücken, zu denen die eingesessenen Ioánniner besonders durch jüdische Zuwanderer, denen sie den inneren Bereich der Zitadelle hatten räumen müssen, geradezu herausgefordert wurden. Im 18. Jh. hören wir wieder von den äußerst gewandten Kaufleuten aus Ioánnina, die mehrere Sprachen beherrschten und weltweite Handelsverbindungen vom fernen Rußland und bis nach Italien unterhielten. Nirgendwo hat sich dann auch so unbehindert die Pflege der Traditionen des griechischen Geisteslebens entfalten können, und nirgendwo in ganz Griechenland erfreute sich der Bildungsstand der Bevölkerung eines so hohen Niveaus. In den in Ioánnina errichteten Schulen wurden Lehrer herangebildet, die bald in die übrigen Landesteile ausschwärmten. Der Einfluß der Lehrer von Ioánnina – Historiker, Geographen und Theologen – auf das unter der Türkenherrschaft physisch und psychisch schwer leidende Griechenland darf nicht unterschätzt werden. Sie richteten ihre Landsleute auf und stachelten den Mut an, der dann letztlich zum Unabhängigkeitskrieg führte. Zu Beginn des 19. Jhs., als Ioánnina zur Hauptstadt Ali Paschas, des schlauen, schwer durchschaubaren, so fähigen wie grausamen albanischen Statthalters, wurde, der von hier aus über Südalbanien, über Westgriechenland und Teile Thessaliens herrschte, erlebte es seine Blütezeit. Dem Mann aus Tepeléna gelang es anfänglich, mit Duldung des Sultans in Konstantinopel, einen fast autonomen Staat aufzubauen. Es gab einen zwar kleinen, aber sonst in jeder Weise prächtigen orientalischen Hof, und aus Westeuropa reisten Diplomaten, Kaufleute, Gelehrte und Abenteurer heran. Einer von ihnen, F. S. Douglas, ein urteilsfähiger Wissenschaftler, schrieb damals: »Die Reinheit der Sprache, das Ausmaß der Bildung und das Wissen um das, was in der Welt vorgeht, wodurch sich die Gesellschaft hier auszeichnet, machen Ioánnina zum Athen des modernen Griechenland.« Hobhouse, der im Gefolge Byrons nach Ioánnina kam, erfuhr von einem gelehrten Mann: »Ihr Engländer tragt die Werke der Griechen, unserer Vorfahren, weg: nun, hebt sie gut auf, denn wir Griechen werden kommen und sie zurückverlangen. Man fühlte sich hier verantwortlicher für das griechische Kulturerbe als in Athen, wo die Gefolgsleute Lord Elgins gerade mit dem Abtransport der Parthenon-Skulpturen des Pheidias beschäftigt waren. Die hier zusammentreffenden Gegensätze sind merkwürdig, und doch war es so: trotz seines türkischen Charakters und seiner Abgelegenheit inmitten der epirotischen Gebirge war Ioánnina immer eine der westlichen Welt aufgeschlossene Stadt.

Ehe wir zur Zitadelle hinaufgehen, möchte ich auf ein paar *Häuser aus dem 18. Jh.* hinweisen, die den großen alteingesessenen Familien gehörten. Sie sind es wert, daß man ihnen einen Blick schenkt (es sei denn, der Unverstand der Zeit hat sie womöglich durch häßliche Neubauten ersetzt). Schon das Äußere mit den lebendig gegliederten Fassaden ist ansprechend, wobei der Stil türkischer Wohnbauten nicht ohne Einfluß blieb: überdachte Erker und Loggien, vorspringende Seitenflügel; Arkaden in den Obergeschossen, teils verglast, geben den Eindruck von einer wohlsituierten, ländlich behaglichen Lebensweise. Die Häuser sind geräumiger und entfalten sich willkürlicher als die Archontiká im Pélion, in Siátista oder Kastoriá. Ich möchte gerne einige der schönsten nennen (man findet sie leicht bei einem Rundgang auf dem südlichen Stadthang): das Ioannídes-Haus in der Odos Pouliou Drakou 32, das Misios-Haus in der Pouqueville-Straße 7, das Haus Nr. 63 sowie das ihm gegenüberliegende Haus Nr. 42 in der Somouil-Straße. In der Danglis-Straße Nr. 13 bewohnte die Familie Melás, die dem Land Freiheitshelden, Generäle und Politiker geschenkt hat, ein ganz ähnliches Haus, das etwas einfacher ausgefallen ist, dafür aber um einen herrlichen blühenden Innenhof liegt. Das Anwesen Nr. 2 in der Tsakaloff-Straße ist das Geburtshaus von Tsakaloff, einem der Gründer der Philikí Hetaireía (Gesellschaft der Freunde), einer seinerzeit insgeheim von den Russen finanziell unterstützten, konspirativen Vereinigung griechischer Kaufleute, Priester und Seeleute, welche die türkische Verwaltung zu unterlaufen suchte.

Von der Platía Kentrikí aus führt die Averoff-Straße zur Zitadelle und zum See. Hier gab es schon vor dem Anwachsen des Fremdenverkehrs zahlreiche Antiquitätengeschäfte und Schmuckläden, die vor allem die epirotischen Filigran- und Silberdrahtarbeiten feilbieten, denn die Silberschmiede von Ioánnina sind seit Jahrhunderten gerühmt. Heute muß man schon großes Glück haben, etwas Altes, Schönes zu finden. Innerhalb der alten Mauer um das *Kastro* – von der ursprünglichen byzantinischen Anlage ist kaum mehr etwas zu sehen – verdichtet sich das Gewirr der Gäßchen mit winzig kleinen, sehr farbigen Häusern. Auf der höchsten Stelle des hügeligen Geländes, unmittelbar über dem See, steht seit dem Jahre 1618 die *Moschee des Aslan Aga*, ein sechsseitiger Bau über quadratischem Grundriß, der heute als *Museum* dient. Störche nisten auf dem Minarett, breiten ihre großen schwarz-weißen Schwingen und ziehen gelassen darüber hin.

Als einfachster Zugang zum Museum empfiehlt sich der Weg von der Seeseite her. Vor dem Eingang liegen pyramidenförmig aufgeschichtete Kanonenkugeln und Geschützrohre aus den vergangenen Kriegszeiten. Man betritt den Bau durch eine doppelgeschossige Vorhalle. Im gut beleuchteten oberen Stockwerk schaue man sich einen *römischen Sarkophag aus Paramýthia* an: dargestellt sind Bacchanten, von einem Löwen und einem Panther begleitet. Unter der großen Kuppel sieht man Funde aus den verschiedensten Orten in Epiros ausgebreitet. Aus *Dodóna* stammen prähistorische Keramik, Waffen, Antefixe und das Fragment einer beidseitig modellierten Gußform aus dem 4. Jh. vor Chr. sowie einige der kleinen Bleiplatten, auf die man die Fragen an das Orakel aufschrieb. In einer Vitrine an der Südwand befinden sich *zwei Ikonen* von ungewöhnlicher Qualität – vielleicht Arbeiten der Kretischen Schule in der nachbyzantinischen Zeit – mit Darstellungen der Auferweckung des Lazarus: Christus in rot-olivgrünem Gewand, um den Kopf ein golden schimmernder Nimbus, wird von den Aposteln in gelben und grünen Gewändern begleitet, die beobachten, wie Lazarus von den Totenbinden befreit wird. Die zweite Ikone zeigt den Ioánnis Pródromos, eine schlanke Figur mit erdfarbenen Flügeln, gerahmt von Märtyrerszenen. – Beispiele epirotischer Volkskunst – Trachten und Silberarbeiten, Erinnerungsstücke an den Unabhängigkeitskrieg und die Balkankriege sowie geschnitztes und mit Perlmutterintarsien geschmücktes Mobiliar – kann man gesondert bewundern. Ferner birgt der schöne Bau noch eine Bibliothek, die von vermögenden Bürgern gestiftet wurde.

Die *Fetiye-Moschee* liegt an der äußersten Südostspitze des Burgbezirks, von dessen befestigter Brüstung die Rohre alter türkischer Kanonen noch immer auf einen imaginären Feind gerichtet sind. Der Außenbau mit der wohlproportionierten Kuppel und dem Minarett ist recht gut erhalten, aber die Moslems versammeln sich hier nicht mehr zum Gebet. Das einfache Grabmal vor der Moschee ist das des Ali Pascha. Vom ehemaligen Palast sind noch Teile, vom weitverzweigten Serail, in dem die Frauen des »Löwen von Ioánnina« wohnten, sind nur mehr Spuren auf uns gekommen, denn was an ihn erinnerte, wurde nach seinem Tode auf Befehl der Hohen Pforte zerstört.

Von hier aus kehre man am besten auf dem gleichen Wege zurück und gehe nun zum von Cafés gesäumten Seeufer hinunter. Als größeres Ausflugslokal fällt das der *Kyra Phrosýne* auf. Die Einwohner denken dabei an die Frau eines griechischen Kaufmanns, deren Tod die griechische Volksseele beschäftigt hat. Sie war die Favoritin eines Sohnes von Ali Pascha und wurde von dessen Gemahlin eifersüchtig verfolgt, die sich schließlich an ihren allmächtigen Schwiegervater wandte und ihn aufforderte, die Nebenbuhlerin aus dem Wege zu räumen. Bereitwillig steckte Ali Pascha die schöne, überdies kluge und wohltätige Phrosýne gemeinsam mit siebzehn anderen besonders anziehenden Griechinnen zunächst in den Kerker der Festung. Nicht genug damit, die Frauen wurden in Säcke gesteckt und im See ertränkt. Die abergläubischen Bewohner behaupten, daß noch heute bei fahlem Licht der Geist der Phrosýne bisweilen auf einer Welle des Sees dahingleite. – Von der Uferpromenade aus führt ein von großen Bäumen beschatteter Weg um den Burgberg mit dem ehemaligen Türken- und Judenviertel herum. Man kommt dort an der Höhle vorbei, in der sich im 17. Jh. *Dionýsios*, der seines Amtes entkleidete *Bischof von Tríkkala*, nach seinem mißlungenen Aufstandsversuch verborgen hatte. Wie schon erwähnt, war er ein notorischer Trinker. Beim Wein überkam ihn wiederholt die Vision, der Sultan selbst erhebe sich von seinem Diwan und bezeuge ihm Ehrerbietung. Er sah darin das Geheiß, Epiros vom Türkenjoch zu befreien, sammelte Anhänger um sich, und mit lautem ›Kyrie eleison‹ setzten die Rebellen zum Sturm auf die Tore der Festung an. Die dilettantische Revolte mußte natürlich fehlschlagen. Als man den sich versteckt haltenden Dionýsios in seiner Höhle aufspürte – das Volk hatte ihm den Namen Skylósophos (weiser Hund) gegeben –, wurde ihm bei lebendigem Leibe die Haut abgezogen und ausgestopft dem Sultan als Trophäe übersandt. Neugierig, was die Diener anbrachten und auspackten, erhob sich der Sultan, so daß sich schließlich die Wahnvorstellung des Bischofs doch noch erfüllte.

Nahe dem Kai und der ›Kyra Phrosýne‹, bei der Platía Mavílis, verkehren die Kaïkia zu der kleinen *Insel* vor dem Ostufer des Sees. Bei gutem Wetter dauert die Fahrt nur etwa 10 Minuten. Oftmals jedoch verwandeln plötzlich aufkommende Windböen die glatte Wasserfläche in eine Unzahl schmutzig-brauner, nicht ungefährlicher Wellenwirbel, so daß die Boote nicht auslaufen können. Der See ist besonders reich an Fischen, vor allem an Aalen und Krebsen, von deren Fang die Inselbewohner leben. Sie bedienen sich flacher Kähne, um auch zu den seichten Uferstellen, an denen sie vornehmlich ihre Reusen auslegten, vordringen zu können. – Es gibt kaum einen verwunscheneren Aufenthaltsort, und ein Tagesausflug bietet die Gelegenheit, das kleine Stückchen Land auf nach Kräutern duftenden Pfaden zu durchforschen und die alten Kirchen dort kennenzulernen. Sie stammen fast alle aus der Zeit vor dem Fall von Konstantinopel. Auch der Taverne ›Kyra Vassilikí‹ sollte man einen Besuch abstatten, in der die in Griechenland seltenen Süßwasserfische köstlich zubereitet angeboten werden. ›Kyra Vassilikí‹ ist übrigens nicht der Name einer geschätzten Wirtin, sondern der einer anmutigen, gescheiten griechischen Maitresse Ali Paschas, die ihn geschickt zu behandeln und häufig zugunsten ihrer unterdrückten Landsleute umzustimmen wußte. Taverne und Landungssteg liegen unter hohen Platanen.

Hat man das Fischerdorf mit seinen Kopfsteinpflastergassen, mit den Bougainvillea und Glyzinien vor den umrankten weißen Häuschen hinter sich gelassen, so erreicht man westlich vom Ort das kleine *Kloster des Heiligen Nikólaos Spanos*. Zunächst fällt die weitgehend zerstörte Trápeza auf. Die Klosterkirche, die bedeutendste der Insel, wurde 1292 als einschiffiges Langhaus mit Satteldach erbaut. Spätere Anbauten (um 1560), die den Naos in Hufeisenform umgeben, scheinen ihm durchaus organisch zuzugehören. *Michael Philantropinós*, ein Grieche aus Konstantinopel, der nach der Besetzung durch die Lateiner von dort geflohen war, hat sie gestiftet und war zugleich der erste Abt des Klosters. In diesem Amt folgten bis zur Mitte des 16. Jhs. noch vier Familienmitglieder nach. Die Fresken im Hauptschiff und Esonarthex entstanden 1542. Den Exonarthex und das nördliche und südliche Seitenschiff (zu letzterem führt uns der Haupteingang) haben die beiden thebanischen Brüder Geórgios und Phrángos Kondarí ausgemalt. Sie waren der neu aufgekommenen ›Kretischen Malschule‹ verpflichtet und waren in späteren Jahren gefragte Künstler, die in epirotischen Klöstern, auch im Varlaam-Kloster auf den Meteóra-Felsen, ihre Werke hinterlassen haben. Der Reiz ihrer Darstellungen liegt in einer gewissen Ursprünglichkeit und Frische der Empfindung. Im südlichen Anbau erstaunen große Gestalten aus der Antike, unter ihnen Solon, Thukydides, Platon, Aristoteles und Plutarch, die später das ›Malerhandbuch vom Berge Athos‹ (siehe Kapitel XXXIII) ausdrücklich als Vordenker des Christentums bei der ikonographischen Anweisung zur ›Wurzel Jesse‹ anführt. – Von der Hand des älteren Malers (1542) sind die ›Fünf Philantropinoí‹ an der Nordwand wiedergegeben, die um den Heiligen Nikolaus knien. Mit einer offenen Schriftrolle in der Hand empfiehlt sie der Heilige dem Erlöser, der mit dem aufgeschlagenen Buch des Lebens über ihnen allen in der Mandorla schwebt.

Von hier nach Süden liegt über einem Pappelhain das *Kloster des Heiligen Nikólaos Dílios* aus dem 11. Jh., das älteste der Insel. Im Hof wirft eine riesige Zypresse ihren Schatten auf den Eingang der einschiffigen Kirche mit einer halbzylindrischen Apsis und einem weiträumigen Narthex. An den Außenmauern erkennt man noch Reste von Ziegelornamenten: Zickzack- und Mäandermuster. Der Beiname der Kirche ›Dílios‹ (griechisch: Ntílios) oder auch *Stratigópoulos* bezieht sich auf zwei reiche Familien aus Ioánnina, die sich um die Erneuerung des Klosters zur Zeit, als Epiros unter den Despoten aufblühte, verdient gemacht haben. Die Maler des 16. Jhs. standen offensichtlich unter dem Einfluß von Theophánes dem Kreter, der die großartigen Wandbilder in der Megísti Lávra auf dem Athos geschaffen hat. Im Naos sind die Fresken mit den auffallend schlanken Gestalten nur unterschiedlich gut erhalten. Die geschnitzte Ikonóstasis mit ihren Tierdarstellungen im üppig wuchernden Blattwerk soll vom gleichen Künstler gearbeitet worden sein, der die Altarschranken im Kloster Hagios Stéphanos auf den Meteóren geschnitzt hat.

Von hier aus gehe man zu dem zuvor erwähnten Pappelhain hinab und folge in südöstlicher Richtung einem schattigen Pfad, von dem aus sich ein reizvoller Ausblick über den See hinweg auf die Moscheen, Minarette und Befestigungsanlagen der Zitadelle von Ioánnina öffnet. Der Weg endet an der *Kirche der Panhagía Eleoúsa*, ein Name, der ihr im 15. Jh. wegen der hier bewahrten wundertätigen Ikone der ›Barmherzigen Gottesmutter‹ zugekommen ist. Das Gnadenbild soll im 15. Jh. zu einer Zeit der Christenverfolgungen nach der türkischen Eroberung von göttlichem Licht geleitet hierher auf die Insel gelangt sein. Auch dieses Kloster ist einem Heiligen Nikolaus, diesmal dem Schutzpatron der Seefahrer, geweiht, der sich auf dieser schilfgesäumten Insel besonderer Verehrung erfreute. Ausgemalt wurde die Kirche erst im 18. Jh.

Im Osten des Dorfes liegt das *Kloster des Heiligen Panteléïmon.* Die dreischiffige Basilika, die im frühen 16. Jh. errichtet wurde, ist im Grunde nur wegen der eigenartigen Form der Frauenempore, die wie der Rang eines Theaters gestaltet ist, bekannt geworden. Die geschnitzten hölzernen Säulen und Bögen entstanden bei einer späteren Erneuerung des Kircheninnern. Gleich neben der Kirche ist in dem Haus mit den Zellen der Mönche ein kleines Museum zum Gedenken an Ali Pascha untergebracht. Der »alte Löwe« hat hier 1822 sein tragisches Ende gefunden.

Jahrelang schon hatte die Hohe Pforte die Insubordination und Eigenwilligkeit des Ali Pascha mit Mißfallen zur Kenntnis genommen. Aufreizend gut war es ihm gelungen, in weitgehender Unabhängigkeit vom Sultan in Konstantinopel einen regelrechten eigenen Staat aufzubauen, zu dem schließlich sogar Böotien und Teile Makedoniens gehörten. Hierbei kamen ihm griechische Aufständische, Klephten und Armantolen zu Hilfe, die mit seinem Beistand das türkische Joch abzuschütteln hofften. Hatte doch in den fast vierhundert Jahren türkischer Besetzung noch niemand in Griechenland soviel Macht auf sich vereinigt wie Ali, der selbst den Widerstand der eigensinnigen Soulioten durch ein Abkommen auszuschalten vermochte. Doch als es dann auch im übrigen Griechenland zu gären begann, konnte die Hohe Pforte nicht länger tatenlos zusehen. 1821 wurde Ali Pascha – immerhin schon über 80 Jahre alt – zum Rebellen erklärt, und die Zitadelle von Ioánnina, in der er sich verschanzt hatte, über 15 Monate von den Türken belagert. Endlich willigte Ali in ein Treffen mit ihrem Befehlshaber Khurschid Pascha, von dessen Verlauf sich der gewiegte Taktiker letztlich die Aufhebung der Ächtung und Vergebung durch den Sultan erhoffte. Als Verhandlungsort war ein Gebäude des Panteléïmon-Klosters bestimmt worden. Von dem Fenster aus beobachtete er das Herannahen des türkischen Bootes, das jedoch nicht den türkischen Unterhändler, sondern schwerbewaffnete Soldaten übersetzte. Er war in eine Falle geraten. Bald hallte die friedliche Insel wider von dem Lärm der pfeifenden Kugeln und dem Knattern der Musketen, während die Türken Ali Paschas Haus umzingelten. Zuerst wurde er nur in den Arm getroffen, hielt sich aber weiter aufrecht, um seine Leibwächter zu verbissenem Widerstand anzufeuern. Die Türken konnten bald in das Haus eindringen und schossen endlich durch die Deckenbalken hindurch in den Raum, von dem aus sich Ali Pascha verteidigte. Er erhielt einen Bauchschuß, dem er alsbald erlag. Hierauf brach jeglicher Widerstand zusammen. Alis Kopf wurde in großer Prozession zur Zitadelle gebracht und später mit den Köpfen seiner Söhne und seines Enkels als Beweis für seinen Tod nach Konstantinopel gesandt und einen Monat lang als warnendes Exempel dem Blick der Menge preisgegeben. Die lange und aufregende Lebensspanne dieses eminenten Politikers, der sich mit gewisser Tollkühnheit am Rande des damals schwächer werdenden türkischen Reiches eine so bedeutende Machtstellung geschaffen hatte, war zu ihrem Ende gekommen. Seine Persönlichkeit, sein gewinnender Charme hatte viele Reisende aus Westeuropa bezaubert, und in den westlichen Ländern sprach man mit Bewunderung und sogar voll des Respektes von ihm.

Der Raum, in dem Ali starb, ist in ein sogenanntes ›Museum‹ umgewandelt worden: ein kleines Zimmer, ausgestattet mit türkischem Mobiliar und langen Divanen an den Wänden. Neben den Drucken, die die Lebensgeschichte des Ali Pascha illustrieren, werden an den Wänden auch Episoden aus dem Unabhängigkeitskrieg gezeigt. Besonders eindrucksvoll ein Bild Jules Duprés, das den greisen Ali, in schwere Pelze gehüllt, in einer Barke auf dem See zeigt.

Ganz nahe dem Panteléïmon-Kloster liegt auch das *Kloster des Ioánnis Pródromos* mit seiner kleinen, aus dem 16. Jh. stammenden Kirche. Sie hat einen kreuzförmigen Grundriß, statt der Kuppel ein Satteldach und reicht mit ihrem Narthex in eine Felsgrotte hinein. Ebenso eigenartig ist, dadurch bedingt, die Ausrichtung des Altarraums nach Norden. Die Fresken, im 19. Jh. restauriert, sind um ein Jahrhundert älter.

Nahe der Nordspitze des Sees, am Hang der Mitsikéli-Berge, befindet sich der Eingang zu der berühmten *Höhle von Pérama.* Sie ist erst um 1940/41 von Dorfbewohnern entdeckt worden, die dort vor den Bomben der Italiener Schutz suchten. Nach dem

Krieg begann die systematische Untersuchung durch Höhlenforscher, und heute geleiten die Führer den Touristen durch ein 700 m langes Netz von Gängen und Kammern. Stalaktiten und Stalagmiten, meist mit rotem oder mattgoldenem Schimmer, haben über die Jahrtausende hinweg die bizarrsten Formen angenommen. Mit ein wenig Phantasie werden die Gebilde leicht zu Tieren und Pflanzen, Ungeheuern, Gesichtern, Fratzen, Kreuzen oder Fetischen, und die Räume haben inzwischen Namen wie Golgatha, Totenstadt, Osmanenfriedhof, Artischocke, Marie Antoinette (warum eigentlich?), Niagara und Marmorwald erhalten. In der Tat geht von dieser vom Licht des Tages ausgeschlossenen Welt die eigenartigste Faszination aus.

Von Ioánnina überquert eine erst kürzlich ganz fertiggestellte großzügige Straße den Hohen Pindos und mündet kurz hinter den Metéora-Klöstern in die thessalische Ebene. Ein Ausflug soll uns bis zur Paßhöhe führen. Zunächst umrunden wir die Mitsikéli-Südflanke, fahren über den Árachthos knapp nördlich der Einmündung des Metsovítikos, eines Nebenflusses, dem unsere Straße nun bis zu seiner Quelle hinauf folgt. Die Ausblicke auf die Gipfel des Pindos werden um so großartiger und überraschender, je tiefer man ins Gebirge vordringt. 30 km von Ioánnina entfernt biegt ein Sträßchen nach Peristérion ab, jenem Ort, an dem im April 1941 der Waffenstillstand mit den Deutschen abgeschlossen wurde. Nach weiteren 25 km etwa sieht man rechts der Straße Métsovon am Steilhang unter sich liegen. Wir sind nun auf einer Höhe von 925 m. Ringsum steigen Föhren- und Buchenwälder hoch. Sie zählen noch zu den wenigen großen Jagdgebieten, besonders für Niederwild.

Métsovon, heute ein Ort von etwa 3000 Einwohnern, überstand einerseits wegen seiner schweren Zugänglichkeit, andererseits weil ein türkischer Wesir im 17. Jh. seine schützende Hand über den Ort hielt, die Herrschaft der Osmanen fast unangefochten. Die Bergluft wirkt herrlich erfrischend nach der Schwüle über dem sumpfigen Pambótis-See, ist erfüllt von Vogelgezwitscher und -gezänk und vom harzigen Duft brennenden Holzes. Wolle spinnend sitzen die Frauen im Hauseingang. Die Webarbeiten von Métsovon sind berühmt, haben unverwechselbar eigenen Charakter und eigenständige Muster. Teppiche und Satteltaschen, auch

Stoffe mit schönen Stickereien werden auf der Platía und den Hauptstraßen feilgeboten. Ein Heimatmuseum, eingerichtet in einem epirotischen Archontikón, zeigt die alten Trachten und das Kunsthandwerk der Gegend. Das Haus, nach alten Vorbildern wiedererrichtet, ist eine Schenkung der Familie Tosítsa, der das Land vielerlei Stiftungen verdankt. Auch andere hochherzige Mäzene mit zum Teil in der Welt bekanntgewordenen Namen (wie Mitglieder der Familie Averoff) waren Söhne von Métsovon. Die Bewohner sind vorwiegend Aromounen. Als ›walachische Wanderer‹ werden sie im 10. Jh. zum ersten Mal bei Kastoriá im westlichen Makedonien erwähnt. Im Laufe der Zeit wurden sie in den tieferen Lagen des Gebirges seßhaft und wendeten sich allmählich auch kaufmännischen und gewerblichen Beschäftigungen zu. Bis heute behielten sie ihre Sprache bei, eine Art Vulgärlatein, sehr vokalreich und weich klingend. – Für Wanderhirten, gleichgültig woher sie kamen, welchem Volk sie zugehörten, hatten die Griechen seit dem Mittelalter die verallgemeinernde Bezeichnung ›Vlachen‹, etwas abschätzig auch ›Koutsovlachen‹ (hinkende Vlachen), mit der sie die Nomaden und Halbnomaden von den im heutigen Rumänien verbliebenen Walachen unterschieden.

Unterhalb des Dorfes haben in der Kirche des kleinen *Nikólaos-Klosters* zwei Athos-Mönche im 16. Jh. und ein epirotischer Maler im 17. Jh., der auch italienische Anregungen mit aufnahm, qualitätsvolle Fresken geschaffen. Im Narthex überraschen ausgezeichnete Ikonen, die ein athenischer Privatsammler hierher stiftete.

Hinter Métsovon überwindet die Straße zunächst den *Katára-Paß*, den ›Verwünschten‹ oder ›Fluchbeladenen‹, der vor 1939, ehe die Fahrstraße eröffnet wurde, für Mensch und Tier nur während der kurzen Sommerzeit auf einem beschwerlichen Saumpfad begehbar war. Bekannter ist die Paßhöhe unter dem Namen *Zygós*. Für jeden Griechen verbindet sich mit dem Wort die Vorstellung vom ›Joch‹, das einem Paar zusammengespannter Rinder über dem Nacken aufliegt. Der *Zygós* im Pindos – auf die Bezeichnung stößt man auch andernorts – ist ein von Nord nach Süd laufender glatter Bergrücken ohne Einkerbung oder Einsattelung, der nur, weil er tiefer liegt und ebener verläuft als die ihn umgebenden Gebirgszüge, auch leichter zu überwinden ist. Geologisch trennt er den nördlichen ›makedonischen‹ Pindos vom südlichen, dem ›griechischen‹ Pindos. – Es ist herrlich hier oben. Man ist gerade noch unterhalb der Waldgrenze, aber es weht doch so rauh, daß nur die kräftigsten Bäume sich behaupten, stolze verwitterte Einzelgestalten auf dem stumpfen Grün der weiten Matten. Zudem befindet man sich an einer bedeutenden Wasserscheide. Die Gebirgsrücken entlassen hier den Penéios und bedeutende Zuflüsse zum Aliakmón nach Osten in die Ägäis, den Aóos nach Nordwesten in die Adria, den Árachthos und den Achelóos nach Südwesten in das Ionische Meer.

Wieder nach Ioánnina gekommen, machten wir uns nun auf zu einem weiteren Ausflug in die Nähe der albanischen Grenze. Der Archäologe wird bei dieser Exkursion mit seinen Interessen etwas zu kurz kommen. Wer sich hingegen an großartigen Landschaften erfreut, sollte es ermöglichen, diese wilde, fast unberührte Bergwelt kennenzulernen. Bei Kilometer 16 auf der Straße nach Kónitsa bogen wir nach Osten ins Gebirge, um die *Zagorochória* zu besuchen, eine Gruppe von 43 Dorfgemeinden in den Zagora-Bergen zwischen Mitsikéli- und Týmphi-Massiv. Die Landstraße führt zunächst nach Vítsa (griechisch: Bítsa) und endet in Monodéndrion. In beiden Dörfern erhellen Bogenfenster die Untergeschosse der grauen massiven Häuser Sie sind der einzige Schmuck der anspruchslosen Bauten, die deutlich erkennen lassen, daß sie Schutz vor Kälte und Schnee, aber auch vor Wölfen und Räubern bieten müssen. Die Dächer sind sehr hübsch mit willkürlich geformten Schieferplatten gedeckt.

Was von Vítsa zu berichten ist, kann für alle Dörfer der Zagorochória gelten. Man hat wenig von ihnen vor der Besetzung durch die Türken gehört. In den Verwaltungsberichten des Paschas wird erwähnt, daß hier eine streng christliche Bevölkerung wohnte, denen die Osmanen eine gewisse Autonomie eingeräumt hatten. Auf Grund dieser Privilegien konnten die Dörfer dieses Gebiets im 18. Jh. eine Konföderation unter eigener Führung bilden. Bedeutsam war vor allem, daß diesen Gemeinden zahlreiche Steuern erlassen wurden, die blühende Siedlungen im Flachland damals weitgehend zugrunde richteten. Die Türken haben den Gebirglern diesen halbautonomen Status wohl ganz gerne zugebilligt, wenn sie damit der Bevölkerung die Lust zu Aufstandsversuchen nehmen konnten. In dem schwierigen Gelände hätte sie bei Unruhen die Behauptung ihrer Souveränität wohl große Anstrengungen und Mühe gekostet.

Die Bewohner der Zagorochória sind ausgesprochen arbeitsame, fleißige Leute. Viele von ihnen wanderten in die großen Städte des Balkans aus, vorzugsweise nach Rumänien, wo sie sich als Handwerker niederließen. Die Verbindung zur Heimat ließen sie jedoch nie abreißen, und nach Jahren oder Jahrzehnten in der Fremde bauten sie sich in ihren Heimatdörfern solide Häuser, die mit Teppichen und Fellen gediegen ausgestattet wurden. Nach dem Ersten Weltkrieg nahm die Zahl der Auswanderer weiter zu, und heute sind die meisten der grauen Steinhäuser fast das ganze Jahr über fest verschlossen, da die Familien nur mehr für ein paar Wochen im August aus Sehnsucht nach ihrer kargen, aber reizvollen Heimat hierher zurückkehren.

Die gepflasterten Eselspfade, die *Monodéndrion* durchziehen, sind so angelegt, daß die Lasttiere bei Schnee und Glatteis im Winter nicht ausgleiten. Zu beiden Seiten laufen schmale hohe Gehsteige. Doch Dorfbewohner habe ich nur auf der rechteckigen Platía angetroffen. Sie ist von niedrigen, breit hingelagerten Häusern mit weit überkragenden Dächern umstellt. Zwischen sie fügt sich die Kirche des Heiligen Minas aus dem 15. Jh., eine Basilika, die außer einer vergoldeten, geschnitzten Ikonostasis noch einige Freskenreste bewahrt.

Oberhalb des Dorfes liegen die Weidegründe der *Sarakatsánen*, ebenfalls eines Wandervolkes, das zwar griechisch spricht, aber im Unterschied zu den Aromounen und Koutsovlachen als ein von den Griechen abgesonderter Stamm lebt und bis zum heutigen Tag ein regelrechtes Nomadendasein führt. Man hält sie hier – doch das ist keineswegs erwiesen – für Nachfahren der Hirtenvölker des homerischen Griechenland. Sommers wie winters leben sie in runden Reisighütten oder in Zelten aus ausgewalktem Wollfilz. Bis zu höchstens 21 Hütten bilden eine Wohngemeinschaft. Der jeweilige Anführer, ihr *Tsélingas*, wächst durch Erbrecht in seine Aufgabe hinein. Man begegnet ihren Hütten während der warmen Monate auf den hohen Weiden der Peristéri, an den Tzoumérka-Bergen, im Mitsikéli-Massiv und in der Zagória. Im Winter treiben sie die Herden – vor allem Schafe, weniger Ziegen – in die Ebene um den Ambrakischen Golf zwischen Arta und Préveza. Die wenigsten können lesen und schreiben, hängen dafür mit Leidenschaft an ihren alten Traditionen und gehen in der Sorge um ihre Tiere auf. Sie haben einen strengen Moralkodex, Ehre und

Familie gelten über alles. Zwischen ihnen und den Dörflern besteht oft eine Art unerklärten Kriegszustandes. Das Gestreite geht nicht nur um die Weiderechte. Tiefer sitzt eine stumme Feindseligkeit, die sich nur aus der unterschiedlichen Vorstellung von Gut und Böse erklären läßt. Bei den Sarakatsánen gelten die Dorfbewohner als verweichlicht, ohne Ehrgefühl und Ausschweifungen zugetan. Sie werfen ihnen Männerfreundschaften, sogar Sodomie vor. Die Dörfler ihrerseits halten die Sarakatsánen für zurückgeblieben, halsstarrig und intolerant.

Eigentlich sind wir wegen der Víkos-Schlucht (griechisch: Bíkos) hier hinaufgefahren. Nicht weit vom Dorf tut man von einem überhängenden Felsvorsprung aus einen atemberaubenden Blick in den Abgrund, in dem tief unten der Voïdomátis, der ›ochsenäugige‹ Fluß, schäumt. Wer nicht schwindelfrei ist, sollte es sich in jedem Fall zweimal überlegen, ob er über das brüchige Grünschiefergestein in diese drohende Tiefe hinunterblicken will. Die hoch aufragenden Felswände sind von senkrechten Schründen durchzogen. Die Gesteinslagen dagegen schichten sich in deutlich voneinander abgesetzten horizontalen Bändern, so daß es oft zu Formgebilden kommt, in denen man antikes Mauerwerk zu erkennen meint. Über dem Zusammenfluß der herabstürzenden Bergwasser, dort, wo ein verlassener Dreschplatz eine Art Aussichtsplattform bildet, schmiegt sich das kleine *Kloster Hagia Paraskeví* wie ein Raubvogelhorst an die Bergwand, von der es sich farblich kaum abhebt. Nach Norden zu weitet sich die Schlucht ein wenig. Die geometrischen Gesteinsformationen treten dort noch deutlicher hervor, so daß die Felswände in schönster Regelmäßigkeit in Rechtecke, Quadrate, auch Kegel und Bogennischen aufgegliedert erscheinen. – Vorsichtig bahnten wir uns am Abgrund entlang zwischen Euphorbien und Asphodelen einen Weg zu einem Platz unterhalb einer steil aufragenden Wand, um von dort in den sich nach Norden fortziehenden Cañon zu blicken.

Die meisten Dörfer der Zagóri erreicht man über Stichstraßen, die von der Hauptstraße ausgehen; eine Verbindung untereinander besteht fast nicht. So muß man auch von Monodéndrion aus auf die Straße Ioánnina–Kónitsa zurückkehren. Weiter geht es nach Norden. Bald wird der höchste Berg des Pindosgebirges, der Smólikas mit seiner stolzen Höhe von fast 2700 m sichtbar. Man nähert sich nun der albanischen Grenze, der undurchlässigsten in Europa. In Kalpáki mußten wir zum ersten Mal unsere Passierscheine vorweisen, die wir vorsorglich in Ioánnina im Divisionshauptquartier besorgt hatten. Nach weiteren 5 km bogen wir auf eine nicht asphaltierte Landstraße nach Osten ab. Auf dem Scheitelpunkt des sich entgegenstellenden Bergrückens sieht man plötzlich in das hier weit geöffnete Tal des Voïdomátis, der in der Tiefe eines von kühnen Abstürzen gebildeten Halbkreises aus der Víkos-Schlucht hervorbricht. In Haarnadelkurven geht es hinab nach Arísti und bis hinunter zum ›ochsenäugigen‹ Fluß, den hier eine moderne Bogenbrücke überspannt. Das eisgrüne Wasser gilt als Heilmittel bei Verdauungsstörungen. Die Stille und Heiterkeit dieses Talbodens ist fast überwältigend inmitten der Großartigkeit und Wildheit der einsamen Bergwelt. Wir machten hier halt und verweilten ein wenig. Es war Ende April und noch kühl – weit und breit keine Menschenseele.

Auf der anderen Flußseite windet man sich erneut in vielen Kehren an der jenseitigen Bergwand hinauf. Immer wieder überraschende Blicke auf den glitzernden Wasserlauf. Der geöffnete Rachen der Víkos-Schlucht gähnt jetzt im Süden. Felszacken und Geröllhalden, die an die Dolomiten erinnern, leiten in das Dunkel des tunnelartigen Einschnitts über. Nirgendwo in Griechenland stößt man auf eine kühnere Gebirgsstruktur. Beim Zurückschauen sieht man das Dorf Víkos auf einem Felsvorsprung vor der dunklen Schlucht wie eine letzte Zuflucht vor dem epirotischen Hades liegen.

Die Straße endet in dem Dorf Pápingon (griechisch: Pápigkon), einem der Weideplätze der Sarakatsánen im Sommer. Überall Mandelbäume und darüber die gleichsam mit Türmchen bewehrten Bergspitzen, die in sechs riesigen, bizarr verwitterten Zacken enden, so daß man an die seltsamen Felsgebilde der Metéora erinnert ist. Der Hauptgipfel des Massivs, der ›Týmphi‹ (2480 m), in dessen Falten im Frühjahr noch weit ins Tal hinunter Schnee liegt, wird ›Kamel‹ genannt. Im einfachen Gasthaus hat man uns frische Eier und gutes Schwarzbrot angeboten. Die wenigen männlichen Bewohner von Págingon – Frauen und Mädchen bekamen wir nicht zu Gesicht – waren sehr freundlich, sprachen mit leiser Stimme und schienen recht aufgeschlossen. Wir besichtigten die Kirche des Heiligen Blasius, ein unauffälliger Bau, der, als dreischiffige Basilika errichtet, von drei Kuppeln überwölbt wird und im Innern an der Westseite eine hölzerne bemalte Galerie hat. Neben der Kirche erhebt sich dreigeschossig der für die Dörfer der Zagória typische achteckige Glockenturm. – In Pápingon waren wir zum Endpunkt unseres Ausflugs in den Hohen Pindos gekommen. Der maritime Charakter Griechenlands wird hier zur fernen Erinnerung. Das nördliche Griechenland mit seinen wie mit einem Meißel herausgearbeiteten Formationen geht von nun an in die breiter und behäbiger gelagerten kontinentalen Landschaftsformen des Balkan über. In Pápingon scheint es, als ob die Götter, die einst Griechenland schufen, ihr Werk in einem letzten Höhepunkt gipfeln ließen, um dann ihr Werkzeug gelassen beiseite zu legen.

In Ioánnina war es nun an der Zeit, uns wieder auf das Ziel unserer Fahrt zu besinnen. Der Weg nach Westen, nach Igoumenítsa, führt nach 20 km zur Abzweigung nach *Zitsa*, dem Städtchen, in dem Byron und Hobhouse auf ihrem Ritt von Ioánnina nach Tepélina haltmachten, um sich mit Ali Pascha zu treffen. Im Dorfgasthaus sollte man unbedingt den Wein dieser Gegend, einen feurigen Rosé, probieren. Man kann die Zeit aber auch weniger den irdischen Genüssen zugeneigt verbringen, denn das *Kloster des Propheten Elias* ist einen Weg wert. Es liegt, von Tannen und Eichen umstanden, auf einem windigen Plateau. Wie die Häuser des Ortes ist auch die Klosterkirche schiefergedeckt und besitzt drei ungewöhnlich flache Kuppeln, die von außen kaum wahrzunehmen sind: eine über dem Narthex und zwei über dem Kirchenschiff. Die verhältnismäßig späten nachbyzantinischen Fresken sind nicht ohne Reiz. Als ausgezeichnetes Beispiel der epirotischen Holzschnitzkunst muß die Ikonostasis mit ihrer vergoldeten Pflanzen-Ornamentik und einer doppelten Säulenreihe von je 17 Säulen, die von Spitzbögen überspannt werden, gelten. Links vom Eingang wird auf einer Erinnerungstafel mitgeteilt, daß im Oktober 1809 auch Lord Byron den Weg zum Kloster gemacht hat. Von dieser Höhe aus, die der Dichter in Begleitung der Mönche entlangspazierte, hat man einen unvergeßlichen Blick auf das Tal des *Kalamás*, den antiken Thýamis. Die dunkelbewaldeten Bergkuppen, die wie große Wellen nach Westen auszulaufen scheinen, wirken nach den vielen erregenden Bildern und Erlebnissen ungemein beruhigend. Wiederum ist es eine neue, eine köstliche

Facette der vielgestaltigen griechischen Landschaft, der man sich hier gegenüberfindet. Byron dichtete beglückt:

»Klösterliches Zítsa, du kleines, aber geliebtes Stück des heiligen Bodens,
von deiner schattigen Braue schauen wir um uns
hinauf, hinab, um die Farben des Regenbogens
und den zauberischen Charme zu genießen.«

Die Fernstraße führt uns in weit geschwungenem Halbbogen über eine Entfernung von 83 km zum Ionischen Meer hinab. Sie folgt dem Lauf des Kalamás, der unten im Wiesental zwischen Wacholderbüschen dahinfließt. Im März wachsen an den Hängen wilde Veilchen und Schlüsselblumen. Das intensive satte Grün auf den sanften geschwungenen Hügeln und die offene Weite für den schweifenden Blick sind für Griechenland ganz einzigartig. Diese Gegend lebt aus der wohltuenden Harmonie und Anmut.

Kurz hinter Neráïda zweigt eine einfache Landstraße linker Hand nach *Paramythiá* ab, wo auf hellenistischen Fundamenten Reste eines mächtigen Kastros erhalten geblieben sind. Die Türken gaben ihm den Namen ›Galata‹. Sie fühlten sich heimatlich wohl in dem malerisch gelegenen Ort, der sich in die Falten des Geländes schmiegt. Aber der Bazar und die Minaretts sind gleich nach der Befreiung einer begreiflichen Manie, alles zu vernichten, was an die Besetzung erinnerte, zum Opfer gefallen. Etwa 4-5 km südlich des Ortes sind bei dem Dorf *Velianí* die Fundamente einer Basilika des frühen 7. Jhs. zutage gekommen, fast monumental in ihren Ausmaßen und als Bischofskirche mit ihrem geräumigen, von Apsiden geschlossenen Querschiff der Basilika von Dodóna verwandt. – Nordwestlich von Paramythiá (1,5 km) trifft man noch auf die Spuren der alten Thesproterstadt *Photiké*.

Wieder auf der Fernstraße, wird man nun noch, nach Norden ausbiegend, um einen letzten der auch an der Küste noch mächtigen epirotischen Höhenzüge herumgeleitet und endet nach 25 km in *Igoumenítsa*. Bis vor dem Kriege war der Ort nur Umschlagplatz für die Waren, die zwischen Korfu und Ioánnina hin und her gingen. Inzwischen ist der Name des Städtchens allbekannt geworden, seit der Fährbetrieb Griechenland mit der italienischen Küste verbindet. Der Ort, man kann es kaum ein Städtchen nennen, wird ganz von dem Gehaste bei Ankunft und Abfahrt der großen Ferry-Boote geprägt. Der Reisende wird nachhaltig mit

Zoll- und Paßformalitäten beschäftigt und ist im Geiste meist schon weit in Griechenland oder jenseits des Horizonts in Italien.

Vor dem inneren Auge tauchen ein letztes Mal die großartigen Bilder der epirotischen Landschaft auf: die überwältigenden Zagóri, das einstmals islamische Ioánnina mit den unweit davon auf der Insel im See gelegenen byzantinischen Kirchen, und das »winterliche Dodóna«. Visionen der Acheron-Schlucht steigen herauf, und man sieht noch einmal den mythenschweren Dunst über der Acherusischen Ebene liegen. Noch einmal glaubt man, den Geruch von Thymian und Basilikum, heißem Hammelfett und schwerem harzigem Retsina zu schmecken und dabei den temperamentvollen Bewohnern dieses Landes zu begegnen, die streitsüchtig und allwissend, großzügig und stets bereit, sich von einem Lächeln, einem Scherz oder gleichsam vertraulichen Augenzwinkern gewinnen zu lassen, die dem Wanderer weiterhelfen und nicht nur um all dieses willen besondere Sympathie verdienen. Mit jedem Erinnern schärfen sich die Konturen der vergangenen Eindrücke und doch währt es nicht lange, bis wieder der Wunsch erwacht, sie mit frischem Erleben aufs Neue zu füllen.

Horaz hat in der ›Ars poetica‹ gesagt:

»Vos exemplaria Graeca
Nocturna versa manu
Versate diurna.«

Ein wenig abgewandelt würde sein Rat lauten: Ihr aber, wendet die Bilder Griechenlands in Euch, tagtäglich und während der Nacht.

Wer das Land kennt, kann es gar nicht anders.

Nachträge

△ SEITE 23 – Bei Ausgrabungen der letzten Jahre sind zwischen der Alten Agorá und dem Hügel der Pnyx in einem antiken Wohngebiet die Grundmauern eines Gebäudes aus dem 5. Jh. vor Chr. zu Tage gekommen, von denen man sich zunächst nicht erklären konnte, welchem Zweck der Bau diente. Dem griechischen Bauforscher Ioannis Travlos gelang es, aus einem vielgeschichteten Grabungsbefund das Modell des Gebäudes der klassischen Zeit zu erarbeiten. Es ließ den amerikanischen Archäologen E. Vanderpool erkennen, daß hier das *öffentliche Gefängnis des antiken Athen* gefunden worden war. – Die Lage des Baues an der breiten Straße, die zum Piräus-Tor in der antiken Stadtmauer führte, die Größe des Baues, seine Raumaufteilung, die Häuser der Umgebung bestätigen – so E. Vanderpool – was aus antiken Schriften von dem Gefängnis übermittelt ist.

Es war kein großes Gebäude. Zwei, wohl einstöckige Trakte, in ihnen insgesamt nur sieben Zellen, haben einen schmalen Hof zwischen sich gelassen. Ein Baderaum ließ sich feststellen. Platon erwähnt ihn in seiner Schilderung von Sokrates' Tod. Zudem kamen zwischen den Keramikfunden merkwürdig kleine Becherchen zum Vorschein, 14 an der Zahl, deren Form man bisher noch nicht kannte. Waren es die Giftbecher, von denen antike Autoren sprechen? Eine Probe ergab, daß sie gerade die Menge des Schierlingextraktes fassen, die zum Tode führen kann. – Sokrates muß ein solches Maß geleert haben. –

Sein Schicksal war nie aus dem Gedächtnis der Menschen geschwunden. Nur den Ort hatten die Zeiten verschüttet. So begannen Verehrung und Phantasie nach einer Stelle zu suchen, an der sich alles zugetragen haben könnte – und fand dafür die Höhle am Museion-Hügel. Doch Scharfsinn und Finderglück der Archäologen vermochten nun den wirklichen Ort zu benennen.

△ SEITE 227 – Das freundliche Dorf *Troizíni* inmitten seines fruchtbaren Umlandes, in dem Nelkenzucht und -export zu einem einträglichen Erwerbszweig geworden sind, liegt fast im Schatten der Stadtmauern des *antiken Troizén*, der Hauptstadt von Troizenien, welches den Ostteil der Landspitze und die ihr vorgelagerten Inseln umfaßte.

Wie der Mythos weiß, ist hier der junge Theseus herangewachsen; von hier zog er aus auf die Wege voller Gefahren, um – zum Helden gereift – vor seinen Vater Aigeus, König auf der Akropolis von Athen, zu treten. – Poseidon hatte seine Hand im Spiel, als Hippólythos, der Sohn des Theseus und der Amazonenkönigin Antiópe auf schreckliche Weise zu Tode kam, denn dem schönen Jüngling war von Phaidra, seiner Stiefmutter, in brennender Liebe nachgestellt worden. Brüske Ablehnung läßt die Verschmähte das Offenbarwerden ihrer Neigung fürchten. Sie verleumdet Hippólythos bei Theseus, ihrem Gemahl, der ihr glaubt und Poseidon bittet, den vermeintlichen Frevler zu züchtigen. Poseidon läßt einen Stier aus dem Meer emportauchen, just als Hippólythos sich am Strande im Wagenrennen übt. Die Pferde scheuen und schleifen den jungen Wagenlenker zu Tode. Er soll jedoch von Asklepios, dem Heilgott, wieder zum Leben erweckt worden sein, nachdem Phaidra voller Reue ihrem Leben selbst ein Ende gesetzt hatte.

Westlich des Dorfes tritt ein Hügel aus der Adéres-Kette hervor, an dessen Flanke ein fränkischer Wachturm auf antikem Fundament weithin ein Zeichen setzt für die Lage der antiken Akropolis. Sie hat die athenischen Frauen und Kinder aufgenommen, die Themistokles aus der Stadt bringen ließ, als 480/479 vor Chr. der Persereinfall drohte. Die berühmt gewordene Stele, auf der der damalige Volksentscheid zur Evakuierung verzeichnet ist, kam beim kleinen ›Tempel der Artemis Sotira‹ ans Licht. Den Troizeniern ist ihr Entgegenkommen schlecht gelohnt worden: die Stadt wurde 30 Jahre später von den Athenern besetzt und 425 vor Chr. verwüstet. Troizén stand dann meist – auch wegen häufiger Streitigkeiten mit Argos – auf Seiten Spartas.

Sehr früh, im 3. Jh. nach Chr., gründete sich eine christliche Gemeinde. Seit dem 9. Jh. taucht für Troizén der neue Name Damalá auf. Damalá wird Bischofssitz. Zu Beginn des 13. Jh. kommen die Franken und befestigen Burg und Stadtmauern erneut. Es sind Lehnsträger der Herzöge von Athen, später der Despoten von Mistra. Dann wird es für lange Zeit still um Damalá, bis sich 1827 die ›Dritte Griechische Nationalversammlung‹ hier zusammenfindet und unter Vorsitz des zum Präsidenten gewählten Kapodístrias die sehr demokratische ›Verfassung von Troizén‹ verabschiedet. Wegen der sich gegenseitig hindernden und überstürzten Aktionen jener Jahre ist sie nie in Kraft getreten.

Westlich der Burg führt ein alter Aquädukt in die Gephyráion-Schlucht, in der sich die hohe, einbogige *Teufelsbrücke* über den Gephyron-Bach spannt. Zur heißen Sommerszeit erquickt sein eiliges Rauschen fast mehr noch als der wohltuende Baumschatten. – Auf dem Fußweg zum Heiligtum des Hippólythos kann es dann wieder heiß werden. Man geht vom Turm in westlicher Richtung etwa 1 km durch die Felder, wird auf eine flache Terrassierung aufmerksam und tritt über die Propylon-Fundamente in den Heiligen Bezirk.

Das ältere *Heiligtum* wurde während des 4. Jhs. vor Chr. neugestaltet. Neben dem Kult für den göttlichen *Hippólythos* genoß, wie wir von Pausanias wissen, auch *Asklepios*, der Heilgott, besondere Verehrung. Die hier eindrucksvollsten Fundamente (31 m x 31 m) stammen von dem um 300 vor Chr. errichteten Gebäude für Kranke. Sie hofften im Heilschlaf oder Traum auf einen Hinweis zu ihrer Genesung, wurden aber auch von Heilkundigen betreut. Zudem wird eine Kur mit der an Mineralien reichen ›Herakles-Quelle‹ zum Erfolg beigetragen haben. – Die Räume – an der Südseite eine lange Halle, von drei Innensäulen gestützt – lagen um einen Hof mit gedecktem Säulenumgang. Man sieht noch Steinsockel entlang der Wände, die zur Auflage der Holzliegen (klínai) dienten und die Vorrichtungen für einen kleinen Tisch vor jedem Bett. Der Vulkanausbruch auf dem nahen Méthana hat schon 250 vor Chr. den mit Lehmziegeln aufgeführten Bau wieder zerstört, dessen Schutt die Einrichtungsreste lange deckte. Auch andere Bauten des Heiligtums, und der antiken Stadt müssen bei der Katastrophe zu Schaden gekommen sein.

Auf dem Vorhof des Asklepiéions sieht man Fundamente eines Tempelhauses mit 4 Säulen zwischen Anten, das dem Asklepios heilig war. – Südlich, etwas oberhalb des Asklepiéions, stand der Ringhallentempel des Hippólythos. Seine Grundmauern (etwa 32 m x 17,5 m) sind nur noch schwer auszumachen. – Nordwestlich des Heiligtums, das Pausanias während der Kaiserzeit dann wieder in ›glänzendem‹ Zustand antraf, lagen Gymnasion und das Stadion.

Auf diesem Gelände steht die byzantinische Kirche *Epískopi*, eine Wallfahrtskirche, weit außerhalb der Mauern des alten Damalá, die gewiß nicht von ungefähr die Stätte des antiken Heil-Heiligtums wahrt. Heute ist sie fast in sich zusammengefallen. Sie war im 14. Jh. eine dreischiffige Basilika mit vorgezogenem Chorraum, im 11. Jh. eine Kreuzkuppelkirche, die auf einen viel früheren, womöglich spätantiken, Bau folgte. Die noch verbliebenen Mauerzüge laden fast dazu ein, die einzelnen Bauphasen in der Vorstellung wieder aufstehen zu lassen.

△ SEITE 242 – An einem der Osthänge des Lýkaion lag die antike Stadt *Lykósoura*. Außer Teilen der Stadtmauer ist wenig erhalten. Doch die Ruinen ihres *Déspoine-Heiligtums* und ein kleines Museum sind lohnendes Ziel für einen Ausflug in die waldige Bergwelt mit großartigen Ausblicken auf die einsamen Gipfel (um 1500 m). Von der Straße Megalópolis-Kalamáta zweigt man nach etwa 12 km ab nach Chorémi, hält sich nach dem Dorfausgang rechts und kommt nach etwa 3 km zum Heiligtum. Es liegt über dem linken Ufer des Plataniston-Flüßchen auf einem Bergabsatz. Der Haupttempel (21,5 x 12,5 m), ein Prostylon mit ehemals 6 Säulen an der Vorhalle, stammt aus dem 4. Jh. vor Chr. Der Bildhauer Damophon von Messene schuf im 2. Jh. vor Chr. eine große Kultgruppe, für die der Cella-Raum fast eng wurde. Neben den Sitzstatuen von Déspoina und Demeter standen Artemis und Anytos. Figurenfragmente bewahrt das kleine *Museum*, drei der Köpfe sind im National-Museum in Athen. Die Nordseite des Heiligen Bezirks schloß eine 64 m lange Stoa, Sammelort vieler Weihgeschenke. Vor ihr lagen die Altäre für Demeter, Déspoina und Gaia. Auch außerhalb der Umfriedung standen Kulthäuser und Götterstatuen, befanden sich ein großes Brunnenhaus und aus späterer Zeit römische Thermen.

△ SEITE 408 – Das *Kabeirenheiligtum bei Theben* wird von Pausanias (IX, 25,5) kurz erwähnt. Entdeckt wurde es 1887, anschließend und im größeren Umfang 1956/1966 freigelegt.

Der Kult des Kábeiros und seines Sohnes País reicht bis ins 9. Jh. vor Chr. zurück, scheint aber bis Ende des 6. Jhs. auf Brandopfer und Weihegaben in Gestalt von kleinen Stieren aus Bronze und Blei beschränkt geblieben zu sein. Nach 500 vor Chr. begann man im ›Heiligen Bezirk‹ Häuser für Gelage (Sympósia) zu errichten (darunter zwei Rundbauten) und gleichzeitig komödienhafte, burleske Spiele unter dem Einfluß des Dionysoskultes aufzuführen, wie man sie auf den Kabeiren-Kántharoi dargestellt findet. Zu Gunsten dieser Mysterienspiele (Dromena) wichen im 3. Jh. vor Chr. fast alle Symposionhäuser einem größeren, von einer Quadermauer eingefaßten Platz mit einem ›Rundaltar‹ in der Mitte. Der daran im Osten anschließende Berghang wurde als Zuschauerraum genutzt und nach Süden durch Anschüttungen und Stützmauern erweitert. Im 2. Jh. vor Chr. verlegte man den ›Rundaltar‹ auf den Hang und baute im Témenos (dem Heiligen Bezirk) einen Tempel mit Vorhalle. Hinzu kamen zwei Säulenhallen an einem Prozessionsweg im Westen. Nach einer, wohl in die Zeit des Mithridatischen Krieges (87 vor Chr.) fallenden Verwüstung des Heiligtums wird ein neuer, etwas größerer Tempel errichtet, für den die Bauglieder eines dorischen Bauwerks der klassischen Zeit verwendet werden. Außerdem wird der Zuschauerraum mit steinernen Sitz- und Treppenstufen ausgestattet und wie bei einem richtigen Theater halbkreisförmig vor der Tempelfront angeordnet. – Spätere Reparaturen gehen wahrscheinlich auf die Plünderungszüge der Heruler (267 nach Chr.) zurück, ehe die Bauten und der Zuschauerraum nach dem Verbot der heidnischen Kulte durch Theodosius I. (392 nach Chr.) verfielen.

△ SEITE 409 – *Wegbeschreibung zum Kabeírion:* am besten erreicht man es von Theben aus, nimmt die Landstraße in Richtung Levádia, zweigt links in einen Weg (mit Hinweisschild) in Höhe des Steinbruchs (rechts der Straße) und fährt zu den Ausläufern des Kithairón.

△ SEITE 414 – Auf älteren Karten sieht man an Stelle des Dorfes Orchomenós die Namen Skripoú oder Petromagoúla oder beide Nennungen. Die Orte haben sich neuerdings zusammengeschlossen und wählen seither wieder den Namen Orchomenós in Erinnerung an ihre antike Vergangenheit.

△ SEITE 502 – *Neopátrai* war im Mittelalter eine bedeutende Festung, Sitz der thessalischen Dynastie, und auch Sitz des Metropoliten dieses Bistums. Die Tradition an diesem Ort – in prachtvoller Lage am Nordhang des Óiti-Gebirges mit weitem Blick über das Sperchéios-Tal – reicht freilich zurück ins 5. Jh. vor Chr. Münzen und Inschriften nennen die damalige Akropolis: *Hýpata*. Noch Justinian hat sie erneut ausgebaut. Man glaubt zu hören, wie sich der mittelalterliche Name aus der Verschleifung des antiken mit dem Namen von Patras gebildet hat; doch die Stadt Patras steht in keinerlei Beziehung zu Neopátrai. Das heutige Dorf Ipáti unterhalb der Burg hat die alte Bezeichnung aufgegriffen; 4 km nordöstlich liegt Loutrá Ipátis, dessen warme Schwefelquellen seit langem geschätzt werden.

△ SEITE 573 – Daß die antike Stadt Aigai bei Édessa zu suchen sei, ist wohl Pyrrhos, dem König der Molosser in Epiros (319-272) zuzuschreiben. Zweimal warf er sich – wenn auch nur für kurze Zeit – zum Herren über das von den Makedonen regierte Thessalien auf und nahm seinen Sitz in Édessa, nahe – wie anzunehmen war – der von ihm besetzten alten Königsstadt Aigai. Über deren topographische Lage kam die Forschung seit der aufsehenerregenden Aufdeckung eines makedonischen Königsgrabes (1977) bei Vergína/Platítsa zu einer anderen Ansicht. *Siehe* Nachtrag zu Seite 582.

△ SEITE 582 – Den Namen des selten zitierten antiken Balos hatte ein französischer Ausgräber im 19. Jh. in Vorschlag gebracht und man war dessen lange zufrieden. In den dreißiger Jahren unseres Jahrhunderts begannen griechische Archäologen mit neuen Untersuchungen. Prof. Manolis Andronikos von der Universität Saloniki, der das Gebiet seit seinen damaligen Studienjahren kannte, setzt sie seit den fünfziger Jahren mit Intensität fort. Seine Ergebnisse führten ihn zu einer ganz anderen Vorstellung: müßte nicht die große – inzwischen festgestellte – *Nekropole bei Vergína/Palatítsa* mit den Grabfunden, die eine fast 800-jährige Geschichte belegen, zu einer bedeutenden Stadt gehört haben? Auch ein englischer Gelehrter sprach diesen Gedanken aus, der Prof. Andronikos nicht mehr verließ. War hier die alte Stadt der Aigaiden, der Dynastie, aus der die makedonischen Könige stammten? War dies – als Pella schon die neue Hauptstadt war – das gesuchte *Aigai*, wo sie sich noch bestatten ließen, weil es die Tradition so forderte, und weil ein Omen besagte, das Königshaus werde untergehn, sobald ein Herrscher einen anderen Grabplatz wählt?

Man weiß, daß Pyrrhos (319-272) bei seinem Einfall 274 vor

Chr. (siehe Nachtrag zu Seite 573) den Makedonenkönig Antígonos Gonatás (um 319-239) aus Aigai vertrieb und bei seinem Abzug der Besatzungstruppe, – Galatern, die er als Söldner geworben hatte –, den Friedhof und die Königsgräber zur Plünderung überließ. Sie besorgte es gründlich. Plutarch sagt, daß »die Galater ein Volk von unersättlicher Habgier« waren, daß sie Gräber aufbrachen, ausraubten und die Gebeine »mutwillig durcheinanderwarfen«. – Als Antígonos die Stadt ein Jahr später zurückeroberte, mußte es sein Anliegen sein, so sagte sich Prof. Andronikos, die geschändete Nekropole zu ordnen und vor möglichen neuen Sakrilegien besser zu schützen. Über die Gräber aufgeworfene Erdhaufen ließen einen Friedhof ›der Hügel‹ entstehen. Eine besonders große Aufschüttung, langgestreckt über 110 m und 12,5 m hoch, schien die *Stätte der Königsgräber* zu bergen. Sie war schon mehrfach von Suchgräben der Archäologen durchzogen worden – vergeblich; bis Ende 1977 Prof. Andronikos 6 m unter dem Hügelrücken auf zwei dicht beieinander liegende Grabbauten stieß.

Das kleinere Grabhaus war zwar erbrochen und ausgeraubt, doch im Innern überraschten großartige *farbige Fresken*. Sie scheinen fast unversehrt erhalten, – einzeln stehende Beispiele der bisher verschollenen, doch, wie auch hier offenbar wird, berühmten griechischen Malerei. Der im 4. Jh. vor Chr. oft genannte Nikómachos war der Maler; seine Themen auf drei der Wandflächen verteilt: der Raub der Persephone durch Hades, eine monumental gesehene sitzende Frauengestalt (Demeter?), eine Gruppe dreier weiblicher Figuren.

Als vom zweiten, dem größeren Grabbau die Stirnseite ans Licht kam, zeigte sich, daß sie ein dorisches Tempelhaus nachbildet. Ein hellenistischer gemalter Fries wurde frei, auf dem zwei Jäger und fünf Treiber zu Pferde der Bären- und Löwenjagd nachgehen; darunter ein Metopen-Triglyphen-Band über dem Architrav, der zwei Säulen und zwei Pilastern auflag; diese wiederum flankierten die marmorne Tür in der Mitte. Nicht die Qualität des architektonischen Schmuckes allein schien Besonderes zu verheißen. Es stellte sich heraus, daß der Bau – als bisher einziger! – unberührt geblieben, übersehen worden war von den plündernden Galatern (und auch von späteren Grabräubern). Prof. Andronikos ließ sich, um im Innern nichts zu zerstören, durch das Dach an einer Strickleiter hinab in die hintere, größere der beiden Kammern.

Nach nahezu zweieinhalb Jahrtausenden fiel nun der Blick auf Kostbarkeiten, die wohl alle Erwartungen übertroffen haben müssen: auf bronzene, silberne, goldene Gefäße, Schalen, Kannen, Vasen von edelster Form und Zierde; auf eine Rüstung und Waffen, mit Gold-Elfenbein-Einlagen geschmückt, die sicher nicht für einen kämpfenden Krieger, sondern den Repräsentanten von Rang geschaffen waren; einen Köcher aus Goldblech, in das Schmuckbänder mit Kampfesszenen und Ornamenten getrieben waren; ein verstellbares goldenes Diadem, wie es, von Münzen bekannt, makedonische Könige trugen. Die Dinge standen zu Seiten einer schmucklosen Marmor-Kiste (einer ›Ostothek‹), lehnten teils an den Wänden, oder sie waren zu Boden gefallen, als ein mit Elfenbeinintarsien geziertes, hölzernes Möbelstück in sich zusammengebrochen war. – Man hob sodann den schweren Deckel von der Ostothek und erblickte darin einen Schrein aus purem Gold (40 cm x 33,5 cm groß und 17 cm hoch), auf seinem Deckel, erhaben, ein Strahlenkranz, Stern- oder Sonnenemblem der makedonischen Könige, das man ebenfalls von Münzprägungen kennt. Die Seitenflächen umlaufen Palmetten- und Rankenbändern, zwischen ihnen aufgesetzte Rosetten. – In dem Schrein waren unter einem Gebinde aus goldenen Eichenblättern die durch die Feuerbestattung gereinigten, in Wein gewaschenen und in ein Purpurtuch gehüllten Gebeine eines Mannes bewahrt.

Auch in der vorderen, der kleineren Kammer stand eine marmorne Ostothek und in ihr die nur wenig kleinere Goldkassette mit dem gleichen makedonischen Königsemblem auf dem Deckel. Hier war es ein Kranz aus Myrthenblättern und -blüten, zwischen denen Zikaden und kleinste Vögel sitzen, unter dem die Gebeine einer Frau geborgen waren. Man fand sie ebenfalls von einem zarten Purpurgewebe umhüllt, in das Ornamente mit Goldfäden eingewirkt waren, die den Stoff zudem gut zusammengehalten haben.

Als überaus wertvoll – auch mit Blick auf die wissenschaftliche Bestimmung – stellte sich heraus, was im Staub des zusammengesunkenen Möbelstückes und bei der Fülle der ersten Bestandsaufnahme nicht gleich die volle Beachtung hatte finden können: es waren fünf kleine Elfenbeinköpfchen, jedes nur 2 cm groß. Prof. Andronikos erkannte alsbald in einem das Portrait von Philipp II., in einem nächsten das Alexanders des Großen. Ein dritter Kopf, der ähnelnde Züge trägt, scheint Alexanders Mutter Olympiás darzustellen. Zwei Köpfchen blieben ohne Namen. Sind es die Eltern von Philipp II., so wäre die königliche Familie vertreten wie im ›Philippéion‹, das Philipp II. nach seinem Sieg bei Chaironéia (338 vor Chr.) in Olympia stiftete.

Die Vielfalt der Funde, ihre Kostbarkeit, ihre erlesene Qualität müssen für den Ausgräber atemberaubend, ja bestürzend gewesen sein. War es noch eine Frage, ob es sich hier um die Grablege von königlichen Personen handelte? Prof. Andronikos tritt dafür ein, daß das *Grab* des in Aigai ermordeten und in Aigai bestatteten *Philipp II. und das seiner jüngsten Gemahlin Kleopatra*, die sein Schicksal in Aigai teilte, aufgedeckt sei. Wissenschaftliche Untersuchungen – die in Prof. Andronikos' Augen einzig entscheidenden Kriterien – stützen bislang seine These, – zu der er aber selbst sagt, daß er sie »mit Erleichterung« aufgeben werde, sollten andere beweiskräftige Fakten der Wahrheit näher kommen.

Wohin der Disput der Fachleute nun führen mag, – unberührt davon wird bleiben, womit die sicher bedeutendste Entdeckung auf dem Felde der Archäologie seit der Mitte dieses Jahrhunderts unseren Einblick in die Geschichte, die Lebensumstände, das handwerkliche und das künstlerische Tun in jener Epoche bereichert hat. Im Archäologischen Museum von Thessaloniki sind die außergewöhnlichen und so aufschlußreichen Funde zu bewundern, Schätze von großenteils unbezifferbarem Wert, die die Erde nun freigegeben hat.

ANHANG

Fachbegriffe und Fremdwörter

Die Zahlen verweisen auf Erklärungen im Text

Acheiropoíëtos 540
Ádyton 251
Akáthistos-Hymnos 564; -Ikone 564, 641, 671
Akrotér freistehender plastischer Schmuck über Giebelmitte und -enden eines Tempels
Ambo, -nen zwei Lesepulte (Kanzeln) zur Verkündung von Epistel und Evangelium
Anárgyroi die ›ohne Geld‹ Tätigen, (wie die Hl. Kosmas u. Damianós)
Ante· vorgezogenes Wandende mit pfeilerartigem Abschluß
Apokalypse (Fresken-Zyklus auf dem Athos) 667, 668
Archontaríkion Gästehaus in (Athos-)Klöstern
Archontikón, -á 583
Archontáris 623
Arsanás 625
Asylie (Unverletzlichkeit von Person und Eigentum) 758
Bema, griech.-röm. 160
christl. 138
Bilderstreit 138
Bouleutérion 82
Bouzoúki, Bouzoúki-Musik 111, 112
Cavéa Zuschauerraum des ungedeckten antiken Theaters, im Halbkreis an natürlicher Hangmulde aufsteigend
Cella Hauptraum des Ringhallentempels, der das Kultbild aufnimmt
Chiton langes oder kurzes, stets gegürtetes Untergewand für Frauen und Männer
Chorége 54, 56
Chrysóboullos 282
Ciborium Überdachung, meist baldachinartig, eines Altars
Deësis Darstellung des thronenden Christus zwischen Maria (links) und Johannes d. Täufer (rechts) als Fürbittende 552
Demotikí 98
Diakonikón 635
Diázoma 52
Dimíni-Kultur 475
Dodekaéorton (Zwölf-Feste-Zyklus) 139, 140
Dorische Bauordnung siehe gegenüberliegende Seite
Dreikonchenanlage 635
Éntasis 28
Epitáphios 63

Éxedra halbkreisförmiger Aufbau auf halbrunder Basis
Gigantomachie 22
Goldsiegelbulle 282
›Göttliche Leitourgía‹ Abendmahlsfeier der Ostkirche 620; Ikonographische Darstellung 565
Gynaikéion den Frauen vorbehaltener Raum in der Kirche
Han türk. Wort für Herberge
›Hermenéia‹ (Malerhandbuch vom Berge Athos) 629, 659
Heróon als ›Grab‹ verehrter Bezirk (auch Bau) eines Sterblichen, dem gleich den Göttern gehuldigt wird
Hesychasmus 560, 561
Hesychastírion 622
Hetoimasía 439
Hierá Koinótis (Athos) 622, 626, 627
Homilie Betrachtung einer Bibelstelle in Predigtform
Idiorrhythmische Mönchsregel 615, 618
Ikonographische Ordnung in byzantinischen Kirchen 139, 279 280
Ikonoklasmus 138

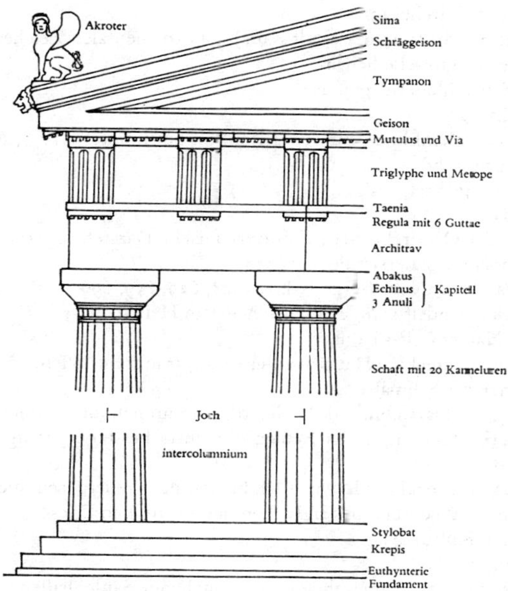

Dorische Bauordnung

Ikonoóstasis ›Bilderstand‹, den Altarraum von der Gemeinde trennende Bilderwand
Julianischer Kalender 615
Kántharos zweihenkliges Trinkgefäß
Katagógion 223
Katavóthra 409
Katholikon 621
Kellíon 621, 622
Kentauromachie 22
Klephten 214
Kóimesis ›Tod Mariens‹, in der Ostkirche auch ›Schlaf Mariens‹
Koinovítische Mönchsregel 615, 618
Konche wörtl. ›Muschel‹, Halbkuppel, z.B. über Apsis, auch Apsis selbst
Kore griech. Mädchen-Standbild, geschätztes Motiv der archaischen Rundplastik 45, 46
Korinthische Keramik 166, 167
Koúros griech. Jünglings-Standbild (s. Kore)
Kratér Sammelbezeichnung für einen Mischkrug
Kretische Malerschule 657, 658
Kreuzkuppelkirche 137
Kufische Schrift (von der Stadt Kufa), zu ornamentalen Zeichen stilisierte arabische Schrift
Kyklopische Mauern 204, 205
Kyriakón 621
Lékythos einhenkliger, für den Totenkult bestimmter Krug (in Attika ›weißgrundig‹)
Linear-B 349
Líti 635
Liturgie der Ostkirche 620; Ikonographische Darstellung 565
Makedonische Malerschule 657, 658
›Malerhandbuch vom Berge Athos‹ 628, 629, 659, 696
Mandorla mandelförmiger Lichtschein um Heiligengestalt
Marien-Namen s. Panhagía
Mégaron rechteckige Hausform; ein Hauptraum mit offener Vorhalle an einer der Schmalseiten
Menológion Darstellung d. Heiligen (auf Sammelikonen) oder ihrer Viten (in Büchern) in der Reihenfolge ihrer Festtage; Heiligenkalender
Metopen rechteckige Platten, auch bemalt oder reliefgeschmückt; bilden im Wechsel mit Triglyphen den ›dorischen Fries‹
Minyische Kultur 415
Moirológoi 311
Naḯskos kleiner Tempel ohne rings umgehende Säulenhallen
Naos aufgemauerter Kernbau innerhalb des Ringhallentempels mit Prónaos, Cella und Opisthodóm. – Hauptraum der Kirche

Narthex Vorhalle einer Kirche
Esonarthex innere Vorhalle
Exonarthex äußere Vorhalle
Opisthodóm an die Cella anschließende rückwärtige Halle
Opus alexandrinum Wand- oder Bodenbelag aus farbigen Steinplatten unterschiedlicher Form, zu Mustern zusammengepaßt
Orchestra 52
Palästra Gebäude zum Training der Athleten
Panhagía die ›Ganzheilige‹
Eloúsa, die ›Barmherzige‹
Galaktotrophoúsa, die ›mit Milch Nährende‹
Glykophiloúsa, die ›zärtlich Küssende‹
Gorgoëpíkoos, die ›schnell Erhörende‹
Hodigítria, die ›Wegführerin‹
Kosmosotíra, die ›Weltenretterin‹
Myrtidiótissa, die Myrthenbekränzte
Pamakáristos, die ›Allerseligste‹
Pantánassa, die ›Allherrschende‹
Paragorítissa, die ›Trostreiche‹
Platytéra, die ›Allumfassende‹
Strephoúsa, die ›sich Wendende‹
Theotókos, die ›Gottesgebärerin‹
Zoodóchos Pigí, der ›lebenspendende Quell‹
Pantokrátor der ›Allmächtige‹
Párodos 226
Pendentif sphärisches Dreieck, von den Ecken eines quadratischen Raumes aufsteigend und zum Kuppelrund überführend
Péplos Frauengewand über Chiton; Wolltuch, mit Nadeln auf Schulter zusammengehalten
Perípteros Ringhallentempel, allseits von Säulenhallen umgeben
Perístasis Ringhalle um Naos des Tempels
Peristýl von Säulenhallen umschlossener Hof
Phiáli 634
Prónaos Vorhalle zur Cella
Própylon Torbau
Proskénion 52, 224
Próthesis 635
Prytanéion Bau für Versammlung der ›Prytanen‹ (oberste Beamte) einer Stadt oder eines Heiligtums, zugleich Archiv für Gesetze und Verträge. Stätte des ›Heiligen Herdes‹
Sésklo-Kultur 475
Símantron 638
Skéne 224
Skíti 621
Stylobát oberste Stufe des Tempel-Fundamentes, auf der die Säulen stehen

Synédrion beratendes Kollegium aus Vertretern des Staats- und Vereinslebens. Seit dem 4. Jh. Körperschaft aus Vertretern vieler Einzelstaaten

Sýnthronon 716

Tänze

Chasápikos 112

Kalamatianós 318

Pentozáli 108

souliotischer Rundtanz 798

Soústa 108

Trata 152

Tsakómikos 291

Tsiftitéli 112

Zeibébikos 112

Témenos der umgrenzte Bezirk eines Heiligtums

Témplon (meist) marmorne Chorschranke zw. Allerheiligstem und Kirchenraum

Tesserae ›Würfel‹, regelmäßig geschnittene farbige Mosaiksteinchen

Theotókos Gottesgebärerin

Thólos 220-222

Trápeza 634

Triëre ›Dreiruderer‹, Kriegsschiff mit drei übereinander angeordneten Reihen von Ruderern

Triglýphen Platten, auf der drei Leisten durch vertikale Einkerbungen plastisch hervortreten. Sie rahmen die Metope

Trikonchon 635

Trivelum 542

Zwölf-Feste-Zyklus 139, 140

Stichdaten zur Geschichte Griechenlands

Epoche	v. Chr.	
ALT-PALÄOLITHIKUM *ältere Altsteinzeit*		Thessalien, Makedonien, Epiros
JUNG-PALÄOLITHIKUM *jüngere Altsteinzeit*	35 000	Thessalien, Makedonien, Boiotien, Epiros, Argolis, Elis
MESOLITHIKUM *mittlere Steinzeit*	10 000	Thessalien, Argolis
NEOLITHIKUM *Jungsteinzeit*	6000–4000	PROTO-SESKLO prä- und frühkeramisches Neolithikum
	3000–2600	SESKLO-KULTUR I, II, III
FRÜH-HELLADISCH *frühe Bronzezeit*	2500	DIMÍNI-STUFEN
	2400	
	2200	Lerna
	1900	
MITTEL-HELLADISCH *mittlere Bronzezeit*	1800	Boiotien (mynische Keramik)
SPÄT-HELLADISCH *späte Bronzezeit* SH I	1580	FRÜH-MYKENISCH Schachtgräberzeit
SH II	1500	MITTEL-MYKENISCH Einflüsse Kretas
SH III	1425	SPÄT-MYKENISCH Höhepunkte myken. Kultur auf dem Festland.
	1350	Löwentor, Schatzhaus des Atreus.
	1200	Beginnender Niedergang, Invasionen.
	1180	Zerstörung der Paläste Mykene, Tiryns, Pylos u. a.
	1150	

	v. Chr.	
SPÄT-HELLADISCH SH III	1150	
	1100	SUB-MYKENISCH
PROTOGEOMETR. PERIODE	950	
	900	
GEOMETRISCHE PERIODE	800	Dipylon-Vasen (8. Jh.)
	776	1. Olympiade
	700	
	um 660	Byzantion als Kolonie der Megarer gegründet
ARCHAISCHE PERIODE	600	Beginn schwarzfiguriger Vasenmalerei (Athen)
	530	Beginn rotfiguriger Vasenmalerei (Athen)
	480	SIEG BEI SALAMIS
KLASSIK	460	Pheidias wird tätig
	447	Baubeginn des Parthenon
	323	TOD ALEXANDERS d. GR.
HELLENISMUS	305	Mosaïk des Gnosis (Pella) Herrenhäuser in Pella
	168	Sieg der Römer bei Pydna
	31	Schlacht bei Aktion, Sieg des Oktavian über Antonius
SPÄTANTIKE	n. Chr.	
	330	KONSTANTINOPEL wird Hauptstadt Ostroms
FRÜHCHRISTLICHE EPOCHE	393	Edikt Theodosios I., Verbot heidnischer Kulte
	532	GRUNDSTEIN zur ›HAGIA SOPHIA‹ des Justinian

n. Chr.

FRÜHBYZANTIN. EPOCHE	532	GRIECHENLAND UNTER BYZANTINISCHER HOHEIT
	726 bis 843	Bilderstreit
MITTELBYZANTIN. EPOCHE	1204 bis 1261	Lateiner besetzen und verlieren Konstantinopel
SPÄTBYZANTIN. EPOCHE	1261 bis 1453	Palaiologenzeit
	1453	TÜRKEN EROBERN KONSTANTINOPEL
GRIECHENLAND UNTER TÜRKISCHER HERRSCHAFT	1821 bis 1832	GRIECHISCHER BEFREIUNGSKRIEG
DAS MODERNE GRIECHENLAND	1832	Nordgrenze zwischen Golf von Volos und Ambrakischen Golf (Südufer)
	1881	Thessalien und Arta werden griechisch
	1912	Thessaloniki, Süd- und Westmakedonien, Südepiros und Ioannina werden griechisch
	1919 1920	Ostmakedonien, Nordepiros und Westthrakien kommen zu Griechenland

Die Lateiner in Byzanz und in Griechenland

Lateinische Kaiser von Konstantinopel

1204–1205	Balduin I. von Flandern
1206–1216	Heinrich von Flandern
1217	Peter von Courtenay (verh. m. Jolante von Flandern)
1217–1219	Jolante (Regentin für ihren Sohn Robert)
1221–1228	Robert II. von Courtenay
1228–1261	Balduin II. (Regent bis zu s. Mündigkeit: Johannes von Brienne 1229–1237)

Herzöge von Athen

1205–1309	aus dem Hause de la Roche
1309–1311	Walter von Brienne
1311–1388	Führer der Katalanischen Kompanie, gefolgt vom Hause Aragon
1388–1456	aus dem Hause der Acciaiuoli

Fürsten von Achaia

1205–1210	Guillaume de Champlitte
1210–1218	Geoffroi Ier de Villehardouin
1218–1246	Geoffroi II de Villehardouin
1246–1276	Guillaume de Villehardouin
1276–1285	Karl I. von Anjou
1285–1289	Karl II. von Anjou
1289–1307	Isabelle de Villehardouin
1307–1313	Philipp von Tarent
1313–1318	Mathilde von Hennegau (Hainault)
1318–1333	Johann von Gravina
1333–1346	Katharina von Valois (mit Robert von Tarent)
1346–1364	Robert von Tarent
1364–1370	Maria von Bourbon
1370–1374	Philipp II. von Tarent
1374–1376	Johanna von Neapel
1376–1377	Otto von Braunschweig
1377–1381	in Händen der Johanniter
1381–1383	Giacomo von Baux
1383–1386	Mahiot de Coquerel
1386–1402	Bordo de St. Superan
1402–1404	Maria Zaccaria
1404–1432	Centurione Zaccaria

Byzantiner als Despoten

von Mistra

1348–1380	Manuel Kantakouzenos
1380–1383	Mathias Kantakouzenos
1383–1407	Theodor I. Palaiologos
1407–1443	Theodor II. Palaiologos
1428–1448	Konstantin Dragases; von 1449–1453 als Konstantin XI. Palaiologos der letzte byzant. Kaiser von Konstantinopel
1432–1460	Thomas Palaiologos
1449–1460	Demetrios Palaiologos

von Epiros

1204–1215	Michael I. Angelos
1215–1224	Theodor Angelos Dukas Komnenos; 1224–1230 Kaiser von Byzanz
1231–1271	Michael II. Angelos
1271–1296	Nikephoros I.
1296–1318	Thomas (Regentschaft d. Anna Palaiologine-Kantakouzena bis etwa 1313)
1318–1323	Nikolaos Orsini
1323–1335	Johannes Orsini
1335–1340	Nikephoros II. (Regentschaft d. Mutter Anna Palaiologina)

Herrscher der Serben

vom Ende des 12. Jhs. bis zum Fall Konstantinopels

1166–1196	Stephan Nemanja (Goßžupan von Rascien)
1196–1228?	Stephan der Erstgekrönte (seit 1217 König)
1228?–1243?	Stephan Radoslav
1234?–1243	Stephan Vladislav
1243–1276	Stephan Urosch I.
1276–1282	Stephan Dragutin
1282–1321	Stephan Urosch II. Milutin
1321–1331	Stephan Urosch III. Deschanski
1331–1355	Stephan Duschan (seit 1345 Zar)
1355–1371	Zar Stephan Urosch
1371–1389	Fürst Lazar
1389–1427	Stephan Lazarewitsch
1427–1456	Georg Brankowitsch
1456–1458	Lazar Brankowitsch

Zur Literatur über Griechenland

(soweit im Text nicht anders angegeben, wurde nach den folgenden Übersetzungen zitiert)

Antike Dichter und Schriftsteller

Herodot: Historien. Übers. von A. Horneffer, neu hrsg. von H.W. Haussig. Stuttgart, 1955.

Homer: Ilias/Odyssee. Übers. von Thassilo von Scheffer. Leipzig, 1938.

Pausanias: Beschreibung Griechenlands. Übers. u. hrsg. von Ernst Meyer. Zürich, 1954.

Plutarch: Große Griechen und Römer. Übers. von Konrat Ziegler und Walter Wuhrmann. Zürich, 1954-1960.

Strabon: Erdbeschreibung. Übers. von Dr. A. Forbiger. 2. Aufl. Berlin, (1903).

Thukydides: Geschichte des peloponnesischen Krieges. Übers. von G.P. Landmann. Zürich, 1960.

Zur Antike

The Athenian Agora. A Guide to the Excarvation and Museum. 2. Aufl. Athen, 1962.

Bengtson, Hermann: Die olympischen Spiele in der Antike. Zürich, 1971.

– Griechische Geschichte (Handbuch der Altertumswissenschaften). 2. Aufl. München, 1960.

Berve, H., Gruben, G. und Hirmer, M.: Griechische Tempel und Heiligtümer. München, 1961.

Blegen, C.W. und Rawson, M.: The Palace of Nestor in Western Messenia. 3 Bde. Cincinnati, 1966-1969.

– A Guide to the Palace of Nestor. Cincinnati, 1962.

Buchholz, H.-G. und Karageorghis, V.: Altägäis und Altkypros. Tübingen, 1971.

Charbonneaux, J., Martin, R. und Villard, F.: Das hellenistische Griechenland (›Universum der Kunst‹). München, 1971.

– Das archaische Griechenland (›Universum der Kunst‹). München, 1969.

Demargue, Pierre: Geburt der griechischen Kunst (Universum der Kunst). München, 1965.

Dinsmoor, William B.: The Architecture of Ancient Greece. 3. Aufl. London, 1950.

Fuchs, Werner: Die Skulptur der Griechen. München, 1969.

Georgiades, Thrasibulos: Musik und Rhythmus bei den Griechen. Hamburg, 1958.

Grote, George: A History of Greece. 12 Bde. London, 1846 bis 1856 (Reprint 1951).

Gruben, Gottfried: Tempel der Griechen. München, 1966.

Hundert Jahre deutsche Ausgrabung in Olympia. Katalog zur Ausstellung, veranstaltet vom Organisationskomitee für die Spiele der xx. Olympiade. München, 1972. Darin Beiträge von *E. Kunze:* Zur Geschichte und zu den Denkmälern Olympias; Das Stadion. – *A. Mallwitz:* Olympia im Modell; Die Werkstatt des Pheidias – *Peter Grunauer:* Der Zeustempel – *B. Fellmann:* Wiederentdeckung Olympias; Geschichte der deutschen Ausgrabung.

Hunger, Herbert: Lexikon der griechischen und römischen Mythologie. 5. Aufl. Wien, 1959.

Judeich, Walter: Topographie von Athen (Handbuch der Altertumswissenschaften). 2. Aufl. München, 1930.

Karoúsou, Semni: Das National-Museum Athen. Katalog zur Skulpturensammlung. Athen, 1969.

Kirsten, E. und Kraiker, W.: Griechenlandkunde. Ein Führer zu klassischen Stätten [Darin auch Abrisse zur byzantini schen u. neueren Geschichte]. 5. Aufl. Heidelberg, 1967.

Kunze, Emil: Neue Meisterwerke griechischer Kunst aus Olympia. München, 1948.

– Olympia, in: Neue deutsche Ausgrabungen im Mittelmeergebiet und im Vorderen Orient. Berlin, 1959.

Lawrence, Arnold W.: Greek Architecture (The Pelican History of Art). 2. Aufl. Harmondsworth, 1962.

Lullies, R. und Hirmer, M.: Plastik der Griechen. München, 1956.

Mallwitz, Alfred: Olympia und seine Bauten. München, 1972.

Marinatos, Sp. und Hirmer, M.: Kreta, Thera und das mykenische Hellas. München, 1973.

Melas, Evi (Hrsg.): Tempel und Stätten der Götter Griechenlands. Köln, 1970.

Ohly, Dieter: Kerameikos-Grabung (Kleiner Führer o. Ort u. Jahr)

Payne, Humphry: Perachora. The Sanctuaries of Hera Akraia and Limenia. Oxford, 1940.

Richter, Gisela M.: A Handbook of Greek Art. London, 1959.

Robertson Donald St.: A Handbook of Greek and Roman Architecture. 2. Aufl. Cambridge, 1959.

Rodenwaldt, G. und Hege, W.: Akropolis. 5. Aufl. München-Berlin, 1956.

Rose, Herbert J.: Griechische Mythologie. München, 1955.

Schefold, Karl: Die Griechen und ihre Nachbarn (Propyläen-Kunstgeschichte Bd. 1) Berlin, 1967.

Schuchhardt, Walter Herwig: Geschichte der griechischen Kunst. Stuttgart, 1971.

Scully, Vincent: The Earth, the Temple and the Gods. Greek sacred Architecture. New Haven-London, 1962.

Travlos, John: Bildlexikon zur Topographie des antiken Athen. Tübingen, 1971.

Travlos, Ioannis: Poleodomikí Exélixis ton Athinón (Städtebauliche Entwicklung Athens). Athen, 1960.

Wace, Allan J. B.: Mycenae. Princeton, 1949.

Walter, Hans: Griechische Götter. München, 1971.

Zur byzantinischen Epoche

Andrews, Kevin: Castles of the Morea. Princeton, 1953.

Byzantine Art – a European Art. Katalog der Ausstellung des Europarates. 2. Aufl. Athen, 1964.

Demus, Otto: Byzantine Mosaic Decoration. London, 1948.

Dölger, F., Weigand, E. und Deindl, A.: Mönchsland Athos. München, 1943.

Fichtner, Fritz: Wandmalereien in den Athos-Klöstern. Berlin, 1931.

Grabar, André: Die Kunst im Zeitalter Justinians (Universum der Kunst). München, 1967.

Huber, Paul: Athos. Leben, Glaube, Kunst. Zürich, 1969.

– Bild und Botschaft. Byz. Miniaturen zum Alten und Neuen Testament. Zürich, 1973.

Mathew, Gervase: Byzantine Aesthetics. London, 1963.

Melas, Evi (Hrsg.): Alte Kirchen und Klöster Griechenlands. Köln, 1972.

Miller, William: The Latins in the Levant. London, 1908.

Millet, Gabriel: Recherches sur l'iconographie de l'Évangile aux XIVe, XVe et XVIe siècles. Paris, 1916.

Orlandos, Anastasios K.: Die »Parigorítissa« in Arta. Athen, 1963 (neugriech.).

Ostrogorsky, Georg: Geschichte des byzantinischen Staates (Byz. Handb. im Rahmen d. Handbuchs der Altertumswissenschaften). 3. Aufl. München, 1963.

Rice, D. T. und Hirmer, M.: Kunst aus Byzanz. München, 1959.

Rice, David T.: Byzantinische Kunst. München, 1964

Runciman, Steven: Byzantine Civilization. London, 1933.

Vasiliev, Alexander A.: History of the Byzantine Empire. Oxford, 1952.

Volbach, W. F. und Hirmer, M.: Frühchristliche Kunst, München, 1958.

Volbach, W. F. und Lafontaine-Dosogne, J.: Byzanz und der christliche Osten (Propyläen-Kunstgeschichte Bd. 3). Berlin, 1968.

Wulff, Otto: Altchristliche und byzantinische Kunst (Handbuch der Kunstwissenschaft). 2 Tle. Berlin, 1914.

Xyngopoudos, A.: Entwurf einer Geschichte der religiösen Malerei nach dem Fall von Konstantinopel. Athen, 1957 (neugriech.).

Zur neueren Geschichte

Barth, W. und Kehring-Korn, M.: Die Philhellenenzeit. München, 1960.

Heurtley, W. A., Darby, H. C., Crawley, C. W. und Woodhouse, C. M.: Griechenland. Altertum, Mittelalter, Neuzeit. Stuttgart, 1966.

Pückler-Muskau, Fürst Hermann von: Südöstlicher Bildersaal. Griechische Leiden. Nach Originalausg. von 1840 hrsg. von K. G. Just. Stuttgart-Hamburg, 1968.
Russack, Hans H.: Deutsche bauen in Athen. Berlin, 1942.
Sikelianos, Demetrios: Old and New Athens. London, 1960.
Stratou, Dora: Griechische Volkstänze ... Athen, 1967.

Ältere Reiseliteratur

Curzon, Robert: Visits to the Monasteries in the Levant. London, 1837.
Fallmerayer, Jakob Philipp: Fragmente aus dem Orient. In: Schriften und Tagebücher. München, 1913.
Finlay, George: A History of Greece. Oxford, 1878.
Leake, William M.: Travels in Northern Greece. London, 1835.
Lear, Edward: Journals of a Landscape Painter in Albania, Illyria ... etc. Reprint unter dem Titel: Edward Lear in Greece. London, 1965.
Pouqueville, François Ch. H. L.: Voyage en Morée, à Constantinople, en Albanie ... 1798 bis 1801. Paris, 1805 (dt. von K. L. M. Müller, Leipzig, 1805).
– Voyage dans la Grèce. Paris, 1820/21.
Reisinger, Ernst (Hrsg.): Griechenland. Landschaften und Bauten. Schilderungen deutscher Reisender. Leipzig, 1916.
Rodenwaldt, Gerhart: Otto Magnus von Stackelberg, der Entdecker der griechischen Landschaft. Berlin, o. J.
Wegner, Max (Hrsg.): Land der Griechen. Reiseschilderungen aus sieben Jahrhunderten. 3. Aufl. Berlin, 1955.

Neuere Reiseliteratur

Baedeker, Karl: Greece. 4. Aufl. Leipzig-London, 1909.
Cook, Robert and Kathleen: Southern Greece. An Archaeological Guide. London, 1968.
Dryander, Elisabeth v.: 6 x Griechenland. München, 1969.
Fermor, Patrick L.: Mani. München, 1958.
– Rumeli. Salzburg, 1973.
Grèce (Les Guides Bleus). Paris, 1953.
Griechenland (Les Guides Bleus). Paris, 1963.
Liddell, Robert: The Morea. London, 1958.
– Mainland Greece. Oxford, 1965.
Peterich, E. und Rast, J.: Griechenland. Ein kleiner Führer. 2. Aufl. Olten/Freiburg, 1956.
Philadelpheus, Alexander: The Monuments of Athens. 7. Aufl. Athen, 1963.

Nachweis der Abbildungen und Pläne

Der Verlag ist den Herren Gottfried Gruben, München, Alfred Mallwitz und Ioannis (John) Travlos, Athen, für Rat und das Überlassen von Plänen und Zeichnungen zu großem Dank verpflichtet. Dem Entgegenkommen der Staatsbibliothek München ist die Wiedergabe von Kupferstichen und Lithographien aus einigen älteren Werken der Griechenlandliteratur zu danken. In der Bibliographie genannte Veröffentlichungen sind hier in verkürzter Form zitiert.

(1) Umzeichn. nach G.P. Stevens in: Hesperia 15, 1966. (2, 3) Plan von J. Travlos in: J. Travlos, Bildlexikon. 1971. (4) nach B.H. Hill, American Journal of Archaeology 16, 1912. (5) Rh. Carpenter, Parthenon. 1970. (6) A. Springer, Handb. d. Kunstgesch. Bd.I. Leipzig, 1915. (7, 8) Bibl. Nat. Paris. Zeichn. vermutl. von Carrey, 1674. Umgez. von D. Bell-Scott in: P.E. Corbett, The Sculpture of the Parthenon. Harmondsworth, 1959. (9) J. Travlos, Bildlexikon. 1971. (10) Neuzeichn. G. Gruben in: Berve/Gruben. 1961. (11) Plan der engl. Ausg. (12) Kupferstich aus: M. Le Roy, Les Ruines des plus beaux Monuments de la Grèce. Paris, 1770. (13) nach W. Judeich, Topogr. von Athen. 1931. (14) J. Travlos, Bildlexikon. 1971. (15) Kupferstich aus: Stuart/Revett, The Antiquities of Athens, Bd.I. London, 1762. (16) I. Travlos, Poleodomikí Exélixis. Athen, 1960. (17) J. Travlos, Bildlexikon. 1971. (18) nach Zeichn. von G. Gruben. (19) J. Travlos, Bildlexikon, 1971. (Ausschnitt). (20) Neuzeichn. G. Gruben in: Berve/Gruben, 1961. (21) Kupferstich aus: Stuart/Revett, The Antiquities of Athens, Bd.III. London, 1794. (22) Neuzeichn. G. Gruben in: Berve/Gruben, 1961. (23) nach S. Karoúsou: Führer durch das National-Museum, Athen. 1969. (24) nach R.E. Wycherley in: Realenzyklopädie der klassischen Altertumswissenschaften. (25) Umzeichn. K. Gallas nach Plan von A.K. Orlándos, 1917. (26) Vorlage von I. Kondís in: Melas (Hrsg.), Tempel... Griechenlands. 1970. (27, 28) Neuzeichn. K. Gallas nach Plänen in: Scully, Earth, Temple, Gods. 1962. (zu 28) auch Guide bleu, Griechenland. 1963. (29) Plan der engl. Ausg. (30) Skizzen K. Gallas. (31) Plan der engl. Ausg. (32) Neuzeichn. K. Gallas nach: Corinth, American School of Classical Studies. Athen, 1972. (33, 34) H. Payne, Perachóra. 1940. (35) Plan der engl. Ausg. (36) nach Luftaufnahme aus: Kirsten/Kraiker, 1967. (37) G. Gruben in: Tempel der Griechen. 1966. (38) Plan der engl. Ausg. (39) A.J.B. Wace, Mycenae. 1949. (40) Umzeichn. K. Gallas nach: H. Wace, Mycenae. 1961. (41) A.J.B. Wace, Mycenae. 1949. (42) Lithogr. nach Zeichn. von Eduard Dodwell in: E.D. Views and Descriptions of Cyclopian, or, Pelasgic Remains in Greece and Italy. London 1834. (43) Ch. Waldstein, The Argive Heraeum. New York, 1902. (44) Skizze K. Gallas. (45) Neuzeichn. nach H. Luckenbach, Kunst und Geschichte (16. Aufl.) Bd.I. (46) G. Karo, Führer durch Tiryns. DAI Athen, 1934. (47) Baedeker, engl. Ausg., 1909. (48) A. Struck in: Athen. Mitteilungen 34, 1909. (49) Plan der engl. Ausg. (50) G. Roux in: Bulletin de Correspondance, Hellénique 76,

1952. (51) P. Kavvadias, Fouilles d'Epidaure I. Athen, 1891. (52) nach W. Dörpfeld, 1896. (53) nach Plan von I. Travlos in: F. Schachermeyr: Archäolog. Anzeiger, 1962. (54) Bulletin de Correspondance Hellénique 14, 1890. (55) Umzeichn. K. Gallas nach Guide bleu, Griechenland. 1963. (56) E.H. Benson in: Journal of Hellenic Studies XIII, 1892-93. (57) Lithogr. nach Zeichn. von Otto Magnus von Stackelberg in: O. M. v. St., La Grèce, Vues pittoresques et Topographiques. Paris, 1834. (58) Plan von A. Mallwitz, 1973. (59) Neuzeichn. A. Mallwitz in: Ch. Hoffkes-Brukker/A. Mallwitz, Der Bassai-Fries. München, 1974. (60) G. Gruben nach: C. Dugas/J. Berchmann/M. Clemmensen, Le Sanctuaire d'Aléa Athéna à Tégée au IVe siècle. 1924. (61) Skizze K. Gallas. (62) G. Gruben in: K. Schefold, Die Griechen und ihre Nachbarn. 1967. (63) Neuzeichn. nach Buschor-Massow in: s. Abb. 63. (64) Plan der engl. Ausg. (65) Zeichn. von A.K. Orlándos. (66) Kupferstich aus: O. Dapper, Beschryvung van Morea. Amsterdam, 1688. (67) Umzeichn. nach Photos. (68) P. MacKendrick, Hellas. Steinernes Erbe. Wiesbaden, 1965. (69) ›Ergon‹ 1964. (Zeitschr. der Griech. Archäolog. Gesellschaft, Athen). (70, 71, 72) Kupferstich von O. Dapper in: s. Abb. 66. (73) Plan der engl. Ausg. (74) Zeichn. K. Gallas nach: Blegen/Rawson, The Palace of Nestor. 1962. (75) Plan nach Neuaufnahme von A. Mallwitz. 1972. (76) Zeichn. P. Grunauer nach F. Studniczka in: 100 Jahre Deutsche Ausgrabung in Olympia. 1972. (77) Zeichn. P. Grunauer nach G. Treu in: s. Abb. 76. (78) Plan nach G. Sotiriou in W. Müller-Wiener, Burgen der Kreuzritter. München/Berlin, 1966. (79) Kupferstich von O. Dapper in: s. Abb. 66. (80) Skizzen K. Gallas. (81) S. Lauffer in: Realenzyklopädie der klass. Altertumswissenschaft. 1959. (82) I. Threpsiádes in: Praktiká tis Archaiologikís Etaireías, Jg. 1957. Plan von I. Travlos. (83) Umzeichn nach Plan von I. Travlos in: F. Schachermeyr: Archäolog. Anzeiger, 1962. (84) H. Bulle, Orchomenos I. München, 1907. (85, 86) J. Strzygowski in: Byzantin. Zeitschrift III, 1894. (87) Skizze K. Gallas. (88) Volbach/Lafontaine-Dosogne, Byzanz u. d. christl. Osten. 1968. (89) Skizze K. Gallas. (90) P. de la Coste-Messelière, Au Musée de Delphes, 1936, und: Delphi, 1943. (91) G. Gruben nach: P. Amandry, Fouilles de Delphes, 1953. (92) nach Kirsten/Kraiker, Griechenlandkunde, 1967. (93, 94) Picard/Coste-Messelière, Les Trésores Ioniques in: Fouilles de Delphes 4, 1928. (95) nach: Buchholz/Karageorghis, Altägäis u. Altkypros. 1971. (96) Ch. Tsountas, Die frühen Akropolen in Dimíni und Sesklo. Athen, 1908. (97) nach: Buchholz/Karageorghis in: s. Abb. 95. (98) Lithogr. nach Zeichn. von E. Dodwell in: s. Abb. 42. (99, 100) nach A.K. Orlándos in: Archeíon tón Byzantinón Mnemeíon tés Helládos I, 1935. (101) Lithogr. nach Zeichn. von O. M. v. Stackelberg in: s. Abb. 57. (102) G. Lampákis, Mém. sur les antiquités chrét. de la Grèce. 1902. (103) R. Curzon, Visits to the Monasteries ..., Ausg. von 1849. (104) G. Sotiríou in: Epeterís Hetaireías Byzantinon Spoudón V, 1932. (106) E. Dyggve in: Archäologischer Anzeiger, 1940. (107) Volbach/Lafontaine-Dosogne, Byzanz u. d. christl. Osten. 1968. (108) G. Sotiríou, Les Basiliques paléochrétiennes de Grèce. Athen, 1931. (109) W. Hotz, Saloniki. Berlin, 1944. (110) A. Xyngopoulos in: Archaiologikón Deltíon XII 1929. (111) Ch. Texier/R.P. Pullan, L'Architecture Byzantine, London, 1894. (112) Kirsten/Kraiker, Griechenlandkunde. 1967. (113) nach Ph. Petsás in: Bibliothíki tis en Athináis Archaiologikís

Etaireías 57, 1966. (114) M. Andronikos/Ch. Makaronas, Le Palais de Vergina. Athen, 1961. (115, 116) N. Moutsopoulos, Kastoria, Panhagía Mavriótissa. Athen, 1967. (117) Kirsten/Kraiker, Griechenlandkund. 1967. (118) Detail nach: D.M. Robinson in: Realenzyklopädie d. klass. Altertumswissensch., Suppl. VIII, 1940. (119) H. Brockhaus, Die Kunst in den Athos-Klöstern. Leipzig 1891. (120, 121) R. Curzon, Visits to the Monasteries ..., Ausg. von 1849. (122) O. Wulff, Altchristl. u. Byzantin. Kunst. 1914. (123) R. Curzon, Visits to the Monasteries ..., Ausg. von 1865. (124) R. Curzon, Visits to the Monasteries ..., Ausg. von 1849. (125) H. Brockhaus, Kunst in den Athos-Klöstern. Leipzig 1891. (126) A.K. Orlándos in: Byzantine Art – an European Art. Kat. d. Ausstellg. d. Europarates. Athen, 1964. (127) Nach: Bulletin de Correspondance Hellenique 62, 1938, und Kirsten/Kraiker, Griechenlandkunde. 1967. (128) P. Lemerle, Philippes et la Macédoine Orientale à l'Epoque chrétienne et byzantine. Paris, 1945. (129) ›Ergon‹ 1960. (Zeitschr. d. Griech. Archäolog. Ges. Athen). (130) P. Lemerle, Philippes et la Macédoine Orientale. Paris, 1945. (131) E. Dyggve, Das Laphrion. Der Tempelbezirk von Kalydon. Kopenhagen, 1948. (132) A.W. Lawrence, Greek Architecture. 2. Aufl. 1962. (133) Lithogr. nach Zeichn. von O.M. v. Stackelberg in: s. Abb. 57. (134) nach Heuzey/Powell in: Guide bleu, Griechenland. 1963. (135) nach K.A. Rhomaios aus: K. Schefold, Die Griechen und ihre Nachbarn, 1967. (136) G. Gruben nach: W.B. Dinsmoor, The Architecture of the Ancient Greece. 1950. (137) nach H. Convert in: Guide bleu. Griechenland. 1963. (138, 139, 140) A.K. Orlándos, Parigoritissa, 1963. (141) nach Kirsten/Kraiker, Griechenlandkunde. 1967. (142) Plan von S. Dakaris in: Melas (Hrsg.), Tempel ... Griechenlands. 1970. (143, 144, 145, 146) S. Dakaris in: Antike Kunst, Beiheft 1. 1963. (147) S. Dakaris, To Nisi ton Ioanninon. Athen, 1972.

Die Vorlagen für die Farbabbildungen stammen von W. Bahnmüller – Bavaria (S. 341), Josef Biller (Vorders. Schutzumschlag, S. 161, 654, 655, 656), Klaus Gallas (Rücks. Schutzumschlag, S. 164), Dr. H. Kraft – Bavaria (S. 524). Herbert List (S. 342/343, 344, 521, 522/523), Prestel-Verlag (S. 162/163, 653).

Die Farbtafeln

Karten und Pläne

Register